Abbo Junker
Grundkurs Arbeitsrecht

GRUNDKURS ARBEITSRECHT

von

Dr. iur. Abbo Junker
o. Professor an der Universität München

12., neu bearbeitete Auflage

VERLAG C. H. BECK MÜNCHEN 2013

www.beck.de

ISBN 978 3 406 64588 4

© 2013 Verlag C. H. Beck oHG
Wilhelmstraße 9, 80801 München
Druck und Bindung: Nomos Verlagsgesellschaft
In den Lissen 12, 76547 Sinzheim

Satz: Druckerei C. H. Beck Nördlingen

Gedruckt auf säurefreiem, alterungsbeständigem Papier
(hergestellt aus chlorfrei gebleichtem Zellstoff)

Vorwort zur 12. Auflage

Die 12. Auflage bringt das Buch auf den Stand von Februar 2013. Im Licht neuerer Erkenntnisse überarbeitet wurden die Abschnitte über den allgemeinen Kündigungsschutz (Rn. 356 ff.), den Aufhebungsvertrag (Rn. 426 ff.), die befristeten Arbeitsverhältnisse (Rn. 432 ff.) und die Beteiligung des Betriebsrats in wirtschaftlichen Angelegenheiten (Rn. 779 ff.), ferner die Ausführungen zu den Themen Grundlagen des Arbeitsrechts (Rn. 1 f., 6 ff.), Voraussetzungen des Betriebsübergangs (Rn. 136 f.), Maßregelungsverbot nach § 612a BGB (Rn. 269 b), Vergütung bei Annahmeverzug (Rn. 274), Inhalt, Form und Zugang der Kündigungserklärung (Rn. 324 ff.), Ausschlussfrist des § 4 Satz 1 i. V. m. § 7 KSchG (Rn. 331 ff.), Abmahnung (Rn. 406 f.) und Tarifzuständigkeit (Rn. 520).

Eingearbeitet sind u.a. die im Jahr 2012 ergangenen Urteile des EuGH in Sachen Meister (Auskunftsanspruch des abgewiesenen Bewerbers, Rn. 147), Kücük (Missbrauchskontrolle bei Kettenbefristung, Rn. 437) und Hörnfeldt (Zulässigkeit von Altersgrenzen, Rn. 441) sowie die 2011/2012 ergangenen Entscheidungen des BAG zu ehrenamtlicher Tätigkeit (Rn. 94), Ein-Tages-Arbeitsverhältnissen (Rn. 119), zur Frage nach der Schwerbehinderung (Rn. 153), AGB-Kontrolle von Überstundenvereinbarungen (Rn. 219), Kombination von Freiwilligkeits- und Widerrufsvorbehalt (Rn. 253), zum ärztlichen Attest (Rn. 286), Vorrang der Kurzarbeit vor Kündigung (Rn. 373), zur Herausnahme von Leistungsträgern aus der Sozialauswahl (Rn. 376), zum Diebstahlsnachweis durch verdeckte Videoüberwachung (Rn. 402), zur Verwendung von „Geheimcodes" in Zeugnissen (Rn. 444), Berechnung der Betriebsgröße (Rn. 666), zu den Betriebsratsrechten im Arbeitskampf (Rn. 706) und zur Betriebsänderung im Kleinbetrieb (Rn. 782, 784). Die vorstehende Aufzählung mag zugleich ein Hinweis auf mögliche aktuelle Prüfungsgegenstände sein.

Besonderer Dank gebührt Frau *Cornelia Sebode,* ohne deren zuverlässige und umsichtige Betreuung des Manuskripts das Buch in der vorliegenden Form nicht entstanden wäre. Dank gilt auch Frau cand. iur. *Sabrina Geißendörfer* für wertvolle Recherchen.

Eine Anleitung zur Lösung arbeitsrechtlicher Fälle findet sich in dem Buch *Junker,* Fälle zum Arbeitsrecht, das im Jahr 2012 in zweiter Auflage im Verlag C. H. Beck erschienen ist.

München, im Februar 2013   *Abbo Junker*

Aus dem Vorwort zur 1. Auflage (2001)

Der Grundkurs Arbeitsrecht ist eine Gesamtdarstellung des Arbeitsrechts, die nicht nur die Grundlagen und Strukturen dieses Rechtsgebiets vermitteln, sondern auch die Lösung arbeitsrechtlicher Fälle erleichtern soll. Der Grundkurs geht von der Prämisse aus, daß die Zeit des Lesers ein knappes Gut ist. Das Ziel des Verfassers war daher, auf dem vorgegebenen, knappen Raum möglichst viel Arbeitsrecht in einer Weise unterzubringen, daß der Leser die Freude an der Lektüre nicht verliert. Das Buch soll zeigen, daß sich die ungezählten Einzelfragen und Detailprobleme, die das Arbeitsrecht aufwirft, meist auf *allgemeine Prinzipien* zurückführen lassen. Wer die Grundprinzipien verstanden hat, kann in Prüfung und Praxis auch neuartige Fallgestaltungen bewältigen.

Dem didaktischen Anliegen des Buches dienen die in den Text eingestreuten 30 *Übungsfälle,* die in der Regel BAG-Entscheidungen nachgebildet und mit einer „klausurmäßigen" Lösung versehen sind. Neben den *Übungsfällen* gibt es noch fünf weitere Rubriken:

- *Übersichten* sollen in Listen- oder Diagrammform Gesamtzusammenhänge verdeutlichen.
- *Durchblick:* Hier werden Querverbindungen innerhalb des Arbeitsrechts oder zu anderen Rechtsgebieten aufgezeigt.
- *Praxis:* Diese Rubrik zeigt die praktische Bedeutung und/oder die praktische Handhabung der Vorschriften.
- *Beispiele* sind im Text hervorgehobene Fälle ohne klausurmäßige Lösung.
- *Fälle und Fragen* am Ende jedes Kapitels ermöglichen die Wissenskontrolle.

Inhaltsübersicht

Inhaltsverzeichnis

Erster Teil. Einführung

Zweiter Teil. Individualarbeitsrecht

Dritter Teil. Kollektives Arbeitsrecht

Vierter Teil. Verfahrensrecht

Abkürzungsverzeichnis

BEEG	Bundeselterngeld- und Elternzeitgesetz
Begr.	Begründung, Begründer
BeschFG	Beschäftigungsförderungsgesetz
BetrAVG	Gesetz zur Verbesserung der betrieblichen Altersversorgung
BetrVG	Betriebsverfassungsgesetz
BGB	Bürgerliches Gesetzbuch
BGBl.	Bundesgesetzblatt
BGG	Gesetz zur Gleichstellung behinderter Menschen (Behindertengleichstellungsgesetz)
BGH	Bundesgerichtshof
BGHSt	Entscheidungen des Bundesgerichtshofs in Strafsachen
BGHZ	Entscheidungen des Bundesgerichtshofs in Zivilsachen
BMAS	Bundesministerium für Arbeit und Soziales
BNichtrSchG	Bundesnichtraucherschutzgesetz
BPersVG	Bundespersonalvertretungsgesetz
BR	Bundesrat; Betriebsrat
BR-Drs.	Drucksachen des Bundesrates
BRG	Betriebsrätegesetz von 1920
BSG	Bundessozialgericht
BSGE	Entscheidungen des Bundessozialgerichts
BT	Deutscher Bundestag
BT-Drs.	Drucksachen des Deutschen Bundestages
BUrlG	Bundesurlaubsgesetz
BVerfG	Bundesverfassungsgericht
BVerfGE	Entscheidungen des Bundesverfassungsgerichts
BVerwG	Bundesverwaltungsgericht
BVerwGE	Entscheidungen des Bundesverwaltungsgerichts
CCZ	Corporate Compliance Zeitschrift
CDU	Christliche Demokratische Union Deutschlands
CGB	Christlicher Gewerkschaftsbund
CSU	Christlich-Soziale Union
DB	Der Betrieb (Zeitschrift)
DBB	Deutscher Beamtenbund
ders.	derselbe
DGB	Deutscher Gewerkschaftsbund
d. h.	das heißt
Diss.	Dissertation
DÖV	Die Öffentliche Verwaltung (Zeitschrift)
DRiG	Deutsches Richtergesetz
DrittelbG	Drittelbeteiligungsgesetz
DVO	Durchführungsverordnung
DZWir	Deutsche Zeitschrift für Wirtschafts- und Insolvenzrecht
EBRG	Gesetz über Europäische Betriebsräte
EFZG	Entgeltfortzahlungsgesetz
EG	Europäische Gemeinschaft, Vertrag zur Gründung der Europäischen Gemeinschaft i. d. F. des Vertrags von Amsterdam
EGBGB	Einführungsgesetz zum Bürgerlichen Gesetzbuch
EGMR	Europäischer Gerichtshof für Menschenrechte
EGV	Vertrag zur Gründung der Europäischen Gemeinschaft
Einl.	Einleitung
EMRK	Europäische Menschenrechts-Konvention
ES	Eingangssatz
ESC	Europäische Sozialcharta
EStG	Einkommensteuergesetz

EU	Europäische Union
EuGH	Europäischer Gerichtshof
EuR	Europarecht (Zeitschrift)
EUV	Vertrag über die Europäische Union
EuZA	Europäische Zeitschrift für Arbeitsrecht
EuZW	Europäische Zeitschrift für Wirtschaftsrecht
e. V.	eingetragener Verein
EWG	Europäische Wirtschaftsgemeinschaft
EWGV	Vertrag zur Gründung der Europäischen Wirtschaftsgemeinschaft
EWiR	Entscheidungen zum Wirtschaftsrecht (Loseblattsammlung)
EzA	Entscheidungssammlung zum Arbeitsrecht (Loseblattsammlung)
f., ff.	folgende
FA	Fachanwalt Arbeitsrecht (Zeitschrift)
FamRZ	Zeitschrift für das gesamte Familienrecht
FAZ	Frankfurter Allgemeine Zeitung
FDP	Freie Demokratische Partei
FGG	Gesetz über die Angelegenheiten der freiwilligen Gerichtsbarkeit
Fn.	Fußnote
FPfZG	Familienpflegezeitgesetz
FS	Festschrift
G.	Gesetz
GBR	Gesamtbetriebsrat
GdB	Grad der Behinderung
GemSOGB	Gemeinsamer Senat der Obersten Gerichtshöfe des Bundes
GenG	Genossenschaftsgesetz
GewO	Gewerbeordnung
GG	Grundgesetz
GKG	Gerichtskostengesetz
GmbH	Gesellschaft mit beschränkter Haftung
GmbHG	Gesetz betreffend die Gesellschaften mit beschränkter Haftung
GPR	Zeitschrift für Gemeinschaftsprivatrecht
GRCh	Charta der Grundrechte der Europäischen Union
GS	Großer Senat; Gedächtnisschrift
GVG	Gerichtsverfassungsgesetz
HAG	Heimarbeitsgesetz
HandwO	Handwerksordnung
HGB	Handelsgesetzbuch
h. M.	herrschende Meinung
Hrsg.	Herausgeber
hrsgg.	herausgegeben
Hs.	Halbsatz
HzA	Handbuch zum Arbeitsrecht
i. d. F.	in der Fassung
i. d. R.	in der Regel
i. E.	im Ergebnis
IG	Industriegewerkschaft
insbes.	insbesondere
InsO	Insolvenzordnung
IPRax	Praxis des Internationalen Privat- und Verfahrensrechts (Zeitschrift)
i. S. d.	im Sinne des
i. V. m.	in Verbindung mit
iwd	Informationsdienst des Instituts der Deutschen Wirtschaft (Zeitschrift)

JA	Juristische Arbeitsblätter (Zeitschrift)
JArbSchG	Jugendarbeitsschutzgesetz
JbArbR	Jahrbuch des Arbeitsrechts
JR	Juristische Rundschau
Jura	Juristische Ausbildung (Zeitschrift)
JuS	Juristische Schulung (Zeitschrift)
JZ	Juristen-Zeitung (Zeitschrift)
Kap.	Kapitel
KBR	Konzernbetriebsrat
KG	Kommanditgesellschaft
KritVj	Kritische Vierteljahresschrift für Gesetzgebung und Rechtswissenschaft
KSchG	Kündigungsschutzgesetz
LAG	Landesarbeitsgericht
LAGE	Entscheidungen der Landesarbeitsgerichte
lit.	littera (Buchstabe)
LM	Nachschlagewerk des BGH, herausgegeben von Lindenmaier und Möhring (Loseblattsammlung)
LPersVG	Landespersonalvertretungsgesetz
m. Anm.	mit Anmerkung
m. Aufs.	mit (Besprechungs-)Aufsatz
MDR	Monatsschrift für Deutsches Recht (Zeitschrift)
MindArbBedG	Mindestarbeitsbedingungengesetz
MitbestErgG	Mitbestimmungsergänzungsgesetz
MitbestG	Mitbestimmungsgesetz
MontanmitbestG	Gesetz über die Mitbestimmung der Arbeitnehmer in den Aufsichtsräten und Vorständen der Unternehmen des Bergbaus und der Eisen und Stahl erzeugenden Industrie (Montanmitbestimmungsgesetz)
MTV	Manteltarifvertrag
MuSchG	Mutterschutzgesetz
m. w. N.	mit weiteren Nachweisen
NachwG	Nachweisgesetz
n. F.	neue Fassung
NJ	Neue Justiz (Zeitschrift)
NJW	Neue Juristische Wochenschrift (Zeitschrift)
NJW-RR	NJW-Rechtsprechungs-Report (Zeitschrift)
NRW	Nordrhein-Westfalen
n. v.	nicht veröffentlicht
NZA	Neue Zeitschrift für Arbeitsrecht (Zeitschrift)
NZA-RR	NZA-Rechtsprechungs-Report (Zeitschrift)
NZS	Neue Zeitschrift für Sozialrecht
OHG	offene Handelsgesellschaft
OLG	Oberlandesgericht
PersR	Der Personalrat (Zeitschrift
PersV	Die Personalvertretung (Zeitschrift)
PflegeZG	Gesetz über die Pflegezeit (Pflegezeitgesetz)
RabelsZ	Rabels Zeitschrift für ausländisches und internationales Privatrecht
RAG	Reichsarbeitsgericht
RAGE	Entscheidungen des Reichsarbeitsgerichts

RdA	Recht der Arbeit (Zeitschrift)
RegE	Regierungsentwurf
RG	Reichsgericht
RGBl.	Reichsgesetzblatt
RGZ	Entscheidungen des Reichsgerichts in Zivilsachen
RIW	Recht der Internationalen Wirtschaft (Zeitschrift)
Rn.	Randnummer/Randnummern
Rs.	Rechtssache
Rspr.	Rechtsprechung
S.	Seite
s.	siehe
SAE	Sammlung arbeitsrechtlicher Entscheidungen (Zeitschrift)
SGB	Sozialgesetzbuch
Slg.	Sammlung der Entscheidungen des Europäischen Gerichtshofs
Sp.	Spalte
SPD	Sozialdemokratische Partei Deutschlands
SprAuG	Sprecherausschussgesetz
StGB	Strafgesetzbuch
StPO	Strafprozessordnung
str.	streitig
TOA	Tarifordnung für Angestellte
TV	Tarifvertrag
TVG	Tarifvertragsgesetz
Tz.	Textziffer
TzBfG	Teilzeit- und Befristungsgesetz
u. a.	unter anderem; und andere
ULA	Union der Leitenden Angestellten
UmwG	Umwandlungsgesetz
UrhG	Urheberrechtsgesetz
UWG	Gesetz gegen den unlauteren Wettbewerb
VAG	Versicherungsaufsichtsgesetz
ver.di	Vereinigte Dienstleistungsgewerkschaft
vgl.	vergleiche
VO	Verordnung
Vorb.	Vorbemerkung
VVaG	Versicherungsverein auf Gegenseitigkeit
VVE	Vertrag über eine Verfassung für Europa
VVG	Versicherungsvertragsgesetz
WahlO	Wahlordnung
WissZeitVG	Wissenschaftszeitvertragsgesetz
WM	Zeitschrift für Wirtschafts- und Bankrecht (Wertpapier-Mitteilungen)
WRV	Weimarer Reichsverfassung
WuB	Entscheidungssammlung zum Wirtschafts- und Bankrecht
z. B.	zum Beispiel
ZDG	Zivildienstgesetz
ZESAR	Zeitschrift für Europäisches Sozial- und Arbeitsrecht
ZEuP	Zeitschrift für Europäisches Privatrecht
ZfA	Zeitschrift für Arbeitsrecht
ZGR	Zeitschrift für Unternehmens- und Gesellschaftsrecht
ZHR	Zeitschrift für das gesamte Handels- und Wirtschaftsrecht
ZIAS	Zeitschrift für ausländisches und internationales Arbeits- und Sozialrecht

Ziff. .... Ziffer
ZIP .... Zeitschrift für Wirtschaftsrecht (vormals: Zeitschrift für
                           Insolvenz-Praxis)
ZPO .... Zivilprozessordnung
z. T. .... zum Teil
ZTR .... Zeitschrift für Tarifrecht
ZZP .... Zeitschrift für Zivilprozess

Literaturverzeichnis

Annuß/Thüsing/ Bearbeiter	*Annuß/Thüsing*, Kommentar zum Teilzeit- und Befristungsgesetz, 3. Aufl. (2012)
A/P/S/*Bearbeiter*	*Ascheid/Preis/Schmidt*, Kündigungsrecht – Großkommentar zum gesamten Recht der Beendigung von Arbeitsverhältnissen, 4. Aufl. (2012)
Bamberger/Roth/ Bearbeiter	*Bamberger/Roth*, Kommentar zum Bürgerlichen Gesetzbuch, 3. Aufl. (2012)
Boecken/Joussen	*Boecken/Joussen*, Teilzeit- und Befristungsgesetz, Handkommentar, 3. Aufl. (2012)
Brox/Rüthers/Henssler	*Brox/Rüthers/Henssler*, Arbeitsrecht, 18. Aufl. (2011)
Däubler/*Bearbeiter*, ArbeitskampfR	*Däubler*, Arbeitskampfrecht, Handbuch für die Rechtspraxis, 3. Aufl. (2011)
Däubler/*Bearbeiter*, TVG	*Däubler*, Kommentar zum Tarifvertragsgesetz, 3. Aufl. (2012)
Däubler/Bertzbach/ Bearbeiter	*Däubler/Bertzbach*, Allgemeines Gleichbehandlungsgesetz, Handkommentar, 2. Aufl. (2008)
D/F/L/*Bearbeiter*	*Dornbusch/Fischermeier/Löwisch*, Fachanwaltskommentar Arbeitsrecht, 5. Aufl. (2012)
D/K/K/W/*Bearbeiter*	*Däubler/Kittner/Klebe/Wedde*, Betriebsverfassungsgesetz, 13. Aufl. (2012)
Dütz/Thüsing	*Dütz/Thüsing*, Arbeitsrecht, 17. Aufl. (2012)
ErfK/*Bearbeiter*	Erfurter Kommentar zum Arbeitsrecht, hrsgg. von Müller-Glöge u. a., 13. Aufl. (2013)
Erman/*Bearbeiter*	*Erman*, Handkommentar zum Bürgerlichen Gesetzbuch mit Einführungsgesetz in zwei Bänden, 13. Aufl. (2011)
Gamillscheg I	*Gamillscheg*, Kollektives Arbeitsrecht, Bd. I: Grundlagen/Koalitionsfreiheit/Tarifvertrag/Arbeitskampf und Schlichtung (1997)
Gamillscheg II	*Gamillscheg*, Kollektives Arbeitsrecht, Bd. II: Betriebsverfassung (2008)
GK-ArbGG/*Bearbeiter*	*Dörner u. a.*, Gemeinschaftskommentar zum Arbeitsgerichtsgesetz, Loseblattwerk (Stand 2012)
GK-BetrVG/*Bearbeiter*	*Franzen u. a.*, Gemeinschaftskommentar zum Betriebsverfassungsgesetz, 9. Aufl. (2010)
G/M/P/*Bearbeiter*, ArbGG	*Germelmann/Matthes/Prütting/Müller-Glöge*, Arbeitsgerichtsgesetz, Kommentar, 7. Aufl. (2009)
Hanau/Adomeit	*Hanau/Adomeit*, Arbeitsrecht, 14. Aufl. (2007)
Heckelmann/Franzen	*Heckelmann/Franzen*, Fälle zum Arbeitsrecht, 3. Aufl. (2006)
von Hoyningen-Huene	*von Hoyningen-Huene*, Betriebsverfassungsrecht, 6. Aufl. (2007)
von Hoyningen-Huene/ Linck	*von Hoyningen-Huene/Linck*, Kündigungsschutzgesetz, Kommentar, 14. Aufl. (2007)
Hromadka/ Maschmann I...................	*Hromadka/Maschmann*, Arbeitsrecht Band 1: Individualarbeitsrecht, 5. Aufl. (2011)

Hromadka/
Maschmann II .... Hromadka/Maschmann, Arbeitsrecht Band 2: Kollektivarbeits-
recht und Arbeitsstreitigkeiten, 5. Aufl. (2010)
Hueck/Nipperdey I .... Hueck/Nipperdey, Lehrbuch des Arbeitsrechts, Band 1, 7. Aufl.
(1963)
Hueck/Nipperdey II/1 ..... Hueck/Nipperdey, Lehrbuch des Arbeitsrechts, Band II/1, 7. Aufl.
(1967)
Hueck/Nipperdey II/2 ..... Hueck/Nipperdey, Lehrbuch des Arbeitsrechts, Band II/2, 7. Aufl.
(1970)
H/W/K/*Bearbeiter* .... Henssler/Willemsen/Kalb, Arbeitsrecht Kommentar, 5. Aufl. (2012)
Jacobs/Krause/Oetker,
TVR .... Jacobs/Krause/Oetker, Tarifvertragsrecht (2007)
Jauernig/Bearbeiter .... Jauernig, Bürgerliches Gesetzbuch, Kommentar, 14. Aufl. (2012)
Junker, Fälle .... Junker, Fälle zum Arbeitsrecht, 2. Aufl. (2012)
K/D/Z/*Bearbeiter* .... Kittner/Däubler/Zwanziger, Kündigungsschutzrecht, 8. Aufl.
(2011)
Kempen/Zachert/
Bearbeiter, TVG .... Kempen/Zachert, Tarifvertragsgesetz, Kommentar, 4. Aufl. (2006)
Krause, ArbR .... Krause, Arbeitsrecht, 2. Aufl. (2011)
Krause, PdW I .... Krause, Prüfe dein Wissen – Arbeitsrecht I, Individualarbeitsrecht
(2007)
KR/*Bearbeiter* .... Becker u. a., Gemeinschaftskommentar zum Kündigungsschutzge-
setz und zu sonstigen kündigungsschutzrechtlichen Vorschriften,
10. Aufl. (2013)
Laux/Schlachter/
Bearbeiter .... Laux/Schlachter, Teilzeit- und Befristungsgesetz, Kommentar,
2. Aufl. (2011)
Löwisch/*Bearbeiter,*
ArbeitskampfR .... Löwisch, Arbeitskampf- und Schlichtungsrecht (1997)
Löwisch/Caspers/Klumpp,
ArbR .... Löwisch/Caspers/Klumpp, Arbeitsrecht, Ein Studienbuch, 9. Aufl.
(2012)
Löwisch/Kaiser,
BetrVG .... Löwisch/Kaiser, Betriebsverfassungsgesetz, Kommentar, 6. Aufl.
(2010)
Löwisch/Rieble, TVG ...... Löwisch/Rieble, Tarifvertragsgesetz, 3. Aufl. (2012)
MünchArbR/*Bearbeiter* .. Richardi u.a., Münchener Handbuch zum Arbeitsrecht, 3. Aufl.
(2009)
MünchKommBGB/
Bearbeiter .... Münchener Kommentar zum Bürgerlichen Gesetzbuch, 6. Aufl.
(2012 ff.)
MünchKommHGB/
Bearbeiter .... Münchener Kommentar zum Handelsgesetzbuch, 3. Aufl.
(2010 ff.)
Nikisch I .... Nikisch, Arbeitsrecht, I. Band: Allgemeine Lehren und Arbeits-
vertragsrecht, 3. Aufl. (1961)
Nikisch II .... Nikisch, Arbeitsrecht, II. Band: Koalitionsrecht, Arbeitskampf-
recht und Tarifvertragsrecht, 2. Aufl. (1959)
Otto, ArbeitskampfR ...... Otto, Arbeitskampf- und Schlichtungsrecht (2006)
Otto, ArbR .... Otto, Arbeitsrecht, 4. Aufl. (2008)
Otto/Schwarze .... Otto/Schwarze, Die Haftung des Arbeitnehmers, 3. Aufl. (1998)
Palandt/*Bearbeiter* .... Palandt, Bürgerliches Gesetzbuch, 72. Aufl. (2013)
Preis I .... Preis, Arbeitsrecht – Individualarbeitsrecht, 4. Aufl. (2012)
Preis II .... Preis, Arbeitsrecht – Kollektivarbeitsrecht, 3. Aufl. (2012)
Preis/*Bearbeiter,*
Arbeitsvertrag .... Preis, Der Arbeitsvertrag – Handbuch der Vertragspraxis und
-gestaltung, 4. Aufl. (2011)

Reichold .... *Reichold,* Arbeitsrecht, 4. Aufl. (2012)

Richardi/*Bearbeiter,*
BetrVG .... *Richardi,* Betriebsverfassungsgesetz, Kommentar, 13. Aufl. (2012)

Rolfs .... *Rolfs,* Arbeitsrecht – Studienkommentar, 3. Aufl. (2010)

Schaub/*Bearbeiter* .... *Schaub,* Arbeitsrechts-Handbuch, 14. Aufl. (2011)

Schwab/Weth/
Bearbeiter, ArbGG .... *Schwab/Weth,* Kommentar zum Arbeitsgerichtsgesetz, 3. Aufl. (2011)

Schwarze/Eylert/
Schrader/*Bearbeiter* .... *Schwarze/Eylert/Schrader,* Kündigungsschutzgesetz, Kommentar (2011)

Staudinger/*Bearbeiter* ..... *von Staudinger,* Kommentar zum Bürgerlichen Gesetzbuch mit Einführungsgesetz und Nebengesetzen, einzelne Lieferungen (1993 ff.)

Stein/Jonas/*Bearbeiter* ..... *Stein/Jonas,* Kommentar zur Zivilprozessordnung, 22. Aufl. (2002 ff.)

Thomas/Putzo/
Bearbeiter .... *Thomas/Putzo,* Zivilprozessordnung, Kommentar, 33. Aufl. (2012)

Waltermann .... *Waltermann,* Arbeitsrecht, 16. Aufl. (2012)

Wank, Übungen .... *Wank,* Übungen im Arbeitsrecht, 3. Aufl. (2002)

Wiedemann/*Bearbeiter,*
TVG .... *Wiedemann,* Tarifvertragsgesetz, Kommentar, 7. Aufl. (2007)

W/P/K/*Bearbeiter* .... *Wlotzke/Preis/Kreft,* Betriebsverfassungsgesetz, Kommentar, 4. Aufl. (2009)

Zeiss/Schreiber .... *Zeiss/Schreiber,* Zivilprozessecht, 11. Aufl. (2009)

Zöller/Bearbeiter .... *Zöller,* Zivilprozessordnung, Kommentar, 29. Aufl. (2012)

Zöllner/Loritz/
Hergenröder .... *Zöllner/Loritz/Hergenröder,* Arbeitsrecht, 6. Aufl. (2008)

Erster Teil. Einführung

§ 1. Grundlagen des Arbeitsrechts

Arbeitsrecht ist das Recht der Arbeit. Was ist Arbeit? In der **Physik** ist Arbeit 1
ein Geschehen, das einen Körper entgegen einer Kraft bewegt, die auf ihn einwirkt. Diese Definition ist für das Arbeitsrecht zu eng, weil sie die **geistige Arbeit**
nicht erfasst; sie ist zu weit, weil sie sich nicht auf die **menschliche Arbeit** beschränkt, sondern auch Arbeit durch Maschinen oder Naturkräfte (z.B. Wind-
kraft) einschließt.

Für die **Ökonomie** ist Arbeit ein **Produktionsfaktor,** der mit dem Faktor Kapital kombiniert werden muss, um eine Wirtschaftsleistung zu schaffen. Das
kommt der Sache schon näher: Als Produktionsfaktor bedeutet Arbeit eine körperliche oder geistige Tätigkeit eines Menschen in Ausübung eines Berufs, also
die **Erwerbstätigkeit** eines Menschen.

Aus der **Sicht des Rechts** kann diese Erwerbstätigkeit verschiedene Formen
annehmen: öffentlich-rechtlich oder privatrechtlich, gesellschaftsvertraglich
oder dienstvertraglich, selbständig oder unselbständig. Daher muss der spezifi-
sche Gegenstand des Arbeitsrechts genauer eingegrenzt werden.

I. Gegenstand des Arbeitsrechts

„Arbeit" im arbeitsrechtlichen Sinn umfasst nicht jede Erwerbstätigkeit, son- 2
dern ist in dreifacher Hinsicht eingegrenzt: Erstens muss sie auf Grund eines
privatrechtlichen Vertrags geleistet werden. Daher gehören die Rechtsverhältnisse der Beamten, Richter und Soldaten, die dem öffentlichen Recht unterstehen, nicht zum Arbeitsrecht. Zweitens muss der privatrechtliche Vertrag als
Dienstvertrag i.S.d. § 611 I BGB zu qualifizieren sein, wodurch Leistungen auf
der Grundlage eines Werkvertrags oder eines Gesellschaftsvertrags ausscheiden.
Drittens muss der Dienstvertrag die Leistung unselbständiger Dienste zum Gegenstand haben, was die Rechtsprechung mit **persönlicher Abhängigkeit** des
Dienstnehmers gleichsetzt. Den Gegensatz dazu bildet der Dienstvertrag des
Selbständigen, z.B. derjenige des Arztes mit dem Patienten.

Im Rechtssinne umfasst **Arbeit** demnach alle Dienstleistungen i.S.d. § 611 I
BGB, die auf privatrechtlicher Basis in abhängiger Stellung zu erbringen sind[1]
(Einzelheiten Rn. 91–106).

Praxis: Im Dezember 2012 waren von rund 82 Mio. Einwohnern der Bundesrepublik
Deutschland etwa 43 Mio. als „Erwerbstätige" statistisch erfasst, davon rund 3 Mio. als
Arbeitslose (7%). Die verbleibenden rund 40 Mio. Erwerbstätigen gliedern sich in ungefähr
34 Mio. Arbeitnehmer, 1,4 Mio. Beamte, Richter und Soldaten sowie 4,6 Mio. Selbständige

---

[1] *Hueck/Nipperdey* I, § 1 I (S. 3 f.); *Nikisch* I, § 1 I 2 (S. 4).

(einschließlich der mitarbeitenden Familienangehörigen).[2] Das bedeutet: Mehr als zwei Fünftel der Gesamtbevölkerung und fast 80% der Erwerbstätigen sind Arbeitnehmer. Diese Zahlen zeigen, welche Bedeutung dem Arbeitsverhältnis und damit auch dem Arbeitsrecht zukommt.

1. Individualarbeitsrecht

3   Die Keimzelle des Arbeitsrechts bildet der Arbeitsvertrag. Arbeitsrecht ist daher zunächst **Arbeitsvertragsrecht:** Es regelt die Beziehungen zwischen demjenigen, der die Arbeit zu leisten hat (dem Arbeitnehmer), und seinem Vertragspartner, dem Arbeitgeber. Geregelt wird die Begründung, der Inhalt und die Beendigung des Arbeitsverhältnisses (dazu §§ 2–6, Rn. 90 ff.). Dieses sog. individuelle Arbeitsrecht wird durch das öffentlich-rechtliche **Arbeitsschutzrecht** überlagert.

> **Durchblick:** Auf der einen Seite soll das Arbeitsschutzrecht spezifische **Gefahren im Arbeitsverhältnis**, besonders Gesundheitsgefahren, abwehren; ein Beispiel ist der Nichtraucherschutz am Arbeitsplatz nach der Arbeitsstättenverordnung (ArbStättVO).[3] Auf der anderen Seite geht es um den Schutz **besonderer Arbeitnehmergruppen**, vor allem Frauen in Mutterschaft, Jugendliche und Schwerbehinderte. Diese Vorschriften betreffen die Begründung (z.B. § 71 SGB IX), den Inhalt (z.B. § 9 JArbSchG) und die Beendigung des Arbeitsverhältnisses (z.B. § 9 MuSchG).

2. Kollektives Arbeitsrecht

4   Da der einzelne Arbeitnehmer dem Arbeitgeber typischerweise unterlegen ist, haben sich im 19. Jahrhundert Gewerkschaften gebildet, die mit Arbeitgebern oder ihren Verbänden **Tarifverträge** schließen. Wenn zu diesem Zweck Druck oder Gegendruck ausgeübt werden muss, werden **Arbeitskämpfe** geführt, vor allem in Gestalt von Streiks und Aussperrungen. Die Vorschriften über **Koalitionen** (Gewerkschaften und Arbeitgeberverbände), Tarifverträge und Arbeitskämpfe gehören zum kollektiven Arbeitsrecht, das auch Kollektivarbeitsrecht genannt wird (dazu §§ 7–9, Rn. 450 ff.).

Die Koalitionsfreiheit erlaubt den Gewerkschaften und Arbeitgeberverbänden, im Wege der „Selbsthilfe" durch Tarifverträge und Arbeitskämpfe die Arbeitsbedingungen auf überbetrieblicher Ebene zu gestalten. Als zweite Schiene des kollektiven Arbeitsrechts hat der Gesetzgeber im 20. Jahrhundert die **Betriebsverfassung** geschaffen, die dem Betriebsrat zahlreiche **Mitwirkungsrechte** einräumt (dazu § 10, Rn. 640 ff.). Ergänzt wird sie durch die **Unternehmensmitbestimmung,** die gleichermaßen zum kollektiven Arbeitsrecht und zum Gesellschaftsrecht zählt (dazu § 11, Rn. 800 ff.).

3. Arbeitsgerichtsbarkeit

5   Das arbeitsgerichtliche Verfahren ist eng verzahnt mit dem materiellen Arbeitsrecht, weil der Arbeitnehmer die Unwirksamkeit einer Kündigung nur durch Klage beim Arbeitsgericht geltend machen kann; etwa 40% aller arbeits-

---

[2] Quelle: Statistisches Bundesamt (www.destatis.de).
[3] Siehe zum Anspruch auf einen tabakrauchfreien Arbeitsplatz gem. § 5 I ArbStättVO *BAG* vom 19. 5. 2009 – 9 AZR 241/08, BAGE 131, 18 = AP Nr. 30 zu § 618 BGB = NZA 2009, 775 (Rn. 22 ff.).

gerichtlichen Streitigkeiten sind Kündigungsschutzprozesse.[4] Wegen seiner engen Verzahnung mit dem materiellen Recht ist das arbeitsgerichtliche Verfahren ebenfalls Gegenstand des Arbeitsrechts (dazu § 12, Rn. 835 ff.).

Zusammenfassend lässt sich das **Arbeitsrecht** definieren als die Gesamtheit der Normen (1) über Arbeitsverträge und Arbeitsschutz, (2) über Koalitionen, Tarifverträge, Arbeitskämpfe, Betriebsverfassung und Unternehmensmitbestimmung sowie (3) über das arbeitsgerichtliche Verfahren.

> **Durchblick:** Gelegentlich wird Arbeitsrecht auch als „Sonderrecht der Arbeitnehmer" bezeichnet.[5] Das trifft insoweit zu, als das Rechtsgebiet letztlich auf den Schutz der Arbeitnehmer abzielt. Als Definition ist „Sonderrecht der Arbeitnehmer" aber ungeeignet, weil es im Arbeitsrecht keineswegs nur um Rechtsbeziehungen der Arbeitnehmer geht, sondern z.B. auch um Beziehungen zwischen Gewerkschaft und Arbeitgeberverband, Arbeitgeber und Betriebsrat oder Betriebsrat und Gewerkschaft.

II. Aufgaben des Arbeitsrechts

Die Aufgaben des Arbeitsrechts folgen aus dem **Lebenssachverhalt,** den es zu 6 bewältigen hat: Das Arbeitsverhältnis ist ein Dauerschuldverhältnis, das für die meisten Menschen die Existenzgrundlage darstellt und ein strukturelles Ungleichgewicht der Vertragsparteien aufweist (dazu 1). Die **Rahmenbedingungen** der rechtlichen Regelung dieses Lebenssachverhalts sind die soziale Marktwirtschaft, der Grundsatz der Unternehmerfreiheit und das Sozialstaatsprinzip (dazu 2). Wie alle Rechtsgebiete bezweckt auch das Arbeitsrecht einen **Interessenausgleich;** im Arbeitsrecht werden die widerstreitenden Interessen nicht nur durch Gesetz, sondern auch durch Tarifvertrag und Betriebsvereinbarung zum Ausgleich gebracht (dazu 3).

1. Lebenssachverhalt

Der Lebenssachverhalt „Arbeitsverhältnis" wird durch die drei Merkmale 7 Dauerschuldverhältnis, Existenzgrundlage und Machtgefälle gekennzeichnet:

a) Dauerschuldverhältnis

Das Arbeitsverhältnis stellt ein Dauerschuldverhältnis dar, also ein Schuldverhältnis, das sich nicht in einem einmaligen Leistungsaustausch erschöpft („Ware gegen Geld"), sondern durch den **Zeitfaktor** bestimmt wird und auf arbeitstäglich wiederkehrende Leistungen gerichtet ist. Der Dauerschuldcharakter des Arbeitsverhältnisses bedeutet dreierlei:

(1) Es bedarf, sofern das Arbeitsverhältnis nicht wirksam befristet wurde (Rn. 432–441), eines Tatbestands, der die einseitige Beendigung des Arbeitsverhältnisses möglich macht. Das ist die **Kündigung,** der im Arbeitsrecht überragende Bedeutung zukommt (Rn. 323–424).

(2) Aus dem Arbeitsverhältnis erwachsen fortlaufend einzelne Rechte (z.B. auf Vergütung), Pflichten (z.B. zur Arbeitsleistung) und Rechtspositionen (z.B.

---

[4] Zahlenangaben: *Grotmann-Höfling,* AuR 2010, 113; *ders.,* AuR 2011, 433.
[5] Palandt/*Weidenkaff,* vor § 611 BGB Rn. 3.

die Anwartschaft auf Betriebsrente). Aus der Dauerbeziehung folgt z.B. auch das Bedürfnis nach **Erholungsurlaub** (Rn. 261–265).

(3) Da sich die Dauerbeziehung nicht sinnvoll nach Bereicherungsregeln rückabwickeln lässt, wird ein nichtiges oder angefochtenes Arbeitsverhältnis als sog. **fehlerhaftes Arbeitsverhältnis** für die Vergangenheit grundsätzlich wie ein wirksames Arbeitsverhältnis behandelt (Rn. 188–199).

Aus dem Dauerschuldcharakter des Arbeitsverhältnisses folgt weiter, dass der Arbeitnehmer, soweit er arbeitsvertraglich gebunden ist, sich der Möglichkeit begibt, selbst unternehmerisch am Markt aufzutreten. Schon aus dieser **Gebundenheit** des Arbeitnehmers an ein Unternehmen ergibt sich eine besondere Schutzbedürftigkeit des Arbeitnehmers. Hinzu kommt die **Höchstpersönlichkeit** der Pflicht zur Arbeitsleistung (§ 613 Satz 1 BGB): Kann die Arbeitsleistung von der Person des Arbeitenden nicht getrennt werden, erhalten die Arbeitsbedingungen automatisch eine **soziale Dimension.**

b) Existenzgrundlage

8   Verstärkt wird das Schutzbedürfnis des Arbeitnehmers durch ein zweites Merkmal: Das Arbeitsverhältnis bildet für den Arbeitnehmer i.d.R. die Existenzgrundlage, weil er mit seiner Arbeitskraft den Lebensunterhalt bestreiten muss. Deshalb ist er darauf angewiesen, dass er eine angemessene **Vergütung** erhält (dafür sorgen insbesondere Tarifverträge), dass seine **Gesundheit** und damit seine Arbeitskraft geschützt wird (das ist Gegenstand des **Arbeitsschutzrechts**) und dass ihm der **Arbeitsplatz** möglichst erhalten bleibt (darum geht es im Kündigungsschutzrecht).

Das in den Jahren 1874–1896 entstandene **Bürgerliche Gesetzbuch,** das in §§ 611–630 BGB den Arbeitsvertrag als eine von mehreren Arten des Dienstvertrags erfasst und nur bruchstückhaft regelt, wird der existentiellen Bedeutung des Arbeitsverhältnisses nicht gerecht. Das Arbeitsrecht ist als Sondermaterie aus dem **Bürgerlichen Recht** herausgewachsen; die wichtigste individual-arbeitsrechtliche Regelung, der in §§ 1–14 KSchG normierte allgemeine Kündigungsschutz, steht außerhalb des BGB.

Durchblick: Der **existenzsichernde Charakter** der abhängigen Arbeit darf nicht den Blick dafür verstellen, dass das Arbeitsverhältnis neben der wirtschaftlichen auch eine **personale Komponente** hat. Der Arbeitnehmer sieht sich mit der Tatsache konfrontiert, dass er einen erheblichen Teil seines Lebens am Arbeitsplatz verbringt: „Lebenszuschnitt und Wohnumfeld werden vom Arbeitsplatz bestimmt, ebenso gesellschaftliche Stellung und Selbstwertgefühl."[6] Das moderne Arbeitsrecht greift daher über den **Bereich der Existenzsicherung** hinaus: Es findet seinen Zweck nicht allein darin, die materiellen Arbeitsbedingungen zu optimieren, sondern widmet sich auch anderen Zielen: Der **Schutz der Persönlichkeit,** z.B. gegen sexuelle oder andere Belästigung („Mobbing"), ist ein wichtiges Anliegen des Arbeitsrechts.

c) Machtungleichgewicht

9   Ein drittes Merkmal des Arbeitsverhältnisses bildet das Ungleichgewicht zwischen den Vertragsparteien („Machtgefälle"):[7] Wer seine Arbeitskraft einem anderen zur Verfügung stellt, tritt zu ihm in ein Unterordnungsverhältnis. Der Arbeitgeber ist typischerweise der wirtschaftlich Stärkere; er „sitzt am längeren Hebel". Da er sich leichter die Ressourcen der rechts- und wirtschaftsberaten-

---

[6] *BVerfG* vom 27.1.1998 – 1 BvL 15/87, BVerfGE 97, 169 (177) – Kleinbetriebsklausel I.
[7] *Gamillscheg,* Die Grundrechte im Arbeitsrecht (1989), S. 29.

den Berufe erschließen kann, ist er i.d.R. auch der wissensmäßig überlegene Partner. So geht z.B. das **Nachweisgesetz** von einem Wissensvorsprung des Arbeitgebers aus, da es ihn verpflichtet, den Arbeitnehmer sogar über gesetzliche Arbeitsbedingungen zu unterrichten (§ 2 I 2 NachwG). Dass im Einzelfall der Arbeitnehmer dem Arbeitgeber wirtschaftlich oder intellektuell ebenbürtig oder überlegen sein kann, ändert nichts an dem generellen Befund: Die Rechtsordnung, die generalisierende (verallgemeinernde) Regelungen schafft, orientiert sich an der typischen Interessenlage.

Das „Machtungleichgewicht" wird durch eine Reihe von Beobachtungen tatsächlich und rechtlich unterlegt. Beim **Abschluss des Arbeitsvertrags** kommen in der Praxis fast ausschließlich vom Arbeitgeber vorformulierte Vertragstexte („arbeitsvertragliche Einheitsregelungen") zum Einsatz:[8] Der typische Arbeitnehmer teilt das Schicksal des Verbrauchers, der ebenfalls mit standardisierten Bedingungen vorlieb nehmen muss. Der **Inhalt des Arbeitsverhältnisses** wird in erheblichem Umfang durch Weisungen des Arbeitgebers festgelegt: Der Arbeitnehmer leistet per Definition Dienste in persönlich abhängiger (weisungsgebundener) Stellung. Die **Beendigung des Arbeitsverhältnisses** trifft Arbeitnehmer in Zeiten hoher Arbeitslosigkeit stärker als Arbeitgeber: Mehrere 100.000 Kündigungsschutzprozesse jährlich belegen diese Beobachtung; extrem selten sind dagegen Fälle, in denen sich Arbeitgeber gegen eine Kündigung zur Wehr setzen, die vom Arbeitnehmer ausgeht. 10

2. Rahmenbedingungen

Die rechtliche Regelung des Lebenssachverhalts „Arbeitsverhältnis" wird wesentlich bestimmt durch die „Grundanschauungen über den Staat, über seine wirtschaftlichen und sozialen Aufgaben und über die Stellung des Einzelnen".[9] Drei dieser Rahmenbedingungen sind besonders hervorzuheben: 11

a) Marktwirtschaft

Das Arbeitsrecht bildet einen integralen Bestandteil der marktwirtschaftlichen Ordnung der Bundesrepublik Deutschland. In einer Marktwirtschaft richtet sich der Wirtschaftsprozess nach den Regeln des Marktes, auf dem Anbieter und Nachfrager zusammentreffen. Zwar ist die Marktwirtschaft verfassungsrechtlich nicht zwingend vorgegeben: „Der Gesetzgeber darf jede ihm sachgemäß erscheinende Wirtschaftspolitik verfolgen, sofern er dabei das Grundgesetz, insbesondere die Grundrechte beachtet."[10] Aber die **Grundrechte**, vor allem das Grundrecht auf Eigentum (Art. 14 I GG), engen den wirtschaftspolitischen Spielraum des Gesetzgebers ein: Mit dem Privateigentum an Unternehmen hat der Verfassungsgeber die Weichen zugunsten eines marktwirtschaftlichen Systems gestellt. 12

[8] Grundlegend *Preis*, Vertragsgestaltung im Arbeitsrecht (1993).
[9] *Hueck/Nipperdey* I, § 2 II (S. 7).
[10] *BVerfG* vom 1. 3. 1979 – 1 BvR 532/77, BVerfGE 50, 290 (338) – Mitbestimmungsurteil.

13   Arbeitsrecht und Marktwirtschaft stehen in einer **Wechselbeziehung.**[11] Auf der einen Seite setzt die marktwirtschaftliche Ordnung den Rahmen für das Arbeitsrecht: **Gesetzliche Einstellungsansprüche** von Arbeitssuchenden gegen private Arbeitgeber oder einen **absoluten Entlassungsschutz** kann es in einem marktwirtschaftlichen System z. B. nicht geben. Auch ist zu bedenken: Der Kündigungsschutz richtet sich nicht nur gegen den Arbeitgeber, sondern auch gegen die Arbeitsuchenden, für die er sich als Marktzutrittshindernis darstellt. Auf der anderen Seite ist das Arbeitsrecht eine Reaktion auf die sozialen Schwächen der Marktwirtschaft:

> „Arbeitsrecht ist mit seiner die Macht in Betrieben und Unternehmen aufteilenden und die Unternehmenserträge lenkenden Funktion zu einem wesentlichen Stück wirtschaftsordnenden Rechts geworden. Jedes neue arbeitsrechtliche Gesetz, jede neue Tarifvertragsnorm, jede rechtsfortbildende arbeitsgerichtliche Entscheidung gestaltet ein Stück ökonomischer Ordnung mit unter Umständen weitreichenden Folgen.“[12]

b) Berufsfreiheit

14   Ein integraler Bestandteil der marktwirtschaftlichen Ordnung ist die Unternehmerfreiheit:[13] „Sofern es sich um Tätigkeiten handelt, die den Voraussetzungen eines ‚Berufs‘ entsprechen, ist grundsätzlich auch die Unternehmerfreiheit im Sinne freier Gründung und Führung von Unternehmen durch Art. 12 I GG geschützt. Wahrnehmung von Unternehmerfreiheit ist sowohl die Gründung und Führung eines Klein- oder Mittelbetriebes als auch die Tätigkeit eines Großunternehmens.“[14] Zur Berufsfreiheit des Arbeitgebers gehört auch die Entscheidung, mit wievielen und welchen Mitarbeitern er sein Unternehmen führen will. Art. 12 I GG ist daher auch im Kündigungsschutzrecht zu beachten.[15]

> **Beispiel:** Nach § 1 II 1 KSchG kann der Arbeitgeber ein Arbeitsverhältnis u. a. kündigen, wenn „dringende betriebliche Erfordernisse“ einer Weiterbeschäftigung des Arbeitnehmers entgegenstehen. Bei der Anwendung dieser Vorschrift hat der Arbeitgeber wegen der nach Art. 12 I GG geschützten Unternehmerfreiheit einen **Beurteilungsspielraum:** Die **unternehmerische Entscheidung,** beispielsweise einen Produktionszweig einzustellen, weil er die Umsatz- oder Ertragsziele des Unternehmens nicht mehr erfüllt, wird vom Arbeitsgericht nicht auf Notwendigkeit und Zweckmäßigkeit, sondern nur auf Missbrauch und Willkür überprüft (Rn. 371). Diese Entscheidungsprärogative des Unternehmers ist nicht nur verfassungsrechtlich, sondern auch wirtschaftlich begründet: Da der Staat kein Unternehmerrisiko trägt und nicht „sein“ Geld in der Unternehmung investiert hat, darf der staatliche Richter keine unternehmerischen Entscheidungen an sich ziehen.

c) Sozialstaatsprinzip

15   Eine dritte wichtige Rahmenbedingung des Arbeitsrechts ist das Sozialstaatsprinzip (Art. 20 I, 28 I GG). Es schließt eine ungehemmte Marktwirtschaft und

---

[11] *Adomeit,* Regelung von Arbeitsbedingungen und ökonomische Notwendigkeiten (1996); *Rieble,* Arbeitsmarkt und Wettbewerb (1996).
[12] *Zöllner/Loritz/Hergenröder,* § 1 vor I.
[13] *Junker,* Die Individualisierung der Arbeitsbeziehungen, in: Otto Brenner Stiftung (Hrsg.), Re-Individualisierung der Arbeitsbeziehungen (1997), S. 11 (13 ff., 49 ff.).
[14] *BVerfG* vom 1. 3. 1979 – 1 BvR 532/77, BVerfGE 50, 290 (363) – Mitbestimmungsurteil.
[15] *BVerfG* vom 27. 1. 1998 – 1 BvL 15/87, BVerfGE 97, 169 (176) – Kleinbetriebsklausel I.

eine rücksichtslose Verwertung des Produktionskapitals aus. Während die Art. 12 I, 14 I GG im Interesse der Unternehmerfreiheit und des Eigentumsschutzes ein „Zuviel" an Arbeitnehmerschutz verbieten (Übermaßverbot), verhindert das Sozialstaatsprinzip ein „Zuwenig" an Schutzvorschriften zugunsten der Arbeitnehmer (Untermaßverbot). Ökonomisch hat sich auf dieser verfassungsrechtlichen Grundlage eine Ordnung durchgesetzt, die gemeinhin als soziale Marktwirtschaft bezeichnet wird.

Die Balance zwischen dem Wirken der Marktkräfte und dem notwendigen Sozialschutz ist das zentrale Problem der Arbeitsrechtspolitik: Beispielsweise bewirkt ein besonderer Kündigungsschutz zugleich erhöhte Einstellungshindernisse für die besonders geschützten Personen; die Arbeitslosenquoten von Personen mit besonderem Kündigungsschutz (z.B. schwerbehinderte Menschen) liegen über der allgemeinen Arbeitslosenquote. Auf der anderen Seite würde beim Arbeitnehmerschutz eine „Spirale nach unten" in Gang gesetzt, wenn Arbeitsrechtspolitik nur unter der Prämisse betrieben würde, einem Arbeitgeber, der über die Einstellung zu entscheiden hat, möglichst weit entgegenzukommen.

Durchblick: Ein wesentliches Element des Sozialstaatsprinzips ist der Auftrag an den Gesetzgeber, eine Sozialversicherung zu schaffen, insbesondere für die Risiken der Arbeitslosigkeit, geregelt im Sozialgesetzbuch III (SGB III), der Krankheit (SGB V), der Alterssicherung (SGB VI) und der Arbeitsunfälle (SGB VII). Während das Arbeitsrecht überwiegend Privatrecht ist, gehört das Sozialversicherungsrecht zum öffentlichen Recht. Zwischen beiden Materien gibt es Berührungspunkte. Beispiel: Bei Arbeitsunfähigkeit infolge Krankheit sind der Entgeltfortzahlungsanspruch gegen den Arbeitgeber (sechs Wochen, § 3 I 1 EFZG) und das Krankengeld der gesetzlichen Krankenversicherung hintereinandergeschaltet (Rn. 277).

3. Interessenausgleich

Das Arbeitsrecht versucht, auf drei Ebenen den Interessenausgleich zwischen **16** der Arbeitnehmer- und der Arbeitgeberseite herzustellen:[16] Erstens gibt es eine Reihe von gesetzlichen Schutzbestimmungen, die Mindestarbeitsbedingungen schaffen (dazu a). Zweitens ermöglicht es die Rechtsordnung, Arbeitsbedingungen mit dem Ziel des Tarifvertragsschlusses kollektiv auszuhandeln (dazu b). Drittens bedürfen Entscheidungen des Arbeitgebers der Mitwirkung einer Arbeitnehmervertretung, insbesondere des Betriebsrats (dazu c).

a) Vertragsfreiheit und Gesetzesrecht

Die Privatautonomie bezeichnet die Freiheit des Einzelnen, eine Regelung sei- **17** ner Lebensverhältnisse zu treffen, die von der Rechtsordnung anerkannt wird. Die wichtigste Ausprägung der Privatautonomie ist die Vertragsfreiheit: Jedem steht es frei, ob und mit wem er einen Vertrag schließt (Abschlussfreiheit); die Vertragsparteien können entscheiden, wie sie den Vertrag inhaltlich ausgestalten (Gestaltungsfreiheit). Als „Selbstbestimmung des Einzelnen im Rechtsleben" wird die Vertragsfreiheit als Ausdruck der allgemeinen Handlungsfreiheit nach Art. 2 I GG verfassungsrechtlich geschützt; im Arbeitsverhältnis genießt sie ei-

---

[16] *Hanau*, Bauer-FS (2010), S. 385 (zur Dynamik des Arbeitsrechts).

nen speziellen Schutz als Teil der beruflichen Handlungsfreiheit nach Art. 12 I GG. Die **Privatautonomie** ist nach der Rechtsprechung des BVerfG ein „Strukturelement einer freiheitlichen Gesellschaftsordnung".[17]

18 Auf der anderen Seite kann sich die Rechtsordnung der Erkenntnis nicht verschließen, dass der Arbeitsvertrag für den Arbeitnehmer in der Regel ein existentiell wichtiges Rechtsgeschäft ist, während der Arbeitgeber bei der Begründung, der Durchführung und der Beendigung des Arbeitsverhältnisses meist „am längeren Hebel sitzt" (Rn. 8–10). Dazu das BVerfG in der **Handelsvertreter-Entscheidung** von 1990:

> „Schranken [der Vertragsfreiheit] sind unentbehrlich, weil Privatautonomie auf dem Prinzip der Selbstbestimmung beruht, also voraussetzt, dass auch die Bedingungen freier Selbstbestimmung tatsächlich gegeben sind. Wo es an einem annähernden Kräftegleichgewicht der Beteiligten fehlt, ist mit den Mitteln des Vertragsrechts allein kein sachgerechter Ausgleich der Interessen zu gewährleisten. ... [Es] müssen staatliche Regelungen ausgleichend eingreifen, um den Grundrechtsschutz zu sichern."[18]

> **Durchblick:** Historisch ist das Arbeitsrecht im 19. Jahrhundert entstanden, weil die Funktionsvoraussetzungen der Vertragsfreiheit fehlten, die für einen sozial gerechten Interessenausgleich nach dem Grundsatz der Vertragsgerechtigkeit unabdingbar sind. Die industrielle Revolution beseitigte zwar die alte Ständeordnung und die mit ihr verbundenen Herrschaftsverhältnisse. Da die Masse der Fabrikarbeiter aber gering qualifiziert (und damit austauschbar) und mittellos (und damit auf Arbeit angewiesen) war, brachte ihnen allein die Vertragsfreiheit keine Vorteile, weil die Fabrikanten die Vertragsbedingungen diktieren konnten. Das Arbeitsrecht musste den Ausgleich schaffen.

19 Die **Schutztendenz** ist nicht nur entstehungsgeschichtlich bedeutsam, sondern bildet gleichsam das prägende Merkmal des Rechtsgebiets: Das Arbeitsrecht wirkt dem Funktionsdefizit des Arbeitsvertrags durch **Schutzvorschriften** entgegen, die – anders als z.B. die Bestimmungen des Kaufrechts (§§ 433 ff. BGB) oder des Werkvertragsrechts (§§ 631 ff. BGB) – grundsätzlich zwingender Natur sind, und zwar meistens einseitig zugunsten des Arbeitnehmers. Ein Beispiel von vielen ist § 12 EFZG, wonach von den Regeln über die Entgeltfortzahlung im Krankheitsfall „nicht zuungunsten des Arbeitnehmers" abgewichen werden kann. Soweit der **Gesetzgeber** eine Regelung unterlassen hat, wie beispielsweise im Recht der Arbeitnehmerhaftung, wird die Lücke durch **Richterrecht** gefüllt, das ebenfalls zwingenden Charakter hat.[19] So betrachtet ist das Arbeitsrecht **Arbeitnehmerschutzrecht**: „Das Arbeitsrecht lässt sich begreifen als ein einziges großes Kontrollsystem gegenüber der Vertragsfreiheit."[20]

> **§ 105 Satz 1 GewO** formuliert den Zusammenhang von Vertragsfreiheit und Schutztendenz wie folgt: „Arbeitgeber und Arbeitnehmer können Abschluss, Inhalt und Form des Arbeitsvertrages frei vereinbaren, soweit nicht zwingende gesetzliche Vorschriften, Bestimmungen eines anwendbaren Tarifvertrages oder einer Betriebsvereinbarung entgegenstehen." Der Gesetzge-

---

[17] *BVerfG* vom 7. 2. 1990 – 1 BvR 26/84, BVerfGE 81, 242 (252) – Handelsvertreterentscheidung; *BVerfG* vom 19. 10. 1993 – 1 BvR 567/89, BVerfGE 89, 214 (231) – Bürgschaftsentscheidung.

[18] *BVerfG* vom 7. 2. 1990 – 1 BvR 26/84, BVerfGE 81, 242 (255) – Handelsvertreterentscheidung; ähnlich *BVerfG* vom 19. 10. 1993 – 1 BvR 567/89, BVerfGE 89, 214 (231 f.) – Bürgschaftsentscheidung.

[19] *BAG* vom 5. 2. 2004 – 8 AZR 91/03, BAGE 109, 279 (283 f.) = AP Nr. 126 zu § 611 BGB Haftung des Arbeitnehmers = NZA 2004, 649 – Parkschaden.

[20] *Hanau/Adomeit*, Rn. 60. Kritisch *Zöllner/Loritz/Hergenröder*, § 1 I 3.

ber will in dieser Vorschrift auf das durch Art. 2 I GG geschützte Prinzip der Vertragsfreiheit hinweisen, andererseits aber auch verdeutlichen, woraus sich Einschränkungen der Vertragsfreiheit im Arbeitsrecht ergeben können.

b) Koalitionsfreiheit und Tarifautonomie

Die zweite Ebene des Interessenausgleichs zwischen der Arbeitnehmer- und 20 der Arbeitgeberseite bildet das kollektive Aushandeln von Arbeitsbedingungen. Schon im 19. Jahrhundert lag die Stärke der Arbeitnehmer in ihrer großen Zahl und im gemeinsamen Vorgehen. Aus der Selbsthilfe durch Zusammenschluss entwickelten sich Gewerkschaften, die danach strebten, die Arbeitsbedingungen durch Tarifverträge zu regeln, wozu häufig Arbeitskämpfe in Form von Arbeitsniederlegungen (Streiks) geführt werden mussten. Das individualistisch angelegte Privatrecht konnte dieser Erscheinung nicht in vollem Umfang gerecht werden: „Gerade der Übergang zum Kollektivrecht hat dazu beigetragen, dem Arbeitsrecht seine Stellung als selbständige Sonderdisziplin zu verschaffen."[21]

Durchblick: (1) Eine theoretische Grundlage für das Tarifvertragsrecht liefert das von dem Nobelpreisträger John Kenneth Galbraith beschriebene Gegengewichtsprinzip.[22] Die Waffengleichheit der Vertragsparteien wird durch eine Kräftebalance verbandsmäßig organisierter Interessenvertretungen erreicht; der Tarifvertrag bringt die Vertragsfreiheit auf einer höheren Ebene zur Geltung, auf der sie besser funktionieren kann als auf der einzelvertraglichen Ebene. – (2) Ferner ist dem Tarifvertrag, indem er die Arbeitsbedingungen für eine Vielzahl von Arbeitnehmern und Arbeitgebern festlegt und insoweit den Wettbewerb auf dem Arbeitsmarkt ausschaltet, eine Kartellwirkung eigen, die auf anderen Märkten gerade bekämpft wird. Im Interesse des Arbeitnehmerschutzes ist diese Kartellwirkung auf dem Arbeitsmarkt bis zu einem gewissen Grad erwünscht.[23] Der EuGH hat demzufolge 1999 entschieden, dass Tarifverträge dem Geltungsbereich des Europäischen Wettbewerbsrechts (Kartellrechts) entzogen sind.[24]

Während auf der Ebene der zwingenden Arbeitnehmerschutzgesetze und des 21 zwingenden arbeitnehmerschützenden Richterrechts der Staat für den Interessenausgleich sorgt (Rn. 17–19), muss er sich bei der kollektiven Gestaltung der Arbeitsbedingungen durch Tarifverträge und Arbeitskämpfe von Verfassungs wegen zurückhalten. Die Koalitionsfreiheit einschließlich der Tarifautonomie – des staatsfreien Aushandelns von Arbeitsbedingungen durch Gewerkschaften und Arbeitgeberverbände – ist in Art. 9 III GG verfassungsrechtlich geschützt. Im sog. Aussperrungsurteil von 1991 hat das BVerfG die Gewährleistung des Art. 9 III GG weit ausgelegt:

„Das Grundrecht beschränkt sich nicht auf die Freiheit des Einzelnen, eine derartige Vereinigung zu gründen, ihr beizutreten oder fernzubleiben oder sie zu verlassen. Es schützt vielmehr die Koalition selbst in ihrem Bestand, ihrer organisatorischen Ausgestaltung und ihrer Betätigung, soweit diese gerade in der Wahrung und Förderung der Arbeits- und Wirtschaftsbedingungen besteht. Ein wesentlicher Zweck der von Art. 9 III GG geschützten Koalition ist der Abschluss von Tarifverträgen. Darin sollen die Vereinigungen nach dem Willen des GG frei sein.
Die Wahl der Mittel, die sie zur Erreichung dieses Zwecks für geeignet halten, überlässt Art. 9 III GG grundsätzlich den Koalitionen. Soweit die Verfolgung des Vereinigungszwecks von dem Einsatz bestimmter Mittel abhängt, werden daher auch diese vom Schutz des Grund-

---

[21] Hueck/Nipperdey I § 7 V (S. 29).
[22] Galbraith, American Capitalism: The Concept of Countervailing Power (2. Aufl. 1956).
[23] Umfassend Rieble, Arbeitsmarkt und Wettbewerb (1996).
[24] EuGH vom 21. 9. 1999 – C-67/96, Slg. 1999, I-5763 – Albany.

rechts umfasst. Zu den geschützten Mitteln zählen auch Arbeitskampfmaßnahmen, die auf den Abschluss von Tarifverträgen gerichtet sind. Sie werden jedenfalls insoweit von der Koalitionsfreiheit erfasst, als sie allgemein erforderlich sind, um eine funktionierende Tarifautonomie sicherzustellen."[25]

22   Rechtsvergleichend sind aus den Bereichen Koalitionsfreiheit, Tarifautonomie und Arbeitskampfrecht drei Merkmale des deutschen Rechts hervorzuheben:

(1) Anders als in manchen anderen Ländern ist in Deutschland auch die **negative Koalitionsfreiheit** – insbesondere das Recht, einer Gewerkschaft fernzubleiben – durch Art. 9 III 1 GG verfassungsrechtlich garantiert.[26] Deshalb dürfen Tarifverträge dem Arbeitgeber nicht verbieten, die tariflichen Vergünstigungen auch den Nichtmitgliedern der Gewerkschaft („Trittbrettfahrern") zu gewähren (Rn. 473).

(2) Gewerkschaften sind in Deutschland überwiegend nach dem **Industrieverbandsprinzip** organisiert: Sie erfassen alle Arbeitnehmer eines Wirtschaftszweigs ohne Rücksicht auf die Art der Beschäftigung. Daher gelten z.B. die Tarifverträge der Chemischen Industrie für alle Beschäftigten eines Chemieunternehmens, auch wenn es sich um Betriebselektriker, Werbegrafiker oder Buchhalter handelt (Rn. 487).

(3) Ein drittes stilprägendes Merkmal des deutschen Kollektivarbeitsrechts ist der **Tarifbezug des Arbeitskampfs:**[27] Arbeitskämpfe sind nur rechtmäßig, wenn sie durch tariffähige Parteien – Gewerkschaften, einzelne Arbeitgeber und Arbeitgeberverbände – geführt werden und ein tariflich regelbares Ziel verfolgen. Der „wilde", d.h. nicht gewerkschaftlich geführte Streik ist ebenso verboten wie der politische Arbeitskampf (Rn. 603–607).

c) Betriebs- und Unternehmensverfassung

23   Die dritte Ebene des Interessenausgleichs bildet die gesetzlich vorgesehene Mitwirkung der Arbeitnehmer an betrieblichen und unternehmerischen Entscheidungen. Das moderne Arbeitsrecht beschränkt sich nicht auf den **Arbeitnehmerschutz,** sondern ist auch **Organisationsrecht,** das Mitbestimmungsrechte der Betroffenen schafft. Im Vordergrund steht die **Betriebsverfassung,** nach der ein von den Arbeitnehmern gewählter Betriebsrat in sozialen (§§ 87–89 BetrVG), in personellen (§§ 92–105 BetrVG) und in wirtschaftlichen Angelegenheiten (§§ 106–113 BetrVG) mitzuwirken hat. Es gibt verschiedene Stufen der Beteiligungsrechte, die von der bloßen Unterrichtung bis zur „echten" (erzwingbaren) Mitbestimmung des Betriebsrats gehen (Rn. 699–703). Bei der erzwingbaren Mitbestimmung, wie sie insbesondere in sozialen Angelegenheiten nach § 87 I BetrVG vorgeschrieben ist, kann der Arbeitgeber ohne den Betriebsrat keine Entscheidung treffen (§ 87 II BetrVG).

Beispiel: Der Inhaber eines Reisebüros, in dem ein Betriebsrat besteht, möchte anordnen, dass die männlichen Angestellten künftig eine Krawatte tragen. – Da es sich um eine Frage der Ordnung des Betriebs gemäß § 87 I Nr. 1 BetrVG handelt („Kleiderordnung"), ist das

---

[25] *BVerfG* vom 26. 6. 1991 – 1 BvR 779/85, BVerfGE 84, 212 (224 f.) – Aussperrungsurteil.
[26] *BVerfG* vom 14. 6. 1983 – 2 BvR 488/80, BVerfGE 64, 208 (213) – Hausbrandkohle.
[27] *BAG (GS)* vom 21. 4. 1971 – GS 1/68, BAGE 23, 292 (304) = AP Nr. 43 zu Art. 9 GG Arbeitskampf = NJW 1971, 1668.

arbeitsvertragliche Weisungsrecht des Arbeitgebers durch ein Mitbestimmungsrecht des Betriebsrats beschränkt (Rn. 749). Der Arbeitgeber muss die Einwilligung des Betriebsrats einholen. Können sich Arbeitgeber und Betriebsrat nicht einigen, entscheidet nach §§ 76 V, 87 II BetrVG die Einigungsstelle. Ordnet der Arbeitgeber ohne Einwilligung des Betriebsrats oder der Einigungsstelle den Krawattenzwang an, ist diese Maßnahme gegenüber den Arbeitnehmern unwirksam (Rn. 736). Die Arbeitnehmer brauchen dieses Kleidungsstück dann nicht zu tragen.

Ebenso wie das zwingende Arbeitnehmerschutzrecht (Rn. 17–19) ist die Betriebsverfassung vom **staatlichen Gesetzgeber** geschaffenes Recht. Auf der anderen Seite gehören die Beteiligungsrechte des Betriebsrats, ebenso wie die Tarifautonomie der Gewerkschaften (Rn. 20–22), zum **kollektiven Arbeitsrecht**. Das bedeutet im Verhältnis von Betriebsrat und Gewerkschaft nicht nur Kooperation, sondern auch Konkurrenz: **24**

– Einerseits haben die **Gewerkschaften** ein Interesse an einer „starken" Betriebsverfassung, da viele Betriebsratsmitglieder zugleich Gewerkschaftsmitglieder sind und den gewerkschaftlichen Einfluss im Betrieb stärken.
– Andererseits können die Gewerkschaften nicht daran interessiert sein, dass der **Betriebsrat** als „beitragsfreie Ersatzgewerkschaft" mit dem Arbeitgeber Betriebsvereinbarungen schließt, die den Tarifverträgen Konkurrenz machen und die gewerkschaftliche Tarifpolitik aushöhlen.

Das Gesetz löst diesen Konflikt zugunsten der Gewerkschaft: Arbeitsbedingungen, die durch Tarifvertrag geregelt sind oder üblicherweise geregelt werden, können nicht Gegenstand einer Betriebsvereinbarung sein, es sei denn, dass der Tarifvertrag das ausdrücklich zulässt (§ 77 III BetrVG).

Beispiel: Der Tarifvertrag für die Druckindustrie sieht vor, dass sich die wöchentliche Arbeitszeit ab 1. Januar von 38 auf 36 Stunden verkürzt. In einer Druckerei, der es wirtschaftlich schlecht geht, möchten Arbeitgeber und Betriebsrat vereinbaren, dass es für zwei Jahre bei der 38-Stunden-Woche verbleibt und der Arbeitgeber im Gegenzug auf betriebsbedingte Kündigungen verzichtet. – Nach § 77 III 1 BetrVG kann eine solche Vereinbarung nicht wirksam getroffen werden, da die Arbeitszeit durch Tarifvertrag geregelt ist. Gegen die geplante Betriebsvereinbarung könnte die Gewerkschaft im Wege der Unterlassungsklage gerichtlich vorgehen.[28]

Die betriebliche Mitbestimmung unterscheidet sich von der Mitbestimmung im Unternehmen (Rn. 4a. E.). Ebenso wie die Betriebsverfassung verfolgt auch die Unternehmensverfassung das Ziel der Arbeitnehmerbeteiligung, verwirklicht es aber auf andere Weise: Nach dem **Betriebsverfassungsgesetz** sind besondere Organe, in erster Linie der Betriebsrat, an betrieblichen Entscheidungen des Arbeitgebers zu beteiligen. Nach den **Mitbestimmungsgesetzen** erhalten Arbeitnehmervertreter Sitz und Stimme in einem gesellschaftsrechtlichen Organ, und zwar dem Aufsichtsrat, der vor allem unternehmerische Entscheidungen des Vorstands zu überwachen hat. Bei der Mitbestimmung im Unternehmen spielt der arbeitsrechtliche Schutz- und Teilhabegedanke nur mittelbar eine Rolle; ihre eigentliche Bedeutung liegt nicht auf arbeitsrechtlichem, sondern auf wirtschaftlichem Gebiet.[29] **25**

---

[28] *BAG* vom 20. 4. 1999 – 1 ABR 72/98, BAGE 91, 210 = AP Nr. 89 zu Art. 9 GG = NZA 1999, 887 = SAE 1999, 253 m. Anm. *Reuter* – „Burda"-Beschluss.
[29] Einführend zu den Unterschieden von Betriebs- und Unternehmensverfassung *Otto*, ArbR, Rn. 813; *Hromadka/Maschmann* II, § 15 Rn. 5–7.

III. Europäisches Arbeitsrecht

26   Die Europäische Union, die durch das Inkrafttreten des Lissabon-Vertrags am 1. 12. 2009 auf eine neue Grundlage gestellt wurde, hat für das Recht der Mitgliedstaaten wachsende Bedeutung. Das nationale Arbeitsrecht wird durch ihre Vorschriften maßgeblich beeinflusst und gestaltet.[30] Während das Europäische Recht zuerst nur kleine und zusammenhanglose Teile des Arbeitsrechts erfasste, nimmt die Europäische Union im 21. Jahrhundert das gesamte Rechtsgebiet mehr und mehr in den Griff.[31] Schon heute hat jede zweite gesetzliche Regelung in Deutschland unmittelbar oder mittelbar einen unionsrechtlichen Hintergrund. Es scheint nicht ausgeschlossen, dass eines Tages kein nationales, sondern nur noch Europäisches Arbeitsrecht existieren wird.

1. Entwicklung des Europäischen Arbeitsrechts

27   Die wichtigste der drei Europäischen Gemeinschaften, die in den Jahren 1951 und 1957 gegründet wurden, war die **Europäische Wirtschaftsgemeinschaft (EWG)**. Ihr Schwerpunkt lag, wie schon der Name sagt, nicht auf sozialem, sondern auf wirtschaftlichem Gebiet. Das Kapitel „Sozialpolitik" des Gründungsvertrages von 1957, das auch das Arbeitsrecht umfasst (Art. 117–122 EWGV), war kümmerlich ausgestaltet und enthielt nur in Art. 119 EWGV (Gleiches Entgelt für Männer und Frauen) eine folgenreiche Bestimmung (Rn. 38). Entsprechend der politischen und wirtschaftlichen Situation der damaligen Zeit („Wirtschaftswunder") waren bis Ende der sechziger Jahre keine arbeitsrechtlichen Aktivitäten der Gemeinschaft zu verzeichnen.

> **Durchblick:** Bei den Verhandlungen über den EWG-Vertrag wollte die **deutsche Seite** – unter dem Einfluss wirtschaftsliberaler Ideen – Sozialvorschriften aus dem Vertrag heraushalten, weil sie den Faktor „Arbeitsrecht" als standortbedingte Größe ansah, deren Schutz- und Kostenniveau durch andere Standortfaktoren ausgeglichen werden müsse.[32] Die **französische Seite** wollte dagegen – in der Tradition französischer Industriepolitik – die sozialen Unterschiede in den Mitgliedstaaten einebnen, um gleiche Wettbewerbsbedingungen zu schaffen. Einen Formelkompromiss enthielt Art. 117 EWGV, der besagte: Die Verbesserung der Lebens- und Arbeitsbedingungen in der Gemeinschaft werde sich sowohl von selbst als auch durch Rechtsangleichung ergeben.[33]

28   Das Bild wandelte sich mit den politische Veränderungen der Jahre 1968 bis 1972: In der damaligen Aufbruchstimmung forderte das **Sozialpolitische Ationsprogramm** von 1974 Aktivitäten im Arbeits- und Sozialrecht. Auf dieser Grundlage ergingen drei Richtlinien, in denen sich – abgesehen von den Regeln über die Gleichbehandlung von Mann und Frau – in den folgenden zehn Jahren das harmonisierte Arbeitsrecht erschöpfte: die Richtlinie zur Angleichung der

---

[30] Übersicht über die Jahre 2000–2011: *Junker*, RIW 2003, 698 und 2004, 409; *ders./Aldea*, RIW 2006, 1 und 2007, 1; *ders./Zöltsch*, RIW 2007, 881; *ders.*, RIW 2008, 824, 2010, 343; 2011, 97 und 2012, 177.

[31] *Deinert*, EuZA 2 (2009), 192; *Kamanabrou*, EuZA 3 (2010), 157.

[32] *Müller-Armack*, Die Wirtschaftsordnung des Gemeinsamen Marktes, Wirtschaftspolitische Chronik 1964, S. 7 (8 ff.).

[33] *Junker*, JZ 1994, 277 (278); *Windbichler*, RdA 1992, 74 (75).

Rechtsvorschriften über **Massenentlassungen** von 1975 (inzwischen abgelöst durch die **Richtlinie 98/59/EG**), die Richtlinie über die Arbeitnehmeransprüche bei **Betriebsübergang** von 1977 (inzwischen abgelöst durch die **Richtlinie 01/23/EG**) und die Richtlinie über den Schutz der Arbeitnehmer bei **Zahlungsunfähigkeit** des Arbeitgebers von 1980 (inzwischen abgelöst durch die **Richtlinie 08/94/EG**). Diese Bereiche blieben zunächst „Inseln vereinheitlichten Rechts in einem Meer nationaler Rechtsordnungen."[34] Die weitere Entwicklung lässt sich in vier Phasen einteilen:

a) Die **Einheitliche Europäische Akte** von 1986, die bis Ende 1992 den Europäischen **Binnenmarkt** schaffen sollte, ermöglichte es dem Rat der Europäischen Gemeinschaften, **Maßnahmen zur Rechtsangleichung** mit qualifizierter Mehrheit zu erlassen (nunmehr: Art. 114, 153 AEUV). Ferner wurde die Kommission der Europäischen Gemeinschaften aufgefordert, den Dialog zwischen den Sozialpartnern – Gewerkschaften und Arbeitgeberverbänden – auf europäischer Ebene zu entwickeln (nunmehr: Art. 155 AEUV). Die „soziale Dimension des Binnenmarkts" fand ihren deutlichsten Ausdruck in der **Gemeinschaftscharta der sozialen Grundrechte,** die im Dezember 1989 auf dem Gipfeltreffen in Straßburg verabschiedet wurde. Unter Berufung auf diese Charta wurden zwei Richtlinien mit individualarbeitsrechtlichem Gehalt verkündet: die Richtlinie über die **Unterrichtung des Arbeitnehmers** über die Arbeitsbedingungen von 1991 (umgesetzt im NachwG) und die Richtlinie über die **Arbeitszeitgestaltung** von 1993, inzwischen abgelöst durch die **Richtlinie 03/88/EG** (umgesetzt im ArbZG). **29**

b) Der **Vertrag von Maastricht** vom 7. 2. 1992 führte am 1. 11. 1993 zur Gründung der Europäischen Union. Erstmals wurde dem „sozialen Fortschritt" der gleiche Stellenwert eingeräumt wie den wirtschaftlichen Zielen. Da mit dem Vereinigten Königreich keine Einigung über arbeits- und sozialrechtliche Maßnahmen zu erreichen war, einigten sich elf der damaligen zwölf Mitgliedstaaten, gleichzeitig mit dem Maastrichter Vertrag ein **Abkommen über die Sozialpolitik** zu schließen, das die arbeitsrechtlichen Zuständigkeiten stark erweiterte und auf einer Reihe von Gebieten den Erlass von Rechtsakten mit qualifizierter Mehrheit ermöglichte.[35] Mit diesem Abkommen setzten sich die elf – nach dem Beitritt Österreichs, Schwedens und Finnlands im Jahre 1995: vierzehn Unterzeichnerstaaten – das Ziel, dem Europäischen Arbeitsrecht neue Impulse zu geben. Im Verfahren des Maastrichter Abkommens über die Sozialpolitik ist beispielsweise die **Richtlinie 94/45/EG** über den **Europäischen Betriebsrat** zustandegekommen (umgesetzt im EBRG). **30**

c) Der **Vertrag von Amsterdam** vom 2. 10. 1997, der am 1. 5. 1999 in Kraft getreten ist, leitete die nächste Phase ein: Zum einen wurde der EG-Vertrag neugefasst und vereinfacht. Zum anderen wurde das Maastrichter **Abkommen über die Sozialpolitik** in das Kapitel „Sozialvorschriften" (ab 1. 12. 2009: „Sozialpolitik") des EG-Vertrags überführt (nunmehr: Art. 151–161 AEUV) und damit für sämtliche 25 Mitgliedstaaten verbindlich. Nach Art. 151 AEUV hat **31**

---

[34] *Kötz*, RabelsZ 50 (1986), 3 (12).
[35] Abkommen zwischen den Mitgliedstaaten der Europäischen Gemeinschaft (mit Ausnahme des Vereinigten Königreichs) über die Sozialpolitik, BGBl. 1992 II S. 1313.

die Unionspolitik u. a. die Ziele, die Beschäftigung zu fördern, einen angemessenen sozialen Schutz zu gewährleisten, den Dialog zwischen den Sozialpartnern
zu fördern, ein dauerhaft hohes Beschäftigungsniveau sicherzustellen und Aus-
grenzungen zu bekämpfen. Ein Beispiel für einen nach dem Vertrag von Amsterdam erlassenen Rechtsakt ist die **Richtlinie 00/43/EG** zur **Anwendung des
Gleichbehandlungsgrundsatzes** ohne Unterschied der Rasse oder der ethnischen
Herkunft (umgesetzt im AGG).

32 d) Der **Vertrag von Lissabon** vom 13. 12. 2007 – in Kraft seit dem 1. 12.
2009 – hat wesentliche Inhalte des gescheiterten Verfassungsentwurfs von Europa[36] übernommen und den EG-Vertrag in „Vertrag über die Arbeitsweise der
Europäischen Union" (AEUV) umbenannt. Gemäß Art. 47 EUV erlangte die
Europäische Union eigene Rechtspersönlichkeit. Außerdem wurde die **Charta
der Grundrechte der Europäischen Union (GRCh)**, die zuvor mit dem Vertrag
von Nizza[37] als unverbindlicher Katalog verkündet worden war, durch Art. 6
Abs. 1 EUV dem primären Gemeinschaftsrecht gleichgestellt. Neben einem An-
hörungs- und Unterrichtungsrecht der Arbeitnehmer im Unternehmen (Art. 27
GRCh) gewährleistet sie in Art. 28 GRCh ein Streikrecht.[38]

2. Arbeitsrechtliche Zuständigkeiten der EU

33 Das **primäre Unionsrecht** bildet die Basis für das von den Organen der Union
erlassene **sekundäre Unionsrecht**. Der AEUV, das wichtigste Dokument des
Primärrechts, schafft für das Arbeitsrecht weder eine ausschließliche noch eine
umfassende Zuständigkeit der Union. Vielmehr konkurrieren die Zuständigkeiten der Union mit den Kompetenzen der Mitgliedstaaten, wobei zwei Prinzipien
gelten:

– Nach dem **Prinzip der begrenzten Einzelermächtigung**, das in Art. 5 I, 13 II 1
EUV niedergelegt ist, verfügen die Union und ihre Organe nicht über eine
Kompetenz-Kompetenz – also die Befugnis, ihre eigenen Kompetenzen zu er-
weitern –, sondern nur über die Zuständigkeiten, die ihnen die Mitgliedstaa-
ten durch den AEUV zugewiesen haben.[39]
– Nach dem **Grundsatz der Subsidiarität** darf die Union auch im Arbeitsrecht
nur tätig werden, sofern und soweit die verfolgten Ziele auf der Ebene der
Mitgliedstaaten nicht ausreichend erfüllt und daher wegen ihres Umfangs
oder ihrer Wirkungen besser auf Unionsebene erreicht werden können (Art. 5
I 2, III EUV).[40]

---

[36] Der Vertrag über eine Verfassung für Europa (VVE) vom 29. 10. 2004 sollte das politische System der Europäischen Union reformieren und die bisherigen Verträge (vor allem EU-,
EG- und Euratom-Vertrag) ablösen. Die Vertragsparteien wollten zudem eine eigene Rechtspersönlichkeit der Europäischen Union begründen. Nach gescheiterten Referenden in Frank-
reich und den Niederlanden trat der VVE nicht wie geplant am 1. 11. 2006 in Kraft, sondern
erlangte keine Rechtskraft.
[37] Der Vertrag von Nizza vom 26. 2. 2001 trat am 1. 2. 2003 in Kraft und enthielt keine
arbeitsrechtlich relevanten Regelungen.
[38] Zur Bedeutung der GRCh für das Arbeitsrecht s. _di Fabio_, RdA 2012, 262 (264 ff.); _Ha-
nau_, NZA 2010, 1 (2 ff.); _Krebber_, EuZA 3 (2010), 303 (304 f.).
[39] _Herdegen_, Europarecht, 14. Aufl. (2012), § 8 Rn. 59.
[40] _Streinz_, Europarecht, 9. Aufl. (2012), Rn. 145 a.

Die für das Arbeitsrecht wichtigsten Zuständigkeiten finden sich in den Vor- 34
schriften, die bereits das Maastrichter **Abkommen über die Sozialpolitik** in das
Primärrecht integriert hat (Art. 151 ff. AEUV). Die **Übersicht 1.1 (Kompetenzen
nach Art. 153 AEUV)** zeigt die Zuständigkeiten (und Unzuständigkeiten) nach
dieser Vorschrift im Überblick:

Übersicht 1.1: Kompetenzen nach Art. 153 AEUV

Von der Rechtsangleichung sind ausgenommen (Art. 153 V AEUV):
- das Arbeitsentgelt,
- das Koalitionsrecht,
- das Streikrecht,
- das Aussperrungsrecht.

Die Mitgliedstaaten können in folgenden Bereichen einstimmig Maßnahmen
beschließen (Art. 153 I, II 3 AEUV):
- Soziale Sicherheit und sozialer Schutz der Arbeitnehmer,
- Schutz der Arbeitnehmer bei Beendigung des Arbeitsvertrags,
- Vertretung und kollektive Wahrnehmung der Arbeitnehmer- und Arbeitgeber-
  interessen (einschließlich der Mitbestimmung),
- Beschäftigungsbedingungen der Staatsangehörigen dritter Länder, die sich
  rechtmäßig im Gebiet der Union aufhalten.

Die Mitgliedstaaten können auf folgenden Gebieten mit qualifizierter Mehrheit
Rechtsakte erlassen (Art. 153 I, II 2 AEUV):
- Verbesserung insbesondere der Arbeitsumwelt zum Schutz der Gesundheit und
  der Sicherheit der Arbeitnehmer,
- Arbeitsbedingungen,
- Unterrichtung und Anhörung der Arbeitnehmer,
- Chancengleichheit von Männern und Frauen auf dem Arbeitsmarkt und
  Gleichbehandlung am Arbeitsplatz,
- Berufliche Eingliederung der aus dem Arbeitsmarkt ausgegrenzten Personen.

---

3. Arbeitsrechtliche Richtlinien der EU

Das sekundäre Unionsrecht auf dem Gebiet des Arbeitsrechts besteht zum 35
Teil aus Verordnungen, überwiegend jedoch aus Richtlinien.

- Die **Verordnung** lässt sich von ihren Rechtswirkungen her mit dem innerstaatlichen Gesetz vergleichen: Sie hat allgemeine Geltung, ist in allen ihren
  Teilen verbindlich und gilt unmittelbar in jedem Mitgliedstaat (Art. 288 II
  AEUV). Für das **Arbeitsrecht** bedeutsam sind Verordnungen, welche die Freizügigkeit der Arbeitnehmer gemäß Art. 45–48 AEUV herstellen: Der Arbeitgeber, der Entgeltfortzahlung im Krankheitsfall gemäß § 3 I EFZG zu leisten
  hat, ist z.B. „Träger der Krankenversicherung" im Sinne der (Freizügigkeits-)
  Verordnungen (EG) 883/2004 und (EG) 987/2009.[41]

---

[41] *EuGH* vom 2. 5. 1996 – C-206/94, Slg. 1996, I-2382 = AP Nr. 2 zu Art. 18 EWG-Ver-
ordnung Nr. 574/72 = NZA 1996, 635 – Paletta II.

– Die **Richtlinie** bindet grundsätzlich nicht den Einzelnen, sondern nur die Mitgliedstaaten. Sie ist auch nur hinsichtlich des zu erreichenden Zieles verbindlich; die Wahl der Form und der Mittel der Zielerreichung bleibt den Mitgliedstaaten überlassen (Art. 288 III AEUV). Dem Konzept der Richtlinie liegt das Modell einer zweistufigen Rechtsetzung zugrunde: Auf der ersten Stufe erlässt die Union das Regelungsprogramm (Richtlinie); auf der zweiten Stufe müssen die Mitgliedstaaten dieses Programm durch innerstaatliche Rechtsakte in nationales Recht umsetzen (Durchführung).

a) Umsetzung von Richtlinien

36   Den Mitgliedstaaten wird zur Umsetzung (Durchführung) einer Richtlinie eine Frist gesetzt (z.B. zwei Jahre), die sich wegen der innerstaatlichen (Gesetzgebungs-)Verfahren nicht immer einhalten lässt. Wird eine Richtlinie trotz Fristablaufs nicht in das innerstaatliche Recht übertragen, bejaht der EuGH unter bestimmten Voraussetzungen eine **vertikale Drittwirkung** der Richtlinie im Verhältnis zwischen Staat und Bürger, weil der Mitgliedstaat aus seiner Säumnis gegenüber dem Bürger keinen Vorteil ziehen soll. Von der vertikalen Drittwirkung können auch Arbeitnehmer profitieren, die im öffentlichen (staatlichen) Dienst beschäftigt sind.[42] Für das Arbeitsrecht außerhalb des öffentlichen Dienstes stellt sich die Frage nach der **horizontalen Drittwirkung** einer Richtlinie: Ist die nicht rechtzeitig umgesetzte Richtlinie zwischen den Arbeitsvertragsparteien unmittelbar anzuwenden? Der Gerichtshof hat diese Frage bisher verneint.[43]

> **Durchblick:** Von der horizontalen Drittwirkung zu unterscheiden ist der Anwendungsvorrang der **allgemeinen Grundsätze des Unionsrechts,** die entgegenstehendes nationales Recht verdrängen und unmittelbare Wirkung auch gegenüber Privaten entfalten. So hat der EuGH aus völkerrechtlichen Übereinkommen und gemeinsamen Verfassungstraditionen der Mitgliedstaaten ein allgemeines europarechtliches Diskriminierungsverbot abgeleitet, das einer sachgrundlosen Befristung von Arbeitsverträgen mit älteren Arbeitnehmern entgegenstehen soll[44] (Rn. 438).

b) Auslegung von Richtlinien

37   Hat ein nationales Gericht, z.B. ein deutsches Arbeitsgericht, Zweifel hinsichtlich der Gültigkeit oder der Auslegung einer Richtlinie, kann es sein Verfahren aussetzen und den **Europäischen Gerichtshof** im Wege der Vorabentscheidung nach Art. 267 I, II AEUV anrufen. Der EuGH entscheidet weder über den Streitfall noch über die Gültigkeit oder die Unionskonformität des nationalen Rechts; aus der Entscheidung des Gerichtshofs lassen sich aber Schlüsse auf die Vereinbarkeit des nationalen Rechts mit dem Unionsrecht ziehen, die das nationale Gericht beachten muss.[45]

Für das durch Richtlinien harmonisierte nationale Recht gilt das Gebot der **richtlinienkonformen Auslegung:** Danach müssen nationale Gerichte auch im

---

[42] *EuGH* vom 26. 2. 1986 – 152/84, Slg. 1986, I-723 – Marshall I.
[43] *EuGH* vom 14. 7. 1994 – C-91/92, Slg. 1994, I-3325 – Faccini Dori.
[44] *EuGH* vom 22. 11. 2005 – C-144/04, Slg. 2005, I-9981 – Mangold/Helm.
[45] Umfassend *Kerwer,* Das europäische Gemeinschaftsrecht und die Rechtsprechung der deutschen Arbeitsgerichte (2003).

Rahmen privatrechtlicher (arbeitsrechtlicher) Beziehungen alle Auslegungs-
spielräume ausschöpfen, um den Zielen einer Richtlinie im innerstaatlichen
Recht Wirkung zu verschaffen.[46] Ist eine unionsrechtswidrige Vorschrift (z.B.
§ 622 II 2 BGB, s.Rn. 385) wegen ihrer Klarheit und Eindeutigkeit der richtlinienkonformen Auslegung nicht zugänglich, muss das nationale Gericht diese
Vorschrift unangewendet lassen.[47]

> **Durchblick:** Ein strukturelles Problem bei der Rechtsangleichung durch Richtlinien und de-
> ren Auslegung durch den Gerichtshof liegt in der **Eindimensionalität** des Unionsrechts. Die
> Auslegung des angeglichenen (harmonisierten) Arbeitsrechts orientiert sich am Ziel der
> Richtlinie, beispielsweise dem **Arbeitnehmerschutz bei Betriebsübergang**. Andere, ebenfalls
> schutzwürdige Interessen (Dimensionen), wie beispielsweise diejenigen des Betriebsverä-
> ßerers und des Betriebserwerbers, werden ausgeblendet. Ein weiteres Problem zeigt sich in
> der **Spezialität** des Unionsrechts. Der Gerichtshof beeinflusst mit seinen Entscheidungen
> punktuell und ohne Einbettung in das rechtliche Umfeld das nationale Recht. So wirkt sich
> ein Arbeitnehmerschutz bei Betriebsübergang in Staaten, in denen die betriebsbedingte
> Kündigung ohne weiteres möglich ist, anders aus als in Staaten mit einem stärker ausge-
> bauten Kündigungsschutz.[48]

c) Ausgewählte Sachbereiche

(1) **Gleichbehandlung der Geschlechter:** Während eine Reihe von Richtlinien   38
– etwa über Massenentlassungen, Zahlungsunfähigkeit oder Teilzeitarbeit –
mehr oder weniger zusammenhanglos nebeneinander stehen, hat sich auf dem
Gebiet der Gleichbehandlung von Männern und Frauen eine relativ geschlossene Teilmaterie herausgebildet, die durch europäisches Recht geprägt ist. Ausgehend von Art. 119 EWGV (Gleiches Entgelt für Männer und Frauen), einer der
wenigen arbeitsrechtlichen Bestimmungen im Gründungsvertrag von 1957
(heute Art. 157 AEUV), hat sich die Thematik der Gleichbehandlung zu einem
Kernbereich der Europäischen Sozialpolitik entwickelt. Eine größere Zahl von
Richtlinien aus den Jahren 1975/1976, 1986, 1996–1998 und 2002[49] wurde am
5. 7. 2006 in der **Richtlinie 06/54/EG** zusammengefasst.

> **Durchblick:** Die Zulässigkeit positiver Maßnahmen, um die Gleichstellung von Männern   39
> und Frauen im Arbeitsleben zu gewährleisten, ergibt sich bereits aus **Art. 157 IV AEUV.**
> Eine **Quotenregelung,** die bei gleicher Qualifikation der Frau automatisch den Vorrang ein-
> räumt, verstößt aber gegen europäisches Recht.[50]

(2) **Arbeitnehmerrechte bei Betriebsübergang:** Eine zweite Sparte des Europä-   40
ischen Arbeitsrechts, die sich zu einer Teilmaterie verselbständigt hat, ist das
Recht des Betriebsübergangs (Rn. 133–144): Wenn ein Betrieb oder Betriebsteil
den Inhaber wechselt (z.B. durch Verkauf), besteht ein evidentes Interesse der
dort beschäftigten Arbeitnehmer, dass ihre Arbeitsverhältnisse nicht enden, sondern auf den neuen Inhaber übergehen. Dieses Schutzbedürfnis befriedigt die

---

[46] *EuGH* vom 5. 10. 2004 – C-397/01 u. a., Slg. 2004, I-8835 – Pfeiffer.
[47] *EuGH* vom 19. 1. 2010 – C-555/07, Slg. 2010, I-365 (Rn. 46 ff.) – Kücükdeveci.
[48] Grundlegend *Franzen,* Privatrechtsangleichung durch die EG (1999).
[49] Genannt in den Erwägungsgründen und im Anhang I der Richtlinie 06/54/EG.
[50] *EuGH* vom 17. 10. 1995 – C-450/93, Slg. 1995, I-3069 – Kalanke; anders bei leistungsbezogener Quotenregelung mit Härtefall- oder Öffnungsklausel: *EuGH* vom 11. 11. 1997 –
C-409/95, Slg. 1997, I-6393 – Marschall.

Richtlinie 01/23/EG, die Richtlinien aus den Jahren 1977 und 1998 abgelöst hat. Zu diesen Richtlinien sind zahlreiche Entscheidungen des EuGH ergangen, die nicht immer Beifall gefunden haben.

> **Beispiel:** Die Spar- und Leihkasse der Ämter Bordesholm, Kiel und Cronshagen entschloss sich Anfang 1992, ihre Filiale in Wacken (einem Marktflecken am Nord-Ostsee-Kanal) nicht mehr durch die angestellte Raumpflegerin Christel Schmidt reinigen zu lassen, sondern einen Reinigungsauftrag an die Firma Spiegelblank GmbH zu vergeben. Der Anwalt von Frau Schmidt meinte, damit sei der Betriebsteil „Reinigung" der Spar- und Leihkasse und folglich auch der Arbeitsvertrag von Frau Schmidt auf die Firma Spiegelblank übergegangen. – Wenn der Anwalt recht hätte und jede Neuvergabe eines Auftrags dazu führen würde, dass der neue Auftragnehmer kraft Gesetzes Arbeitgeber der bisher mit der Aufgabe beschäftigten Arbeitnehmer würde, wäre wirtschaftlicher Wandel kaum noch möglich; die Struktur der Wirtschaft wäre auf dem Stand von 1992 eingefroren. Dennoch schloss sich der EuGH der Sichtweise des Anwalts an.[51] Drei Jahre später, nach einem Wechsel auf der Richterbank, tilgte der Gerichtshof diese Blamage[52] (zu weiteren Urteilen s. Rn. 135).

41   (3) **Entsendung** von Arbeitnehmern: Wegen ihrer politischen und wirtschaftlichen Brisanz hervorzuheben ist schließlich die Richtlinie über die Entsendung von Arbeitnehmern im Rahmen der Erbringung von Dienstleistungen aus dem Jahre 1996. Anlass war das Phänomen, dass beispielsweise portugiesische Baufirmen im Rahmen der Dienstleistungsfreiheit nach Art. 56 AEUV Bauleistungen in Deutschland erbringen. Dabei sind sie besonders konkurrenzfähig, weil sie ihre nach Deutschland entsandten Arbeitnehmer, die ihren Lebensmittelpunkt in Portugal behalten, nach portugiesischen Arbeitsbedingungen beschäftigen. Vorgeblich im Interesse des Arbeitnehmerschutzes, aber wohl auch zur Verringerung der Standortkonkurrenz, sieht die Richtlinie vor, dass bestimmte Arbeitsbedingungen und Mindestlohnsätze des jeweiligen Einsatzlandes gelten (Prinzip „Gleicher Lohn für gleiche Arbeit am gleichen Ort"). Dieses Prinzip ist durch eine Reihe von EuGH-Urteilen konkretisiert worden.[53]

42   Die **Übersicht 1.2 (Arbeitsrechtliche Richtlinien der EU)** zeigt in zeitlicher Reihenfolge die wichtigsten arbeitsrechtlichen Richtlinien. In der Rubrik „Umsetzung" werden die einschlägigen Vorschriften des deutschen Rechts nicht abschließend aufgezählt, sondern ebenfalls nur die wichtigsten Normen genannt.

Übersicht 1.2: Arbeitsrechtliche Richtlinien der EU

Richtlinie	Stichwort	Umsetzung	Rn.
91/533/EWG	Unterrichtung (Nachweis)	NachwG	175
92/85/EWG	Mutterschutz	MuSchG	353, 399
94/33/EG	Jugendarbeitsschutz	JArbSchG	182
96/71/EG	Arbeitnehmerentsendung	AEntG	558
97/81/EG	Teilzeitarbeit (Rahmen)	§ 4 I TzBfG	119
98/49/EG	Betriebliche Altersversorgung	§ 1 b I 6 BetrAVG	446

---

[51] *EuGH* vom 14. 4. 1994 – C-392/92, Slg. 1994, I-1311 – Christel Schmidt.
[52] *EuGH* vom 11. 3. 1997 – C-13/95, Slg. 1997, I-1259 – Ayse Süzen.
[53] Z.B. *EuGH* vom 12. 10. 2004 – C-60/03, Slg. 2004, I-9553 – Wolff & Müller; *EuGH* vom 18. 12. 2007 – C-341/05, Slg. 2007, I-11 767 – Laval.

Richtlinie	Stichwort	Umsetzung	Rn.
98/59/EG	Massenentlassungen	§§ 17–22 KSchG	355
99/70/EG	Befristete Arbeitsverträge	§ 14 TzBfG	432–441
00/43/EG	Rassendiskriminierung	AGG	157–167
00/78/EG	Gleichbehandlung	AGG	157–167
01/23/EG	Betriebsübergang	§ 613a BGB	133, 550
02/14/EG	Unterrichtung und Anhörung	BetrVG	640
03/41/EG	Betriebliche Altersversorgung	§§ 112 ff. VAG	447
03/88/EG	Arbeitszeitgestaltung	ArbZG	216, 261
06/54/EG	Gleichbehandlung	AGG	157–167
08/94/EG	Zahlungsunfähigkeit	§§ 165 ff. SGB III	256, 447
08/104/EG	Leiharbeit	AÜG	116
09/38/EG	Europäischer Betriebsrat	EBRG	798, 799
10/18/EU	Elternurlaub (Rahmen)	BEEG	259, 353

IV. Grundgesetz und Arbeitsrecht

Das Grundgesetz, die Verfassung der Bundesrepublik Deutschland, enthält im 43
Gegensatz zum EG-Vertrag kein eigenes Kapitel über das Arbeits- und Sozialrecht. Wichtig für das Arbeitsrecht sind das Sozialstaatsprinzip gemäß Art. 20 I,
28 I GG (Rn. 15), die Bestimmungen über die Gesetzgebungskompetenz und
vor allem der Grundrechtskatalog der Art. 1–19 GG.

1. Gesetzgebungszuständigkeit

Die Gesetzgebungskompetenz für „das Arbeitsrecht einschließlich der Be- 44
triebsverfassung, des Arbeitsschutzes und der Arbeitsvermittlung sowie die Sozialversicherung einschließlich der Arbeitslosenversicherung" findet sich in
Art. 74 I Nr. 12 GG; es handelt sich um Gegenstände der konkurrierenden Gesetzgebung des Bundes und der Länder. Da der Bund von seiner Gesetzgebungs-
zuständigkeit durch eine Vielzahl von Gesetzen Gebrauch gemacht hat
(Art. 72 I GG), spielen für das deutsche Arbeitsrecht nur wenige Landesgesetze
eine Rolle (Beispiel: Arbeitnehmerweiterbildungsgesetze, Rn. 266).

2. Geltungsvorrang der Grundrechte

Für das Arbeitsrecht hoch bedeutsam ist der Grundrechtskatalog der 45
Art. 1–19 GG. Nach Art. 1 III GG binden die Grundrechte Gesetzgebung, voll-
ziehende Gewalt und Rechtsprechung als unmittelbar geltendes Recht. Der Gesetzgeber ist daher bei der Ausgestaltung des Arbeitsrechts an die Grundrechte
gebunden. Daran ändert es nichts, dass die meisten arbeitsrechtlichen Gesetze
privatrechtliche Gesetze sind. Allerdings hat der Gesetzgeber bei der Regelung
privatrechtlicher Konflikte, bei denen sich regelmäßig beide Seiten auf Grund-

rechte berufen können, einen größeren Spielraum als beim Erlass öffentlich-
rechtlicher Vorschriften.[54]

> **Beispiel** für die Verfassungswidrigkeit eines privatrechtlichen Gesetzes: § 622 II BGB a. F. sah
> für Arbeiter **kürzere Kündigungsfristen** vor als für Angestellte. Das BVerfG erklärte diese Un-
> terscheidung für unvereinbar mit Art. 3 I GG, weil keine sachlichen Gründe für eine un-
> gleiche Behandlung von Arbeitern und Angestellten bei den Kündigungsfristen erkennbar
> waren, und gab dem Gesetzgeber auf, die Ungleichbehandlung innerhalb einer bestimmten
> Frist zu beseitigen.[55]

46   Umgekehrt kann sich im Privatrecht aus den Grundrechten ein **Verfassungs-
auftrag** zu einem gesetzgeberischen Handeln ergeben, um ein Ungleichgewicht
zu korrigieren (**Schutzgebotsfunktion der Grundrechte**).

> **Beispiel:** § 90 a II 2 HGB a. F. erlaubte unter bestimmten Voraussetzungen ein nachvertrag-
> liches **Wettbewerbsverbot** auch ohne angemessenen Ausgleich in Geld (Karenzentschädi-
> gung). Wegen dieser Vorschrift war ein Weinvertreter kraft Wettbewerbsabrede für zwei
> Jahre an der Ausübung seines Berufs gehindert, ohne eine Entschädigung zu erhalten. Das
> BVerfG hielt den Ausschluss des Anspruchs auf Karenzentschädigung für unvereinbar mit
> Art. 12 I GG und forderte vom Gesetzgeber ein Tätigwerden: „Art. 12 I GG kann gebieten,
> dass der Gesetzgeber im Zivilrecht Vorkehrungen zum Schutz der Berufsfreiheit gegen ver-
> tragliche Beschränkungen schafft, namentlich wenn es an einem annähernden Kräftegleich-
> gewicht der Beteiligten fehlt.“[56]

3. Drittwirkung im Arbeitsverhältnis

47   Die herausragende Bedeutung der Grundrechte für das Arbeitsrecht beruht
nicht nur auf der Bindung des Gesetzgebers an den Grundrechtskatalog und auf
dem **Geltungsvorrang** der Grundrechte gegenüber dem arbeitsrechtlichen Gesetz (**Art. 1 III GG**). In der Praxis spielt vor allem die **Drittwirkung** der Grundrechte im Arbeitsverhältnis eine Rolle: „Es gibt kein Gebiet, in dem die Grundrechte so zum Kleingeld täglicher Rechtsanwendung geworden sind wie im
Arbeitsrecht.“[57] Die Frage lautet: Kann sich der Arbeitnehmer gegenüber dem
Arbeitgeber (oder umgekehrt der Arbeitgeber gegenüber dem Arbeitnehmer) auf
die Grundrechte berufen? Nach dem ursprünglichen Verständnis der Grundrechte lässt sich diese Frage nicht ohne weiteres bejahen. In ihrer klassischen
Funktion sind die Grundrechte **Abwehrrechte** des Bürgers gegen den Staat,
„dazu bestimmt, die Freiheitssphäre des Einzelnen vor Eingriffen der öffentlichen Gewalt zu sichern“.[58] Darin erschöpft sich die Aufgabe der Grundrechte
nach dem heutigen Verständnis jedoch nicht:

– Zum einen können sich aus den Grundrechten **Schutzpflichten** ergeben, die
  der Staat dadurch erfüllen muss, dass er Maßnahmen zum Schutz des Grund-
  rechtsträgers ergreift (Rn. 15, 46).

---

[54] *BVerfG* vom 19. 10. 1993 – 1 BvR 567/89, BVerfGE 89, 214 (232) – Bürgschaftsentscheidung.
[55] *BVerfG* vom 30. 5. 1990 – 1 BvL 2/83 u. a., BVerfGE 82, 126 (156) – Kündigungsfristen.
[56] *BVerfG* vom 7. 2. 1990 – 1 BvR 26/84, BVerfGE 81, 242 (255) – Handelsvertreterentscheidung.
[57] *Gamillscheg*, ZfA 1983, 307 (312).
[58] *BVerfG* vom 15. 1. 1958 – 1 BvR 400/51, BVerfGE 7, 198 (204) – Lüth-Entscheidung.

– Zum anderen hat das Grundgesetz in seinem Grundrechtsabschnitt eine **objektive Wertordnung** aufgerichtet, die „als verfassungsrechtliche Grundentscheidung für alle Bereiche des Rechts gelten muß".[59]

Vor diesem Hintergrund ist die Frage nach der Drittwirkung von Grundrechten abgestuft zu beantworten:

a) Bei der **Koalitionsfreiheit** des Art. 9 III 1 GG ordnet die Grundrechtsnorm **48** selbst die unmittelbare Geltung im Privatrechtsverhältnis an: Abreden, die das Grundrecht der Koalitionsfreiheit einschränken oder zu behindern suchen, sind nichtig, darauf gerichtete Maßnahmen sind rechtswidrig (Art. 9 III 2 GG).

> **Beispiele:** (1) Der Inhaber einer Boutique kündigt das Arbeitsverhältnis einer Verkäuferin mit der Begründung, er habe von ihrer Gewerkschaftszugehörigkeit erfahren und dulde keine Gewerkschaftsmitglieder im Laden. – Die **Kündigung** ist eine „Maßnahme" i.S.d. Art. 9 III 2 GG. Sie ist rechtswidrig, weil sie das durch Art. 9 III 1 GG geschützte Recht der Verkäuferin einschränkt, einer Gewerkschaft anzugehören (individuelle positive Koalitionsfreiheit). Gemäß Art. 9 III 1, 2 GG i.V.m. § 134 BGB ist die Kündigung nichtig. Die Nichtigkeit ergibt sich ferner aus §§ 612a i.V.m. 134 BGB. – (2) Der Boutiqueinhaber erklärt einer Stellenbewerberin, sie sei zwar die am besten geeignete Kandidatin, werde aber nur eingestellt, wenn sie zuvor aus der Gewerkschaft austrete.[60] – Die **Einstellung** ist ebenfalls eine Maßnahme. Die Nichteinstellung einer Bewerberin allein wegen ihrer Zugehörigkeit zur Gewerkschaft ist rechtswidrig. Art. 9 III 1, 2 GG stellt ein Schutzgesetz i.S.d. § 823 II BGB nicht nur zugunsten der nachteilig betroffenen Gewerkschaft dar (Unterlassungsanspruch analog § 1004 I 2 BGB), sondern auch zugunsten der abgewiesenen Bewerberin. Da aber auch die Einstellungsfreiheit des Arbeitgebers geschützt ist (Art. 12 I GG), hat die Bewerberin aus § 823 II BGB, Art. 9 III 1, 2 GG keinen Anspruch auf Begründung eines Arbeitsverhältnisses (Naturalrestitution, § 249 Satz 1 BGB), sondern nur auf Schadensersatz in Geld gemäß § 251 I BGB (vgl. auch das Beispiel bei Rn. 269 b a. E.).

b) Die **unmittelbare Drittwirkung** eines Grundrechts ist (nur) in Art. 9 III 2 **49** GG ausdrücklich angeordnet. Sie führt dazu, dass das Grundrecht im Arbeitsverhältnis als Verbotsgesetz i.S.d. § 134 BGB zu qualifizieren ist. Ob die unmittelbare Drittwirkung eines Grundrechts auch außerhalb von Art. 9 III 2 GG anzuerkennen ist, hat die Rechtsprechung lange Zeit nicht einheitlich beantwortet. Im Anschluss an Nipperdey, dem ersten Präsidenten des BAG, vertrat das **BAG** ursprünglich die Lehre von der unmittelbaren Drittwirkung auch der übrigen Grundrechte. Nach dieser Lehre entfalten die Grundrechte auch im Privatrecht normative Wirkung und erzeugen Rechte und Pflichten zwischen Arbeitgeber und Arbeitnehmer.[61] **Beispiel:** Enthält der Arbeitsvertrag eine Klausel, wonach das Arbeitsverhältnis einer Arbeitnehmerin endet, wenn sie heiratet, ist diese Klausel nach dieser Lehre gemäß Art. 6 I GG i.V.m. § 134 BGB nichtig[62] (die Nichtigkeit ergibt sich seit dem 18. 8. 2006 ferner aus § 7 I AGG).

Die Lehre von der unmittelbaren Drittwirkung versteht die Grundrechte nicht nur als subjektive öffentliche Rechte gegenüber dem Staat, sondern auch als unmittelbar anwendbare

---

[59] *BVerfG* vom 15. 1. 1958 – 1 BvR 400/51, BVerfGE 7, 198 (205) – Lüth-Entscheidung.
[60] Fall nach *BAG* vom 2. 6. 1987 – 1 AZR 651/85, BAGE 54, 353 (358 ff.) = AP Nr. 49 zu Art. 9 GG m. Anm. *Rüthers* = NJW 1987, 2893.
[61] *BAG* vom 3. 12. 1954 – 1 AZR 150/54, BAGE 1, 185 (191 ff.) = AP Nr. 2 zu § 13 KSchG = JZ 1955, 117.
[62] *BAG* vom 10. 5. 1957 – 1 AZR 249/56, BAGE 4, 274 (276 ff.) = AP Nr. 1 zu Art. 6 I GG Ehe und Familie = JZ 1957, 762.

Grundsatznormen im Privatrechtsverkehr.[63] Speziell im Arbeitsrecht lässt sich argumentieren, dass die typischerweise vorhandene faktische und rechtliche Überlegenheit des Arbeitgebers („Machtgefälle") Parallelen zum Staat-Bürger-Verhältnis aufweist. Auf der anderen Seite kann der Vergleich von Arbeitgebermacht und Staatsmacht den klaren Wortlaut des Art. 1 III GG, der nur die öffentliche Gewalt als Grundrechtsadressaten bezeichnet, nicht überspielen. Auch muss sich der Arbeitgeber gegenüber dem Arbeitnehmer auf Grundrechte berufen können, sodass ein Machtgefälle als Begründung nicht ausreicht.

50　　c) Die **mittelbare Drittwirkung** bedeutet, dass die Grundrechte zwar in privaten Rechtsbeziehungen – insbesondere im Arbeitsverhältnis – nicht unmittelbar anzuwenden sind, aber als Wertmaßstäbe über die Generalklauseln des Privatrechts (z. B. §§ 138 I, 242, 315 I BGB) auf die Privatrechtsbeziehungen einwirken. Das **BVerfG** hat sich nach Vorarbeiten von Dürig[64] stets für die mittelbare Drittwirkung ausgesprochen. Generalklauseln wie §§ 138 I, 242 und 315 I BGB enthalten ausfüllungsbedürftige Wertbegriffe („gute Sitten", „Treu und Glauben" und „billiges Ermessen"), bei deren Interpretation von den Wertvorstellungen der Verfassung auszugehen ist. Insofern sind die Generalklauseln „Einbruchstellen der Grundrechte in das Bürgerliche Recht".[65]

Die Lehre von der mittelbaren Drittwirkung bedeutet für das **Beispiel** der Vertragsklausel, wonach das Arbeitsverhältnis bei Eheschließung endet (s. vorige Rn.): Die Klausel wird der Prüfung nach § 138 I BGB unterzogen; der Sittenverstoß, der zur Nichtigkeit der Klausel führt, liegt im Verstoß gegen die Eheschließungsfreiheit (Art. 6 I GG).

Das **BAG** ist 1985 auf die Linie des BVerfG eingeschwenkt und sieht heute die Drittwirkung der Grundrechte im Arbeitsrecht nur mittelbar über die ausfüllungsbedürftigen Normen des Privatrechts gewährleistet.[66] Die Grundrechte spielen daher beispielsweise im Rahmen der Vertragskontrolle nach § 307 BGB und der Ermessenskontrolle nach § 315 I BGB eine Rolle (Rn. 77 e, 207).

4. Grundrechtsbindung der Tarifparteien

51　　Bei Tarifverträgen stellt sich das Problem der Drittwirkung der Grundrechte in besonderer Weise: Sie sind einerseits **privatrechtliche Verträge** zwischen Gewerkschaften und Arbeitgeberverbänden oder einzelnen Arbeitgebern (§ 2 I TVG). Auf der anderen Seite haben ihre **normativen Bestimmungen** die Qualität von Rechtsnormen, die unmittelbar und zwingend auf die Arbeitsverhältnisse einwirken (§ 4 I TVG). Aus der Doppelnatur des Tarifvertrags ergibt sich auch der Meinungsstand zur Grundrechtsbindung der Tarifparteien: Sieht man beim Tarifvertrag den Schwerpunkt in der „auf die Kollektivebene gehobenen Privatautonomie", ergeben sich keine durchgreifenden Besonderheiten zu anderen Vertragsverhältnissen, sodass die Lehre von der **mittelbaren Drittwirkung** auch gegenüber den Tarifparteien gilt.[67] Stellt man dagegen die „Delegation staatli-

---

[63] *Nipperdey*, RdA 1950, 121 (124).

[64] *Dürig*, Nawiasky-FS (1956), S. 157.

[65] *BVerfG* vom 15. 1. 1958 – 1 BvR 400/51, BVerfGE 7, 198 (206) – Lüth-Entscheidung; *BVerfG* vom 28. 4. 1976 – 1 BvR 71/83, BVerfGE 42, 133 (141) – Kommunalwahlaufruf.

[66] *BAG (GS)* vom 27. 2. 1985 – GS 1/84, BAGE 48, 122 (139) = AP Nr. 14 zu § 611 BGB Beschäftigungspflicht = NZA 1995, 702.

[67] *Canaris*, AcP 184 (1984), 201 (244); *Waltermann*, Söllner-FS (2000), S. 1251 (1256 ff.); *ders.*, 50 Jahre BAG-FS (2004), S. 913 (927); *Zöllner/Loritz/Hergenröder*, § 8 III.

cher Normsetzungsmacht" in den Vordergrund, liegt die **unmittelbare Grund-rechtswirkung** nahe, wobei die Tarifparteien im Grundrechtsverhältnis des Staates zum Bürger die Stelle des staatlichen Normsetzers einnehmen.[68]

Das **BAG** vertrat früher die zweitgenannte Auffassung, wonach die Tarifparteien bei der inhaltlichen Ausgestaltung der Tarifverträge unmittelbar an die Grundrechte gebunden sind.[69] Danach war z. B. ein Gehaltstarifvertrag, der eine Verheiratetenzulage ausschließlich männlichen Arbeitnehmern gewährte, wegen Verstoßes gegen Art. 3 II, III GG nichtig (§ 134 BGB).[70] In neuerer Zeit hat sich das BAG jedoch für eine nur mittelbare Grundrechtsbindung der Tarifparteien ausgesprochen.[71] Damit werden an die **tarifliche Normgebung** andere Maßstäbe als an die **staatliche Gesetzgebung** angelegt: Zwar richtet sich der Schutzauftrag der Grundrechte auch an die Tarifparteien; es bleibt den Tarifparteien aber nach Art. 9 III GG überlassen, in eigener Verantwortung Zugeständnisse in einer Hinsicht mit Vorteilen in anderer Hinsicht auszugleichen.

Durchblick: Während das **BVerfG** die Frage der mittelbaren oder unmittelbaren Grundrechtswirkung für den **Tarifvertrag** bisher offengelassen hat,[72] hat es bei der **Betriebsvereinbarung** die Parallele zu dem individuellen Vertrag gezogen und eine nur mittelbare Drittwirkung angenommen. Betriebsvereinbarungen erhielten nicht dadurch, dass der Gesetzgeber ihnen normative Wirkung zuerkenne (§ 77 IV 1 BetrVG), den Charakter von Akten der öffentlichen Gewalt; auch bei Betriebsvereinbarungen wirke der Rechtsgehalt der Grundrechte über das Medium der Generalklauseln, die im Sinne des Grundrechtsgehalts auszulegen seien.[73]

5. Gleichheitsrechte

Bei einer groben Strukturierung des Grundrechtskatalogs der Art. 1–19 GG lassen sich Gleichheitsrechte und Freiheitsrechte unterscheiden. Die Gleichheitsgrundrechte des Art. 3 GG spielen im Arbeitsrecht eine Rolle als **unmittelbare Gebote und Verbote** gegenüber dem Gesetzgeber und den Tarifparteien, in ihrer **mittelbaren Drittwirkung** im Arbeitsverhältnis und in ihren zahlreichen einfachgesetzlichen Ausprägungen.[74]

a) Besondere Gleichheitssätze (Art. 3 II, III GG)

(1) **Art. 3 III 1 GG** verbietet, jemanden wegen seines Geschlechts, seiner Abstammung, seiner Rasse, seiner Sprache, seiner Heimat und Herkunft, seines Glaubens, seiner religiösen oder politischen Anschauungen zu benachteiligen

---

[68] *Wiedemann/Stumpf,* Tarifvertragsgesetz, 5. Aufl. (1977), Einl. Rn. 57; anders jetzt Wiedemann/*Wiedemann,* TVG, Einl. Rn. 198–210; eingeschränkt *Boemke,* 50 Jahre BAG-FS (2004), S. 613 (630 a. E.).

[69] *BAG* vom 15. 1. 1955 – 1 AZR 305/54, BAGE 1, 258 (262 ff.) = AP Nr. 4 zu Art. 3 GG m. Anm. *Beitzke* = JZ 1956, 105.

[70] *BAG* vom 13. 11. 1985 – 4 AZR 234/84, BAGE 50, 137 (141) = AP Nr. 136 zu Art. 3 GG = NJW 1986, 1006 = NZA 1986, 321.

[71] *BAG* vom 30. 8. 2000 – 4 AZR 563/99, BAGE 95, 277 (283) = AP Nr. 25 zu § 4 TVG Geltungsbereich = NZA 2001, 163; *BAG* vom 27. 5. 2004 – 6 AZR 129/03, BAGE 111, 8 (14) = AP Nr. 5 zu § 1 TVG Gleichbehandlung = NZA 2004, 1399.

[72] *BVerfG* vom 30. 5. 1990 – 1 BvL 2/83 u. a., BVerfGE 82, 126 (154) – Kündigungsfristen.

[73] *BVerfG* vom 23. 4. 1986 – 2 BvR 487/80, BVerfGE 73, 261 (269) – Sozialplan.

[74] Ausführliche Übersicht bei *Hromadka/Maschmann* I, § 7 Rn. 99–126.

oder zu bevorzugen. Dieses Differenzierungsverbot bindet unmittelbar den **Gesetzgeber** (Art. 1 III GG); die **Tarifparteien** sind hingegen nur mittelbar gebunden[75] (Einzelheiten Rn. 52). In der **Betriebsverfassung** findet das Differenzierungsverbot des Art. 3 III 3 GG eine einfachgesetzliche Ausprägung in § 75 I BetrVG. Im **Arbeitsverhältnis** kommt eine mittelbare Drittwirkung über die Generalnormen des Privatrechts – insbesondere §§ 242, 315 BGB – in Betracht.

(2) **Art. 3 III 2 GG,** wonach niemand wegen seiner Behinderung benachteiligt werden darf, hat angesichts der zahlreichen einfachgesetzlichen Schutzvorschriften zugunsten schwerbehinderter Menschen in der Praxis keine größere Bedeutung erlangt.

Das Differenzierungsverbot des Art. 3 III GG wird auf der einen Seite durch **Europarecht** verstärkt: Art. 45 II AEUV, der im Arbeitsverhältnis unmittelbar anzuwenden ist, verbietet z. B. jede auf der Staatsangehörigkeit beruhende unterschiedliche Behandlung der Arbeitnehmer der Mitgliedstaaten in Bezug auf die Arbeitsbedingungen (**Freizügigkeit der Arbeitnehmer**). Auf der anderen Seite füllt einfaches **Gesetzesrecht** das Differenzierungsverbot aus, beispielsweise das Verbot der Diskriminierung von Teilzeitkräften (§ 4 I TzBfG).

Durchblick: Bei den **relativen Diskriminierungsverboten** – Beispiel: § 4 I TzBfG – ist eine Ungleichbehandlung ausnahmsweise zulässig, wenn sachliche Gründe die unterschiedliche Behandlung rechtfertigen. Bei den **absoluten Diskriminierungsverboten** fehlt die Ausnahme des „sachlichen Grundes", aber das unzulässige Differenzierungsmerkmal muss nach hier die alleinige oder zumindest wesentliche Ursache für die Benachteiligung sein. Beispiel: Bei dem Maßregelungsverbot des § 612a BGB darf die Rechtsausübung des Arbeitnehmers nicht nur der Anlass für eine Maßnahme des Arbeitgebers (z. B. eine Kündigung) sein, sondern muss den Beweggrund – das wesentliche Motiv – bilden.[76]

55   (3) **Art. 3 II 1 GG** („Männer und Frauen sind gleichberechtigt") überschneidet sich mit dem Differenzierungsverbot des Art. 3 III 1 GG, wonach niemand wegen seines Geschlechts benachteiligt oder bevorzugt werden darf.[77] Nach der Rechtsprechung des BVerfG schafft bereits Art. 3 III 1 GG ein **Abwehrrecht gegen unmittelbare Diskriminierungen** – also Regelungen oder Maßnahmen, die direkt an das jeweilige Geschlecht anknüpfen –, während sich der Schutz gegen **mittelbare Diskriminierungen** in erster Linie aus Art. 3 II 1 GG ergibt:

„Der über Art. 3 III 1 GG hinausgehende Regelungsgehalt von Art. 3 II 1 GG besteht darin, dass er ein Gleichberechtigungsgebot aufstellt und dieses auch auf die gesetzliche Wirklichkeit erstreckt. [Art. 3 II 1 GG] zielt auf die Angleichung der Lebensverhältnisse. Faktische Nachteile, die typischerweise Frauen treffen, dürfen durch begünstigende Regelungen ausgeglichen werden."[78]

56   Das Gleichberechtigungsgebot des Art. 3 II 1 GG bindet unmittelbar den **Gesetzgeber** (zur Bindung der **Tarifparteien** s. Rn. 52): Sieht ein Landesgesetz für alleinerziehende Frauen, die im Landesdienst arbeiten, einen Anspruch auf einen bezahlten „Hausarbeitstag" pro Monat vor, haben auch alleinerziehende

---

[75] *BAG* vom 25. 6. 2003 – 4 AZR 405/02, BAGE 106, 374 (382 f.) = AP Nr. 1 zu § 1 TVG Beschäftigungssicherung = NZA 2004, 215.

[76] *BAG* vom 25. 11. 1993 – 2 AZR 517/93, BAGE 75, 153 (160) = AP Nr. 3 zu § 14 KSchG 1969 = NZA 1994, 837; *BAG* vom 21. 9. 2011 – 7 AZR 150/10, AP Nr. 20 zu § 612a BGB = NZA 2012, 317 (Rn. 35).

[77] Eingehend *Schlachter,* Wege zur Gleichberechtigung (1993), S. 76 ff.

[78] *BVerfG* vom 28. 1. 1992 – 1 BvR 1025/82, BVerfGE 85, 191 (207) – Nachtarbeitsverbot.

männliche Landesbedienstete einen solchen Anspruch.[79] Da die „effektive Gewährleistung der vollen Gleichstellung von Männern und Frauen im Arbeitsleben" (Art. 157 IV AEUV) ein wesentliches Anliegen des primären Unionsrechts darstellt, konkurriert auch im Bereich der Gleichstellung der Geschlechter das Verfassungsrecht mit dem Europarecht und die Zuständigkeit des BVerfG mit derjenigen des EuGH. Im einfachen Gesetzesrecht findet das Gleichberechtigungsgebot seinen Niederschlag insbesondere in den – auf EU-Richtlinien beruhenden – Vorschriften des **Allgemeinen Gleichbehandlungsgesetzes** (Rn. 162–165).

b) *Allgemeiner Gleichheitssatz (Art. 3 I GG)*

Art. 3 I GG erfüllt im Arbeitsleben eine wichtige Funktion: „Arbeitnehmern, 57 die sich in der Regel in einer Gemeinschaft mit anderen befinden, wird eine unterschiedliche Behandlung zumeist schnell bekannt, und sie empfinden das Verhalten des Arbeitgebers als ungerecht, sofern nicht sachliche Gründe erkennbar sind."[80] Der Satz „Alle Menschen sind vor dem Gesetz gleich" (Art. 3 I GG) richtet sich unmittelbar an den Gesetzgeber. Den **Tarifparteien** steht dagegen auch in Bezug auf Art. 3 I GG eine „Einschätzungsprärogative" zu (Rn. 52): Aus der verfassungsrechtlichen Gewährleistung der Tarifautonomie (Art. 9 III GG) ergibt sich, dass der Richter einen Tarifvertrag nur begrenzt auf einen Verstoß gegen den allgemeinen Gleichheitssatz untersuchen darf.[81] In der **Betriebsverfassung** findet Art. 3 I GG eine einfachgesetzliche Ausprägung, denn zu den „Grundsätzen von Recht und Billigkeit" i.S.d. § 75 I BetrVG gehört auch die Pflicht zur Gleichbehandlung (Rn. 724, 790); die in § 75 I BetrVG genannten Differenzierungsverbote sind nicht abschließend („insbesondere").

c) *Arbeitsrechtlicher Gleichbehandlungsgrundsatz*

Der arbeitsrechtliche Gleichbehandlungsgrundsatz verbietet dem Arbeitgeber, 58 Arbeitnehmer ohne sachlichen Grund von Begünstigungen auszunehmen oder ihnen Belastungen aufzuerlegen.[82] Das gilt nicht nur im **Betrieb,** sondern auch im **Unternehmen,** wenn der Arbeitgeber eine überbetriebliche Regel aufstellt und anwendet.[83] Der Gleichbehandlungsgrundsatz im Arbeitsverhältnis wird überwiegend als gewohnheitsrechtliche Umsetzung des Art. 3 I GG betrachtet.[84] Rechtsgrundlage ist daher nicht Art. 3 I GG i.V.m. einer Generalklausel (z.B. § 242 BGB), sondern der Gleichbehandlungsgrundsatz als **Gewohnheitsrecht,** das **auf der Ebene des einfachen Rechts** steht. Der Hauptanwendungsfall liegt

---

[79] *BAG* vom 26. 1. 1982 – 3 AZR 42/81, BAGE 37, 352 (355) = AP Nr. 29 zu § 1 HausarbeitstagsG NRW = NJW 1982, 2573.
[80] *Otto,* ArbR, Rn. 161.
[81] *BAG* vom 25. 6. 2003 – 4 AZR 405/02, BAGE 106, 374 (382f.) = AP Nr. 1 zu § 1 TVG Beschäftigungssicherung = NZA 2004, 215.
[82] *BAG* vom 21. 5. 2003 – 10 AZR 524/02, BAGE 106, 166 (168) = AP Nr. 251 zu § 611 BGB Gratifikation = NZA 2003, 1274; *BAG* vom 13. 8. 2008 – 7 AZR 513/07, BAGE 127, 239 = AP Nr. 48 zu § 14 TzBfG = NZA 2009, 27 (Rn. 21).
[83] *BAG* vom 17. 11. 1998 – 1 AZR 147/98, AP Nr. 162 zu § 242 BGB Gleichbehandlung = NZA 1999, 606 (608f.).
[84] ErfK/*Preis,* § 611 BGB Rn. 574; *Hromadka/Maschmann* I, § 7 Rn. 103.

auf dem Gebiet der freiwilligen Sonderleistungen (Sonderzuwendungen) des Arbeitgebers (Rn. 242–244). Bei der Anwendung dieses Grundsatzes bietet sich folgendes Prüfungsschema an:

(1) Der Arbeitgeber muss eine **Regel** aufstellen oder befolgen, die **abstrakt** an allgemeine Merkmale anknüpft und **generell** für eine Mehrzahl von Fällen gelten soll.

> **Beispiel:** Der Arbeitgeber zahlt eine Weihnachtsgratifikation, ohne tarif- oder arbeitsvertraglich dazu verpflichtet zu sein.

(2) Es muss eine **Ungleichbehandlung** einer oder mehrerer Personen vorliegen, die unter die Regel fallen könnten. Das kann durch einen **Ausnahmetatbestand** geschehen.

> **Beispiel:** Arbeitnehmer, die vor dem 1. 4. des Folgejahres von sich aus das Arbeitsverhältnis beenden, müssen die Gratifikation zurückzahlen.

Die Ungleichbehandlung kann aber auch in einer **Gruppenbildung** liegen.

> **Beispiel:** Arbeiter erhalten 70% eines Monatslohns, Angestellte bekommen 100% eines Monatsgehalts als Weihnachtsgratifikation.

59   (3) Es darf **keinen sachlichen Grund** für die Ungleichbehandlung geben. Wenn ein spezielles Diskriminierungsverbot einschlägig ist (z.B. § 1 AGG, Rn. 157: Benachteiligung wegen des Geschlechts), sind dessen Differenzierungskriterien zu prüfen (z.B. § 8 I AGG: „wesentliche und entscheidende berufliche Anforderungen"). Wenn es um den allgemeinen Gleichbehandlungsgrundsatz geht, lautet die Frage, ob die Ungleichbehandlung auf sachfremden Gründen beruht (Willkürverbot).[85]

> Das bedeutet in den **Beispielen:** Da eine Weihnachtsgratifikation auch die Betriebstreue belohnen soll (dazu der **Übungsfall 9**, Rn. 249–252), ist der Rückzahlungsvorbehalt bei Arbeitnehmern, die vor dem 1. 4. des Folgejahres aus von ihnen zu vertretenden Gründen aus dem Betrieb ausscheiden, nicht sachfremd.[86] Anders ist es bei der Ungleichbehandlung von Arbeitern und Angestellten, für die ein sachlicher Grund nicht erkennbar ist.[87]

(4) Die **Rechtsfolge** eines Verstoßes gegen den allgemeinen Gleichbehandlungsgrundsatz ist stets in der **negativen Richtung**, dass die Ungleichbehandlung unzulässig ist und der Arbeitgeber eine neue, am Gleichbehandlungsgebot orientierte Entscheidung treffen muss. Wenn die gleichheitswidrige Privilegierung bereits eingetreten ist, hat die Rechtsfolge des Gleichheitsverstoßes auch eine positive Richtung, indem den Benachteiligten ein Anspruch auf die gleiche Leistung zusteht: Haben die Angestellten, etwa durch Gesamtzusage (Rn. 78), einen Anspruch auf eine Weihnachtsgratifikation in Höhe von 70% einer Monatsvergütung unentziehbar erhalten, steht den Arbeitern der gleiche Anspruch zu („Anpassung nach oben").[88]

---

[85] *Hromadka/Maschmann* I, § 7 Rn. 116; *Preis* I, § 33 II.

[86] Vgl. BAG vom 9. 6. 1993 – 10 AZR 529/92, BAGE 73, 217 (220) = AP Nr. 150 zu § 611 BGB Gratifikation = NZA 1993, 935.

[87] *BAG* vom 5. 3. 1980 – 5 AZR 881/78, BAGE 33, 57 (59) = AP Nr. 44 zu § 242 BGB Gleichbehandlung = NJW 1980, 2374.

[88] Einschränkend bei Gleichheitsverstößen durch Tarifnorm *BAG* vom 13. 11. 1985 – 4 AZR 234/84, BAGE 50, 137 (144 ff.) = AP Nr. 136 zu Art. 3 GG = NZA 1986, 321.

6. Freiheitsrechte

Die Freiheitsrechte im Grundrechtskatalog der Art. 1–19 GG beeinflussen die **60** Lösung zahlreicher Fragen des Arbeitsrechts.[89] Von der **Koalitionsfreiheit** des Art. 9 III GG (Rn. 48) und der **Eigentumsgarantie des Art. 14 I GG** (Rn. 12) war bereits die Rede. Der **Schutz der Privatsphäre** nach § 242 BGB i.V.m. dem **allgemeinen Freiheitsrecht** der Art. 2 I, 1 I GG ist z.B. für das Fragerecht des Arbeitgebers im Bewerbungsgespräch von Bedeutung (Rn. 151–154). Aus dem Kreis der **besonderen Freiheitsrechte** des Grundgesetzes haben – neben Art. 9 III GG und Art. 14 I GG – drei Grundgesetzartikel die Gerichte besonders häufig beschäftigt (s. zum Schutz von Ehe und Familie gem. Art. 6 I, II GG *Junker*, Fälle zum Arbeitsrecht, Fall 12).

a) *Berufsfreiheit (Art. 12 I GG)*

Das Recht, Beruf, Arbeitsplatz und Ausbildungsstätte frei zu wählen (Art. 12 **61** I 1 GG) wird als „arbeitsrechtliches Muttergrundrecht"[90] bezeichnet (s. bereits Rn. 15). Die Schranken der grundrechtlichen Gewährleistung (vgl. Art. 12 I 2 GG) werden durch die **Dreistufenlehre** des BVerfG konkretisiert: Der **Gesetzgeber** darf (1) Regelungen der Berufsausübung aus vernünftigen Gründen des Gemeinwohls treffen, (2) subjektive Voraussetzungen für die Zulassung zum Beruf (z.B. erforderliche Ausbildung) zugunsten eines besonders wichtigen Gemeinwohlinteresses aufstellen und (3) objektive Voraussetzungen für die Zulassung zum Beruf (z.B. eine Bedürfnisprüfung) „im allgemeinen nur zur Abwehr nachweisbarer oder höchstwahrscheinlicher schwerer Gefahren für ein überragend wichtiges Gemeinschaftsgut" schaffen.[91]

Im **Arbeitsverhältnis** gibt Art. 12 I 1 GG weder einen Anspruch gegen einen konkreten Arbeitgeber auf Einstellung noch eine absolute Bestandsgarantie für einen bestimmten Arbeitsplatz.[92] Ansonsten kommt die Berufsfreiheit auf dem Wege der mittelbaren Drittwirkung im Arbeitsverhältnis häufig zur Anwendung.

Beispiele: (1) **Zugunsten des Arbeitnehmers** beschränkt Art. 12 I 1 GG – freie Wahl des Arbeitsplatzes – die Zulässigkeit von Klauseln über die Rückzahlung von **Ausbildungs- oder Fortbildungskosten**[93] (klausurmäßige Lösung eines solchen Sachverhalts: *Junker*, Fälle zum Arbeitsrecht, Fall 5). Entsprechendes gilt für Klauseln über die Rückgewähr von Sonderzuwendungen (z.B. Weihnachtsgratifikationen) für den Fall, dass das Arbeitsverhältnis endet (dazu der **Übungsfall 9**, Rn. 249–252). – (2) **Zugunsten des Arbeitgebers** kommt Art. 12 I 1 GG z.B. zum Zuge, wenn der Betrieb geschlossen werden muss, aber einzelne Arbeitnehmer kraft Tarifvertrags unkündbar sind: Weil die jahrelange Fortsetzung eines sinnentleerten Arbeitsverhältnisses durch Lohnzahlungen, denen keine Arbeitsleistung gegenübersteht, die Berufsfreiheit des Arbeitgebers verletzen würde, gestattet das BAG in diesen Fällen eine außerordentliche betriebsbedingte Kündigung gemäß § 626 I BGB „mit Auslauffrist" (Rn. 414).

---

[89] Übersichten bei *Preis* I, § 15 III; *Zöllner/Loritz/Hergenröder*, § 8 II.

[90] *Hanau*, Bauer-FS (2010), S. 385; *Hergenröder*, Hadding-FS (2004), S. 81.

[91] *BVerfG* vom 11. 6. 1958 – 1 BvR 596/56, BVerfGE 7, 377 (405) – Apothekenurteil.

[92] *BVerfG* vom 27. 1. 1998 – 1 BvL 15/87, BVerfGE 97, 169 (175) – Kleinbetriebsklausel I.

[93] *BAG* vom 5. 12. 2002 – 6 AZR 539/01, AP Nr. 32 zu § 611 BGB Ausbildungsbeihilfe = NZA 2003, 559 (Schulungskosten eines Monteurs); *BAG* vom 13. 12. 2011 – 3 AZR 791/09, AP Nr. 45 zu § 611 BGB Ausbildungsbeihilfe = NZA 2012, 738 (Ausbildung zum Triebfahrzeugführer).

b) Gewissensfreiheit (Art. 4 I GG)

62   Die Freiheiten des Glaubens, des Gewissens sowie des religiösen und weltanschaulichen Bekenntnisses sind nach Art. 4 I GG geschützt. In der Praxis kann sich die Frage stellen, inwieweit der Arbeitnehmer ein Recht zur Arbeitsverweigerung hat, wenn er eine Arbeit verrichten soll, die er mit seinem Glauben oder seinem Gewissen nicht vereinbaren kann. Die Sachverhalte wandeln sich mit der Zeit: In den fünfziger Jahren des letzten Jahrhunderts hat der Fall einer Apothekenhelferin die Gemüter erhitzt, die aus Gründen der Sittlichkeit keine Verhütungsmittel verkaufen wollte. Spätere Fälle handeln von einem Drucker, der es ablehnte, an der Herstellung kriegsverherrlichender Bücher mitzuwirken,[94] von einem Moslem, der sich als Ladenhilfe in einem Supermarkt aus religiösen Gründen gehindert sah, an der Verbreitung von alkoholischen Getränken teilzunehmen,[95] und von einem Forscher, der sich weigerte, an der Entwicklung von Medikamenten mitzuarbeiten, die einen Atomkrieg führbar machen sollten. Diesem Fall nachgebildet ist der

63   **Übungsfall 1** (Gewissenskonflikt): Gottlieb Künzel (K), 37 Jahre alt, kinderlos und ledig, arbeitet seit fünf Jahren als Elektroschweißer bei der Brabus GmbH (B GmbH) in Bremen. Die B GmbH ist im Fahrzeugbau tätig. Seit vielen Jahren rüstet sie Limousinen und Geländewagen zu gepanzerten Sonderschutzfahrzeugen um, die an gefährdete Personen aus Politik und Wirtschaft geliefert werden. Auf Anfrage der Bundesregierung hat die B GmbH damit begonnen, Fahrzeuge der Bundeswehr und anderer NATO-Truppen für den Afghanistan-Einsatz auszurüsten. Das Geschäft ist so ertragreich, dass die Geschäftsführung der B GmbH im Juli beschlossen hat, den zivilen Fahrzeugbau zum 31. 12. auslaufen zu lassen und ab dem neuen Jahr nur noch Militärfahrzeuge zu bearbeiten, insbesondere durch verstärkte Panzerung und Vorrichtungen für eine stärkere Bewaffnung. K, der zuvor nur im zivilen Fahrzeugbau eingesetzt war, erhielt Ende September die Weisung, an der Umrüstung eines Schützenpanzers HS-30 mitzuarbeiten. K weigerte sich unter Berufung auf seine pazifistische Grundhaltung, die auch in seiner Mitgliedschaft in der Friedensorganisation „Pax Christi" zum Ausdruck komme. Er könne es mit seinem Gewissen nicht vereinbaren, sich an der Herstellung von militärischem Gerät zu beteiligen, das zur Tötung von Menschen bestimmt sei und dazu auch verwendet werde. Nach einer erfolglosen Abmahnung erklärte die B GmbH durch Schreiben vom 8. 10. die ordentliche Kündigung des Arbeitsverhältnisses zum 31. 12.. Hat die rechtzeitig erhobene Kündigungsschutzklage des K Aussicht auf Erfolg?[96]

64   **Lösung:** Die Kündigungsschutzklage hat Erfolg, wenn sie zulässig und begründet ist.

(A) Die **Zulässigkeit** der Klage unterliegt keinen Bedenken: Das Arbeitsgericht ist nach § 2 I Nr. 3 b ArbGG sachlich zuständig; es entscheidet über die Feststellungsklage des K (mit dem in § 4 Satz 1 KSchG vorgesehenen Antrag) im Urteilsverfahren (§ 2 V ArbGG).

(B) Die **Begründetheit** der Klage hängt davon ab, ob die Kündigung rechtswirksam ist. Eine nach § 623 BGB formwirksame **Erklärung** einer ordentlichen Kündigung liegt vor. Es ist auch davon auszugehen, dass der **Betriebsrat** der B GmbH, wenn ein solcher vorhanden ist, ordnungsgemäß beteiligt wurde (§ 102 BetrVG). Die Unwirksamkeit der Kündigung könnte sich jedoch aus dem **allgemeinen Kündigungsschutz** ergeben (§ 1 I KSchG).

---

[94] *BAG* vom 20. 12. 1984 – 2 AZR 436/83, BAGE 47, 363 (365 ff.) = AP Nr. 27 zu § 611 BGB Direktionsrecht m. Anm. *Brox* = NZA 1986, 21.

[95] *BAG* vom 24. 2. 2011 – 2 AZR 636/09, BAGE 137, 164 = AP Nr. 9 zu Art. 4 GG m. Anm. *Greiner* = NZA 2011, 1087 (Rn. 21 ff., 40 ff.).

[96] Fall frei nach *BAG* vom 24. 5. 1989 – 2 AZR 285/88, BAGE 62, 59 = AP Nr. 1 zu § 611 BGB Gewissensfreiheit m. Anm. *Kraft/Raab* = NZA 1990, 144 = JuS 1990, 591.

(I) **Ausschlussfrist (§ 4 Satz 1 i. V. m. § 7 KSchG):** Unabhängig von der Anwendbarkeit des allgemeinen Kündigungsschutzes (vgl. § 23 I 2 KSchG) verlangt § 4 Satz 1 KSchG die fristgerechte Klageerhebung innerhalb von drei Wochen nach Zugang der Kündigung. Anderenfalls wird unwiderleglich vermutet, dass die Kündigung weder sozial ungerechtfertigt noch aus anderen Gründen rechtsunwirksam ist (§ 7 KSchG). Nach dem Sachverhalt wurde die Klage rechtzeitig erhoben.

(II) **Anwendbarkeit der §§ 1–14 KSchG:** Der allgemeine Kündigungsschutz ist anwendbar, wenn die Beschäftigtenzahl der B GmbH über den Schwellenwerten des § 23 I 2, 3 KSchG liegt (**betrieblicher Anwendungsbereich**) und K seit mehr als sechs Monaten im Unternehmen beschäftigt ist (§ 1 I KSchG, **persönlicher Anwendungsbereich**). Angesichts des Geschäftsumfangs der B GmbH ist davon auszugehen, dass sie mehr als zehn Arbeitnehmer beschäftigt. K ist seit fünf Jahren Arbeitnehmer der B GmbH. Der Anwendungsbereich des allgemeinen Kündigungsschutzes ist eröffnet.

(III) **Soziale Rechtfertigung, § 1 I KSchG:** Nach § 1 I KSchG ist die Kündigung vom 8. 10. **65** 2007 rechtsunwirksam, wenn sie sozial ungerechtfertigt ist. Dieses Kriterium wird in § 1 II–V KSchG konkretisiert.

(1) **Verhaltensbedingte Kündigung:** Die Kündigung könnte gemäß § 1 II 1 KSchG durch Gründe gerechtfertigt sein, die im Verhalten des K liegen. Dann müsste ein vertragswidriges Verhalten des K vorliegen, das „an sich" geeignet ist, die Kündigung zu rechtfertigen (Rn. 368). Die Weigerung des K, an der Umrüstung des Schützenpanzers HS-30 mitzuarbeiten, stellt ein solches vertragswidriges Verhalten dar, wenn K verpflichtet war, der entsprechenden Weisung der B GmbH nachzukommen.

(a) Das **Weisungsrecht** des Arbeitgebers findet – ungeachtet der gesetzlichen Normierung in **§ 106 GewO** – seine **Rechtsgrundlage im Arbeitsvertrag:** Der Arbeitsvertrag umschreibt die Leistungspflichten des Arbeitnehmers nur rahmenmäßig; der Arbeitgeber konkretisiert diese Pflichten nach Art, Ort und Zeit durch das dem Arbeitsvertrag immanente Weisungsrecht (Direktionsrecht).[97] Die Weisung der B GmbH hielt sich im Rahmen des Arbeitsvertrags: K wurde als Elektroschweißer im Fahrzeugbau eingestellt. Auch wenn die B GmbH damals nur zivile Fahrzeuge umrüstete, durfte K schon angesichts des Tätigkeitsfeldes der B GmbH – Panzerung von Fahrzeugen – nicht davon ausgehen, auch in Zukunft nur mit Zivilfahrzeugen zu tun zu haben.

(b) Der **Gewissenskonflikt** des K könnte ihm jedoch nach **§ 275 III BGB** das Recht geben, **66** die Erfüllung der Weisung zu verweigern. Die Vorschrift gibt dem Arbeitnehmer ein Leistungsverweigerungsrecht, wenn ihm die Arbeit unter Abwägung seines Gewissenskonflikts mit dem Leistungsinteresse des Arbeitgebers nicht zugemutet werden kann.[98] Dann müsste K sich auf die Gewissensfreiheit berufen können, und die in § 275 III BGB geforderte Interessenabwägung müsste zu seinen Gunsten ausgehen.

(aa) Zunächst müsste der **Schutzbereich der Gewissensfreiheit** eröffnet sein. Nach dem subjektiven Gewissensbegriff, der dem Art. 4 I GG zugrunde liegt, ist eine Gewissensentscheidung die ernste sittliche, an den Kategorien von Gut und Böse orientierte Entscheidung, die der Einzelne in einer bestimmten Lage als für sich bindend und unbedingt verpflichtend empfindet.[99] Eine Gewissensentscheidung unterliegt keiner objektiven Kontrolle; es muss nur erkennbar sein, dass es sich um eine ernsthafte selbstbestimmte Entscheidung handelt.[100] K hat aus pazifistischen Motiven die Mitarbeit an der Umrüstung von Militärfahrzeugen verweigert und dadurch eine anzuerkennende Gewissensentscheidung getroffen.

(bb) Bei der von § 275 III BGB gebotenen **Interessenabwägung** zwischen der Gewissensfreiheit des Arbeitnehmers und dem Leistungsinteresse des Arbeitgebers spielen nach der Rechtsprechung drei Kriterien eine Rolle, nämlich:

---

[97] *BAG* vom 27. 3. 1980 – 2 AZR 506/78, BAGE 33, 71 (75) = AP Nr. 26 zu § 611 BGB Direktionsrecht = AuR 1980, 311; *BAG* vom 23. 1. 1992 – 6 AZR 87/90, AP Nr. 39 zu § 611 BGB Direktionsrecht = NZA 1992, 795.
[98] MünchKommBGB/*Ernst,* § 275 Rn. 118; Staudinger/*Löwisch,* § 275 BGB Rn. 90.
[99] *BVerfG* vom 20. 12. 1960 – 1 BvL 21/60, BVerfGE 12, 45 (54 f.) – Kriegsdienstverweigerung.
[100] *BAG* vom 24. 5. 1989 – 2 AZR 285/88, BAGE 62, 59 (70).

– die **Vorhersehbarkeit:** Musste der Arbeitnehmer bei Vertragsschluss mit solchen Tätigkeiten rechnen, sodass er den Gewissenskonflikt hätte vorhersehen können?
– die **betrieblichen Erfordernisse:** Bestehen andere Beschäftigungsmöglichkeiten oder muss wegen besonderer betrieblicher Umstände die Arbeit – wenigstens kurzfristig – verrichtet werden?
– und die **Wiederholungswahrscheinlichkeit:** Handelt es sich um eine einmalige Situation oder einen andauernden bzw. wiederkehrenden und damit um einen entsprechend starken Gewissenskonflikt?[101]

Im vorliegenden Fall gibt die betriebliche Situation der B GmbH den Ausschlag zugunsten des K: Da zum Zeitpunkt der Weisung im Betrieb der B GmbH noch Zivilfahrzeuge umgerüstet wurden, ist nicht ersichtlich, dass K nur an militärischen Projekten eingesetzt werden konnte. Die Beschäftigungsmöglichkeit im zivilen Bereich fällt bei der Interessenabwägung zugunsten des K so schwer in die Waagschale, dass er sich unter Berufung auf § 275 III BGB weigern konnte, der Weisung nachzukommen. Mangels vertragswidrigen Verhaltens des K liegt kein Grund für eine verhaltensbedingte Kündigung vor.

67 (2) **Personenbedingte Kündigung:** Die Kündigung könnte jedoch nach § 1 II 1 KSchG durch Gründe gerechtfertigt sein, die in der Person des Arbeitnehmers liegen. Darunter sind Gründe zu verstehen, die Arbeitgeberinteressen beeinträchtigen (Rn. 365) und auf persönlichen Eigenschaften oder Fähigkeiten des Arbeitnehmers beruhen (Rn. 365).

(a) Zu den **persönlichen Eigenschaften** eines Menschen gehört auch sein Gewissen. Wenn sich ein Arbeitnehmer auf Grund eines Gewissenskonflikts weigert, seine Aufgaben zu erfüllen, ist daher „an sich" ein Kündigungsgrund in der Person des Arbeitnehmers gegeben, denn durch die Arbeitsverweigerung wird das Leistungsinteresse des Arbeitgebers beeinträchtigt.[102]

(b) Nach dem **Ultima ratio-Prinzip** ist sodann zu prüfen, ob der Arbeitnehmer – gegebenenfalls nach Änderung der Arbeitsbedingungen oder zumutbarer Umschulung oder Fortbildung – auf einem anderen freien Arbeitsplatz weiterbeschäftigt werden kann (§ 1 II 2 Nr. 1b, II 3 KSchG). Da die B GmbH mit dem Ablauf des 31. 12. die zivile Fertigung einstellt, ist zum Zeitpunkt des Wirksamwerdens der Kündigung keine anderweitige Beschäftigungsmöglichkeit gegeben.

(c) Schließlich muss die im Rahmen des § 1 II 1 KSchG stets gebotene **Interessenabwägung** ergeben, dass die Kündigung im Einzelfall angemessen und billigenswert ist.[103] Da K nach dem 31. 12. mangels ziviler Fertigung nicht mehr eingesetzt werden kann, müsste die B GmbH auf unabsehbare Zeit das Gehalt zahlen, ohne die Gegenleistung des K zu erhalten. Eine derartige Belastung der Arbeitgeberin, die für sich die Grundrechte der Art. 12 I, 14 I GG in Anspruch nehmen kann, lässt sich allein mit der Gewissensentscheidung des Arbeitnehmers nicht rechtfertigen. Die Interessenabwägung im Rahmen des § 1 II 1 KSchG geht daher zugunsten der B GmbH aus.

(IV) Die **Kündigungsfrist,** die gegenüber dem seit fünf Jahren im Unternehmen der B GmbH beschäftigten K einzuhalten ist, beträgt zwei Monate zum Ende eines Kalendermonats (§ 622 II 1 Nr. 2 BGB). Die am 8. 10. ausgesprochene Kündigung, die zum 31. 12. wirksam werden soll, wahrt diese Frist.

(V) **Ergebnis:** Die Kündigungsschutzklage des K wird keinen Erfolg haben. Die Kündigung ist zwar nicht durch Gründe im Verhalten, wohl aber durch Gründe in der Person des K gerechtfertigt.

c) *Meinungsfreiheit (Art. 5 I 1 GG)*

68 Die in Art. 5 I 1 GG garantierte Freiheit der Meinungsäußerung prägt über § 242 BGB den **Inhalt des Arbeitsverhältnisses:** Aus einer Abwägung von Arbeit-

---

[101] *BAG* vom 24. 5. 1989 – 2 AZR 285/88, BAGE 62, 59 (70).
[102] *BAG* vom 24. 5. 1989 – 2 AZR 285/88, BAGE 62, 59 (70).
[103] A/P/S/*Dörner/Vossen,* § 1 KSchG Rn. 432–438; KR/*Griebeling,* § 1 KSchG Rn. 273–277.

gebergrundrechten (Art. 12 I, 14 I GG) und der Meinungsfreiheit des Arbeitnehmers (Art. 5 I 1 GG) muss sich im Wege der **praktischen Konkordanz** ergeben, inwieweit der Arbeitsvertrag den Arbeitnehmer im betrieblichen Interesse verpflichtet, sich bei der Meinungsäußerung und der Weitergabe betrieblicher Informationen zurückzuhalten.[104] Bei der **Beendigung des Arbeitsverhältnisses** stellt sich häufiger die Frage, ob Äußerungen des Arbeitnehmers den Arbeitgeber zu einer Kündigung berechtigen; das Grundrecht des Art. 5 I 1 GG kommt dann insbesondere im Rahmen der Interessenabwägung bei der ordentlichen (§ 1 II 1 KSchG) oder der außerordentlichen (§ 626 I BGB) verhaltensbedingten Kündigung zum Tragen.

Beispiel: Ein Kranelektriker der Werft AG Weser, Mitglied der „Roten Liste", verteilte auf dem Werftgelände ein Dokument, das die Mitglieder des Betriebsrats als Arbeiterverräter und Schieber bezeichnete, denen es nur darauf ankomme, als freigestellte Betriebsräte dicke Gehälter zu kassieren. Die Werft ruiniere in ihrem Streben nach Höchstprofiten die Gesundheit der Arbeiter. – Das BAG hielt die fristlose Kündigung für wirksam. Die Äußerungen seien ein „wichtiger Grund" i. S. d. § 626 I BGB; die Interessenabwägung gehe ebenfalls zu Lasten des Arbeitnehmers aus: Die grundrechtlich geschützte Meinungsfreiheit (Art. 5 I 1 GG) finde ihre Schranken im Recht der persönlichen Ehre (Art. 5 II GG) und dem Schutz des Betriebsfriedens (Art. 12 I, 14 I GG).[105]

V. Rechtsquellen des Arbeitsrechts

Das Arbeitsrecht wird von einem Arsenal rechtlicher Gestaltungsfaktoren – **69** den Rechtsquellen – beherrscht, die auf verschiedenen Ebenen auf das Arbeitsverhältnis einwirken: Auf der obersten Ebene steht das unmittelbar geltende Recht der Europäischen Union als **supranationales Recht** (Rn. 26–42). Auf der Stufe darunter befindet sich als **nationales Recht** das Grundgesetz, das als Verfassung der Bundesrepublik Deutschland den Gesetzgeber beim Erlass des (einfachen) Gesetzes bindet (zum Grundgesetz s. Rn. 43–68). Auf der Ebene des (einfachen) Gesetzes dominiert im Arbeitsrecht nicht – wie im Bürgerlichen Recht – die große Kodifikation, sondern eine Fülle von Einzelgesetzen, die einer überzeugenden Systematik entbehrt.[106]

Durchblick: Bei den Schuldverhältnissen des Bürgerlichen Rechts spielen zwei Rechtsgrundlagen – Vertrag und Gesetz – die dominierende Rolle. Es gibt vertragliche und gesetzliche Schuldverhältnisse, vertragliche und gesetzliche Ansprüche. Im Arbeitsrecht, das aus dem Besonderen Schuldrecht herausgewachsen ist, treten als kollektive Gestaltungsmittel **Tarifvertrag** und **Betriebsvereinbarung** hinzu; sie wirken nach §§ 4 I 1 TVG, 77 IV 1 BetrVG unmittelbar und zwingend (normativ). Unterhalb der Ebene des (Einzel-)**Arbeitsvertrags** stehen – in dieser Reihenfolge – die abdingbaren Vorschriften von Betriebsvereinbarungen, Tarifverträgen und arbeitsrechtlichen Gesetzen. Schließlich gehört auch das **Weisungsrecht** (Direktionsrecht) des Arbeitgebers, das sich aus dem Arbeitsvertrag ergibt und

---

[104] *BGH* vom 20. 1. 1981 – VI ZR 162/79, BGHZ 80, 25 (28 f.) – Fall Wallraff.
[105] *BAG* vom 13. 10. 1977 – 2 AZR 387/76, AP Nr. 1 zu § 1 KSchG 1969 Verhaltensbedingte Kündigung = NJW 1978, 1872; s. auch *BAG* vom 24. 6. 2004 – 2 AZR 63/03, AP Nr. 49 zu § 1 KSchG 1969 Verhaltensbedingte Kündigung = NZA 2005, 158 (Vertrauensmann der IG Metall, polemische Äußerungen im Intranet).
[106] Zu den Arbeitsgesetzbuchentwürfen von 1977, 1992, 1997 und 2007 s. *Otto*, ArbR, Rn. 117–119; *Junker*, ZfA 2009, 617 (645 ff.).

die Leistungspflichten des Arbeitnehmers konkretisiert, zu den Gestaltungsfaktoren des Arbeitsverhältnisses. Das Weisungsrecht hat zwar in § 106 GewO Erwähnung gefunden; die Rechtsgrundlage des Weisungsrechts ist aber nicht diese Vorschrift, sondern der Arbeitsvertrag.[107]

70   Die **Übersicht 1.3** (**Rechtsquellen im Arbeitsverhältnis**) zeigt die Hierarchie der Gestaltungsmittel des Arbeitsrechts:

Übersicht 1.3: Rechtsquellen im Arbeitsverhältnis

1	Recht der EU
2	Grundgesetz
3	(Zwingendes) Gesetzesrecht
4	(Zwingende) Tarifvertragsnormen, § 4 I 1 TVG
5	(Zwingende) Betriebsvereinbarungsnormen, § 77 IV BetrVG
6	Arbeitsvertragliche Regelung
7	(Dispositive) Betriebsvereinbarungs-, Tarifvertrags- und Gesetzesnormen
8	Weisungsrecht (Direktionsrecht) des Arbeitgebers

1. Zwingende gesetzliche Bestimmungen

71   Auf der Ebene unterhalb des Europarechts und des Verfassungsrechts steht das **Gesetz.** Gesetze im materiellen Sinne umfassen die Gesetze im formellen Sinne (**Parlamentsgesetze**, vgl. Art. 70 ff. GG) und die **Rechtsverordnungen** (**Art. 80 GG**). **Rechtsverordnungen** finden sich lediglich im Arbeitsschutzrecht (z. B. Arbeitsstättenverordnung) sowie in den Wahlordnungen zum Betriebsverfassungsgesetz und zu den Mitbestimmungsgesetzen. Im Arbeitsrecht dominiert das **formelle Gesetz** (zur Gesetzgebungskompetenz s. Rn. 44, 45).

a) Nach ihrem **Anwendungsbereich** lassen sich arbeitsrechtliche Gesetze danach unterscheiden, ob sie **alle Arbeitnehmer** erfassen, wie z. B. das AGG, das EFZG oder das KSchG, oder ob sie nur für **besonders schutzbedürftige Arbeitnehmer** gelten, wie z. B. das MuSchG, das JArbSchG oder das SGB IX (Rehabilitation und Teilhabe behinderter Menschen).

b) Nach ihrer **Wirkung** unterscheidet man **zwingende Gesetze** von **dispositiven Gesetzen,** die durch Vereinbarung abbedungen werden können, also „nachgiebig" (dispositiv) sind. Da das Arbeitsrecht vor allem Arbeitnehmerschutzrecht ist, dominieren die zwingenden gesetzlichen Bestimmungen. Es gibt zwei Typen zwingender gesetzlicher Bestimmungen:

– Die meisten arbeitsrechtlichen Vorschriften setzen zum Schutz des Arbeitnehmers Mindeststandards; sie sind daher **einseitig zwingend,** sodass von ihnen nicht zu Lasten, wohl aber zugunsten des Arbeitnehmers abgewichen werden kann (so ausdrücklich § 13 I 2 BUrlG).

---

[107] *Otto*, ArbR, Rn. 184–186; ErfK/*Preis*, § 611 BGB Rn. 233.

– Gesetzliche Bestimmungen, bei denen sich die Günstigkeitsfrage nicht stellt (z.B. Formvorschriften wie § 623 BGB) oder an denen ein besonderes öffentliches Interesse besteht – z.B. das Beschäftigungsverbot nach § 6 I MuSchG – sind dagegen **beidseitig zwingendes** Recht.

Dispositive gesetzliche Bestimmungen sind im Arbeitsrecht in der Minderzahl. Es gibt ebenfalls zwei Formen: Das **tarifdispositive Gesetzesrecht** erlaubt den Tarifparteien (und nur ihnen) eine Abweichung auch zu Lasten der Arbeitnehmer.[108] Beispiele sind § 13 I 1 BUrlG, § 4 IV EFZG und § 622 IV BGB (Rn. 261, 277 und 386). **Uneingeschränkt dispositive** Vorschriften unterliegen nicht nur der „verschlechternden" Abweichung durch die Tarifparteien, sondern auch der freien Vertragsgestaltung der Arbeitsvertragsparteien (Beispiele: §§ 613, 614, 616 BGB).

Die **Übersicht 1.4** (**Zwingendes und dispositives Recht**) zeigt die verschiedenen Formen des Gesetzesrechts im Überblick: 72

Übersicht 1.4: Zwingendes und dispositives Recht

Die gesetzliche Regelung ist abdingbar …	… weder zugunsten noch zu Lasten des Arbeitnehmers	… ausschließlich zugunsten des Arbeitnehmers	… zugunsten und zu Lasten des Arbeitnehmers
… durch Tarifvertrag	Beidseitig zwingendes, auch nicht tarifdispositives Gesetzesrecht (z.B. § 6 I MuSchG)	Einseitig zwingendes Gesetzesrecht (Normalfall im Arbeitsrecht)	Tarifdispositives Gesetzesrecht (z.B. § 622 IV BGB)
… durch Arbeitsvertrag			Dispositives Gesetzesrecht (z.B. § 616 Satz 1 BGB)

c) **Gewohnheitsrecht** steht als Rechtsquelle auf der Rangstufe von (formellen) 73 Gesetzen. Es entsteht nicht allein durch eine ständige Rechtsprechung, sondern erfordert darüber hinaus eine allgemeine Überzeugung von der Richtigkeit des Rechtssatzes. Im Arbeitsrecht wird – überwiegend mit negativem Ergebnis – diskutiert, ob sich bei der **Arbeitnehmerhaftung** und im **Arbeitskampfrecht** schon Gewohnheitsrecht herausgebildet hat.[109]

d) **Richterrecht** bildet **keine Rechtsquelle** im eigentlichen Sinne. Es steht nicht auf der Ebene des Gesetzes, auch wenn manchmal vom „BAG als Ersatzgesetzgeber" und vom „gesetzesvertretenden Richterrecht" die Rede ist.[110] Richterrecht entfaltet aber eine **faktische Bindung**, weil die Untergerichte (ArbG, LAG) – und deshalb auch die vertragsgestaltenden Juristen – i.d.R. der letzten Instanz (dem BAG) folgen.

---

[108] Im Geltungsbereich eines solchen Tarifvertrags können Arbeitsvertragsparteien, die nicht tariflich gebunden sind, oder Betriebsparteien die tarifliche Regelung meistens übernehmen (§§ 13 I 2 BUrlG, 4 IV 2 EFZG, 622 IV 2 BGB).

[109] Nachweise bei *Otto/Schwarze*, Rn. 63 f. (Arbeitnehmerhaftung); H/W/K/*Hergenröder*, Art. 9 GG Rn. 164 (Arbeitskampfrecht).

[110] *Gamillscheg*, AcP 164 (1964), 385 (388); *Otto*, ArbR Rn. 150.

Die Bedeutung des Richterrechts ergibt sich zum einen daraus, dass Teilgebiete – z.B. die Arbeitnehmerhaftung oder das Arbeitskampfrecht – so kontrovers sind, dass der Gesetzgeber nicht zu einer Regelung gefunden hat. Die entstandenen Rechtslücken muss der Richter schließen. Zweitens gibt es in arbeitsrechtlichen Gesetzen zahlreiche weit gefasste Generalklauseln – z.B. „dringende betriebliche Erfordernisse" in § 1 II 1 KSchG, „wichtiger Grund" in § 626 I BGB –, die der Ausfüllung durch Richterrecht bedürfen. Drittens korrigiert das BAG bisweilen den Gesetzeswortlaut, wenn es eine solche Korrektur für notwendig hält[111] („richterliche Rechtsfortbildung").

Beispiele: (1) Nach § 14 II 2 TzBfG ist eine sachgrundlose Befristung ausgeschlossen, wenn mit demselben Arbeitgeber „bereits zuvor" ein Arbeitsverhältnis bestanden hat. Um dieses Vorbeschäftigungsverbot zeitlich zu begrenzen, hält das BAG analog § 185 BGB nur eine Vorbeschäftigung in den letzten drei Jahren für schädlich (Rn. 436). – (2) Nach § 87 I Nr. 6 BetrVG hat der Betriebsrat ein Mitbestimmungsrecht bei der Einführung und Anwendung von technischen Einrichtungen, die „dazu bestimmt sind", das Verhalten oder die Leistung der Arbeitnehmer zu überwachen. Um dem Arbeitgeber den Einwand abzuschneiden, dass er z.B. mit der Einführung einer Telefondatenverarbeitung keine Überwachungszwecke verfolgt, hat das BAG das Wort „bestimmt" durch das Wort „geeignet" ersetzt (Rn. 751).

2. Tarifverträge und Betriebsvereinbarungen

74 Auf den Ebenen unterhalb der zwingenden gesetzlichen Bestimmungen finden sich die Tarifverträge und die Betriebsvereinbarungen, die sprachlich unter dem Begriff der **Kollektivverträge** (Kollektivvereinbarungen) zusammengefasst werden. Der **Tarifvertrag** ist ein schriftlicher Vertrag zwischen einem Arbeitgeberverband (oder einem einzelnen Arbeitgeber) und einer Gewerkschaft (§ 2 I TVG), der im schuldrechtlichen Teil Rechte und Pflichten der vertragsschließenden Parteien enthält und im normativen Teil unter anderem den Inhalt, den Abschluss und die Beendigung von Arbeitsverhältnissen ordnen kann (§ 1 I TVG). Die tarifvertraglichen Normen zählen zu den wichtigsten Anspruchsgrundlagen im Arbeitsverhältnis (Rn. 500–579).

75 Die **Betriebsvereinbarung** ist ebenfalls ein schriftlicher Vertrag (§ 77 I, II BetrVG). Er wird zwischen Betriebsrat und Arbeitgeber geschlossen und kann sich auf alle Gegenstände erstrecken, in denen ein Beteiligungsrecht des Betriebsrats besteht (Rn. 714–735). Nach § 77 IV 1 BetrVG gelten Betriebsvereinbarungen – wie die Rechtsnormen eines Tarifvertrags (§ 4 I TVG) – unmittelbar und zwingend (**normative Wirkung**). Während die normative Wirkung des Tarifvertrags jedoch grundsätzlich nur die tarifgebundenen Arbeitnehmer – die Mitglieder der Gewerkschaft – erfasst, wendet sich die Betriebsvereinbarung an alle vom Betriebsrat vertretenen Arbeitnehmer (zum Verhältnis von Tarifvertrag und Betriebsvereinbarung s. Rn. 85).

3. Besonderheiten auf der Ebene des Arbeitsvertrags

76 Auch auf der Ebene des Arbeitsvertrags bestehen im Vergleich zu anderen Schuldverhältnissen Besonderheiten, auf die an anderen Stellen dieses Buches eingegangen wird:
– Der **Grundsatz der Vertragsfreiheit** (Privatautonomie) ist im Interesse des Arbeitnehmerschutzes bereits durch **zwingendes Gesetzesrecht** stark eingeschränkt (Rn. 17–19, 71–73).

---

[111] Kritisch *Höpfner*, NZA 2011, 893; *Junker*, EuZA 6 (2013), 3 (14 ff.).

– Eine weitere Besonderheit ist der hohe Stellenwert des **Gleichbehandlungs-grundsatzes,** der sich daraus ergibt, dass die Arbeitnehmer i. d. R. in einer Gemeinschaft mit anderen arbeiten (Rn. 57–59).
– Mit dem Gedanken der Gleichbehandlung hängt es zusammen, dass Klauseln in Arbeitsverträgen in vielen Bereichen die **Bezugnahme auf einen Tarifver-trag** vorsehen (Bezugnahmeklauseln, s. Rn. 538).
– Schließlich ist der Arbeitsvertrag die Rechtsgrundlage für das **Weisungsrecht** (**Direktionsrecht**), das dem Arbeitgeber die Befugnis gibt, die Arbeitsleistung nach Art, Ort und Zeit zu konkretisieren (Rn. 204–215).

An dieser Stelle sind drei weitere Besonderheiten auf arbeitsvertraglicher Ebene zu erörtern: die AGB-Kontrolle von Arbeitsbedingungen (Rn. 77 ff.), die Gesamtzusage (Rn. 78) und die betriebliche Übung (Rn 79 ff.).

4. AGB-Kontrolle von Arbeitsbedingungen

Die Klauseln des einzelnen Arbeitsvertrags werden i. d. R. nicht individuell 77 ausgehandelt, sondern vom Arbeitgeber vorformuliert. Man spricht von **ar-beitsvertraglichen Einheitsregelungen** oder „allgemeinen Arbeitsbedingungen". Obwohl solche Allgemeinen Geschäftsbedingungen (AGB) des Arbeitsverhält-nisses den Kollektivverträgen nahe stehen und als „bewährte Instrumente zur Gestaltung der betrieblichen Ordnung"[112] bezeichnet werden, stehen sie in der Rechtsquellenhierarchie (Rn. 70) auf der Ebene des Arbeitsvertrags. Vertragsbe-standteil werden sie durch Angebot und Annahme.

Arbeitsvertragliche Regelungen sind Gegenstand **richterlicher Kontrolle** nach 77a §§ 305–310 BGB. Die Vorschrift des § 310 BGB bestimmt den **Anwendungsbe-reich der §§ 305–309 BGB:** Tarifverträge und Betriebsvereinbarungen sind von der richterlichen Kontrolle nach §§ 305 ff. BGB ausgenommen (**§ 310 IV 1 BGB**). Dagegen werden die §§ 305 ff. BGB auf Arbeitsverträge grundsätzlich angewendet. Dabei sind jedoch „die im Arbeitsrecht geltenden Besonderheiten angemessen zu berücksichtigen" (**§ 310 IV 2 BGB**). Die Anwendung der §§ 305 ff. BGB auf Arbeitsverträge erfolgt in mehreren Schritten:

a) Vorliegen von AGB

Zuerst ist festzustellen, ob die arbeitsvertragliche Regelung zu den Kontroll- 77b gegenständen der §§ 305 ff. BGB gehört: Es muss sich um Vertragsbedingungen handeln, die für eine Vielzahl von Verträgen vorformuliert sind und von einer Vertragspartei der anderen Vertragspartei bei Abschluss des Vertrags „gestellt" werden (**§ 305 I 1 BGB**):

(1) **Vertragsbedingungen** sind alle Regelungen, die den Inhalt des Arbeitsver-trags gestalten sollen, ohne Rücksicht auf Haupt- oder Nebenleistungen.[113]

Dazu gehören auch vertragliche Regelungen über deliktische Ansprüche (s. aber Rn. 307a), nicht jedoch Personalfragebogen, die bei der Einstellung verwendet werden (Rn. 759). Auch

---

[112] BAG vom 20. 4. 1999 – 1 ABR 72/98, BAGE 91, 210 (228) = AP Nr. 89 zu Art. 9 GG = NZA 1999, 887 – „Burda"-Beschluss.
[113] Palandt/*Grüneberg,* § 305 BGB Rn. 3, 5; D/F/L/*Löwisch,* § 305 BGB Rn. 1.

eine mündliche Abrede oder eine durch betriebliche Übung begründete Vertragsbedingung kann eine Allgemeine Geschäftsbedingung sein.[114]

(2) **Gestellt** werden die Vertragsbedingungen, wenn der **Verwender** – also i.d.R. der **Arbeitgeber** – die **Einbeziehung in den Arbeitsvertrag verlangt**.[115]

Das „Stellen" entfällt nicht schon dann, wenn der Vertragspartner des Verwenders zwischen mehreren vorformulierten Regelungen wählen kann, sondern nur, wenn die Vertragsbedingung im Einzelnen ausgehandelt wurde (§ 305 I 3 BGB).

(3) **Für eine Vielzahl von Verträgen vorformuliert** sind die Bedingungen nicht nur, wenn der Arbeitgeber selbst eine **mehrfache Verwendung plant**, sondern auch, wenn er **einmalig ein Formular benutzt**, das ein anderer (z.B. der **Arbeitgeberverband**) für mehrfache Verwendung vorgesehen hat.[116]

Der Kreis der Kontrollgegenstände wird durch § 310 III Nrn. 1, 2 BGB vergrößert, wenn der Arbeitnehmer „als solcher" – also in seinen Arbeitsbeziehungen – als **Verbraucher** i.S.d. § 13 BGB anzusehen ist: Dann ist erstens das Merkmal des „Stellens" nur zu verneinen, wenn der Arbeitnehmer die fragliche Klausel in den Vertrag eingeführt hat, wofür den Arbeitgeber die Beweislast trifft (§ 310 III Nr. 1 BGB). Zweitens findet die richterliche Inhaltskontrolle auch statt, wenn die Vertragsbedingung nur zur einmaligen Verwendung bestimmt ist und der Arbeitnehmer auf ihren Inhalt keinen Einfluss nehmen konnte (§ 310 III Nr. 2 BGB).

Durchblick: Der **Begriff des Verbrauchers** ergibt sich aus § 13 BGB. Danach ist ein Verbraucher jede natürliche Person, die ein Rechtsgeschäft zu einem Zweck abschließt, der weder ihrer gewerblichen noch ihrer selbständigen beruflichen Tätigkeit zugerechnet werden kann. In der **Literatur** ist die Verbrauchereigenschaft des Arbeitnehmers umstritten.[117] Das **BAG** sieht den Arbeitnehmer als Verbraucher an: Der Wortlaut des § 13 BGB erfasse auch denjenigen, der als Arbeitnehmer einen Arbeitsvertrag abschließe. Die Bezeichnung „Verbraucher" sei nur ein rechtstechnischer Oberbegriff: Ein konsumtiver Zweck, wie er für Kauf- oder Darlehensverträge typisch ist, werde nicht verlangt. Mit der Definition des Verbrauchers in § 13 BGB habe sich der Gesetzgeber vom allgemeinen Sprachgebrauch gelöst und eine eigenständige umfassende Begriffsbestimmung der schwächeren Vertragspartei gewählt.[118]

b) Einbeziehung in den Vertrag

77c Als nächstes ist zu prüfen, ob die fragliche Vertragsbedingung in den Arbeitsvertrag „einbezogen" wurde. Die Spezialvorschriften des § 305 II, III BGB für die „Einbeziehung" von AGB sind auf Arbeitsverträge nicht anzuwenden (§ 310 IV 2 BGB), denn der Gesetzgeber hielt die Nachweispflicht gem. § 2 NachwG für ausreichend. Für die Einbeziehung einer Klausel in den Arbeitsvertrag genügt die **Willensübereinstimmung der Arbeitsvertragsparteien**.

Der Nachweis der Vertragsklausel gem. § 2 NachwG ist keine Voraussetzung ihrer Wirksamkeit;[119] es kann dem Arbeitgeber bei einem Verstoß gegen § 2 NachwG aber nach Treu und Glauben (§ 242 BGB) verwehrt sein, sich auf eine Vertragsbestimmung zu berufen (Rn. 175).

---

[114] *BAG* vom 27. 8. 2008 – 5 AZR 820/07, BAGE 127, 319 = AP Nr. 36 zu § 307 BGB = NZA 2009, 49 (Rn. 20); *BAG* vom 16. 5. 2012 – 5 AZR 331/11, NZA 2012, 908 (Rn. 14).

[115] Einzelheiten bei MünchKommBGB/*Basedow*, § 305 Rn. 21.

[116] ErfK/*Preis*, §§ 305–310 BGB Rn. 22; Palandt/*Grüneberg*, § 305 BGB Rn. 9.

[117] Siehe zu den Argumenten Pro und Contra *Däubler*, NZA 2001, 1329 (1333); *Henssler*, RdA 2002, 129 (134); *Hönn*, ZfA 2003, 325 (346).

[118] *BAG* vom 25. 5. 2005 – 5 AZR 572/04, BAGE 115, 19 (29) = AP Nr. 1 zu § 310 BGB = NZA 2005, 1112; *BAG* vom 19. 5. 2010 – 5 AZR 253/09, AP Nr. 13 zu § 310 BGB = NZA 2010, 939 (Rn. 23).

[119] ErfK/*Preis*, §§ 305–310 BGB Rn. 28.

Ergänzend sind die §§ 305 b, 305 c BGB heranzuziehen, die drei allgemeine 77d
Regeln enthalten:

- Kollidiert eine individuelle Abrede der Vertragsparteien mit einer arbeitsvertraglichen Einheitsregelung, gilt der **Vorrang der Individualabrede (§ 305 b
BGB)**, und zwar ohne Rücksicht auf das Günstigkeitsprinzip.
- Das **Verbot überraschender Klauseln (§ 305 c I BGB)** führt z. B. dazu, dass
eine unter „Verschiedenes" versteckte Ausschlussfrist für Arbeitnehmeransprüche nicht Vertragsbestandteil wird.[120]
- Nach der **Unklarheitenregel des § 305 c II BGB** gehen Zweifel bei der Auslegung allgemeiner Arbeitsbedingungen zu Lasten des Verwenders, also im Regelfall zu Lasten des Arbeitgebers.

c) Inhalts- und Transparenzkontrolle

(1) **Inhaltskontrolle der AGB:** Der Kern der AGB-Kontrolle allgemeiner Ar- 77e
beitsbedingungen ist die Prüfung nach §§ 307–309 BGB.

(a) **Kontrollfreiheit nach § 307 III 1 BGB:** Den Ausgangspunkt bildet § 307
III 1 BGB, wonach eine Inhaltskontrolle nur bei Vertragsbedingungen stattfindet, die von Rechtsvorschriften abweichende oder sie ergänzende Regelungen
enthalten. Das BAG bezieht die Kontrollfreiheit nach § 307 III 1 BGB nicht nur
auf Vertragsklauseln, die den Gesetzeswortlaut wiederholen, sondern auch auf
Abreden über den unmittelbaren **Gegenstand der Hauptleistung**.

> **Beispiele:** (1) Verweist der Arbeitsvertrag von Angestellten des öffentlichen Dienstes auf die
> „für die Beamten jeweils gültige Dauer der Arbeitszeit", so handelt es sich um eine Be-
> stimmung der von den Angestellten zu erbringenden Hauptleistung, die nach § 307 III 1
> BGB kontrollfrei ist.[121] – (2) Verpflichtet der Arbeitsvertrag einen Stundenlöhner, über die
> vereinbarte regelmäßige wöchentliche Arbeitszeit von 30 Stunden bis zu zehn weitere Stun-
> den Arbeit auf Abruf zu leisten, so folgt die Kontrollfreiheit nach § 307 III 1 BGB daraus,
> dass Regelarbeitszeit und Abrufzeit in ihrem Zusammenwirken die Hauptleistungspflicht
> des Arbeitnehmers bestimmen.[122] – (3) Dagegen sind **Ausgleichsklauseln,** in denen der Ar-
> beitnehmer bei Beendigung des Arbeitsverhältnisses erklärt, dass keine Ansprüche mehr be-
> stehen, nicht nach § 307 III 1 BGB kontrollfrei, da es sich um Nebenabreden zur Haupt-
> leistung handelt.[123]

> **Durchblick:** Nach § 310 IV 3 BGB stehen Tarifverträge und Betriebsvereinbarungen den
> Rechtsvorschriften i. S. v. § 307 III BGB gleich. Klauseln in Arbeitsverträgen unterliegen
> folglich insoweit keiner Inhaltskontrolle, als sie den Inhalt von Kollektivverträgen wieder-
> holen oder auf Kollektivverträge verweisen. Der Gesetzgeber will damit bezwecken, dass
> eine kollektive Regelung, insbesondere in einem Tarifvertrag, auch mittelbar keiner ge-
> richtlichen Inhaltskontrolle unterliegt.

---

[120] Siehe auch *BAG* vom 16. 4. 2008 – 7 AZR 132/07, AP Nr. 10 zu § 305 c BGB = NZA
2008, 876 (Rn. 17) – Überraschungsklausel bei Befristung.
[121] *BAG* vom 14. 3. 2007 – 5 AZR 630/06, BAGE 122, 12 = AP Nr. 45 zu § 1 TVG Bezugnahme auf Tarifvertrag = NZA 2008, 45 (Rn. 25).
[122] *Löwisch*, Canaris-FS I (2007), S. 1403 (1411 f.); *Junker*, Buchner-FS (2009), S. 369 (375);
a. A. *BAG* vom 7. 12. 2005 – 5 AZR 535/04, BAGE 116, 267 = AP Nr. 4 zu § 12 TzBfG =
NZA 2006, 423 (Rn. 40 ff.).
[123] *BAG* vom 21. 6. 2011 – 9 AZR 203/10, BAGE 138, 136 = AP Nr. 53 zu § 307 BGB =
NZA 2011, 1338 (Rn. 39 f.).

(b) **Durchführung der Inhaltskontrolle:** Steht die Hürde der §§ 307 III 1, 310 IV 3 BGB im konkreten Fall der Inhaltskontrolle nicht entgegen, so sind zunächst die Klauselverbote ohne Wertungsmöglichkeit zu prüfen (§ 309 BGB), anschließend die Klauselverbote mit Wertungsmöglichkeit (§ 308 BGB) und schließlich – wenn § 308, 309 BGB nicht einschlägig sind – die Generalklausel des § 307 I 1, II BGB. Die Inhaltskontrolle einzelner Arbeitsbedingungen wird im Folgenden jeweils dort erörtert, wo die fragliche Arbeitsbedingung nach der Systematik dieses Buches zu besprechen ist.

77f   Die wichtigsten **AGB-Kontrollgegenstände** in der Rechtsprechung des BAG sind in der **Übersicht 1.5** alphabetisch zusammengestellt:

Übersicht 1.5: AGB-Kontrollgegenstände

Kontrollgegenstand	behandelt bei Rn.
Altersgrenze	441
Aufhebungsvertrag	429
Ausschlussklausel	245, 245 a
Bezugnahmeklausel	538–542
Freiwilligkeitsvorbehalt	253
Klageverzichtsvertrag	426
Rückzahlungsklausel	250–252 (Übungsfall 9), 254
Schriftformklausel	176, 177
Teilbefristung	438a
Überstundenabrede	219
Verfallklausel	245
Versetzungsklausel	215
Vertragsstrafe	226–229
Widerrufsvorbehalt	83a (Übungsfall 2), 253

77g   (2) **Transparenzkontrolle** der AGB: Nach **§ 307 III 2 BGB** können, auch wenn eine **Inhaltskontrolle** wegen § 307 III 1 BGB nicht stattfindet, Bestimmungen in Arbeitsverträgen nach **§ 307 I 2 i. V. m. § 307 I 1 BGB** unwirksam sein.[124] Dann muss sich eine entgegen den Geboten von Treu und Glauben unangemessene Benachteiligung daraus ergeben, dass die Bestimmung nicht klar und verständlich ist (**Bestimmtheitsgebot**). Die Transparenzkontrolle führt in der Praxis bei Vereinbarungen über Vertragsstrafen (Rn. 226–229) sowie bei Freiwilligkeits- und Widerrufsvorbehalten (Rn. 253, 254) häufig zur Unwirksamkeit.

---

[124] *BAG* vom 21. 6. 2011 – 9 AZR 236/10, NZA 2011, 1274 (Rn. 41 ff.); *BAG* vom 17. 8. 2011 – 5 AZR 406/10, NZA 2011, 1335 (Rn. 10 ff.).

d) Rechtsfolgen der AGB-Kontrolle

Eine unangemessene Klausel ist nach § 307 I 1 BGB unwirksam; diese **Unwirk-**   77h
samkeitsfolge wird in den Eingangssätzen von §§ 308, 309 BGB noch einmal
wiederholt. Die Wirksamkeit des Arbeitsvertrags im Übrigen bleibt von der
Unwirksamkeit der Klausel unberührt (§ 306 I BGB); an die Stelle der unwirksamen Klausel tritt die gesetzliche Regelung (§ 306 II BGB).

Eine Rückführung einer unzulässigen Klausel auf das gerade noch zulässige Maß – die **sog.**
geltungserhaltende Reduktion – lehnt die Rechtsprechung ab, da der Klauselverwender das
Risiko der Unwirksamkeit tragen soll[125] (s. z. B. Rn. 228). Eine Ausnahme gilt bei **Teilbarkeit**
der Klausel (s. z. B. Rn. 229): Kann der unwirksame Klauselinhalt nach dem sog. **Blue-Pencil-**
Test vom übrigen Klauselinhalt getrennt werden, so als handle es sich um zwei verschiedene
Klauseln, bleibt der übrige Klauselinhalt wirksam[126] (vgl. § 306 I BGB: „Sind AGB ... teilweise
... unwirksam").

Aus den vorstehenden Überlegungen ergibt sich ein Aufbauschema (**Grund-**   77i
schema) der **AGB-Kontrolle** von Arbeitsbedingungen, das vereinfacht in **Über-**
sicht 1.6 zusammengestellt ist:

Übersicht 1.6: AGB-Kontrolle (Grundschema)

---

1. Vorliegen von AGB (§ 305 I BGB)

   a) Vertragsbedingungen (= Regelungen, die den Vertragsinhalt gestalten)
   b) von einer Vertragspartei gestellt (Ausnahme: § 310 III Nr. 1 BGB)
   c) für eine Vielzahl von Verträgen vorformuliert (Ausnahme: § 310 III Nr. 2
      BGB)

2. Einbeziehung in den Vertrag

   a) § 305 II, III BGB im Arbeitsrecht nicht anzuwenden (§ 310 IV 2 BGB)
   b) Vorrang der Individualabrede (§ 305 b BGB)
   c) Keine überraschende Klausel (§ 305 c I BGB)

3. Auslegung vor Inhaltskontrolle

   a) Allgemeine Auslegungsregeln
   b) Unklarheitenregel (§ 305 c II BGB)

4. Inhaltskontrolle der AGB

   a) Anwendbarkeit gemäß §§ 307 III, 310 IV 3 BGB
   b) Klauselverbote ohne Wertungsmöglichkeit (§ 309 BGB)
   c) Klauselverbote mit Wertungsmöglichkeit (§ 308 BGB)
   d) Generalklausel des § 307 I 1, II BGB (§ 310 III Nr. 3 BGB)

5. Transparenzkontrolle (§ 307 I 2 BGB)

---

[125] *BAG* vom 25. 5. 2005 – 5 AZR 572/04, BAGE 115, 19 = AP Nr. 1 zu § 310 BGB =
NZA 2005, 1111 (1114); *BAG* vom 23. 9. 2010 – 8 AZR 897/08, AP Nr. 48 zu § 307 BGB =
NZA 2011, 89 (Rn. 41).
[126] *BAG* vom 12. 3. 2008 – 10 AZR 152/07, AP Nr. 10 zu § 305 BGB = NZA 2008, 699
(Rn. 28); ausführlich *Linck*, Bauer-FS (2010), S. 645.

5. Gesamtzusage

78   Die Gesamtzusage ist eine an die Belegschaft oder einen Teil der Belegschaft gerichtete Willenserklärung des Arbeitgebers, durch die ein Vorteil versprochen wird; dabei handelt es sich in der Regel um eine zusätzliche Arbeitgeberleistung, z. B. eine Sonderzuwendung (Weihnachtsgratifikation) oder ein betriebliches Ruhegeld (Betriebsrente). Die Gesamtzusage ist ein **Angebot** und löst Rechtsfolgen nur aus, wenn der Arbeitnehmer ausdrücklich, stillschweigend oder gem. § 151 Satz 1 BGB die **Annahme** erklärt. § 151 Satz 1 BGB entbindet nur vom Zugang der Annahmeerklärung beim Arbeitgeber; die Vorschrift verzichtet nicht auf den Geschäftswillen des Arbeitnehmers. Wer von der Gesamtzusage nichts weiß, kann keinen Annahmewillen bilden und hat keinen Anspruch aus der Gesamtzusage. Die Anspruchsgrundlage und der Grund für das Behaltendürfen der Leistung ist dann aber in der Regel der **Gleichbehandlungsgrundsatz** (Rn. 58 f., 269 a).

Die Gesamtzusage ist ein Unterfall der arbeitsvertraglichen Einheitsregelung; da sie per Definition eine Begünstigung des Arbeitnehmers enthält, wird für eine AGB-Kontrolle nur selten Anlass bestehen. Umstritten ist das Verhältnis der Gesamtzusage zu einer nachfolgenden verschlechternden („ablösenden") Betriebsvereinbarung. Darauf ist zurückzukommen (Rn. 730–733, s. auch Rn. 86).

6. Betriebliche Übung

79   a) **Anspruch aus betrieblicher Übung:** Hat der Arbeitgeber, beispielsweise durch eine Gesamtzusage (einen Aushang am „Schwarzen Brett"), in einem Jahr, im zweiten Jahr und vielleicht sogar im dritten Jahr ein Weihnachtsgeld versprochen (und gezahlt), werden die Arbeitnehmer fragen, ob der Arbeitgeber auch im nächsten Jahr frei entscheiden kann, ob er ein Weihnachtsgeld gewährt, oder ob sie nunmehr auch in den Folgejahren einen Rechtsanspruch auf Weihnachtsgeld haben. Ein solcher Anspruch kann sich aus betrieblicher Übung ergeben. Betriebliche Übung ist die **regelmäßige Wiederholung** bestimmter Verhaltensweisen des Arbeitgebers, aus denen die Arbeitnehmer schließen dürfen, dass ihnen eine Leistung oder eine Vergünstigung **auf Dauer gewährt** werden soll.[127] Dementsprechend soll die dreimalige vorbehaltlose Zahlung einer Weihnachtsgratifikation – der Grundfall der betrieblichen Übung – regelmäßig einen Rechtsanspruch der Arbeitnehmer auf künftige Weitergewährung begründen.[128] Gegenstand einer betrieblichen Übung können nicht nur Zulagen und Gratifikationen sein, sondern grundsätzlich alles, was in allgemeinen Arbeitsbedingungen regelbar ist.[129] Von der Entstehung und der Beseitigung einer betrieblichen Übung handelt der

---

[127] *BAG* vom 16. 4. 1997 – 10 AZR 705/96, AP Nr. 53 zu § 242 BGB Betriebliche Übung = NZA 1998, 823; *BAG* vom 26. 9. 2007 – 5 AZR 808/06, AP Nr. 58 zu § 1 TVG Bezugnahme auf Tarifvertrag = NZA 2008, 179 (Rn. 21).

[128] *BAG* vom 6. 3. 1956 – 3 AZR 175/55, BAGE 2, 302 = AP Nr. 3 zu § 611 BGB Gratifikation = NJW 1956, 1123; einschränkend *BAG* vom 28. 2. 1996 – 10 AZR 516/95, AP Nr. 192 zu § 611 BGB Gratifikation = NJW 1996, 3166.

[129] *Hromadka/Maschmann* I, § 5 Rn. 181.

Übungsfall 2 (Wäldchestag): Die Flughafen AG Frankfurt/Main (F. AG) hatte den Mitarbei- **80** tern der Verwaltung in den letzten acht Jahren jeweils einen halben Arbeitstag bezahlte Freizeit für den Besuch des Frankfurter Volksfestes „Wäldchestag" (Pfingstdienstag) gewährt. Das geschah jedes Jahr durch einen Aushang einige Wochen vor Pfingsten, der die Modalitäten der Arbeitsbefreiung regelte und auszugsweise etwa wie folgt lautete: „Zum Besuch des Frankfurter Volksfestes kann am Pfingstdienstag ab 12.30 Uhr – sofern die betrieblichen Belange dies zulassen – wie in den Vorjahren von den Vorgesetzten eine zweckgebundene Arbeitsbefreiung gewährt werden. Wir freuen uns, dass die günstige wirtschaftliche Entwicklung in diesem Jahr wieder die Arbeitsbefreiung erlaubt." Im Frühjahr 2010 erklärte die Geschäftsleitung, es werde künftig wegen stark gestiegener Personalkosten keine Arbeitsbefreiung am „Wäldchestag" mehr geben. Frau Schmidt (S), seit sechs Jahren in der Verwaltung der F. AG beschäftigt, möchte wissen, ob sie am Pfingstdienstag 2010 Freistellung verlangen kann.[130]

Abwandlung: Der Aushang lautete: „Zum Besuch des Frankfurter Volksfestes wird am Pfingstdienstag ab 12.30 Uhr Arbeitsbefreiung gewährt. Diese Arbeitgeberleistung ist aus wirtschaftlichen Gründen widerruflich." Im Frühjahr 2010 erklärte die F. AG den Widerruf, ohne den Betriebsrat zu beteiligen.

Lösung: (A) Ausgangsfall: Ein Anspruch der S gegen die F. AG auf Freistellung könnte sich **81** aus dem Arbeitsvertrag (§ 611 I BGB) i. V. m. betrieblicher Übung ergeben.

(I) Anspruchsgrundlage: Der zwischen S und der F. AG geschlossene Arbeitsvertrag enthält keine ausdrückliche Vereinbarung darüber, dass S am „Wäldchestag" von der Arbeit freizustellen ist. Die Arbeitsbedingungen der S könnten aber durch betriebliche Übung entsprechend ausgestaltet sein. Eine betriebliche Übung ist ein wiederholtes und gleichförmiges Verhalten des Arbeitgebers, aus dem die Arbeitnehmer schließen dürfen, dass der Arbeitgeber sich für die Zukunft binden will.[131] Sie gibt in Verbindung mit dem Arbeitsvertrag einen Anspruch auf die betreffende Leistung oder Vergünstigung.

(1) Der Anwendung einer betrieblichen Übung im Arbeitsverhältnis der S steht nicht entgegen, dass S erst vor sechs Jahren in den Betrieb eingetreten ist, die Arbeitsbefreiung aber schon seit acht Jahren gewährt wurde. Mit Neueintretenden werden grundsätzlich die Bedingungen vereinbart, die im Zeitpunkt des Vertragsschlusses im Betrieb gelten (§§ 133, 157 BGB); auch ohne ausdrückliche Vereinbarung kommt der Neueintretende in den Genuss der betrieblichen Übungen, die bei seinem Eintritt begründet waren.[132]

(2) Die Entstehung einer betrieblichen Übung setzt zunächst voraus, dass der Arbeitgeber **82** eine bestimmte Verhaltensweise, die nicht gegen zwingendes Recht verstößt, regelmäßig wiederholt hat. Eine solche wiederholte Verhaltensweise liegt darin, dass die F. AG den Arbeitnehmern in der Verwaltung Jahr für Jahr bezahlte Freizeit am „Wäldchestag" gewährte. Streitig ist, welche weiteren Voraussetzungen hinzutreten müssen.

(a) Nach der Vertragstheorie, die das BAG vertritt, liegt in dem wiederholten Verhalten des Arbeitgebers ein konkludentes Vertragsangebot auf Beibehaltung oder Fortsetzung des Verhaltens in der Zukunft, das der Arbeitnehmer nach § 151 Satz 1 BGB stillschweigend annehmen kann.[133] Danach muss aus einer objektiven Arbeitnehmersicht (§§ 133, 157 BGB) in dem wiederholten Verhalten ein Erklärungstatbestand liegen, der unter Berücksichtigung aller Umstände auf einen entsprechenden Verpflichtungswillen schließen lässt. Im Ausgangsfall spricht der Wortlaut („in diesem Jahr wieder") ebenso gegen einen Ver-

---

[130] Fall frei nach *BAG* vom 12. 1. 1994 – 5 AZR 41/93, AP Nr. 43 zu § 242 BGB Betriebliche Übung = NJW 1994, 3372 = NZA 1994, 694.

[131] *BAG* vom 7. 12. 2000 – 6 AZR 444/99, AP Nr. 61 zu § 611 BGB Direktionsrecht = NZA 2001, 780 (781); *BAG* vom 21. 1. 2009 – 10 AZR 219/08, BAGE 129, 164 = AP Nr. 42 zu § 307 BGB = NZA 2009, 310 (Rn. 13).

[132] *BAG* vom 5. 2. 1971 – 3 AZR 28/70, BAGE 23, 213 = AP Nr. 10 zu § 242 BGB Betriebliche Übung m. Anm. *Buchner* = NJW 1971, 1422.

[133] *BAG* vom 1. 3. 1972 – 4 AZR 200/71, AP Nr. 11 zu § 242 BGB Betriebliche Übung m. Anm. *Seiter* = NJW 1972, 1248; *BAG* vom 24. 3. 1993 – 5 AZR 16/92, AP Nr. 38 zu § 242 BGB Betriebliche Übung = NJW 1993, 2333.

pflichtungswillen wie der Umstand, dass die Arbeitsfreistellung sich jeweils nur auf wenige Stunden erstreckte und letztlich nur eine Annehmlichkeit bedeutete, aber keine materiell ins Gewicht fallende Arbeitgeberleistung.[134] Nach der Vertragstheorie liegt daher im Ausgangsfall keine Willenserklärung der F. AG vor, welche die Arbeitnehmer nach § 151 Satz 1 BGB annehmen konnten.[135]

(b) Nach der **Vertrauenstheorie,** die in der Literatur vorherrscht, ist der Grund für die Rechtsbindung das im Arbeitnehmer erweckte Vertrauen auf die Fortsetzung des bisherigen Verhaltens; nach Treu und Glauben (§ 242 BGB) sei der Arbeitgeber für die Zukunft an den Vertrauenstatbestand gebunden („Erwirkung").[136] Aufgrund der Gewährung Jahr für Jahr mit dem Zusatz „wie in den Vorjahren", des Vorbehalts der betrieblichen Belange und des Gegenstands der Freistellung (bloße Annehmlichkeit) konnte sich im **Ausgangsfall** ein rechtlich geschütztes Vertrauen auf die Fortsetzung des Arbeitgeberverhaltens nicht bilden. Auch nach der Vertrauenstheorie ist im Ausgangsfall daher kein Anspruch der S auf Arbeitsfreistellung entstanden.

(II) **Ergebnis:** S kann am Pfingstdienstag 2006 keine Freistellung verlangen.

83 (B) **Abwandlung:** In der Abwandlung hat die F. AG nach den obigen Kriterien eine **betriebliche Übung** begründet. Dennoch müsste ein Anspruch der S auf Freistellung abgelehnt werden, wenn die F. AG die betriebliche Übung durch einen **wirksamen Widerruf** beseitigt hätte. Dann müssten die Parteien einen Widerrufsvorbehalt wirksam vereinbart (dazu I) und die F. AG müsste den Vorbehalt wirksam ausgeübt haben (dazu II, III, vgl. zur Parallelproblematik des Rückzahlungsvorbehalts Rn. 250).

(I) Die F. AG müsste sich in zulässiger Weise das Recht auf Widerruf der Arbeitsbefreiung vorbehalten haben. Die **Vereinbarung eines Widerrufsrechts** verhindert nicht das Entstehen einer betrieblichen Übung. Der Widerrufsvorbehalt gibt dem Arbeitgeber jedoch das Recht, sich für die Zukunft von der betrieblichen Übung zu lösen. Die im Aushang enthaltene Klausel, die Arbeitgeberleistung sei aus wirtschaftlichen Gründen widerruflich, müsste wirksam sein. Sie könnte gegen die Vorschriften der §§ 305–310 BGB verstoßen.

(1) Die **Anwendbarkeit der §§ 305–310 BGB** hängt davon ab, ob der Aushang Allgemeine Geschäftsbedingungen i. S. d. § 305 I 1 BGB enthält. Die Ankündigung der Arbeitsbefreiung in den Jahren vor 2006 enthält eine vom Arbeitgeber vorformulierte Regelung, die als Gesamtzusage in eine Vielzahl von Arbeitsverhältnissen Eingang gefunden (und eine betriebliche Übung begründet) hat. Sie erfüllt damit die Definition der Allgemeinen Geschäftsbedingungen in § 305 I 1 BGB.

(2) Die **Einbeziehung in den Vertrag** richtet sich bei Arbeitsbedingungen nicht nach den Regeln des § 305 II, III BGB, sondern nach arbeitsrechtlichen Gegebenheiten (§ 310 IV 2 BGB).[137] Im vorliegenden Fall wurde die Arbeitsbefreiung einschließlich des Widerrufsvorbehalts durch betriebliche Übung Bestandteil des Arbeitsvertrags. Im Text eines Aushangs über eine freiwillige Arbeitgeberleistung ist ein Vorbehalt des Widerrufs dieser Leistung nicht so ungewöhnlich, dass der Arbeitnehmer mit einem solchen Vorbehalt nicht zu rechnen braucht (§ 305 c I BGB). In dem kurzen Text des Aushangs war der Widerrufsvorbehalt ohne weiteres zu erkennen.

83a (3) Die **Wirksamkeit des Widerrufsrechts** richtet sich nach **§ 308 Nr. 4 BGB** als der gegenüber § 307 I, II BGB spezielleren Norm, wobei nach § 310 IV 2 BGB die im Arbeitsrecht geltenden Besonderheiten angemessen zu berücksichtigen sind.[138]

---

[134] Zu diesem Kriterium *BAG* vom 17. 9. 1970 – 5 AZR 539/69, AP Nr. 9 zu § 242 BGB Betriebliche Übung m. Anm. *G. Hueck* = NJW 1971, 163.

[135] *BAG* vom 12. 1. 1994 – 5 AZR 41/93, NZA 1994, 694 (695).

[136] *Otto,* ArbR, Rn. 166; *Zöllner/Loritz/Hergenröder,* § 6 I 7.

[137] Siehe dazu ErfK/*Preis,* §§ 305–310 BGB Rn. 26–28.

[138] *BAG* vom 12. 1. 2005 – 5 AZR 364/04, BAGE 113, 140 (144) = AP Nr. 1 zu § 308 BGB = NZA 2005, 465 = SAE 2005, 307 m. Anm. *Kort.*

(a) In **materieller Hinsicht** ist die Vereinbarung eines Widerrufsrechts gemäß § 308 Nr. 4 BGB wirksam, wenn der Widerruf nicht grundlos erfolgen soll: Im Prinzip habe der Arbeitgeber ein anerkennenswertes Interesse daran, Arbeitgeberleistungen flexibel auszugestalten, soweit er nicht das Wirtschaftsrisiko auf den Arbeitnehmer verlagert oder in den Kernbereich des Arbeitsvertrags eingreift.[139] Bei der halbtägigen Arbeitsfreistellung am Pfingstdienstag handelt es sich im Gesamtgefüge der Arbeitsverhältnisse um eine relativ unbedeutende Arbeitgeberleistung, bei der ein Interesse an Flexibilisierung durch einen Widerrufsvorbehalt grundsätzlich anzuerkennen ist.

(b) In **formeller Hinsicht** verlangt das BAG, dass die Widerrufsregelung nicht nur klar und verständlich ist (§ 307 I 2 BGB), sondern auch die Angemessenheit und Zumutbarkeit erkennen lässt: Es muss sich aus der Regelung selbst ergeben, dass der Widerruf nicht grundlos erfolgen darf. Dabei soll es genügen, wenn der Arbeitgeber zumindest die Richtung angibt, aus der ein Widerruf möglich sein soll (wirtschaftliche Gründe, schwerwiegende Pflichtverletzungen).[140] Da der Aushang wirtschaftliche Gründe als Voraussetzung des Widerrufs anführt, sind auch die formellen Voraussetzungen erfüllt. Der Widerrufsvorbehalt ist wirksam.

(II) Schließlich darf die **Ausübung des Widerrufsrechts** nur nach billigem Ermessen erfolgen (§ 315 I, III BGB): Diese Ausübungskontrolle im Einzelfall ergänzt die Inhaltskontrolle gemäß §§ 307–309 BGB.[141] Angesichts des Umstandes, dass es sich bei der Arbeitsfreistellung um keine materiell ins Gewicht fallende Arbeitgeberleistung handelt, ist ein Widerruf auf Grund stark gestiegener Personalkosten nicht als unbillig anzusehen.[142] Durch die Erklärung im Frühjahr 2006 wurde das Widerrufsrecht daher wirksam ausgeübt.

(III) Der Widerruf wäre wegen fehlender Beteiligung des Betriebsrats unwirksam, wenn die F. AG ein Mitbestimmungsrecht des Betriebsrats verletzt hat. In Betracht kommen Mitbestimmungsrechte nach § 87 I Nrn. 3, 10 BetrVG. Der F. AG ging es aber nur um die Einhaltung der tariflichen Arbeitszeit, nicht aber um eine Verlängerung der betriebsüblichen Arbeitszeit i. S. d. § 87 I Nr. 3 BetrVG; der Widerruf hat auch keinen Einfluss auf die Arbeitsentgelte (§ 87 I Nr. 10 BetrVG). Der Widerruf verstößt daher nicht gegen Beteiligungsrechte des Betriebsrats.

(IV) **Ergebnis:** S hat auch in der Abwandlung keinen Anspruch auf Freistellung.

b) **Gegenläufige betriebliche Übung:** Früher akzeptierte die Rechtsprechung 84 auch eine gegenläufige betriebliche Übung: Erklärte der Arbeitgeber, die bisherige (vorbehaltlose) betriebliche Übung (**Beispiel:** Weihnachtsgeld in Höhe eines Monatsgehalts) werde beendet und durch eine andere Regelung ersetzt (z. B. die Überreichung eines Präsentkorbs), bewirkte nach früherer Rechtsprechung die dreimalige widerspruchslose Entgegennahme der neuen Leistung den Verlust des ursprünglichen Anspruchs (sog. gegenläufige betriebliche Übung).[143] Nach dem Inkrafttreten der §§ 305 ff. BGB am 1. 1. 2002 (Rn. 77a) verstößt diese Rechtsprechung gegen das Klauselverbot für fingierte Erklärungen (§ 308 Nr. 5 BGB);[144] die Arbeitnehmer behalten den Anspruch auf Weihnachtsgeld.

---

[139] *BAG* vom 12. 1. 2005 – 5 AZR 364/04, BAGE 113, 140 (145).
[140] *BAG* vom 12. 1. 2005 – 5 AZR 364/04, BAGE 113, 140 (146).
[141] ErfK/*Preis*, §§ 305–310 BGB Rn. 62; H/W/K/*Thüsing*, § 611 BGB Rn. 513.
[142] *BAG* vom 12. 1. 1994 – 5 AZR 41/93, NZA 1994, 694 (695).
[143] *BAG* vom 4. 9. 1999 – 10 AZR 290/98, AP Nr. 55 zu § 242 BGB Betriebliche Übung = NZA 1999, 1162 (1163).
[144] *BAG* vom 18. 3. 2009 – 10 AZR 281/08, BAGE 130, 21 = AP Nr. 83 zu § 242 BGB Betriebliche Übung m. Anm. *Maties* = NZA 2009, 601 (Rn. 16 ff.) = SAE 2010, 197 m. Anm. *Waltermann* (193).

VI. Normenkonkurrenzen im Arbeitsrecht

85   Die Vielfalt der Gestaltungsfaktoren, die auf das Arbeitsverhältnis zugreifen, ist ein wesentliches Merkmal des Arbeitsrechts. In **vertikaler Richtung** sind es insbesondere zwingende Gesetze, Tarifverträge, Betriebsvereinbarungen und der Arbeitsvertrag, dessen Verhältnis zueinander bestimmt werden muss (dazu 1). Auf **horizontaler Ebene** bereiten vor allem Tarifverträge, die miteinander konkurrieren, Abgrenzungs- und Anwendungsschwierigkeiten (dazu 2).

1. Verschiedene Rangstufen

Für Normenkonkurrenzen auf verschiedenen Rangstufen – zwingendes Gesetz, Tarifnormen, Betriebsvereinbarungen und Arbeitsvertrag – gilt grundsätzlich das **Hierarchieprinzip** (**Rangprinzip**): Der rangniedere Gestaltungsfaktor muss dem ranghöheren weichen. Die zwingende Gesetzesbestimmung geht dem Tarifvertrag vor, der Tarifvertrag verdrängt die Betriebsvereinbarung, und die Betriebsvereinbarung setzt den Rahmen für den Arbeitsvertrag (dazu a). Im Arbeitsrecht ist dieses Prinzip jedoch weitgehend vom **Günstigkeitsgrundsatz** verdrängt, weil arbeitsrechtliche Normen i. d. R. bloß Mindeststandards setzen und daher nur in einer Richtung zwingend sind: Die rangniedere Regelung geht der ranghöheren vor, wenn sie für den Arbeitnehmer günstiger ist (dazu b).

a) *Hierarchieprinzip*

Das Hierarchieprinzip (Rangprinzip) gilt grundsätzlich im Verhältnis **Tarifvertrag – Betriebsvereinbarung** (Rn. 527, 725). Nach § 77 III 1 BetrVG können Arbeitsentgelte und sonstige Arbeitsbedingungen, die durch Tarifvertrag geregelt sind oder üblicherweise geregelt werden, nicht Gegenstand einer Betriebsvereinbarung sein: Die Tarifautonomie geht der betrieblichen Regelungsmacht vor; die Betriebsräte sollen den Gewerkschaften keine Konkurrenz machen. Etwas anderes gilt nur, wenn der Tarifvertrag den Abschluss einer ergänzenden Betriebsvereinbarung erlaubt (§ 77 III 2 BetrVG).

b) *Günstigkeitsprinzip*

86   Soweit im Verhältnis der Rechtsquellen nicht das Hierarchieprinzip gilt, findet i. d. R. das Günstigkeitsprinzip Anwendung. Danach geht die rangniedere Rechtsquelle der höheren vor, wenn sie für den Arbeitnehmer günstigere Rechtsfolgen vorsieht. Ausdrücklich angeordnet ist der Günstigkeitsvergleich im Verhältnis **Tarifvertrag – Arbeitsvertrag** (§ 4 III TVG). Aber auch im Verhältnis **Betriebsvereinbarung – Arbeitsvertrag** kommt der Günstigkeitsgrundsatz zum Tragen,[145] wobei die Rechtsprechung allerdings einen „kollektiven Günstigkeitsvergleich" zwischen arbeitsvertraglichen Einheitsregelungen und Betriebsvereinbarungen vornimmt (Rn. 730–733).

---

[145] *BAG* vom 27. 1. 2004 – 1 AZR 148/03, BAGE 109, 244 (249) = AP Nr. 166 zu § 112 BetrVG 1972 = NZA 2004, 667.

Im Verhältnis **Gesetz – Arbeitsvertrag** hängt es rechtspolitisch von zwei Faktoren ab, ob der Gesetzgeber das Hierarchieprinzip durch das Günstigkeitsprinzip durchbricht: Zum einen sind manche Gegenstände „günstigkeitsresistent", weil sie nach dem „alles oder nichts"-Prinzip funktionieren. Ein **Beispiel** sind Beschäftigungsverbote (Rn. 183). Zum anderen verkörpern manche gesetzlichen Regelungen ein so wichtiges Ordnungsinteresse, dass sie „nach beiden Seiten" zwingend sein müssen. Ein **Beispiel** sind Arbeitsschutzvorschriften (§ 619 BGB). Im Verhältnis **Gesetz – Tarifvertrag** gilt in den Fällen, in denen schon Arbeitsvertragsparteien vom Gesetz zugunsten des Arbeitnehmers abweichen können, erst recht das Günstigkeitsprinzip. Darüber hinaus gibt es tarifdispositive Gesetzesnormen, für die das Hierarchieprinzip ganz aufgegeben wurde (Rn. 71).

2. Ranggleiche Normen

Für Konkurrenzen auf derselben Rangstufe gilt in zeitlicher Hinsicht (inter- **87** temporal) das **Lex posterior-Prinzip** (**Ablösungsprinzip**): Die jüngere Vorschrift hat Vorrang vor der älteren (dazu a). Sind beide Regelungen zeitlich anwendbar, ist das **Spezialitätsprinzip** einschlägig: Die speziellere Regelung geht der allgemeineren vor; für die Anwendung des Günstigkeitsprinzips ist auf derselben Rangstufe kein Raum (dazu b).

a) Ablösungsprinzip

Das Ablösungsprinzip – auch Ordnungsprinzip genannt – ist eine Zeitkollisionsregel: Auf der gleichen Normebene geht die jüngere der älteren Rechtsnorm mit dem gleichen Regelungsgegenstand vor. Das Ablösungsprinzip gilt auch, wenn die neue Regelung ungünstiger ist: Es gibt keine Veränderungssperre.

Beispiele: (1) Wenn ein Tarifvertrag die Gewährung eines Urlaubsgelds in Höhe eines halben Bruttomonatsgehalts vorsieht, kann ein Folgetarifvertrag ohne weiteres davon abweichen, indem er beispielsweise ein Fixum von 500 Euro gewährt. Der ungünstigere, später abgeschlossene Tarifvertrag geht dem früheren vor. – (2) Wird eine Betriebsvereinbarung, die den Arbeitnehmern einen Anspruch auf ein Weihnachtsgeld („Jahressonderzahlung") gewährt, durch eine neue Betriebsvereinbarung ersetzt, gilt ebenfalls das Ablösungsprinzip; das Günstigkeitsprinzip spielt keine Rolle (Rn. 730).

b) Spezialitätsprinzip

Ebenso wie das Ablösungsprinzip betrifft das Spezialitätsprinzip das Verhält- **88** nis gleichrangiger Normen. Wenn mehrere gleichrangige Rechtsquellen – insbesondere mehrere Tarifverträge – ein und dieselbe Frage regeln, hat nach dem Spezialitätsprinzip die speziellere Regelung den Vorzug vor der allgemeineren. Das Günstigkeitsprinzip findet keine Anwendung (Rn. 570).

Beispiel: Ein Verbandstarifvertrag gewährt 30 Urlaubstage, der Firmentarifvertrag 25. Bei einer solchen Tarifkonkurrenz verdrängt der Firmentarifvertrag wegen seiner größeren Sachnähe als speziellere Regelung den Verbandstarifvertrag, so dass ein Anspruch auf 25 Urlaubstage besteht. Für den Günstigkeitsvergleich ist kein Raum.

Abschließend zeigt die **Übersicht 1.7** (**Schwellenwerte im Arbeitsrecht**) die **89** Anwendungsvoraussetzungen verschiedener Normen:

Übersicht 1.7: Schwellenwerte im Arbeitsrecht (Auswahl)

Gesetz	Norm	AN-Zahl	Rechtsfolge
BetrVG	§ 1	ab 5	Betriebsratsfähigkeit
	§ 99	ab 21	Beteiligung bei personellen Einzelmaßnahmen
	§ 111	ab 21	Beteiligung bei Betriebsänderungen
	§ 106	ab 101	Wirtschaftsausschuss zu bilden
	§ 38	ab 200	Betriebsratsmitglieder freizustellen
	§ 95	ab 500	Auswahlrichtlinien aufzustellen
KSchG	§ 23 I	ab 5,25	Allgemeiner Kündigungsschutz[146]
	§ 17	ab 21	Anzeigepflichten bei Entlassungen
SGB IX	§ 71 I	ab 20	Beschäftigungspflicht/Ausgleichsabgabe
TzBfG	§ 8 VII	ab 16	Anspruch auf Teilzeit
Montan-MitbestG	§ 1	ab 1001	Gesetz anwendbar
DrittelbG	§ 1	ab 501	Gesetz anwendbar[147]
MitbestG	§ 1	ab 2001	Gesetz anwendbar

Fälle und Fragen

1. Was bedeutet „Arbeit" im Sinne des Arbeitsrechts? (Rn. 2)

2. Zum individuellen Arbeitsrecht gehört
   - ⊗ das Arbeitsvertragsrecht,
   - ○ das Arbeitsschutzrecht,
   - ○ das Tarifvertragsrecht.

   Was ist zutreffend? (Rn. 3)

3. „Arbeitsrecht ist das Sonderrecht der Arbeitnehmer." Was ist von dieser Begriffsbestimmung zu halten? (Rn. 5) *ungeeignet, da nicht nur Recht d. AN*

4. Durch die Ausübung welches Gestaltungsrechts wird ein Dauerschuldverhältnis wie das Arbeitsverhältnis typischerweise beendet? (Rn. 7)

5. Als welchen Vertragstypus erfasst das BGB den Arbeitsvertrag? (Rn. 8) *611 – 630*

6. Wie zeigt sich das Ungleichgewicht zwischen den Vertragsparteien („Machtgefälle")
   – beim Abschluss des Arbeitsvertrags, *vorform, vertragstexte*
   – beim Inhalt des Arbeitsverhältnisses, *weisungen*
   – bei der Beendigung des Arbeitsverhältnisses? (Rn. 10) *AN stärker betr. als AG*

7. In dem Urteil des BAG vom 17. 6. 1999 – 2 AR 456/98, BAGE 92, 79 (88 f.) heißt es: „Nach der ständigen Rechtsprechung des Senats können sich betriebliche Erfordernisse für eine Kündigung i.S. von § 1 II KSchG aus Unternehmerentscheidungen wie z.B. Rationalisierungsmaßnahmen ergeben. Eine solche unternehmerische Entscheidung ist nicht auf ihre sachliche Rechtfertigung oder Zweckmäßigkeit zu überprüfen, sondern nur darauf, ob sie offenbar unsachlich, unvernünftig oder willkürlich ist." Was ist der verfassungsrechtliche und wirtschaftspolitische Hintergrund dieser Aussage? (Rn. 12–14)

---

[146] Siehe seit 1. 1. 2004 bei Neueinstellungen § 23 I 3 KSchG (ab 10,25).

[147] Siehe auch die Erweiterung in § 1 I Nr. 1 Satz 2 DrittelbG (vor dem 10. 8. 1994 eingetragene AG).

8. Geben Sie ein Beispiel für die Verzahnung von Arbeitsrecht und Sozialversicherung! (Rn. 15)

9. Welche Grundgesetzartikel schützen die Vertragsfreiheit im Arbeitsverhältnis? (Rn. 17)

10. Warum sind die Vorschriften des Arbeitsrechts, anders als z. B. die Bestimmungen des Kaufrechts, grundsätzlich zwingender Natur? (Rn. 19)

11. Der Tarifvertrag legt die Arbeitsbedingungen für eine Vielzahl von Arbeitnehmern und Arbeitgebern fest und schaltet insoweit den Wettbewerb auf dem Arbeitsmarkt aus. Weshalb verbietet das Kartellrecht diese Wettbewerbsbeschränkung nicht? (Rn. 20)

12. Nach § 77 III 1 BetrVG können Arbeitsentgelte und sonstige Arbeitsbedingungen, die durch Tarifvertrag geregelt sind oder üblicherweise geregelt werden, nicht Gegenstand einer Betriebsvereinbarung sein. Was ist der rechtspolitische Hintergrund dieser Vorschrift? (Rn. 24)

13. Zu den ersten Europäischen Richtlinien auf dem Gebiet des Arbeitsrechts, die schon vor 1986 erlassen wurden, gehören die Richtlinien über

   ○ Massenentlassungen
   ○ den Europäischen Betriebsrat
   ○ den Schutz der Arbeitnehmer bei Zahlungsunfähigkeit des Arbeitgebers
   ○ die Unterrichtung der Arbeitnehmer über die Arbeitsbedingungen
   ○ Arbeitnehmeransprüche bei Betriebsübergang

   Was ist zutreffend? (Rn. 28)

14. Was besagt das Prinzip der begrenzten Einzelermächtigung? (Rn. 33)

15. Welche drei Bereiche der europäischen Rechtsangleichung im Arbeitsrecht unterscheidet Art. 153 AEUV? (Rn. 34)

16. Welche Konsequenzen können sich im Verhältnis zwischen Staat und Bürger ergeben, wenn die Bundesrepublik Deutschland es versäumt, eine EU-Richtlinie fristgemäß in das deutsche Recht zu überführen? (Rn. 36)

17. Was besagt der Grundsatz der richtlinienkonformen Auslegung? (Rn. 37)

18. Welches Schutzbedürfnis befriedigt die EU-Richtlinie, die vom Betriebsübergang handelt? (Rn. 40)

19. Worum geht es bei der Entsenderichtlinie der EU? (Rn. 41)

20. Wie sind auf dem Gebiet des Arbeitsrechts die Gesetzgebungskompetenzen zwischen Bund und Ländern verteilt? (Rn. 44)

21. Was versteht das BVerfG unter der Schutzgebotsfunktion der Grundrechte? (Rn. 46)

22. Der Arbeitgeber erklärt einer Bewerberin, sie sei zwar die am besten geeignete Kandidatin, aber er könne sie aus Prinzip nur einstellen, wenn sie zuvor ihre Mitgliedschaft in der Gewerkschaft niederlege. Welche Rechte haben die Bewerberin und die Gewerkschaft, der sie angehört? (Rn. 48)

23. Welche Argumente sprechen für eine unmittelbare, welche für eine mittelbare Grundrechtsbindung der Tarifparteien? (Rn. 51, 52)

24. Ist das Maßregelungsverbot des § 612 a BGB ein absolutes oder ein relatives Diskriminierungsverbot? (Rn. 54)

25. In welchen Fällen führt der Verstoß des Arbeitgebers gegen den Gleichbehandlungsgrundsatz dazu, dass die benachteiligten Arbeitnehmer im Wege der „Angleichung nach oben" einen Anspruch auf eine ihnen vorenthaltene Leistung haben? (Rn. 59)

26. Was besagt die „Dreistufenlehre" des BVerfG bei der Anwendung des Art. 12 I GG? (Rn. 61)

27. Herr Künzel, angestellt als Drucker in einem kleinen Druckereibetrieb, weigert sich „aus Gründen der Zivilcourage", beim Druck einer Broschüre einer rechtsradikalen, aber nicht verbotenen Partei mitzuarbeiten. Verletzt er durch die Weigerung seinen Arbeitsvertrag? Wäre eine Arbeitgeberkündigung gerechtfertigt? (Rn. 62, 65–68)

28. Arbeitnehmer A, gewerkschaftlicher Vertrauensmann im Betrieb der B, bezeichnet seinen Arbeitgeber B im Intranet des Unternehmens als „Nazi, der dem braunen Mob unter den Belegschaftsmitgliedern keinen Einhalt gebietet". Er erhält daraufhin die fristlose Kündigung, gegen die er sich mit einer Kündigungsschutzklage wehrt. Welche Rolle spielt in diesem Fall die Meinungsfreiheit (Art. 5 I 1 GG)?

29. Welche Rechtsverordnungen i. S. d. Art. 80 GG haben arbeitsrechtliche Fragen zum Gegenstand? (Rn. 71)

30. „Die meisten gesetzlichen Bestimmungen sind einseitig zwingend ausgestaltet, sodass von ihnen nicht zu Lasten, wohl aber zugunsten des Arbeitnehmers abgewichen werden kann." Richtig oder falsch? (Rn. 71)

31. Welche Rechtsnatur und Bedeutung hat das arbeitsrechtliche Richterrecht? (Rn. 73)

32. Welche rechtlichen Konsequenzen hat es, wenn der Arbeitnehmer beim Abschluss des Arbeitsvertrags als Verbraucher i. S. des § 13 BGB angesehen wird? (Rn. 77 b)

33. Nennen Sie wichtige Arbeitsvertragsgegenstände, die das BAG der AGB-Kontrolle unterzogen hat! (Rn. 77 f)

34. Arbeitgeber A bringt am „Schwarzen Brett" folgenden Aushang an: „Am kommenden Rosenmontag wird die Belegschaft ab 12.00 Uhr von der Arbeit freigestellt." Wie ist dieses Verhalten rechtlich einzuordnen? (Rn. 78)

35. Was ist unter einer „gegenläufigen betrieblichen Übung" zu verstehen? (Rn. 84)

36. Was bedeutet das Hierarchieprinzip? (Rn. 85)

37. Gilt der Günstigkeitsgrundsatz im Verhältnis
    ○ Betriebsvereinbarung – Arbeitsvertrag,
    ○ Tarifvertrag – Arbeitsvertrag,
    ○ Tarifvertrag – Betriebsvereinbarung? (Rn. 85, 86)

38. Was bedeutet das Ablösungsprinzip? (Rn. 87)

39. „Für das Verhältnis mehrerer Tarifverträge, die zur gleichen Zeit ein und dieselbe Frage regeln, gilt das Günstigkeitsprinzip." Richtig oder falsch? (Rn. 88)

Zweiter Teil. Individualarbeitsrecht

§ 2. Parteien des Arbeitsverhältnisses

Das individuelle Arbeitsrecht handelt von der rechtlichen Beziehung zwischen **90** Arbeitgeber und Arbeitnehmer (Rn. 1). Diese Rechtsbeziehung ist das Arbeitsverhältnis. Es bildet den Anknüpfungspunkt für die Abgrenzung der Rechtsmaterie „Arbeitsrecht" und wird von der Leistung des Arbeitnehmers – der Arbeit – her definiert (dazu I). **Arbeitsverhältnis und Arbeitnehmer** sind zwei der wichtigsten Grundbegriffe des Arbeitsrechts. Je nach den Aufgaben des Arbeitnehmers lassen sich verschiedene **Arten** der Arbeitsverhältnisse unterscheiden (dazu II).

Der Vertragspartner des Arbeitnehmers ist der **Arbeitgeber.** Ist er eine juristische Person, stellt sich die Frage, ob die organschaftlichen Vertreter (Geschäftsführer, Vorstandsmitglieder) Arbeitnehmer sein können (dazu III). Ein **Arbeitgeberwechsel durch Betriebsübergang** ist dadurch gekennzeichnet, dass der neue Inhaber eines Betriebs oder Betriebsteils in die bei Betriebsübergang bestehenden Arbeitsverhältnisse eintritt (dazu IV).

I. Arbeitsverhältnis und Arbeitnehmer

Der Geltungsbereich des Arbeitsrechts wird durch die Begriffe „Arbeitsver- **91** hältnis" und „Arbeitnehmer" festgelegt. Das **BGB** verwendet seit 1972 diese Begriffe, um die Vorschriften, die nur den Arbeitsvertrag betreffen (§§ 612 a, 613 a, 619 a, 622, 623 BGB), von den Normen abzugrenzen, die nur (§§ 621, 627 BGB) oder auch (z. B. § 626 BGB) für den „freien" Dienstvertrag gelten. Die arbeitsrechtlichen **Spezialgesetze** sprechen ebenfalls von „Arbeitsverhältnis" oder „Arbeitnehmer" (z. B. §§ 1 I KSchG, 1 I TVG, 1 BetrVG). Dennoch sind diese Begriffe nirgends gesetzlich definiert; die Begriffsbestimmung ist vielmehr Rechtsprechung und Wissenschaft überlassen.

Das **Arbeitsverhältnis** wird durch die charakteristische Leistung bestimmt: Das ist nicht die Vergütung, die der Arbeitgeber zahlt (und die auch anderen vertraglichen Schuldverhältnissen eigen ist), sondern die Leistung des Arbeitnehmers. Die Arbeitsleistung bestimmt den Vertragstyp. **Arbeitnehmer** ist jeder, der sich durch einen privatrechtlichen Vertrag verpflichtet, Dienste zu leisten, die in unselbständiger Arbeit zu erbringen sind. Diese Definition hat drei Merkmale: den privatrechtlichen Vertrag (dazu 1), die Leistung von Diensten (dazu 2) und die Unselbständigkeit des Dienstnehmers, die von der Rechtsprechung mit persönlicher Abhängigkeit gleichgesetzt wird (dazu 3).

1. Privatrechtlicher Vertrag

92   Der Arbeitnehmer wird in Erfüllung eines privatrechtlichen Vertrags tätig. Dieses Erfordernis lässt drei Gruppen von Dienstverhältnissen aus dem Anwendungsbereich des Arbeitsrechts herausfallen:

a) **Beamte** (ebenso Richter und Soldaten) sind keine Arbeitnehmer, weil das Rechtsverhältnis zwischen ihnen und ihrem Dienstherrn nicht dem Privatrecht angehört. Die Beamten stehen vielmehr „in einem öffentlich-rechtlichen Dienst- und Treueverhältnis" (Art. 33 IV GG). Der Staat begründet das Beamtenverhältnis nicht durch Vertrag, sondern durch zustimmungsbedürftigen Verwaltungsakt. Die zuständige Behörde ernennt den Beamten, indem sie ihm eine Urkunde aushändigt; die Urkunde muss die Worte „unter Berufung in das Beamtenverhältnis" enthalten (§ 8 II BeamtStG).

> **Durchblick:** Im öffentlichen Dienst gibt es neben den Beamten, Richtern und Soldaten rund 2,7 Mio. Arbeitnehmer.[1] Ihr Dienstverhältnis wird durch privatrechtlichen Vertrag begründet; sie sind Arbeitnehmer i. S. des Arbeitsrechts: Soweit der Staat von der Möglichkeit Gebrauch macht, Arbeitskräfte auf privatrechtlicher Basis als Arbeitnehmer zu beschäftigen, unterliegt er dem Arbeitsrecht.[2] Zwei Besonderheiten sind hervorzuheben: Zum einen bestehen für Arbeitnehmer im öffentlichen Dienst wichtige Tarifverträge, insbesondere der Bundesangestelltentarifvertrag (BAT); zum anderen gilt für Arbeitnehmer des öffentlichen Dienstes nicht das BetrVG, sondern das Personalvertretungsrecht (Rn. 796–797).

93   b) **Unfreie** (z. B. Strafgefangene oder Sicherungsverwahrte) unterliegen ebenfalls nicht dem Arbeitsrecht; wenn sie Arbeiten verrichten, geschieht das aufgrund eines öffentlich-rechtlichen Verhältnisses.[3]

c) **Familienangehörige,** die auf Grund gesetzlicher Verpflichtung Dienstleistungen erbringen, sind keine Arbeitnehmer, da es am Merkmal des privatrechtlichen Vertrags fehlt. Gesetzliche Dienstleistungspflichten eines Ehegatten erwachsen aus der ehelichen Beistandspflicht (§ 1353 I 2 BGB).[4] Kinder sind unter den Voraussetzungen des § 1619 BGB zu Dienstleistungen in „Hauswesen und Geschäft" der Eltern verpflichtet.[5] Geht die Mitarbeit über die gesetzliche Verpflichtung nach §§ 1353 I 2, 1619 BGB hinaus, können sich Vergütungsansprüche aus einem Arbeitsvertrag i. V. m. § 612 I BGB ergeben (Rn. 237).

> **Praxis:** Aus steuerlichen Gründen wird zwischen Ehegatten oder zwischen einem Elternteil und einem Kind nicht selten ausdrücklich ein Arbeitsvertrag geschlossen. Die Finanzbehörden erkennen eine solche Vereinbarung nur an, wenn ein Arbeitsverhältnis auch zwischen Dritten vereinbart worden wäre; sie wird steuerlich nicht anerkannt, wenn die Leistungen wegen ihrer Geringfügigkeit oder ihrer Eigenart üblicherweise nicht auf arbeitsvertraglicher Grundlage erbracht werden.

---

[1] Quelle: Statistisches Bundesamt (www.destatis.de).
[2] *BVerfG* vom 2. 3. 1993 – 1 BvR 1213/85, BVerfGE 88, 103 (114) – Beamteneinsatz bei Arbeitskämpfen.
[3] *BAG* vom 24. 4. 1969 – 5 AZR 438/68, BAGE 22, 1 = AP Nr. 18 zu § 5 ArbGG 1953 m. Anm. *Götz Hueck* = NJW 1969, 1824.
[4] MünchKommBGB/*Roth*, § 1356 Rn. 20, 21 (restriktive Auslegung).
[5] MünchKommBGB/*v. Sachsen Gessaphe*, § 1619 Rn. 17, 18.

2. Leistung von Diensten

Der privatrechtliche Vertrag muss, wenn er ein Arbeitsverhältnis begründen **94** soll, auf Dienstleistungen gerichtet sein: Der Arbeitsvertrag ist ein Spezialfall des Dienstvertrags. Nach § 611 I BGB verpflichtet der Dienstvertrag den Dienstnehmer, entgeltlich (dazu a) Dienstleistungen (dazu b) für andere (dazu c) zu erbringen. Durch diese drei Merkmale scheiden drei Gruppen von Vertragsverhältnissen aus dem Bereich des Arbeitsrechts aus:

a) Die **Entgeltlichkeit** der Dienste grenzt das Dienst- und Arbeitsverhältnis von der unentgeltlichen Geschäftsbesorgung ab (Auftrag, § 662 BGB). Die Vergütung muss nicht vereinbart sein: Gemäß § 612 I BGB wird eine Vergütungsvereinbarung unwiderlegbar vermutet, wenn die Dienstleistung nach den Umständen nur gegen eine Vergütung zu erwarten ist.

Bei (echter) **ehrenamtlicher Tätigkeit** (Beispiel: Mitarbeit in der Telefonseelsorge gegen monatlichen „Kostenersatz" von 30 Euro) ist zunächst zu prüfen, ob ein Arbeitsverhältnis bereits am Fehlen einer Vertragsbindung (bloße Gefälligkeit) scheitert. Wenn ein Vertrag vorliegt, verneint das BAG ein Arbeitsverhältnis wegen Unentgeltlichkeit (bloßer Kostenersatz ist keine Vergütung i. S. d. § 611 I BGB). Ein „echtes" Ehrenamt liegt vor, wenn die Tätigkeit nicht der Sicherung oder Besserung der wirtschaftlichen Existenz dient, sondern Ausdruck einer inneren Haltung gegenüber dem Gemeinwohl ist.[6]

b) Die **Dienstleistung** als Gegenstand trennt Dienst- und Arbeitsverträge von Werk- und Werklieferungsverträgen (§§ 631–651 BGB). In der Theorie ist die Abgrenzung einfach: Beim Werkvertrag wird ein durch Arbeit oder Dienstleistung herbeizuführender Erfolg geschuldet (§ 631 II BGB), beim Dienstvertrag die Tätigkeit als solche (§ 611 I BGB: „Leistung der versprochenen Dienste"). Der Werkvertrag ist **erfolgsbezogen,** der Dienstvertrag **tätigkeitsbezogen.** In der Praxis kann die Unterscheidung schwierig sein: Beim **Werkvertrag** gehört die „Herbeiführung" des Erfolgs, insbesondere die „Herstellung" des Werks (§ 631 I BGB) – also eine Tätigkeit – zu den Schuldnerpflichten. Beim **Dienstvertrag** sind „subjektive Mühewaltungen" nicht ausreichend, sondern die Dienste müssen brauchbar sein; die Schlechtleistung ist keine ordnungsgemäße Erfüllung. Die Abgrenzung von Dienst- und Werkvertrag bereitet Schwierigkeiten, wenn der geschuldete Erfolg in einer sich wiederholenden Tätigkeit besteht[7] (z. B. Tankstellenpächter, Kurierfahrer).

Die Abgrenzung von Werkvertrag und Arbeitsvertrag ist anders gelagert als diejenige von Werkvertrag und „freiem" Dienstvertrag: Sie vollzieht sich in erster Linie über das Merkmal der Unselbständigkeit (Weisungsabhängigkeit)[8] (Rn. 96–104). Wer nach Weisungen eines anderen zu arbeiten hat, kann keinen Erfolg garantieren. Wird die Weisungsgebundenheit bejaht, sind damit zugleich die Weichen in Richtung des Vertragstyps Dienstvertrag (in Gestalt eines Arbeitsvertrags) gestellt.

---

[6] *BAG* vom 29. 8. 2012 – 10 AZR 499/11, NZA 2012, Heft 17, S. VIII – Telefonseelsorgerin.

[7] *Hromadka/Maschmann* I, § 1 Rn. 13, 22; *Otto,* ArbR, Rn. 74.

[8] *BAG* vom 19. 11. 1997 – 5 AZR 653/96, BAGE 87, 129 (135) = AP Nr. 90 zu § 611 BGB Abhängigkeit = NZA 1998, 364 – TNT-Frachtführer.

95 c) Durch die Leistung **für einen anderen** unterscheidet sich die Leistung aus einem Dienst- und Arbeitsvertrag von derjenigen aus einem Gesellschaftsvertrag:[9] Auch ein Gesellschafter kann zur Leistung von Diensten verpflichtet sein (§ 706 III BGB); er erbringt die Dienste aber nicht für einen anderen, sondern als Beitrag zur Förderung des gemeinsamen Zwecks (§ 705 BGB). Fördert ein Gesellschafter den gemeinsamen Zweck durch Dienstleistungen nach §§ 705, 706 III BGB, handelt es sich nicht um eine Dienstleistung „für einen anderen" und damit schon aus diesem Grunde nicht um ein Arbeitsverhältnis. Der Gesellschafter kann jedoch – neben dem Gesellschaftsverhältnis – mit seiner Gesellschaft ein Arbeitsverhältnis eingehen. Das betrifft in der Praxis insbesondere den Kommanditisten, der nach § 164 Satz 1 HGB von der Geschäftsführung ausgeschlossen ist.

Auch eine **Vereinsmitgliedschaft** kann die Rechtsgrundlage für die Leistung von Diensten sein. So hat das BAG entschieden, eine Schwester des Deutschen Roten Kreuzes (DRK), die in einem von ihrer Schwesternschaft betriebenen Krankenhaus tätig wird, sei auf Grund ihrer Zugehörigkeit zur Schwesternschaft des DRK zur Arbeitsleistung verpflichtet; es handele sich nicht um eine arbeitsrechtliche, sondern um eine vereinsrechtliche Verpflichtung.[10]

3. Unselbständigkeit

96 Der Dienstvertrag muss, wenn er ein Arbeitsverhältnis begründen soll, auf die Leistung **unselbständiger Dienste** gerichtet sein. Werden **selbständige Dienste** geleistet, liegt ein „freier" Dienstvertrag vor (§§ 621, 627 I BGB: „Dienstverhältnis, das kein Arbeitsverhältnis ist"). Die Abgrenzung ist bei zahlreichen Dienstleistungen des täglichen Lebens unproblematisch: Führt ein Rechtsanwalt einen Prozess oder behandelt ein Heilpraktiker einen Patienten, wird niemand auf die Idee kommen, ein Arbeitsverhältnis zu bejahen. Problematisch ist die Abgrenzung, wenn jemand häufig (z.B. als Rundfunkautor, Gebäudereiniger oder Honorarlehrkraft) oder ständig (z.B. als Transporteur, Verkaufsfahrer oder Versicherungsvertreter) für ein und dieselbe Person tätig wird (klausurmäßige Lösung eines solchen Sachverhalts: *Junker,* Fälle zum Arbeitsrecht, Fall 1).

Die Brisanz der Abgrenzung ergibt sich daraus, dass an die Arbeitnehmereigenschaft das gesamte Arbeitsrecht – und das Sozialversicherungsrecht (Rn. 104) – anknüpft. Es gilt das „Alles oder Nichts"-Prinzip, leicht abgemildert nur durch das Recht der „arbeitnehmerähnlichen" Personen (Rn. 97): Allein das **Arbeitsverhältnis** untersteht den umfangreichen Regelwerken des Arbeitsrechts. Nur für **Arbeitnehmer** gilt die gesetzliche Entgeltfortzahlung im Krankheitsfall, der gesetzliche Kündigungsschutz, die Betriebsverfassung und vieles andere mehr: „Ob man als Arbeitnehmer oder als freier Mitarbeiter beschäftigt wird, das sind zwei höchst verschiedenartige Verträge, auch wenn sie gemeinsam den §§ 611 ff. BGB unterfallen."[11]

a) Persönliche Abhängigkeit

97 Die Rechtsprechung und die herrschende Lehre sehen das entscheidende Kriterium der Unselbständigkeit in der **persönlichen Abhängigkeit:** Das Arbeitsver-

---

[9] *BAG* vom 15. 4. 1993 – 2 AZB 32/92, AP Nr. 12 zu § 5 ArbGG 1979 = NZA 1993, 789 (791) – Juniorpartner.
[10] *BAG* vom 6. 7. 1995 – 5 AZB 9/93, BAGE 80, 256 (263) = AP Nr. 22 zu § 5 ArbGG 1979 = NZA 1996, 33 – Rotkreuz-Schwester.
[11] *Adomeit,* Söllner-FS (2000), S. 79 (82).

hältnis unterscheidet sich vom Rechtsverhältnis des freien Dienstnehmers durch den Grad der persönlichen Abhängigkeit (der Fremdbestimmtheit) bei der Erbringung der Dienstleistung.[12] Den Gegenbegriff zur persönlichen Abhängigkeit bildet die (bloß) **wirtschaftliche Abhängigkeit** des Dienstnehmers, die kein taugliches Abgrenzungskriterium für das Arbeitsverhältnis darstellt, weil sie auch bei einem „freien" Dienstverhältnis gegeben sein kann (Beispiel: Architekt, der im Wesentlichen nur für einen Auftraggeber tätig wird).

Durchblick: Die wirtschaftliche, nicht aber persönliche Abhängigkeit kennzeichnet die sog. **arbeitnehmerähnlichen Personen.**[13] §§ 5 I 2 ArbGG, 2 Satz 2 BUrlG bezeichnen sie als „Personen, die wegen ihrer wirtschaftlichen Unselbständigkeit als arbeitnehmerähnliche Personen anzusehen sind". Sie sind zwar nicht persönlich abhängig (und deshalb keine Arbeitnehmer), aber ähnlich schutzbedürftig wie Arbeitnehmer (Beispiel: Rn. 851). Das setzt voraus, dass sie ihre Tätigkeit zumindest im Wesentlichen in Person erbringen und nicht in größerem Umfang selbst als Arbeitgeber auftreten. Arbeitnehmerähnliche Personen sind Selbständige, die nur in wenigen Hinsichten den Arbeitnehmern gleichgestellt werden: Für Klagen gegen ihre Auftraggeber ist nach § 5 I 2 ArbGG die Zuständigkeit der **Arbeitsgerichte** gegeben, es besteht Anspruch auf bezahlten **Erholungsurlaub** (§ 2 BUrlG), und die Arbeitsbedingungen der in § 12 a I TVG näher bezeichneten arbeitnehmerähnlichen Personen können durch **Tarifvertrag** geregelt werden.[14]

(1) Die **Rechtsprechung** bestimmt den Grad der persönlichen Abhängigkeit in 98 erster Linie nach dem Umfang, in welchem der Dienstnehmer an **Weisungen** gebunden ist. Damit greift sie auf § 84 I 2 HGB zurück („selbständig ist, wer im wesentlichen frei seine Tätigkeit gestalten und seine Arbeitszeit bestimmen kann"). Diese Vorschrift ist die einzige Norm, die einen gesetzlichen Anhaltspunkt gibt, um den Arbeitnehmerbegriff zu konkretisieren; im Umkehrschluss lässt sich aus ihr entnehmen, dass die Weisungsgebundenheit hinsichtlich der Art und der Zeit der Tätigkeit das wichtigste Kriterium der Unselbständigkeit bildet.[15]

Als weiteres Merkmal der persönlichen Abhängigkeit (Fremdbestimmtheit) 99 nennen manche Urteile die **Eingliederung** in eine fremdbestimmte Arbeitsorganisation.[16] Dieses zweite Kriterium hängt mit der Weisungsunterworfenheit zusammen, denn die Eingliederung in einen fremden Organisationsbereich zeigt sich nach Ansicht des BAG insbesondere daran, dass ein umfangreiches Weisungsrecht des Vertragspartners besteht.[17] Die Eingliederung kann sich aber nicht nur aus der Weisungsunterworfenheit, sondern auch aus den sonstigen Umständen der Vertragsgestaltung und der Vertragsdurchführung ergeben.

---

[12] *BAG* vom 12. 12. 2001 – 5 AZR 253/00, AP Nr. 111 zu § 611 BGB Abhängigkeit = NZA 2002, 787 (788) – Schank- und Pausenbewirtung in einer Festhalle; weitere Nachweise bei ErfK/*Preis*, § 611 BGB Rn. 50–52.

[13] *BAG* vom 26. 9. 2002 – 5 AZB 19/01, BAGE 103, 20 (26) = AP Nr. 83 zu § 2 ArbGG 1979 m. Anm. *Reuter* = NZA 2002, 1412 – Scientology.

[14] Solche Tarifverträge gibt es im Rundfunkbereich, dazu *Junker,* in: Prütting u. a., Die Entwicklung des Urheberrechts im europäischen Rahmen (1999), S. 73 (84 ff.).

[15] *BAG* vom 26. 7. 1995 – 5 AZR 22/94, AP Nr. 79 zu § 611 BGB Abhängigkeit = NZA 1996, 477 (478) – Volkshochschul-Kursleiterin; *BAG* vom 15. 2. 2012 – 10 AZR 111/11, AP Nr. 122 zu § 611 BGB Abhängigkeit = NZA 2012, 733 (Rn. 14) – Bundestags-Mitarbeiter.

[16] *BAG* vom 30. 11. 1994 – 5 AZR 704/93, AP Nr. 74 zu § 611 BGB Abhängigkeit = NZA 1995, 622 (623) – Rundfunksprecher; *BAG* vom 7. 3. 2002 – 2 AZR 173/01, EzA § 626 BGB n. F. Nr. 196 = NZA 2002, 963 (964) – Motorradrennfahrerin.

[17] *BAG* vom 30. 10. 1991 – 7 ABR 19/91, AP Nr. 59 zu § 611 BGB Abhängigkeit = NZA 1992, 407 – Bühnenkünstler.

> **Beispiel:** Der Chefarzt eines Krankenhauses ist in seiner ärztlichen Tätigkeit nicht an Weisungen des Krankenhausträgers gebunden. Das BAG bejaht dennoch ein Arbeitsverhältnis, weil der Chefarzt von den organisatorischen Maßnahmen des Krankenhauses abhängig und in die Organisation des Krankenhauses eingegliedert ist.[18]

100 Die Rechtsprechung verwendet neben den beiden **primären Kriterien** – Weisungsgebundenheit und Eingliederung – von Fall zu Fall weitere, **sekundäre Merkmale** der persönlichen Abhängigkeit. Die „persönliche Abhängigkeit" ist demnach ein typologischer Begriff (**Typusbegriff**), der keinen fest umrissenen Inhalt hat, sondern durch eine Reihe von Kriterien ausgefüllt wird. Die sekundären Kriterien sind allerdings mit der Gefahr belastet, Scheinbegründungen zu liefern, da sie oft keine eindeutigen Schlüsse erlauben:

- Die **Wortwahl** der Vertragsparteien („Angestellter", „freier Mitarbeiter") bildet allenfalls ein schwaches Indiz: Der Status des Beschäftigten richtet sich nicht nach den Wünschen der Vertragspartner, sondern danach, wie die Vertragsbeziehung objektiv einzuordnen ist.[19]
- Der **Umfang der Tätigkeit** gibt ebenfalls wenig her: Einerseits kann ein Arbeitnehmer (z. B. eine Reinigungskraft) mehrere Teilzeitarbeitsverhältnisse mit mehreren Arbeitgebern haben, andererseits kann ein Selbständiger nur für einen einzigen Großkunden tätig werden.
- **Arbeitsvertragstypische Vereinbarungen** über ein festes Gehalt, Erholungsurlaub oder Entgeltfortzahlung im Krankheitsfall müssen kein Arbeitsverhältnis begründen, sondern können auch den Sinn haben, einem Nichtarbeitnehmer diese Vergünstigungen zukommen zu lassen.
- Ob **Lohnsteuer und Sozialversicherungsbeiträge** gezahlt oder nicht gezahlt werden, hat nur geringe indizielle Bedeutung, da die steuer- und sozialversicherungsrechtliche Behandlung des Vertragsverhältnisses durch die Parteien fehlerhaft sein kann.[20]
- Die **Verkehrsanschauung** und die **historische Entwicklung** sind insofern bedeutsam, als manche Tätigkeiten sowohl im Rahmen eines Arbeits- als auch im Rahmen eines freien Dienstvertrags erbracht werden können, andere dagegen regelmäßig nur im Rahmen eines Arbeitsverhältnisses.[21]

101 (2) Die **Literatur** folgt überwiegend der Rechtsprechung, wobei vereinzelt anstelle der Weisungsgebundenheit und der Eingliederung das Merkmal der **Fremdnützigkeit** verwendet wird: Das Arbeitsverhältnis sei dadurch geprägt, dass der Vertragspartner die Arbeitskraft für seine Zwecke verwerte.[22] Andere verneinen die Relevanz der „persönlichen Abhängigkeit" – wer verpflichtet sei, seine Dienstleistung unselbständig zu erbringen, sei deswegen noch nicht ab-

---

[18] *BAG* vom 27. 7. 1961 – 2 AZR 255/60, BAGE 11, 225 (228) = AP Nr. 24 zu § 611 BGB Ärzte, Gehaltsansprüche = NJW 1961, 2085 – Chefarzt.

[19] *BAG* vom 9. 6. 1993 – 5 AZR 123/92, AP Nr. 66 zu § 611 BGB Abhängigkeit = NZA 1994, 169 (169 f.) – Fernsehmitarbeiter.

[20] *BAG* vom 30. 11. 1984 – 7 AZR 511/83, BAGE 47, 275 (279 f.) = AP Nr. 43 zu § 611 BGB Lehrer, Dozenten = NZA 1985, 250 – Lehrstuhlvertreter.

[21] *LAG Düsseldorf* vom 9. 9. 1997 – 8 Sa 756/97, NZA-RR 1998, 193 – Sargträger.

[22] *Wiedemann*, Das Arbeitsverhältnis als Austausch- und Gemeinschaftsverhältnis (1966), S. 14 ff.; kritisch *Zöllner/Loritz/Hergenröder*, § 4 III 5 b, die darauf hinweisen, dass jede Dienstleistung – auch die eines Rechtsanwalts für seinen Mandanten – fremdnützig ist.

hängig – und halten (nur) die **Unselbständigkeit** für entscheidend. Da sie die Unselbständigkeit vor allem in der Weisungsgebundenheit erblicken, ist der Unterschied zur Rechtsprechung gering.[23]

Die Kritiker der Rechtsprechung lehnen die typologische Methode ab, weil sie kein nachvollziehbares allgemeines Kriterium bereitstelle: **Weisungsgebunden** könnten auch Personen sein, die nicht als Arbeitnehmer einzustufen sind (z.B. der Geschäftsführer einer GmbH, der nach § 37 I GmbHG Weisungen der Gesellschafterversammlung ausführen muss); das Merkmal der **Eingliederung** werde zu häufig als Leerformel verwendet, zumal es sich von der Weisungsgebundenheit kaum unterscheide, wenn man die Eingliederung mit der Vertragsgestaltung und -durchführung begründe.[24]

b) Unternehmerisches Risiko

Aufbauend auf der vorstehenden Kritik wollen manche den Begriff des Arbeitnehmers durch Vergleich mit dem Begriff des Unternehmers herausarbeiten. Entscheidend sei das Verhältnis unternehmerischer Chancen und Risiken: **Arbeitnehmer** sei, wer eine auf Dauer angelegte Tätigkeit nur für einen Auftraggeber in eigener Person, ohne Mitarbeiter, im Wesentlichen ohne eigenes Kapital und eigene Organisation verrichte, sofern er nicht das Unternehmerrisiko freiwillig übernommen habe, am Markt auftrete und unternehmerische Chancen und Risiken ausgewogen seien. Beim **Selbständigen** stehe dem Risiko, keine Aufträge zu erhalten und kein Einkommen zu erzielen, die unternehmerische Chance erfolgsabhängiger Gewinne gegenüber.[25] **102**

Das Kriterium des Unternehmerrisikos kann die vertragstypenbezogenen, traditionellen Kriterien ergänzen: Auch die Rechtsprechung sieht sich nicht gehindert, bei der Abgrenzung nach den sekundären Kriterien den Aspekt der Ausgewogenheit von Chancen und (Unternehmer-)Risiken einzubeziehen.[26] Als allein maßgebender Ansatz ist diese Lehre jedoch auf Kritik gestoßen: Sie läuft letztlich auf ein **duales Modell** der Gegenüberstellung von Selbständigen und Arbeitnehmern hinaus, das die arbeitnehmerähnlichen Selbständigen vernachlässigt. Das geltende Recht geht aber von einem **dreigeteilten System** aus, in welchem die arbeitnehmerähnlichen Personen zwischen Selbständigen und Arbeitnehmern stehen (Rn. 97). Das „duale Modell" überschreitet daher die Grenzen richterlicher Rechtsfortbildung.[27] **103**

c) Sozialrechtliche Regelungen

Die Abgrenzung von Arbeitnehmern und Selbständigen spielt nicht nur im Arbeitsrecht, sondern auch für die Sozialversicherung (insbesondere die Rentenversicherung) eine zentrale Rolle (s. bereits Rn. 96): Die Versicherungspflicht knüpft an den Begriff des **Beschäftigten** an; Beschäftigung ist nichtselbständige **104**

---

23 *Zöllner/Loritz/Hergenröder*, § 4 III 5 e; *Hromadka/Maschmann* I, § 1 Rn. 23, 24.
24 ErfK/*Preis*, § 611 BGB Rn. 52 m.w.N.
25 Grundlegend *Wank*, Arbeitnehmer und Selbständige (1988).
26 *BAG* vom 2. 6. 1976 – 5 AZR 131/75, AP Nr. 20 zu § 611 BGB Abhängigkeit = SAE 1977, 113 m. Anm. *Lieb* – Außenrequisiteur.
27 ErfK/*Preis*, § 611 BGB Rn. 55–58; *Hromadka*, NZA 1997, 569 (576).

Arbeit, insbesondere in einem **Arbeitsverhältnis** (§ 7 I 1 SGB IV). Anhaltspunkte für eine Beschäftigung sind eine Tätigkeit nach Weisungen und eine Eingliederung in die Arbeitsorganisation des Weisungsgebers (§ 7 I 2 SGB IV). Das Arbeitsrecht ist Privatrecht, das Sozialversicherungsrecht ist öffentliches Recht. Hier wacht der Staat besonders argwöhnisch über den Arbeitnehmerbegriff, denn jede Dienstleistung, die nicht von einem Arbeitnehmer, sondern von einem Selbständigen erbracht wird, verursacht den Sozialversicherungsträgern schmerzliche Beitragsausfälle. Der sozialversicherungsrechtliche Beschäftigtenbegriff ist daher in den Randbereichen tendenziell weiter als der arbeitsvertragliche Arbeitnehmerbegriff.

> **Ausblick:** Der Arbeitnehmerbegriff weitet sich möglicherweise durch die Rechtsprechung des EuGH, der bei GmbH-Geschäftsführern die Gebundenheit an Weisungen der Gesellschafterversammlung ausreichen lässt.[28] Diese Rechtsprechung betrifft zwar unmittelbar nur das durch EU-Richtlinien harmonisierte Arbeitsrecht (s. die Übersicht bei Rn. 42), also z. B. den kündigungsrechtlichen Mutterschutz (Rn. 352, 399). Sie könnte aber mittelbar auch die Auslegung des nicht harmonisierten Arbeitsrechts beeinflussen[29] (s. auch Rn. 123).

II. Arten der Arbeitsverhältnisse

105   Aus der großen Gruppe der Arbeitnehmer lassen sich nach verschiedenen Kriterien Untergruppen bilden. Die erste mögliche Einteilung folgt der Gliederung des Erwerbslebens nach **Berufszweigen** (dazu 1). Die zweite Differenzierung, deren Bedeutung allerdings stetig zurückgeht, ist die Unterscheidung zwischen **Arbeitern und Angestellten** (dazu 2). Schließlich gibt es eine Reihe **besonderer Arbeitsverhältnisse** (dazu 3).

1. Einteilung nach Berufszweigen

106   Die Einteilung der Arbeitsverhältnisse nach Berufszweigen bestimmt in einigen Bereichen des Arbeitsrechts, welche Rechtsvorschriften anzuwenden sind. So gelten beispielsweise für **Schiffsbesatzungen** von Kauffahrteischiffen unter **deutscher Flagge** das Seemannsgesetz i. d. F. vom 1. 4. 2002 und besondere Regeln in der Betriebsverfassung (§§ 114–116 BetrVG, Rn. 663). Wird der **öffentliche Dienst** (Rn. 92) außer Betracht gelassen, bleiben drei Erwerbszweige hervorzuheben, die besonderen Rechtsvorschriften unterliegen:

a) Die Arbeitnehmer im **kirchlichen Dienst** sind wegen der Verfassungsgarantie kirchlicher Selbstverwaltung (Art. 140 GG, 137 WRV) an besondere Regeln gebunden: In weiten Bereichen gilt nach § 118 II BetrVG nicht das Betriebsverfassungsrecht (Rn. 662). Die Koalitionsfreiheit des Art. 9 III GG ist durch Art. 140 GG, 137 WRV eingeschränkt. Auch bei der Beurteilung von Kündigungen im kirchlichen Dienst nach §§ 1 KSchG, 626 BGB ist Rücksicht auf das kirchliche Selbstbestimmungsrecht zu nehmen.[30]

---

[28] *EuGH* vom 11. 11. 2010 – C-232/09, NZA 2011, 143 (Rn. 49 f.) – Danosa.
[29] *Junker,* NZA 2011, 950 (951); *Oberthür,* NZA 2011, 253 (257).
[30] Spezialliteratur: *Hammer,* Kirchliches Arbeitsrecht (2002); *Richardi,* Arbeitsrecht in der Kirche, 6. Aufl. (2012); *Thüsing,* Kirchliches Arbeitsrecht (2006).

Speziell für den kirchlichen Dienst erlaubt die sog. „Kirchenklausel" des **§ 9 I AGG** eine unterschiedliche Behandlung von Beschäftigten wegen der Religion, wenn eine bestimmte Religion unter Beachtung des Selbstverständnisses der jeweiligen Religionsgemeinschaft eine gerechtfertigte berufliche Anforderung darstellt. Ferner sichert **§ 9 II AGG** das Recht der Religionsgemeinschaften, von einem Beschäftigten ein loyales und aufrichtiges Verhalten im Sinne ihres jeweiligen Selbstverständnisses verlangen zu können.[31]

b) **Gewerbliche Arbeitnehmer** sind alle Arbeitnehmer, die in einem **Gewerbebetrieb** beschäftigt sind (**§§ 3, 6 GewO**). Die früheren Spezialvorschriften der **§§ 105 ff.** GewO für gewerbliche Arbeitnehmer finden seit 2003 auf alle Arbeitnehmer Anwendung (**§ 6 II GewO**). Der Begriff des gewerblichen Arbeitnehmers spielt seither als arbeitsrechtliches Abgrenzungskriterium keine Rolle. Folgende allgemeine arbeitsrechtliche Grundsätze sind in **§§ 105–110 GewO** normiert: | 107

Vorschrift	Gegenstand	s. Rn.
§ 105 GewO	Freie Gestaltung des Arbeitsvertrags	19
§ 106 GewO	Weisungsrecht des Arbeitgebers	205–207
§ 107 GewO	Gewährung des Arbeitsentgelts	240
§ 108 GewO	Abrechnung des Arbeitsentgelts	–
§ 109 GewO	Zeugnis	443
§ 110 GewO	Wettbewerbsverbot	448, 449

c) **Kaufmännische Arbeitnehmer** („Handlungsgehilfen") sind alle Arbeitnehmer, die in einem **Handelsgewerbe** (**§§ 1–7 HGB**) angestellt sind, um kaufmännische Dienste zu leisten (**§ 59 Satz 1 HGB**). Für sie bestehen in den **§§ 59–83 HGB** einige arbeitsrechtliche Vorschriften, die im Handelsgesetzbuch an sich fehl am Platze („systemfremd") sind. | 108

Bedeutung bei der Lösung arbeitsrechtlicher Fälle hat das gesetzliche **Wettbewerbsverbot** während des bestehenden Arbeitsverhältnisses, das nach §§ 60, 61 HGB nur für Handlungsgehilfen gilt, von der Rechtsprechung aber analog auf alle Arten von Arbeitsverhältnissen angewendet wird (Rn. 236 a). Bedeutsam ist ferner das **nachvertragliche Wettbewerbsverbot** gemäß **§§ 74–75 f HGB**, das nach § 110 Satz 2 HGB ebenfalls auf alle Arbeitsverhältnisse Anwendung findet (Rn. 448, 449). Die übrigen arbeitsrechtlichen Vorschriften des Handelsgesetzbuchs (§§ 59, 62 und 64 f. HGB), die nur für Handlungsgehilfen gelten, können hier vernachlässigt werden.[32]

2. Arbeiter und Angestellte

Manche arbeitsrechtliche Gesetze umschreiben Arbeitnehmer als „Arbeiter und Angestellte sowie die zu ihrer Berufsausbildung Beschäftigten" (z. B. § 5 I 1 ArbGG, § 2 Satz 1 BUrlG, § 2 II ArbZG, § 1 II EFZG, § 5 I BetrVG). Die **Unterscheidung von Arbeitern und Angestellten** ist im 19. Jahrhundert entstanden: „Zu Angestellten sind diejenigen geworden, die schreiben können mussten."[33] Sie waren besser bezahlt und bessergestellt als Arbeiter. Mit der Einbeziehung immer weiterer Personenkreise in das Angestelltenverhältnis, dem Bedeutungsverlust der Industrieproduktion und dem **Übergang zur Dienstleistungsgesell-** | 109

---

[31] Einzelheiten bei *Joussen*, NZA 2008, 675.

[32] S. dazu MünchArbR/*Giesen*, § 325 Rn. 1 ff.; MünchKommHGB/*von Hoyningen-Huene*, Vor § 59 Rn. 3 f.

[33] *Hromadka/Maschmann* I, § 3 Rn. 4.

schaft wandelte sich das Bild: Gab es 1960 noch mehr als doppelt so viele Arbeiter wie Angestellte, gibt es seit 1980 mehr Angestellte als Arbeiter; damit wurde auch die Privilegierung der Angestellten hinfällig.

110   a) Der **Gesetzgeber** hat im Individualarbeitsrecht 1993/94 die letzten „großen" Unterschiede zwischen Arbeitern und Angestellten beseitigt, indem er einheitliche Kündigungsfristen (§ 622 BGB) und eine einheitliche Entgeltfortzahlung im Krankheitsfall (§ 3 I EFZG) einführte. Die BetrVG-Novelle von 2001 hat im Betriebsverfassungsrecht die Trennung von Arbeitern und Angestellten aufgehoben. Wenn Gesetze auch heute noch von „Arbeitern und Angestellten" sprechen, handelt es sich um eine Beschreibung, von der keine Rechtsfolgen mehr abhängen.

111   b) Auch die **Tarifparteien** schließen ganz überwiegend einheitliche Tarifverträge für Arbeiter und Angestellte. Wenn die beiden Arbeitnehmergruppen in (meist älteren) Tarifverträgen ungleich behandelt werden, muss nach Art. 3 I GG ein sachlicher Grund für die Ungleichbehandlung vorliegen. Das Gleiche gilt für **Betriebsvereinbarungen:** Allein der Statusunterschied zwischen Arbeitern und Angestellten – sofern es einen solchen überhaupt noch gibt – rechtfertigt keine Ungleichbehandlung.[34]

> **Beispiel:** Der Zweck des Weihnachtsgeldes, zu den anlässlich des Weihnachtsfestes zusätzlich entstehenden Aufwendungen beizutragen und in der Vergangenheit geleistete Dienste zusätzlich zu honorieren, rechtfertigt es nicht, bezüglich der Höhe des Weihnachtsgeldes zwischen Angestellten und Arbeitern zu differenzieren. Wird die Begünstigung der Angestellten beim Weihnachtsgeld zusätzlich mit der Absicht begründet, die Angestellten stärker als die Arbeiter an das Unternehmen zu binden, muss konkret dargelegt werden, aus welchen Gründen eine stärkere Bindung der Angestellten einem objektiven, wirklichen Bedürfnis entspricht.[35]

112   c) Eine Sonderrolle spielen die **leitenden Angestellten:** Sie sind rechtlich Arbeitnehmer (Angestellte), üben jedoch teilweise Arbeitgeberfunktionen aus. Es gibt keinen einheitlichen Begriff des leitenden Angestellten: Für das BetrVG enthält § 5 III, IV BetrVG einen detaillierten Katalog von Kriterien (Rn. 668, 669), auf dem andere Gesetze aufbauen. Für leitende Angestellte gelten im Arbeitsrecht wichtige Sonderregeln:

– Nach § 5 III 1 BetrVG sind sie von der Anwendung des Betriebsverfassungsgesetzes ausgenommen (Rn. 668, 680).
– Nach § 18 I Nr. 1 ArbZG ist das Arbeitszeitgesetz auf leitende Angestellte im Sinne des BetrVG nicht anwendbar (Rn. 217, 218).
– Nach § 14 II KSchG genießen bestimmte leitende Angestellte keinen Bestandsschutz, sondern nur Abfindungsschutz (Rn. 360, 391).

> **Durchblick:** Die Unterscheidung von „normalen" und leitenden Angestellten beruht auf dem **Gesetz.** Auf der Ebene des **Tarifvertrags** unterscheidet man tarifliche und außertarifliche Angestellte („AT-Angestellte"). AT-Angestellte stehen außerhalb des persönlichen Geltungsbereichs des Tarifvertrags, weil ihre Tätigkeit oberhalb der höchsten Tarifgruppe (Bei-

---

[34] *BAG* vom 16. 2. 2010 – 3 AZR 216/09, BAGE 133, 158 = AP Nr. 49 zu § 77 BetrVG 1972 Betriebsvereinbarung = NZA 2010, 701 (Rn. 32).
[35] *BAG* vom 12. 10. 2005 – 10 AZR 640/04, BAGE 116, 136 = AP Nr. 259 zu § 611 BGB Gratifikation = NZA 2005, 1418 (Rn. 15).

spiel: „Gruppe VII: Unterabteilungsleiter") eingruppiert ist. Sie sind nicht identisch mit den leitenden Angestellten: Praktisch alle **leitenden Angestellten** sind AT-Angestellte, aber nur ein Bruchteil von **AT-Angestellten** zählt zu den leitenden Angestellten. In einer „klassischen Betriebshierarchie", die heute freilich immer seltener anzutreffen ist, ergibt sich daraus folgende Reihung: Arbeiter, tarifliche Angestellte, AT-Angestellte, leitende Angestellte (zu Geschäftsführern und Vorstandsmitgliedern s. Rn. 122).

Über die abnehmende Schutzintensität des Arbeitsrechts unterrichtet schema- **113** tisch die **Übersicht 2.1 (Arbeitnehmer und Selbständige),** die bei den Arbeitnehmern die leitenden Angestellten und bei den Selbständigen die arbeitnehmerähnlichen Personen hervorhebt:

Übersicht 2.1: Arbeitnehmer und Selbständige

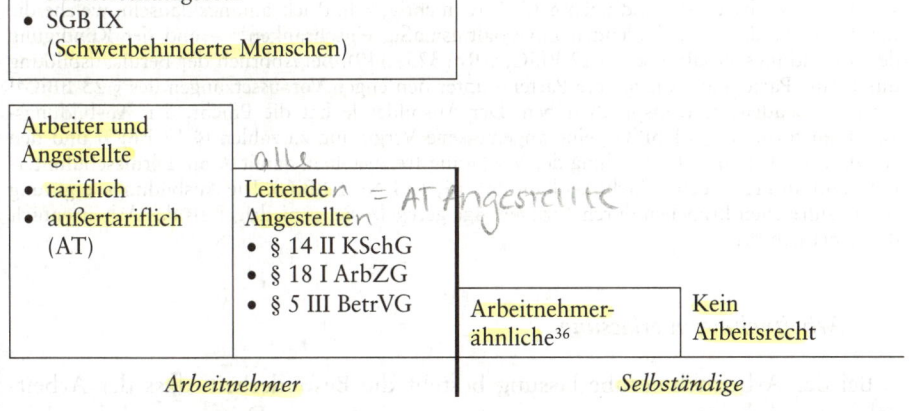

3. Besondere Arbeitsverhältnisse

Der Prototyp des Arbeitsverhältnisses ist das sog. „Normalarbeitsverhältnis" **114** des vollzeitbeschäftigten Arbeitnehmers, das auf unbestimmte Dauer geschlossen und – wenn es nicht vorher wirksam aufgehoben oder gekündigt wird – von den Parteien mit Erreichen der (Renten-)Altersgrenze beendet wird. Dieser Typus verliert allerdings stetig an Bedeutung. Im Vordringen sind atypische Arbeitsverhältnisse, die sich nach unterschiedlichen Kriterien systematisieren lassen:[37] **Besonderheiten hinsichtlich der Beendigung** bestehen bei befristeten und bedingten (Rn. 432–441) sowie bei Probearbeitsverhältnissen (Rn. 360, 384). **Besonderheiten hinsichtlich des Arbeitsortes** kennzeichnen die **Telearbeit** (erwähnt in § 5 I 1 BetrVG), die computergestützt außerhalb eines Betriebs – meist in der Wohnung des Arbeitnehmers – verrichtet wird.[38] Für drei besondere Arten von Arbeitsverhältnissen bestehen Spezialgesetze:

---

[36] Sonderregeln in § 5 I 2 ArbGG, § 2 BUrlG, § 12 a TVG.
[37] Einführend *Zöllner/Loritz/Hergenröder*, § 27 I.
[38] Einführend *Hromadka/Maschmann* I, § 4 Rn. 49, 50.

a) Berufsausbildungsverhältnisse

115 Das **Berufsbildungsgesetz (BBiG)** normiert den wichtigsten Fall der „Berufsbildung" (Oberbegriff), nämlich die **Berufsausbildung** (§§ 4 ff. BBiG), sowie die berufliche Fortbildung (§§ 53 ff. BBiG) und die berufliche Umschulung (§§ 58 ff. BBiG).[39] Ein **Berufsausbildungsverhältnis** kommt zustande durch einen Berufsausbildungsvertrag (§ 10 I BBiG). Er ist ein Arbeitsvertrag, der ein Arbeitsverhältnis begründet. Es unterscheidet sich von anderen Arbeitsverhältnissen dadurch, dass der Ausbildungszweck den Austausch von Diensten gegen Entgelt überlagert.

Der **Berufsausbildungsvertrag** unterliegt nach § 10 II BBiG den arbeitsrechtlichen Vorschriften, soweit sich nicht (1) aus seinem Wesen und Zweck oder (2) aus dem BBiG etwas anderes ergibt. Besonderheiten bestehen hinsichtlich des **Vertragsschlusses** (Aushändigung eines schriftlichen Ausbildungsvertrags gem. § 11 BBiG, s. Rn. 175), des **Vertragsinhalts** – bestimmte Vereinbarungen sind nach § 12 BBiG nichtig, z. B. Rückzahlungsklauseln, welche die Berufsfreiheit des Auszubildenden unverhältnismäßig einschränken[40] – und der **Kündigung** des Ausbildungsverhältnisses (§ 22 BBiG, s. Rn. 325, 349). Bei Abbruch der Berufsausbildung durch eine Partei kann die andere Partei – unter den engen Voraussetzungen des § 23 BBiG[41] – einen Schadensersatzanspruch haben. Der Ausbildende hat die Pflicht, den Ausbildungszweck zu fördern (§ 14 BBiG), eine angemessene Vergütung zu zahlen (§ 17 BBiG) und den Auszubildenden unter Fortzahlung der Vergütung freizustellen, damit er am Berufsschulunterricht und an Prüfungen teilnehmen kann (§§ 15, 19 I Nr. 1 BBiG). Die Ausbildungsvergütung ist in zahlreichen Branchen durch Tarifverträge geregelt; sie ist niedriger als das Arbeitsentgelt der Arbeitnehmer.

b) Arbeitnehmerüberlassung

116 Bei der Arbeitnehmerüberlassung besteht die Besonderheit, dass der Arbeitgeber den Arbeitnehmer für eine bestimmte Zeit einem Dritten zur Arbeitsleistung zur Verfügung stellt; das ist nach § 613 Satz 2 BGB nur mit Zustimmung des Arbeitnehmers möglich (Rn. 203). Das im Jahr 2011 reformierte Arbeitnehmerüberlassungsgesetz (AÜG)[42] verwendet – wie die zugrunde liegende **Richtlinie 08/104/EG** – auch den Begriff der **Leiharbeit:** Der Arbeitgeber (Verleiher), der selbst den Arbeitnehmer in der Regel gar nicht beschäftigen kann, überlässt den Arbeitnehmer (Leiharbeitnehmer) einem Dritten (Entleiher) zur Arbeitsleistung (§ 1 I 1 AÜG). Die Praxis spricht auch von „Zeitarbeit" und nennt den Verleiher „Zeitarbeitsunternehmen". Bei der Arbeitnehmerüberlassung sind die Arbeitgeberfunktionen auf zwei Personen verteilt: Der Entleiher hat das Weisungsrecht und Schutzpflichten gegenüber dem Arbeitnehmer; der Verleiher bleibt dem Arbeitnehmer zur Lohnzahlung verpflichtet.

---

[39] Literatur: *Benecke/Hergenröder,* BBiG (2009).
[40] *BAG* vom 25. 4. 2001 – 5 AZR 509/99, BAGE 97, 333 (337 f.) = AP Nr. 8 zu § 5 BBiG m. Anm. *Schlachter* = NZA 2002, 1396 – Rückzahlung von Ausbildungskosten.
[41] *BAG* vom 17. 7. 2007 – 9 AZR 103/07, BAGE 123, 247 = AP Nr. 14 zu § 14 BBiG a. F. = DB 2008, 709, 710 (Rn. 9 ff.).
[42] Literatur: *Boemke/Lembke,* AÜG, 2. Aufl. (2005); *Schüren/Hamann,* AÜG, 4. Aufl. (2010); *Thüsing,* AÜG, 3. Aufl. (2012); *Ulber,* AÜG, 4. Aufl. (2011).

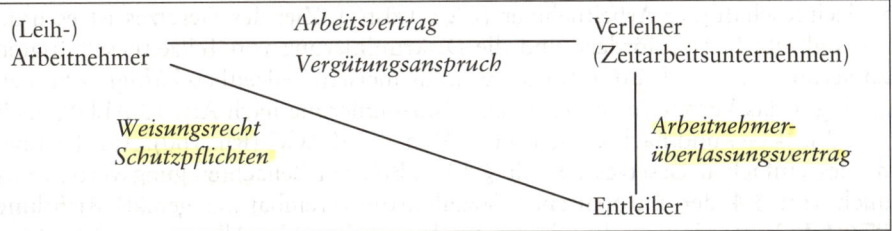

Das **Arbeitnehmerüberlassungsgesetz** (**AÜG**) soll verhindern, dass die dauern- **117** de Aufspaltung der Arbeitgeberfunktionen dem (Leih-)Arbeitnehmer zum Nachteil gereicht. Unzulässig ist die Arbeitnehmerüberlassung in Betriebe des Baugewerbes für Arbeiten, die üblicherweise von Arbeitern verrichtet werden (§ 1b Satz 1 AÜG, Ausnahmen in § 1b Sätze 2, 3 AÜG). Im Übrigen ist sie an die **Erlaubnis der Bundesagentur für Arbeit** geknüpft (§ 1 I 1 i. V.m. §§ 2–6, 17 AÜG) und einer strengen **Kontrolle** unterworfen (§§ 7, 8 AÜG). Die beiden wichtigsten gesetzlichen Regelungen sind:

– **Vereinbarungen,** die für einen Leiharbeitnehmer schlechtere als die im Betrieb des Entleihers geltenden Arbeitsbedingungen vorsehen, sind unwirksam; möglich sind Ausnahmen auf tarifvertraglicher Grundlage, soweit ein „Mindestlohntarifvertrag" gemäß § 3a II AÜG nicht unterschritten wird (Einzelheiten in § 9 Nr. 2 AÜG, s. auch § 10 IV AÜG).
– **Fehlt** dem Verleiher die **Erlaubnis** der Bundesagentur für Arbeit (§ 1 I 1 AÜG), ist sowohl der Überlassungsvertrag mit dem Entleiher als auch der Arbeitsvertrag mit dem Leiharbeitnehmer unwirksam (§ 9 Nr. 1 AÜG); das Arbeitsverhältnis gilt als zwischen dem Entleiher und dem Leiharbeitnehmer zustande gekommen (§ 10 I 1 AÜG).

Durchblick: Die Arbeitnehmerüberlassung ist abzugrenzen von einem **Werk- oder Dienst- 118** **vertrag** zwischen zwei Unternehmen, in dessen Rahmen der Arbeitnehmer lediglich als Erfüllungsgehilfe seines Arbeitgebers im Betrieb eines Dritten tätig wird. Diese Abgrenzungsfrage entscheidet der objektive Inhalt, nicht die von den Parteien gewählte Bezeichnung des Geschäfts:[43] Bei der Arbeitnehmerüberlassung stellt ein Unternehmer (der Verleiher) einem anderen (dem Entleiher) Arbeitskräfte zur Verfügung, die der andere in seinem Betrieb wie eigene Arbeitnehmer einsetzt. In den Fällen des Werk- oder Dienstvertrags ist der Unternehmer für die Arbeitsorganisation und für die Leistung der Dienste oder die Herstellung des Werks verantwortlich.[44]

c) Teilzeitarbeitsverhältnisse

Die Grundlage des Teilzeitrechts bilden die ersten beiden Abschnitte des **Teil- 119** **zeit- und Befristungsgesetzes** (**TzBfG**). Ein Teilzeitarbeitsverhältnis liegt vor, wenn die regelmäßige Wochenarbeitszeit kürzer ist als diejenige vergleichbarer

---

[43] *BAG* vom 30. 1. 1991 – 7 AZR 497/89, BAGE 67, 125 = AP Nr. 8 zu § 10 AÜG = NZA 1992, 19 – Montageschlosser; *BGH* vom 21. 1. 2003 – X ZR 261/01, NZA 2003, 616 – Stahlbauarbeiten.
[44] Einzelheiten: *Oberthür,* Industriedienstleistungen und Zeitarbeit – Abgrenzung und Umstellung, in: *Rieble/Junker/Giesen* (Hrsg.), Freie Industriedienstleistungen als Alternative zur regulierten Zeitarbeit (2011), S. 43.

vollzeitbeschäftigter Arbeitnehmer (§ 2 I TzBfG). **Ziel des Gesetzes** ist es u. a., die Teilzeitarbeit zu fördern und die Diskriminierung von Teilzeitbeschäftigten zu verhindern (§ 1 TzBfG). Da die weitaus meisten Teilzeitbeschäftigten Frauen sind, gilt das Verbot der mittelbaren Diskriminierung nach Art. 10 AEUV, nach Art. 3 I, II GG und nach § 7 I, 1. Hs. i. V. m. § 3 II AGG (Rn. 160). Auf der Ebene des einfachen Gesetzes enthält § 4 I TzBfG ein Benachteiligungsverbot, das auch von § 4 der Europäischen Sozialpartnervereinbarung gemäß **Richtlinie 97/81/EG** gefordert wird und von den Vorschriften des Allgemeinen Gleichbehandlungsgesetzes unberührt bleibt (§ 2 III 1 AGG). Drei Besonderheiten der Teilzeitarbeit sind hervorzuheben:

– Bei der Teilzeitarbeit kann es sich um eine **Nebenbeschäftigung** handeln. Ob und inwieweit eine solche Nebentätigkeit erlaubt ist, bestimmt der (Haupt-) Arbeitsvertrag (Rn. 236 b).

– Eine besondere Form der Teilzeitarbeit stellt die **Abrufarbeit** dar; bei ihr hat der Arbeitnehmer die Arbeitsleistung entsprechend dem Arbeitsanfall zu erbringen (Einzelheiten in § 12 TzBfG).

Durchblick: Ein **Abrufarbeitsverhältnis**, das den Arbeitnehmerschutzvorschriften des § 12 TzBfG unterliegt, ist ein **Dauerschuldverhältnis**, bei dem die Lage der Arbeitszeit von der Konkretisierung durch Abruf der Arbeitsleistung abhängt. Das BAG hat dem Deutschen Roten Kreuz (DRK) gestattet, der Regelung des TzBfG durch sog. **Ein-Tages-Arbeitsverhältnisse** auszuweichen: Rettungssanitäter im Nebenerwerb, z. B. Studenten, können sich in Listen eintragen, aus denen das DRK Personen auswählt, mit denen für eintägige Einsätze jeweils ein auf diesen Tag befristeter Arbeitsvertrag geschlossen wird; auch bei langjähriger Praxis soll darin kein Missbrauch liegen[45] (zweifelhaft).

– Eine andere Form der Teilzeitarbeit ist die **Arbeitsplatzteilung** („Job-Sharing"), bei der sich zwei oder mehr Arbeitnehmer die Arbeitszeit an einem Arbeitsplatz teilen (§ 13 TzBfG).

Praxis: Der Anteil der Teilzeitbeschäftigten an der Gesamtzahl der sozialversicherungspflichtig beschäftigten Arbeitnehmer (**Teilzeitquote**) beträgt 25 %. Jeder Vierte dieser Arbeitnehmer arbeitet also in Teilzeit. Besondere Bedeutung haben Teilzeitstellen für **Mütter mit minderjährigen Kindern**: Von ihnen sind rund 40 % teilzeit- und nur 20 % vollzeitbeschäftigt (rund 40 % sind nicht erwerbstätig). Häufig entscheiden sich Mütter nach dem Ablauf der Elternzeit (§§ 15–21 BEEG) für eine Teilzeitstelle. Der Anteil teilzeitbeschäftigter **Väter** ist gering: 86 % der Väter minderjähriger Kinder sind erwerbstätig, aber nur 4 % arbeiten in Teilzeit.[46]

119a　　(1) **Allgemeiner Teilzeitanspruch:** Große praktische Bedeutung hat der Anspruch auf Verringerung der Arbeitszeit („Teilzeitanspruch") nach § 8 TzBfG. Die grundlegende Entscheidung des BAG zu diesem Anspruch ist Gegenstand von

119b　　Übungsfall 3 (Schalterdienst): Katja Kramer (K) ist seit dem 1. 8. 2001 bei der Berliner Bank (B) als Bankkauffrau im Schalterdienst in Vollzeit (40 Wochenstunden) angestellt. Die verheiratete K ist Mutter eines im Februar 2006 geborenen Kindes. Nach der Geburt des Kindes ging sie in Elternzeit (§ 15 BEEG); anschließend vereinbarten die Parteien bis zum 31. 12. 2009 unbezahlten Sonderurlaub. Mit einer E-Mail vom 30. 9. 2009 beantragte K, ab 1. 1. 2010 die wöchentliche Arbeitszeit auf 20 Wochenstunden zu verringern, verteilt auf die Zeit von montags bis donnerstags 8.00–13.00 Uhr. Diesen Antrag lehnte B in einem Schreiben vom 5. 10. 2009 ab. Zur Begründung führte B aus, sie beschäftige im Schalterdienst bereits

---

[45] *BAG* vom 16. 5. 2012 – 5 AZR 268/11, NZA 2012, 974 (Rn. 21 ff.) – Rettungssanitäter.
[46] Quelle: Statistisches Bundesamt (www.destatis.de).

über 50% Teilzeitkräfte, was – im Vergleich zur Beschäftigung von Vollzeitkräften – einen deutlich erhöhten Personalverwaltungsaufwand erfordere. Der Vorstand habe daher im August 2009 beschlossen, die Teilzeitquote in den Filialen nicht weiter zu erhöhen. Mit ihrer am 14. 10. 2009 erhobenen Klage beantragt K, B zu verurteilen, dem Antrag zuzustimmen, die vertragliche Arbeitszeit ab dem 1. 1. 2010 auf 20 Wochenstunden zu verringern und die Arbeit auf die Zeit von montags bis donnerstags 8.00–13.00 Uhr zu verteilen. Wie ist über die Klage zu entscheiden?[47]

Lösung: (A) **Zulässigkeit der Klage.** Die sachliche Zuständigkeit des Arbeitsgerichts folgt aus § 2 I Nr. 3a ArbGG; das Gericht entscheidet im Urteilsverfahren (§ 2 V ArbGG). Es ist davon auszugehen, dass K die Klage bei dem nach § 48 I a ArbGG oder §§ 46 II 1 ArbGG i.V.m. 12 ff. ZPO örtlich zuständigen Gericht erhoben hat. Ferner kann unterstellt werden, dass die Beklagte eine juristische Person und damit nach § 46 II 1 ArbGG i.V.m. § 50 I ZPO parteifähig ist. Da der gestellte Leistungsantrag auch gem. § 46 II 1 ArbGG i.V.m. § 253 II Nr. 2 ZPO hinreichend bestimmt ist, ist die Klage zulässig.

119c

(B) **Begründetheit der Klage.** Die Klage ist begründet, wenn K einen Anspruch darauf hat, dass B der verlangten Verringerung der Arbeitszeit und der beantragten Verteilung der Arbeitszeit zustimmt. Ein solcher Anspruch könnte sich aus der **Anspruchsgrundlage des § 8 IV 1 TzBfG** ergeben; er richtet sich auf Abgabe einer Willenserklärung durch den Arbeitgeber, nämlich auf die Zustimmung zur gewünschten Änderung des Arbeitsvertrags.

(I) Die **Anwendbarkeit des § 8 TzBfG** richtet sich nach betrieblichen und persönlichen Voraussetzungen (ähnlich wie der betriebliche und persönliche Geltungsbereich des allgemeinen Kündigungsschutzes, s. Rn. 357–360): Der **betriebliche Geltungsbereich** des § 8 TzBfG ist eröffnet, wenn der Arbeitgeber, unabhängig von der Anzahl der Personen in Berufsbildung, in der Regel mehr als 15 Arbeitnehmer beschäftigt (**Kleinunternehmerklausel**, § 8 VII TzBfG). Davon ist bei der Berliner Bank auszugehen. Der **persönliche Geltungsbereich** des § 8 TzBfG umfasst Arbeitnehmer, deren Arbeitsverhältnis mit dem Arbeitgeber länger als sechs Monate bestanden hat (**Wartezeit**, § 8 I TzBfG). K ist seit 2001 als Arbeitnehmerin bei B beschäftigt. § 8 TzBfG ist anwendbar.

(II) Erforderlich ist ferner die **ordnungsgemäße Geltendmachung** des Anspruchs. Die Geltendmachung des Teilzeitanspruchs ist formlos möglich,[48] aber nach § 8 II 1 TzBfG an eine Vorlaufzeit von drei Monaten gebunden. Da die Teilzeitarbeit am 1. 1. 2010 beginnen soll, hat K durch die E-Mail vom 30. 9. 2009 die Dreimonatsfrist gewahrt. Materiell muss das Teilzeitverlangen – als Angebot auf Abschluss eines Änderungsvertrags i.S.d. § 145 BGB – so formuliert sein, dass der Arbeitgeber es mit einem einfachen „Ja" annehmen kann. Insbesondere der gewünschte Umfang der Arbeitszeitreduzierung muss eindeutig bestimmt oder bestimmbar sein.[49] Der Antrag vom 30. 9. 2009 erfüllt diese Anforderungen. Der Teilzeitanspruch wurde ordnungsgemäß geltend gemacht.

119d

(III) Es ist sodann zu fragen, ob zugunsten der K eine **Fiktion der Zustimmung** eingreift: Würde die Zustimmung der B zum Teilzeitbegehren der K gesetzlich fingiert, müsste die K ihr Begehren nicht durch eine Leistungsklage beim Arbeitsgericht durchsetzen. Sie könnte den Leistungsantrag – nach einem entsprechenden Hinweis des Gerichts – in einen Feststellungsantrag ändern; dieser Antrag wäre, wenn eine Zustimmungsfiktion eingreift, begründet.

(1) Eine gesetzliche Fiktion der Zustimmung kann sich aus § 8 V TzBfG ergeben: Kommt eine Einigung über den Teilzeitwunsch gem. § 8 III TzBfG nicht zustande und hat der Ar-

---

[47] Fall nach *BAG* vom 18. 2. 2003 – 9 AZR 356/02, BAGE 105, 133 = AP Nr. 1 zu § 8 TzBfG m.Anm. *Rolfs/Clemens* = NJW 2003, 2771 = NZA 2003, 911 = BB 2003, 1844 m.Anm. *Mengel* = SAE 2004, 1 m.Anm. *Thüsing* (gegenüber dem Originalfall z.T. vereinfacht, z.T. geändert).
[48] *BAG* vom 18. 5. 2004 – 9 AZR 319/03, BAGE 110, 356 (364) = AP Nr. 13 zu § 8 TzBfG = NZA 2005, 108; *BAG* vom 23. 11. 2004 – 9 AZR 644/03, BAGE 113, 11 (14) = AP Nr. 9 zu § 8 TzBfG = NZA 2005, 769 = SAE 2006, 7 m.Anm. *Feuerborn* (1).
[49] *BAG* vom 16. 10. 2007 – 9 AZR 239/07, BAGE 124, 219 = AP Nr. 23 zu § 8 TzBfG = NZA 2008, 289 (Rn. 20).

beitgeber den Wunsch nicht – wie in § 8 V 1 TzBfG vorgesehen – spätestens einen Monat vor dem gewünschten Beginn der Verringerung schriftlich abgelehnt, verringert sich die Arbeitszeit in dem gewünschten Umfang (§ 8 V 2 TzBfG); die verringerte Arbeitszeit wird entsprechend den Wünschen des Arbeitnehmers verteilt (§ 8 V 3 TzBfG). Als Rechtsfolge kommt zwischen den Arbeitsvertragsparteien kraft gesetzlicher Fiktion eine arbeitsvertragliche Vereinbarung mit dem Inhalt des Teilzeitwunsches zustande.[50] Im vorliegenden Fall hat B das Teilzeitverlangen der K jedoch am 5. 10. 2009 – also rechtzeitig – schriftlich abgelehnt.

(2) Die Fiktionswirkung des § 8 V 2, 3 TzBfG könnte sich jedoch daraus ergeben, dass die Arbeitgeberin die in § 8 III TzBfG normierte Verhandlungsobliegenheit missachtet hat. Nach dem Sachverhalt ist nicht davon auszugehen, dass die B mit der K – wie von § 8 III TzBfG gefordert – den Teilzeitwunsch erörtert hat.

(a) In der Literatur wird vereinzelt die Ansicht vertreten, eine wirksame Ablehnung des Teilzeitwunsches sei nur möglich, wenn auf Grund der in § 8 III 1 TzBfG vorgeschriebenen Erörterung feststehe, dass eine Einigung nicht zustande komme; eine Ablehnung des Teilzeitverlangens ohne vorherige Erörterung sei unwirksam mit der Folge, dass die Zustimmung des Arbeitgebers nach § 8 V 2, 3 TzBfG fingiert werde.[51]

(b) Das BAG[52] hat im Einklang mit der h. M. in der Literatur[53] entschieden, eine Verletzung der Verhandlungsobliegenheit habe weder die Zustimmungsfiktion des § 8 V 2, 3 TzBfG noch die Verwirkung des Arbeitgeberrechts zur Folge, das Änderungsangebot des Arbeitnehmers abzulehnen (§ 242 BGB). Dem ist zuzustimmen: Eine derartig schwerwiegende Rechtsfolge wie den Eintritt einer Fiktion hätte der Gesetzgeber ausdrücklich anordnen müssen. Auch für eine Analogie ist angesichts des eindeutigen Wortlauts des § 8 V TzBfG kein Raum. Die Zustimmung der B zum Teilzeitbegehren der K wird daher nicht fingiert.

119e (IV) Eine weitere, negative Voraussetzung stellt § 8 IV 1 TzBfG auf: Haben die Parteien sich nicht über die Teilzeitarbeit geeinigt und ergibt sich die Einigung auch nicht auf Grund einer gesetzlichen Fiktion, kann der Arbeitnehmer den Anspruch auf Zustimmung des Arbeitgebers nur durchsetzen, „soweit betriebliche Gründe nicht entgegenstehen." Es fragt sich, ob der Vorstandsbeschluss der B vom August 2009 den Tatbestand eines – dem Arbeitszeitwunsch der K entgegenstehenden – betrieblichen Grundes erfüllt.

(1) Ob einem Verlangen nach Verringerung der Arbeitszeit, verbunden mit dem Wunsch auf Neufestlegung der Lage der Arbeitszeit, genügend gewichtige betriebliche Gründe entgegenstehen, prüft das BAG in einem Dreistufentest:[54]

(a) Zunächst ist das vom Arbeitgeber aufgestellte und durchgeführte Organisationskonzept festzustellen, das der Arbeitszeitregelung zugrunde liegt, die der Arbeitgeber als „betrieblich erforderlich" betrachtet.

(b) Sodann ist zu untersuchen, ob sich aus diesem Organisationskonzept betriebliche Gründe ergeben, die tatsächlich der gewünschten Änderung der Arbeitszeit entgegenstehen.

(c) Abschließend ist zu klären, ob das Gewicht der betrieblichen Gründe so erheblich ist, dass die Erfüllung des Arbeitszeitwunsches zu einer unverhältnismäßigen Belastung des Betriebs führen würde.[55]

---

[50] *BAG* vom 18. 2. 2003 – 9 AZR 356/02, BAGE 105, 133 (136); *BAG* vom 20. 7. 2004 – 9 AZR 626/03, BAGE 111, 260 (263) = AP Nr. 11 zu § 8 TzBfG = NZA 2004, 1090.

[51] *Hamann,* Jura 2003, 73 (77).

[52] *BAG* vom 18. 2. 2003 – 9 AZR 356/02, BAGE 105, 133 (137).

[53] *Boecken/Joussen,* § 8 TzBfG Rn. 115; Laux/Schlachter/*Laux,* § 8 TzBfG Rn. 241; D/F/L/*Schüren,* § 8 TzBfG Rn. 37; ErfK/*Preis,* § 8 TzBfG Rn. 15.

[54] *BAG* vom 18. 2. 2003 – 9 AZR 164/02, BAGE 105, 107 (116 f.) = AP Nr. 2 zu § 8 TzBfG = NZA 2003, 1392; *BAG* vom 30. 9. 2003 – 9 AZR 665/02, BAGE 108, 47 (50 f.) = AP Nr. 5 zu § 8 TzBfG = NZA 2004, 382.

[55] *BAG* vom 9. 12. 2003 – 9 AZR 16/03, BAGE 109, 81 (85 ff.) = AP Nr. 8 zu § 8 TzBfG = NZA 2004, 921; *BAG* vom 13. 11. 2007 – 9 AZR 36/07, BAGE 125, 45 = AP Nr. 25 zu § 8 TzBfG = NZA 2008, 314 (Rn. 28).

(2) Im **vorliegenden Fall** macht B ohne nähere Spezifizierung der Kosten geltend, dass nach einem Vorstandsbeschluss eine bestimmte Teilzeitquote nicht überschritten werden soll, um die Personalverwaltungskosten zu stabilisieren. Es ist schon fraglich, ob allein die arbeitgeberseitige Festlegung, aus Kostengründen nur eine bestimmte Quote von Arbeitnehmern in Teilzeit zu beschäftigen, im Sinne der ersten Stufe ein nachprüfbares Organisationskonzept darstellt, das der gewünschten Änderung der Arbeitszeit entgegensteht (zweite Stufe). Diese Frage kann offen bleiben, wenn der Vorstandsbeschluss nicht das von § 8 IV TzBfG vorausgesetzte, erhebliche Gewicht hat (dritte Stufe). Der Wortlaut des § 8 IV 2 TzBfG („unverhältnismäßige" Kosten) macht deutlich, dass jedenfalls ein konkreter Arbeitgebervortrag zu den Kosten der Teilzeitarbeit erforderlich ist, weil sich ansonsten die Verhältnismäßigkeit nicht beurteilen lässt.[56] Der Vortrag einer pauschalen Teilzeithöchstquote stellt daher keinen hinreichenden betrieblichen Grund i. S. d. § 8 IV 1, 2 TzBfG dar.

(V) **Ergebnis:** K hat nach § 8 IV 1 TzBfG einen Anspruch darauf, dass B dem Teilzeitverlangen zustimmt. Der Leistungsantrag ist begründet. Das Arbeitsgericht wird der Klage stattgeben.

Über die Voraussetzungen eines Anspruchs auf Verringerung der Arbeitszeit **119f** (**Teilzeitanspruch**) nach § 8 TzBfG informiert die **Übersicht 2.2** (s. auch die Anwendung dieses Aufbauschemas in *Junker,* Fälle zum Arbeitsrecht, Fall 11):

Übersicht 2.2: Teilzeitanspruch, § 8 TzBfG

---

1. **Anwendbarkeit der Anspruchsnorm**
   a) I. d. R. mehr als 15 Arbeitnehmer (§ 8 VII TzBfG)
   b) Bestehen eines Arbeitsverhältnisses (§ 8 I TzBfG)
   c) Sechsmonatige Wartezeit (§ 8 I TzBfG)

2. **Ordnungsgemäße Geltendmachung des Anspruchs**
   a) Kein Formerfordernis, aber hinreichende Bestimmtheit
   b) Vorlaufzeit von mindestens drei Monaten (§ 8 II TzBfG)
   c) Zweijährige Sperrfrist vor erneutem Verlangen (§ 8 VI TzBfG)

3. **Zustimmungsfiktion des § 8 V TzBfG**
   a) Keine rechtzeitige schriftliche Ablehnung (ein Monat, § 8 V 1 TzBfG)
   b) Verringerungsfiktion (§ 8 V 2 TzBfG)
   c) Verteilungsfiktion (§ 8 V 3 TzBfG)

4. **Keine entgegenstehenden betrieblichen Gründe (§ 8 IV TzBfG)**
   a) Darlegungslast des Arbeitgebers (§ 8 IV 1 TzBfG)
   b) Regelbeispiele des § 8 IV 2 (TzBfG (nicht abschließend)
   c) Tarifliche Konkretisierungen (§ 8 IV 3, 4 TzBfG)

---

(2) **Besondere Teilzeitansprüche:** Einen speziellen Teilzeitanspruch für **schwer-** **119g** **behinderte Menschen** normiert § 81 V 3 SGB IX (i. V. m. § 81 IV 3 SGB IX). Die Ansprüche aus § 81 V 3 SGB IX und § 8 TzBfG bestehen nebeneinander, sodass der von einem Schwerbehinderten geltend gemachte Teilzeitanspruch nach beiden Anspruchsgrundlagen geprüft werden muss.[57] Sie unterscheiden sich dadurch, dass der Anspruch nach § 81 V 3 SGB IX weder an eine Mindestbeschäf-

---

[56] *BAG* vom 18. 5. 2004 – 9 AZR 319/03, BAGE 110, 356 (370) = AP Nr. 13 zu § 8 TzBfG = NZA 2005, 108.
[57] ErfK/*Rolfs,* § 81 SGB IX Rn. 17, 18; *Hanau,* NZA 2001, 1168 (1173).

tigtenzahl (vgl. § 8 VII TzBfG) noch an die Wartezeit des § 8 I TzBfG gebunden ist, dafür aber strengeren Voraussetzungen unterliegt als der Anspruch nach § 8 TzBfG: Die Teilzeitbeschäftigung muss wegen Art oder Schwere der Behinderung „notwendig" sein (§ 81 V Nr. 3 SGB IX); sie darf keine „unverhältnismäßigen Aufwendungen" des Arbeitgebers verursachen (§ 81 IV 3 SGB IX).

Weitere Teilzeitansprüche, die mit § 8 TzBfG konkurrieren, bestehen nach **§ 3 PflegeZG** (teilweise Arbeitsfreistellung wegen **häuslicher Pflege** eines nahen Angehörigen) und nach **§ 15 V–VII BEEG** (**Elternteilzeit**).[58] Während es bei § 8 IV 1, 2 TzBfG genügt, dass „betriebliche Gründe" dem Teilzeitwunsch entgegenstehen, verlangt § 15 VII 1 Nr. 4 BEEG „dringende betriebliche Gründe"; die Rechtsprechung wendet insoweit ebenfalls den **Dreistufentest** (Rn. 119c) an.[59] Das am 1. 1. 2012 in Kraft getretene **Familienpflegezeitgesetz** (**FPfZG**) normiert keinen Anspruch auf Verringerung der Arbeitszeit. Vielmehr kann der Arbeitgeber, wenn durch freiwillige Vereinbarung nach diesem Gesetz die Arbeitszeit reduziert wird, öffentliche Zuschüsse beantragen (§ 3 FPfZG), muss dafür aber – neben der reduzierten Arbeitszeit – einen Sonderkündigungsschutz des Arbeitnehmers in Kauf nehmen (§ 9 III FPfZG).

Durchblick: Hat die Arbeitszeitverteilung des einzelnen Arbeitnehmers gemäß dem von ihm geltend gemachten (allgemeinen oder besonderen) Teilzeitanspruch Auswirkungen auf das kollektive System der Verteilung der betriebsüblichen Arbeitszeit, ist das **Mitbestimmungsrecht des Betriebsrats** nach § 87 I Nr. 2 BetrVG zu beachten (Rn. 738); eine **Betriebsvereinbarung** nach § 87 I Nr. 2 BetrVG kann daher dem Teilzeitanspruch des Arbeitnehmers entgegenstehen[60] (zu § 87 I Nr. 3 BetrVG s. Rn. 740).

III. Arbeitgeber

120   Das Arbeitsrecht wird vom **Arbeitnehmerbegriff** geprägt, der den personellen Anwendungsbereich des Arbeitsrechts bestimmt. Der **Arbeitgeberbegriff** hat geringere Bedeutung, weil er als **Korrelatbegriff** nur die andere Vertragspartei (das „Korrelat" des Arbeitnehmers) bezeichnet: Arbeitgeber ist jeder, der mindestens einen Arbeitnehmer beschäftigt. Im **Individualarbeitsrecht** ist der Arbeitgeber diejenige Person, die kraft des Arbeitsvertrags von dem Arbeitnehmer die Arbeitsleistung fordern kann.[61] Im **Betriebsverfassungsrecht** ist der Arbeitgeber der Inhaber des Betriebs (Rn. 651).

Durchblick: Die Begriffe „Arbeitgeber" und „Selbständige" werden häufig gleichgesetzt; sie sind rechtlich aber nicht identisch. Auf der einen Seite beschäftigt nicht jeder Selbständige Arbeitnehmer. Auf der anderen Seite ist der **Arbeitgeber** zwar in der Regel, aber nicht immer ein Selbständiger: Ein Arbeitnehmer kann ausnahmsweise seinerseits Arbeitnehmer beschäftigen (mittelbares Arbeitsverhältnis, s. Rn. 202).

1. Person des Arbeitgebers

121   Der freiberuflich (z.B. als Arzt oder Rechtsanwalt), handwerklich oder sonst in der mittelständischen Wirtschaft tätige Arbeitgeber ist auch heute noch häu-

---

[58] Elternzeit (§ 15 I TzBfG) und Elternteilzeit sind unterschiedliche Rechtsinstitute: *BAG* vom 15. 4. 2008 – 9 AZR 380/07, AP Nr. 50 zu § 15 BErzGG = NZA 2008, 998 (Rn. 31).

[59] *BAG* vom 15. 12. 2009 – 9 AZR 72/09, AP Nr. 51 zu § 15 BErzGG = NZA 2010, 447 (Rn. 50 ff.).

[60] *BAG* vom 16. 12. 2008 – 9 AZR 893/07, BAGE 129, 56 = AP Nr. 27 zu § 8 TzBfG = NZA 2009, 565 (Rn. 43 ff.); s. auch *Hamann*, NZA 2010, 785.

[61] *Hueck/Nipperdey* I, § 1 II (S. 4, 5); *Joost*, Wiese-FS (1998), S. 191 (192).

fig eine **natürliche Person** (§§ 1 ff. BGB). Die meisten Unternehmen sind jedoch als **juristische Personen** verfasst, vor allem als **AG** oder **GmbH** (rechtsfähig nach §§ 1 I 1 AktG, 13 I GmbHG). Bedeutung haben auch die **Personengesellschaften des Handelsrechts** (OHG, KG), die nach §§ 124 I, 161 II HGB den juristischen Personen **gleichgestellt** sind:[62] Ebenso wie die Kapitalgesellschaften AG und GmbH sind auch die Personengesellschaften OHG und KG selbst – und nicht die Gesellschafter oder die Organe – **Arbeitgeber** im Rechtssinne.

> **Durchblick:** Die Begriffe „Arbeitgeber" und „Unternehmer" bezeichnen im Betriebsverfassungsrecht ein und dieselbe Person unter arbeitsrechtlichem und wirtschaftsrechtlichem Aspekt.[63] In §§ 111–113 BetrVG ist vom **Unternehmer** die Rede, weil es um wirtschaftliche Angelegenheiten geht, während die §§ 99–105 BetrVG, die von personellen (arbeitsrechtlichen) Einzelmaßnahmen handeln, vom **Arbeitgeber** sprechen.

2. Vertretung des Arbeitgebers

Juristische Personen sind zwar **rechtsfähig**, aber **nicht handlungsfähig**: Für sie müssen natürliche Personen („Organe") Willenserklärungen abgeben oder geschäftsähnliche Handlungen vornehmen, insbesondere Weisungen aussprechen. Diese Organe – z. B. der Vorstand einer AG (§ 78 I AktG) oder die Geschäftsführer der GmbH (§ 35 I GmbHG) – müssen die Arbeitgeberfunktionen wahrnehmen. Sie sind nach ausdrücklicher gesetzlicher Bestimmung vom **Kündigungsschutzrecht** ausgenommen (§ 14 I KSchG) und **keine Arbeitnehmer** im Sinne des **Betriebsverfassungsrechts** (§ 5 II Nrn. 1, 2 BetrVG) sowie des **Arbeitsgerichtsgesetzes** (§ 5 I 3 ArbGG). **122**

Wer zu den Organen der juristischen Person gehört, ergibt sich aus dem **Gesellschaftsrecht**. Zwischen ihnen und der juristischen Person bestehen **zwei Rechtsbeziehungen**: Die **Bestellung** ist der gesellschaftsrechtliche Akt; die **Anstellung** ist der schuldrechtliche Vertrag zwischen dem Organ und der juristischen Person. Es handelt sich i. d. R. **nicht um einen Arbeitsvertrag**, sondern um einen „freien" Dienstvertrag[64] (s. aber Rn. 104; zur Anwendbarkeit des AGG s. Rn. 159). **123**

> **Praxis:** In der Praxis wirkt sich vor allem der fehlende Kündigungsschutz der Organmitglieder aus, der zahlenmäßig insbesondere die Geschäftsführer der rund 400.000 Gesellschaften mbH betrifft: Wird ein Arbeitnehmer (Angestellter, leitender Angestellter) zum Geschäftsführer einer GmbH „befördert", verliert er nach § 14 I KSchG den Kündigungsschutz. Die Rechtsprechung nahm früher an, das Arbeitsverhältnis des Arbeitnehmers einer GmbH wirke nach dessen Bestellung zum Geschäftsführer als ruhendes Arbeitsverhältnis neben dem Dienstverhältnis fort; nach der Beendigung des Geschäftsführer-(Dienst-)Verhältnisses lebe es wieder auf.[65] Das BAG ist heute von dieser gekünstelten Annahme abgerückt: Im Zweifel

---

[62] Bei der BGB-Gesellschaft (§§ 705 ff. BGB) sind nach der neueren BAG-Rechtsprechung nicht mehr die Gesellschafter gemeinschaftlich Arbeitgeber; vielmehr ist die Gesellschaft selbst Arbeitgeberin: *BAG* vom 1. 12. 2004 – 5 AZR 597/03, BAGE 113, 50 (53) = AP Nr. 14 zu § 50 ZPO = NZA 2005, 318.

[63] *BAG* vom 15. 1. 1991 – 1 AZR 94/90, AP Nr. 21 zu § 113 BetrVG 1972 = NZA 1991, 681 – Heizgeräte-Fall.

[64] *BAG* vom 24. 11. 2005 – 2 AZR 614/04, BAGE 116, 254 = AP Nr. 19 zu § 1 KSchG 1969 Wartezeit = NZA 2006, 366 (Rn. 18).

[65] *BAG* vom 9. 5. 1985 – 2 AZR 330/84, BAGE 49, 81 (93) = AP Nr. 3 zu § 5 ArbGG 1979 = NZA 1986, 792.

sei anzunehmen, dass mit Abschluss des Geschäftsführervertrags das ursprüngliche Arbeitsverhältnis einvernehmlich beendet wird, soweit nicht klar und eindeutig etwas anderes vertraglich vereinbart wird.[66] Durch einen schriftlich abgeschlossenen Geschäftsführerdienstvertrag wird in diesen Fällen das Schriftformerfordernis des § 623 BGB für den Aufhebungsvertrag gewahrt.[67]

3. Organisation des Arbeitgebers

124 Aufseiten des Arbeitgebers spielen drei Organisationseinheiten eine besondere Rolle: der Betrieb, das Unternehmen und der Konzern.[68]

a) Betrieb

(1) **Bedeutung:** Der „Betrieb" ist nach dem „Arbeitsverhältnis" der zweitwichtigste Begriff des Arbeitsrechts und hat auf drei Teilgebieten des Arbeitsrechts besondere Bedeutung: Er ist die Organisationseinheit, für die ein **Betriebsrat zu bilden** ist; von der Größe des Betriebs hängt es ab, ob das BetrVG anwendbar ist (§ 1 I 1 BetrVG). Auf den Betrieb ist der allgemeine **Kündigungsschutz** (§ 23 I 1 KSchG) und die Sozialauswahl (§ 1 III, IV KSchG) bezogen; die Arbeitnehmerzahl des Betriebs entscheidet über die Anwendbarkeit des Kündigungsschutzgesetzes (§ 23 I 2, 3 KSchG). Der Betriebsübergang – der Übergang eines Betriebs oder eines Betriebsteils – stellt die wichtigste Voraussetzung für den Vertragsübergang kraft Gesetzes dar, den § 613a I 1 BGB zum Schutz des Arbeitnehmers anordnet.

125 (2) **Begriff:** Trotz seiner großen Bedeutung ist der Begriff des Betriebs gesetzlich nicht definiert; die Definition bleibt daher der Rechtsprechung überlassen. Während das BAG ursprünglich von einem einheitlichen Betriebsbegriff für die drei Rechtsgebiete ausging, wird der Betriebsbegriff heute nach Sinn und Zweck der Regelungen verschieden verstanden:

(a) Die Grunddefinition des Betriebs stammt aus der **Betriebsverfassung:** Der Betrieb ist die organisatorische Einheit, innerhalb derer der Unternehmer allein oder zusammen mit seinen Mitarbeitern mit Hilfe sächlicher oder immaterieller Mittel einen arbeitstechnischen Zweck fortgesetzt verfolgt (Nachweise Rn. 656–660). Dieser Betriebsbegriff wird im Prinzip auch in anderen Teilgebieten des Arbeitsrechts zugrunde gelegt, z.B. bei § 3 II TVG (betriebliche und betriebsverfassungsrechtliche Normen).[69]

(b) Derselbe Betriebsbegriff gilt grundsätzlich auch im **Kündigungsschutzrecht** (Rn. 359). Allerdings ist § 23 I 2, 3 KSchG (Kündigungsschutz nur in Betrieben mit mehr als fünf bzw. zehn Arbeitnehmern) verfassungskonform auszulegen: Diese Kleinbetriebsklausel gilt nur für Betriebe, in denen die Gründe für die Privilegierung des „kleinen" Arbeitgebers – insbesondere die enge persönli-

---

[66] *BAG* vom 24.11.2005 – 2 AZR 614/04, BAGE 116, 254 = AP Nr. 19 zu § 1 KSchG 1969 Wartezeit = NZA 2006, 366 (Rn. 20); *BAG* vom 14.6.2006 – 5 AZR 592/05, AP Nr. 62 zu § 5 ArbGG 1969 = NZA 2006, 1154 (Rn. 18).

[67] *BAG* vom 19.7.2007 – 6 AZR 774/06, BAGE 123, 294 = AP Nr. 18 zu § 35 GmbHG = NZA 2007, 1095 (Rn. 23).

[68] Umfassend *Joost*, Betrieb und Unternehmen als Grundbegriffe im Arbeitsrecht (1988).

[69] Kempen/Zachert/*Kempen*, TVG, § 3 Rn. 13; *Löwisch/Rieble*, TVG, § 1 Rn. 349.

che Zusammenarbeit mit den Arbeitnehmern sowie die geringe Finanzkraft und Verwaltungskapazität – zutreffen.[70]

(c) Im Recht des **Betriebsübergangs** sind die Vorgaben der **Richtlinie 01/23/ EG** zu beachten, die für die Begriffe „Unternehmen, Betrieb und Betriebsteil" den Oberbegriff der „wirtschaftlichen Einheit" verwendet. Anders als im Betriebsverfassungs- und im Kündigungsschutzrecht ist der Betriebsbegriff in § 613a BGB nicht nach deutschem Recht zu bestimmen, sondern der Rechtsprechung des EuGH zu entnehmen, die sich am Schutzzweck der EG-Richtlinie orientiert (Nachweise Rn. 134–135 b).

> **Durchblick:** Auch organisatorische Untergliederungen des Betriebs können rechtliche Bedeutung haben. Der **Betriebsteil** ist nach § 4 I BetrVG Anknüpfungspunkt der Betriebsverfassung (Rn. 661); der Übergang eines Betriebsteils löst die Folgen des § 613a BGB aus (Rn. 135). Der Betriebsteil ist identisch mit einer (Betriebs-)**Abteilung**, die für § 42 II BetrVG – Abteilungsversammlung – eine Rolle spielt (zur Betriebsversammlung s. Rn. 677).

b) Unternehmen

Die nächsthöhere Organisationseinheit ist das Unternehmen, das im Arbeitsrecht eine geringere Rolle spielt als der Betrieb. Nach dem **Betriebsverfassungsrecht** ist ein Gesamtbetriebsrat zu errichten, wenn ein Unternehmen mehrere Betriebe hat, in denen Betriebsräte bestehen (§ 47 I BetrVG); der Wirtschaftsausschuss wird ebenfalls auf der Ebene des Unternehmens gebildet (§ 106 I BetrVG). Der allgemeine **Kündigungsschutz** greift ein, wenn das Arbeitsverhältnis in demselben Unternehmen ohne Unterbrechung länger als sechs Monate bestanden hat (§ 1 I KSchG); eine Weiterbeschäftigungsmöglichkeit ist auch beachtlich, wenn sie in einem anderen Betrieb des Unternehmens besteht (§ 1 II 2 Nr. 1b KSchG). **126**

Das BAG versteht unter einem Unternehmen die organisatorische Einheit, mit welcher der Unternehmer seine wirtschaftlichen oder ideellen Zwecke verfolgt.[71] Ein Unternehmen kann aus einem oder mehreren Betrieben bestehen. Besteht das Unternehmen nur aus einem Betrieb, bezeichnen die beiden Begriffe ein und dieselbe Einheit unter zwei verschiedenen Aspekten (einmal wirtschaftlich, einmal arbeitstechnisch). Eine natürliche Person kann mehrere Unternehmen haben, eine juristische Person dagegen nur **ein Unternehmen**: Nach dem Grundsatz der „Einheit des Rechtsträgers" ist die „Gesellschaft" mit dem „Unternehmen" identisch; eine doppelte unternehmerische Betätigung der Gesellschaft ist nicht möglich.[72]

c) Konzern

An der Spitze der „Begriffspyramide" steht der Konzern, der im Arbeitsrecht eine wesentlich geringere Bedeutung hat als das Unternehmen. Er wird nur in **127**

---

[70] *BVerfG* vom 27. 1. 1998 – 1 BvL 15/87, BVerfGE 97, 169 (184) – Kleinbetriebsklausel I; Einzelheiten bei *Junker*, Gutachten B zum 65. Deutschen Juristentag (2004), S. B 68.

[71] *BAG* vom 7. 8. 1986 – 6 ABR 57/85, BAGE 52, 325 (329) = AP Nr. 5 zu § 1 BetrVG 1972 = SAE 1988, 91.

[72] *BAG* vom 5. 12. 1975 – 1 ABR 8/74, BAGE 27, 359 (362f.) = AP Nr. 1 zu § 47 BetrVG 1972 m. Anm. *Wiedemann/Strohn* = NJW 1976, 870; *BAG* vom 5. 3. 1987 – 2 AZR 623/85, BAGE 55, 117 (127) = AP Nr. 30 zu § 15 KSchG 1969 = NZA 1988, 32.

wenigen arbeitsrechtlichen Gesetzen erwähnt: Für einen Konzern kann ein **Konzernbetriebsrat** gebildet werden (§ 54 I 1 BetrVG); die **Arbeitnehmerüberlassung** im Konzern ist nach § 1 III Nr. 2 AÜG privilegiert.[73] Das Arbeitsrecht kennt keinen eigenen Konzernbegriff, sondern verweist auf das Konzernrecht der §§ 15–21 AktG. Einige Verweisungsnormen (z.B. § 54 I 1 BetrVG) beziehen sich nur auf den **Unterordnungskonzern** (§ 18 I AktG), andere (z.B. § 1 III Nr. 2 AÜG) auch auf den **Gleichordnungskonzern** (§ 18 II AktG). Beiden Konzernformen gemeinsam ist die Zusammenfassung mehrerer rechtlich selbständiger Unternehmen unter einheitlicher Leitung (§ 18 I 1, II AktG). Wie die Organisationseinheiten Betrieb, Unternehmen und Konzern im Arbeitsrecht ineinandergreifen, zeigt der

128   **Übungsfall 4 (Montiererin):** Frau Schmidt war seit acht Jahren im Werk I (Berlin Schwedenstraße), einem von zwei Werken der Telefunken GmbH (T. GmbH), als Montiererin von Videorecordern beschäftigt. Die T. GmbH legte das Werk Schwedenstraße still, weil die Produktion von Videogeräten nicht mehr rentabel war. Etwa zur gleichen Zeit gründete sie eine 100%ige Tochtergesellschaft, die T. DVD GmbH, die im Berliner Märkischen Viertel die Montage von DVD-Geräten aufnahm. Die T. GmbH kündigte das Arbeitsverhältnis von Frau Schmidt wegen der Stilllegung des Werks Schwedenstraße. In der rechtzeitig erhobenen Kündigungsschutzklage berief sich Frau Schmidt darauf, dass im Werk Märkisches Viertel der T. DVD GmbH Arbeitsplätze für Montiererinnen frei seien. Ist die Klage, deren Zulässigkeit zu unterstellen ist, begründet?[74]

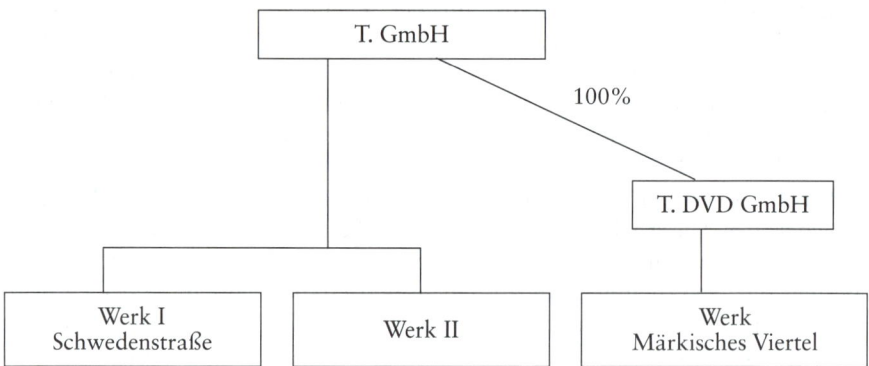

129   **Lösung:** Die Kündigungsschutzklage gegen die T. GmbH ist begründet, wenn die Kündigung sozial ungerechtfertigt ist (§ 1 I KSchG).

(I) **Dringendes betriebliches Erfordernis, § 1 II 1 KSchG:** Eine Kündigung kann nach § 1 II 1 KSchG sozial gerechtfertigt sein, wenn sie durch dringende betriebliche Erfordernisse bedingt ist, die einer Weiterbeschäftigung der Arbeitnehmerin im Betrieb entgegenstehen (betriebsbedingte Kündigung). Ein betriebliches Erfordernis liegt vor, wenn ein inner- oder außerbetrieblicher Umstand zu einer unternehmerischen Entscheidung führt, die den Wegfall des Arbeitsplatzes zur Folge hat; die unternehmerische Entscheidung wird nicht auf Notwendigkeit und Zweckmäßigkeit, sondern nur auf Missbrauch und Willkür überprüft (Einzelheiten: Rn. 371).

---

[73] Zu weiteren Regelungen *Windbichler,* Arbeitsrecht im Konzern (1989); *Junker,* Internationales Arbeitsrecht im Konzern (1992).
[74] Fall frei nach *BAG* vom 22. 5. 1986 – 2 AZR 612/85, AP Nr. 4 zu § 1 KSchG 1969 Konzern = NZA 1987, 125 = SAE 1987, 129 m. Anm. *Windbichler* = JuS 1987, 328.

Im vorliegenden Fall hat ein außerbetrieblicher Umstand, die Unrentabilität, zu der unternehmerischen Entscheidung geführt, einen Betrieb – das Werk Schwedenstraße – stillzulegen, wodurch die Arbeitsplätze in diesem Betrieb weggefallen sind; eine solche Entscheidung ist nicht missbräuchlich oder willkürlich. Damit liegt ein **betriebliches Erfordernis** vor, das einer Weiterbeschäftigung von Frau Schmidt in diesem Betrieb entgegensteht. Dieses betriebliche Erfordernis ist auch **dringend,** weil es kein milderes Mittel als Kündigungen gibt, um eine Betriebsstilllegung arbeitsrechtlich umzusetzen.

(II) **Weiterbeschäftigung in einem anderen Betrieb des Unternehmens:** Die Kündigung **130** könnte aber dennoch nach § 1 II 2 Nr. 1 b KSchG sozial ungerechtfertigt sein. Für die Sozialwidrigkeit der Kündigung im Fall des § 1 II 2 Nr. 1 b KSchG kommt es entgegen dem Wortlaut des § 1 II 2 KSchG nicht darauf an, ob der Betriebsrat der Kündigung widersprochen hat. Entscheidend ist nur, dass Frau Schmidt in einem anderen Betrieb des **Unternehmens weiterbeschäftigt** werden kann (Einzelheiten: Rn. 373 a. E.). Frau Schmidt ist bei der T. GmbH beschäftigt; die juristische Person (Gesellschaft) ist das „Unternehmen" i. S. d. § 1 II Nr. 1 b KSchG (Einzelheiten: Rn. 126).

(1) Ein anderer Betrieb dieses Unternehmens ist das Werk II. Es gibt keinen Anhaltspunkt dafür, dass in diesem Werk ein freier Arbeitsplatz vorhanden ist, auf dem Frau Schmidt weiterbeschäftigt werden könnte.

(2) Ein solcher Arbeitsplatz besteht im Werk Märkisches Viertel. Aber dieser Betrieb gehört nicht zum Unternehmen der T. GmbH, sondern zum Unternehmen eines anderen Rechtsträgers, der T. DVD GmbH.

(III) **Weiterbeschäftigung in einem anderen Unternehmen des Konzerns:** Die T. GmbH und **131** die T. DVD GmbH bilden jedoch einen **Konzern.** Es handelt sich um zwei rechtlich selbständige Unternehmen, von denen nach §§ 18 I 3, 17 I, 16 I AktG vermutet wird, dass sie unter der einheitlichen Leitung der T. GmbH zusammengefasst sind. Es fragt sich, ob die Kündigung sozial ungerechtfertigt ist, wenn Frau Schmidt in einem anderen Unternehmen des Konzerns weiterbeschäftigt werden kann. Das ist der Fall, wenn die fehlende Nennung des Konzerns in § 1 II 2 Nr. 1 b KSchG kein „beredtes Schweigen des Gesetzgebers", sondern eine planwidrige Regelungslücke darstellt.

(1) Ein **Teil der Literatur** meint, die fehlende soziale Rechtfertigung folge bereits aus dem Tatbestand der Beherrschung: Das herrschende Unternehmen müsse nach Alternativen zu einer Kündigung suchen; verschaffe es der Arbeitnehmerin nicht den freien Arbeitsplatz bei dem abhängigen Unternehmen, sei die Kündigung unverhältnismäßig.[75] § 1 II 2 Nr. 1 b KSchG müsse deshalb gedanklich um die „Möglichkeit der Weiterbeschäftigung im Betrieb eines abhängigen Unternehmens" ergänzt werden.

(2) Die **Rechtsprechung** und die h. M. in der Literatur verneinen zu recht eine planwidrige **132** Regelungslücke. Der Kündigungsschutz kann schon deshalb nicht konzernbezogen sein, weil Konzernunternehmen rechtlich selbständige Arbeitgeber sind (§§ 17 I, 18 AktG):[76] Ein Arbeitgeber (hier: die T. GmbH) kann ohne besondere vertragliche oder gesetzliche Rechtsgrundlage nicht verpflichtet sein, für eine Weiterbeschäftigung bei einem anderen, rechtlich selbständigen Arbeitgeber (hier: der T. DVD GmbH) zu sorgen, auch wenn sich beide Unternehmen unter demselben Konzerndach befinden. Allein die Konzernverbundenheit ist keine hinreichende Grundlage für einen unternehmensübergreifenden Kündigungsschutz. Nur in drei Fallkonstellationen gibt es Ausnahmefälle eines konzernbezogenen Kündigungsschutzes: Der Arbeitgeber ist verpflichtet, den Arbeitnehmer auf einem geeigneten freien Arbeitsplatz bei einem anderen Konzernunternehmen unterzubringen,

(a) wenn das andere Konzernunternehmen sich ausdrücklich bereit erklärt hat, den Mitarbeiter zu übernehmen,

---

[75] *K/D/Z/Kittner/Deinert,* § 1 KSchG Rn. 395; im Ergebnis auch *Henssler,* Der Arbeitsvertrag im Konzern (1983), S. 131.
[76] *BAG* vom 10. 1. 1994 – 2 AZR 489/93, AP Nr. 8 zu § 1 KSchG 1969 Konzern = NJW 1994, 2246; *Caspers,* Konzerndimensionaler Kündigungsschutz?, in: *Rieble/Junker/Giesen* (Hrsg.), Arbeitsrecht im Konzern (2010), S. 15, 16.

(b) wenn sich aus dem Arbeitsvertrag die Arbeitgeberpflicht ergibt, im Entlassungsfall für eine Weiterbeschäftigung im Konzern zu sorgen, oder

(c) wenn der Arbeitgeber das nach § 242 BGB (Verbot des widersprüchlichen Verhaltens) schutzwürdige Vertrauen erweckt hat, er werde sich um eine Beschäftigung innerhalb des Konzerns bemühen.[77] Dieser Tatbestand kann insbesondere erfüllt sein, wenn sich der Arbeitnehmer nach dem vorformulierten Arbeitsvertrag mit der Möglichkeit einer **konzernweiten Versetzung** einverstanden erklären musste. Der konzernbezogene Kündigungsschutz ist dann die Kehrseite der konzernweiten Versetzbarkeit.[78]

(IV) **Ergebnis:** Im vorliegenden Fall ist keiner der Ausnahmetatbestände erfüllt; die Kündigungsschutzklage ist unbegründet.

IV. Arbeitgeberwechsel durch Betriebsübergang

133   Wenn der **Arbeitgeber** (Unternehmer, Betriebsinhaber) einen Betrieb oder Betriebsteil auf einen anderen Inhaber überträgt, etwa durch Veräußerung oder Verpachtung, werden die **Arbeitnehmer** fragen, was dieser Vorgang für ihre Arbeitsverhältnisse bedeutet. Vor dem Inkrafttreten des § 613a BGB im Jahr 1972 war es herrschende Ansicht, dass die mit dem früheren Betriebs(teil)inhaber bestehenden Arbeitsverhältnisse nur mit Zustimmung des neuen Betriebs(teil)inhabers übergehen konnten:[79] Nach § 613 Satz 2 BGB ist der Anspruch auf die Arbeitsleistung im Zweifel nicht übertragbar; eine dem § 566 I BGB („Kauf bricht nicht Miete") entsprechende Vorschrift fehlte.

Kann der **neue Betriebsinhaber** frei entscheiden, ob er die Arbeitnehmer des gekauften oder gepachteten Betriebs (Betriebsteils) übernimmt, entsteht im Kündigungsschutz eine empfindliche Lücke: Hat der **frühere Betriebsinhaber** keine Beschäftigungsmöglichkeit für die Arbeitnehmer mehr, kann er mit Erfolg die betriebsbedingte Kündigung gemäß § 1 II 1 KSchG erklären. Die Veräußerung oder Verpachtung des Betriebs – beispielsweise an eine eigens zu diesem Zweck gegründete GmbH – wäre ein probates Mittel, sich von der Belegschaft zu trennen oder Arbeitsplätze im Betrieb dadurch abzubauen, dass der neue Inhaber nicht alle Beschäftigten übernimmt.

Durchblick: Der im Jahre 1972 eingeführte **§ 613a BGB** dient dem Arbeitnehmerschutz bei Betriebsübergang. Die Bedeutung der Vorschrift lässt sich daran ablesen, dass zu ihr seither rund 400 Entscheidungen des **BAG** veröffentlicht wurden.[80] Die europarechtliche Grundlage bildet die **Richtlinie 01/23/EG**, die EG-Rechtsakte aus den Jahren 1977 und 1998 abgelöst hat. § 613a BGB ist im Licht der Ziele der Richtlinie europarechtskonform auszulegen, sodass die Entscheidungen des **EuGH** auf diesem Gebiet eine zentrale Rolle spielen (Rn. 40).

---

[77] *BAG* vom 14. 10. 1982 – 2 AZR 568/80, BAGE 41, 72 = AP Nr. 1 zu § 1 KSchG Konzern m. Anm. *Wiedemann* = SAE 1984, 139 m. Anm. *Windbichler;* bestätigt durch *BAG* vom 23. 4. 2008 – 2 AZR 1110/06, AP Nr. 177 zu § 1 KSchG 1969 Betriebsbedingte Kündigung = NZA 2008, 939 (Rn. 22).

[78] *BAG* vom 27. 11. 1991 – 2 AZR 255/91, AP Nr. 6 zu § 1 KSchG 1969 Konzern = NZA 1992, 644.

[79] Ausführlich *Nikisch* I, § 46 II.

[80] *BAG* vom 2. 10. 1974 – 5 AZR 504/73, BAGE 26, 301 = AP Nr. 1 zu § 613a BGB = NJW 1975, 1378 – Fachbereich Kernreaktoren; *BAG* vom 22. 6. 2011 – 8 AZR 107/10, AP Nr. 408 zu § 613a BGB – Arztpraxis.

1. Voraussetzungen des § 613 a I 1 BGB

Ein Arbeitgeberwechsel durch Betriebsübergang (Betriebsinhaberwechsel) **134**
setzt nach § 613 a I 1 BGB voraus, dass (a) ein Betrieb oder ein Betriebsteil
übergeht, und zwar (b) auf einen anderen Inhaber (c) durch Rechtsgeschäft.

a) Übergang eines Betriebs oder Betriebsteils

Die erste Voraussetzung des § 613 a I 1 BGB ist der Übergang eines Betriebs **135**
oder Betriebsteils. Für die Auslegung der Begriffe „Betrieb" und „Betriebsteil"
ist nicht das deutschrechtliche Verständnis dieser Begriffe maßgebend (Rn. 125),
sondern die **Richtlinie 01/23/EG.** Sie verlangt in Art. 1 I lit. b den „Übergang
einer ihre Identität bewahrenden **wirtschaftlichen Einheit** im Sinne einer organisierten Zusammenfassung von Ressourcen (Hilfsmitteln) zur Verfolgung einer
wirtschaftlichen Haupt- oder Nebentätigkeit." Ob die wirtschaftliche Einheit
privatrechtlich oder öffentlich-rechtlich verfasst ist, spielt keine Rolle:[81] Ausgeschlossen ist § 613 a BGB nur bei der Übertragung hoheitlicher Tätigkeit von
einer Behörde auf eine andere[82] (Art. 1 I lit. c Richtlinie 01/23/EG).

Bei der Prüfung, ob eine wirtschaftliche Einheit übergegangen ist, müssen nach der **Rechtsprechung des EuGH** – die auch für das BAG maßgebend ist – in einer Gesamtschau alle den
betreffenden Vorgang kennzeichnenden Tatsachen zu bewerten, wobei sieben Kriterien besonders hervorgehoben werden (**Sieben-Punkte-Test**):
– die Art des betreffenden Unternehmens oder Betriebs,
– ein etwaiger Übergang der materiellen Betriebsmittel (z. B. Maschinen),
– der Wert immaterieller Aktiva (z. B. einer Marke),
– die etwaige Übernahme der Hauptbelegschaft,
– ein etwaiger Übergang der Kundschaft,
– die Ähnlichkeit der vorher und nachher verrichteten Tätigkeiten sowie
– die Dauer einer eventuellen Unterbrechung der Tätigkeit.[83]

Diesen Kriterien kommt je nach der ausgeübten Tätigkeit und den Produk-
tions- und Betriebsmethoden unterschiedliches Gewicht zu. Bei der Abwägung
dieser Kriterien lassen sich zwei Fallgruppen unterscheiden:

(1) Bei **Tätigkeiten, die durch den Einsatz menschlicher Arbeitskraft** geprägt **135a**
sind, kann die Übernahme einer organisierten **Gesamtheit von Arbeitnehmern**
ein entscheidendes Indiz für einen Betriebs- oder Betriebsteilübergang darstellen.[84]

Beispiel einer „dienstleistungsgeprägten Tätigkeit" ist die Arbeit im Reinigungsgewerbe:
In dieser Branche kann es für einen Betriebs(teil)übergang nicht ausschlaggebend sein, ob
der neue Inhaber vorhandene sächliche Betriebsmittel (Besen, Schrubber, Eimer) weiter
benutzt oder eigene Putzmittel mitbringt; auch an immaterielle Betriebsmittel – z. B. ein

---

[81] *BAG* vom 25. 9. 2003 – 8 AZR 421/02, AP Nr. 261 zu § 613 a BGB = NZA 2004, 316 –
Schießplatz der Royal Air Force.
[82] *BAG* vom 10. 5. 2012 – 8 AZR 434/11, NZA 2012, 1161 (Rn. 35) – Sächsischer Landes-
rettungsdienst.
[83] *EuGH* vom 20. 11. 2003 – C-340/01, Slg. 2003, I-14 023 (Rn. 33) – Abler/Sodexho;
EuGH vom 12. 2. 2009 – C-466/07, Slg. 2009, I-803 (Rn. 44, 49) – Klarenberg.
[84] *BAG* vom 18. 3. 1999 – 8 AZR 196/98, AP Nr. 190 zu § 613 a BGB = NZA 1999, 869 –
Hausmeisterservice.

besonderes Know-how, einen Firmen- oder Markenwert – lässt sich bei der schlichten Gebäudereinigung meist nicht anknüpfen. Vielmehr gilt: Wer auf Grund eines freien Willensentschlusses einen nach Zahl und Sachkunde wesentlichen Teil des Reinigungspersonals übernimmt, löst den Tatbestand des Betriebsübergangs aus[85] (und muss folglich nach § 613 a I 1 BGB auch den Rest der Belegschaft weiterbeschäftigen).

Durchblick: Kein Betriebsübergang ist die bloße Fortführung der Tätigkeit durch einen anderen Auftragnehmer (**Auftrags- oder Funktionsnachfolge**).[86] Wird lediglich ein Auftrag (z. B. „Reinigung der xy-Schule") übernommen, ohne einen erheblichen Teil des Personals des Vorgängers zu beschäftigen, liegt kein Fall des § 613 a I 1 BGB vor.

135b   (2) Bei **Tätigkeiten, die durch den Einsatz sächlicher Betriebsmittel geprägt sind,** kann dagegen ein Betriebsübergang auch ohne Übernahme von Personal gegeben sein. Entscheidend ist, ob die **wesentlichen Betriebsmittel** übergehen.[87]

Beispiel einer „betriebsmittelgeprägten Tätigkeit" ist das Herstellen einfacher Speisen in einer Betriebskantine: Die „Speiseproduktion" könne – so der EuGH – nicht als Tätigkeit angesehen werden, bei der es im wesentlichen auf die menschliche Arbeitskraft ankomme, denn es sei Inventar in beträchtlichem Umfang erforderlich. Bereits die Übernahme der Räumlichkeiten und des vom Spital zur Verfügung gestellten Kücheninventars begründe den Übergang einer wirtschaftlichen Einheit.[88] Anders ist es bei Feinschmeckerlokalen, in denen nicht die Kücheneinrichtung, sondern die Kochkunst und der Service die Tätigkeit prägt.

Durchblick: In jedem Fall kommt es darauf an, ob eine „wirtschaftliche Einheit im Sinne einer **organisierten Zusammenfassung von Ressourcen**" (Art. 1 I lit. b **Richtlinie 01/23/ EG**) übergeht. Abzugrenzen sind daher **übergangsfähige Betriebsteile** – Beispiele: Auslieferungslager eines Produktionsbetriebs, Forschungsschiff als Teil einer größeren Flotte[89] – und bloße **Betriebsmittel**: Einzelne Gegenstände – z. B. die einzelnen LKW eines Transportbetriebs – stellen regelmäßig nur ein **Betriebsmittel** dar, nicht aber einen nach § 613 a I 1 BGB selbständig übergangsfähigen Betriebsteil.[90] Die fragliche Einheit muss schon beim bisherigen Inhaber die Qualität eines Betriebsteils haben und als solcher beim Erwerber im Wesentlichen unverändert fortbestehen.[91]

b) Übergang *auf einen anderen Inhaber*

136   Die zweite Voraussetzung des § 613 a I 1 BGB ist der Übergang des Betriebs oder Betriebsteils „auf einen anderen Inhaber". Das bedeutet zum einen, dass es auf den **Wechsel des Rechtsträgers** ankommt: Gründet ein Einzelkaufmann eine GmbH, an der er 100% der Anteile hält (vgl. § 1 GmbHG), und überträgt er

---

[85] *EuGH* vom 11. 3. 1997 – C-13/95, Slg. 1997, I-1259 – Ayse Süzen.

[86] *EuGH* vom 15. 12. 2005 – C-232/04 u. a., Slg. 2005, I-11 237 – Güney-Görres.

[87] *BAG* vom 6. 4. 2006 – 8 AZR 222/04, BAGE 117, 349 (355) = AP Nr. 299 zu § 613 a BGB = NZA 2006, 723 = EWiR § 613 a BGB 2/2006, 617 *(Junker)* – Magdeburger Volksstimme; *BAG* vom 22. 1. 2009 – 8 AZR 158/07, AP Nr. 367 zu § 613 a BGB = NZA 2009, 905 (Rn. 21) = SAE 2010, 244 m. Anm. *Junker* (239) – Universitätsklinikum Charité.

[88] *EuGH* vom 20. 11. 2003 – C-340/01, Slg. 2003, I-14 023 – Abler/Sodexho.

[89] *BAG* vom 18. 12. 2003 – 8 AZR 621/02, BAGE 109, 136 (142) = AP Nr. 263 zu § 613 a BGB = NZA 2004, 791 – Auslieferungslager; *BAG* vom 2. 3. 2006 – 8 AZR 147/05, AP Nr. 302 zu § 613 a BGB = NZA 2006, 1105 – Forschungsschiff.

[90] *BAG* vom 26. 8. 1999 – 8 AZR 718/98, AP Nr. 196 zu § 613 a BGB = NZA 2000, 144 – Lastkraftwagen.

[91] *BAG* vom 7. 4. 2011 – 8 AZR 730/09, AP Nr. 406 zu § 613 a BGB = NZA 2011, 1231 (Rn. 16) – Trinkwasserversorgung I; *BAG* vom 10. 11. 2011 – 8 AZR 546/10, AP Nr. 422 zu § 613 a BGB = NZA 2012, 509 (Rn. 20) – Trinkwasserversorgung II.

dieser GmbH seinen Betrieb oder einen Betriebsteil, sind die Voraussetzungen des § 613a I 1 BGB erfüllt. Zum anderen trennt das Tatbestandsmerkmal „Übergang auf einen anderen Inhaber" den Übergang des Betriebs von der **Stilllegung des Betriebs:** Betriebsübergang und -stilllegung schließen sich aus; je länger eine Betriebsunterbrechung dauert, desto mehr spricht gegen einen Betriebsübergang und für eine Betriebsstilllegung.

c) Übergang *durch Rechtsgeschäft*

Die dritte Voraussetzung des § 613a I 1 BGB ist der Übergang „durch 137 Rechtsgeschäft". Mit ihm verbinden sich drei Fragenkreise:

(1) Nach der Rechtsprechung des BAG hat das Merkmal „durch Rechtsgeschäft" die Funktion, die Fälle des § 613a BGB von Betriebsübergängen **kraft Gesetzes** (Beispiel: gesetzliche Überführung der Berliner Opernhäuser auf die „Stiftung Oper in Berlin"[92]) oder **kraft Hoheitsakts** (Beispiel: Übertragung des Notariats von einem Notar auf einen anderen durch Verwaltungsakt[93]) abzugrenzen. Obwohl das Merkmal „durch Rechtsgeschäft" sinngemäß auch in Art. 1 I lit. a der **Richtlinie 01/23/EG** vorkommt („vertragliche Übertragung"), lässt der EuGH neuerdings auch Übertragungen durch Gesetz oder Hoheitsakt unter die Richtlinie fallen,[94] so dass die BAG-Rechtsprechung insoweit überholt ist.

(2) Zweitens unterscheidet das Merkmal „durch Rechtsgeschäft" richtlinienkonform die Fälle der **Einzelrechtsnachfolge** (Singularsukzession), die § 613a BGB erfasst (z. B. Verkauf, Verpachtung), von den Fällen der **Gesamtrechtsnachfolge** (Universalsukzession), die § 613a BGB nicht erfasst. Dabei handelt es sich wiederum um zwei Fälle: Bei der **Erbfolge** nach §§ 1922 ff. BGB sieht § 1922 I BGB einen Übergang der Arbeitsverhältnisse vor; für die **Umwandlung** von Rechtsträgern nach dem Umwandlungsgesetz enthält § 324 UmwG eine Verweisung auf § 613a I, IV–VI BGB.

(3) Das Tatbestandsmerkmal „Übergang durch Rechtsgeschäft" in § 613a I 1 BGB bedeutet dagegen nicht, dass unmittelbare rechtsgeschäftliche Beziehungen zwischen dem früheren und dem neuen Inhaber bestehen müssen. Das zeigt der

Übungsfall 5 (Bewachungsdienst): Martin Müller (M) war seit 2004 als Wachmann bei der 138 Securitas GmbH (S. GmbH) beschäftigt und ausschließlich zur Bewachung einer Bundeswehr-Kaserne eingesetzt, einem von zahlreichen Objekten, die die S. GmbH für verschiedene Auftraggeber zu bewachen hatte. Die Kaserne ist von den anderen Bewachungsobjekten räumlich weit entfernt; das Wachpersonal ist organisatorisch vom Personal, das bei den anderen Objekten eingesetzt wird, getrennt. Der Bewachungsvertrag zwischen der Bundesrepublik Deutschland und der S. GmbH war bis zum 30. 9. 2010 befristet. Er wurde nicht verlängert, weil die C. GmbH bei der turnusmäßigen Neuausschreibung günstigere Konditionen bot. Die C. GmbH schloss mit der Bundesrepublik zum 1. 10. 2010 einen Bewa-

---

[92] *BAG* vom 28. 9. 2006 – 8 AZR 491/05, AP Nr. 26 zu § 419 BGB Funktionsnachfolge (Rn. 18) = NZA 2007, 352 – Stiftung Oper in Berlin.
[93] *BAG* vom 26. 8. 1999 – 8 AZR 827/98, BAGE 92, 251 (257) = AP Nr. 197 zu § 613a BGB = NJW 2000, 1739 = NZA 2000, 371 – Notariat.
[94] *EuGH* vom 6. 9. 2011 – C-108/10, NZA 2011, 1077 (Rn. 63) – Scattolon (italienisches Gesetz); *EuGH* vom 29. 7. 2010 – C-151/09, NZA 2010, 1014 (Rn. 66) – UGT-FSP (spanisches Dekret).

chungsvertrag. Sie übernahm die Wachräume, die Waffen und die Munition, welche die
Bundeswehr bis zum 30. 9. 2010 der S. GmbH zur Verfügung gestellt hatte. Die C. GmbH
schloss mit M und 59 weiteren der bei der S. GmbH zur Bewachung der Kaserne beschäftigten 70 Wachleute mit Wirkung ab 1. 10. 2010 Arbeitsverträge und beschäftigte sie in ihren bisherigen Funktionen (z.B. Schichtleiter, Wachführer, Aushilfskraft) im Wachdienst
weiter. Am 18. 1. 2011 kündigte die C. GmbH das Arbeitsverhältnis mit M zum 31. 3.
2011. Auf die rechtzeitig erhobene Kündigungsschutzklage erwiderte die C. GmbH, das
KSchG sei auf das Arbeitsverhältnis mit M nicht anwendbar. Hat sie Recht?[95]

139 **Lösung:** Das KSchG ist anwendbar, wenn sein betrieblicher und persönlicher Anwendungsbereich eröffnet ist.

(A) Der **betriebliche Anwendungsbereich** des allgemeinen Kündigungsschutzes ist eröffnet:
Der Wachdienst bei der Kaserne ist ein Betrieb i.S.d. § 23 I 1 KSchG. Die C. GmbH beschäftigt in diesem Betrieb in der Regel mehr als fünf Arbeitnehmer (§ 23 I 2 BetrVG).

(B) Es kommt folglich darauf an, ob der **persönliche Anwendungsbereich** der §§ 1 ff. KSchG
gegeben ist. Dann müsste das Arbeitsverhältnis des M in demselben Betrieb oder Unternehmen ohne Unterbrechung länger als sechs Monate bestanden haben (§ 1 I KSchG). Aufgrund
des Arbeitsvertrags mit der C. GmbH hat M am 1. 10. 2010 seine Arbeit aufgenommen. Bei
der Kündigung am 18. 1. 2011 bestand das Arbeitsverhältnis noch keine sechs Monate. Anders wäre es jedoch, wenn die C. GmbH nach § 613 a 1 BGB kraft Gesetzes in das Arbeitsverhältnis der S. GmbH mit M eingetreten wäre: Dann wäre die Sechsmonatsfrist des § 1 I
KSchG überschritten, da der Betriebserwerber nach § 613 a 1 BGB nicht nur in alle Rechte
und Pflichten aus den Arbeitsverhältnissen eintritt, sondern sich auch den tatsächlichen Umstand der bisherigen Betriebszugehörigkeit zurechnen lassen muss.[96]

(I) Der **Anwendbarkeit des § 613 a BGB** steht nicht entgegen, dass M und die C. GmbH einen Arbeitsvertrag geschlossen haben. Dieser Vertrag kann die zwingende Arbeitnehmer-
schutzvorschrift des § 613 a 1 1 BGB nicht verdrängen: Wenn die Voraussetzungen des
§ 613 a 1 1 BGB vorliegen, ändert der Arbeitsvertrag zwischen M und der C. GmbH nichts
am Eintritt der Rechtsfolgen.[97]

140 (II) Es kommt folglich darauf an, ob der **Tatbestand des Betriebsübergangs** gemäß § 613 a
I 1 BGB vorliegt.

(1) Das setzt voraus, dass ein **Übergang eines Betriebs oder Betriebsteils** von der S. GmbH
auf die C. GmbH stattgefunden hat.

(a) Allein die **Funktionsnachfolge** – die Übernahme der Bewachungsaufgabe – reicht zur
Annahme eines Betriebsübergangs nicht aus: Nach Art. 1 I lit. b der **Richtlinie 01/23/EG**
gilt als Betriebsübergang der Übergang einer ihre Identität bewahrenden wirtschaftlichen
Einheit im Sinne einer organisierten Zusammenfassung von Ressourcen zur Verfolgung ei-
ner wirtschaftlichen Haupt- oder Nebentätigkeit. Der bloße Verlust eines Auftrags an einen
Mitbewerber stellt keinen Betriebsübergang dar.

(b) Das Bewachungsgewerbe ist eine Branche, in der es im Wesentlichen auf die menschliche Arbeitskraft ankommt.[98] In einer solchen Branche stellt die Übernahme einer organisierten **Gesamtheit von Arbeitnehmern** (personelle Ressourcen i.S.d. Richtlinie) einen Betriebsübergang dar, wenn der neue Auftragnehmer auf Grund eigenen Willensentschlusses
die durch ihre gemeinsame Tätigkeit verbundenen Arbeitnehmer übernommen hat, weil sie

---

[95] Fall frei nach *BAG* vom 29. 9. 1988 – 2 AZR 107/88, AP Nr. 76 zu § 613 a BGB m.Anm.
Joost = NZA 1989, 799 – Bewachungsauftrag I; s. auch *BAG* vom 25. 9. 2008 – 8 AZR
607/07, AP Nr. 355 zu § 613 a BGB – Bewachungsauftrag III.
[96] *BAG* vom 5. 2. 2004 – 8 AZR 639/02, AP Nr. 263 zu § 613 a BGB = NZA 2004, 845
(846) – Schwimmtrainerin.
[97] *BAG* vom 13. 11. 1997 – 8 AZR 295/95, BAGE 87, 115 (120) = AP Nr. 169 zu § 613 a
BGB = NZA 1998, 251 – Reinigungsauftrag – Krankenhaus.
[98] *BAG* vom 25. 9. 2008 – 8 AZR 607/07, AP Nr. 355 zu § 613 a BGB (Rn. 47 ff.) – Bewachungsauftrag III.

in der Lage sind, den Auftrag wie bisher auszuführen.[99] Dabei kommt es nicht allein auf quantitative Kriterien an,[100] sondern darauf, dass sich der neue Auftragnehmer die beim bisherigen Dienstleister aufgebauten organisatorischen Strukturen zunutze macht.[101] Da die C. GmbH 60 von 70 Mitarbeitern in ihren bisherigen Funktionen übernommen hat, liegt diese Voraussetzung vor.

(2) Es hat auch ein Übergang auf einen anderen Inhaber stattgefunden; die Hauptbelegschaft ist in ihren bisherigen Organisationsstrukturen ohne Betriebsunterbrechung von der C. GmbH übernommen worden. **141**

(3) Fraglich ist, ob ein Übergang durch Rechtsgeschäft vorliegt. Nach der Rechtsprechung dient dieses Merkmal nur dazu, die Fälle des Betriebsübergangs durch Gesetz oder Hoheitsakt sowie der Gesamtrechtsnachfolge aus dem Tatbestand des § 613a I 1 BGB auszuschließen. Das Merkmal „durch Rechtsgeschäft" setzt keine unmittelbaren rechtsgeschäftlichen Beziehungen zwischen dem früheren und dem neuen Inhaber voraus; es genügt, wenn der neue Betriebsinhaber die Befugnis zur Betriebsführung aus einem Rechtsgeschäft mit einem Dritten – hier: der Bundesrepublik Deutschland – herleitet.[102]

(C) **Ergebnis:** Da die Voraussetzungen des § 613a I 1 BGB erfüllt sind, wird die bereits bei der S. GmbH zurückgelegte Beschäftigungszeit des M berücksichtigt. Der allgemeine Kündigungsschutz ist anwendbar; die Ansicht der C. GmbH trifft nicht zu.

2. Widerspruch des Arbeitnehmers

Das Arbeitsverhältnis geht nicht auf den Erwerber über, wenn der Arbeitnehmer dem Übergang des Arbeitsverhältnisses widerspricht (§ 613a VI BGB). **142**

a) **Form und Frist:** Der Widerspruch ist schriftlich (§§ 126, 126a BGB) innerhalb eines Monats (§§ 187 I, 188 II BGB) zu erklären (§ 613a VI 1 BGB). Die Frist beginnt mit dem Zugang der Unterrichtung nach § 613a V BGB.

Das Erfordernis der **Unterrichtung** nach § 613a V BGB geht weit über die Vorgaben der **Richtlinie 01/23/EG** hinaus, die sich im Prinzip mit der Information des Betriebsrats begnügt. Es hat den Zweck, dem Arbeitnehmer eine ausreichende Wissensgrundlage für die Ausübung des Widerspruchsrechts nach § 613a VI BGB zu verschaffen. Das BAG hat entschieden, dass nur die ordnungsgemäße (fehlerfreie) Unterrichtung des Arbeitnehmers die Monatsfrist des § 613a VI 1 BGB beginnen lässt, und stellt an die Fehlerfreiheit strenge, zum Teil abwitzige Anforderungen. So wurde z.B. erwogen, ob die fehlerhafte Bezeichnung des Vornamens des Geschäftsführers der Betriebserwerberin („Jochen" statt „Joachim") einer ordnungsgemäßen Unterrichtung entgegensteht.[103]

b) **Adressat:** Der Widerspruch kann gegenüber dem bisherigen Arbeitgeber oder dem neuen Inhaber erklärt werden (§ 613a VI 2 BGB). Der Arbeitnehmer muss seinen Widerspruch nicht begründen.

Die Erklärung des Widerspruchs muss nicht gegenüber demjenigen erfolgen, von dem die Unterrichtung stammt: Hat der bisherige Arbeitgeber nach § 613a VI BGB unterrichtet, kann trotzdem gegenüber dem neuen Inhaber widersprochen werden (und umgekehrt).

---

[99] *BAG* vom 11. 12. 1997 – 8 AZR 426/94, AP Nr. 171 zu § 613a BGB = NZA 1998, 532 (532 f.) – Catering-Auftrag.

[100] *BAG* vom 10. 12. 1998 – 8 AZR 676/97, AP Nr. 187 zu § 613a BGB = NZA 1999, 420 – Hol- und Bringdienst: Allein die Übernahme von 75% des Personals ist nicht ausreichend.

[101] *BAG* vom 11. 12. 1997 – 8 AZR 729/96, AP Nr. 172 zu § 613a BGB = NZA 1998, 534 – Reinigungsauftrag – Universität.

[102] *BAG* vom 29. 9. 1988 – 2 AZR 107/88, NZA 1989, 799 (780) – Bewachungsauftrag I.

[103] *BAG* vom 13. 7. 2006 – 8 AZR 305/05, BAGE 119, 91 = AP Nr. 312 zu § 613a BGB = NZA 2006, 1268 (Rn. 23) – Fachklinik; s. auch *BAG* vom 23. 7. 2009 – 8 AZR 538/08, BAGE 131, 258 = AP Nr. 10 zu § 613a BGB Unterrichtung = NZA 2010, 89 (Rn. 29 ff.) – BenQ Mobile II.

142a c) **Rechtsnatur:** Als einseitige empfangsbedürftige Willenserklärung kann der einmal erklärte Widerspruch nicht einseitig widerrufen oder zurückgenommen werden; es bedarf einer dreiseitigen Aufhebungsvereinbarung zwischen dem Arbeitnehmer, dem alten und dem neuen Betriebsinhaber.[104]

Da die einmonatige Widerspruchsfrist des § 613a V 1 BGB bei unterbliebener oder fehlerhafter Unterrichtung nicht zu laufen beginnt, kann der Arbeitnehmer in diesen Fällen ohne zeitliche Begrenzung – und damit unter Umständen lange nach dem Betriebsübergang – sein Widerspruchsrecht ausüben. Das bedeutet für den Veräußerer und den Erwerber nicht nur Rechtsunsicherheit, sondern stellt sie auch vor praktische Probleme. Es erhebt sich daher die Frage, ob § 242 BGB den Widerspruch zeitlich begrenzt. Eine **Verwirkung des Widerspruchsrechts** nach § 242 BGB setzt ein Verhalten des Arbeitnehmers voraus, das das Vertrauen des Adressaten begründet, der Widerspruch werde nicht mehr erklärt.[105] Eine **rechtsmissbräuchliche Ausübung** des Widerspruchsrechts (auch ein Anwendungsfall des § 242 BGB) kann vorliegen, wenn der Widerspruch kollektiv in der alleinigen Absicht erklärt wird, den Betriebsübergang zu verhindern und damit eine nach Art. 12 I, 14 I GG geschützte unternehmerische Entscheidung zu blockieren.[106]

d) **Rechtsfolge des Widerspruchs:** Der Widerspruch des Arbeitnehmers hat zwar die Konsequenz, dass das Arbeitsverhältnis mit dem Betriebsveräußerer fortbesteht. Jedoch steht § 613a IV 1 BGB einer betriebsbedingten Kündigung wegen Wegfall des Arbeitsplatzes nicht entgegen (Rn. 340). Der Widerspruch kann aber sinnvoll sein, wenn die **Weiterbeschäftigung** auf einem anderen freien Arbeitsplatz im Unternehmen des Betriebsveräußerers möglich ist (§ 1 II 2 Nr. 1 b KSchG). Ferner ist der widersprechende Arbeitnehmer bei einem Betriebsteilübergang grundsätzlich (Ausnahme: § 1 III 2 KSchG) in eine **Sozialauswahl** einzubeziehen. Das hat zur Folge, dass er einen vom Betriebsteilübergang nicht betroffenen Arbeitnehmer von dessen Arbeitsplatz verdrängen kann.[107]

3. Rechtsfolgen des Betriebsübergangs

143 Der Übergang eines Betriebs oder Betriebsteils auf einen anderen Inhaber durch Rechtsgeschäft hat individual- und kollektivrechtliche Folgen:

a) Der Erwerber tritt nach § 613a I 1 BGB durch **Vertragsübergang kraft Gesetzes** in die Rechte und Pflichten aus allen Arbeitsverhältnissen ein, die im Zeitpunkt des Übergangs bestehen und dem übergegangenen Betrieb oder Betriebsteil zuzuordnen sind,[108] es sei denn, der Arbeitnehmer hat dem Übergang seines Arbeitsverhältnisses widersprochen (§ 613a VI BGB).

---

[104] *BAG* vom 30. 10. 2003 – 8 AZR 491/02, BAGE 108, 199 (203) = AP Nr. 262 zu § 613a BGB = NJW 2004, 1891 = NZA 2004, 481 – Bereich Verkehrstechnik.

[105] *BAG* vom 23. 7. 2009 – 8 AZR 357/08, AP Nr. 10 zu § 613a BGB Widerspruch = NZA 2010, 393 (Rn. 30 ff.) – BenQ Mobile I; *BAG* vom 24. 2. 2011 – 8 AZR 469/09, AP Nr. 401 zu § 613a BGB = NZA 2011, 973 (Rn. 21 ff.) – Programm für Profitabilität; *BAG* vom 15. 3. 2012 – 8 AZR 700/10, NZA 2012, 1097 (Rn. 29 ff.) – Kundendienstmeister.

[106] *BAG* vom 19. 2. 2009 – 8 AZR 176/08, BAGE 129, 343 = AP Nr. 368 zu § 613a BGB = NZA 2009, 1095 (Rn. 25 ff.) – Immobilienmakler.

[107] *BAG* vom 31. 5. 2007 – 2 AZR 276/06, AP Nr. 94 zu § 1 KSchG 1969 Soziale Auswahl = NZA 2008, 33 (Rn. 50) – Verbrauchermarkt.

[108] *BAG* vom 12. 2. 2003 – 10 AZR 299/02, BAGE 104, 324 (331) = AP Nr. 243 zu § 613a BGB = NZA 2003, 487 = WuB IX. § 613a BGB 1/2003 m. Anm. *Junker* – Aktienoptionsplan.

b) Die Folgen des Betriebsübergangs für **Betriebsvereinbarungen und Tarifverträge** sind in § 613a I 2–4 BGB geregelt. Der Grundsatz lautet nach § 613a I 2 BGB: Die Rechte und Pflichten aus Rechtsnormen in Betriebsvereinbarungen oder Tarifverträgen gelten zwischen dem neuen Betriebsinhaber und den Arbeitnehmern individualrechtlich weiter; sie dürfen nicht vor Ablauf eines Jahres nach dem Betriebsübergang zum Nachteil der Arbeitnehmer geändert werden. Einzelheiten werden im Tarifvertragsrecht erörtert (Rn. 550–555).

c) Der bisherige Arbeitgeber haftet für Verpflichtungen, die vor dem Zeitpunkt des Betriebsübergangs entstanden sind und vor Ablauf eines Jahres nach dem Betriebsübergang fällig werden, neben dem neuen Betriebsinhaber gegenüber den Arbeitnehmern als Gesamtschuldner (§ 613a II BGB, Ausnahme in § 613a III BGB). Der Grund für die **Weiterhaftung des Veräußerers** liegt darin, dass der Veräußerungserlös den Gegenwert für den Wert des Betriebs darstellt, der auch durch die Arbeitsleistung der Belegschaft erwirtschaftet wurde.

d) Nach § 613a IV 1 BGB ist die **Kündigung des Arbeitsverhältnisses** unwirksam, wenn sie wegen des Betriebsübergangs ausgesprochen wird (s. Rn. 340, 398).

Über die Voraussetzungen und Rechtsfolgen unterrichtet zusammenfassend die **144** Übersicht 2.3 (klausurmäßige Lösung eines Sachverhalts zum Betriebsübergang: *Junker*, Fälle zum Arbeitsrecht, Fall 7):

Übersicht 2.3: Betriebsübergang (§ 613a BGB)

I. Voraussetzungen des Betriebsübergangs
 1. Übergang eines Betriebs oder Betriebsteils
   a) Betrieb oder Betriebsteil
     aa) Betrieb: Wirtschaftliche Einheit (EU-Richtlinie)
     bb) Betriebsteil: Abgrenzbare Einheit des Betriebs
   b) Übergang
     aa) Übernahme sächlicher oder immaterieller Betriebsmittel
     bb) Übernahme einer Gesamtheit von Arbeitnehmern
 2. Übergang auf einen anderen Inhaber
   a) Wechsel in der Rechtspersönlichkeit des Inhabers
   b) Abgrenzung zur Betriebsstilllegung
 3. Übergang durch Rechtsgeschäft
   a) Kein Übergang durch Gesetz oder Hoheitsakt
   b) Keine Gesamtrechtsnachfolge (Universalsukzession)

II. (Kein) Widerspruch des Arbeitnehmers (§ 613a V, VI BGB)

III. Rechtsfolgen des Betriebsübergangs
 1. Vertragsübergang kraft Gesetzes (§ 613a I 1 BGB)
 2. Kollektivrechtliche Folgen nach § 613a I 2–4 BGB
 3. Haftungsrechtliche Folgen nach § 613a II, III BGB
 4. Beschränktes Kündigungsverbot nach § 613a IV BGB

Fälle und Fragen

40. Welche drei Elemente hat die Begriffsbestimmung des Arbeitnehmers? (Rn. 91)

41. Wie unterscheidet sich das Rechtsverhältnis der Beamten von demjenigen der Arbeitnehmer des öffentlichen Dienstes? (Rn. 92)

42. Der Dienstnehmer ist nach § 611 I BGB verpflichtet, entgeltlich Dienstleistungen für einen anderen zu erbringen. Von welchen Vertragstypen unterscheidet sich der Dienstvertrag durch das Merkmal (a) der Entgeltlichkeit, (b) der Dienstleistung, (c) der Fremdnützigkeit („für einen anderen")? (Rn. 94, 95)

43. In einem „freien" Dienstverhältnis werden selbständige, in einem Arbeitsverhältnis werden unselbständige Dienste geleistet. Was ist nach der Rechtsprechung das entscheidende Kriterium der Unselbständigkeit? (Rn. 97)

44. Wodurch unterscheiden sich arbeitnehmerähnliche Personen von Arbeitnehmern? (Rn. 97)

45. Sind arbeitnehmerähnliche Personen Arbeitnehmer oder Selbständige? (Rn. 97)

46. Welche Sonderregeln gelten für arbeitnehmerähnliche Personen? (Rn. 97)

47. Die Rechtsprechung versteht den Arbeitnehmerbegriff als „Typusbegriff". Was bedeutet das? (Rn. 100)

48. Welche allgemeinen arbeitsrechtlichen Grundsätze sind in der Gewerbeordnung normiert? (Rn. 107)

49. Unterschiedlich hohe Weihnachtsgratifikationen für Arbeiter und Angestellte sind
    ○ stets unzulässig,
    ○ können nicht allein mit dem unterschiedlichen Status begründet werden,
    ○ bedürfen eines sachlichen Differenzierungsgrundes.
    Was ist zutreffend? (Rn. 111)

50. Was unterscheidet das Berufsausbildungsverhältnis von anderen Arbeitsverhältnissen? (Rn. 115)

51. Wie nennt der Gesetzgeber die drei Beteiligten bei der Arbeitnehmerüberlassung und welche Rechtsbeziehungen bestehen zwischen ihnen? (Rn. 116)

52. Welche Voraussetzungen hat ein Anspruch auf Verringerung der Arbeitszeit (Teilzeitanspruch) nach § 8 IV TzBfG? (Rn. 119 c–119 e)

53. Arbeitgeber – Unternehmer – Selbständige: Wie überschneiden sich diese Begriffe im Arbeitsrecht? (Rn. 120, 121)

54. Die Organe juristischer Personen (z. B. GmbH-Geschäftsführer)
    ○ genießen Kündigungsschutz nach dem KSchG,
    ○ sind kündigungsschutzrechtlich den leitenden Angestellten gleichgestellt,
    ○ genießen keinen Kündigungsschutz nach dem KSchG.
    Was ist zutreffend? (Rn. 123)

55. „Ein Unternehmen kann mehrere Betriebe haben. Ein Betrieb kann zu mehreren Unternehmen gehören." Sind beide Aussagen richtig? (Rn. 126, 658)

56. Warum muss der Arbeitgeber nach § 1 II 2 Nr. 1 lit. b KSchG vor einer Kündigung zwar im Betrieb und im Unternehmen, aber nicht im Konzern nach einer Weiterbeschäftigungsmöglichkeit für den Arbeitnehmer suchen? (Rn. 132)

57. Warum kann die deutsche Rechtsprechung den Begriff des Betriebs in § 613 a I 1 BGB nicht aus dem deutschen Recht heraus („autonom") bestimmen? (Rn. 133, 135)

58. Nennen Sie die drei Voraussetzungen des § 613 a I 1 BGB! (Rn. 134)

59. Nachdem Notar Dr. A beim Land NRW aus Altersgründen um Entpflichtung gebeten hat, ernennt das Land Notar Dr. B, der in den Räumen und mit den Akten des A das Notariat weiterführt. Muss B auch das Personal des A weiterbeschäftigen? (Rn. 137)

§ 3. Begründung des Arbeitsverhältnisses

Die wichtigste arbeitsrechtliche Beziehung ist das Arbeitsverhältnis; es kommt **145** durch einen Vertrag zustande. Bei der **Anbahnung des Arbeitsvertrags** erwachsen Rechtsfragen daraus, dass der Arbeitgeber möglichst viel über seine künftigen Arbeitnehmer erfahren möchte, während der Bewerber ein Interesse daran hat, Nachteiliges über seine Person nicht offenbaren zu müssen (dazu I). Zu den **vorvertraglichen Pflichten** gehört die Beachtung des gesetzlichen Verbots, den Bewerber aus bestimmten, im Gesetz genannten Gründen zu benachteiligen (dazu II). Beim **Abschluss des Arbeitsvertrags** sind die Schranken der Abschluss- und der Formfreiheit zu beachten (dazu III). Ein **fehlerhaftes Arbeitsverhältnis** kann entstehen, wenn der Arbeitsvertrag nichtig ist oder wirksam angefochten wurde (dazu IV).

I. Anbahnung des Arbeitsvertrags

Hat sich der Arbeitgeber entschlossen, Personal einzustellen, muss er geeig- **146** nete Interessenten (Bewerber) finden. Eingeleitet wird das Stadium der Vertragsanbahnung durch eine Stellenausschreibung seitens des Arbeitgebers, eine Kontaktaufnahme durch einen Personalberater („Headhunter"), eine Eigenbewerbung („Initiativbewerbung") des künftigen Arbeitnehmers oder auf andere Weise. Arbeitgeber oder Arbeitsuchende können auch nach §§ 35–37 SGB III die Vermittlungsdienste der Agentur für Arbeit in Anspruch nehmen. Der am häufigsten beschrittene Weg zu neuem Personal ist die Stellenausschreibung.

1. Ausschreibung der Stelle

Eine Stellenausschreibung ist die Aufforderung, sich um einen Arbeitsplatz zu **147** bewerben.[1] Für den öffentlichen Dienst ist nicht nur eine innerbehördliche, sondern auch eine **öffentliche** Stellenausschreibung vorgeschrieben (s. z.B. §§ 8 BBG, 75 III Nr. 14 BPersVG). In der Privatwirtschaft ist es dem Arbeitgeber grundsätzlich freigestellt, ob und wie er eine Stelle ausschreibt. Existiert jedoch ein Betriebsrat, kann er nach § 93 BetrVG eine **innerbetriebliche Stellenausschreibung** verlangen (zum Sinn und Zweck dieser Vorschrift und den Konsequenzen ihrer Missachtung s. Rn. 758).

Ein Arbeitsplatz, der öffentlich oder innerhalb des Betriebs ausgeschrieben wird, ist auch als Teilzeitarbeitsplatz auszuschreiben, wenn er sich dafür eignet (§ 7 I TzBfG); letzteres unterliegt der freien unternehmerischen Entscheidung.[2]

Die Stellenausschreibung muss ferner das **Allgemeine Gleichbehandlungsgesetz** (AGG) beachten (Rn. 157–167): Nach § 11 AGG darf ein Arbeitsplatz

---

[1] *BAG* vom 23. 2. 1988 – 1 ABR 82/86, AP Nr. 2 zu § 93 BetrVG 1972 = NZA 1988, 551; Richardi/*Thüsing*, BetrVG, § 93 Rn. 8.

[2] ErfK/*Preis*, § 7 TzBfG Rn. 2; a. A. *Däubler*, ZIP 2000, 1961 (1962).

nicht unter Verstoß gegen das **Benachteiligungsverbot** des § 7 AGG ausgeschrieben werden. Ein **Verstoß gegen § 11 AGG** ist eine Tatsache, die gemäß § 22 AGG eine ungerechtfertigte Benachteiligung vermuten lässt (**Beweislastumkehr**). Kann der Arbeitgeber die Vermutung nicht widerlegen, hat der abgewiesene Bewerber einen **Entschädigungsanspruch (§ 15 I, II AGG)**.

> **Beispiel:** Sucht ein Arbeitgeber in einer Stellenanzeige eine „Verstärkung für unser junges Team" und kann er die Vermutung des § 22 AGG nicht widerlegen, dass eine 48-jährige Bewerberin wegen ihres Lebensalters nicht zur Vorstellung eingeladen wurde, schuldet er ihr eine Entschädigung nach § 15 I, II AGG.[3] Kann der Bewerber hingegen keine Indiztatsachen darlegen, die eine Diskriminierung vermuten lassen, und verweigert der Arbeitgeber auf Anfrage jede Information über die Hintergründe der Auswahlentscheidung, kann nach der (umstrittenen) Rechtsprechung des EuGH diese Weigerung ihrerseits ein Indiz für das Vorliegen einer Diskriminierung sein.[4]

2. Ansprüche des Stellenbewerbers

148   Unabhängig davon, ob ein Arbeitsverhältnis zustande kommt, kann der Bewerber **Ersatz seiner Vorstellungskosten** beanspruchen, wenn der Arbeitgeber ihn zur Vorstellung aufgefordert und die Kostenerstattung nicht ausdrücklich ausgeschlossen hat.[5] **Ersatzfähig** sind nach §§ 662, 670 BGB die **Aufwendungen,** die der Bewerber den Umständen nach **für erforderlich** halten durfte. Dazu kann auch ein etwaiger **Verdienstausfall** gehören.[6]

> Der Verdienstausfall kann aber auch vom bisherigen Arbeitgeber zu tragen sein: Nach der Kündigung eines Arbeitsverhältnisses hat der Arbeitnehmer gegen den alten Arbeitgeber einen Anspruch auf **bezahlte Freizeit** zur Stellensuche (§§ 629, 616 BGB, s. Rn. 442).

Der Bewerber kann die **Rückgabe der Bewerbungsunterlagen** verlangen. Die Kosten des Versands der Unterlagen zum Arbeitgeber trägt grundsätzlich der Bewerber, die **Kosten der Rücksendung** trägt der **Arbeitgeber**. Werden Dokumente beschädigt, hat der Bewerber einen **Schadensersatzanspruch** aus der Verletzung **vorvertraglicher Pflichten** (Rn. 155, 156). Der Anspruch auf Rückgabe **entfällt** naturgemäß, wenn die Bewerbung auf dem **elektronischen** Weg erfolgt.

3. Informationsrechte des Arbeitgebers

149   Bei einer Bewerbung wird nicht immer mit offenen Karten gespielt. Als „Verkäufer in eigener Sache" möchte der **Bewerber** in einem günstigen Licht erscheinen und zeigt sich deshalb von seiner **besten Seite**. Der **Arbeitgeber** benötigt dagegen **zuverlässige Auskunft über Person, Leistung** und **Verhalten** des Kandidaten, um eine optimale **Auswahlentscheidung** treffen zu können: Die Auswahl von Mitarbeitern ist nicht zuletzt ein Informationsproblem. Aus rechtlicher Sicht muss danach unterschieden werden, welche Umstände der Bewerber

---

[3] Fall nach *EuGH* vom 8. 7. 2010 – C-246/09, NZA 2010, 869 (Rn. 42) – Bulicke; s. zur Bedeutung der Beweislastvorschrift des § 22 AGG *BAG* vom 22. 7. 2010 – 8 AZR 1012/08, AP Nr. 2 zu § 22 AGG = NZA 2011, 93 (Rn. 51 ff.).

[4] *EuGH* vom 19. 4. 2012 – C-415/10, NZA 2012, 493 (Rn. 36) – Meister; s. dazu *Hanau,* EuZA 6 (2013), 105; *Picker,* NZA 2012, 641.

[5] *Hromadka/Maschmann* I, § 5 Rn. 38; a. A. *Sieber/Wagner,* NZA 2003, 1312 (1314).

[6] ErfK/*Müller-Glöge,* § 629 BGB Rn. 15; a. A. Staudinger/*Preis,* § 629 BGB Rn. 25.

von sich aus offenbaren muss, und welche Tatsachen er **auf Fragen** des Arbeitgebers preiszugeben hat (klausurmäßige Lösung eines Falles zum Fragerecht des Arbeitsgebers; *Junker,* Fälle zum Arbeitsrecht, Fall 2).

Grundsätzlich gilt: Ungefragt hat der Arbeitnehmer nur solche Tatsachen zu offenbaren, deren Kenntnis für den Arbeitgeber unverzichtbar ist (dazu a). Für ein Fragerecht des Arbeitgebers genügt dagegen ein berechtigtes, billigenswertes und schutzwürdiges Interesse, hinter das die Belange des Bewerbers zurücktreten müssen (dazu b).

a) *Aufklärungspflichten des Bewerbers*

Es gilt der **Grundsatz:** Jede Vertragspartei muss die Chancen und Risiken des 150 Vertragsschlusses selbst ausloten. Der Arbeitgeber trägt daher die Informationslast und das **Informationsrisiko:** Ungefragt braucht der Bewerber grundsätzlich nicht auf Umstände hinzuweisen, die einem Vertragsschluss entgegenstehen oder die Entscheidung des Arbeitgebers negativ beeinflussen könnten. Eine **Ausnahme** besteht, wenn der Arbeitgeber nach **Treu und Glauben (§ 242 BGB)** eine Mitteilung erwarten darf. Das ist der Fall, wenn (1) die betreffenden Umstände dem Arbeitnehmer die Erfüllung des Arbeitsvertrags unmöglich machen oder (2) sonst für den Arbeitsplatz von ausschlaggebender Bedeutung sind.[7]

Beispiele: Eine strafgerichtliche **Verurteilung** muss der Bewerber von sich aus mitteilen, wenn die Verbüßung einer Freiheitsstrafe bevorsteht.[8] Eine **Krankheit** oder eine **Behinderung** ist ungefragt zu offenbaren, wenn sie die Einsatzfähigkeit auf der ausgeschriebenen Stelle erheblich herabsetzt:[9] „Hat ein Pilot Ohnmachtsanfälle, so muss er darüber restlos aufklären; verschweigt er eine Fußpilzerkrankung, wird dem Arbeitgeber dagegen die Anfechtung versagt, auch wenn er aus noch so ehrenwerten Gründen Piloten mit Fußpilzerkrankungen nicht eingestellt hätte.“[10]

b) *Fragerecht des Arbeitgebers*

Da der Bewerber ungefragt nur wenig über seine Person, sein Verhalten oder 151 seine Leistung preisgeben muss, wird der Arbeitgeber versuchen, sich Gewissheit zu verschaffen. Das kann durch Fragen im Vorstellungsgespräch ebenso geschehen wie durch „Angstklauseln" im vorformulierten Arbeitsvertrag („Der Arbeitnehmer versichert …") oder durch einen Personalfragebogen, den der Bewerber auszufüllen hat. Der Umfang des Fragerechts ergibt sich aus einer Interessenabwägung:

– Das **Interesse des Arbeitgebers** an der Information wird durch die Privatautonomie (Art. 2 I, 12 I GG) geschützt, denn eine freie (privatautonome) Entscheidung für oder gegen einen Arbeitsvertrag ist nur möglich, wenn sich der Arbeitgeber über den Bewerber informieren kann.

– Demgegenüber stehen **Interessen des Arbeitnehmers,** die zum Teil durch besondere Grundrechte (z. B. Art. 3 III, 4 I, 9 III GG), ansonsten durch das Recht

---

[7] *BAG* vom 21. 2. 1991 – 2 AZR 449/90, AP Nr. 35 zu § 123 BGB = NZA 1991, 719 = FamRZ 1991, 1046.

[8] *BAG* vom 18. 9. 1987 – 7 AZR 507/86, AP Nr. 32 zu § 123 BGB = NZA 1988, 731 = JuS 1989, 242.

[9] *BAG* vom 1. 8. 1985 – 2 AZR 101/83, BAGE 49, 214 = AP Nr. 30 zu § 123 BGB = NZA 1986, 635 = JuS 1987, 155.

[10] *Gamillscheg,* in: Mélanges Berenstein (1989), S. 267 (277).

auf informationelle Selbstbestimmung als Bestandteil des Persönlichkeitsrechts geschützt werden (Art. 2 I, 1 I GG).

> **Durchblick:** Um diese Konfliktsituation zu mildern, unterliegen Personalfragebogen, persönliche Angaben in vorformulierten Arbeitsverträgen und allgemeine Beurteilungsgrundsätze nach § 94 BetrVG der erzwingbaren Mitbestimmung des Betriebsrats (Rn. 759).

152　Ein Fragerecht des Arbeitgebers wird daher insoweit anerkannt, als er im Hinblick auf das Arbeitsverhältnis ein **berechtigtes, billigenswertes und schutzwürdiges Interesse** an der Beantwortung der Frage hat, das das Interesse des Arbeitnehmers, seine persönlichen Lebensumstände geheimzuhalten, überwiegt.[11] Allgemein gilt: Je enger die Frage mit der **beruflichen Sphäre** des Bewerbers zusammenhängt, desto eher ist sie zulässig; je stärker die Frage in die **private Sphäre** des Arbeitnehmers hineinreicht, desto eher wird sie als unzulässig eingestuft. Im Einzelnen lassen sich generell zulässige Fragen, begrenzt zulässige Fragen und generell unzulässige Fragen unterscheiden:

(1) **Generell zulässige Fragen** sind z. B. solche nach der fachlichen Qualifikation für die in Aussicht genommene Stelle, der Ausbildung und den Ergebnissen fachlich einschlägiger Prüfungen. Generell zulässig ist auch die Frage nach dem beruflichen Werdegang einschließlich Dauer und Zahl der bisherigen Arbeitsverhältnisse: Die Arbeitgeberin – so das BAG – habe ein berechtigtes Interesse an der Information, ob der Arbeitnehmer „vorher in langfristigen Arbeitsverhältnissen gestanden hat oder ob er ein sog. Zugvogel ist, von dem anzunehmen ist, er werde auch bei ihr nicht lange aushalten."[12]

(2) **Begrenzt zulässige Fragen** sind z. B. Fragen nach den **Vorstrafen** des Bewerbers. Sie müssen nur beantwortet werden, wenn die Strafe im Bundeszentralregister noch nicht getilgt ist (Verwertungsverbot gemäß § 51 I BZRG) und die Tat für die angestrebte Tätigkeit Bedeutung hat:[13] Der Arbeitgeber darf „den Kraftfahrer nach Verkehrs-, den Lehrer nach Sittlichkeits- oder den Kassierer nach Vermögensstraftaten, nicht aber jeden nach allem fragen."[14]

153　(3) **Generell unzulässige Fragen** sind zum einen solche, denen grundrechtlich geschützte Arbeitnehmerinteressen entgegen stehen. Beispiele sind Fragen nach dem Familienstand (Art. 6 GG) oder der Gewerkschaftszugehörigkeit (Art. 9 III GG). Unzulässig sind zum anderen Fragen, die sich auf verbotene Merkmale i. S. d. § 1 AGG beziehen und nicht ausnahmsweise nach §§ 8–10 AGG gerechtfertigt sind (Rn. 157–167).

(a) Das gilt insbesondere für die **Frage nach der Schwangerschaft** einer Bewerberin (Benachteiligung wegen des Geschlechts, § 1 AGG). Sie ist nach der insoweit extrem strengen Rechtsprechung des EuGH sogar ausnahmslos unzulässig (keine Rechtfertigungsmöglichkeit nach § 8 AGG), also z. B. auch dann,

---

[11] *BAG* vom 5. 10. 1995 – 2 AZR 923/94, BAGE 81, 120 (123) = AP Nr. 40 zu § 123 BGB = NZA 1996, 371.
[12] *BAG* vom 12. 2. 1970 – 2 AZR 184/69, BAGE 22, 278 (281) = AP Nr. 17 zu § 123 BGB m. Anm. *Beuthien* = NJW 1970, 1565 = JuS 1970, 590.
[13] *BAG* vom 5. 12. 1957 – 1 AZR 594/56, BAGE 5, 159 (163 f.) = AP Nr. 2 zu § 123 BGB = NJW 1958, 516; *BAG* vom 15. 11. 2012 – 6 AZR 339/11.
[14] *Gamillscheg*, in: Mélanges Berenstein (1989), S. 267 (276).

wenn eine befristete Stelle ausgeschrieben und die Dauer der Befristung vollständig von einem mutterschutzrechtlichen Beschäftigungsverbot abgedeckt ist (sodass während der Dauer des gesamten Arbeitsverhältnisses ein Anspruch auf Lohn ohne Arbeit besteht).[15]

(b) Weniger streng wird die **Frage nach einer Behinderung** beurteilt: Sie ist zwar – unabhängig davon, ob sie sich auf eine Behinderung i. S. d. tatsächlichen Gesundheitszustands oder auf die Behinderteneigenschaft i. S. d. SGB IX richtet – **vor der Einstellung** grundsätzlich unzulässig (§ 7 i. V. m. § 1 AGG), kann aber ausnahmsweise nach § 8 I AGG (wesentliche und entscheidende berufliche Anforderung) gerechtfertigt sein. Im laufenden Arbeitsverhältnis, insbesondere **vor einer Kündigung,** ist die Frage nach einer beantragten oder bestehenden Schwerbehinderteneigenschaft i. S. d. SGB IX dagegen grundsätzlich zulässig, da sie unabdingbar ist, um die Rechte des Schwerbehinderten zu wahren.[16]

c) Rechtsfolgen von Falschauskünften

Die Rechtsfolgen, die eine unrichtige Antwort nach sich zieht, bestimmen sich **154** danach, ob die Frage zulässig oder unzulässig ist:

(1) **Zulässige Frage:** Gibt der Arbeitnehmer eine unrichtige Antwort auf eine zulässige Frage, kann der Arbeitgeber den Arbeitsvertrag gemäß § 123 I BGB wegen arglistiger Täuschung anfechten (Rn. 190, 191). Ferner können Schadensersatzansprüche wegen Verschuldens bei Vertragsverhandlungen bestehen (Rn. 155), unter Umständen auch Ansprüche aus Delikt (z. B. §§ 823 II BGB, 263 I StGB). Dieselben Rechtsfolgen treten ein, wenn der Bewerber eine Aufklärungspflicht (Rn. 150) nicht erfüllt (Täuschung durch Unterlassen).

(2) **Unzulässige Frage:** Anders ist es bei einer unzulässigen Frage: Verweigert der Bewerber die Antwort auf eine unzulässige Frage, wird er die Stelle regelmäßig nicht bekommen; die unzulässige Frage hat ihren Zweck erfüllt. Eine Chance, eingestellt zu werden, hat der Arbeitnehmer nur, wenn er die unzulässige Frage wahrheitswidrig beantworten darf. Deshalb darf er auf eine unzulässige Frage die Unwahrheit sagen[17] (**„Recht zur Lüge"**). Auf die unrichtige Antwort kann der Arbeitgeber in diesem Fall weder einen Schadensersatzanspruch noch eine Anfechtung des Arbeitsvertrags stützen (Rn. 191).

4. Vorvertragliche Pflichten

Mit der Aufnahme eines geschäftlichen Kontakts, der auf einen Vertrags- **155** schluss gerichtet ist, entsteht zwischen dem Bewerber und dem Arbeitgeber ein vorvertragliches Schuldverhältnis („Anbahnungsverhältnis"). Aus diesem vertragsähnlichen Schuldverhältnis erwachsen zwar **keine primären Leistungspflichten** (Erfüllungsansprüche); es werden aber **sekundäre Verhaltenspflichten**

---

[15] *EuGH* vom 3. 2. 2000 – C-207/98, Slg. 2000, I-549 – Mahlburg; *EuGH* vom 4. 10. 2001 – C-109/00, Slg. 2001, I-6993 – Tele Danmark.
[16] Einzelheiten: *BAG* vom 16. 2. 2012 – 6 AZR 553/10, AP Nr. 9 zu § 85 SGB IX = NZA 2012, 555 (Rn. 11); s. auch *BAG* vom 7. 7. 2011 – 2 AZR 396/10, AP Nr. 70 zu § 123 BGB = NZA 2012, 34 (Rn. 17).
[17] *BAG* vom 5. 10. 1995 – 2 AZR 923/94, BAGE 81, 120 (123) = AP Nr. 40 zu § 123 BGB = NZA 1996, 371.

– insbesondere Schutz-, Aufklärungs- und Rücksichtnahmepflichten – begründet, deren Verletzung Schadensersatzansprüche nach § 280 I i.V.m. § 311 II, III, 241 II BGB auslösen kann.

a) **Vorvertragliche Pflichten des Arbeitnehmers** sind in erster Linie **Informationspflichten**[18] (Rn. 149–154). Klärt er z.B. nicht darüber auf, dass er für die Stelle aus gesundheitlichen oder anderen Gründen ungeeignet ist, oder sagt er auf eine zulässige Frage die Unwahrheit, kann der Arbeitgeber einen Schaden aus § 280 I i.V.m. §§ 311 II, III, 241 II BGB ersetzt verlangen. Die Praxis begnügt sich bei Verstößen des Arbeitnehmers gegen seine Aufklärungspflicht vor Abschluss des Arbeitsvertrags allerdings meist mit der Anfechtung nach § 123 I BGB; Schadensersatzansprüche gegen Bewerber spielen eine geringe Rolle.

156   b) **Vorvertragliche Pflichten des Arbeitgebers** sind ebenfalls in erster Linie **Informationspflichten** (Aufklärungspflichten): Nicht nur der Bewerber, sondern auch der Arbeitgeber muss nach Treu und Glauben (§ 242 BGB) ungefragt auf Umstände hinweisen, die für den Entschluss des Verhandlungspartners erkennbar von entscheidender Bedeutung sind und sich nicht aus der Sachlage von selbst ergeben.

Beispiele sind die (noch) fehlende Zustimmung des Betriebsrats nach § 99 BetrVG, außergewöhnliche, dem Bewerber nicht ohne weiteres erkennbare Anforderungen an die Tätigkeit, wirtschaftliche Schwierigkeiten des Arbeitgebers, die eine pünktliche Gehaltszahlung in Frage stellen, oder die Erweckung des sachlich nicht begründeten Vertrauens, es werde in jedem Fall zur Einstellung kommen.[19]

II. Allgemeines Gleichbehandlungsgesetz (AGG)

157   Das Allgemeine Gleichbehandlungsgesetz dient in seinen arbeitsrechtlich relevanten Teilen der Umsetzung der **Richtlinie 2000/43/EG** (Gleichbehandlung ohne Unterschied der Rasse oder der ethnischen Herkunft), der **Richtlinie 2000/78/EG** (Rahmenrichtlinie für die Verwirklichung der Gleichbehandlung in Beschäftigung und Beruf) sowie zweier Richtlinien, die inzwischen zusammengefasst sind in der **Richtlinie 2006/54/EG** (Gleichbehandlung von Männern und Frauen in Arbeits- und Beschäftigungsfragen). Das AGG zielt nicht auf den Schutz bestimmter Personengruppen, sondern soll in seinem Anwendungsbereich Benachteiligungen wegen bestimmter, enumerativ aufgeführter Merkmale verhindern oder beseitigen. Die **verbotenen Merkmale der Differenzierung** sind (1) die Rasse oder ethnische Herkunft, (2) das Geschlecht, (3) die Religion oder Weltanschauung, (4) eine Behinderung, (5) das Alter und (6) die sexuelle Identität (§ 1 AGG).

Eine Benachteiligung wegen des **Geschlechts** ist das älteste „verpönte Merkmal" und meint das biologische Geschlecht. Das Merkmal der **Rasse** ist in Deutschland historisch belastet; es wird in der Gesetzesbegründung als problematisch bezeichnet. Die **Richtlinie 2000/43/EG**, aus der dieses Merkmal stammt, äußert sich ablehnend zu sog. „Rassentheorien". Ebenso wie das Merkmal **ethnische Herkunft** soll das Merkmal der Rasse dazu dienen, der Fremdenfeind-

---

[18] *Krause*, ArbR, § 5 Rn. 8 ff.; *Waltermann*, Rn. 162.
[19] Umfassend *Fleischer*, Informationsasymmetrie im Vertragsrecht (2001).

lichkeit im Arbeits- und Wirtschaftsleben zu begegnen.[20] Mit dem **Alter** ist das Lebensalter gemeint. Ebenso wie beim Alter muss das Gesetz auch bei **Religion oder Weltanschauung** zahlreiche Ausnahmen vom Verbot unterschiedlicher Behandlung machen (§§ 9, 10 AGG). Der Begriff der **Behinderung** wird vom EuGH autonom-europäisch interpretiert; die Behinderung ist, wie nach deutschem Recht, von der Krankheit zu unterscheiden.[21] Das Merkmal der **sexuellen Identität** umfasst die hetero-, homo-, bi- oder transsexuelle Orientierung von Menschen; es spielt bei der Gleichstellung von Ehen und gleichgeschlechtlichen Lebenspartnerschaften eine Rolle (Rn. 509).

Das Gesetz dient nicht nur dem **Schutz der Beschäftigten vor Benachteiligung** (§§ 6–18 AGG), sondern gemäß §§ 19–21 AGG auch dem **Schutz vor Benachteiligung im Zivilrechtsverkehr** (daher „Allgemeines" Gleichbehandlungsgesetz). Das Verbot der Benachteiligung bei zivilrechtlichen Massengeschäften (§§ 19–21 AGG) bleibt im Folgenden ebenso ausgeklammert wie die Fragen des Rechtsschutzes (§§ 22, 23 AGG; zu § 22 AGG s. bereits Rn. 147), die Sonderregelungen für öffentlich-rechtliche Dienstverhältnisse (§ 24 AGG) und die Regeln über die Antidiskriminierungsstelle des Bundes (§§ 25–30 AGG). Gegenstand ist im Folgenden allein der **Schutz der Beschäftigten vor Benachteiligung,** wie er sich aus dem Zusammenwirken von Abschnitt 2 des Gesetzes (§§ 6–18 AGG) mit dem Allgemeinen Teil des Gesetzes (Abschnitt 1, §§ 1–5 AGG) ergibt. **158**

Das Allgemeine Gleichbehandlungsgesetz kann, ähnlich wie z.B. § 613a BGB (Betriebsübergang), nahezu alle Aspekte des Arbeitsverhältnisses betreffen (vgl. § 2 I AGG). Es wird an dieser Stelle des Buches behandelt, weil die Rechtsfragen des Gesetzes im Verlauf eines Arbeitsverhältnisses zeitlich zuerst bei der Begründung des Arbeitsverhältnisses auftreten.

1. Anwendungsbereich des Gesetzes

Bei der Lösung eines Rechtsfalls ist stets zuerst zu prüfen, ob der Anwendungsbereich des Gesetzes eröffnet ist. Zu unterscheiden ist der **sachliche Anwendungsbereich des AGG,** das **Konkurrenzverhältnis zu anderen Gesetzen** und der **persönliche Anwendungsbereich** der §§ 7–18 AGG: **159**

a) **Sachlicher Anwendungsbereich des Gesetzes, § 2 I AGG:** Den sachlichen Anwendungsbereich des Gesetzes bestimmt § 2 I AGG. Die Vorschrift ist gesetzestechnisch misslungen, weil sich die Nrn. 1–8 des § 2 I AGG teilweise überschneiden. Bedeutsam ist vor allem **§ 2 I Nr. 1 AGG,** der die **Einstellungs- und Aufstiegsbedingungen** erfasst, und **§ 2 I Nr. 2 AGG,** der die **Beschäftigungs- und Arbeitsbedingungen** nennt.

Das Gesetz erfasst damit im Prinzip sämtliche **Vereinbarungen** (z.B. Arbeitsverträge, Aufhebungsverträge) und **Maßnahmen** (z.B. Weisungen, Kündigungen) im Zusammenhang mit Begründung, Durchführung und Beendigung eines Arbeitsverhältnisses.[22]

b) **Kein Vorrang anderer Gesetze, § 2 II–IV AGG:** Das Konkurrenzverhältnis des AGG zu anderen arbeitsrechtlichen Gesetzen regelt § 2 II–IV AGG.

(1) **§ 2 II** AGG normiert u.a. einen – eng auszulegenden[23] – **Vorrang des Betriebsrentengesetzes** (BetrAVG, Rn. 447).

[20] *EuGH* vom 10. 7. 2008 – C-54/07, NZA 2008, 929 – Feryn.
[21] *EuGH* vom 11. 7. 2006 – C-13/05, Slg. 2006, I-6467 – Navas; siehe auch *EuGH* vom 17. 7. 2008 – C-303/06, NZA 2008, 932 – Coleman.
[22] *Kamanabrou,* RdA 2006, 321 (322 f.); *Benecke,* AuR 2007, 229 (230).

(2) **§ 2 III AGG** lässt sonstige Benachteiligungsverbote (z.B. das **Maßrege-lungsverbot** des § 612a BGB oder das Diskriminierungsverbot des § 4 TzBfG) und öffentlich-rechtliche Vorschriften, die dem Schutz bestimmter Personen-gruppen dienen (z.B. das MuSchG), vom AGG unberührt.

(3) **§ 2 IV AGG** normiert eine Bereichsausnahme, wonach für **Kündigungen** ausschließlich die Bestimmungen zum allgemeinen und besonderen Kündi-gungsschutz gelten sollen (Rn. 339).

c) **Persönlicher Anwendungsbereich der §§ 7–18 AGG, § 6 AGG:** Geschützt sind **Beschäftigte.** Dazu gehören Arbeitnehmerinnen und Arbeitnehmer, zu ihrer Berufsbildung Beschäftigte sowie arbeitnehmerähnliche Personen (**§ 6 I 1 AGG**). Als Beschäftigte gelten auch Bewerberinnen und Bewerber für ein Beschäfti-gungsverhältnis[24] und Personen, deren Beschäftigungsverhältnis beendet ist (**§ 6 I 2 AGG**). Verpflichtet nach den Vorschriften des AGG ist der in **§ 6 II AGG** näher beschriebene **Arbeitgeber.**[25]

Durchblick: In Bezug auf den Zugang zur Erwerbstätigkeit und den beruflichen Aufstieg gelten die §§ 7–18 AGG für **Selbständige und Organmitglieder** (z.B. GmbH-Geschäfts-führer, Rn. 123) im Verhältnis zu ihren Vertragspartnern (z.B. zur GmbH) entsprechend (**§ 6 III AGG**).[26]

2. Benachteiligungsverbot des § 7 I AGG

160   Die zentrale Vorschrift bei der Fallbearbeitung ist das Benachteiligungsverbot des § 7 I AGG: Wegen eines in § 1 AGG genannten Grundes dürfen Beschäftigte nicht ungerechtfertigt benachteiligt werden (**§ 7 I, 1. Hs. AGG**). Das gilt auch, wenn die Person, von der die Benachteiligung ausgeht, das Vorliegen eines in § 1 AGG genannten Grundes nur annimmt (**§ 7 I, 2. Hs. AGG**).

Ob das in § 1 AGG genannte Merkmal in der Person des Beschäftigten wirklich vorliegt, spielt somit keine Rolle; notwendig und hinreichend ist, dass der Arbeitgeber das Merkmal sub-jektiv für gegeben hält („Versuch am untauglichen Objekt", „Putativbenachteiligung").[27] Damit berücksichtigt der Gesetzgeber den Umstand, dass Menschen bisweilen allein auf Grund ihres äußeren Erscheinungsbildes bestimmte Merkmale zugeschrieben werden.

Aus dem Wortlaut des § 7 I AGG ergibt sich folgendes **Prüfungsschema:**

a) **Benachteiligungsgründe, §§ 1, 4 AGG:** Es muss zunächst ein in § 1 AGG genannter Grund (Rn. 157) vorliegen oder vom Arbeitgeber als vorliegend an-genommen werden (§ 7 I, 2. Hs. AGG). Erfolgt eine unterschiedliche Behand-lung eines Beschäftigten wegen mehrerer der in § 1 AGG genannten Merkmale,

---

[23] *BAG* vom 12. 12. 2007 – 3 AZR 249/06, AP Nr. 1 zu § 2 AGG = NZA 2008, 532 (Rn. 22) – Witwerrente; s. dazu *Rolfs*, NZA 2008, 553.

[24] Ob außer dem formalen Erfordernis einer Bewerbung weitere Voraussetzungen erfüllt sein müssen (insbes. subjektive Ernsthaftigkeit), bleibt einstweilen unentschieden: *BAG* vom 28. 5. 2009 – 8 AZR 536/08, BAGE 130, 86 = AP Nr. 1 zu § 8 AGG = NZA 2009, 1016 (Rn. 25) – Nachtaufsicht; *BAG* vom 18. 3. 2010 – 8 AZR 77/09, AP Nr. 2 zu § 8 AGG = NZA 2010, 872 (Rn. 16) – Gleichstellungsbeauftragte.

[25] *BAG* vom 28. 5. 2009 – 8 AZR 536/08, BAGE 130, 86 = AP Nr. 1 zu § 8 AGG = NZA 2009, 1016 (Rn. 24) – Nachtaufsicht.

[26] *BGH* vom 23. 4. 2012 – II ZR 163/10, NZA 2012, 797 (Rn. 17) – GmbH-Geschäfts-führer.

[27] *BAG* vom 17. 12. 2009 – 8 AZR 670/08, AP Nr. 2 zu § 7 AGG = NZA 2010, 383 (Rn. 14) – Diplom-Biologe; s. auch *Kamanabrou*, RdA 2006, 321 (322).

darf sich die Lösung eines Rechtsfalls nicht auf ein Merkmal beschränken. Denn eine Benachteiligung wegen mehrerer Merkmale ist nur rechtmäßig, wenn hinsichtlich jedes Merkmals ein Rechtfertigungsgrund vorliegt.

Beispiel: Wird eine Arbeitnehmerin sowohl wegen ihres Geschlechts als auch wegen ihres Alters (z. B. ihrer Rentenberechtigung) in einem Sozialplan benachteiligt, bleibt die Benachteiligung wegen des Geschlechts rechtswidrig, auch wenn hinsichtlich des Alters der Rechtfertigungsgrund des § 10 Satz 3 Nr. 6 AGG zutrifft.[28]

b) **Benachteiligungsformen, § 3 AGG:** Der zentrale Gesetzesbegriff „Benachteiligung" (§ 7 I AGG) ist in der Vorschrift des § 3 AGG definiert, die zwei Hauptformen der Benachteiligung unterscheidet: **161**

(1) **Unmittelbare Benachteiligung** liegt vor, wenn eine Person wegen eines in § 1 AGG genannten Merkmals eine weniger günstige Behandlung als eine andere Person in einer vergleichbaren Situation erfährt, erfahren hat oder erfahren würde (**§ 3 I 1 AGG**), wobei die sich nachteilig auswirkende Maßnahme direkt an das verbotene Merkmal anknüpfen muss. Erforderlich ist ein Vergleich mit einer real existierenden Person („erfährt" oder „erfahren hat") oder, wenn eine solche Person fehlt, mit einer fiktiven Vergleichsperson („erfahren würde").[29]

Die ungünstigere Behandlung einer Frau wegen **Schwangerschaft** oder **Mutterschaft** ist stets eine unmittelbare Benachteiligung wegen des Geschlechts (**§ 3 I 2 AGG**). Nach der Rechtsprechung setzt bei einer Stellenbewerbung eine vergleichbare Situation i.S.d. § 3 I 1 AGG stets voraus, dass die benachteiligte Person für die zu besetzende Stelle objektiv geeignet ist; nur eine Person, die an sich für die Tätigkeit geeignet wäre, komme in den Genuss des Diskriminierungsschutzes.[30]

(2) **Mittelbare Benachteiligung** liegt vor, wenn – dem Anschein nach neutrale – Vorschriften, Kriterien oder Verfahren geeignet sind, eine Person wegen eines in § 1 AGG genannten Grundes gegenüber anderen Personen in besonderer Weise zu benachteiligen (**§ 3 II, 1. Hs. AGG**).

Beispiel: Der Ausschluss Teilzeitbeschäftigter von Vergünstigungen ist eine mittelbare Benachteiligung der Frauen, da über 90% aller Teilzeitbeschäftigten weiblich sind (Rn. 119).[31] Zugleich liegt ein Verstoß gegen das besondere Diskriminierungsverbot des § 4 I TzBfG vor, das vom AGG unberührt bleibt (§ 2 III 1 AGG).

Bei der mittelbaren Benachteiligung ist die fehlende Rechtfertigung der Benachteiligung bereits ein Tatbestandsmerkmal (**§ 3 II, 2. Hs. AGG**).

Durchblick: Neben den beiden vorgenannten Hauptformen kennt das Gesetz drei weitere Formen der Benachteiligung, nämlich die Belästigung, die sexuelle Belästigung und die Anweisung zur Benachteiligung. Entscheidende Voraussetzung für das Vorliegen einer Belästigung ist die Schaffung eines „feindlichen Umfeldes", wie es am Ende von **§ 3 III AGG** beschrieben wird.[32] Die sexuelle Belästigung ist eine qualifizierte Form der Belästigung, die in **§ 3 IV AGG** definiert ist.[33] Erfasst wird schließlich noch die Anweisung zur Benachteiligung (**§ 3 V AGG**), gleichgültig, ob sie erfolgreich ist oder erfolglos bleibt.

---

[28] ErfK/*Schlachter,* § 4 AGG Rn. 1; MünchKommBGB/*Thüsing,* § 4 AGG Rn. 5.

[29] MünchArbR/*Oetker,* § 14 Rn. 52; Palandt/*Ellenberger,* § 3 AGG Rn. 2.

[30] *BAG* vom 18. 3. 2010 – 8 AZR 77/09, AP Nr. 2 zu § 8 AGG = NZA 2010, 872 (Rn. 22) – Gleichstellungsbeauftragte.

[31] MünchKommBGB/*Thüsing,* § 3 AGG Rn. 42; ErfK/*Schlachter,* § 2 AGG Rn. 16.

[32] *BAG* vom 24. 9. 2009 – 8 AZR 705/08, AP Nr. 2 zu § 3 AGG = NZA 2010, 387 (Rn. 28 ff.) – Kommissionierer.

[33] Einzelheiten: *BAG* vom 9. 6. 2011 – 2 AZR 323/10, AP Nr. 236 zu § 626 BGB = NZA 2011, 1342 (Rn. 18 ff.) – Produktleiter.

162   c) **Keine Rechtfertigung, §§ 8–10 AGG:** Während bei der **mittelbaren Benachteiligung** die fehlende Rechtfertigung bereits zum Tatbestand gehört (§ 3 II, 2. Hs. AGG), ist bei der **unmittelbaren** Benachteiligung einer Person separat zu prüfen, ob einer der in §§ 8–10 AGG genannten Rechtfertigungsgründe vorliegt:

(1) **Wegen beruflicher Anforderungen** kann eine Benachteiligung gerechtfertigt sein, wenn das fragliche Merkmal auf Grund der Art der auszuübenden Tätigkeit oder der Bedingungen ihrer Ausübung eine wesentliche und entscheidende berufliche Anforderung darstellt, wobei der Zweck rechtmäßig und die Anforderung angemessen sein muss (**§ 8 I AGG**).

> **Beispiel:** Nach (zutreffender) Ansicht des BAG ist für die Tätigkeit als Nachtaufsicht im Schlaftrakt eines Mädcheninternats das weibliche Geschlecht wesentliche und entscheidende („unverzichtbare") berufliche Anforderung.[34] Weitere Beispiele für den Rechtfertigungsgrund des § 8 I AGG finden sich in Bezug auf die unterschiedliche Behandlung wegen des Geschlechts im Showbusiness (Tanz, Gesang, Schauspielerei) und in der Modebranche (Dressman, Model). Auch für das **Amt einer Gleichstellungsbeauftragten** kann – je nach Aufgabenbereich (z.B. Betreuung muslimischer Frauen) – das weibliche Geschlecht eine entscheidende berufliche Anforderung i.S.d. § 8 I AGG darstellen.[35] Die **Erwartungen des Geschäftsverkehrs** können eine Rolle spielen, wenn der Arbeitgeber diese Erwartungen nicht beeinflussen kann: Meiden Kundinnen ein Damenbekleidungsgeschäft, wenn dort Männer bedienen, oder werden auf Baustellen im Orient Frauen als Verhandlungspartner nicht akzeptiert, kann der Rechtfertigungsgrund des § 8 I AGG vorliegen.[36]

(2) **Wegen der Religion oder Weltanschauung** gestattet § 9 AGG eine unterschiedliche Behandlung bei Religionsgemeinschaften und ihnen zugeordneten Einrichtungen (s. bereits Rn. 108).

(3) **Wegen des Alters** ist eine unterschiedliche Behandlung nach § 10 AGG zulässig, wenn sie objektiv und angemessen sowie durch ein legitimes Ziel gerechtfertigt ist (**§ 10 Satz 1 AGG**). Ein legitimes sozialpolitisches Ziel i.S. dieser Vorschrift ist z.B. der Schutz vor altersbedingt steigenden Belastungen.[37] Die Mittel zur Erreichung dieses Ziels müssen angemessen und erforderlich sein (**§ 10 Satz 2 AGG**). Das ist z.B. bei der Bildung von Altersgruppen im Rahmen der Sozialauswahl (Rn. 376) i.d.R. der Fall.[38] Eine Reihe von Fallgruppen zulässiger unterschiedlicher Behandlung wegen des Alters enthält **§ 10 Satz 3 AGG**.[39] Das Zusammenspiel der Vorschriften des AGG zeigt der

---

[34] *BAG* vom 28.5.2009 – 8 AZR 536/08, BAGE 130, 86 = AP Nr. 1 zu § 8 AGG = NZA 2009, 1016 (Rn. 32 ff.) – Nachtaufsicht.

[35] *BAG* vom 18.3.2010 – 8 AZR 77/09, AP Nr. 2 zu § 8 AGG = NZA 2010, 872 (Rn. 25) – Gleichstellungsbeauftragte; anders noch *BAG* vom 12.11.1998 – 8 AZR 365/97, BAGE 90, 170 (178) = AP Nr. 18 zu § 611 BGB = NZA 1999, 371.

[36] Siehe zum früheren Recht *Walker*, SAE 2000, 64 (68).

[37] *BAG* vom 13.10.2009 – 9 AZR 722/08, BAGE 132, 210 = AP Nr. 1 zu § 7 AGG = NZA 2010, 327 (Rn. 59) – Sozialarbeiter; s. auch *EuGH* vom 5.3.2009 – C-388/07, Slg. 2009, I-1569 (Rn. 43 ff.) – Age Concern England.

[38] *BAG* vom 6.11.2008 – 2 AZR 523/07, BAGE 128, 238 = AP Nr. 183 zu § 1 KSchG 1969 Betriebsbedingte Kündigung = NZA 2009, 361 (Rn. 50 ff.); *BAG* vom 5.11.2009 – 2 AZR 676/08, AP Nr. 184 zu § 1 KSchG 1969 Betriebsbedingte Kündigung = NZA 2010, 457 (Rn. 25); kritisch *Kaiser/Dahm*, NZA 2010, 473 (481).

[39] Dazu *BAG* vom 26.5.2009 – 1 AZR 198/08, AP Nr. 200 zu § 112 BetrVG 1972 = NZA 2009, 849 (Rn. 31 ff.).

Übungsfall 6 (Deutschkenntnisse): Juan Gonzalez (G), geboren 1960 in Spanien, kam 1980 **163**
nach Deutschland und arbeitet seit 1990 als Spritzgusswerker bei der Sangmeister AG (S),
einem Unternehmen der Automobilzulieferindustrie. Die großen Automobilhersteller, denen
die S zuliefert, verlangen eine Zertifizierung der Produktionsprozesse nach der Qualitäts-
norm ISO/TS 16.949. Danach müssen alle Arbeitnehmer der S umfangreiche schriftliche
Arbeits- und Prüfanweisungen, die in deutscher Sprache abgefasst sind, lesen und verstehen
können, was bei sog. Rezertifizierungsaudits regelmäßig geprüft wird. Die S hat dem G, der
auch nach 30-jährigem Aufenthalt in Deutschland über keine hinreichenden Kenntnisse der
deutschen Schriftsprache verfügt, in den vergangenen Jahren mehrfach angeboten, auf ihre
Kosten Deutschkurse zu besuchen. Diese Kurse hat er abgelehnt oder abgebrochen. Beim
letzten Audit wurde festgestellt, dass die Tätigkeit des G den ISO-Normen nicht genügt. Die
Prüfstelle hat der S eine Frist von 90 Tagen zur Abhilfe gesetzt, nach deren fruchtlosem Ablauf das ISO-Zertifikat entzogen werden kann. Nachdem G eine Abmahnung ignoriert hat,
die ihn unter Androhung der Kündigung zum Besuch von Sprachkursen (während der Arbeitszeit auf Kosten der Firma) auffordert, erhielt er die ordentliche Kündigung mit der
sachlich zutreffenden Begründung, dass er in der Produktion nicht mehr eingesetzt werden
könne und andere freie Arbeitsplätze nicht vorhanden seien. G sieht sich durch die Kündigung wegen seiner ethnischen Herkunft diskriminiert. Er habe in den letzten 20 Jahren seine Fähigkeiten hinreichend unter Beweis gestellt; die meisten Fehler fielen ihm auch ohne
schriftliche Prüfanweisung auf. Wird eine Kündigungsschutzklage, deren Zulässigkeit zu
unterstellen ist, erfolgreich sein?[40]

Lösung: Die Kündigungsschutzklage des G ist begründet, wenn die Kündigung sozial unge- **164**
rechtfertigt ist (§ 1 I KSchG). Die Kündigung könnte sozial gerechtfertigt sein, wenn sie
durch Gründe bedingt ist, die in der Person des Arbeitnehmers liegen (§ 1 II 1 KSchG). Da
die Kündigung rechtzeitig (innerhalb von drei Wochen nach Zugang, § 4 Satz 1 KSchG) zu-
gestellt wurde, steht die **Ausschlussfrist des § 4 Satz 1 i. V. m. § 7 KSchG** dem Kündigungsschutz nicht entgegen. Es ist auch davon auszugehen, dass die Beschäftigtenzahl der S über
den Schwellenwerten des § 23 I 2, 3 KSchG liegt, sodass der **betriebliche Anwendungsbereich** der §§ 1–14 KSchG eröffnet ist. Da G seit mehr als sechs Monaten im Unternehmen
der S beschäftigt ist, ist auch der **persönliche Anwendungsbereich** des § 1 I KSchG erfüllt.

(I) Grund in der Person: Es könnte ein Kündigungsgrund in der Person des G bestehen, der
die ordentliche Kündigung rechtfertigt (§ 1 II 1 KSchG). Dann müsste ein Grund vorliegen,
der Arbeitgeberinteressen beeinträchtigt und auf persönlichen Eigenschaften oder Fähigkeiten des Arbeitnehmers beruht.[41] Nachdem die S Aufträge nur erhält, wenn sie nach
ISO/TS 16.949 zertifiziert ist, bildet die ausreichende Kenntnis der deutschen Schriftsprache eine wesentliche Anforderung an die persönliche Eignung der Arbeitnehmer. Da G
nicht in der Lage ist, in deutscher Sprache abgefasste Anweisungen zu lesen und zu verstehen, fehlt ihm die persönliche Eignung, um seine Vertragspflichten zu erfüllen. Es besteht
„an sich" ein Kündigungsgrund in der Person des G.

(II) Keine verbotene Diskriminierung: Ein Grund in der Person des Arbeitnehmers kann die
Kündigung jedoch nicht rechtfertigen, wenn seine Heranziehung eine nach § 7 I AGG verbotene Benachteiligung wäre. Zwar gelten nach der **Bereichsausnahme des § 2 IV AGG** für
Kündigungen ausschließlich die Bestimmungen zum allgemeinen und besonderen Kündigungsschutz. Diese Vorschrift bedeutet aber nicht, dass Kündigungsgründe von der AGG-
Kontrolle ausgenommen wären. Im Anwendungsbereich des allgemeinen Kündigungsschutzes bewirkt die Bereichsausnahme nur, dass sich die Wirksamkeit der Kündigung
nach § 1 I KSchG – und nicht zusätzlich auch nach § 7 I AGG i. V. m. § 134 BGB – beurteilt: Es ist (nur) im Rahmen des § 1 II 1 KSchG zu prüfen, ob der geltend gemachte Kündigungsgrund gegen das Benachteiligungsverbot des § 7 I AGG verstößt (Rn. 339).

(1) Anwendbarkeit des AGG: Da es um die „Entlassungsbedingungen" des G geht, ist der
sachliche Anwendungsbereich des Gesetzes nach § 2 I Nr. 2 AGG eröffnet. G ist als Arbeit-

---

[40] Fall nach *BAG* vom 28. 1. 2010 – 2 AZR 764/08, AP Nr. 4 zu § 3 AGG = NZA 2010,
625 – Deutschkenntnisse.
[41] *BAG* vom 18. 1. 2007 – 2 AZR 731/05, BAGE 121, 32 = AP Nr. 26 zu § 1 KSchG 1969
Personenbedingte Kündigung = NZA 2007, 680 = SAE 2008, 20 m. Anm. *Waas* (Rn. 15).

nehmer gemäß § 6 I Nr. 1 AGG Beschäftigter im Sinne des Gesetzes (**persönlicher** Anwendungsbereich).

(2) **Benachteiligungsgrund, §§ 1, 4 AGG:** Ein nach § 1 AGG verpöntes Differenzierungsmerkmal könnte die **ethnische Herkunft** des G sein. Die aus dem spanischen Teil der Iberischen Halbinsel stammende Bevölkerung bildet eine **ethnische Gruppierung,** die durch gemeinsame Herkunft, Geschichte, Kultur und Zusammengehörigkeitsgefühl verbunden ist.[42] G gehört nach Geburt und Sozialisierung (1960–1980) zu dieser Ethnie und hat die Zugehörigkeit zu ihr auch nach 30-jährigem Aufenthalt in Deutschland nicht verloren, wie schon seine Weigerung zeigt, die deutsche Schriftsprache zu lernen.

165   (3) **Benachteiligungsformen, § 3 AGG:** Das Gesetz verbietet – neben den hier nicht einschlägigen Tatbeständen der Belästigung, der sexuellen Belästigung und der Anweisung zur Benachteiligung – die unmittelbare und die mittelbare Benachteiligung wegen eines in § 1 AGG genannten Grundes (§ 3 I, II AGG).

(a) Eine **unmittelbare** Benachteiligung des G liegt vor, wenn er wegen seiner ethnischen Herkunft eine weniger günstige Behandlung erfährt als eine andere Person in einer vergleichbaren Situation (§ 3 I 1 AGG). Die Anforderung, die deutsche Schriftsprache in dem von S verlangten Umfang zu beherrschen, knüpft nicht an die ethnische Herkunft des Beschäftigten an. Die deutsche Schriftsprache kann unabhängig von der Zugehörigkeit zu einer Ethnie beherrscht oder nicht beherrscht werden.[43]

(b) Eine **mittelbare** Benachteiligung liegt vor, wenn ein dem Anschein nach neutrales Kriterium den G wegen seiner ethnischen Herkunft gegenüber anderen Beschäftigten in besonderer Weise benachteiligen kann (§ 3 II, 1. Hs. AGG). Die Anforderung deutscher Schriftsprachkenntnisse kann einen Arbeitnehmer spanischer Herkunft – im Vergleich zu deutschen Arbeitnehmern – in besonderer Weise benachteiligen.[44]

(4) **Rechtfertigung** der Benachteiligung: Bei der mittelbaren Benachteiligung ist die fehlende Rechtfertigung bereits ein Tatbestandsmerkmal (§ 3 II, 2. Hs. AGG). Es fragt sich, ob das Kriterium der Beherrschung der deutschen Schriftsprache durch ein rechtmäßiges Ziel sachlich gerechtfertigt und die Mittel zur Erreichung dieses Ziels angemessen und erforderlich sind.

(a) **Rechtmäßige Ziele** können alle nicht ihrerseits diskriminierenden und auch sonst legalen Ziele sein. Zu ihnen gehören auch betriebliche Anforderungen an die Eignung der Arbeitnehmer. Das mit dem Spracherfordernis verfolgte Ziel ist die Erfüllung von Normen, die in der Automobilindustrie allgemein zugrunde gelegt werden, und ohne deren Erfüllung die S mangels Aufträgen ihren Betrieb schließen müsste. Dieses Ziel ist rechtmäßig.

(b) Das **Mittel** zur Erreichung dieses Ziels – die Forderung ausreichender Kenntnisse der deutschen Schriftsprache – ist ein **erforderliches Mittel,** weil das Ziel ohne die verlangten Schriftsprachkenntnisse aller Spritzgusswerker nicht erreicht werden kann. Wenn G demgegenüber vorbringt, er habe in den vergangenen 20 Jahren seine Fähigkeiten hinreichend unter Beweis gestellt und die meisten Fehler würden ihm auch ohne schriftliche Prüfanweisung auffallen, misst er die Erforderlichkeit des Mittels nicht an dem vom Arbeitgeber verfolgten rechtmäßigen Ziel, sondern an seinen eigenen, irrelevanten Vorstellungen von den Fähigkeiten, die ein Arbeitnehmer haben sollte. Außerdem hat der Arbeitgeber im Interesse der Produktsicherheit und -qualität ein legitimes Interesse, nicht nur „die meisten", sondern alle Fehler zu vermeiden.

(c) Das Spracherfordernis ist auch ein **angemessenes Mittel** zur Erreichung des Ziels, weil die denkbaren Alternative – die Übersetzung umfangreicher Dokumente in die spanische Sprache oder die Bereithaltung zweisprachigen Personals für die Übersetzung und mündliche Erläuterung von Arbeitsanweisungen – der Arbeitgeberin nicht zumutbar sind. Die mittelbare Benachteiligung des G ist folglich gerechtfertigt; der Kündigungsgrund verstößt nicht gegen das Benachteiligungsverbot des § 7 I AGG.

---

[42] Siehe zu diesen Kriterien ErfK/*Schlachter,* § 1 AGG Rn. 4, 5.
[43] *BAG* vom 28. 1. 2010 – 2 AZR 764/08, NZA 2010, 625 (Rn. 16) – Deutschkenntnisse.
[44] *BAG* vom 28. 1. 2010 – 2 AZR 764/08, NZA 2010, 625 (Rn. 17) – Deutschkenntnisse.

(III) **Weitere Voraussetzungen:** Die weiteren Voraussetzungen für die Wirksamkeit der Kündigung liegen ebenfalls vor. Da G sich beharrlich weigert, die erforderlichen Sprachkenntnisse (auf Kosten des Arbeitgebers) zu erwerben, ist der Schluss gerechtfertigt, dass er auch in Zukunft außerstande sein wird, seine Arbeit vertragsgemäß zu leisten (**negative Prognose**). Die Rechtsprechung verlangt bei personenbedingten Kündigungen eine **Abmahnung**, wenn der Arbeitnehmer den Kündigungsgrund durch sein steuerbares Verhalten beseitigen könnte (Rn. 406a); eine solche Abmahnung ist erfolgt. Eine **Weiterbeschäftigung** auf einem anderen freien Arbeitsplatz (§ 1 II 2, 3 KSchG) ist laut Sachverhalt nicht möglich. Auch die abschließende **Interessenabwägung** führt zu keinem dem G günstigen Ergebnis: Zu seinen Gunsten sprechen zwar das fortgeschrittene Lebensalter und die lange Beschäftigungszeit. Diesen Umständen hat S aber dadurch Rechnung getragen, dass sie ihm jahrelang Sprachschulungen angeboten hat, die G ausschlug, ohne Gründe zu nennen.[45]

(IV) **Ergebnis:** Eine Kündigungsschutzklage des G hat keinen Erfolg.

3. Rechtsfolgen ungerechtfertigter Benachteiligungen

Ein Verstoß gegen das Benachteiligungsverbot des § 7 I AGG kann – neben **166** dem Beschwerderecht des § 13 AGG, das bereits bei „gefühlter" Benachteiligung besteht – drei Arten von Rechtsfolgen auslösen:

a) Bestimmungen in Vereinbarungen, die gegen § 7 I AGG verstoßen, fallen gemäß **§ 7 II AGG** der Unwirksamkeit anheim. Die **Unwirksamkeitsfolge** gilt für Vereinbarungen aller Art, also nicht nur für Arbeitsverträge und Tarifverträge, sondern auch für Betriebsvereinbarungen.[46]

b) Ergreift der Arbeitgeber keine geeigneten Maßnahmen, um (sexuelle) Belästigungen zu unterbinden, besteht ein **Leistungsverweigerungsrecht** gemäß **§ 14 Satz 1 AGG**; bei anderen Benachteiligungen kann die Einrede des § 273 BGB zum Zuge kommen (**§ 14 Satz 2 AGG**).

c) Die dritte Gruppe von Rechtsfolgen sind Ansprüche auf **Schadensersatz und Entschädigung** gemäß § 15 AGG. Diese Vorschrift hat besondere Voraussetzungen (insbesondere das Vertretenmüssen, § 15 I 2 AGG) und Einschränkungen (§ 15 II 2, III, IV AGG):

(1) Wenn der Arbeitgeber gegen das Benachteiligungsverbot verstoßen hat, muss er dem Arbeitnehmer für materielle Vermögenseinbußen (z.B. Verdienstausfall) **Schadensersatz** leisten (**§ 15 I 1 AGG**). Nach dem Gesetzeswortlaut gilt die Schadensersatzpflicht nicht, wenn der Arbeitgeber den Verstoß nicht zu vertreten hat (**§ 15 I 2 AGG**).

Durchblick: Nach der **Richtlinie 2002/73/EG** muss der nationale Gesetzgeber nicht unbedingt Schadensersatz- und Entschädigungsansprüche benachteiligter Personen vorsehen (er könnte z.B. auch öffentlich-rechtliche Bußgeldtatbestände schaffen). Wenn er jedoch – wie der deutsche Gesetzgeber in § 15 AGG – solche Ansprüche vorsieht, dürfen sie nach verbreiteter Ansicht nicht von einem Verschulden abhängig gemacht werden. Viele halten das Verschuldenserfordernis des § 15 I 2 AGG daher für europarechtswidrig.[47]

---

[45] *BAG* vom 28.1.2010 – 2 AZR 764/08, NZA 2010, 625 (Rn. 30) – Deutschkenntnisse.
[46] *BAG* vom 13.10.2009 – 9 AZR 722/08, BAGE 132, 210 = AP Nr. 1 zu § 7 AGG = NZA 2010, 327 (Rn. 46) – Sozialarbeiter.
[47] Nachweise bei ErfK/*Schlachter,* § 15 AGG Rn. 1.

(2) Wegen eines Schadens, der nicht Vermögensschaden ist, kann der Beschäftigte eine angemessene **Entschädigung** in Geld verlangen (**§ 15 II 1** AGG). Die Entschädigung darf bei einer Nichteinstellung drei Monatsgehälter nicht übersteigen, wenn der Beschäftigte auch bei benachteiligungsfreier Auswahl nicht eingestellt worden wäre (**§ 15 II 2** AGG).

Anders als der Anspruch auf Schadensersatz nach § 15 I AGG ist der Anspruch auf Entschädigung nach § 15 II AGG schon von Gesetzes wegen verschuldensunabhängig ausgestaltet.[48] Allerdings gilt das sog. Kollektivvertragsprivileg: Wurde der Arbeitgeber in Anwendung von Tarifverträgen oder Betriebsvereinbarungen tätig, ist er zur Entschädigung nur verpflichtet, wenn er vorsätzlich oder grob fahrlässig gehandelt hat (**§ 15 III** AGG). Ob das Kollektivvertragsprivileg des § 15 III AGG auf den Schadensersatzanspruch nach § 15 I AGG analog anzuwenden ist, ist umstritten.[49] Für alle Ansprüche aus § 15 I, II AGG gilt eine materiellrechtliche Ausschlussfrist von zwei Monaten (Einzelheiten in **§ 15 IV** AGG). Diese Frist verstößt nicht gegen die **Richtlinie 2000/43/EG**.[50]

167   Über den Aufbau der Lösung eines Rechtsfalls informiert am Beispiel eines **Anspruchs auf Schadensersatz nach § 15 I AGG** die **Übersicht 3.1**:

Übersicht 3.1: Anspruch auf Schadensersatz nach § 15 I AGG

I. Anwendbarkeit des AGG
  1. Sachlicher Anwendungsbereich, § 2 I AGG
  2. Kein Vorrang anderer Gesetze, § 2 II–IV AGG
  3. Persönlicher Anwendungsbereich der §§ 7–18 AGG, § 6 AGG

II. Verstoß gegen das Benachteiligungsverbot des § 7 I AGG
  1. Benachteiligungsgründe, §§ 1, 4 AGG
  2. Benachteiligungsformen, § 3 AGG
     a) Unmittelbare Benachteiligung (§ 3 I AGG)
     b) Mittelbare Benachteiligung (§ 3 II 1 AGG)
     c) Belästigung (§ 3 III AGG)
     d) Sexuelle Belästigung (§ 3 IV AGG)
     e) Anweisung zur Benachteiligung (§ 3 V AGG)
  3. Keine Rechtfertigung gemäß § 3 II 2 AGG oder §§ 8–10 AGG
     a) Allgemeiner Rechtfertigungsgrund: § 8 AGG
     b) Bezüglich Religion oder Weltanschauung: § 9 AGG
     c) Bezüglich des Alters: § 10 AGG

III. Besondere Voraussetzungen des § 15 AGG
  1. Pflichtverletzung vom Arbeitgeber zu vertreten, § 15 I 2 AGG (str.)
  2. Keine Haftungseinschränkung nach § 15 III AGG (str.)
  3. Kein Haftungsausschluss nach § 15 IV AGG

---

[48] *BAG* vom 22. 1. 2009 – 8 AZR 906/07, BAGE 129, 181 = AP Nr. 1 zu § 15 AGG = NZA 2009, 945 (Rn. 61 ff.) – Erzieherin; *Jacobs*, RdA 2009, 193 (196); umfassend *Walker*, NZA 2009, 5 (6 ff.).

[49] Überblick bei Däubler/Bertzbach/*Deinert*, AGG, § 15 Rn. 92.

[50] *EuGH* vom 8. 7. 2010 – C-246/09, NZA 2010, 869 (Rn. 42) – Bulicke; *BAG* vom 24. 9. 2009 – 8 AZR 705/08, AP Nr. 2 zu § 3 AGG = NZA 2010, 387 (Rn. 40 ff.) – Kommissionierer; s. zum Beginn der Ausschlussfrist *BAG* vom 15. 3. 2012 – 8 AZR 37/11, NZA 2012, 910 (Rn. 60 ff.) – Justizvollzugsanstaltslehrer.

III. Abschluss des Arbeitsvertrags

Der Arbeitsvertrag kommt zustande durch eine rechtsgeschäftliche **Einigung** 168
der Parteien (dazu 1), die nach den allgemeinen Regeln – insbesondere über die
Geschäftsfähigkeit, die Geschäftsform und den Geschäftsinhalt – **wirksam** sein
muss (dazu 2). Der Grundsatz der **Abschlussfreiheit** ist bei Arbeitsverträgen
stärker eingeschränkt als bei anderen Schuldverträgen (dazu 3).

1. Einigung der Parteien

Die Einigung der Parteien besteht aus zwei inhaltlich übereinstimmenden 169
Willenserklärungen, dem Angebot (§ 145 BGB: „Antrag") und der Annahme
(§ 151 Satz 1, 1. Hs. BGB). Die **Stellenausschreibung** – umgangssprachlich das
„Stellenangebot" – ist regelmäßig noch kein Angebot im Rechtssinne, sondern
nur eine Aufforderung an das Publikum, Bewerbungen zu unterbreiten (invita-
tio ad offerendum). Auch das **Bewerbungsschreiben** stellt in der Regel noch
kein Angebot dar, denn sonst könnte der Arbeitgeber durch ein bloßes „Ja" den
verdutzten Bewerber einstellen, der sich möglicherweise auch woanders bewor-
ben hat. Das Angebot im Rechtssinne erfolgt in der Praxis meist im oder nach
dem Bewerbungsgespräch; es geht i. d. R. vom Arbeitgeber aus.

Die früher vertretene **Eingliederungstheorie** ließ ein Arbeitsverhältnis nicht
durch einen Vertrag zwischen Arbeitgeber und Arbeitnehmer entstehen, sondern
durch die beiderseits gewollte, tatsächliche Eingliederung des Arbeitnehmers in
den Betrieb des Arbeitgebers.[51] Der Streit zwischen der Eingliederungstheorie
und der – heute allgemein vertretenen – **Vertragstheorie**[52] entzündete sich an
der Frage, wie die Fälle zu behandeln sind, in denen auf der Grundlage eines
unwirksamen oder angefochtenen Arbeitsvertrags gearbeitet wird. Diese Fälle
werden heute mit der Lehre vom fehlerhaften Arbeitsverhältnis (Rn. 193–199)
gelöst. Die Eingliederungstheorie wird nicht mehr vertreten.

> **Durchblick:** Nicht die **Eingliederung**, aber die **Einstellung** spielt eine Rolle in der Betriebs-
> verfassung, indem sie die Beteiligungsrechte des Betriebsrats nach § 99 BetrVG auslöst und
> den Arbeitnehmer zu einem wahlberechtigten Mitglied der Belegschaft macht (§ 7 BetrVG).
> Die „Einstellung" im betriebsverfassungsrechtlichen Sinne ist nicht der Abschluss des Ar-
> beitsvertrags, sondern die Zuweisung eines Arbeitsbereichs, der dem Arbeitnehmer im Be-
> trieb übertragen wird (Rn. 761).

a) **Notwendige Vertragsbestandteile:** Die Mindestbestandteile der Einigung 170
(**essentialia negotii**) ergeben sich aus §§ 611, 612 BGB: Erforderlich ist ein Kon-
sens darüber, wer die **Vertragsparteien** (Arbeitgeber und Arbeitnehmer) sein sollen und welche unselbständigen Dienste (**Arbeitsleistung**) der Arbeitnehmer
schulden soll. Die zu leistenden Dienste brauchen nicht in allen Einzelheiten bestimmt zu sein, denn die Arbeitspflicht wird durch das Weisungsrecht des Arbeitgebers konkretisiert (Rn. 204–215).

> Eine Abrede über die **Vergütung** gehört nicht zu den Mindestbestandteilen der Einigung:
> Haben die Parteien sich nicht darüber geeinigt, ob eine Vergütung geschuldet ist, gilt eine Ver-

---

[51] *Nikisch* I, § 19 IV 2; zum historischen Kontext; *Zeuner,* Kissel-FS (1994), S. 1305.
[52] *Hueck/Nipperdey* I, § 21 IV.

gütung als stillschweigend vereinbart, wenn die Arbeit den Umständen nach nur gegen eine Vergütung zu erwarten ist (§ 612 I BGB, zur Höhe der Vergütung s. § 612 II BGB).

b) **Einigung durch Stellvertreter:** Sowohl der Arbeitgeber als auch der Arbeitnehmer können sich der Stellvertretung bedienen, um den Arbeitsvertrag abzuschließen (§§ 164 ff. BGB). Der **Arbeitgeber** muss sich vertreten lassen, wenn er eine Personenhandelsgesellschaft (§§ 125 I, 161 II, 170 HGB) oder eine juristische Person ist (§ 35 GmbHG, § 78 AktG). Aufseiten der **Arbeitnehmer** spielt die gesetzliche Vertretung von Minderjährigen eine Rolle. Insoweit gelten die allgemeinen Vertretungsregeln (§§ 164 ff. BGB) mit einer Ausnahme: Schließen Eltern mit ihrem Kind einen Berufsausbildungsvertrag, befreit § 10 III BBiG sie vom Verbot des Selbstkontrahierens (§ 181 BGB).

171   c) **Beteiligung des Betriebsrats:** In Unternehmen mit i. d. R. mehr als 20 wahlberechtigten Arbeitnehmern, die einen Betriebsrat haben, ist der Betriebsrat nach § 99 I 1 BetrVG vor jeder Einstellung zu unterrichten; ihm sind die Bewerbungsunterlagen vorzulegen (Rn. 764). In den Fällen des § 99 II BetrVG hat der Betriebsrat das Recht, die Zustimmung zu verweigern (Rn. 765). Wenn das geschieht und die Zustimmung nicht nach § 99 IV BetrVG durch das Arbeitsgericht ersetzt wird, bleibt eine bereits erfolgte Einstellung rechtswirksam; sie muss aber, wenn der Arbeitsvertrag nicht unter einer auflösenden Bedingung geschlossen wurde, rückgängig gemacht werden (z.B. durch betriebsbedingte Kündigung, s. Rn. 766). Das Zustimmungsverweigerungsrecht des Betriebsrats gehört daher systematisch nicht zu den Gründen der Unwirksamkeit des Arbeitsvertrags, sondern zu den gesetzlichen Einschränkungen der Vertragsfreiheit. Dem Arbeitnehmer können gem. § 280 I i. V. m. §§ 311 II, III, 241 II BGB Ansprüche aus Verschulden bei Vertragsverhandlungen zustehen (Rn. 156).

2. Wirksamkeit der Einigung

172   Die Einigung der Parteien über den Abschluss eines Arbeitsvertrags führt nur zu vertraglichen Verpflichtungen, wenn keine Nichtigkeitsgründe bestehen. Beim Arbeitsvertrag kommen insbesondere in Betracht: die mangelnde Geschäftsfähigkeit (§§ 104 ff. BGB), ein Formmangel (§§ 125 ff. BGB) sowie ein Verstoß gegen ein gesetzliches Verbot oder gegen die guten Sitten (§§ 134, 138 BGB).[53]

a) Geschäftsfähigkeit

173   Die Parteien des Arbeitsvertrags müssen bei Vertragsschluss geschäftsfähig sein: Wer **geschäftsunfähig** ist, kann einen wirksamen Arbeitsvertrag nicht schließen (§§ 104, 105 BGB); für ihn muss der gesetzliche Vertreter, insbesondere der Betreuer (§ 1902 BGB), tätig werden. Wer nach § 106 BGB **beschränkt geschäftsfähig** ist, kann ein Arbeitsverhältnis grundsätzlich nur eingehen, wenn der gesetzliche Vertreter zustimmt (§§ 107–109 BGB). Zwei Ausnahmen von diesem Grundsatz enthalten die §§ 112, 113 BGB, die zu einer teilweisen (partiellen) Geschäftsfähigkeit des Minderjährigen führen:

---

[53] Zur Nichtigkeit eines Arbeitsvertrags nach § 117 BGB: *BAG* vom 22. 9. 1992 – 9 AZR 385/91, AP Nr. 2 zu § 117 BGB = NZA 1993, 837 = FamRZ 1993, 698.

(1) Für den **minderjährigen Arbeitgeber** gilt § 112 BGB: Ermächtigt der gesetzliche Vertreter mit Genehmigung des Vormundschaftsgerichts den Minderjährigen zum selbständigen Betrieb eines Erwerbsgeschäfts, ist der Minderjährige für Rechtsgeschäfte unbeschränkt geschäftsfähig, die der Geschäftsbetrieb mit sich bringt (§ 112 I 1 BGB). Zu solchen Rechtsgeschäften gehört auch der Abschluss von Arbeitsverträgen (Einschränkungen in § 112 I 2, II BGB).

(2) Für den **minderjährigen Arbeitnehmer** gilt § 113 BGB: Ermächtigt der gesetzliche Vertreter den Minderjährigen, in Dienst oder in Arbeit zu treten, ist der Minderjährige für Rechtsgeschäfte unbeschränkt geschäftsfähig, welche (a) die Eingehung oder Aufhebung eines Dienst- oder Arbeitsverhältnisses der gestatteten Art oder (b) die Erfüllung der sich aus einem solchen Vertrag ergebenden Verpflichtungen betreffen (§ 113 I 1 BGB, Einzelheiten in § 113 I 2, II–IV BGB).

b) Formwirksamkeit

Arbeitsverträge können nach den Regeln des Bürgerlichen Rechts grundsätz- **174** lich formfrei geschlossen werden. Bei einem befristeten Arbeitsverhältnis bedarf nach § 14 IV TzBfG nur die Befristungsabrede, nicht aber der gesamte Arbeitsvertrag der Schriftform (Rn. 434): Der Gesetzgeber hat sich gegen ein generelles Formerfordernis entschieden, weil der Abschluss von Arbeitsverträgen nicht erschwert werden soll. Rechtstatsächlich werden allerdings knapp 90% aller Arbeitsverträge schriftlich geschlossen.[54] Rechtlich gibt es Ausnahmen vom Grundsatz der Formfreiheit durch gesetzliche, tarifvertragliche oder arbeitsvertragliche Anordnung:

(1) **Gesetzliche Formvorschriften** finden sich in **§ 11 BBiG** für den Ausbil- **175** dungsvertrag und in **§ 11 I AÜG** für den Leiharbeitsvertrag. Diese Normen machen schon durch ihren Wortlaut deutlich, dass es sich um deklaratorische Formerfordernisse handelt: Die Verträge sind auch mündlich wirksam; der Auszubildende und der Leiharbeitnehmer können jedoch verlangen, dass die wesentlichen Vertragsbedingungen schriftlich fixiert werden.

Ein deklaratorisches Formerfordernis sieht auch das **Nachweisgesetz** von 1995 vor, das die **Richtlinie 91/533/EWG** in das deutsche Recht transformiert. Gemäß § 2 I 1 NachwG hat der Arbeitgeber spätestens einen Monat nach dem vereinbarten Beginn des Arbeitsverhältnisses die wesentlichen Vertragsbedingungen (§ 2 I 2 NachwG) schriftlich niederzulegen, die Niederschrift zu unterzeichnen und dem Arbeitnehmer auszuhändigen. Wenn der Arbeitgeber die Nachweispflicht nicht erfüllt, kann der Arbeitnehmer ihn nach §§ 280 I, 249 BGB auf Schadensersatz in Anspruch nehmen;[55] ferner ist es dem Arbeitgeber nach § 242 BGB verwehrt, sich auf eine tarifliche Ausschlussfrist zu berufen, wenn er entgegen § 2 I 2 Nr. 10 NachwG nicht auf den Tarifvertrag hingewiesen hat.[56] Auf die Wirksamkeit des Arbeitsvertrags hat es keinen Einfluss, wenn der Arbeitgeber das Nachweisgesetz verletzt.[57]

(2) Schreibt ein **Tarifvertrag** vor, dass der Arbeitsvertrag der beiderseits Ta- **176** rifgebundenen schriftlich abzuschließen ist, geht die Rechtsprechung – um den

---

[54] Begründung des Gesetzentwurfs, BT-Drs. 13/668, S. 8.
[55] *BAG* vom 17. 4. 2002 – 5 AZR 89/01, AP Nr. 6 zu § 2 NachwG = NZA 2002, 1096 (1098 f.) = SAE 2003, 138 m. Anm. *Benecke*.
[56] *LAG Düsseldorf* vom 17. 5. 2001 – 5 (3) Sa 45/01, NZA-RR 2002, 477 (478).
[57] ErfK/*Preis*, Einl. NachwG Rn. 7; H/W/K/*Kliemt*, Vorb. NachwG Rn. 14.

Abschluss von Arbeitsverträgen zu erleichtern – im Zweifel davon aus, dass die tarifliche Formvorschrift nur Beweiszwecken dienen, also nur **deklaratorische Bedeutung** haben soll.[58] Tarifrechtlich handelt es sich dann um eine Inhaltsnorm (Rn. 504). Hat die tarifliche Formvorschrift ausnahmsweise **konstitutive Bedeutung** (Abschlussnorm i. S. d. §§ 1 I, 4 I 1 TVG), ist der Arbeitsvertrag nach § 125 Satz 1 BGB nichtig, wenn die Schriftform nicht eingehalten wurde.[59]

(3) Im **Arbeitsvertrag** können die Parteien vereinbaren, dass Vertragsänderungen oder -ergänzungen der Schriftform bedürfen (**Schriftformklausel**). Die Wirkung dieser „durch Rechtsgeschäft bestimmten schriftlichen Form" (**§ 127 Satz 1 BGB**) hängt davon ab, ob das Formerfordernis deklaratorische oder konstitutive Bedeutung haben soll:

(a) Wenn die Schriftform nach dem Willen der Parteien (§§ 133, 157 BGB) nur der Klarstellung oder der Beweissicherung dient, hat das Formerfordernis bloß **deklaratorische Bedeutung:** Auch eine mündliche Änderung oder Ergänzung des Vertrags ist wirksam, jedoch kann jede Partei verlangen, dass das mündlich Vereinbarte schriftlich niedergelegt wird.[60]

177   (b) Lässt sich – wie meist – durch Auslegung nicht feststellen, dass die Parteien ein deklaratorisches Formerfordernis gewollt haben, hat das rechtsgeschäftlich vereinbarte Schriftformerfordernis nach **§ 125 Satz 2 BGB** („im Zweifel") **konstitutive Bedeutung.** Zwei Arten konstitutiver Schriftformklauseln sind zu unterscheiden:

– Bei einer **einfachen Schriftformklausel** (Beispiel: „Vertragsänderungen bedürfen der Schriftform.") interpretiert die Rechtsprechung eine mündliche Vertragsänderung oder -ergänzung als stillschweigende Aufhebung des Formerfordernisses.[61] Das mündlich Vereinbarte ist trotz (einfacher) Schriftformklausel wirksam; die mündliche Vereinbarung muss allerdings im Rechtsstreit von demjenigen, der sich auf sie beruft, bewiesen werden.

– Dagegen machen die Parteien durch die Verwendung einer sog. **doppelten Schriftformklausel** (Beispiel: „Vertragsänderungen bedürfen der Schriftform. Mündliche Vereinbarungen über die Aufhebung der Schriftform sind nichtig.") deutlich, dass sie besonderen Wert auf das konstitutive Formerfordernis legen und es auf keinen Fall mündlich abbedingen wollen.[62]

Es fragt sich allerdings, ob die doppelte Schriftformklausel wirksam ist. Wurde sie – wie meist – nicht von den Arbeitsvertragsparteien ausgehandelt, sondern vom Arbeitgeber vorformuliert, sind die §§ 305 ff. BGB zu beachten (Rn. 77 ff.): Die doppelte Schriftformklausel ist nach **§ 307 I 1 BGB** insgesamt unwirksam, wenn aus ihr nicht unmissverständlich hervorgeht, dass individuelle Vertragsabreden nach **§ 305 b BGB** gleichwohl zulässig und wirksam

---

[58] *BAG* vom 10. 6. 1988 – 2 AZR 7/88, AP Nr. 5 zu § 1 BeschFG 1985 = NZA 1989, 21; *BAG* vom 25. 7. 1996 – 6 AZR 179/95, AP Nr. 8 zu § 27 BAT = NZA 1997, 620.
[59] *BAG* vom 15. 11. 1957 – 1 AZR 189/57, BAGE 5, 58 (60) = AP Nr. 2 zu § 125 BGB = NJW 1958, 397.
[60] Palandt/*Ellenberger*, § 125 BGB Rn. 17; MünchKommBGB/*Einsele*, § 125 Rn. 69.
[61] *BAG* vom 10. 1. 1989 – 3 AZR 460/87, AP Nr. 57 zu § 74 HGB = NJW 1989, 2149 = NZA 1989, 797.
[62] *BAG* vom 24. 6. 2003 – 9 AZR 302/02, BAGE 106, 345 (350 f.) = AP Nr. 63 zu § 242 BGB Betriebliche Übung = NZA 2003, 1145 – „Stella Musical GmbH Hamburg".

sind.[63] Enthält die vorformulierte doppelte Schriftformklausel einen derartigen Vorbehalt, sind individuelle mündliche Abreden wirksam; es kann jedoch – das ist der Sinn einer solchen „doppelten Schriftformklausel mit Vorbehalt" keine betriebliche Übung (Rn. 79) entstehen.

c) Gesetzes- oder Sittenverstoß

(1) Es ereignet sich selten, dass der **Arbeitsvertrag als solcher** gegen ein ge- **178** setzliches Verbot i.S.d. **§ 134 BGB** verstößt. Ein – eher theoretisches – Beispiel wäre ein Arbeitsvertrag, der auf die Begehung von Einbruchsdiebstählen gerichtet ist (§§ 242, 243 StGB). Auch Arbeitsverträge, die nach **§ 138 I BGB** nichtig sind, weil die vom Arbeitnehmer geschuldete Hauptleistung gegen die guten Sitten verstößt, sind rar. Ein **Beispiel** ist ein Fall, in welchem sich ein Ehepaar arbeitsvertraglich verpflichtet hatte, in einer Nachtbar allabendlich den Geschlechtsakt vorzuführen.[64] In diesen Fällen sind bereits gewährte Leistungen nach den Regeln der §§ 812 ff. BGB abzuwickeln, wenn nicht die Grundsätze des fehlerhaften Arbeitsverhältnisses gelten (Rn. 193–199).

(2) Häufiger kommt es vor, dass **einzelne Arbeitsbedingungen** (z.B. die vereinbarte Arbeitszeit, Kündigungsabreden oder Wettbewerbsverbote) gegen eine der zahlreichen zwingenden Bestimmungen des Arbeitsrechts verstoßen, die zugleich Verbotsgesetze i.S.d. § 134 BGB darstellen. Entgegen dem Auslegungsgrundsatz des § 139 BGB führt die Nichtigkeit einer einzelnen Vertragsbestimmung im Arbeitsrecht regelmäßig nicht zur Unwirksamkeit des ganzen Arbeitsvertrags:[65] Anderenfalls würde sich die Verbotsvorschrift, die den Arbeitnehmer schützen soll, im Ergebnis zum Nachteil des Arbeitnehmers auswirken. Deshalb wird die nichtige Vertragsklausel (**Beispiel:** eine nach § 622 V BGB unzulässig verkürzte Kündigungsfrist) in der Regel durch die gesetzliche Bestimmung ersetzt (im Beispiel durch § 622 I BGB). Entsprechendes gilt, wenn eine vereinbarte Arbeitsbedingung gegen die guten Sitten verstößt (§ 138 BGB).

(3) Der wichtigste Anwendungsfall des § 138 BGB im Arbeitsverhältnis ist die **179** sittenwidrige **Entgeltvereinbarung.** Der I. Strafsenat des BGH bejaht bereits dann, wenn die Parteien einen Lohn von etwa einem Drittel unter Tarif vereinbart haben, einen strafbaren Lohnwucher (§ 291 I 1 Nr. 3 StGB).[66] Die Vergütungsabrede ist dann nach § 134 BGB nichtig. Zugleich kann ein Fall des § 138 II oder I BGB vorliegen: Wenn zwar der Wuchertatbestand des **§ 138 II BGB** („Ausbeutung der Zwangslage, der Unerfahrenheit, des Mangels an Urteilsvermögen oder der erheblichen Willensschwäche") nicht erfüllt ist, das Rechtsgeschäft aber gleichwohl durch ein auffälliges Missverhältnis von Leistung und Gegenleistung und eine anstößige Gesinnung des Bevorteilten gekennzeichnet wird, verstößt die Vergütungsabrede gegen **§ 138 I BGB** (wucherähnli-

---

[63] *BAG* vom 20. 5. 2008 – 9 AZR 382/07, AP Nr. 35 zu § 307 BGB = NZA 2008, 1233 (Rn. 27) = SAE 2009, 89 *(Franzen)*; s. auch *Preis*, NZA 2009, 281.

[64] *BAG* vom 1. 4. 1976 – 4 AZR 96/75, BAGE 28, 83 (89) = AP Nr. 34 zu § 138 BGB = NJW 1976, 1958.

[65] *BAG* vom 26. 2. 2003 – 5 AZR 690/01, BAGE 105, 187 (191) = AP Nr. 24 zu § 134 BGB = NZA 2004, 313 (bei einer „Schwarzgeldabrede" ist weder der Arbeitsvertrag noch die Vergütungsabrede nichtig, sondern nur die Abrede, von der Vergütung keine Steuern und Sozialversicherungsbeiträge abzuführen).

[66] *BGH* vom 22. 4. 1997 – I StR 701/96, BGHSt 43, 53 = AP Nr. 52 zu § 138 BGB = NZA 1997, 1167; zustimmend *BAG* vom 22. 4. 2009 – 5 AZR 436/08, BAGE 130, 388 = AP Nr. 64 zu § 138 BGB m.Anm. *Bayreuther* = NZA 2009, 837 (Rn. 17) = SAE 2010, 101 m.Anm. *Joussen* (95).

ches Rechtsgeschäft). Da in diesen Fällen die Höhe der Vergütung einzelvertraglich nicht wirksam bestimmt ist, gilt die übliche Vergütung als zwischen den
Parteien vereinbart.

> **Beispiel:** Ein Rechtsanwalt beschäftigt einen Assessor, der durch die Pflege seines Vaters
> örtlich gebunden ist und eine andere Arbeitsstelle am Ort nicht findet, seit vier Jahren ge-
> gen eine monatliche Vergütung von 1.300 € bei einer vertraglich vereinbarten Wochenar-
> beitszeit von 36 Stunden. Nach Auskunft der örtlichen Anwaltskammer beträgt die übliche
> Vergütung für das 1. Berufsjahr 2.500 €, für das 2. Berufsjahr 3.000 € für das 3. Berufsjahr
> 3.300 € und für das 4. Berufsjahr 3.500 €, allerdings bei einer Wochenarbeitszeit von 45
> Stunden. – Da die vereinbarte Vergütung – je nach Berufsjahr – nur zwischen 65 % und
> 46 % der ortsüblichen Vergütung liegt (bezogen auf die geschuldete Arbeitszeit), ist die Ver-
> gütungsvereinbarung als wucherähnliches Rechtsgeschäft nichtig (§ 138 I BGB). Im Interes-
> se des Arbeitnehmerschutzes bleibt der Arbeitsvertrag als solcher wirksam; der Arbeitgeber
> schuldet jedoch die übliche Vergütung (§ 612 II BGB). Der Assessor kann gemäß §§ 611 I,
> 612 II BGB die Differenz zu den gezahlten Beträgen geltend machen, soweit nicht die Ein-
> rede der Verjährung der Durchsetzbarkeit des Anspruchs entgegensteht (§ 195 BGB: drei
> Jahre).[67]

3. Schranken der Abschlussfreiheit

180   Für den Abschluss von Arbeitsverträgen gilt der Grundsatz der Vertragsfreiheit in Gestalt der Abschlussfreiheit (Einstellungsfreiheit), der verfassungsrechtlich durch Art. 2 I, 12 I GG geschützt und einfachgesetzlich in § 105 Satz 1
GewO normiert ist. Das Prinzip der Abschlussfreiheit bedeutet, dass Arbeitgeber und Arbeitnehmer in der Entscheidung frei sind, ob und mit wem sie ein
Arbeitsverhältnis eingehen. Dieser Grundsatz wird aber durch Einstellungshindernisse, abstrakte Einstellungsgebote, (konkrete) Einstellungsansprüche und
gesetzliche Entstehungstatbestände durchbrochen.

181   Das System dieser Durchbrechungen zeigt einführend die **Übersicht 3.2** (Grenzen der Einstellungsfreiheit):

Übersicht 3.2: Grenzen der Einstellungsfreiheit

I. Einstellungshindernisse (Rn. 182, 183)
    1. Abschlussverbote (Folge: Nichtigkeit des Arbeitsvertrags)
      Beispiel: § 5 I JArbSchG
    2. Gegensatz: Bloße Beschäftigungsverbote
      Beispiele: §§ 3 ff. MuSchG

II. Abstrakte Einstellungsgebote (Rn. 184)
    = Einstellungspflichten, denen kein konkreter Anspruch gegenübersteht
    1. aus Gesetz (*Beispiel:* § 71 I SGB IX)
    2. aus Tarifvertrag (*Beispiel:* Besetzungsregeln)

III. Einstellungsansprüche (Rn. 185, 186)
    1. aus Verfassung oder Gesetz
      Beispiele: Art. 33 II GG, § 78 a BetrVG
    2. aus dem Arbeitsvertrag
      Beispiel: Befristung i. V. m. § 242 BGB

---

[67] Fall frei nach *ArbG Bad Hersfeld* vom 4. 11. 1998 – 2 Ca 255/98, NZA-RR 1999, 629;
LAG Hessen vom 28. 10. 1999 – 5 Sa 169/99, NZA-RR 2000, 521.

IV. **Gesetzliche Entstehungstatbestände** (Rn. 187)
  1. Gesetzliche Begründung eines Arbeitsverhältnisses
     Beispiel: § 10 I 1 AÜG
  2. Gesetzlicher Übergang eines Arbeitsverhältnisses
     Beispiel: § 613 a I 1 BGB

a) Einstellungshindernisse

Ein echtes Einstellungshindernis – und damit eine effektive Einschränkung **182**
der Abschlussfreiheit – wird nur durch ein **Abschlussverbot** begründet. Es hat
die Folge, dass ein verbotswidrig abgeschlossener Arbeitsvertrag unwirksam ist
(s. Rn. 178). Ein bloßes **Beschäftigungsverbot** hat dagegen auf die Wirksamkeit
des Arbeitsvertrags keinen Einfluss, sondern hindert nur – dauernd oder zeit-
weise – die Durchführung des Arbeitsvertrags.[68] Zu welcher Kategorie eine Vorschrift gehört, ist durch Gesetzesauslegung zu ermitteln:

(1) **Abschlussverbote** sind die Vorschriften zum **Jugendarbeitsschutz**, die
1997 an die **Richtlinie 94/33/EWG** angepasst wurden: Personen, die noch nicht
15 Jahre alt sind (Kinder) oder noch der Vollzeitschulpflicht unterliegen (§ 2 I,
III JArbSchG), dürfen nach § 5 I JArbSchG nicht beschäftigt werden. Ausnahmen, z.B. bei Musikaufführungen, bestehen nach §§ 5 II–V, 6 und 7 JArbSchG.
Aus dem Zweck dieser Beschäftigungsverbote, einen effektiven Jugendschutz zu
gewährleisten, folgt, dass verbotswidrig abgeschlossene Arbeitsverträge nichtig
sind (§ 134 BGB).[69]

(2) **Beschäftigungsverbote**, die keinen Einfluss auf die Wirksamkeit des Ar- **183**
beitsvertrags haben, finden sich in den Vorschriften zum **Mutterschutz:** Wenn
ein Beschäftigungsverbot nach §§ 3 ff. MuSchG, z.B. zum Schutz der Gesundheit von Mutter oder Kind (§ 3 I MuSchG), erst nach dem Abschluss des Arbeitsvertrags eintritt, kann es die Wirksamkeit des bereits geschlossenen Arbeitsvertrags ohnehin nicht mehr berühren. Nichts anderes kann gelten, wenn
das Beschäftigungsverbot schon bei Abschluss des Arbeitsvertrags bestand.[70]
Ein Beschäftigungsverbot nach §§ 3 ff. MuSchG kann nach den **Richtlinien
92/85/EWG** (Mutterschutz) und **06/54/EG** (Gleichbehandlung der Geschlechter) auch nicht herangezogen werden, um das Arbeitsverhältnis zu kündigen,
selbst wenn das Kündigungsverbot des § 9 I MuSchG noch nicht oder nicht
mehr einschlägig ist.[71]

Die meisten Verbotsvorschriften des Arbeitsrechts sind keine Abschluss-, sondern nur Beschäftigungsverbote. So hat z.B. ein Verstoß gegen das Verbot, Ausländer ohne Arbeitserlaubnis zu beschäftigen (§ 18, 39 AufenthaltsG), auf die Wirksamkeit des Arbeitsvertrags keinen
Einfluss; das Arbeitsverhältnis kann aber durch personenbedingte Kündigung beendet wer-

---

[68] Die Terminologie ist uneinheitlich, vgl. *Preis* I, §§ 22 IV, 23 I 1; *Hromadka/Maschmann* I,
§ 5 Rn. 96–102.
[69] ErfK/*Schlachter*, § 5 JArbSchG Rn. 12; *Zöllner/Loritz/Hergenröder*, § 33 III 1.
[70] ErfK/*Schlachter*, § 3 MuSchG Rn. 2; *Zöllner/Loritz/Hergenröder*, § 32 II 2.
[71] *EuGH* vom 5. 5. 1994 – C-421/92, Slg. 1994, I-1657 – Habermann-Beltermann/Arbeiter-
wohlfahrt; *EuGH* vom 4. 10. 2001 – C-438/99, Slg. 2001, I-6915 – Jiménez Melgar/Los Bar-
rios.

den.[72] In einem weiteren Sinne kann man auch die Vorschriften des Arbeitsschutzrechts, z.B. des gesetzlichen Arbeitszeitrechts, als Beschäftigungsverbote begreifen.

b) Abstrakte Einstellungsgebote

184   Die Abschlussfreiheit kann nicht nur negativ durch Einstellungshindernisse beschränkt sein, sondern auch positiv durch abstrakte Einstellungsgebote, denen aber kein Einstellungsanspruch eines bestimmten Bewerbers gegenübersteht:

(1) Der Prototyp einer gesetzlichen Beschäftigungspflicht, die nicht durch einen Einstellungsanspruch sanktioniert ist, findet sich im **Sozialgesetzbuch IX:** Arbeitgeber, die über mindestens 20 Arbeitsplätze verfügen, sind verpflichtet, auf mindestens 5% ihrer Arbeitsplätze schwerbehinderte Menschen zu beschäftigen (§ 71 I SGB IX).[73] Der Einzelne arbeitsuchende Schwerbehinderte hat keinen Einstellungsanspruch; die Verpflichtung des Arbeitgebers besteht nur gegenüber dem Staat, dem bei Nichterfüllung **Ausgleichsabgaben** (§ 77 SGB IX) und Geldbußen (§ 156 I Nr. 1, II SGB IX) zu leisten sind.

(2) Normen in **Tarifverträgen,** z.B. Vorschriften, wonach an Maschinen eine bestimmte Zahl von Arbeitnehmern zu beschäftigen sind (Besetzungsregeln), begründen in der Regel ebenfalls keine Einstellungsansprüche einzelner Personen. Eine Ausnahme besteht, wenn ein Tarifvertrag eine sog. **Wiedereinstellungsklausel** enthält: Danach müssen die Arbeitnehmer, deren Arbeitsverhältnis z.B. im Rahmen eines Arbeitskampfs beendet wurde, wieder eingestellt werden (Rn. 599).

c) Einstellungsansprüche

185   Einstellungspflichten aus § 71 I SGB IX oder aus tariflichen Besetzungsregeln (Rn. 184) begrenzen das Einstellungsermessen des Arbeitgebers ebenso wie z.B. die Benachteiligungsverbote des AGG (Rn. 157–167) oder gesetzliche Quotenregeln, wonach Bewerberinnen bei gleicher Qualifikation einen Vorrang vor männlichen Bewerbern haben.[74] Einstellungsansprüche, bei denen das Einstellungsermessen des Arbeitgebers „auf Null reduziert" ist (Kontrahierungszwang), sind demgegenüber selten:

(1) Ein Kontrahierungszwang aus der **Verfassung** kann sich nach Art. 33 II GG ergeben (jeder Deutsche hat nach seiner Eignung, Befähigung und fachlichen Leistung den gleichen Zugang zu jedem öffentlichen Amt), wenn die Nichteinstellung ermessensfehlerhaft und damit rechtswidrig wäre.[75]

---

[72] *BAG* vom 7. 2. 1990 – 2 AZR 359/89, AP Nr. 14 zu § 1 KSchG 1969 Personenbedingte Kündigung = NZA 1991, 341 = EzA § 1 KSchG Personenbedingte Kündigung Nr. 8 m. Anm. *Hergenröder.*
[73] Verfassungsmäßigkeit bejaht in *BVerfG* vom 1. 10. 2004 – 1 BvR 2221/03, NJW 2005, 737 = NZA 2005, 102 – Ausgleichsabgabe.
[74] Zur Zulässigkeit solcher Quotenregeln *EuGH* vom 17. 10. 1995 – C-450/93, Slg. 1995, I-3069 – Kalanke; *EuGH* vom 11. 11. 1997 – C-409/ 95, Slg. 1997, I-6393 – Marschall.
[75] *BAG* vom 19. 2. 2003 – 7 AZR 67/02, BAGE 105, 161 (167) = AP Nr. 58 zu Art. 33 II GG = NZA 2003, 1271; *BAG* vom 27. 7. 2005 – 7 AZR 508/04, BAGE 115, 296 (300) = AP Nr. 63 zu Art. 33 II GG = NZA 2005, 1243; *BAG* vom 24. 9. 2009 – 8 AZR 836/08, AP Nr. 41 zu § 611 BGB Persönlichkeitsrecht = NZA 2010, 159 (Rn. 52).

(2) Eine Vorschrift aus dem **Gesetz,** die auf einen Kontrahierungszwang hinausläuft, enthält § 78 a II BetrVG: Verlangt ein Mitglied der Jugend- und Auszubildendenvertretung im Betrieb innerhalb >>der Letzte>>n drei Monate vor Beendigung des Ausbildungsverhältnisses die Weiterbeschäftigung, gilt im Anschluss an die Ausbildung ein Arbeitsverhältnis auf unbestimmte Zeit als begründet. Es handelt sich um ein Gestaltungsrecht des Jugendvertreters, das ein Arbeitsverhältnis zustande bringt.[76]

(3) Erhebliche praktische Bedeutung haben Einstellungsansprüche aus **Vertrag,** wobei sog. **Wiedereinstellungsansprüche** in zwei Fallkonstellationen eine Rolle spielen: **186**

– Die erste Fallgruppe sind Einstellungsansprüche aus einem **zulässigerweise befristeten Arbeitsvertrag:** Hat der Arbeitgeber einem befristet eingestellten Arbeitnehmer – z.B. für den Fall, dass er sich bewährt – ein unbefristetes Arbeitsverhältnis in Aussicht gestellt oder eine entsprechende Erwartung geweckt, kann aus solchen vertrauenserzeugenden Zusagen oder Handlungen ein Anspruch des Arbeitnehmers erwachsen, nach Ablauf der Befristung einen unbefristeten Arbeitsvertrag zu erhalten.[77]
– Die zweite Fallgruppe umfasst nachwirkende Vertragspflichten aus einem **wirksam beendeten Arbeitsverhältnis,** wenn nach Ausspruch der Kündigung der Kündigungsgrund wegfällt. Das kann z.B. dadurch geschehen, dass anstelle einer geplanten Betriebsschließung ein Betriebsübergang gemäß § 613a I 1 BGB stattfindet[78] oder entgegen einer geplanten Betriebsstilllegung der Betrieb doch fortgeführt wird[79] (klausurmäßige Lösung eines solchen Sachverhalts: *Junker,* Fälle zum Arbeitsrecht, Fall 3).

d) *Gesetzliche Entstehungstatbestände*

Noch weiter als der Einstellungsanspruch, der gegebenenfalls mit der Leistungsklage gerichtlich durchgesetzt werden muss, geht die Begründung oder der Übergang eines Arbeitsverhältnisses kraft Gesetzes. Aus der Sicht des (neuen) Arbeitgebers entsteht ohne Rücksicht auf seinen Willen ein Arbeitsverhältnis; im Bestreitensfalle ist die Feststellungsklage des Arbeitnehmers die richtige Klageart. Zwei Fälle sind hervorzuheben: Nach **§ 10 I 1 AÜG** kommt kraft Gesetzes ein Arbeitsverhältnis zwischen dem Leiharbeitnehmer und dem Entleiher zustande, wenn dem Verleiher die Erlaubnis zur Arbeitnehmerüberlassung fehlt (Rn. 117). **§ 613a I 1 BGB** lässt bei einem Betriebsübergang die Arbeitsverhältnisse kraft Gesetzes auf den neuen Betriebsinhaber übergehen (Rn. 142). **187**

---

[76] GK-BetrVG/*Oetker,* § 78 a Rn. 83; W/P/K/*Preis,* § 78 a BetrVG Rn. 12.
[77] *BAG* vom 26. 4. 2006 – 7 AZR 190/05, AP Nr. 1 zu § 611 BGB Wiedereinstellung = NZA 2007, 55; *BAG* vom 13. 8. 2008 – 7 AZR 513/07, BAGE 127, 239 = AP Nr. 48 zu § 14 TzBfG = NZA 2009, 27 (Rn. 18).
[78] BAG vom 25. 10. 2007 – 8 AZR 989/06, AP Nr. 2 zu § 613 a BGB Wiedereinstellung = NZA 2008, 357 (Rn. 21); BAG vom 21. 8. 2008 – 8 AZR 201/07, AP Nr. 353 zu § 613 a BGB = NZA 2009, 29 (Rn. 59).
[79] *BAG* vom 4. 12. 1997 – 2 AZR 140/97, BAGE 87, 221 (229) = AP Nr. 4 zu § 1 KSchG 1969 Wiedereinstellung = NZA 1998, 702.

IV. Fehlerhaftes Arbeitsverhältnis

188 Der Arbeitsvertrag kann wie jedes andere Rechtsgeschäft an Mängeln leiden. Eine Reihe von Mängeln führt ohne weiteres zur **Nichtigkeit** des Arbeitsvertrags (dazu 1). Willensmängel berechtigen zur **Anfechtung** nach §§ 119 ff. BGB. Die wirksame Anfechtung hat nach § 142 I BGB ebenfalls die Nichtigkeit des Arbeitsvertrags zur Folge (dazu 2). Sowohl bei einem (per se) nichtigen als auch bei einem erfolgreich angefochtenen Arbeitsvertrag sind die **Rechtsfolgen** der Unwirksamkeit eingeschränkt, wenn das Arbeitsverhältnis in Vollzug gesetzt wurde[80] (dazu 3).

1. Nichtigkeit des Arbeitsvertrags

189 Die wesentlichen Nichtigkeitsgründe für Arbeitsverträge wurden bereits im Zusammenhang mit dem Abschluss des Arbeitsvertrags erläutert:

a) Die Willenserklärung eines **Geschäftsunfähigen** ist unwirksam (§ 105 I BGB); die Willenserklärung eines **beschränkt Geschäftsfähigen** ist ebenfalls unwirksam, wenn sie ohne die erforderliche Zustimmung des gesetzlichen Vertreters abgegeben wird (Rn. 173).

b) Missachten die Parteien eine **konstitutive Formvorschrift**, ist der Arbeitsvertrag nach § 125 Satz 1 BGB nichtig, wenn der Grundsatz von Treu und Glauben (§ 242 BGB) die Berufung auf die Formnichtigkeit nicht im Einzelfall ausschließt (Rn. 174–177).

c) Verletzt der Arbeitsvertrag ein **Verbotsgesetz**, ist er nichtig, wenn sich nicht aus dem Gesetz etwas anderes ergibt (§ 134 BGB). Nichtigkeit tritt nach § 138 BGB ein, wenn der Arbeitsvertrag als solcher gegen die **guten Sitten** verstößt (Rn. 178, 179).

2. Anfechtung des Arbeitsvertrags

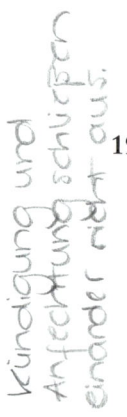

190 Die erfolgreiche Anfechtung des Arbeitsvertrags setzt voraus, dass ein **Anfechtungsgrund** besteht (§§ 119, 120, 123 BGB), der Anfechtungsberechtigte innerhalb der **Anfechtungsfrist** (§§ 121, 124 BGB) eine **Anfechtungserklärung** abgibt (§ 143 I BGB) und **kein Anfechtungsausschluss** – insbesondere nach § 144 I BGB wegen Bestätigung des Rechtsgeschäfts – eingreift. Anfechtung und Kündigung sind zwei unterschiedliche Gestaltungsrechte, die einander nicht ausschließen.[81] Ob eine Anfechtung oder eine (außerordentliche) Kündigung gewollt ist, muss bei unklarem Erklärungswortlaut durch Auslegung ermittelt werden (§§ 133, 157 BGB). Der Kündigungsschutz und die Beteiligung des Betriebsrats spielen für die Anfechtung keine Rolle. Der wichtigste Anwendungsfall der Anfechtungsregeln im Arbeitsverhältnis ist die Anfechtung durch den Arbeitgeber wegen arglistiger Täuschung durch den Arbeitnehmer (§ 123 I, 1. Fall BGB). Dieser Anfechtungsgrund hat vier Voraussetzungen:

---

[80] Zusammenfassend *BAG* vom 3. 12. 1998 – 2 AZR 754/97, BAGE 90, 251 = AP Nr. 49 zu § 123 BGB = NZA 1999, 584 (585 f.).
[81] *BAG* vom 28. 3. 1974 – 2 AZR 92/73, AP Nr. 3 zu § 119 BGB = WM 1974, 758.

- Es muss eine **Täuschung** begangen werden, was nicht nur durch positives Tun **191** (z.B. eine unzutreffende Antwort auf eine Frage des Arbeitgebers), sondern auch durch Unterlassen geschehen kann, wenn den Bewerber eine Offenbarungspflicht trifft (Rn. 150).
- Die **Rechtswidrigkeit** der Täuschung ist ein ungeschriebenes Tatbestandsmerkmal. Daran fehlt es, wenn der Arbeitnehmer eine **nicht zulässige Frage** (Rn. 151–153) falsch beantwortet: Die Willensfreiheit wird nicht vor rechtlich erlaubten Täuschungen geschützt.[82]
- Die **Kausalität** der Täuschung für den Abschluss des Arbeitsvertrags ist zu bejahen, wenn der Arbeitgeber die Willenserklärung ohne die Täuschung nicht oder mit einem anderen Inhalt abgegeben hätte; es genügt, wenn die Täuschung für den Vertragsschluss mitursächlich war.
- Die **Arglist** liegt vor, wenn der Bewerber wusste oder erkennen musste, dass die von ihm vorgespiegelte oder verschwiegene Tatsache für die Entscheidung des Arbeitgebers wesentlich sein konnte, ein Arbeitsverhältnis zu begründen; eine „Heimtücke" wird nicht verlangt.

Über die Voraussetzungen einer **Anfechtung des Arbeitsvertrags** unterrichtet **192** zusammenfassend die **Übersicht 3.3** (klausurmäßige Lösung eines Falles zur Anfechtung des Arbeitsvertrags: *Junker*, Fälle zum Arbeitsrecht, Fall 2):

Übersicht 3.3: Anfechtung des Arbeitsvertrags

I. **Anfechtungsgrund** (§§ 119, 120, 123 BGB)
   1. Inhalts- oder Erklärungsirrtum (§ 119 I BGB)
   2. Falsche Übermittlung der Willenserklärung (§ 120 BGB)
   3. Irrtum über eine verkehrswesentliche Eigenschaft (§ 119 II BGB)
      Beispiele: fehlende berufliche Qualifikationen, Vorstrafen[83]
   4. Widerrechtliche Drohung (§ 123 I, 2. Fall BGB)
   5. Arglistige Täuschung (§ 123 I, 1. Fall BGB)
      a) Täuschung durch positives Tun oder Unterlassen
      b) Rechtswidrigkeit der Täuschung
      c) Kausalität für die Willenserklärung
      d) Arglist: Bedingter Vorsatz genügt
II. **Anfechtungserklärung** (§ 143 I BGB)
   1. Empfangsbedürftige Willenserklärung (§ 143 I BGB)
   2. Gegebenenfalls Auslegung (§§ 133, 157 BGB)
III. **Anfechtungsfrist** (§§ 121 I, 124 I BGB)
   1. Bei §§ 119, 120 BGB: Unverzüglich (§ 121 I BGB)[84]
   2. Bei § 123 I BGB: Binnen Jahresfrist (§ 124 I BGB)
IV. **Kein Ausschluss der Anfechtung** (§ 144 I BGB)

---

[82] *BAG* vom 28. 5. 1998 – 2 AZR 549/97, AP Nr. 46 zu § 123 BGB = NZA 1998, 1052; *BAG* vom 6. 2. 2003 – 2 AZR 621/01, NZA 2003, 848.

[83] Einzelheiten bei *Preis* I, § 23 I 2 b, aa; *Thüsing/Lambrich*, BB 2002, 1146.

[84] Für eine analoge Anwendung der Zweiwochenfrist des § 626 II BGB: *BAG* vom 14. 12. 1979 – 7 AZR 38/78, AP Nr. 4 zu § 119 BGB = NJW 1980, 1302; dagegen *Zöllner/Loritz/Hergenröder*, § 12 II 1 b.

[Handschriftliche Randnotiz:]
Anfechtung u. Nichtigkeit
bei in Vollzug gesetztem Arb.verh.:
- Für Vergangenheit wirksam
- Für Zukunft unwirksam

3. Rechtsfolgen der Unwirksamkeit

193   Hat ein Mangel des Arbeitsvertrags die Nichtigkeit zur Folge, ist der Vertrag von Anfang an („ex tunc") unwirksam. Dasselbe gilt, wenn ein anfechtbarer Arbeitsvertrag angefochten wird (§ 142 I BGB). Ist das Arbeitsverhältnis noch **nicht in Vollzug gesetzt** (hat der Arbeitnehmer noch keine Arbeitsleistungen erbracht), wenn die Nichtigkeit entdeckt oder die Anfechtung erklärt wird, kann es bei den allgemeinen Regeln bleiben: Hat der Arbeitgeber bereits Leistungen gewährt, beispielsweise einen Vorschuss gezahlt, steht ihm ein Rückgewähranspruch aus ungerechtfertigter Bereicherung zu (§ 812 I 1, 1. Fall BGB).

Wenn das Arbeitsverhältnis dagegen bereits **in Vollzug gesetzt** wurde, indem der Arbeitnehmer die Arbeit tatsächlich aufgenommen hat, ist die Rückabwicklung nach Bereicherungsrecht problematisch, weil die Vorschrift über den Wegfall der Bereicherung (§ 818 III BGB) den Arbeitnehmerschutz beeinträchtigen kann. Nach der **Lehre vom fehlerhaften Arbeitsvertrag** wird der nichtige oder angefochtene Arbeitsvertrag daher unter bestimmten Voraussetzungen **für die Vergangenheit** so behandelt, als wäre er fehlerfrei zustande gekommen; **für die Zukunft** kann sich jede Partei zu jeder Zeit durch einseitige Erklärung („Lossagung") von dem fehlerhaften Arbeitsvertrag lösen. Dazu der

194   **Übungsfall 7 (Handschrift):** Frau Schmidt bewarb sich bei der Medico GmbH Münster (M. GmbH) um eine Stelle als Gebietsleiterin im Pharma-Außendienst. Die M. GmbH bat „um die umgehende Zusendung eines handgeschriebenen (handgeschrieben ist wichtig) Lebenslaufs". Diesen Lebenslauf ließ Frau Schmidt von ihrem Wohnungsnachbarn Rechtsanwalt Dr. Dr. Piffel (P) schreiben, mit ihrem Namen unterschreiben und übersandte ihn der M. GmbH mit einem Begleitbrief, in dem es unter anderem hieß: „Auch ich halte viel von angewandter Graphologie, vor allem, wenn sie durch die ausgezeichneten Methoden der wissenschaftlichen Psychologie ergänzt wird." Das anschließend eingeholte Schriftgutachten, von dem die M. GmbH die Vergabe gehobener Positionen stets abhängig macht, fiel überaus positiv aus. Die Parteien schlossen daraufhin einen Anstellungsvertrag. Frau Schmidt nahm am 1. 10. 2008 ihre Tätigkeit auf. Am 5. 1. 2009 erkrankte sie und wurde seitdem nicht mehr für die M. GmbH tätig. Als der Geschäftsführer (G) der M. GmbH am 12. 1. 2009 die Arbeitsunterlagen von Frau Schmidt durchsah, stellt er fest, dass der Lebenslauf nicht von ihr geschrieben sein konnte. In einem Schreiben, das Frau Schmidt am 27. 1. 2009 zuging, erklärte G, er fechte den Arbeitsvertrag an, da Frau Schmidt den Vertragsschluss arglistig erschlichen habe. Die M. GmbH sei nicht bereit, ihr für die Dauer der Krankheit Entgeltfortzahlung zu gewähren. Kann die M. GmbH sich mit Erfolg weigern, Frau Schmidt ab dem 5. 1. 2009 die vereinbarte Vergütung zu zahlen?[85]

195   **Lösung:** Die M. GmbH muss zahlen, wenn Frau Schmidt ab dem 5. 1. 2009 einen Anspruch auf Entgeltfortzahlung aus § 3 I 1 EFZG hat. Dann müsste sie (a) als Arbeitnehmerin der M. GmbH (b) durch krankheitsbedingte Arbeitsunfähigkeit (c) an ihrer Arbeitsleistung verhindert sein, (d) ohne dass sie an der Arbeitsunfähigkeit ein Verschulden trifft (§ 3 I 1 EFZG). Fraglich ist allein die **Arbeitnehmereigenschaft** der Frau Schmidt. Zwar haben die Parteien einen Anstellungsvertrag geschlossen. Dennoch wäre Frau Schmidt keine Arbeitnehmerin der M. GmbH, wenn G das Arbeitsverhältnis am 27. 1. 2009 wirksam angefochten hat (dazu I) und die Anfechtung nach § 142 I BGB zurückwirkt (dazu II).

(I) Eine **wirksame Anfechtung** setzt einen Anfechtungsgrund und eine rechtzeitige Anfechtungserklärung voraus.

---

[85] Fall nach *BAG* vom 16. 9. 1982 – 2 AZR 228/80, BAGE 41, 54 = AP Nr. 24 zu § 123 BGB m. Anm. *Brox* = NJW 1984, 446 = EzA § 123 BGB Nr. 22 m. Anm. *Wohlgemuth*.

(1) Indem sie einen von fremder Hand geschriebenen Lebenslauf eingereicht hat, könnte Frau Schmidt den **Anfechtungsgrund** der arglistigen Täuschung geschaffen haben (§ 123 I, 1. Fall BGB).

(a) Eine **Täuschung** liegt vor, wenn der Arbeitnehmer Tatsachen vorspiegelt, entstellt oder verschweigt und dadurch beim Arbeitgeber eine unrichtige Vorstellung (Irrtum) erregt, bestärkt oder aufrechterhält.[86] Die Bitte der M. GmbH um einen „handgeschriebenen" Lebenslauf konnte eine verständige Durchschnittsempfängerin (§§ 133, 157 BGB) nur so auffassen, dass ein eigenhändig geschriebener Lebenslauf gefordert war. Wie Frau Schmidts Hinweis auf die Graphologie zeigt, hat sie die Bitte auch so aufgefasst. Durch das Einsenden des von ihrem Nachbarn geschriebenen Lebenslaufs hat sie eine Täuschung begangen.

(b) Die Täuschung wäre jedoch nicht **widerrechtlich**, wenn die M. GmbH den Lebenslauf **196** nicht dazu verwenden durfte, ein graphologisches Gutachten einzuholen. Da eine graphologische Analyse das Persönlichkeitsrecht (Art. 1 I, 2 I GG) des Bewerbers berührt, muss er einwilligen, wenn ein graphologisches Gutachten eingeholt werden soll.[87] Aus dem Inhalt des Begleitschreibens konnte die M. GmbH entnehmen (§§ 133, 157 BGB), dass Frau Schmidt mit einer graphologischen Begutachtung einverstanden war.[88]

(c) Die erforderliche **Kausalität** ist gegeben: Da die M. GmbH die Vergabe gehobener Positionen stets von der Einholung graphologischer Gutachten abhängig macht, war die Täuschung zumindest mitursächlich für die Abgabe der auf Vertragsschluss gerichteten Willenserklärung.

(d) Auch die **Arglist** liegt vor, da Frau Schmidt den wahren Sachverhalt kannte und den Irrtum zumindest billigend in Kauf genommen hat.

(2) Die **Anfechtungserklärung** hat G, vertretungsberechtigt gemäß § 35 I GmbHG, am 27. 1. 2009 innerhalb der **Anfechtungsfrist** des § 124 I BGB (Jahresfrist) gegenüber Frau Schmidt ausgesprochen (§ 143 I, II BGB). Die Ausschlussfrist des § 626 II BGB (zwei Wochen) ist bei der Anfechtung nach § 123 I BGB nicht entsprechend anzuwenden, da § 124 I BGB bereits eine feste zeitliche Grenze vorsieht.[89] Eine Einschränkung der § 124 I BGB kann sich nur aus Treu und Glauben (§ 242 BGB) wegen Verwirkung ergeben, wenn die Täuschung für die Durchführung des Arbeitsverhältnisses objektiv keine Bedeutung mehr hat;[90] dafür gibt es vorliegend keinen Anhaltspunkt.

(II) Nach § 142 I BGB lautet die **Rechtsfolge der Anfechtung,** dass der Arbeitsvertrag als **197** von Anfang an nichtig anzusehen ist; ein wirksam angefochtener Arbeitsvertrag wird nach § 142 I BGB grundsätzlich mit rückwirkender Kraft (ex tunc) beseitigt.[91]

(1) Entgegen dem Wortlaut des § 142 I BGB (contra legem) nimmt die Rechtsprechung an, dass ein **in Vollzug gesetztes Arbeitsverhältnis** nur mit Wirkung für die Zukunft (ex nunc) angefochten werden kann (Lehre vom fehlerhaften Arbeitsverhältnis). Begründet wird diese Rechtsfortbildung zum einen mit den Problemen der Rückabwicklung, zum anderen mit dem Arbeitnehmerschutz: Der Arbeitsvertrag erzeugt als Dauerschuldverhältnis besonderer Prägung eine Vielzahl von Pflichten, Leistungen und Rechtspositionen (z. B. Betriebszugehörigkeit), die nicht einfach ausgelöscht werden können.[92] Die M. GmbH könnte das Arbeitsverhältnis danach nur mit Wirkung zum 27. 1. 2009 anfechten, sodass Frau Schmidt für die Zeit vom 5. 1. bis zum 27. 1. 2009 einen Anspruch auf Entgeltfortzahlung hätte.

---

[86] *BAG* vom 5. 10. 1995 – 2 AZR 923/94, BAGE 81, 120 (123) = AP Nr. 40 zu § 123 BGB = NZA 1996, 371.

[87] *Hromadka/Maschmann* I, § 5 Rn. 59 Otto, ArbR, Rn. 233; *Preis* I, § 20 IV 3.

[88] Vgl. *BAG* vom 16. 9. 1982 – 2 AZR 228/80, BAGE 41, 54 (61).

[89] *BAG* vom 19. 5. 1983 – 2 AZR 171/81, AP Nr. 25 zu § 123 BGB = WM 1984, 852.

[90] *BAG* vom 18. 9. 1987 – 7 AZR 507/86, AP Nr. 32 zu § 123 BGB = NZA 1988, 731.

[91] *BAG* vom 3. 12. 1998 – 2 AZR 754/97, BAGE 90, 251 = AP Nr. 49 zu § 123 BGB = NZA 1999, 584 = EzA § 123 BGB Nr. 51 m. Anm. *Mankowski.*

[92] *BAG* vom 5. 12. 1957 – 1 AZR 594/56, BAGE 5, 159 (161) = AP Nr. 2 zu § 123 BGB = NJW 1958, 516; ebenso die herrschende Lehre: *Zöllner/Loritz/Hergenröder,* § 12 II 1 b m. w. N.

198 (2) Eine **Ausnahme** von der Lehre vom fehlerhaften Arbeitsverhältnis könnte sich jedoch aus dem Umstand ergeben, dass Frau Schmidt seit dem 5. 1. 2009 wegen ihrer Erkrankung nicht mehr gearbeitet hat.

(a) Früher nahm das BAG eine solche Ausnahme an, wenn das Arbeitsverhältnis wieder **außer Funktion gesetzt** wurde; die Anfechtung wirke dann auf den Zeitpunkt zurück, in welchem der Leistungsaustausch geendet hat. Eine solche Außerfunktionssetzung sollte aber nur vorliegen, wenn das Arbeitsverhältnis willentlich (z.B. durch Kündigung) außer Funktion gesetzt wurde, nicht dagegen bei einer – vom Willen der Vertragsparteien unabhängigen – Erkrankung des Arbeitnehmers.[93]

(b) Später hat das BAG das Merkmal der „Außerfunktionssetzung" als unscharf und normativ nicht begründet aufgegeben.[94] Entscheidend seien die beiden Begründungsstränge, die der Lehre vom fehlerhaften Arbeitsverhältnis zugrunde liegen: **Probleme der Rückabwicklung** entstünden nicht für Zeiträume, in denen der Arbeitnehmer – z.B. wegen krankheitsbedingter Arbeitsunfähigkeit – nicht gearbeitet hat. Der Gesichtspunkt des **Arbeitnehmerschutzes** könne eine **Ausnahme vom Grundsatz** der Rückwirkung (§ 142 I BGB) für die Zeiträume der Nichtarbeit jedenfalls dann nicht rechtfertigen, wenn sich der Arbeitnehmer den Abschluss des Arbeitsvertrags durch arglistige Täuschung erschlichen habe, denn sonst hätte der arglistig Täuschende einen Vorteil, der ihm nicht gebühre. Die Anfechtung der M. GmbH wirkt daher auf den Zeitpunkt zurück, ab dem Frau Schmidt wegen ihrer krankheitsbedingten Arbeitsunfähigkeit nicht mehr gearbeitet hat.

(III) **Ergebnis:** Die M. GmbH kann sich mit Erfolg weigern, Frau Schmidt ab dem 5. 1. 2009 die vereinbarte Vergütung zu zahlen.

199 Über die **Folgen der Unwirksamkeit** des Arbeitsverhältnisses unterrichtet zusammenfassend die **Übersicht 3.4:**

Übersicht 3.4: Folgen der Unwirksamkeit

I. Grundsatz: Unwirksamkeit von Anfang an („ex tunc")
 1. Nichtigkeit z.B. nach §§ 105 I, 125 Satz 1, 134, 138 BGB
 2. Anfechtung wirkt ebenfalls zurück (§ 142 I BGB)
 3. Rechtsfolge: Rückabwicklung nach §§ 812 ff. BGB

II. Ausnahme: Lehre vom fehlerhaften Arbeitsverhältnis
 1. Voraussetzungen
  a) Nichtiger oder wirksam angefochtener Arbeitsvertrag
  b) Invollzugsetzung des Arbeitsverhältnisses
  c) Keine entgegenstehenden grundlegenden Interessen[95]
 2. Rechtsfolgen
  a) Vergangenheit: Arbeitsvertrag wird als wirksam behandelt
  b) Zukunft
   aa) Nichtigkeit: Beendigung durch „Lossagung"
   bb) Anfechtbarkeit: Beendigung durch Anfechtung

III. Gegenausnahme bei Täuschungsanfechtung[96]
 1. Voraussetzung: ab Zeitpunkt X nicht mehr gearbeitet
 2. Rechtsfolge: Rückwirkung der Anfechtung ab Zeitpunkt X

---

[93] *BAG* vom 16. 9. 1982 – 2 AZR 228/80, BAGE 41, 54 (66).
[94] *BAG* vom 3. 12. 1998 – 2 AZR 754/97, BAGE 90, 251.
[95] Der Mangel des Arbeitsverhältnisses darf nicht im Widerspruch zu Grundauffassungen der Rechtsordnung – strafrechtliche Vorschriften, Minderjährigenschutz – stehen; Einzelheiten bei *Hromadka/Maschmann* I, § 5 Rn. 147, 148.
[96] *BAG* vom 3. 12. 1998 – 2 AZR 754/97, BAGE 90, 251.

Fälle und Fragen

60. Welche Rechte hat der Betriebsrat bei der Stellenausschreibung? (Rn. 147)

61. Herr Künzel bewirbt sich um eine Stelle als Bäcker. Muss er beim Bewerbungsgespräch von sich aus darauf hinweisen, dass er an einer Mehlstauballergie leidet? (Rn. 150) Welche Rechte hat der Arbeitgeber, wenn sich nach der Einstellung zeigt, dass Herr Künzel seine Arbeit nur unter großen Einschränkungen verrichten kann? (Rn. 154, 190–191)

62. Das Burkhard-Nacht-Tropeninstitut, das ansteckende Krankheiten diagnostiziert und therapiert, sucht eine Laborantin/einen Laboranten. Darf der Institutsleiter eine Bewerberin nach einer bestehenden Schwangerschaft fragen? (Rn. 153)

63. In einem Personalfragebogen heißt es: „Sind Sie schwerbehindert i. S. d. §§ 68 ff. SGB IX?" Muss diese Frage wahrheitsgemäß beantwortet werden? (Rn. 153)

64. Was sind die verbotenen Merkmale der Differenzierung nach dem AGG? (Rn. 157)

65. Welche beiden Hauptformen der „Benachteiligung" kennt das AGG und was sind ihre Voraussetzungen? (Rn. 161)

66. In welchen Fallkonstellationen ist eine Benachteiligung i. S. d. § 3 AGG wegen beruflicher Anforderungen gerechtfertigt? (Rn. 162)

67. Was ist i. S. d. Antidiskriminierungsrechts der Unterschied zwischen Entschädigung und Schadensersatz? (Rn. 166)

68. Gehört eine Abrede über die Vergütung zu den Mindestbestandteilen der Einigung (essentialia negotii) beim Arbeitsvertrag? (Rn. 170)

69. Welche Rechte hat der Betriebsrat bei der Einstellung? (Rn. 171)

70. „Nach dem Gesetz bedarf ein befristeter Arbeitsvertrag zu seiner Wirksamkeit der Schriftform." Richtig oder falsch? (Rn. 174)

71. Hat es Einfluss auf die Wirksamkeit des Arbeitsvertrags, wenn der Arbeitgeber das Nachweisgesetz ignoriert? (Rn. 175)

72. Ein nicht tarifgebundener Gartenbaubetrieb vereinbart mit den polnischen Saisonarbeitern A und B, die mangels Sprachkenntnissen die Tariflöhne nicht in Erfahrung bringen können, Stundenlöhne von 6 €. Der Tariflohn beträgt 11 €. Welche Ansprüche haben A und B? (Rn. 179)

73. Steht einer gesetzlichen Einstellungspflicht des Arbeitgebers immer ein Einstellungsanspruch gegenüber? (Rn. 184)

74. Aus welcher Vorschrift kann sich ein Anspruch auf Einstellung in den öffentlichen Dienst ergeben? (Rn. 185)

75. Wie unterscheidet sich der Wiedereinstellungsanspruch nach gekündigtem Arbeitsverhältnis vom Weiterbeschäftigungsanspruch gemäß § 102 V BetrVG? (Rn. 186, 393)

76. „Der Arbeitgeber muss sich entscheiden, ob er die Anfechtung oder die Kündigung erklärt." Richtig oder falsch? (Rn. 190)

77. Welche Unterschiede gibt es zwischen der Anfechtung und der Kündigung eines Arbeitsverhältnisses? (Rn. 190)

78. Welches ungeschriebene Tatbestandsmerkmal besteht bei § 123 I, 1. Fall BGB:
    ○ Kausalität zwischen Täuschung und Abgabe der Willenserklärung,
    ○ Rechtswidrigkeit der Täuschung oder
    ○ Vorsatz des Täuschenden? (Rn. 191)

79. Welche beiden Begründungen tragen die Lehre vom fehlerhaften Arbeitsverhältnis? (Rn. 197)

§ 4. Inhalt des Arbeitsverhältnisses

200 Das Arbeitsverhältnis wird – wie jedes Vertragsverhältnis – von den Rechten und Pflichten der Parteien geprägt; es lassen sich Haupt- und Nebenpflichten unterscheiden. Die **Hauptpflicht des Arbeitnehmers** ist die Pflicht, die versprochene Arbeit zu leisten. Die Arbeitspflicht hat ihre Rechtsgrundlage im Arbeitsvertrag in Verbindung mit § 611 I BGB; sie wird durch Gesetz, Tarifvertrag sowie Betriebsvereinbarung ergänzt und durch Weisungen des Arbeitgebers konkretisiert (dazu I). Daneben kann den Arbeitnehmer eine Reihe **weiterer Pflichten** treffen, beispielsweise die Pflicht, die Annahme von Schmiergeldern zu unterlassen (dazu II). Die **Hauptpflicht des Arbeitgebers** besteht darin, die vereinbarte Vergütung zu gewähren (dazu III). Die Vergütungspflicht hat ihre Rechtsgrundlage ebenfalls im Arbeitsvertrag in Verbindung mit § 611 I BGB. Sie steht im Gegenseitigkeitsverhältnis (Synallagma) zur Arbeitspflicht des Arbeitnehmers; der Arbeitsvertrag ist ein gegenseitiger Vertrag (§§ 320–326 BGB). Neben der Vergütungspflicht hat auch der Arbeitgeber eine Anzahl **weiterer Pflichten,** beispielsweise zur Gewährung von Erholungsurlaub (dazu IV). Schematisch lässt sich diese Gliederung so darstellen:

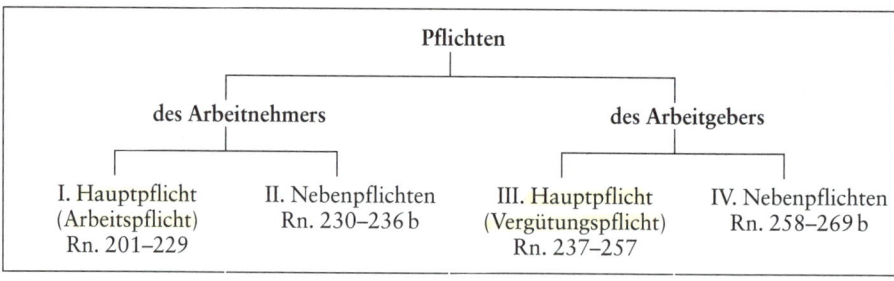

I. Arbeitspflicht als Hauptleistungspflicht

201 Der Arbeitnehmer ist nach **§ 611 I BGB** „zur Leistung der versprochenen Dienste" verpflichtet. Nach den Regeln des Allgemeinen Schuldrechts ist die Leistungspflicht erfüllt, wenn der richtige Gläubiger vom richtigen Schuldner die richtige Leistung am richtigen Ort zur richtigen Zeit erhält: Erbringt der Arbeitnehmer die geschuldete Leistung in dieser Weise, erlischt der Anspruch des Arbeitgebers auf die Arbeitsleistung (**§ 362 I BGB**).

1. Schuldner und Gläubiger

202 a) Der Schuldner der Arbeitspflicht ist der **Arbeitnehmer;** er hat die Arbeit im Zweifel – d. h. wenn nichts anderes vereinbart ist – in Person zu leisten (**§ 613 Satz 1 BGB**, höchstpersönliche Verpflichtung). Das bedeutet: Wenn nicht ausnahmsweise etwas anderes vereinbart ist, darf der Arbeitnehmer seine Arbeit auch nicht vorübergehend durch Dritte leisten lassen. **Beispiel:** Ein Kraftfahrer, dem für einen Monat der Führerschein entzogen wurde, ist nicht berechtigt, eine Ersatzperson – etwa seinen arbeitslosen Schwager – zu schicken, es sei denn, der Arbeitgeber stimmt zu, so dass die Regel des § 613 Satz 1 BGB abbedungen wird.

> **Praxis:** Nur selten vereinbaren die Parteien entgegen der Regel des § 613 Satz 1 BGB, dass ein Dritter die Arbeit leisten darf (z. B. der Ehemann der Hausmeisterin für die Hausmeisterin).[1] Wenn der Dritte – z. B. der Ehemann der Hausmeisterin – sich unmittelbar gegenüber dem Arbeitgeber (z. B. dem Hauseigentümer) verpflichtet, kommt zwischen den beiden ein Arbeitsverhältnis zustande. Wenn sich der Ehemann (nur) gegenüber seiner Frau verpflichtet, handelt es sich um ein sog. **mittelbares Arbeitsverhältnis,** aus dem zwischen Arbeitgeber und dem Dritten keine unmittelbaren arbeitsrechtlichen Beziehungen bestehen.[2]

b) Der Gläubiger des Anspruchs auf die Arbeitsleistung ist der **Arbeitgeber;** er   203
kann den Anspruch auf die Arbeitsleistung im Zweifel – also wenn nicht etwas anderes vereinbart ist – nicht (etwa durch Abtretung, § 398 BGB) auf einen anderen übertragen (**§ 613 Satz 2 BGB,** vgl. auch § 399 BGB). Das Prinzip der Unübertragbarkeit des Leistungsanspruchs bedeutet nicht, dass der Arbeitnehmer stets für seinen Vertragspartner (den Arbeitgeber) oder im Betrieb seines Arbeitgebers zu arbeiten hätte. Vielmehr kann der Arbeitnehmer durch Arbeitsvertrag oder kraft Weisungsrechts verpflichtet sein, für einen Dritten oder im Betrieb eines Dritten tätig zu werden.

> **Durchblick:** Ist der Arbeitnehmer verpflichtet, für einen Dritten tätig zu werden, stellt sich stets die Frage, ob dem Dritten in Abweichung von der Regel des § 613 Satz 2 BGB ein Anspruch auf die Arbeitsleistung zustehen soll, oder ob ihm nur gewisse Arbeitgeberrechte – insbesondere das Weisungsrecht – zur Ausübung überlassen werden. Die wichtigste Fallgruppe, in der diese Frage relevant wird, ist die **Arbeitnehmerüberlassung** gemäß §§ 1 ff. AÜG (Rn. 116–118). Zwischen dem Verleiher und dem Leiharbeitnehmer kommt ein echter Vertrag zugunsten Dritter (§ 328 BGB) zustande, der § 613 Satz 2 BGB abbedingt und dem Entleiher gegenüber dem Leiharbeitnehmer einen Anspruch auf die Arbeitsleistung verschafft.[3] Als Inhaber dieses Anspruchs kann er das Weisungsrecht anstelle des Verleihers ausüben.[4]

2. Pflichtgemäße Leistung der Arbeit

Die Arbeitnehmer erfüllen gegenüber dem Arbeitgeber ihre Hauptpflicht,   204
wenn sie die richtige Arbeit am richtigen Ort zur richtigen Zeit leisten. Diese Kriterien werden durch den Arbeitsvertrag in aller Regel nicht umfassend und abschließend festgelegt. Der Arbeitsvertrag muss vielmehr hinsichtlich Art, Ort und Zeit der Arbeitsleistung konkretisiert und ergänzt werden. Das geschieht, indem der Arbeitgeber sein **Weisungsrecht (Direktionsrecht)** ausübt. Im Folgenden ist zunächst allgemein auf das Weisungsrecht einzugehen (dazu a). Anschließend sind Art, Ort und Zeit der Arbeitsleistung zu behandeln, die maßgeblich durch das Weisungsrecht bestimmt werden (dazu b–d).

---

[1] MünchArbR/*Schüren,* § 317 Rn. 15–19.
[2] *BAG* vom 8. 8. 1958 – 4 AZR 173/55, BAGE 6, 232 (241 ff.) = AP Nr. 3 zu § 611 BGB mittelbares Arbeitsverhältnis (Musiker/Kapellmeister/Rundfunkanstalt).
[3] *Walker,* AcP 194 (1994), 295 (309 ff.); ErfK/*Wank,* Einl. AÜG Rn. 33.
[4] MünchArbR/*Schüren,* § 318 Rn. 68.

a) Weisungsrecht (§ 106 GewO)

205   Das Weisungsrecht zählt zu den **Rechtsquellen im Arbeitsverhältnis.** Seine Rechtsgrundlage bildet der Arbeitsvertrag, zu dessen wesentlichem Inhalt definitionsgemäß das Direktionsrecht gehört.[5] Die gesetzliche Normierung in § 106 GewO (seit 1999) ist lediglich eine Art „Merkzettel". Das Direktionsrecht

– ist ein **notwendiger Bestandteil** des Arbeitsverhältnisses, weil sich der Arbeitnehmer durch den Arbeitsvertrag zu weisungsgebundener Arbeit verpflichtet hat; aus der Natur des Arbeitsverhältnisses folgt das Recht des Arbeitgebers, die Arbeitnehmerpflichten, die der Arbeitsvertrag nur rahmenmäßig umschreibt, im Einzelnen festzulegen.[6]

– ist ein **Gestaltungsrecht,** das sich – anders als z.B. die Gestaltungsrechte Anfechtung oder Kündigung – nicht in der einmaligen wirksamen Ausübung erschöpft, sondern immer wieder ausgeübt werden kann; seine Ausübung konkretisiert oder ändert die Arbeitspflicht, ohne dass es einer Zustimmung des Arbeitnehmers bedarf.

– gibt dem Arbeitgeber nicht nur die Befugnis, die **Hauptleistung des Arbeitnehmers** zu konkretisieren und ihm bestimmte Arbeiten „zuzuweisen", sondern auch die Befugnis, die **arbeitsbegleitende Ordnung** im Betrieb (z.B. Rauchverbote, die Parkplatzbenutzung oder die Kleiderordnung) festzulegen (**§ 106 Satz 2 GewO**).

206   Da das Weisungsrecht dem Arbeitgeber ein einseitiges Leistungsbestimmungsrecht gibt, stellt sich die Frage nach den **Grenzen des Weisungsrechts** (klausurmäßige Lösung eines Sachverhalts zu diesem Thema: *Junker,* Fälle zum Arbeitsrecht, Fall 4). Diese Grenzen ergeben sich aus höherrangigen Rechtsquellen, aus den Beteiligungsrechten des Betriebsrats, aus dem Arbeitsvertrag als Rechtsgrundlage des Arbeitsverhältnisses und aus dem Gebot, das Weisungsrecht nach billigem Ermessen auszuüben (§ 315 I BGB):[7]

(1) Ebenso wie dem Arbeitsvertrag gehen auch dem Weisungsrecht alle zwingenden Vorschriften vor, die auf einer höheren Stufe der Normenhierarchie stehen, insbesondere **Gesetze, Tarifverträge und Betriebsvereinbarungen:** Das Weisungsrecht ist aus dem Arbeitsvertrag abgeleitet; es steht im Stufenbau der Rechtsquellen auf der untersten Stufe.

(2) Die Betriebsverfassung hat die Aufgabe, die Leitungsmacht des Arbeitgebers zu begrenzen, indem der Betriebsrat an Entscheidungen beteiligt wird. Die **Beteiligungsrechte des Betriebsrats,** insbesondere nach § 87 I Nrn. 1–3 BetrVG und nach § 99 II, III BetrVG (Versetzungen), sind, wenn ein Betriebsrat besteht, eine wichtige Schranke des Weisungsrechts.

207   (3) Da der **Arbeitsvertrag** die Rechtsgrundlage des Weisungsrechts darstellt, bildet er auch die wichtigste Grenze: Was im Arbeitsvertrag geregelt ist, kann

---

[5] *BAG* vom 23. 1. 1992 – 6 AZR 87/90, AP Nr. 39 zu § 611 BGB Direktionsrecht = NZA 1992, 795.

[6] *BAG* vom 27. 3. 1980 – 2 AZR 506/78, BAGE 33, 71 (75) = AP Nr. 26 zu § 611 BGB Direktionsrecht m. Anm. *Löwisch* = AuR 1980, 311.

[7] „Schulmäßige" Lösung eines Falles in *BAG* vom 7. 12. 2000 – 6 AZR 444/99, AP Nr. 61 zu § 611 BGB Direktionsrecht = NZA 2001, 780.

im Wege einseitiger Direktion nicht mehr geändert werden; Änderungen des Arbeitsvertrags lassen sich nur durch einen Änderungsvertrag oder eine Änderungskündigung erreichen.

> **Durchblick:** Arbeitsvertragliche Vereinbarungen und arbeitgeberseitiges Direktionsrecht stehen in einer Wechselbeziehung: Je genauer der Arbeitsvertrag Art und Ort der Arbeitsleistung sowie Lage der Arbeitszeit beschreibt, desto weniger Raum bleibt dem Arbeitgeber, diese Parameter durch Weisungen zu konkretisieren; je weiter der Rahmen durch den Arbeitsvertrag gesteckt ist, desto größer ist der Raum für das Direktionsrecht.

(4) Soweit die Weisung nicht schon an Grenzen aus Arbeitsvertrag, Betriebsvereinbarung, Tarifvertrag oder Gesetz stößt, unterwirft das BAG jede Weisung des Arbeitgebers der **Ausübungsschranke des § 315 BGB,** auf die **§ 106 Satz 1 GewO** („nach billigem Ermessen") verweist:[8] Die Weisung ist – innerhalb der ohnehin schon bestehenden Grenzen – nicht in das freie Belieben, sondern in das billige Ermessen des Arbeitgebers gestellt (§ 315 I BGB); die Weisung ist für den Arbeitnehmer nur verbindlich, wenn sie der Billigkeit[9] entspricht (§ 315 III 1 BGB). Der Arbeitgeber muss die Umstände des Einzelfalls und die Interessen des Arbeitnehmers angemessen berücksichtigen. **§ 106 Satz 3 GewO** erwähnt ferner, dass der Arbeitgeber bei seiner Ermessensentscheidung auch auf Behinderungen des Arbeitnehmers Rücksicht zu nehmen hat; diese Vorschrift ergänzt das Benachteiligungsverbot des § 81 II SGB IX (i. V. m. §§ 1 ff. AGG). Schließlich ist **§ 275 III BGB** zu beachten, wonach der Arbeitnehmer aus persönlichen, auf die Leistung bezogenen Gründen (z. B. Gewissenskonflikten), nach Maßgabe einer Interessenabwägung die Erfüllung einer Weisung verweigern kann (dazu der **Übungsfall 1,** Rn. 63–67).

b) Art der Arbeitsleistung

Welche Aufgaben der Arbeitnehmer erfüllen muss, ergibt sich in erster Linie **208** aus dem **Arbeitsvertrag.** Nach § 2 I 2 Nr. 5 NachwG ist die Tätigkeit, die der Arbeitnehmer zu leisten hat, in der Niederschrift des Arbeitsvertrags kurz zu charakterisieren oder zu beschreiben. Je enger der Aufgabenkreis im Arbeitsvertrag gezogen ist, desto engere Grenzen hat das **Weisungsrecht:** Ist jemand als „Sachbearbeiter im Vertrieb Baumaschinen" eingestellt und enthält der Arbeitsvertrag keine Versetzungsklausel (z. B.: „Der Arbeitgeber ist berechtigt, dem Arbeitnehmer eine gleichwertige Tätigkeit in einem anderen Vertriebsbereich zuzuweisen", zur Wirksamkeit der Klausel s. Rn. 215), kann der Arbeitnehmer aus dem Vertriebsbereich Baumaschinen nicht durch Weisung, sondern nur kraft Änderungskündigung oder Änderungsvertrag versetzt werden.

> Allerdings kann auch bei einer weitgefassten arbeitsvertraglichen Festlegung („kaufmännischer Angestellter") im Laufe der Zeit eine Konkretisierung eintreten, wenn (1) dem Arbeitnehmer für längere Zeit nur eine bestimmte Tätigkeit zugewiesen wurde und (2) der Arbeitnehmer darauf vertrauen darf, sein Pflichtenkreis begrenze sich auch künftig auf Tätigkeiten dieser Art. Der Arbeitnehmer wird dann in seinem Vertrauen geschützt, ihm werde das zuge-

---

[8] ErfK/*Preis,* § 106 GewO Rn. 4–6; H/W/K/*Lembke,* § 106 GewO Rn. 115. Siehe auch *BAG* vom 23. 9. 2004 – 6 AZR 567/03, BAGE 112, 80 (83) = AP Nr. 64 zu § 611 BGB Direktionsrecht = NZA 2005, 359.

[9] Zu diesem Begriff *von Hoyningen-Huene,* Die Billigkeit im Arbeitsrecht (1978).

wiesene Tätigkeitsfeld belassen. Die Rechtsprechung ist gegenüber solchen Konkretisierungen aber zurückhaltend.[10]

> **Beispiel:** Arbeitnehmer A wurde vor sieben Jahren als „kaufmännischer Angestellter" bei einer Bausparkasse eingestellt und ist seitdem in der Kundenberatung eingesetzt. Als es in der Kundenberatung kurz hintereinander zu mehreren Fehlleistungen des A kommt, versetzt die Bausparkasse ihn in den „Innendienst" (reine Bürotätigkeit ohne Kundenberatung). A klagt auf Feststellung, dass die Änderung seiner Arbeitsbedingungen rechtsunwirksam sei. – Das BAG kommt zu dem Schluss, die Bausparkasse habe sich im Rahmen des Weisungsrechts gehalten: A sei als „kaufmännischer Angestellter" ohne nähere Festlegung seines Aufgabengebiets eingestellt worden. Allein die mehrjährige Tätigkeit in der Kundenberatung habe noch nicht dazu geführt, die arbeitsvertraglichen Festlegungen auf diesen Bereich zu konkretisieren. Da es in der Kundenberatung zu Fehlleistungen gekommen sei, sei die neue Verwendung des A auch unter Billigkeitsgesichtspunkten nach § 315 BGB nicht zu beanstanden.[11]

209   Bei den Modalitäten der Arbeitsleistung haben zwei **Beteiligungsrechte des Betriebsrats** eine besondere Bedeutung:

(1) Zur **Beteiligung in sozialen Angelegenheiten** gehört § 87 I Nr. 1 BetrVG, wonach dem Betriebsrat in Fragen der Ordnung des Betriebs und des Verhaltens der Arbeitnehmer im Betrieb ein Mitbestimmungsrecht zusteht. Während ein Teil der Literatur das Tatbestandsmerkmal **Verhalten der Arbeitnehmer** weit fasst und nur Einzelweisungen vom Mitbestimmungsrecht ausnimmt (Erfordernis eines „kollektiven Tatbestands"), unterscheidet das BAG das mitbestimmungspflichtige **Ordnungsverhalten** vom mitbestimmungsfreien **Leistungsverhalten,** das alle Konkretisierungen der Hauptleistungspflicht des Arbeitnehmers umfasst (Rn. 749). Folgt man der Rechtsprechung, spielt § 87 I Nr. 1 BetrVG nur für das arbeitsbegleitende Verhalten der Arbeitnehmer eine Rolle (z.B. Vorzeigen des Werksausweises, Internetzugang zu Privatzwecken), nicht jedoch für die Erbringung der Arbeitsleistung (z.B. Erstellen von Arbeitsberichten, Internetzugang zu dienstlichen Zwecken).

210   (2) Zur **Beteiligung in personellen Angelegenheiten** zählt die Vorschrift, dass der Betriebsrat in Unternehmen mit in der Regel mehr als 20 wahlberechtigten Arbeitnehmern vor jeder Versetzung zu unterrichten ist (§ 99 I BetrVG). Aus den in § 99 II BetrVG abschließend genannten Gründen kann sich der Betriebsrat weigern, der Versetzung zuzustimmen. Eine **Versetzung** definiert § 95 III 1 BetrVG als die Zuweisung eines anderen Arbeitsbereichs, die (a) entweder voraussichtlich die Dauer von einem Monat überschreitet oder (b) mit einer erheblichen Änderung der Umstände verbunden ist, unter denen die Arbeit geleistet wird (Ausnahmen in § 95 III 2 BetrVG). Der Begriff des **Arbeitsbereichs** umfasst den Arbeitsplatz nicht nur in räumlicher, sondern auch in funktioneller Hinsicht. Die „Zuweisung eines anderen Arbeitsbereichs" (§ 95 III 1 BetrVG) ist also nicht nur der Ortswechsel, sondern auch eine Änderung in den Umständen der Arbeitsleistung (Rn. 762).

---

[10] *BAG* vom 17. 8. 2011 – 10 AZR 202/10, AP Nr. 14 zu § 106 GewO = NZA 2012, 265 (Rn. 19) – Sächsisches Landesjugendamt; *BAG* vom 13. 6. 2012 – 10 AZR 296/11, NZA 2012, 1154 (Rn. 24) – Purserette.
[11] *BAG* vom 27. 3. 1980 – 2 AZR 506/78, BAGE 33, 71 (75 f.) = AP Nr. 26 zu § 611 BGB Direktionsrecht m. Anm. *Löwisch* = ZIP 1980, 672.

Wie das Weisungsrecht des Arbeitgebers und das Zustimmungsrecht des Betriebsrats miteinander verzahnt sind, zeigt der

Übungsfall 8 (Krawattenmuffel): Gottlieb Künzel (K) ist als kaufmännischer Angestellter **211** bei der Möbelfabrik Union GmbH (M) eingestellt und seit fünf Jahren im Verkauf beschäftigt. M stellt Schrankwände der gehobenen Preisklasse her; ihr Kundenkreis besteht aus ausgesuchten Möbelhäusern im In- und Ausland. Ein- bis zweimal pro Monat hat K Kontakt mit Kunden, die die Möbelfabrik besuchen. Der Abteilungsleiter wies K am 15. 10. darauf hin, er müsse auf die Art seiner Kleidung und seines Aussehens achten. Da immer mit Kundenbesuch zu rechnen sei, könne der Arbeitgeber ein Auftreten in Freizeithose, offenem Sporthemd und Turnschuhen nicht dulden. Am 29. und 30. 10. fand ein Kundenbesuch statt, von dem K schon einige Wochen vorher wusste. Dennoch trug er bei dem Besuch ein offenes Hemd, keine Krawatte und kein Sakko. Der Abteilungsleiter ermahnte K daraufhin erneut. Für den 16. 11. war wieder Kundenbesuch angekündigt. K erschien an diesem Tage mit offenem Hemd, trug Jeanshosen und war ungekämmt. Der Kunde sprach ihn auf seine Frisur an. Am 20. 11. teilte der Geschäftsführer der M dem Betriebsrat mit, es sei beabsichtigt, K der Abteilung Auftragsbearbeitung zuzuweisen; dort hat er keinen persönlichen Kontakt mit Kunden. Der Betriebsrat erklärte mit Schreiben vom 23. 11., er sei mit dieser Maßnahme nicht einverstanden, weil die neue Tätigkeit weniger qualifiziert sei und K seine Fremdsprachenkenntnisse nicht mehr anwenden könne. Der Geschäftsführer der M fragt nach der Rechtslage. Es ist davon auszugehen, dass kein Eilfall i. S. d. § 100 BetrVG vorliegt.[12]

Lösung: Das Ziel der M wird es sein, die angestrebte Personalmaßnahme durchzusetzen. **212** Dieses Ziel kann sie nur erreichen, wenn die fehlende Zustimmung des Betriebsrats ersetzt wird (dazu A) und keine sonstigen rechtlichen Hindernisse der Personalmaßnahme entgegenstehen (dazu B).

(A) **Ersetzung der Zustimmung des Betriebsrats.** M kann nach § 99 IV BetrVG beim Arbeitsgericht beantragen, „die vom Betriebsrat verweigerte Zustimmung zur Versetzung des K von der Abteilung Verkauf/Export in die Abteilung Auftragsbearbeitung zu ersetzen".

(I) **Zulässigkeit des Antrags.** Nach § 2 a I Nr. 1 ArbGG ist das arbeitsgerichtliche Beschlussverfahren eröffnet. Beteiligte i. S. d. § 83 III ArbGG sind nur der Arbeitgeber (als Antragsteller) und der Betriebsrat (als weiterer Beteiligter), nicht jedoch der Arbeitnehmer. Weitere Zulässigkeitsvoraussetzungen ergeben sich aus folgender Überlegung: Hatte der Betriebsrat überhaupt kein Zustimmungsverweigerungsrecht (d. h.: lag kein Fall des § 99 BetrVG vor) oder hat er seine Zustimmung nicht wirksam verweigert, kann das Arbeitsgericht – da die Zustimmung nicht erforderlich bzw. ihre Verweigerung nicht wirksam war – die fehlende Zustimmung logischerweise nicht nach § 99 IV BetrVG ersetzen. Daher hängt bereits die Zulässigkeit des Antrags davon ab, dass ein Beteiligungsrecht des Betriebsrats nach § 99 I BetrVG bestand (dazu 1) und die Zustimmungsverweigerung des Betriebsrats nach § 99 II, III BetrVG wirksam ist (dazu 2).

(1) **Beteiligungsrecht des Betriebsrats.** Ein Beteiligungsrecht nach § 99 BetrVG besteht nur, wenn das Unternehmen der M in der Regel mehr als 20 wahlberechtigte Arbeitnehmer beschäftigt (wovon auszugehen ist) und einer der vier Tatbestände des § 99 I 1 BetrVG vorliegt. In Betracht kommt eine **Versetzung.** Den Begriff der Versetzung definiert § 95 III BetrVG. Dem K wurde ein anderer Arbeitsbereich zugewiesen, denn mit dem Wechsel vom Verkauf in die Auftragsbearbeitung ändert sich der Inhalt der Arbeitsaufgabe.[13] Da die Änderung für unbestimmte Zeit geplant war, also länger als einen Monat dauern sollte (§ 95 III 1, 1. Variante BetrVG), liegt eine Versetzung vor, ohne dass es noch darauf ankommt, ob sich die Umstände der Arbeitsleistung „erheblich" ändern (vgl. § 95 III 1, 2. Variante BetrVG).

---

[12] Fall nach *LAG Hamm* vom 22. 10. 1991 – 13 TaBV 36/91, LAGE § 611 BGB Direktionsrecht Nr. 1.
[13] Zu diesem Kriterium GK-BetrVG/*Raab*, § 99 Rn. 68; D/K/K/W/*Bachner*, § 99 BetrVG Rn. 111; Richardi/*Thüsing*, BetrVG, § 99 Rn. 100.

(2) **Wirksamkeit der Zustimmungsverweigerung.** Die Zustimmungsverweigerung ist wirksam, wenn sie dem Arbeitgeber innerhalb einer Woche schriftlich mitgeteilt wurde (§ 99 III 1 BetrVG) und es nach den Umständen als möglich erscheint, dass einer der Verweigerungsgründe des § 99 II BetrVG erfüllt ist.[14] Die bloße Möglichkeit genügt: Es ist keine Wirksamkeitsvoraussetzung für die Zustimmungsverweigerung, dass die angegebenen Gründe tatsächlich bestehen; das wird erst vom Arbeitsgericht geprüft. Im vorliegenden Fall ist es möglich, dass K durch die Versetzung i. S. d. § 99 II Nr. 4 BetrVG benachteiligt wird. Die Zustimmungsverweigerung vom 23. 11. ist wirksam; der Ersetzungsantrag des Arbeitgebers ist zulässig.

213   (II) **Begründetheit** des Antrags. Der Antrag ist begründet, wenn der Betriebsrat die Zustimmung zu Unrecht verweigert hat: Besteht kein Zustimmungsverweigerungsgrund, ersetzt das Arbeitsgericht durch rechtsgestaltenden Beschluss die Zustimmung des Betriebsrats. Ein Grund für die Verweigerung könnte sich aus **§ 99 II Nr. 4 BetrVG** ergeben. Die Vorschrift verlangt eine Interessenabwägung:

(1) Auf der einen Seite sind die **Nachteile für den betroffenen Arbeitnehmer** in die Waagschale zu legen (§ 99 II Nr. 4, 2. Hs. BetrVG): Bei einer Versetzung würden sich die Arbeitsbedingungen für K verschlechtern, denn die neue Tätigkeit ist weniger anspruchsvoll; ferner besteht die Gefahr, dass K seine Fremdsprachenkenntnisse verliert.

(2) Auf der anderen Seite ist eine **Rechtfertigung dieser Nachteile** aus „betrieblichen oder in der Person des Arbeitnehmers liegenden Gründen" (§ 99 II Nr. 4, 2. Hs. BetrVG) zu prüfen. Das LAG Hamm kommt zu dem Ergebnis, dass die betrieblichen Interessen an der Kleiderordnung die Nachteile für K überwiegen: „Der Arbeitgeber, in dessen Betrieb Möbel gehobenen Genres hergestellt werden, erwartet von seinen im Verkauf tätigen Arbeitnehmern zu Recht, dass sie bei Gesprächen mit Kunden gepflegt und in einer Art und Weise gekleidet auftreten, wie sie dem von dem Arbeitgeber festgelegten Charakter der Produkte entspricht. … Die Versetzung in einen Bereich, in dem Kundenkontakte entfallen, ist deshalb gerechtfertigt, wenn der Arbeitnehmer wiederholt und beharrlich Anweisungen des Arbeitgebers über eine korrekte Kleidung bei persönlichen Kundenkontakten missachtet hat."[15]

(III) **Zwischenergebnis:** Da kein Zustimmungsverweigerungsgrund nach § 99 II BetrVG vorliegt, ist der Antrag des Arbeitgebers begründet. Das Arbeitsgericht wird durch Beschluss die Zustimmung des Betriebsrats ersetzen.

(B) **Individualrechtliche Wirksamkeit der Weisung.** Mit Rechtskraft des Beschlusses ist der Arbeitnehmer aber nur verpflichtet, der Weisung des Arbeitgebers Folge zu leisten, wenn die Weisung auch individualrechtlich wirksam, d. h. vom Arbeitsvertrag gedeckt und nicht gemäß § 315 BGB unbillig ist.

(I) Da K laut **Arbeitsvertrag** als kaufmännischer Angestellter beschäftigt ist und sich das Arbeitsverhältnis nach fünfjähriger Tätigkeit noch nicht auf die Aufgaben eines Verkaufssachbearbeiters konkretisiert hat, ist die Versetzung in die Auftragsabteilung vom Arbeitsvertrag gedeckt.

(II) Nach **§ 315 III 1 BGB** ist die der Versetzung zugrunde liegende Weisung nur verbindlich, wenn sie der Billigkeit entspricht. Das LAG Hamm stellt insoweit darauf ab, dass auf der einen Seite ein erhebliches Interesse des Arbeitgebers an der Kleiderordnung bestehe, und auf der anderen Seite K „ohne Schwierigkeit den Weisungen des Arbeitgebers hätte nachkommen können".[16] Die Weisung entspricht der Billigkeit.

(III) **Gesamtergebnis:** Wenn das Arbeitsgericht die Zustimmung des Betriebsrats ersetzt, ist K verpflichtet, der Weisung Folge zu leisten.

---

[14] *BAG* vom 26. 1. 1988 – 1 AZR 531/86, BAGE 57, 242 (253) = AP Nr. 50 zu § 99 BetrVG 1972 = NZA 1988, 476; umfassend GK-BetrVG/*Raab*, § 99 Rn. 122; Richardi/*Thüsing*, BetrVG, § 99 Rn. 252–261.

[15] *LAG Hamm* vom 22. 10. 1991 – 14 TaBV 36/91, LAGE § 611 BGB Direktionsrecht Nr. 1.

[16] *LAG Hamm* vom 22. 10. 1991 – 14 TaBV 36/91, LAGE § 611 BGB Direktionsrecht Nr. 1.

c) Ort der Arbeitsleistung

An welchem Ort der Arbeitnehmer seine Arbeit zu verrichten hat, ergibt sich **214** aus dem **Arbeitsvertrag:** Nach **§ 2 I 2 Nr. 4 NachwG** ist der Arbeitsort in die Niederschrift der wesentlichen Vertragsbedingungen aufzunehmen. Fehlt es daran, muss der Arbeitsort nach der Auslegungsregel des § 269 I BGB aus den Umständen, insbesondere aus der Natur des Arbeitsverhältnisses entnommen werden. Wenn die Arbeitsleistung nicht nach der Eigenart des Arbeitsverhältnisses an wechselnden Orten **außerhalb eines Betriebs** erbracht werden muss (z. B. bei Bauarbeitern, Kraftfahrern oder Angestellten im Außendienst, vgl. § 2 I 2 Nr. 4 NachwG, § 95 III 2 BetrVG), ist der vereinbarte Arbeitsort typischerweise ein bestimmter Betrieb des Arbeitgebers, nicht aber ein bestimmter Ort in diesem Betrieb (also nicht „Raum 305"). Der Arbeitnehmer hat in diesem Fall seine Leistungspflicht **innerhalb des Betriebs** zu erfüllen. Eine solche Vertragsgestaltung hat zwei Konsequenzen:

(1) Den **konkreten Leistungsort im Betrieb** (z. B. Raum 305 oder Raum 1220) kann der Arbeitgeber durch Weisung bestimmen. Ob ein innerbetrieblicher, räumlicher Wechsel des Arbeitsplatzes (z. B. von Raum 305 nach Raum 1220) den Versetzungsbegriff des § 95 III 1 BetrVG erfüllt und damit die Beteiligungsrechte des Betriebsrats nach § 99 BetrVG auslöst, wird nach den Umständen des Einzelfalls entschieden.[17]

(2) Ein **Wechsel in einen anderen Betrieb** des Arbeitgebers ist vom Weisungs- **215** recht nur gedeckt, wenn der Arbeitsvertrag eine entsprechende Versetzungsklausel enthält (z. B.: „Der Arbeitgeber ist berechtigt, den Arbeitnehmer in einen anderen Betrieb des Unternehmens zu versetzen"). Meistens erfüllen solche Maßnahmen den Versetzungsbegriff des § 95 III 1 BetrVG, sodass der Betriebsrat nach § 99 BetrVG zu beteiligen ist.

Durchblick: Der Begriff „Versetzung" hat im individuellen Arbeitsrecht keinen bestimmten Inhalt, da er für das Individualarbeitsrecht gesetzlich nicht definiert ist. Die Praxis der Vertragsgestaltung verwendet die verschiedensten Versetzungsbegriffe, die für die betriebsverfassungsrechtliche Beurteilung keine Rolle spielen. Für das Betriebsverfassungsrecht ist der Versetzungsbegriff durch § 95 III BetrVG vorgegeben (Rn. 210). Wird das Weisungsrecht des Arbeitgebers, insbesondere durch eine Versetzungsklausel im Arbeitsvertrag, über das vertragsimmanente Direktionsrecht ausgedehnt, spricht man von einer **Direktionsrechtserweiterung.**

Eine **Versetzungsklausel** in einem Formulararbeitsvertrag ist kein Anwendungsfall des § 308 Nr. 4 BGB, denn es geht nicht um die Leistung des Klauselverwenders, sondern um die Leistung des Vertragspartners.[18] Eine Inhaltskontrolle erfolgt nach der Generalklausel des § 307 I 1 BGB, wonach eine unangemessene Benachteiligung des Arbeitnehmers vorliegen kann, wenn die konkrete Klausel die Interessen des Arbeitnehmers nicht hinreichend berücksichtigt.[19]

---

[17] Kriterien bei GK-BetrVG/*Raab*, § 99 Rn. 63–67; D/K/K/W/*Bachner*, § 99 BetrVG Rn. 109.
[18] *BAG* vom 11. 4. 2006 – 9 AZR 557/05, BAGE 118, 22 = AP Nr. 17 zu § 307 BGB = NZA 2006, 1149 (Rn. 31); s. dazu *Preis/Genenger*, NZA 2008, 969.
[19] *BAG* vom 9. 5. 2006 – 9 AZR 424/05, BAGE 118, 184 = AP Nr. 21 zu § 307 BGB = NZA 2007, 145 (Rn. 19).

d) Zeit der Arbeitsleistung

216 Im Arbeitsverhältnis hat der **Faktor „Zeit"** erhebliches Gewicht, denn der Arbeitnehmer schuldet i.d.R. eine nach Zeitabschnitten bemessene Tätigkeit. Die Arbeitszeit ist nach der Legaldefinition des § 2 I ArbZG „die Zeit vom Beginn bis zum Ende der Arbeit ohne Ruhepausen". Welche Tätigkeiten im Einzelnen in die **Arbeitszeit** einzurechnen sind, ist in drei Fallgruppen problematisch: vor- und nachbereitende Tätigkeiten (z.B. Umkleiden und Waschen),[20] Wegezeiten und Reisezeiten (z.B. Fahrt zur Baustelle, Dienstreise mit der Bahn) sowie Zeiten verminderter Arbeitsleistung (Rufbereitschaft, Bereitschaftsdienst, Arbeitsbereitschaft). Der EuGH hat entschieden, dass der **Bereitschaftsdienst,** den ein Arzt in Form persönlicher Anwesenheit im Krankenhaus leistet, in vollem Umfang Arbeitszeit i.S.d. **Richtlinie 03/88/EG** darstellt.[21] Diese Entscheidung hat erhebliche Auswirkungen auf die Arbeitsverhältnisse in Krankenhäusern. Allgemein hat der Begriff der Arbeitszeit im rechtlichen Sprachgebrauch drei verschiedene Bedeutungen:

– „Arbeitszeit" kann die zulässige **Höchstdauer der Arbeitszeit** bedeuten. Dieser Arbeitszeitbegriff spielt eine Rolle für das Arbeitsschutzrecht, das im ArbZG normiert ist: Nach § 3 ArbZG darf die werktägliche Arbeitszeit acht Stunden nicht überschreiten; sie kann unter bestimmten Voraussetzungen auf bis zu zehn Stunden verlängert werden.
– „Arbeitszeit" kann zweitens die vom Arbeitnehmer konkret **geschuldete Dauer der Arbeitszeit** bezeichnen, wie in **§ 2 I 2 Nr. 7 NachwG** vorgesehen: Die Arbeitszeit in diesem Sinne bestimmt den Umfang der vom Arbeitnehmer vertraglich zu erbringenden Leistung; für diese Leistung hat der Arbeitgeber als Gegenleistung die Vergütung zu zahlen.
– „Arbeitszeit" kann drittens die **Lage der Arbeitszeit** meinen, also die Zeitpunkte, zu denen die Arbeitszeit am Tage beginnt und endet und zu denen sie durch Pausen zu unterbrechen ist, ferner die Verteilung der Arbeitszeit auf die einzelnen Wochentage. Dieser Arbeitszeitbegriff liegt dem Mitbestimmungstatbestand des § 87 I Nr. 2 BetrVG zugrunde.

217 (1) Die **Höchstdauer der Arbeitszeit** ergibt sich aus dem Arbeitszeitgesetz (ArbZG). Es verfolgt den doppelten Zweck, den Gesundheitsschutz der Arbeitnehmer zu gewährleisten und die Rahmenbedingungen für flexible Arbeitszeiten zu verbessern (§ 1 Nr. 1 ArbZG). Die Einhaltung des Gesetzes wird durch die Gewerbeaufsichtsämter der Länder überwacht (§ 17 ArbZG). Verstöße können im Straf- oder Bußgeldverfahren geahndet werden (§§ 22, 23 ArbZG). Arbeitsvertragliche Vereinbarungen, die gegen das ArbZG verstoßen, sind nichtig (§ 134 BGB); gesetzwidrigen Weisungen des Arbeitgebers braucht der Arbeitnehmer nicht Folge zu leisten.

Durchblick: Der **allgemeine Arbeitszeitschutz** nach dem ArbZG wird durch den **besonderen Arbeitszeitschutz** für besonders schutzbedürftige Personen ergänzt, wie insbesondere Jugendliche (Einzelheiten in §§ 8 ff. JArbSchG) sowie werdende und stillende Mütter (Einzelheiten in §§ 7 f. MuSchG). Schwerbehinderte Menschen haben nach § 81 IV Nr. 4 SGB IX einen Anspruch auf behinderungsgerechte Gestaltung der Arbeitszeit; sie sind auf ihr Verlangen von Mehrarbeit freizustellen.

---

[20] *BAG* vom 11. 10. 2000 – 5 AZR 122/99, BAGE 96, 45 (50) = AP Nr. 20 zu § 611 BGB Arbeitszeit = NZA 2001, 448 = SAE 2002, 12 m. Anm. *Walker.*
[21] *EuGH* vom 9. 9. 2003 – C-151/02, Slg. 2003, I-8389 – Jaeger; *EuGH* vom 3. 10. 2000 – C-303/98, Slg. 2000, I-7963 – Simap; *EuGH* vom 5. 10. 2004 – C-397/01 u.a., Slg. 2004, I-8835 – Pfeiffer.

Die zulässige Dauer der Arbeitszeit wird nach §§ 3–5 ArbZG durch die werk- **218** täglichen Höchstarbeitszeit sowie durch die vorgeschriebenen Ruhepausen und Ruhezeiten begrenzt. Eine **Ruhepause** ist eine nicht vergütungspflichtige Unterbrechung der täglichen Arbeitszeit, in welcher der Arbeitnehmer nicht zur Arbeit herangezogen werden darf; sie muss spätestens nach sechs Stunden eingelegt werden (Einzelheiten in § 4 ArbZG). Eine **Ruhezeit** ist die Zeit zwischen dem Ende der täglichen Arbeitszeit und dem Wiederbeginn der Arbeit; sie muss mindestens elf Stunden betragen (Einzelheiten und Ausnahmen in § 5 ArbZG). Die **Nachtarbeit** bedeutet für die Arbeitnehmer besondere Belastungen, da der gewöhnliche Rhythmus von Wach- und Schlafzeiten gestört ist. Der Gesetzgeber hat daher in § 6 ArbZG Regeln zum Arbeits- und Gesundheitsschutz für Nachtarbeitnehmer aufgestellt.

(2) Die **geschuldete Dauer der Arbeitszeit** – der zeitliche Umfang der vom Ar- **219** beitnehmer geschuldeten Leistung – ergibt sich typischerweise aus dem **Arbeitsvertrag** oder aus einem **Tarifvertrag**. Die durchschnittliche tarifliche Jahressollarbeitszeit betrug im Jahr 2011 im verarbeitenden Gewerbe 1.663 Stunden.[22] Regelungen über die Dauer der Arbeitszeit in Betriebsvereinbarungen sind selten: In den meisten Branchen gelten Tarifverträge über die Arbeitszeitdauer, sodass der Tarifvorbehalt des § 77 III 1 BetrVG dem Abschluss einer Betriebsvereinbarung entgegensteht, wenn der Tarifvertrag nicht ausnahmsweise eine Öffnungsklausel enthält[23] (§ 77 III 2 BetrVG).

Durchblick: Nach **§ 87 I Nr. 3 BetrVG** hat der Betriebsrat ein Mitbestimmungsrecht bei der vorübergehenden Verkürzung oder Verlängerung der betriebsüblichen Arbeitszeit. Die vorübergehende Herabsetzung der vereinbarten Arbeitszeit wird als **Kurzarbeit** bezeichnet; sie kann vom Arbeitgeber individual-arbeitsrechtlich nur angeordnet werden, wenn in einem Tarifvertrag oder im Arbeitsvertrag eine entsprechende Möglichkeit vorgesehen ist. Die Verlängerung der im Arbeitsverhältnis geschuldeten Arbeitszeit wird als **Überstunden** bezeichnet; für die Anordnung bedarf es ebenfalls einer Grundlage in einem Tarifvertrag oder im Arbeitsvertrag. Für den zweitgenannten Fall – Überstundenvereinbarung im Arbeitsvertrag – hat das BAG detaillierte Regeln der Inhalts-, Einbeziehungs- und Transparenzkontrolle nach §§ 305 ff. BGB aufgestellt, wenn es sich, wie fast immer, um AGB handelt.[24]

(3) Die **Lage der Arbeitszeit** unterliegt ebenso wie die Dauer der Arbeitszeit **220** den Schranken des **Arbeitsschutzrechts**: Werden Beginn und Ende der täglichen Arbeitszeit festgesetzt, sind die Vorschriften des Arbeitszeitgesetzes über die Höchstarbeitszeit, die Ruhepausen, die Ruhezeiten und die Nachtarbeit zu beachten (§§ 3–6 ArbZG). Wird die Arbeitszeit auf die einzelnen Wochentage verteilt, muss die **Sonn- und Feiertagsruhe** gewahrt bleiben (§ 9 ArbZG), soweit nicht eine der zahlreichen Ausnahmen in §§ 10–13 ArbZG vorliegt.[25]

---

[22] Quelle: Statistisches Bundesamt (www.destatis.de). – Bei 44 Wochen (52 Wochen minus sechs Wochen Erholungsurlaub und kumuliert ca. zwei Wochen gesetzliche Feiertage) à 40 Stunden (Arbeitszeit der meisten Beamten) ergäben sich 1.760 Stunden.
[23] Beispiel: *BAG* vom 18. 8. 1987 – 1 ABR 30/86, BAGE 56, 18 (28) = AP Nr. 23 zu § 77 BetrVG 1972 = NZA 1987, 779.
[24] *BAG* vom 22. 2. 2012 – 5 AZR 765/10, NZA 2012, 861 (Rn. 17f.) – Lagerleiter; *BAG* vom 16. 5. 2012 – 5 AZR 331/11, NZA 2012, 908 (Rn. 11 ff.) – Disponent.
[25] Zur Gewährung eines Ersatzruhetags (§ 11 III ArbZG) siehe *BAG* vom 24. 2. 2005 – 2 AZR 211/04, BAGE 114, 51 (54) = AP Nr. 51 zu § 1 KSchG 1969 Verhaltensbedingte Kündigung = NZA 2005, 759.

Die Lage der Arbeitszeit wird in der Praxis nur selten durch **Tarifnormen** festgelegt. Die Rechtsgrundlage, nach der sich die Lage der Arbeitszeit bestimmt, ist meistens der **Arbeitsvertrag.** Vielfach wird Gleitzeit vorgesehen, sodass der Arbeitnehmer innerhalb gewisser Grenzen – der Gleitspannen – den Beginn und das Ende seiner Arbeitszeit selbst bestimmen kann. Ist im Arbeitsvertrag über die zeitliche Lage der Arbeit nichts bestimmt, kann der Arbeitgeber die Lage der Arbeitszeit nach billigem Ermessen durch **Weisung** festsetzen.[26]

§ 106 GewO

Durchblick: In Betrieben, in denen ein Betriebsrat besteht, wird die Regelungsmacht der Arbeitsvertragsparteien und das Leistungsbestimmungsrecht des Arbeitgebers hinsichtlich der Lage der Arbeitszeit durch das umfassende Mitbestimmungsrecht des Betriebsrats nach **§ 87 I Nr. 2 BetrVG** empfindlich eingeschränkt. Indem der Betriebsrat über Beginn und Ende der täglichen Arbeitszeit mitbestimmt, hat er z.B. im Handel mittelbar Einfluss auf die Ladenöffnungszeit, da sich der Laden ohne Personal nicht betreiben lässt.

3. Pflichtwidrige Nichtleistung der Arbeit

221   Der Arbeitnehmer hat die Hauptpflicht, die versprochene Arbeit zu leisten (§ 611 I BGB). Bei dieser Pflicht handelt es sich meist um eine **absolute Fixschuld.** Eine absolute Fixschuld ist dadurch gekennzeichnet, dass die Erfüllung der Vertragspflicht nicht nachgeholt werden kann.[27] Das trifft für die Arbeitsleistung meistens zu: Der in Vollzeit beschäftigte Arbeitnehmer, der am Montag fehlt, kann die Arbeit am Dienstag nicht nachholen, wenn er an diesem Tag die nächste Teilleistung schuldet. Kann die Arbeitspflicht – wie meist – als absolute Fixschuld qualifiziert werden, bedeutet das: Erscheint der Arbeitnehmer nicht oder verspätet zur Arbeit, verlässt er zwischendurch eigenmächtig den Arbeitsplatz oder beendet er die Arbeit vorzeitig, handelt es sich um eine **Pflichtverletzung** (§ 280 I 1 BGB), die in die Kategorie der **Unmöglichkeit** fällt. Gemäß § 275 I BGB erlischt die Verpflichtung des **Arbeitnehmers,** die versäumte Arbeitsleistung nachzuholen. Der **Arbeitgeber** hat in diesem Fall vier Möglichkeiten:

a) Verweigerung des Entgelts

222   Wenn die Arbeit unmöglich geworden und der Anspruch auf die **Arbeitsleistung** nach § 275 I BGB erloschen ist, schließt sich die Frage an, ob und wieweit der Arbeitgeber die **Gegenleistung** (das vereinbarte Entgelt) verweigern darf. Diese Frage beantwortet § 326 BGB:

(1) Hat der **Arbeitnehmer** die Nichtleistung zu vertreten (Beispiel: keine Lust zur Arbeit), wird der Arbeitgeber nach § 326 I 1 BGB von seiner Zahlungspflicht frei.

(2) Hat **keine Partei** – weder der Arbeitnehmer noch der Arbeitgeber – die Unmöglichkeit zu vertreten (Beispiel: Betriebsstilllegung wegen einer Stromunterbrechung, Krankheit des Arbeitnehmers), kann der Arbeitgeber nach dem Wortlaut des § 326 I 1 BGB zwar ebenfalls die Zahlung verweigern. Von dieser

---

[26] Allgemein *BAG* vom 23. 9. 2004 – 6 AZR 567/03, BAGE 112, 80 (83) = AP Nr. 64 zu § 611 BGB Direktionsrecht = NZA 2005, 359; zur Berücksichtigung familiärer Belange *LAG Rheinland-Pfalz* vom 19. 1. 2005 – 10 Sa 820/04, DB 2005, 1522.

[27] MünchKommBGB/*Ernst,* § 286 Rn. 39.

Regel gibt es jedoch zahlreiche Ausnahmen (z. B. nach der Lehre vom Betriebs-risiko, § 615 Satz 3 BGB, oder nach dem EFZG). Daher bleibt in der Praxis für § 326 I 1 BGB nur wenig Raum (Rn. 270–293). Der wichtigste Fall des § 326 I 1 BGB ist das „Wegerisiko" des Arbeitnehmers bei Verkehrsstörungen (Ausfall oder Verspätung von Verkehrsmitteln) oder bei Naturereignissen wie Hochwasser, Schneeverwehungen oder Eisglätte.

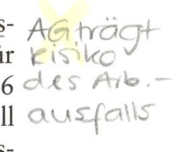
AG trägt risiko des Arb.- ausfalls

b) Klage auf Vertragserfüllung

Die Unmöglichkeit der Arbeitsleistung tritt beim absoluten Fixgeschäft durch **223** Zeitablauf ein (d. h. vom Blickpunkt der Gegenwart: für die Vergangenheit). Für die Zukunft bleibt der Arbeitnehmer zur Arbeitsleistung verpflichtet: Der Arbeitgeber kann den Arbeitnehmer aus § 611 I BGB auf Erfüllung in Anspruch nehmen. Diesen Anspruch kann der Arbeitgeber durch **Leistungsklage** gerichtlich geltend machen (§ 2 I Nr. 3 a ArbGG). Erstreitet der Arbeitgeber im Erkenntnisverfahren ein Urteil auf Arbeitsleistung, so stellt sich die Frage, in welcher Weise er im Vollstreckungsverfahren aus diesem Urteil vorgehen kann.

> **Durchblick:** Das Zwangsvollstreckungsrecht unterscheidet vertretbare und unvertretbare Handlungen; eine Handlung ist vertretbar, wenn sie auch ein Dritter anstelle des Schuldners vornehmen kann. Ist die geschuldete Leistung eine **vertretbare Handlung,** kann der Gläubiger beim Prozessgericht beantragen, ihn zu ermächtigen, auf Kosten des Schuldners die Handlung vornehmen zu lassen (§ 887 I ZPO). Das würde im Arbeitsverhältnis bedeuten: Das Prozessgericht ermächtigt den Arbeitgeber, auf Kosten des Arbeitnehmers eine Ersatzperson zu beschäftigen. Ist die geschuldete Leistung dagegen eine **unvertretbare Handlung,** ermöglicht § 888 I ZPO eine Zwangsvollstreckung durch Zwangsgeld oder Zwangshaft.

Die Leistung des Arbeitnehmers stellt eine **unvertretbare Handlung** dar, wenn **224** und soweit sie höchstpersönlicher Natur ist (Rn. 202). Der Anspruch des Arbeitgebers wäre daher an sich nach **§ 888 I ZPO** (Zwangsgeld, ersatzweise Zwangshaft) vollstreckbar. Im Arbeitsverhältnis gilt jedoch eine Ausnahmevorschrift: **§ 888 III ZPO** bestimmt, dass die Vollstreckung im Fall der Verurteilung zur Leistung von Diensten (Arbeit) aus einem Dienstvertrag (Arbeitsvertrag) **nicht** stattfindet. Der Arbeitgeber kann lediglich nach **§ 61 II 1 ArbGG** beantragen, den Arbeitnehmer zur Zahlung einer Entschädigung zu verurteilen.

c) Schadensersatz wegen Nichterfüllung

Hat es der Arbeitnehmer zu vertreten, dass er seiner Arbeitspflicht nicht **225** nachgekommen ist, gewähren §§ 280 I, III, 283 BGB dem Arbeitgeber einen Anspruch auf Schadensersatz wegen Nichterfüllung. Neben der Möglichkeit, die Vergütung des säumigen Arbeitnehmers einzubehalten (Rn. 222), hat der Anspruch auf Schadensersatz wegen Nichterfüllung für den Arbeitgeber oft nur geringen Wert:

(1) Wenn der Arbeitgeber während der Abwesenheit des Arbeitnehmers eine Aushilfskraft beschäftigt und ihr eine **höhere Vergütung** zahlen muss, ist der ersatzfähige Schaden nur die Differenz zum Gehalt des nicht erschienenen Arbeitnehmers (§§ 249 Satz 1, 251 BGB). Erhält die Ersatzkraft die **gleiche Vergütung** wie der säumige Arbeitnehmer, ist insoweit gar kein ersatzfähiger Schaden des Arbeitgebers entstanden.

(2) Wurde der Ausfall der Arbeitskraft durch die Kollegen aufgefangen, ohne dass vergütungspflichtige Überstunden angefallen sind, ist nach der **Differenzmethode** ebenfalls kein ersatzfähiger Schaden entstanden. Ob in diesem Fall ein **normativer Schaden** des Arbeitgebers vorliegt, weil die Zusatzanstrengungen der Arbeitskollegen nicht dem säumigen Arbeitnehmer zugute kommen sollen,[28] ist zweifelhaft.

d) Vereinbarung einer Vertragsstrafe

226 In Fällen, in denen ein Stellenbewerber nach Abschluss des Arbeitsvertrags die Arbeit nicht antritt oder in denen ein Arbeitnehmer ohne hinreichenden Grund (§ 626 I BGB) das Arbeitsverhältnis vorzeitig beendet, fehlt es dem Arbeitgeber an wirksamen Sanktionen: Eine Klage auf Vertragserfüllung hat keine Aussicht auf Erfolg (§ 888 III ZPO). Für einen Schadensersatzanspruch wegen Nichterfüllung fehlt häufig der ersatzfähige Schaden. Die Verweigerung des Entgelts nach § 326 I 1 BGB schreckt den Arbeitnehmer nicht, weil er in den genannten Fällen meist eine besser bezahlte Stelle gefunden hat. Wegen der Schwäche der gesetzlichen Sanktionen bei Nichterfüllung der Arbeitspflicht finden sich in Formulararbeitsverträgen häufig Vertragsstrafenklauseln.

Beispiel: „Tritt der Arbeitnehmer das Arbeitsverhältnis nicht an oder löst er es unter Vertragsbruch, hat der Arbeitnehmer an den Arbeitgeber eine Vertragsstrafe in Höhe eines Brutto-Monatsgehalts zu zahlen."

227 (1) **Grundsätzliche Zulässigkeit:** Nach der Rechtsprechung unterliegt eine Vertragsstrafenabrede nicht dem strikten Klauselverbot des § 309 Nr. 6 BGB, weil die Besonderheiten des Arbeitsrechts (§ 310 IV 2 BGB) der Anwendung dieses Klauselverbots entgegenstehen: Anders als bei anderen Austauschverträgen hat der Gläubiger (Arbeitgeber) beim Arbeitsvertrag wegen § 888 III ZPO nicht die Möglichkeit, den Anspruch auf die Hauptleistung (Arbeitsleistung) zu vollstrecken. Die Vereinbarung einer Vertragsstrafe ist daher grundsätzlich zulässig.[29]

228 (2) **Unangemessene Höhe der Vertragsstrafe:** Die Unwirksamkeit einer Vertragsstrafenabrede kann sich jedoch aus einer unangemessenen Benachteiligung (§ 307 I 1 BGB), insbesondere aus einer unangemessenen Höhe der Vertragsstrafe ergeben. Das ist nach der Rechtsprechung der Fall, wenn der Arbeitnehmer bei vorzeitiger Vertragsaufsage als Vertragsstrafe mehr zahlen muss, als er während des Laufs der Kündigungsfrist als Vergütung bekommen hätte.[30] Das bedeutet: Beträgt in dem **Klauselbeispiel** (Rn. 226) die Kündigungsfrist des Arbeitnehmers nur zwei Wochen, ist die vereinbarte Vertragsstrafe von einem

---

[28] *Hromadka/Maschmann* I, § 6 Rn. 148.

[29] *BAG* vom 4. 3. 2004 – 8 AZR 196/03, BAGE 110, 8 (19) = AP Nr. 3 zu § 309 BGB = NZA 2004, 277; *BAG* vom 23. 9. 2010 – 8 AZR 897/08, AP Nr. 48 zu § 307 BGB = NZA 2011, 89 (Rn. 19).

[30] *BAG* vom 18. 8. 2005 – 8 AZR 65/05, AP Nr. 1 zu § 336 BGB = NZA 2006, 34 (Rn. 17); es gibt jedoch keine generelle Höchstgrenze für eine Vertragsstrafe: *BAG* vom 25. 9. 2008 – 8 AZR 717/07, AP Nr. 39 zu § 307 BGB = NZA 2009, 340 (Rn. 54).

Brutto-Monatsgehalt nach § 307 I 1 BGB unwirksam. Damit fällt die Klausel insgesamt weg: Nach dem sog. **Verbot der geltungserhaltenden Reduktion** ist es dem Richter nicht gestattet, eine unangemessene Vertragsklausel auf den gerade noch angemessenen Inhalt (im Beispiel: Vertragsstrafe in Höhe des Gehalts von zwei Wochen) zurückzuführen.[31]

> **Durchblick:** Nach dem Allgemeinen Schuldrecht des BGB ist die Vereinbarung einer Vertragsstrafe auch wirksam, wenn die Strafe unverhältnismäßig hoch ist; das Gericht kann jedoch die Strafe auf Antrag des Schuldners durch gerichtliches Urteil auf den angemessenen Betrag herabsetzen (Ausübungskontrolle nach § 343 I 1 BGB). Nach der Rechtsprechung des BAG zur Inhaltskontrolle von Vertragsstrafenabreden in Arbeitsverträgen spielt dagegen die Höhe der Vertragsstrafe nicht erst bei der Geltendmachung (Verwirkung) der Vertragsstrafe eine Rolle, sondern bereits für die Wirksamkeit der Vereinbarung (§ 307 I 1 BGB).

(3) **Unbestimmter Verwirkungsgrund:** Eine unangemessene Benachteiligung **229** des Arbeitnehmers kann sich ferner daraus ergeben, dass die Vertragsstrafenklausel nicht klar und verständlich ist (§ 307 I 2 BGB). Die Klausel muss den strafauslösenden Vertragsverstoß so klar bezeichnen, dass der Arbeitnehmer sein Verhalten darauf einstellen kann (Transparenzgebot).[32] Wäre in dem Klauselbeispiel (Rn. 226) neben den beiden Verwirkungsgründen „Nichtantritt ‚des Arbeitsverhältnisses" und „vorzeitige Vertragsaufsage" auch noch der globale Verwirkungsgrund „schuldhaft vertragswidriges Verhalten des Arbeitnehmers" genannt, wäre die Klausel hinsichtlich dieses Verwirkungsgrundes nach § 307 I 2 BGB unwirksam, weil der Arbeitnehmer nicht erkennen kann, durch welche konkrete Pflichtverletzung die Vertragsstrafe verwirkt sein soll. Hinsichtlich der beiden ersten Verwirkungsgründe gilt dann allerdings der vom BAG so genannte **Blue-Pencil-Test:** Kann der unwirksame Klauselbestandteil von den übrigen Klauselteilen (den ersten beiden Verwirkungsgründen) getrennt (= mit einem „Blaustift" gestrichen) werden, bleiben die nicht vom Unwirksamkeitsgrund erfassten Teile der Klausel in Kraft (§ 306 I BGB als Ausnahme vom Verbot der geltungserhaltenden Reduktion).

II. Weitere Pflichten des Arbeitnehmers

Neben der Pflicht zur Arbeit kann den Arbeitnehmer eine Reihe weiterer **230** Pflichten treffen. Sie haben ihre Grundlage meist im Arbeitsvertrag (z. B. ein Nebentätigkeitsverbot) oder im Gesetz, insbesondere in der Generalklausel des § 242 BGB. Spezialgesetzlich normiert ist die Pflicht, dem Arbeitgeber ein unkörperliches Arbeitsergebnis zu überlassen, wenn er es nicht schon kraft Gesetzes erwirbt (dazu 1). Ferner bestehen **Handlungspflichten** (dazu 2) und eine Reihe von **Unterlassungspflichten:** Der Arbeitnehmer hat alles zu unterlassen, was den berechtigten Interessen des Arbeitgebers schadet (dazu 3).

---

[31] *BAG vom 25. 5. 2005 – 5 AZR 572/04*, BAGE 115, 19 = AP Nr. 1 zu § 310 BGB = NZA 2005, 1111 (1114); *BAG vom 14. 8. 2007 – 8 AZR 973/06*, AP Nr. 28 zu § 307 BGB = NZA 2008, 170 (Rn. 35); *Waltermann*, Rn. 114.

[32] *BAG vom 21. 4. 2005 – 8 AZR 425/04*, AP Nr. 3 zu § 307 BGB = NZA 2005, 1053 (1055 f.).

1. Überlassung des Arbeitsergebnisses

231   Der Arbeitnehmer erhält die Vergütung dafür, dass er **fremdnützige Arbeit** leistet. Das Produkt der Arbeit steht folglich dem Arbeitgeber zu. Dabei ist zwischen körperlichen und unkörperlichen Gegenständen zu unterscheiden:

(1) Bei **körperlichen Arbeitsergebnissen,** die im Wege der Verarbeitung erzielt werden (**Beispiel:** der Bäckergeselle backt Brot), geht nach § 950 I BGB das Eigentum in der Regel bereits **kraft Gesetzes** auf den Arbeitgeber über: „Hersteller" i.S. dieser Vorschrift ist regelmäßig der Arbeitgeber. Soweit der Arbeitgeber die Rechte an dem körperlichen Arbeitsergebnis nicht schon kraft Gesetzes erwirbt, kommt es darauf an, ob der Arbeitgeber **gemäß Arbeitsvertrag** gegen den Arbeitnehmer einen Anspruch auf Überlassung des Arbeitsergebnisses (Einräumung der Rechte) hat: Wurde das Arbeitsprodukt „in Ausführung der Verrichtung" erzielt (**Beispiel:** die Kutterbesatzung fängt Fische), besteht in der Regel als ungeschriebenes Nebenrecht aus dem Arbeitsvertrag ein Überlassungsanspruch; anders ist es, wenn das Arbeitsergebnis nur „bei Gelegenheit" der Arbeit geschaffen wurde (**Beispiel:** ein Baggerführer gräbt einen Schatz aus).[33]

232   (2) Als **unkörperliche Arbeitsergebnisse** kommen insbesondere persönliche geistige Schöpfungen in Betracht (z.B. Zeitungsartikel, Musikstücke, Kunstwerke, Architektenentwürfe, Filmwerke, technische Zeichnungen). Sie unterliegen dem Urheberrecht. Anders als das Eigentum an einer Sache gemäß § 950 I BGB entsteht das Urheberrecht an einem Geisteswerk gemäß § 7 UrhG in der Person des Arbeitnehmers (vgl. § 43 UrhG). Bei Werken, die in Erfüllung des Arbeitsvertrags geschaffen wurden, ist der Arbeitnehmer verpflichtet, die Nutzungsrechte in dem Umfang zu übertragen, in dem sie der Arbeitgeber benötigt (§ 31 V UrhG, Zweckübertragungslehre).

(a) Für **Computerprogramme** trifft § 69 b I UrhG auf der Grundlage einer EU-Richtlinie eine Sonderregelung: Wird ein Computerprogramm vom Arbeitnehmer in Wahrnehmung seiner Aufgaben oder nach den Anweisungen des Arbeitgebers geschaffen, ist – sofern nichts anderes vereinbart wurde – ausschließlich der Arbeitgeber zur Ausübung aller vermögensrechtlichen Befugnisse an dem Computerprogramm berechtigt.[34]

(b) Hat der Arbeitnehmer während der Dauer des Arbeitsverhältnisses eine Erfindung (definiert im Patentgesetz) gemacht oder einen technischen Verbesserungsvorschlag entwickelt, trifft das **Arbeitnehmer-Erfindungsgesetz** (ArbnErfG) umfassende Regelungen über den Rechtserwerb und die Vergütungspflicht des Arbeitgebers (vgl. auch § 87 I Nr. 12 BetrVG).

2. Handlungspflichten des Arbeitnehmers

233   Wie in jedem Schuldverhältnis hat auch im Arbeitsverhältnis jeder Vertragspartner auf die berechtigten Belange der anderen Partei Rücksicht zu nehmen, wenn er seine Rechte ausübt und seine Pflichten erfüllt. Während man früher

---

[33] *BGH* vom 20. 1. 1988 – VIII ZR 296/86, NJW 1988, 1204 – Lübecker Münzschatzfund.
[34] Dazu im Einzelnen *Junker/Benecke,* Computerrecht, 3. Aufl. (2003), Rn. 96–99.

von Treue- oder Gehorsamspflichten sprach,[35] ist heute von der Pflicht zur Wahrung schutzwürdiger Interessen des anderen Vertragsteils die Rede (**§ 241 II BGB**). Ferner wird das allgemeine Gebot von Treu und Glauben (§ 242 BGB) im Arbeitsschutzrecht durch **Spezialvorschriften** konkretisiert, die Handlungspflichten begründen. Ein Beispiel ist das Gebot, dem Arbeitgeber Schäden an einer Arbeitsschutzeinrichtung anzuzeigen (§ 16 I ArbSchG). Auch die Pflicht, dem Arbeitgeber die krankheitsbedingte Arbeitsunfähigkeit mitzuteilen und eine Arbeitsunfähigkeitsbescheinigung vorzulegen (§ 5 I EFZG), stellt eine gesetzlich normierte Handlungspflicht dar. Ein weiteres Beispiel sind Herausgabepflichten: So ist der Arbeitnehmer analog § 667, 2. Variante BGB verpflichtet, seinem Arbeitgeber die aus einem Vielfliegerprogramm auf Geschäftsreisen erworbenen Bonusmeilen herauszugeben.[36]

3. Unterlassungspflichten des Arbeitnehmers

Auf Unterlassung gerichtete Nebenpflichten können sich aus einer speziellen Regelung im **Arbeitsvertrag** ergeben. Soweit es an einer vertraglichen Vereinbarung fehlt, lässt sich aus § 241 II BGB die **allgemeine Regel** ableiten: Der Arbeitnehmer ist verpflichtet, alles zu unterlassen, was (a) die Erreichung der arbeitsvertraglichen Ziele gefährdet oder (b) den berechtigten Interessen des Arbeitgebers zuwiderläuft. Der Umfang dieser allgemeinen Unterlassungspflicht hängt von der Stellung des Arbeitnehmers im Betrieb und von der Art seiner Tätigkeit ab: Je höher die Stellung im Betrieb, desto größer sind im Allgemeinen die Loyalitätspflichten.

234

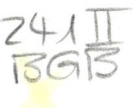

> **Durchblick:** Ein vieldiskutiertes Problem ist die Frage, inwieweit die vertragliche Rücksichtnahmepflicht (Interessenwahrungspflicht) den Arbeitnehmer daran hindert, ein Fehlverhalten des Arbeitgebers den Behörden oder Gerichten anzuzeigen (z. B. Steuervergehen, Umweltdelikte, Verkauf verdorbener Lebensmittel). In den USA wird die Frage unter dem Stichwort **Whistleblowing** (Verpfeifen) erörtert und der Arbeitnehmer weitgehend vor Sanktionen des Arbeitgebers geschützt. In Deutschland ist die Rechtsprechung zurückhaltender. Das BAG hat folgende Grundsätze aufgestellt: (1) Eine Pflichtverletzung des Arbeitnehmers liegt nicht nur vor, wenn er in einer (Straf-)Anzeige gegen den Arbeitgeber vorsätzlich oder grob fahrlässig („leichtfertig") falsche Angaben macht, sondern auch, wenn die Anzeige eine unverhältnismäßige Reaktion auf das Arbeitgeberverhalten darstellt. – (2) Bei der Prüfung der Verhältnismäßigkeit ist die Motivation des Anzeigenden zu berücksichtigen (Will er dem Arbeitgeber schaden oder verfolgt er sonst eigennützige Zwecke?); ferner ist die Möglichkeit innerbetrieblicher Abhilfe zu beachten. – (3) Eine vorherige innerbetriebliche Meldung ist dem Arbeitnehmer allerdings nicht zumutbar, wenn er sich bei einer Nichtanzeige selbst der Strafverfolgung aussetzen würde, wenn es sich um eine vom Arbeitgeber selbst begangene Straftat handelt, oder wenn bei lebensnaher Betrachtung innerbetriebliche Abhilfe nicht zu erwarten ist.[37] Der EGMR hat in der Rechtssache Heinisch diese Grundsätze im Prinzip bestätigt, jedoch im konkreten Fall – anders als die deutschen

---

[35] *Hromadka/Maschmann* I, § 6 Rn. 106–109.
[36] *BAG* vom 11. 4. 2006 – 9 AZR 500/05, BAGE 118, 16 = AP Nr. 1 zu § 667 BGB = NZA 2006, 1089 (Rn. 20).
[37] *BAG* vom 3. 7. 2003 – 2 AZR 235/02, BAGE 107, 36 (46) = AP Nr. 45 zu § 1 KSchG 1969 Verhaltensbedingte Kündigung m. Anm. *Otto* = NZA 2004, 427; *BAG* vom 7. 12. 2006 – 2 AZR 400/05, AP Nr. 55 zu § 1 KSchG 1969 Verhaltensbedingte Kündigung = NZA 2007, 502 (Rn. 17).

Gerichte – der Meinungsfreiheit (Art. 10 EMRK) den Vorrang gegeben und die fristlose Kündigung einer Anzeigeerstatterin als „unverhältnismäßig hart" eingestuft.[38]

235 Neben der allgemeinen, aus § 241 II BGB folgenden Unterlassungspflicht gibt es spezielle gesetzliche Unterlassungspflichten:

a) Das **Schmiergeldverbot** – das Verbot der Vorteilsannahme im geschäftlichen Verkehr – ist in § 299 I StGB normiert: Dem Arbeitnehmer ist es untersagt, Geld oder geldwerte Leistungen zu fordern, sich versprechen zu lassen oder anzunehmen, wenn der Geber dafür eine geschäftliche Bevorzugung erwartet. Zugleich verletzt der Arbeitnehmer vertragliche Nebenpflichten aus § 241 II BGB, wenn er sich in Erfüllung seines Arbeitsverhältnisses von Geschäftspartnern des Arbeitgebers oder von Dritten bestechen lässt. Hat der Arbeitnehmer ein Schmiergeld erhalten, muss er es nach §§ 687 II 1, 681, 667 BGB (unerlaubte Eigengeschäftsführung) dem Arbeitgeber herausgeben.

> **Durchblick:** Nicht nur die **Schmiergeldannahme**, sondern auch die **Schmiergeldgewährung** durch Arbeitnehmer kann den Arbeitgeber – etwa durch Maßnahmen der Kapitalmarktaufsicht – in Schwierigkeiten bringen. Nach US-amerikanischem Vorbild richten Unternehmen Systeme der unternehmensinternen Selbstkontrolle (**Compliance**) ein, um Korruption zu bekämpfen und die Haftung für Fehlverhalten von Unternehmensangehörigen zu vermeiden. (**Corporate**) **Compliance** soll gewährleisten (z. B. durch Berichtspflichten oder Antikorruptionsbeauftragte), dass rechtliche Regeln im Unternehmen eingehalten werden.[39]

236 b) Die **Verschwiegenheitspflicht** – die Pflicht, die Weitergabe von Betriebs- oder Geschäftsgeheimnissen zu unterlassen – ist ebenfalls strafrechtlich sanktioniert (§ 17 UWG). Wenn der Arbeitnehmer ein Betriebs- oder Geschäftsgeheimnis zu Zwecken des Wettbewerbs, aus Eigennutz oder in der Absicht, dem Inhaber des Geschäftsbetriebs Schaden zuzufügen, unbefugt einem Dritten mitteilt, besteht gegenüber dem Arbeitgeber eine Schadensersatzpflicht (§ 19 UWG). Die Verschwiegenheitspflicht des Arbeitnehmers folgt nicht nur aus §§ 17 ff. UWG, sondern auch aus der Pflicht zur Rücksichtnahme (§ 242 BGB) als gesetzlicher Nebenpflicht (§ 241 II BGB) im Arbeitsverhältnis.[40]

236a c) Das **Wettbewerbsverbot** ist gesetzlich nur für Handlungsgehilfen normiert: Sie dürfen ohne Einwilligung des Arbeitgebers weder ein Handelsgewerbe betreiben noch im Handelszweig des Arbeitgebers für eigene oder fremde Rechnung Geschäfte machen (§ 60 I HGB). Diese Vorschrift konkretisiert für die besondere Arbeitnehmergruppe der Handlungsgehilfen einen allgemeinen Rechtsgedanken, der sich im Wege der Analogie auf alle Arten von Arbeitsverhältnissen übertragen lässt.[41] Das gesetzliche Konkurrenzverbot endet mit der Beendigung des Arbeitsverhältnisses; ein nachvertragliches Wettbewerbsverbot muss von den Arbeitsvertragsparteien vereinbart werden (Rn. 448–449).

---

[38] *EGMR* vom 21. 7. 2011 – Rs. 28 274/08, NZA 2011, 1269 (Rn. 71 ff.) – Heinisch.
[39] *Klumpp*, CCZ 2010, 197 (197 f.); *Rieble*, CCZ 2008, 121 (125 ff.).
[40] *BGH* vom 20. 1. 1981 – VI ZR 162/79, BGHZ 80, 25 (28 f.) – Fall Wallraff.
[41] *BAG* vom 20. 9. 2006 – 10 AZR 439/05, BAGE 119, 294 = AP Nr. 13 zu § 60 HGB = NZA 2007, 977 (Rn. 16); *BAG* vom 26. 9. 2007 – 10 AZR 511/06, BAGE 124, 133 = AP Nr. 4 zu § 61 HGB = NZA 2007, 1436 (Rn. 17).

d) Ein **Nebentätigkeitsverbot** bedarf ebenfalls der **vertraglichen Vereinba- 236b rung**, die ihre Grenze an der Berufsfreiheit des Arbeitnehmers (Art. 12 I GG) findet.[42] Ein vertraglich vereinbartes Nebentätigkeitsverbot ist nur wirksam, soweit es **berechtigte Interessen** des Arbeitgebers schützt.[43] Fehlt eine **vertragliche Regelung** über Nebentätigkeiten, kann der Arbeitgeber eine Nebentätigkeit untersagen, wenn ihr ein **gesetzliches Verbot** entgegensteht – **Beispiele:** § 8 BUrlG (Verbot der Erwerbstätigkeit im Urlaub), § 3 ArbZG (gesetzliche Höchstarbeitszeit), § 60 I HGB (Verbot der Konkurrenztätigkeit) – oder sie mit der Arbeitspflicht aus dem Hauptarbeitsverhältnis kollidiert.

> **Beispiel:** Ein Krankenpfleger arbeitet nebenbei als selbständiger Leichenbestatter, wobei ein von ihm als „Home Story" initiierter Zeitungsbericht über sein Bestattungsunternehmen erwähnt, dass er „auf Grund seiner Tätigkeit als Krankenpfleger besonders geeignet für den Beruf des Bestatters" sei. – Nach Auffassung des BAG kann das Krankenhaus die Nebenbeschäftigung wegen eines Zielkonflikts mit dem Hauptberuf untersagen: Der Umstand, von einem Krankenpfleger versorgt zu werden, der sich nebenberuflich als Leichenbestatter betätige, sei geeignet, bei Patienten Irritationen hervorzurufen.[44]

III. Vergütung und Vergütungsschutz

Hauptpflicht d. AG

Der Arbeitgeber ist nach § 611 I BGB verpflichtet, die vereinbarte Vergütung 237 zu gewähren. Während das Gesetz den Begriff der Vergütung verwendet, spricht die Praxis auch vom „Entgelt" oder von „Bezügen". Früher war der „Lohn" die Vergütung der Arbeiter, das „Gehalt" die Vergütung der Angestellten; heute werden diese Begriffe vielfach synonym gebraucht. Die **Vergütungspflicht** ist die Hauptleistungspflicht des Arbeitgebers. Sie beruht ebenso wie die Hauptleistungspflicht des Arbeitnehmers – die Arbeitspflicht – auf dem Arbeitsvertrag. Fehlt es an einer ausdrücklichen oder stillschweigenden Vereinbarung über das „Ob" der Vergütung, stellt § 612 I BGB eine unwiderlegbare Vermutung auf: Eine Vergütung gilt als stillschweigend vereinbart, wenn die Arbeitsleistung den Umständen nach nur gegen eine Vergütung zu erwarten ist (**Vergütungserwartung**). Darlegungs- und beweispflichtig für das Bestehen einer Vergütungserwartung ist derjenige, der die Vergütung begehrt.[45]

> **Beispiele:** Eine Vergütungserwartung besteht bei Umkleidezeiten von Mannequins oder Tauchern, die ihre Kleidung bzw. Ausrüstung im Rahmen ihrer Einsätze an- und ablegen, nicht aber bei Umkleidezeiten von Köchen oder Müllwerkern: Auch bei letzteren ist zwar das Umkleiden (und Waschen) als „Arbeit" anzusehen;[46] es fehlt aber an der weiteren Vor-

---

[42] *BAG* vom 24. 3. 2010 – 10 AZR 66/09, BAGE 134, 43 = AP Nr. 141 zu Art. 12 GG = NZA 2010, 693 (Rn. 17).

[43] *BAG* vom 11. 12. 2001 – 9 AZR 464/00, BAGE 100, 70 (74) = AP Nr. 8 zu § 611 BGB Nebentätigkeit m. Anm. *Singer* = NZA 2002, 965.

[44] *BAG* vom 28. 2. 2002 – 6 AZR 357/01, EzA § 611 BGB Nebentätigkeit Nr. 7 = DB 2002, 1560 (1561).

[45] *BAG* vom 21. 9. 2011 – 5 AZR 629/10, AP Nr. 74 zu § 612 BGB = NZA 2012, 145 (Rn. 31) – Büroleiter; *BAG* vom 27. 6. 2012 – 5 AZR 530/11, NZA 2012, 1147 (Rn. 19) – Kanzleivermittler.

[46] Siehe zum Begriff der Arbeit *BAG* vom 20. 4. 2011 – 5 AZR 200/10, BAGE 137, 366 = AP Nr. 51 zu § 307 BGB = NZA 2011, 917 (Rn. 21).

aussetzung des § 612 I BGB, dass diese Arbeit nach den Umständen nur gegen Vergütung zu erwarten ist.[47]

1. Anspruch auf die Vergütung

238   **Geschuldete Vergütung:** Im Regelfall lautet die Frage nicht, ob überhaupt eine Vergütung geschuldet wird, sondern vielmehr, **wie hoch** die geschuldete Vergütung ist. Den Ausgangspunkt für die Beantwortung dieser Frage bildet der **Arbeitsvertrag,** der die Vergütungshöhe oft durch Bezugnahme auf einen **Tarifvertrag** festlegt (**Bezugnahmeklausel,** Rn. 538–541). Sind beide Arbeitsvertragsparteien tarifgebunden (§ 3 TVG), gilt die tarifliche Vergütung normativ (§ 4 I 1 TVG); sie bildet zugleich die Mindestvergütung, die der Arbeitsvertrag nicht unterschreiten kann (§ 4 III TVG).

Fehlt es an einer Regelung der Vergütungshöhe, gilt nach **§ 612 II BGB** die **übliche Vergütung** als vereinbart; für Arbeitnehmer ist im Regelfall die **tarifliche Vergütung** „üblich" i.S.d. § 612 II BGB.

Benachteiligungsverbot: Unabhängig davon, welche Faktoren die Vergütung bestimmen, ist bei der Festsetzung der Vergütung das Benachteiligungsverbot des **§ 7 I AGG** (Rn. 160) zu beachten: Für gleiche oder gleichwertige Arbeit darf nicht wegen eines in § 1 AGG genannten Grundes eine geringere Vergütung vereinbart werden (**§ 8 II AGG**). Eine solche Vereinbarung ist unwirksam (§ 7 II AGG) und bedeutet unter Umständen eine schadensersatzbewehrte Pflichtverletzung des Arbeitgebers (§§ 7 III, 15 AGG). Ferner gilt der allgemeine Gleichbehandlungsgrundsatz (Rn. 58, 59).

Gesetzlicher Mindestlohn: Die Novellen des **Arbeitnehmer-Entsendegesetzes** vom 20. 4. 2009 (BGBl. 2009 I, 799) und des **Mindestarbeitsbedingungengesetzes** vom 22. 4. 2009 (BGBl. 2009 I, 818) ermöglichen es dem Bundesministerium für Arbeit und Soziales, unter bestimmten Voraussetzungen Mindestentgelte festzusetzen: In **bestimmten Branchen** (§ 4 AEntG) kann das BMAS durch **Rechtsverordnung** gem. § 7 AEntG die Rechtsnormen eines Tarifvertrags auf alle Arbeitsverhältnisse erstrecken (§§ 8, 9 AEntG). In **allen Wirtschaftszweigen** können nach §§ 2 ff. MindArbBedG gebildete Ausschüsse unter den in §§ 1, 3 MindArbBedG genannten Voraussetzungen Mindestlöhne festlegen.[48]

Durchblick: Eine Vereinbarung, wonach die Arbeitsvergütung ohne Abführung von Lohnsteuer und Sozialversicherungsbeiträgen durch den Arbeitgeber („schwarz") ausgezahlt werden soll („**Schwarzgeldabrede**"), ist wegen Verstoßes gegen die gesetzlichen Verbote des Steuer- und Sozialversicherungsrechts nichtig (**§ 134 BGB** i. V.m. §§ 370 I Nr. 1 AO, 41 a I, 41 b I EStG, 28 a SGB IV). Erfüllt der Arbeitgeber die Schwarzgeldabrede, macht er sich nach § 266 a I StGB strafbar. Nach der Rechtsprechung bleibt – wie beim Lohnwucher (Rn. 179) – der Arbeitsvertrag als solcher wirksam. Das bedeutet: Auch die „schwarz" vereinbarte Vergütung bleibt geschuldet; nichtig ist nur die Abrede, von der

---

[47] *BAG* vom 11. 10. 2000 – 5 AZR 122/99, BAGE 96, 45 (50f.) = AP Nr. 20 zu § 611 BGB Arbeitszeit = SAE 2002, 12 m.Anm. *Walker* – Müllwerker; s. auch *BAG* vom 17. 8. 2011 – 5 AZR 406/10, AP Nr. 55 zu § 307 BGB = NZA 2011, 1335 (Rn. 17ff.) = SAE 2012, 51 (*Walker*) – angestellter Rechtsanwalt.
[48] Einzelheiten bei *Rieble/Junker/Giesen* (Hrsg.), Mindestlohn als politische und rechtliche Herausforderung (2011).

Vergütung keine Steuern und Beiträge abzuführen.[49] Nach § 14 II 2 SGB IV trägt der Arbeitgeber das alleinige finanzielle Risiko einer Schwarzgeldabrede; er muss alle Steuern und Beiträge allein entrichten. Zur **Sittenwidrigkeit** von Vergütungsabreden s. Rn. 179.

Über die Faktoren der **Bestimmung der Vergütungshöhe** im Arbeitsverhältnis 239
unterrichtet zusammenfassend die **Übersicht 4.1**:

Übersicht 4.1: Bestimmung der Vergütungshöhe

Gesetzlicher Mindestlohn nach AEntG oder MindArbBedG

Tarifliche Regelung

* Tarifgebunden: Gewerkschaftsmitglieder
* Ausnahmsweise: Allgemeinverbindlichkeit

Betriebsvereinbarung

* Grundvergütung: I. d. R. Sperre des § 77 III BetrVG
* Übertarifliche Zulagen: § 87 I Nr. 10 BetrVG

Arbeitsvertrag

§ 612 II BGB

a) Formen der Vergütung

Die vom Arbeitgeber konkret geschuldeten Vergütungen lassen sich nach ih- 240
rem Gegenstand und der Art ihrer Bemessung unterscheiden:

(1) Der **Gegenstand der Vergütung** ist im Normalfall Geld (**Geldlohn**). Nur ausnahmsweise werden Sachleistungen (**Naturallohn**) geschuldet; das ist jeder geldwerte Vorteil, der nicht in gesetzlichen Zahlungsmitteln besteht.[50] Die Überlassung des Dienstwagens zur privaten Nutzung ist ein wichtiger Sachbezug[51] (Naturallohn); ein anderes Beispiel ist die Gewährung von Personalrabatten im Handel. Solche Sachbezüge sind nach **§ 107 II 1 GewO** zulässig, wenn sie dem Interesse des Arbeitnehmers oder der Eigenart der Beschäftigung entsprechen; der Wert der Sachbezüge oder die Höhe der Anrechnung der Sachbezüge auf das Arbeitsentgelt darf die Pfändungsgrenzen der §§ 850a ff. ZPO nicht übersteigen (**§ 107 II 5 GewO**).[52]

---

[49] *BAG* vom 26. 2. 2003 – 5 AZR 690/01, BAGE 105, 187 (190) = AP Nr. 24 zu § 134 BGB = NZA 2004, 313; *BAG* vom 17. 3. 2010 – 5 AZR 301/09, BAGE 133, 332 = AP Nr. 1 zu § 14 SGB IV = NZA 2010, 881 (Rn. 12).
[50] *Dütz/Thüsing*, Rn. 161; *Waltermann*, Rn. 197.
[51] Siehe zum Widerruf der privaten Nutzung *BAG* vom 21. 3. 2012 – 5 AZR 651/10, NZA 2012, 616 = NJW 2012, 1756 (Rn. 15).
[52] Zur Anwendung dieser Vorschrift auf die private Dienstwagennutzung s. *BAG* vom 24. 3. 2009 – 9 AZR 733/09, AP Nr. 22 zu § 611 BGB Sachbezüge = NZA 2009, 861.

(2) Nach der **Art der Bemessung** des Entgelts lassen sich Zeitlohn und Leistungslohn unterscheiden:

(a) Der **Zeitlohn** wird nach Lohnbemessungsperioden berechnet: Für einen bestimmten Zeitraum (z. B. Stunde, Tag, Woche, Monat, Jahr) schuldet der Arbeitgeber eine im Voraus fest bestimmte Vergütung.

241 (b) Beim **Leistungslohn** richtet sich die Höhe der Vergütung nach dem qualitativen oder quantitativen Arbeitsergebnis: Wird die Qualität der Arbeit honoriert, spricht man meist vom Prämienlohn, wird die Menge der geleisteten Arbeit vergütet, ist vom Akkordlohn die Rede. Er kann für die Leistung eines einzelnen Arbeitnehmers (Einzelakkord) oder für die Gesamtleistung einer Gruppe (Gruppenakkord) vereinbart werden. Nach **§ 87 I Nr. 11 BetrVG** hat der Betriebsrat ein **Mitbestimmungsrecht** bei der „Festsetzung der Akkord- und Prämiensätze und vergleichbarer leistungsbezogener Entgelte, einschließlich der Geldfaktoren" (Rn. 748).

b) Zuschläge und Zulagen

242 Die Grundvergütung – das „normale" Arbeitsentgelt – wird häufig durch Vergütungszuschläge oder -zulagen („Sonderzahlungen") aufgestockt. Nach **§ 87 I Nr. 10 BetrVG** hat der Betriebsrat ein **Mitbestimmungsrecht**, wenn Zuschläge oder Zulagen, die nicht durch Tarifvertrag geregelt sind, eingeführt, geändert oder abgeschafft werden sollen (Rn. 743–747). Individualarbeitsrechtlich kann man zwei Arten von Zusatzentgelten unterscheiden:

(1) Steht die **Sonderzuwendung im Synallagma** zur erbrachten Arbeitsleistung, ist sie durch Erbringung dieser Leistung unentziehbar verdient und kann nicht vom Vorliegen weiterer Voraussetzungen (wie dem Bestand des Arbeitsverhältnisses zu einem bestimmten Stichtag) abhängig gemacht werden (s. auch Rn. 250). In diese Kategorie fallen nicht nur Zusatzentgelte für besondere **Leistungen oder Erschwernisse**, z. B. für Arbeiten unter erschwerten Bedingungen („Schmutzzulage"), sondern auch Zuwendungen, die an den individuellen Erfolg des Arbeitnehmers oder den Gesamterfolg des Unternehmens anknüpfen[53] (s. Rn. 243).

(2) Den Gegensatz bilden Sonderzuwendungen, die **keine Vergütung erbrachter Arbeitsleistungen** darstellen. Sie resultieren meist aus der Arbeitsmarktlage: Der Tariflohn, der nach dem Günstigkeitsprinzip des § 4 III TVG eine Mindestvergütung sein soll, wird durch **allgemeine übertarifliche Zulagen** aufgestockt, um Arbeitnehmer zu gewinnen. Solche Zulagen können von Bedingungen wie dem ungekündigten Bestand des Arbeitsverhältnisses am Auszahlungstag abhängig gemacht werden[54] (s. auch Rn. 250).

c) Sonderformen der Vergütung

243 Anstelle von Leistungs-, Erschwernis- oder allgemeinen übertariflichen Zulagen – oder ergänzend zu ihnen – werden oftmals Zahlungen vereinbart, die als

---

[53] *BAG* vom 12. 4. 2011 – 1 AZR 412/09, BAGE 137, 300 = AP Nr. 57 zu § 75 BetrVG 1972 m. Anm. *Wiese* = NZA 2011, 989 (Rn. 25).
[54] *BAG* vom 18. 1. 2012 – 10 AZR 667/10, AP Nr. 59 zu § 307 BGB = NZA 2012, 620 (Rn. 12).

Provision, Tantieme oder Gratifikation bezeichnet sind. Diese Kategorien lassen sich in der Praxis nicht streng auseinanderhalten:[55] Zum Beispiel können Gratifikationen („Weihnachtsgeld") – je nach Unternehmenserfolg – variabel ausgestaltet sein, was an sich das Merkmal einer Tantieme ist.

(1) **Provisionen** werden als variable Vergütungsbestandteile im Außendienst, aber auch bei Verkäufern im stationären Handel eingesetzt; bei Außendienstmitarbeitern machen sie im Durchschnitt rund 30% der Gesamtvergütung aus. Nach **§ 87 I Nr. 11** BetrVG besteht ein **Mitbestimmungsrecht** des Betriebsrats bei der Festsetzung derjenigen Provisionen, die den persönlichen Einsatz des Arbeitnehmers belohnen (Beispiel: Provision für den Abschluss von Verträgen; Gegenbeispiel: Feste Provision für ein Verkaufsgebiet).

(2) **Tantiemen** sind Sonderzahlungen, deren Höhe nicht von der individuellen Leistung des Arbeitnehmers, sondern vom Gesamterfolg des Unternehmens abhängt. Sie sollen den Arbeitnehmer für die Entwicklung des Unternehmens interessieren, indem sie ihn am Unternehmenserfolg beteiligen. Da es in der Natur einer Tantieme liegt, dass sie nur bei wirtschaftlichem Erfolg gezahlt wird, verstößt es nicht gegen § 307 I 1 BGB, wenn sie von der **Ausschüttung einer Dividende** im Geschäftsjahr (als Erfolgsausweis des Unternehmens) abhängig gemacht wird.[56]

> Praxis: Eine **Mitarbeiterbeteiligung** gibt es nicht nur in Form einer **Erfolgsbeteiligung,** sondern auch in Form einer **Kapitalbeteiligung,** z. B. durch Ausgabe von Belegschaftsaktien. Da der Wert der Belegschaftsaktien vom Börsenwert des Unternehmens (und insofern auch vom Unternehmenserfolg) abhängt, bezwecken beide Formen der Mitarbeiterbeteiligung, dass sich die Arbeitnehmer mit dem Unternehmen und seinen Zielen identifizieren.

(3) **Gratifikationen** sind Sonderzuwendungen, die nicht – oder nicht allein – **244** wegen bestimmter Leistungen des Arbeitnehmers oder bestimmter Erfolge des Unternehmens, sondern aus bestimmten Anlässen gewährt werden (z. B. Dienst- oder Firmenjubiläum). Der wichtigste Fall war früher das Weihnachtsgeld, das sich heute als „13. Monatsgehalt" oder „Jahressonderzahlung" oft von seinem Anlass (Weihnachten) abgelöst hat und insofern von anderen übertariflichen Zulagen (Rn. 242) nicht zu unterscheiden ist. Wie andere Zulagen können auch Gratifikationen ihren Geltungsgrund nicht nur in ausdrücklicher arbeitsvertraglicher Festlegung, sondern auch in betrieblicher Übung haben (Rn. 79–83). Zu beachten ist ferner der Gleichbehandlungsgrundsatz (Rn. 58, 59).

d) Ausschlussfristen (Verfallfristen)

(1) **Arten von Ausschlussklauseln:** Ausschlussfristen (= Verfallfristen) begrün- **245** den nach ihrem Ablauf eine Einwendung gegen einen Anspruch der anderen Vertragspartei. Sie finden sich in Tarifnormen, aber auch in Arbeitsverträgen. Es gibt einstufige und zweistufige Ausschlussfristen: Bei einer **einstufigen Ausschlussfrist** ist der Anspruch – i.d.R. schriftlich – innerhalb einer bestimmten Frist geltend zu machen; bei einer **zweistufigen Ausschlussfrist** wird darüber

---

[55] Übersicht bei D/F/L/*Kamanabrou,* § 611 BGB Rn. 156.
[56] *BAG* vom 18. 1. 2012 – 10 AZR 670/10, AP Nr. 57 zu § 307 BGB = NZA 2012, 499 (Rn. 16).

hinaus verlangt, dass der Anspruch binnen einer weiteren Frist bei Gericht rechtshängig gemacht wird.

> **Beispiel** für eine **einstufige Ausschlussklausel:** „Die Ansprüche beider Seiten aus dem Arbeitsverhältnis müssen innerhalb einer Ausschlussfrist von drei Monaten nach Fälligkeit schriftlich geltend gemacht werden. Nach Ablauf dieser Frist ist die Geltendmachung ausgeschlossen." Eine **zweistufige Ausschlussklausel** kann z.B. lauten: „Alle Ansprüche, die sich aus dem Arbeitsverhältnis ergeben, sind von den Vertragsschließenden binnen einer Frist von sechs Monaten seit ihrer Fälligkeit schriftlich geltend zu machen und im Falle der Ablehnung durch die Gegenpartei binnen einer Frist von zwei Monaten einzuklagen."

245a   **(2) Gegenstand** von Ausschlussklauseln: Ausschlussfristen betreffen nicht nur **Ansprüche des Arbeitnehmers,** sondern auch **Ansprüche des Arbeitgebers;** eine arbeitsvertragliche Ausschlussfrist, die einseitig den Arbeitnehmer belastet, ist nach § 307 I 1 BGB unwirksam.[57] Ausschlussklauseln gelten i.d.R. nicht nur für **Geldansprüche,** sondern für **alle Ansprüche** aus dem Arbeitsverhältnis. Bei Vergütungsansprüchen treffen sie den Arbeitnehmer naturgemäß besonders hart, weshalb sie an dieser Stelle des Buches behandelt werden.

245b   **(3) Wirksamkeit** von Ausschlussklauseln: Es ist danach zu unterscheiden, ob die Ausschlussfrist in einem Tarifvertrag oder in einem Arbeitsvertrag enthalten ist. Während **Tarifverträge** keiner gerichtlichen AGB-Kontrolle nach §§ 305 ff. BGB unterliegen (§ 310 IV 1 BGB), findet bei Klauseln in **Arbeitsverträgen** eine AGB-Kontrolle nach §§ 305 ff. BGB statt (§ 310 IV 2 BGB).

(a) **Tarifvertragliche** Ausschlussfristen sind auch erlaubt, wenn sie **erheblich kürzer** sind als die **gesetzlichen** Verjährungsfristen.[58] Allerdings kann die Berufung auf eine Ausschlussfrist **gegen Treu und Glauben** (§ 242 BGB) verstoßen, wenn der Arbeitgeber **entgegen** § 2 I Nr. 10 NachwG nicht auf den einschlägigen Tarifvertrag hingewiesen hat.[59]

(b) **Arbeitsvertragliche** Ausschlussfristen unterliegen im Anwendungsbereich der §§ 305 ff. BGB eine Inhaltskontrolle nach § 307 I 1, II Nr. 1 BGB. Eine Frist für die gerichtliche Geltendmachung von Arbeitnehmeransprüchen, die weniger als drei Monate beträgt, benachteiligt den Arbeitnehmer unangemessen und ist deshalb unwirksam; sie fällt ersatzlos weg.[60]

245c   (c) **„Blue-Pencil-Test":** Bei einer zweistufigen arbeitsvertraglichen Ausschlussklausel kann eine unwirksame **zweite Stufe** (Rn. 245) i.d.R. gestrichen werden (wobei das BAG Wert darauf legt, dass dies mit einem „blauen Stift"[61] ge-

---

[57] *BAG* vom 2. 3. 2004 – 1 AZR 271/03, BAGE 109, 369 (383) = AP Nr. 31 zu § 3 TVG = NZA 2004, 852; *BAG* vom 31. 8. 2005 – 5 AZR 545/04, BAGE 115, 372 = AP Nr. 8 zu § 6 ArbZG = NZA 2006, 324 (Rn. 29).

[58] Einzelheiten und Ausnahmen: Wiedemann/*Wank*, TVG, § 4 Rn. 737–798. Zur Auslegung tariflicher Ausschlussklauseln s. *BAG* vom 14. 1. 2009 – 5 AZR 246/08, AP Nr. 197 zu § 4 TVG Ausschlussfrist = NZA 2009, 448.

[59] *BAG* vom 23. 1. 2002 – 4 AZR 56/01, BAGE 100, 225 (236) = AP Nr. 5 zu § 2 NachwG = NZA 2002, 800 (801). Zum Nachweis tarifvertraglicher Ausschlussfristen: *BAG* vom 5. 11. 2003 – 5 AZR 469/02, BAGE 108, 256 (262) = AP Nr. 1 zu § 3 NachwG = NZA 2004, 102.

[60] *BAG* vom 28. 11. 2007 – 5 AZR 992/06, AP Nr. 30 zu § 307 BGB = NZA 2008, 293 (Rn. 25).

[61] *BAG* vom 12. 3. 2008 – 10 AZR 152/07, AP Nr. 10 zu § 305 BGB = NZA 2008, 699 (Rn. 28).

schieht: daher „Blue-Pencil-Test"), **ohne** dass die **erste Stufe** ihren Sinn verliert. Folglich bleibt eine nicht **von der Unwirksamkeit** erfasste erste **Stufe wirksam** (**§ 306 I BGB** als **Ausnahme** vom **Verbot der geltungserhaltenden Reduktion**).

Durchblick: (1) Mit **Ablauf** der **Ausschlussfrist** erlischt der Anspruch, wenn er **nicht vorher geltend** gemacht wurde. Der Ablauf der Ausschlussfrist begründet daher eine **rechtsvernichtende Einwendung**, die das Gericht **von Amts wegen** beachten muss. Ausschlussfristen haben damit die gleiche Konsequenz wie die **Verwirkung**, die nach **§ 242 BGB** unter besonderen Umständen dem Anspruch entgegenstehen kann. – (2) Die gesetzliche **Verjährungsfrist** bei Ansprüchen auf Arbeitsentgelt beträgt **drei Jahre** (**§ 195** BGB); sie beginnt mit dem **Ende des Jahres,** in dem der Anspruch fällig wurde (**§ 199** BGB). Die Verjährung begründet eine **Einrede** (ein **Leistungsverweigerungsrecht**); sie wird vom Gericht nur beachtet, wenn der Schuldner sich auf **Verjährung beruft** (**§ 214 I BGB**). – (3) Beruht der Vergütungsanspruch auf **Tarifvertrag**, ist **§ 4 IV TVG** zu beachten: Die Verwirkung tariflicher Rechte ist **ausgeschlossen** (**§ 4 IV 2 TVG**); für tarifliche Ansprüche können Ausschlussfristen nur im **Tarifvertrag** vereinbart werden (**§ 4 IV 3 TVG**).

2. Erfüllung des Anspruchs

Ebenso wie für die Arbeitspflicht des Arbeitnehmers gilt auch für die Vergütungspflicht des Arbeitgebers: Sie muss in der Weise erfüllt werden, dass der **richtige Gläubiger vom richtigen Schuldner die richtige Leistung am richtigen Ort zur richtigen Zeit erhält**. Wird die geschuldete Vergütung in dieser Weise geleistet, **erlischt** der Vergütungsanspruch (**§ 362 I BGB**). **246**

a) *Fälligkeit der Vergütung*

Die Vergütung ist gemäß **§ 614 BGB** nach der Leistung der Arbeit zu entrichten; der Arbeitnehmer soll **vorleistungspflichtig** sein. Diese dispositive Vorschrift kann durch **Tarifvertrag**, **Betriebsvereinbarung** oder **Arbeitsvertrag** abbedungen werden. Bei den Modalitäten der Auszahlung hat der Betriebsrat ein **Mitbestimmungsrecht** (**§ 87 I Nr. 4 BetrVG**). Es bezieht sich auf **Zeit, Ort und Art** der Auszahlung der Arbeitsentgelte (Rn. 742). In der Praxis wird durch Betriebsvereinbarung meist festgelegt, dass die Bezüge **auf Kosten des Arbeitgebers** auf das Konto des Arbeitnehmers überwiesen werden (**§§ 676 a–676 c BGB**).

Durchblick: (1) Wenn die Parteien nicht ganz ausnahmsweise eine sog. **Nettolohnvereinbarung** getroffen haben, bei der der **Arbeitgeber alle Steuern und Beiträge** übernimmt (wie z. B. manchmal im **Profifußball**),[62] ist die vereinbarte Vergütung der **Bruttolohn.** Der Arbeitgeber hat die öffentlich-rechtliche Pflicht, die vom Arbeitnehmer geschuldete Lohnsteuer sowie die Arbeitnehmeranteile zur **Sozialversicherung vom Bruttolohn** einzubehalten und an das Finanzamt (**§ 38 III EStG**) sowie an die Sozialversicherungsträger (**§§ 28 d–28 n** SGB IV) abzuführen. Die **Differenz zwischen der vereinbarten** Vergütung (dem **Bruttolohn**) und diesen **Abzügen** ist der **Nettolohn**, den der Arbeitnehmer ausbezahlt bekommt. – (2) Der **Prozentsatz der Lohnsteuer** steigt progressiv mit **steigendem Einkommen**; die Höhe der Steuer ermittelt die Praxis anhand von **Lohnsteuertabellen.** – (3) Die **Sozialversicherungsbeiträge** betragen insgesamt rund **40% des Bruttolohns** und setzen sich zusammen aus den **Beiträgen für die Krankenversicherung** (ca. 12%), die Pflegeversicherung (ca. 2%), die **Arbeitslosenversicherung** (ca. 6%) und die **Rentenversicherung** (ca. 20% des Bruttolohns). Sie werden **je zur Hälfte vom Arbeitnehmer und vom Arbeitgeber** getragen; auf den

---

[62] Die Rechtsprechung ist bei der Annahme von Nettolohnabreden im Wege der Auslegung sehr zurückhaltend, s. nur *BAG* vom 21. 7. 2009 – 1 AZR 167/08, AP Nr. 11 zu § 38 EStG = NZA 2009, 1213.

Arbeitnehmer entfallen also rund 20% des Bruttolohns, die ihm als Sozialversicherungsbeiträge vom Lohn abgezogen werden. – (4) Wenn die Wirtschaft von **Personalzusatzkosten** spricht, die dem **Arbeitgeber** entstehen, fallen darunter nicht nur die Arbeitgeberanteile zur Sozialversicherung, sondern auch alle weiteren gesetzlichen, tariflichen und betrieblichen Lohnzusatzkosten wie z.B. Feiertagsvergütung, Entgeltfortzahlung im Krankheitsfall und betriebliche Altersversorgung.

b) Über- und Minderzahlungen

247 (1) **Überzahlungen:** Es kommt vor, dass der Arbeitgeber irrtümlich ein zu hohes Entgelt auszahlt, weil er z.B. den Arbeitnehmer tariflich zu hoch eingruppiert oder die Abzüge vom Bruttolohn falsch berechnet hat. Dem **Bereicherungsanspruch** des Arbeitgebers aus § 812 I 1 1. Variante BGB (Leistungskondiktion) wird der Arbeitnehmer den **Entreicherungseinwand** entgegenhalten wollen (§ 818 III BGB). Die Berufung auf den Wegfall der Bereicherung ist ausgeschlossen, wenn der Arbeitnehmer bösgläubig war (§§ 818 IV, 819 I BGB) oder wenn der Arbeitgeber unter Vorbehalt gezahlt hat (§ 820 BGB).

> Durchblick: Nach den Regeln des BGB tritt Entreicherung ein, wenn der Arbeitnehmer den überzahlten Betrag ausgegeben hat, ohne dass ein aktueller Gegenwert in seinem Vermögen – und sei es nur als Ersparnis von Aufwendungen – existiert.[63] Das BAG geht bei einem „Normalverdiener" im Wege des Anscheinsbeweises von einem Wegfall der Bereicherung aus, wenn die monatliche Überzahlung nicht mehr als 10% des Monatseinkommens beträgt: Nach der Lebenserfahrung sei davon auszugehen, dass der überzahlte Lohn alsbald verbraucht werde. Dagegen müssten Bezieher von Vergütungen über 50.000 € pro Jahr den Wegfall der Bereicherung auch bei geringfügigen Überzahlungen konkret darlegen und beweisen.[64]

(2) **Minderzahlungen:** Im umgekehrten Fall – der Arbeitgeber zahlt nicht zu viel, sondern zu wenig (oder gar nichts) – stellt sich die Frage, ob **Verzugszinsen** vom Bruttolohn oder nur vom Nettolohn (Rn. 246) geschuldet werden. Das spielt vor allem eine Rolle, wenn der Arbeitgeber sich mit der Entgegennahme der Arbeitsleistung in (Gläubiger-) Annahmeverzug befindet (Rn. 272–274) und hinsichtlich der Pflicht zur Lohnzahlung Schuldnerverzug des Arbeitgebers vorliegt (§ 286 I BGB).[65] Der Große Senat des BAG hat entschieden, die dem Arbeitnehmer geschuldete Verzinsung nach § 288 I BGB beziehe sich auf den **Bruttolohn,** also auch auf die vom Arbeitgeber abzuführenden Lohnsteuer- und Sozialversicherungsabgaben.[66]

> Zusätzlich verlangen die Sozialversicherungsträger vom Arbeitgeber Säumniszuschläge, sodass in der Kombination von Zinszahlung (an den Arbeitnehmer) und Säumniszuschlag (an die Sozialversicherung) eine wucherähnliche Belastung auf den Arbeitgeber zukommen kann. In Bezug auf das erhaltene Arbeitslosengeld, das nach § 11 Nr. 3 KSchG auf die Vergütung anzurechnen ist (Rn. 391), besteht allerdings kein Zinsanspruch.

---

[63] *BAG* vom 9. 2. 2005 – 5 AZR 175/04, AP Nr. 12 zu § 611 BGB Lohnrückzahlung = NZA 2005, 814 (817); MünchKommBGB/*Schwab,* § 818 Rn. 164–168.

[64] *BAG* vom 12. 1. 1994 – 5 AZR 597/92, AP Nr. 3 zu § 818 BGB = NZA 1994, 658 (660); *BAG* vom 18. 1. 1995 – 5 AZR 817/93, BAGE 79, 115 (119) = AP Nr. 13 zu § 812 BGB = NZA 1996, 27.

[65] *BAG* vom 13. 6. 2002 – 2 AZR 391/01, BAGE 101, 328 (338) = AP Nr. 97 zu § 615 BGB = NZA 2003, 44.

[66] *BAG (GS)* vom 7. 3. 2001 – GS 1/00, BAGE 97, 150 (155) = AP Nr. 4 zu § 288 BGB m.Anm. *Hanau* = NZA 2001, 1195 = SAE 2002, 146 m.Anm. *Boemke/Fischer.*

c) Rückzahlungsvereinbarungen

Bei Gratifikationen oder anderen Lohnzuschlägen werden nicht selten Rück-   **248**
zahlungsklauseln für den Fall vereinbart, dass der Arbeitnehmer innerhalb einer
bestimmten Frist aus dem Betrieb ausscheidet. Die **Vertragsfreiheit des Arbeit-**
gebers (Art. 2 I GG) spricht dafür, solche Rückzahlungsklauseln zuzulassen. Die
Berufsfreiheit des Arbeitnehmers (Art. 12 GG) spricht dafür, den Rückzahlungsvorbehalten Grenzen zu setzen, denn sie erschweren die Freiheit des Arbeitnehmers, den Arbeitsplatz zu wechseln. Um diese Interessen auszugleichen, hat das
BAG Grundsätze entwickelt, die ein wichtiges Beispiel für **richterliche Rechts-**
fortbildung im Arbeitsrecht sind. Dazu der

Übungsfall 9 (Weihnachtsgeld): Die Süddeutschen Metallwerke AG („Südmetall") zahlten   **249**
in den Jahren 2006–2009 an ihre Arbeitnehmer eine freiwillige, nach Familienstand und
Dauer der Betriebszugehörigkeit gestaffelte Weihnachtsgratifikation. Die Bekanntmachung
der Südmetall vom 5. 12. 2009 enthielt den Hinweis, dass aus der Weihnachtsgratifikation
2009 – wie auch in den Vorjahren – keine Rechtsansprüche für die Zukunft herzuleiten sei-
en. Ferner erfolge „die Zahlung des Weihnachtsgeldes unter der Voraussetzung, dass jeder
Betriebsangehörige, der vor dem 31. 3. 2010 entweder auf eigenen Wunsch aus unseren
Diensten ausscheidet oder den wir aus Gründen, die in seiner Person liegen, fristlos entlassen müssen, verpflichtet ist, das Weihnachtsgeld zurückzuzahlen. Wir sind in diesem Fall
berechtigt, gegen eine bestehende Lohn- oder Gehaltsforderung des Betriebsangehörigen
aufzurechnen." Herr Lehmann war seit Mai 2007 als Schweißer bei der Südmetall mit
35 Stunden/Woche beschäftigt; sein Akkorddurchschnittsverdienst betrug zuletzt 12,78 Euro
pro Stunde. Als Weihnachtsgratifikation erhielt er einen Grundbetrag von 1.275 Euro und
für seine Betriebszugehörigkeit einen Zuschlag von 400 Euro. Herr Lehmann kündigte sein
Arbeitsverhältnis fristgemäß zum 28. 2. 2010. Bei seinem Ausscheiden hat die Südmetall
1.675 Euro von den Restlohnforderungen einbehalten. Herr Lehmann verlangt Zahlung
von 1.675 Euro.[67]

Lösung: Der Anspruch auf Restlohn ist aus dem **Arbeitsvertrag i. V. m. § 611 I BGB** ent-   **250**
standen; er könnte durch Aufrechnung erloschen sein (§ 389 BGB). Die Südmetall hat
durch den Einbehalt von 1.675 Euro konkludent die Aufrechnung erklärt (§ 388 BGB). Für
einen Aufrechnungsausschluss nach §§ 394 Satz 1 BGB, 850a ff. ZPO ist kein Anhaltspunkt ersichtlich. Entscheidend ist somit, ob dem Restlohnanspruch von Herrn Lehmann
ein **aufrechenbarer Rückzahlungsanspruch** gegenüberstand (§ 387 BGB). Dann müssten die
Parteien einen Rückzahlungsvorbehalt wirksam vereinbart (dazu A) und die Südmetall
müsste den Vorbehalt wirksam ausgeübt haben (dazu B, vgl. zur Parallelproblematik des
Widerrufsvorbehalts Rn. 83).

(A) Zunächst ist die **Wirksamkeit der Rückzahlungsklausel** zu untersuchen. Grundsätzlich
gilt: Wenn der Arbeitgeber keine rechtliche Verpflichtung hat, Weihnachtsgeld zu gewähren,
ist er nach dem Prinzip der Vertragsfreiheit (Art. 2 I GG, § 105 GewO) auch berechtigt, bei
der freiwilligen Gewährung einen Rückzahlungsvorbehalt zu vereinbaren.[68] Die grundsätzliche Zulässigkeit von Rückzahlungsklauseln ist jedoch eingeschränkt durch spezielle Aus-
schlussgründe (dazu I) und eine Inhaltskontrolle, die sich im Anwendungsbereich der
§§ 305 ff. BGB nach §§ 307–309 BGB richtet (dazu II).

---

[67] Fall frei nach *BAG* vom 10. 5. 1962 – 5 AZR 452/61, BAGE 13, 129 = AP Nr. 22 zu
§ 611 BGB Gratifikation = NJW 1962, 1537; nach der Währungsumstellung auf Euro bestätigt durch *BAG* vom 21. 5. 2003 – 10 AZR 390/02, BAGE 106, 159 (162) = AP Nr. 250 zu
§ 611 BGB Gratifikation = NZA 2003, 1032; *BAG* vom 28. 4. 2004 – 10 AZR 356/03,
BAGE 110, 244 (246) = AP Nr. 255 zu § 611 BGB Gratifikation = NZA 2004, 924.
[68] *Hromadka/Maschmann* I, § 7 Rn. 51; *Preis* I, § 29 IV.

(I) Ein **Ausschluss** der Rückzahlungspflicht gilt bei Gratifikationen mit reinem Entgeltcharakter, die ausschließlich die tatsächlich erbrachte Arbeitsleistung im Bezugsjahr belohnen: Knüpft die Sonderzuwendung ausschließlich an eine bestimmte Arbeitsleistung an, hat der Arbeitnehmer durch seine Arbeit die Zuwendung unentziehbar verdient.[69] Im vorliegenden Fall knüpft die Gratifikation jedenfalls nicht nur an die Arbeitsleistung, sondern auch an Betriebstreue und -zugehörigkeit an (Sondervergütung mit Mischcharakter), sodass der Ausschlusstatbestand nicht vorliegt.

(II) Die **Inhaltskontrolle** der Rückzahlungsklausel richtet sich nach §§ 307–309 BGB, wenn der Anwendungsbereich der §§ 305 ff. BGB eröffnet ist; diese Vorschriften verdrängen die frühere, auf § 242 BGB gestützte richterliche Inhaltskontrolle von Rückzahlungsklauseln.[70] (1) Die **Anwendbarkeit der §§ 305 ff. BGB** hängt davon ab, ob die Bekanntmachung vom 5. 12. 2009 Allgemeine Geschäftsbedingungen i. S. d. § 305 I 1 BGB enthält. Die Bekanntmachung enthält eine vom Arbeitgeber vorformulierte Regelung, die als Gesamtzusage eine Vielzahl von Arbeitsverhältnissen erfasst. Sie erfüllt damit die Definition der Allgemeinen Geschäftsbedingungen in § 305 I 1 BGB.

(2) Die **Einbeziehung in den Arbeitsvertrag** richtet sich gemäß § 310 IV 2 BGB nicht nach den Regeln des § 305 II, III BGB, sondern nach arbeitsrechtlichen Gegebenheiten. Die Einbeziehung ist hier durch eine – von Herrn Lehmann gemäß § 151 Satz 1 BGB stillschweigend akzeptierte – Gesamtzusage erfolgt.[71] Das Verbot überraschender Klauseln (§ 305 c I BGB) steht der Einbeziehung nicht entgegen, denn im Text einer Bekanntmachung über ein freiwillig gezahltes Weihnachtsgeld ist ein Rückzahlungsvorbehalt nicht so ungewöhnlich, dass der Arbeitnehmer mit einem solchen Vorbehalt nicht zu rechnen braucht. Die Rückzahlungsklausel ist in den Vertrag einbezogen.

251 (3) Die **Inhaltskontrolle** der Rückzahlungsklausel ist nach § 307 III BGB eröffnet, da es nicht um das zu zahlende Entgelt als solches geht (eine **Preisvereinbarung** ist keine „von Rechtsvorschriften abweichende oder diese ergänzende" Regelung),[72] sondern um die Modalitäten der Entgeltzahlung (**Preisnebenabrede**). Die speziellen Klauselverbote der §§ 308, 309 BGB haben Vorrang vor der Generalklausel des § 307 I, II BGB.

(a) Nach dem **Klauselverbot des § 308 Nr. 4 BGB** ist ein Vorbehalt des Arbeitgebers, eine versprochene Leistung zu ändern oder von ihr abzuweichen, unwirksam, wenn er nicht – unter Berücksichtigung der Interessen des Arbeitgebers – für den Arbeitnehmer zumutbar ist. Das BAG unterscheidet bei Widerrufs-, Änderungs- und Rückzahlungsvorbehalten formelle und materielle Anforderungen der Zumutbarkeit. In **formeller Hinsicht** muss die Rückzahlungsklausel nicht nur klar und verständlich sein (§ 307 I 2 BGB), sondern auch den Rückzahlungsgrund erkennen lassen.[73] In der Bekanntmachung vom 5. 12. 2009 ist der Rückzahlungsgrund präzise genannt. In **materieller Hinsicht** darf die Rückzahlungsklausel nicht in den Kernbereich des Arbeitsvertrags eingreifen oder das Wirtschaftsrisiko auf den Arbeitnehmer verlagern. Die Vereinbarung eines Vorbehalts ist zulässig, soweit der rückzahlbare Anteil am Gesamtverdienst unter 25–30% liegt und der Tariflohn nicht unterschritten wird.[74] Da das Weihnachtsgeld nur einmal im Jahr gezahlt wird, ist die Referenzperiode für den „Gesamtverdienst" das Kalenderjahr. Der rückzahlbare Betrag von 1.675 Euro liegt deutlich unter 25% der Jahresvergütung von Herrn Lehmann. Die Rückzahlungsklausel verstößt daher auch in materieller Hinsicht nicht gegen § 308 Nr. 4 BGB.

252 (b) Nach der **Generalklausel des § 307 I 1 BGB** darf die Rückzahlungsklausel den Arbeitnehmer nicht entgegen den Geboten von Treu und Glauben unangemessen benachteiligen,

---

[69] *BAG* vom 18. 1. 2012 – 10 AZR 667/10, AP Nr. 59 zu § 307 BGB = NZA 2012, 620 (Rn. 9).
[70] *BAG* vom 25. 5. 2005 – 5 AZR 572/04, BAGE 115, 19 (31) = AP Nr. 1 zu § 310 BGB = NZA 2005, 1111.
[71] Vgl. ErfK/*Preis*, § 611 BGB Rn. 218; H/W/K/*Thüsing*, Vor § 611 BGB Rn. 149.
[72] D/F/L/*Löwisch*, § 307 BGB Rn. 3; ErfK/*Preis*, §§ 305–310 BGB Rn. 34.
[73] *BAG* vom 12. 1. 2005 – 5 AZR 364/04, BAGE 113, 140 (146) = AP Nr. 1 zu § 308 BGB = NZA 2005, 465; *BAG* vom 21. 3. 2012 – 5 AZR 651/10, NZA 2012, 616 = NJW 2012, 1756 (Rn. 16 ff.).
[74] *BAG* vom 12. 1. 2005 – 5 AZR 364/04, BAGE 113, 140 (145).

wobei die **Besonderheiten des Arbeitsrechts** zu berücksichtigen sind (§ 310 IV 2 BGB). Zu den Besonderheiten des Arbeitsrechts zählen die vom BAG in richterlicher Rechtsfortbildung entwickelten Grenzwerte, die auf dem Verhältnis von Zuwendungshöhe und Bindungsfrist beruhen:

(aa) Beträgt die Gratifikation **nicht mehr als 100 Euro,** stellt eine Rückzahlungsklausel eine unangemessene Benachteiligung des Arbeitnehmers dar. Diese Bagatellgrenze trägt dem Umstand Rechnung, dass Kleinbeträge schnell und leicht verbraucht werden.

(bb) Beträgt die Gratifikation **zwischen 100 Euro und einem Monatsverdienst,** kann die Rückzahlung für den Fall vereinbart werden, dass das Arbeitsverhältnis vor Ablauf des ersten Quartals des Folgejahres endet.

(cc) Beträgt die Gratifikation **einen Monatsverdienst oder mehr,** kann die Rückzahlung für den Fall vereinbart werden, dass das Arbeitsverhältnis vor Ablauf des ersten Halbjahres des folgenden Jahres beendet wird.[75]

(dd) Da **im vorliegenden Fall** die Gratifikation zwischen 100 Euro und einem Monatsverdienst beträgt, begründet die Pflicht zur Rückzahlung bei einem – vom Arbeitnehmer veranlassten – Ausscheiden bis zum 31. 3. des Folgejahres keine unangemessene Benachteiligung des Arbeitnehmers. Die Klausel hält auch der Inhaltskontrolle nach § 307 I 1 i. V. m. § 310 IV 2 BGB stand.

(B) Die Rechtsprechung verlangt weiter, dass die konkrete **Ausübung des Rückzahlungsvorbehalts** billigem Ermessen i. S. d. § 315 I, III BGB entspricht (Ausübungskontrolle im Einzelfall).[76] Anhaltspunkte für eine unbillige Ausübung des Vorbehalts sind nicht ersichtlich. Herr Lehmann hat – wie in der Klausel vorgesehen – selbst gekündigt und damit den Grund für die Ausübung des Vorbehalts gesetzt.

(C) **Ergebnis:** Es bestand eine aufrechenbare Forderung der Südmetall. Der Restlohnanspruch von Herrn Lehmann ist in Höhe von 1.675 Euro erloschen. Das Zahlungsverlangen von Herrn Lehmann ist unbegründet.

d) *Flexibilisierungsvorbehalte*

Der Rückzahlungsvorbehalt ist im Zusammenhang mit Freiwilligkeits-, Widerrufs- und Änderungsvorbehalten zu sehen. Solche arbeitsvertraglichen Vorbehalte (Klauseln) dienen der Flexibilisierung (Anpassung) von Arbeitsbedingungen. Sie betreffen keineswegs nur die Vergütung, haben bei ihr aber die größte wirtschaftliche Bedeutung. **253**

(1) Mit dem **Freiwilligkeitsvorbehalt** will der Arbeitgeber verhindern, dass in der Zukunft ein Anspruch auf eine bestimmte Leistung entsteht: Die Leistung erfolgt freiwillig und ohne Anerkennung einer Rechtspflicht zur zukünftigen Gewährung. Hinsichtlich der Zulässigkeit eines solchen Vorbehalts ist zu unterscheiden:

(a) Ist das **laufende Arbeitsentgelt** betroffen, bedeutet der Vorbehalt, Woche für Woche oder Monat für Monat neu über die Gewährung eines Entgeltbestandteils entscheiden zu wollen, eine unangemessene und damit nach § 307 I 1 BGB unwirksame Benachteiligung des Arbeitnehmers.[77]

---

[75] *BAG* vom 9. 6. 1993 – 10 AZR 529/92, BAGE 73, 217 = AP Nr. 150 zu § 611 BGB Gratifikation = NZA 1993, 935; *BAG* vom 24. 10. 2007 – 10 AZR 825/06, BAGE 124, 259 = AP Nr. 32 zu § 307 BGB = NZA 2008, 40 (Rn. 24 a. E.); *BAG* vom 18. 1. 2012 – 10 AZR 612/10, AP Nr. 292 zu § 611 BGB Gratifikation = NZA 2012, 561 (Rn. 21).

[76] *BAG* vom 12. 1. 2005 – 5 AZR 364/04, NZA 2005, 465 (469).

[77] *BAG* vom 25. 4. 2007 – 5 AZR 627/06, BAGE 122, 182 = AP Nr. 7 zu § 308 BGB = NZA 2007, 853 (Rn. 23); umfassend *Stoffels,* ZfA 2009, 862 (868 ff.).

(b) Anders ist die Rechtslage bei **Sondervergütungen** (wie Weihnachtsgeld, Jubiläumsprämien und andere Gratifikationen): Sie kann der Arbeitgeber mit einem Freiwilligkeitsvorbehalt versehen, der die Entstehung gleichgelagerter Ansprüche in der Zukunft ausschließt.[78]

Beispiel für einen wirksamen Freiwilligkeitsvorbehalt: „Die Gewährung des Weihnachtsgelds erfolgt freiwillig und mit der Maßgabe, dass auch mit einer wiederholten Zahlung kein Rechtsanspruch für die Zukunft begründet wird." Ein solcher Vorbehalt verhindert das Entstehen eines Anspruchs aus betrieblicher Übung.[79]

(2) Der **Widerrufsvorbehalt** verhindert zwar nicht, dass ein Anspruch des Arbeitnehmers entsteht. Er ermöglicht dem Arbeitgeber jedoch, eine versprochene Leistungsgewährung einseitig zu ändern, indem er sie für die Zukunft ausschließt (Rn. 83). Ein Widerrufsvorbehalt kann in einer individuellen Abrede, einer arbeitsvertraglichen Einheitsregelung oder einer Gesamtzusage enthalten sein.[80]

Verknüpft der Arbeitgeber den **Freiwilligkeits- und Widerrufsvorbehalt** („Die Leistung erfolgt freiwillig und jederzeit widerrufbar"), bejaht das BAG einen Verstoß gegen das Transparenzgebot des § 307 I 2 BGB (Rn. 77g) mit der Folge der Klauselunwirksamkeit, weil nicht hinreichend klar werde, dass bereits der Rechtsbindungswille ausgeschlossen sein solle.[81]

254   (3) Der Widerrufsvorbehalt ist zwar der wichtigste, aber nicht der einzige Fall eines **Änderungsvorbehalts**.[82] Ein Änderungsvorbehalt kann z.B. dahin gehen, dass der Arbeitgeber eine Leistung nicht vollständig widerrufen, sondern nur einschränken kann. Ferner kann der Arbeitgeber u.U. auf Grund eines Änderungsvorbehalts – über das Weisungsrecht hinaus – die Art oder den Umfang der Arbeit modifizieren.

(4) Der **Rückzahlungsvorbehalt** hat mit dem Änderungsvorbehalt und seiner wichtigsten Ausprägung, dem Widerrufsvorbehalt, gemeinsam, dass der Arbeitgeber einseitig in das Leistungsgefüge eingreift. Eine Rückzahlungsklausel (auch Bindungs- oder Stichtagsklausel genannt) spielt zum einen für **Sonderzuwendungen (Gratifikationen)** eine Rolle (Rn. 248–251), zum anderen für **Aus- und Fortbildungskosten** (Rn. 61, 115; Musterlösung: *Junker*, Fälle zum Arbeitsrecht, Fall 5).

Durchblick: Die vorgenannten Klauseln, die der Flexibilisierung, Anpassung und Änderung von Arbeitsbedingungen im laufenden Arbeitsverhältnis dienen, unterliegen seit dem 1. 1. 2002 der Inhaltskontrolle nach §§ 307–309 BGB (Rn. 77e). Das BAG stellt im Rahmen dieser Inhaltskontrolle formelle und materielle Anforderungen: Für den **Widerrufsvorbehalt**

---

[78] *BAG* vom 24. 10. 2007 – 10 AZR 825/06, BAGE 124, 259 = AP Nr. 32 zu § 307 BGB = NZA 2008, 40 (Rn. 17); *BAG* vom 30. 7. 2008 – 10 AZR 606/07, BAGE 127, 185 = AP Nr. 274 zu § 611 BGB Gratifikation = NZA 2008, 1173 (Rn. 14 ff.); kritisch *Preis/Sagan*, NZA 2012, 697 (706).

[79] *BAG* vom 21. 1. 2009 – 10 AZR 219/08, BAGE 129, 164 = AP Nr. 42 zu § 307 BGB = NZA 2009, 310 (Rn. 14); s. dazu *Preis*, NZA 2009, 281.

[80] *BAG* vom 23. 10. 2002 – 10 AZR 48/02, BAGE 103, 151 (155 f.) = AP Nr. 243 zu § 611 BGB Gratifikation = NZA 2003, 558 (559).

[81] *BAG* vom 8. 12. 2010 – 10 AZR 671/09, BAGE 136, 294 = AP Nr. 91 zu § 242 BGB Betriebliche Übung = NZA 2011, 628 (Rn. 20); *BAG* vom 14. 9. 2011 – 10 AZR 526/10, AP Nr. 56 zu § 307 BGB = NZA 2012, 81 (Rn. 21).

[82] Übersicht bei *Hromadka/Maschmann* I, § 10 Rn. 371–373.

verlangt das BAG gemäß § 308 Nr. 4 BGB **in formeller Hinsicht** Klarheit, Verständlichkeit und Nennung des Widerrufsgrundes, **in materieller Hinsicht** ein anerkennenswertes Arbeitgeberinteresse[83] (Rn. 83a). Entsprechendes gilt für den **Rückzahlungsvorbehalt** (Rn. 251).

3. **Schutz** des Vergütungsanspruchs

Der Arbeitslohn ist meist die wichtigste Einnahmequelle des Arbeitnehmers **255** und damit seine Existenzgrundlage. Damit der Arbeitnehmer und seine Familie nicht der Sozialhilfe anheimfallen, schützt das Gesetz das Existenzminimum vor einer **Pfändung** durch die Gläubiger des Arbeitnehmers (dazu a) und vor einer **Aufrechnung** durch den Arbeitgeber (dazu b). Ferner sind bestimmte Vergütungsansprüche in der **Insolvenz** des Arbeitgebers gesichert (dazu c).

a) **Pfändungsschutz:** Ein **Gläubiger des Arbeitnehmers,** der aus einem Zahlungsurteil gegen den Arbeitnehmer vollstrecken will, kann nach §§ 829, 835 ZPO den Vergütungsanspruch des Arbeitnehmers gegen den Arbeitgeber pfänden und sich zur Einziehung überweisen lassen. Nach §§ 850a–850l ZPO besteht jedoch hinsichtlich des Arbeitseinkommens (§ 850 II–IV ZPO) **Pfändungsschutz:**[84] Bestimmte Bezüge, z.B. Urlaubsgeld und ein Teil des Weihnachtsgelds, sind absolut unpfändbar (§ 850a ZPO).[85] Im Übrigen ist der Pfändungsschutz relativ: Er besteht nur bis zu gewissen Höchstbeträgen (**Pfändungsgrenzen**), die insbesondere von den Unterhaltspflichten des Arbeitnehmers abhängen (§ 850c ZPO, Ausnahme vom Pfändungsschutz in § 850d ZPO).

Der Pfändungsschutz wird durch ein **Abtretungsverbot** ergänzt: Soweit der Vergütungsanspruch nicht pfändbar ist, kann ihn der Arbeitnehmer auch nicht abtreten (§ 400 BGB). Auch darf der unpfändbare Teil der Vergütung nicht verpfändet werden (§§ 1274 I, 400 BGB).

b) **Aufrechnungsverbot:** Das Existenzminimum des Arbeitnehmers und seiner **256** Familie muss nicht nur vor dem Zugriff der Gläubiger des Arbeitnehmers, sondern auch vor dem Zugriff des Arbeitgebers geschützt werden. Der **Arbeitgeber,** der gegen den Arbeitnehmer z.B. einen Schadensersatzanspruch oder einen Rückzahlungsanspruch wegen zu viel gezahlter Vergütung hat, kann sich nach §§ 387ff. BGB durch Aufrechnung befriedigen (**Übungsfall 9**, Rn. 249–252). Damit der **Arbeitnehmer** nicht zum Sozialfall wird, unterliegt die Aufrechnung durch den Arbeitgeber denselben Grenzen wie die Pfändung des Arbeitseinkommens: Nach § 394 Satz 1 BGB besteht ein **Aufrechnungsverbot,** soweit die Lohnforderung unpfändbar ist.

c) **Insolvenzschutz:** Da der Arbeitnehmer sein Arbeitseinkommen regelmäßig als Existenzgrundlage benötigt, wird sein Vergütungsanspruch bei **Zahlungsunfähigkeit des Arbeitgebers** geschützt, was auch einem Gebot der **Richtlinie 08/94/EG** entspricht.

---

[83] *BAG* vom 12. 1. 2005 – 5 AZR 364/04, BAGE 113, 140 (144ff.) = AP Nr. 1 zu § 308 BGB = NZA 2005, 465; *BAG* vom 21. 3. 2012 – 5 AZR 651/10, NZA 2012, 616 = NJW 2012, 1756 (Rn. 16ff.).

[84] Siehe zum Begriff des Arbeitseinkommens *BAG* vom 6. 5. 2009 – 10 AZR 834/08, AP Nr. 17 zu § 850 ZPO = NZA 2009, 805 (Rn. 22ff.).

[85] Siehe zur Auslegung des § 850a ZPO *BAG* vom 30. 7. 2008 – 10 AZR 459/07, AP Nr. 1 zu § 287 InsO = NJW 2009, 167 = SAE 2009, 206 m.Anm. *Bengelsdorf.*

(1) Entgeltansprüche der Arbeitnehmer wegen Zahlungsrückständen **vor Eröffnung** des Insolvenzverfahrens sind nach der **Insolvenzordnung** (InsO) gewöhnliche Insolvenzforderungen (§§ 38, 108 III InsO).

Führt das Insolvenzverfahren – wie meist – nicht zur Befriedigung des Arbeitnehmers, kann er für die letzten drei Monate vor Eröffnung des Insolvenzverfahrens von der Bundesagentur für Arbeit Insolvenzgeld verlangen, das durch eine Umlage der Arbeitgeber aufgebracht wird (§§ 165 ff. SGB III).

(2) Entgeltansprüche **nach Eröffnung des Insolvenzverfahrens** sind, soweit der Insolvenzverwalter die Erfüllung des Arbeitsvertrags zur Insolvenzmasse verlangt, gemäß § 55 I Nr. 2, 1. Variante InsO als sog. Masseschulden aus der Insolvenzmasse zu befriedigen.

IV. Weitere Pflichten des Arbeitgebers

257   Neben der Vergütungspflicht treffen den Arbeitgeber weitere Pflichten. Dazu gehört die Pflicht, den Arbeitnehmer unter bestimmten Voraussetzungen von der Arbeit freizustellen (dazu 1); der wichtigste Fall einer solchen **Freistellung** ist der Erholungsurlaub. Ferner hat der Arbeitgeber die Verpflichtung, die berechtigten Interessen des Arbeitnehmers zu schützen (dazu 2); solche **Schutzpflichten** finden ihre Grundlage unter anderem im Arbeitsschutzgesetz (ArbSchG). Schließlich besteht eine Pflicht zur **Gleichbehandlung** der Arbeitnehmer (dazu 3).

1. Freistellungen von der Arbeit

258   Gesetzliche Arbeitsfreistellungen bestehen im Interesse von Mutterschutz und Kindeserziehung (dazu a), im Interesse von Erholung und Bildung (dazu b) sowie im Interesse des Schutzes gesetzlicher Feiertage (dazu c).

a) Mutterschutz, Eltern- und Pflegezeit

(1) **Mutterschutz vor der Entbindung:** In der Zeit vor der Entbindung stellt § 3 MuSchG zwei Arten von Beschäftigungsverboten auf: Sechs Wochen vor dem mutmaßlichen Tag der Entbindung besteht ein **generelles Beschäftigungsverbot,** auf dessen Einhaltung die Schwangere allerdings verzichten kann (**§ 3 II MuSchG**). In der gesamten Zeit vom Beginn bis zum Ende der Schwangerschaft herrscht ein **individuelles Beschäftigungsverbot,** soweit und solange nach ärztlichem Attest Leben oder Gesundheit von Mutter oder Kind bei Fortdauer der Beschäftigung gefährdet ist (**§ 3 I MuSchG**).[86]

259   (2) **Mutterschutz nach der Entbindung:** In den ersten acht Wochen nach der Entbindung besteht ein **generelles Beschäftigungsverbot,** das als absolutes Beschäftigungsverbot ausgestaltet ist (**§ 6 I 1 MuSchG**). Während der Schutzfristen

---

[86] Zu den Voraussetzungen des Beschäftigungsverbots: *BAG* vom 21. 3. 2001 – 5 AZR 352/99, BAGE 97, 215 (219) = AP Nr. 16 zu § 3 MuSchG 1968 m. Anm. *Schlachter* = NZA 2001, 1017.

der §§ 3 II, 6 I MuSchG hat die Arbeitnehmerin einen Anspruch auf Zahlung von **Mutterschaftsgeld** gegen die gesetzliche Krankenkasse (**§ 13 I MuSchG**); die Differenz zu dem zuletzt gezahlten Arbeitsentgelt muss der Arbeitgeber durch einen **Zuschuss zum Mutterschaftsgeld** ausgleichen (**§ 14 MuSchG**). Bei dem individuellen Beschäftigungsverbot nach § 3 I MuSchG behält die Schwangere den vollen Entgeltanspruch gegen den Arbeitgeber (§ 11 MuSchG).

(3) **Anspruch auf Elternzeit:** Wenn die achtwöchige Schutzfrist nach der Entbindung abgelaufen ist, haben die Mutter und der Vater nach dem Bundeselterngeld- und Elternzeitgesetz (BEEG) bis zur Vollendung des dritten Lebensjahres des Kindes gegen den jeweiligen Arbeitgeber einen Anspruch auf Gewährung von **Elternzeit** (§§ 15–21 BEEG). Bis zur Vollendung des 14. Lebensmonats des Kindes kann der freigestellte Elternteil unter bestimmten Voraussetzungen vom Staat Elterngeld verlangen (§§ 1–14 BEEG). Die Elternzeit („Elternurlaub") ist auch Gegenstand einer europäischen Sozialpartnervereinbarung, die durch die **Richtlinie 10/18/EU** verbindlich wurde. Das BEEG entspricht den Vorgaben der Sozialpartnervereinbarung. Zum Anspruch auf Verringerung der Arbeitszeit nach § 15 V–VI TzBfG s. Rn. 119 g; zum besonderen Kündigungsschutz nach § 18 BEEG s. Rn. 353.

(4) **Anspruch auf Pflegezeit:** Nach dem am 1. 7. 2008 in Kraft getretenen **Ge-** 260 **setz über die Pflegezeit** (PflegeZG) sind Beschäftigte von der Arbeitsleistung ganz oder teilweise (Rn. 119 g) freizustellen, wenn sie einen pflegebedürftigen nahen Angehörigen in häuslicher Umgebung pflegen (**§ 3 I 1 PflegeZG**) und das Freistellungsbegehren mindestens **zehn Arbeitstage vor Freistellungsbeginn** dem Arbeitgeber **schriftlich ankündigen** (§ 3 III PflegeZG). Der Freistellungsanspruch besteht nicht gegenüber Arbeitgebern mit in der Regel 15 oder weniger Beschäftigten (**§ 3 I 2 PflegeZG**). Die maximale Dauer der Pflegezeit nach § 3 PflegeZG beträgt sechs Monate (Einzelheiten in § 4 PflegeZG). Während der Pflegezeit entfällt der Vergütungsanspruch gegen den Arbeitgeber.

Von der Pflegezeit nach § 3 PflegeZG zu unterscheiden ist das Recht des Beschäftigten nach **§ 2 I PflegeZG,** bis zu zehn Arbeitstage der Arbeit fernzubleiben, um auf einen akut eingetretenen Pflegefall zu reagieren. § 2 PflegeZG („Kurzzeitige Arbeitsverhinderung") ist ein Sonderfall der Vorschrift des § 616 BGB („Vorübergehende Verhinderung"), aus der sich gemäß **§ 2 III PflegeZG** auch ein etwaiger Lohnfortzahlungsanspruch gegen den Arbeitgeber ergeben kann (Rn. 275–276a). Zur teilweisen Arbeitsfreistellung nach dem **Familienpflegezeitgesetz** (**FPfZG**) s. Rn. 119 g, zum besonderen Kündigungsschutz nach § 5 PflegeZG und § 9 III FPfZG s. Rn. 353.

b) Erholungs-, Bildungs- und Sonderurlaub

(1) **Erholungsurlaub:** Der wichtigste Fall einer bezahlten Freistellung von der 261 Arbeit ist der Erholungsurlaub. Nach dem Mindesturlaubsgesetz für Arbeitnehmer (**Bundesurlaubsgesetz, BUrlG**) hat jeder Arbeitnehmer in jedem Kalenderjahr einen Anspruch auf bezahlten Erholungsurlaub (§ 1 BUrlG). Der Urlaubsanspruch des Arbeitnehmers ist ein „Urlaubserteilungsanspruch". Der Arbeitgeber hat die arbeitsvertragliche Nebenpflicht, den Arbeitnehmer für die Zeit des Urlaubs von der Arbeit freizustellen. Die (Arbeitszeit-) **Richtlinie 03/88/EG** verpflichtet die Mitgliedstaaten, mindestens vier Wochen Jahresurlaub vorzusehen (Art. 7 der Richtlinie).

Der **gesetzliche Mindesturlaub** beträgt 24 Werktage (§ 3 I BUrlG). Als Werktage gelten alle Kalendertage, die nicht Sonn- oder gesetzliche Feiertage sind (§ 3 II BUrlG). Daher beläuft sich der gesetzliche Mindesturlaub, wenn kein Feiertag in die Urlaubszeit fällt, auf vier Wochen.[87] Die meisten Arbeitnehmer kommen durch Tarifvertrag, Betriebsvereinbarung oder Arbeitsvertrag in den Genuss eines weitergehenden Urlaubsanspruchs. Einen gesetzlichen Anspruch auf zusätzlichen Urlaub haben schwerbehinderte Menschen (§ 125 SGB IX) und Jugendliche (§ 19 JArbSchG).

> **Durchblick:** Das gesetzliche Urlaubsrecht weist Parallelen zum gesetzlichen Arbeitszeitrecht auf (Rn. 216–220). (1) **Allgemeiner und besonderer Schutz:** Ebenso wie es einen allgemeinen Arbeitszeitschutz nach dem ArbZG und einen besonderen Arbeitszeitschutz nach dem MuSchG, dem SGB IX und dem JArbSchG gibt, existiert ein allgemeines gesetzliches Urlaubsrecht nach dem BUrlG und ein besonderes gesetzliches Urlaubsrecht nach dem SGB IX und dem JArbSchG. – (2) **Tarifdispositivität:** Ebenso wie zahlreiche Vorschriften des ArbZG durch Tarifvertrag zu Ungunsten der Arbeitnehmer abdingbar sind (§ 7 ArbZG), hat der Gesetzgeber zahlreiche Vorschriften des BUrlG für tarifdispositiv erklärt (Einzelheiten in § 13 BUrlG).

262　(a) Die **Voraussetzungen des Urlaubsanspruchs** sind nach §§ 2, 4 BUrlG, dass ein Arbeitsverhältnis besteht und eine Wartezeit von sechs Monaten abgelaufen ist; die Parteien des Arbeitsvertrags können einvernehmlich auf die Einhaltung der Wartezeit verzichten (Abweichung zugunsten des Arbeitnehmers, vgl. § 13 I 3 BUrlG). Ferner darf kein anderer, vorrangiger Freistellungsgrund bestehen: Erkrankt ein Arbeitnehmer während des Urlaubs, werden die Tage der Arbeitsunfähigkeit nicht auf den Erholungsurlaub angerechnet (§ 9 BUrlG).

> **Durchblick:** Auch wenn der Arbeitnehmer im Urlaubsjahr nicht oder nur geringfügig gearbeitet hat, weil er z.B. langfristig erkrankt war, ist die Geltendmachung des Anspruchs auf Erholungsurlaub nicht nach § 242 BGB (Rechtsmissbrauch) ausgeschlossen. War der Arbeitnehmer sehr lange erkrankt und hat seine Arbeitsunfähigkeit infolge der Krankheit bis zur Beendigung des Arbeitsverhältnisses (z.B. durch Renteneintritt) fortgedauert, müssen die während der krankheitsbedingten Arbeitsverhinderung entstandenen Urlaubsansprüche nach § 7 IV BUrlG finanziell abgegolten werden.[88]

(b) Die **Erfüllung des Urlaubsanspruchs** erfolgt nicht dadurch, dass der Arbeitnehmer den Erholungsurlaub von sich aus „nimmt": Die sog. Selbstbeurlaubung – der eigenmächtige Urlaubsantritt – ist eine Vertragsverletzung. Selbst wenn der Arbeitgeber den Erholungsurlaub willkürlich verweigert, darf der Arbeitnehmer den Anspruch nicht im Wege der Selbsthilfe gemäß § 229 BGB durchsetzen, sondern muss den Rechtsweg beschreiten und notfalls im Wege des einstweiligen Rechtsschutzes gemäß § 935 ZPO vorgehen.[89] Umgekehrt hat der Arbeitgeber, nachdem der Arbeitnehmer den Urlaub erlaubterweise angetreten hat, kein irgendwie geartetes „Rückrufrecht"; der „Rückruf" aus dem Urlaub ist rechtlich ein Angebot auf Abschluss einer Änderungsvereinbarung, das der Arbeitnehmer annehmen oder ablehnen kann.[90]

---

[87] Zur Umrechnung bei Fünf-Tage-Woche: H/W/K/*Schinz*, § 3 BUrlG Rn. 10–12.

[88] *EuGH* vom 20. 1. 2009 – C-350/06 u.a., Slg. 2009, I-179 = EuZA 3 (2010), 88 – Schultz-Hoff; *BAG* vom 24. 3. 2009 – 9 AZR 983/07, AP Nr. 39 zu § 7 BUrlG = NZA 2009, 538. Zur zeitlichen Begrenzung dieses Anspruchs s. *EuGH* vom 22. 11. 2011 – C-214/10, NZA 2011, 1333 (Rn. 44) = EuZA 5 (2012), 381 m. Anm. *Rudkowski* – KHS/Schulte; *BAG* vom 21. 2. 2012 – 9 AZR 486/10, NZA 2012, 750 (Rn. 21).

[89] *BAG* vom 25. 10. 1994 – 9 AZR 339/93, BAGE 78, 153 (155) = AP Nr. 20 zu § 7 BUrlG = NZA 1995, 591 = SAE 1995, 323 m. Anm. *Ramrath*.

[90] *BAG* vom 20. 6. 2000 – 9 AZR 405/99, BAGE 95, 104 (108 ff.) = AP Nr. 28 zu § 7 BUrlG = NZA 2001, 100 = SAE 2001, 328 m. Anm. *Stoffels*.

(c) Mit der Erfüllung des Urlaubsanspruchs, die rechtsgestaltende Wirkung **263** hat, übt der Arbeitgeber ein **einseitiges Leistungsbestimmungsrecht** aus, das durch § 7 BUrlG konkretisiert wird. Danach sind bei der zeitlichen Festlegung des Urlaubs die Urlaubswünsche des Arbeitnehmers zu berücksichtigen, es sei denn, es stehen **dringende betriebliche Belange** oder **Urlaubswünsche anderer Arbeitnehmer** entgegen, die unter sozialen Gesichtspunkten den Vorrang verdienen (§ 7 I 1 BUrlG). Zu den dringenden betrieblichen Belangen i.S.d. § 7 I 1 BUrlG gehören auch vom Arbeitgeber angeordnete Betriebsferien. Wenn ein Betriebsrat existiert, wird das Leistungsbestimmungsrecht des Arbeitgebers durch die Mitbestimmungsrechte nach § 87 I Nr. 5 BetrVG eingeschränkt (Rn. 741).

Die **zeitliche Lage des Erholungsurlaubs** kann auch im Einvernehmen von Arbeitgeber und Arbeitnehmer nicht frei festgelegt werden, sondern wird vom Urlaubszweck bestimmt: Der Erholungsurlaub soll einen Ausgleich zu den Belastungen der Arbeit schaffen und dadurch der Gesunderhaltung des Arbeitnehmers dienen. Dieser Zweck wird nur erreicht, wenn der Arbeitnehmer den gesetzlichen Mindesturlaub möglichst zusammenhängend (dazu § 7 II BUrlG) und in möglichst regelmäßigen Abständen (dazu § 7 III BUrlG) in Anspruch nimmt: Der Urlaubsanspruch ist grundsätzlich **auf das laufende Kalenderjahr befristet** (§ 7 III 1 BUrlG). Eine Übertragung in das **erste Kalendervierteljahr des Folgejahres** ist statthaft, wenn dringende betriebliche oder in der Person des Arbeitnehmers liegende Gründe die Übertragung rechtfertigen (§ 7 III 2–4 BUrlG). Wird der Urlaub weder im laufenden Kalenderjahr noch im Übertragungszeitraum gewährt oder genommen, verfällt der Urlaubsanspruch.[91] Eine Urlaubsabgeltung – die Ablösung des nicht „in Natur" gewährten Erholungsurlaubs durch Geld – ist nur zulässig, soweit der Urlaubsanspruch wegen Beendigung des Arbeitsverhältnisses nicht mehr erfüllt werden kann (§ 7 IV BUrlG).[92] Ein „Abkaufen" des Urlaubs während des Arbeitsverhältnisses ist somit gesetzlich ausgeschlossen.

Über den **Anspruch auf Erholungsurlaub** unterrichtet zusammenfassend die **264** Übersicht 4.2:

Übersicht 4.2: Anspruch auf Erholungsurlaub, § 1 BUrlG

---

1. **Voraussetzungen des Urlaubsanspruchs**
   a) Anwendbarkeit des Bundesurlaubsgesetzes (§ 2 BUrlG)
   b) Ablauf der Wartezeit (§ 4 BUrlG)
   c) Erholungsurlaub alleiniger Grund für den Arbeitsausfall
2. **Dauer des Erholungsurlaubs**
   a) Gesetzlicher Mindesturlaub gemäß § 3 BUrlG
   b) Zusatzurlaub gemäß §§ 125 SGB IX, 19 JArbSchG
   c) Zusatzurlaub aus Tarifvertrag, Betriebsvereinbarung oder Arbeitsvertrag
3. **Erfüllung des Urlaubsanspruchs**
   a) Urlaubsgewährung durch den Arbeitgeber (§ 7 I BUrlG)
   b) Maßgebliche Bestimmungsfaktoren (§ 7 I, II BUrlG)
   c) Mitbestimmung des Betriebsrats (§ 87 I Nr. 5 BetrVG)
4. **Kein Erlöschen des Urlaubsanspruchs**
   a) Befristung auf das Kalenderjahr (§ 7 III 1 BUrlG)
   b) Übertragung auf das Folgejahr (§ 7 III 2–4 BUrlG)
   c) Ausnahmsweise Urlaubsabgeltung (§ 7 IV BUrlG)

---

[91] *BAG* vom 9. 8. 2011 – 9 AZR 425/10, AP Nr. 52 zu § 7 BUrlG = NZA 2012, 29 (Rn. 18); s. auch *Rudkowski*, EuZA 5 (2012), 381, 383.
[92] Siehe zur Aufgabe der sog. Surrogatstheorie *BAG* vom 19. 6. 2012 – 9 AZR 652/10, NZA 2012, 1087 (Rn. 14 ff.).

265   (d) Die **Vergütung während des Urlaubs** setzt sich zusammen aus dem Urlaubsentgelt und einem meistens zusätzlich gewährten Urlaubsgeld.

– Das **Urlaubsentgelt** besteht aus der fortzuzahlenden Vergütung für die Zeit der urlaubsbedingten Freistellung. Die gesetzliche Höhe des Urlaubsentgelts richtet sich nach dem durchschnittlichen Arbeitsverdienst der letzten 13 Wochen (Referenzperiodenprinzip, § 11 I BUrlG). Das Urlaubsentgelt ist, wenn ein Tarifvertrag nichts anderes vorsieht (§ 13 I 1 BUrlG), vor Antritt des Urlaubs zu zahlen (§ 11 II BUrlG als Ausnahme zu § 614 BGB).

– Vom Urlaubsentgelt ist das zusätzliche, über das Urlaubsentgelt hinausgehende **Urlaubsgeld** zu unterscheiden, das aus Tarifvertrag, Betriebsvereinbarung oder Arbeitsvertrag (betriebliche Übung!) geschuldet sein kann. Der Unterschied zeigt sich auch darin, dass das Urlaubsentgelt wie das Arbeitsentgelt pfändbar ist, während das Urlaubsgeld nicht gepfändet werden kann (§ 850 a Nr. 2 ZPO, s. Rn. 255).

(e) Eine **Erwerbstätigkeit während des Urlaubs,** die dem Urlaubszweck widerspricht, ist nach § 8 BUrlG verboten: Der gesetzliche Mindesturlaub soll nicht dem zusätzlichen Einkommenserwerb, sondern der Erholung des Arbeitnehmers dienen. Bei einem Verstoß des Arbeitnehmers gegen das Verbot der Erwerbsarbeit kann der Arbeitgeber Unterlassung verlangen (§ 1004 I 2 BGB analog). Einer Rückforderung des Urlaubsentgelts nach § 812 I 1, 1. Fall BGB (Leistungskondiktion) steht entgegen, dass die Erwerbstätigkeit den rechtlichen Grund für die Zahlung des Urlaubsentgelts nicht entfallen lässt.[93]

266   (2) **Bildungsurlaub:** Ein Anspruch auf bezahlten Bildungsurlaub ergibt sich aus den Arbeitnehmerweiterbildungsgesetzen einiger Bundesländer. Die Dauer der Freistellung ist unterschiedlich (in den meisten Ländern fünf Arbeitstage im Jahr). Die Freistellung erfolgt zur Teilnahme an einer als förderungswürdig anerkannten und für jedermann zugänglichen Bildungsveranstaltung. Beispiele sind eine Veranstaltung zum „sanften Alpentourismus"[94] oder das Programm „Sylt – eine Insel in Not".[95] Der Arbeitnehmer hat gegen den Arbeitgeber einen Anspruch auf Entgelt für die Zeit dieser Weiterbildung.

(3) **Sonderurlaub** ist eine unbezahlte Freistellung von der Arbeit auf Wunsch des Arbeitnehmers.[96] Als Spezialfall des gesetzlichen Sonderurlaubs kann man die Pflegezeit nach § 3 PflegeZG ansehen (Rn. 260). Ansonsten kann sich ein Anspruch auf Sonderurlaub aus Tarifvertrag, Betriebsvereinbarung oder Arbeitsvertrag ergeben. Darüber hinaus kann aus der Rücksichtnahmepflicht des Arbeitgebers (Rn. 268) ein Anspruch auf unbezahlte Freistellung herzuleiten sein: Das BAG hat einen solchen Anspruch eines türkischen Arbeitnehmers für zwei Mona-

---

[93] *BAG* vom 25. 2. 1988 – 8 AZR 596/85, BAGE 57, 366 (372) = AP Nr. 3 zu § 8 BUrlG = NJW 1988, 2757 = NZA 1988, 607.
[94] *LAG Düsseldorf* vom 30. 11. 1993 – 16 (13) Sa 608/93, LAGE § 7 Arbeitnehmerweiterbildungsgesetz Nordrhein-Westfalen Nr. 15.
[95] *BAG* vom 17. 11. 1998 – 9 AZR 503/97, AP Nr. 26 zu § 1 BildungsurlaubsG NRW = NZA 1999, 872. Lesenswert auch *BAG* vom 16. 3. 1999 – 9 AZR 166/98, AP Nr. 27 zu § 1 BildungsurlaubsG NRW = NZA 2000, 32 – Bildungsurlaub auf Kuba = SAE 2000, 354 m. Anm. *Dauner-Lieb* (dort auch weitere Beispiele).
[96] *Hromadka/Maschmann* I, § 8 Rn. 179; *Zöllner/Loritz/Hergenröder*, § 16 V.

te Grundwehrdienst in der Türkei bejaht, wenn der Arbeitgeber kein überwiegendes Interesse an der tatsächlichen Erbringung der Arbeitsleistung hat.[97]

c) *Freistellung an Feiertagen*

Nach den Feiertagsgesetzen der Länder ruht die Arbeit an den gesetzlichen 267
Feiertagen; bundesgesetzlich ist nur der 3. Oktober als Feiertag festgelegt. An
den gesetzlichen Feiertagen ist der Arbeitnehmer, wenn nicht eine gesetzliche
Ausnahme eingreift, von der Arbeit freizustellen. Für Arbeitszeit, die infolge eines gesetzlichen Feiertags ausfällt, hat der Arbeitgeber dem Arbeitnehmer das
Arbeitsentgelt zu zahlen, das er ohne den Arbeitsausfall erhalten hätte (Entgeltausfallprinzip, § 2 I EFZG).

2. Wahrung von Arbeitnehmerinteressen

Ebenso wie den Arbeitnehmer trifft auch den Arbeitgeber die Pflicht, die 268
schutzwürdigen Interessen des anderen Vertragsteils zu wahren (§ 241 II BGB).
Das BAG spricht von der „Fürsorgepflicht" des Arbeitgebers.[98] Zu dieser Fürsorgepflicht gehört es, für die Einhaltung des öffentlich-rechtlichen Arbeitsschutzrechts zu sorgen (zum Nichtraucherschutz am Arbeitsplatz s. Rn. 3). Die
gesetzlichen Nebenpflichten des Arbeitgebers beruhen auf dem Umstand, dass
der Arbeitnehmer im Betrieb Gefahren ausgesetzt ist, die der Arbeitgeber als Inhaber der Organisations- und Leitungsgewalt besser beherrschen kann. Der
Schutz vor Gesundheitsgefahren ist bereits in §§ 618, 619 BGB angelegt. Er
wird durch den Technischen Arbeitsschutz gewährleistet, der auf EU-Richtlinien
und autonomen Satzungen der gesetzlichen Unfallversicherung (Berufsgenossenschaft) gemäß §§ 15, 21 SGB VII beruht. Eine weitere Rechtsquelle ist das
Arbeitsschutzgesetz (ArbSchG).

Durchblick: Dem Schutz des Persönlichkeitsrechts dienen zwei wichtige Regelwerke. Das
Bundesdatenschutzgesetz sichert die informationelle Selbstbestimmung auch im Arbeitsverhältnis; das Allgemeine Gleichbehandlungsgesetz (AGG) hat – neben dem Schutz vor
Benachteiligungen aus bestimmten Gründen (§ 3 I, II AGG) – den Schutz vor (sexuellen)
Belästigungen zum Ziel (§ 3 III, IV AGG, Rn. 161). Nach § 12 AGG hat der Arbeitgeber die
Pflicht, ungerechtfertigten Benachteiligungen im Arbeitsverhältnis entgegenzuwirken. Diese
Regelung lässt sich als spezialgesetzliche Normierung der (Corporate) Compliance
(Rn. 235) auffassen.

a) *Verhinderung von „Mobbing"*

Die vertraglichen Nebenpflichten des Arbeitgebers umfassen die Pflicht, sog. 268a
Mobbing zu unterlassen und Mobbinghandlungen durch Vorgesetzte oder Arbeitskollegen zu unterbinden. Von Mobbing (to mob [engl.] = jemanden „anpöbeln") spricht man, wenn ein Arbeitnehmer vom Arbeitgeber, von Vorgesetzten oder von Kollegen systematisch ausgegrenzt und schlecht behandelt wird.

---

[97] *BAG* vom 7. 9. 1983 – 7 AZR 433/82, BAGE 43, 263 (267) = AP Nr. 7 zu § 1 KSchG
1969 Verhaltensbedingte Kündigung = NJW 1984, 575.
[98] *BAG* vom 16. 5. 2007 – 8 AZR 709/06, BAGE 122, 304 = AP Nr. 5 zu § 611 BGB Mobbing = NZA 2007, 1155 (Rn. 103); s. auch *Hromadka/Maschmann* I, § 7 Rn. 79.

„Mobbing" ist kein Rechtsbegriff und **keine Anspruchsgrundlage.** Vielmehr muss der „Gemobbte" – wenn nicht, wie bei den in § 1 AGG genannten Kriterien oder bei sexueller Belästigung, Spezialvorschriften gelten (§ 3 III, IV AGG) – seine Ansprüche auf die **Anspruchsgrundlagen des BGB** stützen:[99] Versäumt es der Arbeitgeber, in seinem Betrieb gegen Persönlichkeitsrechtsverletzungen durch Arbeitskollegen oder Vorgesetzte einzuschreiten (oder „mobbt" er gar selbst), können Schadensersatzansprüche wegen Pflichtverletzung aus § 280 I BGB (gegebenenfalls mit § 278 BGB) oder aus Delikt bestehen (§§ 823 I, II, 831 BGB). Unter den Voraussetzungen des § 823 I BGB i.V.m. Art. 1, 2 GG ist Schmerzensgeld geschuldet.[100]

b) Ansprüche wegen Vertragsverletzung

268b   Will der Arbeitnehmer erfolgreich Schadensersatzansprüche geltend machen, genügt nicht der unsubstantiierte Hinweis auf „Mobbing"; vielmehr muss er konkrete Verletzungshandlungen und -folgen darlegen.[101] In Betracht kommt vor allem eine **Verletzung des Persönlichkeitsrechts.** Sie kann einen **Anspruch wegen Vertragsverletzung** (§ 280 I BGB) begründen: Der Arbeitgeber hat die vertragliche Nebenpflicht, das Persönlichkeitsrecht des Arbeitnehmers zu schützen. Bei der Würdigung, ob ein bestimmtes Gesamtverhalten als rechtswidriger Eingriff in das Persönlichkeitsrecht des Arbeitnehmers zu qualifizieren ist, muss berücksichtigt werden, dass im Arbeitsleben Konfliktsituationen nicht zu vermeiden sind. Daher dürfen an Inhalt und Reichweite der arbeitgeberseitigen Schutzpflicht keine überspannten Anforderungen gestellt werden. Vereinzelte Kritik, einzelne arbeitsvertragswidrige Weisungen oder bloße Verstöße gegen die Höflichkeit stellen noch keine Verletzung des Persönlichkeitsrechts dar.[102]

c) Deliktische Ansprüche, Schmerzensgeld

268c   Eine Verletzung des Persönlichkeitsrechts kann **Ansprüche aus unerlaubter Handlung** (§ 823 I BGB – sonstiges Recht) nach sich ziehen. Sie spielen insbesondere eine Rolle, wenn der „gemobbte" Arbeitnehmer nicht oder nicht nur materielle Schäden (z.B. Verdienstausfall), sondern immaterielle Schäden geltend macht, d.h. Schmerzensgeld verlangt (§ 823 I BGB i.V.m. Art. 1, 2 GG). Für einen Schmerzensgeldanspruch genügt – anders als für den Ersatz materieller Schäden (z.B. Verdienstausfall) – nicht schon der rechtswidrige und schuldhafte Eingriff in das Persönlichkeitsrecht des Arbeitnehmers. Der Schmerzensgeldanspruch hat zusätzlich zur Voraussetzung, dass eine schwerwiegende

---

[99] Umfassend *BAG* vom 16. 5. 2007 – 8 AZR 709/06, BAGE 122, 304 = AP Nr. 5 zu § 611 BGB Mobbing = NZA 2007, 1154 (Rn. 64–124); *BAG* vom 25. 10. 2007 – 8 AZR 593/06, BAGE 124, 295 = AP Nr. 6 zu § 611 BGB Mobbing = NZA 2008, 223 (Rn. 77–100).

[100] Zur Begründung von Schmerzensgeldansprüchen wegen Verletzung des allgemeinen Persönlichkeitsrechts ist § 253 II BGB nicht heranzuziehen, denn die dortige Aufzählung der Rechtsgüter ist abschließend: MünchKommBGB/*Oetker*, § 253 Rn. 27.

[101] *BAG* vom 23. 1. 2007 – 9 AZR 557/06, AP Nr. 4 zu § 611 BGB Mobbing = NZA 2007, 1166 (Rn. 23).

[102] *BAG* vom 24. 4. 2008 – 8 AZR 347/07, AP Nr. 42 zu § 611 BGB Haftung des Arbeitgebers = NZA 2009, 38 (Rn. 36–44).

Verletzung des Persönlichkeitsrechts vorliegt, die nicht auf andere Weise befriedigend ausgeglichen werden kann.[103]

Durchblick: (1) Veranlasst der **Arbeitgeber** durch Mobbing einen Arbeitnehmer, von sich aus das Arbeitsverhältnis zu kündigen (sog. „Hinausekeln" aus dem Betrieb), kann dem Arbeitnehmer – neben sonstigen vertraglichen oder deliktischen Schadensersatzansprüchen – ein spezieller Schadensersatzanspruch aus § 628 II BGB wegen Auflösungsverschuldens zustehen (Rn. 412 b). – (2) Verursacht ein **Arbeitskollege** schuldhaft den Verlust des Arbeitsplatzes (Beispiel: Eine Kassiererin lenkt den Tatverdacht auf eine Kollegin, um eigene Unterschlagungen zu vertuschen), ist die Rechtslage für den Geschädigten ungünstiger als bei entsprechenden Handlungen des Arbeitgebers, weil zwischen Arbeitskollegen keine vertraglichen Beziehungen bestehen. Da ein „Recht am Arbeitsplatz" auch nicht als – durch § 823 I BGB geschütztes – „sonstiges Recht" anerkannt wird (Rn. 316), hat die Schadensersatzklage gegen einen Arbeitskollegen i. d. R. nur Erfolg, wenn der Kollege ein Schutzgesetz i. S. d. § 823 II BGB verletzt hat.

3. Differenzierungsverbote

Der Arbeitgeber hat im Arbeitsverhältnis eine Reihe von Differenzierungsverboten zu beachten. Ein **umfassendes Diskriminierungsverbot,** das über die Generalklauseln des Privatrechts auch in das Arbeitsverhältnis Eingang findet (z. B. über § 315 BGB bei Weisungen des Arbeitgebers), enthält Art. 3 III GG (Rn. 54). Es wird konkretisiert durch die **speziellen Diskriminierungsverbote** in § 4 I TzBfG (Rn. 119), § 4 II TzBfG (Rn. 433) und § 75 I BetrVG (Rn. 724)[104] sowie das Benachteiligungsverbot des § 7 AGG (Rn. 160). Zwei Differenzierungsverbote sind an dieser Stelle hervorzuheben: **269**

a) Gleichbehandlungsgrundsatz

Von großer praktischer Bedeutung ist der arbeitsrechtliche Gleichbehandlungsgrundsatz, der es dem Arbeitgeber verbietet, im Betrieb einzelne Arbeitnehmer oder Arbeitnehmergruppen ohne sachlichen Grund von Begünstigungen auszunehmen oder ihnen Belastungen aufzuerlegen. Er ist verletzt, wenn der Arbeitgeber **eine Regel aufstellt** (z. B. Gewährung einer Weihnachtsgratifikation, Anordnung von Bereitschaftsdienst), bei der Aufstellung oder Durchführung der Regel aber **aus sachfremden Gründen** einzelne oder Gruppen von Arbeitnehmern von der Regel ausnimmt. Dann folgt aus dem Gleichbehandlungsgrundsatz ein Anspruch des Arbeitnehmers auf die Leistung, die ihm vorenthalten wird („Anpassung nach oben") und auf Unterlassung der Benachteiligung, die ihn gleichheitswidrig trifft (Einzelheiten s. Rn. 58, 59). **269a**

Durchblick: Auch im Bereich der Vergütung, also der Hauptleistungspflicht des Arbeitgebers, ist der Gleichbehandlungsgrundsatz trotz des Vorrangs der Vertragsfreiheit des Arbeitgebers (Art. 2 I GG, § 105 Satz 1 GewO) anwendbar, wenn der Arbeitgeber die Leistung nach einem **allgemeinen Prinzip** gewährt, indem er bestimmte Voraussetzungen und Zwecke festlegt. Dagegen wird der Arbeitgeber durch den Gleichbehandlungsgrundsatz

---

[103] *BAG* vom 16. 5. 2007 – 8 AZR 709/06, BAGE 124, 295 = AP Nr. 5 zu § 611 BGB Mobbing = NZA 2007, 1154 (Rn. 118–124).
[104] Übersicht bei *Hromadka/Maschmann* I, § 7 Rn. 120–126.

nicht daran gehindert, einzelnen Arbeitnehmern nach individuellen Gesichtspunkten eine höhere Vergütung zu gewähren.[105]

b) Maßregelungsverbot (§ 612a BGB)

269b   Ein weiteres Differenzierungsverbot enthält § 612a BGB: Der Arbeitgeber darf Arbeitnehmer bei einer Vereinbarung oder einer Maßnahme nicht benachteiligen, weil sie in zulässiger Weise ihre Rechte ausüben (**allgemeines Maßregelungsverbot**). Es wird ergänzt durch **spezielle Maßregelungsverbote** (§§ 17 II 2 ArbSchG, 16 I AGG und 5 TzBfG). Diese Maßregelungsverbote schützen die Willensfreiheit des Arbeitnehmers: Er soll seine Rechte ohne Furcht vor wirtschaftlichen oder sonstigen Repressalien des Arbeitgebers ausüben können.[106]

Beispiele: (1) Der Arbeitgeber streicht einer Arbeitnehmerin, die – anders als ihre Kolleginnen – nicht „freiwillig" zwei Wochenstunden unbezahlte Mehrarbeit leisten will, die jährliche Gewinnbeteiligung. – Freiwillige Mehrarbeit zu verweigern, ist das gute Recht der Arbeitnehmerin; die maßregelnde Benachteiligung (§ 612a BGB) ist im Wege der Naturalrestitution zu beseitigen. Die Arbeitnehmerin erhält die Zulage aus § 612a BGB (Anspruchsgrundlage).[107] – (2) Der Arbeitgeber bietet einem befristet beschäftigten Arbeitnehmer keinen Folgevertrag an, weil dieser Arbeitnehmer als Mitglied des gewerkschaftlichen Vertrauenskörpers Gewerkschaftsrechte wahrgenommen hat. – Auch das Vorenthalten eines Folgearbeitsvertrags ist eine Maßregelung i. S. d. § 612a BGB; die Rechtsfolge wird jedoch durch analoge Anwendung des § 15 VI AGG eingeschränkt: Der Arbeitnehmer kann keine Begründung eines Folgearbeitsverhältnisses verlangen, sondern nur Schadensersatz und/oder Entschädigung (vgl. das Beispiel bei Rn. 48).[108]

Fälle und Fragen

80. Welche Hauptpflichten haben der Arbeitnehmer und der Arbeitgeber? (Rn. 200)

81. Was bedeuten die Grundsätze der Höchstpersönlichkeit (§ 613 Satz 1 BGB) und der Unübertragbarkeit (§ 613 Satz 2 BGB) der Arbeitsleistung? Gibt es Ausnahmen? (Rn. 202, 203)

82. Warum ist das Weisungsrecht (Direktionsrecht) des Arbeitgebers notwendiger Bestandteil des Arbeitsverhältnisses? (Rn. 205)

83. Herr Elsässer ist bei der Hellwege AG, einem Unternehmen des Textileinzelhandels, seit sieben Jahren als „kaufmännischer Angestellter (Verkäufer)" beschäftigt. Weitere Konkretisierungen der Tätigkeit enthält der Arbeitsvertrag nicht. Von Anfang an wurde Herr Elsässer in der Herrenabteilung des Hellwege-Modehauses in Düsseldorf eingesetzt. Nunmehr soll er nach dem Wunsch des Direktors in der Kinderabteilung („Young Fashion 5–15") arbeiten. Muss er diesem Wunsch nachkommen? Ist der Betriebsrat zu beteiligen? (Rn. 208, 210)

---

[105] *BAG* vom 13. 2. 2002 – 5 AZR 713/00, AP Nr. 184 zu § 242 BGB Gleichbehandlung = NZA 2003, 215 (216); *BAG* vom 21. 9. 2011 – 5 AZR 520/10, AP Nr. 215 zu § 242 BGB Gleichbehandlung = NZA 2012, 31 (Rn. 18).

[106] *BAG* vom 7. 11. 2002 – 2 AZR 742/00, BAGE 103, 265 (272) = AP Nr. 100 zu § 615 BGB = NZA 2003, 1139 = RdA 2003, 368 m. Anm. *Franzen*.

[107] *BAG* vom 12. 6. 2002 – 10 AZR 340/01, AP Nr. 8 zu § 612a BGB = NZA 2002, 1389 = RdA 2003, 119 m. Anm. *Kort* = SAE 2003, 202 m. Anm. *Krause*.

[108] *BAG* vom 21. 9. 2011 – 7 AZR 150/10, AP Nr. 20 zu § 612a BGB = NZA 2012, 317 (Rn. 45).

84. Welche Konsequenzen hat es, wenn der Betriebsrat seine Zustimmung zu einer Versetzung des Arbeitnehmers verweigert? (Rn. 212)

85. Assessorin Arend, die in Köln wohnt, ist bei dem Juristischen Repetitorium Höfer & Abt (Sitz Münster), das im gesamten Bundesgebiet Kurse anbietet, als angestellte Kursleiterin beschäftigt. Über den Einsatzort sagt der Arbeitsvertrag nichts. In den ersten sechs Monaten ihrer Tätigkeit war sie in Köln, Düsseldorf und Bonn eingesetzt. Nun soll noch Bochum als Kursort hinzukommen. Muss sie auch in Bochum unterrichten? Wenn bei H & A ein Betriebsrat bestünde: Wäre er zu beteiligen? (Rn. 214, 215)

86. „Eine Versetzungsklausel in einem vom Arbeitgeber verwendeten Formulararbeitsvertrag ist nach § 308 Nr. 4 BGB unwirksam." – Ist diese Aussage richtig oder falsch? (Rn. 215)

87. Welche drei Bedeutungen hat der Begriff „Arbeitszeit"? (Rn. 216)

88. Das Software-Unternehmen Megabell AG hat mit seinen Angestellten Arbeitsverträge vereinbart, in denen es heißt: „Jahresarbeitszeit: 1.750 Stunden. Der Einsatz erfolgt nach Absprache und Bedarf." Die Angestellten kommen meist zwischen 8.00 Uhr und 10.00 Uhr und verlassen das Büro zwischen 17.00 Uhr und 19.00 Uhr. Samstags wird üblicherweise nicht gearbeitet. Um einen Großauftrag abwickeln zu können, vereinbart der Vorstand mit einer Gruppe von Software-Entwicklern, dass 14 Tage lang unter Einschluss der beiden Samstage werktäglich zehn Stunden gearbeitet werden soll. Verstößt diese Vereinbarung gegen das ArbZG? Wenn bei der AG ein Betriebsrat bestünde: Wäre er zu beteiligen? (Rn. 217, 219)

89. Betongießer Künzel, bei der Schwarz + Samstag AG als Bauarbeiter beschäftigt, erscheint am 15. Mai nicht auf der Baustelle in Bottrop. Vom Polier am nächsten Tag nach dem Grund seines Fehlens befragt, sagt er: „Null Bock auf Arbeit." Muss die S + S AG für den 15. Mai den Lohn zahlen? (Rn. 221, 222)

90. Um seinen Gehaltsforderungen für die demnächst anstehenden Verhandlungen über eine Vertragsverlängerung Nachdruck zu verleihen, kündigt Stürmerstar Amaraso vor Beginn der Winterpause der Fußball-Bundesliga an, beim ersten Punktspiel der Rückrunde zu Hause zu bleiben. Vereinspräsident Immerstrauch erhebt unverzüglich Klage auf Vertragserfüllung. Muss Amaraso fürchten, zwangsweise auf das Spielfeld verbracht zu werden? Welche Folgen kann die Klage für ihn haben? (Rn. 223, 224)

91. Eine vom Arbeitgeber formulierte Vertragsklausel lautet: „Der Mitarbeiter hat im Falle eines gravierenden Vertragsverstoßes (z.B. gegen das Wettbewerbsverbot) für jeden Einzelfall eine Vertragsstrafe in Höhe von ein bis drei Monatsgehältern zu zahlen. Die genaue Höhe wird von der Arbeitgeberin festgesetzt." Ist die Klausel wirksam? (Rn. 226–229)

92. Ayse Gökmen ist angestellte Redakteurin für Lokalpolitik beim „Göttinger Abendblatt" (GA). Zu Werbezwecken publiziert das GA seit neuestem eine Internet-Ausgabe, die jeder kostenfrei nutzen kann und in der sich auch Artikel von Frau Gökmen befinden. Kann sie sich dagegen wehren, dass ihre Artikel in das Internet eingestellt werden? (Rn. 232)

93. Benno Bunse gehört als Chief Operating Officer der Adam Opel AG zu den „Vielfliegern" seiner Company. Obwohl andere Fluggesellschaften meistens günstigere Tarife anbieten, richtet er es immer wieder so ein, mit German Airlines (GA) zu fliegen, weil ihm die GA in ihrem „Miles and Gimmicks"-Programm Freimeilen und andere Vergünstigungen gutschreibt. Nachdem die GA die „Miles and Gimmicks"-Guthaben rückwirkend ab dem 1. Januar übertragbar gestellt hat, fragt die Adam Opel AG, ob sie von Herrn Bunse die Übertragung seines Guthabens verlangen kann. (Rn. 233)

94. Nach welchen Regeln bestimmt sich die Zulässigkeit einer Nebentätigkeit, wenn eine vertragliche Regelung dieser Frage fehlt? (Rn. 236 b)

95. Die Studentin Silke Schön arbeitet in den Semesterferien vier Wochen in der Buchhandlung ihrer Tante, die in dieser Zeit Urlaub macht. Sonst ist niemand in der Buchhandlung tätig. Über eine Vergütung wurde nicht gesprochen. Hat Frau Schön einen Anspruch auf Bezahlung? Wenn ja: in welcher Höhe? (Rn. 237, 238)

96. Aus welchen Anspruchsgrundlagen kann sich der Vergütungsanspruch des Arbeitnehmers ergeben? (Rn. 238)

97. Die Arbeitsverträge der Dortmunder Actien-Brauerei sehen vor, dass jeder Arbeitnehmer bis zur Vollendung des 60. Lebensjahrs einen monatlichen Freitrunk von 20 Litern Bier erhält (BAG vom 8. 8. 2000 – 9 AZR 591/99). Wie würden Sie diese Vereinbarung rechtlich charakterisieren? (Rn. 240)

98. Was verbirgt sich hinter den von der Praxis gern verwendeten Ausdrücken Provision, Tantieme und Gratifikation? (Rn. 243, 244)

99. Wie unterscheidet sich eine Ausschlussfrist von der Verjährung? (Rn. 245 a)

100. Jurastudentin J hat ihr Studium abgebrochen, eine Internet-Firma gegründet, den Kommilitonen K eingestellt und mit ihm ein Monatsgehalt von 5.000 € vereinbart. Weitere Regelungen über die Vergütung wurden nicht getroffen. J fragt, ob sie das Geld am Monatsanfang oder am Monatsende überweisen muss. K fragt, ob er künftig jeden Monat 5.000 € ausgeben kann (Rn. 246)

101. Das Software-Unternehmen Pixel World (PW), das in einem harten Wettbewerb um qualifizierte Arbeitnehmer steht, möchte im Dezember 2001 erstmals ein Weihnachtsgeld in Höhe einer Monatsvergütung zahlen, um die Mitarbeiter an sich zu binden. Kann PW mit den Beschäftigten vereinbaren, dass die Weihnachtsgratifikation zurückzuzahlen ist, wenn ein Arbeitnehmer im Jahre 2002 auf eigenen Wunsch aus dem Unternehmen ausscheidet? (Rn. 250, 251)

102. Was bedeutet der Pfändungsschutz für Arbeitseinkommen und wie ist er geregelt? (Rn. 253–255)

103. Der Wachmann W, der ein geringes Gehalt bezieht, hat vorsätzlich einen Firmenwagen beschädigt (Schaden 2.000 €). Kann der Arbeitgeber ohne weiteres mit seinem Schadensersatzanspruch gegen den Gehaltsanspruch des W aufrechnen? (Rn. 256)

104. Wie ist der Vergütungsanspruch des Arbeitnehmers bei Zahlungsunfähigkeit des Arbeitgebers geschützt? (Rn. 257)

105. Wie lange vor dem mutmaßlichen Tag der Entbindung/nach der Geburt eines Kindes besteht ein generelles Beschäftigungsverbot nach dem MuSchG? Darf die Schwangere/die Mutter auf den Schutz des Beschäftigungsverbots verzichten und trotzdem arbeiten? (Rn. 259, 260)

106. Wie lang ist der gesetzliche Mindesturlaub? (Rn. 261)

107. Der Arbeitnehmer und sein Arbeitgeber können sich nicht über die zeitliche Lage des Erholungsurlaubs einigen. Darf der Arbeitnehmer den Urlaub von sich aus „nehmen" und – nach entsprechender Ankündigung – z.B. drei Wochen von der Arbeit fernbleiben? Kann der Arbeitgeber einseitig die Urlaubszeit bestimmen? (Rn. 263)

108. Unter welchen Voraussetzungen kann der Anspruch auf Erholungsurlaub in das nächste Kalenderjahr übertragen oder durch Geldzahlung ersetzt („abgegolten") werden? (Rn. 263)

109. Nachdem eine Verkäuferin das Ansinnen des Arbeitgebers abgelehnt hat, „freiwillig" zwei Stunden Mehrarbeit zu leisten, erhält sie eine geringere Weihnachtsgratifikation als ihre Kolleginnen. Gegen welches Differenzierungsverbot kann diese Maßnahme verstoßen? (Rn. 269 a, 269 b)

§ 5. Störungen im Arbeitsverhältnis

Leistungsstörungen im Arbeitsverhältnis können entstehen, weil der **Arbeit-** 270
geber seine Hauptleistung – die Vergütung (Rn. 237–257) – nicht oder verspätet
erbringt oder Nebenpflichten (Rn. 258–269 b) verletzt. Dann gelten die allgemeinen Regeln des Schuldrechts. Da die Vergütung nicht die charakteristische
Leistung des Arbeitsvertrags ist, gibt es bei Verletzung der Vergütungspflicht
keine Besonderheiten gegenüber anderen Schuldverträgen. Bereits erörtert wurde, dass der Arbeitgeber Verzugszinsen nicht vom Netto-, sondern vom Bruttolohn schuldet (Rn. 247).

Störungen im Arbeitsverhältnis können dadurch verursacht sein, dass der **Ar-**
beitnehmer seine Hauptleistung – die Arbeit (Rn. 201–229) – nicht oder schlecht
erbringt, oder dass er eine Nebenpflicht (Rn. 230–236 b) verletzt. Die folgenden
Ausführungen beginnen mit der Nichtleistung der Arbeit. Für sie stellt das Allgemeine Schuldrecht drei Regeln auf:

(1) Die versäumte Arbeitsleistung ist in vielen Fällen nicht nachholbar, sodass eine Pflichtverletzung in Gestalt der **Unmöglichkeit** vorliegt. Die nicht geleistete Arbeit wird meist durch
Zeitablauf unmöglich; es handelt sich meist um eine absolute Fixschuld (Rn. 221).

(2) Der Arbeitnehmer wird von seiner **Leistungspflicht** frei. Das gilt nach der Neufassung
des § 275 I BGB unabhängig davon, ob der Arbeitnehmer die Unmöglichkeit der Erbringung
der Arbeitsleistung zu verantworten hat (impossibilium nulla obligatio, Rn. 221).

(3) Den Anspruch auf die **Gegenleistung** – die Vergütung – behält der Arbeitnehmer nach
§ 326 II 1 BGB nur, wenn die Unmöglichkeit der Arbeitsleistung vom Arbeitgeber zu verantworten ist oder während des Annahmeverzugs eintritt (zur teilweisen Verdrängung dieser
Norm durch § 615 BGB s. Rn. 272).

Der Schutz des Arbeitnehmers gebietet es, bei Verhinderungsgründen aus der
Sphäre des Arbeitnehmers die Regel „Ohne Arbeit kein Lohn" (§ 326 I 1 BGB)
vielfach zu durchbrechen (dazu I). In Fällen der Unmöglichkeit, die zwar nicht
vom Arbeitgeber i. S. d. § 326 II 1, 1. Fall BGB zu verantworten sind, aber in die
Sphäre des Arbeitgebers gehören, begründet die Lehre vom Betriebs- und Wirtschaftsrisiko (§ 615 Satz 3 BGB) Ansprüche auf „Lohn ohne Arbeit" (dazu II).
Besonderheiten bestehen schließlich in Fällen der Schlechterfüllung (Arbeitnehmerhaftung, dazu III) und bei Arbeitsunfällen (dazu IV).

I. Verhinderung des Arbeitnehmers

Stammt der Grund für den Arbeitsausfall aus der Sphäre des Arbeitnehmers, 271
wird die Regel „Ohne Arbeit kein Lohn" (§ 326 I 1 BGB) bei persönlichen
Hinderungsgründen (dazu 2) und bei krankheitsbedingter Arbeitsunfähigkeit
(dazu 3) in ihr Gegenteil verkehrt. Darüber hinaus modifiziert § 615 BGB die
allgemeinen Vorschriften des Unmöglichkeitsrechts; die richtige Erfassung des
§ 615 BGB ist grundlegend für das Verständnis der Unmöglichkeitsregeln im
Arbeitsverhältnis (dazu 1).

1. Vergütung bei Annahmeverzug (§ 615 BGB)

272   Kommt der Arbeitgeber mit der Annahme der Leistung des Arbeitnehmers in Verzug, kann der Arbeitnehmer für die Arbeit, die infolge des Annahmeverzugs nicht geleistet wurde, die vereinbarte Vergütung verlangen, ohne zur Nachleistung verpflichtet zu sein (§ 615 Satz 1 BGB). Diese Vorschrift erhält dem Arbeitnehmer unstreitig bei **Annahmeunwilligkeit** des Arbeitgebers (der Arbeitgeber könnte die Leistung des Arbeitnehmers annehmen, will aber nicht) den Anspruch auf die Vergütung. Umstritten war früher die Anwendung des § 615 BGB bei **Annahmeunmöglichkeit** (der Arbeitgeber kann die Arbeitsleistung nicht verwerten, selbst wenn er wollte, weil z. B. der Betrieb abgebrannt ist). Die Schuldrechtsreform des Jahres 2001 hat § 615 BGB um den Satz 3 ergänzt. Damit wollte der Gesetzgeber deutlich machen, dass beide Fallgruppen – Annahmeunwilligkeit und Annahmeunmöglichkeit – dem § 615 BGB unterfallen sollten,[1] was schon zuvor der herrschenden Ansicht in der Literatur entsprach[2] (zur früheren Rechtsprechung s. Rn. 289).

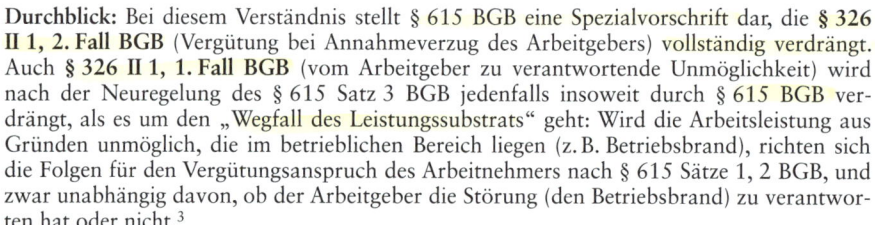

> **Durchblick:** Bei diesem Verständnis stellt § 615 BGB eine Spezialvorschrift dar, die **§ 326 II 1, 2. Fall BGB** (Vergütung bei Annahmeverzug des Arbeitgebers) vollständig verdrängt. Auch **§ 326 II 1, 1. Fall BGB** (vom Arbeitgeber zu verantwortende Unmöglichkeit) wird nach der Neuregelung des § 615 Satz 3 BGB jedenfalls insoweit durch **§ 615 BGB** verdrängt, als es um den "Wegfall des Leistungssubstrats" geht: Wird die Arbeitsleistung aus Gründen unmöglich, die im betrieblichen Bereich liegen (z. B. Betriebsbrand), richten sich die Folgen für den Vergütungsanspruch des Arbeitnehmers nach § 615 Sätze 1, 2 BGB, und zwar unabhängig davon, ob der Arbeitgeber die Störung (den Betriebsbrand) zu verantworten hat oder nicht.[3]

273   In der Praxis spielt **§ 615 Satz 1 BGB** – außerhalb der Betriebsrisikofälle (Rn. 288–292) – vor allem eine Rolle, wenn der Arbeitnehmer, der nach Ausspruch der außerordentlichen Kündigung oder nach Ablauf der Kündigungsfrist bei der ordentlichen Kündigung nicht (weiter-)beschäftigt wird, später den **Kündigungsschutzprozess** gewinnt (Rn. 390). Nach § 293 BGB kommt der Arbeitgeber in (Gläubiger-)Annahmeverzug, wenn er die ordnungsgemäß (§§ 294–296 BGB) angebotene Arbeitsleistung nicht annimmt. Dazu hat das BAG drei Regeln entwickelt:

a) **Kein Angebot des Arbeitnehmers erforderlich:** Da der Arbeitgeber durch den Ausspruch der Kündigung erklärt hat, er wolle die Leistung des Arbeitnehmers nicht annehmen, ist ein **tatsächliches Angebot** (§ 294 BGB) entbehrlich. Das BAG hält auch ein **wörtliches Angebot** (§ 295 BGB) nach § 296 Satz 1 BGB für überflüssig: Die nach dem Kalender bestimmte Mitwirkungshandlung des Arbeitgebers bestehe darin, "dem Arbeitnehmer für jeden Arbeitstag einen funktionsfähigen Arbeitsplatz zur Verfügung zu stellen".[4] Der Arbeitnehmer muss

---

[1] *BAG* vom 15. 9. 2011 – 8 AZR 846/09, AP Nr. 10 zu § 280 BGB = NZA 2012, 377 (Rn. 37).

[2] *Picker*, JZ 1979, 283 (290 ff.); *Preis/Hamacher*, Jura 1998, 11 (15 f.).

[3] ErfK/*Preis*, § 615 BGB Rn. 4–6; H/W/K/*Krause*, § 615 BGB Rn. 9, 10.

[4] *BAG* vom 19. 1. 1999 – 9 AZR 679/97, BAGE 90, 329 (333) = AP Nr. 79 zu § 615 BGB = NZA 1999, 925.

danach von sich aus nichts unternehmen, um seinen Vergütungsanspruch aufrechtzuerhalten.

b) **Keine „Rückmeldung" nach Krankheit erforderlich:** Das gilt nach der 274
Rechtsprechung auch, wenn der Arbeitnehmer zwischendurch krank wird und
während der Zeit der krankheitsbedingten **Arbeitsunfähigkeit** nach § 297 BGB
(Unvermögen des Schuldners) kein Annahmeverzug vorliegt: Der Arbeitnehmer
müsse sich nicht „zurückmelden" und seine wiedergewonnene Arbeitsfähigkeit
anzeigen, um den Vergütungsanspruch nach § 615 Satz 1 BGB zu behalten. Die
Frage, für welchen Zeitraum Annahmeverzug besteht, ist nach Ansicht des BAG
objektiv zu entscheiden.[5]

c) **Keine Weiterbeschäftigung unter auflösender Bedingung:** Schließlich kann
der Arbeitgeber den Annahmeverzug nicht ausschließen oder beenden, indem er
dem Arbeitnehmer die Weiterbeschäftigung unter der **auflösenden Bedingung**
anbietet, dass das Arbeitsgericht die Wirksamkeit der Kündigung feststellt. Der
Arbeitgeber muss die Arbeitsleistung als Erfüllung des mit dem Arbeitnehmer
geschlossenen Arbeitsvertrags akzeptieren.[6]

Allerdings verliert ein Arbeitnehmer, der sich auf eine auflösend bedingte „Prozessbeschäftigung" während des Kündigungsschutzprozesses nicht einlässt, nach **§ 11 Satz 1 Nr. 2 KSchG**
– einer Spezialvorschrift zu dem inhaltsgleichen § 615 Satz 2 BGB – im Ergebnis meist seinen
Vergütungsanspruch: Nach § 11 Satz 1 Nr. 2 KSchG muss sich der Arbeitnehmer auf das Arbeitsentgelt, das ihm der Arbeitgeber für die Zeit nach der Entlassung schuldet, dasjenige anrechnen lassen, was er durch anderweitige, zumutbare Verwendung seiner Dienste zu erwerben unterlässt. Die Rechtsprechung mutet es dem Arbeitnehmer in aller Regel zu, der
Aufforderung des Arbeitgebers zur Arbeitsleistung während des Kündigungsschutzprozesses
zu folgen. Dabei kann der Arbeitgeber ihm auch (und gerade) Arbeit anbieten, die nach dem
gekündigten Arbeitsvertrag nicht geschuldet ist, denn ein Angebot vertragsgerechter Arbeit
würde bereits den Annahmeverzug beenden[7] (s. auch Rn. 390). Der **Arbeitgeber,** der eine
„Prozessbeschäftigung" anbietet, muss allerdings das Schriftformerfordernis des § 14 IV
TzBfG (Rn. 434) beachten, sonst gilt ein neues Arbeitsverhältnis nach § 16 Satz 1 TzBfG als
auf unbestimmte Zeit geschlossen.[8]

2. Persönliche Hinderungsgründe (§ 616 BGB)

Der Vergütungsanspruch bleibt nach § 616 Satz 1 BGB erhalten, wenn der 275
Arbeitnehmer für eine verhältnismäßig nicht erhebliche Zeit durch einen **in seiner Person liegenden Grund** ohne sein Verschulden an der Arbeitsleistung verhindert wird. Die Vorschrift ist **Spezialgesetz zu § 275 III BGB** („persönliche
Unmöglichkeit"), den § 616 BGB nach der lex specialis-Regel verdrängt. Ebenso wie § 615 Satz 1 BGB ist auch § 616 Satz 1 BGB keine selbständige Anspruchsgrundlage, sondern eine Hilfsnorm, die den Vergütungsanspruch aus
dem Arbeitsvertrag (§ 611 I BGB) aufrechterhält.

---

[5] *BAG* vom 24. 11. 1994 – 2 AZR 179/94, BAGE 78, 333 (338 f.) = AP Nr. 60 zu § 615
BGB m. Anm. *Ramrath.*
[6] *LAG Köln* vom 5. 7. 2002 – 11 Sa 559/01, NZA-RR 2003, 308 (308 f.).
[7] *BAG* vom 24. 9. 2003 – 5 AZR 500/02, BAGE 108, 27 (32 ff.) = AP Nr. 4 zu § 11 KSchG
1969 = NZA 2004, 90; *BAG* vom 17. 11. 2011 – 5 AZR 564/10, AP Nr. 8 zu § 11 KSchG
1969 = NZA 2012, 260 (Rn. 17).
[8] *BAG* vom 22. 10. 2003 – 7 AZR 113/03, BAGE 108, 191 (194 ff.) = AP Nr. 6 zu § 14
TzBfG = NZA 2004, 1275.

a) **Vorrangige Spezialvorschriften:** Zahlreiche speziellere Vorschriften wie § 3 I 1 EFZG (Verhinderung aus Krankheitsgründen), § 37 II BetrVG (Wahrnehmung eines Betriebsratsamts), §§ 3 ff. MuSchG (Arbeitsfreistellung vor und nach der Geburt eines Kindes) oder § 2 PflegeZG (akut auftretender Pflegebedarf) gehen der allgemeinen Regel des § 616 BGB vor.[9] Anders als diese Vorschriften ist § 616 BGB **kein zwingendes Recht**, sondern durch Tarifvertrag, Betriebsvereinbarung oder Arbeitsvertrag abdingbar. In der Praxis wird § 616 BGB vor allem durch Normen in Manteltarifverträgen konkretisiert, die für klar umrissene Fallgruppen die Dauer der Arbeitsbefreiung fixieren.

> Beispiel: „Dem Arbeitnehmer ist ohne Anrechnung auf seinen Urlaub und ohne Verdienstminderung Freizeit wie folgt zu gewähren: 1. Bei seiner Eheschließung zwei Tage, ... 4. bei seiner Silbernen Hochzeit ein Tag, ... 6. bei Tod seines Ehegatten drei Tage."

276 b) **Voraussetzungen des § 616 Satz 1 BGB:** Die Aufrechterhaltung des Vergütungsanspruchs nach § 616 Satz 1 BGB hat vier Voraussetzungen.

(1) Eine **Arbeitsverhinderung** liegt vor, wenn die Arbeitsleistung unmöglich (Teilnahme an der eigenen Hochzeit, § 1311 BGB) oder unzumutbar ist (Hochzeit eines Kindes).

> Die Unzumutbarkeit kann sich insbesondere aus übergeordneten rechtlichen oder sittlichen (familiären) Gesichtspunkten ergeben, nicht jedoch aus schlichten Arbeitnehmerdispositionen wie der Vereinbarung eines privaten Kfz-Werkstatt-Termins während der Arbeitszeit.

(2) Die Arbeitsverhinderung muss ihren Grund in den **persönlichen Verhältnissen** des Arbeitnehmers haben.

> Die objektiven Hinderungsgründe (z. B. witterungsbedingtes Zuspätkommen) sind von der Lohnfortzahlungspflicht ausgenommen, da sie „unplanmäßig" auftreten, eine Vielzahl von Arbeitnehmern betreffen und sich folglich statistisch nur schwer kalkulieren lassen.[10]

(3) Der Arbeitnehmer muss **ohne sein Verschulden** an der Arbeitsleistung verhindert sein. Dabei gelten die gleichen Grundsätze wie bei der Entgeltfortzahlung im Krankheitsfall (Rn. 279–283).

> Dogmatisch handelt es sich – wie bei § 3 I 1 EFZG – nicht um ein Verschulden gegenüber dem Arbeitgeber, sondern um ein Verschulden des Arbeitnehmers „gegen sich selbst"; ein Rückgriff auf die Verschuldensmaßstäbe des § 276 BGB ist daher ausgeschlossen.

(4) Die Arbeitsverhinderung darf **verhältnismäßig nicht erheblich** sein. Soweit diese Voraussetzung nicht durch Arbeitsvertrag, Betriebsvereinbarung oder Tarifvertrag konkretisiert wird, muss eine einzelfallbezogene Betrachtung erfolgen, wobei die Art der Verhinderung und die bisherige Dauer des Arbeitsverhältnisses zu berücksichtigen sind.[11]

> Die Obergrenze liegt in jedem Fall deutlich unter den sechs Wochen, die § 3 I 1 EFZG für die Entgeltfortzahlung im Krankheitsfall vorsieht. Wenn die Arbeitsverhinderung die Grenzen des unerheblichen Zeitraums überschreitet, entfällt der Anspruch aus § 616 BGB insgesamt.[12]

---

[9] Zusammenstellung bei *Hromadka/Maschmann* I, § 8 Rn. 110.
[10] H/W/K/*Krause*, § 616 BGB Rn. 17; Jauernig/*Mansel*, § 616 BGB Rn. 3.
[11] H/W/K/*Krause*, § 616 BGB Rn. 40, 41; Staudinger/*Oetker*, § 616 BGB Rn. 96.
[12] *BAG (GS)* vom 18. 12. 1959 – GS 8/58, BAGE 8, 314 (326) = AP Nr. 22 zu § 616 BGB = NJW 1960, 741; H/W/K/*Krause*, § 616 BGB Rn. 37.

c) **Rechtsfolge des § 616 BGB:** Sind diese Voraussetzungen erfüllt, hat das **276a**
nach § 616 Satz 1 BGB zur Folge, dass der Arbeitnehmer den Vergütungsanspruch behält (**Lohnausfallprinzip**). Nach § 616 Satz 2 BGB muss er sich jedoch
den Betrag anrechnen lassen, den er für die Zeit der Verhinderung aus einer gesetzlichen Kranken- oder Unfallversicherung bekommt (**Anrechnungsgrund-
satz**).

Beispiel: Der Industriearbeiter A (durchschnittliche monatliche Arbeitszeit: 120 Stunden)
hat meistens eine Woche im Monat Spätschicht (14.00 bis 22.00 Uhr). Er ist gläubiger
Muslim. Der Koran verlangt das **Nachmittagsgebet** in der Zeit „zwischen dem Moment, in
dem der Schatten eines Objekts länger ist als es selbst", und dem Sonnenuntergang. An den
fünf Tagen der Spätschichtwoche verlässt A daher (nach Ankündigung) für jeweils rund
15 Minuten den Arbeitsplatz, um im Verpackungslager – zwischen Fließrollen hockend –
sein Gebet zu verrichten. – Das **LAG Hamm** bejaht in diesem Fall den Lohnfortzahlungsanspruch aus § 616 Satz 1 BGB: Zu den persönlichen Hinderungsgründen gehören auch re-
ligiöse Verpflichtungen; ein Zeitraum von insgesamt rund 75 Minuten im Monat ist verhältnismäßig nicht erheblich.[13]

3. Entgeltfortzahlung im Krankheitsfall

Ebenso wie § 616 BGB modifizieren auch die Regeln über die Entgeltfortzah- **277**
lung im Krankheitsfall den in § 326 I 1 BGB enthaltenen Grundsatz „Ohne Arbeit kein Lohn". Im Gegensatz zu § 616 BGB sind die Vorschriften des **Entgelt-
fortzahlungsgesetzes** (EFZG) zugunsten des Arbeitnehmers **zwingend**[14]
(Ausnahme in §§ 4 IV, 12 EFZG). Bei Arbeitsunfähigkeit infolge Krankheit wirken Arbeits- und Sozialrecht zusammen:

– Nach § 3 I 1 EFZG hat der Arbeitnehmer einen Anspruch auf Entgeltfortzahlung **gegen den Arbeitgeber** für die Dauer von sechs Wochen; die Anspruchs-
  höhe beträgt 100% der regulären Vergütung (§ 4 I EFZG).
– Überschreitet die Arbeitsunfähigkeit die Dauer von sechs Wochen oder fehlt
  eine andere Voraussetzung des Anspruchs, bekommt der Arbeitnehmer für
  maximal 78 Wochen von der gesetzlichen **Krankenversicherung** ein Krankengeld in Höhe von 70% der regulären Vergütung (§§ 44–51 SGB V).

Praxis: Die **Arbeitgeber** haben mit über 90% den weitaus größten Teil der Entgeltfortzah-
lungskosten zu tragen; weniger als 10% der Kosten entfallen auf die gesetzliche **Krankenversicherung**. Arbeitgeber, die nicht mehr als 30 Arbeitnehmer beschäftigen, können nach
dem **Aufwendungsausgleichsgesetz** (AAG) einen Teil der Entgeltfortzahlung von den Krankenkassen erstattet verlangen (Einzelheiten in §§ 1 I, 2 AAG); die Mittel werden im Umla-
geverfahren von den Arbeitgebern aufgebracht (§ 3 AAG). Nicht nur gegen den Arbeitgeber
und die Krankenversicherung, sondern auch gegen die **Rentenversicherung** können sich Ansprüche richten: Wenn die Erwerbsfähigkeit wegen Krankheit auf weniger als drei Arbeits-
stunden täglich gesunken ist, kommt nach dem SGB VI eine Rente wegen Erwerbsminderung in Betracht. Ist der Arbeitnehmer wegen Krankheit täglich nur noch drei bis sechs
Stunden arbeitsfähig, wird nur eine halbe Erwerbsminderungsrente gezahlt, es sei denn,
der Versicherte kann keine zumutbare Tätigkeit finden. Wer mehr als sechs Stunden täglich
arbeiten kann, bekommt keine Erwerbsminderungsrente. Beruht die Arbeitsunfähigkeit
auf einem Arbeitsunfall, bestehen Ansprüche gegen die gesetzliche **Unfallversicherung**
(Rn. 314–319).

---

[13] *LAG Hamm* vom 26.2.2002 – 5 Sa 1582/01, NZA 2002, 1090; MünchKommBGB/
Henssler, § 616 Rn. 46; zurückhaltender H/W/K/*Krause*, § 616 BGB Rn. 33.
[14] Umfassend *Schmitt*, EFZG und AAG, Kommentar, 7. Aufl. (2012).

a) Anspruchsvoraussetzungen

278   Wenn der Arbeitnehmer den vertraglichen Anspruch auf die Vergütung verliert, weil die Arbeitsleistung wegen Arbeitsunfähigkeit infolge Krankheit unmöglich wird, erhält § 3 I 1 EFZG den vertraglichen Vergütungsanspruch unter den folgenden Voraussetzungen aufrecht:

(1) Der Anspruchsteller muss zum **anspruchsberechtigten Personenkreis** gehören; das ist der Fall, wenn er Arbeiter, Angestellter oder zur Berufsbildung Beschäftigter ist (§ 1 II EFZG, ergänzt durch § 10 EFZG).

Durchblick: Grundsätzlich muss das Arbeitsverhältnis (noch) bestehen, wenn der Arbeitnehmer arbeitsunfähig erkrankt. Nach § 8 I 1 EFZG bleibt jedoch der Anspruch auf Entgeltfortzahlung unberührt, wenn der Arbeitgeber das Arbeitsverhältnis aus Anlass der Arbeitsunfähigkeit (wirksam) kündigt (sog. **Anlasskündigung**). Das gilt nach der Rechtsprechung auch dann, wenn die Arbeitsunfähigkeit bei Wirksamwerden der Kündigung noch nicht eingetreten ist, aber sicher bevorsteht. Im Entscheidungsfall hatte ein Gebäudereinigungsunternehmen dem Arbeitnehmer mit der tarifvertraglich vorgesehenen eintägigen Frist (in der Probezeit) in der Weise gekündigt, dass das Arbeitsverhältnis unmittelbar vor einer geplanten Operation endete; der Anspruch auf Entgeltfortzahlung blieb nach § 8 I 1 EFZG erhalten.[15]

(2) Der Anspruch entsteht nach **Erfüllung der Wartezeit** von vier Wochen: Erst wenn das Arbeitsverhältnis so lange bestanden hat, kann der Arbeitnehmer vom Arbeitgeber Entgeltfortzahlung verlangen (§ 3 III EFZG).

(3) Als wichtigste Voraussetzung nennt § 3 I 1 EFZG die **Arbeitsunfähigkeit infolge Krankheit** des Arbeitnehmers. Sie umfasst zwei Elemente: Eine **Krankheit** ist jeder regelwidrige körperliche oder geistige Zustand, der einer Heilbehandlung bedarf.[16] Die **Arbeitsunfähigkeit** infolge dieser Krankheit liegt vor, wenn die Krankheit den Arbeitnehmer außerstandesetzt, die Arbeit zu verrichten, oder wenn er die Arbeit nur unter der Gefahr fortsetzen könnte, in absehbar naher Zeit seinen Zustand zu verschlimmern.[17]

Durchblick: Wenn keine Arbeitsunfähigkeit in diesem Sinne besteht, richtet sich die Entgeltfortzahlung für die Zeit eines Arztbesuchs während der Arbeitszeit nicht nach § 3 EFZG, sondern nach § 616 BGB.[18]

279   (4) Die krankheitsbedingte Arbeitsunfähigkeit muss die **Ursache der Arbeitsverhinderung** sein (§ 3 I 1 EFZG: „durch Arbeitsunfähigkeit ... an seiner Arbeitsleistung verhindert"). Erkrankt der Arbeitnehmer während des **Erholungsurlaubs**, werden die Tage krankheitsbedingter Arbeitsunfähigkeit nicht auf den Urlaub angerechnet (§ 9 BUrlG); der Arbeitnehmer hat einen Anspruch auf Entgeltfortzahlung nach § 3 I 1 EFZG. Wenn der Arbeitnehmer an einem **gesetzlichen Feiertag** arbeitsunfähig erkrankt, muss der Arbeitgeber nicht wegen

---

[15] *BAG* vom 17. 4. 2002 – 5 AZR 2/01, BAGE 101, 61 (64 ff.) = AP Nr. 1 zu § 8 EFZG = NZA 2002, 899.

[16] *BAG* vom 1. 3. 1983 – 5 AZR 536/80, BAGE 43, 54 (57) = AP Nr. 52 zu § 1 Lohnfortzahlungsgesetz = NJW 1983, 2695.

[17] *BAG* vom 7. 8. 1991 – 5 AZR 410/90, BAGE 68, 196 (198) = AP Nr. 94 zu § 1 Lohnfortzahlungsgesetz = NZA 1992, 69.

[18] *BAG* vom 29. 2. 1984 – 5 AZR 455/81, BAGE 45, 165 (168) = AP Nr. 64 zu § 616 BGB = NZA 1984, 33.

des Feiertags, sondern wegen der krankheitsbedingten Arbeitsunfähigkeit das Entgelt fortzahlen; die Vergütungshöhe bestimmt sich aber nicht nach den Regeln über die Entgeltfortzahlung im Krankheitsfall, sondern nach den Regeln über die Feiertagsvergütung (§ 4 II EFZG).

In den übrigen, gesetzlich nicht ausdrücklich geregelten Fällen entnimmt das BAG dem § 3 I 1 EFZG den Grundsatz, dass die krankheitsbedingte Arbeitsunfähigkeit die **alleinige Ursache** für den Arbeitsausfall sein muss;[19] erkrankt der Arbeitnehmer während der Elternzeit nach §§ 15 ff. BEEG oder während einer Streikteilnahme, besteht daher grundsätzlich kein Anspruch auf Entgeltfortzahlung.[20]

Praxis: Statistisch sind durchschnittlich 3,5 % der Arbeitnehmer durch krankheitsbedingte Arbeitsunfähigkeit an ihrer Arbeitsleistung verhindert, wobei sich regional erhebliche Unterschiede ergeben. Die durchschnittliche Krankheitsdauer beträgt 10,4 Tage. Der Krankenstand ist am höchsten im öffentlichen Dienst (4,8 %) und am niedrigsten bei den Arbeitnehmern der rechts- und wirtschaftsberatenden Berufe (1,9 %).[21]

(5) Der Anspruch auf Entgeltfortzahlung setzt schließlich nach § 3 I 1 EFZG voraus, dass **kein Verschulden des Arbeitnehmers** an der krankheitsbedingten Arbeitsunfähigkeit vorliegt. Der Verschuldensbegriff des § 276 I 1 BGB passt nicht, denn es geht bei § 3 I 1 EFZG um die Herbeiführung einer Krankheit und damit um ein Verschulden des Arbeitnehmers „gegen sich selbst". Ein solches Verschulden wird bejaht, wenn der Arbeitnehmer gröblich gegen das von einem verständigen Menschen im eigenen Interesse zu erwartende Verhalten verstößt.[22]

Bei **Suchtkrankheiten** (Alkohol, Drogen, Tabletten) gibt es keinen Erfahrungssatz, dass sie auf einem solchen Eigenverschulden des Arbeitnehmers beruhen; bei **Suizidversuchen** wird sogar umgekehrt das Eigenverschulden typischerweise verneint. Im **Straßenverkehr** kann ein Verschulden des Arbeitnehmers „gegen sich selbst" vorliegen, wenn er als Fahrer eines Kfz den Sicherheitsgurt nicht angelegt hat, während der Autofahrt telefoniert oder mit stark überhöhter Geschwindigkeit unterwegs ist.[23] Eine besondere Fallgruppe sind **Sportunfälle**. Dazu der

Übungsfall 10 (Drachenfliegen): Otto Lilienthaler (O) ist seit fünf Jahren bei der Bayerischen Transport AG (Baytrans) beschäftigt. In seiner Freizeit betätigt er sich als Drachenflieger. An einem Sonnabend unternahm er auf dem zur Ausübung dieses Sports freigegebenen Gelände am Kranzberg bei Mittenwald einen Übungsflug. Er landete mit seinem Drachen auf unebenem Gelände. Da sich der Wind plötzlich drehte und er den Wind im Rücken hatte, musste er bei der Landung den Drachen durch einige Laufschritte ausbalancieren. Dabei wurde der Drachen durch eine Windböe zu Boden gedrückt. O strauchelte und schlug mit dem Unterschenkel gegen den Steuerbügel des Drachens; wobei er einen komplizierten Unterschenkelbruch erlitt. Als Folge dieser Verletzung war er länger als sechs Wochen arbeitsunfähig. Die Baytrans verweigert die Entgeltfortzahlung unter Hinweis auf die Gefährlichkeit des Drachenflugsports. O entgegnet, er habe als erfahrener Drachenflieger die Flugscheine aller Leistungsgruppen und habe an verschiedenen Wettbewerben erfolgreich teilgenommen.[24]

280

---

[19] *BAG* vom 26. 6. 1996 – 5 AZR 872/94, BAGE 83, 229 (231) = AP Nr. 2 zu § 3 EFZG = NZA 1996, 1087 = EWiR 1996, 1043 *(Schüren)*.

[20] *BAG* vom 1. 10. 1991 – 1 AZR 147/91, BAGE 68, 299 (301) = AP Nr. 121 zu Art. 9 GG Arbeitskampf = NZA 1992, 163.

[21] Quelle: Statistisches Bundesamt (www.destatis.de).

[22] *BAG* vom 7. 10. 1981 – 5 AZR 1113/79, BAGE 36, 376 (378) = AP Nr. 46 zu § 1 Lohnfortzahlungsgesetz = NJW 1982, 1013.

[23] Umfangreiche Nachweise bei ErfK/*Dörner*, § 3 EFZG Rn. 25–31.

[24] Fall nach *BAG* vom 7. 10. 1981 – 5 AZR 338/79, BAGE 36, 371 = AP Nr. 45 zu § 1 Lohnfortzahlungsgesetz = NJW 1982, 1014.

281   Lösung: (I) O könnte aus dem Arbeitsvertrag i. V. m. § 3 I 1 EFZG gegen die Baytrans einen **Anspruch auf Fortzahlung des Arbeitsentgelts** für die ersten sechs Wochen der Arbeitsunfähigkeit haben. Als Arbeitnehmer zählt O zum anspruchsberechtigten Personenkreis (§ 1 II EFZG); die Wartezeit des § 3 III EFZG ist erfüllt.

(1) Eine **Arbeitsunfähigkeit infolge Krankheit** liegt vor, wenn ein regelwidriger körperlicher Zustand den Arbeitnehmer daran hindert, die geschuldete Arbeit zu verrichten. Der Bruch des Unterschenkels ist ein solcher regelwidriger körperlicher Zustand, der im fraglichen Zeitraum die Arbeitsunfähigkeit des O verursacht hat.

(2) O müsste durch diese Arbeitsunfähigkeit an seiner Arbeitsleistung verhindert gewesen sein (§ 3 I 1 EFZG). Soweit keine spezialgesetzliche Regelung einschlägig ist, wird dieses Merkmal so ausgelegt, dass die Arbeitsunfähigkeit die **alleinige Ursache der Arbeitsverhinderung** sein muss.[25] Im fraglichen Zeitraum war die krankheitsbedingte Arbeitsunfähigkeit die alleinige Ursache für den Arbeitsausfall.

282   (3) Der Anspruch auf Entgeltfortzahlung setzt nach § 3 I 1 EFZG weiter voraus, dass **kein Verschulden des Arbeitnehmers** an der Arbeitsunfähigkeit festzustellen ist. Da einerseits die Gesunderhaltung im Eigeninteresse des Arbeitnehmers liegt, andererseits der Schutz des § 3 I 1 EFZG nicht schon bei leichter Fahrlässigkeit des Arbeitnehmers entfallen soll, ist der Verschuldensbegriff des § 276 I 1 BGB nicht anwendbar. Im Entgeltfortzahlungsrecht kommt es vielmehr darauf an, ob dem Arbeitnehmer ein grober Verstoß gegen das eigene Interesse eines verständigen Menschen vorzuwerfen ist („Verschulden gegen sich selbst"). Leichtsinniges Verhalten erfüllt den Tatbestand nicht, sondern nur ein besonders leichtfertiges oder vorsätzliches Verhalten.[26] Resultiert die krankheitsbedingte Arbeitsunfähigkeit aus einem Sportunfall, wird in drei Fallgruppen ein Verschulden angenommen:

(a) Eine Sportverletzung ist stets verschuldet, wenn der Arbeitnehmer an einer sog. **gefährlichen Sportart** teilgenommen hat. Gefährlich ist eine Sportart, wenn auch ein gut ausgebildeter Sportler, der die Regeln beachtet, das Verletzungsrisiko nicht vermeiden kann.[27] Allerdings hat das BAG, das über Unfälle bei Motorradrennen, Amateurboxen und – im vorliegenden Fall – Drachenfliegen zu entscheiden hatte, bisher noch keine Sportart als in diesem Sinne generell gefährlich eingestuft.[28]

283   (b) Schuldhaft i. S. d. § 3 I 1 EFZG handelt der Arbeitnehmer zweitens, wenn er sich in einer Weise sportlich betätigt, die seine **Kräfte und Fähigkeiten** deutlich übersteigt.[29] O besitzt die Flugscheine aller Leistungsgruppen und nahm bereits an verschiedenen Meisterschaften teil, sodass er den Anforderungen des Drachenfliegens auch bei den am Unfalltag herrschenden Verhältnissen gewachsen war.

(c) Schließlich bejaht das BAG ein Verschulden i. S. d. § 3 I 1 EFZG, wenn der Arbeitnehmer in besonders grober Weise gegen anerkannte Regeln der Sportart verstößt.[30] Da sich der Wind plötzlich drehte, hat O, als er mit Rückenwind landete, jedenfalls in der konkreten Situation nicht grob gegen die Regeln des Flugsports verstoßen.

(II) **Ergebnis:** O hat seine Arbeitsunfähigkeit nicht schuldhaft i. S. d. § 3 I 1 EFZG herbeigeführt. Da die übrigen Anspruchsvoraussetzungen erfüllt sind, hat O einen **Anspruch auf** Entgeltfortzahlung für die ersten sechs Wochen der Arbeitsunfähigkeit.

b) Umfang der Entgeltfortzahlung

284   Sind die Voraussetzungen des § 3 I 1 EFZG erfüllt, hat der Arbeitnehmer gegen den Arbeitgeber einen gesetzlichen Anspruch auf Entgeltfortzahlung im Krankheitsfall. Die Entgeltfortzahlung ist nach Dauer und Höhe begrenzt:

---

[25] *BAG* vom 5. 7. 1995 – 5 AZR 135/94, BAGE 80, 248 (250) = AP Nr. 7 zu § 3 MuSchG 1968 = NZA 1996, 137 = SAE 1997, 24 m. Anm. *Coester*.
[26] D/F/L/*Vossen*, § 3 EFZG Rn. 29; MünchKommBGB/*Müller-Glöge*, § 3 EFZG Rn. 36.
[27] *BAG* vom 30. 5. 1958 – 2 AZR 451/55, BAGE 5, 307 (309) = AP Nr. 5 zu § 63 HGB m. Anm. *A. Hueck* = NJW 1958, 1204.
[28] Nachweise bei H/W/K/*Schliemann*, § 3 EFZG Rn. 70.
[29] *BAG* vom 7. 10. 1981 – 5 AZR 338/79, BAGE 36, 371 (373, 375).
[30] *BAG* vom 7. 10. 1981 – 5 AZR 338/79, BAGE 36, 371 (373, 376).

(1) Die **Dauer der Entgeltfortzahlung** endet mit dem letzten Tag der Arbeitsunfähigkeit, spätestens jedoch nach Ablauf von sechs Wochen (§ 3 I 1 EFZG). Der Anspruchszeitraum wird nicht dadurch ausgeschöpft, dass das Arbeitsverhältnis bei Beginn oder während der Arbeitsunfähigkeit ruht: Ist es während der Arbeitsunfähigkeit z.B. durch einen Arbeitskampf suspendiert, wird diese Zeit nicht auf den Sechswochenzeitraum angerechnet. Die Sechswochenfrist des § 3 I 1 EFZG kann nach § 12 EFZG nicht verkürzt, wohl aber verlängert werden. Das geschieht insbesondere durch Tarifvertrag.

(2) Bei **erneuter Arbeitsunfähigkeit** ist zu unterscheiden, ob sie auf einer anderen oder auf derselben Krankheit beruht: **285**

(a) Wird die erneute Arbeitsunfähigkeit durch eine **andere Krankheit** verursacht, hat der Arbeitnehmer nach § 3 I 1 EFZG grundsätzlich erneut einen Anspruch auf Entgeltfortzahlung für die Dauer von sechs Wochen.

Eine Ausnahme von diesem Grundsatz besteht, wenn die andere Krankheit während der Dauer der ersten Arbeitsunfähigkeit auftritt: Dann kann der Arbeitnehmer für die Dauer der durch beide Erkrankungen verursachten Arbeitsunfähigkeit den Sechswochenzeitraum des § 3 I 1 EFZG nur einmal in Anspruch nehmen[31] (**Prinzip der Einheit des Verhinderungsfalls**).

(b) Wird der Arbeitnehmer wegen **derselben Krankheit** erneut arbeitsunfähig (Rückfall nach einer nicht ausgeheilten Lungenentzündung, mehrere Komplikationen einer anormal verlaufenden Schwangerschaft),[32] liegt eine sog. **Fortsetzungserkrankung** i.S.d. § 3 I 2 EFZG vor: Grundsätzlich werden alle Fehlzeiten zusammengerechnet, sodass der Anspruch auf Entgeltfortzahlung nur für insgesamt höchstens sechs Wochen besteht.

Von diesem Grundsatz gibt es Ausnahmen, wenn der Arbeitnehmer vor der erneuten Arbeitsunfähigkeit mindestens sechs Monate nicht infolge derselben Krankheit arbeitsunfähig war (§ 3 I 2 Nr. 1 EFZG), oder wenn seit Beginn der ersten Arbeitsunfähigkeit infolge derselben Krankheit eine Frist von zwölf Monaten abgelaufen ist (**§ 3 I 2 Nr. 2 EFZG**).

(3) Die **Höhe der Entgeltfortzahlung** bestimmt sich nach dem sog. **Lohnausfallprinzip**.[33] Dem Arbeitnehmer ist das Arbeitsentgelt fortzuzahlen, das ihm bei der regelmäßigen Arbeitszeit zusteht, die für ihn maßgebend ist (§ 4 I EFZG).[34] Dieses Prinzip wird durch § 4 Ia EFZG eingeschränkt, wonach Überstundenvergütungen und bestimmte Aufwandsentschädigungen in die Berechnung nicht einfließen. Durch Tarifvertrag kann von den Bemessungsgrundlagen des § 4 I, Ia und III EFZG auch zu Lasten des Arbeitnehmers abgewichen werden (tarifdispositives Gesetzesrecht, §§ 4 IV, 12 EFZG).

---

[31] *BAG* vom 14.9.1983 – 5 AZR 70/81, BAGE 43, 291 (293) = AP Nr. 55 zu § 1 Lohnfortzahlungsgesetz = AuR 1983, 377.

[32] *BAG* vom 12.3.1997 – 5 AZR 766/95, BAGE 85, 237 (246ff.) = AP Nr. 10 zu § 3 MuSchG 1968 = NZA 1997, 882.

[33] Zur Kürzung nach § 4a EFZG: *BAG* vom 25.7.2001 – 10 AZR 502/00, BAGE 98, 245 (247ff.) = AP Nr. 1 zu § 4a EFZG = ZTR 2002, 42.

[34] Zur Berechnung der regelmäßigen Arbeitszeit: *BAG* vom 21.11.2001 – 5 AZR 296/00, BAGE 100, 25 (28) = AP Nr. 56 zu § 4 EFZG = NZA 2002, 439.

c) Leistungsverweigerungsrechte

286   Dem Anspruch aus § 3 I 1 EFZG können Leistungsverweigerungsrechte des Arbeitgebers entgegenstehen, die aus Obliegenheitsverletzungen des Arbeitnehmers resultieren:

(1) Nach § 7 I Nr. 1 EFZG ist der Arbeitgeber berechtigt, die Entgeltfortzahlung zu verweigern, solange der Arbeitnehmer nicht die **Anzeige- und Nachweispflichten** gemäß § 5 EFZG erfüllt. Es handelt sich um ein vorläufiges Leistungsverweigerungsrecht, das rückwirkend erlischt, sobald der Arbeitnehmer seinen Pflichten nachkommt. Alle Arbeitnehmer sind nach § 5 I 1 EFZG verpflichtet, dem Arbeitgeber die Arbeitsunfähigkeit und deren voraussichtliche Dauer unverzüglich (§ 121 I 1 BGB) mitzuteilen. Dauert die Arbeitsunfähigkeit länger als drei Kalendertage, besteht für den Arbeitnehmer nach § 5 I 2 EFZG die Pflicht, die Arbeitsunfähigkeit durch eine ärztliche Bescheinigung nachzuweisen. Der Arbeitgeber ist berechtigt, die Vorlage der ärztlichen Bescheinigung schon am ersten Tag der Krankheit zu verlangen (§ 5 I 3 EFZG), ohne dass es für dieses Verlangen einer besonderen Rechtfertigung bedarf.[35] Besonderheiten bestehen gemäß § 5 II EFZG, wenn sich der Arbeitnehmer bei Beginn der Arbeitsunfähigkeit im Ausland aufhält. Nach der Rechtsprechung kommt einer ärztlichen Arbeitsunfähigkeitsbescheinigung ein hoher Beweiswert zu. Sie ist der wichtigste Beweis für die Tatsache einer krankheitsbedingten Arbeitsunfähigkeit. Der Arbeitgeber hat aber die Möglichkeit, Tatsachen vorzutragen, die ernsthafte Zweifel an einer Arbeitsunfähigkeit begründen, und dadurch den Beweiswert der ärztlichen Bescheinigung erschüttern.[36]

(2) Nach § 7 I Nr. 2 EFZG hat der Arbeitgeber das Recht, die Entgeltfortzahlung zu verweigern, wenn der Arbeitnehmer seine **Pflichten bei der Legalzession** gemäß § 6 EFZG verletzt und den Übergang eines Schadensersatzanspruchs gegen einen Dritten auf den Arbeitgeber verhindert.

Beispiel: Der von einem Autofahrer angefahrene und verletzte Arbeitnehmer verzichtet genüber dem Halter des Kfz auf seine Schadensersatzansprüche.

287   Über die Voraussetzungen des gesetzlichen **Anspruchs auf Entgeltfortzahlung** aus § 3 I 1 EFZG unterrichtet zusammenfassend die **Übersicht 5.1:**

Übersicht 5.1: Anspruch auf Entgeltfortzahlung, § 3 I 1 EFZG

> **1. Voraussetzungen des Anspruchs**
>   a) Anspruchsberechtigter Personenkreis, § 1 II EFZG
>   b) Erfüllung der Wartezeit, § 3 III EFZG
>   c) Arbeitsunfähigkeit infolge Krankheit
>   d) Ursache der Arbeitsverhinderung
>   e) Kein „Verschulden" des Arbeitnehmers
>
> **2. Umfang der Entgeltfortzahlung**
>   a) Dauer der Entgeltfortzahlung, § 3 I 1 EFZG
>   b) Mehrfache Arbeitsunfähigkeit, § 3 I 2 EFZG
>   c) Lohnausfallprinzip, § 4 I, Ia EFZG
>
> **3. Leistungsverweigerungsrechte**
>   a) Anzeige- und Nachweispflichten, § 7 I Nr. 1 EFZG
>   b) Pflichten bei Legalzession, § 7 I Nr. 2 EFZG

---

[35] *BAG* vom 14. 11. 2012 – 5 AZR 886/11.
[36] *BAG* vom 15. 7. 1992 – 5 AZR 312/91, BAGE 71, 9 (13) = AP Nr. 98 zu § 1 Lohnfortzahlungsgesetz = NZA 1993, 809.

II. Betriebs- und Wirtschaftsstörungen

Bei den persönlichen Hinderungsgründen (§ 616 BGB) und der Entgeltfort- **288**
zahlung im Krankheitsfall (§ 3 I 1 EFZG) wird die Arbeitsleistung aus Gründen
unmöglich, die aus der Sphäre des Arbeitnehmers stammen; die Vorschriften
geben – als Ausnahme von der Regel des § 326 I 1 BGB – dem Arbeitnehmer
einen Anspruch auf „Lohn ohne Arbeit". Im Folgenden geht es um Störungen
des Arbeitsverhältnisses, die aus der Sphäre des Arbeitgebers kommen und in
der Rechtsprechung seit langem[37] mit den Begriffen des Betriebsrisikos und des
Wirtschaftsrisikos belegt werden:

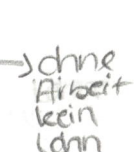

ohne Arbeit kein Lohn

– Beim Betriebsrisiko geht es darum, ob der Arbeitgeber die Vergütung zu zahlen hat, wenn er ohne eigenes Verschulden den Arbeitnehmer aus betriebstech-
  nischen Gründen nicht beschäftigen kann: Der Arbeitgeber will die (Arbeits-)
  Leistung annehmen, kann es aber nicht (Beispiel: Stromausfall).[38]
– Vom Wirtschaftsrisiko ist die Rede, wenn die Fortsetzung des Betriebs zwar
  technisch möglich, aber wirtschaftlich unvernünftig ist: Der Arbeitgeber kann
  die (Arbeits-)Leistung des Arbeitnehmers annehmen, will es aber nicht (Beispiele: Auftrags- oder Absatzmangel, Nachfragerückgang).[39]

Durchblick: Betriebsrisiko und Wirtschaftsrisiko sind verschiedene Tatbestände. Nur in den
Fällen des Betriebsrisikos handelt es sich um eine Leistungsstörung. Beim Wirtschaftsrisiko
geht es nicht um eine Leistungsstörung i.S.d. §§ 275 ff. BGB, sondern um das allgemeine
Risiko des Gläubigers, die ihm geschuldete Leistung wirtschaftlich sinnvoll verwenden zu
können: Das störende Moment liegt außerhalb des Austauschverhältnisses. Erst durch die
Nichtannahme der Arbeitsleistung tritt die Leistungsstörung ein.[40] Da die Regeln für das
Betriebsrisiko, soweit sie den Arbeitnehmer gegenüber dem Allgemeinen Schuldrecht des
BGB begünstigen, erst recht für das Wirtschaftsrisiko gelten müssen, ist >>im Folgenden>>
in erster Linie vom Betriebsrisiko die Rede.

1. Verteilung des Betriebsrisikos

a) **Frühere Rechtslage:** Vor der Schuldrechtsreform des Jahres 2001 nahm die **289**
Rechtsprechung an, § 615 BGB a.F. regle nur Fälle der **Annahmeunwilligkeit**
des Arbeitgebers, nicht aber der **Annahmeunmöglichkeit** (zu diesen Begriffen s.
Rn. 272). Fälle der Annahmeunmöglichkeit löste das BAG mit den Regeln des
Allgemeinen Schuldrechts über die Unmöglichkeit der Leistung, modifiziert im
Wege richterlicher Rechtsfortbildung durch die Betriebsrisikolehre.[41]

Beispiel: Ein Betrieb wurde über die Weihnachtsfeiertage geschlossen. Am 8. Januar sollte
die Produktion wieder aufgenommen werden. Wegen eines plötzlichen Kälteeinbruchs ver-
dickte jedoch das Heizöl, sodass die Brenner ausfielen und am 8. Januar nicht gearbeitet
werden konnte. – Das BAG bejahte 1983 einen Fall der Unmöglichkeit der Arbeitsleistung

---

[37] Grundlegend *RAG* vom 20. 6. 1928 – RAG 72/28, ARS 3, 116 (120).
[38] *BAG* vom 24. 11. 1960 – 5 AZR 545/59, BAGE 10, 202 (207) = AP Nr. 18 zu § 615 BGB
m. Anm. *A. Hueck* = NJW 1961, 381.
[39] *BAG* vom 22. 12. 1980 – 1 ABR 2/79, BAGE 34, 331 (337) = AP Nr. 70 zu Art. 9 GG
Arbeitskampf m. Anm. *Richardi* = NJW 1981, 937.
[40] *H/W/K/Krause*, § 615 BGB Rn. 112; Staudinger/*Richardi*, § 615 BGB Rn. 179.
[41] *BAG* vom 30. 5. 1963 – 5 AZR 282/62, AP Nr. 15 zu § 615 BGB Betriebsrisiko m. Anm.
Nikisch = SAE 1963, 224 m. Anm. *Larenz*.

(§ 275 I BGB a. F.), entnahm die Rechtsfolge aber nicht dem § 323 I BGB a. F., wonach bei einer von keiner Vertragspartei zu vertretenden Unmöglichkeit der Anspruch auf die Vergütung entfiel. Vielmehr wurde das Unmöglichkeitsrecht durch die von den Gerichten entwickelte Lehre vom Betriebsrisiko modifiziert. Danach muss der Arbeitgeber, weil ihm die wirtschaftliche Initiative und das Entscheidungsrecht in Fragen der Betriebsführung zustehen, die Folgen tragen, die sich daraus ergeben, dass die Entgegennahme der Arbeitsleistung aus Gründen unmöglich wird, die im betrieblichen Bereich liegen. Die Arbeitnehmer behielten daher entgegen § 323 I BGB a. F. den Anspruch auf die Vergütung.[42]

290   b) **Heutige Rechtslage:** Durch die Schuldrechtsreform des Jahres 2001 hat sich der dogmatische Ansatzpunkt dieser Rechtsprechung geändert. Nach dem neu in das Gesetz aufgenommenen **§ 615 Satz 3 BGB** gelten § 615 Sätze 1 und 2 BGB „entsprechend in den Fällen, in denen der Arbeitgeber das Risiko des Arbeitsausfalls trägt". Mit dem „Risiko des Arbeitsausfalls" ist, wie sich aus der neuen amtlichen Überschrift des § 615 BGB ergibt, das **Betriebsrisiko** gemeint. Im Übrigen ist der neue § 615 Satz 3 BGB ein Beispiel für „Merkzettel-Gesetzgebung":[43] Die Vorschrift trifft keinerlei Aussage darüber, in welchen Fällen das Risiko des Arbeitsausfalls beim Arbeitgeber liegt, sondern erinnert nur daran, dass diese Fälle nunmehr bei § 615 BGB angesiedelt sind. § 615 Satz 3 BGB enthält in erster Linie eine Verweisung auf die **Rechtsfolgen** der Sätze 1 und 2 des § 615 BGB. Der **Rechtsgrund** dafür, dass der Arbeitgeber trotz Arbeitsausfalls die Vergütung zu zahlen hat, muss sich nach wie vor aus der – von der Rechtsprechung fortzuentwickelnden – Betriebsrisikolehre ergeben.

291   c) **Risikosphäre des Arbeitgebers:** Nach der **Lehre vom Betriebsrisiko** muss der Arbeitgeber das Vergütungsrisiko – nach neuem Recht: gemäß § 615 Sätze 1 und 2 BGB – bei allen Störungen tragen, die dem betrieblichen Bereich („seiner Risikosphäre") zuzuordnen sind. Dazu gehören beispielsweise das **Versagen von Betriebsmitteln**, äußere Einwirkungen („höhere Gewalt") oder Betriebsunterbrechungen auf Grund **behördlicher Anordnung**.[44] Eine Ausnahme von der Betriebsrisikolehre hält das BAG für möglich, wenn die Existenz des Betriebs bei einer Lohnfortzahlung bedroht wäre;[45] diese Ausnahme, die von einem Großteil der Literatur abgelehnt wird, weil eine Beteiligung des Arbeitnehmers am unternehmerischen Risiko nicht zu rechtfertigen sei,[46] hat in der Praxis bisher noch keine Rolle gespielt.

> **Durchblick:** Die Argumentationsfigur „Betriebsrisiko des Arbeitgebers" spielt nicht nur bei Unmöglichkeit der Arbeitsleistung eine Rolle (Rn. 289–291), sondern auch bei **Schlechterfüllung der Arbeitsleistung**, indem sie bei „betrieblich veranlasster Tätigkeit" das Haftungsrisiko des Arbeitnehmers begrenzt (Rn. 297). Der Arbeitgeber muss nicht nur „**das Risiko des Arbeitsausfalls**" (§ 615 Satz 3 BGB), sondern bis zu einem gewissen Grad – konkretisiert durch die richterrechtlichen Grundsätze der Arbeitnehmerhaltung – auch **das Risiko der Schlechtleistung** des Arbeitnehmers tragen (Rn. 294–313).

---

[42] *BAG* vom 9. 3. 1983 – 4 AZR 301/80, BAGE 42, 94 (98) = AP Nr. 31 zu § 615 BGB Betriebsrisiko = NJW 1983, 2159.

[43] *Dauner-Lieb*, in: Ernst/Zimmermann (Hrsg.), Zivilrechtswissenschaft und Schuldrechtsreform (2001), S. 305 (328).

[44] Übersichten bei ErfK/*Preis*, § 615 BGB Rn. 131–136; H/W/K/*Krause*, § 615 BGB Rn. 116; MünchKommBGB/*Henssler*, § 615 Rn. 101.

[45] *BAG* vom 28. 9. 1972 – 2 AZR 506/71, BAGE 24, 446 (449) = AP Nr. 28 zu § 615 BGB Betriebsrisiko m. Anm. *Beuthien* = NJW 1973, 342.

[46] ErfK/*Preis*, § 615 BGB Rn. 127; H/W/K/*Krause*, § 615 BGB Rn. 120.

2. Verteilung des Wirtschaftsrisikos

Die Rechtsprechung bürdet dem Arbeitgeber auch das Wirtschaftsrisiko auf, **292** also das Vergütungsrisiko, wenn die Arbeitsleistung zwar möglich, aber wirtschaftlich sinnlos ist (z.B. wegen Auftrags- oder Absatzmangel).[47] Da die amtliche Überschrift zu § 615 Satz 3 BGB nur das Betriebsrisiko nennt, wird man davon ausgehen müssen, dass sich die Fälle des Wirtschaftsrisikos – ohne Zuhilfenahme des § 615 Satz 3 BGB – schon nach § 615 Sätze 1 und 2 BGB lösen lassen: Da der Arbeitgeber, wie jeder andere Gläubiger auch, das Risiko trägt, dass er die vertraglich versprochene Leistung verwenden kann, sind die Fälle des Wirtschaftsrisikos nicht anders zu behandeln, als wenn der Arbeitgeber mutwillig die Annahme der Arbeitsleistung verweigert.[48] Nimmt der Arbeitgeber die angebotene Arbeitsleistung nicht an, weil er in wirtschaftlichen Schwierigkeiten ist, muss er also dennoch nach § 615 Satz 1 BGB den Lohn zahlen.

3. Verteilung des Arbeitskampfrisikos

Das wichtigste Mittel des Arbeitskampfs ist der **Streik,** bei welchem eine **293** Mehrzahl von Arbeitnehmern planmäßig und gemeinsam die Arbeit niederlegt. Die **streikenden Arbeitnehmer** verlieren für die Dauer des Streiks den Vergütungsanspruch, da die arbeitsvertraglichen Hauptpflichten ruhen (Rn. 623, 625). Durch den Arbeitskampf können aber auch **unbeteiligte Arbeitnehmer** beschäftigungslos werden.

Beispiele: (1) Der Streik der Lokführer legt den gesamten Zugbetrieb lahm. – (2) Der Streik bei einem Zulieferunternehmen macht die Produktion in einem Automobilwerk unmöglich, weil Zulieferteile fehlen.

Für das Vergütungsrisiko in diesen Fällen gelten besondere Grundsätze, die auf arbeitskampfrechtlichen Erwägungen beruhen: Die **Waffengleichheit (Kampfparität)** der Arbeitskampfgegner würde gestört, wenn die Vergütungspflicht bei Teil- und Schwerpunktstreiks ohne weiteres den betroffenen Arbeitgebern aufgebürdet würde.[49] Die **Lehre vom Arbeitskampfrisiko,** von der Rechtsprechung aus dem Paritätsprinzip entwickelt (Rn. 609, 633), stellt systematisch eine **Ausnahme** zu § 615 Satz 3 BGB dar:

a) Bei einem Teil- oder Schwerpunktstreik im **selben Unternehmen** – Beispiel (1) – entfällt der Vergütungsanspruch der nichtstreikenden Arbeitnehmer ohne weiteres, wenn ihre Beschäftigung unmöglich oder wirtschaftlich unzumutbar ist, denn hier ist die Paritätsstörung ohne weiteres gegeben.

b) Bei Fernwirkungen des Arbeitskampfs auf **andere Unternehmen** – Beispiel (2) – muss hinzukommen, dass eine Fortzahlung der Vergütung die Kampfparität beeinflussen würde. Die Einzelheiten gehören in das Arbeitskampfrecht (Rn. 629–633).

---

[47] *BAG* vom 22. 12. 1980 – 1 ABR 2/79, BAGE 34, 331 (337) = AP Nr. 70 zu Art. 9 GG Arbeitskampf m. Anm. *Richardi* = NJW 1981, 937.
[48] MünchKommBGB/*Henssler*, § 615 Rn. 91; H/W/K/*Krause*, § 615 BGB Rn. 112.
[49] Im Überblick: MünchKommBGB/*Henssler*, § 615 Rn. 92, 102–107.

III. Schranken der Arbeitnehmerhaftung

294   Während es bei den bisherigen Überlegungen (Rn. 270–293) um die Unmöglichkeit der Arbeitsleistung ging, ist im Folgenden von der Schlechterfüllung die Rede:[50] Wenn der Arbeitnehmer seine Arbeit schuldhaft schlecht leistet, haftet er dem Arbeitgeber aus **Pflichtverletzung** (§ 280 I BGB) auf Schadensersatz. Das gleiche gilt bei der Verletzung einer Nebenleistungs- oder einer Rücksichtnahmepflicht (§ 241 II BGB). Ferner kann gegenüber dem Arbeitgeber oder gegenüber Dritten der Tatbestand einer **unerlaubten Handlung** nach §§ 823 ff. BGB vorliegen. Sowohl bei vertraglicher (§ 280 I BGB) als auch bei deliktischer Haftung (§§ 823 ff. BGB) sind **zwei Schadenskategorien** zu unterscheiden:

– Wenn der Arbeitnehmer dem Arbeitgeber oder einem Arbeitskollegen durch eine betriebliche Tätigkeit einen Personenschaden zufügt, tritt nach § 105 I SGB VII die gesetzliche Unfallversicherung ein. Für Ansprüche aus dem SGB VII ist ein besonderes Prüfungsschema anzuwenden (Rn. 314–319).

– Liegen die Voraussetzungen des § 105 I SGB VII nicht vor, muss der Arbeitnehmer für Personen- und Sachschäden, die er durch eine betriebliche Tätigkeit einem anderen schuldhaft (§ 276 I 1 BGB) beibringt, nach den Regeln des BGB grundsätzlich in vollem Umfang haften.

Eine Haftung in vollem Umfang ist unangemessen, wenn der Arbeitnehmer den Schaden nicht **vorsätzlich**, sondern nur **fahrlässig** verursacht hat: Denn eine einzige Unachtsamkeit kann den Arbeitnehmer nach den Regeln des BGB, die keine Haftungsbegrenzung zum Schutz des Arbeitnehmers kennen, in den Ruin führen. Die Rechtsprechung hat daher die Haftung des Arbeitnehmers gegenüber dem Arbeitgeber eingeschränkt (**Innenhaftung,** dazu 1). Bei einer Haftung gegenüber Dritten (**Außenhaftung**) kann dem Arbeitnehmer ein Rückgriffs- oder ein Freistellungsanspruch gegen den Arbeitgeber zustehen (dazu 2, 3).

1. Haftung gegenüber dem Arbeitgeber

295   Die allgemeinen Regeln des BGB schränken die Arbeitnehmerhaftung ein, wenn ein **mitwirkendes Verschulden des Arbeitgebers** (§ 254 I BGB) oder seiner Erfüllungsgehilfen (§§ 254 II 2, 278 BGB) vorliegt. Die **unmittelbare Anwendung des § 254 I BGB** kommt auch bei der Arbeitnehmerhaftung in Betracht. Das konkrete Mitverschulden des Arbeitgebers kann auch in einem sog. **Organisationsverschulden** liegen, d. h. im Vorhandensein betriebsorganisatorischer Mängel, deren Abwesenheit den Schaden verhindert oder wenigstens gemindert hätte.[51] In vielen Fällen fehlt es jedoch an einem konkreten Mitverschulden des Arbeitgebers oder seiner Erfüllungsgehilfen.

Fallbearbeitung: Um eine angemessene Risikoverteilung zu erreichen, wollten früher einige Autoren bereits den **Tatbestand** einer zum Schadensersatz verpflichtenden Handlung verneinen: Die Leistungspflicht des Arbeitnehmers beziehe sich nicht auf die einzelne Leistung,

---

[50] Zur Abgrenzung von Nicht- und Schlechtleistung: *Otto/Schwarze,* Rn. 85–109.
[51] *BAG* vom 15. 11. 2001 – 8 AZR 95/01, BAGE 99, 368 (372) = AP Nr. 121 zu § 611 BGB Haftung des Arbeitnehmers = NZA 2002, 612 – Kellnerbrieftasche; *BAG* vom 18. 1. 2007 – 8 AZR 250/06, AP Nr. 15 zu § 254 BGB = NZA 2007, 1230 (Rn. 25) – Wertpapierhändler.

sondern erstrecke sich auf die Gesamtheit aller Leistungen, sodass einzelne „Ausrutscher" den Gesamtanforderungen des Arbeitsvertrags noch entsprächen.[52] Das RAG vertrat die These, dass die Parteien einen Haftungsausschluss stillschweigend vereinbart haben könnten;[53] eine solche Annahme läuft jedoch regelmäßig auf eine Fiktion hinaus. Ein dritter Lösungsansatz versuchte eine Korrektur des Fahrlässigkeitsbegriffs durch einen besonderen arbeitsrechtlichen Fahrlässigkeitsmaßstab;[54] ein spezifisch arbeitsrechtlicher Fahrlässigkeitsmaßstab lässt sich aber dem Gesetz nicht entnehmen. Diese Ansichten, die sich nicht haben durchsetzen können, sind heute bei der Lösung eines Rechtsfalls nicht mehr zu erörtern. Die fast einhellige Ansicht schließt sich heute – zumindest im Ausgangspunkt – dem „gesetzesvertretenden Richterrecht" an, das die Rechtsprechung entwickelt hat.

Die neuere Rechtsprechung modifiziert durch **analoge Anwendung des § 254** **295a** **BGB** die Rechtsfolgen der Arbeitnehmerhaftung:[55] Eine Haftungsmilderung nach § 254 BGB komme nicht nur in Betracht, wenn den Arbeitgeber ein konkretes („echtes") Organisationsverschulden treffe. Der Arbeitgeber müsse sich in analoger Anwendung des § 254 BGB auch den Umstand zurechnen lassen, dass er die Arbeitsbedingungen und damit das Umfeld für Schadensrisiken gestalte.[56] Auch wenn im Zuge der Schuldrechtsreform § 276 I 1 BGB neu formuliert wurde, ist die Rechtsgrundlage des innerbetrieblichen Schadensausgleichs nicht der Vorbehalt in § 276 I 1 BGB zugunsten einer „milderen Haftung", sondern nach wie vor die analoge Anwendung des § 254 BGB.[57]

a) Dogmatische Herleitung (Richterrecht)

Die aus einer Analogie zu § 254 BGB abgeleiteten Grundsätze der Arbeit- **296** nehmerhaftung werden seit jeher als Regeln des **innerbetrieblichen Schadensausgleichs** bezeichnet.[58] Im Jahr 1994 hat sich jedoch das Eingriffskriterium des „gesetzesvertretenden Richterrechts" geändert:

(1) Früher vertrat die Rechtsprechung die Ansicht, der Arbeitnehmer sei nur bei Tätigkeiten zu schützen, bei denen eine geringfügige Missachtung der erforderlichen Sorgfalt zu einem unverhältnismäßig hohen Schaden führen könne. Voraussetzung des Haftungsprivilegs sei daher eine **„gefahrgeneigte Tätigkeit"**. Die Gefahrneigung beurteilte sich nicht allgemein nach der Art der übertragenen Tätigkeit, sondern nach der konkreten Situation des Einzelfalls: Eine an sich gefahrgeneigte Tätigkeit (z. B. Autofahren) konnte im Einzelfall als ungefährlich einzustufen sein, eine normalerweise ungefährliche Tätigkeit (z. B. Krankenpflege) konnte in der konkreten Situation gefahrgeneigt sein.[59]

---

[52] *Rother,* Haftungsbeschränkung im Schadensrecht (1965), S. 266 ff.

[53] Nachweise bei *Otto/Schwarze,* Rn. 13.

[54] *Scheuerle,* RdA 1958, 247; *Grunsky,* JZ 1975, 109 (111).

[55] *BAG* vom 3. 11. 1970 – 1 AZR 228/70, AP Nr. 61 zu § 611 BGB Haftung des Arbeitnehmers = RdA 1971, 150 – Schäfermeister; *BAG* vom 5. 2. 2004 – 8 AZR 91/03, BAGE 109, 279 (282) = AP Nr. 126 zu § 611 BGB Haftung des Arbeitnehmers = NZA 2004, 649 – Parkschaden.

[56] *BAG (GS)* vom 27. 9. 1994 – GS 1/89 (A), BAGE 78, 56 (63–65) = AP Nr. 103 zu § 611 BGB Haftung des Arbeitnehmers – Gasexplosion; *BGH* vom 11. 3. 1996 – II ZR 230/94, AP Nr. 109 zu § 611 BGB Haftung des Arbeitnehmers – Untreue.

[57] MünchKommBGB/*Henssler,* § 619a Rn. 10, 11 m. w. N.

[58] *Hromadka/Maschmann* I, § 9 Rn. 25–31.

[59] Vgl. *BAG* vom 12. 2. 1985 – 3 AZR 487/80, BAGE 49, 1 (4) = AP Nr. 86 zu § 611 BGB Haftung des Arbeitnehmers = NZA 1986, 80 – Säuglingsschwester-Fall.

297   (2) Das Kriterium der Gefahrgeneigtheit beeinträchtigte die Rechtssicherheit und führte zu wenig einleuchtenden Abgrenzungen. Das BAG hat 1994 das Erfordernis der gefahrgeneigten Tätigkeit aufgegeben: Seither ist es notwendig und hinreichend, dass der Arbeitnehmer den Schaden durch eine **betrieblich veranlasste Tätigkeit** verursacht hat.[60] Damit tritt zugleich der Grundgedanke des Haftungsprivilegs hervor: Der Arbeitnehmer erbringt seine Leistung in einer fremdbestimmten Organisation, für die der Arbeitgeber die Verantwortung trägt. Ebenso wie das **Betriebsrisiko** des Arbeitgebers bei der Unmöglichkeit der Arbeitsleistung zu berücksichtigen ist (Rn. 288–293), fällt es auch bei der Schlechterfüllung der Arbeitsleistung in die Waagschale.

b) *Voraussetzungen des Haftungsprivilegs*

298   Die Grundsätze des innerbetrieblichen Schadensausgleichs (Einschränkung der Arbeitnehmerhaftung gemäß § 276 I 1 BGB i. V. m. § 254 BGB analog) sind anzuwenden, wenn zwei Voraussetzungen vorliegen:

(1) Der Anspruchsgegner muss zu dem **begünstigten Personenkreis** gehören. Die Regeln über die Haftungsbeschränkung gelten in personeller Hinsicht für alle Arbeitnehmer (einschließlich der Auszubildenden); entscheidend ist, ob ein Arbeitsverhältnis besteht.[61]

(2) Der Schaden muss bei einer **betrieblich veranlassten Tätigkeit** (= betriebliche Tätigkeit) eingetreten sein; der Gegenbegriff ist die privat veranlasste Tätigkeit des Arbeitnehmers. Betrieblich veranlasst sind Tätigkeiten, die dem Arbeitnehmer arbeitsvertraglich übertragen werden oder die er im Interesse des Arbeitgebers für den Betrieb übernimmt.[62] Die Verfolgung betrieblicher Zwecke muss bei wertender Betrachtung die entscheidende Schadensursache bilden: Der Arbeitgeber soll nicht mit dem allgemeinen Lebensrisiko des Arbeitnehmers belastet werden.

> **Beispiel:** Ein Informatiker arbeitet bis spät in die Nacht an einer Problemlösung; da keine öffentlichen Verkehrsmittel mehr fahren, nimmt er mit Einverständnis des Arbeitgebers für die Heimfahrt einen Firmenwagen. Infolge Übermüdung kommt es zu einem Verkehrsunfall, bei dem der Wagen beschädigt wird. – Betrieblich veranlasst sind alle Tätigkeiten, mit denen der Arbeitnehmer arbeitsvertraglich beschäftigt ist oder die er im Interesse des Arbeitgebers für den Betrieb ausführt.[63] Da die Arbeit „bis spät in die Nacht" im betrieblichen Interesse liegt, darf der Arbeitnehmer die Überlassung des Firmenfahrzeugs für die Heimfahrt so verstehen, dass diese Fahrt zur betrieblichen Tätigkeit wird.[64]

---

[60] *BAG (GS)* vom 27. 9. 1994 – GS 1/89 (A), BAGE 78, 56 (60 f.) = AP Nr. 103 zu § 611 BGB Haftung des Arbeitnehmers – Gasexplosion. Vorgeschichte: *BAG (GS)* vom 12. 6. 1992 – GS 1/89, BAGE 70, 337 (347) = AP Nr. 101 zu § 611 BGB Haftung des Arbeitnehmers; *GemSOGB* vom 16. 12. 1993 – GemSOGB 1/93, AuR 1994, 72.

[61] *BAG* vom 18. 4. 2002 – 8 AZR 348/01, BAGE 101, 107 (110, 112) = AP Nr. 122 zu § 611 BGB Haftung des Arbeitnehmers = NZA 2003, 37 – Gabelstapler-Fall. Einzelheiten bei *Joussen*, RdA 2006, 129.

[62] *BAG* vom 18. 1. 2007 – 8 AZR 250/06, AP Nr. 15 zu § 254 BGB = NZA 2007, 1230 (Rn. 31) – Wertpapierhändler.

[63] *BAG (GS)* vom 27. 9. 1994 – GS 1/89 (A), BAGE 78, 56 (67) – Gasexplosion.

[64] Vgl. *BAG* vom 21. 10. 1983 – 7 AZR 488/80, BAGE 44, 170 (173) = AP Nr. 84 zu § 611 BGB Haftung des Arbeitnehmers = NJW 1984, 2488 – Schwarzfahrt.

c) Umfang der Haftungsbeschränkung

Sind die Voraussetzungen des innerbetrieblichen Schadensausgleichs erfüllt, **299**
hängt die Rechtsfolge – der Umfang der Haftungsbeschränkung – maßgebend
vom **Grad des Verschuldens** ab, mit dem der Arbeitnehmer den Schaden ange-
richtet hat.[65] Wenn das Verschulden des Arbeitnehmers streitig ist, trifft den Arbeitgeber die **Beweislast (§ 619a BGB** als lex specialis zu § 280 I 2 BGB). Bei
Vorsatz haftet der Arbeitnehmer in voller Höhe. Das gilt allerdings nach gefes-
tigter Rechtsprechung nur, wenn der Vorsatz sich nicht bloß auf die Pflichtverletzung, sondern auch auf den Schaden (die Verletzungsfolgen) bezieht.[66] Bei
der **Fahrlässigkeit** werden drei Stufen unterschieden („Haftungstrias"):

(1) **Leichteste Fahrlässigkeit** (geringe Fahrlässigkeit) liegt bei kleineren Fehlern oder Versehen vor. Beispiel: Ein Tankwart rutscht nach dem Waschen eines
Kfz mit nasser Schuhsohle vom Bremspedal ab.[67] Solche Fehlleistungen fallen
gegenüber dem vom Arbeitgeber zu tragenden Betriebsrisiko nicht ins Gewicht.
Bei leichtester Fahrlässigkeit (culpa levissima) ist der Arbeitnehmer vollständig
von der Haftung befreit.

(2) **Normale Fahrlässigkeit** (gewöhnliche Fahrlässigkeit) ist zwischen kleine- **300**
ren Fehlern und grobem Fehlverhalten angesiedelt; sie bildet den mittleren Bereich des von § 276 II BGB definierten Fahrlässigkeitsbegriffs (daher auch
„mittlere Fahrlässigkeit"): Der Arbeitnehmer hat die im Verkehr erforderliche
Sorgfalt nicht beachtet, ohne dass ihm ein besonders schwerer Vorwurf zu machen ist. Bei normaler Fahrlässigkeit wird der Schaden grundsätzlich zwischen
dem Arbeitgeber und dem Arbeitnehmer geteilt. Für die Schadensteilung spielen
die Gesamtumstände von Schadensanlass und Schadensfolgen eine Rolle. Dabei
sind vor allem folgende Umstände maßgebend:[68]

– der Grad des dem Arbeitnehmer zur Last fallenden Verschuldens innerhalb des Spektrums
der normalen Fahrlässigkeit,
– die Gefahrgeneigtheit der Arbeit: je höher das arbeitstypische Haftungsrisiko, desto geringer die Haftungsquote des Arbeitnehmers,
– die Möglichkeit des Arbeitgebers, den Schaden durch eine Versicherung abzudecken oder zu
begrenzen,
– die Höhe des Schadens, soweit sie Rückschlüsse auf die Gefahrgeneigtheit oder auf mangelnde Vorkehrungen zur Gefahrenabwehr erlaubt,
– die persönlichen Verhältnisse des Arbeitnehmers, sein bisheriges Verhalten und seine Stellung im Betrieb sowie
– die Höhe des Arbeitsentgelts, soweit sie den Schluss zulässt, dass in ihr eine Risikoprämie
enthalten ist.[69]

---

[65] Zusammenfassend *BAG (GS)* vom 27. 9. 1994 – GS 1/89 (A), BAGE 78, 56 (67) – Gasexplosion.

[66] *BAG* vom 18. 4. 2002 – 8 AZR 348/01, BAGE 101, 107 (116) = AP Nr. 122 zu § 611
BGB Haftung des Arbeitnehmers = NZA 2003, 37 – Gabelstapler-Fall.

[67] *BGH* vom 8. 12. 1971 – VI ZR 102/70, AP Nr. 68 zu § 611 BGB Haftung des Arbeitnehmers (unter III 1) = NJW 1972, 440 – Tankwart.

[68] *BAG* vom 16. 2. 1995 – 8 AZR 493/93, AP Nr. 106 zu § 611 BGB Haftung des Arbeitnehmers = NZA 1995, 565 – Flugbegleiterin.

[69] Weitere allgemeine Regeln lassen sich nicht aufstellen; die Rechtsprechung betrachtet jeden Einzelfall, und „jeder Fall liegt anders" (*Otto/Schwarze*, Rn. 183, 269). Kritiker nennen

301 (3) **Grobe Fahrlässigkeit** ist gegeben, wenn der Arbeitnehmer die im Verkehr erforderliche Sorgfalt in besonders schwerem Maße verletzt und Verhaltensregeln missachtet, die im konkreten Fall jedem einleuchten müssen (Beispiele: Überfahren einer Ampel, die seit sechs Sekunden rot zeigt, Einfahren in einen Tunnel ohne Beachtung der Durchfahrtshöhe, Blick in die Straßenkarte beim Lenken eines Kfz).[70] Während bei normaler Fahrlässigkeit eine Schadensteilung nach den genannten Kriterien stattfindet, hat der Arbeitnehmer bei grober Fahrlässigkeit grundsätzlich den gesamten Schaden allein zu tragen. Nach neuerer Rechtsprechung ist jedoch auch bei grober Fahrlässigkeit im Einzelfall eine Schadensteilung nicht ausgeschlossen. Dazu der

302 **Übungsfall 11 (Enteiserfahrzeug):** Der 34 Jahre alte, für seine Ehefrau unterhaltspflichtige Herr Trinkner (T) arbeitet seit acht Jahren in der Flugzeugwartung der Flughafen AG (F. AG) München in wechselnden Schichtdiensten. Er verdient monatlich 3.100 Euro netto. Der Genuss von Alkohol im Dienst und während eines angemessenen Zeitraums vor Dienstantritt ist laut Betriebsvereinbarung streng verboten. Während einer Frühschicht schläft T um 5.10 Uhr bei einer Fahrt mit einem 30 t schweren Enteiserfahrzeug auf dem Flughafengelände kurz ein. Das Fahrzeug kommt von der Fahrbahn ab, streift einen Lichtmast und durchbricht den Begrenzungszaun des Flughafens. An dem Fahrzeug entsteht ein Sachschaden in Höhe von 75.000 Euro. Bei T wird auf Grund eines vorangegangenen nächtlichen Alkoholgenusses eine Blutalkoholkonzentration von 1,4‰ festgestellt. Die F. AG verlangt von T die Zahlung von 75.000 Euro. Ist das Zahlungsbegehren begründet?[71]

303 **Lösung:** Das Zahlungsbegehren der F. AG ist begründet, wenn ihr ein Anspruch auf Schadensersatz gegen T zusteht. Ein solcher Anspruch kann sich aus Vertragsverletzung (dazu A) oder aus unerlaubter Handlung ergeben (dazu B).

(A) **Vertraglicher Schadensersatzanspruch:** Die F. AG könnte gegen T einen Schadensersatzanspruch wegen **Pflichtverletzung** (§ 280 I BGB) haben. Ein Schuldverhältnis i. S. d. § 280 I BGB liegt vor: Die Parteien haben einen Arbeitsvertrag geschlossen (§ 611 BGB). Da die Folgen der Schlechterfüllung der Hauptpflicht des Arbeitnehmers in §§ 611 ff. BGB nicht speziell geregelt sind, ist § 280 I BGB einschlägig.

(I) **Verschuldete Pflichtverletzung:** Ein Anspruch aus § 280 I BGB setzt eine **Pflichtverletzung** des T voraus (§ 280 I 1 BGB). T hat seine arbeitsvertragliche Pflicht dadurch verletzt, dass er seinen Dienst im alkoholisierten Zustand angetreten, das Enteiserfahrzeug trotz absoluter Fahruntüchtigkeit gefahren und infolge Trunkenheit und Übermüdung einen Schaden am Fahrzeug in Höhe von 75.000 Euro verursacht hat. Wie sich aus der Beweislastregelung des § 619 a BGB, die den § 280 I 2 BGB verdrängt, schließen lässt, müsste T die Pflichtverletzung i. S. d. §§ 276–278 BGB zu vertreten haben (**Verschulden**). Es könnte eine Form der Fahrlässigkeit vorliegen (§ 276 I 1, II BGB). Der Konsum von Alkohol vor seiner Frühschicht und der Dienstantritt nach „durchzechter" Nacht mit einem Restalkoholwert von 1,4‰ ist in besonderer Weise leichtfertig und unverantwortlich. T hat damit die ihm als Arbeitnehmer obliegende Sorgfalt in einem ungewöhnlich hohem Maße verletzt und die Verhaltensregeln außer acht gelassen, die jedem einleuchten müssen. Ein solches Verhalten ist grob fahrlässig.[72] Die Voraussetzungen des § 280 I BGB sind erfüllt.

304 (II) **Konkretes Mitverschulden:** Ein konkretes Mitverschulden der F. AG, das in unmittelbarer Anwendung des § 254 I BGB die Ersatzpflicht des T mindert, liegt nicht vor.

(III) **Einschränkung der Arbeitnehmerhaftung:** Eine „mildere Haftung" (§ 276 I 1 BGB) könnte aber aus dem **innerbetrieblichen Schadensausgleich** folgen. Diese spezifisch arbeitsrechtliche Korrektur des allgemeinen Haftungsrechts lässt sich auf eine **analoge Anwen-**

---

dieses Streben nach letzter Gerechtigkeit ein „Lotteriespiel": *Gamillscheg,* AcP 165 (1965), 383 (384).
[70] Umfangreiche Nachweise bei *Otto/Schwarze,* Rn. 173; *Walker,* JuS 2002, 736 (738 f.).
[71] Fall nach *BAG* vom 23. 1. 1997 – 8 AZR 893/95, NZA 1998, 140 – Enteiserfahrzeug.
[72] *BAG* vom 23. 1. 1997 – 8 AZR 893/95, NZA 1998, 140 – Enteiserfahrzeug.

dung des § 254 BGB stützen. Die Vorschrift ist über ihren Wortlaut hinaus anzuwenden, wenn den Arbeitgeber zwar kein konkretes Mitverschulden trifft, er aber für den entstandenen Schaden auf Grund einer von ihm zu vertretenden Sach- oder Betriebsgefahr mitverantwortlich ist. Nach der Rechtsprechung muss sich der Arbeitgeber die Gefahren des Arbeitsprozesses zurechnen lassen, weil er die Arbeitsbedingungen gestaltet und für die Organisation des Betriebs Verantwortung trägt.[73]

(1) Die **Voraussetzungen** der beschränkten Arbeitnehmerhaftung ergeben sich aus der dogmatischen Herleitung der Haftungsbeschränkung: Der Schaden muss bei einer Tätigkeit eingetreten sein, die auf Grund eines Arbeitsverhältnisses geleistet wurde und betrieblich veranlasst ist. Von einer „Gefahrgeneigtheit" der Tätigkeit hängt das Haftungsprivileg nicht ab.[74] Da T die durch den Arbeitsvertrag bestimmten Pflichten bei seiner betrieblichen Tätigkeit verletzt hat, kommt ihm das Haftungsprivileg im Arbeitsverhältnis zugute.

(2) Der **Haftungsumfang** bestimmt sich vorrangig nach dem **Grad des Verschuldens**: Bei Vorsatz und grober Fahrlässigkeit hat der Arbeitnehmer im Prinzip den gesamten Schaden zu tragen, bei leichtester Fahrlässigkeit haftet er nicht, während bei normaler Fahrlässigkeit der Schaden quotal zwischen Arbeitgeber und Arbeitnehmer verteilt wird. Wegen der grob fahrlässigen Herbeiführung des Schadenseintritts hat T daher grundsätzlich den gesamten Schaden zu tragen. **305**

(3) Auch bei **grober Fahrlässigkeit** des Arbeitnehmers sind nach der Rechtsprechung **Haftungserleichterungen** nicht schlechthin ausgeschlossen: Das vom Arbeitgeber zu vertretende Betriebsrisiko spielt gegenüber grober Fahrlässigkeit zwar nur eine untergeordnete Rolle; es darf aber auch dann nicht unberücksichtigt bleiben, wenn der Arbeitnehmer grob fahrlässig gehandelt hat.[75]

(a) Das BAG berücksichtigt die Umstände des Einzelfalls, wobei es zum einen darauf ankommt, ob die **Vergütung des Arbeitnehmers** noch in einem tragbaren Verhältnis zu dem eingetretenen Schaden steht:

(aa) Wenn der Arbeitnehmer in der Lage ist, von seinem Lohn den verursachten Schaden zu ersetzen, besteht kein Anlass, die Haftung für grobe Fahrlässigkeit einzuschränken.

(bb) Wenn der Schaden dagegen so hoch ist, dass der Arbeitnehmer nach der Lebenserfahrung nicht in der Lage sein wird, ihn jemals vollständig zu ersetzen, fordert das soziale Schutzbedürftigkeit des Arbeitnehmers i. V. m. dem Betriebsrisiko des Arbeitgebers eine Haftungsbegrenzung auf eine noch tragbare Summe.[76]

(b) Zum anderen sind die Umstände des Schadensfalls in Rechnung zu stellen: Wenn der Arbeitnehmer mit **gröbster Fahrlässigkeit** („besonders grober Fahrlässigkeit") gehandelt, beispielsweise durch Missachtung gleich mehrerer Sicherheitsmaßnahmen den Tod von Kunden/Patienten verursacht hat, sollte nach der früheren Rechtsprechung des BAG eine Haftungsmilderung auch im Hinblick auf die Höhe des eingetretenen Schadens nicht in Betracht kommen.[77] Damit hatte das BAG neben leichtester, normaler und grober Fahrlässigkeit eine vierte Kategorie – „gröbste" Fahrlässigkeit – eingeführt, bei der jegliche Haftungserleichterung ausgeschlossen sein sollte. In einem neueren Fall, in dem eine „gröbst" fahrlässig handelnde Reinigungskraft (Monatseinkommen 320 Euro) einen Schaden von 50.000 Euro hätte ersetzen müssen, wurde dieser strikte Rechtssatz jedoch aufgeweicht,[78] sodass unklar ist, was die vierte Verschuldenskategorie heute noch bewirken soll. **306**

[73] *BAG* vom 18. 4. 2002 – 8 AZR 348/01, BAGE 101, 107 (113) = AP Nr. 122 zu § 611 BGB Haftung des Arbeitnehmers = NZA 2003, 37 – Gabelstapler-Fall.

[74] *BAG (GS)* vom 27. 9. 1994 – GS 1/89 (A), BAGE 78, 56 (61) – Gasexplosion.

[75] *BAG* vom 12. 10. 1989 – 8 AZR 276/88, BAGE 63, 127 (133 f.) = AP Nr. 97 zu § 611 BGB Haftung des Arbeitnehmers = NZA 1990, 97 – Busunfall; *BAG* vom 12. 11. 1998 – 8 AZR 221/97, BAGE 90, 148 (152) = AP Nr. 117 zu § 611 BGB Haftung des Arbeitnehmers = NZA 1999, 263 – Auslieferungsfahrer.

[76] *BAG* vom 12. 10. 1989 – 8 AZR 276/88, BAGE 63, 127 (134 f.) – Busunfall; *Gamillscheg*, AuR 1983, 317 (320); *Däubler*, NJW 1986, 867 (871); *Otto/Schwarze*, Rn. 200.

[77] *BAG* vom 25. 9. 1997 – 8 AZR 288/96, AP Nr. 111 zu § 611 BGB Haftung des Arbeitnehmers = NZA 1998, 310 – Narkoseärztin.

[78] *BAG* vom 28. 10. 2010 – 8 AZR 418/09, AP Nr. 136 zu § 611 BGB Haftung des Arbeitnehmers = NZA 2011, 345 (Rn. 23) – Notabschaltung.

(c) Im vorliegenden Fall sind die beiden vorgenannten Kriterien einer Haftungsmilderung bei grober Fahrlässigkeit zu untersuchen:

(aa) T wäre ruiniert, wenn er bei einem Nettomonatsgehalt von 3.100 Euro einen Schaden von 75.000 Euro begleichen müsste: Angesichts der Lebenshaltungskosten kann er höchstens 500 Euro monatlich zur Begleichung des Schadens erübrigen. Daher müsste er ein Darlehen aufnehmen. Bei einem Zinssatz von beispielsweise jährlich 8 % würden jeden Monat allein 500 Euro Zinsen auf 75.000 Euro anfallen, sodass an eine Darlehenstilgung nicht zu denken wäre.

(bb) Auf der anderen Seite liegt trotz der Alkoholisierung des T (1,4‰) auf Grund der Umstände (Wintertag, frühe Morgenstunde) noch kein Fall „gröbster" Fahrlässigkeit vor. Eine Haftungserleichterung ist demnach angebracht. Während sich bei der mittleren Fahrlässigkeit die Schadensteilung nach Abwägung der Umstände im Einzelfall zwischen der vollen Haftung des Schädigers und seiner vollen Entlastung bewegen kann, kommt bei grober Fahrlässigkeit eine vollständige Haftungsentlastung nicht in Betracht. Das BAG hielt es für sachgerecht, dem T im vorliegenden Fall einen Betrag von 10.000 Euro zuzumuten,[79] sodass sich der Anspruch der F. AG aus § 280 I BGB nach den Grundsätzen des innerbetrieblichen Schadensausgleichs auf 10.000 Euro reduziert.

(B) **Deliktischer Schadensersatzanspruch:** T hat durch die Benutzung des Enteiserfahrzeugs im absolut fahruntüchtigem Zustand rechtswidrig und schuldhaft das Eigentum der F. AG verletzt. Ein **Anspruch aus § 823 I BGB** ist jedoch nach den Grundsätzen der Arbeitnehmerhaftung ebenfalls auf 10.000 Euro zu kürzen.

307 Über den Anspruchsaufbau bei der **Arbeitnehmerhaftung** unterrichtet zusammenfassend die **Übersicht 5.2** (klausurmäßige Lösung eines Falles zur Arbeitnehmerhaftung: *Junker*, Fälle zum Arbeitsrecht, Fall 6):

Übersicht 5.2: Arbeitnehmerhaftung

> **I. Anspruch wegen Pflichtverletzung (§ 280 I 1 BGB)**
> 1. Schuldverhältnis (Arbeitsverhältnis)
> 2. Schuldhafte Pflichtverletzung
>   a) Schlechterfüllung der Hauptleistungspflicht, Verletzung einer Nebenleistungs- oder einer Rücksichtnahmepflicht (§ 241 II BGB)
>   b) Rechtswidrigkeit der Pflichtverletzung
>   c) Verschulden (§§ 619a, 276 I, II BGB)
> 3. Konkretes Mitverschulden (§§ 254 I, II 2, 278 Satz 1 BGB)
> 4. Einschränkung der Arbeitnehmerhaftung (§ 254 BGB analog)
>   a) Herleitung des Haftungsprivilegs (Richterrecht)
>   b) Voraussetzungen des Haftungsprivilegs
>   aa) Bestehen eines Arbeitsverhältnisses
>   bb) Betrieblich veranlasste Tätigkeit
>   c) Rechtsfolge (Umfang der Haftungsbegrenzung)
>   aa) Leichteste Fahrlässigkeit: Keine Haftung
>   bb) Mittlere Fahrlässigkeit: Schadensteilung (Rn. 299)
>   cc) Grobe Fahrlässigkeit: Grundsätzlich volle Haftung
>   d) Bei grober Fahrlässigkeit: Ausnahmsweise Haftungserleichterung
>   aa) Missverhältnis zwischen Einkommen und Schadenshöhe
>   bb) Kein Fall „gröbster" Fahrlässigkeit
>
> **II. Anspruch aus unerlaubter Handlung (§ 823 I BGB)**

(handschriftliche Randnotiz: Verschuldens-grad)

---

[79] *BAG* vom 23. 1. 1997 – 8 AZR 893/95, NZA 1998, 140 – Enteiserfahrzeug.

d) Vertragliche Haftungsvereinbarungen

Nach der Rechtsprechung sind die aus einer Analogie zu § 254 BGB entwi- **307a**
ckelten Regeln über die Haftung im Arbeitsverhältnis **einseitig zwingendes Arbeitnehmerschutzrecht,** von dem weder einzel- noch kollektivvertraglich zulasten des Arbeitnehmers abgewichen werden kann.[80]

Beispiel: Der Arbeitgeber stellt dem Arbeitnehmer ein Fahrzeug zur Verfügung, das er
dienstlich und privat nutzen kann. Die Parteien vereinbaren, dass der Arbeitnehmer für alle
von ihm verschuldeten Unfallschäden bis zur Höhe von 1.000 Euro haftet. Dieser Betrag
entspricht der Selbstbeteiligung in der Vollkaskoversicherung, die der Arbeitgeber für das
Fahrzeug abgeschlossen hat. – Die Vereinbarung über die Haftung des Arbeitnehmers bis
zu einem Betrag von 1.000 Euro ist nach § 134 BGB i.V.m. § 254 BGB (analog) nichtig,
weil sie zulasten des Arbeitnehmers von den aus § 254 BGB (analog) entwickelten
Grundsätzen der Arbeitnehmerhaftung abweicht. Etwas anderes ergibt sich auch nicht
daraus, dass dem Arbeitnehmer die Möglichkeit eingeräumt wurde, das Fahrzeug auch für
Privatfahrten zu nutzen: Diese Möglichkeit ist eine zusätzliche Gegenleistung für die geschuldete Arbeitsleistung, die keine Verschärfung der Haftung des Arbeitnehmers für Unfallschäden bei betrieblich veranlasster Tätigkeit rechtfertigt[81] (anders ist es bei Unfallschäden auf Privatfahrten).

e) Mankohaftung

Der einseitig zwingende Charakter des innerbetrieblichen Schadensausgleichs **307b**
spielt eine besondere Rolle für die sog. **Mankohaftung.** Der Begriff „Manko"
bezeichnet einen Schaden, den der Arbeitgeber dadurch erleidet, dass ein dem
Arbeitnehmer anvertrauter Waren- oder Kassenbestand eine Fehlmenge oder einen Fehlbetrag aufweist. Die Haftung für einen solchen Schaden unterliegt den
allgemeinen richterrechtlichen Grundsätzen der Arbeitnehmerhaftung. Die Wirksamkeit einer vertraglichen Abrede über eine weitergehende Mankohaftung des
Arbeitnehmers (**Mankoabrede**) hängt davon ab, dass dem Arbeitnehmer für die
weitergehende Haftung eine hinreichende Gegenleistung gewährt wird (**Mankovergütung**): Der Arbeitnehmer darf – wenn die Mankoabrede wirksam sein
soll – nur bis zur Höhe der vereinbarten Mankovergütung verschuldensunabhängig haften, sodass er im Ergebnis bei einer erfolgreichen Verwaltung des
Waren- oder Kassenbestandes die Chance auf eine zusätzliche Vergütung erhält.[82]

2. Haftung des Arbeitnehmers gegenüber Dritten

Die richterrechtlich entwickelten Grundsätze der Haftungsbeschränkung bei **308**
betrieblich veranlasster Tätigkeit gelten nur zwischen den Arbeitsvertragspartei-
en (sog. **Innenhaftung des Arbeitnehmers**). Häufig kommt es aber vor, dass der
Arbeitnehmer bei betrieblicher Tätigkeit **Rechtsgüter Dritter** verletzt.

---

[80] *BAG* vom 17. 9. 1998 – 8 AZR 175/97, BAGE 90, 9 (21) = AP Nr. 2 zu § 611 BGB
Mankohaftung = NZA 1999, 141 – Spielbankkassierer.

[81] *BAG* vom 5. 2. 2004 – 8 AZR 91/03, BAGE 109, 279 (283 f.) = AP Nr. 126 zu § 611
BGB Haftung des Arbeitnehmers = NZA 2004, 649 – Parkschaden.

[82] *BAG* vom 2. 12. 1999 – 8 AZR 386/98, AP Nr. 3 zu § 611 BGB Mankohaftung m. Anm.
Krause = NZA 2000, 715 – Ladenverwalterin.

Beispiele: (1) Der Baggerführer einer Bauunternehmung durchtrennt bei Renovierungsarbeiten eine Gasleitung, Gas strömt aus und explodiert; dadurch wird das Haus des Bauherrn schwer beschädigt.[83] – (2) Die Narkoseärztin eines Krankenhauses verwechselt Blutkonserven der Blutgruppen A und Null; daraufhin stirbt die Patientin bei einer an sich harmlosen Operation.[84]

a) **Inanspruchnahme des Arbeitgebers.** Meist werden die Geschädigten (Bauherr, Hinterbliebene) den **Arbeitgeber** (Bauunternehmung, Krankenhaus) in Anspruch nehmen, wenn die Voraussetzungen des § 278 Satz 1 BGB oder des § 831 I BGB vorliegen. Versucht der Arbeitgeber dann, beim **Arbeitnehmer** (Baggerführer, Narkoseärztin) Rückgriff zu nehmen (vgl. §§ 426 II 1, 840 I BGB), gelten im Innenverhältnis zwischen den Arbeitsvertragsparteien die Grundsätze der Arbeitnehmerhaftung: Für den innerbetrieblichen Schadensausgleich macht es keinen Unterschied, ob der Arbeitnehmer bei betrieblicher Tätigkeit dem Arbeitgeber oder einem Dritten Schaden zufügt.[85]

b) **Inanspruchnahme des Arbeitnehmers.** Es kann aber auch sein, dass der Geschädigte den Arbeitnehmer in Anspruch nimmt (sog. **Außenhaftung des Arbeitnehmers**). Dann gelten drei Regeln:

(1) Erstens kann sich der Arbeitnehmer gegenüber dem Dritten nicht auf die Grundsätze der beschränkten Arbeitnehmerhaftung berufen, sondern er haftet im Außenverhältnis nach den **allgemeinen Vorschriften.**

(2) Zweitens hat der Arbeitnehmer, der den Schaden des Dritten ersetzt, gegen den Arbeitgeber einen **Rückgriffsanspruch** in Höhe der Quote, die nach den Grundsätzen des innerbetrieblichen Schadensausgleichs auf den Arbeitgeber entfällt.

(3) Hat der Arbeitnehmer dem Dritten den Schaden (noch) nicht ersetzt, kann er drittens vom Arbeitgeber verlangen, dass der Arbeitgeber in Höhe der auf ihn – den Arbeitgeber – entfallenden Haftungsquote den Dritten entschädigt. Dieser **Freistellungsanspruch** lässt sich auf § 670 BGB i. V. m. § 254 BGB stützen.[86]

Durchblick: Der Freistellungsanspruch kann vom Dritten gepfändet (§§ 829, 835 ZPO) oder ihm abgetreten werden. Auf diesem Wege erhält der Dritte, dem der Arbeitgeber z. B. wegen § 831 I 2 BGB (Entlastungsbeweis) nicht haftet, einen Anspruch gegen den Arbeitgeber; der Freistellungsanspruch wandelt sich zu einem Zahlungsanspruch.

3. Außenhaftung bei Insolvenz des Arbeitgebers

309   Der Freistellungsanspruch ist für den Arbeitnehmer wertlos, wenn der Arbeitgeber den Anspruch nicht erfüllen kann, weil er zahlungsunfähig (insolvent) ist. Dann stellt sich die Frage, ob es bei der vollen Haftung des Arbeitnehmers im Außenverhältnis bleibt (und die Insolvenz des Arbeitgebers allein zu Lasten

---

[83] *BAG (GS)* vom 12. 6. 1992 – GS 1/89, AP Nr. 101 zu § 611 BGB Haftung des Arbeitnehmers = NJW 1993, 1732 – Gasexplosion.
[84] *BAG* vom 25. 9. 1997 – 8 AZR 288/96, AP Nr. 111 zu § 611 BGB Haftung des Arbeitnehmers = NZA 1998, 310 – Narkoseärztin.
[85] ErfK/*Preis,* § 619 a BGB Rn. 26; *Dütz/Thüsing,* Rn. 204.
[86] MünchKommBGB/*Henssler,* § 619 a Rn. 25.

des Arbeitnehmers geht), oder ob sich der Arbeitnehmer ausnahmsweise auch im Außenverhältnis auf die Haftungsbeschränkung berufen kann. Dazu der

Übungsfall 12 (Stellenweise Glatteis): Die Autohandlung und -finanzierung Kaiser GmbH **310** (K. GmbH) überließ der Metallbau Riedel AG (R. AG) im Juni 2007 im Wege des Leasing einen PKW. Nach Ablauf von drei Jahren werden Leasingfahrzeuge üblicherweise nicht mehr vollkaskoversichert. Die R. AG stellte das Fahrzeug ihrem Arbeitnehmer Brümmer (B) zur Verfügung, der als Verkaufsrepräsentant im angestellten Außendienst für sie tätig war. In den frühen Morgenstunden des 26. 10. 2010 verlor B auf einer Dienstfahrt infolge von Reifglätte die Kontrolle über den Wagen und prallte gegen eine Leitplanke. B blieb unverletzt. Am Wagen entstand ein Schaden von 4.000 Euro. Die R. AG ist zahlungsunfähig. Die K. GmbH verlangt von B 4.000 Euro Schadensersatz.[87]

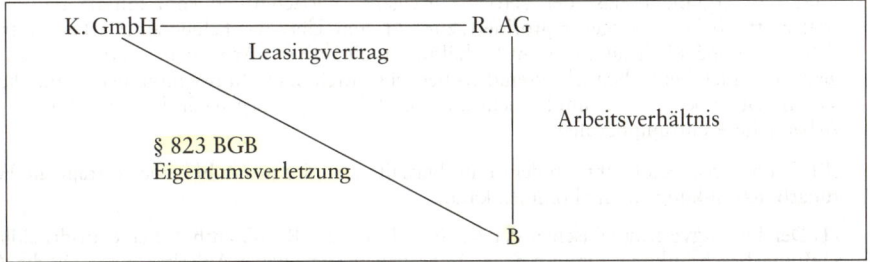

Lösung: Ein Schadensersatzanspruch der K. GmbH gegen B könnte sich aus § 823 I BGB **311** ergeben.

(I) B hat durch den von ihm verursachten Unfall das Eigentum der K. GmbH an dem Leasingfahrzeug verletzt. Er handelte mit „normaler" Fahrlässigkeit, da er seine Fahrweise nicht den gegebenen Straßenverhältnissen anpasste. B hat schuldhaft den Tatbestand des § 823 I BGB erfüllt und ist gegenüber der K. GmbH grundsätzlich zum Ersatz des gesamten Schadens verpflichtet.

(II) Es fragt sich aber, ob die Regeln des **innerbetrieblichen Schadensausgleichs** zugunsten des B eingreifen können. Das Haftungsprivileg des Arbeitnehmers bei betrieblicher Tätigkeit wirkt grundsätzlich nicht im Außenverhältnis gegenüber Dritten. Möglicherweise kann sich B jedoch ausnahmsweise gegenüber der K. GmbH auf die teilweise Haftungsfreistellung im Innenverhältnis berufen, da einerseits sein Freistellungsanspruch gegen die zahlungsunfähige R. AG nicht mehr realisierbar ist, andererseits aber die K. GmbH der R. AG den PKW zu betrieblichen Zwecken zur Verfügung gestellt hat.

(1) Der **BGH** verneint eine solche Außenwirkung des Haftungsprivilegs, weil dem außenstehenden Dritten die Möglichkeit fehle, den Arbeitsprozess ebenso wie der Arbeitgeber zu steuern. Die Rechtsprechung zur eingeschränkten Haftung des Arbeitnehmers bei betrieblich veranlasster Tätigkeit beruhe auf spezifisch arbeitsvertraglichen Erwägungen, die sich auf die Beziehung zu einem außerhalb des Arbeitsverhältnisses stehenden Dritten nicht übertragen ließen. Dass die Außenhaftung des Arbeitnehmers vom Innenverhältnis zum Arbeitgeber unberührt bleibe, decke sich mit dem allgemeinen zivilrechtlichen Grundsatz, wonach der Schuldner mit Einwendungen aus dem Rechtsverhältnis zu einem Dritten nicht gehört werde. Das Risiko, den Freistellungsanspruch gegen den Arbeitgeber wegen dessen Insolvenz nicht realisieren zu können, gehe – wie stets in der Insolvenz – zu Lasten des Anspruchsinhabers, also des Arbeitnehmers.[88]

---

[87] Fall nach *BGH* vom 19. 9. 1989 – VI ZR 349/88, BGHZ 108, 305 = AP Nr. 35 zu § 611 BGB Haftung des Arbeitnehmers = NJW 1989, 3273 = AuR 1990, 164 m. Anm. *Gamillscheg* = EzA Nr. 24 zu § 611 BGB Gefahrgeneigte Arbeit m. Anm. *Rieble* = JZ 1990, 189 m. Aufs. *Denck* (175).

[88] *BGH* vom 19. 9. 1989 – VI ZR 349/88, BGHZ 108, 305 (308); *BGH* vom 21. 12. 1993 – VI ZR 103/93, NJW 1994, 852 (854 f.).

312 (2) Demgegenüber spricht sich die überwiegende Meinung in der **Literatur** mit beachtlichen Argumenten für eine richterliche Rechtsfortbildung aus: Dritte sollen einen Arbeitnehmer dann nicht weitergehend in Anspruch nehmen können, als es der Arbeitgeber könnte, wenn diese Dritten als **Betriebsmittelgeber** dem Arbeitgeber auf Grund schuldrechtlicher Vereinbarungen Vermögensgegenstände zur betrieblichen Nutzung überlassen haben. Die Eigentumsverhältnisse seien für den Arbeitnehmer häufig nicht zu durchschauen; unter Gleichbehandlungsaspekten bedenklich und allein mit der sachenrechtlichen Zuordnung nicht zu rechtfertigen sei, dass der mit einem geleasten PKW fahrende Arbeitnehmer in der Insolvenz ein höheres Haftungsrisiko trage.[89]

(3) Für die Ansicht des BGH lässt sich anführen, dass die Risikoverlagerung auf den Betriebsmittelgeber die Grenzen richterrechtlicher Rechtsfortbildung überschreiten würde: Die sachenrechtliche Zuordnung ist gerade in der Insolvenz entscheidend; demgegenüber muss das Argument, dass der Betriebsmittelgeber wirtschaftlich vom Einsatz seiner Betriebsmittel beim Arbeitgeber profitiert, zurücktreten. Über das Fehlen einer arbeitsvertraglichen Verbundenheit lässt sich im Verhältnis zu einem vom Arbeitgeber verschiedenen Eigentümer auch bei (arbeitgeberfremden) Betriebsmitteln nicht hinwegkommen. Daher kann sich B gegenüber der K. GmbH nicht auf ein Haftungsprivileg nach den Grundsätzen der Arbeitnehmerhaftung berufen.

313 (III) Zu untersuchen bleibt, ob dem B im Verhältnis zu der K. GmbH eine **vertragliche Haftungsbeschränkung** zugute kommen kann.

(1) Der Leasingvertrag zwischen der K. GmbH und der R. AG enthält keine **ausdrückliche Haftungsbeschränkung** zugunsten des B. Es liegen auch keine Anhaltspunkte für die Annahme einer **konkludenten Haftungsbeschränkung** zugunsten des B vor.

(2) Eine vertragliche Haftungsprivilegierung des B könnte aus einer **ergänzenden Vertragsauslegung** folgen, wenn sich die K. GmbH als Leasinggeberin nach Treu und Glauben auf eine entsprechende Haftungsbeschränkung zu ihren Lasten und zugunsten der Arbeitnehmer der R. AG hätte einlassen müssen. Dagegen spricht jedoch, dass es primär Sache der R. AG gewesen wäre, ihre Arbeitnehmer gegen das Insolvenzrisiko bezüglich der Freistellungsansprüche abzusichern.[90]

(3) Eine vertragliche Haftungsbeschränkung zugunsten des B könnte sich schließlich daraus ergeben, dass er in den Schutzbereich einer **Haftungsfreizeichnung zugunsten der R. AG** einbezogen wird.[91] Der Leasingvertrag enthält jedoch keine Haftungsbeschränkung zugunsten der R. AG, die auf B erstreckt werden könnte. Dem B kommt somit kein vertraglich vereinbartes Haftungsprivileg zugute.

(IV) **Ergebnis:** B ist gegenüber der K. GmbH gem. § 823 I BGB zur Zahlung des Schadensersatzes verpflichtet.

IV. Schadensersatz bei Arbeitsunfällen

314 Die gesetzliche Unfallversicherung (Rn. 277 a. E.) hat unter anderem die Aufgabe, nach Eintritt von Arbeitsunfällen die Gesundheit und die Leistungsfähigkeit der Versicherten wiederherzustellen und sie oder ihre Hinterbliebenen durch Geldleistungen zu entschädigen (§ 1 Nr. 2 SGB VII). Zu den Versicherten gehören insbesondere **Beschäftigte** (§ 2 I Nr. 1 SGB VII). Träger der gesetzlichen Unfallversicherung sind vor allem die Berufsgenossenschaften (§§ 114 ff. SGB VII), denen

---

[89] *Gamillscheg*, AuR 1990, 167 (168); *Krause*, VersR 1995, 752 (760); *Otto/Schwarze*, Rn. 492–493 m. w. N.

[90] *BGH* vom 19. 9. 1989 – VI ZR 349/88, BGHZ 108, 305 (317).

[91] *BGH* vom 7. 12. 1961 – VII ZR 134/60, NJW 1962, 388 (389); *BGH* vom 19. 9. 1989 – VI ZR 349/88, BGHZ 108, 305 (317).

die **Unternehmer** Pflichtbeiträge zu leisten haben (§§ 150 ff. SGB VII). Das Recht der gesetzlichen Unfallversicherung ist mit dem Recht der Arbeitnehmerhaftung insofern verzahnt, als die §§ 104, 105 SGB VII bei bestimmten **Personenschäden** Ansprüche gegen den Unternehmer und gegen andere im Betrieb beschäftigte Personen ausschließen.[92] Während das Arbeitsrecht von Arbeitgebern und Arbeitnehmern handelt, geht es im Recht der gesetzlichen Unfallversicherung um Unternehmer und Beschäftigte; die Begriffspaare sind nicht deckungsgleich.

1. Voraussetzungen des Haftungsprivilegs

Nach § 104 I SGB VII ist der Unternehmer bestimmten Versicherten (sowie 315 deren Angehörigen und Hinterbliebenen) zum Ersatz des Personenschadens, den ein Versicherungsfall verursacht hat, nur verpflichtet, wenn er (a) den Versicherungsfall vorsätzlich oder (b) auf einem nach § 8 II Nrn. 1–4 SGB VII versicherten Weg herbeigeführt hat (**Unternehmerhaftung**). Das gleiche Haftungsprivileg genießen nach § 105 I SGB VII Personen, die durch eine betriebliche Tätigkeit einen Versicherungsfall von Versicherten desselben Betriebs verursachen (**Kollegenhaftung**). Die Haftungsprivilegien haben folgende Voraussetzungen:

a) Der Geschädigte muss zum **versicherten Personenkreis** gemäß §§ 2–6 SGB VII gehören. Dieser Kreis umfasst in erster Linie die beim Unternehmer beschäftigten Personen (§ 2 I Nr. 1 SGB VII) und Personen, die wie Beschäftigte tätig werden (§ 2 II SGB VII).[93]

Beispiel: Geschützt sind nicht nur die Arbeiter, Angestellten und Auszubildenden eines Supermarkts, sondern auch der Fahrer oder der Inhaber einer Fremdfirma, der beim Einräumen der Ware hilft.

b) Ein **Versicherungsfall** muss eingetreten sein. Der für das Haftungsprivileg wichtigste Versicherungsfall ist der Arbeitsunfall (§ 7 I SGB VII). Ein Unfall ist ein zeitlich begrenztes, von außen auf den Körper einwirkendes Ereignis, das zu einem Gesundheitsschaden oder zum Tod eines Menschen führt (§ 8 I 2 SGB VII) und in einem rechtlich wesentlichen Ursachenzusammenhang zu der unfallversicherten Tätigkeit steht (§ 8 I 1 SGB VII). Die **versicherten Tätigkeiten** ergeben sich aus § 8 I, II SGB VII;[94] es handelt sich vor allem um betriebliche Tätigkeiten von Beschäftigten und das Zurücklegen des Weges nach und von dem Ort der Tätigkeit.[95] Die versicherte Tätigkeit muss für den Arbeitsunfall ursächlich sein (haftungsbegründende Kausalität).

Beispiele: (1) Ein Arbeitnehmer fährt mit dem Motorrad zur Arbeit; auf dieser Fahrt wird er von einer Wespe in den Hals gestochen, was infolge einer Allergie zu einer schweren Hirnschädigung führt. – Es handelt sich um einen Arbeitsunfall (§ 8 I 2 SGB VII); die „versicherte Tätigkeit" ist das Zurücklegen des Weges zum Arbeitsort (§ 8 II Nr. 1 SGB VII).

---

[92] Umfassend *Schmitt*, Gesetzliche Unfallversicherung SGB VII, 4. Aufl. (2009).
[93] Einzelheiten bei *Otto/Schwarze*, Rn. 543–562; *Waltermann*, NJW 2002, 1225 (1226).
[94] Lesenswert *BAG* vom 22. 4. 2004 – 8 AZR 159/03, BAGE 110, 195 (201 ff.) = AP Nr. 3 zu § 105 SGB VII = NZA 2005, 164.
[95] Einzelheiten bei *Otto/Schwarze*, Rn. 563–570; *Rolfs*, AR-Blattei SD 860.2, Rn. 52–69; *Holtmann*, Arbeitsunfall und Haftungsrisiken (1998), Rn. 50–75.

Der „wesentliche Ursachenzusammenhang" zwischen der Tätigkeit (Fahrt zur Arbeitsstelle) und dem Unfall (Stich eines Insekts) liegt ebenfalls vor; ein Versicherungsfall i. S. d. § 7 I SGB VII ist eingetreten.[96] – (2) Ein Arbeitnehmer nimmt an der jährlichen Betriebsfeier in einem Berggasthof teil. Während der Feier verlässt er den Gasthof, um einer Kollegin den Ausblick von der nahegelegenen „Teufelskanzel" zu zeigen; dabei stürzt er in eine Felsspalte und wird verletzt. – Es handelt sich zwar um einen Unfall i. S. d. § 8 I 2 SGB VII. Ein Arbeitsunfall liegt aber nur vor, wenn ein wesentlicher Ursachenzusammenhang mit einer versicherten Tätigkeit besteht (§ 8 I 1 SGB VII). Grundsätzlich gehört auch die Teilnahme an einem Betriebsausflug zur versicherten Tätigkeit, wenn der Ausflug von der Unternehmensleitung als Gemeinschaftsveranstaltung getragen wird.[97] Der innere Zusammenhang zu der versicherten Tätigkeit wird jedoch unterbrochen, wenn einzelne Teilnehmer besondere Aktivitäten entfalten, die nicht allen Teilnehmern offen stehen.[98] Die Exkursion zur Teufelskanzel ist eine solche Zusatzaktivität, sodass kein Arbeitsunfall und damit auch kein Versicherungsfall eingetreten ist.

c) Der Versicherungsfall – der Arbeitsunfall – muss einen **Personenschaden** verursacht haben (haftungsausfüllende Kausalität). Personenschäden sind Gesundheitsschäden oder der Tod eines Menschen (§ 8 I 2 SGB VII).

316   d) Der Schädiger muss entweder der **Unternehmer** (§ 104 I SGB VII) oder ein **Arbeitskollege** sein (§ 105 I SGB VII: eine Person, die durch eine betriebliche Tätigkeit einen Versicherungsfall von Versicherten desselben Betriebs verursacht). Erforderlich ist nicht die Betriebszugehörigkeit des Arbeitskollegen, sondern nur die betriebliche Tätigkeit.[99]

Durchblick: (1) Die Regeln des SGB VII gelten nur bei Personenschäden, nicht aber bei **Sachschäden**. Beschädigt ein Arbeitskollege oder der Arbeitgeber Sachen eines Arbeitnehmers, finden die allgemeinen Grundsätze des BGB Anwendung. Speziellen Regeln unterliegen nach der Rechtsprechung die sog. betrieblich veranlassten Sonderschäden des Arbeitnehmers (**Eigenschäden**); sie sind analog § 670 BGB auch ohne Verschulden des Arbeitgebers oder seiner Erfüllungsgehilfen zu ersetzen.[100] Beispiel: Mit Billigung des Arbeitgebers benutzt der Arbeitnehmer sein Privatfahrzeug, um im Großhandel Material zu besorgen; auf dem dortigen Parkplatz wird das Fahrzeug von Unbekannten beschädigt.[101] – (2) Wenn ein Arbeitskollege einen anderen durch falsche Anschuldigungen um seinen Arbeitsplatz bringt oder ihn sonst aus dem Betrieb „hinausmobbt", kann sich die Frage stellen, ob ein **Recht am Arbeitsplatz** als durch § 823 I BGB geschütztes „sonstiges Recht" anzuerkennen ist. Das wird von der Rechtsprechung verneint.[102]

e) Schließlich darf **keine Haftungsentsperrung** eingetreten sein (§§ 104 I, 105 I SGB VII): Hat der Unternehmer oder der Arbeitskollege den Versicherungsfall **vorsätzlich** verursacht, haftet sowohl die gesetzliche Unfallversiche-

---

[96] *SG Leipzig* vom 25. 3. 2003 – S 9 U 100/02, NJW-RR 2003, 1251 (1252).

[97] *BSG* vom 30. 8. 1962 – 2 Ru 15/60, BSGE 17, 280 (281).

[98] *BSG* vom 27. 6. 2000 – B 2 U 25/99 R, NJW 2001, 1669 (1669 f.).

[99] Einzelheiten bei *Kock*, Arbeitsunfälle von Unternehmern: Haftung und Versicherung (2002), S. 91; *Otto/Schwarze*, Rn. 582–586; *Rolfs*, DB 2001, 2294 (2298); *Waltermann*, NJW 2002, 1225 (1227).

[100] *BAG* vom 16. 3. 1995 – 8 AZR 260/94, BAGE 79, 294 (297 f.) = AP Nr. 12 zu § 611 BGB Gefährdungshaftung des Arbeitgebers = NZA 1995, 836.

[101] Genauer zu den Anspruchsvoraussetzungen *Hromadka/Maschmann* I, § 9 Rn. 1–7 (dort in Rn. 21–24 auch zu freiwilligen Vermögensopfern – Aufwendungen – des Arbeitnehmers im betrieblichen Interesse).

[102] *OLG Koblenz* vom 23. 1. 2003 – 5 U 13/03, NJW 2003, 1673 (1674); offengelassen in *BAG* vom 18. 1. 2007 – 8 AZR 234/06, AP Nr. 17 zu § 823 BGB = NZA 2007, 1167 (Rn. 11).

rung nach dem SGB VII als auch der Schädiger persönlich nach den allgemeinen Regeln. Der Vorsatz muss sich, wie bei dem Haftungsprivileg im Rahmen der Arbeitnehmerhaftung (Rn. 299), auch auf den Schaden beziehen.[103] Ein weiterer Fall der Haftungsentsperrung liegt vor, wenn der Unternehmer oder ein Arbeitskollege den Versicherungsfall fahrlässig auf einem nach § 8 II Nrn. 1–4 SGB VII **versicherten Weg** herbeigeführt hat (**Beispiel:** Unfall auf dem gemeinsamen Heimweg von der Arbeit). In beiden Fällen vermindern sich die Ersatzansprüche gegen den Schädiger um die Leistungen der gesetzlichen Unfallversicherung (§§ 104 III, 105 I 3 SGB VII).

2. Rechtsfolgen der Haftungsablösung

Wenn die genannten Voraussetzungen erfüllt sind, haften der Unternehmer und **317** der Arbeitskollege nicht „nach anderen gesetzlichen Vorschriften" (§§ 104 I, 105 I 1 SGB VII). Es handelt sich nicht um einen **Haftungsausschluss**, sondern um eine **Haftungsablösung**: Statt der privatrechtlichen Haftung des Schädigers sind nach öffentlichem Recht Leistungen aus der gesetzlichen Unfallversicherung geschuldet.[104] Der Unterschied zeigt sich insbesondere darin, dass die gesetzliche Unfallversicherung kein Schmerzensgeld gewährt und ihre Leistungen auch sonst hinter dem Schadensersatz nach §§ 842 ff. BGB zurückbleiben können. Die Sozialversicherungsträger können nach § 110 SGB VII bei dem Unternehmer oder dem Arbeitskollegen **Rückgriff** nehmen, wenn der Unternehmer oder der Arbeitskollege den Versicherungsfall vorsätzlich oder grob fahrlässig herbeigeführt hat.[105]

3. Sinn und Zweck der Regelung

Das in §§ 104, 105 SGB VII verankerte Prinzip der Haftungsablösung durch **318** Versicherung beruht auf einer Interessenabwägung: Einerseits sollen die Beschäftigten, insbesondere die Arbeitnehmer, bei einem Personenschaden infolge eines Arbeitsunfalls einen vom Verschulden des Unfallverursachers unabhängigen Entschädigungsanspruch gegen den Unfallversicherungsträger bekommen; für diesen Anspruch spielt es keine Rolle, ob der unfallverursachende Unternehmer oder Arbeitskollege zahlungsfähig ist. Andererseits soll der Unternehmer, der die Beiträge zur gesetzlichen Unfallversicherung allein trägt, ebenso wie der Arbeitskollege von persönlicher Haftung verschont bleiben.[106] Ausnahmen bestehen im Anwendungsbereich der §§ 104 I, 105 I SGB VII nur bei vorsätzlicher Herbeiführung des Versicherungsfalls (die Versicherung schützt nur bei zukünftigen ungewissen Ereignissen, nicht aber bei vorsätzlichem Handeln) oder

---

[103] *BGH* vom 11. 3. 2003 – 6 ZR 34/02, BB 2003, 966 (Unfall in der Berufsschule durch „Tennisspiel" mit Eisensäge und Aluminiumkugeln; Verletzungsfolgen nicht vom Vorsatz umfasst).

[104] *Gitter,* Schadensausgleich im Arbeitsunfallrecht (1969), S. 211 ff.; ErfK/*Rolfs,* § 104 SGB VII Rn. 1; *Waltermann,* Rn. 270.

[105] Einzelheiten bei *Gitter,* Wiese-FS (1998), S. 131 (137); *Hromadka/Maschmann* I, § 9 Rn. 19, 20; *Marburger,* BB 2000, 1781 (1782).

[106] Genauer zum Zweck des Haftungsausschlusses *Gitter,* Wiese-FS (1998), S. 131 (132); *Otto/Schwarze,* Rn. 519–541; ErfK/*Rolfs,* § 104 SGB VII Rn. 1.

wenn – vereinfacht dargestellt – der Unternehmer oder der Arbeitskollege den Personenschaden auf dem Weg nach und von dem Ort der Arbeit verursacht: Insoweit hat der Grundsatz der Gleichbehandlung aller Verkehrsteilnehmer Vorrang vor dem Gedanken der gesetzlichen Unfallversicherung.

319 Die Vorschriften über die gesetzliche Unfallversicherung treffen unter bestimmten Voraussetzungen Sonderregeln für den Ersatz von Personenschäden. Den Zusammenhang dieser Vorschriften mit den Rechtsprechungsregeln über den innerbetrieblichen Schadensausgleich (Einschränkung der Arbeitnehmerhaftung) und den allgemeinen Schadensersatzvorschriften des Vertrags- und Deliktsrechts zeigt – naturgemäß stark vereinfacht – die **Übersicht 5.3** (klausurmäßige Lösung eines Sachverhalts zur Haftung bei Arbeitsunfällen: *Junker*, Fälle zum Arbeitsrecht, Fall 6):

Übersicht 5.3: **Personen- und Sachschäden**

Der Arbeitnehmer schädigt …	**Der Arbeitgeber schädigt …**
… eine im Betrieb beschäftigte Person (Personenschaden)	
Haftungsablösung gem. §§ 104 I, 105 I SGB VII (Rn. 314–318): a) Versicherter Personenkreis (§§ 2–6 SGB VII) b) Versicherungsfall (§§ 7 I, 8 SGB VII: Arbeitsunfall) c) Personenschaden (Gesundheitsschaden oder Tod) d) Schädiger: „Beschäftigter" oder „Unternehmer" e) Keine Haftungsentsperrung wegen Vorsatz oder Wegeunfall	
… den Arbeitgeber (Sachschaden)	… den Arbeitnehmer (Sachschaden)
Bei betrieblich veranlasster Tätigkeit: Innerbetrieblicher Schadensausgleich analog § 254 BGB (Rn. 294–307)	Bei betrieblich veranlassten Sonderschäden: Anspruch aus § 670 BGB (Rn. 316)
… Dritte (Personen- und Sachschaden)	… Dritte (Personen- und Sachschaden)
Bei betrieblich veranlasster Tätigkeit: Rückgriffsanspruch Freistellungsanspruch (Rn. 308–313)	Allgemeine Regeln (kein Arbeitsrecht) Haftung für Arbeitnehmer gemäß §§ 278 Satz 1, 831 I BGB

Fälle und Fragen

110. Nennen Sie je ein Beispiel für Annahmeunwilligkeit des Arbeitgebers und für Annahmeunmöglichkeit! Erfasst § 615 BGB beide Fallgruppen? (Rn. 272)

111. Arbeitgeber A kündigt das Arbeitsverhältnis der Büroangestellten B am 1. 8. 2000 fristgerecht (§ 622 I BGB) zum 31. 8. 2000. B erhebt am 21. 8. 2000 Kündigungsschutzklage. Sie fragt, ob sie – gesetzt den Fall, sie gewinnt den Kündigungsschutzprozess – ihren Gehaltsanspruch verliert, wenn sie am 1. 9. 2000 nicht zur Arbeit geht und auch sonst nichts von sich hören lässt. (Rn. 273)

112. Liegt ein Anwendungsfall des § 616 BGB vor, wenn der Chemiefacharbeiter C am Montagmorgen zwei Stunden zu spät zur Arbeit erscheint, weil er (a) für 8.00 Uhr einen Inspektionstermin für sein Auto vereinbart hat, (b) auf dem Weg zur Arbeit einen Verkehrsunfall erleidet oder (c) wegen akuter Magenbeschwerden den Arzt aufsucht? (Rn. 276, 278 a. E.)

113. Kann die Regelung des § 616 BGB durch Tarifvertrag und/oder Arbeitsvertrag zu Lasten des Arbeitnehmers geändert werden? (Rn. 275)

114. Welche Voraussetzungen hat der Anspruch auf Entgeltfortzahlung im Krankheitsfall nach § 3 I 1 EFZG? (Rn. 277–279, 287)

115. Was bedeutet „Verschulden" i. S. d. § 3 I 1 EFZG? (Rn. 279, 282)

116. Die Diätassistentin D ist wegen eines Rückenleidens im Januar drei Wochen, im März drei Wochen und im Oktober/November erneut sechs Wochen arbeitsunfähig erkrankt. Hat sie für alle diese Zeiträume Ansprüche auf Entgeltfortzahlung aus § 3 I EFZG? (Rn. 285)

117. Kann die Regelung der §§ 3, 4 EFZG durch Tarifvertrag und/oder Arbeitsvertrag zu Lasten des Arbeitnehmers geändert werden? (Rn. 285 a. E.)

118. Weil ein Baggerfahrer bei Straßenbauarbeiten morgens um 7.00 Uhr ein zum Betriebsgelände führendes Stromkabel durchtrennt hat, kann im Betrieb der Metallbau Riedel GmbH (R. GmbH) am 4. 9. 2000 nicht gearbeitet werden. Entwickeln sie eine Lösungsskizze für die Fallfrage: Hat Elektroschweißer E gegen die R. GmbH einen Anspruch auf Zahlung des Arbeitslohns für den 4. 9. 2000? (Rn. 289–292)

119. Kann die Risikoverteilung der Betriebsrisikolehre durch Tarifvertrag und/oder Arbeitsvertrag zu Lasten des Arbeitnehmers geändert werden? (Rn. 292 a. E.)

120. Warum hat sich das Kriterium der „gefahrgeneigten Tätigkeit" für die Einschränkung der Arbeitnehmerhaftung nicht bewährt? Von welchen Voraussetzungen ist der innerbetriebliche Schadensausgleich nunmehr (nur) noch abhängig? (Rn. 296–298)

121. Welche Kategorien der Fahrlässigkeit werden beim innerbetrieblichen Schadensausgleich unterschieden und welche Rechtsfolgen knüpfen sich daran? (Rn. 299, vgl. auch Rn. 306)

122. Inwiefern spielt die Gefahrgeneigtheit einer Tätigkeit im Rahmen der Schadensteilung eine Rolle? (Rn. 299)

123. Auslieferungsfahrer F (Bruttoeinkommen 2.750 Euro monatlich) fährt in der Stadt bei „Rot" in eine Kreuzung ein und kollidiert mit einem anderen Fahrzeug, weil er über Mobilfunk mit einem Kollegen spricht, dabei in Unterlagen auf dem Beifahrersitz blättert und deshalb die Lichtzeichenanlage übersieht. Am Lieferwagen entsteht ein Schaden von 3.500 Euro, den die Arbeitgeberin von F ersetzt verlangt. Mit Recht? (BAG vom 12. 11. 1998 – 8 AZR 221/97, Nachw. bei Rn. 305)

124. Unter welchen Voraussetzungen ist eine Vereinbarung wirksam, nach der ein Kassierer auch ohne den Nachweis eines Verschuldens einen Fehlbetrag (Manko) in seiner Kasse ersetzen muss? (Rn. 307 b)

125. Was ist unter „Innenhaftung" und „Außenhaftung" des Arbeitnehmers zu verstehen? (Rn. 308)

126. Gartenarchitekt G kommt mit einem Fahrzeug, das seine Arbeitgeberin A von der Leasingfirma L geleast hat, leicht fahrlässig von der Straße ab (Schaden am Fahrzeug: 5.000 Euro). Kann L von G den Schaden ersetzt verlangen, wenn A zahlungsunfähig ist? (Rn. 309–313)

127. Welche Arten von Schäden sind durch die gesetzliche Unfallversicherung gedeckt? (Rn. 314, 315)

128. Was bedeutet „Haftungsablösung durch Versicherung" im Zusammenhang mit dem Schadensersatz bei Arbeitsunfällen? (Rn. 317)

129. Wie bringt die gesetzliche Unfallversicherung (SGB VII) Arbeitgeber- und Arbeitnehmerinteressen zum Ausgleich? (Rn. 318, 319)

§ 6. Beendigung des Arbeitsverhältnisses

320 Das Arbeitsverhältnis als Dauerschuldverhältnis endet nicht durch einmaligen Leistungsaustausch, sondern erst, wenn einer der Beendigungstatbestände vorliegt. Diese Tatbestände lassen sich danach unterscheiden, ob das Arbeitsverhältnis einseitig durch eine Partei oder einvernehmlich durch beide Parteien beendet wird. Den wichtigsten Tatbestand der **einseitigen Beendigung** bildet die Kündigung. Sie kann als **ordentliche Kündigung** (dazu I) oder als **außerordentliche Kündigung** (dazu II) erklärt werden. Einen Sonderfall der – ordentlichen oder außerordentlichen – Kündigung stellt die **Änderungskündigung** dar (dazu III). Sie zielt primär nicht auf die Beendigung des Arbeitsverhältnisses, sondern auf die Änderung der Arbeitsbedingungen (vgl. § 2 KSchG).

> **Durchblick:** (1) Die Kündigung ist ein Gestaltungsrecht. Ein anderes Gestaltungsrecht, welches das Arbeitsverhältnis beendet – und zwar grundsätzlich nicht rückwirkend, sondern nach der Lehre vom fehlerhaften Arbeitsverhältnis mit Wirkung für die Zukunft („ex nunc") – ist die **Anfechtung** bei Irrtum, Drohung oder arglistiger Täuschung (§§ 119, 123 BGB); sie wurde beim Thema „Begründung des Arbeitsverhältnisses" behandelt (Rn. 190–192). – (2) Ist der Arbeitsvertrag nichtig, kann ebenfalls ein fehlerhaftes Arbeitsverhältnis entstehen; es wird durch **Lossagung** – einseitige, empfangsbedürftige Willenserklärung – beendet (Rn. 193). Ein anderer Fall der Lossagung ist die Nichtfortsetzung des Arbeitsverhältnisses nach einem erfolgreichen Kündigungsschutzprozess gem. § 12 KSchG. Theoretisch gehört zu den einseitigen Beendigungsgründen auch die **lösende Aussperrung** (Rn. 610), die aber in der Praxis nicht mehr vorkommt.

321 Die **beiderseitige Beendigung** (vereinbarte Beendigung, einvernehmliche Beendigung) kann nach Vertragsschluss dadurch zustande kommen, dass die Arbeitsvertragsparteien erneut von ihrer Vertragsfreiheit (§§ 311 I BGB, 105 GewO) Gebrauch machen, indem sie einen **Aufhebungsvertrag** schließen (dazu IV). Bereits bei Vertragsschluss können die Parteien vereinbaren, dass das Arbeitsverhältnis automatisch durch **Befristung oder Bedingung** enden soll; ein Unterfall ist die Vereinbarung einer **Altersgrenze.** Für Arbeitsverträge, die durch Zeitablauf enden sollen – Befristung, Bedingung oder Altersgrenze –, verweist § 620 III BGB auf das Teilzeit- und Befristungsgesetz (dazu V).

> **Durchblick:** (1) Da die Pflicht zur Arbeitsleistung i.d.R. höchstpersönlicher Natur ist (§ 613 Satz 1 BGB, s. Rn. 202), beendet der **Tod des Arbeitnehmers** das Arbeitsverhältnis. Die Erben des Arbeitnehmers sind weder berechtigt noch verpflichtet, das Arbeitsverhältnis fortzuführen. – (2) Der **Tod des Arbeitgebers** stellt dagegen grundsätzlich keinen Beendigungstatbestand für das Arbeitsverhältnis dar: Der Anspruch auf die Arbeitsleistung ist zwar unter Lebenden grundsätzlich nicht übertragbar (§ 613 Satz 2 BGB, s. Rn. 203), wohl aber von Todes wegen vererblich. Die Arbeitgebererben treten durch Gesamtrechtsnachfolge in die Rechte und Pflichten aus dem Arbeitsverhältnis ein (§§ 1922, 1967 BGB). Eine **Ausnahme** besteht, wenn die Arbeitsleistung ihrem Inhalt nach das Leben des Arbeitgebers voraussetzt (Beispiel: nur für eine bestimmte Person engagierte Altenpflegerin). Eine solche Zweckbefristung (Rn. 434) „auf den Tod des Arbeitgebers" bedarf zu ihrer Wirksamkeit der Schriftform (§ 14 IV TzBfG).

Wenn das Arbeitsverhältnis aus einem der vorgenannten Gründe endet, ent- **322** steht **nachvertragliche Pflichten,** z. B. die Pflicht zur Zeugniserteilung (dazu VI). Insgesamt lässt sich die Gliederung der folgenden Ausführungen so abbilden:

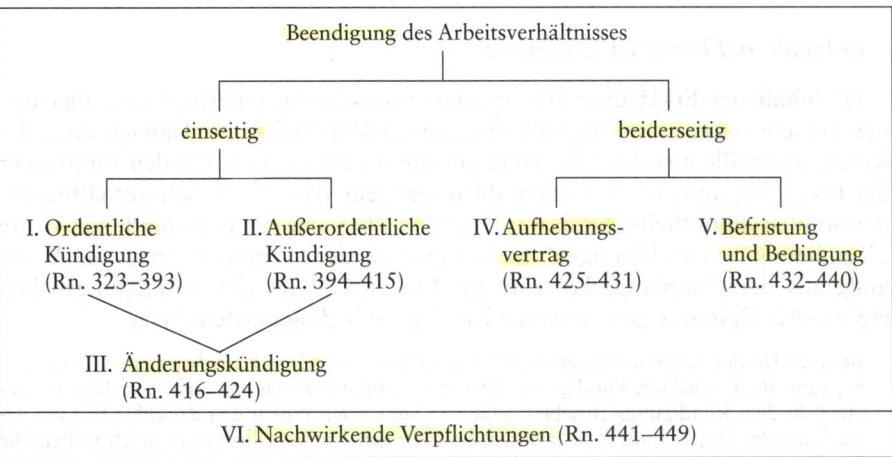

I. Ordentliche Kündigung

Der wichtigste Beendigungstatbestand des Arbeitsverhältnisses ist die ordent- **323** liche Kündigung (§ 620 II BGB). Die Voraussetzungen einer ordentlichen Kündigung werden im Folgenden in der Reihenfolge erörtert, in der sie i. d. R. auch in einer Fallbearbeitung zu prüfen sind:

1. Form, Zugang und Zurechenbarkeit der Kündigungserklärung (Mängel können auch ohne Klageerhebung gerügt werden, Rn. 332)
2. Ausschlussfrist (§ 4 Satz 1 i. V. m. § 7 KSchG) (Voraussetzung der Geltendmachung aller anderen Kündigungsmängel)
3. Beteiligung des Betriebsrats (§ 102 BetrVG)
4. Besondere Unwirksamkeitsgründe
5. Allgemeiner Kündigungsschutz (§§ 1–14 KSchG)
6. Einhaltung der Kündigungsfrist (§ 622 BGB)
7. Rechtsfolge: Mögliche Entscheidungen des Arbeitsgerichts
8. Eventuell bestehender Weiterbeschäftigungsanspruch

Praxis: Im Jahr 2010 schieden in Deutschland rund 3,8 Mio. Arbeitnehmer aus einem Arbeitsverhältnis aus; ungefähr gleich viel wurden eingestellt (das bedeutet bei rund 35 Mio. Arbeitnehmern eine jährliche Personalfluktuation von rund 11%). Etwa ein Viertel der 3,8 Mio. Beendigungen resultierten aus arbeitgeberseitigen Kündigungen, von denen wiederum etwa 25% (rund 230.000) durch Kündigungsschutzklagen vor den Arbeitsgerichten angefochten wurden.[1]

---

[1] Zahlen nach *Grotmann-Höfling,* AuR 2011, 433 (434).

1. Kündigungserklärung

324 Die Kündigung ist eine einseitige empfangsbedürftige rechtsgestaltende **Willenserklärung,** die das Arbeitsverhältnis für die Zukunft auflösen soll.

a) Inhalt und Form der Erklärung

(1) **Inhalt der Erklärung:** Die Kündigungserklärung unterliegt den allgemeinen Vorschriften der Rechtsgeschäftslehre (§§ 104–185 BGB). Danach muss der Kündigungswille aus der Erklärung eindeutig hervorgehen; für den Empfänger der Erklärung muss unmissverständlich klar sein, dass das Arbeitsverhältnis enden soll (**Bestimmtheitsgrundsatz**). Allerdings braucht der Erklärende die Worte „Kündigung" oder „kündigen" nicht zu verwenden; es genügt, wenn die Auslegung aus dem Empfängerhorizont (§§ 133, 157 BGB) den Kündigungswillen ergibt.[2] Als Gestaltungsrecht ist die Kündigung **bedingungsfeindlich.**

> **Beispiel:** Da der Bewachungsvertrag über das Objekt, bei dem der Arbeitnehmer eingesetzt ist, zum 30. 4. ausläuft, kündigt das Bewachungsunternehmen das Arbeitsverhältnis zum 30. 4. In dem Kündigungsschreiben heißt es: „Sollten wir erneut den Zuschlag [für die Bewachung des Objekts] ab 1. 5. erhalten, beschäftigen wir Sie selbstverständlich weiter. Die Kündigung wird [dann] gegenstandslos."[3] Die Kündigung ist schon jetzt „gegenstandslos", weil mit einer unzulässigen Bedingung verknüpft (s. auch das Beispiel bei Rn. 372).

Eine Ausnahme gilt für sog. **Potestativbedingungen,** deren Eintritt vom Willen des Erklärungsempfängers abhängt; den wichtigsten Anwendungsfall dieser Ausnahme bildet die **Änderungskündigung** (s. Rn. 419).

325 (2) **Form** der Erklärung: **§ 623 BGB** stellt ein Schriftformerfordernis auf, das die arbeitgeber- und die arbeitnehmerseitige Kündigung erfasst. Das Formerfordernis soll nicht nur die Arbeitgeberkündigung erschweren, sondern schützt auch den Arbeitnehmer vor einer unbedachten mündlichen Eigenkündigung. Es wird von der Rechtsprechung streng angewendet: Bei einer BGB-Gesellschaft (§§ 705 ff. BGB, z. B. einer Arztpraxis) müssen grundsätzlich alle Gesellschafter unterschreiben.[4] Der Name muss nicht lesbar sein; notwendig und hinreichend ist ein Schriftzug, der individuelle Merkmale aufweist.[5] Wird die Kündigung nicht schriftlich erklärt, so ist sie nach § 125 Satz 1 BGB nichtig (**konstitutives Formerfordernis**). Nur in seltenen Ausnahmefällen kann die Berufung auf den Formmangel gegen Treu und Glauben (§ 242 BGB) verstoßen.[6]

326 (3) **Kein Begründungszwang:** Wenn der **Arbeitnehmer** eine ordentliche Kündigung erklärt, muss er keinen Kündigungsgrund angeben. Der **Arbeitgeber** muss einen Kündigungsgrund mitteilen, wenn er das Arbeitsverhältnis einer Schwangeren (§ 9 III 2 MuSchG) kündigen will; das Fehlen der von § 9 III 2

---

[2] MünchKommBGB/*Hergenröder,* § 1 KSchG Rn. 39.

[3] *BAG* vom 15. 3. 2001 – 2 AZR 705/99, BAGE 97, 193 (194) = AP Nr. 26 zu § 620 Bedingung = NZA 2001, 1070.

[4] *BAG* vom 21. 4. 2005 – 2 AZR 162/04, AP Nr. 4 zu § 623 BGB = NZA 2005, 865.

[5] *BAG* vom 24. 1. 2008 – 6 AZR 519/07, BAGE 125, 325 = AP Nr. 64 zu § 622 BGB = NZA 2008, 521 (Rn. 11).

[6] *BAG* vom 16. 9. 2004 – 2 AZR 659/03, AP Nr. 1 zu § 623 BGB = NZA 2005, 162 (163).

MuSchG geforderten schriftlichen Begründung hat nach h.M. die Nichtigkeit der Kündigung gemäß § 125 Satz 1 BGB zur Folge.[7] Ansonsten besteht kein gesetzlicher Zwang, die Kündigung gegenüber dem Arbeitnehmer zu begründen (zum Anspruch auf Mitteilung des Kündigungsgrundes bei der außerordentlichen Kündigung gem. § 626 II 3 BGB s. Rn. 395).

Durchblick: Wenn der Betrieb betriebsratsfähig ist und ein Betriebsrat besteht, muss der Arbeitgeber, um seiner Unterrichtspflicht nach § 102 I 2 BetrVG zu genügen, gegenüber dem Betriebsrat die Gründe für die Kündigung nennen. Teilt der Arbeitgeber dem Betriebsrat die Kündigungsgründe nicht oder nicht vollständig mit, kann die Kündigung schon aus diesem Grunde unwirksam sein (§ 102 I 3 BetrVG).

b) Abgabe durch einen Stellvertreter

Häufig erklärt ein Vertreter des Arbeitgebers die Kündigung. Besteht keine 327 Vertretungsmacht, ist die Kündigung als einseitige Willenserklärung unwirksam; eine Genehmigung durch den Arbeitgeber schließt § 180 Satz 1 BGB grundsätzlich aus (Ausnahmen in § 180 Satz 2 BGB). Nach § 174 Satz 1 BGB ist die Kündigung ferner unwirksam, wenn der Bevollmächtigte des Arbeitgebers keine Vollmachtsurkunde vorlegt und der Arbeitnehmer aus diesem Grund die Kündigung unverzüglich (§ 121 I BGB) zurückweist. Diese Vorschrift gilt nicht, wenn ein vertretungsberechtigtes Organ einer Gesellschaft – z.B. ein GmbH-Geschäftsführer – die Kündigung ausspricht: Dieser Personenkreis hat keine rechtsgeschäftliche Vertretungsmacht (Vollmacht, § 166 II BGB), sondern eine – der gesetzlichen Vertretungsmacht nahe stehende – organschaftliche Vertretungsbefugnis.

Gegenüber einem Vertreter mit rechtsgeschäftlicher Vertretungsmacht (Bevollmächtigten) kann der Arbeitnehmer nach § 174 Satz 2 BGB die Kündigung nicht zurückweisen, wenn er von der Bevollmächtigung unterrichtet war. Diese Vorschrift kommt zunächst dem Prokuristen zugute: Hat der Arbeitgeber einer Person Prokura erteilt, so hat er damit gleichzeitig wegen § 15 II HGB die Belegschaft über die umfassende Kündigungsberechtigung in Kenntnis gesetzt.[8] § 174 Satz 2 BGB ist ferner einschlägig, wenn der Vertreter des Arbeitgebers „eine Stellung bekleidet, mit der das Kündigungsrecht verbunden zu sein pflegt"[9] (Beispiel: Leiter der Personalabteilung).[10]

c) Zugang der Kündigungserklärung

Erst durch den Zugang der Kündigungserklärung beim Adressaten wird die 328 Kündigung wirksam (§§ 130–132 BGB). Mit dem Zugang beginnt die Dreiwochenfrist des § 4 Satz 1 i.V.m. § 7 KSchG (Rn. 331); nach den Verhältnissen zum Zeitpunkt des Zugangs beurteilt sich die soziale Rechtfertigung einer Kün-

---

[7] ErfK/*Schlachter*, § 9 MuSchG Rn. 13; KR/*Bader/Gallner*, § 9 MuSchG Rn. 132b.
[8] *BAG* vom 11. 7. 1991 – 2 AZR 107/91, AP Nr. 9 zu § 174 BGB = NZA 1992, 449 (451); a. A. K/D/Z/*Däubler*, §§ 164–181 BGB Rn. 18.
[9] *BAG* vom 30. 5. 1972 – 2 AZR 298/71, BAGE 24, 273 (277) = AP Nr. 1 zu § 174 BGB m.Anm. *Jakobs* = NJW 1972, 1877.
[10] Weitere Beispiele: *BAG* vom 29. 6. 1988 – 7 AZR 180/87, BAGE 59, 93 (104) = AP Nr. 6 zu § 174 BGB = NZA 1989, 143 (Dienstsiegel als „Vollmachtsurkunde"); *BAG* vom 20. 9. 2006 – 6 AZR 82/06, BAGE 119, 311 = AP Nr. 19 zu § 174 BGB = NZA 2006, 377, Rn. 50 (Stellvertreter des Betriebsleiters).

digung (Rn. 333, 363). Der Zugang der Kündigung und der Zeitpunkt des Zugangs sind deshalb wichtig. Hervorzuheben ist folgendes:

(1) **Zeitpunkt des Zugangs:** Die Kündigung des Arbeitsverhältnisses muss nach § 623 BGB schriftlich erklärt werden; eine schriftliche Willenserklärung geht dem Empfänger in dem Moment zu, in welchem sie dergestalt in seinen Machtbereich gelangt, dass er sie unter normalen Umständen zur Kenntnis nehmen kann[11] (**Empfangstheorie**). Es ist unerheblich, ob er die Kündigungserklärung tatsächlich erst später zur Kenntnis genommen hat.[12]

> **Beispiel:** Der Arbeitgeber weiß, dass der Arbeitnehmer seinen gesamten vierwöchigen Erholungsurlaub auf den Malediven verbringen will. Dennoch sendet er die Kündigung in der ersten Urlaubswoche an die Heimatadresse des Arbeitnehmers. – Nach der **Empfangstheorie** geht dem urlaubsabwesenden Arbeitnehmer das Kündigungsschreiben bereits in dem Moment zu, in welchem ihm die Leerung seines Hausbriefkastens möglich gewesen wäre, wenn er zu Hause geblieben wäre.[13] Ein Recht des Arbeitnehmers, während seines Urlaubs nicht mit einer Kündigung behelligt zu werden, kann es schon deshalb nicht geben, weil der Arbeitgeber Kündigungs- oder Kündigungserklärungsfristen zu beachten hat. Dem Arbeitgeber muss es gestattet sein, das Kündigungsschreiben an die Heimatanschrift des Arbeitnehmers zu senden: Dem Arbeitgeber kann nicht angesonnen werden, sich über die individuelle Urlaubsplanung der Arbeitnehmer zu informieren, zumal immer die Möglichkeit einer späteren Veränderung der Umstände besteht (z. B. Änderung des Reiseziels, Überbuchung des Urlaubsflugs, Wechsel des Hotels). Die **urlaubsbedingte Abwesenheit** des Arbeitnehmers muss demnach für die Frage des Zugangs **außer Betracht** bleiben. Die Interessen des Arbeitnehmers werden dadurch gewahrt, dass ihm beim Ablauf der Klagefrist des § 4 Satz 1 KSchG gemäß § 5 KSchG Wiedereinsetzung in den vorherigen Stand zu gewähren ist (Rn. 333).

329 (2) **Vereitelung des Zugangs:** Bei einer Zugangsvereitelung muss sich der Adressat nach § 242 BGB so behandeln lassen, als habe er das Schreiben im Zeitpunkt der Zugangsvereitelung erhalten (**Zugangsfiktion**).

> **Beispiele:** (a) Der Arbeitgeber verschickt die Kündigung per Einschreibebrief; der Arbeitnehmer verweigert grundlos die Annahme des Einschreibens (berechtigt wäre die Annahmeverweigerung allerdings, wenn der Empfänger Nachporto bezahlen müsste). – (b) Der Postbote, der den Einschreibebrief zuzustellen hat, trifft den Arbeitnehmer nicht an und legt einen Benachrichtigungszettel in den Briefkasten; der Arbeitnehmer holt das Kündigungsschreiben nicht oder nicht zeitnah auf dem Postamt ab.[14]

(3) **Einschaltung einer Mittelsperson:** Zahlreiche Gerichtsurteile befassen sich mit der Frage, welche Personen als **Empfangsboten** des Arbeitnehmers anzusehen sind (in derselben Straße wohnender Onkel nicht, wohl aber die im selben Haushalt lebende Ehefrau[15]), und ob der Arbeitnehmer die **Annahmeverweige-**

---

[11] *RG* vom 29. 3. 1905 – V 445/04, RGZ 60, 334 (336); *BGH* vom 3. 11. 1976 – VIII ZR 140/75, BGHZ 67, 271 (275); *BAG* vom 4. 11. 2004 – 2 AZR 17/04, AP Nr. 3 zu § 623 BGB = NZA 2005, 513 (514).
[12] *BAG* vom 24. 6. 2004 – 2 AZR 461/03, AP Nr. 22 zu § 620 BGB Kündigungserklärung = NZA 2004, 1330 (1331).
[13] *BAG* vom 16. 3. 1988 – 7 AZR 587/87, BAGE 58, 9 (12) = AP Nr. 16 zu § 130 BGB = NZA 1988, 875 = JZ 1989, 295 m. Anm. *Dilcher*.
[14] *BAG* vom 7. 11. 2002 – 2 AZR 475/01, BAGE 103, 277 = AP Nr. 19 zu § 620 BGB Kündigungserklärung = NZA 2003, 719 (723).
[15] *BAG* vom 9. 6. 2011 – 6 AZR 687/09, BAGE 138, 127 = AP Nr. 25 zu § 130 BGB = NZA 2011, 847 (Rn. 15).

rung des Empfangsboten gegen sich gelten lassen muss (nur, wenn er auf die Verweigerung Einfluss genommen hat).[16]

(4) **Rücknahme der Erklärung:** Eine **einseitige Rücknahme** der Kündigung ist nach dem Zugang nicht mehr möglich, da es sich um eine einseitige empfangsbedürftige Gestaltungserklärung handelt. Die Wirkungen der Kündigungserklärung können nur noch durch **einvernehmliche Rücknahme** beseitigt werden. Nimmt der Arbeitgeber die Kündigung einseitig zurück, ist diese Rücknahme in der Regel aber als Angebot auszulegen, das Arbeitsverhältnis fortzusetzen; dieses Angebot kann der Arbeitnehmer durch schlüssiges Verhalten (z.B. durch Weiterarbeiten über den Kündigungstermin hinaus) akzeptieren.[17]

Über die Anforderungen an eine **Kündigungserklärung** unterrichtet zusammenfassend die **Übersicht 6.1:**   330

Übersicht 6.1: Kündigungserklärung

Die Kündigungserklärung ist eine einseitige empfangsbedürftige rechtsgestaltende Willenserklärung:

1. **Inhalt und Form der Erklärung**
   a) Bestimmtheitsgrundsatz; Auslegung (§§ 133, 157 BGB)
   b) Schriftform (§§ 623, 125 Satz 1 BGB)
   c) Kein Begründungszwang (Ausnahme: § 9 III 2 MuSchG)
2. **Kündigungsberechtigte Person: Stellvertretung**
   a) Handeln in fremdem Namen (§ 164 I 1, 2 BGB)
   b) Vertretungsmacht (§ 164 I 1 BGB)
   c) Nachweis der Bevollmächtigung (§ 174 BGB)
3. **Zugang der Kündigungserklärung**
   a) Zeitpunkt des Zugangs: Empfangstheorie
   b) Vereitelung des Zugangs: Eintritt einer Zugangsfiktion
   c) Folge des Zugangs: Einseitige Rücknahme nicht möglich

2. Ausschlussfrist (§ 4 Satz 1 i. V. m. § 7 KSchG)

Da allein das Arbeitsverhältnis den meisten Arbeitnehmern die Existenz sichert (Rn. 8), erschwert das Arbeitsrecht gemäß seiner Rechtsnatur als Arbeitnehmerschutzrecht (Rn. 19) die Kündigung des Arbeitsverhältnisses durch den Arbeitgeber (**Arbeitgeberkündigung**). Während der Arbeitnehmer, der kündigt, nur die bei Rn. 323–330 beschriebenen Regeln des BGB beachten muss, gelten für die Arbeitgeberkündigung besondere Unwirksamkeitsgründe (Rn. 335–355) und der allgemeine Kündigungsschutz (Rn. 356–382). Im Gegenzug gewährt der Gesetzgeber dem Arbeitgeber **Rechtssicherheit:** Der Arbeitnehmer muss die Unwirksamkeit der Arbeitgeberkündigung binnen einer **Ausschlussfrist von drei Wochen** geltend machen, indem er eine Kündigungsschutzklage beim zuständi-   331

---

[16] Weitere Beispiele und Nachweise bei A/P/S/*Preis*, Grundlagen D Rn. 58, 59.
[17] *BAG* vom 19. 8. 1982 – 2 AZR 230/80, BAGE 40, 56 (61) = AP Nr. 9 zu § 9 KSchG 1969 m. Anm. *Bernert* = NJW 1983, 1628.

gen Arbeitsgericht einreicht (§ 4 Satz 1 KSchG); versäumt er diese Klagefrist, gilt die Kündigung kraft materiellrechtlicher Fiktion als von Anfang an rechtswirksam (§ 7 KSchG).

Fallbearbeitung: Die Klagefrist des § 4 Satz 1 KSchG ist eine **materiellrechtliche Ausschlussfrist**[18] (§ 7 KSchG: die Kündigung „gilt" als rechtswirksam). Sie ist daher nicht im Rahmen der Zulässigkeit, sondern **im Rahmen der Begründetheit** der Kündigungsschutzklage zu prüfen, und zwar bevor auf die Unwirksamkeitsgründe eingegangen wird, die der Ausschlussfrist des § 4 Satz 1 i. V. m. § 7 KSchG unterliegen.

332   a) **Anwendbarkeit des § 4 Satz 1 i. V. m. § 7 KSchG:** Die materiellrechtliche Ausschlussfrist ist anwendbar, wenn der Arbeitnehmer geltend machen will, „dass eine Kündigung sozial ungerechtfertigt oder aus anderen Gründen rechtsunwirksam ist" (§ 4 Satz 1 KSchG). Sie betrifft also nicht nur die **Sozialwidrigkeit einer Kündigung** nach § 1 II, III KSchG, sondern grundsätzlich auch alle **anderen Unwirksamkeitsgründe.** Von diesem Grundsatz gibt es **drei Ausnahmen** (zur Anwendung des § 4 Satz 1 i. V. m. § 7 KSchG auf die Rüge einer zu kurzen **Kündigungsfrist** s. Rn. 383):

(1) Die erste Ausnahme besteht, wenn die Kündigung nicht dem **Formerfordernis des § 623 BGB** genügt (z. B. weil sie mündlich, durch Telefax oder E-Mail erklärt wurde, s. Rn. 325).

Diese Ausnahme ergibt sich aus dem Wortlaut des § 4 Satz 1 KSchG („Zugang der **schriftlichen** Kündigung"). Die Nichtigkeit der Kündigung nach §§ 125 Satz 1, 623 BGB kann der Arbeitnehmer also auch noch später und außerhalb eines Klageverfahrens geltend machen.[19]

(2) Die zweite Ausnahme gilt nach dem Wortlaut des § 4 Satz 1 KSchG („**Zugang** der schriftlichen Kündigung"), wenn die Kündigung dem Arbeitnehmer nicht zugegangen ist (Rn. 328, 329).

(3) Eine dritte Ausnahme von der Obliegenheit des § 4 Satz 1 KSchG existiert, wenn die Kündigung dem Arbeitgeber **nicht zurechenbar** ist, etwa weil der Vertreter des Arbeitgebers keine Vertretungsmacht hatte[20] (Rn. 327).

Praxis: Hat der Arbeitnehmer die Klagefrist des § 4 Satz 1 KSchG versäumt, ist die Klage zwar zulässig (Rn. 331). Das Arbeitsgericht hat aber im Rahmen der Begründetheit nur zu prüfen, ob dem Arbeitnehmer eine dem Arbeitgeber zurechenbare schriftliche Kündigung zugegangen ist oder ob insoweit Mängel bestehen; alle anderen Mängel der Kündigung werden durch das Fristversäumnis rückwirkend geheilt (§ 7 KSchG).

Durchblick: Für die Anwendbarkeit der Ausschlussfrist des § 4 Satz 1 i. V. m. § 7 KSchG spielt es keine Rolle, ob der **betriebliche** (§ 23 I 2, 3 KSchG) oder der **persönliche Geltungsbereich** des allgemeinen Kündigungsschutzes (§ 1 I KSchG) eröffnet ist. Die Klageobliegenheit, die früher nur in Bezug auf die Sozialwidrigkeit der Kündigung nach § 1 II, III KSchG bestand, bezieht sich seit 2004 auch auf die Unwirksamkeit „aus anderen Gründen" (§ 4 Satz 1 KSchG) und ist somit vom Geltungsbereich des allgemeinen Kündigungsschutzes abgekoppelt (vgl. § 23 I 2, 3 KSchG: „mit Ausnahme der §§ 4–7 KSchG"). Das Klageerfordernis des § 4 Satz 1 i. V. m. § 7 KSchG ist daher im Kündigungsschutzgesetz fehl am Platze; es gehört systematisch zu den allgemeinen Vorschriften des Bürgerlichen Gesetzbuchs über das Arbeitsverhältnis (§§ 611 ff. BGB).

---

[18] MünchKommBGB/*Hergenröder,* § 7 KSchG Rn. 7.
[19] Siehe dazu *Löwisch,* BB 2004, 154 (159); *Richardi,* DB 2004, 486 (489).
[20] *Hanau,* ZIP 2004, 1169 (1175); a. A. im Fall des § 174 Satz 1 BGB MünchKommBGB/ *Hergenröder,* § 4 KSchG Rn. 11.

b) **Einhaltung der Ausschlussfrist:** Die Dreiwochenfrist beginnt nicht etwa 333
mit Ablauf der Kündigungsfrist, sondern „nach Zugang der schriftlichen Kündigung" (§ 4 Satz 1 KSchG), d.h. mit dem Tag, der auf den Zugang der Kündigung folgt (§ 187 I BGB, zur Fristberechnung s. §§ 188 II, 193 BGB). Wegen der einschneidenden Folgen des Fristversäumnisses erlaubt der Gesetzgeber die **Zulassung verspäteter Klagen,** wenn der Arbeitnehmer trotz Anwendung aller ihm nach Lage der Umstände zuzumutenden Sorgfalt an der rechtzeitigen Klageerhebung gehindert war (§ 5 I KSchG, Einzelheiten in § 5 II–IV KSchG).

> **Beispiel:** Der Arbeitnehmer verbringt seinen gesamten vierwöchigen Jahresurlaub auf den Malediven; in der ersten Urlaubswoche geht ihm Zuhause die Arbeitgeberkündigung zu (Rn. 328). Wenn er bei seiner Rückkehr das Kündigungsschreiben vorfindet, kann er innerhalb von zwei Wochen (§ 5 III KSchG) beim Arbeitsgericht einen Antrag auf nachträgliche Klagezulassung stellen (§ 5 I KSchG).

c) **Folgen des Fristversäumnisses:** Wenn der Arbeitnehmer die Obliegenheit 334
verletzt, die Rechtsunwirksamkeit einer Kündigung innerhalb von drei Wochen nach ihrem Zugang gerichtlich geltend zu machen (und die Klage auch nicht nach § 5 I KSchG nachträglich zugelassen werden kann), so gilt die Kündigung als von Anfang an rechtswirksam (§ 7 KSchG); die Mängel der Kündigung werden – bis auf Mängel der Form, des Zugangs und der Stellvertretung (Rn. 332) – rückwirkend geheilt.[21]

> Der Arbeitnehmer muss mit der innerhalb von drei Wochen zu erhebenden Klage nicht alle denkbaren Unwirksamkeitsgründe in das Verfahren einführen: Hat der Arbeitnehmer einen Unwirksamkeitsgrund, insbesondere die Sozialwidrigkeit der Kündigung, fristgerecht im Klageweg geltend gemacht, kann er – nach Maßgabe der prozessualen Präklusionsfristen (§§ 61a V, 67 ArbGG) – im Prozess weitere Unwirksamkeitsgründe vorbringen (§ 6 KSchG).

3. Beteiligung des Betriebsrats

Vor jeder **Arbeitgeberkündigung** muss der Betriebsrat gehört werden 335
(§ 102 I 1 BetrVG); sonst ist die Kündigung unwirksam (§ 102 I 3 BetrVG).

a) **Anwendbarkeit des § 102 BetrVG:** Die Vorschrift setzt nach ihrem **betrieblichen Geltungsbereich** voraus, dass der Betrieb betriebsratsfähig ist (§§ 1, 118 II BetrVG) und im Zeitpunkt der Kündigung ein Betriebsrat besteht (§ 21 Satz 2 BetrVG). Vom **persönlichen Geltungsbereich** der Anhörungspflicht nach § 102 I BetrVG sind Kündigungen ausgenommen, die der Arbeitgeber gegenüber leitenden Angestellten erklärt (vgl. § 5 III, IV BetrVG).

> Besteht im Betrieb ein Sprecherausschuss der leitenden Angestellten (Rn. 680), gilt nach **§ 31 II 1–3 SprAuG** für den Sprecherausschuss die gleiche Regelung wie nach § 102 I BetrVG für den Betriebsrat.

b) **Anhörung vor der Kündigung:** Der Betriebsrat muss „vor jeder Kündi- 336
gung" (§ 102 I 1 BetrVG) gehört werden. Die Anhörung ist nicht nachholbar. Vor einer erneuten Kündigung muss die Anhörung erneut stattfinden, es sei denn, die Kündigung scheitert nur am fehlenden Zugang und wird vom Arbeitgeber unverzüglich wiederholt.[22]

---

[21] MünchKommBGB/*Hergenröder,* § 7 KSchG Rn. 5, 6.
[22] *BAG* vom 11. 10. 1989 – 2 AZR 88/89, AP Nr. 55 zu § 102 BetrVG 1972 = NZA 1990, 748; Richardi/*Thüsing,* BetrVG, § 102 Rn. 118.

(1) Eine Kündigung erfolgt „**ohne Anhörung des Betriebsrats**" (§ 102 I 3 BetrVG), wenn der Arbeitgeber die Kündigung erklärt, bevor das Anhörungsverfahren durch Stellungnahme des Betriebsrats oder Ablauf der Wochenfrist des § 102 II 1, 2 BetrVG abgeschlossen wurde. Maßgebend ist nicht der Zugang (§ 130 BGB), sondern die Abgabe der Kündigungserklärung, denn schon nach Abgabe der Erklärung kann der Betriebsrat auf die Kündigungsabsicht keinen Einfluss mehr nehmen.[23]

(2) Nach allgemeiner Ansicht hat nicht nur die **unterlassene Anhörung,** sondern auch die **fehlerhafte Anhörung** des Betriebsrats zur Folge, dass die Kündigung **unwirksam** ist, es sei denn, der Fehler fällt in den Zuständigkeitsbereich des Betriebsrats[24] (**Sphärentheorie**). Eine fehlerhafte Anhörung, die nach § 102 I 3 BetrVG zur Unwirksamkeit der Kündigung führt, liegt insbesondere vor, wenn die Unterrichtung des Betriebsrats nicht den Anforderungen des § 102 I 2 BetrVG entspricht (s. im einzelnen Rn. 770).

337   c) **Nachschieben von Kündigungsgründen:** Für die Unterrichtungspflicht des Arbeitgebers nach § 102 I 2 BetrVG gilt der **Grundsatz der subjektiven Determiniertheit:** Der Betriebsrat ist ordnungsgemäß angehört, wenn der Arbeitgeber die aus seiner Sicht wesentlichen Gründe für die Kündigung mitteilt.[25] **Existieren weitere Kündigungsgründe,** die der Arbeitgeber zunächst nicht für mitteilenswert hält, tritt das Problem des „Nachschiebens von Kündigungsgründen" auf, wenn er sich später auf diese Gründe berufen will. Zwei Fälle sind zu unterscheiden:

– Ist der Kündigungsgrund erst **nach dem Zugang** der Kündigung entstanden, muss der Arbeitgeber nach erneuter Anhörung des Betriebsrats erneut die Kündigung aussprechen.

– Wenn der Kündigungsgrund **beim Zugang** der Kündigung bereits vorhanden war, sind erneut zwei Fälle zu unterscheiden: War dem Arbeitgeber der Kündigungsgrund beim Ausspruch der Kündigung **nicht bekannt,** kann (und muss) er die Anhörung analog § 102 I 1 BetrVG – gegebenenfalls im Kündigungsschutzprozess – nachholen.[26] War dem Arbeitgeber der Kündigungsgrund hingegen **bekannt,** verbietet das Prinzip der subjektiven Determiniertheit das „Nachschieben" dieses Grundes.[27]

4. Besondere Unwirksamkeitsgründe

338   Spricht der Arbeitgeber die ordentliche Kündigung aus, muss er regelmäßig nicht nur das **Anhörungsrecht des Betriebsrats** (Rn. 335–337), sondern auch

---

[23] *BAG* vom 8. 4. 2003 – 2 AZR 515/02, BAGE 106, 14 (20) = AP Nr. 133 zu § 102 BetrVG 1972 = NZA 2003, 961.

[24] *BAG* vom 16. 1. 2003 – 2 AZR 707/01, AP Nr. 129 zu § 102 BetrVG 1972 = NZA 2003, 927 (928 f.).

[25] *BAG* vom 15. 7. 2004 – 2 AZR 376/03, BAGE 111, 229 (233) = AP Nr. 68 zu § 1 KSchG Soziale Auswahl = NZA 2005, 523.

[26] *BAG* vom 18. 12. 1980 – 2 AZR 1006/78, BAGE 34, 309 (319) = AP Nr. 22 zu § 106 BetrVG 1972 m. Anm. *Herschel* = NJW 1981, 2316 = SAE 1982, 20 m. Anm. *Koller.*

[27] *BAG* vom 13. 5. 2004 – 2 AZR 329/03, BAGE 110, 331 (334) = AP Nr. 140 zu § 102 BetrVG 1972 = NZA 2004, 1037; D/K/K/W/*Bachner,* § 102 BetrVG Rn. 129.

den **allgemeinen Kündigungsschutz** des Arbeitnehmers nach dem KSchG beachten (Rn. 356–382). Darüber hinaus gibt es eine Vielzahl weiterer Gründe, die zur Unwirksamkeit einer Kündigung führen können. Um sie vom allgemeinen Kündigungsschutz abzugrenzen, werden sie als **besondere Unwirksamkeitsgründe** bezeichnet.

a) Verstoß gegen das AGG

(1) Ein Grund für die Unwirksamkeit einer Kündigung könnte sich aus **§ 7 I, 1. Hs. AGG i.V.m. § 134 BGB** ergeben: Der sachliche Anwendungsbereich des AGG umfasst auch „Entlassungsbedingungen, insbesondere … Maßnahmen bei der Beendigung eines Beschäftigungsverhältnisses" (**§ 2 I Nr. 1 AGG**). Nach § 7 I, 1. Hs. AGG dürfen Beschäftigte nicht wegen eines in § 1 AGG genannten Grundes (Rn. 157) benachteiligt werden. Diese Vorschrift ist ein gesetzliches Verbot, das nach der Regel des § 134 BGB die Nichtigkeit eines verbotswidrigen Rechtsgeschäfts nach sich zieht. Danach müsste eine Kündigung, die z.B. mit der Homosexualität eines Arbeitnehmers begründet wird,[28] wegen Verstoßes gegen § 7 I, 1. Hs. AGG i.V.m. § 134 BGB unwirksam sein.

(2) Der deutsche Gesetzgeber hat jedoch in der **Bereichsausnahme des § 2 IV AGG** festgelegt, dass für Kündigungen ausschließlich die Bestimmungen zum allgemeinen und besonderen Kündigungsschutz gelten sollen. Diese Bereichsausnahme ist nicht per se europarechtswidrig: Die dem AGG zugrunde liegenden **Richtlinien 2000/43/EG** (Art. 3 I lit. c), **2000/78/EG** (Art. 3 I lit. d) und **2006/54/EG** (Art. 14 I lit. c) erfassen zwar ausdrücklich „Entlassungsbedingungen", aber der deutsche Gesetzgeber muss lediglich das Regelungsziel der drei genannten Richtlinien verwirklichen. Er ist frei in der Wahl seiner Mittel und nicht verpflichtet, die Richtlinienziele durch ein einziges Gesetz (das AGG) zu verwirklichen. Das bedeutet: Soweit sich der erforderliche Schutz vor Benachteiligungen im Arbeitsleben durch den allgemeinen Kündigungsschutz (Rn. 356–382) und andere („besondere") Unwirksamkeitsgründe (Rn. 341–345) realisieren lässt, ist die Bereichsausnahme des § 2 IV AGG wirksam. Deshalb muss differenziert werden:

(a) Im Anwendungsbereich des allgemeinen Kündigungsschutzes (§§ 1 I, 23 I 2, 3 KSchG) wird insofern ein hinreichender Benachteiligungsschutz gewährleistet, als praktisch kein Fall denkbar ist, in dem eine unzulässig benachteiligende Kündigung nach § 1 I, II KSchG wirksam sein könnte.

(b) Außerhalb des Anwendungsbereichs der §§ 1–14 KSchG lässt sich das gleiche Ergebnis über die Generalklauseln der **§§ 138, 242 BGB** (Rn. 341–345) erzielen. In Bezug auf die Unwirksamkeit der Kündigung ist die Bereichsausnahme des § 2 IV AGG folglich europarechtskonform, sodass in einem reinen Kündigungsschutzfall die Unwirksamkeit nach § 7 I, 1. Hs. AGG i.V.m. § 134 BGB keine Rolle spielt.

(c) Allerdings bezweifeln viele, ob allein die Unwirksamkeit der unzulässig benachteiligenden Kündigung (nach § 1 I, II KSchG oder §§ 138, 242 BGB) eine

---

[28] So im Fall des *BAG* vom 23. 6. 1994 – 2 AZR 617/93, BAGE 77, 128 (132) = AP Nr. 9 zu § 242 BGB Kündigung = NZA 1994, 1080.

ausreichende Sanktion i.S. der EU-Richtlinien ist. Folgt man diesen Zweifeln, ist ein **Schadensersatz- oder Entschädigungsanspruch** des Arbeitnehmers gemäß § 15 AGG (Rn. 166) wegen unzulässig benachteiligender Kündigung – der durch Leistungsklage gerichtlich geltend gemacht wird – durch § 2 IV AGG nicht ausgeschlossen.[29]

b) Kündigung wegen Betriebsübergangs

340   Nach § 613a IV 1 BGB ist die Kündigung des Arbeitsverhältnisses durch den Betriebsveräußerer oder den Betriebserwerber unwirksam, wenn sie **wegen eines Betriebsübergangs** ausgesprochen wird. Diese Vorschrift enthält ein eigenständiges Kündigungsverbot i.S. des § 13 III KSchG.[30] An sie ist zu denken, wenn im Zusammenhang mit der Umstrukturierung von Unternehmen betriebsbedingte Kündigungen ausgesprochen werden. Wegen eines Betriebsübergangs wird die Kündigung ausgesprochen, wenn der Betriebsübergang (Rn. 134–141) die überwiegende Ursache – der Beweggrund – für die Kündigung ist.[31] Wie § 613a IV 2 BGB klarstellt, bleiben Kündigungen **aus anderen Gründen** vom Kündigungsverbot unberührt.

> **Durchblick:** In den meisten Fällen sind die Voraussetzungen des § 613a IV 1 BGB nicht erfüllt, weil der Betriebsübergang nur den äußeren Anlass, nicht aber den tragenden Grund für die Kündigung bildet (§ 613a IV 2 BGB). Ein Beispiel ist die betriebsbedingte Kündigung durch den Veräußerer des Betriebs, wenn der Arbeitnehmer dem Übergang seines Arbeitsverhältnisses auf den Betriebserwerber widerspricht und der Veräußerer ihn nicht mehr beschäftigen kann.

c) Verstoß gegen weitere BGB-Vorschriften

341   Im Bürgerlichen Gesetzbuch finden sich – neben § 613a IV 1 BGB – weitere Vorschriften, aus denen sich die Unwirksamkeit einer Kündigung ergeben kann. Neben dem bereits (Rn. 325) erwähnten **Formverstoß** (§§ 125 Satz 1, 623 BGB) sind drei Bestimmungen besonders hervorzuheben:

(1) **§ 612a BGB (Maßregelungsverbot):** Nach § 612a BGB darf der Arbeitgeber Arbeitnehmer bei einer Maßnahme nicht benachteiligen, weil sie in zulässiger Weise ihre Rechte ausüben (Rn. 269b). Eine „Maßnahme" i.S.d. § 612a BGB kann auch der Ausspruch einer Kündigung sein.[32] Verstößt eine Kündigung gegen § 612a BGB, ist sie nach § 134 BGB nichtig.

> Zwar ist das Maßregelungsverbot des § 612a BGB nicht auf die Ausübung arbeitsrechtlicher Rechte beschränkt, aber die Rechtsausübung muss im Verhältnis zum Arbeitgeber erfolgt sein. Wird die Kündigung z.B. ausgesprochen, weil der Arbeitnehmer in seinem privaten Bereich von seinem Grundrecht auf freie Entfaltung der Persönlichkeit (Art. 2 I GG) in einer Weise Gebrauch macht, die dem Arbeitgeber missfällt, ist nicht § 612a BGB, sondern § 138 I BGB und/oder § 242 BGB einschlägig.

---

[29] Ausführlich *Kamanabrou*, RdA 2007, 199 (200–204); unentschieden *BAG* vom 22. 10. 2009 – 8 AZR 642/08, AP Nr. 2 zu § 15 AGG = NZA 2010, 280 (Rn. 16).

[30] *BAG* vom 22. 5. 1997 – 8 AZR 101/96, BAGE 86, 20 (26) = AP Nr. 154 zu § 613a BGB m. Anm. *Franzen* = NZA 1997, 1050 – Modefachgeschäft.

[31] *BAG* vom 28. 10. 2004 – 8 AZR 391/03, BAGE 112, 273 (276) = AP Nr. 279 zu § 613a BGB = NZA 2005, 285 – Lagerleiter „Armaturen".

[32] *BAG* vom 22. 9. 2005 – 6 AZR 607/04, AP Nr. 20 zu § 1 KSchG 1969 Wartezeit = NJW 2006, 1612 = NZA 2006, 429 (430) – Personalkarussell.

(2) **§ 138 I BGB (Sittenwidrigkeit)** kommt als Unwirksamkeitsgrund vor allem in Betracht, wenn die Kündigung auf Motiven beruht, welche die Grundrechtspositionen des Arbeitnehmers berühren (z. B. Zugehörigkeit zu einer Kirche, gewerkschaftliche Betätigung im Betrieb).

Die Rechtsprechung erwähnt § 138 I BGB zwar häufig, stützt das Ergebnis aber meist auf § 242 BGB: Stellt sich eine Kündigung als unzulässige Rechtsausübung i. S. von § 242 BGB dar, braucht das Kriterium des Sittenverstoßes i. S. von § 138 I BGB – Verletzung des „Anstandsgefühls aller billig und gerecht Denkenden" – nicht mehr erörtert zu werden.

Beispiel: Das BAG hat eine Kündigung, die mit der Homosexualität des Arbeitnehmers begründet wurde, nicht nach § 138 I BGB, sondern nach § 242 BGB für unwirksam erklärt[33] (weil dies leichter zu begründen ist).

(3) **§ 242 BGB (unzulässige Rechtsausübung)** wird seit langem als Kündigungsverbot herangezogen, wenn eine Kündigung auf anstößigen Motiven beruht (z. B. unbewiesene Diffamierungen[34]) oder zur Unzeit ausgesprochen wird.[35]

Beispiel: Einem Arbeitnehmer, der im Betrieb einen Arbeitsunfall erlitten hat, wird am selben Tag – am Krankenbett unmittelbar vor der Operation – das Kündigungsschreiben ausgehändigt.[36]

Nach der Rechtsprechung des BVerfG hat § 242 BGB zwei weitere Anwendungsbereiche gefunden: In Fällen, in denen der allgemeine Kündigungsschutz wegen der **Kleinbetriebsklausel des § 23 I 2, 3 KSchG** nicht einschlägig ist, verlangt die Berufsfreiheit des Arbeitnehmers (Art. 12 I GG) i. V. m. dem Sozialstaatsprinzip (Art. 20 I GG), dass der Arbeitgeber ein Mindestmaß an sozialer Rücksichtnahme einhält, das sich auf das „Ob" der Kündigung und gegebenenfalls auch auf die Auswahl des zu kündigenden Arbeitnehmers bezieht.[37] Das Gleiche gilt nach der Rechtsprechung des BVerfG, wenn die **Wartezeit des § 1 I KSchG** noch nicht abgelaufen ist.[38] Das BAG hat diese Vorgaben durch ein Urteil umgesetzt, das die Anregung gegeben hat für

Übungsfall 13 (Meisterwerkstatt): Die KfZ-Meisterwerkstatt Bauer und Berger OHG (B) **342** beschäftigt neben den beiden Inhabern eine Buchhalterin, eine Sekretärin und einen Lackierer, den 52jährigen und seit 26 Jahren im Betrieb arbeitenden Karl Kauermann (K). Wegen einer Krise im Automobilhandwerk sind die Umsätze der B in den letzten beiden Jahren um insgesamt ein Drittel zurückgegangen, sodass die beiden Inhaber beschließen, die Lackierarbeiten künftig selbst zu erledigen. Am 31. Januar übergeben sie dem K ein Schreiben, wonach das Arbeitsverhältnis am 31. August durch ordentliche Kündigung enden soll. Am 21. Februar erhebt K bei dem örtlich zuständigen Arbeitsgericht Klage auf Feststellung, dass sein Arbeitsverhältnis durch die Kündigung nicht aufgelöst ist. Er meint, es sei un-

---

[33] *BAG* vom 23. 6. 1994 – 2 AZR 617/93, BAGE 77, 128 (136) = AP Nr. 9 zu § 242 BGB Kündigung = NZA 1994, 1080.

[34] *BAG* vom 30. 11. 1960 – 3 AZR 480/58, BAGE 10, 207 (211 f.) = AP Nr. 2 zu § 242 BGB Kündigung = NJW 1961, 1085 – Ostverbindungen.

[35] *BAG* vom 5. 4. 2001 – 2 AZR 185/00, BAGE 97, 294 (298) = AP Nr. 13 zu § 242 BGB Kündigung = NZA 2001, 890.

[36] *LAG Bremen* vom 29. 10. 1985 – 4 Sa 151/85, LAGE § 242 BGB Nr. 1.

[37] *BVerfG* vom 27. 1. 1998 – 1 BvL 15/87, BVerfGE 97, 169 (178 f., 185) – Kleinbetriebsklausel I.

[38] *BVerfG* vom 21. 6. 2006 – 1 BvR 1659/04, NZA 2006, 913 (914).

gerecht, ihn nach 26 Jahren zu entlassen, obwohl der Betrieb so gut verdiene, dass er sich einen Lackierer leisten könne. Wie wird das Arbeitsgericht entscheiden?[39]

343   **Lösung:** Das Arbeitsgericht wird der Klage stattgeben, wenn sie zulässig und begründet ist.

(A) Die **Zulässigkeit** unterliegt keinen Bedenken: Das Arbeitsgericht ist nach § 2 I Nr. 3 b ArbGG sachlich zuständig; es entscheidet im Urteilsverfahren (§ 2 V ArbGG). K hat eine Feststellungsklage erhoben; das Feststellungsinteresse ergibt sich daraus, dass die Kündigung – unabhängig davon, ob der betriebliche Geltungsbereich des allgemeinen Kündigungsschutzes nach §§ 1 ff. KSchG eröffnet ist (vgl. den Wortlaut des § 23 I 2, 3 KSchG) – als von Anfang an rechtswirksam gilt, wenn sie nicht binnen drei Wochen durch Klage angegriffen wird (§ 4 Satz 1 i. V. m. § 7 KSchG).

(B) Die **Begründetheit** der Klage hängt davon ab, ob B durch das am 31. Januar dem K übergebene Schreiben das Arbeitsverhältnis mit Ablauf des 31. August aufgelöst hat.

(I) **Kündigungserklärung:** Das Schreiben vom 31. Januar müsste eine Kündigungserklärung der B enthalten, die dem K zugegangen ist und weder gegen Form- noch sonstige Ordnungsvorschriften verstößt. Die Erklärung einer ordentlichen Kündigung ist eine einseitige empfangsbedürftige rechtsgestaltende **Willenserklärung**, die das Arbeitsverhältnis mit dem Ablauf eines bestimmten Datums auflösen soll. Der **Zugang der Erklärung** ist am 31. Januar durch persönliche Aushändigung eines Schriftstücks erfolgt. Es ist davon auszugehen, dass das **Formerfordernis** des § 623 BGB – eigenhändige Namensunterschriften der beiden Inhaber unter dem Kündigungsschreiben (§ 126 I BGB) – eingehalten wurde, sodass die Willenserklärung der B nicht wegen Formmangels unwirksam ist (§ 125 Satz 1 BGB).

(II) **Allgemeiner Kündigungsschutz:** Der allgemeine Kündigungsschutz ist auf das Arbeitsverhältnis des K nur anwendbar, wenn B in ihrem Betrieb im Zeitpunkt des Zugangs der Kündigungserklärung in der Regel mehr als fünf Arbeitnehmer beschäftigt (§ 23 I 2 KSchG, Berechnung nach § 23 I 4 KSchG). B beschäftigt drei Arbeitnehmer. Der allgemeine Kündigungsschutz nach §§ 1–14 KSchG ist – mit Ausnahme der §§ 4–7 und des § 13 I 1, 2 KSchG – nicht anwendbar.

344   (III) **Unwirksamkeit nach §§ 138 I, 242 BGB:** Die Unwirksamkeit der Kündigung könnte sich aus Vorschriften des BGB ergeben. In Betracht kommen § 138 I BGB (Verstoß gegen die guten Sitten) und § 242 BGB (unzulässige Rechtsausübung). Dann müssten diese Vorschriften neben dem KSchG anwendbar sein (dazu 1), K müsste sich auf sie berufen können (dazu 2), und ihre Voraussetzungen müssten vorliegen (dazu 3, 4).

(1) Die **Anwendbarkeit der §§ 138 I, 242 BGB** könnte sich daraus ergeben, dass auch Arbeitsverhältnisse in einem Kleinbetrieb, der außerhalb des Anwendungsbereichs des allgemeinen Kündigungsschutzes steht, ein Mindestmaß an Bestandsschutz haben müssen.

(a) Nach der **Rechtsprechung** des BVerfG ist die **Herausnahme von Kleinbetrieben** aus dem allgemeinen Kündigungsschutz (§ 23 I 2 KSchG) zwar **grundsätzlich verfassungskonform,** weil in einem Betrieb mit wenigen Arbeitskräften der Geschäftserfolg – mehr als in Großbetrieben – von jedem einzelnen Arbeitnehmer abhängt: Personalausfälle lassen sich bei geringem Personalstand nur schwer ausgleichen, oft arbeitet in Kleinbetrieben der Arbeitgeber selbst „als Chef vor Ort" mit, und auch die regelmäßig geringere Finanzausstattung fällt ins Gewicht.[40]

(b) Jedoch verlange – so das BVerfG – die **Berufsfreiheit des Arbeitnehmers** (Art. 12 I GG) i. V. m. dem Sozialstaatsprinzip (Art. 20 I GG), den **Arbeitnehmer im Kleinbetrieb nicht gänzlich schutzlos** zu stellen: Wo der allgemeine Kündigungsschutz nicht anwendbar sei, müsse der Arbeitnehmer durch die zivilrechtlichen Generalklauseln vor einer sitten- oder treuwidrigen Ausübung des Kündigungsrechts bewahrt werden.[41] Folgt man dem BVerfG, ist

---

[39] Fall frei nach *BAG* vom 21. 2. 2001 – 2 AZR 15/00, BAGE 97, 92 = AP Nr. 12 zu § 242 BGB Kündigung = NZA 2001, 833 = SAE 2001, 319 m. Anm. *von Hoyningen-Huene* = RdA 2002, 99 m. Anm. *Otto* = EzA § 242 BGB Kündigung Nr. 1 m. Anm. *Oetker* – Autolackiererei.

[40] *BVerfG* vom 27. 1. 1998 – 1 BvL 15/87, BVerfGE 97, 169 (177 f.) – Kleinbetriebsklausel I; s. auch *Junker,* Gutachten B zum 65. Deutschen Juristentag (2004), S. B 55–B 56.

[41] *BVerfG* vom 27. 1. 1998 – 1 BvL 15/87, BVerfGE 97, 169 (178 f., 185) – Kleinbetriebsklausel I; s. auch *Otto,* Wiese-FS (1998), S. 353; *ders.,* RdA 2002, 103 (104).

die Anwendung der §§ 138 I, 242 BGB im vorliegenden Fall nicht nur zulässig, sondern sogar verfassungsrechtlich geboten.

(2) Die **Geltendmachung der §§ 138 I, 242 BGB** könnte nach § 4 Satz 1 i. V. m. § 7 KSchG ausgeschlossen sein. Gemäß § 23 I 2 KSchG gelten diese Vorschriften unabhängig davon, ob die Betriebsgröße den Schwellenwert von fünf Arbeitnehmern übersteigt. Hat der Arbeitnehmer nicht binnen drei Wochen nach Zugang der schriftlichen Kündigung eine Feststellungsklage beim Arbeitsgericht erhoben (§ 4 Satz 1 KSchG), so gilt die Kündigung als von Anfang an rechtswirksam (§ 7 KSchG). Durch Erhebung der Klage am 21. Februar hat K diesem Erfordernis Genüge getan; die Berufung auf §§ 138 I, 242 BGB ist nicht ausgeschlossen.

(3) Die Kündigung könnte nach **§ 138 I BGB** (Sittenwidrigkeit) nichtig sein. Die „Sittenwidrigkeit" eines Rechtsgeschäfts ist ein schwerer Vorwurf, der nur in besonders krassen Fällen erhoben werden darf: Die Kündigung muss „dem Anstandsgefühl aller billig und gerecht Denkenden" widersprechen.[42] K hat keine Umstände vorgetragen, die diesen Vorwurf rechtfertigen könnten: Es gibt keine Anhaltspunkte, dass die von B behaupteten wirtschaftlichen Gründe vorgeschoben sind und die Kündigung in Wahrheit auf einem verwerflichen Motiv beruht (z. B. Ersetzung des K durch einen jüngeren Arbeitnehmer).

(4) Die Unwirksamkeit der Kündigung könnte schließlich aus **§ 242 BGB (Treu und Glauben)** folgen. Der Grundsatz von Treu und Glauben (§ 242 BGB) bildet eine allen Rechten – also auch dem Kündigungsrecht – immanente Inhaltsbegrenzung. Wird diese Grenze überschritten, ist die Kündigung als unzulässige Rechtsausübung anzusehen.

345

(a) Der **Prüfungsmaßstab des § 242 BGB** hängt davon ab, ob das KSchG anwendbar ist: Das KSchG hat die Voraussetzungen und Wirkungen des Grundsatzes von Treu und Glauben konkretisiert und – soweit es um das Interesse des Arbeitnehmers am Erhalt seines Arbeitsplatzes geht – abschließend geregelt. Im Anwendungsbereich des KSchG kommen daher Umstände, die im Rahmen des § 1 I–III KSchG zu würdigen sind und die Kündigung als sozial ungerechtfertigt erscheinen lassen, als Verstöße gegen Treu und Glauben nicht in Betracht. Soweit jedoch der allgemeine Kündigungsschutz wegen der **Schwellenwerte des § 23 I 2–4 KSchG** nicht anwendbar ist, lebt das Gebot von Treu und Glauben (§ 242 BGB) insofern auf, als der Arbeitgeber aus verfassungsrechtlichen Gründen ein Mindestmaß an „sozialer Rücksicht" einhalten muss. Daraus ergeben sich **zwei Anforderungen** an die Arbeitgeberkündigung:

(b) Zum einen darf die Kündigung nicht willkürlich erfolgen: Der Arbeitgeber muss einen **irgendwie einleuchtenden Grund** für die Kündigung vorbringen.[43] B ist auf Grund einer wirtschaftlichen Betrachtung zu dem Ergebnis gekommen, dass bei einem Umsatzrückgang um ein Drittel einer der insgesamt drei Arbeitsplätze in der Werkstatt wegfallen soll. Das ist ein einleuchtender Grund für die Entscheidung der beiden Gesellschafter der B, den Arbeitsplatz des Lackierers wegfallen zu lassen und die Lackierarbeiten künftig selbst zu übernehmen.

(c) Zum anderen stellt sich eine Kündigung als Verstoß gegen Treu und Glauben dar, wenn der Arbeitgeber zwischen verschiedenen Arbeitnehmern auszuwählen hat und dabei einen **evidenten Auswahlfehler** begeht. Bei der Auswahlentscheidung darf ein durch langjährige Mitarbeit erdientes Vertrauen in den Fortbestand des Arbeitsverhältnisses nicht unberücksichtigt bleiben.[44] Das Kriterium der „evident fehlerhaften" Auswahlentscheidung bewirkt, dass die Anforderungen im Rahmen des § 242 BGB deutlich hinter einer Sozialauswahl nach § 1 III KSchG zurückbleiben. Anzuwenden sind nicht einmal die Maßstäbe der „grob fehlerhaften" Sozialauswahl i. S. d. § 1 IV KSchG,[45] sondern es geht im Kleinbetrieb nur um eine Missbrauchskontrolle der Auswahlentscheidung. Im vorliegenden Fall entfällt die Auswahlentscheidung und damit auch die Missbrauchskontrolle, da die beiden anderen Arbeitsplätze im Betrieb – Buchhaltung und Sekretariat – nicht mit demjenigen des K vergleichbar sind. Die Kündigung des K stellt sich nicht als rechtsmissbräuchlich dar (§ 242 BGB).

---

[42] *BAG* vom 21. 2. 2001 – 2 AZR 15/00, BAGE 97, 92 (98 f.); *BAG* vom 2. 4. 1987 – 2 AZR 227/86, BAGE 55, 190 (196) = AP Nr. 1 zu § 612 a BGB = NZA 1988, 18.

[43] *BAG* vom 25. 4. 2001 – 5 AZR 360/99, AP Nr. 14 zu § 242 BGB Kündigung = NJW 2002, 532 (534) = NZA 2002, 87.

[44] *BAG* vom 21. 2. 2001 – 2 AZR 15/00, BAGE 97, 92 (100); *BAG* vom 28. 8. 2003 – 2 AZR 333/02, AP Nr. 17 zu § 242 BGB Kündigung = NZA 2004, 1296.

[45] *Otto*, RdA 2002, 103 (106); a. A. *Oetker*, EzA § 242 BGB Kündigung Nr. 1 (S. 27).

(IV) **Ergebnis:** Die von B am 31. Januar erklärte Kündigung ist wirksam. Die Klage des K ist unbegründet. Das Arbeitsgericht wird die Klage abweisen.

d) Vereinbarter Kündigungsschutz

346   Ein Kündigungsschutz kraft Vereinbarung, der über die gesetzlichen Regelungen hinausgeht, kann in Tarifverträgen, Betriebsvereinbarungen oder Arbeitsverträgen enthalten sein. Auch er muss nach § 4 Satz 1 i. V. m. § 7 KSchG rechtzeitig prozessual geltend gemacht werden.[46]

(1) **Tarifverträge** können nach § 1 I TVG Rechtsnormen über die Beendigung von Arbeitsverhältnissen vorsehen. Diese Beendigungsnormen gelten unmittelbar und zwingend (§ 4 I TVG), wenn beide Arbeitsvertragsparteien tarifgebunden sind (§ 3 I TVG). Tarifliche Beendigungsnormen finden ihre Grenze im zwingenden Gesetzesrecht. Sie können daher von den Vorschriften des KSchG, die einen gesetzlichen Mindestschutz gewähren, nicht zum Nachteil, wohl aber zum Vorteil des Arbeitnehmers abweichen.[47]

Praxis: Viele Tarifverträge stellen Kündigungsverbote auf, die das Lebensalter und die Beschäftigungsdauer kombinieren. Tarifverträge für die Metallindustrie schließen z. B. die ordentliche Kündigung bei Arbeitnehmern aus, die das 55. Lebensjahr vollendet haben und dem Betrieb 10 Jahre angehören. Wenn das tarifliche Kündigungsverbot keine Ausnahme für außergewöhnliche Fälle – etwa die Stilllegung des Betriebs – vorsieht, verringern sich die Anforderungen an den „wichtigen Grund" i. S. d. § 626 I BGB: Dann kann es zu einer außerordentlichen Kündigung aus Gründen kommen, die in einem ordentlich kündbaren Arbeitsverhältnis als wichtiger Grund nicht ausreichen würden (Rn. 414).

347   (2) **Betriebsvereinbarungen,** die den Kündigungsschutz verbessern, werden oft als sog. Betriebliche Bündnisse für Arbeit geschlossen: Die Arbeitszeit wird ohne Lohnausgleich verlängert; im Gegenzug werden betriebsbedingte Kündigungen für bestimmte Zeit ausgeschlossen. Allerdings sind in weiten Bereichen der Wirtschaft die Arbeitszeit und oft auch Kündigungsbeschränkungen durch Tarifvertrag geregelt; daher setzt der Tarifvorbehalt des § 77 III 1 BetrVG solchen Betriebsvereinbarungen enge Grenzen[48] (Rn. 725–729).

(3) **Arbeitsverträge** bringen häufig durch Bezugnahmeklauseln (Rn. 538–541) tarifliche Kündigungsverbote zur Anwendung. Die ordentliche Kündigung ist ferner ausgeschlossen, wenn die Parteien im Arbeitsvertrag zulässigerweise eine Befristung des Arbeitsverhältnisses vereinbart und das Kündigungsrecht nicht vorbehalten haben (§ 15 III TzBfG): Dann ist während der Befristung nur eine außerordentliche Kündigung möglich (Rn. 434).

e) Besonderer Kündigungsschutz

348   Bestimmte Arbeitnehmer genießen einen besonderen gesetzlichen Kündigungsschutz, der nicht nur dem individuellen Interesse des Arbeitnehmers, sondern auch dem Allgemeininteresse dient. Er ist verschieden ausgestaltet:

---

[46] *BAG* vom 8. 11. 2007 – 2 AZR 314/06, BAGE 124, 367 = AP Nr. 63 zu § 4 KSchG 1969 = DB 2008, 707 (Rn. 17).
[47] *von Hoyningen-Huene/Linck,* § 1 KSchG Rn. 9.
[48] *BAG* vom 20. 4. 1999 – 1 ABR 72/98, BAGE 91, 210 = AP Nr. 89 zu Art. 9 GG = NZA 1999, 887 = SAE 1999, 253 m. Anm. *Reuter* – „Burda"-Beschluss.

- Einige Vorschriften begrenzen nur das Recht des Arbeitgebers zur **ordentlichen Kündigung** (z.B. § 22 II BBiG), andere auch das Recht zur **außerordentlichen Kündigung** (z.B. § 9 MuSchG). Die außerordentliche Kündigung ist aber nach keiner Norm vollständig ausgeschlossen, da eine solche Regelung gegen Art. 12 I GG verstoßen würde.
- Zum Teil besteht der besondere Kündigungsschutz darin, dass eine **behördliche Zustimmung** vorliegen muss (z.B. §§ 85, 91 I SGB IX).[49] Zum Teil handelt es sich um **gesetzliche Kündigungsverbote**, und zwar solche mit Erlaubnisvorbehalt (z.B. § 9 III MuSchG, § 18 I 2–4 BEEG, § 5 II PflegeZG) oder solche mit Ausnahmetatbeständen (z.B. § 15 IV, V KSchG).

Über die wichtigsten Vorschriften des **Besonderen Kündigungsschutzes** informiert die **Übersicht 6.2**: **349**

Übersicht 6.2: **Besonderer Kündigungsschutz**

Geschützter Personenkreis	Ordentliche Kündigung ist …	Außerordentliche Kündigung ist …
Schwerbehinderte § 2 II, III SGB IX	**zustimmungsbedürftig** (Integrationsamt)[50]	
	§ 85 SGB IX	§ 91 SGB IX
Frauen gemäß § 9 I 1 MuSchG[51]	**verboten,** § 9 I 1 MuSchG (Erlaubnis möglich, aber selten, § 9 III MuSchG)	
Arbeitnehmer in der Elternzeit	**verboten,** § 18 I 1 BEEG (Erlaubnis möglich, aber selten, § 18 I 2–4 BEEG)	
Arbeitnehmervertreter gemäß § 15 I–III KSchG	**grundsätzlich verboten,**[52] § 15 I–III KSchG	**erlaubt,** aber z.T. zustimmungsbedürftig, § 103 BetrVG
Auszubildende (§ 10 BBiG)	**verboten nach der Probezeit,** § 22 I, II Nr. 1 BBiG	**erlaubt,** § 22 II Nr. 1, III, IV BBiG
Wehrdienstleistende, § 1 I ArbPlSchG	**verboten (Ausnahmen),** § 2 I, II ArbPlSchG	**erlaubt,** § 2 III ArbPlSchG
Zivildienstleistende	entsprechend, § 78 I Nr. 1 ZDG	entsprechend, § 78 I Nr. 1 ZDG
Abgeordnete, z.B. Art. 48 II 1 GG	**verboten,** z.B. Art. 48 II 2 GG, § 2 III AbgeordnetenG	**erlaubt,** z.B. § 2 III 2 AbgeordnetenG

---

[49] Übersicht über weitere Fälle bei *Hromadka/Maschmann* I, § 10 Rn. 78, 79.
[50] Ausnahmen in § 90 SGB IX, Ermessenseinschränkungen in §§ 89, 91 IV SGB IX.
[51] Während der Schwangerschaft und bis zum Ablauf von vier Monaten nach der Entbindung, § 9 I 1 MuSchG.
[52] Ausnahme: Betriebs(teil)stilllegung, § 15 IV, V KSchG.

Im Folgenden werden nur die **drei zahlenmäßig bedeutendsten Fallgruppen** behandelt: der Schutz schwerbehinderter Menschen, der Mutterschutz und der Schutz betriebsverfassungsrechtlicher Funktionsträger.

350   **(1) Besonderer Kündigungsschutz für Schwerbehinderte** gilt für einen weiten Personenkreis: Es gibt in Deutschland rund 7,3 Mio. schwerbehinderte Menschen i.S.d. § 2 II, III SGB IX, von denen etwa 1,2 Mio. Arbeitnehmer sind.[53] Nach **§ 85 SGB IX** ist die vorherige Zustimmung des Integrationsamtes erforderlich, wenn der Arbeitgeber das Arbeitsverhältnis eines Schwerbehinderten kündigen will. Das gilt unabhängig von der Zahl der im Betrieb beschäftigten Arbeitnehmer; der **betriebliche Geltungsbereich** der Vorschrift erfasst also auch Kleinbetriebe. Vom **persönlichen Geltungsbereich** ausgenommen sind schwerbehinderte Arbeitnehmer, deren Arbeitsverhältnis noch nicht länger als sechs Monate besteht (Wartefrist, § 90 I Nr. 1 SGB IX). Der Sonderkündigungsschutz steht nicht nur den nach § 69 SGB IX anerkannten Schwerbehinderten zu, sondern auch Arbeitnehmern, die zum Zeitpunkt der Kündigung einen **Antrag auf Anerkennung** gestellt haben (Ausnahme in § 90 II a SGB IX).[54]

> Die Zustimmung muss dem Arbeitgeber in dem Zeitpunkt förmlich zugestellt sein, in welchem dem Arbeitnehmer die Kündigung zugeht; fehlt es daran, ist die Kündigung unheilbar nichtig (§ 134 BGB).

351

Hat der Arbeitgeber **keine Kenntnis** davon, dass der Arbeitnehmer als Schwerbehinderter anerkannt ist oder einen Antrag auf Anerkennung gestellt hat, ist die Kündigung trotzdem nach §§ 85 SGB IX, 134 BGB unwirksam, wenn der Arbeitnehmer den Arbeitgeber **innerhalb von drei Wochen** nach Zugang der Kündigung (Rechtsgedanke des § 4 Satz 1 KSchG) über die Schwerbehinderteneigenschaft oder die Antragstellung unterrichtet. Die Informationspflicht des Arbeitnehmers entfällt, wenn dem Arbeitgeber gesundheitliche Beeinträchtigungen des Arbeitnehmers bekannt sind, die ihrer Art nach den Schluss auf eine Schwerbehinderteneigenschaft nahelegen.[55]

> **Durchblick:** Die Entscheidung des Integrationsamtes nach § 85 SGB IX ist ein Verwaltungsakt (§ 31 SGB X). Erteilt das Integrationsamt seine Zustimmung, kann der **Arbeitnehmer** Widerspruch und nach erfolglosem Widerspruchsverfahren Anfechtungsklage beim Verwaltungsgericht erheben; diese Rechtsbehelfe haben allerdings keine aufschiebende Wirkung (§ 88 IV SGB IX). Will der Arbeitnehmer außerdem die Unwirksamkeit der Kündigung aus anderen Gründen (einschließlich der Sozialwidrigkeit der Kündigung nach § 1 KSchG) geltend machen, muss er binnen drei Wochen eine **Feststellungsklage beim Arbeitsgericht** einreichen (§ 4 Satz 1 i.V.m. § 7 KSchG). – Verweigert das Integrationsamt die Zustimmung gemäß § 85 SGB IX, muss der **Arbeitgeber,** bevor er die Kündigung erklären kann (vgl. § 88 III SGB IX), den Weg des Widerspruchs und der Verpflichtungsklage – im Extremfall bis zum BVerwG – beschreiten. Hat der Arbeitgeber im Verwaltungsstreitverfahren Erfolg und erklärt er sodann die Kündigung, kann der Arbeitnehmer vor dem Arbeitsgericht gegen die Kündigung vorgehen.

---

[53] Quelle: Statistisches Bundesamt (www.destatis.de).
[54] *BAG* vom 20. 1. 2005 – 2 AZR 675/03, AP Nr. 1 zu § 85 SGB IX = NZA 2005, 689 (690); *BAG* vom 29. 11. 2007 – 2 AZR 613/06, AP Nr. 5 zu § 90 SGB IX = NZA 2008, 361 (Rn. 15).
[55] *BAG* vom 12. 1. 2006 – 2 AZR 539/05, AP Nr. 3 zu § 85 SGB IX = NZA 2006, 1035 (Rn. 18, 24).

(2) **Kündigungsrechtlicher Mutterschutz** besteht ebenfalls unabhängig von 352
der Zahl der im Betrieb beschäftigten Arbeitnehmer; im Gegensatz zu §§ 85, 90 I
Nr. 1 SGB IX gibt es jedoch keine Wartefrist. Die Kündigung gegenüber einer
Frau während der Schwangerschaft oder bis zum Ablauf von vier Monaten
nach der Niederkunft ist nach **§ 9 I 1 MuSchG** unzulässig, wenn dem Arbeitgeber die Schwangerschaft oder Entbindung bekannt war oder ihm innerhalb einer Frist von zwei Wochen nach Ausspruch der Kündigung mitgeteilt wird; das
Überschreiten dieser Frist ist unschädlich, wenn es auf einem von der Frau nicht
zu vertretenden Grund beruht[56] und die erforderliche Mitteilung unverzüglich
nachgeholt wird (§ 9 I 1 MuSchG a.E.). Die zuständige Behörde kann ausnahmsweise die Kündigung für zulässig erklären (§ 9 III MuSchG); in diesem
Fall kann der Arbeitgeber die Kündigung schon erklären, bevor die behördliche
Zustimmung bestandskräftig wird.[57]

Die Arbeitnehmerin muss im Zeitpunkt des Zugangs der Kündigungserklä- 353
rung schwanger sein; eine erst während der Kündigungsfrist einsetzende
Schwangerschaft löst das Kündigungsverbot nicht aus. Der Sonderkündigungsschutz nach § 9 I 1 MuSchG endet mit dem Ablauf von vier Monaten nach der
Entbindung.

Durchblick: Dem Sonderkündigungsschutz des § 9 MuSchG (Kündigungsverbot mit Erlaubnisvorbehalt) nachgebildet ist der besondere Kündigungsschutz nach **§ 18 BEEG** (vom
Elternzeitverlangen bis zum Ende der **Elternzeit**) und diesem wiederum der besondere
Kündigungsschutz nach **§ 5 PflegeZG** (von der Ankündigung bis zur Beendigung der **Pflegezeit**) sowie nach **§ 9 III FPfZG** (während der Inanspruchnahme der Familienpflegezeit
und der Nachpflegephase). Die Regelungen des MuSchG und des BEEG haben eine europarechtliche Grundlage in den **Richtlinien 92/85/EWG und 10/18/EU**.

(3) **Kündigungsschutz im Rahmen der Betriebsverfassung** ist, soweit es um 354
die ordentliche Kündigung geht, im Zweiten Abschnitt des KSchG (§§ 15, 16)
geregelt: Eine ordentliche Kündigung der **Mitglieder des Betriebsrats** ist unzulässig während ihrer Amtszeit und innerhalb eines Jahres nach Beendigung der
Amtszeit (**§ 15 I KSchG**). Eine Ausnahme besteht bei Betriebsstilllegungen
(§ 15 IV, V KSchG). Wird nur eine Betriebsabteilung stillgelegt, kann der Arbeitgeber verpflichtet sein, die Übernahme des Betriebsratsmitglieds in eine
andere Abteilung durch **Freikündigen eines geeigneten Arbeitsplatzes** sicherzustellen.[58] Der Sonderkündigungsschutz dient der Funktionsfähigkeit der Betriebsverfassung: Zum einen sollen die Organe der Betriebsverfassung ihre Tätigkeit ausüben, ohne dass die Organmitglieder um ihren Arbeitsplatz fürchten
müssen; zum anderen soll die Zusammensetzung des Betriebsrats für die Dauer
der Wahlperiode möglichst unverändert bleiben.[59]

---

[56] Zu den Anforderungen an das „Vertretenmüssen": *BAG* vom 16. 5. 2002 – 2 AZR
730/00, BAGE 101, 138 (141) = AP Nr. 30 zu § 9 MuSchG 1968 = NZA 2003, 217.
[57] *BAG* vom 17. 6. 2003 – 2 AZR 245/02, BAGE 106, 293 (298) = AP Nr. 33 zu § 9
MuSchG 1968 = NZA 2003, 1329 (1330).
[58] *BAG* vom 18. 10. 2000 – 2 AZR 494/99, BAGE 96, 78 (83) = AP Nr. 49 zu § 15 KSchG 1969
= NZA 2001, 321 = SAE 2002, 1 m. Anm. *Wank;* s. aber auch *BAG* vom 23. 2. 2010 – 2 AZR
656/08, BAGE 133, 226 = AP Nr. 66 zu § 15 KSchG 1969 = NZA 2010, 1288 (Rn. 38) = SAE
2011, 167 m. Anm. *Maties* (165): Kein Anspruch auf höherwertigen Arbeitsplatz.
[59] *BAG* vom 17. 2. 1983 – 2 AZR 481/81, BAGE 41, 391 (402) = AP Nr. 14 zu § 15 KSchG
1969 = NJW 1983, 1927.

Den Sonderkündigungsschutz genießen nicht nur die Mitglieder des Betriebsrats, sondern auch Beschäftigte, die Mitglied der Jugend- und Auszubildendenvertretung (§ 15 I KSchG), einer Personalvertretung (§§ 15 II KSchG, 47 BPersVG) oder der Schwerbehindertenvertretung sind (§§ 96 III SGB IX, 15 KSchG), ferner Mitglieder des Wahlvorstands und Wahlbewerber (§ 15 III KSchG).[60]

f) Schutz bei Massenentlassungen

355   Der Schutz bei Massenentlassungen, geregelt im Dritten Abschnitt des KSchG (§§ 17–22), basiert auf der **Richtlinie 98/59/EG.** Kern der Regelung ist eine **Anzeigepflicht des Arbeitgebers mit Entlassungssperre:** Der Arbeitgeber ist zur Anzeige bei der zuständigen Agentur für Arbeit verpflichtet, wenn er innerhalb von 30 Tagen eine Mehrzahl von Arbeitnehmern entlassen will, welche die von der Betriebsgröße abhängigen Schwellenwerte des § 17 I KSchG übersteigt (**Anzeigepflicht**). Der Eingang der Anzeige setzt nach § 18 I KSchG eine einmonatige Sperrfrist in Gang, welche die Agentur für Arbeit nach § 18 II KSchG auf zwei Monate verlängern kann (**Entlassungssperre**). Besteht ein Betriebsrat, ist die Anzeige nur wirksam, wenn er zuvor nach § 17 II KSchG beteiligt wurde.

Nach der Rechtsprechung des EuGH[61] ist unter einer „Entlassung" i. S. d. § 17 I KSchG nicht die **Beendigung des Arbeitsverhältnisses,** sondern die **Erklärung der Kündigung** zu verstehen:[62] Versäumt es der **Arbeitgeber,** seine Anzeigepflicht zu erfüllen, bevor er die Kündigung erklärt, und beruft sich der **Arbeitnehmer** auf diesen Gesetzesverstoß, ist die Kündigung unwirksam.[63] Dagegen hindert der Lauf der ein- oder zweimonatigen Entlassungssperre gemäß § 18 I, II KSchG weder den Ausspruch der Kündigung, noch verlängert die Sperrfrist die gesetzlichen Kündigungsfristen;[64] lediglich das Wirksamwerden der Kündigung wird, wenn die Kündigungsfrist kürzer ist als die Sperrfrist, nach § 18 I, II KSchG hinausgeschoben.

5. Allgemeiner Kündigungsschutz

356   Der Bestandsschutz des Arbeitsverhältnisses wird in erster Linie durch den allgemeinen Kündigungsschutz nach §§ 1–14 KSchG gewährleistet. Er ist **einseitig zwingendes Recht;** von den Vorschriften der §§ 1–14 KSchG kann durch Arbeitsvertrag, Betriebsvereinbarung oder Tarifvertrag nur zugunsten des Arbeitnehmers abgewichen werden (Rn. 346, 347). Ein **Verzicht des Arbeitneh-**

---

[60] Siehe zum Beginn des Kündigungsschutzes des Wahlvorstands: *BAG* vom 26. 11. 2009 – 2 AZR 185/08, BAGE 132, 293 = AP Nr. 64 zu § 15 KSchG 1969 = NZA 2010, 443 (Rn. 13 ff.); eines Wahlbewerbers: *BAG* vom 7. 7. 2011 – 2 AZR 377/10, AP Nr. 69 zu § 15 KSchG 1969 = NZA 2012, 107 (Rn. 14); zum Kündigungsschutz eines Ersatzmitglieds des Betriebsrats: *BAG* vom 8. 9. 2011 – 2 AZR 388/10, AP Nr. 70 zu § 15 KSchG 1969 = NZA 2012, 400 (Rn. 33).

[61] *EuGH* vom 27. 1. 2005 – C-188/03, Slg. 2005, I-885 – Junk.

[62] *BAG* vom 23. 3. 2006 – 2 AZR 343/05, BAGE 117, 281 = AP Nr. 21 zu § 17 KSchG 1969 = NZA 2006, 971 (Rn. 21 f.).

[63] *BAG* vom 13. 7. 2006 – 6 AZR 198/06, BAGE 119, 66 = AP Nr. 22 zu § 17 KSchG 1969 = NZA 2007, 25 (Rn. 10).

[64] *BAG* vom 6. 11. 2008 – 2 AZR 935/07, BAGE 128, 256 = AP Nr. 4 zu § 18 KSchG 1969 = NZA 2009, 1013 (Rn. 23).

mers auf den Kündigungsschutz ist erst nach Zugang der Kündigung möglich, z.B. indem der Arbeitnehmer die Dreiwochenfrist des § 4 Satz 1 KSchG verstreichen lässt (§ 7 KSchG).

a) Anwendbarkeit (§§ 1 I, 23 I KSchG)

Die Anwendbarkeit des allgemeinen Kündigungsschutzes (§§ 1–14 KSchG) bestimmt sich nach sachlichen, betrieblichen und persönlichen Kriterien: 357

(1) Der **sachliche Geltungsbereich** umfasst nur **arbeitgeberseitige Kündigungen;** andere Beendigungstatbestände wie z.B. die Anfechtung, eine Befristung oder einen Aufhebungsvertrag erfasst das KSchG nicht.

(2) Der **betriebliche Geltungsbereich** der §§ 1 ff. KSchG umfasst „Betriebe und Verwaltungen des privaten und des öffentlichen Rechts" (**§ 23 I 1 KSchG**). Da ein privater Haushalt i.d.R. kein „Betrieb" i.S. des § 23 I 1 KSchG ist, genießen Hausangestellte im Privathaushalt i.d.R. keinen Kündigungsschutz. Die weiteren Anforderungen ergeben sich aus der Kleinbetriebsklausel (**§ 23 I 2–4 KSchG**).

(a) **Kleinbetriebsklausel:** Die §§ 1 ff. KSchG gelten – mit Ausnahme der §§ 4–7 und 13 I 1, 2 KSchG (Rn. 332, 396) – nicht für Betriebe und Verwaltungen, in denen **in der Regel fünf oder weniger Arbeitnehmer** (ausschließlich der zu ihrer Berufsbildung Beschäftigten) beschäftigt werden (**§ 23 I 2 KSchG**).[65] In Betrieben, in denen **in der Regel zehn oder weniger Arbeitnehmer** (ausschließlich der zu ihrer Berufsbildung Beschäftigten) beschäftigt werden, gelten die §§ 1–14 KSchG – wiederum mit Ausnahme der §§ 4–7 und 13 I 1, 2 KSchG – nicht für Arbeitnehmer, deren Arbeitsverhältnis im Jahr 2004 oder später begonnen hat (**§ 23 I 3 KSchG**).

„In der Regel" bedeutet: Dass zurzeit der Kündigung eine Aushilfskraft vorübergehend beschäftigt wird, spielt ebenso wenig eine Rolle wie umgekehrt die Tatsache, dass ein Arbeitsplatz momentan unbesetzt ist. Teilzeitbeschäftigte mit einer regelmäßigen wöchentlichen Arbeitszeit von nicht mehr als 20 Stunden werden bei der Berechnung der Arbeitnehmerzahl mit dem Faktor 0,5 berücksichtigt, solche mit einer regelmäßigen wöchentlichen Arbeitszeit von nicht mehr als 30 Stunden mit dem Faktor 0,75 (**§ 23 I 4 KSchG**).

(b) **Sinn und Zweck der Schwellenwerte:** Der Kündigungsschutz belastet den Kleinbetrieb stärker als den Mittel- oder Großbetrieb; das gilt nicht nur für die Abfindungsregeln der §§ 9, 10 KSchG (Rn. 391, 392), sondern auch für die Weiterbeschäftigungspflicht (Rn. 393). Die Schwellenwerte des § 23 I 2, 3 KSchG gehen daher auf mittelstandspolitische Erwägungen zurück (Rn. 344); sie verstoßen weder gegen den Gleichheitssatz der Verfassung (Art. 3 I GG)[66] noch gegen das Recht der Europäischen Union.[67]   358

Durchblick: Der **Betriebsbegriff des KSchG** wird nach dem Beschluss des BVerfG zur Verfassungsmäßigkeit der Kleinbetriebsklausel normbezogen nach dem Sinn und Zweck der   359

---

[65] Siehe zur Berechnung der Schwellenwerte: *BAG* vom 22. 1. 2004 – 2 AZR 237/03, BAGE 109, 215 (217 f.) = AP Nr. 31 zu § 23 KSchG 1969 = NZA 2004, 479.
[66] *BVerfG* vom 27. 1. 1998 – 1 BvL 15/87, BVerfGE 97, 169 (177 ff.) – Kleinbetriebsklausel I.
[67] *EuGH* vom 30. 11. 1993 – C-189/91, Slg. 1993, I-6215 – Kirsammer-Hack.

Privilegierung der Kleinbetriebe ausgelegt;[68] insoweit unterscheidet er sich vom Betriebsbegriff des BetrVG (Rn. 124, 125). Ansonsten gibt es Parallelen zum Betriebsbegriff des BetrVG: Entscheidend für das Vorliegen eines Betriebs ist die Einheit der Organisation und damit die einheitliche Leitung[69] (Rn. 656, 657); auch kündigungsschutzrechtlich wird der gemeinsame Betrieb mehrerer Unternehmen anerkannt[70] (dazu die Spezialvorschrift des § 322 UmwG und allgemein Rn. 658, 659). Ähnlich den §§ 114–117 BetrVG enthält auch § 24 KSchG Sonderregeln für die Seeschifffahrt und die Luftfahrt.

360   (3) Der **persönliche** Geltungsbereich des allgemeinen Kündigungsschutzes umfasst Arbeitnehmer, deren Arbeitsverhältnis in demselben Betrieb oder Unternehmen ohne Unterbrechung länger als sechs Monate bestanden hat (§ 1 I KSchG). Es gilt der allgemeine **Arbeitnehmerbegriff** (Rn. 91–106). Die sechsmonatige **Wartezeit** dient zum einen der Erprobung neuer Mitarbeiter („Probezeit"); zum anderen soll erst nach sechs Monaten eine kündigungsrechtlich geschützte Rechtsposition entstehen. Für den Ablauf der Wartezeit kommt es auf den Zugang der Kündigung an, nicht auf den Ablauf der Kündigungsfrist. Die Arbeitsvertragsparteien können die Wartezeit verkürzen oder vollständig abbedingen.

Gesetzliche Vertreter juristischer Personen (z.B. der Geschäftsführer einer GmbH) und organschaftliche Vertreter von Personengesamtheiten (OHG, KG) genießen keinen Kündigungsschutz (**§ 14 I KSchG**). **Leitende Angestellte** unterliegen grundsätzlich dem Kündigungsschutzrecht (**§ 14 II 1 KSchG**). Einer Teilgruppe von ihnen, nämlich denjenigen, die zur selbständigen Einstellung oder Entlassung von Arbeitnehmern berechtigt sind,[71] kommt aber letztlich kein Bestandsschutz, sondern nur eine Abfindung zugute: Der Arbeitgeber kann gegenüber diesem Personenkreis einen Auflösungsantrag nach **§ 9 I 2 KSchG** ohne Begründung stellen und dadurch die Rückkehr an den Arbeitsplatz verhindern (**§ 14 II 2 KSchG**).

Durchblick: Auch wenn der Geltungsbereich des KSchG nicht eröffnet ist, ist der Arbeitnehmer nicht schutzlos. Das BVerfG hat in seinem Beschluss zur Verfassungsmäßigkeit der **Kleinbetriebsklausel** (§ 23 I 2, 3 KSchG) ausgeführt, die Arbeitnehmer müssten durch die zivilrechtlichen Generalklauseln der §§ 242, 138 BGB vor einer sitten- oder treuwidrigen Arbeitgeberkündigung geschützt werden;[72] das BAG misst dementsprechend die Arbeitgeberkündigung am „Gebot sozialer Rücksichtnahme" (Rn. 341, 344). Entsprechendes gilt vor **Ablauf der Wartezeit** des § 1 I KSchG (Rn. 341).

b) Systematik des § 1 KSchG

361   (1) **Drei Kündigungsgründe:** Den Ausgangspunkt des allgemeinen Kündigungsschutzes nach §§ 1–14 KSchG bildet § 1 I KSchG: Die Kündigung des Arbeitsverhältnisses gegenüber einem Arbeitnehmer ist rechtsunwirksam, wenn sie sich als sozial ungerechtfertigt („sozialwidrig") erweist. Die Kriterien der „sozialen Rechtfertigung" präzisiert § 1 II–V KSchG. Am Anfang steht § 1 II 1 KSchG, der die drei Kündigungsgründe nennt: Sozial ungerechtfertigt ist die Kündigung, wenn sie nicht durch

---

[68] *BVerfG* vom 27. 1. 1998 – 1 BvL 15/87, BVerfGE 97, 169 (184) – Kleinbetriebsklausel I.
[69] *BAG* vom 3. 6. 2004 – 2 AZR 386/03, AP Nr. 33 zu § 23 KSchG 1969 = NZA 2004, 1380 (1381 f.).
[70] *BAG* vom 13. 6. 2002 – 2 AZR 327/01, BAGE 101, 321 (323 f.) = AP Nr. 29 zu § 23 KSchG 1969 = NZA 2002, 1147.
[71] Zu dieser Voraussetzung *BAG* vom 27. 9. 2001 – 2 AZR 176/00, AP Nr. 6 zu § 14 KSchG 1969 = NJW 2002, 3192 = NZA 2002, 1277 (1281 f.).
[72] *BVerfG* vom 27. 1. 1998 – 1 BvL 15/87, BVerfGE 97, 169 (177) – Kleinbetriebsklausel I.

– **Gründe in der Person** des Arbeitnehmers,

– **Gründe im Verhalten** des Arbeitnehmers oder

– **dringende betriebliche Erfordernisse,** die einer Weiterbeschäftigung des Arbeitnehmers in diesem Betrieb entgegenstehen,

gerechtfertigt ist. Die ersten beiden Kündigungsgründe stammen aus der **Sphäre des Arbeitnehmers.** Sie unterscheiden sich danach, ob die Störung des Arbeitsverhältnisses dem Arbeitnehmer nicht vorwerfbar (personenbedingte Kündigung) oder vorwerfbar ist (verhaltensbedingte Kündigung). Der dritte Kündigungsgrund resultiert aus der **Sphäre des Arbeitgebers** (betriebsbedingte Kündigung).

(2) **Drei Negativgründe:** Den positiv erforderlichen Gründen des § 1 II 1   **362** KSchG stellt § 1 II 2–4, III, IV KSchG negative Gründe gegenüber, aus denen eine nach § 1 II 1 KSchG „an sich" gerechtfertigte Kündigung dennoch sozial ungerechtfertigt sein kann.[73] Die drei „Negativgründe" sind

– der Verstoß gegen eine Auswahlrichtlinie im Sinne von § 95 BetrVG,

– das Bestehen einer Weiterbeschäftigungsmöglichkeit und

– die fehlerhafte Sozialauswahl.

Die ersten beiden Negativgründe beziehen sich auf alle drei „Positivgründe", also auf die personen-, verhaltens- und betriebsbedingte Kündigung; die fehlerhafte Sozialauswahl (§ 1 III, IV KSchG) betrifft nur die betriebsbedingte Kündigung.

(3) **Drei allgemeine Prinzipien:** Für alle drei Kündigungsgründe gelten drei allgemeine Prinzipien, die sich aus dem Richterrecht entwickelt haben.

(a) **Prognoseprinzip:** Maßgebend für die Beurteilung, ob eine Kündigung   **363** rechtmäßig ist, ist der Zeitpunkt, in dem die Kündigungserklärung dem Arbeitnehmer zugeht (s. bereits Rn. 328, 333). Die Kündigungsgründe sind jedoch ihrer Natur nach zukunftsgerichtet, denn das Arbeitsverhältnis soll nach dem Willen des Arbeitgebers in Zukunft nicht mehr bestehen. Aus der Zukunftsbezogenheit der Kündigung wird das Prognoseprinzip abgeleitet: Eine wirksame Kündigung setzt die – im Zeitpunkt des Zugangs der Kündigungserklärung zu stellende – Prognose voraus, dass die Störung des Arbeitsverhältnisses (bei der personen- und der verhaltensbedingten Kündigung) oder der Wegfall der Beschäftigungsmöglichkeit (bei der betriebsbedingten Kündigung) auch zukünftig gegeben sein wird.[74]

Durchblick: Wenn sich später – nach dem Zugang der Kündigung – diese Prognose als falsch erweist und die Kündigungstatsachen wegfallen, bleibt die Kündigung wirksam; es kann aber ein Wiedereinstellungsanspruch des Arbeitnehmers bestehen (Rn. 186). Soll – umgekehrt – eine Kündigung auf Tatsachen gestützt werden, die nach dem Zugang der Kündigung eintreten, ist eine neue Kündigung erforderlich (Rn. 337).

(b) **Ultima ratio-Prinzip:** Der Grundsatz der **Verhältnismäßigkeit,** der das gesamte Kündigungsschutzrecht beherrscht,[75] setzt sich aus den drei Kriterien der   **364**

---

[73] Systematik nach *Zöllner/Loritz/Hergenröder,* § 24 III 2, VI.

[74] *Preis,* Prinzipien des Kündigungsrechts bei Arbeitsverhältnissen (1987), S. 322–357.

[75] Grundlegend *BAG* vom 30. 5. 1978 – 2 AZR 630/76, BAGE 30, 309 (313 f.) = AP Nr. 70 zu § 626 BGB m. Anm. *G. Hueck* = NJW 1979, 332.

Geeignetheit, Erforderlichkeit und Angemessenheit zusammen. Am wichtigsten ist die **Erforderlichkeit:** Eine (Beendigungs-) Kündigung ist nur rechtmäßig, wenn alle anderen geeigneten, den Umständen nach milderen Mittel wie z.B. die Änderungskündigung, Abmahnung oder Versetzung ausgeschöpft sind und die Kündigung die unausweichlich letzte Maßnahme („ultima ratio") darstellt.[76]

Dieses Prinzip wollen manche bereits aus dem Gesetzeswortlaut ableiten:[77] Bei der betriebsbedingten Kündigung weist das Kriterium der „dringenden" betrieblichen Erfordernisse auf den Ultima ratio-Grundsatz hin; bei den anderen beiden Tatbeständen des § 1 II 1 KSchG muss die Kündigung durch Gründe in der Person oder im Verhalten des Arbeitnehmers „bedingt" sein, was sich im Sinne von „unausweichlich" verstehen lässt.

(c) **Interessenabwägung:** Bei allen drei Kündigungsgründen ist zwischen dem Bestandsinteresse des Arbeitnehmers und dem Auflösungsinteresse des Arbeitgebers abzuwägen.

– Bei der **betriebsbedingten Kündigung** hat der Gesetzgeber durch das Gebot der Sozialauswahl (§ 1 III–V KSchG) bereits eine Abwägung der Interessen der Beteiligten vorgenommen; dazu gibt es umfangreiches Fallrecht. Eine darüber hinausgehende, zusätzliche Interessenabwägung findet nicht mehr statt.[78]

– Bei der **personen- oder verhaltensbedingten Kündigung** müssen die Gründe in der Person oder im Verhalten des Arbeitnehmers so gewichtig sein, dass sie „bei verständiger Würdigung in Abwägung der Interessen der Vertragsparteien die Kündigung als billigenswert und angemessen erscheinen lassen".[79]

c) Personenbedingte Kündigung

365   Die Gründe in der Person des Arbeitnehmers bilden den ersten der in § 1 II 1 KSchG genannten Tatbestände. Es muss sich um Gründe handeln, die Arbeitgeberinteressen beeinträchtigen und auf persönlichen Eigenschaften und Fähigkeiten des Arbeitnehmers beruhen: Die personenbedingte Kündigung eröffnet dem Arbeitgeber die Möglichkeit, das Arbeitsverhältnis aufzulösen, wenn der Arbeitnehmer erforderliche Eigenschaften oder Fähigkeiten nicht (mehr) besitzt, um künftig die geschuldete Arbeitsleistung zu erbringen.[80] Auf ein Verschulden des Arbeitnehmers kommt es nicht an. Die Wirksamkeit einer personenbedingten Kündigung ist in vier Schritten zu prüfen:

(1) Es muss „an sich" ein **Grund in der Person** des Arbeitnehmers vorliegen. Anwendungsfälle der personenbedingten Kündigung sind – neben der Arbeitsunfähigkeit wegen Krankheit, der wichtigsten Fallgruppe – z.B. der Verlust ei-

---

[76] *BAG* vom 3. 4. 2008 – 2 AZR 500/06, AP Nr. 137 zu § 2 KSchG 1969 = NZA 2008, 812 (Rn. 12).

[77] *von Hoyningen-Huene/Linck*, KSchG, § 1 Rn. 203; Schwarze/Eylert/Schrader/*Schwarze*, § 1 KSchG Rn. 312.

[78] *BAG* vom 30. 4. 1987 – 2 AZR 184/86, BAGE 55, 262 (270 ff.) = AP Nr. 42 zu § 1 KSchG 1969 Betriebsbedingte Kündigung = NZA 1987, 776.

[79] *BAG* vom 21. 11. 1996 – 2 AZR 357/95, AP Nr. 130 zu § 626 BGB = NZA 1997, 487 (488).

[80] *BAG* vom 18. 1. 2007 – 2 AZR 731/05, BAGE 121, 32 = AP Nr. 26 zu § 1 KSchG 1969 Personenbedingte Kündigung = NZA 2007, 680 (Rn. 15).

ner zur Berufsausübung erforderlichen Lizenz, die fehlende Arbeitserlaubnis oder die Arbeitsverhinderung wegen Verbüßung einer Haftstrafe.[81] Eine personenbedingte Kündigung kommt außerdem in Betracht, wenn sich ein Arbeitnehmer auf Grund eines Glaubens- oder Gewissenskonflikts nicht in der Lage sieht, die ihm zugewiesenen und zu seinem Aufgabenbereich gehörenden Arbeiten auszuführen (vgl. den **Übungsfall 1**, Rn. 63–67). Entscheidend sind bei allen diesen Gründen die betrieblichen Auswirkungen.

(2) Wichtig ist ferner die **negative Prognose**: Da die personenbedingte Kündi- **366** gung den Arbeitgeber vor zukünftigen Belastungen bewahren soll, kommt es darauf an, ob der Arbeitnehmer in Zukunft außerstande sein wird, seine Arbeit vertragsgemäß zu leisten.[82]

(3) Nach dem **Ultima ratio-Prinzip** hat der Arbeitgeber insbesondere zu prüfen, ob es möglich ist, den Arbeitnehmer – gegebenenfalls nach Änderung der Arbeitsbedingungen oder nach zumutbaren Umschulungs- oder Fortbildungsmaßnahmen – auf einem anderen freien Arbeitsplatz weiterzubeschäftigen (§ 1 II 2, 3 KSchG). Der freie Arbeitsplatz muss entweder gleichwertig oder geringer bewertet sein. Höherwertige freie Stellen kommen nicht in Betracht, denn § 1 KSchG schützt das Arbeitsverhältnis in seinem Bestand und seinem bisherigen Inhalt, verschafft dem Arbeitnehmer aber keinen Anspruch auf Beförderung.[83]

(4) Schließlich muss im Rahmen einer **Interessenabwägung** ermittelt werden, **367** ob die Kündigung im Einzelfall angemessen und billigenswert ist. Das Schutzinteresse des Arbeitnehmers ist gegen die betrieblichen und wirtschaftlichen Interessen des Arbeitgebers abzuwägen. Zu berücksichtigen sind alle Umstände, die einen Bezug zum Arbeitsverhältnis haben, insbesondere die Dauer der Betriebszugehörigkeit und der bisherige Verlauf der Beschäftigung: Je länger ein Arbeitsverhältnis störungsfrei bestand, desto größer muss das Ausmaß der betrieblichen Belastungen sein, damit die Arbeitgeberkündigung gerechtfertigt ist.[84] Auch Arbeitnehmerinteressen, die nicht unmittelbar mit dem Arbeitsvertrag in Verbindung stehen, wie zum Beispiel Unterhaltsverpflichtungen oder Vermittlungschancen auf dem Arbeitsmarkt, können in die Abwägung einbezogen werden.[85]

Die **krankheitsbedingte Kündigung** ist der wichtigste Fall der personenbedingten Kündigung. Sie ist möglich, wenn eine bestehende Krankheit die weitere Ausübung der Tätigkeit

---

[81] *BAG* vom 25. 11. 2010 – 2 AZR 984/08, BAGE 136, 213 = AP Nr. 32 zu § 1 KSchG 1969 Personenbedingte Kündigung m. Anm. *Schwarze* = NZA 2011, 686 (Rn. 12 ff.); *BAG* vom 24. 3. 2011 – 2 AZR 790/09, AP Nr. 33 zu § 1 KSchG 1969 Personenbedingte Kündigung = NZA 2011, 1084 (Rn. 13 ff.).

[82] *BAG* vom 22. 9. 1994 – 2 AZR 719/93, AP Nr. 25 zu § 1 KSchG 1969 = NZA 1995, 119.

[83] *BAG* vom 19. 4. 2007 – 2 AZR 239/06, AP Nr. 45 zu § 1 KSchG 1969 Krankheit = NZA 2007, 1041 (Rn. 25).

[84] *BAG* vom 15. 2. 1984 – 2 AZR 573/82, AP Nr. 14 zu § 1 KSchG 1969 Krankheit = NZA 1984, 86 (87).

[85] *BAG* vom 5. 7. 1990 – 2 AZR 154/90, AP Nr. 26 zu § 1 KSchG 1969 Krankheit = NZA 1991, 185 (187f.); kritisch *Hromadka*, ZfA 2002, 383 (393); *von Hoyningen-Huene/Linck*, § 1 KSchG Rn. 181, 183.

unmöglich macht. Im Übrigen kommt sie in Betracht wegen (1) Langzeiterkrankungen, (2) häufiger Kurzerkrankungen und (3) krankheitsbedingter Minderung der Leistungsfähigkeit. Die Wirksamkeit einer krankheitsbedingten Kündigung wird in drei Stufen geprüft:

– Zunächst ist eine negative Prognose hinsichtlich des voraussichtlichen Gesundheitszustands erforderlich (**erste Stufe**).
– Sodann müssen die zu erwartenden Auswirkungen des Gesundheitszustands des Arbeitnehmers zu einer erheblichen Beeinträchtigung der betrieblichen Interessen führen (**zweite Stufe**).
– Abschließend ist im Wege einer Interessenabwägung zu fragen, ob die Beeinträchtigungen zu einer unzumutbaren Belastung des Arbeitgebers führen (**dritte Stufe**).[86]

d) Verhaltensbedingte Kündigung

368   Die Gründe im Verhalten des Arbeitnehmers sind der zweite Tatbestand des § 1 II 1 KSchG. Sie rechtfertigen die Kündigung, wenn der Arbeitnehmer seine Haupt- oder Nebenpflichten erheblich und i.d.R. schuldhaft verletzt,[87] eine dauerhafte störungsfreie Vertragserfüllung in der Zukunft nicht zu erwarten steht (negative Prognose), mildere Mittel ausgeschöpft sind (Ultima ratio-Prinzip) und die Lösung des Arbeitsverhältnisses in Abwägung der Interessen beider Vertragsteile angemessen erscheint (zum Sonderfall des sog. **Whistleblowing** s. Rn. 234).

(1) Beispiele für **vertragswidriges Verhalten**, das „an sich" als Kündigungsgrund i.S.d. § 1 II 1 KSchG in Betracht kommt, sind wiederholtes unentschuldigtes Fehlen, genesungswidrige Aktivitäten des krankgeschriebenen Arbeitnehmers oder die Beleidigung des Arbeitgebers[88] (weitere Beispiele s. Rn. 402). Auch außerdienstliches Verhalten kann eine Kündigung rechtfertigen, wenn es konkrete Auswirkungen auf das Arbeitsverhältnis hat.[89]

Durchblick: (1) Bei einer **Kündigung wegen Alkoholproblemen** des Arbeitnehmers ist zu differenzieren. Verstößt ein Arbeitnehmer gegen ein betriebliches Alkoholverbot oder erscheint er alkoholisiert am Arbeitsplatz, kann eine **verhaltensbedingte Kündigung** gerechtfertigt sein.[90] Ist der Arbeitnehmer alkoholabhängig und infolge der Suchterkrankung nicht mehr in der Lage, seinen Alkoholkonsum zu steuern, kommt – nach einer erfolglosen Entziehungskur – eine **personenbedingte Kündigung** in Betracht.[91] – (2) Auch bei der **Kündigung wegen Leistungsmängeln** ist zu unterscheiden: (a) Eine **verhaltensbedingte Kündigung** setzt voraus, dass die Minderleistung („low performance") eine Pflichtverletzung darstellt. Unterschreitet der „low performer" nicht nur vorübergehend die von ihm durchschnittlich zu erwartende Leistung, wird vermutet, dass er weniger arbeitet, als er könnte (und damit seine Hauptpflicht verletzt); er muss dann im Prozess darlegen, warum er meint, trotz unterdurchschnittlicher

---

[86] *BAG* vom 20. 1. 2000 – 2 AZR 378/99, BAGE 93, 255 (261) = AP Nr. 38 zu § 1 KSchG 1969 Krankheit = NZA 2000, 768; *BAG* vom 8. 11. 2007 – 2 AZR 292/06, AP Nr. 29 zu § 1 KSchG Personenbedingte Kündigung = NZA 2008, 593 (Rn. 16).

[87] *BAG* vom 3. 11. 2011 – 2 AZR 748/10, AP Nr. 65 zu § 1 KSchG Verhaltensbedingte Kündigung = NZA 2012, 607 (Rn. 20); ausnahmsweise reicht auch eine schuldlose Pflichtverletzung: *BAG* vom 21. 1. 1999 – 2 AZR 665/98, BAGE 90, 367 (371 ff.) = AP Nr. 151 zu § 626 BGB = NZA 1999, 863.

[88] Umfangreiche Nachweise bei D/F/L/*Kaiser*, § 1 KSchG Rn. 46–71.

[89] *BAG* vom 24. 9. 1987 – 2 AZR 26/87, AP Nr. 19 zu § 1 KSchG 1969 Verhaltensbedingte Kündigung = NJW 1988, 2261 (2261 f.).

[90] *BAG* vom 4. 6. 1997 – 2 AZR 526/96, BAGE 86, 95 (103) = AP Nr. 137 zu § 626 BGB = NZA 1997, 1281 = SAE 1998, 310 m. Anm. *Wank*.

[91] D/F/L/*Kaiser*, § 1 KSchG Rn. 51, 84; K/D/Z/*Kittner*, § 1 KSchG Rn. 112.

Leistung seine Fähigkeiten auszuschöpfen.[92] (b) Eine **personenbedingte Kündigung** wegen Leistungsmängeln kommt in Betracht, wenn der Arbeitnehmer über längere Zeit die berechtigten Leistungserwartungen des Arbeitgebers in einem solchen Maß enttäuscht, dass dem Arbeitgeber ein Festhalten am Arbeitsvertrag nicht zuzumuten ist.[93] (c) Während es für eine **verhaltensbedingte Kündigung** wegen Leistungsmängeln entscheidend auf eine (schuldhafte) Pflichtverletzung des Arbeitnehmers ankommt, ist für die **personenbedingte Kündigung** wegen Minderleistung die nachhaltige Störung des Gleichgewichts von Leistung und Gegenleistung das entscheidende Kriterium (siehe zur Abgrenzung von verhaltens- und personenbedingter Kündigung auch den **Übungsfall 1**, Rn. 63–67).

(2) Die verhaltensbedingte Kündigung soll nicht vergangenes Fehlverhalten **369** bestrafen, sondern zukünftige Vertragsverletzungen ausschließen. Deshalb ist die **negative Prognose** wichtig: Es muss mit weiteren Vertragsverletzungen zu rechnen oder die eingetretene Vertragsstörung so schwerwiegend sein, dass eine vertrauensvolle Fortsetzung des Arbeitsverhältnisses nicht möglich erscheint.

(3) Nach dem **Ultima ratio-Prinzip** ist eine Kündigung nur verhältnismäßig, wenn andere geeignete, mildere Mittel ausgeschöpft sind.

(a) Daraus folgt, dass der ordentlichen verhaltensbedingten Kündigung im Regelfall eine **Abmahnung** vorauszugehen hat. Mit einer Abmahnung beanstandet der Arbeitgeber das Fehlverhalten des Arbeitnehmers, fordert ihn zu einem künftigen vertragsmäßigen Verhalten auf und macht deutlich, dass im Wiederholungsfall weitere arbeitsrechtliche Folgen drohen (**Hinweis-, Ermahnungs- und Warnfunktion**); erst der Wiederholungsfall rechtfertigt eine Kündigung.

Ob im konkreten Fall eine Abmahnung erforderlich ist, muss unabhängig davon geprüft werden, ob die Störung im Leistungs- oder im Vertrauensbereich eingetreten ist. Bei **Störungen im Leistungsbereich** ist die Abmahnung entbehrlich, wenn der Arbeitnehmer erkennbar nicht fähig oder nicht willens ist, sich vertragsgerecht zu verhalten. Führt das pflichtwidrige Arbeitnehmerverhalten zu **Störungen im Vertrauensbereich**, ist die Abmahnung entbehrlich, wenn eine Wiederherstellung des Vertrauens nicht erwartet werden kann[94] (Einzelheiten s. Rn. 406, 406 a).

(b) Eine verhaltensbedingte Kündigung verstößt nach § 1 II 2 Nr. 1 b KSchG ferner gegen das Ultima ratio-Prinzip, wenn eine **Weiterbeschäftigung** auf einem anderen freien Arbeitsplatz möglich und davon auszugehen ist, dass der Arbeitnehmer das beanstandete Verhalten auf dem neuen Arbeitsplatz nicht fortsetzen wird.[95]

(4) Auch im Bereich der verhaltensbedingten Kündigung bedarf es einer um- **370** fassenden **Interessenabwägung**: Die berechtigten Interessen des Arbeitgebers an der Beendigung des Arbeitsverhältnisses müssen den Auswirkungen des Arbeitsplatzverlusts auf Seiten des Arbeitnehmers gegenübergestellt werden. Da es der Arbeitnehmer – anders als bei der personenbedingten Kündigung – selbst in der Hand hat, sich vertragsgerecht zu verhalten, sind die Anforderungen an eine

---

[92] *BAG* vom 17. 1. 2008 – 2 AZR 536/06, BAGE 125, 257 = AP Nr. 85 zu § 1 KSchG 1969 = NZA 2008, 693 (Rn. 19).

[93] *BAG* vom 11. 12. 2003 – 2 AZR 667/02, BAGE 109, 87 (98) = AP Nr. 48 zu § 1 KSchG 1969 Verhaltensbedingte Kündigung = NZA 2004, 784.

[94] *BAG* vom 4. 6. 1997 – 2 AZR 526/96, BAGE 86, 95 (102) = AP Nr. 137 zu § 626 BGB = NZA 1997, 1281 = SAE 1998, 310 m. Anm. *Wank*.

[95] *BAG* vom 31. 3. 1993 – 2 AZR 492/92, BAGE 73, 42 (53) = AP Nr. 32 zu § 626 BGB Ausschlussfrist = NZA 1994, 409.

verhaltensbedingte Kündigung weniger streng. Bei der Interessenabwägung spielen u. a. eine Rolle der Grad des Verschuldens, die Bedeutung der verletzten Vertragspflicht, die Beeinträchtigung betrieblicher Belange sowie die Dauer der Betriebszugehörigkeit und die Dauer der störungsfreien Vertragsbeziehung[96] (klausurmäßige Lösung einer Kündigungsschutzklage gegen eine verhaltensbedingte Kündigung: *Junker*, Fälle zum Arbeitsrecht, Fall 1).

e) Betriebsbedingte Kündigung

371   Die Kündigung kann nach § 1 II 1 KSchG sozial gerechtfertigt sein, wenn sie durch dringende betriebliche Erfordernisse bedingt ist, die einer Weiterbeschäftigung des Arbeitnehmers in dem konkreten Betrieb entgegenstehen. Während es sich bei der personen- und der verhaltensbedingten Kündigung um Gründe aus der Sphäre des Arbeitnehmers handelt, liegt der Grund der betriebsbedingten Kündigung in der Sphäre des Arbeitgebers. Die Regeln über die betriebsbedingte Kündigung dienen dem Interessenausgleich zwischen der unternehmerischen Freiheit des Arbeitgebers und dem Bestandsschutzinteresse des Arbeitnehmers: „Kündigungsschutz ist die Gratwanderung zwischen Unternehmerfreiheit und Arbeitsplatzschutz."[97]

(1) **Betriebliche Erfordernisse** ergeben sich aus innerbetrieblichen Umständen (z. B. Rationalisierung, Auslagern betrieblicher Tätigkeiten, Betriebsstilllegung) oder aus außerbetrieblichen Gründen (z. B. Absatzprobleme, Auftragsmangel, Rohstoffknappheit).[98] Auslöser der Kündigung ist in beiden Fällen die **unternehmerische Entscheidung**:

(a) **Innerbetriebliche** Ursachen fallen i. d. R. mit der unternehmerischen Entscheidung zusammen: Der Entschluss, den Betrieb zu rationalisieren, ist „die" Unternehmerentscheidung, die der Kündigung zugrunde liegt.

(b) **Außerbetriebliche** Ursachen führen allein i. d. R. nicht zum Wegfall von Arbeitsplätzen: Der Arbeitgeber muss eine unternehmerische Entscheidung treffen, um seinen Betrieb den veränderten Umständen anzupassen.

(c) Das Arbeitsgericht prüft die Unternehmerentscheidung nicht auf ihre Notwendigkeit und Zweckmäßigkeit, sondern nur darauf, ob sie „offenbar unsachlich, unvernünftig oder willkürlich" ist (**Missbrauchskontrolle**).[99]

(d) Stets wird jedoch nachgeprüft, ob die inner- oder außerbetrieblichen Umstände tatsächlich vorliegen und ob die unternehmerische Entscheidung tatsächlich zu einem **Wegfall eines Arbeitsplatzes** führt.

Ist die innerbetriebliche Ursache eine **Organisationsentscheidung** (z. B. der Entschluss, die mittlere von drei Hierarchieebenen ersatzlos wegfallen zu lassen), die mit dem Kündigungs-

---

[96] *Hromadka/Maschmann* I, § 10 Rn. 184, 184 a.
[97] *Hromadka*, ZfA 2002, 383 (388); s. auch *Franzen*, NZA 2001, 805; *von Hoyningen-Huene*, FS 50 Jahre BAG (2004), S. 369; *Reuter*, RdA 2004, 161.
[98] *BAG* vom 18. 1. 2001 – 2 AZR 514/99, BAGE 97, 10 (13) = AP Nr. 115 zu § 1 KSchG 1969 Betriebsbedingte Kündigung = NZA 2001, 719.
[99] *BAG* vom 30. 4. 1987 – 2 AZR 184/86, BAGE 55, 262 (271 f.) = AP Nr. 42 zu § 1 KSchG 1969 Betriebsbedingte Kündigung = NJW 1987, 3216; *BAG* vom 10. 7. 2008 – 2 AZR 1111/06, AP Nr. 181 zu § 1 KSchG 1969 Betriebsbedingte Kündigung = NZA 2009, 312 (Rn. 24) – Änderung des Anforderungsprofils einer Stelle.

entschluss praktisch deckungsgleich ist, muss der Arbeitgeber konkret darlegen, in welchem Umfang welche Tätigkeiten entfallen.[100] Allgemein muss **nicht der konkrete Arbeitsplatz** des gekündigten Arbeitnehmers wegfallen; es reicht aus, wenn **rein rechnerisch ein Überhang an Arbeitskräften** besteht. Welches Arbeitsverhältnis gekündigt werden kann, ist dann eine Frage der Sozialauswahl (Rn. 374). Da nach dem unternehmerischen Konzept des Arbeitgebers ein oder mehrere Arbeitsplätze wegfallen müssen, ist kündigungsrechtlich eine unternehmerische Entscheidung irrelevant, die sich darauf beschränkt, bei Fortbestand der Arbeitsplätze „teures" durch „billiges" Personal zu ersetzen (sog. **Austauschkündigung**).

Beispiel: Um eine unzulässige **Austauschkündigung** handelt es sich, wenn eine Reederei einen Hochseekapitän entlassen will, weil sie nach Ausflaggung des Schiffes einen Kapitän zu wesentlich günstigeren Bedingungen anheuern kann.[101] **Gegenbeispiel:** Eine zulässige **betriebsbedingte Kündigung** liegt vor, wenn der Unternehmer entscheidet, bestimmte Aufgaben künftig nicht mehr durch Arbeitnehmer, sondern durch freie Mitarbeiter (= Nichtarbeitnehmer, Rn. 96) ausführen zu lassen. Denn nach dieser Entscheidung fallen „Arbeitsplätze" i. S. d. KSchG weg.[102]

(2) Prognoseprinzip: Ob die vorgenannten Voraussetzungen vorliegen, beur- **372** teilt sich nach den objektiven Verhältnissen im Zeitpunkt des Zugangs der Kündigungserklärung (Rn. 363). Nach dem Prognoseprinzip muss zu diesem Zeitpunkt objektiv die Voraussage gerechtfertigt sein, dass am Ende der Kündigungsfrist eine Beschäftigungsmöglichkeit nicht mehr besteht. An dieser Voraussetzung fehlt es bei einer sog. **Vorratskündigung.**

Beispiel: Ein Bewachungsunternehmen, dessen noch laufender Bewachungsauftrag nicht verlängert worden ist, beteiligt sich an der Neuausschreibung und geht davon aus, erneut den Zuschlag zu erhalten. Eine Kündigung der Arbeitsverhältnisse „vorsorglich" für den Fall, dass die Neuausschreibung nicht gewonnen wird, wäre, wenn nicht schon eine unzulässige Bedingung vorliegt (s. das Beispiel bei Rn. 324), jedenfalls als Vorratskündigung unwirksam.[103]

Durchblick: Ändern sich die tatsächlichen Verhältnisse zwischen dem Ausspruch der Kündigung und dem Ablauf der Kündigungsfrist, weil z.B. neue Aufträge eingehen, kommt ein Wiedereinstellungsanspruch in Betracht (Rn. 186).

(3) Ultima ratio-Prinzip: Die „Dringlichkeit" (vgl. § 1 II 1 KSchG) des be- **373** trieblichen Erfordernisses ist Ausdruck des Ultima-ratio-Prinzips (Rn. 364). Betriebliche Erfordernisse sind dringend, wenn es dem Arbeitgeber nicht möglich ist, seine Unternehmerentscheidung anders als durch Ausspruch einer (Beendigungs-)Kündigung zu verwirklichen. Ein milderes Mittel kann z.B. der Ausspruch einer Änderungskündigung[104] oder die Einführung von Kurzarbeit[105] sein.

---

[100] *BAG* vom 16. 12. 2010 – 2 AZR 770/09, AP Nr. 186 zu § 1 KSchG 1969 Betriebsbedingte Kündigung = NZA 2011, 505 (Rn. 15).

[101] *BAG* vom 26. 9. 1996 – 2 AZR 200/96, BAGE 84, 209 (214) = AP Nr. 80 zu § 1 KSchG 1969 Betriebsbedingte Kündigung = NZA 1997, 202.

[102] *BAG* vom 13. 3. 2008 – 2 AZR 1037/06, AP Nr. 176 zu § 1 KSchG 1969 Betriebsbedingte Kündigung = NZA 2008, 878 (Rn. 15).

[103] *BAG* vom 12. 4. 2002 – 2 AZR 256/01, AP Nr. 120 zu § 1 KSchG 1969 Betriebsbedingte Kündigung = NZA 2002, 1205 (1206).

[104] *BAG* vom 21. 4. 2005 – 2 AZR 132/04, BAGE 114, 243 (249ff.) = AP Nr. 79 zu § 2 KSchG 1969 m. Anm. *Wank* = NZA 2005, 1289; *BAG* vom 3. 4. 2008 – 2 AZR 500/06, AP Nr. 137 zu § 2 KSchG 1969 = NZA 2008, 812 (Rn. 12, 13).

[105] *BAG* vom 23. 2. 2012 – 2 AZR 548/10, NZA 2012, 852 (Rn. 22).

Das dringende betriebliche Erfordernis muss – wie § 1 II 1 KSchG betont – einer **Weiterbeschäftigung des Arbeitnehmers** in diesem Betrieb entgegenstehen. Nach § 1 II 2 Nr. 1 b KSchG ist eine Kündigung auch dann nicht erforderlich (und damit unverhältnismäßig), wenn der Arbeitnehmer an einem anderen Arbeitsplatz in demselben Betrieb oder in einem anderen Betrieb des Unternehmens weiterbeschäftigt werden kann (Einzelheiten in § 1 II 3 KSchG, s. auch den **Übungsfall 4**, Rn. 128–132). Als andere Beschäftigungsmöglichkeit kommen nur vergleichbare Arbeitsplätze in Betracht, die im Zeitpunkt der Kündigung frei sind oder bis zum Ablauf der Kündigungsfrist mit Sicherheit frei werden;[106] der Arbeitnehmer hat weder einen Anspruch auf Errichtung neuer Arbeitsplätze noch einen Anspruch auf Freikündigung einer Stelle (Ausnahme: Betriebsratsmitglieder, Rn. 354). Nach dem Wortlaut des § 1 II 2 Nr. 1 a. E. KSchG soll die Weiterbeschäftigungsmöglichkeit nur beachtlich sein, wenn der Betriebsrat aus diesem Grund der Kündigung widerspricht. Das BAG ignoriert diese Einschränkung und akzeptiert den Einwand der möglichen Weiterbeschäftigung auch, wenn im Betrieb kein Betriebsrat besteht oder der Betriebsrat der Kündigung nicht widersprochen hat.[107] Der Arbeitnehmer kann daher unabhängig von einem Widerspruch des Betriebsrats verlangen, auf einem vergleichbaren freien Arbeitsplatz weiterbeschäftigt zu werden.

374 (4) **Sozialauswahl:** Liegen dringende betriebliche Erfordernisse vor (§ 1 II 1 KSchG) und kann der Arbeitnehmer auch nicht auf einem freien Arbeitsplatz in demselben Betrieb oder Unternehmen weiterbeschäftigt werden (§ 1 II 2, 3 KSchG), so ist die Kündigung trotzdem sozial ungerechtfertigt, wenn der Arbeitgeber bei der Auswahl des Arbeitnehmers die in **§ 1 III 1 KSchG** genannten sozialen Gesichtspunkte nicht oder nicht ausreichend berücksichtigt hat. Die Sozialauswahl soll, wenn eine Auswahlmöglichkeit besteht, aus dem Kreis der vergleichbaren (austauschbaren) Arbeitnehmer denjenigen oder diejenigen bestimmen, die eine Kündigung unter sozialen Gesichtspunkten am ehesten verkraften können. Sie erfolgt **in drei Schritten:**

(a) In einem **ersten Schritt** wird gefragt, wer in die Sozialauswahl einzubeziehen ist. Die Sozialauswahl erstreckt sich nur auf Arbeitnehmer, die demselben Betrieb angehören[108] (**Betriebsbezogenheit der Sozialauswahl**) und gegeneinander austauschbar sind, weil ihr Arbeitsvertrag sie zu gleichwertigen Tätigkeiten verpflichtet. Die **Austauschbarkeit der Arbeitnehmer** wird arbeitsplatzbezogen festgestellt: Der Vergleich der Arbeitnehmer vollzieht sich nur auf der gleichen Ebene der Betriebshierarchie (horizontale Vergleichbarkeit). Der Arbeitnehmer, der von der Kündigung betroffen ist, kann sich nicht darauf berufen, er sei in der Lage, die Arbeit eines weniger qualifizierten Arbeitnehmers auszuführen (vertikale Vergleichbarkeit): Es widerspräche dem Zweck der Sozialauswahl, wenn sie zu Lasten weniger qualifizierter Arbeitnehmer ginge.[109]

375 (b) Im **zweiten Schritt** wird die Auswahlentscheidung getroffen. Die **Kriterien der Sozialauswahl** beschränkt **§ 1 III 1 KSchG** auf die drei „sozialen Grunddaten" Dauer der Betriebszugehörigkeit, Lebensalter und Unterhaltspflichten; hin-

---

[106] *BAG* vom 27. 9. 1984 – 2 AZR 309/83, BAGE 47, 13 = AP Nr. 39 zu § 613a BGB = SAE 1986, 147 m. Anm. *Wank.*

[107] *BAG* vom 13. 9. 1973 – 2 AZR 601/72, BAGE 25, 278 = AP Nr. 2 zu § 1 KSchG 1969 m. Anm. *Hueck* = SAE 1975, 1 m. Anm. *Otto.*

[108] *BAG* vom 2. 6. 2005 – 2 AZR 158/04, BAGE 115, 82 (85 ff.) = AP Nr. 73 zu § 1 KSchG 1969 Soziale Auswahl = NZA 2005, 1175; *BAG* vom 15. 12. 2005 – 6 AZR 199/05, AP Nr. 76 zu § 1 KSchG 1969 Soziale Auswahl = NZA 2006, 590.

[109] *BAG* vom 29. 3. 1990 – 2 AZR 369/89, BAGE 65, 61 (77) = AP Nr. 50 zu § 1 KSchG 1969 Betriebsbedingte Kündigung = NZA 1991, 181 = SAE 1991, 203 m. Anm. *Pottmeyer.*

zukommt als viertes Kriterium die Schwerbehinderung des Arbeitnehmers. Diese Beschränkung soll die Sozialauswahl berechenbar machen: Nach früherer Rechtsprechung waren die Umstände jedes Einzelfalls zu betrachten, sodass sich zum Beispiel ein „Doppelverdienst" – der Partner/die Partnerin der zu kündigenden Person war ebenfalls berufstätig – bei der Sozialauswahl negativ auswirken konnte. Das ist nach § 1 III 1 KSchG n. F. nicht mehr möglich. Nach der Rechtsprechung kommt es ferner nicht auf einen fehlerfreien Auswahlvorgang, sondern auf ein fehlerfreies Auswahlergebnis an: Auswahlfehler, die – bezogen auf den betroffenen Arbeitnehmer – das Ergebnis der Sozialauswahl nicht beeinflussen, bleiben unbeachtet.[110]

(c) Im **dritten Schritt** wird geprüft, ob bestimmte Arbeitnehmer von der Sozialauswahl auszunehmen sind. Nach **§ 1 III 2 KSchG** sind in die soziale Auswahl Arbeitnehmer nicht einzubeziehen, deren Weiterbeschäftigung, insbesondere wegen ihrer Kenntnisse, Fähigkeiten und Leistungen oder zur Sicherung einer ausgewogenen Personalstruktur des Betriebes, im **berechtigten betrieblichen Interesse** liegt. Diese Vorschrift soll eine Herausnahme von „Leistungsträgern" aus der Sozialauswahl ermöglichen; diese „Herausnahmeklausel" muss zurückhaltend angewendet werden: Auch die Herausnahme von Arbeitnehmern aus der Sozialauswahl darf nicht dazu führen, die Konsequenzen einer verfehlten Personalpolitik auf sozial schwächere Arbeitnehmer zu verlagern.[111]

376

Praxis: (1) **Richtlinien für die soziale Auswahl**, die in einer Betriebsvereinbarung nach § 95 BetrVG enthalten sind, können zwar die gesetzlichen Mindestanforderungen an die Sozialauswahl nach § 1 III KSchG nicht verdrängen;[112] das Arbeitsgericht überprüft die Auswahl und Gewichtung der einzelnen Sozialkriterien aber nur auf „grobe Fehlerhaftigkeit", wenn eine Auswahlrichtlinie vorliegt (§ 1 IV KSchG). – (2) **Namenslisten in einem Interessenausgleich** zwischen Arbeitgeber und Betriebsrat nach § 111 BetrVG begründen die Vermutung, dass die Kündigung der Genannten durch dringende betriebliche Erfordernisse bedingt ist; die soziale Auswahl der genannten Arbeitnehmer kann nur auf „grobe Fehlerhaftigkeit" überprüft werden (§ 1 V KSchG). Solche Namenslisten schaffen daher – vor allem im Interesse des Arbeitgebers – größere Rechtssicherheit.[113]

Während der Arbeitgeber die Tatsachen zu beweisen hat, die die Kündigung bedingen (§ 1 II 4 KSchG), muss der Arbeitnehmer die Tatsachen beweisen, welche die Sozialauswahl als fehlerhaft erscheinen lassen (§ 1 III 3 KSchG). Der Arbeitgeber ist daher nach § 1 III 1, 2. Hs. KSchG verpflichtet, dem Arbeitnehmer auf Verlangen die Gründe mitzuteilen, die zu der sozialen Auswahl geführt haben. Nach der Rechtsprechung ergibt sich daraus ein abgestuftes System

377

---

[110] *BAG* vom 9. 11. 2006 – 2 AZR 812/05, BAGE 120, 115 = AP Nr. 87 zu § 1 KSchG 1969 Soziale Auswahl = NZA 2007, 549 Rn. 24 (Aufgabe der sog. Domino-Theorie).

[111] *BAG* vom 5. 12. 2002 – 2 AZR 697/01, BAGE 104, 138 (148 f.) = AP Nr. 60 zu § 1 KSchG 1969 Soziale Auswahl = NZA 2003, 849; s. zur erforderlichen Interessenabwägung *BAG* vom 22. 3. 2012 – 2 AZR 167/11, NZA 2012, 1040 (Rn. 25).

[112] *BAG* vom 18. 10. 2006 – 2 AZR 473/05, BAGE 120, 18 = AP Nr. 86 zu § 1 KSchG 1969 Soziale Auswahl = NZA 2007, 504 (Rn. 21).

[113] Einzelheiten: *BAG* vom 19. 6. 2007 – 2 AZR 304/06, BAGE 123, 160 = AP Nr. 17 zu § 1 KSchG 1969 Namensliste = NZA 2008, 103 (Rn. 24–26); *BAG* vom 6. 9. 2007 – 2 AZR 715/06, BAGE 124, 48 = AP Nr. 170 zu § 1 KSchG 1969 Betriebsbedingte Kündigung = NZA 2008, 633 (Rn. 13–23).

der Darlegungs- und Beweislast.[114] Abschließend zur betriebsbedingten Kündigung der

378   **Übungsfall 14 (Reinigungskraft):** Die 42jährige Andrea Steinwachs (S) ist seit fünf Jahren bei dem Speicherchiphersteller B AG im Betrieb Hannover beschäftigt, wo 250 Arbeitnehmer ihre Tätigkeit verrichten. Sie ist verheiratet und hat vier Kinder. Laut Arbeitsvertrag wurde sie als ungelernte Hilfskraft eingestellt. Nachdem sie vier Jahre im Bereich Verpackung tätig war, wechselte sie auf eigenen Wunsch in den Reinigungsdienst. Am Anfang des laufenden Kalenderjahres kam B zu dem Entschluss, den Reinigungsdienst aus Kostengründen zum 1. 7. auf die R GmbH zu übertragen und sich von den 14 eigenen Reinigungskräften durch Kündigung zu trennen. S erhielt nach ordnungsgemäßer Beteiligung des Betriebsrats mit einem am 28. 4. zugegangenen Schreiben die Kündigung zum 30. 6. In der rechtzeitig erhobenen Kündigungsschutzklage trägt S vor, eine bloße Kostenersparnis könne die Auflösung des betriebsinternen Reinigungsdienstes nicht rechtfertigen. Außerdem könne sie wieder im Bereich Verpackung beschäftigt werden. Zwar sei in diesem Bereich kein freier Arbeitsplatz vorhanden; der dort beschäftigte Arbeitnehmer A sei aber ledig und erst 24 Jahre alt und deshalb sozial stärker als sie, sodass die Arbeitgeberin bei ihrer Auswahl soziale Gesichtspunkte außer acht gelassen habe. Ist die – als zulässig unterstellte – Kündigungsschutzklage begründet?[115]

379   **Lösung:** Die Kündigungsschutzklage der S ist begründet, wenn die Kündigung unwirksam ist. Die materiellrechtliche Ausschlussfrist des § 4 Satz 1 i. V. m. § 7 KSchG wurde von S durch rechtzeitige Klageerhebung gewahrt; sie kann daher geltend machen, „dass die Kündigung sozial ungerechtfertigt oder aus anderen Gründen unwirksam ist" (§ 4 Satz 1 KSchG).

(I) Die formwirksame (§ 623 BGB) Erklärung einer ordentlichen Kündigung ist der S zugegangen. Es ist davon auszugehen, dass B bei der Abgabe der Erklärung wirksam vertreten wurde (durch den Vorstand, § 78 I 1 AktG, oder einen Bevollmächtigten, §§ 166 II 1, 167 BGB). Auch der Betriebsrat wurde ordnungsgemäß beteiligt (§ 102 BetrVG). Für einen besonderen Kündigungsschutz (Rn. 348 ff.) gibt der Sachverhalt nichts her.

(II) Die Kündigung wäre nach § 613 a IV 1 BGB unwirksam, wenn ein Betriebsübergang i. S. d. § 613 a I 1 BGB vorläge und die Kündigung „wegen des Betriebsübergangs" (§ 613 a IV 1 BGB) ausgesprochen worden wäre. Für einen Betriebs(teil)übergang bestehen jedoch keine Anhaltspunkte, weil nicht ersichtlich ist, dass R Arbeitnehmer der B übernommen hat (Rn. 135). Ferner wurde die Kündigung nicht wegen eines Betriebsübergangs, sondern wegen Arbeitsmangels ausgesprochen („andere Gründe" i. S. d. § 613 a IV 2 BGB).

(III) Die Kündigung ist ferner unwirksam, wenn eine Massenentlassung i. S. d. § 17 I KSchG vorliegt und die nach dieser Vorschrift erforderliche Anzeige an die Agentur für Arbeit unterblieben ist (Rn. 355). Da im Sachverhalt von einer Massenentlassungsanzeige nicht die Rede ist, kommt es darauf an, ob die Schwellenwerte des § 17 I 1 KSchG erreicht sind. Nach § 17 I 1 Nr. 2, 1. Alt. KSchG beträgt der Schwellenwert 25 Arbeitnehmer (10% von 250). Im vorliegenden Fall sind nur 14 Arbeitnehmer betroffen, so dass § 17 KSchG nicht einschlägig ist.

(IV) Da auf das Arbeitsverhältnis der allgemeine Kündigungsschutz in persönlicher und betrieblicher Hinsicht anwendbar ist (§§ 1 I, 23 I KSchG), ist die Kündigung rechtsunwirksam, wenn sie sozial ungerechtfertigt ist (§ 1 I KSchG).

380   (1) Die Kündigung könnte durch dringende betriebliche Erfordernisse bedingt sein (§ 1 II 1 KSchG).

(a) **Betriebliches Erfordernis:** Die Auflösung des betriebsinternen Reinigungsdienstes und die Vergabe der Reinigungsarbeiten an ein Fremdunternehmen stellen Rationalisierungsmaßnahmen dar; sie könnten als unternehmerische Entscheidung ein betriebliches Erfor-

---

[114] *BAG* vom 24. 3. 1983 – 2 AZR 21/82, BAGE 42, 151 (158) = AP Nr. 12 zu § 1 KSchG 1969 Betriebsbedingte Kündigung = NJW 1984, 78.
[115] Fall frei nach *BAG* vom 15. 6. 1989 – 2 AZR 580/88, BAGE 62, 116 = AP Nr. 18 zu § 1 KSchG 1969 Soziale Auswahl = NZA 1990, 226 = SAE 1990, 208 m. Anm. *Preis.*

dernis i. S. d. § 1 II 1 KSchG begründen. Organisatorische, technische und wirtschaftliche Unternehmerentscheidungen, die sich nachteilig auf die Einsatzmöglichkeiten des gekündigten Arbeitnehmers auswirken, unterliegen nur einer gerichtlichen Missbrauchskontrolle: Geprüft wird, ob sie offensichtlich unsachlich oder willkürlich sind. Der Einwand der S, die bloße Kostenersparnis könne ihre Kündigung nicht rechtfertigen, ist daher unbeachtlich, da die Kostenersparnis als solche nicht bestritten wird und Kostenentscheidungen im Unternehmen keine Willkürentscheidungen sind.[116] B kann sich daher auf ein betriebliches Erfordernis i. S. d. § 1 II 1 KSchG berufen.

(b) **Prognoseprinzip:** B hat zum 1. 7. einen Dienstvertrag über die Fremdvergabe der Reinigungsarbeiten geschlossen. Folglich ist die Voraussage gerechtfertigt, dass nach Ablauf der Kündigungsfrist (30. 6.) der Arbeitsplatz der S wegfällt.

(c) **Ultima-ratio-Prinzip:** Da der betriebseigene Reinigungsdienst vollständig wegfallen soll, ist ein milderes Mittel als die Kündigung nicht zu erkennen, sodass das betriebliche Erfordernis auch „dringend“ i. S. d. Ultima-ratio-Prinzips ist. Ferner findet sich im Unternehmen der B kein freier Arbeitsplatz, so dass eine Weiterbeschäftigung (§ 1 II 2 Nr. 1 b KSchG) nicht in Betracht kommt.

(d) **Sozialauswahl:** Die Kündigung wäre dennoch sozial ungerechtfertigt, wenn die Arbeitgeberin bei der Auswahlentscheidung soziale Gesichtspunkte außer acht gelassen hat (§ 1 III 1 KSchG). Die Korrektheit der Sozialauswahl ist in drei Schritten zu prüfen: **381**

(aa) **Austauschbarkeit der Arbeitnehmer:** Der in die Sozialauswahl einzubeziehende Personenkreis umfasst S und A, wenn die beiden Arbeitnehmer vergleichbar, d. h. untereinander austauschbar sind. Die Austauschbarkeit richtet sich vorrangig nach arbeitsplatzbezogenen Merkmalen; entscheidend ist die ausgeübte Tätigkeit (bei S: Reinigungsdienst). Die Vergleichbarkeit wird jedoch durch arbeitsvertragsbezogene Merkmale ergänzt: Vergleichbar sind auch die Arbeitnehmer, denen entsprechende Tätigkeiten im Wege des Direktionsrechts zugewiesen werden können. Das gilt auch für die Fälle, in denen der Arbeitnehmer auf Grund seiner Fähigkeiten und Ausbildung eine andersartige, aber gleichwertige Tätigkeit ausführen kann. S wurde als ungelernte Hilfskraft eingestellt, sodass die Arbeitgeberin befugt ist, ihr im Rahmen des Arbeitsvertrags sämtliche Hilfsarbeiten zuzuweisen. Besondere Umstände, die das Arbeitsverhältnis auf den Reinigungsdienst konkretisiert haben könnten, sind nicht ersichtlich. Es genügt nicht, dass die vorangegangene Versetzung auf eigenen Wunsch der Arbeitnehmerin erfolgte. Da S wegen ihrer vierjährigen Tätigkeit im Bereich Verpackung ohne lange Einarbeitungszeit die dort anfallenden Tätigkeiten verrichten kann, ist sie auch den dort beschäftigten Arbeitnehmern vergleichbar.[117] Ein hinsichtlich des Einsatzbereichs weit gefasster Arbeitsvertrag ist zwar – was die tägliche Arbeitsleistung betrifft – für den Arbeitnehmer nachteilig; er sorgt aber im Fall betriebsbedingter Kündigungen für eine größere Vergleichbarkeit und damit für einen erweiterten Bestandsschutz.

(bb) Für eine **Ausnahme gemäß § 1 III 2 KSchG** gibt es im Sachverhalt keine zureichenden Anhaltspunkte.

(cc) Die **Auswahlentscheidung** erfolgt nach den drei sozialen Grunddaten Betriebszugehörigkeit, Lebensalter und Unterhaltpflichten. Da der Arbeitnehmer A erst 24 Jahre alt und noch ledig ist, ist er schon allein auf Grund des Lebensalters und der Unterhaltsverpflichtungen sozial stärker als S. B hat somit bei ihrer Auswahlentscheidung soziale Gesichtspunkte außer acht gelassen. Die Kündigung ist gemäß § 1 III 1 KSchG sozial ungerechtfertigt und deshalb unwirksam.

(V) **Ergebnis:** Die Kündigungsschutzklage ist begründet.

f) Prüfungsschema

Über die Prüfung der **Wirksamkeit einer Kündigung** nach dem KSchG informiert zusammenfassend die **Übersicht 6.3** (klausurmäßige Lösung einer Kündi- **382**

---

[116] *BAG* vom 30. 4. 1987 – 2 AZR 184/86, BAGE 55, 262 (271 f.) = AP Nr. 42 zu § 1 KSchG 1969 Betriebsbedingte Kündigung = NJW 1987, 3216.
[117] *BAG* vom 15. 6. 1989 – 2 AZR 580/88, BAGE 62, 116 (122–124).

gungsschutzklage gegen eine betriebsbedingte Kündigung: *Junker,* Fälle zum Arbeitsrecht, Fall 7):

Übersicht 6.3: Kündigungsschutz nach dem KSchG

I. Anwendbarkeit des KSchG
1. Sachlicher Anwendungsbereich: Ordentliche Arbeitgeberkündigung
2. Betrieblicher Anwendungsbereich (§ 23 I KSchG)
3. Persönlicher Anwendungsbereich (§§ 1 I, 14 KSchG)
   a) Mindestens sechsmonatiger ununterbrochener Bestand des Arbeitsverhältnisses (§ 1 I KSchG)
   b) Unanwendbar bei gesetzlichen Vertretern juristischer Personen und Organen von Personengesellschaften (§ 14 I KSchG)
   c) Bei leitenden Angestellten i.S.d. § 14 II KSchG: Kein Bestands-, sondern Abfindungsschutz

II. Fristgemäße Erhebung der Kündigungsschutzklage
Binnen drei Wochen nach Zugang der Kündigung (§ 4 Satz 1 KSchG), sonst Fiktion der sozialen Rechtfertigung (§ 7 KSchG)

III. Soziale Rechtfertigung der Kündigung
1. An sich geeignete Kündigungsgründe (§ 1 II 1 KSchG):
   a) Gründe in der Person des Arbeitnehmers
   b) Gründe im Verhalten des Arbeitnehmers
   c) Dringende betriebliche Erfordernisse
2. Prognose: Gegenwärtige oder vergangene Umstände lassen für die Zukunft eine Störung des Arbeitsverhältnisses erwarten
3. Ultima ratio: Störung lässt sich nicht anders als durch Kündigung beseitigen (vgl. § 1 II 2, 3 KSchG)
4. Interessenabwägung: Prüfung, ob dem Arbeitgeber die Fortsetzung des Arbeitsverhältnisses unzumutbar ist; bei betriebsbedingter Kündigung stattdessen Sozialauswahl (§ 1 III, IV KSchG)

6. Kündigungsfrist

383 Bei der ordentlichen Kündigung hat der Kündigende in der Regel eine Kündigungsfrist einzuhalten und meist auch einen Kündigungstermin zu beachten: Die **Kündigungsfrist** ist die Zeitspanne, die zwischen dem Zugang der Kündigungserklärung und dem Ende des Arbeitsverhältnisses mindestens liegen muss. Sie dient dem Schutz des Vertragspartners und bezieht sich häufig auf einen bestimmten Endtermin, den **Kündigungstermin** (z.B. § 622 II BGB: „zum Ende eines Kalendermonats"). Die Beendigungswirkung kann dann nur zu diesem Zeitpunkt einsetzen.

Durchblick: Die Kündigungsfrist ist etwas anderes als eine **Kündigungserklärungsfrist**; bei letzterer handelt es sich um die Zeitspanne, die zwischen einem Ereignis (z.B. einer Pflichtverletzung) und dem Zugang der Kündigungserklärung höchstens liegen darf. Der ordentlich Kündigende muss eine Kündigungsfrist beachten (§§ 620 II, 622 BGB), der außerordentlich Kündigende eine Kündigungserklärungsfrist (§ 626 II 1 BGB).

Versäumt der Kündigende die Kündigungsfrist oder verpasst er einen Kündigungstermin, so ist zu unterscheiden: Im Regelfall lässt sich im Wege der **Auslegung der Kündigungserklärung** das Ergebnis gewinnen, dass die Beendigung des Arbeitsverhältnisses zum nächstmöglichen Termin gewollt ist.[118] Will der Arbeitnehmer in diesem Fall lediglich die Nichteinhaltung der Kündigungsfrist durch den Arbeitgeber geltend machen (und nicht die Unwirksamkeit der Kündigung als solche), muss er die Ausschlussfrist des § 4 Satz 1 i. V. m. § 7 KSchG nicht beachten.[119]

Führt dagegen die Auslegung nicht zu dem Ergebnis, dass die zu kurz befristete oder terminierte Kündigung zum nächst zulässigen Termin gewollt ist, so kommt nur eine entsprechende **Umdeutung der Kündigungserklärung** in Betracht. In diesem Fall muss der Arbeitnehmer jedoch, auch wenn er nur die Nichteinhaltung der Kündigungsfrist durch den Arbeitgeber beanstandet, die Ausschlussfrist des § 4 Satz 1 i. V. m. § 7 KSchG beachten, weil § 140 BGB ein nichtiges Rechtsgeschäft und damit die Unwirksamkeit der erklärten Kündigung voraussetzt;[120] diese Voraussetzung fehlt nach Ablauf der Dreiwochenfrist des § 4 Satz 1 KSchG (§ 7 KSchG).

a) Die **gesetzliche Regelung** der Kündigungsfristen findet sich in § 622 I–III **384** BGB; sie setzt zugleich den Maßstab für tarifvertragliche und arbeitsvertragliche Abweichungen (§ 622 IV–VI BGB). Die Bestimmungen des § 622 BGB gelten für alle Arbeitnehmer, soweit § 622 BGB nicht durch gesetzliche Sonderregeln für bestimmte Arbeitnehmergruppen verdrängt wird (z. B. in §§ 20, 22 I, II BBiG, § 19 BEEG, § 86 SGB IX, § 113 InsO). Die gesetzlichen Kündigungsfristen des § 622 BGB sind wie folgt gestuft:

(1) Wurde eine **Probezeit von höchstens sechs Monaten** vereinbart, kann während dieser Probezeit jede Partei das Arbeitsverhältnis mit einer Frist von zwei Wochen kündigen; ein Kündigungstermin ist nicht zu beachten (**§ 622 III BGB**). Überschreitet die vereinbarte Probezeit sechs Monate, gilt nach Ablauf von sechs Monaten die Grundkündigungsfrist des § 622 I BGB.[121]

(2) Die **Grundkündigungsfrist** beträgt für beide Parteien einheitlich vier Wo- **385** chen; dabei ist ein Kündigungstermin zum Fünfzehnten oder zum Ende eines Kalendermonats einzuhalten (**§ 622 I BGB**). Rechtspolitisch ist diese Regelung ein Kompromiss zwischen den früheren Mindestkündigungsfristen für Arbeiter (zwei Wochen) und für Angestellte (sechs Wochen zum Quartalsende).

Vier Wochen bedeuten 28 Tage und nicht einen Monat. Ist z. B. der letzte Tag des Monats ein Samstag, muss die Kündigung spätestens am Samstag vier Wochen zuvor zugehen (§§ 187 I, 188 II BGB). § 193 BGB – Samstage, Sonn- und Feiertage – gilt nicht (anders bei § 4 Satz 1 KSchG, s. Rn. 333).

(3) Erklärt der **Arbeitnehmer** die Kündigung, bleibt es bei der gesetzlichen Grundkündigungsfrist ohne Rücksicht darauf, wie lange das Arbeitsverhältnis

---

[118] *BAG* vom 9. 2. 2006 – 6 AZR 283/05, BAGE 117, 168 = AP Nr. 56 zu § 4 KSchG 1969 = NZA 2006, 1207 (Rn. 32).
[119] *BAG* vom 15. 12. 2005 – 2 AZR 148/05, BAGE 116, 336 = AP Nr. 55 zu § 4 KSchG 1969 m. Anm. *Schreiber* = NZA 2006, 791 (Rn. 18).
[120] *BAG* vom 1. 9. 2010 – 5 AZR 700/09, BAGE 135, 255 = AP Nr. 71 zu § 4 KSchG 1969 = NZA 2010, 1409 (Rn. 30).
[121] *BAG* vom 24. 1. 2008 – 6 AZR 519/07, BAGE 125, 325 = AP Nr. 64 zu § 622 BGB = NZA 2008, 521 (Rn. 16).

besteht. Erklärt der **Arbeitgeber** die Kündigung, gelten mit zunehmender Beschäftigungsdauer des Arbeitnehmers **verlängerte Kündigungsfristen** nach Maßgabe des **§ 622 II BGB.**

Je nach Beschäftigungsdauer wächst die Kündigungsfrist bis zur maximalen Länge von sieben Monaten zum Ende eines Kalendermonats (§ 622 II 1 Nrn. 1–7 BGB). Die Regelung des § 622 II 2 BGB – keine Berücksichtigung von Beschäftigungszeiten vor der Vollendung des 25. Lebensjahres – ist nicht mehr anzuwenden, da sie der EuGH für europarechtswidrig erklärt hat.[122]

386   b) Die **Tarifvertragsparteien** können nach **§ 622 IV 1 BGB** zugunsten oder zu Lasten der Arbeitnehmer von der gesetzlichen Regelung des § 622 I–III BGB abweichen (tarifdispositives Gesetzesrecht), und zwar nicht nur hinsichtlich der Kündigungsfristen, sondern auch in Bezug auf die Kündigungstermine und die Berechnung der Beschäftigungsdauer (§ 622 II 2 BGB).

Eine Schranke der Tariföffnungsklausel ergibt sich aus **§ 622 VI BGB,** wonach die Tarifparteien für die Kündigung des Arbeitsverhältnisses durch den Arbeitnehmer keine längere Frist vorsehen dürfen als für die Kündigung durch den Arbeitgeber (wohl aber umgekehrt). Ferner müssen die Tarifparteien verfassungsrechtliche Schranken beachten (Rn. 52).

387   c) Den **Arbeitsvertragsparteien** sind engere Grenzen gesetzt. Sie können nur nach Maßgabe des § 622 IV 2, V, VI BGB von der gesetzlichen Regelung abweichen:

(1) Nach **§ 622 IV 2 BGB** können Arbeitsvertragsparteien, die nicht tarifgebunden sind, im **Geltungsbereich eines Tarifvertrags** dessen Bestimmungen über Kündigungsfristen, Kündigungstermine und Beschäftigungsdauer einzelvertraglich zur Anwendung berufen.

(2) Nach **§ 622 V 3 BGB** ist die **einzelvertragliche Verlängerung** der in § 622 I–III BGB genannten Kündigungsfristen möglich; auch die Zahl der Kündigungstermine kann reduziert werden.[123] Die Arbeitsvertragsparteien sind allerdings – wie die Tarifvertragsparteien – an die Grenzen des § 622 VI BGB (sog. Grundsatz der Fristenparität)[124] und des § 624 BGB gebunden (längstmögliche Bindungsfrist fünfeinhalb Jahre). Im Zweifel ist zwischen der einzelvertraglichen und der gesetzlichen Regelung ein Günstigkeitsvergleich durchzuführen.

Beispiel: Die Parteien hatten 1981 im Arbeitsvertrag vereinbart, der Vertrag könne „mit einer Frist von drei Monaten zum Quartalsschluss gekündigt werden". Der Arbeitgeber kündigte am 26. 4. 2009 zum 30. 11. 2009 unter Anwendung der gesetzlichen Siebenmonatsregelung nach § 622 II Nr. 7 BGB. Der Arbeitnehmer meinte, das Arbeitsverhältnis ende erst zum 31. 12. 2009: Auch wenn die vertragliche Kündigungsfrist von drei Monaten durch die längere gesetzliche Kündigungsfrist von sieben Monaten zu ersetzen sei, bleibe es beim vereinbarten Kündigungstermin zum Quartalsende. – Das BAG gab dem Arbeitgeber Recht: Bei dem Günstigkeitsvergleich von vertraglicher und gesetzlicher Regelung könnten Kündigungsfrist und -termin nur als Einheit gesehen werden; der Arbeitnehmer dürfe sich im Vergleich von Vertrag und Gesetz nicht jeweils „die Rosinen herauspicken". Der Kündi-

---

[122] *EuGH* vom 19. 1. 2010 – C-555/07, Slg. 2010, I-365 – Kücükdeveci. S. dazu *Franzen,* GPR 2010, 81; *Joussen,* ZESAR 2010, 185; *Waltermann,* EuZA 3 (2010), 541.

[123] A/P/S/*Linck,* § 622 BGB Rn. 168; Staudinger/*Preis,* § 622 BGB Rn. 49.

[124] *BAG* vom 2. 6. 2005 – 2 AZR 296/04, BAGE 115, 88 (89) = AP Nr. 63 zu § 622 BGB = NZA 2005, 1176.

gungstermin zum Quartalsschluss beziehe sich nur auf die – im Vergleich zu § 622 II Nr. 7 BGB (sieben Monate) – kürzere vertragliche Grundkündigungsfrist.[125]

(3) Nach **§ 622 V 1, 2 BGB** ist die **einzelvertragliche Verkürzung** der gesetzli- **388** chen Grundkündigungsfrist von vier Wochen zum Fünfzehnten oder zum Ende eines Kalendermonats (§ 622 I BGB) nur in zwei Fällen erlaubt:

– Bei einer **Aushilfstätigkeit** können die Parteien in den ersten drei Monaten die Kündigungsfrist unbeschränkt – d.h. bis auf Null: „entfristete" ordentliche Kündigung[126] – reduzieren (§ 622 V 1 Nr. 1 BGB).

– In einem **Kleinunternehmen** mit nicht mehr als 20 Arbeitnehmern[127] können die Kündigungstermine des § 622 I BGB einzelvertraglich abbedungen werden: Dann bleibt es bei einer Kündigungsfrist von vier Wochen, aber ohne die vorgeschriebenen Kündigungstermine (§ 622 V 1 Nr. 2 BGB).

Die beiden Verkürzungsfälle beziehen sich nur auf die Grundkündigungsfrist des § 622 I BGB; kürzere als die in § 622 II und III BGB genannten Fristen können die Parteien des Arbeitsvertrags nicht vereinbaren (Umkehrschluss aus § 622 V BGB).

Durchblick: (1) Ein Sonderproblem stellt sich bei der **Kündigung vor Arbeitsaufnahme.** Die ordentliche Kündigung ist bereits zwischen Vertragsschluss und Arbeitsaufnahme zulässig. Es fragt sich jedoch, ob die Kündigungsfrist so läuft, als würde der Arbeitnehmer bereits arbeiten, oder ob sie erst mit dem vereinbarten Zeitpunkt der Arbeitsaufnahme zu laufen beginnt. Maßgebend ist der im Einzelfall festzustellende Wille der Vertragsparteien.[128] – (2) Ein weiterer Sonderfall ist die **Kündigung in der Insolvenz.** Das Arbeitsverhältnis kann vom Insolvenzverwalter und vom Arbeitnehmer ohne Rücksicht auf eine vereinbarte Vertragsdauer (Befristung) oder einen vereinbarten Ausschluss des Kündigungsrechts gekündigt werden (§ 113 I 1 InsO); die Kündigungsfrist beträgt drei Monate zum Monatsende, wenn nicht eine kürzere Frist maßgeblich ist (§ 113 I 2 InsO). Der Insolvenzverwalter kann die Dreimonatsfrist auch nutzen, wenn der Arbeitgeber vor der Insolvenzeröffnung bereits mit einer längeren Frist gekündigt hatte.[129]

7. Entscheidung des Gerichts

Im Kündigungsrecht sind materielles Recht und Prozessrecht miteinander **389** verzahnt: Die Rechtsunwirksamkeit einer Kündigung muss gerichtlich geltend gemacht werden (§§ 4 Satz 1, 7 KSchG); der Bestandsschutz lässt sich nur im Wege der Klage beim Arbeitsgericht verwirklichen. Die Entscheidung richtet sich danach, ob die Kündigung rechtswirksam ist oder nicht:

a) **Klageabweisung:** Hält das Gericht die Kündigung für **sozial gerechtfertigt** (und auch nicht aus anderen Gründen für rechtswirksam, § 4 Satz 1 KSchG), weist es die Kündigungsschutzklage als unbegründet ab. Damit steht fest, dass die angegriffene Kündigung das Arbeitsverhältnis mit Ablauf der Kündigungs-

---

[125] *BAG* vom 4. 7. 2001 – 2 AZR 469/00, BAGE 98, 205 (209 f.) = AP Nr. 59 zu § 622 BGB = NZA 2002, 380.

[126] A/P/S/*Linck,* § 622 BGB Rn. 153; *Preis/Kramer,* DB 1993, 2125 (2126).

[127] Der Gesetzgeber stellt hier, anders als bei § 23 I 2 KSchG, nicht auf den Betrieb, sondern auf das Unternehmen ab: *Junker/Dietrich,* NZA 2003, 1057 (1065).

[128] *BAG* vom 25. 3. 2004 – 2 AZR 324/03, AP Nr. 1 zu § 620 BGB Kündigung vor Dienstantritt = NZA 2004, 1089.

[129] *BAG* vom 22. 5. 2003 – 2 AZR 255/02, BAGE 106, 183 (185 f.) = AP Nr. 12 zu § 113 InsO = NZA 2003, 1086.

frist aufgelöst hat. Der Streitgegenstand der Kündigungsschutzklage ist, wie sich
aus der Formulierung am Ende von § 4 Satz 1 KSchG ergibt, nicht nur die Sozialwidrigkeit der Kündigung, sondern die „Auflösung des Arbeitsverhältnisses"
durch die angegriffene Kündigung überhaupt. Wird das klageabweisende Urteil
rechtskräftig, kann der Arbeitnehmer Gründe für die Unwirksamkeit der ange-
griffenen Kündigung nicht in einem neuen Kündigungsschutzprozess vorbringen, selbst wenn ihm diese Gründe erst nachträglich bekannt geworden sind
(Präklusion).[130] Hat der Arbeitnehmer statt des Kündigungsschutzantrags nach
§ 4 Satz 1 KSchG den allgemeinen Feststellungsantrag nach § 256 ZPO gestellt
(dazu der Übungsfall 30, Rn. 875–877), steht bei Klageabweisung fest, dass im
Zeitpunkt der letzten mündlichen Verhandlung kein Arbeitsverhältnis mehr bestanden hat.[131]

> Durchblick: Die Kündigung eines Arbeitnehmers beruht auf einer Prognoseentscheidung.
> Erweist sich die Prognose (Beispiel: Kündigung wegen einer beabsichtigten Betriebsstille-
> gung) später als falsch auf Grund von Umständen, die erst nach Kündigungszugang eintre-
> ten (Betriebsübergang statt Betriebsstilllegung), ändert das nichts mehr an der Wirksamkeit
> der Kündigung, da sich die Wirksamkeit der Kündigung allein nach den Gegebenheiten im
> Zeitpunkt des Kündigungszugangs beurteilt (Rn. 363). Die Kündigungsschutzklage ist ab-
> zuweisen. Aufgrund der veränderten Situation kann dem Arbeitnehmer jedoch ein Wieder-
> einstellungsanspruch gegen den Arbeitgeber zustehen (Rn. 186).

390   b) Klagestattgabe: Hält das Arbeitsgericht die Kündigung für sozial ungerechtfertigt (oder aus anderen Gründen für rechtsunwirksam, § 4 Satz 1 KSchG), gibt
es dem Kündigungsschutzantrag statt und spricht durch Urteil aus, dass die
Kündigung das Arbeitsverhältnis nicht aufgelöst hat. Damit steht zugleich fest,
dass im Zeitpunkt des Kündigungszugangs zwischen den Parteien ein Arbeitsverhältnis bestanden hat. Wird das der Klage stattgebende Urteil rechtskräftig,
kann der Arbeitgeber eine erneute Kündigung nicht auf solche Gründe stützen,
die er schon zur Begründung der ersten Kündigung vorgebracht hat und die im
Kündigungsschutzprozess mit negativem Ergebnis geprüft wurden (Präklusion).
Hat der Arbeitnehmer statt des Kündigungsschutzantrags nach § 4 KSchG den
allgemeinen Feststellungsantrag nach § 256 ZPO gestellt, steht bei Klagestattgabe fest, dass im Zeitpunkt der letzten mündlichen Verhandlung ein Arbeitsverhältnis zwischen den Parteien bestand und dieses Arbeitsverhältnis weder
durch Kündigung noch aus irgendeinem anderen Rechtsgrund beendet wurde.

> Durchblick: (1) Hat der Arbeitgeber den Arbeitnehmer nicht beschäftigt, muss er trotzdem
> nach den Regeln des Annahmeverzugs (§§ 615 Satz 1, 293 ff. BGB) die Vergütung erbringen
> (Rn. 272–274, zur Verzinsung s. Rn. 247). Der Arbeitnehmer ist zur Nachleistung nicht ver-
> pflichtet. Auf die Vergütung muss er sich jedoch nach § 11 Satz 1 KSchG – einer Spezialvor-
> schrift zu § 615 Satz 2 BGB – anrechnen lassen, was er durch anderweitige Arbeit verdient
> (Nr. 1), durch Nichtannahme einer ihm zumutbaren Arbeit zu verdienen böswillig unterlas-
> sen (Nr. 2, s. dazu Rn. 274) oder infolge der Arbeitslosigkeit an öffentlich-rechtlichen Leis-
> tungen erhalten hat (Nr. 3). – (2) War der Arbeitnehmer mit seiner Kündigungsschutzklage
> erfolgreich, ist er aber inzwischen ein neues Arbeitsverhältnis eingegangen, kann er binnen
> einer Woche nach Rechtskraft des Urteils die Fortsetzung des alten Arbeitsverhältnisses
> durch Erklärung gegenüber dem alten Arbeitgeber verweigern (§ 12 KSchG).

---

[130] BAG vom 12. 6. 1986 – 2 AZR 426/85, AP Nr. 17 zu § 4 KSchG 1969 = NJW 1987,
273; KR/Friedrich, § 4 KSchG Rn. 264.
[131] Hromadka/Maschmann I, § 10 Rn. 342; KR/Friedrich, § 4 KSchG Rn. 254.

c) **Auflösung durch Gestaltungsurteil:** Kommt das Gericht zu dem Ergebnis, 391
dass die Kündigung das Arbeitsverhältnis nicht aufgelöst hat, kann es durch
Gestaltungsurteil das Arbeitsverhältnis auflösen und den Arbeitgeber zur Zahlung einer angemessenen Abfindung verurteilen, wenn mindestens eine der beiden Prozessparteien einen dahingehenden Antrag stellt (§ 9 KSchG).

(1) **Antrag des Arbeitnehmers:** Der Arbeitnehmer muss darlegen, dass ihm die
Fortsetzung des Arbeitsverhältnisses nicht mehr zuzumuten ist (§ 9 I 1 KSchG).
Die „Unzumutbarkeit" wird weniger streng beurteilt als der wichtige Grund
i. S. d. § 626 I BGB.[132]

(2) **Antrag des Arbeitgebers:** Stellt der Arbeitgeber den Antrag, muss er
Gründe darlegen, die eine dem Betriebszweck dienliche Zusammenarbeit mit
dem Arbeitnehmer nicht mehr erwarten lassen (§ 9 I 2 KSchG). In einem ersten
Schritt prüft das Arbeitsgericht, ob ein Grund vorliegt, der „an sich" die Auflösung des Arbeitsverhältnisses rechtfertigen kann. Im zweiten Schritt wird – unter Abwägung der Grundrechte der Arbeitsvertragsparteien – untersucht, „ob in
Anbetracht der Umstände noch eine den Betriebszwecken dienliche Zusammenarbeit möglich ist."[133] Handelt es sich um einen leitenden Angestellten i. S. des
§ 14 II 1 KSchG, bedarf der Antrag des Arbeitgebers auf Auflösung des Arbeitsverhältnisses allerdings keiner Begründung (§ 14 II 2 KSchG).

Durchblick: Stellen **beide Prozessparteien** den Auflösungsantrag, ist eine Begründung ebenfalls entbehrlich, denn in diesem Fall ist eine gedeihliche Zusammenarbeit nicht mehr zu
erwarten.[134] Als Auflösungszeitpunkt hat das Gericht gemäß § 9 II KSchG den Beendi-
gungstermin festzusetzen, der sich im Fall der Wirksamkeit der Kündigung ergeben hätte.

(3) **Abfindung (§ 10 KSchG):** Erklärt das Arbeitsgericht das Arbeitsverhältnis 392
nach § 9 KSchG für aufgelöst, muss es zugleich eine angemessene Abfindung
festsetzen, deren Höhe in der Regel zwölf Monatsverdienste nicht übersteigen
darf (§ 10 I KSchG). Die Höchstgrenze verschiebt sich für ältere Arbeitnehmer,
die eine längere Dauer des Arbeitsverhältnisses aufzuweisen haben, auf bis zu
18 Monatsverdienste (§ 10 II KSchG). Ihrem Sinn und Zweck nach handelt es
sich bei der Abfindung nach §§ 9, 10 KSchG um eine Entschädigung dafür, dass
der Arbeitnehmer trotz sozialwidriger Kündigung den Arbeitsplatz verliert; sie
ist weder als Schadensersatz noch als Arbeitsentgelt zu qualifizieren.

Praxis: Eine erfolgreiche Kündigungsschutzklage führt in der Rechtswirklichkeit nur selten
zur Weiterbeschäftigung. Die Mehrzahl der Kündigungsrechtsstreitigkeiten endet mit einem Aufhebungsvertrag in Gestalt eines Prozessvergleichs. Darin vereinbaren die Parteien
zumeist, dass das Arbeitsverhältnis gegen Zahlung einer Abfindung beendet wird. Der Abschluss eines solchen „Abfindungsvergleichs" kann für beide Parteien von Vorteil sein: Der
Arbeitnehmer bekommt eine Abfindung auch, wenn er den Prozess sonst möglicherweise
verloren hätte. Der Arbeitgeber kann sicher sein, dass er den Arbeitnehmer nicht mehr beschäftigen muss.

---

[132] *BAG* vom 26. 11. 1981 – 2 AZR 509/79, BAGE 37, 135 (141) = AP Nr. 8 zu § 9 KSchG
1969 = NJW 1982, 2015.
[133] *BAG* vom 23. 6. 2005 – 2 AZR 256/04, AP Nr. 52 zu § 9 KSchG 1969 = NZA 2006,
363; *BAG* vom 6. 9. 2007 – 2 AZR 264/06, AP Nr. 208 zu § 626 BGB = NZA 2008, 636
(Rn. 47).
[134] *von Hoyningen-Huene/Linck,* § 9 KSchG Rn. 47; a. A. MünchKommBGB/*Hergenröder,*
§ 9 KSchG Rn. 59–61.

(4) **Wahlrecht (§ 1a KSchG):** Der Gesetzgeber hat die Abfindungspraxis aufgegriffen und in § 1a KSchG eine Spezialregelung geschaffen. Danach hat der Arbeitnehmer ein Wahlrecht zwischen Kündigungsschutzklage und Abfindung, wenn der Arbeitgeber in der Kündigungserklärung darauf hingewiesen hat, dass es sich (a) um eine betriebsbedingte Kündigung handelt und (b) der Arbeitnehmer bei Verstreichenlassen der Klagefrist für die Kündigungsschutzklage eine Abfindung beanspruchen kann (§ 1a I KSchG). Diese Option wird skeptisch betrachtet: Die Praxis ist sich unsicher, ob einem Arbeitnehmer geraten werden kann, im Vertrauen auf die Zahlungsbereitschaft des Arbeitgebers die Klagefrist verstreichen zu lassen; das gilt umso mehr, als ein Vergleich vor dem Arbeitsgericht durchaus zu einer höheren Abfindung führen kann, als im Gesetz vorgesehen ist (§ 1a II KSchG).[135]

8. Weiterbeschäftigungsanspruch

393   Im Zeitraum zwischen dem Ablauf der Kündigungsfrist und der rechtskräftigen Entscheidung über die Kündigungsschutzklage ist unsicher, ob das Arbeitsverhältnis fortbesteht (zum **Vergütungsanspruch** in diesem Zeitraum s. Rn. 390). Der **Arbeitgeber** wird, obwohl er bei einer Prozessniederlage Annahmeverzugslohn zahlen muss (Rn. 272–274), den Arbeitnehmer von der Arbeit freistellen wollen, wenn das Arbeitsverhältnis zerrüttet ist. Umgekehrt kann der **Arbeitnehmer** in der „Schwebezeit" ein Interesse daran haben, seine Arbeitskraft einzusetzen, um seine Fähigkeiten und den Kontakt zum Betrieb nicht zu verlieren. Dann stellt sich die Frage, unter welchen Voraussetzungen ein Weiterbeschäftigungsanspruch des Arbeitnehmers besteht, der den Arbeitgeber an der Freistellung hindert.

a) **Betriebsverfassungsrechtlicher Anspruch:** Existiert im Betrieb des Arbeitgebers ein Betriebsrat, der nach **§ 102 I BetrVG** zu der Kündigung anzuhören ist (Rn. 335–337), und hat dieser innerhalb der Wochenfrist des **§ 102 II 1 BetrVG** der Kündigung nach **§ 102 III BetrVG** ordnungsgemäß widersprochen (Rn. 771–773), so hat der Arbeitnehmer einen Anspruch auf Weiterbeschäftigung zu unveränderten Arbeitsbedingungen in der Zeit zwischen dem Ablauf der Kündigungsfrist und dem rechtskräftigen Abschluss des Kündigungsschutzprozesses (**§ 102 V 1 BetrVG**).

Das Gericht kann den **Arbeitgeber** auf Antrag von der betriebsverfassungsrechtlichen Weiterbeschäftigungspflicht entbinden, wenn (1) die Kündigungsschutzklage keine hinreichende Erfolgsaussicht bietet oder mutwillig erscheint, (2) die Weiterbeschäftigung zu einer unzumutbaren wirtschaftlichen Belastung des Arbeitgebers führen würde oder (3) der Widerspruch des Betriebsrats offensichtlich unbegründet war (§ 102 V 2 BetrVG).

b) **Allgemeiner Weiterbeschäftigungsanspruch:** Neben dem Anspruch aus § 102 V 1 BetrVG kann ein Weiterbeschäftigungsanspruch aus **§ 242 BGB i. V. m. Art. 1, 2 I GG** bestehen. Das allgemeine Persönlichkeitsrecht (**Art. 1, 2 I GG**), das über die Generalklausel des **§ 242 BGB** im Arbeitsverhältnis mittelba-

---

[135] Zur Anwendbarkeit des § 1a KSchG auf die betriebsbedingte Änderungskündigung s. *BAG* vom 13. 12. 2007 – 2 AZR 663/06, BAGE 125, 191 = AP Nr. 5 zu § 1a KSchG 1969 = NZA 2008, 528 (Rn. 16).

re Drittwirkung entfaltet (Rn. 50), gibt dem Arbeitnehmer den Anspruch auf Selbstverwirklichung durch Arbeit, soweit im Betrieb Arbeit vorhanden ist und keine schutzwürdigen Interessen des Arbeitgebers dem Beschäftigungsanspruch entgegenstehen.[136] Der allgemeine Weiterbeschäftigungsanspruch steht in freier Konkurrenz zu demjenigen aus § 102 V 1 BetrVG.[137]

Im Rahmen des Weiterbeschäftigungsanspruchs nach § 242 BGB i. V. m. Art. 1, 2 I GG berücksichtigt die Rechtsprechung die Interessen des Arbeitgebers stärker als im Rahmen des § 102 V 1 BetrVG: Bis zum Erlass eines erstinstanzlichen arbeitsgerichtlichen Urteils besteht der Anspruch nur bei offensichtlicher Unwirksamkeit der Kündigung (Beispiel: Nichtbeteiligung des Integrationsamts entgegen § 85 I SGB IX). Gewinnt der Arbeitnehmer den Kündigungsschutzprozess in erster Instanz und legt der Arbeitgeber gegen das Urteil Berufung ein (§ 64 II lit. c ArbGG), besteht während der Dauer des Berufungsverfahrens ein Weiterbeschäftigungsanspruch, wenn der Arbeitnehmer keine Umstände darlegen kann, die ihn auch im ungekündigten Arbeitsverhältnis zur Freistellung berechtigen würden (Beispiel: schwere Pflichtverletzungen des Arbeitnehmers).[138]

II. Außerordentliche Kündigung

394 Nach § 626 I BGB kommt eine außerordentliche Kündigung **aus wichtigem Grund** in Betracht, wenn Tatsachen vorliegen, auf Grund derer es dem Kündigenden nicht zugemutet werden kann, das Arbeitsverhältnis bis zum Ablauf der Kündigungsfrist oder bis zur vereinbarten Beendigung fortzusetzen. Die **Zumutbarkeit** bildet eine unverzichtbare Schranke der Privatautonomie: Anders als das Recht zur ordentlichen Kündigung kann das Recht zur außerordentlichen Kündigung nicht ausgeschlossen werden.[139] Ist die **ordentliche Kündigung ausgeschlossen** (Rn. 346, 347), muss daher stets an eine außerordentliche Kündigung gedacht werden. Umgekehrt kommt die **ordentliche Kündigung als ein Minus** gegenüber der außerordentlichen Kündigung in Betracht, wenn für den fraglichen Kündigungsgrund die Erklärungsfrist des § 626 II BGB abgelaufen ist oder wenn er die Anforderungen des § 626 I BGB an den „wichtigen Grund" nicht erfüllt: Ein und dasselbe Ereignis (z.B. die Beleidigung des Vorgesetzten) kann je nach den Umständen des Falles oder der Stellung des Arbeitnehmers (Bauarbeiter, Vorstandsassistent) die ordentliche oder die außerordentliche Kündigung rechtfertigen.

1. Kündigungserklärung

395 Ebenso wie die ordentliche erfolgt auch die außerordentliche Kündigung durch eine Kündigungserklärung (Rn. 324–330), die zu ihrer Wirksamkeit der **Schriftform** bedarf (§ 623 BGB). Die Erklärung muss den **Kündigungsgrund** nicht angeben, um wirksam zu sein; eine Ausnahme besteht bei der außerordentlichen

---

136 *BAG (GS)* vom 27. 2. 1985 – GS 1/84, BAGE 48, 122 (139) = AP Nr. 14 zu § 611 BGB Beschäftigungspflicht = NJW 1985, 2968 = JuS 1986, 240.
137 KR/*Etzel*, § 102 BetrVG Rn. 271; a. A. GK-BetrVG/*Raab*, § 102 Rn. 195, 196.
138 *BAG (GS)* vom 27. 2. 1985 – GS 1/84, BAGE 48, 122 (152 ff.).
139 *BAG* vom 6. 11. 1956 – 3 AZR 42/55, BAGE 3, 168 (172) = AP Nr. 14 zu § 626 BGB m. Anm. *Bötticher* = NJW 1957, 118.

Kündigung des Ausbildungsverhältnisses (§ 22 III BBiG). Allerdings muss der Kündigende dem anderen Teil auf Verlangen den Kündigungsgrund unverzüglich schriftlich mitteilen (§ 626 II 3 BGB); erfüllt der Kündigende diese Pflicht nicht, kann er sich schadensersatzpflichtig machen.[140]

2. Ausschlussfrist (§ 13 I 2 KSchG)

396 Das Recht des Arbeitgebers zur außerordentlichen Kündigung des Arbeitsverhältnisses wird durch das Kündigungsschutzgesetz nicht berührt (§ 13 I 1 KSchG). Jedoch kann der Arbeitnehmer nach § 13 I 2 KSchG auch die Rechtsunwirksamkeit einer außerordentlichen Kündigung nur durch Klage beim Arbeitsgericht innerhalb der Dreiwochenfrist des § 4 Satz 1 KSchG geltend machen (Rn. 331–334). Versäumt der Arbeitnehmer die Klagefrist, gilt die außerordentliche Kündigung als von Anfang an rechtswirksam (§ 7 KSchG). Damit werden – bis auf den Mangel der Schriftform, des Zugangs und der Stellvertretung (Rn. 332) – alle Mängel der Kündigung geheilt.

Wenn die außerordentliche Kündigung unwirksam ist, dem Arbeitnehmer die Fortsetzung des Arbeitsverhältnisses jedoch nicht zugemutet werden kann, so kann nach § 13 I 3–5 KSchG der Arbeitnehmer beim Arbeitsgericht beantragen, das Arbeitsverhältnis aufzulösen und den Arbeitgeber zu verurteilen, eine angemessene Abfindung zu zahlen (§§ 9 I 1, II, 10–12 KSchG). Wie im Umkehrschluss aus § 13 I 3 KSchG folgt, kann der Arbeitgeber im Rechtsstreit um die Wirksamkeit einer außerordentlichen Kündigung keinen Auflösungsantrag stellen.[141]

3. Beteiligung des Betriebsrats

397 Der Betriebsrat ist nicht nur vor einer ordentlichen, sondern auch vor einer außerordentlichen Kündigung durch den Arbeitgeber zu hören (§ 102 I 1 BetrVG: „vor jeder Kündigung"); sonst ist die Kündigung nach § 102 I 3 BetrVG unwirksam (Rn. 335–337). Da die außerordentliche Kündigung fristgebunden ist (§ 626 II 1, 2 BGB), beträgt die Frist des Betriebsrats zur Stellungnahme nur drei Tage (§ 102 II 3 BetrVG). Ein Recht des Betriebsrats zum Widerspruch (§ 102 III BetrVG) mit den Rechtsfolgen des § 102 IV, V BetrVG besteht bei außerordentlichen Kündigungen nicht.

Durchblick: Wenn eine außerordentliche Kündigung unwirksam ist, kann sie unter den Voraussetzungen des § 140 BGB in eine ordentliche Kündigung zum nächst zulässigen Termin umgedeutet werden. In der Regel entspricht eine Umdeutung dem mutmaßlichen, auch nach außen erkennbar gewordenen Willen des Kündigenden, sodass die Voraussetzungen des § 140 BGB meist vorliegen.[142] Im Rahmen des § 102 I 3 BetrVG sind bei Umdeutung zwei Fälle zu unterscheiden: Besteht ein Betriebsrat und hat der Betriebsrat der außerordentlichen Kündigung ausdrücklich und vorbehaltlos zugestimmt, ist bei der Umdeutung davon auszugehen, dass der Betriebsrat einer ordentlichen Kündigung erst recht zugestimmt hätte.[143] Hat der Betriebsrat der außerordentlichen Kündigung dagegen nicht

---

[140] *BAG* vom 17. 8. 1972 – 2 AZR 415/71, BAGE 24, 401 (405) = AP Nr. 65 zu § 626 BGB m. Anm. *Birk* = NJW 1973, 553 = JuS 1973, 388.

[141] MünchKommBGB/*Hergenröder*, § 13 KSchG Rn. 25.

[142] Einzelheiten in *BAG* vom 15. 11. 2001 – 2 AZR 310/00, AP Nr. 13 zu § 140 BGB = NZA 2002, 2972 = RdA 2003, 179 m. Anm. *Vossen*.

[143] *BAG* vom 16. 3. 1978 – 2 AZR 424/76, BAGE 30, 176 (185) = AP Nr. 15 zu § 102 BetrVG 1972 = NJW 1979, 76.

zugestimmt, kann eine Umdeutung nur erfolgreich sein, wenn der Arbeitgeber den Betriebsrat vorsorglich auch zur ordentlichen Kündigung gehört hat.

4. Besondere Unwirksamkeitsgründe

a) **Verstoß gegen BGB-Vorschriften:** Ebenso wie die ordentliche kann auch 398 die außerordentliche Kündigung nichtig sein, weil ein Verstoß gegen §§ 138 I, 242 BGB vorliegt. Anwendungsfälle des § 134 BGB (gesetzliches Verbot) sind auch bei der außerordentlichen Kündigung die Kündigungsverbote des § 612a BGB (**Maßregelungsverbot**) und des § 613a IV 1 BGB (**Kündigung wegen Betriebsübergangs**). Zur Bedeutung des **AGG** s. Rn. 339.

b) **Vereinbarter Kündigungsschutz** steht der außerordentlichen Kündigung nicht entgegen: Das Recht, sich fristlos einseitig vom Vertrag zu lösen, kann weder ausgeschlossen noch erschwert werden (Rn. 394). Tarifvertrag, Betriebsvereinbarung oder Arbeitsvertrag können allenfalls den „wichtigen Grund" (§ 626 I BGB) durch Regelbeispiele konkretisieren, aber keinen abschließenden Katalog von Gründen für eine außerordentliche Kündigung festlegen.[144]

c) **Besonderer Kündigungsschutz** ist bei der außerordentlichen Kündigung 399 weniger intensiv als bei der ordentlichen Kündigung (Rn. 348–354).

(1) **Besonderer Kündigungsschutz für Schwerbehinderte** gemäß § 85 SGB IX gilt prinzipiell auch für die außerordentliche Kündigung (**§ 91 SGB IX**). Das Integrationsamt hat allerdings verkürzte Fristen zu beachten (§ 91 II, III SGB IX). Es soll die Zustimmung erteilen, wenn die Kündigung aus einem Grund erfolgt, der nicht im Zusammenhang mit der Behinderung steht (§ 91 IV SGB IX).

Erfolgt die Zustimmung **nach Ablauf der Zweiwochenfrist** des § 626 II 1 BGB, kann – und muss – die Kündigung unverzüglich nach Erteilung der Zustimmung erklärt werden (§ 91 V SGB IX). Wird die Zustimmung **vor Ablauf der Zweiwochenfrist** erteilt, kann der Arbeitgeber diese Frist voll ausschöpfen.[145]

(2) **Kündigungsrechtlicher Mutterschutz** gemäß § 9 I 1 MuSchG verbietet (mit Erlaubnisvorbehalt gem. § 9 III MuSchG) die ordentliche und die außerordentliche Kündigung gleichermaßen. Dieser besondere Kündigungsschutz hat seine europarechtliche Grundlage in der **Richtlinie 92/85/EWG.** Er greift selbst dann ein, wenn die Schwangere krass gegen ihre Pflichten als Arbeitnehmerin verstoßen hat. *(Ksch (+))*

Beispiel: Eine schwangere Blumenverkäuferin geht mit einem Beil auf einen 12-jährigen Arbeitsjungen los und ruft dabei „Jetzt spalte ich Dir den Kopf".[146]

(3) **Außerordentliche Kündigungen** von **Mitgliedern des Betriebsrats** und gleichgestellten Personen unterliegen nicht den Schranken des § 15 KSchG; sie bedürfen aber der Zustimmung des Betriebsrats (§ 103 I BetrVG). Verweigert

---

[144] Erman/*Belling,* § 626 BGB Rn. 22; MünchKommBGB/*Henssler,* § 626 Rn. 53; a.A. K/D/Z/*Däubler,* § 626 BGB Rn. 239.

[145] *BAG* vom 15. 11. 2001 – 2 AZR 380/00, BAGE 99, 358 (365) = AP Nr. 45 zu § 626 BGB Ausschlussfrist = NZA 2002, 970.

[146] *BAG (GS)* vom 26. 4. 1956 – GS 1/56, BAGE 3, 66 (70f.) = AP Nr. 5 zu § 9 MuSchG m. Anm. *Hueck* = NJW 1956, 1454.

der Betriebsrat seine Zustimmung, so kann das Arbeitsgericht auf Antrag des Arbeitgebers die Zustimmung ersetzen (§ 103 II BetrVG).[147]

5. Wichtiger Kündigungsgrund

400   Die Vorschrift des § 626 I BGB enthält zwei unbestimmte Rechtsbegriffe („wichtiger Grund" und „Zumutbarkeit"), die durch Richterrecht ausgefüllt werden müssen. Dementsprechend ist **in zwei Schritten** zu prüfen, ob eine außerordentliche Kündigung nach § 626 I BGB wirksam ist:[148] In einem ersten Schritt wird gefragt, ob der Sachverhalt unabhängig vom Einzelfall „an sich" geeignet ist, einen **wichtigen Grund** zu liefern (dazu a); im zweiten Schritt wird in einer umfassenden **Interessenabwägung** untersucht, ob dem Kündigenden unter Berücksichtigung aller Umstände des Einzelfalles zugemutet werden kann, das Arbeitsverhältnis bis zum Ablauf der Kündigungsfrist oder bis zur vereinbarten Beendigung fortzusetzen (dazu b).

a) Bestimmung des *wichtigen Grundes*

401   In einem ersten Schritt ist zu untersuchen, ob der Sachverhalt – unabhängig von den Umständen des Einzelfalls – an sich einen wichtigen Grund zur außerordentlichen Kündigung darstellt.[149] Die Liste von Gründen, die eine außerordentliche Kündigung rechtfertigen können, ist lang. Nach dem Vorbild des § 1 II 1 KSchG bietet sich eine Dreiteilung in personen-, verhaltens- und betriebsbedingte Kündigungsgründe an:[150]

(1) **Personenbedingte Gründe** wie z.B. der Entzug der Arbeitserlaubnis oder der Antritt einer Freiheitsstrafe können zwar „an sich" eine außerordentliche Kündigung rechtfertigen;[151] die Interessenabwägung wird aber nur zugunsten des Arbeitgebers ausfallen, wenn es unabweisbare Gründe dafür gibt, den Arbeitsplatz sofort – und nicht erst nach Ablauf der Kündigungsfrist – neu zu besetzen. Auch eine **krankheitsbedingte Minderung** der Leistungsfähigkeit kann „an sich" einen wichtigen Grund für eine außerordentliche Kündigung darstellen. Das spielt eine Rolle, wenn die ordentliche Kündigung tariflich ausgeschlossen ist; an die Unzumutbarkeit der Weiterbeschäftigung ist aber ein besonders strenger Maßstab anzulegen.[152] Insgesamt sind außerordentliche personenbedingte Kündigungen nur selten erfolgreich.

402   (2) **Verhaltensbedingte Gründe** liegen in der Praxis den meisten außerordentlichen Kündigungen zugrunde. Ebenso wie die ordentliche setzt auch die außerordentliche verhaltensbedingte Kündigung stets ein **vertragswidriges Verhalten**

---

[147] Siehe dazu *BAG* vom 15. 8. 2002 – 2 AZR 214/01, AP Nr. 48 zu § 103 BetrVG 1972 = NZA 2003, 432 (434); *Baeck,* Bauer-FS (2010), S. 65 (70 ff.).

[148] *BAG* vom 26. 3. 2009 – 2 AZR 953/07, AP Nr. 220 zu § 626 BGB (Rn. 15).

[149] *BAG* vom 12. 8. 1999 – 2 AZR 923/98, AP Nr. 28 zu § 626 BGB Verdacht strafbarer Handlung = NZA 2000, 421.

[150] Erman/*Belling,* § 626 BGB Rn. 52; Staudinger/*Preis,* § 626 BGB Rn. 55.

[151] *BAG* vom 9. 3. 1995 – 2 AZR 497/94, AP Nr. 123 zu § 626 BGB = NZA 1995, 777 (778) = SAE 1996, 32 (34) m. Anm. *Franzen* – Verbüßung einer Strafhaft.

[152] *BAG* vom 16. 9. 1999 – 2 AZR 123/99, AP Nr. 159 zu § 626 BGB = NZA 2000, 141.

des Gekündigten voraus. Dabei geht es gelegentlich um die Schlechterfüllung der Hauptpflicht, wesentlich häufiger jedoch um die Verletzung einer Nebenpflicht (§ 241 II BGB). Bei den Pflichtverletzungen, die Anlass für eine außerordentliche Kündigung geben, sind in der Rechtsprechung immer wieder neue Trends zu verzeichnen wie z. B. unerlaubtes „Surfen" im Internet.[153] Im Folgenden werden nur drei Fallgruppen herausgegriffen (zum sog. Whistleblowing s. Rn. 234):

(a) **Beleidigungen im Betrieb** – diffamierende oder ehrverletzende Äußerungen über den Arbeitgeber, Vorgesetzte oder Kollegen – sind „an sich" geeignet, eine außerordentliche Kündigung zu begründen.[154] Eine Ausnahme kann bestehen, wenn sich der Arbeitnehmer im Gespräch unter Arbeitskollegen geäußert hat und darauf vertrauen durfte, seine Bemerkung werde nicht nach außen dringen (zur Reichweite der Meinungsfreiheit gemäß Art. 5 I 1 GG s. Rn. 68).

Durchblick: Hat der Arbeitgeber die Kenntnis von Beleidigungen auf strafbarem Wege (z. B. § 201 StGB, Verletzung der Vertraulichkeit des Wortes) oder durch unerlaubte Mittel (z. B. § 6 b BDSG, heimliche Videoüberwachung) erlangt, kann – je nach Ergebnis der vorzunehmenden Interessenabwägung – ein **Beweisverwertungsverbot** bestehen, sodass der Arbeitgeber die Kündigung nicht auf den Audio- oder Videobeweis stützen kann.[155] Das gilt aber nicht für die Informationsquellen, auf die der Arbeitgeber mittelbar durch die rechtswidrige Videoüberwachung gestoßen ist („Früchte des verbotenen Baumes").[156]

(b) **Eigentums- oder Vermögensdelikte** zum Nachteil des Arbeitgebers, die ein **402a** Arbeitnehmer rechtswidrig und vorsätzlich begangen hat, sind grundsätzlich geeignet, eine außerordentliche Kündigung zu stützen. Das gilt nicht nur für vollendete, sondern auch für versuchte Delikte (zur Verdachtskündigung bei nicht erwiesenen Straftaten s. Rn. 412).

Beispiel: Eine Verkäuferin in der Spirituosenabteilung eines Warenhauses hatte beim Aufräumen vor Ladenöffnung 62 Minifläschchen mit Alkoholika („Kümmerling") und zwei angebrochene Rollen Haushaltspapier („Küchenkrepp") beiseitegeschafft, um sie mit nach Hause zu nehmen (Gesamtwert 20 €). Die Minifläschchen waren nicht mehr richtig verpackt und wären nicht verkauft, sondern an die Belegschaft verteilt oder beim Betriebsfest verbraucht worden. – Das BAG hielt die außerordentliche Kündigung für gerechtfertigt: In einem Handelsunternehmen, das den Arbeitnehmern Ware anvertraue, sei es schon aus Gründen der Abschreckung erforderlich, „in Diebstahlsfällen hart durchzugreifen". Ein Arbeitnehmer in einem Warenhausbetrieb müsse davon ausgehen, dass er schon mit einem Diebstahl geringwertiger Sachen des Arbeitgebers seinen Arbeitsplatz aufs Spiel setze.[157] Eigentums- und Vermögensdelikte sind „an sich" ein **wichtiger Grund** (erste Prüfungsstufe), ohne dass es auf die Höhe des Schadens ankommt; auch Bagatelldelikte sind grundsätzlich geeignet, das Vertrauensverhältnis zwischen den Vertragsparteien zu zerstören. Erst auf der zweiten Prüfungsstufe (**Interessenabwägung**, s. Rn. 404, 407) kann die geringe Scha-

---

[153] *BAG* vom 31. 5. 2007 – 2 AZR 200/06, AP Nr. 57 zu § 1 KSchG 1969 Verhaltensbedingte Kündigung = NZA 2007, 922 (Rn. 21).

[154] *BAG* vom 7. 7. 2011 – 2 AZR 355/10, BAGE 138, 312 = AP Nr. 37 zu § 626 BGB m. Anm. *Kamanabrou* = NZA 2011, 1412 (Rn. 14).

[155] *BAG* vom 29. 6. 2004 – 1 ABR 21/03, BAGE 111, 173 (177) = AP Nr. 41 zu § 87 BetrVG 1972 Überwachung = NZA 2004, 1278; s. zu den Kriterien der Interessenabwägung *BAG* vom 21. 6. 2012 – 2 AZR 153/11, NZA 2012, 1025 (Rn. 27 ff.).

[156] *BAG* vom 16. 12. 2010 – 2 AZR 485/08, AP Nr. 232 zu § 626 BGB = NZA 2011, 571 (Rn. 34 ff.) – Kassenaufzeichnungen; *Bergwitz*, NZA 2012, 353 (358 f.).

[157] *BAG* vom 11. 12. 2003 – 2 AZR 36/03, AP Nr. 179 zu § 626 BGB = NZA 2004, 486 (488).

denshöhe unter Umständen eine Rolle spielen. Während die frühere Rechtsprechung eine vorherige **Abmahnung** (Rn. 405 f.) auch bei **Bagatelldelikten** i. d. R. als **entbehrlich** ansah, hält die neuere Judikatur bei längerer beanstandungsfreier Beschäftigung vor dem Bagatelldelikt eine **Abmahnung** für erforderlich.[158] Eine **Ausnahme** vom Abmahnungserfordernis besteht, wenn das Delikt die „**Kernfunktion**" des Arbeitnehmers betrifft (**Beispiel: Kassiererin** greift in die Kasse).

(c) **Krankheiten** geben nicht selten den äußeren Anlass zu einer „verhaltensbedingten" außerordentlichen Kündigung, z. B. wenn der **Arbeitnehmer Anzeigepflichten** verletzt oder **Missbrauchstatbestände** vorliegen.

> **Beispiel:** Eine Krankenschwester rief aus ihrem Türkei-Urlaub den Arbeitgeber an und verlangte **Urlaubsverlängerung**. Als der Arbeitgeber unter Hinweis auf den bereits fertiggestellten Dienstplan ablehnte, erklärte sie: „Entweder wird der **Urlaub verlängert**, oder ich werde **krank**." Einige Tage später erhielt der Arbeitgeber aus der Türkei ein **ärztliches Attest**. – Das BAG sah in der **Drohung** mit einer demnächst eintretenden Erkrankung, um Urlaub gewährt oder verlängert zu erhalten, eine **strafbare versuchte** Nötigung, die „an sich" geeignet sei, einen wichtigen Grund i. S. d. § 626 I BGB abzugeben. Auch die Interessenabwägung fiel im konkreten Fall **zu Lasten der Arbeitnehmerin** aus, sodass die **außerordentliche Kündigung** wegen des Verhaltens der Arbeitnehmerin **gerechtfertigt** war.[159]

403 (3) **Betriebsbedingte Gründe** rechtfertigen – ähnlich wie personenbedingte Gründe – **nur ausnahmsweise eine außerordentliche Kündigung.** Die außerordentliche betriebsbedingte Kündigung spielt in der Praxis nur eine Rolle, wenn die **ordentliche Kündigung** – meist durch **Tarifvertrag** – **ausgeschlossen** ist. Das BAG hält die **außerordentliche Kündigung tariflich unkündbarer** Arbeitnehmer aus **betriebsbedingten Gründen** in eng umrissenen **Ausnahmefällen** für statthaft (Rn. 414).

b) Umfassende Interessenabwägung

404 Wenn auf der ersten Stufe der Prüfung festgestellt wurde, dass ein bestimmter Kündigungssachverhalt „**an sich**" geeignet ist, eine außerordentliche Kündigung zu rechtfertigen, bedarf es auf der zweiten Stufe der Prüfung stets einer umfassenden Interessenabwägung:[160] Es müssen „**Tatsachen** vorliegen, **auf Grund derer** dem Kündigenden **unter Berücksichtigung aller Umstände des Einzelfalls** und unter **Abwägung der Interessen beider Vertragsteile** die **Fortsetzung des Arbeitsverhältnisses** bis zum Ablauf der Kündigungsfrist oder bis zu der vereinbarten **Beendigung** des Arbeitsverhältnisses **nicht zugemutet** werden kann" (§ 626 I BGB). Ein **festes** Prüfungsschema gibt es **nicht.**[161] Ebenso wie beim Kündigungsschutz gem. § 1 KSchG (Rn. 362–364) spielen bei der Interessenabwägung im Rahmen des § 626 I BGB drei Gesichtspunkte eine Rolle:

---

[158] *BAG* vom 10. 6. 2010 – 2 AZR 541/09, BAGE 134, 150 = AP Nr. 229 zu § 626 BGB = NZA 2010, 1227 (Rn. 38) – Fall „Emmely". Siehe auch *Preis,* AuR 2010, 186 und 242; *Rieble,* NJW 2009, 2101 (2102); *Walker,* NZA 2009, 921 (924); *ders.,* NZA 2011, 1 (4 f.).
[159] *BAG* vom 5. 11. 1992 – 2 AZR 147/92, AP Nr. 4 zu § 626 BGB Krankheit = NZA 1993, 308; bestätigt durch *BAG* vom 12. 3. 2009 – 2 AZR 251/07, AP Nr. 15 zu § 626 BGB Krankheit = NZA 2009, 779 (Rn. 20).
[160] *BAG* vom 9. 12. 1954 – 2 AZR 46/53, BAGE 1, 237 (239) = AP Nr. 1 zu § 123 GewO m. Anm. *A. Hueck* = NJW 1955, 807; *BAG* vom 9. 6. 2011 – 2 AZR 323/10, AP Nr. 236 zu § 626 BGB = NZA 2011, 1342 (Rn. 26) – Produktleiter.
[161] Einzelheiten: KR/*Fischermeier,* § 626 BGB Rn. 235 ff.; Staudinger/*Preis,* § 626 BGB Rn. 82 ff.

(1) **Prognoseprinzip:** Der Zugang der Kündigungserklärung markiert auch bei der außerordentlichen Kündigung den Stichtag für die Beurteilung, ob die Kündigung rechtmäßig ist. Da die Kündigung keine Strafe für vergangenes Fehlverhalten darstellt, sondern den Eintritt zukünftiger Störungen verhindern soll, muss es dem Kündigenden unzumutbar sein, auch nur bis zum Ablauf der Kündigungsfrist am Vertragsverhältnis festzuhalten. Erforderlich ist die Prognose, dass das Arbeitsverhältnis durch die eingetretene Störung auch künftig erheblich beeinträchtigt sein wird.[162]

(2) **Ultima-ratio-Prinzip:** Nach dem Grundsatz der Verhältnismäßigkeit, der **405** das gesamte Kündigungsrecht durchzieht, muss die außerordentliche Kündigung das unausweichlich letzte Mittel sein, um die eingetretene Störung des Arbeitsverhältnisses auszuräumen. Erst wenn die zulässigen, geeigneten und angemessenen Mittel ausgeschöpft wurden, die in ihren Wirkungen milder sind als die außerordentliche Kündigung, fällt die Interessenabwägung zugunsten des Kündigenden aus. Das BAG nennt als Beispiele für mildere Mittel: Abmahnung, Versetzung, einverständliche Vertragsänderung, außerordentliche Änderungskündigung und ordentliche Kündigung.[163]

Das in der Praxis wichtigste „mildere Mittel" ist die **Abmahnung,**[164] die in **406** § 314 II 1 BGB eine gesetzliche Grundlage hat. Sie setzt voraus, dass der Arbeitgeber

- ein bestimmtes vertragswidriges Verhalten des Arbeitnehmers beanstandet (**Hinweisfunktion**),
- den Arbeitnehmer zu einem künftigen vertragsgemäßen Verhalten auffordert (**Ermahnungsfunktion**), und
- ihm für den Wiederholungsfall arbeitsrechtliche Konsequenzen androht (**Warnfunktion**).

(a) Als **geschäftsähnliche Handlung** bedarf die Abmahnung keiner Form, erfolgt aber in der Praxis schon zu Beweiszwecken i.d.R. schriftlich. Der Betriebsrat ist bei der Abmahnung nicht zu beteiligen (Rn. 750). Das Recht zur Abmahnung unterliegt zwar keiner Frist, kann aber verwirkt sein, wenn der Arbeitnehmer nach § 242 BGB davon ausgehen durfte, er werde wegen seiner Verfehlung nicht mehr belangt.

Zahlreiche Abmahnungen wegen gleichartiger Pflichtverletzungen (z.B. Verspätungen) können die Warnfunktion abschwächen. Der Arbeitgeber muss dann die letzte Abmahnung vor dem Ausspruch einer Kündigung besonders eindringlich gestalten, um dem Arbeitnehmer klar zu machen, dass eine weitere Pflichtverletzung nicht mehr zu einer weiteren Abmahnung, sondern zur Kündigung führen wird.[165]

---

[162] *BAG* vom 9. 6. 2011 – 2 AZR 323/10, AP Nr. 236 zu § 626 BGB = NZA 2011, 1342 (Rn. 30 ff.) – Produktleiter.

[163] *BAG* vom 30. 5. 1978 – 2 AZR 630/76, BAGE 30, 309 (315) = AP Nr. 70 zu § 626 BGB m. Anm. *G. Hueck* = NJW 1979, 332.

[164] Umfassend zur Abmahnung: K/D/Z/*Kittner/Deinert*, Einl. Rn. 72 ff.; MünchKommBGB/ *Henssler*, § 626 Rn. 89 ff.

[165] *BAG* vom 15. 11. 2001 – 2 AZR 609/00, BAGE 99, 340 (345) = AP Nr. 1 zu § 1 KSchG 1969 Abmahnung = NZA 2002, 968; *BAG* vom 16. 9. 2004 – 2 AZR 406/03, AP Nr. 50 zu § 1 KSchG 1969 Verhaltensbedingte Kündigung = NZA 2005, 459 (460 f.).

406a   (b) Die **Wirksamkeit einer Abmahnung** setzt nicht voraus, dass das abgemahn-
te Verhalten im Wiederholungsfall eine Kündigung rechtfertigen würde. Die Abmahnung erfüllt ihre Funktionen gerade dann, wenn mehrere geringfügige Verstöße (z. B. Verspätungen) abgemahnt werden und beim nächsten Verstoß die
Schwelle zum Kündigungsgrund überschritten ist.[166] Ob eine oder mehrere Abmahnungen der Kündigung vorausgehen müssen, hängt von den Umständen des
Einzelfalls ab.

> Der abgemahnte und der kündigungsbegründende Pflichtenverstoß müssen nicht identisch,
> aber gleichartig sein (innerer Zusammenhang zwischen abgemahntem Verhalten und Kündi-
> gungsgrund). Die Gleichartigkeit der gerügten und der kündigungsbegründenden Pflichtver-
> letzung liegt z. B. vor, wenn ein Großkundenberater, der wegen Verletzung seiner Berichts-
> pflicht über Kundenbesuche abgemahnt wurde, später gegen die Besuchspflicht verstößt,
> indem er Kundenbesuche nur vortäuscht.[167]

(c) Die **Erforderlichkeit** einer **Abmahnung** bejaht das BAG nicht nur bei Kündigungen, die wegen eines steuerbaren Verhaltens ausgesprochen werden (insbesondere bei Störungen im Leistungsbereich), sondern auch bei Kündigungen aus
einem Grund in der Person des Arbeitnehmers (insbesondere Störungen im Vertrauensbereich), wenn der Arbeitnehmer den Grund durch sein steuerbares Verhalten beseitigen könnte (klausurmäßige Lösung eines Falles zur Abmahnung:
Junker, Fälle zum Arbeitsrecht, Fall 10).

> Entbehrlich ist die Abmahnung unter den Voraussetzungen der §§ 314 II 2, 323 II BGB. Sie
> können erfüllt sein, wenn der Arbeitnehmer nicht in der Lage oder nicht willens ist, sein Ver-
> halten zu ändern (§ 323 II Nr. 1 BGB), oder wenn das Vertrauensverhältnis der Vertragspar-
> teien durch eine schwere Pflichtverletzung derart gestört ist, dass es nicht wiederhergestellt
> werden kann (§ 323 II Nr. 3 BGB).[168]

407   (3) **Übermaßverbot:** Das Prognoseprinzip und der Ultima-ratio-Grundsatz
werden durch den Gedanken ergänzt, dass die außerordentliche Kündigung das
einschneidendste Mittel zur Beendigung des Arbeitsverhältnisses ist und deshalb
in besonderem Maße die Gefahr einer Überreaktion birgt.[169] Die Interessenabwägung muss die Frage beantworten, ob die außerordentliche Kündigung das
angemessene Mittel ist und keine übermäßige Reaktion auf die Störung des Arbeitsverhältnisses darstellt. Auf Seiten des Arbeitnehmers sind insbesondere die
Art und Schwere der Vertragsstörung, die Folgen der Störung, der Grad eines
etwaigen Verschuldens und die Dauer der Betriebszugehörigkeit zu beachten.[170]
Welche weiteren Umstände eine Rolle spielen können, zeigt der

408   **Übungsfall 15 (Alkoholfahrt):** Die Bayerische Transport AG (Baytrans) hat Herrn Trinkner
(T) vor sechs Jahren als Kraftfahrer eingestellt. Am 14. 1. (Freitag) verursachte T unter Al-
koholeinfluss bei einer Privatfahrt einen Verkehrsunfall, bei dem ein Fußgänger schwer ver-

---

[166] *BAG* vom 13. 11. 1991 – 5 AZR 74/91, AP Nr. 7 zu § 611 BGB Abmahnung = NZA
1992, 690 (690 unter II).
[167] *BAG* vom 13. 12. 2007 – 2 AZR 818/06, AP Nr. 64 zu § 4 KSchG 1969 = NZA 2008,
589 (Rn. 41 f.); s. auch MünchArbR/*Berkowsky*, § 114 Rn. 126.
[168] *BAG* vom 4. 6. 1997 – 2 AZR 526/96, BAGE 86, 95 (102) = AP Nr. 137 zu § 626 BGB
= NZA 1997, 1281; *BAG* vom 9. 6. 2011 – 2 AZR 381/10, AP Nr. 234 zu § 626 BGB = NZA
2011, 1027 (Rn. 17 ff.) – Arbeitszeitbetrug.
[169] *Hromadka/Maschmann* I, § 10 Rn. 118; *Preis* I, § 66 III 5 b.
[170] *BAG* vom 21. 1. 1999 – 2 AZR 655/98, BAGE 90, 353 = AP Nr. 151 zu § 626 BGB
m. Anm. *von Hoyningen-Huene* = NZA 1999, 863 = SAE 2000, 85 m. Anm. *Büdenbender.*

letzt wurde. Daraufhin wurde ihm die Fahrerlaubnis vorläufig entzogen, wovon die Baytrans am 17. 1. Kenntnis erlangte. Am 24. 1. teilte die Baytrans dem Betriebsrat mit, sie beabsichtige, T wegen des Führerscheinentzugs fristlos zu entlassen. Der Betriebsrat antwortete noch am selben Tage, gegen die außerordentliche Kündigung bestünden keine Bedenken. Am 28. 1. (Freitag) erhielt T von der Baytrans die fristlose Kündigung durch ein am Vortag aufgegebenes Schreiben. Im Mai wurde ihm im Strafverfahren die Fahrerlaubnis für die Dauer von sieben Monaten – bis zum 14. 8. – entzogen. T hat am 18. 2. (Freitag) Klage auf Feststellung erhoben, dass sein Arbeitsverhältnis durch die Kündigung nicht aufgelöst worden sei. In der Klageschrift heißt es, T könne bis zur Wiedererlangung des Führerscheins bei der Baytrans als Lagerarbeiter weiterbeschäftigt werden. Die Baytrans bringt vor, sie möchte das Arbeitsverhältnis auf jeden Fall beenden; sie sei nicht verpflichtet, T für die Dauer des Verlusts seines Führerscheins als Lagerarbeiter weiterzubeschäftigen, denn sie habe T als Fahrer eingestellt und T habe die Beschäftigung als Lagerarbeiter erstmals in der Klageschrift angesprochen. Ist die – als zulässig unterstellte – Klage begründet?[171]

Lösung: Die Klage des T ist begründet, wenn die Kündigung vom 28. 1. unwirksam ist. **409**

(I) **Wirksamkeit der außerordentliche Kündigung:** Die Erklärung einer außerordentlichen Kündigung liegt vor, da das Schreiben der Baytrans erkennen lässt, dass das Arbeitsverhältnis ohne Einhaltung einer Kündigungsfrist beendet werden soll.[172] Die Baytrans hat den Betriebsrat nach § 102 I BetrVG ordnungsgemäß gehört; die Kündigung wurde erst erklärt, nachdem der Betriebsrat sich abschließend geäußert hatte. Für einen **besonderen Kündigungsschutz** bestehen keine Anhaltspunkte. Entscheidend ist demnach, ob die **Voraussetzungen des § 626 I BGB** erfüllt sind.

(1) **Keine Fiktion des wichtigen Grundes:** Das Vorliegen eines wichtigen Grundes wird gemäß §§ 7, 13 I 2 KSchG fingiert, wenn der Arbeitnehmer die Kündigung nicht innerhalb der Dreiwochenfrist des § 4 Satz 1 KSchG mit der Kündigungsschutzklage angegriffen hat. T ist mit der Klageerhebung am 18. 2. innerhalb der Dreiwochenfrist gegen die Kündigung vorgegangen (Fristberechnung nach §§ 187 I, 188 II BGB). Daher tritt die Fiktion der §§ 7, 13 I 2 KSchG nicht ein.

(2) **Bestimmung des wichtigen Grundes:** Der Entzug der Fahrerlaubnis des T müsste „an sich" – d. h. ohne Berücksichtigung der Gegebenheiten des Einzelfalls – als **wichtiger Grund** i. S. d. § 626 I BGB zu qualifizieren sein. Der Verlust des Führerscheins kann bei einem Berufskraftfahrer die fristlose Kündigung rechtfertigen, weil die Arbeitspflicht vorübergehend nicht mehr erfüllt werden darf. Entscheidend ist das Fehlen des Führerscheins; ob er bei einer Privatfahrt oder einer Dienstfahrt entzogen wurde, spielt für den wichtigen Grund als solchen keine Rolle.[173]

(3) **Umfassende Interessenabwägung:** In einem zweiten Schritt muss im Wege einer umfassenden Interessenabwägung untersucht werden, ob die Fortsetzung des Arbeitsverhältnisses unter Berücksichtigung der Umstände des Einzelfalls zumutbar ist. **410**

(a) Nach dem **Prognoseprinzip** können zurückliegende oder gegenwärtige Ereignisse die Kündigung nur begründen, wenn sie das Arbeitsverhältnis auch in der Zukunft beeinträchtigen;[174] der maßgebende Beurteilungszeitpunkt ist der Zeitpunkt, zu dem die Kündigung zugeht. Am 28. 1. war klar, dass T die Fahrerlaubnis für geraume Zeit verlieren würde; das Arbeitsverhältnis war für die Zukunft beeinträchtigt.

(b) Nach dem **Ultima ratio-Prinzip** kommt eine außerordentliche Kündigung erst in Betracht, wenn alle anderen nach den Umständen möglichen und angemessenen milderen Mittel ausgeschöpft sind.

(aa) **Abmahnung als milderes Mittel:** Das mildere Mittel könnte eine Abmahnung sein (§ 314 II 1 BGB). Das Abmahnungserfordernis ist zwar auch bei einer personenbedingten

---

[171] Fall nach *BAG* vom 30. 5. 1978 – 2 AZR 630/76, BAGE 30, 309 = AP Nr. 70 zu § 626 BGB m. Anm. *G. Hueck* = NJW 1979, 332 = SAE 1979, 45 m. Anm. *Beitzke*.

[172] Zu diesem Kriterium *BAG* vom 13. 1. 1982 – 7 AZR 757/79, BAGE 37, 267 (271 ff.) = AP Nr. 2 zu § 620 BGB Kündigungserklärung = NJW 1983, 303.

[173] *BAG* vom 30. 5. 1978 – 2 AZR 630/76, BAGE 30, 309 (313).

[174] A/P/S/*Dörner/Vossen*, § 626 BGB Rn. 26; KR/*Fischermeier*, § 626 BGB Rn. 110.

Kündigung zu beachten, wenn der Kündigungsgrund auf einem steuerbaren Verhalten des Arbeitnehmers beruht und erwartet werden darf, dass die Eignung des Arbeitnehmers für die vertraglich geschuldete Arbeitsleistung wiederkehrt.[175] Im vorliegenden Fall fehlt es aber an dem letztgenannten Erfordernis, denn auch eine Abmahnung könnte nichts daran ändern, dass T für sieben Monate seine geschuldete Leistung nicht erbringen kann.

(bb) **Versetzung als milderes Mittel:** Das Ultima-ratio-Prinzip steht einer außerordentlichen Kündigung entgegen, wenn die Möglichkeit einer anderweitigen Beschäftigung – gegebenenfalls auch zu schlechteren Arbeitsbedingungen – gegeben und der Arbeitnehmer bereit ist, diese Beschäftigung auszuüben. Auch der Verlust der Fahrerlaubnis rechtfertigt bei einem Berufskraftfahrer unter Verhältnismäßigkeitsgesichtspunkten nicht die außerordentliche Kündigung, wenn andere Einsatzmöglichkeiten bestehen: Die Fortsetzung des Arbeitsverhältnisses belastet den Arbeitgeber nicht unzumutbar, wenn es ihm möglich ist, den Arbeitnehmer überhaupt noch wirtschaftlich sinnvoll einzusetzen.[176] Nach Auffassung des BAG muss nicht der Arbeitnehmer die Initiative ergreifen. Vielmehr ist der Arbeitgeber vor einer außerordentlichen personenbedingten Kündigung gehalten, von sich aus dem Arbeitnehmer einen anderen freien Arbeitsplatz vorzuschlagen.[177] Im vorliegenden Fall bestand die Möglichkeit, T als Lagerarbeiter weiterzubeschäftigen.

(4) **Ergebnis zu § 626 BGB:** Die außerordentliche Kündigung ist rechtswidrig, da sie gegen das Ultima-ratio-Prinzip verstößt.

411   (II) **Umdeutung in eine ordentliche Kündigung:** Eine unwirksame außerordentliche Kündigung kann nach § 140 BGB in eine ordentliche Kündigung zum nächst zulässigen Termin umgedeutet werden, wenn die ordentliche Kündigung wirksam wäre und die Voraussetzungen des § 140 BGB vorliegen.[178] Die Baytrans möchte das Arbeitsverhältnis des T auf jeden Fall beenden, sodass anzunehmen ist, dass sie bei Kenntnis der Unwirksamkeit der außerordentlichen Kündigung die ordentliche Kündigung erklärt hätte (§ 140, 2. Hs. BGB). Die ordentliche personenbedingte Kündigung scheitert auch nicht an der fehlenden Anhörung des Betriebsrats zu einer ordentlichen Kündigung: Hat der Betriebsrat der beabsichtigten außerordentlichen Kündigung ausdrücklich und vorbehaltlos zugestimmt, erfasst diese Zustimmung auch das mildere Mittel der auf denselben Sachverhalt gestützten ordentlichen Kündigung.[179] Aber auch der ordentlichen Kündigung steht nach § 1 II 2 Nr. 1 b KSchG die Möglichkeit der Weiterbeschäftigung des T entgegen.

(III) **Gesamtergebnis:** Die Klage des T ist begründet.

6. Spezialfälle des § 626 BGB

a) *Verdachtskündigung*

412   Eine besondere Fallgruppe der außerordentlichen Kündigung ist die Verdachtskündigung: Nicht nur die **nachgewiesene Vertragsverletzung,** sondern bereits der **Verdacht einer strafbaren Handlung** oder einer sonstigen schweren Verfehlung kann die Kündigung rechtfertigen, wenn schon durch den Tatverdacht die Eignung des Arbeitnehmers für die vertraglich geschuldete Tätigkeit entfällt.[180]

Durchblick: Während bei einer erwiesenen Pflichtverletzung eine **verhaltensbedingte Kündigung** in Betracht kommt („Tatkündigung"), handelt es sich bei der Verdachtskündigung –

---

[175] *BAG* vom 4. 6. 1997 – 2 AZR 526/96, BAGE 86, 95 (102) = AP Nr. 137 zu § 626 BGB = NJW 1998, 554 = NZA 1997, 1281.

[176] *BAG* vom 30. 5. 1978 – 2 AZR 630/76, BAGE 30, 309 (313); *BAG* vom 4. 6. 1997 – 2 AZR 526/96, BAGE 86, 95 (99).

[177] *BAG* vom 30. 5. 1978 – 2 AZR 630/76, BAGE 30, 309 (314ff.).

[178] *BAG* vom 15. 11. 2001 – 2 AZR 310/00, AP Nr. 13 zu § 140 BGB = NZA 2002, 2972 = RdA 2003, 179 m. Anm. *Vossen.*

[179] *von Hoyningen-Huene/Linck,* § 13 KSchG Rn. 54.

[180] *BAG* vom 23. 6. 2009 – 2 AZR 474/07, BAGE 131, 155 = AP Nr. 47 zu § 626 BGB Verdacht strafbarer Handlung = NZA 2009, 1136 (Rn. 51).

die an das zerstörte Vertrauen in die Integrität des Arbeitnehmers anknüpft – systematisch um eine **personenbedingte Kündigung**. Die Verdachtskündigung ist eine eigenständige, von der Tatkündigung streng zu trennende Fallgruppe des § 626 BGB; der Arbeitgeber kann wegen desselben Geschehens eine Tat- und eine Verdachtskündigung aussprechen, die jeweils ihren eigenen Wirksamkeitsvoraussetzungen unterliegen.

Eine Verdachtskündigung hat nach der Rechtsprechung **sieben Voraussetzungen** (s. zur Anwendung dieser Voraussetzungen: *Junker,* Fälle zum Arbeitsrecht, Fälle 8 und 9):

(1) Der Arbeitgeber muss die Kündigung gerade mit dem **Verdacht** (und nicht mit einem erwiesenen Fehlverhalten) begründen.

(2) Der Verdacht muss sich aus **objektiven Umständen** ergeben.

(3) Es muss eine überwiegende **Wahrscheinlichkeit** für die Tat sprechen.

(4) Die Tat, derer der Arbeitnehmer verdächtigt wird, muss von einem solchen **Gewicht** sein, dass sie – wäre ihre Begehung bewiesen – eine außerordentliche verhaltensbedingte Kündigung rechtfertigen könnte.

(5) Der Verdacht muss **geeignet** sein, das für die Fortsetzung des Arbeitsverhältnisses erforderliche **Vertrauen** zu zerstören.

(6) Der Arbeitgeber muss alle zumutbaren Schritte zur **Aufklärung des Sachverhalts** unternommen haben.

(7) Er muss dem Arbeitnehmer durch **Anhörung** die Gelegenheit zur Stellungnahme gegeben haben.[181]

Beispiele: (1) Der Steward des „Bordtreffs" in einem Fernzug der Deutschen Bahn AG, der bereits einmal wegen Unregelmäßigkeiten abgemahnt worden war, wird bei einer Stichprobenkontrolle nach Dienstschluss mit Lebensmitteln aus dem „Bordtreff" in seiner Reisetasche erwischt und gibt für diesen Sachverhalt verschiedene, sich widersprechende Erklärungen.[182] – (2) Ein Arbeitskollege bekundet glaubhaft, der Arbeitnehmer habe auf dem Firmenparkplatz in großem Stil mit Mobiltelefonen gehandelt, die dem Arbeitgeber gestohlen wurden. Bei seiner Anhörung durch den Arbeitgeber erklärt der verdächtige Arbeitnehmer, er habe schon gegenüber der Polizei nichts gesagt und werde sich auch hier zu solchen Vorwürfen nicht äußern.[183]

b) *Druckkündigung*

Eine weitere Fallgruppe der außerordentlichen Kündigung ist die Druckkündigung: Arbeitskollegen, Kunden oder andere Personen drohen dem Arbeitgeber Nachteile an (z.B. massenhafte Eigenkündigungen, Entzug von Aufträgen), um ihn zu veranlassen, einem Arbeitnehmer zu kündigen.[184] Ein **Sonderfall** der Druckkündigung ist **§ 104 Satz 1 BetrVG**, wonach der Betriebsrat vom Arbeitgeber die Entlassung eines Arbeitnehmers verlangen kann, der den Betriebsfrie-

412a

---

[181] *BAG* vom 10. 2. 2005 – 2 AZR 189/04, AP Nr. 79 zu § 1 KSchG 1969 = NZA 2005, 1056 (1058 f.); zum Erfordernis der Anhörung des Arbeitnehmers *BAG* vom 13. 3. 2008 – 2 AZR 961/06, AP Nr. 43 zu § 626 BGB Verdacht strafbarer Handlung = NZA 2008, 809 (Rn. 14–16).

[182] *BAG* vom 12. 8. 1999 – 2 AZR 923/98, AP Nr. 28 zu § 626 BGB Verdacht strafbarer Handlung = NZA 2000, 421 (427).

[183] *BAG* vom 6. 11. 2003 – 2 AZR 631/02, AP Nr. 39 zu § 626 BGB Verdacht strafbarer Handlung = NZA 2004, 919 (920).

[184] MünchKommBGB/*Henssler,* § 626 Rn. 253 ff.; Schaub/*Linck,* § 127 Rn. 89.

den wiederholt ernstlich gestört hat. Wenn kein Kündigungsgrund besteht, sondern der Arbeitgeber sich allein wegen der Androhung von Nachteilen gezwungen sieht, eine Kündigung auszusprechen (sog. echte Druckkündigung), handelt es sich um eine **betriebsbedingte Kündigung,** an deren Rechtmäßigkeit nach § 626 I BGB strenge Maßstäbe angelegt werden.[185] Insbesondere muss der Arbeitgeber sich „schützend vor den Arbeitnehmer stellen"[186] und alles ihm Zumutbare unternehmen, um den bestehenden Druck abzubauen. Fälle einer „erfolgreichen" echten Druckkündigung sind selten.

c) Provozierte Kündigung

412b   Die Folgen einer provozierten Kündigung regelt § 628 II BGB: Wird die Kündigung durch vertragswidriges Verhalten des anderen Teils veranlasst, das das Gewicht eines wichtigen Kündigungsgrundes hat (§ 628 I i. V. m. § 626 BGB), ist der andere zum Ersatz des Schadens verpflichtet, der durch die Aufhebung des Arbeitsverhältnisses entsteht. Diese Vorschrift kann z. B. eine Rolle spielen, wenn der Arbeitnehmer als Opfer von „Mobbing" von sich aus kündigt.[187] Sind die Voraussetzungen des § 628 II BGB erfüllt, zählen zum ersatzfähigen Schaden nicht nur das entgangene Entgelt, sondern z. B. auch Umzugskosten.

Das entgangene Entgelt muss allerdings nicht als „ewige Rente" fortgezahlt werden: Nach dem Zweck der Vorschrift beschränkt sich der Anspruch grundsätzlich auf die Vergütung, die bei einer ordentlichen Kündigung bis zum Ablauf der Kündigungsfrist angefallen wäre; hinzukommt eine Entschädigung, die entsprechend §§ 9, 10 KSchG den Verlust des Bestandsschutzes ausgleicht.

7. Kündigungserklärungsfrist   *(≠ Kündigungsfrist !)*

413   Die außerordentliche Kündigung ist innerhalb einer Frist von **zwei Wochen** nach Kenntnis des Kündigungsgrunds zu erklären (**§ 626 II 1 BGB**). Die Äußerungsfrist des Betriebsrats ist auf drei Tage verkürzt (§ 102 II 3 BetrVG). Die Erklärungsfrist des § 626 II 1 BGB soll dem Kündigungsgegner frühzeitig Gewissheit verschaffen, ob er mit einer außerordentlichen Kündigung rechnen muss. Bei Dauertatbeständen gilt die Zweiwochenfrist nicht (Beispiele: dauernde Arbeitsunfähigkeit oder dauernder Wegfall des Arbeitsplatzes eines ordentlich unkündbaren Arbeitnehmers).[188] Die Erklärungsfrist beginnt mit dem Zeitpunkt, in welchem der Kündigungsberechtigte Kenntnis von den Tatsachen erhält, die für die Kündigung maßgebend sind (**§ 626 II 2 BGB**). Kündigungsberechtigter ist jeder, der im konkreten Fall befugt ist, die Kündigung zu erklären.[189] Die Kün-

---

[185] *BAG* vom 19. 6. 1986 – 2 AZR 563/85, AP Nr. 33 zu § 1 KSchG 1969 m. Anm. *Gamillscheg* = NZA 1987, 21 (Bauleiter in Libyen; Kündigungsverlangen des staatlichen Auftraggebers unter der Androhung, die Arbeitgeberin von der weiteren Auftragsvergabe in arabischen Ländern auszuschließen).

[186] *LAG Nürnberg* vom 9. 12. 2003 – 6 Sa 676/02, NZA-RR 2004, 298 (301).

[187] *BAG* vom 26. 7. 2001 – 8 AZR 739/00, BAGE 98, 275 (280) = AP Nr. 13 zu § 628 BGB = NZA 2002, 325 (Entzug des Provisionsgebiets – Omnibusverkäufer).

[188] *BAG* vom 5. 2. 1998 – 2 AZR 227/97, BAGE 88, 10 (20 ff.) = AP Nr. 143 zu § 626 BGB = NZA 1998, 771 = EzA § 626 BGB Unkündbarkeit m. Anm. *Walker*.

[189] *BAG* vom 28. 10. 1971 – 2 AZR 32/71, BAGE 23, 475 (480) = AP Nr. 1 zu § 626 BGB Ausschlussfrist = NJW 1972, 463.

digungserklärung muss dem Empfänger innerhalb der Zweiwochenfrist zugehen; sonst ist die außerordentliche Kündigung ausgeschlossen (§ 626 II BGB).

> **Durchblick:** Die Erklärungsfrist des § 626 II BGB gilt nur für die **außerordentliche Kündigung.** Ein nach § 626 II BGB „verfristeter" wichtiger Grund kann daher noch zum Anlass für eine ordentliche Kündigung genommen werden: Eine Kündigungserklärungsfrist gibt es bei der **ordentlichen Kündigung** nicht. Allerdings wäre es mit dem Grundrecht des Arbeitnehmers aus Art. 12 I GG nicht zu vereinbaren, wenn der Arbeitgeber einen Kündigungsgrund über längere Zeit „auf Vorrat" hielte, um ihn bei passender Gelegenheit hervorzuholen und ein beanstandungsfrei fortgesetztes Arbeitsverhältnis zu kündigen. Deshalb gilt für die ordentliche Kündigung der **allgemeine,** aus § 242 BGB abgeleitete Grundsatz der **Verwirkung:** Das Recht des Arbeitgebers zur ordentlichen Kündigung ist verwirkt, wenn er in Kenntnis eines Kündigungsgrundes längere Zeit untätig bleibt (**Zeitmoment**) und dadurch beim Arbeitnehmer das berechtigte Vertrauen erweckt, die Kündigung aus diesem Grund werde unterbleiben (**Umstandsmoment**). Liegen diese beiden Voraussetzungen vor, ist eine gleichwohl erklärte Kündigung als unzulässige Rechtsausübung nach Treu und Glauben rechtsunwirksam (§ 242 BGB).[190]

8. Erfordernis einer Auslauffrist

414 Zahlreiche Tarifverträge sehen vor, dass die **ordentliche Kündigung** gegenüber Arbeitnehmern ausgeschlossen ist, die ein bestimmtes Lebensalter (z. B. 55 Jahre) und eine bestimmte Beschäftigungszeit im Betrieb (z. B. zehn Jahre) erreicht haben (Rn. 346). Die **außerordentliche Kündigung** kann der Tarifvertrag jedoch nicht ausschließen: Unzumutbares darf auch einem Arbeitgeber nicht zugemutet werden. Entfällt der Arbeitsplatz des ordentlich unkündbaren Arbeitnehmers und kann der Arbeitgeber den Arbeitnehmer beim besten Willen nicht weiterbeschäftigen, muss eine außerordentliche betriebsbedingte Kündigung gemäß § 626 I BGB zulässig sein: Die jahrelange Fortsetzung eines sinnentleerten Arbeitsverhältnisses durch Lohnzahlungen, denen keine Arbeitsleistung gegenübersteht, würde die Berufsfreiheit des Arbeitgebers verletzen (Art. 12 I GG).[191]

> **Beispiel:** Der Gesellschafterbeirat einer Immobilienfirma mit 20 Beschäftigten beschließt, die Position des zweiten Geschäftsführers nach dessen Pensionierung nicht wieder zu besetzen. Damit entfällt der Arbeitsplatz der zweiten Geschäftsführungssekretärin (Bruttojahresverdienst 46.000 €), die ordentlich unkündbar ist und frühestens in fünf Jahren in Rente gehen kann.[192]

Auch wenn die außerordentliche Kündigung in solchen Fällen zulässig ist, gilt es jedoch, einen **Wertungswiderspruch** auszuräumen: Der Arbeitgeber hat bei der außerordentlichen betriebsbedingten Kündigung die Kündigungsfrist einzuhalten, die gelten würde, wenn die ordentliche Kündigung nicht tariflich ausgeschlossen wäre. Denn der Arbeitnehmer mit besonderem tariflichen Kündigungsschutz darf nicht schlechter stehen als ein Arbeitnehmer, dem gegenüber

---

[190] Umfassend *BAG* vom 15. 8. 2002 – 2 AZR 514/01, NZA 2003, 795 – Manipulationen in der Spielbank.
[191] Zuletzt *BAG* vom 10. 5. 2007 – 2 AZR 626/05, BAGE 122, 264 = AP Nr. 1 zu § 626 BGB Unkündbarkeit = NZA 2007, 1279 (Rn. 25, 31, 34).
[192] *BAG* vom 5. 2. 1998 – 2 AZR 227/97, BAGE 88, 10 = AP Nr. 143 zu § 626 BGB = NZA 1998, 771 = EzA § 626 BGB Unkündbarkeit m. Anm. *Walker*.

die ordentliche Kündigung zulässig ist und dem aus demselben Kündigungs-grund nur ordentlich gekündigt werden könnte. Möglich ist daher nur die außerordentliche Kündigung mit einer sog. **Auslauffrist,** die der Kündigungsfrist bei einer ordentlichen Kündigung entspricht.[193]

415   Über die Prüfung der Wirksamkeit einer **außerordentlichen Kündigung** unter-richtet die **Übersicht 6.4** (klausurmäßige Lösung einer Klage gegen eine außer-ordentliche Kündigung: *Junker,* Fälle zum Arbeitsrecht, Fall 8):

Übersicht 6.4: Außerordentliche Kündigung

> **I. Erklärung** einer außerordentlichen Kündigung *(vgl. Übersicht Rn. 330)*
>
> **II. Beteiligung des Betriebsrats** (§ 102 I, II 3 BetrVG)
>
> **III. Besondere Unwirksamkeitsgründe** *(vgl. Übersicht Rn. 349)*
>
> **IV. Wichtiger Grund** (§ 626 I BGB)
>   1. Keine Fiktion des wichtigen Grundes (§§ 7, 13 I 2 KSchG)
>   2. Bestimmung des wichtigen Grundes
>   a) Personenbedingte Gründe
>   b) Verhaltensbedingte Gründe
>   c) Betriebsbedingte Gründe
>   3. Umfassende Interessenabwägung
>   a) Prognoseprinzip
>   b) Ultima-ratio-Prinzip
>   c) Übermaßverbot
>
> **V. Kündigungserklärungsfrist** (§ 626 II BGB)
>   1. Entbehrlich bei bestimmten Dauertatbeständen
>   2. Beginn (§ 626 II 2 BGB) und Ende der Frist
>   3. Rechtsfolge der Fristversäumnis (Fiktion)
>
> **VI. Gegebenenfalls: Auslauffrist**

III. Änderungskündigung

416   Eine Änderungskündigung kann – wie jede Kündigung – vom **Arbeitnehmer** oder vom Arbeitgeber ausgesprochen werden. Der Regelfall ist die Änderungs-kündigung durch den **Arbeitgeber,** auf die sich die folgenden Ausführungen be-schränken. Sie ist in **§ 2 Satz 1 KSchG** definiert: Der Arbeitgeber kündigt das Arbeitsverhältnis und bietet dem Arbeitnehmer zugleich an, das Arbeitsverhält-nis zu geänderten Bedingungen fortzusetzen.

Das **primäre Ziel** der Änderungskündigung ist es nicht, das Arbeitsverhältnis zu beenden, sondern es zu geänderten Bedingungen fortzuführen. Die Ände-rungskündigung ist das Druckmittel, um den Abschluss eines Änderungsver-trags zu erreichen. Nur wenn der andere Vertragsteil den Arbeitsvertrag nicht zu geänderten Bedingungen fortsetzen will, soll die Kündigung das Arbeitsver-hältnis beenden (**sekundäres Ziel**).

---

[193] *BAG* vom 12. 8. 1999 – 2 AZR 748/98, AP Nr. 7 zu § 21 SchwbG 1986 = NZA 1999, 1267.

1. **Erklärung** durch den Arbeitgeber

Die Änderungskündigung ist ein Rechtsgeschäft, das sich aus **zwei Willenser-** 417
klärungen zusammensetzt: einer Kündigung und einem Änderungsangebot.

a) *Kündigungserklärung*

Die Kündigung kann als ordentliche oder als außerordentliche erklärt werden; sie bedarf gemäß § 623 BGB der **Schriftform**. Die ordentliche Änderungskündigung ist die Regel, die außerordentliche die seltene Ausnahme. Sie spielt
gegenüber Arbeitnehmern eine Rolle, die nicht ordentlich kündbar sind[194]
(Rn. 414). Bei der außerordentlichen Änderungskündigung gilt § 2 KSchG entsprechend[195] (Rn. 421). Die **Anhörung des Betriebsrats** hat bei der ordentlichen
und der außerordentlichen Änderungskündigung stattzufinden (§ 102 I BetrVG).
Auch die Vorschriften des **besonderen Kündigungsschutzes** sind zu beachten:
Soweit ein Arbeitnehmer den besonderen Kündigungsschutz genießt (Rn. 348–
355, 398), stehen der arbeitgeberseitigen Änderungskündigung dieselben Hindernisse entgegen wie der Beendigungskündigung.

Durchblick: Die Änderungskündigung setzt voraus, dass der Arbeitgeber das gesamte Arbeitsverhältnis kündigt. Die Kündigung einzelner Vertragsbestandteile wird als **Teilkündigung** bezeichnet. Sie ist nur zulässig, wenn sich eine Partei des Arbeitsverhältnisses das Recht
zur Kündigung einzelner Vertragsbestandteile ausdrücklich vorbehalten hat; das Recht zur
Teilkündigung ist in diesem Fall nichts anderes als ein **Änderungsvorbehalt** (Rn. 254) mit
Ankündigungsfrist. Fehlt – wie im Regelfall – ein solcher Vorbehalt, ist eine Teilkündigung
unzulässig, denn keine Vertragspartei kann einseitig das Gleichgewicht der gegenseitigen
Vertragspflichten aufheben.[196] Liegen die Voraussetzungen des § 140 BGB vor, kann die unzulässige Teilkündigung in eine Änderungskündigung umgedeutet werden.

b) *Änderungsangebot*

Das Änderungsangebot muss im Zusammenhang mit der Kündigung stehen 418
(vgl. den Wortlaut des § 2 Satz 1 KSchG); es bedarf nach § 623 BGB ebenfalls
der **Schriftform** und unterliegt – wie die Kündigungserklärung (Rn. 324) – dem
Bestimmtheitsgrundsatz.[197] Die angestrebte Änderung der Arbeitsbedingungen
kann auf zwei verschiedene Arten mit der angedrohten Beendigung des Arbeitsverhältnisses verknüpft sein:
– Der Arbeitgeber kann eine **unbedingte Kündigung** des Arbeitsverhältnisses
  mit dem Angebot (§§ 145 ff. BGB) verbinden, das Arbeitsverhältnis zu geänderten Bedingungen fortzusetzen.

---

[194] *BAG* vom 7. 6. 1973 – 2 AZR 450/72, BAGE 25, 213 (217) = AP Nr. 1 zu § 626 BGB
Änderungskündigung = NJW 1973, 1819; *BAG* vom 6. 3. 1986 – 2 ABR 15/85, BAGE 51,
200 (208) = AP Nr. 19 zu § 15 KSchG 1969 = NZA 1987, 102.
[195] *BAG* vom 19. 6. 1986 – 2 AZR 565/85, AP Nr. 16 zu § 2 KSchG 1969 = NZA 1987, 94 (95).
[196] *BAG* vom 7. 10. 1982 – 2 AZR 455/80, BAGE 40, 199 (206 f.) = AP Nr. 5 zu § 620 BGB
Teilkündigung = NJW 1983, 2284 = SAE 1983, 185 m. Anm. *Beitzke.*
[197] *BAG* vom 16. 9. 2004 – 2 AZR 628/03, BAGE 112, 58 (60) = AP Nr. 78 zu § 2 KSchG
1969 = NZA 2005, 635; *BAG* vom 10. 9. 2009 – 2 AZR 822/07, BAGE 132, 78 = AP Nr. 142
zu § 2 KSchG 1969 = NZA 2010, 333 (Rn. 15).

[handschriftlich am Rand: Potestativbedingung]

– Der Arbeitgeber kann die Kündigung unter der **aufschiebenden Bedingung** (§ 158 I BGB) aussprechen, dass der Arbeitnehmer das ihm unterbreitete Änderungsangebot nicht annimmt.

Obwohl der Wortlaut des § 2 Satz 1 KSchG nur die erste Gestaltungsform (unbedingte Kündigung) erfasst, ist unstreitig, dass auch die zweite Gestaltungsform (bedingte Kündigung) unter § 2 Satz 1 KSchG fällt. Auch wenn die Kündigung als einseitige empfangsbedürftige Willenserklärung grundsätzlich bedingungsfeindlich ist (Rn. 324), bestehen gegen die zweite Gestaltungsform keine Bedenken: Der Bedingungseintritt ist ausschließlich vom Willen (potestas) des Kündigungsempfängers abhängig (Potestativbedingung). Denn der Kündigungsempfänger hat es in der Hand, die Bedingung durch seinen Willen eintreten oder nicht eintreten zu lassen. Da er selbst die Ungewissheit beseitigen kann, ob das Arbeitsverhältnis beendet wird, ist die Unsicherheit des Bedingungseintritts hinnehmbar.

2. Reaktion des Arbeitnehmers (§ 2 KSchG)

419 Die Änderungskündigung soll den Arbeitnehmer vor die Alternative stellen: entweder Fortsetzung des Arbeitsverhältnisses zu geänderten Bedingungen oder Beendigung des Arbeitsverhältnisses. Der Arbeitnehmer hat drei Möglichkeiten der Reaktion:

a) Vorbehaltlose Annahme *[handschriftlich: (→ geänderte Bed.)]*

Bei einer vorbehaltlosen Annahme des Änderungsangebots kommt der Änderungsvertrag zustande. Die Annahme bedarf nicht der Schriftform gemäß § 623 BGB; sie kann daher auch stillschweigend – durch konkludentes Handeln (Hinnahme der geänderten Arbeitsbedingungen) – erklärt werden. Die Kündigung wird durch die Annahme des Änderungsangebots gegenstandslos; das Arbeitsverhältnis besteht zu den geänderten Bedingungen fort.

Die vorbehaltlose Annahme des Änderungsangebots unterliegt nicht der Dreiwochenfrist des § 2 Satz 2 KSchG. Vielmehr gilt die allgemeine Regel des **§ 147 II BGB:** Der einem Abwesenden gemachte Antrag kann bis zu dem Zeitpunkt angenommen werden, in welchem der Antragende den Eingang der Antwort unter regelmäßigen Umständen erwarten darf. Diese Vorschrift wird von der Rechtsprechung großzügig ausgelegt.[198]

b) Ablehnung des Angebots *[handschriftlich: (= vorbehaltlose Ablehnung) → Beendigung d. Arb.verh. = Bedingu...]*

420 Bei einer Ablehnung des Änderungsangebots endet das Arbeitsverhältnis, wenn die Kündigung wirksam ist oder durch Untätigkeit des Arbeitnehmers wirksam wird: Will der Arbeitnehmer die Beendigung seines Arbeitsverhältnisses verhindern, muss er, auch wenn das KSchG nicht anwendbar ist (vgl. den Wortlaut des § 23 I 2, 3 KSchG), innerhalb der Dreiwochenfrist des § 4 Satz 1 KSchG Feststellungsklage erheben; ansonsten gilt die Kündigung als von Anfang an rechtswirksam (§ 7 KSchG).

Wird die Feststellungsklage erhoben, kommt es darauf an: Ist die Klage begründet, besteht das Arbeitsverhältnis zu den alten Bedingungen fort. Verliert der Arbeitnehmer den Prozess, steht fest, dass die Kündigung das Arbeitsverhältnis beendet hat. Auf das Änderungsangebot

---

[198] *BAG* vom 6. 2. 2003 – 2 AZR 674/01, BAGE 104, 315 (319) = AP Nr. 71 zu § 2 KSchG 1969 m. Anm. *Raab* = NZA 2003, 659.

kann der Arbeitnehmer nicht mehr zurückgreifen, denn es ist nach § 146 BGB durch Ablehnung erloschen. Wegen dieser „Alles oder Nichts"-Konsequenz ist eine Ablehnung des Änderungsangebots für den Arbeitnehmer nur in zwei Fällen sinnvoll: wenn er unter keinen Umständen zu den geänderten Bedingungen arbeiten will oder wenn er von der Unwirksamkeit der Änderungskündigung so sehr überzeugt ist, dass er keine Gefahr sieht, den Prozess um die Wirksamkeit der Kündigung zu verlieren.

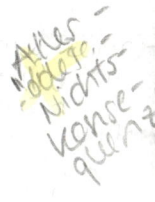

c) Annahme unter Vorbehalt (→ geänderte Bed.)

Um dem Dilemma zu entgehen, das Änderungsangebot vorbehaltlos anneh- **421** men oder vorbehaltlos ablehnen zu müssen (und dabei den Arbeitsplatz zu riskieren), ermöglicht § 2 Satz 1 KSchG eine Annahme unter Vorbehalt: Der Arbeitnehmer kann das Änderungsangebot unter dem Vorbehalt akzeptieren, dass die Änderung der Arbeitsbedingungen nicht nach § 1 II 1–3, III 1, 2 KSchG sozial ungerechtfertigt ist.

Die **Vorbehaltserklärung** muss innerhalb der Kündigungsfrist, spätestens jedoch innerhalb von drei Wochen nach Zugang der Kündigung erfolgen (§ 2 Satz 2 KSchG); das ist formlos möglich. Die Dreiwochenfrist des § 2 Satz 2 KSchG ist zwingendes Recht; sie kann durch Vereinbarung nicht verkürzt werden.[199] Gemäß § 7 KSchG erlischt der Vorbehalt, wenn der Arbeitnehmer nicht innerhalb der **Ausschlussfrist des § 4 Satz 1 KSchG** – drei Wochen nach Zugang der Kündigung – **Änderungsschutzklage nach § 4 Satz 2 KSchG** erhebt. Der Antrag richtet sich auf die Feststellung, dass die Änderung der Arbeitsbedingungen sozial ungerechtfertigt oder aus anderen Gründen rechtsunwirksam ist. Wird die Klage abgewiesen, fällt der erklärte Vorbehalt weg; es steht fest, dass der Arbeitnehmer seit Wirksamwerden der Kündigung zu den geänderten Bedingungen arbeiten muss. Gewinnt der Arbeitnehmer den Änderungsschutzprozess, entfällt rückwirkend der unter Vorbehalt geschlossene Änderungsvertrag (§ 8 KSchG).

3. Wirksamkeit der Änderungskündigung

Die Sozialwidrigkeit der Änderungskündigung wird nach einem anderen **422** Maßstab geprüft als diejenige der Beendigungskündigung: Es geht dem Änderungskündigenden nicht in erster Linie darum, das Arbeitsverhältnis zu beenden; er hat primär das Ziel, die Arbeitsbedingungen zu ändern. Daher ist die Änderungskündigung nicht erst wirksam, wenn die **Beendigung des Arbeitsverhältnisses** sozial gerechtfertigt wäre, sondern bereits dann, wenn die **Änderung der Arbeitsbedingungen** sozial gerechtfertigt ist.[200] Die soziale Rechtfertigung wird in zwei Stufen geprüft:

a) Kündigungsgrund

In einem **ersten Schritt** wird untersucht, ob „an sich" ein Kündigungsgrund **423** besteht, ob also Gründe in der Person, Gründe im Verhalten des Arbeitnehmers oder dringende betriebliche Erfordernisse das Änderungsangebot bedingen. Eine Änderungskündigung aus **personenbedingten Gründen** kommt z.B. in Betracht, wenn der Arbeitnehmer seine Arbeitsleistung auf dem bisherigen Arbeitsplatz

---

[199] *BAG* vom 18. 5. 2006 – 2 AZR 230/05, AP Nr. 83 zu § 2 KSchG 1969 = NZA 2006, 1092 (Rn. 18).
[200] MünchKommBGB/*Hergenröder*, § 2 KSchG Rn. 75, 76.

infolge eines in seiner Person liegenden Umstands nicht mehr erbringen kann, aber für einen anderen freien Arbeitsplatz geeignet ist. Aus **verhaltensbedingten Gründen** kann eine Änderungskündigung gerechtfertigt sein, wenn durch ein Verhalten des Arbeitnehmers das Vertrauen des Arbeitgebers hinsichtlich eines abgrenzbaren Teilbereichs des Arbeitsverhältnisses zerstört ist, etwa durch Störungen des Arbeitsklimas zwischen einzelnen Arbeitnehmern.[201] Die meisten Änderungskündigungen erfolgen aus **betriebsbedingten Gründen.**[202]

> **Beispiel:** Ein Spinnereiunternehmen kündigte einer Arbeitnehmerin im Bereich Wollkrempel zum 30. 9., verbunden mit dem Angebot einer Weiterbeschäftigung ab dem 1. 10. unter Streichung der bisherigen übertariflichen Zulage in Höhe von 1,75 € pro Stunde. – Das BAG stellt an eine solche betriebsbedingte **Änderungskündigung zur Entgeltreduzierung** strenge Anforderungen: „Grundsätzlich sind einmal geschlossene Verträge einzuhalten. Ein Geldmangel allein kann den Schuldner nicht entlasten. Die Dringlichkeit eines schwerwiegenden Eingriffs in das Leistungs-/Lohngefüge ist deshalb nur begründet, wenn bei Aufrechterhaltung der bisherigen Personalkostenstruktur weitere, betrieblich nicht mehr auffangbare Verluste entstehen, die absehbar zu einer Reduzierung der Belegschaft oder sogar zu einer Schließung des Betriebs führen. Regelmäßig setzt deshalb eine solche Situation einen umfassenden Sanierungsplan voraus, der alle gegenüber der beabsichtigten Änderungskündigung milderen Mittel ausschöpft."[203] Da die Arbeitgeberin einen solchen Plan nicht aufgestellt hatte, war schon aus diesem Grunde die Änderungsschutzklage begründet. Aufgrund seiner strengen Maßstäbe hat das BAG nur in extremen Fallkonstellationen eine Änderungskündigung zur Entgeltreduzierung für wirksam erklärt. Bei einer Änderungskündigung zur **Anpassung vertraglicher Nebenabreden** (Beispiel: kostenlose Busbeförderung) gelten weniger strenge Maßstäbe.[204]

b) Interessenabwägung

Im **zweiten Schritt** ist im Rahmen einer Interessenabwägung festzustellen, ob sich der Arbeitgeber bei einem an sich anerkennenswerten Anlass zur Änderungskündigung darauf beschränkt hat, nur solche Änderungen vorzuschlagen, die der Arbeitnehmer billigerweise hinnehmen muss.[205] Auch für die Änderungskündigung gilt der Grundsatz der Verhältnismäßigkeit; insbesondere dürfen dem Arbeitgeber keine milderen Mittel zur Verfügung stehen. Die Anpassung der Arbeitsbedingungen durch Ausübung des Direktionsrechts ist ein solches milderes Mittel.[206]

424 Über die Möglichkeiten des Arbeitnehmers bei einer vom Arbeitgeber ausgesprochenen **Änderungskündigung** unterrichtet die **Übersicht 6.5:**

---

[201] *BAG* vom 21. 11. 1985 – 2 AZR 21/85, AP Nr. 12 zu § 1 KSchG 1969 = NJW 1987, 516 = NZA 1986, 713.

[202] Siehe zum Prüfungsmaßstab *BAG* vom 23. 6. 2005 – 2 AZR 642/04, BAGE 115, 149 = AP Nr. 81 zu § 2 KSchG 1969 = NZA 2006, 92 (Rn. 15 ff.).

[203] *BAG* vom 16. 5. 2002 – 2 AZR 292/01, AP Nr. 69 zu § 2 KSchG 1969 = NJW 2003, 1139 = NZA 2003, 147; *BAG* vom 12. 1. 2006 – 2 AZR 126/05, AP Nr. 82 zu § 2 KSchG 1969 = NZA 2006, 587 = SAE 2006, 221 m. Aufs. *Junker* (219).

[204] *BAG* vom 27. 3. 2003 – 2 AZR 74/02, BAGE 105, 371 (375) = AP Nr. 72 zu § 2 KSchG 1969 = NZA 2003, 1029.

[205] *BAG* vom 3. 7. 2003 – 2 AZR 617/02, BAGE 107, 56 (60) = AP Nr. 73 zu § 2 KSchG 1969 = SAE 2004, 160.

[206] *BAG* vom 24. 4. 1997 – 2 AZR 352/96, BAGE 85, 358 (366) = AP Nr. 42 zu § 2 KSchG 1969 = NZA 1997, 1047.

Übersicht 6.5: Änderungskündigung

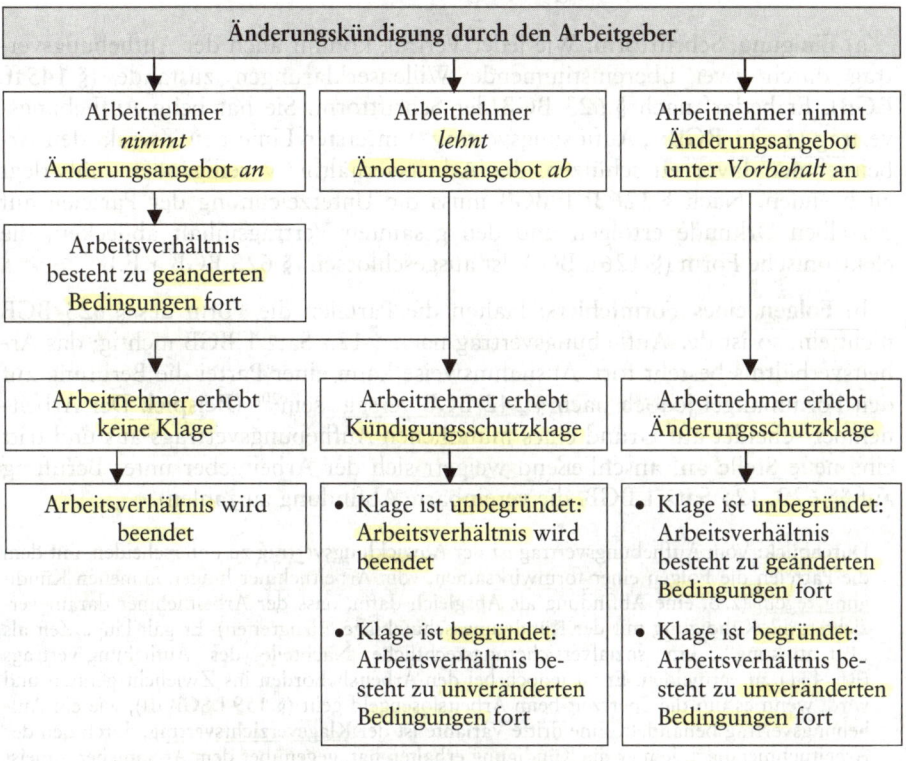

IV. Aufhebungsvertrag

Aus dem Grundsatz der **Vertragsfreiheit** folgt, dass die Parteien das Arbeits- **425** verhältnis nicht nur vertraglich begründen, sondern auch vertraglich beenden können (§§ 241 I, 311 BGB). Der arbeitsrechtliche Aufhebungsvertrag[207] beendet das Arbeitsverhältnis einvernehmlich und tritt häufig an die Stelle einer arbeitgeberseitigen Kündigung, woraus beide Parteien Vorteile ziehen können:

– Der **Arbeitnehmer** scheidet in ungekündigter Stellung aus und kann, wenn er eine gute Verhandlungsposition hat, eine Abfindung für den Verlust des Arbeitsplatzes aushandeln.
– Der **Arbeitgeber** braucht weder den allgemeinen oder besonderen Kündigungsschutz noch das Mitwirkungsrecht des Betriebsrats nach § 102 BetrVG zu beachten.

Im Abschluss eines Aufhebungsvertrags liegt **keine Umgehung des KSchG:** Da es dem Arbeitnehmer freisteht, eine arbeitgeberseitige Kündigung hinzunehmen (denn niemand kann ihn zwingen, eine Kündigungsschutzklage zu erheben), muss es ihm auch gestattet sein, einen Aufhebungsvertrag zu schließen.

---

[207] Spezialliteratur: *Bauer,* Arbeitsrechtliche Aufhebungsverträge, 8. Aufl. (2007).

1. Abschluss des Aufhebungsvertrags

426   a) **Einigung, Schriftform:** Wie jeder Vertrag kommt auch der Aufhebungsvertrag durch zwei übereinstimmende Willenserklärungen zustande (§ 145 ff. BGB). Er bedarf nach § 623 BGB der Schriftform. Sie hat beim Aufhebungsvertrag (§ 623 BGB: „Auflösungsvertrag") in erster Linie den Zweck, den Arbeitnehmer davor zu schützen, das Arbeitsverhältnis voreilig oder unüberlegt zu beenden. Nach § 126 II 1 BGB muss die Unterzeichnung der Parteien auf derselben Urkunde erfolgen und den gesamten Vertragsinhalt abdecken; die elektronische Form (§ 126a BGB) ist ausgeschlossen (§ 623 BGB a.E.).

b) **Folgen eines Formfehlers:** Halten die Parteien die Form des § 623 BGB nicht ein, so ist der Aufhebungsvertrag nach § 125 Satz 1 BGB nichtig; das Arbeitsverhältnis besteht fort. Ausnahmsweise kann einer Partei die Berufung auf den Formmangel jedoch nach § 242 BGB versagt sein[208] (**Beispiel:** Der Arbeitnehmer scheidet auf Grund eines mündlichen Aufhebungsvertrags aus und tritt eine neue Stelle an; anschließend weigert sich der Arbeitgeber unter Berufung auf §§ 623, 125 Satz 1 BGB, die vereinbarte Abfindung zu zahlen).

Durchblick: Vom Aufhebungsvertrag ist der Abwicklungsvertrag zu unterscheiden, mit dem die Parteien die Folgen einer formwirksamen, vom Arbeitnehmer hingenommenen Kündigung regeln (z.B. eine Abfindung als Ausgleich dafür, dass der Arbeitnehmer darauf verzichtet, die Kündigung mit der Kündigungsschutzklage anzugreifen). Er galt lange Zeit als „Patentlösung", um sozialversicherungsrechtliche Nachteile des Aufhebungsvertrags (Rn. 431) zu vermeiden. Er ist jedoch bei den Arbeitsbehörden ins Zwielicht geraten und wird, wenn es um die Sperrzeit beim Arbeitslosengeld geht (§ 159 I SGB III), wie ein Aufhebungsvertrag behandelt. Eine dritte Variante ist der Klageverzichtsvertrag, durch den der Arbeitnehmer, nachdem er die Kündigung erhalten hat, gegenüber dem Arbeitgeber – meist gegen eine Gegenleistung des Arbeitgebers – auf die Erhebung einer Kündigungsschutzklage (§ 4 Satz 1 i.V.m. § 7 KSchG) verzichtet. Eine solche Vereinbarung wird ebenfalls als Aufhebungsvertrag (= Auflösungsvertrag) i.S.d. § 623 BGB angesehen[209] und einer Inhaltskontrolle nach § 307 I 1 BGB unterworfen.[210]

2. Wirksamkeit des Aufhebungsvertrags

427   Wenn ein Aufhebungsvertrag in einer Druck- oder Ausnahmesituation des Arbeitnehmers geschlossen wird, folgt häufig Streit über die Wirksamkeit des Vertrags. Dabei spielt in der Praxis – neben dem Formmangel nach §§ 623, 125 Satz 1 BGB (Rn. 426) – das gesamte Spektrum der Nichtigkeits- und Anfechtungsgründe des BGB eine Rolle.

Beispiele sind mangelnde Geschäftsfähigkeit (§ 105 II BGB: Blutalkoholgehalt des Arbeitnehmers von mehr als 3,0 ‰ bei Abschluss des Vertrags),[211] Handeln des Arbeitgeberver-

---

[208] *BAG* vom 16. 9. 2004 – 2 AZR 659/03, AP Nr. 1 zu § 623 BGB = NZA 2005, 162 (163).

[209] *BAG* vom 19. 4. 2007 – 2 AZR 208/06, BAGE 122, 111 = AP Nr. 9 zu § 623 BGB = NZA 2007, 1227.

[210] *BAG* vom 6. 9. 2007 – 2 AZR 722/06, BAGE 124, 59 = AP Nr. 62 zu § 4 KSchG 1969 = NZA 2008, 219 (Rn. 31–38).

[211] *BAG* vom 14. 2. 1996 – 2 AZR 234/95, NZA 1996, 811 (812) = EzA § 611 BGB Aufhebungsvertrag Nr. 21.

treters ohne Vertretungsmacht (§§ 177, 178 BGB)[212] oder arglistige Täuschung (§ 123 I, 1. Fall BGB: Der Arbeitgeber erklärt vor Abschluss des Aufhebungsvertrags wider besseres Wissen, der Arbeitnehmer genieße keinen Kündigungsschutz).

Drei Instrumente des BGB, welche die Vertragsgerechtigkeit sichern sollen, beschäftigen die Rechtsprechung und Literatur bei Aufhebungsverträgen besonders: die Anfechtung wegen **widerrechtlicher Drohung** (dazu a), die **Inhaltskontrolle** vorformulierter Aufhebungsverträge (dazu b) und ein mögliches **Widerrufsrecht** des Arbeitnehmers (dazu c).

a) Eine **Anfechtung des Aufhebungsvertrags** durch den Arbeitnehmer nach §123 I, 2. Fall BGB ist möglich, wenn der Abschluss des Aufhebungsvertrags durch eine **widerrechtliche Drohung** des Arbeitgebers veranlasst wurde. Eine **Drohung** setzt die vorsätzliche Ankündigung eines zukünftigen Übels voraus, auf dessen Eintritt der Drohende Einfluss zu haben vorgibt.[213] Die Ankündigung des Arbeitgebers, die Kündigung zu erklären, falls der Arbeitnehmer keinen Aufhebungsvertrag schließe, erfüllt diese Voraussetzung. **Widerrechtlich** ist die Drohung mit einer Kündigung (um den Arbeitnehmer zum Abschluss eines Aufhebungsvertrags zu veranlassen), wenn ein verständiger Arbeitgeber eine solche Kündigung nicht ernsthaft in Betracht ziehen durfte.[214]

428

Der Anfechtungsprozess nach § 123 I, 2. Fall BGB wird nicht als fiktiver Kündigungsschutzprozess geführt. Es genügt vielmehr, wenn der Arbeitgeber unter Abwägung aller Umstände davon ausgehen durfte, dass die angedrohte Kündigung einer arbeitsgerichtlichen Prüfung wahrscheinlich standhalten werde.[215]

b) Bei einer **Inhaltskontrolle nach § 307 I BGB** kann der vom Arbeitgeber vorformulierte Aufhebungsvertrag unwirksam sein, wenn er den Arbeitnehmer entgegen den Geboten von Treu und Glauben unangemessen benachteiligt. Da der Arbeitnehmer als **Verbraucher** i.S.d. § 13 BGB angesehen wird (Rn. 77b), findet eine Inhaltskontrolle auch statt, wenn der Aufhebungsvertrag nicht für eine Vielzahl von Fällen vorformuliert, sondern nur zur einmaligen Verwendung bestimmt ist (und der Arbeitnehmer auf den Inhalt keinen Einfluss nehmen kann, § 310 III Nr. 2 BGB). Die Inhaltskontrolle der **Vertragsaufhebung als solcher** scheitert jedoch daran, dass es sich bei der Vertragsaufhebung um einen **Hauptbestandteil der Einigung** handelt, der nach § 307 III BGB der Kontrolle entzogen ist: Nach dieser Vorschrift sind nur solche Abreden kontrollfähig, die Rechtsvorschriften modifizieren oder ergänzen. Abreden über den unmittelbaren Gegenstand der Hauptleistung unterliegen aus Gründen der Vertragsfreiheit keiner Inhaltskontrolle.[216]

429

---

[212] *BAG* vom 31. 1. 1996 – 2 AZR 91/95, AP Nr. 41 zu § 123 BGB = NJW 1996, 2594 = NZA 1996, 756 (758).
[213] MünchKommBGB/*Armbrüster*, § 123 BGB Rn. 97; Palandt/*Ellenberger*, § 123 Rn. 16.
[214] *BAG* vom 28. 11. 2007 – 6 AZR 1108/06, BAGE 125, 70 = AP Nr. 36 zu § 620 BGB Aufhebungsvertrag = NZA 2008, 348 (Rn. 48).
[215] *BAG* vom 30. 9. 1993 – 2 AZR 268/93, BAGE 74, 281 = AP Nr. 37 zu § 123 BGB = NZA 1994, 209; *BAG* vom 12. 8. 1999 – 2 AZR 832/98, AP Nr. 51 zu § 123 BGB = NZA 2000, 27.
[216] *Preis*, NZA Sonderbeilage zu Heft 16/2003, 19 (31); *Thüsing*, BB 2002, 2666 (2674).

Der richterlichen Kontrolle sind daher nur **Nebenbestimmungen des Aufhebungsvertrags** zugänglich (wie z. B. eine Ausgleichsklausel, Rn. 77 e), **nicht** aber die **Aufhebung des Arbeitsvertrags** als solche, gleichgültig, ob mit oder ohne Abfindung.[217]

430 c) Ein **gesetzliches Widerrufsrecht** des Arbeitnehmers kann sich nur aus § 312 I 1 BGB ergeben. Die Vorschrift setzt voraus, dass der Aufhebungsvertrag als **Vertrag über eine entgeltliche Leistung** qualifiziert werden kann.

– Die **bejahende** Ansicht meint: Da der Arbeitsvertrag ein Vertrag über eine entgeltliche Leistung sei, müsse auch der „actus contrarius" – die Aufhebung des Arbeitsvertrags – unter § 312 I 1 BGB subsumiert werden.[218]

– Die **verneinende** Ansicht lehnt diese Konstruktion zu Recht ab: Beim Aufhebungsvertrag – gleichgültig, ob mit oder ohne Abfindung – wird vom Arbeitnehmer keine entgeltliche Leistung erbracht, sondern über ein Vertragsverhältnis verfügt. Dass ein solches Verfügungsgeschäft nicht von § 312 BGB erfasst ist, ergibt sich nicht nur aus dem Wortlaut und dem Sinn und Zweck, sondern auch aus der systematischen Stellung der Vorschrift im Abschnitt über die besonderen Vertriebsformen[219] (klausurmäßige Lösung eines Falles zur Wirksamkeit eines Aufhebungsvertrags: *Junker,* Fälle zum Arbeitsrecht, Fall 9).

Wenn man – entgegen der hier vertretenen Ansicht – einen Vertrag über eine entgeltliche Leistung bejahen würde, müsste eine der **Vertragsabschlussmodalitäten** des § 312 I 1 BGB vorliegen. In Betracht kommt **§ 312 I 1 Nr. 1 BGB.** Im Interesse des Verbrauchers wird der Begriff des Arbeitsplatzes weit ausgelegt; er umfasst den gesamten Betrieb des Arbeitgebers. Der **Wortlaut** des § 312 I 1 Nr. 1 BGB scheint daher zu passen. Es könnte aber eine **teleologische Reduktion** der Vorschrift geboten sein. § 312 BGB soll den Verbraucher vor den Gefahren des Direktvertriebs schützen. Sie resultieren daraus, dass der Vertragsschluss außerhalb fester Verkaufs- oder Ladenräume stattfindet; dort hat der Verbraucher keine Möglichkeit, Qualität und Preis mit anderen Angeboten zu vergleichen. Dagegen finden Verhandlungen über einen Aufhebungsvertrag, die am Arbeitsplatz geführt werden, gerade an dem Ort statt, an dem die Fragen besprochen und geregelt werden, die das Arbeitsverhältnis betreffen: „Der Arbeitsplatz ist der Raum, an dem nicht nur die arbeitsvertraglichen Bindungen zustande kommen, sondern auch der Ort, an dem sie wieder gelöst werden."[220] Der Wortlaut des § 312 I 1 Nr. 1 BGB ist daher nach dem Sinn und Zweck der Vorschrift auf ihren vertriebsrechtlichen Kern zu reduzieren. Die Voraussetzungen des § 312 I 1 BGB liegen nicht vor; ein Widerrufsrecht des Arbeitnehmers nach dieser Vorschrift kommt nicht in Betracht.

3. Aufklärungspflichten des Arbeitgebers

431 Der Arbeitgeber kann bei Abschluss eines Aufhebungsvertrags – als vertragliche Nebenpflichten (§ 241 II BGB) – Hinweis- und Aufklärungspflichten haben, wenn er die Initiative zur Beendigung des Arbeitsverhältnisses ergriffen hat. Das gilt zum einen in Bezug auf die **betriebliche Altersversorgung:** Führt der Ab-

---

[217] *BAG* vom 27. 11. 2003 – 2 AZR 135/03, BAGE 109, 22 (38 f.) = AP Nr. 1 zu § 312 BGB = NZA 2004, 597.

[218] *Hümmerich/Holthausen,* NZA 2002, 173 (178); *Schleusener,* NZA 2002, 949 (951).

[219] *Gotthardt,* ZIP 2002, 277 (279); *Preis,* NZA Sonderbeilage zu Heft 16/2003, 19 (30); *Rieble/Klumpp,* ZIP 2002, 2153 (2159).

[220] *BAG* vom 27. 11. 2003 – 2 AZR 135/03, BAGE 109, 22 (36) = AP Nr. 1 zu § 312 BGB = NZA 2004, 597.

schluss eines Aufhebungsvertrags zum Verlust von Pensionsansprüchen, muss der Arbeitgeber darauf hinweisen.[221] Zum anderen bestehen, wenn der Arbeitgeber den Abschluss des Aufhebungsvertrags vorgeschlagen hat, Aufklärungspflichten im Hinblick auf **sozialversicherungsrechtliche Folgen,** insbesondere einen möglichen Verlust des Anspruchs auf Arbeitslosengeld. Verletzt der Arbeitgeber eine dieser Hinweis- und Aufklärungspflichten, hat der Arbeitnehmer einen Schadensersatzanspruch aus Verschulden bei Vertragsverhandlungen (§ 280 I i. V. m. §§ 311 II, III, 241 II BGB).

Sozialversicherungsrechtlich droht dem Arbeitnehmer eine **zwölfwöchige Sperrzeit** vor dem ersten Bezug von Arbeitslosengeld, wenn er durch einen Aufhebungsvertrag das Beschäftigungsverhältnis gelöst hat, ohne für sein Verhalten einen wichtigen Grund zu haben (§ 159 I SGB III). Um festzustellen, ob eine Sperrzeit verhängt werden muss, schickt die zuständige Agentur für Arbeit dem Arbeitgeber einen Fragebogen, in dem auch nach dem Grund für den Aufhebungsvertrag gefragt wird. Ferner ist der Arbeitnehmer verpflichtet, sich binnen drei Tagen bei der Agentur für Arbeit **arbeitsuchend zu melden** (§ 38 I SGB III). Der Arbeitgeber „soll" den Arbeitnehmer über die Meldepflicht aufklären (§ 2 II 2 Nr. 3 SGB III). Ein Verstoß des Arbeitgebers gegen diese Soll-Vorschrift löst keinen Schadensersatzanspruch des Arbeitnehmers aus.[222]

Praxis: Um den Arbeitnehmer zum Abschluss des Aufhebungsvertrags zu veranlassen, verspricht der Arbeitgeber häufig eine Abfindung. Früher waren Abfindungen bis zu bestimmten, von Lebensalter und Beschäftigungsdauer abhängigen Höchstbeträgen steuerfrei (§ 3 Nr. 9 EStG a. F.). Mit Wirkung zum 1. 1. 2006 hat der Gesetzgeber die Steuerfreiheit von Abfindungen aufgehoben (Übergangsregelung in § 52 IV a 1 EStG). Damit unterliegen Abfindungen ebenso wie das „reguläre" Arbeitseinkommen der Einkommensteuerpflicht. Da im Einkommensteuerrecht das Zuflussprinzip gilt (§ 11 I EStG: Einnahmen sind in dem Kalenderjahr zu versteuern, in dem sie dem Steuerpflichtigen tatsächlich zugeflossen sind), kann die Steuerlast des Arbeitnehmers u. U. dadurch verringert werden, dass laut Aufhebungsvertrag die Abfindung erst im nächsten Kalenderjahr ausgezahlt wird (in welchem der Arbeitnehmer z. B. als Arbeitsuchender weniger Einkommen zu versteuern hat).

V. Befristung, Bedingung, Altersgrenzen

Das Arbeitsverhältnis endet, ohne dass es einer Kündigung bedarf, wenn die Parteien eine Befristung vereinbart haben, wenn eine auflösende Bedingung eintritt oder wenn der Arbeitnehmer eine Altersgrenze erreicht. Beim Endtermin einer **Befristung** handelt es sich um ein zukünftiges Ereignis, dessen Eintritt gewiss ist;[223] die **Bedingung** ist ein zukünftiges, ungewisses Ereignis (vgl. § 158 BGB). Die Vereinbarung einer **Altersgrenze** ist eine Befristung des Arbeitsverhältnisses;[224] sie unterliegt nach § 41 SGB VI besonderen Regeln (Rn. 441). **432**

---

[221] *BAG* vom 17. 10. 2000 – 3 AZR 605/99, AP Nr. 116 zu § 611 BGB Fürsorgepflicht m. Anm. *Rolfs* = NZA 2001, 206 = SAE 2001, 310 m. Anm. *Blomeyer.*
[222] *BAG* vom 29. 9. 2005 – 8 AZR 571/04, AP Nr. 2 zu § 2 SGB III = NZA 2005, 1406 (1409); umfassend *Rolfs*, DB 2006, 1009 (1011).
[223] Annuß/Thüsing/*Maschmann*, § 15 TzBfG Rn. 2; *Boecken/Joussen*, § 15 TzBfG Rn. 1.
[224] *BAG* vom 19. 11. 2003 – 7 AZR 296/03, BAGE 109, 6 (8) = AP Nr. 3 zu § 14 TzBfG = NZA 2004, 1336.

1. Auflösende Befristung

433   Nach der Hinweisnorm des § 620 III BGB gilt für Arbeitsverträge, die auf bestimmte Zeit abgeschlossen werden, das Teilzeit- und Befristungsgesetz (TzBfG). Das Gesetz hat u.a. das Ziel, die Voraussetzungen für die Zulässigkeit befristeter Arbeitsverträge festzulegen und die Diskriminierung befristet beschäftigter Arbeitnehmer zu verhindern (§ 1 TzBfG). § 3 TzBfG enthält gesetzliche Begriffsbestimmungen (Legaldefinitionen), § 4 II TzBfG stellt ein Verbot der Diskriminierung befristet Beschäftigter auf, das vom Allgemeinen Gleichbehandlungsgesetz unberührt bleibt (§ 2 III AGG). In §§ 14–20 TzBfG findet sich der Kern der gesetzlichen Regelung über befristete Arbeitsverträge (zur Teilzeitarbeit, die in §§ 6–13 TzBfG geregelt ist, s. Rn. 119–119 c).

Praxis: Befristete Arbeitsverhältnisse haben in der Praxis große Bedeutung. Ein erheblicher Teil der Neueinstellungen erfolgt auf der Basis befristeter Arbeitsverträge: Die psychologische Hürde, in wirtschaftlich unsicheren Zeiten neues Personal einzustellen, ist geringer, wenn nicht – wie beim unbefristeten Arbeitsverhältnis – nach sechs Monaten der allgemeine Kündigungsschutz eingreift (§ 1 I KSchG).

a) Vereinbarung einer Befristung

434   (1) **Einigung, Schriftform:** Der Abschluss des befristeten Arbeitsvertrags unterliegt der Formvorschrift des **§ 14 IV TzBfG:** Die Befristung eines Arbeitsvertrags bedarf zu ihrer Wirksamkeit der Schriftform.[225] Formbedürftig ist allein die vertragliche Befristungsabrede, nicht der Arbeitsvertrag als solcher.[226] Bei der Befristung schließt § 14 IV TzBfG, anders als § 623 Satz 2 BGB bei Kündigung und Aufhebungsvertrag, die elektronische Form (§ 126a BGB) nicht aus. Wird die Befristung nur mündlich vereinbart, entsteht nach **§ 16 TzBfG** ein unbefristetes Arbeitsverhältnis[227] (s. auch Rn. 438).

(2) **Arten** der Befristung: Das Gesetz unterscheidet, je nachdem, wie die Dauer des Arbeitsverhältnisses bestimmt ist, zwei Arten der Befristung:

(a) Eine **Zeitbefristung** liegt vor, wenn die Dauer nach dem Kalender berechnet wird (**§ 3 I 2, 1. Alt. TzBfG**); der kalendermäßig befristete Arbeitsvertrag endet mit dem Ablauf der vereinbarten Zeit (**§ 15 I TzBfG**).

(b) Eine **Zweckbefristung** liegt vor, wenn sich die Dauer des Arbeitsverhältnisses aus Art, Zweck oder Beschaffenheit der Arbeitsleistung ergibt (**§ 3 I 2, 2. Alt. TzBfG**); ein zweckbefristeter Arbeitsvertrag endet mit dem Erreichen des Zwecks, frühestens jedoch zwei Wochen, nachdem der Arbeitgeber den Arbeitnehmer schriftlich über den Zeitpunkt der Zweckerreichung unterrichtet hat (**§ 15 II TzBfG**). Bei der Zweckbefristung muss auch der Vertragszweck nach § 14 IV TzBfG schriftlich vereinbart sein.[228]

---

[225] Einzelheiten: *BAG* vom 13. 6. 2007 – 7 AZR 700/06, BAGE 123, 109 = AP Nr. 39 zu § 14 TzBfG = NZA 2008, 108 (Rn. 16–21).
[226] *BAG* vom 23. 6. 2004 – 7 AZR 636/03, AP Nr. 12 zu § 14 TzBfG = NZA 2004, 1333 (1334); ErfK/*Müller-Glöge,* § 14 TzBfG Rn. 115.
[227] Einzelheiten: *BAG* vom 1. 12. 2004 – 7 AZR 198/04, BAGE 113, 75 (80) = AP Nr. 15 zu § 14 TzBfG = NZA 2005, 575; *BAG* vom 16. 3. 2005 – 7 AZR 289/04, BAGE 114, 146 = AP Nr. 16 zu § 14 TzBfG = NZA 2005, 923.
[228] *BAG* vom 21. 12. 2005 – 7 AZR 541/04, AP Nr. 18 zu § 14 TzBfG = NZA 2006, 321 (Rn. 36 f.).

Durchblick: Wenn die Parteien das Arbeitsverhältnis befristet haben, ist die **ordentliche Kündigung** für die Dauer der Befristung ausgeschlossen, es sei denn, die Parteien haben gemäß § 15 III TzBfG ausdrücklich oder stillschweigend die Möglichkeit der ordentlichen Kündigung vereinbart (Rn. 347). Die **außerordentliche Kündigung** aus wichtigem Grund kann auch während der Befristung nicht ausgeschlossen werden (Rn. 394).

b) Zulässigkeit der Befristung

Die Wirksamkeit der Befristung versteht sich beim Arbeitsverhältnis nicht **435** von selbst, weil der soziale Schutz des befristet Beschäftigten hinter demjenigen des unbefristet Beschäftigten zurückbleibt: Mit dem Ablauf der Befristung endet das Arbeitsverhältnis „automatisch", d. h. ohne dass es einer Kündigung bedarf. Wären Befristungen unbegrenzt zulässig, wäre der Bestandsschutz des Arbeitsverhältnisses – ein zentrales Anliegen des Arbeitsrechts – stark entwertet: Der Arbeitgeber könnte z. B. alle Arbeitsverhältnisse stets zum 31. 12. befristen, um jeweils zum Jahreswechsel neu zu entscheiden, welche Arbeitsverhältnisse er „verlängert" und welche nicht.

Eine solche Rechtslage würde nicht nur gegen die Berufsfreiheit der Arbeitnehmer verstoßen (Art. 12 I GG),[229] sondern auch dem – in einer Sozialpartnervereinbarung gemäß **Richtlinie 99/70/EG** niedergelegten – Europäischen Recht widersprechen. Durch drei Arten gesetzlicher Regelungen wirkt der Gesetzgeber diesen Gefahren entgegen:

(1) **Spezialvorschriften (§ 23 TzBfG):** Besondere gesetzliche Regelungen, die nach § 23 TzBfG dem Teilzeit- und Befristungsgesetz vorgehen, finden sich in **§ 21 I BBiG** (Zweckbefristung von Ausbildungsverhältnissen), in **§ 21 BEEG** (Vertretung bei Mutterschutz oder Elternzeit), in **§ 6 PflegeZG** (Vertretung eines Beschäftigten in Pflegezeit) und in **§§ 2, 3 WissZeitVG.**

Die Vorschriften des WissZeitVG über die Befristung von Arbeitsverhältnissen im Hochschulbereich tragen den Besonderheiten von Forschung und Lehre Rechnung; sie erlauben den Abschluss befristeter Arbeitsverträge ohne besonderen Grund.[230] Daneben bestehen auch im Hochschulbereich die Befristungsmöglichkeiten des § 14 TzBfG.[231]

(2) **Sachgrundlose Befristungen (§ 14 II–III TzBfG):** Gesetzlich zulässige Be- **436** fristungen, die nicht durch einen sachlichen Grund gerechtfertigt sein müssen (sachgrundlose Befristungen), finden sich außerhalb spezialgesetzlicher Regelungen in § 14 II, II a und III TzBfG:

– **§ 14 II TzBfG** gestattet die kalendermäßige Befristung eines Arbeitsvertrags ohne Vorliegen eines sachlichen Grundes **bis zur Dauer von zwei Jahren;** bis zur Gesamtdauer von zwei Jahren ist auch die – höchstens dreimalige – Verlängerung eines kalendermäßig befristeten Arbeitsvertrags erlaubt (§ 14 II 1 TzBfG). Eine Befristung nach dieser Vorschrift ist ausgeschlossen, wenn „mit demselben Arbeitgeber **bereits zuvor** ein befristetes oder unbefristetes Arbeitsverhältnis bestanden hat" (§ 14 II 2 TzBfG).

Nach dem insoweit unbeschränkten Wortlaut des § 14 II 2 TzBfG steht eine „Zuvor-Beschäftigung" der Befristung nach § 14 II 1 TzBfG entgegen, wenn der Arbeitnehmer bei

---

[229] *BVerfG* vom 27. 1. 1998 – 1 BvL 15/87, BVerfGE 97, 169 (175 f.) – Kleinbetriebsklausel I.

[230] Einzelheiten: *Preis*, WissZeitVG (2008).

[231] D/F/L/*Löwisch*, § 2 WissZeitVG Rn. 11.

dem Arbeitgeber irgendwann einmal – z.B. vor 20 Jahren für einige Wochen als Werkstudent – beschäftigt war. Das BAG sieht darin eine unverhältnismäßige Beeinträchtigung der Berufsfreiheit und legt das Vorbeschäftigungsverbot des § 14 III 2 TzBfG so aus, dass es einer sachgrundlosen Befristung nicht entgegenstehe, wenn das Ende des vorangegangenen Arbeitsverhältnisses mehr als drei Jahre zurückliege. Da es sich um eine ziemlich freie Rechtsschöpfung handelt, ist das Urteil methodisch umstritten.[232]

– **§ 14 IIa TzBfG** hat ebenfalls die Aufgabe, Einstellungshürden abzubauen. Danach können Existenzgründer **in den ersten vier Jahren** nach der Gründung eines Unternehmens eine kalendermäßige Befristung von Arbeitsverträgen ohne Vorliegen eines sachlichen Grundes **bis zur Dauer von vier Jahren** vornehmen; bis zu dieser Gesamtdauer von vier Jahren ist auch die mehrfache Verlängerung eines kalendermäßig befristeten Arbeitsvertrags zulässig (§ 14 IIa 1 TzBfG).

Die Vorschrift erinnert in ihrer Struktur und ihrem rechtspolitischen Zweck an das Sozialplanprivileg für Existenzgründer gemäß § 112a II BetrVG (Rn. 788); ebenso wie dort ist auch hier das Bestreben des Gesetzgebers erkennbar, Missbräuche durch „Schein-Existenzgründungen" zu verhindern (§ 14 IIa 2, 3 TzBfG). Das **Vorbeschäftigungsverbot** des § 14 II 2 TzBfG findet entsprechende Anwendung (§ 14 IIa 4 TzBfG).

– **§ 14 III TzBfG** dient dem legislatorischen Zweck, die Einstellungschancen älterer Arbeitsuchender zu verbessern: Mit Arbeitnehmern, die **das 52. Lebensjahr vollendet** haben und unmittelbar vor Beginn des befristeten Arbeitsverhältnisses **mindestens vier Monate beschäftigungslos** i.S.d. § 138 I Nr. 1 SGB III oder in einer öffentlich geförderten Beschäftigung waren, ist der Abschluss befristeter Arbeitsverhältnisse **bis zur Dauer von fünf Jahren** zulässig (Einzelheiten in § 14 III 1 TzBfG).

Der EuGH hat die Vorgängerregelung des § 14 III n.F. TzBfG wegen Verstoßes gegen das Verbot der Altersdiskriminierung für gemeinschaftsrechtswidrig erklärt,[233] sodass der Gesetzgeber die vorliegende Neuregelung des § 14 III TzBfG treffen musste.

437   (3) **Sachgrundbefristungen (§ 14 I TzBfG):** Schließlich ist die Befristung eines Arbeitsvertrags nach § 14 I 1 TzBfG zulässig, wenn sie durch einen sachlichen Grund gerechtfertigt ist (Sachgrundbefristung). Der Katalog anerkannter Sachgründe in § 14 I 2 Nr. 1–8 TzBfG ist zwar nicht abschließend.[234] Aber andere Sachgründe können die Befristung nur rechtfertigen, wenn sie den Wertungsmaßstäben entsprechen, die in § 14 I TzBfG zum Ausdruck kommen. Das gilt auch für tariflich geregelte Sachgründe.[235] Die Sachgrundbefristung nach § 14 I TzBfG steht in freier Konkurrenz zu den Legalbefristungen nach § 14 II, III

---

[232] *BAG* vom 6.4.2011 – 7 AZR 716/09, BAGE 137, 275 = AP Nr. 82 zu § 14 TzBfG = NZA 2011, 905 (Rn. 12 ff.); *BAG* vom 21.9.2011 – 7 AZR 375/10, AP Nr. 86 zu § 14 TzBfG = NZA 2012, 255 (Rn. 23 ff.); kritisch *Höpfner*, NZA 2011, 893; *Junker*, EuZA 6 (2013), 3 (14 ff.).
[233] *EuGH* vom 22.11.2005 – C-144/04, Slg. 2005, I-9981 (Rn. 61) – Mangold. Siehe dazu *BVerfG* vom 6.7.2010 – 2 BvR 2661/06, BVerfGE 126, 286 (330) – Fall „Honeywell"; *Preis/Temming*, NZA 2010, 185 (194 ff.).
[234] *BAG* vom 13.10.2004 – 7 AZR 218/04, BAGE 112, 187 (194) = AP Nr. 14 zu § 14 TzBfG = NZA 2005, 401.
[235] *BAG* vom 9.12.2009 – 7 AZR 399/08, BAGE 132, 344 = AP Nr. 67 zu § 14 TzBfG = NZA 2010, 495.

TzBfG. Liegt ein sachlicher Grund i. S. d. § 14 I TzBfG vor, kann an einen nach § 14 II TzBfG befristeten Arbeitsvertrag ein weiteres befristetes Arbeitsverhältnis angeschlossen werden.

Durchblick: Der sachliche Grund muss nur für die **Befristung als solche** gegeben sein, nicht aber für die gewählte **Dauer der Befristung**.[236] Allerdings kann es an einem sachlichen Grund für die Befristung als solche fehlen, wenn die Dauer der Befristung keine Beziehung zu dem Befristungsgrund hat. Bei mehreren hintereinandergeschalteten befristeten Arbeitsverträgen (**Kettenarbeitsverträgen**) prüft das BAG nur die Befristungsabrede des letzten Vertrages auf ihre Wirksamkeit; die Anforderungen an den Sachgrund der Befristung steigen jedoch mit der Zahl der befristeten Verträge.[237] Nach einer Entscheidung des EuGH aus dem Jahr 2012 muss auch bei Sachgrundbefristungen nach der Feststellung, dass ein Sachgrund „an sich" vorliegt, in einem zweiten Schritt stets eine einzelfallbezogene Missbrauchskontrolle stattfinden.[238]

Über die **Arten zulässiger Befristungen** von Arbeitsverträgen informiert zusammenfassend die **Übersicht 6.6**:

Übersicht 6.6: Zulässigkeit von Befristungen

> I. **Besondere gesetzliche Regelungen (§ 23 TzBfG)**
>   (z. B. § 21 BBiG, § 21 BEEG, § 6 PflegeZG, §§ 2, 3 WissZeitG)
> II. **Sachgrundlose Befristungen (§ 14 II–III TzBfG)**
>   1. bei Neueinstellungen (§ 14 II TzBfG: bis zu zwei Jahren)
>   2. nach Neugründungen (§ 14 IIa TzBfG: bis zu vier Jahren)
>   3. mit älteren Arbeitnehmern (§ 14 III TzBfG: bis zu fünf Jahren)
> III. **Sachgrundbefristungen (§ 14 I TzBfG)**, insbesondere
>   1. bei vorübergehendem Bedarf (Nr. 1)
>   2. im Anschluss an Ausbildung oder Studium (Nr. 2)
>   3. aus Vertretungsgründen (Nr. 3)
>   4. wegen der Eigenart der Arbeitsleistung (Nr. 4)
>   5. zur Erprobung (Nr. 5)
>   6. aus Gründen in der Person des Arbeitnehmers (Nr. 6)
>   7. aus Haushaltsgründen im öffentlichen Dienst (Nr. 7)
>   8. auf Grund gerichtlichen Vergleichs (Nr. 8)

c) Rechtsfolgen und Rechtsschutz

(1) Folgen unwirksamer Befristung: Bei Unwirksamkeit der Befristung tritt an **438** die Stelle des befristeten ein unbefristetes Arbeitsverhältnis. Wenn das KSchG anwendbar ist, unterliegt es dem allgemeinen Kündigungsschutz. Der Arbeitsvertrag kann frühestens zum vereinbarten Ende des befristeten Arbeitsvertrags ordentlich gekündigt werden, sofern nicht § 15 III TzBfG die ordentliche Kün-

---

[236] *BAG* vom 13. 10. 2004 – 7 AZR 654/03, AP Nr. 13 zu § 14 TzBfG = NZA 2005, 469 (471).
[237] *BAG* vom 11. 12. 1991 – 7 AZR 431/90, AP Nr. 141 zu § 620 BGB Befristeter Arbeitsvertrag = NZA 1992, 883.
[238] *EuGH* vom 26. 1. 2012 – C-586/10, NZA 2012, 135 (Rn. 40) – Kücük; s. dazu *Greiner*, EuZA 5 (2012), 529; *Junker*, EuZA 6 (2013), 3 (6 ff.).

digung zu einem früheren Zeitpunkt zulässt (§ 16 Satz 1 TzBfG). Eine Kündigung vor dem vereinbarten Ende ist ferner möglich, wenn die Befristung nur wegen Formmangels unwirksam ist (§ 16 Satz 2 TzBfG).

(2) **Anrufung des Arbeitsgerichts:** Will der Arbeitnehmer die Unwirksamkeit der Befristung geltend machen, muss er nach § 17 Satz 1 TzBfG innerhalb von drei Wochen nach dem vereinbarten Ende Klage auf Feststellung erheben, dass das Arbeitsverhältnis auf Grund der Befristung nicht beendet ist. Die §§ 5–7 KSchG finden entsprechende Anwendung (§ 17 Satz 2 TzBfG). Wenn der Arbeitnehmer das wirksam befristete Arbeitsverhältnis nach Zeitablauf mit Wissen des Arbeitgebers fortsetzt, ohne dass dieser unverzüglich widerspricht, so gilt es als auf unbestimmte Zeit verlängert (§§ 15 V, 17 Satz 3 TzBfG).

d) Befristung einzelner Arbeitsbedingungen

438a Von der Befristung des Arbeitsvertrags ist die **Befristung einzelner Arbeitsbedingungen** (sog. **Teilbefristung**) zu unterscheiden. Auf die Befristung einzelner Arbeitsbedingungen – etwa einer **Arbeitszeiterhöhung** – sind die Vorschriften des TzBfG nicht unmittelbar anzuwenden.[239] Die Befristung einzelner Arbeitsbedingungen unterliegt im Anwendungsbereich der §§ 305 ff. BGB (Allgemeine Arbeitsbedingungen, s. Rn. 77b, 77c) vielmehr der **Inhaltskontrolle nach § 307 I, II Nr. 1 BGB:** Sie ist unwirksam, wenn sie den Arbeitnehmer bei Würdigung der beiderseitigen Interessen entgegen den Geboten von Treu und Glauben unangemessen benachteiligt. Mittelbar spielen die Vorschriften des TzBfG bei dieser Inhaltskontrolle doch wieder eine Rolle: Eine unangemessene Benachteiligung i.S.d. § 307 BGB liege – so das BAG – regelmäßig nicht vor, wenn die **Befristung der Arbeitszeiterhöhung** auf Umständen beruhe, welche die **Befristung des Arbeitsvertrags** insgesamt nach § 14 I TzBfG rechtfertigen würden.[240]

> **Beispiel:** In einem Schnellrestaurant sind mehrere Verkäuferinnen in Teilzeit beschäftigt. Auf Initiative der Inhaberin wird ab 1. 4. eine Vollzeitbeschäftigung vereinbart, allerdings befristet bis zum 31. 12., weil unsicher ist, ob der Aufschwung des Restaurants von Dauer sein wird. Die Verkäuferinnen fragen, ob die Befristung der Arbeitszeiterhöhung bis zum 31. 12. wirksam ist. – Für dieses Beispiel hat das BAG entschieden, dass die Ungewissheit über den künftigen Arbeitskräftebedarf nicht ausreiche, um die Befristung der Arbeitszeiterhöhungen zu rechtfertigen: Ungewissheit gehöre zum unternehmerischen Risiko, das nicht auf die Arbeitnehmerseite verlagert werden könne.[241] Da die Befristung der Arbeitszeiterhöhungen unwirksam ist, bestehen die Arbeitsverhältnisse der Verkäuferinnen über den 31. 12. hinaus unbefristet als Vollzeitarbeitsverhältnisse.

---

[239] *BAG* vom 3. 9. 2003 – 7 AZR 106/03, BAGE 107, 237 (239) = AP Nr. 4 zu § 14 TzBfG = NZA 2004, 255; *BAG* vom 14. 1. 2004 – 7 AZR 213/03, BAGE 109, 167 (173 f.) = AP Nr. 10 zu § 14 TzBfG = NZA 2004, 719 = SAE 2005, 141 m. Anm. *Hergenröder*.
[240] *BAG* vom 8. 8. 2007 – 7 AZR 855/06, BAGE 123, 327 = AP Nr. 41 zu § 14 TzBfG = NZA 2008, 229 (Rn. 22); *BAG* vom 2. 9. 2009 – 7 AZR 233/08, BAGE 132, 59 = AP Nr. 66 zu § 14 TzBfG = NZA 2009, 1253 (Rn. 29); *BAG* vom 15. 12. 2011 – 7 AZR 394/10, NZA 2012, 674 (Rn. 27).
[241] *BAG* vom 27. 7. 2005 – 7 AZR 486/04, BAGE 115, 274 = AP Nr. 6 zu § 307 BGB = NZA 2006, 40 (Rn. 58).

2. Auflösende Bedingung

Die Grenzen zwischen Befristung und Bedingung sind fließend: Ein und der- **439** selbe Tatbestand, beispielsweise die Vertretung eines schwer erkrankten Arbeitnehmers, kann eine **Zweckbefristung** (§ 3 I 1, 2. Alt. TzBfG) oder eine **Bedingung** begründen, je nachdem, ob die Parteien die Genesung des zu vertretenden Arbeitnehmers als gewiss oder als ungewiss ansehen (Rn. 432). Auch die **Zeitbefristung** i.S.d. § 3 I 1, 1. Alt. TzBfG (z.B. ein zwölfmonatiges Arbeitsverhältnis zur Erprobung eines neuen Fernsehprogramms) und die **Bedingung** (das Arbeitsverhältnis der Schauspielerin endet, wenn die Einschaltquote des Programms unter einen bestimmten Wert sinkt)[242] sind funktional vergleichbar. Daher gilt gemäß **§ 21 TzBfG** das Erfordernis der **Schriftform** (§ 14 IV TzBfG) und des **Sachgrundes** (§ 14 I TzBfG) nicht nur für die Befristung, sondern auch für die auflösende Bedingung.[243]

3. Altersgrenzen

a) Sozialversicherungsrechtliche Grundlagen

Die Arbeitnehmer, für die Beiträge zur gesetzlichen Rentenversicherung ab- **440** geführt wurden (Rn. 246), haben nach § 35 Satz 1 SGB VI einen **Anspruch auf Altersrente,** wenn die Regelaltersgrenze erreicht und die allgemeine Wartezeit erfüllt ist (Sondervorschriften für langjährige Versicherte und für schwerbehinderte Menschen in §§ 36 ff. SGB VI). Die Regelaltersgrenze beträgt 65 Jahre; sie steigt ab 2012 stufenweise auf 67 Jahre (§ 35 Satz 2 SGB VI). Entgegen einer in der Bevölkerung verbreiteten Vorstellung ist das **Erreichen der Rentenaltersgrenze** nach dem Gesetz gerade „nicht als Grund anzusehen, der die Kündigung eines Arbeitsverhältnisses nach dem KSchG bedingen kann" (**§ 41 Satz 1 SGB VI**). Da die Arbeitnehmer aber meist keinen Sinn darin sehen, weiterzuarbeiten, obwohl ihnen ein Anspruch auf Altersrente zusteht, wird das Arbeitsverhältnis i.d.R. jedenfalls durch Aufhebungsvertrag beendet, sobald der Arbeitnehmer die Altersrente bekommen kann.

In der Praxis liegt das Renteneintrittsalter aus unterschiedlichen Gründen bei den meisten Arbeitnehmern deutlich vor der Vollendung des 65. Lebensjahres: Es beträgt im Durchschnitt 62 Jahre, unter Berücksichtigung der Renten wegen Erwerbsminderung (Rn. 277) sogar nur 60 Jahre. Insgesamt arbeitet nur ein Viertel der männlichen Beschäftigten bis zur gesetzlichen Altersgrenze von 65 Jahren.[244] Damit der sozialversicherungsrechtliche Trend zur Frührente, der die Rentenkassen stark belastet, nicht auch noch durch arbeitsrechtliche Vereinbarungen gefördert wird, bestimmt § 41 Satz 2 SGB VI: Befristungen des Arbeitsverhältnisses auf einen Zeitpunkt, zu dem der Arbeitnehmer vor dem Erreichen der Regelaltersgrenze eine Altersrente beantragen kann, gelten als auf das Erreichen der Regelaltersgrenze abgeschlossen; anders ist

---

[242] *BAG* vom 2. 7. 2003 – 7 AZR 612/02, BAGE 107, 28 (32 ff.) = AP Nr. 29 zu § 620 BGB Bedingung = NZA 2004, 311 – Fernsehdarstellerin.

[243] § 21 TzBfG verweist ferner auf §§ 4 II, 5, 15 II, III und V sowie §§ 16–20 TzBfG. Kritisch *Zöllner*, Blomeyer-GS (2003), S. 517 (520).

[244] Das Renteneintrittsalter bei Frauen liegt im Durchschnitt höher, weil sie wegen „Familienphasen" die Wartezeit nicht erreichen oder wegen kürzerer Beitragszeiten so geringe Rentenansprüche erwerben, dass sie sich einen vorzeitigen Ruhestand „nicht leisten" können.

es nur, wenn die Vereinbarung innerhalb >>der Letzte>>n drei Jahre vor diesem Zeitpunkt abgeschlossen oder von dem Arbeitnehmer bestätigt worden ist (§ 41 Satz 2 a. E. SGB VI).[245]

b) Arbeitsrechtliche Regelung

441 Vereinbarungen, wonach das Arbeitsverhältnis mit dem Erreichen einer bestimmten Altersgrenze enden soll, finden sich in Tarifverträgen (Rn. 511), Betriebsvereinbarungen und Arbeitsverträgen.[246] Sie sind der Sache nach **auflösende Befristungen** (Rn. 432). Soweit nicht die Voraussetzungen des § 14 II, III TzBfG vorliegen, muss die Altersgrenze durch einen **sachlichen Grund** gerechtfertigt sein (§ 14 I TzBfG). Die Rechtsprechung unterscheidet:

(1) Aus § 41 Satz 2 SGB VI wird geschlossen, dass das **Erreichen des Renteneintrittsalters** als Zeitpunkt der auflösenden Befristung generell sachlich gerechtfertigt ist, wenn der Arbeitnehmer zu diesem Zeitpunkt einen Anspruch auf angemessene Altersversorgung hat. Der EuGH lässt in Anwendung der **Richtlinie 2000/78/EG** (§§ 1 ff. AGG) eine Bezugnahme auf die allgemeine gesetzliche Altersgrenze auch dann gelten, wenn der Arbeitnehmer keine auskömmliche Altersrente zu erwarten hat.[247] Eine Angemessenheitskontrolle der Altersgrenze nach § 307 I, II BGB findet wegen § 307 III 1 BGB (Rn. 77 e) nicht statt.[248]

(2) Wird die Altersgrenze auf einen **früheren Lebenszeitpunkt** vereinbart, bedarf es dagegen nach § 14 I TzBfG eines speziellen sachlichen Grundes. Ein solcher Grund kann z.B. im Schutz der Öffentlichkeit vor schwerwiegenden Gefahren liegen (s. zu der EuGH-Rechtsprechung zu tariflichen Altersgrenzen Rn. 511).

Praxis: Das Altersteilzeitgesetz (ATG) schafft die Voraussetzungen für Tarifverträge, die „älteren Arbeitnehmern" einen gleitenden Übergang vom Erwerbsleben in die Altersrente" ermöglichen (§ 1 I ATG). Vereinfacht stellt sich das Grundkonzept so dar: Ein Arbeitnehmer, der mindestens das 55. Lebensjahr vollendet haben muss (§ 2 I Nr. 1 ATG), verringert seine Arbeitszeit auf die Hälfte. Dafür stockt der Arbeitgeber das Entgelt für die 50%-Arbeitsleistung um mindestens 20% auf und entrichtet zusätzliche Beiträge zur gesetzlichen Rentenversicherung. Wurde die Altersteilzeit bis zum 31. 12. 2009 begonnen, erhält der Arbeitgeber den Betrag, um welchen er den Lohn und die Rentenbeiträge aufstockt, von der Arbeitsagentur erstattet, wenn er den Arbeitsplatz mit einem arbeitslos gemeldeten Arbeitnehmer oder einem Arbeitnehmer nach Abschluss der Ausbildung wieder besetzt (§ 3 ATG). Bei einem Eintritt in die Altersteilzeit ab dem 1. 1. 2010 entfällt die Förderung durch die Arbeitsagentur; der Arbeitnehmer kann jedoch (nach § 8 a ATG insolvenzgeschützte) Wertguthaben aus flexiblen Arbeitszeitregelungen („Langzeitkonten") für die Altersteilzeit einsetzen.[249]

---

[245] Zur Berechnung der Dreijahresfrist s. *BAG* vom 17. 4. 2002 – 7 AZR 40/01, BAGE 101, 70 (72) = AP Nr. 14 zu § 41 SGB VI = SAE 2003, 71 m. Anm. *Eichenhofer.*

[246] Umfassend *Zöllner,* Blomeyer-GS (2003), S. 517; zur europarechtlichen Dimension (Richtlinie 2000/78/EG) *Schlachter,* Blomeyer-GS (2003), S. 355.

[247] *EuGH* vom 5. 7. 2012 – C-141/11, NZA 2012, 785 – Hörnfeldt; siehe bereits *EuGH* vom 16. 10. 2007 – C-411/05, Slg. 2007, I–8531 – Palacios de la Villa; *EuGH* vom 5. 3. 2009 – C-388/07, Slg. 2009, I-1569 – Age Concern England; *EuGH* vom 12. 1. 2010 – C-229/08, Slg. 2010, I-1 – Petersen; *EuGH* vom 12. 10. 2010 – C-45/09, Slg. 2010, I-9391 – Rosenbladt.

[248] *BAG* vom 27. 7. 2005 – 7 AZR 443/04, BAGE 115, 265 = AP Nr. 27 zu § 620 BGB Altersgrenze = NZA 2006, 37 (Rn. 32); *BAG* vom 18. 6. 2008 – 7 AZR 116/07, BAGE 127, 74 = AP Nr. 48 zu § 14 TzBfG = NZA 2008, 1302 (Rn. 24–27).

[249] Einzelheiten bei *Hanau,* NZA 2009, 225.

VI. Nachwirkende Verpflichtungen

Mit dem Ende des Arbeitsverhältnisses entfallen die gegenseitigen Hauptleis- **442** tungspflichten. Es verbleiben Nebenleistungspflichten, von denen einige schon vor, andere erst nach der Beendigung des Arbeitsverhältnisses entstehen:

- **Nach Ausspruch der Kündigung** (gleichgültig durch welche Partei) hat der Arbeitgeber dem Arbeitnehmer auf sein Verlangen angemessene **Freizeit zur Stellensuche** zu gewähren (§ 629 BGB). Wird das Arbeitsverhältnis auf andere Weise als durch Kündigung beendet, etwa durch Ablauf einer Befristung, entsteht der Anspruch auf Freizeit zur Stellensuche zu dem Zeitpunkt, zu dem das Arbeitsverhältnis hätte gekündigt werden müssen, um zu dem vereinbarten Termin beendet zu werden.[250]

- **Nach der Beendigung** des Arbeitsverhältnisses können den Arbeitnehmer Herausgabe- und Rückzahlungspflichten treffen: Er hat die ihm überlassenen und noch in seinem Besitz befindlichen Arbeitsmittel – wichtig in der Praxis: das Dienstfahrzeug – herauszugeben; der Herausgabeanspruch folgt aus § 667 BGB (entsprechende Anwendung des Auftragsrechts im Arbeitsverhältnis).[251] Ferner kann er zur Erstattung von Ausbildungskosten oder zur Rückzahlung von Sondervergütungen verpflichtet sein (Rn. 61, 248–251).

Besonders hervorzuheben sind drei nachwirkende Verpflichtungen des Arbeitgebers:

1. Zeugniserteilung

Nach § 109 I 1 GewO hat der Arbeitgeber dem Arbeitnehmer bei der Beendi- **443** gung des Arbeitsverhältnisses auf dessen Verlangen ein schriftliches Zeugnis auszustellen. Der **Zeugnisanspruch** entsteht nicht erst am letzten Tag des Arbeitsverhältnisses, sondern bereits mit dem **Zugang der Kündigung**, wenn der Arbeitnehmer das Zeugnis für die Stellensuche benötigt. Der Arbeitgeber hat deshalb auch kein Zurückbehaltungsrecht an dem Zeugnis wegen offener Gegenansprüche. Der Arbeitnehmer hat die Wahl zwischen zwei Arten des Zeugnisses:

- Das **einfache Zeugnis** enthält nur Angaben über die Art und die Dauer des Arbeitsverhältnisses (§ 109 I 2 GewO, § 16 II 1 BBiG).
- Das **qualifizierte Zeugnis** erstreckt sich auf die Leistung und das Verhalten des Arbeitnehmers (§ 109 I 3 GewO, § 16 II 2 BBiG).

Der Anspruch auf ein **einfaches Zeugnis** nach § 109 I 2 GewO ist erfüllt, wenn der Arbeitgeber neben den Personaldaten des Arbeitnehmers und der Dauer des Arbeitsverhältnisses die Art der Beschäftigung so beschreibt, dass sich ein Dritter ein klares Bild von der Tätigkeit und den Einsatzmöglichkeiten des Arbeitnehmers machen kann. Beim **qualifizierten Zeugnis** sind über die Angaben im einfachen Zeugnis hinaus „Leistung und Verhalten im Arbeitsverhältnis" (§ 109 I 3 GewO) zu bewerten. Für beide Arten des Zeugnisses gelten die Gebote der

---

[250] Erman/*Belling*, § 629 BGB Rn. 3; Staudinger/*Preis*, § 629 BGB Rn. 11.
[251] *BAG* vom 14. 12. 2011 – 10 AZR 283/10, AP Nr. 2 zu § 667 BGB = NZA 2012, 499 (Rn. 17).

Zeugniswahrheit und der **Zeugnisklarheit** (vgl. § 109 II GewO).[252] Die Erteilung eines Zeugnisses in elektronischer Form ist ausgeschlossen (§ 109 III GewO).

444   a) **Grundsätze:** Da das Zeugnis dem beruflichen Fortkommen des Arbeitnehmers dienen soll, gilt der Grundsatz der **wohlwollenden Beurteilung.**[253] Den Zielkonflikt mit dem zweiten Grundsatz, dem der **wahrheitsgemäßen Beurteilung,** löst die Praxis dadurch, dass sie auf negative Aussagen verzichtet und stattdessen ungünstige Werturteile durch Weglassen („beredtes Schweigen"), durch die Reihenfolge (Unwichtiges vor Wichtigem), die Betonung von Selbstverständlichem („stets pünktlich") oder die Einschränkung positiver Werturteile („im Großen und Ganzen") kenntlich macht. Ihre Grenze finden derartige Gestaltungen im Gebot der **Zeugnisklarheit,** das die Verwendung von verschlüsselten Formulierungen (Geheimcodes) verbietet (**§ 109 II 2 GewO**),[254] und im Gebot der **Zeugniswahrheit:** Wer einem Arbeitnehmer, den er wegen Unterschlagungen entlassen hat, „Ehrlichkeit" bescheinigt, läuft Gefahr, von dem späteren Arbeitgeber dieses Arbeitnehmers auf Schadensersatz in Anspruch genommen zu werden (§ 826 BGB oder Haftung aus vertragsähnlichen Grundsätzen).[255]

b) **Berichtigung:** Wenn der Arbeitnehmer Zeugnisformulierungen für unrichtig oder unzulässig hält, kann er auf Berichtigung des Zeugnisses klagen. Für die Beweislast gilt: Der **Arbeitgeber** trägt die Darlegungs- und Beweislast dafür, dass eine unterdurchschnittliche Bewertung (z.B. „zu unserer Zufriedenheit" = ausreichend) sachgerecht ist. Der **Arbeitnehmer** muss darlegen und gegebenenfalls beweisen, dass eine überdurchschnittliche Beurteilung (z.B. „stets zu unserer vollen Zufriedenheit" = gut) angebracht wäre.[256] Gelingt weder dem Arbeitgeber noch dem Arbeitnehmer der Beweis, bleibt es bei der durchschnittlichen Bewertung („zu unserer vollen Zufriedenheit" = befriedigend).

445   Einen kleinen Einblick in gebräuchliche **Zeugnisformulierungen** gibt nachfolgend die **Übersicht 6.7:**

Übersicht 6.7: Zeugnisformulierungen (Beispiele)

Formulierung	Mögliche Bedeutung
Er verlässt unser Unternehmen auf eigenen Wunsch	Kündigung durch den Arbeitnehmer
Das Arbeitsverhältnis endete am …	Kündigung durch den Arbeitgeber
Das Arbeitsverhältnis endete in bestem beiderseitigen Einvernehmen	Aufhebungsvertrag

---

[252] *BAG* vom 16. 10. 2007 – 9 AZR 248/07, BAGE 124, 229 = AP Nr. 33 zu § 630 BGB = NZA 2008, 298 (Rn. 14).
[253] *BAG* vom 21. 6. 2005 – 9 AZR 352/04, BAGE 115, 130 (133) = AP Nr. 31 zu § 630 BGB = NZA 2006, 104.
[254] Siehe zu „Geheimcodes" *BAG* vom 15. 11. 2011 – 9 AZR 386/10, NZA 2012, 448 = NJW 2012, 1754 (Rn. 15).
[255] *BGH* vom 15. 5. 1979 – VI ZR 230/76, BGHZ 74, 281 (287).
[256] *BAG* vom 14. 10. 2003 – 9 AZR 12/03, BAGE 108, 86 (93 f.) = AP Nr. 28 zu § 630 BGB = NZA 2004, 842.

Formulierung	Mögliche Bedeutung
Wir haben uns von … einvernehmlich getrennt	Aufhebungsvertrag auf Initiative des Arbeitgebers
Unsere besten Wünsche begleiten ihn. Wir wünschen ihm alles Gute, vor allem Gesundheit	Ironische Schlussbemerkung, sinngemäß: Wir weinen ihm keine Träne nach
Sein Verhalten zu den Mitarbeitern war stets einwandfrei	Sein Verhalten zu den Vorgesetzten wohl nicht
Er war sehr tüchtig und wusste sich gut zu verkaufen	Er war ein unangenehmer Zeitgenosse und Wichtigtuer
Wir lernten ihn als umgänglichen Kollegen kennen	Bei den Mitarbeitern wurde er als umgänglich geschätzt, aber nicht bei Vorgesetzten
Durch seine Geselligkeit trug er zur Verbesserung des Betriebsklimas bei	Er trank Alkohol im Dienst
Er trat innerhalb wie außerhalb unseres Unternehmens engagiert für die Interessen der Arbeitnehmer auf	Er hat im Betriebsrat und/oder in der Gewerkschaft mitgearbeitet

2. Altersversorgung

Wenn ein Arbeitnehmer die Rentenaltersgrenze erreicht und aus dem Er- 446
werbsleben ausscheidet, bezieht er i.d.R. aus der **öffentlich-rechtlichen Sozialversicherung** (§§ 33 ff. SGB VI) eine Rente, die seinen Lebensunterhalt und den
der Unterhaltsberechtigten sicherstellen soll und die „erste Säule" der Altersversorgung bildet. Darüber hinaus gewähren viele Arbeitgeber ihren Arbeitnehmern eine **betriebliche Altersversorgung,** die als „zweite Säule" der Alterssicherung gilt und die „dritte Säule" – die private **Altersvorsorge** (z.B. durch
Lebensversicherungen) – ergänzt.[257] Dem Schutz der Betriebsrentenansprüche
bei Arbeitsplatzwechsel innerhalb der Europäischen Union dient die **Richtlinie
98/49/EG.** Die betriebliche Altersversorgung kann ihren Rechtsgrund in einer
einzel- oder kollektivvertraglichen Vereinbarung haben:

a) Der Arbeitgeber kann sich im individuellen **Arbeitsvertrag** zur Zahlung eines Ruhegelds verpflichten. Ein solches Ruhegeldversprechen ist keine nach
§ 518 BGB formbedürftige Schenkung, da es sich um eine Nebenleistung des
Arbeitgebers im Arbeitsverhältnis handelt, die mit Rücksicht auf die geleisteten
Dienste gewährt wird.

b) Häufig ist die betriebliche Altersversorgung in einer **Betriebsvereinbarung**
vorgesehen. Die Regelungssperre des § 77 III BetrVG steht dem Abschluss einer
solchen Vereinbarung nur in Branchen entgegen, in denen die betriebliche Altersversorgung durch Tarifvertrag geregelt ist.

---

[257] Kommentare: *Blomeyer/Rolfs/Otto,* Betriebsrentengesetz, 5. Aufl. (2010); *Förs-
ter/Cisch/Karst,* Betriebsrentengesetz, 13. Aufl. (2012); *Höfer,* BetrAVG, 12. Aufl. (2011);
Kemper u. a., BetrAVG, 5. Aufl. (2013).

c) Die häufigste Grundlage der betrieblichen Altersversorgung ist eine arbeitsvertragliche **Einheitsregelung,** eine Gesamtzusage oder eine betriebliche Übung (dazu oben Rn. 77–83). Nach § 87 I Nrn. 8, 10 BetrVG bestehen Mitbestimmungsrechte des Betriebsrats hinsichtlich der Form, der Ausgestaltung und der Verwaltung sowie der Verteilungsgrundsätze (Rn. 743–747, 753). Dagegen ist das „Ob" und das „Wieviel" der Gewährung – die „Dotierung" – mitbestimmungsfrei: Darüber entscheidet allein der Arbeitgeber.

447 Das **Gesetz zur Verbesserung der betrieblichen Altersversorgung** (BetrAVG) behandelt unterschiedliche Formen der betrieblichen Altersversorgung und sichert die Versorgungsanwartschaften auf verschiedenen Wegen: Nach § 1 I BetrAVG sind Anwartschaften unverfallbar, wenn der Arbeitnehmer beim Ausscheiden aus dem Arbeitsverhältnis mindestens 35 Jahre alt ist und (1) entweder die Versorgungszusage für ihn mindestens zehn Jahre bestanden hat oder (2) der Beginn der Betriebszugehörigkeit mindestens zwölf Jahre zurückliegt und die Versorgungszusage für ihn mindestens drei Jahre bestanden hat. Nach §§ 7 ff., 14 BetrAVG hat der Ruhegeldberechtigte bei Zahlungsunfähigkeit des Arbeitgebers einen Anspruch gegen den Pensions-Sicherungs-Verein, wodurch der deutsche Gesetzgeber eine Forderung der **Richtlinie 08/94/EG** erfüllt (s. auch die **Richtlinie 2003/41/EG** über die Tätigkeiten und die Beaufsichtigung der Einrichtungen der betrieblichen Altersversorgung, umgesetzt in §§ 112 ff. VAG). Schließlich ist alle drei Jahre die Anpassung der Renten an die Kaufkraftentwicklung zu prüfen (§ 16 BetrAVG). Zur **Anwendbarkeit des AGG** auf die betriebliche Altersvorsorge s. Rn. 163.

3. Wettbewerbsverbot

448 Nach § 60 I HGB unterliegen kaufmännische Arbeitnehmer („Handlungsgehilfen", s. Rn. 108) **während des Bestehens des Arbeitsverhältnisses** einem Wettbewerbsverbot; für andere Arbeitnehmer ergibt sich aus der allgemeinen Rücksichtnahmepflicht das Verbot, dem Arbeitgeber in seinem Geschäftszweig Konkurrenz zu machen (Rn. 236 a). Dieses Wettbewerbsverbot (Konkurrenzverbot) endet mit der Beendigung des Arbeitsverhältnisses; ein **nachvertragliches Wettbewerbsverbot** muss zwischen den Arbeitsvertragsparteien vereinbart werden, wobei die einseitig zwingenden Vorschriften der §§ 74 ff. HGB zu beachten sind (§ 75 d HGB). Sie gelten unmittelbar nur für Handlungsgehilfen i. S. d. § 59 HGB, werden aber auf andere Arbeitnehmer angewendet (§ 110 GewO).

a) Die **Wirksamkeit des Wettbewerbsverbots** setzt voraus, dass die Parteien die **Schriftform** einhalten und dem Arbeitnehmer eine Urkunde über die vereinbarten Bestimmungen übergeben wird (§ 74 I HGB). Die Wettbewerbsabrede muss eine Verpflichtung des Arbeitgebers enthalten, dem Arbeitnehmer eine sog. **Karenzentschädigung** zu zahlen, die für jedes Jahr des Verbots mindestens die Hälfte der vom Arbeitnehmer zuletzt bezogenen Vergütung beträgt (§ 74 II HGB). Wenn die vereinbarte Entschädigung dahinter zurückbleibt, ist das Wettbewerbsverbot für den Arbeitnehmer unverbindlich:[258] Er kann sich an das

---

[258] Dagegen ist das Wettbewerbsverbot nichtig (mit der Folge, dass kein Wahlrecht des Arbeitnehmers besteht), wenn die Entschädigungszusage völlig fehlt: *BAG* vom 13. 9. 1969 – 3

Konkurrenzverbot halten und die (geringere) Entschädigung verlangen; er kann das Verbot aber auch ignorieren.[259] Das Gleiche gilt, wenn die in § 74 I HGB vorgesehene Übergabe der Urkunde unterblieben ist.[260]

b) Der **Umfang des Wettbewerbsverbots** darf nur so weit gehen, wie es dem 449 Schutz eines berechtigten geschäftlichen Interesses des Arbeitgebers dient (§ 74 a I 1 HGB). Das Wettbewerbsverbot ist ferner unverbindlich, soweit es – auch unter Berücksichtigung des Karenzgeldes – nach Ort, Zeit oder Gegenstand das Fortkommen des Arbeitnehmers unbillig erschwert (§ 74 a I 2 HGB). Zeitlich darf das Wettbewerbsverbot nur für längstens zwei Jahre nach der Beendigung des Arbeitsverhältnisses vereinbart werden (§ 74 a I 3 HGB). Der Arbeitgeber kann vor der Beendigung des Arbeitsverhältnisses auf das Wettbewerbsverbot mit der Wirkung verzichten, dass er nach Ablauf eines Jahres von der Verpflichtung frei wird, die Entschädigung zu zahlen (§ 75 a HGB); der Arbeitnehmer kann schon in diesem Zeitraum eine Wettbewerbstätigkeit aufnehmen.[261]

Fälle und Fragen

130. „Während die Kündigung des Arbeitsverhältnisses durch den Arbeitgeber der Schriftform bedarf, ist die vom Arbeitnehmer ausgesprochene Kündigung auch formlos wirksam." Richtig oder falsch? (Rn. 325)

131. Der Geschäftsführer G der F. GmbH überreicht dem Arbeitnehmer A das Kündigungsschreiben. A liest das Schreiben und gibt es dem G zurück mit der Bemerkung, G habe seine Vollmacht, eine Kündigungserklärung im Namen der F. GmbH abzugeben, nicht nachgewiesen. Ist die Kündigung wirksam erklärt? (Rn. 327)

132. Der Geschäftsführer G der F. GmbH lässt dem Arbeitnehmer A, der seit drei Jahren im Unternehmen beschäftigt ist, die „ordentliche Kündigung zum nächstzulässigen Termin" dergestalt zugehen, dass er das Kündigungsschreiben auf der Heimfahrt vom Tennisclub am Montag, 31. 7. 2000, um 22.00 Uhr in den Briefkasten des A einwirft. A will sich gegen die Kündigung als solche nicht wehren, fragt aber, wann die Kündigungsfrist abläuft. (Rn. 328, 383–385)

133. Muss der Arbeitnehmer, der die Sittenwidrigkeit der Kündigung nach § 138 I BGB geltend machen will, die Klagefrist der §§ 4 Satz 1, 7 KSchG einhalten? (Rn. 332)

134. Kann die Anhörung des Betriebsrats nachgeholt werden, wenn der Arbeitgeber sie vor dem Ausspruch der ordentlichen Kündigung versäumt hat? (Rn. 336)

135. Was bedeutet im Rahmen der Betriebsratsanhörung nach § 102 I BetrVG das Prinzip der „subjektiven Determiniertheit"? (Rn. 337)

136. Welche Bedeutung hat die Bereichsausnahme des § 2 AGG? (Rn. 339)

137. Gilt das Kündigungsverbot des § 613 a IV 1 BGB, wenn der Arbeitnehmer dem Übergang seines Arbeitsverhältnisses auf den Betriebserwerber widerspricht und der Veräußerer/Arbeitgeber ihn nicht mehr weiterbeschäftigen kann? (Rn. 340)

AZR 138/68, BAGE 22, 125 (129 ff.) = AP Nr. 24 zu § 611 BGB Konkurrenzklausel = NJW 1970, 626.

[259] *BAG* vom 16. 12. 1986 – 3 AZR 73/86, AP Nr. 53 zu § 74 HGB m. Anm. *Hadding/Hammen* = NZA 1987, 355.

[260] *BAG* vom 23. 11. 2004 – 9 AZR 595/03, BAGE 112, 376 (379) = AP Nr. 75 zu § 74 HGB = NZA 2005, 411 = SAE 2005, 261 m. Anm. *Kort.*

[261] Zusammenfassend *BVerfG* vom 10. 11. 1998 – 1 BvR 2296/96 u. a., BVerfGE 99, 202 (205) – Wettbewerbsabrede.

138. Inwieweit ist neben dem KSchG Raum für die Anwendung des § 242 BGB (Kündigung als unzulässige Rechtsausübung)? (Rn. 345)

139. Können Tarifverträge von den Bestimmungen des KSchG zu Lasten der Arbeitnehmer abweichen? (Rn. 346)

140. Die drei wichtigsten Fallgruppen des besonderen Kündigungsschutzes sind der Schwerbehindertenschutz (§§ 85, 91 SGB IX), der Mutterschutz (§ 9 MuSchG) und der Schutz betriebsverfassungsrechtlicher Funktionsträger (§ 15 KSchG). Ordnen Sie diesen drei Fallgruppen die folgenden Begriffe zu:
    – Verbot mit Ausnahmetatbeständen,
    – Verbot mit Erlaubnisvorbehalt und
    – Erfordernis einer behördlichen Zustimmung. (Rn. 348)

141. „Für den Sonderkündigungsschutz nach § 85 SGB IX genügt es, wenn der Arbeitnehmer im Zeitpunkt des Zugangs der Kündigung einen Antrag auf Anerkennung als Schwerbehinderter gestellt hat. Es spielt keine Rolle, ob der Arbeitgeber Kenntnis von der Schwerbehinderteneigenschaft des Arbeitnehmers oder von der Antragstellung hat." Richtig oder falsch? (Rn. 351)

142. „Der Sonderkündigungsschutz nach § 9 I 1 MuSchG setzt nicht nur ein, wenn die Arbeitnehmerin im Zeitpunkt des Zugangs der Kündigungserklärung schwanger ist. Er besteht vielmehr auch, wenn die Schwangerschaft erst während der Kündigungsfrist beginnt." Richtig oder falsch? (Rn. 353)

143. Fuhrunternehmer Frank Fahrian, in dessen Betrieb (22 Arbeitnehmer) kein Betriebsrat besteht, will wegen Auftragsmangels mehrere LKW stilllegen und sechs seiner Fahrer entlassen. Welche besondere Regelung muss er beachten? (Rn. 355)

144. Die Gebäudereinigungsfirma Spiegelblank GmbH beschäftigt in ihrem Betrieb neben dem GmbH-Geschäftsführer zehn Reinigungskräfte mit einer regelmäßigen wöchentlichen Arbeitszeit von jeweils 10–15 Stunden. Ist das KSchG anwendbar? Wie ist es, wenn außerdem noch eine Bürokraft mit 18 Stunden/Woche beschäftigt wird? (Rn. 357)

145. Das Zahntechnische Labor Zapf KG (12 Arbeitnehmer) kündigt der Zahntechnikerin Z, deren Arbeitsverhältnis am 1. 3. begründet wurde, am 31. 8. zum 30. 9. des Jahres. Ist das KSchG anwendbar? (Rn. 358)

146. Nach der Rechtsprechung gelten für alle Kündigungsgründe des § 1 II 1 KSchG drei übergreifende Prinzipien, nämlich
    – das Prognoseprinzip,
    – das Ultima-ratio-Prinzip und
    – das Prinzip der Interessenabwägung.
    Was ist unter diesen Grundsätzen zu verstehen? (Rn. 363, 364)

147. Welches ist in der Praxis die wichtigste Fallgruppe der personenbedingten Kündigung? Erläutern Sie das dreistufige Prüfungsschema, das die Rechtsprechung zu dieser Fallgruppe entwickelt hat! (Rn. 367)

148. Unter welchen Voraussetzungen können Alkoholprobleme eines Arbeitnehmers eine personenbedingte Kündigung, unter welchen Voraussetzungen können sie eine verhaltensbedingte Kündigung rechtfertigen? (Rn. 368)

149. Welche Funktionen hat eine Abmahnung? Unter welchen Voraussetzungen kann eine Abmahnung entbehrlich sein? (Rn. 369)

150. Welche Bedeutung kommt im Rahmen der betriebsbedingten Kündigung der unternehmerischen Entscheidung zu, und inwieweit wird sie von den Gerichten überprüft? (Rn. 371, 380)

151. Die Z KG kündigt die Arbeitsverhältnisse in der Spritzgussabteilung, um dort künftig Leiharbeitnehmer einzusetzen, und diejenigen im Außendienst, weil der Vertrieb künftig durch freie Handelsvertreter erledigt werden soll. Wirksam? (Rn. 371)

152. Eine Reinigungsfirma, deren Reinigungsauftrag nicht verlängert wurde, beteiligt sich an der Neuausschreibung und kündigt (a) vorsorglich für den Fall, dass ihr der Zuschlag nicht erteilt wird, oder (b) unter der Bedingung, dass ihr ihr der Zuschlag nicht erteilt wird. Wirksam? (Rn. 372, 324)

153. Erläutern Sie die drei Schritte, in denen die Sozialauswahl nach § 1 III KSchG stattfindet! (Rn. 374–376)

154. Erläutern Sie die drei Begriffe Kündigungsfrist – Kündigungstermin – Kündigungserklärungsfrist! (Rn. 383)

155. Wie lang ist die Kündigungsfrist eines Arbeitnehmers, der soeben das 30. Lebensjahr vollendet hat und dem Unternehmen
    - seit 18 Monaten angehört,
    - seit fünf Jahren angehört oder
    - seit acht Jahren angehört? (Rn. 384, 385)

156. Können Tarifverträge zu Lasten der Arbeitnehmer von den gesetzlichen Kündigungsfristen abweichen? (Rn. 386)

157. Die Edelstahl GmbH (E. GmbH) kündigt das Arbeitsverhältnis der Sekretärin Klages (K) am 31. 3. fristgerecht zum 30. 4. des Jahres. K nimmt im April den noch ausstehenden Resturlaub und bietet am 2. 5. ihre Arbeitsleistung vergebens an; ab 1. 5. wird weder von K Arbeit geleistet noch von der E. GmbH Lohn gezahlt. Am 1. 9. tritt K eine neue Arbeitsstelle an. Im Oktober gibt das Arbeitsgericht der Kündigungsschutzklage statt, weil die Kündigung sozial ungerechtfertigt war. Das Urteil wird rechtskräftig. Was wird der Anwalt der K raten? (Rn. 390)

158. Wegen eines heftigen Wortwechsels mit dem Firmenchef erklärt die Riedel Metallbau GmbH (R. GmbH) dem Außendienstmitarbeiter Kaiser (K) am 31. 3. die ordentliche verhaltensbedingte Kündigung zum 30. 4. des Jahres. K erhebt rechtzeitig Kündigungsschutzklage. In der mündlichen Verhandlung deutet das Arbeitsgericht an, dass die Anforderungen an eine verhaltensbedingte Kündigung wohl nicht erfüllt seien. Sowohl der Firmenchef als auch K erklären, dass sie sich eine weitere Zusammenarbeit nicht mehr vorstellen können. Was werden die Rechtsanwälte ihren Mandanten raten? (Rn. 391, 392)

159. In welchem Verhältnis stehen die Gründe, auf die der Arbeitgeber nach § 1 II 1 KSchG die ordentliche Kündigung stützen kann, zu den Gründen, die nach § 626 I BGB eine außerordentliche Kündigung rechtfertigen können? (Rn. 394)

160. Wie trägt der besondere Kündigungsschutz der Schwerbehinderten, der werdenden Mütter und der betriebsverfassungsrechtlichen Funktionsträger dem Umstand Rechnung, dass auch der Gesetzgeber von Verfassungs wegen das Recht zur außerordentlichen Kündigung des Arbeitsverhältnisses nach § 626 I BGB nicht vollständig ausschließen kann? (Rn. 399)

161. Was ist eine Verdachtskündigung und welche Anforderungen werden an sie gestellt? (Rn. 412)

162. Welche Regelung trifft das BGB, wenn die fristlose Kündigung des Arbeitsverhältnisses durch den Arbeitnehmer eine Reaktion auf vertragswidriges Verhalten des Arbeitgebers ist? (Rn. 412 b)

163. Nach dem Manteltarifvertrag für die Beschäftigten in der Metallindustrie des Bundeslandes B kann einem Beschäftigten, der das 53. Lebensjahr vollendet hat und dem Betrieb oder Unternehmen mindestens 12 Jahre angehört, nur noch aus einem in der Person oder im Verhalten liegenden wichtigen Grunde gekündigt werden. Die im Bundesland B ansässige, tarifgebundene Edelstahl GmbH (E. GmbH) beschließt, die unrentable Stahlproduktion gänzlich einzustellen und sich künftig nur noch auf den Stahlhandel zu konzentrieren. Kann sie dem Stahlarbeiter A, tarifgebunden, seit 15 Jahren in der Produktion tätig und im Stahlhandel nicht einsetzbar, die außerordentliche Kündigung erklären? Wenn ja: Welche Besonderheit ist zu beachten? (Rn. 414)

164. Eine Änderungskündigung setzt sich aus zwei Willenserklärungen zusammen. Aus welchen? (Rn. 417, 418)

165. Welche drei Möglichkeiten hat der Arbeitnehmer, auf eine Änderungskündigung des Arbeitgebers zu reagieren? (Rn. 419–421)

166. Nach der Rechtsprechung ist in zwei Schritten zu prüfen, ob eine ordentliche Änderungskündigung sozial gerechtfertigt ist. Welches sind diese beiden Schritte? (Rn. 422, 423)

167. Welche Vorteile kann der Abschluss eines Aufhebungsvertrags sowohl für den Arbeitgeber als auch für den Arbeitnehmer im Vergleich zu einer arbeitgeberseitigen Kündigung haben? (Rn. 425)

168. Ein Aufhebungsvertrag wird auf Veranlassung des Arbeitgebers in der Praxis häufig geschlossen, nachdem der Arbeitgeber wegen eines Fehlverhaltens des Arbeitnehmers die ordentliche oder außerordentliche Kündigung in Aussicht gestellt hat. Unter welchen Voraussetzungen führt dieser Geschehensablauf dazu, dass der Arbeitnehmer den Aufhebungsvertrag nach § 123 I, 2. Fall BGB anfechten kann? (Rn. 428)

169. Kann der Arbeitnehmer einen Aufhebungsvertrag mit der Begründung widerrufen, er sei zu dem Abschluss des Aufhebungsvertrags durch mündliche Verhandlungen an seinem Arbeitsplatz veranlasst worden? (Rn. 430)

170. Bei einem befristeten Arbeitsvertrag
   ○ ist die ordentliche Kündigung stets ausgeschlossen,
   ○ ist die ordentliche Kündigung ausgeschlossen, wenn die Parteien nichts anderes vereinbart haben,
   ○ ist die ordentliche ebenso wie die außerordentliche Kündigung ausgeschlossen.
   Was ist richtig? (Rn. 434)

171. Warum können befristete Arbeitsverträge nicht unbeschränkt zulässig sein? (Rn. 435)

172. Unter welchen Voraussetzungen ist eine sachgrundlose Befristung des Arbeitsvertrags zulässig? (Rn. 436)

173. Ein Arbeitsvertrag enthält folgende Klausel: „Das Arbeitsverhältnis endet mit dem Ablauf des Monats, in welchem der Arbeitnehmer das 65. Lebensjahr vollendet." Handelt es sich um eine Befristung des Arbeitsverhältnisses oder um eine auflösende Bedingung? (Rn. 441)

174. Wie unterscheidet sich das einfache Zeugnis vom qualifizierten Zeugnis und was bedeutet das Gebot der wohlwollenden Beurteilung? (Rn. 443)

175. Herr Künzel, der auf Grund eines Aufhebungsvertrags aus dem Arbeitsverhältnis als Buchhalter ausgeschieden ist, liest in seinem Zeugnis unter anderem: „Wir lernten Herrn Künzel als umgänglichen Kollegen kennen. Sein Verhalten zu den Mitarbeitern war stets einwandfrei." Ist diese Aussage für ihn günstig? Wenn nicht: Was kann er unternehmen? (Rn. 444, 445)

176. Was sind die „drei Säulen" der Altersversorgung? (Rn. 446)

177. Inwiefern sichert das Gesetz zur Verbesserung der betrieblichen Altersversorgung (BetrAVG) die Versorgungsanwartschaften der Arbeitnehmer? (Rn. 447)

178. Welche Wirksamkeitsvoraussetzungen bestehen für ein nachvertragliches Wettbewerbsverbot? (Rn. 448)

179. Welchen zeitlichen Grenzen unterliegt ein solches Wettbewerbsverbot? (Rn. 449)

Dritter Teil. Kollektives Arbeitsrecht

§ 7. Koalitionsfreiheit und Verbände

„Koalition" ist ein Grundbegriff des kollektiven Arbeitsrechts: **Tarifverträge** 450 werden von Koalitionen geschlossen und **Arbeitskämpfe** von ihnen geführt; auch in der **Betriebsverfassung** haben die Koalitionen Rechte (Rn. 654). **Koalitionen** sind Vereinigungen, in denen sich Arbeitnehmer oder Arbeitgeber zusammenschließen, um bei der Gestaltung von Arbeits- und Wirtschaftsbedingungen ihre Interessen zu bündeln (vgl. Art. 9 III 1 GG). Die Arbeitnehmerkoalition ist die **Gewerkschaft,** die Arbeitgeberkoalition der **Arbeitgeberverband** (§ 2 I TVG).

I. Begriffsmerkmale der Koalition

Der Begriff der Koalition i. S. d. Art. 9 III 1 GG („Vereinigung zur Wahrung 451 und Förderung der Arbeits- und Wirtschaftsbedingungen") setzt **unstreitig** voraus, dass es sich um einen freiwilligen Zusammenschluss von Personen auf privatrechtlicher Grundlage handelt, der gewissen Mindestanforderungen an Organisation und Verbandszweck genügt (dazu 1–3). **Umstritten** ist, ob eine Vereinigung weitere Merkmale vorweisen muss, um in den Genuss des Grundrechts der Koalitionsfreiheit zu kommen, oder ob diese weiteren Merkmale nur erforderlich sind, wenn es um die Tariffähigkeit der Koalition geht[1] (dazu 4).

1. Freiwilliger privatrechtlicher Zusammenschluss

Den Koalitionsbegriff erfüllen nur freiwillige privatrechtliche Zusammen- 452 schlüsse natürlicher oder juristischer Personen. Schon weil es sich bei Art. 9 III GG um ein Freiheitsrecht gegenüber dem Staat handelt, sind **öffentlich-rechtliche Verbände** – z. B. Ärztekammern, Handwerkskammern oder Industrie- und Handelskammern – keine Koalitionen i. S. d. Art. 9 III 1 GG. Die **Handwerksinnungen** – und nur sie – sind allerdings tariffähig, da der Gesetzgeber ihnen die Tariffähigkeit eigens verliehen hat (§§ 54 III Nr. 1, 82 Nr. 3, 85 II 1 HandwO).[2]

2. Anforderungen an die Organisation

Die Vereinigungen i. S. d. Art. 9 III 1 GG unterscheiden sich von der Masse 453 der „Vereine und Gesellschaften" (Art. 9 I GG) durch den besonderen Zweck,

---

[1] Einführend *Rieble*, SAE 2006, 89 (90–93); Wiedemann/*Oetker*, TVG, § 2 Rn. 213.
[2] Verfassungsmäßigkeit bejaht in *BVerfG* vom 19. 10. 1966 – 1 BvL 24/65, BVerfGE 20, 312 (319) = NJW 1966, 2305 – Maler- und Lackierer-Innung.

die Arbeits- und Wirtschaftsbedingungen zu wahren und zu fördern. Aus diesem Koalitionszweck folgt, dass Vereinigungen i.S.d.Art. 9 III 1 GG in besonderer Weise organisiert sein müssen:

a) Körperschaftliche Struktur

Eine Vereinigung i.S.d.Art. 9 III 1 GG muss eine körperschaftliche Struktur aufweisen. Das bedeutet:

(1) Der Bestand der Koalition muss vom Wechsel ihrer Mitglieder unabhängig sein; die Koalition darf keine personalistische Struktur haben.

(2) Die Bildung eines einheitlichen Willens darf nicht nur einstimmig, sondern muss auch durch Mehrheitsbeschlüsse möglich sein.

(3) Die Koalition muss durch Organe handeln, deren Stellung nicht nur auf ihrer Mitgliedschaft, sondern auf der Wahl durch Mitglieder beruht.[3]

Eine Koalition muss demnach stärker dem Modell des **rechtsfähigen Vereins** (§§ 21 ff. BGB) als dem Muster der **BGB-Gesellschaft** (§§ 705 ff. BGB) entsprechen. Das gesamthänderische Modell der §§ 705 ff. BGB – Geschäftsführung durch die Gesellschafter (§ 709 I, 1. Hs. BGB), Entscheidung durch einstimmigen Beschluss (§ 709 I, 2. Hs. BGB) und Auflösung der Gesellschaft bei Mitgliederwechsel (§ 723 I BGB) – widerspräche dem Leitbild der Koalition.

Die Koalition muss ferner auf eine **gewisse Dauer** angelegt sein. Ein spontaner Zusammenschluss zur Verfolgung eines punktuellen Ziels (sog. ad hoc-Koalition) hat nur die Qualität einer Vereinigung i.S.d. Art. 9 III 1 GG, wenn sich sein Wirken nicht in einer „Einmalaktion" erschöpft, sondern das Ziel nachhaltig verfolgt wird.[4] Das Erfordernis der „gewissen Dauer" des Verbands hat Konsequenzen für das **Arbeitskampfrecht**: Ein spontaner Arbeitskampf, der von einer ad hoc-Koalition ausgeht, ist rechtswidrig, weil er nicht von einer arbeitskampffähigen Partei geführt wird (Rn. 595, 603).

b) Gegnerfreiheit und -unabhängigkeit

454   Eine Vereinigung i.S.d.Art. 9 III 1 GG wird durch ihre **Gegnerfreiheit** gekennzeichnet; sie muss entweder ein Arbeitgeber- oder ein Arbeitnehmerverband sein. Ein „Harmonieverband", in welchem sich Arbeitgeber und Arbeitnehmer zusammenschließen würden, wäre keine Koalition, weil er weder die Interessen der Arbeitnehmer noch die Interessen der Arbeitgeber mit Nachdruck vertreten könnte. Die Gegnerfreiheit wird durch die **Gegnerunabhängigkeit** ergänzt: Die Koalition darf, insbesondere in finanzieller Hinsicht, nicht vom sozialen Gegenspieler abhängig sein.[5]

Praxis: Das BAG versteht die Gegnerunabhängigkeit nicht im formalen, sondern im materiellen Sinn. Eine Koalition muss unabhängig genug sein, um die Interessen ihrer Mitglieder

---

[3] *BAG* vom 15. 3. 1977 – 1 ABR 16/75, BAGE 29, 72 (83) = AP Nr. 24 zu Art. 9 GG = NJW 1977, 1551 = JuS 1977, 482.

[4] *BAG* vom 14. 2. 1978 – 1 AZR 76/76, BAGE 30, 50 (61) = AP Nr. 58 zu Art. 9 GG Arbeitskampf = NJW 1979, 236 = JuS 1978, 791.

[5] *BVerfG* vom 18. 11. 1954 – 1 BvR 629/52, BVerfGE 4, 96 (107) = RdA 1955, 39 – Vereinigung der Wirtschaft e. V.

wirksam und nachhaltig vertreten zu können; an dieser Voraussetzung fehlt es erst, wenn die Vereinigung strukturell vom sozialen Gegenspieler abhängig ist.[6] Der Arbeitgeber darf z.B. im Rahmen der Sozialpartnerschaft einer Gewerkschaft Räume zur Verfügung stellen. Die Gegnerunabhängigkeit wird auch nicht strukturell beeinträchtigt, wenn der Arbeitgeber Mitarbeiter für Gewerkschaftsarbeit, z.B. in einer Tarifkommission, unter Fortzahlung des Entgelts von der Arbeit freistellt.[7]

Das Erfordernis der **Gegnerfreiheit** führt in der Praxis dazu, dass die Arbeitnehmer von Gewerkschaften es schwer haben, ihre Interessen gegenüber ihrem Arbeitgeber zu vertreten: Den Beitritt zu einer Konkurrenzgewerkschaft verbietet der Arbeitsvertrag; die in den Gewerkschaften existierenden Betriebsräte können keinen Tarifvertrag abschließen.[8] Einen Ausweg bietet die Gründung einer Gewerkschaft nur für Gewerkschaftsangestellte. Dazu der

Übungsfall 16 (Verband der Gewerkschaftsbeschäftigten): Der „Verband der Gewerk- **455** schaftsbeschäftigten" (VGB) verfolgt das Ziel, die wirtschaftlichen und sozialen Interessen der Gewerkschaftsangestellten gegenüber ihren gewerkschaftlichen Arbeitgebern durchzusetzen und „das bewährte Institut der Tarifautonomie auch im innergewerkschaftlichen Bereich zur Geltung zu bringen" (Präambel der Satzung). Der VGB bekennt sich in seiner Satzung zum Grundsatzprogramm des DGB. Er will eine Tarifpartei für die Gewerkschaftsbeschäftigten werden und den Abschluss von Tarifverträgen notfalls durch Streik herbeiführen. Die Eisenbahnergewerkschaft Transnet (T) hat mit ihren Beschäftigten Arbeitsverträge geschlossen, wonach der Ausschluss aus der Gewerkschaft T die Gewerkschaft T berechtigt, das Arbeitsverhältnis zu kündigen. T hält die Mitgliedschaft ihrer Beschäftigten bei ihr für unvereinbar mit einer Mitgliedschaft im VGB. Sie stellt Arbeitnehmern, die dem VGB beitreten, den Gewerkschaftsausschluss und die Kündigung des Arbeitsverhältnisses in Aussicht. Der VGB sieht sich dadurch in seiner Koalitionsfreiheit verletzt und verlangt von T Unterlassung.[9]

Lösung: Ein Unterlassungsanspruch des VGB könnte sich aus § 1004 I 2 BGB ergeben. Die- **456** se Bestimmung schützt in analoger Anwendung vor zukünftigen rechtswidrigen Eingriffen in Rechte i.S.d. § 823 I BGB. Dazu gehört auch das Recht aus Art. 9 III 1 GG auf gewerkschaftliche Betätigung.[10] Nach §§ 1004 I 2, 823 I BGB i.V.m. Art. 9 III 1 GG ist der Unterlassungsklage begründet, wenn der VGB eine Koalition i.S.d. Art. 9 III 1 GG darstellt (I), die Handlungen von T ihn in der Ausübung seiner Koalitionsfreiheit behindern (II) und T sich nicht auf eigene bessere Rechte berufen kann (III).

(I) **Koalitionseigenschaft des VGB:** Der VGB kann nur Rechte aus Art. 9 III 1 GG herleiten, wenn ihm die Koalitionseigenschaft zukommt. Der VGB ist ein freiwilliger privatrechtlicher **Zusammenschluss** von Gewerkschaftsangestellten, dessen Zweck sich darauf richtet, die wirtschaftlichen und sozialen Interessen dieser Arbeitnehmer gegenüber ihren Arbeitgebern zu vertreten. Fraglich ist die **Gegnerunabhängigkeit** des VGB. Dieses Erfordernis bedeutet, dass der VGB gegenüber dem tariflichen Gegenspieler frei genug sein muss, um die Interessen seiner Mitglieder wirksam und nachhaltig vertreten zu können.[11]

---

[6] *BAG* vom 14. 12. 2004 – 1 ABR 51/03, BAGE 113, 82 (91) = AP Nr. 1 zu § 2 TVG Tariffähigkeit = NZA 2005, 697 = SAE 2006, 94 m. Aufs. *Rieble* (89).

[7] *Rieble*, SAE 2006, 89 (91); weitere Beispiele bei *Löwisch/Rieble*, TVG, § 2 Rn. 74.

[8] Die IG BCE versucht, das Problem durch eine Art Schlichtungsstelle („Personalausschuss") zu lösen, die in der Satzung vorgesehen ist. Siehe dazu *Löwisch/Rieble*, TVG, § 2 Rn. 82.

[9] Fall nach *BAG* vom 17. 2. 1998 – 1 AZR 364/97, AP Nr. 87 zu Art. 9 GG = NZA 1998, 754 = DB 1998, 1414 = SAE 1998, 237 m. Anm. *Rieble*.

[10] *BAG* vom 17. 2. 1998 – 1 AZR 364/97, NZA 1998, 754 (758).

[11] *BVerfG* vom 20. 10. 1981 – 1 BvR 404/78, BVerfGE 58, 233 (247) = DB 1982, 231 – Deutscher Arbeitnehmerverband e. V.

(1) **Bekenntnis zur DGB-Programmatik:** Der Gegnerunabhängigkeit könnte die in der Satzung des VGB enthaltene Vorschrift entgegenstehen, wonach sich der VGB zur Programmatik der DGB-Gewerkschaften – seines sozialen Gegenspielers – bekennt. Jedoch beschränkt sich die Übereinstimmung auf die allgemeine Zielsetzung der Gewerkschaften, die den VGB in seiner Rolle als Tarifpartner der DGB-Gewerkschaften nicht einschränkt. Die Annahme einer bloßen Harmoniekonzeption ohne tarifpolitische Gegnerschaft ist daher unbegründet.[12]

457　　(2) **Doppelmitgliedschaft der VGB-Mitglieder:** An der Gegnerunabhängigkeit des VGB könnte es jedoch fehlen, weil seine Mitglieder ausnahmslos zugleich den Gewerkschaften angehören, bei denen sie beschäftigt sind. Die freie Willensbildung und die Interessenvertretung des VGB wird durch die Loyalitätspflicht seiner Mitglieder gegenüber ihren gewerkschaftlichen Arbeitgebern jedoch nicht beeinträchtigt. Auch haben die VGB-Mitglieder ihre Koalitionsfreiheit durch ihre Mitgliedschaft in der arbeitgebenden Gewerkschaft weder „verbraucht"[13] noch „auf eine weitergehende Koalitionsbetätigung verzichtet".[14] Nach Art. 9 III 1 GG ist ein vertraglicher Verzicht auf die Freiheit des Koalitionsbeitritts nicht möglich; diese Freiheit kann immer wieder von neuem ausgeübt werden. Schließlich lässt sich auch Art. 9 III 1 GG nicht entnehmen, dass die gleichzeitige Mitgliedschaft in zwei Koalitionen ausgeschlossen ist.[15]

(3) **Zwischenergebnis:** Die Gegnerunabhängigkeit des VGB ist daher zu bejahen. Da auch die übrigen Voraussetzungen der Koalitionseigenschaft erfüllt sind, stellt der VGB eine von Art. 9 III 1 GG geschützte Koalition dar.

458　　(II) **Eingriff in die Koalitionsfreiheit des VGB:** Die Erklärung der T, dass Arbeitnehmer, die Mitglied im VGB werden, mit einem Gewerkschaftsausschluss und dem Verlust ihres Arbeitsplatzes rechnen müssen, müsste den VGB in der Ausübung seiner Koalitionsfreiheit behindern. Diese Erklärung hat den Zweck, die Mitgliederwerbung des VGB schon im Ansatz zu unterbinden. Da die Mitgliederwerbung zu den verfassungsrechtlich geschützten Betätigungen der Koalition gehört und das Fundament für die Erfüllung der Koalitionsaufgaben legt, greift T durch ihre Maßnahme in die Koalitionsfreiheit des VGB ein.[16] Es spielt keine Rolle, ob Gewerkschaftsbeschäftigte durch die Maßnahme der T tatsächlich vom Eintritt in den VGB abgehalten werden; für die Behinderung des VGB in der Ausübung der Koalitionsfreiheit genügt es, dass die Verlautbarungen der T eine abschreckende Wirkung haben können. Schließlich ist es auch unerheblich, dass T ein privatrechtlicher Verband ist. Denn die Koalitionsfreiheit entfaltet nach Art. 9 III 2 GG unmittelbare Drittwirkung auch gegen privatrechtliche Eingriffe.[17]

459　　(III) **Rechtfertigung des Eingriffs:** Fraglich ist, ob sich T zur Rechtfertigung ihrer gegen die Mitgliedschaft im VGB gerichteten Maßnahme auf eigene bessere Rechte berufen kann mit der Folge, dass der VGB den Eingriff in seine Koalitionsfreiheit analog § 1004 I 2 BGB zu dulden hat. Eine Einschränkung der Koalitionsfreiheit kann durch Grundrechte Dritter gerechtfertigt sein.[18] T als arbeitgebende Gewerkschaft wird in ihrer Betätigungsfreiheit durch Art. 9 III 1 GG geschützt. Der Konflikt der kollidierenden Freiheiten ist nach dem Prinzip der praktischen Konkordanz in der Weise zu lösen, dass beiden zu möglichst großer Wirksamkeit verholfen wird.

---

[12] *BAG* vom 17. 2. 1998 – 1 AZR 364/97, NZA 1998, 754 (755).

[13] *Plander*, Gewerkschaftsbeschäftigte – Arbeitnehmer mit kollektivem Sonderstatus? (1995), S. 48.

[14] *Dörrwächter*, Tendenzschutz im Tarifrecht (1998), S. 189 ff.

[15] *BAG* vom 17. 2. 1998 – 1 AZR 364/97, NZA 1998, 754 (755–756).

[16] *BAG* vom 17. 2. 1998 – 1 AZR 364/97, NZA 1998, 754 (756).

[17] *BVerfG* vom 17. 2. 1981 – 2 BvR 384/78, BVerfGE 57, 220 (245) = NJW 1981, 1829 – Orthopädische Anstalten.

[18] *BVerfG* vom 14. 11. 1995 – 1 BvR 601/92, BVerfGE 93, 352 (359) = SAE 1996, 317 m. Anm. *Scholz* – Mitgliederwerbung; *BVerfG* vom 26. 6. 1991 – 1 BvR 779/85, BVerfGE 84, 212 (228) = NZA 1991, 908 = NJW 1991, 2549 – Aussperrungsurteil.

(1) **Abwehr von Konkurrenz:** Zwar folgt aus der Gewährleistung der Koalitionsfreiheit das Recht der T, sich dagegen zu wehren, dass ihre Mitglieder für eine andere Vereinigung tätig werden, die ihre Ziele bekämpft oder mit ihr konkurriert. Beim VGB handelt es sich aber nicht um eine konkurrierende Organisation, da er ausschließlich um solche Mitglieder wirbt, für welche T ihre gewerkschaftliche Funktion nicht ausüben kann, weil sie diesen Arbeitnehmern gegenüber selbst Arbeitgeberin ist.[19]

(2) **Tendenzförderungspflicht:** Eine Mitgliedschaft im VGB verstößt auch nicht gegen die Pflicht der Beschäftigten von T, das Anliegen (die „Tendenz") der T zu fördern: Selbst wenn alle Beschäftigten von T dem VGB beitreten, würde die Erfüllung der arbeitsvertraglichen Pflichten, welche die Funktion der T als Gewerkschaft betreffen, nicht unmöglich.[20] T kann sich daher nicht auf vorrangige eigene Rechte aus Art. 9 III 1 GG berufen.

(IV) **Ergebnis:** Der VGB kann nach §§ 1004 I 2, 823 I BGB i.V.m. Art. 9 III 1 GG Unterlassung verlangen.

c) Unabhängigkeit von Dritten

Damit sie die Interessen ihrer Mitglieder effektiv wahrnehmen kann, muss **460** eine Koalition nicht nur vom Gegner („Sozialpartner"), sondern auch von Dritten – insbesondere Staat, Kirche und Parteien – unabhängig sein. Die **Unabhängigkeit von Parteien und Kirchen** bedeutet aber nur Trennung, nicht Neutralität: Allein eine bestimmte parteipolitische, weltanschauliche oder konfessionelle Ausrichtung stellt die Koalitionseigenschaft i.S.d. Art. 9 III 1 GG nicht in Frage.[21] Das Problem der Abhängigkeit von „dritten Mächten" wird in der Praxis dadurch entschärft, dass die DGB-Gewerkschaften keine Richtungs-, sondern Einheitsgewerkschaften sind: Sie sind nicht nach ideologischen Prinzipien, sondern nach Branchenzugehörigkeit organisiert (Rn. 487).

Durchblick: An der **Unabhängigkeit vom Staat** würde es fehlen, wenn die öffentliche Hand den Koalitionen finanzielle Mittel zuwenden würde. Die Vorschrift des § 160 II SGB III, wonach die Bundesagentur für Arbeit streikenden Arbeitnehmern den Lohnausfall nicht ersetzen darf, ist daher nicht nur aus Gründen der staatlichen Neutralität im Arbeitskampf geboten, sondern auch, um die Unabhängigkeit der Gewerkschaften vom Staat zu erhalten.[22]

d) Demokratische Willensbildung

Erforderlich ist schließlich eine demokratische Binnenstruktur der Koalition: **461** Ebenso wie die innere Ordnung der politischen Parteien nach Art. 21 I 3 GG demokratischen Grundsätzen entsprechen muss, müssen auch Vereinigungen, die den Schutz des Art. 9 III 1 GG genießen wollen, in ihrer inneren Struktur demokratischen Grundsätzen genügen. Das folgt bereits daraus, dass der Staat den Koalitionen das Recht eingeräumt hat, die Arbeitsbedingungen der Mitglieder unmittelbar und zwingend zu regeln und sie insofern in ihrer Berufsfreiheit zu beschränken; die Mitglieder müssen daher die Möglichkeit haben, an tarifpolitischen Entscheidungen mitzuwirken.[23]

---

[19] *BAG* vom 17. 2. 1998 – 1 AZR 364/97, NZA 1998, 754 (757).
[20] *BAG* vom 17. 2. 1998 – 1 AZR 364/97, NZA 1998, 754 (758).
[21] Wiedemann/*Oetker*, TVG, § 2 Rn. 331, 332; *Rieble*, SAE 2006, 89 (90 f.).
[22] *Löwisch/Caspers/Klumpp*, ArbR, Rn. 941; *Löwisch/Rieble*, TVG, § 2 Rn. 86.
[23] *BAG* vom 17. 6. 2008 – 3 AZR 409/06, BAGE 127, 62 = AP Nr. 136 zu Art. 9 GG = NZA 2008, 1244 (Rn. 33).

3. Anforderungen an den Koalitionszweck

462 Damit eine Vereinigung in den Schutzbereich des Art. 9 III GG fällt, muss sie sich den Zweck gesetzt haben, die Arbeits- und Wirtschaftsbedingungen zu wahren und zu fördern. Das bedeutet in erster Linie: Sie muss sozialpolitische Interessen der Arbeitnehmer oder der Arbeitgeber wahrnehmen. Entscheidend ist ein Bezug des Verbands zur abhängigen Arbeit. Daher erfüllen z. B. Verbraucherverbände – obwohl sie die Wirtschaftsbedingungen ihrer Mitglieder fördern – die Koalitionsmerkmale nicht.[24]

4. Umstrittene Merkmale des Koalitionsbegriffs

463 Es ist umstritten, ob die genannten Merkmale bereits genügen, um den verfassungsrechtlichen Schutz und die Anerkennung als Koalition zu begründen. In der Diskussion ist eine Reihe weiterer Kriterien, wobei nicht immer deutlich wird, ob es sich um Merkmale des Koalitionsbegriffs handeln soll, oder um zusätzliche Anforderungen, die eine Koalition erfüllen muss, um nach § 2 TVG tariffähig und damit auch arbeitskampffähig zu sein.

a) Die **Durchsetzungsfähigkeit** („soziale Mächtigkeit") einer Vereinigung zählt nicht mehr zu den Voraussetzungen des Koalitionsbegriffs, weil die kampfweise Durchsetzung von Zielen nicht die einzige Form der Koalitionsbetätigung darstellt. Die Durchsetzungskraft gehört aber zu den Voraussetzungen der Tariffähigkeit auf Arbeitnehmerseite:[25] Die Tarifautonomie hebt die Vertragsfreiheit der Arbeitsvertragspartner auf eine höhere Ebene; sie kann nur funktionieren, wenn sich annähernd gleiche Partner gegenüberstehen.

(1) Eine **Gewerkschaft** ist daher noch nicht tariffähig i. S. d. § 2 I TVG, wenn sie den Koalitionsbegriff erfüllt, sondern nur, wenn sie auch über eine ausreichende Durchsetzungsfähigkeit verfügt, die sich aus Mitgliederzahl und Finanzkraft, aber auch aus erfolgreichen Tarifabschlüssen ergeben kann.[26] Die Anforderungen an die Mächtigkeit dürfen aber im Aufbaustadium einer Koalition nicht überspannt werden, um die Gewerkschaftsbildung nicht zu erschweren.

Praxis: Auch eine kleine Arbeitnehmervereinigung kann die für eine Gewerkschaft erforderliche Durchsetzungsfähigkeit besitzen, wenn sie spezialisierte Arbeitnehmer umfasst, die in Arbeitskämpfen kurzfristig nicht oder nur schwer zu ersetzen sind. Mit dieser Begründung hat das BAG der Unabhängigen Flugbegleiter-Organisation („UFO"), die rund 6.500 der insgesamt etwa 20.000 deutschen Flugbegleiter organisiert, die Tariffähigkeit zugesprochen.[27] Die Tariffähigkeit der Christlichen Gewerkschaft Metall (CGM), die lange Zeit umstritten war, hat das BAG im Jahr 2006 rechtskräftig festgestellt.[28] Der Gewerkschaft für Kunststoffgewerbe und Holzverarbeitung im Christlichen Gewerkschaftsbund (GKH)

---

[24] *Hromadka/Maschmann* II, § 12 Rn. 15; H/W/K/*Hergenröder*, Art. 9 GG Rn. 40.

[25] *Hromadka/Maschmann* II, § 12 Rn. 24–27; *Rieble*, SAE 2006, 89 (92).

[26] *BAG* vom 6. 6. 2000 – 1 ABR 10/99, BAGE 95, 36 (42 ff.) = AP Nr. 55 zu § 2 TVG = NZA 2001, 160 – Interessenverband Bedienstete der Technischen Überwachung.

[27] *BAG* vom 14. 12. 2004 – 1 ABR 51/03, BAGE 113, 82 (95) = AP Nr. 1 zu § 2 TVG Tariffähigkeit = NZA 2005, 697 = SAE 2006, 94 m. Aufs. *Rieble* (89) – UFO.

[28] *BAG* vom 28. 3. 2006 – 1 ABR 58/04, BAGE 117, 308 (333) = AP Nr. 4 zu § 2 TVG Tariffähigkeit = NZA 2006, 1112 – CGM.

wurde hingegen mangels hinreichender Mitgliederzahl die Tariffähigkeit abgesprochen[29] (zur Tariffähigkeit von Spitzenorganisationen s. Rn. 519).

(2) Für einen **Arbeitgeberverband** soll das Mächtigkeitserfordernis nach Auffassung des BAG nicht gelten: Da schon der einzelne Arbeitgeber – ohne Rücksicht auf seine Durchsetzungsfähigkeit – tariffähig sei (§ 2 I TVG), könne für einen Arbeitgeberverband die Durchsetzungsfähigkeit erst recht nicht gefordert werden.[30]

b) Die **Tarifwilligkeit** – der Wille, die Arbeits- und Wirtschaftsbedingungen **464** gerade durch den Abschluss von Tarifverträgen zu wahren und zu fördern – ist ebenfalls kein Merkmal des Koalitionsbegriffs, was sich schon daraus ergibt, dass auch Beamtenverbände in den Genuss der Koalitionsfreiheit kommen sollen. Das Grundrecht des Art. 9 III GG lässt den Koalitionen die Wahl, mit welchen Mitteln sie ihre Ziele verfolgen wollen.[31] Die Tarifwilligkeit zählt aber nach herrschender Ansicht zu den Voraussetzungen der Tariffähigkeit nach § 2 I TVG, weil die Mitglieder schon bei ihrem Beitritt wissen müssen, ob sie sich auch der Tarifnormsetzung unterwerfen.[32]

c) Auch die **Arbeitskampfbereitschaft** – die Bereitschaft der Koalition, zur **465** Durchsetzung ihrer Ziele Arbeitskämpfe zu führen – gehört nicht zu den Kriterien des Koalitionsbegriffs, da sonst z. B. die Koalitionseigenschaft von Beamtenverbänden wegen Art. 33 V GG zweifelhaft wäre. In Wirtschaftsbereichen, in denen der Abschluss von Tarifverträgen durch Arbeitskämpfe befördert wird, wird die Arbeitskampfbereitschaft allerdings zu den Voraussetzungen der Tariffähigkeit nach § 2 I TVG gerechnet. Anders ist es in Bereichen, in denen die Konfliktlösung typischerweise friedlich vonstatten geht. So muss der Verband Katholischer Hausgehilfinnen keine Streikbereitschaft signalisieren, um die Anforderungen des § 2 I TVG zu erfüllen.[33]

d) Umstritten ist schließlich die **Überbetrieblichkeit:** Aus dem unstreitigen Erfordernis, dass eine Koalition gegnerunabhängig sein muss, folgern manche, **466** eine Koalition müsse auf Arbeitnehmerseite überbetrieblich organisiert sein: Eine Gewerkschaft mit rein betrieblicher Basis könne nicht als Koalition i. S. d. Art. 9 III GG anerkannt werden, da ihr Mitgliederbestand von Einstellungen und Entlassungen durch den Arbeitgeber abhängig wäre.[34] Andere verlangen die Überbetrieblichkeit einer Gewerkschaft als Voraussetzung ihrer Tariffähigkeit, um die Aktionskreise von Gewerkschaft und Betriebsrat abzugrenzen.[35]

---

[29] *BAG* vom 5. 10. 2010 – 1 ABR 88/09, AP Nr. 7 zu § 2 TVG Tariffähigkeit = NZA 2011, 300 (Rn. 44 ff.) – GKH; s. dazu *Greiner,* NZA 2011, 825.

[30] *BAG* vom 20. 11. 1990 – 1 ABR 62/89, BAGE 66, 258 (260 f.) = AP Nr. 40 zu § 2 TVG = NZA 1991, 428 – Tarifgemeinschaft Berliner Rechtsanwälte; kritisch Wiedemann/*Oetker,* TVG, § 2 Rn. 396; *Löwisch/Rieble,* TVG, § 2 Rn. 135.

[31] *BVerfG* vom 6. 5. 1964 – 1 BvR 79/62, BVerfGE 18, 18 (32) = JZ 1965, 103 – Bayerische Hausgehilfinnen.

[32] *BAG* vom 25. 11. 1986 – 1 ABR 22/85, BAGE 53, 347 (355) = AP Nr. 36 zu § 1 TVG = NZA 1987, 492.

[33] *BVerfG* vom 6. 5. 1964 – 1 BvR 79/62, BVerfGE 18, 18 (32) = JZ 1965, 103 – Bayerische Hausgehilfinnen.

[34] *Hanau/Adomeit,* Rn. 173; *Waltermann,* Rn. 491.

[35] *Hromadka/Maschmann* II, § 12 Rn. 20, 21 (mit Ausnahmen).

Es besteht aber kein Grund, einem Zusammenschluss von Arbeitnehmern auf betrieblicher Ebene per se die Koalitionseigenschaft oder die Tariffähigkeit abzusprechen. Vielmehr kommt es auf die Gegnerfreiheit und -unabhängigkeit im Einzelfall an.[36]

467   Über die **Anforderungen an den Koalitionsbegriff** (Art. 9 III GG) und an die Tariffähigkeit (§ 2 I TVG) unterrichtet abschließend die **Übersicht 7.1:**

Übersicht 7.1: Anforderungen an den Koalitionsbegriff

	Koalitionseigenschaft (Art. 9 III GG)	Tariffähigkeit (§ 2 I TVG)
freiwilliger Zusammenschluss	ja	ja
demokratische Struktur	ja	ja
spezieller Verbandszweck	ja	ja
Durchsetzungsfähigkeit	nein	ja aber: geringere Anforderungen im Aufbaustadium
Tarifwilligkeit	nein	ja
Arbeitskampfbereitschaft	nein	ja aber: teilweise entbehrlich in Einzelfällen (BVerfG)
Überbetrieblichkeit	Frage der Gegnerunabhängigkeit im Einzelfall	Frage der Gegnerunabhängigkeit im Einzelfall

II. Inhalt der Koalitionsfreiheit

468   Das Grundrecht des Art. 9 III GG enthält eine umfassende Gewährleistung der Koalitionsfreiheit. Es schützt nicht nur vor Eingriffen des Staates, sondern entfaltet auch **unmittelbare Drittwirkung** im Bereich des Privatrechts: Nach **Art. 9 III 2 GG** sind Abreden, die die Koalitionsfreiheit einschränken oder zu behindern suchen, nichtig; darauf gerichtete Maßnahmen sind rechtswidrig (Rn. 48). **Art. 9 III 1 GG** normiert ein **Doppelgrundrecht:** Als Individualgrundrecht gewährleistet die Koalitionsfreiheit das Recht des Einzelnen, sich an der Gründung oder Betätigung der Koalition zu beteiligen oder der Koalition fernzubleiben (dazu 1); als Kollektivgrundrecht sichert die Koalitionsfreiheit den Bestand und die Betätigung der Koalition[37] (dazu 2).

---

[36] Offengelassen von *BAG* vom 14. 12. 2004 – 1 ABR 51/03, BAGE 113, 82 (90) = AP Nr. 1 zu § 2 TVG Tariffähigkeit = NZA 2005, 697.
[37] *BVerfG* vom 14. 4. 1964 – 2 BvR 69/62, BVerfGE 17, 319 (333 f.) = RdA 1964, 438 – Bayerische Bereitschaftspolizei; *BVerfG* vom 17. 2. 1981 – 2 BvR 384/78, BVerfGE 57, 220 (245 f.) = NJW 1981, 1829 – Orthopädische Anstalten.

1. Individuelle Koalitionsfreiheit

Nach Art. 9 III 1 GG hat „jedermann" das Grundrecht der Koalitionsfreiheit. **469**
Die individuelle Koalitionsfreiheit – die Zusammenschlussfreiheit der einzelnen
natürlichen und juristischen Person – ist also bereits nach dem Wortlaut des
Grundrechts garantiert.[38] Art. 9 III GG ist kein „Arbeitnehmergrundrecht", sondern schützt Arbeitnehmer und Arbeitgeber gleichermaßen. Da die Koalitionsfreiheit „jedermann" zugute kommt, wird sie – anders als die allgemeine Vereinigungsfreiheit des Art. 9 I GG – nicht nur als Recht der Deutschen, sondern als
Menschenrecht gewährleistet. In- und Ausländer haben die in Art. 9 III GG garantierten Rechte.

a) Positive Koalitionsfreiheit

Das Recht, Vereinigungen zu bilden, umschließt die Befugnis, eine Koalition zu **470**
gründen, einer bestehenden Koalition beizutreten und Mitglied der Koalition zu
bleiben. Keiner dieser Vorgänge darf von staatlicher oder privater Seite (Art. 9
III 2 GG) eingeschränkt oder behindert werden. Hervorzuheben sind zwei Aspekte der individuellen positiven Koalitionsfreiheit:

(1) **Teilnahmerecht:** Um die Gründungs- und Beitrittsfreiheit nicht leerlaufen
zu lassen, gibt Art. 9 III 1 GG dem Mitglied das Recht, „an der spezifischen
Tätigkeit der Koalition in dem Bereich teilzunehmen, der für die Koalition verfassungsrechtlich geschützt ist."[39] Das Teilnahmerecht umfasst z. B. die Mitwirkung an einem von der Koalition geführten Arbeitskampf (Rn. 604).

(2) **Koalition als Adressat:** Wegen seiner Drittwirkung kann sich das Individualgrundrecht des Art. 9 III 1 GG gegen die Koalition richten. Es beschränkt
die Freiheit der Koalition, den Beitritt, Verbleib und Ausschluss ihrer Mitglieder
zu regeln. So darf die Satzung den Ausschluss von Mitgliedern nicht ohne weiteres, sondern nur bei grobem Fehlverhalten vorsehen (Rn. 492–494).

b) Negative Koalitionsfreiheit

Art. 9 III GG schützt auch die negative Koalitionsfreiheit.[40] Sie umfasst das **471**
Recht des Einzelnen, einer Koalition von vornherein fernzubleiben oder sie zu
verlassen und bildet die notwendige **Kehrseite der positiven Koalitionsfreiheit.**[41]
Die negative Koalitionsfreiheit der Nicht- oder Andersorganisierten spielt eine
wesentliche Rolle für die Antwort auf die Frage, ob die Tarifparteien durch **Differenzierungsklauseln** („Ungleichstellungsklauseln") nur den Mitgliedern der

---

[38] *BVerfG* vom 26. 6. 1991 – 1 BvR 779/85, BVerfGE 84, 212 (224) = NJW 1991, 2549 –
Aussperrungsurteil.
[39] *BVerfG* vom 30. 11. 1965 – 2 BvR 54/62, BVerfGE 19, 303 (312) = NJW 1966, 491 –
Flugblattverteilung.
[40] *BVerfG* vom 1. 3. 1979 – 1 BvR 532/77, BVerfGE 50, 290 (370) = NJW 1979, 593 –
Mitbestimmungsurteil; *BAG (GS)* vom 29. 11. 1967 – GS 1/67, BAGE 20, 175 (213) = AP
Nr. 13 zu Art. 9 GG = NJW 1968, 1903 – Differenzierungsklauseln.
[41] *H/W/K/Hergenröder*, Art. 9 GG Rn. 66; *Hromadka/Maschmann* II, § 12 Rn. 39; *Lö-
wisch/Rieble*, TVG, § 1 Rn. 604; *Waltermann*, Rn. 512.

tarifschließenden Gewerkschaft bestimmte Leistungen des Tarifvertrags gewähren und die Nichtmitglieder von diesen Leistungen ausschließen dürfen.[42]

> **Durchblick:** Unstreitig verstoßen Vorteilsregelungen, die Gewerkschaftsmitglieder bei der Begründung oder Beendigung des Arbeitsverhältnisses besserstellen als Nicht- oder Andersorganisierte („Außenseiter"), gegen die negative Koalitionsfreiheit der Außenseiter aus Art. 9 III 1 GG (und gegen deren Berufsfreiheit, Art. 12 I GG). Unzulässig sind daher sog. **Organisationsklauseln** („Absperrklauseln"), die den Arbeitgeber verpflichten sollen, nur Gewerkschaftsmitglieder einzustellen („closed shop"), sowie Regelungen, die einen verstärkten Bestandsschutz (Kündigungsschutz) für Gewerkschaftsmitglieder vorschreiben wollen.[43]

472   (1) **Einfache Differenzierungsklauseln,** welche die Mitgliedschaft in der tarifschließenden Gewerkschaft zum Tatbestandsmerkmal eines Anspruchs machen, unterliegen nach der Rechtsprechung und der h. M. keinen grundsätzlichen tarifrechtlichen oder verfassungsrechtlichen Bedenken. Sie dürfen jedoch keinen unzulässigen, gegen die negative Koalitionsfreiheit der Außenseiter verstoßenden Druck zum Gewerkschaftsbeitritt ausüben (s. Rn. 473 a. E.).[44]

(2) **Qualifizierte Differenzierungsklauseln** sichern einfache Differenzierungsklauseln ab, indem sie dem tarifgebundenen Arbeitgeber eine Gleichstellung von Gewerkschaftsmitgliedern und nicht- oder andersorganisierten Arbeitnehmern verwehren. Solche Klauseln sind in zweierlei Gestalt denkbar:

(a) **Ausschlussklauseln** verbieten dem Arbeitgeber, den Arbeitnehmern, die nicht Mitglieder der Gewerkschaft sind, bestimmte tarifliche Vergünstigungen zu gewähren. Das hält die ganz h. M. für unzulässig und die Klausel für unwirksam, weil sie gegen die Vertragsfreiheit der Außenseiter verstößt (Art. 2 I, 12 I GG), die negative Koalitionsfreiheit verletzt (Art. 9 III 1 GG) und die Tarifmacht überschreitet: Art. 9 III 1 GG gibt den Tarifparteien nicht das Recht, in die Arbeitsverhältnisse von Außenseitern einzugreifen.[45]

473   (b) **Spannenklauseln,** auch „Abstandsklauseln" genannt, verwehren dem Arbeitgeber zwar nicht, auch den Außenseitern einen bestimmten Vorteil (z. B. ein Weihnachtsgeld) zukommen zu lassen. Das Gewerkschaftsmitglied muss jedoch hinsichtlich der Höhe dieses Vorteils dem Außenseiter immer um eine bestimmte „Spanne" voraus sein. Der Große Senat des BAG hat bereits in seinem Urteil aus dem Jahr 1967 solche Spannenklauseln für unwirksam erklärt.[46]

---

[42] Grundlegend *Franzen*, RdA 2006, 1; *ders.*, ZfA 2010, 723 (854 ff.); *Hanau*, Hromadka-FS (2008), S. 115; *Jacobs*, Bauer-FS (2010), S. 479.

[43] Das grundlegende Urteil des Großen Senats des BAG befasst sich mit Differenzierungsklauseln, die sich nicht auf den Bestand, sondern auf den Inhalt des Arbeitsverhältnisses beziehen: *BAG (GS)* vom 29. 11. 1967 – GS 1/67, BAGE 20, 175 (228) = AP Nr. 13 zu Art. 9 GG = NJW 1968, 1903; s. dazu *Franzen*, RdA 2006, 1 (4 f., 11); *Löwisch/Rieble*, TVG, § 1 Rn. 605–609.

[44] *BAG* vom 18. 3. 2009 – 4 AZR 64/08, BAGE 130, 43 = AP Nr. 41 zu § 3 TVG = NZA 2009, 1028 (Rn. 46); ebenso *Franzen*, RdA 2006, 1 (6 f., 11); *Jacobs/Krause/Oetker*, TVR, Rn. 51; a. A. *Giesen*, NZA 2004, 1317 (1320); *Löwisch/Rieble*, TVG, § 1 Rn. 1854.

[45] *Hromadka/Maschmann* II, § 13 Rn. 176; *Löwisch/Rieble*, TVG, § 1 Rn. 609; *Giesen*, NZA 2004, 1317 (1320); *Bauer/Arnold*, NZA 2005, 1209 (1213).

[46] *BAG (GS)* vom 29. 11. 1967 – GS 1/67, BAGE 20, 175 (218) = AP Nr. 13 zu Art. 9 GG = NJW 1968, 1903 = SAE 1969, 246 m. Anm. *Wiedemann*; bestätigt von *BAG* vom 23. 3. 2011 – 4 AZR 366/09, BAGE 137, 231 = AP Nr. 147 zu Art. 9 GG = NZA 2011, 920 (Rn. 38 ff.); s. auch *Bauer/Arnold*, NZA 2011, 945; *Hartmann*, SAE 2011, 225.

Beispiel: Ein Sanierungstarifvertrag zwischen der Arbeiterwohlfahrt Weser-Ems e. V. (AWO) und der Gewerkschaft ver.di sieht die Streichung der bisherigen tariflichen Sonderzahlungen (Urlaubs- und Weihnachtsgeld) vor und enthält folgende weitere Bestimmung: „§ 3 Ausgleichszahlung für ver.di-Mitglieder. Als Ausgleich für den Verzicht auf Sonderzahlungen erhalten die ver.di-Mitglieder in jedem Geschäftsjahr eine Zahlung von 535 € brutto." Etwa 30% der AWO-Belegschaft sind ver.di-Mitglieder; der durchschnittliche Gewerkschaftsbeitrag ist 500 € im Jahr.

(a) Ist die Klausel wirksam? Es handelt sich um eine **einfache Differenzierungsklausel**, die nach der Rechtsprechung wirksam ist, weil sie die Gewerkschaftsbeiträge nicht wesentlich überschreitet und somit von ihr kein unangemessener, gegen die negative Koalitionsfreiheit der Belegschaftsmehrheit verstoßender Druck zum Gewerkschaftsbeitritt ausgeht (Rn. 472).

(b) Darf die AWO den Außenseitern (Nichtmitglieder von ver.di, 70% der Belegschaft) **freiwillig** die Ausgleichszahlung gewähren? Ja, aber sie wird es wahrscheinlich nicht tun, weil sie als „Sanierungsfall" auf jeden Euro angewiesen ist und darauf hoffen kann, dass nicht alle Außenseiter wegen der Ausgleichszahlung der Gewerkschaft beitreten.

(c) Wie ist es, wenn die Arbeitsverträge der Außenseiter eine **Bezugnahme** „auf die jeweils für die AWO gültigen Tarifverträge" vorsehen? Nach Auffassung des BAG erstreckt sich die Bezugnahme auch auf § 3 des Sanierungstarifvertrags, sodass die Außenseiter von der Ausgleichszahlung ausgeschlossen sind.[47]

(d) Wie ist die Rechtslage, wenn in § 3 des Tarifvertrags steht: „... erhalten **nur** die ver.di-Mitglieder ..."? Eine Tarifklausel, die dem Arbeitgeber verbietet, den Nichtmitgliedern eine tarifliche Vergünstigung zu gewähren, ist als **unzulässige Ausschlussklausel** unwirksam.[48]

Über die **Differenzierung nach Gewerkschaftszugehörigkeit** durch tarifliche **474** Bestimmungen unterrichtet zusammenfassend die **Übersicht 7.2**:

Übersicht 7.2: Differenzierungsklauseln

```
            ┌─────────────────────────────────────────────┐
            │    Negative Koalitionsfreiheit verbietet    │
            └─────────────────────────────────────────────┘
                 │                                 │
    ┌────────────────────────┐       ┌──────────────────────────┐
    │ Organisationsklauseln  │       │      Qualifizierte        │
    │    („closed shop")     │       │  Differenzierungsklauseln │
    │                        │       │       Grundformen:        │
    └────────────────────────┘       └──────────────────────────┘
                                         │                   │
    ┌────────────────────────┐       ┌──────────────────────────┐
    │   Ausschlussklauseln   │       │      Spannenklauseln      │
    │ Ausschluss von         │       │  Zusatzleistungen nur     │
    │ Tarifleistungen        │       │  für Mitglieder           │
    │ für Nichtmitglieder    │       │                           │
    └────────────────────────┘       └──────────────────────────┘

         BAG (GS) vom 29. 11. 1967, BAGE 20, 175
```

---

[47] *BAG* vom 18. 3. 2009 – 4 AZR 64/08, BAGE 130, 43 = AP Nr. 41 zu § 3 TVG = NZA 2009, 1028 (Rn. 26 ff.).
[48] *Franzen,* RdA 2006, 1 (6 f., 11); *Giesen,* NZA 2004, 1317 (1320); *Jacobs,* Bauer-FS (2010), S. 479 (486 ff.); *Löwisch/Rieble,* TVG, § 1 Rn. 1879.

2. Kollektive Koalitionsfreiheit

475   Das Grundrecht der Koalitionsfreiheit kann nur sinnvoll verwirklicht werden, wenn nicht nur die Freiheit **des Einzelnen,** eine Koalition zu gründen, ihr
beizutreten, auszutreten oder ihr fernzubleiben, sondern auch **die Koalition**
selbst in ihrem Bestand und ihrer Betätigung geschützt ist: Das Individualrecht
würde entwertet, wenn der Staat der entstandenen Koalition alle möglichen Beschränkungen auferlegen könnte. Über den Wortlaut des Art. 9 III 1 GG hinaus
ist daher auch die Koalition selbst Grundrechtsträgerin. Art. 9 III 1 GG schützt
auch die Koalition als solche (kollektive Koalitionsfreiheit).

476   Das **BVerfG** vertrat ursprünglich die Ansicht, Art. 9 III 1 GG schütze die kollektive Koalitionsfreiheit, insbesondere die Betätigung der Koalitionen, lediglich in einem Kernbereich,
nämlich nur insoweit, als die Koalitionsfreiheit für die Erhaltung und Sicherung der Koalition
als unerlässlich betrachtet werden müsse (**Unerläßlichkeitsformel**).[49] Im Jahre 1995 verabschiedete sich das Gericht von dieser Formulierung zugunsten der **Abwägungsformel:** Danach
ist der Schutzbereich des Art. 9 III GG nicht von vornherein auf den Bereich des Unerlässli-
chen beschränkt; das Gericht geht vielmehr von einer weiteren Ausdehnung des Grundrechts-
tatbestands aus. Wie jedes andere vorbehaltlos gewährte Grundrecht kann aber auch
Art. 9 III 1 GG mit Rücksicht auf andere Gemeinwohlbelange oder Verfassungsgüter eingeschränkt werden. Auf einer ersten Ebene wird daher nur der Maximalumfang der Koalitionsfreiheit definiert; die Feinabstimmung erfolgt bei der Antwort auf die Frage, ob und welche
Beschränkungen gerechtfertigt sind (praktische Konkordanz).[50]

a) Bestandsgarantie

477   Die Bestandsgarantie der Koalition ist integraler Teil des kollektiven Koali-
tionsgrundrechts. Sie lässt sich in drei Teilgarantien untergliedern:

(1) Das Recht auf **freie Koalitionsbildung** ist nicht nur ein Individualrecht,
sondern auch ein abgeleitetes Recht der Koalition selbst. Es ist z.B. verletzt,
wenn die Einstellung eines Bewerbers vom Austritt aus der Gewerkschaft abhängig gemacht wird; die Gewerkschaft kann aus eigenem Recht Unterlassungsansprüche gegen den Arbeitgeber geltend machen (Rn. 48).

(2) Das Recht auf **freien Fortbestand** der Koalition umfasst den Schutz der
Existenz und des Mitgliederbestandes nicht nur gegen staatliche Eingriffe, sondern auch gegenüber konkurrierenden Koalitionen. Eine Gewerkschaft kann
sich nach Art. 9 III 1, 2 GG z.B. gegen unlautere Methoden der Mitgliederwerbung oder -abwerbung durch andere Gewerkschaften wehren.[51]

478   (3) Bereits die Bestandsgarantie – und nicht erst die Betätigungsgarantie –
umfasst das Recht der **Mitgliederwerbung** durch die Koalition, da es den Fort-

---

[49] *BVerfG* vom 18. 11. 1954 – 1 BvR 629/52, BVerfGE 4, 96 (106) = JZ 1955, 204 – Vereinigung der Wirtschaft e. V.; *BVerfG* vom 20. 10. 1981 – 1 BvR 404/78, BVerfGE 58, 233
(249 f.) = DB 1982, 231 – Deutscher Arbeitnehmerverband e. V.
[50] *BVerfG* vom 14. 11. 1995 – 1 BvR 601/92, BVerfGE 93, 352 (358–360) = SAE 1996,
317 m. Anm. *Scholz* – Mitgliederwerbung; *BVerfG* vom 24. 2. 1999 – 1 BvR 123, 93, BVerf-
GE 100, 214 (222) = NJW 1999, 2657 – Gewerkschaftsausschluss.
[51] *BAG* vom 11. 11. 1968 – 1 AZR 16/68, BAGE 21, 201 (205) = AP Nr. 14 zu Art. 9 GG
m. Anm. *Rüthers* = SAE 1969, 226 m. Anm. *Seiter* = JZ 1969, 520 = JuS 1969, 341.

bestand der Koalition sichert.[52] Das Recht auf freie Koalitionswerbung findet seine Schranken an der negativen Koalitionsfreiheit und an den sonstigen Rechten und Rechtsgütern Dritter[53] (zum Zutrittsrecht betriebsfremder Gewerkschaftsvertreter zwecks Mitgliederwerbung im Betrieb s. Rn. 654).

Beispiele: (1) Bauarbeiter, die zugleich gewerkschaftliche Vertrauensleute im Betrieb sind, kleben **auf die Schutzhelme,** die ihnen der Arbeitgeber leihweise zur Verfügung stellt, **Aufkleber ihrer Gewerkschaft.** Der Arbeitgeber verlangt Beseitigung. – Die Eigentümerrechte des Arbeitgebers aus § 1004 I 1 BGB i. V. m. Art. 14 I GG haben den Vorrang vor den Rechten auf Koalitionswerbung und -information (Art. 9 III GG), da es nicht erforderlich ist, für Werbezwecke der Gewerkschaft Sachen in Anspruch zu nehmen, die im Eigentum des Arbeitgebers stehen. Das Beseitigungsverlangen ist begründet.[54] – (2) Eine Gewerkschaft versendet Werbung an die **betrieblichen E-Mail-Adressen,** die – wie die Gewerkschaft weiß – nach einer Betriebsvereinbarung ausschließlich **zu dienstlichen Zwecken** genutzt werden dürfen. – Der Unterlassungsanspruch des Arbeitgebers aus § 1004 I 1 BGB i. V. m. Art. 14 I GG (Störung des Eigentums an den von der E-Mail-Versendung betroffenen Teilen des elektronischen Netzwerks des Arbeitgebers) ist begründet, da es der Gewerkschaft ohne weiteres zuzumuten ist, die Werbung an die privaten E-Mail-Adressen der Arbeitnehmer zu richten.[55]

b) Betätigungsgarantie

Die Koalition ist nicht um ihrer selbst willen anerkannt. Vielmehr wird auch **479** die „spezifisch koalitionsmäßige Betätigung" durch Art. 9 III 1 GG geschützt.[56]

(1) Die „spezifisch koalitionsmäßige Betätigung" umfasst unstreitig die Förderung der Arbeits- und Wirtschaftsbedingungen durch den Abschluss von Tarifverträgen (**Tarifautonomie**). Der Abschluss von Tarifverträgen ist der ureigene Bereich der Koalitionsbetätigung. Der Staat hat ein Tarifvertragssystem im Sinne des modernen Arbeitsrechts bereitzustellen, innerhalb dessen die Koalitionen Gestaltungsfreiheit genießen.[57] Das bedeutet:

– Art. 9 III GG enthält eine **Einrichtungsgarantie** zugunsten eines Tarifvertragssystems. Diese Einrichtungsgarantie lässt dem Gesetzgeber allerdings Spielräume zur Ausgestaltung und Begrenzung, die er unter anderem durch den Erlass des Tarifvertragsgesetzes genutzt hat.

– Art. 9 III GG sichert einen **Tätigkeitsbereich** im Tarifvertragsrecht, den die Koalitionen eigenverantwortlich ausfüllen können. Der Gesetzgeber bestimmt die Grund- und Rahmenbedingungen, die erforderlich sind, um die Koalitionsfreiheit ausüben zu können.

---

[52] *BVerfG* vom 26. 5. 1970 – 2 BvR 664/65, BVerfGE 28, 295 (304) = JZ 1970, 722 m. Anm. *Säcker* – Gewerkschaftswerbung.

[53] *BVerfG* vom 26. 5. 1970 – 2 BvR 686/85, BVerfGE 28, 310 (313) = RdA 1970, 320 – Werbung von Mitgliedern.

[54] *BAG* vom 23. 2. 1979 – 1 AZR 172/78, BAGE 31, 318 = AP Nr. 30 zu Art. 9 GG = NJW 1979, 1847 = EzA Art. 9 GG Nr. 29 m. Anm. *Zöllner.*

[55] A. A. *BAG* vom 20. 1. 2009 – 1 AZR 515/08, BAGE 129, 145 = AP Nr. 137 zu Art. 9 GG = NZA 2009, 615 (Rn. 16 ff.); zutreffend *Arnold/Wiese,* NZA 2009, 716, 719.

[56] *BVerfG* vom 18. 11. 1954 – 1 BvR 629/52, BVerfGE 4, 96 (106) = JZ 1955, 204 – Vereinigung der Wirtschaft e. V.; *BVerfG* vom 6. 5. 1964 – 1 BvR 79/62, BVerfGE 18, 18 (26) = JZ 1965, 103 – Bayerische Hausgehilfinnen.

[57] *BVerfG* vom 18. 11. 1954 – 1 BvR 629/52, BVerfGE 4, 96 (106) = JZ 1955, 204 – Vereinigung der Wirtschaft e. V.

480   (2) Das BVerfG erstreckt die „spezifisch koalitionsmäßige Betätigung" auf weitere Tätigkeiten, die der Erfüllung der in Art. 9 III 1 GG genannten Aufgaben dienen. Beispielsweise hat das Gericht entschieden, dass Art. 9 III GG den Koalitionen das Recht gewährleiste, sich im Bereich der **Betriebsverfassung** zu betätigen; entsprechendes gilt für das Recht der **Personalvertretung** und der **Unternehmensmitbestimmung.**[58]

c) Koalitionsmittelgarantie

481   Die Frage, ob bestimmte Koalitionsmittel durch Art. 9 III 1 GG geschützt sind, stellt sich insbesondere für den Arbeitskampf. Das BVerfG hat sich in einem Beschluss aus dem Jahre 1991 zur Verfassungsgarantie des Arbeitskampfs bekannt. Die drei Kernaussagen der Entscheidung lauten:

(1) Ein wesentlicher Zweck der Koalitionen ist der **Abschluss von Tarifverträgen.** Darin sollen die Koalitionen nach dem Willen des Grundgesetzes frei sein. Ihnen bleibt die Wahl der Mittel überlassen, die sie zur Erreichung dieses Zwecks für geeignet ansehen. Soweit der Abschluss von Tarifverträgen den Einsatz bestimmter Mittel bedingt oder erfordert, fallen auch diese Mittel unter die Gewährleistung des Art. 9 III 1 GG.

482   (2) Die Mittel zur Verfolgung des Vereinigungszwecks, die Art. 9 III 1 GG schützt, umfassen auch **Arbeitskampfmaßnahmen,** die auf den Abschluss von Tarifverträgen gerichtet sind. Sie werden jedenfalls insoweit von der Koalitionsfreiheit erfasst, als sie allgemein erforderlich sind, um eine funktionierende Tarifautonomie sicherzustellen. Diese Interpretation ergibt sich auch aus Art. 9 III 3 GG, der Arbeitskämpfe ausdrücklich erwähnt.

(3) Das BVerfG hat nicht entschieden, inwieweit das Arbeitskampfmittel der **Aussperrung** verfassungsrechtlich geschützt ist. Jedenfalls Aussperrungen, die mit suspendierender Wirkung zur Abwehr von Teil- oder Schwerpunktstreiks zur Herstellung der Verhandlungsparität eingesetzt werden, seien – so das BVerfG – vom Grundrecht des Art. 9 III 1 GG gedeckt. Unter welchen Voraussetzungen und in welchem Umfang eine Koalition die Aussperrung einsetzen dürfe, sei ebenso wie beim Streik keine Frage des Schutzbereichs, sondern der Ausgestaltung des Art. 9 III 1 GG durch die Rechtsordnung.[59]

483   Über den **Schutzbereich der Koalitionsfreiheit** unterrichtet zusammenfassend die **Übersicht 7.3:**

---

[58] *BVerfG* vom 30. 11. 1965 – 2 BvR 54/62, BVerfGE 19, 303 (312) = NJW 1966, 491 – Flugblattverteilung; *BVerfG* vom 28. 4. 1976 – 1 BvR 71/73, BVerfGE 42, 133 (138–139) = NJW 1976, 1627 – Kommunalwahlaufruf; *BVerfG* vom 1. 3. 1979 – 1 BvR 532/77 u.a., BVerfGE 50, 290 (372) = NJW 1979, 593 – Mitbestimmungsurteil.

[59] *BVerfG* vom 26. 6. 1991 – 1 BvR 779/85, BVerfGE 84, 212 (224 f.) = NJW 1991, 2549 – Aussperrungsurteil.

Übersicht 7.3: Schutzbereich der Koalitionsfreiheit

III. Arbeitgeberverbände und Gewerkschaften

Die Koalitionen, deren Bestand und Betätigung Art. 9 III GG schützt, sind die **484** Gewerkschaften und die Arbeitgeberverbände. Sie werden auch als „soziale Gegenspieler" oder „Sozialpartner" bezeichnet.

1. Gewerkschaften

Der Begriff „Gewerkschaft" ist eine Ableitung des heute veralteten Wortes „Gewerke" (mittelhochdeutsch: „Teilhaber an einem Bergwerk, Zunftgenosse"); er entwickelte sich im 19. Jahrhundert zu einer Bezeichnung für ein Bündnis von Industriearbeitern. Dominierend sind die im **Deutschen Gewerkschaftsbund (DGB)** zusammengeschlossenen Gewerkschaften. Ihre Mitgliederzahl ist von 11,8 Mio. im Jahr nach der Wiedervereinigung (1991) auf 7,9 Mio. im Jahr 1999 und damit auf den Stand vor der Wiedervereinigung gesunken. Ende 2010 wurde mit 6,19 Mio. Mitgliedern ein neuer Tiefstand erreicht; inzwischen haben sich die Mitgliederzahlen aber stabilisiert. Neben einer größeren Zahl von **Berufsgruppengewerkschaften** (z.B. Gewerkschaft der Lokomotivführer, Rn. 571) konkurriert mit den DGB-Gewerkschaften der **Christliche Gewerkschafts-Bund (CGB)**, deren Mitgliedsgewerkschaften aber um ihre Anerkennung als Tarifpartei kämpfen müssen (Rn. 463). Zu erwähnen ist ferner die **Union der Leitenden Angestellten (ULA)**, die rund 40.000 Führungskräfte repräsentiert; sie schließt keine Tarifverträge.

Aus der Zahl von rund 35 Mio. Arbeitnehmern (Rn. 2) und etwa 7 Mio. Gewerkschaftsmitgliedern könnte man schließen, dass der Anteil der „gewerkschaftlich organisierten" Arbeitnehmer an der gesamten Arbeitnehmerschaft (**Organisationsgrad**) rund 20% beträgt. Tatsächlich ist der sog. Netto-Organisationsgrad niedriger (im Westen ca. 18%, im Osten 17%), da die Gewerkschaften einen Anteil von Rentnern, Arbeitslosen und anderen Nichtarbeitnehmern (z. B. Studenten) in ihren Reihen haben.

a) Organisation

485   Die Gewerkschaften entstanden Mitte des 19. Jahrhunderts und waren nach dem **Berufsverbandsprinzip** organisiert. Das bedeutet: Sie umfassten Mitglieder einer Berufsgruppe unabhängig davon, in welchem Industriezweig oder welcher Branche sie beschäftigt waren. Die Gewerkschaften gliederten sich nach ihren Weltanschauungen in drei große Richtungen (**Richtungsgewerkschaften**): die Gewerkschaften mit sozialistischer Grundhaltung, die christlichen Gewerkschaften und die liberalen Hirsch-Dunckerschen Gewerkvereine. Im Mai 1933 wurden die Gewerkschaften aufgelöst und die Arbeitnehmer und Arbeitgeber in der Deutschen Arbeitsfront zwangsvereinigt.[60]

486   Nach dem Zweiten Weltkrieg wurden die Gewerkschaften unter dem Einfluss der Besatzungsmächte neu gegründet. Die DGB-Gewerkschaften sind ihrer Satzung nach parteipolitisch und weltanschaulich neutral (**Einheitsgewerkschaften**) und waren auch für viele Anhänger der nach 1945 nicht wiederbegründeten liberalen Gewerkschaften (vor 1933: ca. 500.000 Mitglieder) und der christlichen Gewerkschaften (vor 1933: ca. 1,3 Mio. Mitglieder) attraktiv. Lediglich der erst 1955 gegründete Christliche Gewerkschaftsbund (CGB) ist als Richtungsgewerkschaft organisiert; er hatte aber gegenüber dem bereits 1949 gegründeten DGB einen schweren Stand.

487   Ferner fand in den Gewerkschaften, die sich nach dem Zweiten Weltkrieg unter dem Dach des DGB zusammenschlossen, der Wechsel vom Berufs- zum **Industrieverbandsprinzip** statt. Das bedeutet: Die Arbeitnehmer bestimmter Wirtschaftszweige sind ohne Rücksicht auf die Art der Beschäftigung organisiert; es gilt der Grundsatz „ein Betrieb – eine Gewerkschaft". Der **Vorteil** dieses Prinzips gegenüber der Gliederung nach Berufsverbänden liegt darin, dass ein Arbeitgeber nur mit einer Gewerkschaft zu tun hat. Der **Nachteil** des Industrieverbandsprinzips ist die starre Branchenzuordnung, die zu Streitigkeiten über die Tarifzuständigkeit führt (Rn. 520).

> **Praxis:** Die Strukturen innerhalb des DGB haben sich in den Jahren 1996–2001 durch Zusammenschlüsse verändert. Eine Reihe kleinerer Gewerkschaften ist in den Gewerkschaften **IG Metall**, IG Bergbau-Chemie-Energie (**IG BCE**), IG Bauen-Agrar-Umwelt (**IG Bau**) und in der Vereinigten Dienstleistungsgewerkschaft (**ver.di**) aufgegangen. Neben den beiden Großgewerkschaften ver.di und IG Metall sowie den „mittelgroßen" Gewerkschaften IG BCE und IG Bau gibt es im DGB noch vier „kleinere" Gewerkschaften mit jeweils rund einer Viertelmillion Mitgliedern: die Eisenbahnergewerkschaft **Transnet**, die Gewerkschaft Erziehung und Wissenschaft (**GEW**), die Gewerkschaft Nahrung-Genuss-Gaststätten (**NGG**) und die Gewerkschaft der Polizei (**GdP**).

b) Rechtsform

488   Aus historischen Gründen sind Gewerkschaften als nichtrechtsfähige Vereine organisiert. Nach **§ 54 Satz 1 BGB** soll auf nichtrechtsfähige Vereine das – für

---

[60] Einzelheiten bei MünchArbR/*Löwisch/Rieble*, § 159 Rn. 1–10.

sie wenig geeignete – Recht der BGB-Gesellschaft (§§ 705 ff. BGB) anzuwenden sein. Da sich der vereinspolizeiliche Zweck der Vorschrift heute erledigt hat, werden die nichtrechtsfähigen Gewerkschaften den rechtsfähigen Vereinen weitgehend gleichgestellt.[61] Ein Beispiel ist die analoge Anwendung des § 31 BGB mit der Folge, dass die Gewerkschaften für ihre verfassungsmäßig berufenen Vertreter – ohne den Entlastungsbeweis nach § 831 BGB – deliktisch haften.[62] Nichtrechtsfähige Vereine haben sowohl im **Arbeitsgerichtsverfahren** als auch im **Zivilprozess** (§ 50 II ZPO, s. Rn. 871) die aktive Parteifähigkeit.

c) Mitgliedschaft

Der Erwerb und der Verlust der Mitgliedschaft in der Gewerkschaft richten **489** sich nach den Regeln des Vereinsrechts und der Satzung der Gewerkschaft.

(1) Der **Erwerb der Mitgliedschaft** geschieht durch Beitritt, verfassungsrechtlich geschützt als Ausübung der **positiven Koalitionsfreiheit**. Ein Aufnahmeanspruch aus Art. 9 III 1, 2 GG besteht, wenn eine bedeutende Machtstellung der Gewerkschaft mit einem wichtigen Interesse des Arbeitnehmers am Erwerb der Mitgliedschaft zusammentrifft und kein sachlicher Grund für die Versagung der Mitgliedschaft vorliegt.[63]

(2) Der **Verlust der Mitgliedschaft** kann freiwillig durch einen Austritt oder unfreiwillig durch einen Ausschluss erfolgen.

(a) Der **Austritt aus der Gewerkschaft** stellt eine Ausübung der **negativen Koalitionsfreiheit** dar. Wenn ein wichtiger Grund vorliegt, ist ein sofortiger Austritt möglich; im übrigen dürfen die Austrittsfristen nicht länger sein, als es die ordentliche Haushaltsführung der Gewerkschaft verlangt. Art. 9 III 1, 2 GG verdrängt insoweit § 39 II BGB, der eine Austrittsfrist von bis zu zwei Jahren gestattet. Wenn die satzungsmäßige Frist zu lang ist, wird sie im Wege der verfassungskonformen Auslegung auf ein vertretbares Maß von nicht mehr als sechs Monaten reduziert.[64]

(b) Beim **Ausschluss aus der Gewerkschaft** kollidiert das Interesse der Gewerkschaft, nach eigenem Ermessen über den Verbleib von Mitgliedern entscheiden zu können, mit dem Interesse des Einzelnen, durch seine Mitgliedschaft das Recht auf koalitionsgemäße Betätigung weiter ausüben zu können: Die **Gewerkschaften** haben auf Grund ihrer besonderen, durch Art. 9 III GG geschützten Aufgabe ein gesteigertes Interesse an der Verbandsautonomie, denn ein uneinheitliches Auftreten kann die Glaubwürdigkeit und die Durchsetzungskraft der Gewerkschaft schwächen. Aufseiten der **Mitglieder** ist die positive Koalitionsfreiheit in die Waagschale zu legen.

Übungsfall 17 (Gewerkschaftsausschluss): Für die Betriebsratswahl bei der Kaufhaus Bell- **490** heim AG hatten die Vertrauensleute der Gewerkschaft Handel, Transport und Verkehr (HTV) eine Wahlliste mit insgesamt 32 Kandidaten aufgestellt. Auch die Arbeitnehmer A, B und C kandidierten für die Betriebsratswahl, aber trotz ihrer Mitgliedschaft in der Gewerk-

---

[61] Einzelheiten bei MünchKommBGB/*Reuter*, § 54 Rn. 3, 4.
[62] *Waltermann*, Rn. 521; MünchKommBGB/*Reuter*, § 31 Rn. 12.
[63] *BGH* vom 10. 12. 1984 – II ZR 91/84, BGHZ 93, 151 (157).
[64] *BAG* vom 19. 9. 2006 – 1 ABR 2/06, AP Nr. 22 zu § 3 TVG Verbandszugehörigkeit = NZA 2007, 277 (278).

schaft HTV nicht auf der HTV-Liste, sondern auf der Liste „Kollegen für eine durchschaubare Betriebsratsarbeit", die sie zusammen mit gewerkschaftlich nicht organisierten Arbeitnehmern beim Wahlvorstand eingereicht hatten. Im Wahlaufruf dieser Liste hieß es, in der vergangenen Amtsperiode habe es Streitigkeiten mit dem gewerkschaftlichen Spitzenkandidaten gegeben; eine sachliche Zusammenarbeit sei schließlich nicht mehr möglich gewesen. Wegen der Kandidatur von A, B und C auf der gewerkschaftsfremden Liste fasste der Hauptvorstand der HTV den einstimmigen Beschluss, die drei nach § 7 der Satzung aus der Gewerkschaft auszuschließen. § 7 der Satzung lautet: „Ein Mitglied kann vom Hauptvorstand aus der Gewerkschaft ausgeschlossen werden, wenn es die Gewerkschaft oder die Interessen der Mitglieder gröblich geschädigt hat."[65]

491 **Lösung:** Der Ausschluss eines Mitglieds der Gewerkschaft ist eine rechtsgestaltende Willenserklärung. Der Hauptvorstand hat nach § 26 II 1 BGB die erforderliche Vertretungsmacht, um diese Willenserklärung abzugeben. Es fragt sich, ob die Willenserklärungen des Hauptvorstands gegenüber A, B und C wirksam sind.

(I) **Unwirksamkeit nach § 134 BGB i. V. m. § 20 I, II BetrVG:** Die Unwirksamkeit der Ausschlusserklärungen könnte sich aus dem **Schutz der Betriebsratswahl** gemäß § 20 I, II BetrVG ergeben. Die Vorschriften des § 20 I, II BetrVG sind gesetzliche Verbote i. S. d. § 134 BGB.[66] Sie verbieten die Wahlbehinderung (§ 20 I BetrVG) und die Wahlbeeinflussung (§ 20 II BetrVG).

(1) **Wahlbeeinflussung:** Der Ausschluss von A, B und C könnte eine Wahlbeeinflussung nach § 20 II BetrVG darstellen. Das Beeinflussungsverbot des § 20 BetrVG richtet sich gegen jedermann, also auch gegen die Gewerkschaft HTV. Der Ausschluss aus der Gewerkschaft hat A, B und C, die fortan nicht mehr tarifgebunden sind (§ 3 I TVG) und nicht mehr unter dem Schutz der Gewerkschaft stehen, wirtschaftliche und ideelle Nachteile zugefügt. Der Ausschluss war objektiv geeignet, das Verhalten der Wahlbewerber zu beeinflussen, da das zugrunde liegende Verfahren bereits vor der Wahl eingeleitet wurde. Er war eine Sanktion für die unerwünschte Wahlkandidatur.

492 (2) **Rechtswidrigkeit:** Eine durch § 20 II BetrVG verbotene Wahlbeeinflussung setzt die Rechtswidrigkeit des gewerkschaftlichen Verhaltens voraus. Das Recht der HTV, die Mitglieder A, B und C auszuschließen, könnte sich aus Art. 9 III GG ergeben. Eine Gewerkschaft hat ein rechtlich geschütztes Interesse an einem geschlossenen Auftreten bei Betriebsratswahlen, da sich die sozialpolitische Bedeutung einer Gewerkschaft auch nach dem Erfolg bei diesen Wahlen bemisst. Die spezifisch koalitionsmäßige Betätigung in der Betriebsverfassung ist durch Art. 9 III GG gewährleistet. Daher muss das in § 20 II BetrVG niedergelegte Beeinflussungsverbot gegen die in Art. 9 III GG verankerte Verbandsautonomie der Gewerkschaft abgewogen werden.[67]

(a) Nach der früheren **Rechtsprechung des BGH** kam ein Gewerkschaftsausschluss wegen seiner einschneidenden Folgen nur in Betracht, wenn ein Mitglied durch sein Verhalten bei einer Betriebsratswahl eklatant gegen die Gewerkschaftsinteressen verstieß, insbesondere weil das Mitglied auf der Liste einer Konkurrenzgewerkschaft oder einer gewerkschaftsfeindlichen Gruppierung kandidierte.[68] Kein Ausschlussgrund war dagegen die Kandidatur auf einer „freien" Liste, die zwar mit einer gewerkschaftlich unterstützten Liste konkurrierte, aber über den Wettbewerb um die Stimmen hinaus nicht gewerkschaftsfeindlich auftrat.[69] Die **Kandidatur** von A, B und C auf der gewerkschaftlich nicht unterstützten Liste

---

[65] Fall frei nach *BGH* vom 27. 2. 1978 – II ZR 17/77, BGHZ 71, 126 = AP Nr. 27 zu Art. 9 GG = JZ 1978, 448. Lehrreich auch der Fall des *OLG Frankfurt/Main* vom 22. 8. 2001 – 23 U 177/00, NZA-RR 2002, 531.

[66] Richardi/*Thüsing*, BetrVG, § 20 Rn. 29.

[67] Richardi/*Thüsing*, BetrVG, § 20 Rn. 24.

[68] *BGH* vom 27. 2. 1978 – II ZR 17/77, BGHZ 71, 126 (129) = AP Nr. 27 zu Art. 9 GG = JZ 1978, 448.

[69] *BGH* vom 13. 6. 1966 – II ZR 130/64, BGHZ 45, 314 (319) = AP Nr. 5 zu § 19 BetrVG = JZ 1967, 30 m. Anm. *Herschel*; *BGH* vom 30. 5. 1983 – II ZR 138/82, BGHZ 87, 337 (340) = AP Nr. 1 zu § 39 BGB = JZ 1984, 186.

konnte nach der früheren Rechtsprechung des BGH den Gewerkschaftsausschluss nicht rechtfertigen. Auch der **Wahlaufruf** rechtfertigte den Ausschluss nicht, denn die Wahrnehmung des Rechts der Wahlkandidatur schloss nach Ansicht des BGH die Befugnis ein, im Kampf um Wählerstimmen sachliche Kritik an der Betriebsratsarbeit der eigenen Gewerkschaft zu üben.[70]

(b) Die (neuere) **Rechtsprechung des BVerfG** beurteilt das Verhalten von Gewerkschafts- **493** mitgliedern bei Betriebsratswahlen strenger: Für die **Gewerkschaft** sei die Solidarität ihrer Mitglieder von zentraler Bedeutung, denn von einem geschlossenen Auftreten hänge die Durchsetzungsfähigkeit bei Tarifauseinandersetzungen ab. Verbandsinterne Regeln, die Solidarität und Geschlossenheit sicherstellen sollen, seien deshalb ein wichtiges Schutzgut des Art. 9 III GG. Durch das Verbot einer Maßregelung von Mitgliedern, die bei Betriebsratswahlen auf einer konkurrierenden Liste kandidieren, werde dieses Schutzgut nachhaltig beeinträchtigt.[71] Demgegenüber wiegt nach Ansicht des BVerfG die Beeinträchtigung der individuellen Koalitionsfreiheit der ausgeschlossenen **Mitglieder** weniger schwer: Sie hätten sich mit ihrem Beitritt zur Gewerkschaft freiwillig der Satzungsautonomie unterworfen. Im Gegenzug hätten sie die Gelegenheit, sich an der gewerkschaftsinternen Willensbildung zu beteiligen und auf gewerkschaftliche Entscheidungen Einfluss zu nehmen. Das in § 20 II BetrVG enthaltene Verbot der Wahlbeeinflussung müsse hinter Art. 9 III GG zurückstehen, denn der Gesetzgeber selbst habe den Gewerkschaften eine aktive Rolle bei der Betriebsratswahl eingeräumt.[72] Danach ist im vorliegenden Fall der Ausschluss aus der Gewerkschaft nicht zu beanstanden.[73]

(II) **Ergebnis:** Die Ausschlusserklärungen gegenüber A, B und C stellen keine unzulässige Wahlbeeinflussung i.S.d. § 20 II BetrVG dar. Der Ausschluss der drei Mitglieder aus der Gewerkschaft ist wirksam.

2. Arbeitgeberverbände

Die Arbeitgeberverbände sind unter dem Dach der **Bundesvereinigung der** **494** **Deutschen Arbeitgeberverbände e. V. (BDA)** zusammengefasst. Der BDA gehören zwei Arten von Verbänden an: Die erste Säule bilden 56 **Fachspitzenverbände.** Ihr Spektrum reicht vom Hauptverband der Deutschen Bauindustrie (mit 36 Mitgliedsverbänden) über den Gesamtverband der Arbeitgeberverbände der Metall- und Elektro-Industrie (mit 16 Mitgliedsverbänden) bis zum Bundesverband der Zigarrenindustrie. Die zweite Säule der BDA sind die 14 **Landesverbände.** Der größte Landesverband ist die Landesvereinigung der Arbeitgeberverbände Nordrhein-Westfalen (mit 123 Mitgliedsverbänden), der kleinste Landesverband sind „Die Unternehmensverbände im Lande Bremen" mit immerhin noch 16 Mitgliedsverbänden.

a) Organisation

Etwa ab 1890 schlossen sich die Arbeitgeber zu eigenen Verbänden innerhalb **495** der jeweiligen Branchen zusammen, um gegenüber den Forderungen der Gewerkschaften geschlossen auftreten zu können. Ebenso wie die Gewerkschaften wurden auch die Arbeitgeberverbände 1933 aufgelöst. Nach dem Zweiten

---

[70] *BGH* vom 19. 10. 1987 – II ZR 43/87, BGHZ 102, 265 (277) = NJW 1988, 552 = JuS 1988, 483.

[71] *BVerfG* vom 24. 2. 1999 – 1 BvR 123/93, BVerfGE 100, 214 (224 f.) = NJW 1999, 2657 – Gewerkschaftsausschluss.

[72] *BVerfG* vom 24. 2. 1999 – 1 BvR 123/93, BVerfGE 100, 214 (225).

[73] Ebenso GK-BetrVG/*Kreutz*, § 20 BetrVG Rn. 39, 40; zurückhaltender Richardi/*Thüsing*, § 20 BetrVG Rn. 26; kritisch *Reuter*, RdA 2000, 101.

Weltkrieg bildeten sich die Arbeitgeberverbände neu. Heute sind sie zum einen – vergleichbar dem Industrieverbandsprinzip bei den Gewerkschaften – in **regionalen Fachverbänden** organisiert, die nach der Zugehörigkeit zu bestimmten Wirtschaftszweigen abgegrenzt werden (z. B. Automobilindustrie, Bankgewerbe, privater Rundfunk). Daneben bestehen **fachübergreifende Regionalverbände,** deren Mitgliedschaft sich aus allen Arbeitgebern einer bestimmten Region zusammensetzt (z. B. Arbeitgeberverbände Wuppertal e. V.).

Der regionale Fachverband (z. B. ein Zusammenschluss von Maschinenbauunternehmen) ist meist Mitglied eines **Landesfachverbands** (Beispiel: Verband der Bayerischen Metall- und Elektroindustrie, VBM). Die Landesfachverbände wiederum bilden zusammen mit den nicht auf Landesebene verbundenen regionalen Fachverbänden den **Fachspitzenverband** auf Bundesebene (Beispiel: Gesamtverband der Arbeitgeberverbände der Metall- und Elektro-Industrie, Gesamtmetall). Daneben schließen sich die Landesfachverbände mit den fachübergreifenden Regionalverbänden zu den **Landesvereinigungen** der Arbeitgeberverbände zusammen. Fachspitzenverbände und Landesvereinigungen schließlich bilden die Bundesvereinigung der Deutschen Arbeitgeberverbände (BDA).

496 Über die **Organisation der Arbeitgeberverbände** unterrichtet stark vereinfacht die **Übersicht 7.4:**

Übersicht 7.4: Organisation der Arbeitgeberverbände

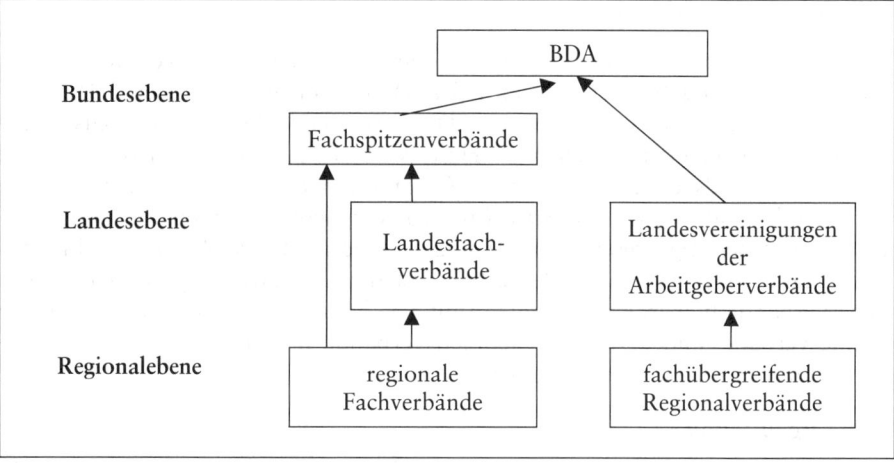

b) Rechtsform

497 Die Arbeitgeberverbände sind regelmäßig bürgerlich-rechtliche Vereine (§ 21 BGB). Sie betreiben selbst keinen „wirtschaftlichen Geschäftsbetrieb" i. S. d. § 22 BGB, sondern verfolgen den ideellen Zweck der Wahrung und Förderung der Arbeits- und Wirtschaftsbedingungen sowie der Förderung der Mitglieder in ihrer Eigenschaft als Arbeitgeber.

IV. Sozialpartner im europäischen Arbeitsrecht

Zu den Sozialpartnern auf europäischer Ebene zählen der Europäische Ge- **498** werkschaftsbund (**EGB**), zu dessen Mitgliedsverbänden der Deutsche Gewerkschaftsbund gehört, und die Union des Confédérations de l'Industrie et des Employeurs d'Europe (**UNICE**), deren Mitglied die Bundesvereinigung der Deutschen Arbeitgeberverbände ist. Der AEUV (Rn. 32) beteiligt die Sozialpartner in zweifacher Weise an der europäischen Rechtssetzung. Die **europäischen Sozialpartner** sind vor der Unterbreitung von Vorschlägen im Bereich der Sozialpolitik von der Kommission anzuhören (Art. 154 II–IV AEUV). Im Gefolge dieser Anhörung können die Sozialpartner das Verfahren an sich ziehen und eine Vereinbarung über den Gegenstand abschließen, der durch den Rechtsakt der Union – i. d. R. eine Richtlinie – abgedeckt werden soll. Dazu bedarf es eines Beschlusses des Rates der EU auf Vorschlag der Kommission (Art. 155 II AEUV).

> Praxis: Im Rahmen des Sozialen Dialogs nach Art. 154, 155 AEUV sind die **Richtlinie 97/81/EG über die Teilzeitarbeit** (Rn. 119), die **Richtlinie 99/70/EG über befristete Arbeitsverträge** (Rn. 435) und die **Richtlinie 10/18/EU über den Elternurlaub** (Rn. 259) ergangen. An dieser Rechtssetzung beteiligt waren neben dem EGB und der UNICE auch das Centre Européen de l'Entreprise Public (CEEP), der Europäische Dachverband der öffentlichen Arbeitgeber.

Bei der Umsetzung von Richtlinien der Europäischen Union – seien sie im so- **499** zialen Dialog zustande gekommen, seien sie von der EU-Kommission ohne die Sozialpartner erlassen worden – kann die zweite Beteiligungsform der Sozialpartner zum Tragen kommen: Nach Art. 153 III AEUV kann ein Mitgliedstaat den **nationalen Sozialpartnern** auf deren gemeinsamen Antrag die Umsetzung von Richtlinien überlassen, die auf Grund der Kompetenzzuweisung nach Art. 153 IV AEUV ergangen sind (Rn. 34). Nach EU-Recht könnte also der deutsche Gesetzgeber den **deutschen Sozialpartnern** auf deren gemeinsamen Antrag die Aufgabe zuweisen, eine Richtlinie für das deutsche Recht verbindlich zu machen. In der Praxis scheitert das jedoch daran, dass es auf Grund der vielgestaltigen Struktur der Arbeitgeberverbände und Gewerkschaften (Rn. 487, 495) nicht gelingt, einheitliche, den gesamten Arbeitsmarkt erfassende Tarifregelungen zu schaffen. Bisher wurden daher in Deutschland alle Rechtsakte der EU durch Gesetz in das nationale Recht überführt.

Fälle und Fragen

180. Warum ist die Rheinische Notarkammer keine Vereinigung i. S. d. Art. 9 III GG? (Rn. 452)

181. Ein Tarifvertrag bestimmt, dass die tarifgebundenen Arbeitgeber die Beiträge der Mitglieder der tarifschließenden Gewerkschaft vom Arbeitsentgelt einzuhalten und der Gewerkschaft zu überweisen haben. Unter welchem rechtlichen Aspekt ist diese Tarifklausel problematisch? (Rn. 454)

182. Weshalb zählt ein Verbraucherschutzverein oder ein Mieterverein nicht zu den Vereinigungen i. S. d. Art. 9 III GG? (Rn. 462)

183. Die Durchsetzungsfähigkeit (soziale Mächtigkeit) ist eine Voraussetzung der Tariffähigkeit
    ○ einer Gewerkschaft,
    ○ eines Arbeitgeberverbands,
    ○ eines Arbeitgebers.
    Was ist richtig? (Rn. 463)

184. Was bedeutet die „Tarifwilligkeit"? Ist sie Voraussetzung der Tariffähigkeit? (Rn. 464)

185. Muss Arbeitskampfbereitschaft vorliegen, damit eine Vereinigung als Koalition i. S. d. Art. 9 III GG anerkannt werden kann? (Rn. 465)

186. Bei dem Software-Unternehmen SAD, das in Deutschland 5.000 Beschäftigte hat, bildet sich die „Gewerkschaft der SAD-Mitarbeiter (SAD-MG)". Da die Beschäftigten mit der Interessenvertretung durch die zuständige DGB-Gewerkschaft unzufrieden sind, wächst die SAD-MG rasch zu einem schlagkräftigen Arbeitnehmerverband. Ist die SAD-MG, die ausschließlich SAD-Beschäftigte zu ihren Mitgliedern zählt, tariffähig? (Rn. 466)

187. „Art. 9 III GG normiert ein Doppelgrundrecht." Was bedeutet diese Aussage? (Rn. 468)

188. Inwieweit beschränkt die positive (individuelle) Koalitionsfreiheit das Recht der Koalition, Mitglieder auszuschließen? (Rn. 470)

189. Warum wäre ein tariflich festgelegter „Solidaritätsbeitrag", den Nichtmitglieder an die Gewerkschaft zu leisten haben, mit der negativen (individuellen) Koalitionsfreiheit nicht vereinbar? (Rn. 471)

190. Was versteht man unter einer Differenzierungsklausel? (Rn. 473)

191. Welche Ansprüche hat die Gewerkschaft, wenn ein Arbeitgeber die Einstellung eines Bewerbers vom Austritt aus der Gewerkschaft abhängig macht? (Rn. 477)

192. Ist die Mitgliederwerbung der Gewerkschaft eine Ausübung der Bestandsgarantie oder der Betätigungsgarantie? (Rn. 478)

193. „Art. 9 III 1 GG schützt nur den Streik der Arbeitnehmer, nicht aber eine Aussperrung durch die Arbeitgeber." Richtig oder falsch? (Rn. 482)

194. Wie unterscheidet sich das Berufsverbands- vom Industrieverbandsprinzip? (Rn. 486, 487)

195. Warum sind manche Gewerkschaften als nichtrechtsfähige Vereine organisiert? (Rn. 488)

196. Herr Prötter kandidiert bei den Betriebsratswahlen auf der „Unabhängigen Liste Kritischer Drucker". Muss er den Ausschluss aus seiner Gewerkschaft befürchten, die ebenfalls eine Kandidatenliste aufgestellt hat? (Rn. 490–493)

197. Wer sind die „sozialen Gegenspieler" der Gewerkschaft? (Rn. 494)

198. Welche Rechtsform haben die Arbeitgeberverbände? (Rn. 497)

199. Welche Aufgaben haben die Koalitionen auf europäischer Ebene? (Rn. 498–499)

§ 8. Grundzüge des Tarifvertragsrechts

Der Tarifvertrag ist ein bedeutender Gestaltungsfaktor der Arbeitsbedingun- 500
gen: Im Jahr 2009 erfassten **Verbandstarifverträge** kraft normativer Wirkung
oder arbeitsvertraglicher Bezugnahme rund 50% aller deutschen Beschäftigten;
für ungefähr 10% der Beschäftigten galten **Firmentarifverträge**. Etwa die Hälfte
der verbleibenden 40% der Beschäftigten arbeiteten in Betrieben, deren Arbeitsbedingungen sich an Tarifverträgen orientieren.[1] Der Tarifvertrag erfüllt vier
Funktionen: Evident ist die **Schutzfunktion** zugunsten des Arbeitnehmers. Sie
kommt darin zum Ausdruck, dass die Tarifbedingungen grundsätzlich nicht unterschritten werden dürfen (§ 4 III TVG). Damit korrespondiert die **Ordnungs-
funktion**, weil der Tarifvertrag nicht nur das einzelne Arbeitsverhältnis, sondern
größere Sektoren des Arbeitsmarkts normierend gestaltet („ordnet"). Der Tarifvertrag entfaltet ferner eine **Verteilungsfunktion**, soweit er die Beteiligung der
Arbeitnehmergruppen am Sozialprodukt austariert. Schließlich ist die **Befriedungsfunktion** zu nennen: Während der Laufzeit des Tarifvertrags verbietet die
Friedenspflicht den Tarifparteien, Arbeitskämpfe mit dem Ziel der Änderung
des Tarifvertrags zu führen.

I. Inhalt und Parteien des Tarifvertrags

Der Tarifvertrag ist ein privatrechtlicher Vertrag. Er wird nach den Regeln 501
des BGB abgeschlossen, unterscheidet sich aber hinsichtlich der Parteien, der
Form und des Inhalts vom typischen Schuldvertrag des BGB. Den Kreis der **Parteien** des Tarifvertrags begrenzt § 2 TVG: Ein Tarifvertrag kann grundsätzlich
nur zwischen einem Arbeitgeber oder einem Arbeitgeberverband auf der einen
Seite und einer Gewerkschaft auf der anderen Seite geschlossen werden (§ 2 I
TVG). Er bedarf nach § 1 II TVG der **Schriftform** und hat nach § 1 I TVG einen
bestimmten **Inhalt**: Der **schuldrechtliche Teil** regelt die Rechte und Pflichten der
Tarifvertragsparteien (§ 1 I, 1. Hs. TVG); der **normative Teil** enthält Rechtsnormen, die den Inhalt, den Abschluss und die Beendigung von Arbeitsverhältnissen sowie betriebliche und betriebsverfassungsrechtliche Fragen ordnen können (§ 1 I, 2. Hs. TVG).

1. Rechtsnatur des Tarifvertrags

Der Tarifvertrag hat eine Doppelnatur (§ 1 I TVG): Er ist ein Vertrag, der 502
nicht nur Rechte und Pflichten der Parteien vorsieht (**Schuldvertrag**), sondern
auch Rechtsnormen enthalten kann (**Normenvertrag**). Die Tarifvertragsparteien
können zwar auch rein schuldrechtliche Verträge abschließen, beispielsweise
Abkommen über die Schlichtung von Regelungsstreitigkeiten (sog. Koalitions-

---

[1] IAB-Betriebspanel vom 29. 3. 2010, abrufbar unter www.iab.de.

verträge oder Sozialpartnervereinbarungen);[2] für einen Tarifvertrag i.S.d. § 1 I TVG ist es aber charakteristisch, dass er Regeln enthält, die einen normativen Geltungsanspruch gegenüber Dritten erheben. Im Einzelnen gilt für die beiden Teile von Tarifverträgen:

a) Schuldrechtlicher Teil

503 Der schuldrechtliche (obligatorische) Teil des Tarifvertrags legt die Rechte und Pflichten der Tarifparteien fest. Die schuldrechtlichen Abreden können **ausdrücklich** getroffen werden (Beispiel: eine Absprache über ein Schlichtungsverfahren nach Ablauf des Tarifvertrags). Sie können aber auch **ungeschriebene** Bestandteile des Tarifvertrags sein. Beispiele sind die Friedenspflicht und die Durchführungspflicht (Rn. 580–589). Der Tarifauslegung ist auch zu entnehmen, ob die Parteien eine schuldrechtliche Abrede treffen oder von ihrer Normsetzungsbefugnis Gebrauch machen wollten.[3]

b) Normativer Teil

504 Die Tarifparteien haben die Befugnis, Rechtsnormen aufzustellen (§ 1 I TVG); diese Rechtsnormen haben unmittelbare und zwingende Wirkung (§ 4 I TVG). Das bedeutet: Die Bestimmungen des normativen Teils eines Tarifvertrags wirken wie ein Gesetz auf die Arbeitsverhältnisse ein (**normative Wirkung**).[4] Ändert sich der Tarifvertrag, ändern sich automatisch die Arbeitsbedingungen in tarifgebundenen Arbeitsverhältnissen. Die Gesetzesqualität von Tarifbestimmungen hat weitere Konsequenzen: Sieht der Tarifvertrag für die Änderung von Arbeitsverträgen tarifgebundener Arbeitnehmer und Arbeitgeber eine konstitutive **Schriftform** vor, handelt es sich um eine gesetzliche Schriftform i.S.d. § 125 Satz 1 BGB (Rn. 176); verbietet er ein bestimmtes Verhalten, kann ein gesetzliches Verbot (§ 134 BGB) und ein **Schutzgesetz** i.S.d. § 823 II BGB vorliegen. Der Richter muss Tarifnormen nach dem Grundsatz „iura novit curia" **von Amts wegen** anwenden.[5] Die Verletzung von Tarifnormen ist Revisionsgrund i.S.d. § 73 I ArbGG.[6]

Durchblick: Zwischen dem Tarifvertrag und der Betriebsvereinbarung, die nach § 77 IV 1 BetrVG ebenfalls unmittelbare und zwingende Wirkung hat, bestehen zahlreiche Parallelen. In beiden Fällen handelt es sich um **Normenverträge**, die einen schuldrechtlichen und einen normativen Teil enthalten und der Schriftform bedürfen (§§ 1 II TVG, 77 II 1 BetrVG). Die **Durchführungspflicht** des Arbeitgebers, die beim Firmentarifvertrag dem Vertragsgedanken immanent ist (Rn. 584), ist für die Betriebsvereinbarung ausdrücklich vorgesehen (§ 77 I 1 BetrVG). Der formlos möglichen **Sozialpartnervereinbarung** (Rn. 502) entspricht auf betrieblicher Ebene die Regelungsabrede.

---

[2] *BAG* vom 5. 11. 1997 – 4 AZR 872/95, BAGE 87, 45 (57) = AP Nr. 29 zu § 1 TVG = NZA 1998, 654 (657); umfassend *Löwisch/Rieble*, TVG, § 1 Rn. 1116–1249.

[3] *BAG* vom 26. 1. 1983 – 4 AZR 224/80, BAGE 41, 307 (313) = AP Nr. 20 zu § 1 TVG = AuR 1983, 218.

[4] *Hromadka/Maschmann* II, § 13 Rn. 8; abweichend *Waltermann*, Rn. 82.

[5] *BAG* vom 25. 8. 1982 – 4 AZR 1064/79, BAGE 39, 321 (328) = AP Nr. 55 zu § 616 BGB = AuR 1982, 388.

[6] *BAG* vom 12. 5. 1982 – 4 AZR 510/81, BAGE 38, 383 (386) = AP Nr. 20 zu § 611 BGB Bühnenengagementvertrag = AuR 1982, 323.

(1) Nach dem **Inhalt von Tarifnormen** unterscheidet man **Entgelttarifverträge** 505 (Lohn-, Gehaltstarifverträge), welche die Vergütung des Arbeitnehmers festsetzen und i. d. R. eine kürzere Laufzeit haben, und **Manteltarifverträge** (Rahmentarifverträge), die sonstige Arbeitsbedingungen regeln (Arbeitszeit, Urlaub, Probezeit, etc.) und i. d. R. für eine längere Laufzeit gelten.

(2) Nach dem **Geltungsbereich** lassen sich **Firmentarifverträge** (auch „Haustarifverträge" genannt) und **Verbandstarifverträge** unterscheiden; repräsentiert der Verband eine Branche (z. B. Metall- und Elektroindustrie), ist auch von „Branchentarifverträgen" die Rede. Die Unterscheidung von Firmen- und Verbandstarif spiegelt sich in der **Tariffähigkeit** von Arbeitgeber und Arbeitgeberverband wider (§ 2 I TVG).[7]

(3) Welche **Arten von Tarifnormen** die Tarifparteien setzen können, ergibt sich aus der Aufzählung in § 1 I TVG. Diese Aufzählung nennt drei Gruppen von Tarifnormen: die **Individualnormen** („Inhalt, Abschluss oder Beendigung von Arbeitsverhältnissen"), die **Betriebsnormen** und die **betriebsverfassungsrechtlichen Normen.**

Die Unterscheidung der Normenarten hat Konsequenzen für die **Tarifgebundenheit:** Individualnormen gelten grundsätzlich nur bei beiderseitiger Tarifbindung (§§ 4 I 1, 3 I TVG); für Betriebsnormen und für betriebsverfassungsrechtliche Normen genügt dagegen die Tarifbindung des Arbeitgebers (§§ 4 I 2, 3 II TVG). Aus § 4 II TVG ergibt sich noch eine weitere Gruppe von Tarifnormen, die Normen über **gemeinsame Einrichtungen** der Tarifparteien. Sie sollen Aufgaben erfüllen, die über ein einzelnes Unternehmen hinausreichen; wichtigstes Beispiel sind die Zusatzversorgungskassen des Baugewerbes.[8]

Durchblick: Da Betriebsnormen auch gegenüber Nichtmitgliedern der Gewerkschaft norma- 506 tive Wirkung entfalten (§§ 4 I 2, 3 II TVG), ist die Abgrenzung der Betriebsnormen zu Inhalts-, Abschluss- und Beendigungsnormen, die nur in Bezug auf Gewerkschaftsmitglieder normativ wirken, außerordentlich bedeutsam.[9] Nach der Rechtsprechung ist eine Tarifnorm eine Betriebsnorm, wenn nach ihrem Gegenstand eine Differenzierung nach Gewerkschaftsmitgliedern und Außenseitern aus sachlogischen Gründen „evident unzweckmäßig" wäre und eine einheitliche Regelung für alle Arbeitnehmer des Betriebs – seien sie Gewerkschaftsmitglieder oder nicht – erforderlich ist. So wurde eine Norm, die für einen bestimmten Prozentsatz der Belegschaft ein Abweichen von der 35-Stunden-Woche erlaubt, nicht als Inhalts-, sondern als Betriebsnorm angesehen. Das hat zur Folge, dass auch die Außenseiter in diese Quotenregelung einbezogen sind.[10] Unter dem Gesichtspunkt der negativen Koalitionsfreiheit wird diese Rechtsprechung kritisiert.[11]

Einen schematischen Überblick über die **Arten von Tarifnormen** gibt die 507 **Übersicht 8.1:**

---

[7] Übersicht über die Tariftypologie mit Beispielen bei *Hromadka/Maschmann* II, § 13 Rn. 31–42; *Löwisch/Rieble*, TVG, Grundlagen Rn. 15 f.; *Waltermann*, Rn. 552–554.

[8] Übersicht über die Arten der Tarifnormen mit Beispielen bei *Gamillscheg* I, § 15 V–IX; *Löwisch/Rieble*, TVG § 1 Rn. 242–501.

[9] ErfK/*Franzen*, § 1 TVG Rn. 45–47; H/W/K/*Henssler*, § 1 TVG Rn. 51 f.; D/F/L/*Krebber*, § 1 TVG Rn. 34 ff.; *Löwisch/Rieble*, TVG, § 1 Rn. 362–378.

[10] *BAG* vom 17. 6. 1997 – 1 ABR 3/97, BAGE 86, 126 (131) = AP Nr. 2 zu § 3 TVG Betriebsnormen = NZA 1998, 213 = SAE 1999, 125 m. Anm. *Ingelfinger.*

[11] *Jacobs/Krause/Oetker*, TVR, § 4 Rn. 59 ff.; *Löwisch/Rieble*, TVG, § 1 Rn. 363–366.

Übersicht 8.1: Arten von Tarifnormen

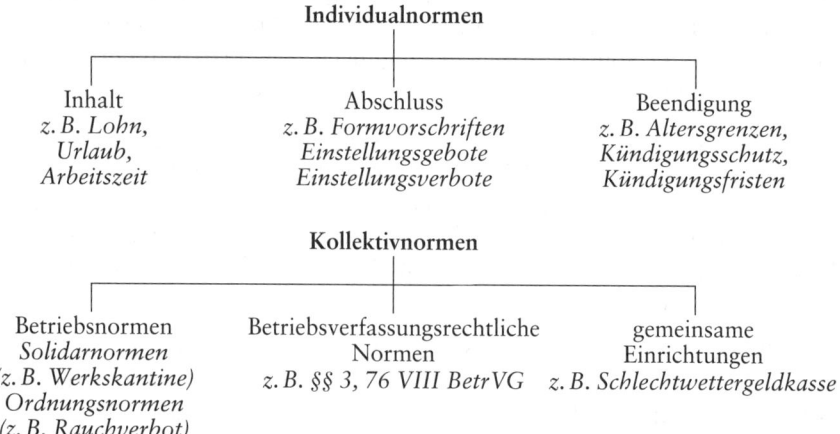

2. Auslegung von Tarifnormen

508　　Aufgrund der Doppelnatur des Tarifvertrags – nach seinem Zustandekommen handelt es sich um einen Vertrag, nach seiner Wirkung setzt er Rechtsnormen – steht die Auslegung von Tarifnormen in einem Spannungsverhältnis von Vertrags- und Gesetzesauslegung. Das BAG folgt grundsätzlich den Regeln der Gesetzesauslegung, ergänzt sie aber durch Kriterien der Vertragsauslegung:

> „[Es] ist zunächst vom **Tarifwortlaut** auszugehen, wobei der maßgebliche Sinn der Erklärung zu erforschen ist, ohne am Buchstaben zu haften. Soweit der Tarifwortlaut nicht eindeutig ist, ist der **wirkliche Wille** der Tarifvertragsparteien mitzuberücksichtigen, soweit er in den tariflichen Normen seinen Niederschlag gefunden hat. Abzustellen ist ferner auf den tariflichen **Gesamtzusammenhang**, weil dieser Anhaltspunkte für den wirklichen Willen der Tarifvertragsparteien liefern und nur so der **Sinn und Zweck der Tarifnorm** ermittelt werden kann. Lässt dies zweifelsfreie Auslegungsergebnisse nicht zu, können die Gerichte weitere Kriterien wie die **Entstehungsgeschichte** des Tarifvertrags und die praktische Tarifübung ergänzend hinzuziehen. Die **Fortentwicklung** des Tarifvertrags kann ebenfalls zu berücksichtigen sein.[12] Auch die **Praktikabilität** denkbarer Auslegungsergebnisse gilt es zu berücksichtigen; im Zweifel gebührt derjenigen Tarifauslegung der Vorzug, die zu einer vernünftigen, sachgerechten, zweckorientierten praktisch brauchbaren Regelung führt.“[13]

509　　Wie bei Gesetzen gilt auch bei Tarifnormen das Gebot der **verfassungskonformen Auslegung**: Die Tarifparteien wollen im Zweifel eine Regelung treffen, die mit dem Grundgesetz im Einklang steht.[14] Eine **ergänzende Auslegung** von Tarifregelungen ist nur möglich, soweit mit ihr kein Eingriff in die Tarifauto-

---

[12] *BAG* vom 4. 4. 2001 – 4 AZR 180/00, BAGE 97, 271 (275) = AP Nr. 172 zu § 1 TVG Auslegung = BB 2001, 2065.

[13] *BAG* vom 21. 7. 1993 – 4 AZR 468/92, BAGE 73, 364 (368 f.) = AP Nr. 144 zu § 1 TVG Auslegung = NZA 1994, 181; fortgeführt von *BAG* vom 22. 4. 2010 – 6 AZR 962/08, AP Nr. 2 zu § 12 TVÜ = NZA 2011, 1293 (Rn. 17).

[14] *BAG* vom 21. 7. 1993 – 4 AZR 468/92, BAGE 73, 364 (369). Umfassend *Kamanabrou*, Die Auslegung und Fortbildung des normativen Teils von Tarifverträgen (1997); *Löwisch/ Rieble*, TVG, § 1 Rn. 1459–1526.

nomie (Art. 9 III 1 GG) verbunden ist: Es muss sich um eine unbewusste Tariflücke handeln, für den mutmaßlichen Willen der Tarifparteien müssen zureichende Anhaltspunkte bestehen, und es darf den Tarifparteien kein Spielraum zur Lückenschließung bleiben. Wenn ein Spielraum zur Lückenschließung bleibt, muss es wegen der verfassungsrechtlich geschützten Tarifautonomie den Tarifparteien überlassen werden, die angemessene Lösung zu finden.[15]

> **Beispiel:** Ein Tarifvertrag gewährt einen Vergütungszuschlag für „verheiratete Angestellte". Nach Tarifabschluss tritt ein Gesetz in Kraft, das mit der „eingetragenen Lebenspartnerschaft" einen neuen Familienstand für gleichgeschlechtliche Paare einführt. Ein Angestellter, der in einer Lebenspartnerschaft lebt, verlangt den Vergütungszuschlag. – Nach Ansicht des BAG ist die **tarifliche Regelung** mit der Einführung der Lebenspartnerschaft für gleichgeschlechtliche Paare **nachträglich lückenhaft** geworden. Der Vergütungszuschlag für Verheiratete bezweckt den Ausgleich von Unterhaltslasten, die mit dem Familienstand der Ehe typischerweise verbunden sind. Da diese Unterhaltspflichten in der Lebenspartnerschaft gleichermaßen bestehen, ergeben sich i. d. R. ausreichende Anhaltspunkte für den mutmaßlichen Willen der Tarifparteien, die Tariflücke durch entsprechende Anwendung der Regelung zu schließen, die für verheiratete Angestellte gilt.[16] Wenn nach den Umständen des Falles eine **ergänzende Tarifauslegung** nicht möglich ist, kann sich ein **Gleichstellungsgebot aus § 7 I AGG** ergeben, weil die Schlechterstellung eingetragener Lebenspartnerschaften eine nicht gerechtfertigte mittelbare Benachteiligung (§ 3 II AGG) wegen der sexuellen Identität (§ 1 AGG) darstellt.[17]

3. Grenzen der Tarifautonomie

Die Normsetzungsbefugnis der Tarifvertragsparteien – die Tarifautonomie – **510** ist nicht schrankenlos gewährleistet. Die Tarifparteien können nur einen bestimmten Sachbereich regeln und müssen höherrangiges Recht beachten:

a) Interne Schranken

Die internen Schranken (Binnenschranken) der Tarifautonomie begrenzen den inhaltlichen Handlungsspielraum der Tarifvertragsparteien. Sie ergeben sich aus Art. 9 III 1 GG: Die Tarifvertragsparteien können nicht jedes beliebige Thema zum Gegenstand eines Tarifvertrags machen, sondern ihre Normsetzungsbefugnis beschränkt sich auf Regelungen „zur Wahrung und Förderung der Arbeits- und Wirtschaftsbedingungen" (Art. 9 III 1 GG). Das Begriffspaar „Arbeits- und Wirtschaftsbedingungen" bezeichnet „die Gesamtheit der wirtschaftlichen und sozialen Bedingungen, unter denen abhängige Arbeit geleistet wird."[18] Der Ge-

---

[15] *BAG* vom 20. 5. 1999 – 6 AZR 451/97, BAGE 91, 358 (367) = AP Nr. 7 zu § 42 TVAL II = NZA 1999, 1342.

[16] *BAG* vom 29. 4. 2004 – 6 AZR 101/03, BAGE 110, 277 (284) = AP Nr. 2 zu § 26 BAT = NZA 2005, 57; s. auch *BVerfG* vom 20. 9. 2007 – 2 BvR 855/06, NJW 2008, 209 – Verheiratetenzuschlag.

[17] *BAG* vom 14. 1. 2009 – 3 AZR 20/07, AP Nr. 315 zu Art. 3 GG = NZA 2009, 489 (Rn. 24 ff.); s. auch *BVerfG* vom 7. 7. 2009 – 1 BvR 1164/07, BVerfGE 124, 199 – Lebenspartnerschaft.

[18] *Hromadka/Maschmann* II, § 13 Rn. 144; Kempen/Zachert/*Kempen*, TVG, Grundlagen Rn. 108; ähnlich *Löwisch/Rieble*, TVG, Grundlagen Rn. 52, 91, 1126; s. auch *Hartmann*, Grenzen der Tarifautonomie über Unternehmerverhalten, in: *Rieble/Junker/Giesen* (Hrsg.), Ausweitung der Tarifmacht – Zugriff auf Unternehmensautonomie und Marktverhalten (2012), S. 15, 46.

genstandskatalog des § 1 I TVG (Rechtsnormen, die den Inhalt, den Abschluss und die Beendigung von Arbeitsverhältnissen sowie betriebliche und betriebsverfassungsrechtliche Fragen ordnen) ist die verfassungsmäßige Konkretisierung der Binnenschranke des Art. 9 III 1 GG. Tarifverträge, welche diese Binnengrenzen überschreiten, sind unwirksam.

Beispiel: Unwirksam sind Tarifverträge, die in das Privatleben der Tarifgebundenen eingreifen, indem sie eine bestimmte Lohnverwendung – z. B. für karitative Zwecke – vorschreiben (s. zur Parallelproblematik bei Betriebsvereinbarungen Rn. 723).

b) Externe Schranken

511 Als Teil der Rechtsordnung dürfen Tarifverträge nicht gegen höherrangiges Recht verstoßen (vgl. die **Übersicht 1.3,** Rn. 70). Das Grundgesetz und die einfachen Gesetze bilden externe Schranken (Außenschranken) der Tarifautonomie:

(1) Die **Grundrechte** (Art. 1–19 GG) binden nach neuerer Rechtsprechung die Tarifparteien nicht unmittelbar, sondern entfalten – ebenso wie im Verhältnis von Arbeitgeber und Arbeitnehmer – im Verhältnis von Tarifparteien und Tarifgebundenen nur mittelbare Drittwirkung (Nachweise bei Rn. 52): Die **Tarifnormen** beruhen auf kollektiv ausgeübter Privatautonomie, indem die Tarifparteien ihr Grundrecht aus Art. 9 III GG wahrnehmen und bestimmte Arbeits- und Wirtschaftsbedingungen schaffen; die **Tarifgeltung** basiert auf der privatrechtlichen Mitgliedschaft.

Da sich die Mitglieder von Arbeitgeberverbänden und Gewerkschaften durch ihren privatautonomen Beitritt den Tarifnormen unterworfen haben, entfalten die Grundrechte zu ihren Gunsten keine unmittelbare Wirkung, sondern lediglich eine „Schutzfunktion". Die Schutzfunktion der Grundrechte verpflichtet die Tarifparteien als „staatliche Grundrechtsadressaten, einzelne Grundrechtsträger vor einer unverhältnismäßigen Beschränkung ihrer Grundrechte durch Tarifregelungen zu bewahren."[19]

Beispiel: Ein Tarifvertrag für Piloten sieht eine tarifliche Altersgrenze von 60 Jahren vor, mit welcher das Arbeitsverhältnis automatisch enden soll (s. zu Altersgrenzen allgemein Rn. 441). – Diese tarifliche Altersgrenze ist zwar nicht unmittelbar am **Grundrecht der Berufsfreiheit** der Piloten aus Art. 12 I GG zu messen, muss aber der Schutzfunktion dieses Grundrechts genügen (Verhältnismäßigkeitsprüfung). Da der Bestand der Arbeitsverhältnisse von einem bestimmten Lebensalter abhängig gemacht wird, handelt es sich um eine subjektive Zulassungsvoraussetzung zum Beruf[20] (Rn. 61). Die tarifliche Altersgrenze für Piloten soll dem Schutz von Leben und Gesundheit der Passagiere und Besatzung dienen. Sie ist nach der Rechtsprechung des BAG ein geeignetes und angemessenes Mittel, um dieses Schutzziel zu erreichen, sodass die Anforderungen des Art. 12 I GG erfüllt sind.[21] Es

---

[19] *BAG* vom 25. 2. 1998 – 7 AZR 641/96, BAGE 88, 118 (124) = AP Nr. 11 zu § 1 TVG Tarifverträge: Luftfahrt = NZA 1998, 715. S. auch *BAG* vom 29. 8. 2001 – 4 AZR 352/00, BAGE 99, 31 (37) = AP Nr. 291 zu Art. 3 GG = NZA 2002, 863 = SAE 2003, 7 m. Anm. *Rieble.*

[20] *BAG* vom 11. 3. 1998 – 7 AZR 700/96, BAGE 88, 162 (168) = AP Nr. 12 zu § 1 TVG Tarifverträge: Luftfahrt = NZA 1998, 717 = SAE 1999, 146 m. Anm. *Oetker.*

[21] *BAG* vom 25. 2. 1998 – 7 AZR 641/96, BAGE 88, 118 (121) = AP Nr. 11 zu § 1 TVG Tarifverträge: Luftfahrt = NZA 1998, 715; *BAG* vom 17. 6. 2009 – 7 AZR 112/08 (A), BAGE 131, 113 = AP Nr. 64 zu § 14 TzBfG = NZA 2009, 1355 (Rn. 18 ff.).

liegt jedoch nach der neueren Rechtsprechung des EuGH ein Verstoß gegen das **Benachteiligungsverbot** des § 7 I AGG vor, weil gesetzliche Vorschriften das Höchstalter für Piloten erst bei 65 Jahren ansetzen.[22] Hingegen hält bereits das BAG eine tarifliche Altersgrenze von 60 Jahren für das Kabinenpersonal (Flugbegleiter) ebenso wenig für gerechtfertigt wie ein tarifliches Höchstalter von 32 Jahren für die Einstellung von Piloten.[23]

(2) Das **Gesetzesrecht** haben die Tarifparteien zu beachten, wenn und soweit 512 das Gesetz verfassungsmäßig ist, also insbesondere nicht seinerseits die durch Art. 9 III GG geschützte Tarifautonomie verletzt. Unter dem Gesichtspunkt „Verhältnis zum Tarifvertrag" sind drei Typen von Gesetzesbestimmungen zu unterscheiden:

(a) **Tarifdispositives Gesetzesrecht:** Manche Gesetze – **Beispiele:** § 7 ArbZG, 513 § 13 I 1 BUrlG, § 4 IV EFZG oder § 622 IV BGB – enthalten Öffnungsklauseln, die den Tarifparteien Abweichungen nicht nur zugunsten, sondern auch zu Lasten der Arbeitnehmer erlauben (Rn. 71). In diesem Fall spricht man vom tarifdipositiven Gesetzesrecht.

(b) **Einseitig zwingendes Gesetzesrecht:** Häufiger sind gesetzliche Vorgaben, 514 die den Mindestschutz der Arbeitnehmer definieren. Ein **Beispiel** ist das KSchG (Rn. 356). Die Rechtsnormen eines Tarifvertrags können die gesetzlichen Vorgaben dann zwar nicht verschlechtern, wohl aber zugunsten der Arbeitnehmer verbessern (Rn. 346, 347).

(c) **Beidseitig zwingendes Gesetzesrecht,** also Vorschriften, von denen auch 515 ein Tarifvertrag nicht zugunsten der Arbeitnehmer abweichen kann, ist verfassungsrechtlich erlaubt, wenn sich die Regelung auf Grundrechte Dritter oder sonstige mit Verfassungsrang ausgestattete Rechte stützen kann und dem Gebot der Verhältnismäßigkeit genügt.[24]

Beispiele sind die Vorschriften über befristete Arbeitsverhältnisse mit wissenschaftlichem Personal an Hochschulen, die im Interesse der Wissenschaftsfreiheit der tariflichen Regelungsmacht weitgehend entzogen sind (§ 1 I 3 WissZeitVG).

4. Parteien des Tarifvertrags

Die wichtigste Eigenschaft des Tarifvertrags besteht darin, dass er Rechts- 516 normen für Dritte setzt. Daraus folgt, dass nur bestimmte, nach Art. 9 III GG zur Normsetzung berufene Parteien einen solchen Vertrag schließen können: Partei eines Tarifvertrags kann nur sein, wer **tariffähig** und **tarifzuständig** ist. Bei einem Streit über die Tariffähigkeit oder die Tarifzuständigkeit sehen die **§§ 2 a I Nr. 4, 97 ArbGG** ein besonderes arbeitsgerichtliches Beschlussverfahren

---

[22] *EuGH* vom 13. 9. 2011 – C-447/09, NZA 2011, 1039 (Rn. 64 ff.) – Prigge; *BAG* vom 15. 2. 2012 – 7 AZR 946/07, AP Nr. 93 zu § 14 TzBfG = NZA 2012, 866 (Rn. 17 ff.) – Prigge; s. auch *Temming,* EuZA 5 (2012), 205; ferner *BAG* vom 21. 9. 2011 – 7 AZR 134/10, AP Nr. 84 zu § 17 TzBfG = NZA 2012, 271 (Rn. 24 ff.): Tarifliche Altersgrenze von 65 Jahren nach § 14 I 1 TzBfG sachlich gerechtfertigt.

[23] *BAG* vom 16. 10. 2008 – 7 AZR 253/07(A), BAGE 128, 134 = AP Nr. 55 zu § 14 TzBfG = NZA 2009, 378 (Rn. 19, 20); *BAG* vom 23. 6. 2010 – 7 AZR 1021/08, AP Nr. 72 zu § 14 TzBfG = NZA 2010, 1248 (Rn. 20); *BAG* vom 8. 12. 2010 – 7 ABR 98/09, AP Nr. 62 zu § 99 BetrVG 1972 Einstellung = NZA 2011, 751 (Rn. 50 ff.).

[24] *BVerfG* vom 24. 4. 1996 – 1 BvR 712/86, BVerfGE 94, 268 (284) = SAE 1997, 129 m. Anm. *Hufen* – Befristungen an Hochschulen.

vor (Rn. 884). Die Entscheidung entfaltet Rechtskraft nicht nur zwischen den Streitparteien, sondern auch gegenüber Dritten (§ 9 TVG).

a) Tariffähigkeit (§ 2 TVG)

517 Die Tariffähigkeit – die Fähigkeit, Partei eines Tarifvertrags zu sein – ist in § 2 TVG geregelt. Sie ist von der Rechtsfähigkeit und der Geschäftsfähigkeit zu unterscheiden. Eine Gewerkschaft ist zwar möglicherweise nicht rechtsfähig (§ 54 BGB, s. Rn. 488), kann aber dennoch nach § 2 I TVG tariffähig sein. Das Gesetz unterscheidet die Tariffähigkeit der Koalition, die Tariffähigkeit des einzelnen Arbeitgebers und die Tariffähigkeit der Spitzenorganisationen (zur Tariffähigkeit von Handwerksinnungen s. Rn. 452):

518 (1) **Gewerkschaften** und **Arbeitgeberverbände** sind nach § 2 I TVG tariffähig. Sie müssen zunächst die Begriffsmerkmale der Koalition erfüllen (Rn. 452–462). Für die Tariffähigkeit einer Gewerkschaft verlangt die Rechtsprechung zusätzlich die Durchsetzungsfähigkeit („soziale Mächtigkeit", Rn. 463). Arbeitgeberverbände und Gewerkschaften sind ferner nur tariffähig, wenn der Abschluss von Tarifverträgen zu den satzungsmäßigen Aufgaben gehört („Tarifwilligkeit", Rn. 464). Keine zwingenden Voraussetzungen der Tariffähigkeit sind die Arbeitskampfbereitschaft und die Überbetrieblichkeit (Rn. 465, 466).

519 (2) Der **einzelne Arbeitgeber** kann nach § 2 I TVG ebenfalls Partei eines Tarifvertrags sein. Diese Regelung soll auch verhindern, dass ein Arbeitgeber sich jeglichem Tarifabschluss (und darauf gerichteten Arbeitskämpfen) entziehen kann, indem er keinem Verband beitritt. Vor allem aber ermöglicht die Tariffähigkeit des einzelnen Arbeitgebers eine betriebsnahe Tarifpolitik durch den Abschluss von Firmentarifverträgen (Rn. 505). Mit dem Beitritt zu einem Arbeitgeberverband verliert der einzelne Arbeitgeber nicht die Fähigkeit, Partei eines Firmentarifvertrags zu sein[25] (s. auch Rn. 604).

(3) **Spitzenorganisationen**, zu deren satzungsmäßigen Aufgaben der Abschluss von Tarifverträgen gehört, können nach § 2 III TVG Tarifvertragsparteien sein. Spitzenorganisationen sind Zusammenschlüsse von Gewerkschaften (z.B. der Deutsche Gewerkschaftsbund, der seine Tariffähigkeit allerdings nicht ausübt) oder Arbeitgeberverbänden (z.B. die „Gesamtvereinigung der metallindustriellen Arbeitgeberverbände"). Alternativ können solche Spitzenorganisationen, wie § 2 II TVG klarstellt, als Vertreter ihrer Mitgliedsorganisationen Tarifverträge schließen (zur Haftung: § 2 IV TVG).

Die Tariffähigkeit einer von Gewerkschaften gebildeten Spitzenorganisation i. S. d. § 2 III TVG setzt allerdings voraus, dass deren **Organisationsbereich** mit demjenigen ihrer Mitgliedsgewerkschaften übereinstimmt. Daher wurde dem Zusammenschluss „Christliche Gewerkschaften für Zeitarbeit und Personalserviceagenturen" (CGZP) die Tariffähigkeit mit der Begründung abgesprochen, dass keines der Mitglieder der **CGZP** für Zeitarbeit (Arbeitnehmerüberlassung) zuständig sei.[26]

---

[25] *BAG* vom 4. 4. 2001 – 4 AZR 237/00, BAGE 97, 263 (268) = AP Nr. 26 zu § 4 TVG Tarifkonkurrenz m. Anm. *Jacobs* = NZA 2001, 1085; *BAG* vom 10. 2. 2009 – 1 ABR 36/08, BAGE 129, 322 = AP Nr. 138 zu Art. 9 GG = NZA 2009, 908 (Rn. 26).
[26] *BAG* vom 14. 12. 2010 – 1 ABR 19/10, BAGE 136, 302 = AP Nr. 6 zu § 2 TVG Tariffähigkeit = NZA 2011, 289 (Rn. 84 ff.) – CGZP; s. auch *Giesen*, Arbeits- und beitragsrechtliche Folgen der CGZP-Entscheidung des BAG (2011).

b) Tarifzuständigkeit

Eine Gewerkschaft, ein Arbeitgeberverband oder eine Spitzenorganisation 520
kann nur innerhalb des in der Satzung festgelegten Geschäftsbereichs einen
wirksamen Tarifvertrag schließen.[27] Dieser Geschäftsbereich – die „Tarifzuständigkeit" muss sich klar und deutlich aus der Satzung ergeben (**Bestimmtheitsgrundsatz**). An der Bestimmtheit fehlt es, wenn eine Gewerkschaft nach
ihrer Satzung „insbesondere" für näher bezeichnete Arbeitnehmergruppen zuständig sein soll.[28]

Das Erfordernis der Tarifzuständigkeit bezweckt, Tarifkollisionen (Rn. 567) zu verhindern
und eine sachnahe Tarifregelung zu ermöglichen, indem eine Koalition nicht außerhalb ihrer
satzungsmäßigen Zuständigkeit tätig werden kann.

(1) **Wirksamkeitserfordernis:** Die Tarifzuständigkeit bildet – wie die Tariffähigkeit – eine Wirksamkeitsvoraussetzung des Tarifvertrags. Der Tarifvertrag ist
nichtig, wenn auch nur eine der Tarifparteien nicht tariffähig oder nicht tarifzuständig war. Ferner müssen, wenn der Tarifvertrag wirksam sein soll, die Tarifzuständigkeiten beider Tarifparteien übereinstimmen (sog. **kongruente Tarifzuständigkeit**).

(2) **DGB-Schiedsverfahren:** Nach der Satzung des Deutschen Gewerkschaftsbundes (DGB) entscheidet **innerhalb des DGB** im Streitfall ein Schiedsgericht
über die Tarifzuständigkeit der einzelnen DGB-Gewerkschaften. Der Schiedsspruch ist nach der Rechtsprechung des BAG auch für den tariflichen Gegenspieler (Arbeitgeber, Arbeitgeberverband) verbindlich.[29]

(3) **OT-Mitgliedschaft:** Für Arbeitgeber, die auf die Dienstleistungen des Verbands (z.B. Rechtsberatung) nicht verzichten wollen, aber keine Bindung an den
Verbandstarifvertrag wünschen, haben viele Arbeitgeberverbände eine Mitgliedschaft ohne Tarifbindung („OT") eingeführt. Das BAG betrachtet die OT-Mitgliedschaft als eine grundsätzlich zulässige Begrenzung der personellen Tarifzuständigkeit des Verbands auf einen Teil seiner Mitglieder.[30] Die Wirksamkeit
einer OT-Regelung setzt voraus, dass die OT-Mitglieder nach der Verbandssatzung keinen unmittelbaren Einfluss auf tarifpolitische Entscheidungen haben.[31]

Durchblick: Das BAG stellt an einen „Blitzwechsel" in eine OT-Mitgliedschaft die gleichen
Anforderungen wie an einen „Blitzaustritt" aus dem Arbeitgeberverband[32] (s. Rn. 537).

---

[27] Umfassend *Ricken*, Autonomie und tarifliche Rechtsetzung (2006).

[28] *BAG* vom 10. 2. 2009 – 1 ABR 36/08, AP Nr. 138 zu Art. 9 GG = NZA 2009, 908
(Rn. 27); kritisch *Franzen*, ZfA 2011, 723 (842); s. auch *BAG* vom 17. 4. 2012 – 1 ABR 5/11,
NZA 2012, 1104 (Rn. 54).

[29] *BAG* vom 27. 9. 2005 – 1 ABR 41/04, BAGE 116, 45 (64) = AP Nr. 18 zu § 2 TVG Tarifzuständigkeit = NZA 2006, 273; kritisch *Löwisch/Rieble*, TVG, § 2 Rn. 242–251.

[30] *BAG* vom 18. 7. 2006 – 1 ABR 36/05, BAGE 119, 103 = AP Nr. 19 zu § 2 TVG Tarifzuständigkeit = NZA 2006, 1225 (Rn. 56ff.). Siehe zu den Varianten einer OT-Mitgliedschaft
Hromadka/Maschmann II, § 13 Rn. 75–79.

[31] *BAG* vom 20. 5. 2009 – 4 AZR 179/08, AP Nr. 27 zu § 3 TVG Verbandszugehörigkeit =
NZA 2010, 102 (Rn. 17); *BVerfG* vom 1. 12. 2010 – 1 BvR 2593/09, AP Nr. 146 zu Art. 9
GG = NZA 2011, 60 (61) – OT-Mitgliedschaft.

[32] *BAG* vom 26. 8. 2009 – 4 AZR 285/08, BAGE 132, 10 = AP Nr. 45 zu § 3 TVG = NZA
2010, 230 (Rn. 26ff.).

II. Wirkung der Tarifnormen

521   Die Wirkung der Tarifnormen beschreibt § 4 TVG. Es handelt sich um verbandliche Normsetzung, vergleichbar der staatlichen Rechtssetzung durch formelle Gesetze („autonome Selbstregulierung");[33] Gewerkschaften und Verbände werden beim Tarifabschluss nicht als rechtsgeschäftliche Vertreter ihrer Mitglieder tätig.[34] Die Tarifwirkung wird dadurch gekennzeichnet, dass die Rechtsnormen eines Tarifvertrages nach § 4 I, II TVG unmittelbar und zwingend gelten (**Unabdingbarkeit**, dazu 1), nach § 4 III TVG zugunsten des Arbeitnehmers nachgiebig sind (**Günstigkeit**, dazu 2), nach § 4 IV TVG individualrechtlich grundsätzlich nicht durch Verzicht, Verwirkung und Ausschlussfristen ausgehöhlt werden können (**Unverbrüchlichkeit**, dazu 3) und gemäß § 4 V TVG nach Ablauf des Tarifvertrags weitergelten, bis sie durch eine andere Regelung ersetzt werden (**Nachwirkung**, dazu 4).

1. Unabdingbarkeit (§ 4 I, II TVG)

522   Nach § 4 I, II TVG i. V. m. § 4 III TVG ist die Wirkung der Tarifnormen dadurch gekennzeichnet, dass der Tarifvertrag ungünstigere Vereinbarungen in Einzelarbeitsverträgen verdrängt (**zwingende Wirkung**) und die verdrängten Einzelabreden ohne weiteres durch die Tarifbestimmungen ersetzt (**unmittelbare Wirkung**). Die verdrängten Einzelabreden leben wieder auf, wenn die Tarifnormen wegfallen; außerdem können im Nachwirkungsstadium (§ 4 V TVG) die Tarifnormen durch arbeitsvertragliche Abreden ersetzt werden (Rn. 534, 535).

a) Unmittelbare Wirkung

523   Die unmittelbare Wirkung hat zur Folge, dass die Tarifnorm ohne weiteres das Arbeitsverhältnis erfasst und keines Umsetzungsakts bedarf. Wenn die Voraussetzungen des § 4 I, II TVG vorliegen, spielt es keine Rolle, ob die Arbeitsvertragsparteien die Tarifnorm kennen und/oder ihrer Geltung zustimmen. Ungenau ist die bisweilen gebrauchte Formulierung, dass die Tarifnormen „in die Arbeitsverträge eingehen" oder „Inhalt der Arbeitsverträge werden": Ebenso wie Gesetzesnormen sind Tarifnormen eine eigene Rechtsquelle; sie gelten aus eigenem Recht.

b) Zwingende Wirkung

524   Die zwingende Wirkung bedeutet, dass die Parteien des Arbeitsvertrags von der Tarifnorm nicht abweichen dürfen. Nach § 4 III, 2. Fall TVG wirken die Tarifnormen nur in einer Richtung zwingend: Abweichende Abmachungen in einem Arbeitsvertrag sind zulässig, soweit sie eine Änderung der tariflichen Regelungen **zugunsten des Arbeitnehmers** enthalten; die zwingende Wirkung im

---

[33] *Waltermann,* Rn. 550, 551; *Hromadka/Maschmann* II, § 13 Rn. 13.
[34] Umfassend *Waltermann,* Rn. 538–551; *Bayreuther,* Tarifautonomie als kollektiv ausgeübte Privatautonomie (2005).

Arbeitsverhältnis wird also durch das Günstigkeitsprinzip konkretisiert (Rn. 526). Eine Vereinbarung, die **zuungunsten des Arbeitnehmers** von einer Tarifnorm abweicht, ist nach § 134 BGB nichtig.[35]

> **Durchblick:** Nach § 4 I TVG gilt die normative Wirkung gleichermaßen für **Individualnormen** (§ 4 I 1 TVG) wie für **Betriebsnormen** und betriebsverfassungsrechtliche Normen (§ 4 I 2 TVG). Dennoch bestehen hinsichtlich der Normwirkung in der Praxis erhebliche Unterschiede: Die **Individualnormen** wirken nach § 4 I 1 TVG nur zwischen den beiderseits Tarifgebundenen unmittelbar und zwingend. Da die meisten Arbeitnehmer nicht Mitglieder einer Gewerkschaft sind (Rn. 484), wird die Mehrheit der Arbeitsverhältnisse von der normativen Wirkung der Individualnormen nicht erfasst (zur Bezugnahmeklausel s. Rn. 538). Bei den **Betriebsnormen** und den betriebsverfassungsrechtlichen Normen genügt hingegen die Tarifgebundenheit des Arbeitgebers (§§ 3 II, 4 I 2 TVG).

c) Öffnungsklauseln (§ 4 III, 1. Fall TVG)

§ 4 III, 1. Fall TVG bestimmt: „Abweichende Abmachungen sind zulässig, **525** soweit sie durch den Tarifvertrag gestattet sind." Die Tarifparteien können also die unmittelbare und zwingende Wirkung von Tarifnormen einschränken, indem sie **Abweichungen** erlauben; eine solche Erlaubnis wird als (tarifliche) Öffnungsklausel bezeichnet. Zwei Arten von „abweichenden Abmachungen" sind zu unterscheiden:

(1) Abmachungen i.S.d. § 4 III, 1. Fall TVG können erstens Vereinbarungen auf der Ebene des **Arbeitsvertrags** sein. Da für den Arbeitnehmer **günstige Abweichungen** in einem Arbeitsvertrag schon nach § 4 III, 2. Fall TVG (Günstigkeitsprinzip) zulässig sind, geht es, wenn die Tarifparteien den Tarifvertrag für arbeitsvertragliche Regelungen öffnen, um für den Arbeitnehmer **ungünstige Abweichungen**.[36]

> Tarifliche Öffnungsklauseln für (ungünstige) Vereinbarungen in Arbeitsverträgen sind meist an Bedingungen geknüpft, etwa an die Zustimmung des Betriebsrats oder an besondere tatbestandliche Voraussetzungen („Angestellte können, um Steuerabzüge zu vermeiden, auf einen Spitzenbetrag ihrer Bezüge verzichten").

(2) Abmachungen i.S.d. § 4 III, 1. Fall TVG, die von den Tarifparteien gestattet werden, können zweitens **Betriebsvereinbarungen** sein. Wegen des Tarifvorbehalts in § 77 III 1 BetrVG (Rn. 725) sind – soweit die Öffnung durch Betriebsvereinbarung geschehen soll – Öffnungsklauseln sowohl für **günstige Abweichungen** als auch für **ungünstige Abweichungen** vom Tarifvertrag erforderlich (Rn. 726).

2. Günstigkeit (§ 4 III, 2. Fall TVG)

Der Tarifvertrag ist ein Instrument des Arbeitnehmerschutzes. Wenn er seine **526** Schutzfunktion erfüllen soll, dürfen den tarifgebundenen Arbeitsvertragsparteien einzelvertragliche Vereinbarungen über – aus der Sicht der Arbeitnehmer – **schlechtere Arbeitsbedingungen** nicht gestattet sein (es sei denn, der Tarifvertrag

---

[35] *Löwisch/Rieble*, TVG, § 4 Rn. 34; Wiedemann/*Wank*, TVG, § 4 Rn. 369.
[36] Einzelheiten bei *Löwisch/Rieble*, TVG, § 4 Rn. 393–457.

enthält eine Öffnungsklausel, § 4 III, 1. Fall TVG). Dagegen kann der Gedanke des Arbeitnehmerschutzes nicht dazu herhalten, den Parteien des Arbeitsvertrags Abreden über **bessere Arbeitsbedingungen** zu verwehren. Auch rechts- und wirtschaftspolitische Erwägungen würden einer gesetzlichen Regelung entgegenstehen, die es den Tarifparteien erlaubte, tarifliche Arbeitsbedingungen zu **Höchstbedingungen** zu erklären: Die Vereinbarung übertariflicher Arbeitsbedingungen muss dem Wettbewerb – der Konkurrenz um die besten Arbeitskräfte – vorbehalten bleiben; die Kartellwirkung des Tarifvertrags rechtfertigt nur **Mindestbedingungen.**[37] Der Tarifvertrag setzt daher einseitig zwingendes Recht; abweichende Abmachungen sind zulässig, soweit sie eine Änderung zugunsten des Arbeitnehmers enthalten (Günstigkeitsprinzip, § 4 III, 2. Fall TVG).

a) Anwendungsbereich

527   Das Günstigkeitsprinzip gilt im Verhältnis der Rechtsnormen des Tarifvertrags zu „abweichenden Abmachungen" [dazu (1)]; es passt allerdings nicht für alle tariflichen Regelungen [dazu (2)].

(1) **Abmachungen** i.S.d. § 4 III, 2. Fall TVG sind Vereinbarungen auf der Ebene des **Arbeitsvertrags** (vgl. die **Übersicht 1.3**, Rn. 70), insbesondere individuelle Abreden der Arbeitsvertragsparteien, arbeitsvertragliche Einheitsregelungen, Gesamtzusagen oder Ansprüche aus betrieblicher Übung (Rn. 76–84). **Betriebsvereinbarungen** können wegen des Tarifvorbehalts des § 77 III 1 BetrVG „Abmachungen" i.S.d. § 4 III, 2. Fall TVG nur sein, wenn der Tarifvorbehalt ausnahmsweise nicht gilt, weil

(a) Öffnungsklauseln bestehen (§§ 77 III 2 BetrVG, 4 III, 1. Fall TVG, s. Rn. 525),

(b) die Vorrangtheorie im Rahmen des § 87 BetrVG eingreift (Rn. 729) oder

(c) es sich um einen Sozialplan handelt (§ 112 I 4 BetrVG, s. Rn. 789).

In diesen drei Fallgruppen ist, nachdem im ersten Schritt die Anwendbarkeit des Tarifvorbehalts (§ 77 III 1 BetrVG) verneint wurde, im zweiten Schritt das Günstigkeitsprinzip des § 4 III, 2. Fall TVG anzuwenden.[38]

(2) **Regelungen des Tarifvertrags** i.S.d. § 4 III, 2. Fall TVG, die einem Günstigkeitsvergleich zugänglich sind, sind die meisten **Inhaltsnormen** (z.B. über Lohn, Urlaub oder Arbeitszeit) und **Beendigungsnormen** (z.B. über längere Kündigungsfristen oder stärkeren Kündigungsschutz). Bei **Abschlussnormen** (insbesondere Abschlussgeboten, Abschlussverboten oder Formvorschriften) ist ein Günstigkeitsvergleich dagegen i.d.R. ausgeschlossen.[39] **Betriebsnormen** (z.B. über Rauchverbote oder Torkontrollen) sind i.d.R. dem individuellen Günstigkeitsvergleich ebenfalls nicht zugänglich, weil sie sonst ihren Sinn verlieren.[40] Das Günstigkeitsprinzip passt meist auch nicht für betriebsverfassungsrechtliche Normen und für Normen über gemeinsame Einrichtungen,[41] so dass als

---

[37] *Hromadka/Maschmann* II, § 13 Rn. 279 m.w.N.; *Raab*, ZfA 2004, 371 (374–375).
[38] *Löwisch/Rieble*, TVG, § 4 Rn. 480–484; *Waltermann*, Rn. 605.
[39] *Gamillscheg* I, § 18 V 4 b; Ausnahmen bei *Löwisch/Rieble*, TVG, § 4 Rn. 503.
[40] *Wiedemann/Wank*, TVG, § 4 Rn. 415; ErfK/*Franzen*, § 4 TVG Rn. 34.
[41] Differenzierend *Gamillscheg* I, § 18 V 4 d, e; *Löwisch/Rieble*, TVG, § 4 Rn. 516–521.

Anwendungsbereich des Günstigkeitsprinzips in erster Linie die Inhalts- und die Beendigungsnormen verbleiben.

b) Vergleichsgegenstand

Verglichen wird nach § 4 III, 2. Fall TVG die abweichende Abmachung mit der **528** tariflichen Regelung, und zwar zu dem Zeitpunkt, zu dem Abmachung und Regelung erstmalig konkurrieren.[42] Nicht zulässig ist ein Vergleich der abweichenden Abmachung mit der sonstigen Situation des Arbeitnehmers: Eine Einstellung unter Tarif bedeutet nicht deswegen eine zulässige Abweichung vom Tarifvertrag, weil der Arbeitnehmer ansonsten arbeitslos bliebe.[43] Anderenfalls könnte an die Stelle der Unabdingbarkeit der Tarifnorm (§ 4 I, II TVG) eine „Spirale nach unten" treten.[44] Im übrigen sagt § 4 TVG nicht, welche Gegenstände in den Günstigkeitsvergleich einzustellen sind. Es gibt drei Möglichkeiten:

(1) Auf der einen Seite könnte z. B. der Arbeitsvertrag im Wege eines **Gesamtvergleichs** mit dem Tarifvertrag verglichen werden. Gewährt z. B. der Arbeitsvertrag mehr Urlaub, aber eine kürzere Kündigungsfrist als der Tarifvertrag, würden jedoch bei einem Gesamtvergleich „Äpfel mit Birnen" verglichen; für einen solchen Vergleich würde ein praktikabler Maßstab fehlen.

(2) Das andere Extrem wäre ein isolierter Vergleich jeder einzelnen Vertragsregelung mit der entsprechenden Tarifnorm. Ein solcher **Einzelvergleich** (Beispiel: Aus dem Arbeitsvertrag wird die längere Kündigungsfrist, aus dem Tarifvertrag der günstigere Kündigungstermin entnommen) wird als unzulässiges „Rosinenpicken" ebenfalls einhellig abgelehnt.[45]

(3) Vielmehr muss ein **Gruppenvergleich** stattfinden, bei dem zusammengehö- **529** rige Regelungsgegenstände zu vergleichen sind. Das Problem besteht darin, welche Regelungen sich zu einer Gruppe zusammenfügen lassen. Nicht ausreichend ist ein bloß wirtschaftlicher Zusammenhang. Erforderlich ist ein „innerer sachlicher Zusammenhang der Regelungen".[46]

Beispiele: (1) Ein sachlicher Zusammenhang besteht zwischen der Höhe des Grundlohns und den Leistungszulagen,[47] zwischen den Urlaubstagen und dem Urlaubsgeld sowie zwischen der Kündigungsfrist und dem Kündigungstermin. – (2) Kein sachlicher Zusammenhang besteht zwischen der **Arbeitszeit** und den **Urlaubstagen:** Sieht ein Tarifvertrag die 37-Stunden-Woche und 30 Urlaubstage vor, und ergibt sich nach Aufstellung der Schichtpläne, dass betriebswirtschaftlich sinnvoll nur 36 Stunden in der Woche gearbeitet werden kann, dürfen die Arbeitsvertragsparteien nicht zum Ausgleich drei Urlaubstage streichen: Ein Vergleich zwischen 37 Wochenarbeitsstunden und 30 Urlaubstagen einerseits sowie

---

[42] *Hromadka/Maschmann* II, § 13 Rn. 283, 286; *Löwisch/Rieble*, TVG, § 4 Rn. 558.

[43] *Zöllner/Loritz/Hergenröder*, § 37 II 1 c; *Raab*, ZfA 2004, 371 (385); anders *Adomeit*, Die Agenda 2010 und das Arbeitsrecht (2004), S. 71.

[44] *BAG* vom 20. 4. 1999 – 1 ABR 72/98, BAGE 91, 210 = AP Nr. 89 zu Art. 9 GG = NJW 1999, 3281 (3286) = NZA 1999, 887 = SAE 1999, 253 (261) m. Anm. *Reuter* – „Burda"-Beschluss; ferner *Löwisch*, BB 1999, 2080; *Buchner*, NZA 1999, 897; *Raab*, ZfA 2004, 371 (387); *Rieble*, ZTR 1999, 483; *Walker*, ZfA 2000, 29.

[45] *Löwisch/Rieble*, TVG, § 4 Rn. 540; *Wiedemann/Wank*, TVG, § 4 Rn. 470.

[46] *BAG* vom 20. 4. 1999 – 1 ABR 72/98, BAGE 91, 210 = AP Nr. 89 zu Art. 9 GG = SAE 1999, 253 (260) m. Anm. *Reuter* – „Burda"-Beschluss.

[47] *BAG* vom 23. 5. 1984 – 4 AZR 129/82, BAGE 46, 50 (58) = AP Nr. 9 zu § 339 BGB = NZA 1984, 255.

36 Wochenarbeitsstunden und 27 Urlaubstagen andererseits ist nicht statthaft.[48] – (3) Auch zwischen **Arbeitszeit/Arbeitsentgelt** einerseits und einer **Beschäftigungsgarantie** andererseits besteht nach herrschender Ansicht kein Sachzusammenhang. Die tarifgebundenen Arbeitsvertragsparteien können also in einer Unternehmenskrise nicht die tarifliche Arbeitszeit (ohne Lohnausgleich) von 35 auf 40 Wochenstunden erhöhen oder die tarifliche Vergütung (ohne Änderung der Arbeitszeit) von 4.000 auf 3.500 Euro/Monat absenken und im Gegenzug betriebsbedingte Kündigungen für eine bestimmte Zeit ausschließen: Durch eine Beschäftigungsgarantie Verschlechterungen bei der Arbeitszeit oder beim Arbeitsentgelt zu rechtfertigen hieße – so das BAG – „Äpfel mit Birnen" zu vergleichen und die tariflichen Arbeitszeit- und Entgeltregelungen entgegen § 4 I 1 TVG auszuhöhlen.[49] – (4) Dagegen lässt sich nach verbreiteter Ansicht ein Zusammenhang zwischen **Arbeitszeit** und **Arbeitsentgelt** herstellen: Die Bedeutung der Arbeitszeit für den Arbeitnehmer folgt erst aus der Gegenleistung des Arbeitgebers. Zwischen den beiden Varianten „arbeitsvertraglich 40 Stunden/Woche bei 4.000 Euro/Monat" und „tarifvertraglich 35 Stunden/Woche bei 3.500 Euro/Monat" ist ein Günstigkeitsvergleich möglich.[50]

c) Vergleichsmaßstab

530 Das letztgenannte Beispiel (40 Stunden/Woche bei 4.000 Euro/Monat arbeitsvertraglich statt 35 Stunden/Woche bei 3.500 Euro/Monat tarifvertraglich) wirft die Frage nach dem Vergleichsmaßstab auf: Kommt es auf die Meinung oder die Interessenlage des konkret betroffenen Arbeitnehmers an (der vielleicht gerade ein Haus gebaut hat und den Mehrverdienst dringend benötigt), oder ist ein objektiver Maßstab anzulegen?

(1) Grundsätzlich muss ein **objektiver Vergleichsmaßstab** gelten: Maßgebend ist, wie ein verständiger Arbeitnehmer unter Berücksichtigung der Umstände des Einzelfalls die abweichenden Bedingungen einschätzen würde.[51] Käme es auf den konkret betroffenen Arbeitnehmer an, würde der Tarifvertrag seine Schutzfunktion verlieren: Wenn jeder Arbeitnehmer nach seinen eigenen Präferenzen entscheiden könnte, welche Regelung für ihn günstiger ist, wäre die Tarifnorm nicht mehr unabdingbar (§ 4 I 1 TVG). Der Arbeitnehmer darf – das ist ein Grundgedanke des Arbeitsrechts (Rn. 19) – den ihm vom Tarifvertrag zugedachten Schutz nicht einfach ausschlagen.

531 (2) Der objektive Maßstab versagt, wenn die Vor- und Nachteile nur nach der **individuellen Interessenlage** bewertet werden können (zweischneidige Regelungen): Ob es – um das obige Beispiel fortzuführen – günstiger ist, länger zu arbeiten und entsprechend mehr zu verdienen, ist (jedenfalls unterhalb einer bestimmten, für den Gesundheitsschutz unabdingbaren Arbeitszeitgrenze, die weder bei 35 noch bei 40 Stunden überschritten ist) eine Frage der individuellen beruflichen Lebensgestaltung, die nur jeder für sich beantworten kann. In sol-

---

[48] *BAG* vom 3. 5. 1994 – 9 AZR 165/91, BAGE 76, 359 (362) = AP Nr. 13 zu § 3 BUrlG Fünf-Tage-Woche = NZA 1995, 477.

[49] Grundlegend *BAG* vom 20. 4. 1999 – 1 ABR 72/98, NJW 1999, 3281 (3286) = SAE 1999, 253 (260) m. Anm. *Reuter* – „Burda"-Beschluss. Ebenso z. B. *Hanau*, RdA 1998, 65 (70); *Raab*, ZfA 2004, 371 (391); *Reichold*, ZfA 1998, 237 (252). Kritisch z. B. *Buchner*, NZA 1999, 897 (901); *Kort*, FS 50 Jahre BAG (2004), S. 753; *Robert*, NZA 2004, 633.

[50] *Junker*, ZfA 1996, 383 (399); *Konzen*, NZA 1995, 913 (919); *Lieb*, NZA 1994, 289 (292 f.); *Zöllner/Loritz/Hergenröder*, § 37 II 1 c.

[51] *Hromadka/Maschmann* II, § 13 Rn. 291; *Löwisch/Rieble*, TVG, § 4 Rn. 553.

chen Fällen bleibt nur die Möglichkeit, dem betroffenen Arbeitnehmer im Rahmen des § 4 III, 2. Fall TVG eine Wahlmöglichkeit einzuräumen.[52]

3. Unverbrüchlichkeit (§ 4 IV TVG)

In § 4 IV TVG ist eine Reihe von Verboten enthalten, die sich in erster Linie 532 gegen arbeitsvertragliche Abreden richten und unter dem Stichwort der „Unverbrüchlichkeit" tariflicher Rechte zusammengefasst werden:

a) Ein **Verzicht** auf entstandene tarifliche Rechte ist nur in einem Vergleich zulässig, den die Tarifparteien billigen (§ 4 IV 1 TVG). Diese Vorschrift sichert die Unabdingbarkeit der Tarifnorm. Sie hat aber nur einen kleinen Anwendungsbereich, denn in der Praxis wird meist nicht über rechtliche Fragen der Tarifanwendung gestritten (Was sind „Überstunden" im Sinne der Tarifnorm?), sondern über tatsächliche Voraussetzungen tariflicher Ansprüche (Wieviele Überstunden wurden geleistet?). Ein Vergleich über solche Tatfragen ist kein Verzicht i. S. d. § 4 IV 1 TVG, dem die Tarifparteien zustimmen müssen: Hätte der Arbeitnehmer im Prozess die Behauptung des Arbeitgebers („nur 20 Überstunden") nicht bestritten, wäre das gleiche Ergebnis durch ein Urteil erreicht worden, dem die Tarifparteien unstreitig nicht zustimmen müssen.[53]

b) Die **Verwirkung** tariflicher Rechte ist ausgeschlossen (§ 4 IV 2 TVG). Nach § 242 BGB tritt die Verwirkung eines Anspruchs ein, wenn seit der Anspruchsentstehung eine längere Zeitspanne verstrichen ist und zu dem Zeitablauf besondere Umstände hinzukommen, die eine verspätete Geltendmachung des Anspruchs als treuwidrig erscheinen lassen.[54] Die praktische Bedeutung des § 4 IV 2 TVG, der eine solche Verwirkung nicht zulässt, ist gering. Denn die meisten Tarifverträge sehen Ausschlussfristen für die Geltendmachung tariflicher Rechte vor; diese relativ kurzen Fristen sind längst verstrichen, bevor man an eine Verwirkung denken kann.

c) **Ausschlussfristen** für die Geltendmachung tariflicher Rechte sind nur wirk- 533 sam, wenn sie im Tarifvertrag vereinbart sind (§ 4 IV 3 TVG). Anders als die Verjährung (§ 214 I BGB) verschafft der Ablauf einer Ausschlussfrist dem Schuldner nicht nur eine Einrede, sondern bringt den Anspruch zum Erlöschen (Rn. 245, 245 a). Nach § 4 IV 3 TVG entfalten einzelvertragliche Ausschlussfristen gegenüber Tarifansprüchen keine Wirkung. Umgekehrt erfassen tarifvertragliche Ausschlussklauseln in der Regel alle Ansprüche aus dem Arbeitsverhältnis, also auch einzelvertragliche Ansprüche.[55]

4. Nachwirkung (§ 4 V TVG)

Ein **befristeter Tarifvertrag** endet mit dem Ablauf der Befristung. Ein **unbe-** 534 **fristeter Tarifvertrag** kann durch Kündigung oder Aufhebungsvertrag beendet

---

[52] *Löwisch/Rieble*, TVG, § 4 Rn. 566–568; ähnlich *BAG (GS)* vom 7. 11. 1989 – GS 3/85, BAGE 63, 211 (220) = AP Nr. 46 zu § 77 BetrVG 1972 = NZA 1990, 816.
[53] *Wiedemann/Wank*, TVG, § 4 Rn. 680–683; *Löwisch/Rieble*, TVG, § 4 Rn. 623.
[54] *Löwisch/Rieble*, TVG, § 4 Rn. 637; *Wiedemann/Wank*, TVG, § 4 Rn. 694.
[55] Umfassend *Hromadka/Maschmann* II, § 13 Rn. 309–344.

werden (Rn. 562). Gemäß § 4 V TVG gelten nach der Beendigung des Tarifvertrags in zeitlicher Hinsicht – dem „Ablauf" des Tarifvertrags – die Rechtsnormen des Tarifvertrags weiter, bis sie durch eine andere Abmachung ersetzt werden.[56]

Die Vorschrift des § 4 V TVG hat eine **Doppelfunktion**:
– Sie soll zum einen den tariflosen Zustand überbrücken, der entsteht, weil der neue Tarifvertrag oft nicht nahtlos an den beendeten anschließt (**Überbrückungsfunktion**).
– Zum anderen schützt § 4 V TVG die Tarifgebundenen davor, dass durch Tarifbeendigung das Arbeitsverhältnis ohne weiteres den Inhalt ändert (**Vertragsinhaltsschutz**).

a) Die **Rechtsfolge des § 4 V TVG** ist die sog. Nachwirkung des Tarifvertrags: Die Regelungen des abgelaufenen Tarifvertrags haben als Rechtsnormen weiterhin **unmittelbare Wirkung**; es entfällt aber die **zwingende Wirkung**, denn § 4 V TVG lässt es zu, dass die Regelungen durch eine andere Abmachung ersetzt werden. Die Nachwirkung gemäß § 4 V TVG soll verhindern, dass Arbeitsverhältnisse „inhaltsleer" und durch (sachfernes) dispositives Gesetzesrecht ausgefüllt werden. Die Nachwirkung beschränkt sich deshalb auf bestehende Arbeitsverhältnisse. Sie erfasst keine Arbeitsverhältnisse, die erst nach dem Ablauf des Tarifvertrags begründet werden.[57]

535   b) Das **Ende der Nachwirkung** tritt durch eine andere Abmachung ein (§ 4 V TVG), die unmittelbar für das konkrete Arbeitsverhältnis gelten muss.[58] Das kann ein **neuer Tarifvertrag** sein, wenn die Arbeitsvertragsparteien tarifgebunden sind (§§ 3 I, 4 I TVG) oder der neue Tarifvertrag allgemeinverbindlich ist (§ 5 IV TVG). Eine **Betriebsvereinbarung** kommt als andere Abmachung i.S.d. § 4 V TVG nur in Betracht, soweit nicht der Tarifvorbehalt des § 77 III BetrVG einer betrieblichen Regelung entgegensteht (Rn. 725–730). Nachwirkende Inhalts-, Abschluss- und Beendigungsnormen können durch **Arbeitsvertrag** (Änderungsvertrag) abgelöst werden; durch Änderungskündigung können sie ersetzt werden, wenn die strengen Anforderungen an eine solche Kündigung erfüllt sind (Rn. 417–424).

III. Bindung an den Tarifvertrag

536   Die unmittelbare und zwingende Wirkung von Tarifnormen setzt, wenn sie nicht für allgemeinverbindlich erklärt wurden, die Tarifgebundenheit voraus: Während staatliche Gesetze bereits anwendbar sind, wenn ihr Geltungsbereich eröffnet ist, entfalten Tarifregelungen ihre normative Wirkung grundsätzlich nur, wenn ein weiteres Kriterium – die Gebundenheit an den Tarifvertrag – erfüllt ist. Tarifgebunden sind nach § 3 I TVG die **Mitglieder** der Tarifvertragspar-

---

[56] Die Nachwirkung ist zeitlich nicht begrenzt: *BAG* vom 15. 10. 2003 – 4 AZR 573/02, BAGE 108, 114 (119 f.) = AP Nr. 41 zu § 4 TVG Nachwirkung = NZA 2004, 387.
[57] *BAG* vom 11. 6. 2002 – 1 AZR 390/01, BAGE 101, 288, 292 = AP Nr. 113 zu § 87 BetrVG 1972 Lohngestaltung = NZA 2003, 570; *Löwisch/Rieble*, TVG, § 4 Rn. 708.
[58] *BAG* vom 28. 5. 1997 – 4 AZR 546/95, BAGE 86, 43 (47) = AP Nr. 26 zu § 4 TVG Nachwirkung = NZA 1998, 40 = SAE 1999, 41 m. Anm. *Dauner-Lieb*.

teien, d. h. der Gewerkschaften und der Arbeitgeberverbände (§ 2 I TVG), und der **Arbeitgeber,** der selbst Partei des Tarifvertrags ist. Für Betriebsnormen und betriebsverfassungsrechtliche Normen erweitert **§ 3 II TVG** die Tarifgebundenheit; für allgemeinverbindliche Tarifverträge sieht **§ 5 IV TVG** von der Tarifgebundenheit ab. Daraus ergeben sich drei Fallgruppen:

– Die Inhalts-, Abschluss- und Beendigungsnormen eines Tarifvertrags gelten unmittelbar und zwingend nur im Verhältnis zwischen den **beiderseits Tarifgebundenen** (§§ 4 I 1, 3 I TVG).

– Die Tarifnormen über betriebliche und betriebsverfassungsrechtliche Fragen gelten bereits unmittelbar und zwingend, wenn nur der **Arbeitgeber tarifgebunden** ist (§§ 4 I 2, 3 II TVG).

– Sind die Rechtsnormen eines Tarifvertrags für **allgemeinverbindlich erklärt,** erfassen diese Normen auch die bisher nicht tarifgebundenen Arbeitgeber und Arbeitnehmer (§ 5 IV TVG).

1. Beiderseitige Tarifgebundenheit

Nach § 4 I 1 TVG gelten die Tarifnormen, die den Inhalt, den Abschluss oder **537** die Beendigung von Arbeitsverhältnissen ordnen (Rn. 505–507), unmittelbar und zwingend zwischen den beiderseits Tarifgebundenen (sog. **kongruente Tarifbindung**). Auf der **Arbeitnehmerseite** sind die Mitglieder der tarifschließenden Gewerkschaft tarifgebunden (§ 3 I, 1. Variante TVG). Der Erwerb und der Verlust der Mitgliedschaft richten sich nach der Satzung der Gewerkschaft (Rn. 489–493). Auf der **Arbeitgeberseite** ist zu unterscheiden:

– Beim **Verbandstarifvertrag** sind die Arbeitgeber tarifgebunden, die zu den Mitgliedern des tarifschließenden Arbeitgeberverbands gehören (§ 3 I, 1. Variante TVG). Das Erfordernis der beiderseitigen Tarifgebundenheit lässt sich schematisch so darstellen:

	Tarifvertrag	
Gewerkschaft	———————————————	Arbeitgeberverband
Mitgliedschaft		*Mitgliedschaft*
	Arbeitsvertrag	
Arbeitnehmer	———————————————	Arbeitgeber

Durchblick: Die Verbandsmitgliedschaft des Arbeitgebers muss **im Zeitpunkt des Tarifabschlusses** bestehen, damit die Bindung an den Verbandstarifvertrag eintritt. Ist der Arbeitgeber mit dem Verlauf der Tarifverhandlungen unzufrieden, wird er vor dem Tarifvertragsschluss aus dem tarifschließenden Arbeitgeberverband austreten. Sieht die Verbandssatzung einen derartigen „Blitzaustritt" nicht vor, kann die Austrittserklärung unter Umständen gemäß § 140 BGB in ein Angebot auf Abschluss eines Aufhebungsvertrags (Aufhebung der Verbandsmitgliedschaft) umgedeutet werden.[59] Nimmt der Verband dieses Angebot rechtzeitig an, ist der vor Tarifabschluss ausgeschiedene Arbeitgeber an den Tarifvertrag nicht gebunden.

---

[59] *BAG* vom 20. 2. 2008 – AZR 64/07, BAGE 126, 75 = AP Nr. 34 zu Art. 9 GG = NZA 2008, 946 (Rn. 24); kritisch *Rieble*, RdA 2009, 280 (286); s. auch *BAG* vom 18. 5. 2011 – 4 AZR 457/09, AP Nr. 15 zu § 3 TVG Verbandsaustritt = NZA 2011, 1378 (Rn. 31).

– Beim **Firmentarifvertrag** (auch „Haustarifvertrag" genannt) ist der Arbeitgeber tarifgebunden, der selbst Partei des Tarifvertrags ist (§ 3 I, 2. Variante TVG). Das Erfordernis der beiderseitigen Tarifgebundenheit lässt sich daher schematisch so darstellen:

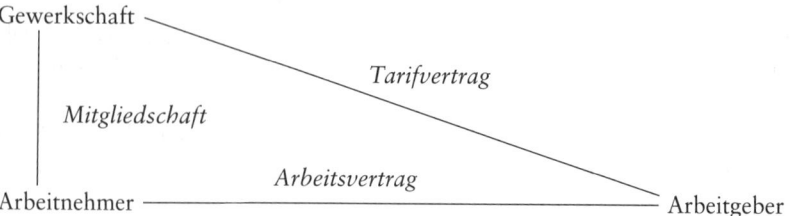

538　Wenn in einem Betrieb ein Tarifvertrag angewendet wird, nimmt der Arbeitgeber in die Arbeitsverträge der Belegschaft meistens eine Klausel auf, die auf den Tarifvertrag verweist (sog. **Bezugnahmeklausel**). Es gibt drei Grundformen der Bezugnahme: Die **statische Bezugnahme** verweist auf einen bestimmten Tarifvertrag in einer bestimmten Fassung, die sog. **kleine dynamische Bezugnahme** auf einen bestimmten Tarifvertrag in seiner jeweils geltenden Fassung und die sog. **große dynamische Bezugnahme** auf den jeweils für den Betrieb geltenden Tarifvertrag in seiner jeweils geltenden Fassung. Das Recht der Bezugnahmeklauseln ist in den letzten zehn Jahren zu einem Nest von Streitfragen und damit zu einem beliebten Prüfungsgegenstand geworden.

539　**Übungsfall 18 (Bezugnahmeklausel):** Die Arbeitsverträge der Tischabräumer des „Burger Queen"-Restaurants in M. enthalten die Klausel: „Auf den Arbeitsvertrag ist der Entgelttarifvertrag zwischen der Gewerkschaft NGG und dem Arbeitgeberverband der Systemgastronomie (AGS) in der jeweils geltenden Fassung anwendbar." Der Betreiber des Restaurants ist mit Ablauf des 31. 12. 2012 wirksam aus dem AGS ausgetreten. Der ab 1. 1. 2013 geltende Tarifvertrag sieht für Tischabräumer einen Stundenlohn von 7,80 Euro statt bisher 7,50 Euro vor. Hat Tischabräumer T 1, der kein Mitglied der Gewerkschaft NGG ist, ab 1. 1. 2013 einen Anspruch auf 7,80 Euro?

Lösung: Die Anspruchsgrundlage könnte § 611 I BGB i. V. m. der **Bezugnahmeklausel** sein. Dann müsste sich aus der zitierten Arbeitsvertragsklausel die Bezugnahme auf den neuen, ab 1. 1. 2013 gültigen Tarifvertrag ergeben.

540　(1) Für die Arbeitnehmer, die **keine Mitglieder der tarifschließenden Gewerkschaft** (und deshalb nicht tarifgebunden) sind, hat diese Klausel zur Folge, dass der Inhalt des Tarifvertrags zum Inhalt des Arbeitsvertrags wird. Der Tarifvertrag wirkt nicht normativ wie bei den Gewerkschaftsmitgliedern (§§ 3 I, 4 I 1 TVG), sondern schuldrechtlich.[60]

(2) Die mit T 1 vereinbarte Klausel ist eine sog. **kleine dynamische Bezugnahme**. Es fragt sich, wie eine solche Bezugnahme zu verstehen ist.

(a) Das BAG hat eine solche Klausel früher als sog. **Gleichstellungsabrede** interpretiert: Zweck der Klausel sei es, zwischen tarifgebundenen Arbeitnehmern und Außenseitern eine Gleichbehandlung herzustellen. Bei Verbandsaustritt des Arbeitgebers, Branchenwechsel oder Betriebsübergang (§ 613a BGB) werden danach die bisherigen tariflichen Arbeitsbedingungen „eingefroren".[61] Diese Interpretation ist für den Arbeitnehmer nachteilig, wenn neue Tarifverträge bessere Arbeitsbedingungen (z. B. höhere Löhne) vorsehen.

---

[60] *BAG* vom 26. 9. 2001 – 4 AZR 544/00, BAGE 99, 120 (126) = AP Nr. 21 zu § 1 TVG Bezugnahme auf Tarifvertrag = NZA 2002, 634.

[61] *BAG* vom 19. 3. 2003 – 4 AZR 331/02, BAGE 105, 284 (286) = AP Nr. 33 zu § 1 TVG Bezugnahme auf Tarifvertrag = NZA 2003, 1207.

(b) Daher hat das BAG im Jahr 2007 entschieden, dass wegen der **Unklarheitenregel** des § 305 c II BGB (Rn. 77 d) bei Bezugnahmeklauseln in vorformulierten Arbeitsverträgen (Rn. 77) eine Auslegung als Gleichstellungsabrede nur in Betracht komme, wenn es dafür aus dem Vertragswortlaut oder den Umständen bei Vertragsschluss konkrete Anhaltspunkte gebe.[62] Da im vorliegenden Fall solche Anhaltspunkte fehlen, führt die Klausel im Fall eines Verbandsaustritts des Arbeitgebers zu einer fortdauernden dynamischen Bindung an den Tarifvertrag in seiner jeweiligen Fassung. T 1 hat den Anspruch auf 7,80 Euro.

Abwandlung: Wie ist es bei T 2, der **Mitglied der NGG** ist? Die Rechtslage für T 2 wäre **541** anders als für T 1, wenn der Bezugnahmeklausel gegenüber tarifgebundenen Arbeitnehmern (= Gewerkschaftsmitgliedern) nur **deklaratorische Wirkung** zukäme, weil diese während der Geltung des Tarifvertrags an der normativen Wirkung teilhaben (§§ 3 I, 4 I 1 TVG). Damit Gewerkschaftsmitglieder in Fällen wie dem vorliegenden nicht schlechter stehen als Außenseiter, nimmt die Rechtsprechung jedoch auch bei ihnen eine **konstitutive Wirkung** der Klausel an.[63] Entfällt die beiderseitige Tarifgebundenheit, folgt der Anspruch auf Tariflohn auch bei ihnen aus der (dynamischen) Bezugnahmeklausel. Auch T 2 hat den Anspruch.

a) Beginn der Tarifgebundenheit

Die Tarifgebundenheit des **Arbeitgebers** beginnt beim **Verbandstarifvertrag** **542** mit dem Erwerb der Mitgliedschaft im Arbeitgeberverband, beim **Firmentarifvertrag** mit dem Abschluss des Tarifvertrags. Die Tarifgebundenheit des **Arbeitnehmers** beginnt mit dem Erwerb der Mitgliedschaft in der tarifschließenden Gewerkschaft. Wenn der Eintritt des Arbeitgebers in den Arbeitgeberverband oder des Arbeitnehmers in die Gewerkschaft verbandsrechtlich zurückwirkt, hat das keine Auswirkungen auf die Tarifgebundenheit.[64]

Beispiel: Ein Tarifvertrag zwischen dem Arbeitgeberverband und der IG Metall über den Kündigungsschutz für ältere Beschäftigte sieht vor, dass einem Arbeitnehmer, der das 55. Lebensjahr vollendet hat und dem Unternehmen mindestens zehn Jahre angehört, nur noch aus wichtigem Grund gekündigt werden kann. Die Metallbau Riedel GmbH ist Mitglied des Arbeitgeberverbands. In die Bezugnahmeklausel der Arbeitsverträge wurde dieser Tarifvertrag nicht aufgenommen. Herr Künzel erhält am 27. 3. 2010 die ordentliche betriebsbedingte Kündigung. Noch am selben Tag übergibt er dem Vertrauensmann der IG Metall die Beitrittserklärung zur Gewerkschaft. Die Ortsverwaltung der IG Metall, die für die Aufnahme neuer Mitglieder zuständig ist, stellt am 30. 3. 2010 einen Mitgliedsausweis aus, der als Beginn der Mitgliedschaft „1. 2. 2010" ausweist. – Ein tarifliches Kündigungsverbot steht der Kündigung nicht entgegen, da Herr Künzel zum maßgebenden Zeitpunkt – dem Zugang der Kündigung – noch nicht tarifgebunden war. Die Rückdatierung des Eintrittstermins hat, selbst wenn sie nach der Satzung der Gewerkschaft wirksam ist, tarifrechtlich keine Bedeutung.[65]

b) Ende nach Verbandsaustritt (§ 3 III TVG)

Die Individualnormen des Tarifvertrags gelten nur zwischen den beiderseits **543** Tarifgebundenen (§ 4 I 1 TVG); die Tarifgebundenheit knüpft an die Mitglied-

---

[62] *BAG* vom 18. 4. 2007 – 4 AZR 652/05, AP Nr. 53 zu § 1 TVG Bezugnahme auf Tarifvertrag = NZA 2007, 965 (Rn. 26).
[63] *BAG* vom 22. 10. 2008 – 4 AZR 793/07, BAGE 128, 185 = AP Nr. 67 zu § 1 TVG Bezugnahme auf Tarifvertrag = NZA 2009, 323 (Rn. 29).
[64] *Löwisch/Rieble*, TVG, § 3 Rn. 94; *Wiedemann/Oetker*, TVG, § 3 Rn. 36.
[65] *BAG* vom 22. 11. 2000 – 4 AZR 688/99, AP Nr. 20 zu § 3 TVG Verbandszugehörigkeit = NZA 2001, 980.

schaft an (§ 3 I TVG). Daher müsste das **Ende der Mitgliedschaft** an sich die Tarifgebundenheit und damit auch die normative Wirkung des Tarifvertrags mit sofortiger Wirkung beenden: Wenn der Arbeitgeber zum 31. 12. 2009 aus dem Arbeitgeberverband austritt, wäre er ab dem 1. 1. 2010 nicht mehr an den Tarifvertrag gebunden (und könnte mit den Arbeitnehmern untertarifliche Arbeitsbedingungen vereinbaren).

Nach § 3 III TVG bleibt jedoch die Tarifgebundenheit bestehen, bis der Tarifvertrag endet. Diese Vorschrift fingiert die Mitgliedschaft, die für die Tarifgebundenheit erforderlich ist, bis zum Ablauf des Tarifvertrags. Es kommt allein auf das Ende des Tarifvertrags an. Der Austritt aus der Tarifvertragspartei (oder ein Ende der Mitgliedschaft aus einem anderen Grunde) ändert nichts an der bestehenden Tarifgebundenheit. Während bei § 4 V TVG von der **Nachwirkung** des Tarifvertrags die Rede ist (Rn. 534), ordnet § 3 III TVG die sog. **Nachbindung** des Tarifvertrags an.

544 **Durchblick:** (1) Die Nachwirkung von Tarifnormen gemäß § 4 V TVG erfasst keine Arbeitsverhältnisse, die erst während des Nachwirkungszeitraums begründet werden (Rn. 534). Bei der Nachbindung gemäß § 3 III TVG ist das anders: Die Tarifgebundenheit der einen Seite, beispielsweise des Arbeitgebers, wird zum Schutz der Tarifautonomie für den Zeitraum der Nachbindung (d.h. bis zum Ende des Tarifvertrags) fingiert; daher kann die Tarifgeltung auch dadurch ausgelöst werden, dass Arbeitnehmer im Nachbindungszeitraum der tarifschließenden Gewerkschaft beitreten oder Gewerkschaftsmitglieder in diesem Zeitraum neu eingestellt werden. Das bedeutet: Obwohl zu keinem Zeitpunkt eine beiderseitige Mitgliedschaft bestanden hat, kann nach § 3 III TVG Tarifgeltung eintreten.[66] – (2) Während § 4 V TVG eine reine Ordnungsvorschrift ist, die das Entstehen „inhaltsleerer" Arbeitsverhältnisse verhindern soll (Rn. 534), dient § 3 III TVG dem Schutz der Tarifautonomie. § 4 V TVG ist daher abdingbar (z.B. durch vorsorgliche Regelung im Arbeitsvertrag); dagegen ist § 3 III TVG zwingendes Recht.

545 Die Nachbindung an den Tarifvertrag betrifft Arbeitnehmer und Arbeitgeber gleichermaßen:[67] Auch die Tarifgebundenheit des **Arbeitnehmers** endet nicht mit dem Austritt aus der Gewerkschaft, sondern erst mit dem Ende des Tarifvertrags (§ 3 III TVG). Da der Tarifvertrag jedoch i.d.R. den Arbeitnehmer begünstigt (zum Ausnahmefall des tarifdispositiven Gesetzesrechts s. Rn. 513), belastet die Nachbindung i.d.R. den **Arbeitgeber**. Das gilt insbesondere bei Manteltarifverträgen mit langer Laufzeit, etwa bei Stufenverträgen zur Verkürzung der Arbeitszeit (38 Stunden ab 1. 4. 2008, 37 Stunden ab 1. 4. 2010, 36 Stunden ab 1. 4. 2012).[68] Eine weitere Erschwernis für den Arbeitgeber resultiert daraus, dass sich an den Nachbindungszeitraum des § 3 III TVG die Nachwirkung gemäß § 4 V TVG anschließen kann. Die Folgen zeigt der

546 **Übungsfall 19 (Verbandsaustritt):** Die IG Metall hatte im Jahr 2005 mit dem Landesverband Mechanischer Metallhandwerke Baden-Württemberg e.V. (Landesverband) einen Manteltarifvertrag geschlossen, der am 1. 1. 2006 in Kraft trat und in § 13.3 bestimmte:

---

[66] *BAG* vom 6. 7. 2011 – 4 AZR 424/09, AP Nr. 51 zu § 3 TVG = NZA 2012, 281 (Rn. 43); *Krois,* EWiR § 3 TVG 1/2012, 189; *Löwisch/Rieble,* TVG, § 3 Rn. 225.

[67] *BAG* vom 4. 4. 2002 – 4 AZR 237/00, BAGE 97, 263 (269) = AP Nr. 26 zu § 4 TVG Tarifkonkurrenz m. Anm. *Jacobs* = NZA 2001, 1085.

[68] Zeitliche Begrenzungen bei lang laufenden oder unbefristeten Tarifverträgen befürworten Wiedemann/*Oetker,* TVG, § 3 Rn. 94 (analog § 39 II BGB zwei Jahre); *Löwisch/Rieble,* TVG, § 3 Rn. 269 f. (analog § 613 a I 2 BGB ein Jahr).

„Unterstützung bei Todesfall. Beim Tode eines Arbeitnehmers gewährt der Arbeitgeber an unterhaltsberechtigte Angehörige eine Unterstützung in Höhe des Lohnes/Gehaltes für die Dauer von 1½ Monaten, nach zehnjähriger Betriebszugehörigkeit für die Dauer von 3 Monaten, gerechnet vom Todestage an." Die Badische Metallwaren AG (B. AG), die seit langem dem Landesverband angehörte, kündigte ihre Mitgliedschaft wirksam zum 31. 12. 2008. Die IG Metall kündigte einen Teil des Manteltarifvertrages, nämlich den Teil über die wöchentliche Arbeitszeit, wirksam zum 31. 12. 2009. Die Tarifparteien ersetzten diesen Teil mit Wirkung ab 1. 1. 2010 durch eine Neuregelung; die übrigen Teile des Manteltarifvertrages von 2005 – darunter auch die Bestimmung über die Unterstützung im Todesfall – bleiben bis Ende 2012 in Kraft. Herr Künzel (K), kaufmännischer Angestellter bei der B. AG und Mitglied der IG Metall, war von 1979 bis zu seinem Tod am Abend des 31. 5. 2010 bei der B. AG beschäftigt. Seine Witwe (W) hat im Juni 2010 vor dem Arbeitsgericht gegen die B. AG Klage auf Zahlung von drei Monatsgehältern nach § 13.3 des Manteltarifvertrages erhoben. Die B. AG meint, der Manteltarifvertrag habe für sie Ende 2008, spätestens aber Ende 2009 die Gültigkeit verloren. Wie ist zu entscheiden?[69]

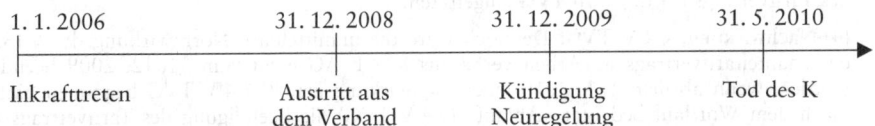

1. 1. 2006	31. 12. 2008	31. 12. 2009	31. 5. 2010
Inkrafttreten	Austritt aus dem Verband	Kündigung Neuregelung	Tod des K

Lösung: (I) Gegen die **Zulässigkeit der Klage** bestehen keine Bedenken: Das Arbeitsgericht **547** ist gemäß § 2 I Nr. 4a ArbGG zuständig (Rechtsstreit zwischen der Hinterbliebenen eines Arbeitnehmers und dem Arbeitgeber über einen Anspruch, der mit dem Arbeitsverhältnis in rechtlichem Zusammenhang steht). Es entscheidet im Urteilsverfahren (§§ 2, 46 I ArbGG).

(II) Die **Begründetheit der Klage** hängt davon ab, ob W gegen die B. AG aus § 13.3 des Manteltarifvertrags einen Anspruch auf finanzielle Unterstützung in Höhe von drei Monatsgehältern ihres verstorbenen Ehemannes hat.

(1) **Voraussetzungen der Tarifnorm:** Die Anforderungen des § 13.3 sind erfüllt; ein Arbeitnehmer ist verstorben, und W ist „unterhaltsberechtigte Angehörige" dieses Arbeitnehmers (§§ 1360, 1360a BGB). Es handelt sich um eine Inhaltsnorm i. S. d. §§ 1 I, 4 I 1 TVG.

(2) **W als Anspruchsinhaberin:** Die Anspruchstellerin W müsste **aktivlegitimiert** sein (Aktivlegitimation = Anspruchsinhaberschaft), d. h. ihr müsste ein eigener Anspruch gegen den früheren Arbeitgeber ihres Mannes zustehen können.

(a) Sie selbst ist **nicht tarifgebunden** (§§ 4 I 1, 3 I TVG), da sie weder Partei eines Arbeitsverhältnisses mit der B. AG noch Mitglied der IG Metall ist. Kraft **Universalsukzession** (Gesamtrechtsnachfolge) gemäß § 1922 I BGB kann sie einen Anspruch aus der Tarifnorm ebenfalls nicht erworben haben, denn der Anspruch auf finanzielle Unterstützung entstand erst „beim Tode" des Ehemannes.

(b) Die Bestimmung des § 13.3 könnte aber eine **Tarifnorm zugunsten Dritter** sein (§ 328 BGB), die den Angehörigen verstorbener, vor ihrem Tode tarifgebundener Arbeitnehmer einen eigenen Anspruch gewährt. Eine solche Ausgestaltung der Tarifnorm ist möglich;[70] der eigene Rechtserwerb der „unterhaltsberechtigten Angehörigen" gemäß § 328 BGB ergibt sich aus dem Wortlaut und dem Fürsorgezweck der Tarifbestimmung (vgl. § 328 II BGB). W ist folglich aktivlegitimiert.

(3) **Beiderseitige Tarifgebundenheit:** Der Anspruch aus der Tarifnorm besteht, wenn im **548** Zeitpunkt der Anspruchsentstehung – beim Eintritt des Todes des K – beiderseitige Tarifgebundenheit vorlag (§§ 4 I 1, 3 I TVG). K war als Mitglied der IG Metall tarifgebunden. Fraglich ist die Tarifgebundenheit der B. AG.

---

[69] Fall nach *BAG* vom 18. 3. 1992 – 4 AZR 339/91, AP Nr. 13 zu § 3 TVG m. Anm. *Löwisch/Rieble* = NZA 1992, 700 = SAE 1993, 132 m. Anm. *Krebs.*

[70] *Löwisch/Rieble,* TVG, § 1 Rn. 196.

(a) **Nachbindung, § 3 III TVG:** Ursprünglich war die B. AG als Mitglied des Arbeitgeberverbands nach § 3 I TVG tarifgebunden. Die Tarifgebundenheit endete nicht **zum 31. 12. 2008** durch Verbandsaustritt, da der Austritt nach § 3 III TVG keinen Einfluss auf die Tarifgebundenheit hat.

(b) **Ende der Nachbindung:** Die Tarifgebundenheit könnte aber **zum 31. 12. 2009** durch Änderung des Tarifvertrags beendet worden sein. Der **Wortlaut** des § 3 III TVG („... bis der Tarifvertrag endet") legt es nahe, auf die Beendigung des gesamten Tarifvertrages abzustellen, die im vorliegenden Fall zum 31. 12. 2012 erfolgte. Nach dem **Sinn und Zweck** des § 3 III TVG können die Verbandsmitglieder jedoch nur an die zurzeit ihres Austritts bestehenden Tarifverträge gebunden bleiben: Die Nachbindung ist mit der Koalitionsfreiheit des Arbeitgebers (Art. 9 III GG) nur vereinbar, solange es sich um den Tarifvertrag handelt, dessen Geltung er noch durch seine Verbandsmitgliedschaft legitimiert hat.[71] Daher ist schon jede nicht ganz unerhebliche Änderung des Tarifvertrags als „Beendigung" i. S. d. § 3 III TVG anzusehen.[72] Auch wenn die Neufassung von 2010 den Manteltarifvertrag von 2005 nur hinsichtlich der Arbeitszeit abgelöst hat, ist zum 31. 12. 2009 eine Beendigung des Tarifvertrags i. S. d. § 3 III TVG eingetreten.

549 (4) **Nachwirkung, § 4 V TVG:** Dennoch wäre die unmittelbare Normwirkung des § 13.3 des Manteltarifvertrags im Arbeitsverhältnis K – B. AG nicht zum 31. 12. 2009 beendet worden, wenn ab dem 1. 1. 2010 eine Nachwirkung gemäß § 4 V TVG begonnen hätte. Nach dem **Wortlaut** bedeutet „Ablauf" (§ 4 V TVG) die Beendigung des Tarifvertrags in zeitlicher Hinsicht („Zeitablauf"), nicht jedoch die Beendigung durch Verbandsaustritt. Nach seinem **Sinn und Zweck** ist § 4 V TVG aber eine Ordnungsvorschrift, die verhindern soll, dass die Arbeitsverhältnisse nach der Beendigung des Tarifvertrags inhaltsleer werden. Daher wendet die Rechtsprechung die Vorschrift auch an, wenn die Tarifgebundenheit wegen eines Verbandsaustritts und späterer Änderung des Tarifvertrags gemäß § 3 III TVG wegfällt.[73] Die Tarifnorm des § 13.3 entfaltete daher gemäß § 4 V TVG im Arbeitsverhältnis K – B. AG so lange unmittelbare Wirkung, bis diese Norm durch eine andere Abmachung ersetzt wurde. Das ist im Arbeitsverhältnis K – B. AG bis zum Tode des K nicht geschehen.

(III) **Ergebnis:** W hat den geltend gemachten Anspruch. Die Klage ist begründet.

c) Ende durch Betriebsübergang (§ 613a BGB)

550 Das Zusammenspiel von § 3 III TVG und § 4 V TVG kann den Arbeitgeber noch lange nach seinem Austritt aus dem Arbeitgeberverband an dem Tarifvertrag festhalten. Der Verbandsaustritt ist daher aus Arbeitgebersicht nur ein beschränkt taugliches Mittel, um die tariflichen Arbeitsbedingungen zu verändern. Anders ist die Rechtslage, wenn ein Betriebsübergang gemäß § 613a I 1 BGB stattfindet (Rn. 133–144). Dann ist § 613a I 2–4 BGB anzuwenden, deren europarechtliche Grundlage sich heute in der **Richtlinie 01/23/EG** findet. Die Vorschrift betrifft den Fall, dass die Rechte und Pflichten der Arbeitsvertragsparteien durch Rechtsnormen eines Tarifvertrags oder durch eine Betriebsvereinbarung geregelt sind (§ 613a I 2 BGB). Sie schafft einen Interessenausgleich zwischen dem **Bestandsinteresse** des Arbeitnehmers und dem **Ablöseinteresse** des Arbeit-

---

[71] *BAG* vom 7. 11. 2001 – 4 AZR 703/00, BAGE 99, 283 (287f.) = AP Nr. 11 zu § 3 TVG Verbandsaustritt = NZA 2002, 748; *Hromadka/Maschmann* II, § 13 Rn. 244; *Gamillscheg* I, § 17 I 5 d (2).

[72] *BAG* vom 18. 3. 1992 – 4 AZR 339/91, NZA 1992, 700 (701); *BAG* vom 1. 7. 2009 – 4 AZR 261/08, BAGE 131, 176 = AP Nr. 14 zu § 3 TVG Verbandsaustritt = NZA 2010, 53 (Rn. 51); kritisch *Willemsen/Mehrens*, NZA 2010, 307 (311).

[73] *BAG* vom 18. 3. 1992 – 4 AZR 339/91, NZA 1992, 700 (701). Zustimmend *Hromadka/Maschmann* II, § 13 Rn. 103, 104; kritisch *Lieb*, NZA 1994, 337 (338).

gebers, der sich von der Regelung der §§ 3 III, 4 V TVG unterscheidet. Für den Arbeitgeber kann es daher vorteilhafter sein, einen Betriebsübergang nach § 613 a I 1 BGB eintreten zu lassen, anstatt zu versuchen, durch Verbandsaustritt die Tarifbedingungen zu verändern.

Beispiel: Die Anilin AG (A. AG), ein Unternehmen der chemischen Industrie, ist Mitglied 551 im Chemie-Arbeitgeberverband. Sie sieht mit wachsendem Missvergnügen, dass der Reinigungsdienst und der Werksschutz nach den relativ hoch dotierten Tarifverträgen der chemischen Industrie zu vergüten sind. Die A. AG gründet die Reinigungs-GmbH (R. GmbH) und die Werksschutz-GmbH (W. GmbH), welche auf Grund von Verträgen mit der A. AG die bisherigen Reinigungs- und Werksschutzaufgaben sowie den größten Teil des bisherigen Reinigungs- und Werksschutzpersonals übernehmen. Die R. GmbH ist nicht tarifgebunden. Die W. GmbH ist seit ihrer Gründung Mitglied im Arbeitgeberverband des Bewachungsgewerbes, der mit der Gewerkschaft ver.di einen Entgelttarifvertrag für die Beschäftigten im Bewachungsgewerbe geschlossen hat.

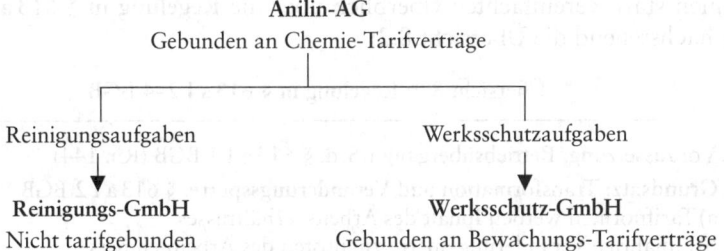

Anilin-AG
Gebunden an Chemie-Tarifverträge

Reinigungsaufgaben / Werksschutzaufgaben

Reinigungs-GmbH / **Werksschutz-GmbH**
Nicht tarifgebunden / Gebunden an Bewachungs-Tarifverträge

Das Schicksal der Rechte und Pflichten, die durch Rechtsnormen eines Tarif- 552 vertrags (oder durch eine Betriebsvereinbarung) geregelt sind, ist Gegenstand des § 613 a I 2–4 BGB. Diese Vorschrift stellt drei Grundregeln auf:

(1) Die Rechte und Pflichten aus einem normativ geltenden Tarifvertrag werden mit dem Betriebsübergang Inhalt des Arbeitsverhältnisses zwischen dem neuen Inhaber und dem Arbeitnehmer (**Transformation, § 613 a I 2, 1. Hs. BGB**).[74] Sie dürfen nicht vor Ablauf eines Jahres nach dem Zeitpunkt des Betriebsübergangs zum Nachteil des Arbeitnehmers geändert werden (**Veränderungssperre, § 613 a I 2, 2. Hs. BGB**).

In dem **Beispiel** liegt hinsichtlich des **Reinigungspersonals** der Übergang eines Betriebsteils von der A. AG auf die R. GmbH vor (§ 613 a I 1 BGB). Die bisher von der A. AG geschuldeten Tariflöhne werden Inhalt des Arbeitsverhältnisses mit der R. GmbH und dürfen nicht vor Ablauf eines Jahres nach dem Betriebsteilübergang zum Nachteil der Reinigungskräfte geändert werden (§ 613 a I 2 BGB). Eine Änderungskündigung der R. GmbH mit dem Ziel der Lohnkürzung wäre daher vor Ablauf der Jahresfrist unwirksam.

(2) Die Transformation der Tarifbedingungen in die Arbeitsvertragsbedin- 553 gungen und die einjährige Veränderungssperre nach § 613 a I 2 BGB gelten nicht, wenn die Rechte und Pflichten bei dem neuen Betriebsinhaber durch Rechtsnormen eines **anderen Tarifvertrags** geregelt werden (§ 613 a I 3 BGB). Dann kommen mit dem Übergang des Betriebs oder Betriebsteils vielmehr die anderen Tarifnormen zur Anwendung, auch wenn sie für den Arbeitnehmer ungünstiger sind.

---

[74] Einzelheiten in *BAG* vom 14. 8. 2001 – 1 AZR 619/00, BAGE 98, 323 (332) = AP Nr. 85 zu § 77 BetrVG 1972 = NZA 2002, 276 = SAE 2002, 263 m. Anm. *Reichold*.

In dem **Beispiel** liegt hinsichtlich des **Werksschutzpersonals** der Übergang eines Betriebsteils von der A. AG auf die W. GmbH vor (§ 613 a I 1 BGB). Da die Vergütung bei der W. GmbH durch den Entgelttarifvertrag für das Bewachungsgewerbe geregelt ist, kommt bei der W. GmbH dieser Tarifvertrag jedenfalls gegenüber den Werksschutzleuten zur Anwendung (§ 613 a I 3 BGB), die Mitglieder der Gewerkschaft ver.di sind.[75] Bei den übrigen kann sich dasselbe aus arbeitsvertraglicher Bezugnahme ergeben.

554   (3) Im Fall des § 613 a I 2 BGB können die Rechte und Pflichten aus dem alten Tarifvertrag vor Ablauf der Jahresfrist geändert werden, wenn der alte Tarifvertrag nicht mehr gilt (§ 613 a I 4, 1. Variante BGB) oder wenn der Betrieb nach dem Inhaberwechsel in den Geltungsbereich eines anderen Tarifvertrags fällt, keine Bindung an diesen Tarifvertrag besteht und seine Anwendung zwischen dem neuen Betriebsinhaber und dem Arbeitnehmer vereinbart wird[76] (§ 613 a I 4, 2. Variante BGB).

555   Einen stark vereinfachten Überblick über die **Regelung in § 613 a I 2–4 BGB** gibt nachstehend die **Übersicht 8.2:**

Übersicht 8.2: Regelung in § 613 a I 2–4 BGB

---

1. **Voraussetzung: Betriebsübergang** i. S. d. § 613 a I 1 BGB (Rn. 144)
2. **Grundsatz: Transformation und Veränderungssperre**, § 613 a I 2 BGB
   a) Tarifnormen werden Inhalt des Arbeitsverhältnisses
   b) Einjährige Veränderungssperre zugunsten des Arbeitnehmers
3. **Ungeschriebene Ausnahme von der** *Transformation*
   a) Betriebserwerber und Arbeitnehmer sind nach dem Betriebsübergang an **denselben Tarifvertrag** gebunden (§§ 3 I, II, 5 IV TVG).
   b) Folge: Der Tarifvertrag gilt bereits nach § 4 I TVG (§ 613 a I 2 BGB ist nur Auffangtatbestand).
4. **Ausnahme gemäß § 613 a I 3 BGB** von der *Transformation*
   a) Betriebserwerber und Arbeitnehmer sind nach dem Betriebsübergang an einen **anderen Tarifvertrag** gebunden.
   b) Folge: Der andere Tarifvertrag ist anzuwenden (§ 613 a I 2 BGB gilt nicht).
5. **Ausnahme gemäß § 613 a I 4 BGB** (nur) von der *Veränderungssperre*
   Voraussetzungen:
   a) Zwingende Wirkung des Tarifvertrags entfällt vor Ablauf der Jahresfrist (nur noch Nachwirkung gemäß § 4 V TVG) oder
   b) im Geltungsbereich eines **anderen Tarifvertrags**, an den Betriebserwerber und Arbeitnehmer nicht gebunden sind (sonst gilt schon § 613 a I 3 BGB), wird dessen Anwendung vereinbart.

---

2. Tarifgebundenheit des Arbeitgebers

556   Die Tarifnormen über **betriebliche Fragen** regeln das „betriebliche Rechtsverhältnis" zwischen Arbeitgeber und Belegschaft[77] (s. Rn. 506 zum Begriff der

---

[75] *BAG* vom 21. 2. 2001 – 4 AZR 18/00, BAGE 97, 107 (112) = AP Nr. 20 zu § 4 TVG = NZA 2001, 1318 = SAE 2002, 19 m. Anm. *Kamanabrou.*
[76] Beispiel bei *Hromadka/Maschmann* II, § 19 Rn. 110, 111.
[77] *BAG* vom 1. 8. 2001 – 4 AZR 388/99, BAGE 98, 303 (310) = AP Nr. 5 zu § 3 TVG Betriebsnorm; *Löwisch/Rieble*, TVG, § 1 Rn. 139.

Betriebsnorm). Die Tarifnormen über **betriebsverfassungsrechtliche Fragen** bestimmen das Rechtsverhältnis zwischen Arbeitgeber und Betriebsrat als Interessenvertreter der Belegschaft (Rn. 505–506). In beiden Fällen soll eine einheitliche Regelung für den Betrieb geschaffen werden. Bei betrieblichen und betriebsverfassungsrechtlichen Normen eines Tarifvertrages genügt daher die Tarifgebundenheit des Arbeitgebers (§ 3 II TVG), um die unmittelbare und zwingende Wirkung herbeizuführen (§ 4 I 2 TVG). Wenn § 3 II TVG einschlägig ist, setzen die Tarifparteien also auch Rechtsnormen für Außenseiter[78] (Rn. 524). Nach verbreiteter Ansicht ist es für § 3 II TVG nicht erforderlich, dass ein Arbeitnehmer im Betrieb der tarifschließenden Gewerkschaft angehört.[79]

3. Allgemeinverbindlicherklärung (§ 5 TVG)

Wenn ein Tarifvertrag für allgemeinverbindlich erklärt wird, erfassen seine 557 Normen in seinem Geltungsbereich auch die bisher nicht tarifgebundenen Arbeitgeber und Arbeitnehmer (§ 5 IV TVG). Die Allgemeinverbindlicherklärung nach § 5 I–III TVG soll in einem Tarifgebiet gleiche Arbeitsbedingungen für alle Arbeitnehmer schaffen. Sie ist ein Rechtssetzungsakt eigener Art zwischen autonomer Regelung und staatlicher Rechtssetzung, der seine Grundlage in Art. 9 III GG findet.[80] Nach der Rechtsprechung des BVerfG steht die individuelle negative Koalitionsfreiheit der Allgemeinverbindlicherklärung nicht entgegen: Die allgemeinverbindlichen Tarifverträge seien gegenüber den Außenseitern durch die staatliche Mitwirkung noch hinreichend demokratisch legitimiert.[81] Die Allgemeinverbindlicherklärung erfolgt auf Antrag einer Tarifpartei durch den Bundesminister für Arbeit und Sozialordnung[82] im Einvernehmen mit einem Tarifausschuss, der aus je drei Arbeitnehmer- und Arbeitgebervertretern besteht (§ 5 I 1 TVG). Sie setzt voraus, dass die bereits tarifgebundenen Arbeitgeber mindestens 50% der in der jeweiligen Branche tätigen Arbeitnehmer beschäftigen und die Allgemeinverbindlicherklärung im öffentlichen Interesse geboten erscheint (§ 5 I 1 Nrn. 1, 2 TVG).

> **Praxis:** Zwar waren am 1. 4. 2010 nur 0,65% aller Tarifverträge (in absoluten Zahlen: 476 Tarifverträge) allgemeinverbindlich, aber sie betrafen wichtige Branchen wie das Baugewerbe, das Metall- und Elektrohandwerk oder den Handel und kostenträchtige Regelungen wie etwa die Versorgungskassen im Baugewerbe.[83]

---

[78] Zur Verfassungsmäßigkeit des § 3 II TVG *Gamillscheg* I, § 17 I 2 d (2); ErfK/*Franzen*, § 3 TVG Rn. 17 (bejahend); a. A. *Reuter,* Schaub-FS (1998), S. 605 (610 ff.).

[79] Wiedemann/*Oetker*, TVG, § 3 Rn. 168; Kempen/Zachert/*Kempen,* TVG, § 3 Rn. 87; Däubler/ *Lorenz,* TVG, § 3 Rn. 69; H/W/K/*Henssler,* § 3 TVG Rn. 35; *Gamillscheg* I, § 17 I 2 d; a. A. ErfK/*Franzen,* § 3 TVG Rn. 17; *Löwisch/Rieble,* TVG, § 3 Rn. 207.

[80] Nachweise bei ErfK/*Franzen,* § 5 TVG Rn. 4.

[81] *B VerfG* vom 24. 5. 1977 – 2 BvL 11/74, BVerfGE 44, 322 (340) = NJW 1977, 2255 – Allgemeinverbindlicherklärung.

[82] Zur Delegation auf die oberste Arbeitsbehörde eines Bundeslandes: §§ 5 VI TVG, 12 DVO TVG.

[83] Zahlenangaben: www.bmas.bund.de unter „Arbeitsrecht" bei „Allgemeinverbindliche Tarifverträge".

4. Arbeitnehmer-Entsendegesetz

558   Das Arbeitnehmer-Entsendegesetz (AEntG) von 1996, erlassen in Vorwegnahme der **Richtlinie 96/71/EG** und seither vielfach geändert, erstreckt bestimmte, in allgemeinverbindlichen Tarifverträgen bestimmter Branchen (§ 4 AEntG) enthaltene Arbeitsbedingungen (§ 5 AEntG) auf ausländische Arbeitgeber und ihre im Inland beschäftigten Arbeitnehmer. Das geschieht durch eine dreistufige Regelung: Im ersten Schritt legen die Tarifparteien Mindestarbeitsbedingungen fest (§§ 3 I, 4 I 1 TVG). Nachdem das BMAS in einem zweiten Schritt diesen Tarifvertrag für allgemeinverbindlich erklärt hat (§ 5 I–III TVG), ordnet auf der dritten Stufe § 3 AEntG an, dass diese Mindestarbeitsbedingungen auch auf Arbeitsverhältnisse zwischen Arbeitgebern mit Sitz im Ausland und ihren im Inland beschäftigten Arbeitnehmern zwingend anzuwenden sind (zur Festsetzung von Mindestlöhnen für regelmäßig im Inland beschäftigte Arbeitnehmer durch Rechtsverordnung nach § 7 AEntG s. Rn. 238).

IV. Geltung des Tarifvertrags

559   Die Inhalts-, Abschluss- und Beendigungsnormen eines Tarifvertrags gelten unmittelbar und zwingend zwischen den beiderseits Tarifgebundenen, die unter den Geltungsbereich des Tarifvertrags fallen (§ 4 I 1 TVG). Das gilt entsprechend für Betriebsnormen und betriebsverfassungsrechtliche Normen (§ 4 I 2 TVG). Ein Anspruch aus einem Tarifvertrag setzt demnach voraus, dass der Sachverhalt unter den **Geltungsbereich des Tarifvertrags** fällt (dazu 1). Wenn sich die Geltungsbereiche mehrerer Tarifverträge überschneiden, kann es zur **Tarifkonkurrenz** oder zur **Tarifpluralität** kommen (dazu 2).

1. Geltungsbereich

560   Mit dem Geltungsbereich legen die Tarifparteien fest, welche Normadressaten in welchem Zeitraum der Tarifvertrag erfassen soll. Bei der Festlegung des Geltungsbereichs unterliegen die Tarifparteien den allgemeinen Einschränkungen der Tarifautonomie (Rn. 510–515). Beispielsweise können sie nicht ohne sachlichen Grund Teilzeitbeschäftigte vom Geltungsbereich des Tarifvertrags ausnehmen (§ 4 I TzBfG).

Die Tarifparteien vereinbaren in der Regel **ausdrücklich**, welchen zeitlichen, räumlichen, sachlichen und persönlichen Geltungsbereich die Tarifnormen haben sollen. Fehlt es an einer ausdrücklichen Regelung, so ist im Wege der **Auslegung** zu ermitteln, welcher Geltungsbereich dem Tarifvertrag zukommt (Rn. 508–509). Eine Auslegungsregel besagt, dass ein Lohntarifvertrag im Zweifel mit demselben Geltungsbereich geschlossen wird wie ein zwischen den Parteien geschlossener Manteltarifvertrag.[84] Ferner gibt es die Regel, dass die Parteien die ihnen durch die Satzung eröffnete Tarifzuständigkeit im Zweifel ausschöpfen wollen.[85]

---

[84] *BAG* vom 13. 6. 1957 – 2 AZR 402/54, AP Nr. 6 zu § 4 TVG Geltungsbereich = RdA 1958, 318.
[85] *Hromadka/Maschmann* II, § 13 Rn. 213; *Löwisch/Rieble*, TVG § 4 Rn. 127.

a) Der **zeitliche Geltungsbereich** ist identisch mit der Dauer des Tarifvertrags 561
(„Laufzeit"), die durch Beginn und Ende der Tarifgeltung definiert wird.

(1) Der **Beginn der Tarifgeltung** tritt, wenn die Parteien nichts anderes vereinbaren, in dem Zeitpunkt ein, in welchem die Vertreter der Tarifparteien den Vertrag eigenhändig unterzeichnen (§ 1 II TVG, § 126 I, II BGB). Einer Veröffentlichung des Tarifvertrags bedarf es nicht: Das Publizitätserfordernis des § 8 TVG ist eine Ordnungsvorschrift, deren Verletzung weder die Wirksamkeit des Tarifvertrags noch den Beginn der Tarifgeltung beeinflusst.[86] Die Parteien können dem Tarifvertrag auch **rückwirkende Geltung** verleihen, soweit nicht der Vertrauensschutz der Tarifgebundenen entgegensteht. Sie können den Tarifvertrag auch zu einem **späteren Zeitpunkt** oder stufenweise in Kraft setzen (**Stufentarifvertrag**).

Beispiel: Eine Gehaltserhöhung von 2% soll sofort, eine Gehaltserhöhung von weiteren 2% erst am 1. 1. des nächsten Jahres eintreten.

(2) Das **Ende der Tarifgeltung** tritt meist durch Zeitablauf eine (**befristeter** 562 **Tarifvertrag**). Bei **unbefristeten Tarifverträgen** sehen die Parteien i.d.d.R. eine ordentliche Kündigung vor; ist das ausnahmsweise nicht der Fall, wollen manche § 77 V BetrVG analog anwenden (drei Monate).[87] Wenn die Tarifparteien einen neuen Tarifvertrag über denselben Gegenstand schließen, liegt darin ein konkludenter **Aufhebungsvertrag** hinsichtlich des ursprünglichen Tarifvertrags. Mit der Beendigung des Tarifvertrags endet zwar seine zwingende Wirkung; die Normen des Tarifvertrags gelten jedoch nach § 4 V TVG dispositiv weiter (Rn. 534, 535).

Beispiel für eine tarifliche Regelung des zeitlichen Geltungsbereichs ist ein Tarifvertrag vom 10. 3. 2011, der bestimmt: „Dieser Tarifvertrag tritt rückwirkend zum 1. 1. 2011 in Kraft. Die Arbeitszeitregelung des § 3 tritt mit Wirkung zum 1. 7. 2011 in Kraft. Der Tarifvertrag kann mit sechsmonatiger Frist zum Quartalsende gekündigt werden, erstmals zum 31. 12. 2013."

b) Mit dem **räumlichen Geltungsbereich** legen die Tarifparteien das geogra- 563 phische Gebiet fest, innerhalb dessen der Tarifvertrag gelten soll (**Tarifgebiet**). Manche Tarifverträge gelten für das gesamte Gebiet der Bundesrepublik Deutschland („Bundeseinheitstarif"). Überwiegend ist das Tarifgebiet jedoch kleiner („Nordwürttemberg-Nordbaden"). Die Tarifparteien müssen im Rahmen ihrer geographischen Tarifzuständigkeit bleiben (Rn. 520). Sie müssen ferner regeln, welcher Anknüpfungspunkt für die Subsumtion unter den räumlichen Geltungsbereich maßgebend sein soll. Im Zweifel ist der Ort des Betriebs oder Betriebsteils gemeint, in welchem der Arbeitnehmer gewöhnlich beschäftigt ist.[88]

Beispiel: Ein Bauarbeiter, der bei einem Thüringer Betrieb zu einem Tariflohn von 10,50 Euro beschäftigt ist, wird von seiner Arbeitgeberin drei Monate auf einer Baustelle in Niedersachsen eingesetzt. Der für Niedersachsen geltende Tarifvertrag sieht einen Tariflohn von 11,50 Euro vor. – Maßgebender Anknüpfungspunkt ist der Betrieb; die nur **vorübergehende Entsendung** in ein anderes Tarifgebiet verändert die Zugehörigkeit zum Tarifgebiet Thüringen nicht. Es bleibt beim Tariflohn von 10,50 Euro.

---

[86] *BAG* vom 23. 1. 2002 – 4 AZR 56/01, BAGE 100, 225 (223–237) = AP Nr. 5 zu § 2 NachwG = NZA 2002, 800.

[87] Nachweise bei Wiedemann/*Wank*, TVG, § 4 Rn. 24.

[88] *Löwisch/Rieble*, TVG, § 4 Rn. 161; *Zöllner/Loritz/Hergenröder*, § 38 II 1.

564 c) Neben dem zeitlichen und räumlichen Geltungsbereich des Tarifvertrags ist der Adressatenkreis nach **weiteren, sachlichen Merkmalen** abgegrenzt.

(1) Die Tarifverträge beschränken ihre Geltung regelmäßig auf bestimmte Arten von Betrieben, beispielsweise Betriebe des Baugewerbes, der chemischen oder der metallverarbeitenden Industrie. Hierdurch wird der **betriebliche Geltungsbereich** festgelegt.

Wenn in einem Betrieb verschiedene arbeitstechnische Zwecke verfolgt werden, spricht man von einem **Mischbetrieb** (Beispiel: Supermarkt mit Restaurant). Dann kommt es für den betrieblichen Geltungsbereich des Tarifvertrags darauf an, mit welchen Arbeiten die Mehrzahl der Arbeitnehmer beschäftigt ist.[89] Verändert ein Betrieb durch Änderung des arbeitstechnischen Zwecks – z.B. durch **Produktionsumstellung** – seinen Charakter und verlässt er den Geltungsbereich des Tarifvertrags, endet die normative Wirkung des Tarifvertrags. Wenn keine anderen Abmachungen eingreifen (z.B. ein Tarifvertrag einer anderen Branche), wird analog § 4 V TVG eine Nachwirkung des bisherigen Tarifvertrags angenommen.[90]

565 (2) Manche Tarifverträge gelten nicht für alle Arbeitnehmer eines Betriebs, sondern begrenzen ihren Geltungsbereich nach der Art der Tätigkeit des Arbeitnehmers (z.B. Innendienst/Außendienst). Man kann insoweit vom **fachlichen Geltungsbereich** sprechen.

Beispiel: So kann ein Tarifvertrag nur für die Verkäufer des Möbelgewerbes gelten; diejenigen Arbeitnehmer, die keine Verkaufstätigkeit ausüben, sind damit vom Geltungsbereich des Tarifvertrags ausgeschlossen.

566 d) Vom **persönlichen Geltungsbereich** wird gesprochen, wenn die Tarifgeltung von Merkmalen persönlicher Art abhängt (z.B. Lebensalter, Dauer der Betriebszugehörigkeit oder bestimmte Fähigkeiten), die sich nicht als fachliche Merkmale (Rn. 565) ansprechen lassen.

Wenn die Tarifparteien den persönlichen Geltungsbereich festlegen, sind sie an den allgemeinen und die speziellen Gleichheitssätze gebunden (Rn. 53–59); die unterschiedliche Behandlung von Arbeitnehmern nach persönlichen Kriterien bedarf des sachlichen Grundes.

2. Tarifkollision

567 Wird ein Arbeitsverhältnis von mehreren Tarifverträgen erfasst, ist das solange unproblematisch, wie sich diese Tarifverträge nicht überschneiden, sondern ergänzen (Beispiel: Entgelttarifvertrag und Urlaubstarifvertrag). Das Problem kollidierender Tarifverträge ("Tarifkollision") entsteht, wenn zwei oder mehr Tarifverträge verschiedener Tarifparteien ein und denselben Gegenstand regeln und die beiden (oder mehreren) Tarifverträge Geltung für dasselbe Arbeitsverhältnis ("Tarifkonkurrenz") oder in demselben Betrieb ("Tarifpluralität") beanspruchen.

a) Tarifkonkurrenz

568 Eine Tarifkonkurrenz liegt vor, wenn ein und dieselbe Regelungsmaterie in **einem Arbeitsverhältnis** von den Rechtsnormen **mehrerer Tarifverträge** erfasst

---

[89] *BAG* vom 25. 11. 1987 – 4 AZR 361/87, BAGE 56, 357 (363) = AP Nr. 18 zu § 1 TVG Tarifverträge: Einzelhandel = NZA 1988, 317.
[90] *Zöllner/Loritz/Hergenröder*, § 38 II 2; *Hromadka/Maschmann* II, § 13 Rn. 103.

wird. Bei Tarifkonkurrenz entsteht eine Tarifkollision im einzelnen Arbeitsverhältnis.[91] Sie kann in zwei Fallgruppen auftreten:

– Eine **tarifautonome Konkurrenz** setzt voraus, dass sich die Geltungsbereiche 569 verschiedener, von den jeweiligen Tarifparteien „autonom" gesetzter Tarifverträge überschneiden. Eine tarifautonome Konkurrenz kann z.B. eintreten, wenn ein Verbandstarifvertrag mit einem Firmentarifvertrag über denselben Regelungsgegenstand konkurriert.

– Eine **staatlich veranlasste Tarifkonkurrenz** liegt vor, wenn die staatliche Rechtssetzung einen Tarifvertrag auf nicht (oder nicht mehr) Tarifgebundene erstreckt. Das ist z.B. der Fall, wenn die Normen eines für allgemeinverbindlich erklärten Tarifvertrags (§ 5 IV TVG) mit den Normen eines nicht allgemeinverbindlichen Tarifvertrags konkurrieren (Rn. 557).

In beiden Fallgruppen besteht Einigkeit, dass die Tarifkonkurrenz beseitigt 570 werden muss, weil ein und derselbe Regelungsgegenstand in einem Arbeitsverhältnis nicht durch mehrere Tarifverträge geregelt werden kann. Daher gilt der **Grundsatz der Tarifeinheit:** In den betroffenen Arbeitsverhältnissen kommt nur ein Tarifvertrag zur Anwendung.[92] Welcher Tarifvertrag das ist, bestimmt sich nicht nach dem Günstigkeitsprinzip (das auf derselben Regelungsebene nicht gilt, Rn. 85–88), sondern nach dem **Spezialitätsprinzip:** Maßgebend ist der Tarifvertrag, der dem Betrieb räumlich und fachlich am nächsten steht. Der Firmentarifvertrag verdrängt den Verbandstarifvertrag, der regionale Tarifvertrag hat Vorrang vor dem überregionalen Tarifvertrag, und der fachspezifische Tarifvertrag geht dem fachübergreifenden Branchentarifvertrag vor.[93] Lässt sich mit Hilfe des Spezialitätsgrundsatzes kein Vorrang feststellen, wird nach dem **Mehrheitsprinzip** der Tarifvertrag angewendet, der die meisten Arbeitsverhältnisse im Betrieb erfasst.[94]

b) Tarifpluralität

Eine Tarifpluralität liegt vor, wenn in Bezug auf ein und dieselbe Regelungs- 571 materie in **einem Betrieb** für verschiedene Arbeitsverhältnisse **verschiedene Tarifverträge** Geltung beanspruchen.[95] Sie tritt neuerdings vermehrt auf, weil die nach dem **Industrieverbandsprinzip** organisierten DGB-Gewerkschaften (z.B. Transnet, Rn. 487) zunehmend Konkurrenz von **Berufsgruppengewerkschaften** (z.B. GdL, Rn. 484, 485) bekommen.

> **Beispiel:** Mit der Deutschen Bahn AG hat sowohl die Gewerkschaft der Lokomotivführer (GdL), handelnd für die Lokführer, als auch die Gewerkschaft Transnet (für das übrige Fahrpersonal) einen eigenständigen Firmentarifvertrag geschlossen.

Während bei **Tarifkonkurrenz** unbestritten ist, dass ein und dieselbe Materie in einem Arbeitsverhältnis nur von einem Tarifvertrag geregelt werden kann

---

[91] Umfassend *Jacobs,* Tarifeinheit und Tarifkonkurrenz (1998).
[92] *Gamillscheg* I, § 17 III 3c (2)(c); Wiedemann/*Wank,* TVG, § 4 Rn. 293–299.
[93] *BAG* vom 23. 3. 2005 – 4 AZR 203/04, BAGE 114, 186 (189) = AP Nr. 29 zu § 4 TVG Tarifkonkurrenz = NZA 2005, 1003; *Löwisch/Rieble,* TVG, § 4 Rn. 276.
[94] *BAG* vom 4. 12. 2002 – 10 AZR 113/02, AP Nr. 28 zu § 4 TVG Tarifkonkurrenz = RdA 2003, 375 (377) m.Anm. *Schaub.*
[95] *Hromadka/Maschmann* II, § 13 Rn. 264; *Göhner,* Bauer-FS (2010), S. 351 (352 ff.).

(Rn. 570), erscheint bei **Tarifpluralität** der Grundsatz der Tarifeinheit weniger überzeugend: Warum sollen im Betrieb der Deutschen Bahn AG nicht die Arbeitsverhältnisse der Lokführer dem GdL-Tarifvertrag und die Arbeitsverträge des übrigen Fahrpersonals dem Transnet-Tarifvertrag unterliegen? Dazu der

572 **Übungsfall 20 (Haustarifvertrag):** Dagmar Meyer (M) ist bei der Real-Kauf AG (R) in Hannover als Kassiererin beschäftigt. Es besteht folgende Tarifsituation:

– Die Gewerkschaft ver.di hat mit dem Einzelhandelsverband Niedersachsen e. V. (EHN) einen **Verbandstarifvertrag** für alle Betriebe des Einzelhandels in Niedersachsen abgeschlossen. M ist Mitglied von ver.di. R ist nicht Mitglied des EHN. Der Verbandstarifvertrag zwischen der Gewerkschaft ver.di und dem EHN ist jedoch für allgemeinverbindlich erklärt (§ 5 TVG).

– R hat mit der Christlichen Gewerkschaft Handel (CGH) einen **Haustarifvertrag** abgeschlossen. Ebenso wie der Verbandstarifvertrag regelt der Haustarifvertrag die Bruttoentgelte der Arbeitnehmer und den Personalaustausch zwischen den Filialen, d. h. die Voraussetzungen, unter den Arbeitnehmer in eine andere Filiale der R versetzt werden können. Die Entgelt- und Versetzungsregeln sind für die Arbeitnehmer ungünstiger als diejenigen des Verbandstarifvertrags.

R wendet den Haustarifvertrag auf alle Arbeitsverhältnisse an. M beantragt beim zuständigen Arbeitsgericht die Feststellung, dass ihr Arbeitsverhältnis den Regelungen des Verbandstarifvertrags über das Bruttoarbeitsentgelt und den Personalaustausch unterliegt.[96]

Arbeitgeberverband EHN

| *Verbandstarifvertrag (§ 5 TVG)*

Gewerkschaft ver.di   Gewerkschaft CGH

| *Mitgliedschaft* | *Haustarifvertrag*
                        Arbeitsvertrag

Arbeitnehmerin (M) —————————————— Arbeitgeberin (R)

573 **Lösung:** (I) Die **Zulässigkeit** der Feststellungsklage setzt nach §§ 46 II ArbGG, 256 I ZPO voraus, dass ein konkretes Rechtsverhältnis im Streit ist und ein rechtliches Interesse an der Feststellung dieses Rechtsverhältnisses besteht. Ein **Rechtsverhältnis** i. S. d. § 256 I ZPO wird nicht nur durch den Arbeitsvertrag, sondern auch durch die normative Geltung tarifvertraglicher Rechte und Pflichten zwischen den Arbeitsvertragsparteien begründet. Das **Feststellungsinteresse** der M folgt daraus, dass das Feststellungsurteil die Rechtslage für die Zukunft in einer Weise klärt, wie es in einem Leistungsurteil, das bloß aktuelle Streitpunkte betrifft, nicht möglich ist.[97]

574 (II) Die **Begründetheit** der Klage hängt davon ab, dass der Verbandstarifvertrag im Arbeitsverhältnis der M normativ gilt [dazu (1)] und nicht durch den Haustarifvertrag verdrängt wird [dazu (2)].

(1) **Geltung des Verbandstarifvertrags:** Nach § 4 I TVG gelten die Rechtsnormen des fraglichen Verbandstarifvertrags zwischen den beiderseits Tarifgebundenen, die unter den Geltungsbereich des Tarifvertrags fallen. Zwar ist M ein Mitglied der Gewerkschaft ver.di und deshalb nach § 3 I TVG tarifgebunden. Da aber R kein Mitglied im tarifschließenden Verband EHN ist, folgt die Tarifbindung nicht aus §§ 3 I, 4 I TVG. Der Verbandstarifvertrag ist jedoch kraft **Allgemeinverbindlichkeit** nach § 5 IV TVG anzuwenden. Das Arbeitsverhältnis fällt auch unter den **Geltungsbereich** des Verbandstarifvertrags: Der Verbandstarifvertrag beansprucht Geltung für alle Betriebe des Einzelhandels in Niedersachsen.

---

[96] Fall frei nach *BAG* vom 20. 3. 1991 – 4 AZR 455/90, BAGE 67, 330 = AP Nr. 20 zu § 4 TVG Tarifkonkurrenz m. Anm. *Hanau/Kania* = NZA 1991, 736 = JuS 1991, 1069 = SAE 1993, 74 m. Anm. *Salje* = EWiR 1991, 1129 *(Zunft)*.

[97] *BAG* vom 20. 3. 1991 – 4 AZR 455/90, BAGE 67, 330 (332 f.); *BAG* vom 28. 5. 1997 – 4 AZR 663/95, AP Nr. 6 zu § 1 TVG Bezugnahme auf Tarifvertrag = NZA 1997, 1066.

(2) **Vorrang des Haustarifvertrags:** Der Verbandstarifvertrag könnte verdrängt sein, weil R 575 über die gleichen Regelungsgegenstände einen Haustarifvertrag mit der Gewerkschaft CGH geschlossen hat. Wenn zwei Tarifverträge mit gleichem Regelungsgegenstand das gleiche Arbeitsverhältnis betreffen, liegt eine **Tarifkonkurrenz** vor. Es gilt das **Spezialitätsprinzip:** Anzuwenden ist der speziellere (sachnähere) Tarifvertrag.[98] Das bedeutet im vorliegenden Fall:

(a) **Personalaustausch:** Die Vorschriften der beiden Tarifverträge über den Personalaustausch zwischen den Filialen sind, da sie im Betrieb einheitlich gelten müssen (Rn. 506), **Betriebsnormen** (§ 1 I TVG). Nach §§ 3 II, 4 I 2 TVG genügt bei Betriebsnormen die Tarifbindung des Arbeitgebers; auf die Gewerkschaftszugehörigkeit des einzelnen Arbeitnehmers kommt es nicht an. Da alle Arbeitsverhältnisse von diesen Betriebsnormen erfasst werden, besteht eine notwendig aufzulösende **Tarifkonkurrenz.** Nach dem **Spezialitätsprinzip** haben die Normen des Haustarifvertrags über den Personalaustausch den Vorrang. Insoweit ist daher die Klage der M unbegründet.

(b) **Bruttoentgelt:** Die Vorschriften der beiden Tarifverträge über das Bruttoentgelt sind, da sie den Inhalt der tarifunterworfenen Arbeitsverhältnisse ordnen, **Individualnormen** (§ 1 I TVG), die nach §§ 3 I, 4 I 1 TVG nur bei beiderseitiger Tarifgebundenheit gelten: Da M nicht Mitglied der Gewerkschaft CGH ist, können die einschlägigen Regelungen des Haustarifvertrags nach §§ 3 I, 4 I 1 TVG ihr Arbeitsverhältnis nicht erreichen. Das Nebeneinander des Verbands- und des Haustarifvertrags führt bei den Individualnormen nicht zur Tarifkonkurrenz, sondern zur **Tarifpluralität.**

(aa) Die **frühere Rechtsprechung des BAG** und ein Teil der Literatur unterstellen nicht nur 576 die Tarifkonkurrenz, sondern auch die Tarifpluralität dem ungeschriebenen **Grundsatz der Tarifeinheit.**[99] Danach kann nicht nur in Bezug auf das einzelne Arbeitsverhältnis, sondern auch im Betrieb insgesamt nur ein Tarifvertrag gelten.[100] Die Tarifpluralität wird also nach denselben Regeln wie die Tarifkonkurrenz gelöst; der vorrangige Tarifvertrag bestimmt sich auch bei der Tarifpluralität nach dem Grundsatz der Spezialität. Die beiden Hauptargumente für die Tarifeinheit (auch) bei Tarifpluralität lauten: Erstens führe das Nebeneinander mehrerer Tarifverträge in einem Betrieb (z. B. zweiter Vergütungssysteme mit jeweils unterschiedlichen Eingruppierungen) zu unüberwindlichen praktischen Problemen, zumal der einzelne Arbeitnehmer durch Wechsel der Mitgliedschaft in der Gewerkschaft jederzeit von einem zum anderen Tarifregime wechseln könne. Zweitens sei die tarifliche Friedenspflicht (Rn. 581) nur noch eine leere Hülle, wenn der Arbeitgeber nacheinander von mehreren Gewerkschaften (jeweils für ihre Mitglieder) mit Arbeitskampf überzogen werden könne. Es drohten „englische Verhältnisse" (in Anspielung auf die Lahmlegung der englischen Wirtschaft durch permanenten Arbeitskampf im 1970er Jahren).[101] Nach dieser Ansicht wäre die Klage der M auch in Bezug auf die Individualnormen (Bruttoentgelte) unbegründet, weil der speziellere Haustarifvertrag den Verbandstarifvertrag verdrängen würde.

(bb) Die **neuere Rechtsprechung des BAG** und ein Teil der Literatur belassen es dagegen bei 577 Individualnormen bei dem **Nebeneinander der Tarifverträge** im Betrieb.[102] Das TVG binde die Geltung von Individualnormen an die beiderseitige Tarifgebundenheit im einzelnen Ar-

---

[98] *BAG* vom 22. 9. 1993 – 10 AZR 207/92, AP Nr. 21 zu § 4 TVG Tarifkonkurrenz = NZA 1994, 667 = SAE 1995, 17 m. Anm. *Reichold.*
[99] *BAG* vom 26. 1. 1994 – 10 AZR 611/92, BAGE 75, 298 (307) = AP Nr. 22 zu § 4 TVG Tarifkonkurrenz = NZA 1994, 1038; *BAG* vom 15. 11. 2006 – 10 AZR 665/05, BAGE 120, 182 = AP Nr. 34 zu § 4 TVG Tarifkonkurrenz = NZA 2007, 448 (Rn. 20); *Giesen,* NZA 2009, 11 (17 f.); *Hromadka,* NZA 2008, 384 (385); differenzierend *Buchner,* BB 2003, 2121 (2124 f.).
[100] *BAG* vom 20. 3. 1991 – 4 AZR 455/90, BAGE 67, 330 (340).
[101] *Hromadka/Maschmann* II, § 13 Rn. 270; *Hromadka,* Heinze-GS (2005), S. 383 (384); *Hromadka/Schmitt-Rolfes,* NZA 2010, 687 (691).
[102] *BAG* vom 27. 1. 2010 – 4 AZR 549/08 (A), AP Nr. 46 zu § 3 TVG = NZA 2010, 645 (Rn. 43–98); *BAG* vom 23. 6. 2010 – 10 AS 2/10, AP Nr. 47 zu § 3 TVG = NZA 2010, 778 (Rn. 2); *BAG* vom 7. 7. 2010 – 4 AZR 549/08, BAGE 135, 80 = AP Nr. 140 zu Art. 9 GG = NZA 2010, 1068 (Rn. 21–75); *Bayreuther,* NZA 2006, 642 (645); *Franzen,* RdA 2008, 193 (204); *Greiner,* NZA 2010, 743 (744 f.); *Jacobs,* NZA 2008, 325 (333); *Reichold,* RdA 2007, 322 (324 ff.); *Löwisch/Rieble,* TVG, § 4 Rn. 305, 310.

beitsverhältnis (§§ 3 I, 4 I 1 TVG) und nicht an eine Geltung im Betrieb. Das Prinzip der Tarifeinheit bei Tarifpluralität verstoße gegen Art. 9 III GG, weil es die positive Koalitionsfreiheit derjenigen, die den verdrängten Tarifvertrag durch ihre Mitgliedschaft legitimieren, ohne hinreichende Rechtfertigung fundamental einschränke. Zwar hat das BAG bisher nicht entschieden, ob die Aufgabe des Grundsatzes der Tarifeinheit auch – wie im vorliegenden Fall – bei Pluralität unter Beteiligung eines allgemeinverbindlichen Tarifvertrags gilt. Aber wenn in diesem Fall das öffentliche Interesse eine Einschränkung der neueren Rechtsprechung gebieten sollte, dann nur zugunsten des allgemeinverbindlichen Tarifs, auf den sich M hier gerade beruft.

(III) **Ergebnis:** Nach der neueren Rechtsprechung des BAG ist die Klage der M in Bezug auf das Bruttoentgelt begründet; in Bezug auf den Personalaustausch ist sie unbegründet.

3. Aufbauschema

578   Aus der bisherigen Darstellung des Tarifvertragsrechts ergibt sich zugleich ein Aufbauschema für die Prüfung des Erfüllungsanspruchs eines Arbeitnehmers gegen einen Arbeitgeber aus einer tariflichen Regelung. Die Ausgangsfrage lautet, ob ein Anspruch aus einem Arbeitsvertrag (§ 611 BGB) i. V. m. einer Tarifnorm besteht. Den Einstieg ermöglicht § 4 I 1 TVG. Danach entfaltet eine Regelung in einem Tarifvertrag unmittelbare und zwingende Wirkung, wenn eine wirksame Tarifnorm besteht (dazu I, Rn. 501–520) und nicht nach § 4 III TVG durch eine andere Regelung verdrängt wird (dazu II, Rn. 521–535), wenn die Voraussetzungen der Tarifgebundenheit erfüllt sind (dazu III, Rn. 536–558), und wenn die Tarifgebundenen unter den Geltungsbereich des Tarifvertrags fallen (dazu IV, Rn. 559–577).

579   Schematisch sind die Prüfungspunkte zusammengestellt in der **Übersicht 8.3 (Anspruch aus einem Tarifvertrag):**

Übersicht 8.3: Anspruch aus einem Tarifvertrag

I. Bestehen eines Tarifvertrags, §§ 1, 2 TVG
  1. Einigung, §§ 1 I TVG, 145 ff. BGB
     Auslegung der Tarifbestimmung
  2. Wirksamkeit der Einigung
     a) Schriftform, §§ 1 II TVG, 126 I, II BGB
     b) Kein Verstoß gegen höherrangiges Recht
  3. Tariffähigkeit, § 2 TVG
     Tarifzuständigkeit

II. Wirkung der Tarifnorm, § 4 TVG
  1. Keine Öffnungsklausel, § 4 III, 1. Fall TVG
  2. Keine Günstigkeit, § 4 III, 2. Fall TVG
  3. Nachwirkung, § 4 V TVG

III. Bindung an die Tarifnorm, §§ 3, 5 TVG
  1. Beiderseitige Tarifgebundenheit
  2. Einseitige Tarifgebundenheit
  3. Allgemeinverbindlicherklärung

IV. Geltung der Tarifnorm
  1. Geltungsbereich
  2. Tarifkonkurrenz
  3. Tarifpluralität

V. Voraussetzungen der Tarifnorm

V. Regelungen im schuldrechtlichen Teil

Der Tarifvertrag besteht aus einem normativen und einem schuldrechtlichen 580
Teil (§ 1 I TVG). Die Rechtsnormen bilden den wichtigsten Inhalt des Tarifvertrags; sie werden aber stets durch schuldrechtliche Vereinbarungen ergänzt. Die schuldrechtlichen Abreden des Tarifvertrags **verpflichten** nur die Tarifparteien. Dagegen kann der schuldrechtliche Teil des Tarifvertrags die Mitglieder einer Tarifpartei **berechtigen**, soweit er als Vertrag zugunsten Dritter auszulegen ist (§ 328 BGB).

Durchblick: Trifft der Tarifvertrag eine Aussage über Arbeitsbedingungen, die keine Tarifnorm ist, muss geprüft werden, ob es sich um eine schuldrechtliche **Vereinbarung** oder um eine bloße **Empfehlung** (ohne rechtliche Verbindlichkeit) handeln soll. Eine bloße Empfehlung stellt beispielsweise die folgende Protokollnotiz dar: „Die Tarifvertragsparteien erklären ihre Absicht, dass Abweichungen von der regelmäßigen wöchentlichen Arbeitszeit und der Freizeitausgleich für Mehrarbeit bestehende Arbeitsplätze sichern, neue Arbeitsplätze schaffen oder die Ausbildungskapazitäten erhöhen sollen."[103]

1. Friedenspflicht

Eine wichtige Aufgabe des Tarifvertrags ist die Befriedungsfunktion: Der Ta- 581
rifvertrag soll einen Arbeitskampf beenden oder verhindern. Daher verpflichten sich die Tarifparteien, während der Laufzeit des Tarifvertrags keinen Arbeitskampf zu beginnen. Es gibt zwei Varianten der Friedenspflicht:

a) Die **relative Friedenspflicht** soll während der Laufzeit eines Tarifvertrags 582
Arbeitskämpfe zur Änderung dieses Tarifvertrags ausschließen. Sie folgt bereits aus dem Sinn und Zweck der Tarifeinigung[104] und ist dem Tarifvertrag immanent, ohne dass es einer ausdrücklichen Vereinbarung bedarf.[105] Die relative Friedenspflicht verbietet die kampfweise Durchsetzung aller Tarifforderungen, die mit der tariflich geregelten Materie dergestalt in einem **inneren sachlichen Zusammenhang** stehen, dass ihre Erfüllung das wirtschaftliche Gewicht der im Tarifvertrag festgelegten Arbeitsbedingungen verändern würde.[106]

Beispiele: Ein Arbeitskampf mit dem Ziel einer günstigeren Gestaltung des **Lohngruppenkatalogs** ist während der Laufzeit des Lohntarifvertrags unzulässig. Dasselbe gilt für die Forderung nach **Arbeitszeitverkürzung** unter vollem Lohnausgleich bei bestehendem Lohntarifvertrag. In beiden Fällen würde die Tarifforderung in das Gefüge der tariflich geregelten Arbeitsbedingungen eingreifen und das für den Lohntarifvertrag charakteristische Verhältnis von Leistung und Gegenleistung verändern.

b) Die **absolute Friedenspflicht** steht während der Laufzeit des Tarifvertrags 583
jedem Arbeitskampf entgegen: Die Tarifparteien sind verpflichtet, während der Laufzeit des Tarifvertrags Arbeitskämpfe – unabhängig von ihren Zielen – zu

---

[103] Weitere Beispiele bei *Löwisch/Rieble*, TVG, § 1 Rn. 1124.
[104] *Gamillscheg* I, § 22 II 1; *Hromadka/Maschmann* II, § 14 Rn. 48.
[105] *BAG* vom 8. 2. 1957 – 1 AZR 169/55, BAGE 3, 280 (283) = AP Nr. 1 zu § 1 TVG Friedenspflicht; *BAG* vom 27. 6. 1989 – 1 AZR 404/88, BAGE 62, 171 (178) = AP Nr. 113 zu Art. 9 GG Arbeitskampf.
[106] *Gamillscheg* I, § 22 II 2 b; Wiedemann/*Thüsing*, TVG, § 1 Rn. 884–888.

unterlassen.[107] Die absolute Friedenspflicht setzt eine ausdrückliche Vereinbarung der Tarifparteien voraus.[108] In Deutschland ist ein absolutes Kampfverbot noch nicht praktisch geworden.

2. Durchführungspflicht

584 Die Durchsetzung des Tarifvertrags obliegt zwar grundsätzlich den Normadressaten, d. h. den tarifgebundenen Arbeitnehmern und Arbeitgebern: Die Tarifnormen wirken nach § 4 I TVG unmittelbar und zwingend; der tarifgebundene Arbeitnehmer kann gegen den tarifgebundenen Arbeitgeber aus dem Tarifvertrag auf Erfüllung klagen. Die **normative Wirkung** des Tarifvertrags wird jedoch ergänzt durch die **schuldrechtliche Pflicht** der Tarifparteien, den Tarifvertrag zu erfüllen und auf den Normenvollzug zu achten: Zum einen ist nicht sicher, dass die Adressaten der Tarifnorm ihre tariflichen Rechte auch wahrnehmen (Vollzugsdefizit). Zum anderen kann der Weg über die Tarifparteien effektiver sein als der Weg über das Gericht, wenn es nicht nur um Einzelfälle geht (Breitenwirkung).[109] Ebenso wie die Friedenspflicht ist auch die Durchführungspflicht dem Tarifvertrag immanent; sie muss nicht ausdrücklich erwähnt werden.[110]

585 a) Beim **Firmentarifvertrag** ist der Arbeitgeber der Gewerkschaft unmittelbar verpflichtet, die Tarifnormen einzuhalten; der Anspruch der Gewerkschaft gegen den **einzelnen Arbeitgeber** auf Durchführung des Tarifvertrags hat den Inhalt, an den Arbeitnehmer zu leisten.[111]

586 b) Wenn ein Mitglied des Arbeitgeberverbands eine Norm aus einem **Verbandstarifvertrag** nicht anwendet, stellt sich die Frage, ob die Gewerkschaft direkt gegen den Arbeitgeber vorgehen kann.

(1) **Vertragliche Ansprüche:** Der Arbeitgeberverband tritt, wenn er einen Tarifvertrag schließt, nicht als Stellvertreter des Verbandsmitglieds auf (Rn. 521), sodass der Arbeitgeber nicht Partei des Tarifvertrags wird. Der einzelne Arbeitgeber hat daher aus dem Verbandstarifvertrag keine vertraglichen Verpflichtungen gegenüber der Gewerkschaft.[112]

Beispiel: Nach einer Vereinbarung zwischen der IG Metall NRW und dem AGV Stahl müssen dessen Mitgliedsunternehmen seit dem 1. 1. 2011 darauf hinwirken, dass die bei ihnen eingesetzten **Leiharbeitnehmer** von den Verleihunternehmen die gleiche Vergütung erhalten wie die vergleichbaren Stammkräfte der Mitgliedsunternehmen („equal pay"); hilfsweise haften die Mitgliedsunternehmen den bei ihnen eingesetzten Leihkräften für die Vergütungsdifferenz. – Die **Leihkräfte** haben zwar keinen Anspruch darauf, dass die Stahlunternehmen bei den Verleihunternehmen „equal pay" durchsetzen, wohl aber einen Anspruch auf die Vergütungsdifferenz, wenn die Stahlunternehmen „equal pay" nicht durchsetzen (Vereinbarung zugunsten Dritter, § 328 BGB). Die **IG Metall** hat gegen die Mitgliedsunter-

---

[107] *Gamillscheg* I, § 22 II 2 a; Wiedemann/*Thüsing*, TVG, § 1 Rn. 906.

[108] *BAG* vom 31. 10. 1958 – 1 AZR 632/55, BAGE 6, 321 (328) = AP Nr. 2 zu § 1 TVG Friedenspflicht; *BAG* vom 21. 12. 1982 – 1 AZR 411/88, BAGE 41, 209 (220) = AP Nr. 76 zu Art. 9 GG Arbeitskampf.

[109] *Löwisch/Rieble*, TVG, § 1 Rn. 1093; *Waltermann*, Rn. 592.

[110] *Gamillscheg* I, § 15 X 2 a (2); *Löwisch/Caspers/Klumpp*, ArbR, Rn. 1059.

[111] *Gamillscheg* I, § 15 X 2 a (3); *Löwisch/Rieble*, TVG, § 1 Rn. 398.

[112] *BAG* vom 29. 4. 1992 – 4 AZR 432/91, BAGE 70, 165 (168) = AP Nr. 3 zu § 1 TVG Durchführungspflicht.

nehmen des Tarifvertragspartners AGV Stahl mangels unmittelbarer vertraglicher Beziehung keinen **vertraglichen Anspruch** auf Tariferfüllung. Ein **deliktischer Anspruch** der IG Metall (Rn. 587) scheitert daran, dass es sich bei der „equal pay"-Regelung nicht um Tarifnormen handelt. Es bleibt nur der Anspruch der IG Metall gegen den AGV auf **Einwirkung** auf die Mitgliedsunternehmen (Rn. 588).

(2) **Deliktische Ansprüche:** Die Gewerkschaft kann nach neuerer Rechtspre- 587 chung aber aus §§ 1004 I 2, 823 I BGB i. V. m. Art. 9 III GG – Recht auf koalitionsmäßige (= gewerkschaftliche) Betätigung als „sonstiges Recht" i. S. d. § 823 I BGB – einen deliktischen Unterlassungsanspruch gegen einen Arbeitgeber haben, wenn er den Verbandstarifvertrag breitflächig verletzt („eine Tarifnorm als kollektive Ordnung verdrängt").[113]

Beispiel: Wenn die IG Medien darlegen kann, dass ein Offenburger Druck- und Verlagshaus die Norm eines Verbandstarifvertrags nicht nur im Einzelfall, sondern bei einem Großteil der Arbeitsverhältnisse unterläuft, kann sie aus §§ 1004 I 2, 823 I BGB i. V. m. Art. 9 III GG einen Unterlassungsanspruch haben.[114]

3. Einwirkungspflicht

Beim Verbandstarifvertrag folgt aus der Durchführungspflicht des Arbeit- 588 geberverbandes zugleich eine Pflicht zur Einwirkung auf die Mitgliedsunternehmen: Die **Gewerkschaft** kann vom Arbeitgeberverband verlangen, dass er auf seine Mitglieder auf dem Wege der Verbandsgewalt mit dem Ziel einwirkt, die Tarifnormen zu beachten. Den gleichen Anspruch hat der **Arbeitgeberverband** gegen die Gewerkschaft, sodass sich allgemein sagen lässt: Die Tarifparteien schulden einander ein Einschreiten gegen tarifuntreue Mitglieder, das notfalls durch Klage erzwungen werden kann.[115]

Durchblick: Jede Tarifpartei kann von ihren Mitgliedern verlangen, dass sie die normativen 589 und schuldrechtlichen Regelungen des Tarifvertrags beachten und vollziehen (**vereinsrechtlicher Erfüllungsanspruch**). Darauf baut der Einwirkungsanspruch auf, der als Unterfall des Durchführungsanspruchs ein **tarifvertraglicher Erfüllungsanspruch** ist: Der **Arbeitgeberverband** kann von der Gewerkschaft verlangen, auf ihr Mitglied einzuwirken, die tarifliche Friedenspflicht einzuhalten und nicht „wild" zu streiken; die **Gewerkschaft** hat aus dem Tarifvertrag einen Anspruch gegen den Verband, dass dieser seinen vereinsrechtlichen Erfüllungsanspruch gegen das tarifuntreue Mitglied geltend macht. Die richtige Klageart ist die **Leistungsklage**,[116] wobei der Klageantrag nur das Klageziel (das durch die Einwirkung zu erreichende Ergebnis) angeben darf, nicht aber das Einwirkungsmittel, weil insoweit Vereinsautonomie besteht. Das auf Einwirkung gerichtete **Leistungsurteil** ist nach § 888 I ZPO vollstreckbar; der zur Einwirkung verurteilte Schuldner hat seiner Pflicht erst Genüge getan, wenn er alle vereinsrechtlichen Mittel gegen das tarifuntreue Mitglied ausgeschöpft hat,[117] was der Schuldner wiederum mit der Vollstreckungsgegenklage (§ 767 ZPO) geltend machen kann.

---

[113] *BAG* vom 20. 4. 1999 – 1 ABR 72/98, BAGE 91, 210 (224 ff.) = AP Nr. 89 zu Art. 9 GG = NJW 1999, 3281 (3285) = SAE 1999, 253 m. Anm. *Reuter* – „Burda"-Beschluss; kritisch *Franzen*, ZIAS 2004, 32; *Kort*, FS 50 Jahre BAG (2004), S. 753; *Raab*, ZfA 2004, 371.
[114] *BAG* vom 20. 4. 1999 – 1 ABR 72/98, BAGE 91, 210 (224 ff.).
[115] Einzelheiten bei *Löwisch/Rieble*, TVG, § 1 Rn. 1250 ff.; *Rieble*, BB 2003, 1227 (1227 f.).
[116] *BAG* vom 29. 4. 1992 – 4 AZR 432/91, BAGE 70, 165 (168) = AP Nr. 3 zu § 1 TVG Durchführungspflicht = NZA 1992, 846 = SAE 1993, 238 m. Anm. *Walker*.
[117] *Löwisch/Rieble*, TVG, § 1 Rn. 1281; MünchArbR/*Rieble/Klumpp*, § 189 Rn. 6–11.

Fälle und Fragen

200. Welche der folgenden Funktionen erfüllt der Tarifvertrag:
    ○ Schutzfunktion,
    ○ Beratungsfunktion,
    ○ Verteilungsfunktion,
    ○ Beschleunigungsfunktion,
    ○ Befriedungsfunktion? (Rn. 500)

201. Inwiefern weicht der Tarifvertrag hinsichtlich der Parteien, der Form und des Inhalts vom typischen BGB-Schuldvertrag ab? (Rn. 501)

202. Erläutern Sie die Aussage: „Der Tarifvertrag hat eine Doppelnatur." (Rn. 502–504)

203. Wie unterscheiden sich Entgelttarifverträge und Manteltarifverträge? (Rn. 505)

204. Der Firmentarifvertrag zwischen der SDL Expreß GmbH und der Gewerkschaft ver.di enthält in § 27 („Dienstkleidung") eine Regelung, wonach jeder Kurierfahrer im Dienst die von der SDL gestellte Kleidung (schwarze Hose, weißes Hemd, gelbe Jacke) zu tragen hat. Um welche Art von Tarifnorm handelt es sich? (Rn. 506)

205. Wie ist die Rechtslage, wenn eine Tarifnorm einen Lohnzuschlag für „Verheiratete" vorsieht und der Gesetzgeber später einen neuen Familienstand der „gleichgeschlechtlichen Lebenspartnerschaft" einführt? (Rn. 509)

206. Ist eine Tarifnorm wirksam, die den Arbeitgeber verpflichtet, den Arbeitnehmern jedes Jahr vom Dezembergehalt 50 Euro abzuziehen und an die Kinderhilfsorganisation „Terre des hommes" zu überweisen? (Rn. 510)

207. Was versteht man unter
    – tarifdispositivem Gesetzesrecht,
    – einseitig zwingendem Gesetzesrecht und
    – beidseitig zwingendem Gesetzesrecht? (Rn. 512–515)

208. Wie unterscheidet sich die Tariffähigkeit von der Tarifzuständigkeit? (Rn. 517, 520)

209. Warum war es rechtspolitisch notwendig, auch für den einzelnen Arbeitgeber in § 2 I TVG die Tariffähigkeit vorzusehen? (Rn. 519)

210. Was versteht man unter der „OT-Mitgliedschaft" eines Arbeitgebers im Arbeitgeberverband? (Rn. 520)

211. „Wenn die Gewerkschaften und die Arbeitgeberverbände durch Tarifverträge Tarifnormen setzen, handeln sie als rechtsgeschäftliche Vertreter ihrer Mitglieder (§ 164 I 1 BGB)." Richtig oder falsch? (Rn. 521)

212. Warum ist die Formulierung, dass die Inhalts-, Abschluss- und Beendigungsnormen des Tarifvertrags „in die Arbeitsverträge eingehen", für den Fall der beiderseitigen Tarifgebundenheit nach § 3 I TVG ungenau? (Rn. 523)

213. Was ist eine tarifvertragliche Öffnungsklausel? (Rn. 525)

214. Hausmeister Dieter Krause, Mitglied der Gewerkschaft ver.di, hat nach Arbeitsvertrag einen Anspruch auf 32 Urlaubstage. Sein Arbeitgeber tritt zum 1. 1. 2013 in den Arbeitgeberverband der Wohnungswirtschaft e. V. ein, der mit der Gewerkschaft ver.di einen Tarifvertrag geschlossen hat. Danach ist die Vergütung von Hausmeister Krause 100 Euro höher als bisher; allerdings beträgt der tarifliche Urlaubsanspruch nur 30 Tage. Der Arbeitgeber meint, mit Blick auf die höhere Vergütung seien jetzt auch nur noch 30 Urlaubstage geschuldet. Hat er recht? (Rn. 529)

215. Welche gesetzlichen Regelungen werden unter dem Stichwort der „Unverbrüchlichkeit" tariflicher Rechte zusammengefasst? (Rn. 532, 533)

216. Die Rechtsfolge des § 4 V TVG ist der Wegfall
    ○ der unmittelbaren und zwingenden Wirkung,
    ○ der unmittelbaren Wirkung oder
    ○ der zwingenden Wirkung des Tarifvertrags. Was ist zutreffend? (Rn. 534)

217. „Eine abweichende Abmachung i. S. d. § 4 III TVG kann kein Tarifvertrag sein, bei einer anderen Abmachung i. S. d. § 4 V TVG kann es sich dagegen auch um einen Tarifvertrag handeln." Richtig oder falsch? (Rn. 527, 535)

218. Für welche Arten von Tarifnormen ist die Tarifgebundenheit von Arbeitgeber und Arbeitnehmer erforderlich, und für welche Arten von Tarifnormen genügt die Tarifgebundenheit des Arbeitgebers? (Rn. 536)

219. Wie unterscheidet sich eine „statische Verweisung" (in einem Arbeitsvertrag auf einen Tarifvertrag) von einer „dynamischen Verweisung" und was sind die Konsequenzen dieser Unterscheidung? (Rn. 538–542)

220. Wann spricht man von „Nachwirkung" des Tarifvertrags, wann von „Nachbindung" des Tarifvertrags? (Rn. 534, 543)

221. Zwischen dem Verband der hessischen Metallindustrie e. V. und der IG Metall besteht ein Manteltarifvertrag vom 1. 1. 2010. Die Münch Motorrad GmbH (M. GmbH) tritt zum 31. 12. 2010 aus dem Verband aus. Am 31. 12. 2011 endet der Tarifvertrag. Arbeitnehmer A, Mitglied der IG Metall, wird zum 1. 6. 2011, Arbeitnehmer B, ebenfalls Mitglied der IG Metall, wird zum 1. 6. 2012 bei der M. GmbH eingestellt. Kommen A und B in den >>Genuss>> der tariflichen Arbeitsbedingungen? (Rn. 534, 544)

222. Bedeutet das „Ende" des Tarifvertrags i. S. d. § 3 III TVG nur die Beendigung der Laufzeit des gesamten Tarifvertrags, oder genügt schon eine Änderung des Tarifvertrags? Begründen Sie Ihre Ansicht! (Rn. 548)

223. Bedeutet der „Ablauf" des Tarifvertrags i. S. d. § 4 V TVG nur die Beendigung des Tarifvertrags durch Zeitablauf, oder gilt die Vorschrift auch für den Wegfall der Tarifgebundenheit? Begründen Sie Ihre Ansicht! (Rn. 549)

224. Was bedeutet es, wenn bei einem Betriebsübergang hinsichtlich der Rechte und Pflichten, die durch Rechtsnormen eines Tarifvertrags geregelt sind, von „Transformation" und „Veränderungssperre" die Rede ist? (Rn. 552)

225. Die Bilda GmbH, ein Zeitschriftenverlag, ist kraft Mitgliedschaft im Verband der Zeitschriftenverleger e. V. an den Manteltarifvertrag für Redakteure gebunden. Sie gründet für die Zeitschrift „Carina" die Carina-GmbH, die ebenfalls Mitglied im Verband der Zeitschriftenverleger e. V. ist und die Redakteurinnen und Redakteure der „Carina" übernimmt. Wie ist die Rechtslage hinsichtlich des Manteltarifvertrags? (Rn. 555, Übersicht 8.2 unter 3)

226. Wieviel Prozent aller Tarifverträge sind für allgemeinverbindlich erklärt: etwa 1%, rund 5% oder ungefähr 10%? (Rn. 557)

227. Was versteht man
a) unter einem Stufentarifvertrag? (Rn. 561)
b) unter dem Tarifgebiet? (Rn. 563)
c) unter einem Mischbetrieb? (Rn. 564)

228. Der Metallarbeitgeberverband Südwestdeutschland e. V. hat mit der IG Metall einen Manteltarifvertrag für alle Metallarbeitgeber im Tarifgebiet geschlossen, der bis zum 30. 6. 2010 befristet ist. Die IFAG Mannheim, die Signalanlagen herstellt, ist zum 31. 12. 2009 aus dem Metallarbeitgeberverband Südwestdeutschland e. V. ausgetreten und zum 1. 1. 2010 Mitglied des Fachverbands Signalbau e. V. geworden, der mit der IG Metall einen Manteltarifvertrag für den Bereich der Signalbauunternehmen geschlossen hat. Welcher Tarifvertrag ist ab 1. 1. 2010 auf die Arbeitsverhältnisse der IG Metall-Mitglieder anzuwenden? (Rn. 567–570)

229. Die Metallbau Riedel GmbH ist Mitglied im Metallarbeitgeberverband Südwestfalen e. V., der mit der IG Metall einen Entgelttarifvertrag geschlossen hat. Mit Wirkung ab 1. 1. 2010 schließt die Metallbau Riedel GmbH mit der Christlichen Gewerkschaft Metall (CGM) einen Firmentarifvertrag über die Entgelte. Wie ist die Tarifsituation bei der Metallbau Riedel GmbH ab 1. 1. 2010, wenn jeweils die Hälfte der Arbeitnehmer der IG Metall und der CGM angehören? (Rn. 575–577)

230. Wie unterscheidet sich die Anwendung des Spezialitätsprinzips hinsichtlich Betriebs- und Individualnormen? (Rn. 575)

231. Bleibt es im Fall einer Tarifpluralität bei dem Nebeneinander der Tarifverträge im Betrieb? (Rn. 576, 577)

232. Welche Argumente sprechen für die Anwendung des Grundsatzes der Tarifeinheit bei Tarifpluralität? (Rn. 576)

233. Welche Vorschrift ist bei der Prüfung, ob ein Anspruch aus einer Tarifnorm besteht, i.d.R. an die Spitze zu stellen? (Rn. 578)

234. In welchen Schritten ist das Bestehen eines Anspruchs aus einem Tarifvertrag typischerweise zu untersuchen? (Rn. 579)

235. Welche beiden schuldrechtlichen Verpflichtungen der Tarifparteien sind jedem Tarifvertrag immanent? (Rn. 582, 584)

236. Wie unterscheidet sich die absolute von der relativen Friedenspflicht? (Rn. 582, 583)

237. Wie kann eine Gewerkschaft gegen einen Arbeitgeber vorgehen, der eine Norm eines Verbandstarifvertrags nicht anwendet? (Rn. 586, 587)

238. Unter welchen Voraussetzungen kann die Gewerkschaft einen deliktischen Unterlassungsanspruch gegen einen Arbeitgeber wegen Verletzung eines Verbandstarifvertrags haben? (Rn. 587)

239. Was versteht man unter der Einwirkungspflicht einer Tarifpartei? (Rn. 588, 589)

§ 9. Arbeitskampf- und Schlichtungsrecht

Ein wesentlicher Zweck der von Art. 9 III GG geschützten Koalitionen ist der 590
Abschluss von Tarifverträgen. In vielen Fällen gelingt es bereits im Verhandlungsweg, zu einer Einigung über einen Tarifvertrag zu kommen. Wenn jedoch
die Anreize und Argumente für eine Einigung nicht ausreichen, kann die **Tarifautonomie** ihre Aufgabe nur erfüllen, wenn jede Partei auf die Gegenseite
Druck ausüben kann. Das herkömmliche Mittel der Druckausübung ist der **Arbeitskampf**. Art. 9 III GG enthält daher eine institutionelle Garantie dieses Koalitionsmittels:[1] Der Arbeitskampf wird einerseits verfassungsrechtlich geschützt,
soweit er für den Bestand und das Funktionieren der Tarifautonomie erforderlich ist;[2] er ist andererseits nur insoweit rechtmäßig, als er sich auf den Abschluss eines Tarifvertrags richtet.

Der Arbeitskampf bedeutet in der Praxis in erster Linie, dass die Arbeitnehmer die Leistung der Arbeit verweigern (**Streik**); das wichtigste Arbeitskampfmittel der Arbeitgeber besteht darin, den Arbeitnehmern die Beschäftigung und
Bezahlung zu verweigern (**Aussperrung**). Das Recht zum Arbeitskampf hat sich
geschichtlich gegen die geltenden Gesetze durchgesetzt. Deshalb ist das Arbeitskampfrecht, obwohl der Arbeitskampf inzwischen verfassungsrechtliche Anerkennung genießt, gesetzlich nicht normiert. Der Arbeitskampf wird zwar in einigen Gesetzen als Anknüpfungspunkt für eine gesetzliche Regelung genommen
(z. B. in §§ 160 SGB III, 25 KSchG, 74 II 1 BetrVG, 2 I Nr. 2 ArbGG). Der Arbeitskampf als solcher ist aber nicht gesetzlich geregelt, sondern basiert auf
Gewohnheits- und Richterrecht (Rn. 73).

I. Grundlagen des Arbeitskampfrechts

Der Arbeitskampf hat Regelungsstreitigkeiten zum Gegenstand; sie sollen 591
„im freien Spiel der Kräfte ausgetragen werden."[3] Der zugrundeliegende Gedanke lautet: Wo die Verständigung scheitert, bleibt als Ausweg nur die Kraftprobe. Das Arbeitskampfrecht ist – abgesehen von Notwehr, Notstand und
Selbsthilfe (§§ 227–231 BGB) – der einzige Bereich, in welchem die Rechtsordnung Gewalt zur Durchsetzung eigener Interessen gestattet.

1. Begriff des Arbeitskampfs

Der Begriff des Arbeitskampfs ist nicht gesetzlich definiert. Die Literatur 592
verwendet einen weiten Arbeitskampfbegriff, für den weder das Mittel noch das

---

[1] *BVerfG* vom 26. 6. 1991 – 1 BvR 779/85, BVerfGE 84, 212 (226) = NJW 1991, 2549 –
Aussperrungsurteil.

[2] *BVerfG* vom 2. 3. 1993 – 1 BvR 1213/85, BVerfGE 88, 103 (114) = NJW 1993, 1379 –
Beamteneinsatz bei Arbeitskämpfen.

[3] *BAG* vom 13. 7. 1993 – 1 AZR 676/92, BAGE 73, 320 (329) = AP Nr. 127 zu Art. 9 GG
Arbeitskampf m. Anm. *von Hoyningen-Huene* = NZA 1993, 1135 = EzA Art. 9 GG Arbeitskampf Nr. 112 m. Anm. *Hergenröder* – Streikbruchprämie.

Ziel des Arbeitskampfs eine Rolle spielt, und der die Rechtmäßigkeit oder Rechtswidrigkeit eines Arbeitskampfs nicht vorwegnimmt: Der **Arbeitskampf** ist die (a) von der Arbeitnehmer- oder Arbeitgeberseite (b) bewirkte kollektive Druckausübung (c) durch Störung der Arbeitsbeziehungen.[4]

a) Die **Parteien des Arbeitskampfs** sind Arbeitnehmer und Arbeitgeber. Kein Arbeitskampf liegt vor beim „Schülerstreik" (Schüler gegen den Schulträger), beim Vorlesungsboykott (Studenten gegen die Hochschule oder den Staat) oder bei der Arbeitsniederlegung selbständiger Ärzte, um Druck auf Krankenkassen auszuüben. Für den Begriff des Arbeitskampfs spielt es keine Rolle, ob auf der Arbeitnehmerseite Gewerkschaften oder spontan gebildete Arbeitnehmergruppen stehen; darauf kommt es erst im Rahmen der Rechtmäßigkeit des Arbeitskampfs an[5] (Rn. 603, 604).

b) Die **kollektive Druckausübung** – die zielgerichtete Ausübung von Druck durch mehrere oder gegen mehrere Beteiligte mittels Zufügung von Nachteilen oder deren Abwehr – ist das zweite Begriffsmerkmal des Arbeitskampfs. Die Nachteile müssen nicht unmittelbar den Arbeitsvertragspartner treffen; es muss aber Druck auf den sozialen Gegenspieler ausgeübt werden. Daran fehlt es beispielsweise bei einer Massendemonstration, an der die Arbeitnehmer zwar während der Arbeitszeit teilnehmen, die sich aber nicht gegen den Arbeitgeber oder den Arbeitgeberverband richtet.

c) Die **Störung der Arbeitsbeziehungen** gehört ebenfalls zu der herrschenden Definition des Arbeitskampfs: Der kollektive Druck muss ausgeübt werden, indem die Arbeitsbeziehungen gestört werden. Dieses Begriffsverständnis erfasst die wichtigsten Formen des Arbeitskampfs, aber nicht Randerscheinungen wie z. B. den Boykott (= die Aufforderung, vom Arbeitgeber keine Waren oder Dienstleistungen zu beziehen, um ihn unter Druck zu setzen). Um auch solche Randerscheinungen in die Arbeitskampfdefinition einbeziehen zu können, lässt eine neuere Ansicht allgemein Nachteile für die andere Seite genügen.[6]

2. Mittel des Arbeitskampfs

593   In Deutschland kommt der Arbeitskampf vor allem als Streik und Aussperrung vor. In der Praxis finden sich aber auch andere Erscheinungsformen der Auseinandersetzung, wie beispielsweise die kollektive, zielgerichtete Verringerung der Arbeitsleistung („Bummelstreik"[7]), Betriebsbesetzungen oder ähnliche Aktionen („Flash Mob", s. Rn. 612). Allgemein lassen sich die Arbeitskampfmittel danach unterscheiden, ob sie von der Arbeitnehmer- oder der Arbeitgeberseite angewendet werden:

a) Das wichtigste **Kampfmittel der Arbeitnehmerseite** ist der **Streik**: Das ist die Einstellung der Arbeit, die von einer Mehrzahl von Arbeitnehmern planmäßig, gemeinsam und ohne Einverständnis des Arbeitgebers durchgeführt wird.[8]

---

[4] *Brox/Rüthers/Henssler*, Rn. 741; *Hromadka/Maschmann* II, § 14 Rn. 14.
[5] *Waltermann*, Rn. 711; *Otto*, ArbeitskampfR, § 1 Rn. 39–42.
[6] *Otto*, ArbeitskampfR, § 1 Rn. 3; *Reichold*, § 13 Rn. 4.
[7] BGH vom 31. 1. 1978 – VI ZR 32/77, BGHZ 70, 277 = AP Nr. 61 zu Art. 9 GG Arbeitskampf = NJW 1978, 816 = JuS 1978, 560 – „Fluglotsenstreik".
[8] *Hueck/Nipperdey* II, § 47 II 1; *Nikisch* II, § 62 II 1.

Das Wort „Streik" kommt vom englischen „to strike" und ist vermutlich auf das „Streichen der Segel" durch unwillige Schiffsbesatzungen zurückzuführen (to strike sails).[9] Die Versuche, das Wort „Streik" durch den deutschen Begriff „Ausstand" zu ersetzen, waren nicht erfolgreich. Ein Synonym für „Streik" ist das Wort „Arbeitsniederlegung".

Weitere Kampfmittel der Arbeitnehmer sind die Verringerung der Arbeitsleistung, die Betriebsblockade und die Betriebsbesetzung:[10] Anstatt dem Arbeitgeber die Arbeitsleistung vorzuenthalten, können die Arbeitnehmer ihre Arbeitsleistung verringern, indem sie weniger als die geschuldete Leistung erbringen. Bei solchen „Bummelstreiks" handeln die Arbeitnehmer verdeckt, indem sie einerseits ihre Leistung anbieten, andererseits die Leistung aber bewusst nicht in der geschuldeten Weise erbringen; solche Maßnahmen sind schon deshalb rechtswidrig, weil für sie neben dem anerkannten Arbeitskampfmittel des Streiks keine Notwendigkeit besteht (s. Rn. 612). Das Gleiche gilt für die Betriebsblockade (= das Sperren des Zugangs zum Betrieb) und für die Betriebsbesetzung (= die Inbesitznahme des Betriebs durch die Arbeitnehmer).[11] Zu erwähnen sind schließlich noch die kollektive Ausübung von Zurückbehaltungsrechten gemäß § 273 BGB sowie die Massenänderungskündigung; bei beiden Maßnahmen ist schon streitig, ob und – wenn ja – unter welchen Voraussetzungen es sich um Mittel des Arbeitskampfs handelt.[12]

b) Das wichtigste Kampfmittel der Arbeitgeberseite ist die Aussperrung: Das ist die Ausschließung von der Arbeit, die von einem oder mehreren Arbeitgebern planmäßig und ohne Einverständnis der Arbeitnehmer erklärt wird und mit der Verweigerung der Lohnzahlung einhergeht.[13] Der Begriff „Aussperrung" kommt, ebenso wie der Begriff „Streik", aus dem Englischen (to lock out). Die Aussperrung bedarf einer eindeutigen Erklärung; sie kann sich auf alle Arbeitnehmer oder nur auf einen Teil der Belegschaft beziehen. **594**

Weitere Kampfmittel der Arbeitgeber sind Sonderzuwendungen an Nichtstreikende („Streikbruchprämien") und Betriebsstilllegungen. Arbeitskampfrechtlichen Grundsätzen unterliegen laut BAG Sonderzuwendungen des Arbeitgebers an Arbeitnehmer, die sich nicht an einem Streik beteiligen („Streikbruchprämien", s. Rn. 634). Ob das Recht des Arbeitgebers zur Betriebsstilllegung als Reaktion auf einen Streik, das die Rechtsprechung 1994 anerkannt hat (Rn. 629–632), ein Arbeitskampfmittel darstellt, ist umstritten;[14] dasselbe gilt für die Massenänderungskündigung auf Arbeitgeberseite.[15]

3. Arten des Arbeitskampfs
Die Arten des Arbeitskampfs lassen sich nach verschiedenen Kriterien unterscheiden:[16] **595**

[9] *Wacke*, RdA 1992, 34; anders *Gamillscheg* I, § 20 I 1 (to strike = das unerwartete „Zuschlagen" durch die Arbeiter).
[10] Zusammenstellungen bei *Hromadka/Maschmann* II, § 14 Rn. 24–36; *Otto*, ArbR Rn. 735–748; *Otto*, ArbeitskampfR, § 1 Rn. 10–25.
[11] *LAG Düsseldorf* vom 24. 2. 1994 – 13 Sa 1214/93, LAGE Nr. 54 zu Art. 9 GG Arbeitskampf (S. 11 f.); umfassend (mit Beispielen) *Gamillscheg* I, § 20 V 1.
[12] Übersicht über den Meinungsstand bei *Hromadka/Maschmann* II, § 14 Rn. 19–21.
[13] *Hueck/Nipperdey* II, § 47 II 2; ähnlich *Nikisch* II, § 62 III 1.
[14] Bejahend *Otto*, ArbeitskampfR, § 11 Rn. 22; verneinend *BAG* vom 22. 3. 1994 – 1 AZR 622/93, BAGE 76, 196 (202) = AP Nr. 130 zu Art. 9 GG Arbeitskampf m. Anm. *Oetker* – NZA 1994, 1097 – Betriebsstilllegung.
[15] Bejahend *Otto*, ArbeitskampfR, § 1 Rn. 23; verneinend *Hromadka/Maschmann* II, § 14 Rn. 21.
[16] Systematische Übersichten bei *Wollenschläger*, Rn. 618; *Hromadka/Maschmann* II, § 14 Rn. 22; *Otto*, ArbeitskampfR, § 1 Rn. 26–42.

a) Nach dem Ablauf des Kampfgeschehens können **koalitionsgeführte und „wilde" Arbeitskämpfe** unterschieden werden: Zu den anerkannten koalitionsgeführten Arbeitskämpfen zählen der gewerkschaftliche Streik und die vom Arbeitgeberverband getragene Aussperrung. „Wilde" (spontane) Arbeitskämpfe sind in der Praxis in erster Linie die nicht von der Gewerkschaft getragenen Arbeitsniederlegungen (Streiks).[17] „Wilde" Arbeitskämpfe werden als rechtswidrig angesehen (Rn. 603, 604).

b) Nach der inhaltlichen Zielsetzung kann man Arbeitskämpfe in **tarifvertragsbezogene und sonstige Arbeitskämpfe** untergliedern: Tarifvertragsbezogene („tarifakzessorische") Arbeitskämpfe richten sich auf den Abschluss eines Tarifvertrags (Regelungsstreitigkeit). Sonstige Arbeitskämpfe können politische Ziele („Abbau der Fremdenfeindlichkeit") verfolgen oder der Durchsetzung von Rechtsansprüchen dienen (Rechtsstreitigkeiten). Sie sind grundsätzlich rechtswidrig (Rn. 605, 607).

596   c) Nach dem Adressaten sind **Haupt- und Unterstützungskämpfe** zu trennen: Der Hauptarbeitskampf dient dazu, eigene (Tarif-)Forderungen durchzusetzen, die sich gegen den Kampfgegner richten. Der Unterstützungskampf – der Sympathiestreik und die Sympathieaussperrung – soll dagegen keine eigenen inhaltlichen Ziele gegen den Kampfgegner durchsetzen, sondern für einen anderen Arbeitskampf – desselben oder eines anderen kampfführenden Verbandes – Hilfe leisten (zur Rechtmäßigkeit s. Rn. 606).

d) Nach der Initiative zur Eröffnung des Arbeitskampfs unterscheiden sich **Angriffs- und Abwehrarbeitskämpfe.** Der Streik ist in der Praxis fast immer ein Angriffsstreik; eine Ausnahme kann vorliegen, wenn die Gewerkschaft einer Abwehraussperrung durch Erweiterung des Streiks – und insofern defensiv – begegnet. Die Aussperrung ist in der Praxis stets eine Abwehraussperrung: Eine Angriffsaussperrung kommt praktisch nicht vor; unter welchen Voraussetzungen sie zulässig wäre, ist umstritten (s. dazu Rn. 610, 611).

597   e) Nach dem Zeitpunkt der Auseinandersetzung unterscheiden sich **Erzwingungs- und Warnarbeitskämpfe:** Beim Erzwingungsarbeitskampf wird der kollektive Druck nach dem Scheitern der Verhandlungen ausgeübt, beim Warnarbeitskampf schon vorher.[18] Es besteht keine Einigkeit, wie sich das Scheitern der Verhandlungen feststellen lässt und ob sich an die Unterscheidung von Erzwingungs- und Warnarbeitskampf Rechtsfolgen knüpfen (Rn. 612–616).

f) Nach dem Umfang des Kampfgeschehens gibt es **Flächenarbeitskämpfe und Schwerpunktarbeitskämpfe:**[19] Der Flächenstreik (Vollstreik) erfasst alle Arbeitnehmer eines Tarifgebiets; beim Schwerpunktstreik (Teilstreik) legen nur die Arbeitnehmer einzelner Unternehmen, Betriebe oder Abteilungen die Arbeit nieder. Ob die Gewerkschaft zum Flächen- oder zum Teilstreik aufruft, ist eine

---

[17] Da der einzelne Arbeitgeber tariffähig (§ 3 I TVG) und damit auch arbeitskampffähig ist, können „wilde" Aussperrungen allenfalls im Verbandsarbeitskampf vorkommen, wenn ein Arbeitgeber ohne Unterstützung des Verbands seine Arbeitnehmer aussperrt: *Otto*, ArbeitskampfR, § 1 Rn. 41.

[18] *Otto*, ArbeitskampfR, § 1 Rn. 27; anders *Gamillscheg* I, § 20 I 1 a (3): Der Warnstreik richte sich gegen „stockende Tarifverhandlungen".

[19] MünchArbR/*Ricken*, § 193 Rn. 8; *Preis* II, § 113 I 4.

Frage der Kampftaktik. Auf der Arbeitgeberseite ist nur die Schwerpunkt-, nicht aber die Flächenaussperrung zulässig (Rn. 617).

Praxis: Die Kampftaktik der **Gewerkschaften** hat sich in den letzten 50 Jahren stark gewandelt. Der **Flächenstreik** wurde mit Rücksicht auf die gewerkschaftliche Streikkasse durch Teilstreiks in Form von **Schwerpunktstreiks** ersetzt. Sie erzielen mit kleinem Einsatz große Wirkung: In der modernen, arbeitsteiligen Wirtschaft kann ein Streik weniger Arbeitnehmer in Schlüsselpositionen schnell ein ganzes Unternehmen oder eine ganze Branche lahmlegen. Weitere Formen von Teilstreiks sind sog. **Wechselstreiks,** bei denen die Gewerkschaft die betroffenen Unternehmen laufend austauscht,[20] und **Wellenstreiks** innerhalb eines Unternehmens (dazu der **Übungsfall 23,** Rn. 630–633). Da der 1. Senat des BAG den Ultima-ratio-Grundsatz materiell ausgehöhlt hat (dazu der **Übungsfall 22,** Rn. 613–616), stehen Kampfmaßnahmen der Arbeitnehmerseite als sog. **Warnstreiks** heute nicht am Ende, sondern regelmäßig am Anfang der Verhandlungen. Das wichtigste Kampfmittel der **Arbeitgeberseite,** die Aussperrung, hat der 1. Senat des BAG dagegen erheblich eingeschränkt (Rn. 601, 617). Es ist zudem in der Praxis meistens wertlos, da sich die Unternehmen mit einer Aussperrung selbst am meisten schaden (ironisch: „Druckausübung durch Selbstschädigung"). Statt auf verlorenen Posten zu kämpfen, akzeptieren die Unternehmen die von der Gewerkschaft gestellten Forderungen und kompensieren die gestiegenen Arbeitskosten später durch Rationalisierungen, Produktionsverlagerungen ins Ausland und/oder Personalabbau.

4. Entwicklung des Arbeitskampfrechts

Das Arbeitskampfrecht muss die Frage beantworten, woraus sich die Befugnis ergibt, trotz bestehender vertraglicher Bindungen die Arbeit niederzulegen (Streik) oder die Beschäftigung und Bezahlung zu verweigern (Aussperrung). Die Rechtsprechung, die im Arbeitskampfrecht als „Ersatzgesetzgeber" auftreten musste, hat diese Frage im Jahr 1955 grundsätzlich beantwortet und die Antwort in den Jahren 1971 und 1980 ergänzt, sodass man von drei „Novellierungen" des Arbeitskampfrechts spricht: **598**

a) Herleitung des Streikrechts (1955)

In der Weimarer Republik (1919–1933) unterschied die h.M. zwischen dem Kollektivakt „Streik" und der **Streikbeteiligung des Einzelnen:** Auf der einen Seite sei die **Gewerkschaft** durch die arbeitsvertraglichen Pflichten des einzelnen Gewerkschaftsmitglieds gegenüber seinem Arbeitgeber nicht an einem Streikaufruf gehindert; es komme nur darauf an, dass die Gewerkschaft tarifvertragliche Friedenspflichten einhalte. Auf der anderen Seite verbiete die arbeitsvertragliche Leistungspflicht dem einzelnen **Arbeitnehmer,** während des laufenden Arbeitsverhältnisses auf Grund eines Streikaufrufs die Arbeit einzustellen.[21] Das hatte für die Streikenden die Konsequenz, dass eine Streikteilnahme ohne vorherige Kündigung den Arbeitgeber seinerseits zur fristlosen Kündigung des Arbeitsverhältnisses wegen Vertragsbruchs (rechtswidriger Arbeitsverweigerung) berechtigte. Erreichte die Gewerkschaft später nicht die Wiedereinstellung der Streikenden, war der Arbeitsplatz endgültig verloren.[22]   **599**

---

[20] *Otto,* ArbeitskampfR, § 1 Rn. 11.
[21] So noch *Dietz,* BB 1952, 294 (296); *Nikisch,* Die privatrechtlichen Wirkungen des sogenannten Streikrechts (1951).
[22] So im Sachverhalt der grundlegenden Entscheidung *BAG (GS)* vom 28. 1. 1955 – GS 1/54, BAGE 1, 291 (293) = AP Nr. 1 zu Art. 9 GG Arbeitskampf = NJW 1955, 882 (Streik

Dagegen setzte sich nach dem Zweiten Weltkrieg die Ansicht durch, der Arbeitskampf habe ein **zweiseitig kollektives Wesen**: Sowohl der Arbeitskampf als solcher als auch das gleichgerichtete Handeln der Einzelnen sei allein kollektivrechtlich zu bewerten; sei der Arbeitskampf als solcher rechtmäßig, müsse auch die Arbeitsniederlegung des Einzelnen – und spiegelbildlich die Aussperrung des Einzelnen – rechtmäßig sein.[23] Auf diesen Überlegungen beruht der grundlegende Beschluss des Großen Senats des BAG vom 28. 1. 1955, der als die **Erste Novellierung des Arbeitskampfrechts** bezeichnet wird: Das Verhalten der Streikteilnehmer sei aus dem Wesen des gewerkschaftlichen Streiks als kollektiver Kampfmaßnahme zu bewerten. Arbeitskämpfe seien zwar an sich unerwünscht; sie müssten aber tariffähigen Parteien um tariflicher Ziele willen als letztes Mittel (ultima ratio) gestattet sein. Was kollektivrechtlich erlaubt sei, dürfe individualrechtlich nicht verboten, also nicht als Vertragsbruch qualifiziert werden.[24]

b) Gebot der Verhältnismäßigkeit (1971)

600   Nach der Entscheidung des Großen Senats von 1955 waren die Grundlagen des **Streikrechts** geklärt: Der rechtmäßige Streik führt zu einer Suspendierung der Hauptpflichten aus dem Arbeitsvertrag (ruhendes Arbeitsverhältnis). Der Arbeitnehmer, der sich einem rechtmäßigen Streik anschließt, verletzt nicht die vertragliche Arbeitspflicht (denn sie ruht), erhält aber auch keine Vergütung.[25] In den folgenden Jahren richtete sich das Interesse auf das Kampfmittel der **Aussperrung**, dessen grundsätzliche Zulässigkeit die Entscheidung von 1955 bestätigt hatte. Anders als der Streik konnte die Aussperrung – je nach dem Willen der Arbeitgeber – das Arbeitsverhältnis nicht nur zum Ruhen bringen (**suspendierende Aussperrung**), sondern es auch beenden (**lösende Aussperrung**).

Eine Entscheidung des Großen Senats des BAG vom 21. 4. 1971, die als **Zweite Novellierung des Arbeitskampfrechts** bezeichnet wird, handelt von der Verhältnismäßigkeit einer lösenden Aussperrung:[26] Arbeitskämpfe dürften nur insoweit eingeleitet und durchgeführt werden, als sie zur Erreichung rechtmäßiger Kampfziele und des nachfolgenden Arbeitsfriedens geeignet und erforderlich seien. Daher sei im Allgemeinen nur eine **suspendierende Aussperrung** zulässig. Eine **lösende Aussperrung** sei gegenüber Arbeitnehmern, die unter besonderem Kündigungsschutz stehen, unzulässig (Rn. 348–354). Gegenüber anderen Arbeitnehmern sei sie nur als Reaktion auf einen **rechtswidrigen Streik** oder auf einen übermäßig lang andauernden **rechtmäßigen Streik** zulässig.[27]

---

von Netzmachern gegen die Deutsche Hochseefischerei AG, keine tarifliche Wiedereinstellungsklausel).
[23] Grundlegend *Bulla*, Nipperdey-FS I (1955), S. 163 (173 ff.).
[24] *BAG (GS)* vom 28. 1. 1955 – GS 1/54, BAGE 1, 291 (295 f., 300–308).
[25] *BAG (GS)* vom 28. 1. 1955 – GS 1/54, BAGE 1, 291 (306).
[26] *BAG (GS)* vom 21. 4. 1971 – GS 1/68, BAGE 23, 292 = AP Nr. 43 zu Art. 9 GG Arbeitskampf = SAE 1972, 1 m.Anm. *Richardi* = JuS 1971, 490 (Croupiers in der Spielbank Bad Neuenahr, lösende Aussperrung mit späterem Wiedereinstellungsangebot).
[27] *BAG (GS)* vom 21. 4. 1971 – GS 1/68, BAGE 23, 292 (306 f., 310 ff.).

c) Grenzen der Aussperrung (1980)

In der Folgezeit entwickelte der 1. Senat des BAG die Rechtsprechung zur Aus- **601** sperrung in drei Grundsatzentscheidungen vom 10. 6. 1980 weiter[28] (Rn. 617). Dabei ging es vor allem um die Frage, in welchem Umfang Abwehraussperrungen als Reaktion auf Teil- oder Schwerpunktstreiks zulässig sind (Rn. 597 unter f). Als Antwort auf diese Frage hat das BAG im Wege richterrechtlicher Rechtsschöpfung Aussperrungsquoten entwickelt, die sich an der Zahl der Streikenden orientieren. Man spricht bei diesen Entscheidungen auch von der **Dritten Novellierung des Arbeitskampfrechts** durch das BAG.

Eine weitere Etappe der Entwicklung markierte das BVerfG im Jahr 1991[29] (Rn. 21, 481–482, 590). Es ging um die Verfassungsbeschwerde gegen ein Urteil des BAG, das eine suspendierende Aussperrung für unverhältnismäßig erklärt hatte, weil an jedem Kampftag mehr als zweieinhalb Mal so viele Arbeitstage durch Aussperrung ausfallen sollten als in den vorherigen zwei Wochen insgesamt durch Streiks.[30] Das BVerfG wies die Verfassungsbeschwerde zurück, weil eine Beschränkung von Aussperrungen, die das Verhandlungsgleichgewicht herstellen solle, mit Art. 9 III 1 GG vereinbar sei.[31]

Die jüngste Entwicklung ist gekennzeichnet durch eine Reihe von Entscheidungen des 1. Senats des BAG, die zu Lasten der Arbeitgeberseite die erlaubten Ziele und Mittel des gewerkschaftlichen Arbeitskampfs erweitern: Für zulässig erklärt wurde im Jahr 2003 ein Streik um einen Verbandstarifvertrag gegen ein **Nichtmitglied des Arbeitgeberverbandes** (Rn. 604), im Jahr 2007 der sog. **Unterstützungsstreik** gegen ein Unternehmen, das die Tarifforderung nicht erfüllen kann (Rn. 606), und im Jahr 2009 das Arbeitskampfmittel der Betriebsstörung durch sog. „Flash-Mob"-Aktionen (Rn. 612).

II. Rechtmäßigkeit von Arbeitskämpfen

Die Rechtsfolgen hängen auch beim Arbeitskampf davon ab, ob das Geschehen **602** rechtmäßig oder rechtswidrig ist: Nur der **rechtmäßige Arbeitskampf** (Streik oder Aussperrung) suspendiert die Hauptleistungspflichten. Der **rechtswidrige Arbeitskampf** kann zu Unterlassungs- und Schadensersatzansprüchen zwischen den beteiligten Koalitionen führen; auf der Ebene des Arbeitsvertrags kann die Beteiligung des Arbeitnehmers an einem rechtswidrigen Arbeitskampf die verhaltensbedingte Kündigung des Arbeitsverhältnisses rechtfertigen (§§ 626 BGB, 1 II KSchG). Da gesetzliche Vorschriften fehlen, richtet sich die Rechtmäßigkeit eines Arbeitskampfs nach den Grundsätzen, die der 1. Senat des BAG (als „Er-

---

[28] *BAG* vom 10. 6. 1980 – 1 AZR 822/79, BAGE 33, 140 (174) = AP Nr. 64 zu Art. 9 GG Arbeitskampf = NJW 1980, 1642; *BAG* vom 10. 6. 1980 – 1 AZR 168/79, BAGE 33, 185 = AP Nr. 65 zu Art. 9 GG Arbeitskampf = NJW 1980, 1653; *BAG* vom 10. 6. 1980 – 1 AZR 331/79, BAGE 33, 195 = AP Nr. 66 zu Art. 9 GG Arbeitskampf = NJW 1980, 1653.
[29] *BVerfG* vom 26. 6. 1991 – 1 BvR 779/85, BVerfGE 84, 212 = NJW 1991, 2549 – Aussperrungsurteil.
[30] *BAG* vom 12. 3. 1985 – 1 AZR 636/82, BAGE 48, 195 (200–212) = AP Nr. 84 zu Art. 9 GG Arbeitskampf = NZA 1985, 537.
[31] *BVerfG* vom 26. 6. 1991 – 1 BvR 779/85, BVerfGE 84, 212 (224–226, 228–232) = NJW 1991, 2549 – Aussperrungsurteil.

satzgesetzgeber") mit Billigung des BVerfG aus Art. 9 III GG (und weiteren, minder wichtigen Rechtsquellen[32]) entwickelt hat. Die Anforderungen an **Arbeitskampfziel, -parteien und -beginn** folgen daraus, dass Arbeitskämpfe nur zulässig sind, um Tarifverträge durchzusetzen (dazu 1). Bei den **Schranken der Kampfdurchführung** lassen sich die allgemeinen Grundsätze (dazu 2) und besondere Kampfverbote unterscheiden (dazu 3).

1. Tarifrechtliche Grenzen

603   Art. 9 III GG gewährleistet den Arbeitskampf, um – durch Druck und Gegendruck – den Abschluss von Tarifverträgen zu fördern (Rn. 482); der Arbeitskampf ist ein **Hilfsinstrument der Tarifautonomie.** Daraus folgt, dass das Kampfziel der Abschluss eines Tarifvertrags sein muss.

a) Führung durch tariffähige Parteien

Da als legitimes Ziel des Arbeitskampfs nur der Abschluss eines Tarifvertrags in Betracht kommt, darf ein Arbeitskampf nur von und gegen Parteien geführt werden, welche die Voraussetzungen der **Tariffähigkeit** erfüllen (vgl. § 74 II 1 BetrVG: „Arbeitskämpfe tariffähiger Parteien") und nach ihrer Satzung für den erstrebten Tarifvertrag die **Tarifzuständigkeit** in Anspruch nehmen (Rn. 520). Tariffähig sind nach § 2 TVG **Gewerkschaften, einzelne Arbeitgeber und Arbeitgebervereinigungen** sowie ihre Spitzenorganisationen (Rn. 518–520). Ein Streik ist folglich nur rechtmäßig, wenn er von einer Gewerkschaft erklärt wird. Der nicht von einer Gewerkschaft erklärte sog. „wilde Streik" (Rn. 595) ist rechtswidrig, weil die Angreifer nicht Partei eines Tarifvertrags sein können.[33]

Bei einer spontanen, nicht von einer Gewerkschaft organisierten Arbeitsniederlegung ist aber stets zu fragen, ob die Gewerkschaft den Streik später „übernommen" hat. Wenn die Gewerkschaft die **Übernahme eines wilden Streiks** erklärt, wird der Arbeitskampf nach Auffassung des BAG rückwirkend rechtmäßig, sofern die übrigen Rechtmäßigkeitsvoraussetzungen erfüllt sind.[34] Rechtlich unproblematisch ist die Kampfbeteiligung der Mitglieder der kampfführenden Koalition.

604   Besonderer Begründung bedarf die Kampfbeteiligung von Personen, die nicht Mitglieder der Gewerkschaft oder des Arbeitgeberverbandes und damit nicht gemäß § 3 TVG tarifgebunden sind (sog. **Außenseiter**):

(1) Auf der **Arbeitnehmerseite** ist anerkannt, dass nicht nur die Mitglieder der Gewerkschaft, die zum Streik aufgerufen hat, sondern auch Nichtmitglieder am Streik teilnehmen dürfen. Anderenfalls wäre bei einem gewerkschaftlichen Organisationsgrad von durchschnittlich 20% (Rn. 484) ein Streik in vielen Bereichen der Wirtschaft nicht führbar. Für das Beteiligungsrecht der **Außenseiter-Arbeitnehmer** spricht ferner, dass das Ergebnis eines Arbeitskampfs auf Grund

---

[32] *Otto*, ArbR, Rn. 750–756; *Hromadka/Maschmann* II, § 14 Rn. 4–13 a.

[33] *BAG* vom 20. 12. 1963 – 1 AZR 428/62, BAGE 15, 174 (191) = AP Nr. 32 zu Art. 9 GG Arbeitskampf = NJW 1964, 883 = JuS 1964, 291.

[34] *BAG* vom 5. 9. 1955 – 1 AZR 480/54, AP Nr. 3 zu Art. 9 GG Arbeitskampf = RdA 1955, 399; kritisch *Otto*, ArbeitskampfR, § 6 Rn. 30.

von arbeitsvertraglichen Bezugnahmeklauseln (Rn. 538) regelmäßig auch den Außenseitern zugute kommt.[35]

(2) Auf der **Arbeitgeberseite** stellt sich das Außenseiterproblem anders: Die Fähigkeit des Arbeitgebers, sich aktiv und passiv am Kampfgeschehen zu beteiligen, folgt bereits aus seiner Tariffähigkeit (§ 2 I TVG). Das BVerfG hält den **Außenseiter-Arbeitgeber** daher für berechtigt, sich einer Verbandsaussperrung anzuschließen. Es bestehe ein „Kampfbündnis" zwischen dem Außenseiter und dem Arbeitgeberverband.[36] Soweit ein Außenseiter-Arbeitgeber als Kampfpartei um einen eigenen Tarifvertrag (Firmentarifvertrag) streitet, ist seine Aussperrungsbefugnis ohnehin rechtlich gesichert (§ 2 I TVG).

> **Durchblick:** (a) Bei einem Streik um einen **Verbandstarifvertrag** stellt sich die Frage, ob die streikführende Gewerkschaft auch den Betrieb eines Außenseiter-Arbeitgebers bestreiken darf. Das BAG bejaht diese Frage, wenn der Arbeitskampf faktisch auch Auswirkungen auf den Außenseiter-Betrieb hat, etwa weil dort die Tarifbedingungen regelmäßig übernommen werden.[37] Diese Rechtsprechung ist umstritten, denn der Außenseiter-Arbeitgeber hat als Nichtmitglied des Verbands keine Möglichkeit, das Ergebnis des Arbeitskampfs – den Inhalt des Tarifvertrags – zu beeinflussen.[38] – (b) Umgekehrt stellt sich die Frage, ob die Gewerkschaft einen Streik um einen **Firmentarifvertrag** gegen einen Arbeitgeber führen darf, der als **Mitglied** eines Arbeitgeberverbands an einen Verbandstarifvertrag gebunden ist. Das BAG bejaht auch diese Frage, soweit nicht die allgemeinen arbeitskampfrechtlichen Zulässigkeitsgrenzen – insbesondere die Einhaltung der Friedenspflicht aus dem Verbandstarifvertrag – dem Streik entgegenstehen.[39] Auch diese Rechtsprechung ist umstritten[40] (s. auch Rn. 519).

b) Kampf um tariflich regelbare Ziele

Der Bezug des verfassungsrechtlich gewährleisteten Arbeitskampfs zur Tarif- **605** autonomie des Art. 9 III GG hat zur Folge, dass ein Arbeitskampf nur rechtmäßig ist, wenn er sich auf eine tarifliche Regelung richtet. Der Tarifbezug des Kampfziels bedeutet zweierlei: Es muss um den Abschluss eines Tarifvertrags gehen [dazu (1)], und es muss ein zulässiger Inhalt eines Tarifvertrags erstrebt werden [dazu (2)].

(1) **Kampfziel Tarifabschluss:** Das Kampfziel muss der **Abschluss eines Tarifvertrags** sein (sog. Tarifakzessorietät des Arbeitskampfs). Rechtswidrig ist der **politische Arbeitskampf**, der eine Forderung an eine staatliche Instanz stellt (z.B. die Rücknahme einer Gesetzesänderung). Rechtswidrig ist ferner der **Demonstrationsarbeitskampf**, der ein Verhalten der Arbeitgeberseite beeinflussen, aber keinen Tarifvertrag erkämpfen soll (Beispiel: Beschäftigte legen die Arbeit

---

[35] *Konzen*, 25 Jahre BAG-FS (1979), S. 273; *Seiter*, JZ 1979, 657.

[36] *BVerfG* vom 6. 6. 1991 – 1 BvR 779/85, BVerfGE 84, 212 (225–226) = NJW 1991, 2549 – Aussperrungsurteil.

[37] *BAG* vom 18. 2. 2003 – 1 AZR 142/02, BAGE 105, 5 (9) = AP Nr. 163 zu Art. 9 GG Arbeitskampf m. Anm. *Thüsing* = NZA 2003, 866; Verfassungsbeschwerde abgelehnt: *BVerfG* vom 10. 9. 2004 – 1 BvR 1191/03, NZA 2004, 1138.

[38] Einzelheiten bei *Rolfs/Clemens*, NZA 2004, 410 (416 f.).

[39] *BAG* vom 10. 12. 2002 – 1 AZR 96/02, BAGE 104, 155 (160) = AP Nr. 162 zu Art. 9 GG Arbeitskampf = NZA 2003, 734; *BAG* vom 24. 4. 2007 – 1 AZR 252/06, AP Nr. 2 zu § 1 TVG Sozialplan = NZA 2007, 987 (Rn. 67).

[40] Einzelheiten bei *Rolfs/Clemens*, NZA 2004, 410 (411 f.).

nieder, um gegen die Übernahme ihres Arbeitgebers durch einen Finanzinvestor zu protestieren). Großzügiger beurteilt die Rechtsprechung seit 2007 einen **Sympathiearbeitskampf,** mit dem kein eigener Tarifvertrag erkämpft, sondern ein fremder Arbeitskampf unterstützt werden soll (Rn. 596).

606   **Übungsfall 21 (Solidaritätsstreik):** Die Gewerkschaft ver.di erstrebt den Abschluss eines neuen Tarifvertrags für Zeitungsredakteure und bestreikt sechs Wochen lang eine Zeitungs-GmbH. Um ihrer Forderung Nachdruck zu verleihen, ruft sie nach vier Wochen die Arbeiter einer Druckerei-GmbH, die zu demselben Konzern gehört wie die Zeitungs-GmbH, zu einem „befristeten Solidaritätsstreik" auf. 20 Drucker folgen diesem Aufruf und legen für eine Nachtschicht die Arbeit nieder. Dadurch entsteht der Druckerei-GmbH ein Schaden von 2.500 €.[41]

Lösung: Ein **Anspruch** der Druckerei-GmbH gegen die Gewerkschaft ver.di auf Zahlung von 2.500 € Schadensersatz ergibt sich **aus § 823 I BGB,** wenn die Arbeitsniederlegung der Drucker das Recht der Druckerei-GmbH an ihrem eingerichteten und ausgeübten Gewerbebetrieb verletzt (Rn. 628). Die wichtigste Voraussetzung eines solchen Anspruchs ist die **Rechtswidrigkeit des Streiks.**

(1) Der Streik der Drucker könnte rechtswidrig sein, weil er nicht um den Abschluss eines eigenen Tarifvertrags, sondern zur **Unterstützung eines fremden Arbeitskampfs** geführt wurde.

(a) Nach Ansicht des **BAG** unterfällt auch ein Unterstützungsstreik (= Sympathiestreik, Solidaritätsstreik) dem Grundrechtsschutz des Art. 9 III GG: Zwar gehe es den Arbeitnehmern, die im Wege eines Sympathiestreiks ihre Arbeit niederlegen, nicht um die Verbesserung eigener tariflicher Rechte. Aber auch ein solcher Arbeitskampf diene dem Ziel der Gestaltung von Arbeitsbedingungen. Soweit er, wie im Regelfall, zumindest mittelbar den Druck auf den sozialen Gegenspieler verstärke, sei er auch nicht ungeeignet i. S. des Verhältnismäßigkeitsgrundsatzes.[42]

(b) Demgegenüber hält die h. M. in der **Literatur** den Unterstützungsstreik ausnahmslos für rechtswidrig, weil er nicht von Art. 9 III GG gedeckt sei:[43] Die Koalitionsfreiheit gewähre das Streikrecht, damit die Gewerkschaft den jeweils anderen, verhandlungsunwilligen Gegenspieler dadurch unter Druck setzen könne, dass sie ihn schädige. Das schließe aber „niemals eine Art Rundumschlag ein, der den Gegner irgendwie beeindrucken könnte."[44]

(2) Folgt man dem BAG hinsichtlich der grundsätzlichen Zulässigkeit von Unterstützungsstreiks, hängt die Rechtmäßigkeit des konkreten Sympathiestreiks von seiner **Angemessenheit i. S. des Verhältnismäßigkeitsprinzips** ab (Rn. 612). Nach Ansicht des BAG kann die Angemessenheit (Proportionalität) eines Unterstützungsstreiks – wenn der Hauptstreik rechtmäßig ist – nicht generell verneint werden. Maßgebend seien vielmehr die Umstände des Einzelfalls, wobei **zwei Kriterien** eine besondere Rolle spielen.

(a) Zum einen spreche es für die Angemessenheit des Unterstützungsstreiks, wenn die Gewerkschaft nicht den Hauptstreik einer anderen Gewerkschaft („fremdnützige Sympathie"), sondern einen eigenen Hauptstreik fördern wolle („eigennützige Sympathie").

(b) Erhebliche Bedeutung habe zum anderen der Umstand, ob und in welcher Weise der mit dem Unterstützungsstreik überzogene Arbeitgeber mit dem Adressaten des Hauptarbeits-

---

[41] Fall nach *BAG* vom 19. 6. 2007 – 1 AZR 396/06, BAGE 123, 134 = AP Nr. 173 zu Art. 9 GG Arbeitskampf m. Anm. *Wank* = NZA 2007, 1055.

[42] Einzelheiten: *BAG* vom 19. 6. 2007 – 1 AZR 396/06, BAGE 123, 134 (Rn. 34).

[43] *Benecke,* Buchner-FS (2009), S. 96 (102 f.); *Bieder,* NZA 2008, 799; *Junker,* JZ 2008, 102; *Kerwer,* EuZA 1 (2008), 335 (342 ff.); *Rieble,* BB 2008, 1506; *Schwarze,* JA 2008, 651 (652).

[44] *Rüthers/Berghaus,* Anm. zu BAG vom 12. 1. 1988 – 1 AZR 219/86, AP Nr. 90 zu Art. 9 GG Arbeitskampf (Bl. 8 R). Weitere Nachw. bei Löwisch/*Rieble,* ArbeitskampfR, II Rn. 162–170; *Otto,* ArbeitskampfR, § 10 Rn. 34.

kampfs rechtlich oder wirtschaftlich verflochten ist.[45] Im vorliegenden Fall wollte die Gewerkschaft ver.di einen von ihr selbst geführten Hauptarbeitskampf fördern; die vom Haupt- und vom Solidaritätsstreik betroffenen Unternehmen waren konzernmäßig verflochten. Nach Ansicht des BAG ist ein solcher Solidaritätsstreik rechtmäßig. Ein Schadensersatzanspruch aus § 823 I BGB besteht nicht.

(2) **Zulässiger Tarifinhalt:** Wenn das Ziel des Arbeitskampfs der Abschluss 607 eines Tarifvertrags ist, muss als nächstes untersucht werden, ob ein **zulässiger Inhalt des Tarifvertrags** erstrebt wird: Nur was tarifvertraglich regelbar ist, ist auch erkämpfbar. Die Grenzen der Tarifmacht ergeben sich vor allem aus der Verfassung und aus dem einfachen Gesetzesrecht (Rn. 510–515). Beispielsweise wäre ein Arbeitskampf zur Einführung einer von Art. 9 III GG verbotenen qualifizierten Differenzierungsklausel (Rn. 473) rechtswidrig. Rechtmäßig ist dagegen der Arbeitskampf für einen sog. Tarifsozialplan (Rn. 790).

> **Durchblick:** Teil II Art. 6 Nr. 4 der **Europäischen Sozialcharta** (ES C) gewährleistet „das Recht der Arbeitnehmer und der Arbeitgeber auf kollektive Maßnahmen einschließlich des Streikrechts im Falle von Interessenkonflikten". Manche meinen, das gewerkschaftliche Streikmonopol (Rn. 603) und der Tarifbezug des Arbeitskampfs (Rn. 605 ff.) gemäß Art. 9 III GG seien mit Teil II Art. 6 Nr. 4 ES C unvereinbar. Diese Ansicht ist angesichts der offenen Formulierung der Vorschrift, die den Signaturstaaten der ES C weiten Regelungsspielraum gibt, abzulehnen.[46] Wegen des in Teil II Art. 6 Nr. 4 ES C enthaltenen Zusatzes „vorbehaltlich etwaiger Verpflichtungen aus geltenden Tarifverträgen" ist die Beschränkung des Streikrechts durch die tarifvertragliche Friedenspflicht (Rn. 608) unstreitig mit der Vorschrift vereinbar.[47]

c) Kein Verstoß gegen die Friedenspflicht

Es ist der Sinn von Tarifverträgen, Arbeitskämpfe um die tariflich geregelten 608 Fragen zu verhindern (Befriedungsfunktion, Rn. 500). Für die Laufzeit des Tarifvertrags ergibt sich daher auch ohne ausdrückliche Regelung eine **relative Friedenspflicht:** Eine kampfweise Durchsetzung derjenigen Tarifforderungen ist ausgeschlossen, die mit der tariflich geregelten Materie in einem inneren sachlichen Zusammenhang stehen.[48] Noch weitergehende Kampfverbote, etwa eine **absolute Friedenspflicht** – das Verbot jeglicher Arbeitskämpfe zwischen den Tarifparteien – müssen ausdrücklich vereinbart werden, was in der Praxis aber selten geschieht (Rn. 581–583). Ein Arbeitskampf, der gegen die Friedenspflicht verstößt, ist tarifwidrig und damit rechtswidrig.

2. Allgemeine Grundsätze

Der Arbeitskampf ist, auch wenn er von tariffähigen Parteien um ein tariflich 609 regelbares Ziel ohne Verstoß gegen die Friedenspflicht geführt wird, nur rechtmäßig, wenn Kampfbeginn und -durchführung bestimmten Anforderungen genügen.

---

[45] Einzelheiten: *BAG* vom 19. 6. 2007 – 1 AZR 396/06, BAGE 123, 134 (Rn. 46, 48).
[46] Siehe zu dem Meinungsstreit *Däubler,* AuR 1998, 144 (145 ff.); *Rieble,* RdA 2005, 200 (202 ff.) – dort auch zur Frage der innerstaatlichen Verbindlichkeit der ES C.
[47] *BAG* vom 10. 12. 2002 – 1 AZR 96/02, BAGE 104, 155 (167 f.) = AP Nr. 162 zu Art. 9 GG Arbeitskampf = NZA 2003, 734.
[48] Ausführlicher *Hromadka/Maschmann* II, § 14 Rn. 46–58.

a) Gebot der Kampfparität

Im Prinzip muss jede Seite beim Einsatz von Arbeitskampfmitteln das sog. „Gebot der Kampfparität" (Waffengleichheit) beachten. Es soll ein **hinreichendes Kräftegleichgewicht** zwischen den Tarifparteien sicherstellen: Würde eine Partei das Kampfgeschehen beherrschen, wäre ein angemessener Interessenausgleich nicht möglich.[49] Allerdings fehlen – so der 1. Senat des BAG in der „Flash Mob"-Entscheidung – Kriterien, um Paritätsstörungen festzustellen:

> „Konkrete Maßstäbe, nach denen das Kräftegleichgewicht beurteilt werden könnte, lassen sich dem Art. 9 III GG nicht entnehmen. Die Kampfstärke hängt von einer kaum überschaubaren Fülle von Faktoren ab. Die Vorgabe, für Parität zu sorgen, genügt daher als Handlungsanweisung für die gerichtliche Ausgestaltung des Arbeitskampfrechts nicht."[50]

Für den **Streik** spielt die Kampfparität keine Rolle, da das BAG pauschal von einer „strukturellen" Unterlegenheit der Arbeitnehmerseite ausgeht[51] und ihr unter Paritätsgesichtspunkten kein Kampfmittel verwehrt. Relevant wird das Paritätsgebot beim **Arbeitskampfrisiko** (Rn. 633) und – zu Lasten der Arbeitgeberseite – bei der **Aussperrung**:

610　　(1) Eine **Abwehraussperrung** ist rechtmäßig, wenn ohne ihren Einsatz das Kräftegleichgewicht der Tarifparteien gefährdet oder beseitigt würde. **Beispiel:** Die Gewerkschaft führt gegen einzelne Arbeitgeber Schwerpunktstreiks durch; ohne die Möglichkeit der Aussperrung könnten die streikbetroffenen Unternehmen wegen ihrer Konkurrenz zu anderen, nicht bestreikten Wettbewerbern genötigt sein, der Streikforderung nachzugeben.[52] Hinsichtlich der Wirkungen der Aussperrung ist zu unterscheiden:

– Grundsätzlich kommt nach der Entscheidung des Großen Senats des BAG vom 21. 4. 1971 (Rn. 600) nur eine **suspendierende Aussperrung** in Betracht; sie beendet das Arbeitsverhältnis nicht.

– Eine **lösende Aussperrung** soll nach der Entscheidung des Großen Senats vom 21. 4. 1971 nur zulässig sein, wenn der Streik rechtswidrig ist oder wenn ein rechtmäßiger Streik übermäßig lange geführt wird.[53]

611　　(2) Eine **Angriffsaussperrung** zur Eröffnung eines Arbeitskampfs kommt in der Praxis kaum vor; sie ist aber nicht schlechthin unzulässig.[54] Nach verbreiteter Ansicht ist eine solche Angriffsaussperrung gestattet, wenn (a) eine Gewerkschaft Verhandlungen über eine Tarifforderung der Arbeitgeberseite ablehnt, (b) die Arbeitgeberseite eine Änderung des bisherigen Geltungsbereichs des Tarifvertrags anstrebt oder (c) die von den Arbeitgebern angestrebte tarifliche Re-

---

[49] *Brox/Rüthers/Henssler*, Rn. 762–771; *Hromadka/Maschmann* II, § 14 Rn. 70–86.
[50] *BAG* vom 22. 9. 2009 – 1 AZR 972/08, BAGE 132, 140 = AP Nr. 174 zu Art. 9 GG Arbeitskampf = NZA 2009, 1347 (Rn. 40).
[51] *BAG* vom 10. 6. 1980 – 1 AZR 168/79, BAGE 33, 185 (190) = AP Nr. 65 zu Art. 9 GG Arbeitskampf = NJW 1980, 1653; *BAG* vom 19. 6. 2007 – 1 AZR 396/06, AP Nr. 173 zu Art. 9 GG Arbeitskampf = NZA 2007, 1055 (1058, 1059).
[52] *BVerfG* vom 26. 6. 1991 – 1 BvR 779/85, BVerfGE 84, 212 (225) – Aussperrungsurteil.
[53] *BAG (GS)* vom 21. 4. 1971 – GS 1/68, BAGE 23, 292 (314) = AP Nr. 43 zu Art. 9 GG Arbeitskampf = NJW 1971, 1668. Umfassend *Gamillscheg* I, § 21 III 6.
[54] *BAG (GS)* vom 21. 4. 1971 – GS 1/68, BAGE 23, 292 (308).

gelung dazu dienen soll, in einer offensichtlichen wirtschaftlichen Krise Arbeitsplätze zu erhalten.[55] Hält man mit der Rechtsprechung eine **lösende Aussperrung** nur als Reaktion auf einen rechtswidrigen oder lang andauernden Streik für zulässig, kann die Angriffsaussperrung von vornherein nur als **suspendierende Aussperrung** erklärt werden.

b) Gebot der Verhältnismäßigkeit

In einer arbeitsteiligen Wirtschaft betreffen Arbeitskämpfe nicht nur die unmittelbar Beteiligten, sondern auch unbeteiligte Arbeitnehmer, sonstige Dritte und die Allgemeinheit. Daher steht nach der Entscheidung des Großen Senats des BAG vom 21. 4. 1971 (Rn. 600) jeder Arbeitskampf unter dem Gebot der Verhältnismäßigkeit: **612**

> „Arbeitskämpfe dürfen nur insoweit eingeleitet und durchgeführt werden, als sie zur Erreichung rechtmäßiger Kampfziele und des nachfolgenden Arbeitsfriedens geeignet und sachlich erforderlich sind. Jede Arbeitskampfmaßnahme – sei es Streik, sei es Aussperrung – darf ferner nur nach Ausschöpfung aller Verständigungsmöglichkeiten ergriffen werden; der Arbeitskampf muss also das letzte mögliche Mittel (**ultima ratio**) sein."[56]

(1) **Zulässigkeit von Kampfmitteln:** Das Gebot der Verhältnismäßigkeit verlangt zuerst die Prüfung, ob das gewählte Arbeitskampfmittel als solches geeignet und sachlich erforderlich (und damit zulässig) ist.[57]

(a) **Streik und Aussperrung** sind die historisch gewachsenen und als solche anerkannten Arbeitskampfmittel, deren grundsätzliche („kategoriale") Geeignetheit und Erforderlichkeit – und damit Zulässigkeit – heute nicht mehr in Frage gestellt werden kann. Auf diese beiden Kategorien von Arbeitskampfmitteln bezieht sich die Aussage des Großen Senats des BAG, es gelte der Grundsatz der Freiheit der Wahl der Kampfmittel.[58]

(b) **Andersartige Kampfmittel**[59] bedürfen demgegenüber bereits als solche der besonderen Legitimation; für sie gibt es keinen Grundsatz der Kampfmittelfreiheit.[60] Sie sind vielmehr nur erforderlich i. S. d. Verhältnismäßigkeitsprinzips (und damit rechtmäßig), wenn die anerkannten Kampfmittel Streik und Aussperrung in der gegebenen Situation von vornherein ungeeignet wären.

Beispiel: Im Tarifstreit 2008 des Einzelhandels hat eine Gewerkschaft „Flash Mob"-Aktionen durchgeführt. Sie bestanden u. a. darin, massenhaft Einkaufswagen mit verschiedenen Waren zu befüllen und anschließend vor der Kasse stehen zu lassen, um den Betrieb zu behindern. Diese Aktionen sind als Arbeitskampfmaßnahmen per se rechtswidrig, weil

---

[55] Löwisch/*Rieble*, ArbeitskampfR, II Rn. 265–267; enger *Gamillscheg* I, § 21 III 5; *Otto*, ArbeitskampfR, § 10 Rn. 61–70.

[56] *BAG (GS)* vom 21. 4. 1971 – GS 1/68, BAGE 23, 292 (306).

[57] Vgl. *BAG* vom 19. 6. 2007 – 1 AZR 396/06, AP Nr. 173 zu Art. 9 GG Arbeitskampf = NZA 2007, 1055 (Rn. 22); anders in der Begr. *Otto*, ArbeitskampfR, § 4 Rn. 21 und *Rieble*, NZA 2008, 796 (797), die eine der Verhältnismäßigkeitsprüfung vorgeschaltete Kategorie der „Notwendigkeit" eines Arbeitskampfmittels befürworten.

[58] *BAG (GS)* vom 28. 1. 1955 – GS 1/54, BAGE 1, 291 (Leitsatz 4).

[59] Bezeichnung nach *Otto*, ArbeitskampfR, § 11.

[60] *Otto*, ArbeitskampfR, § 4 Rn. 25, 26; *Rieble*, NZA 2008, 796 (797); a. A. neuerdings *BAG* vom 22. 9. 2009 – 1 AZR 972/08, BAGE 132, 140 = AP Nr. 174 zu Art. 9 GG Arbeitskampf = NZA 2009, 1347 (Rn. 34).

der Gewerkschaft auch im Einzelhandel das Arbeitskampfmittel Streik zu Verfügung steht. Es kommt also für die Rechtswidrigkeit der Aktion (und damit für einen Schadensersatzanspruch aus § 823 I BGB – Eingriff in den Gewerbebetrieb) nicht mehr darauf an, ob gegen andere Gesetze verstoßen wird (z.B. § 303 StGB, Sachbeschädigung, wenn von der Aktion Tiefkühlkost betroffen ist). Anderer Auffassung ist das BAG: Solche Aktionen seien zwar ein gezielter Eingriff in den eingerichteten und ausgeübten Gewerbebetrieb (§ 823 I BGB). Sie seien aber als Arbeitskampfmaßnahmen gerechtfertigt, denn hinsichtlich der **Geeignetheit** und der **Erforderlichkeit** habe die Gewerkschaft die Einschätzungsprärogative. Auch die durch rechtliche Abwägung zu beurteilende **Angemessenheit** (Verhältnismäßigkeit im engeren Sinne) sei gegeben: Der Arbeitgeber habe die Möglichkeit, gegenüber den Aktivisten von seinem Hausrecht Gebrauch zu machen oder das Arbeitskampfmittel der Betriebsstilllegung (Rn. 631, 632) einzusetzen, wenn der Blitzpöbel kommt.[61]

(2) **Anforderungen an Arbeitskämpfe:** Die Anforderungen an die Verhältnismäßigkeit des konkreten Arbeitskampfs hat der 1. Senat des BAG seit der Grundsatzentscheidung von 1971 für den **Streik** aufgeweicht (dazu [a]), für die **Aussperrung** dagegen verschärft (dazu [b]).

(a) Der **Streik** sollte – ebenso wie die Aussperrung – nach der Entscheidung des Großen Senats „nur nach Ausschöpfung aller Verständigungsmöglichkeiten"[62] (d.h. nach dem Scheitern der Verhandlungen)[63] zulässig sein. Dieses Erfordernis hat der 1. Senat des BAG in einer Serie von Entscheidungen aufgegeben. Sie spielen eine Rolle in

613 **Übungsfall 22 (Warnstreik):** Zwischen der Gewerkschaft ver.di und dem Einzelhandelsverband EHV liefen bereits seit mehreren Monaten Tarifverhandlungen für den Einzelhandel in Baden-Württemberg. Am 18. 4. legte der EHV ein Angebot vor, das ver.di für zu gering erklärte. Zugleich wurde ein neuer Verhandlungstermin für Anfang Mai vereinbart. Für Samstag, den 27. 4. (Ladenöffnungszeiten bis 14.00 Uhr) rief ver.di zu Warnstreiks auf. Im Zuge dieser Aktion wurde die Niederlassung Reutlingen der Bellheim Kaufhaus AG (B) von 6.30 Uhr bis 11.50 Uhr bestreikt. B verlangt von ver.di den Ersatz des Schadens, der ihr durch diese Maßnahme entstanden ist.[64]

614 **Lösung:** Ein **Anspruch auf Schadensersatz** könnte sich aus § 823 I BGB ergeben. Das Recht der B an ihrem eingerichteten und ausgeübten Gewerbebetrieb in Reutlingen kann nur verletzt sein, wenn der Warnstreik rechtswidrig war.

(I) **Maßgeblichkeit des Gebots der Verhältnismäßigkeit:** Da es sich um einen von einer tariffähigen Partei geführten Arbeitskampf und um ein zulässiges, tariflich regelbares Ziel handelte, dem auch keine Friedenspflicht entgegenstand, kommt es darauf an, ob das Verhältnismäßigkeitsgebot in Gestalt des **Ultima-ratio-Prinzips** einem Streik entgegensteht, der vor dem Scheitern der Verhandlungen ausgerufen wird. Die Rechtsprechung hat die Zulässigkeit solcher Kampfmaßnahmen unterschiedlich beurteilt:

(1) In der **ersten Warnstreik-Entscheidung** von 1976 hatte das BAG über eine spontane Arbeitsniederlegung von drei Stunden zu befinden, die im Zusammenhang mit laufenden Tarifverhandlungen aus Anlass einer Demonstration erfolgt war. Das BAG hielt die als „kur-

---

[61] *BAG* vom 22. 9. 2009 – 1 AZR 972/08, BAGE 132, 140 = AP Nr. 174 zu Art. 9 GG Arbeitskampf = NZA 2009, 1347 (Rn. 55 ff.); kritisch die ganz h.M. in der Literatur, s.z.B. *Otto,* Das BAG auf dem Weg zum nahezu schrankenlosen Arbeitskampf?, in: *Rieble/Junker/Giesen* (Hrsg.), Neues Arbeitskampfrecht? (2010), S. 15 (25 ff.); *Säcker,* NJW 2010, 1115; *Säcker/Mohr,* JZ 2010, 440; *Schwarze,* JA 2010, 468 (470).

[62] *BAG (GS)* vom 21. 4. 1971 – GS 1/68, BAGE 23, 292 (306).

[63] *Otto,* ArbeitskampfR, § 7 Rn. 11–14.

[64] Fall nach *BAG* vom 21. 6. 1988 – 1 AZR 651/86, BAGE 58, 364 = AP Nr. 108 zu Art. 9 GG Arbeitskampf = NZA 1988, 846 = SAE 1989, 93 m. Anm. *Reuter* = EzA Art. 9 GG Arbeitskampf m. Anm. *Konzen* = JZ 1989, 85 m. Anm. *Löwisch/Rieble.*

zen Warnstreik" bezeichnete Arbeitsniederlegung für rechtmäßig: Für derartige Warnstreiks gelte nicht das Ultima-ratio-Prinzip. Ein „milder Druck" vor Ausschöpfung der Verständigungsmöglichkeiten entspreche geradezu dem Grundsatz der Verhältnismäßigkeit.[65] Im vorliegenden Fall geht es allerdings nicht um eine spontane Arbeitsniederlegung, sondern um ein vorbereitetes und geplantes Streikgeschehen.

(2) In der **zweiten Warnstreik-Entscheidung** von 1984 blieb das BAG auch für den geplanten, institutionalisierten „milden Druck" dabei, dass kurze, zeitlich befristete Streiks während laufender Tarifverhandlungen nicht dem Grundsatz der vollständigen Ausschöpfung aller Verständigungsmöglichkeiten unterlägen. Von kurzfristigen Arbeitsunterbrechungen gehe nicht derselbe wirtschaftliche Druck aus wie von längerfristigen Arbeitskampfmaßnahmen. Weder spiele die zentrale Steuerung des Streikgeschehens („neue Beweglichkeit") eine Rolle, noch die Wiederholung von Warnstreiks im selben Betrieb.[66] Danach war der Warnstreik im vorliegenden Fall nicht am Ultima-ratio-Prinzip zu messen.

(3) In der **dritten Warnstreik-Entscheidung** von 1988 gab das BAG die Privilegierung des **615** Warnstreiks – auch in der Form der „neuen Beweglichkeit" – gegenüber dem Erzwingungsstreik auf: Warnstreik und Erzwingungsstreik verfolgten das gleiche Ziel, nämlich Druckausübung im Hinblick auf einen Tarifabschluss. Es liege allenfalls ein gradueller Unterschied vor, der eine rechtlich klare Abgrenzung nicht zulasse.[67] Danach unterliegen alle Arbeitskampfmaßnahmen in gleicher Weise dem Ultima-ratio-Prinzip. Die Unterscheidung von Warn- und Erzwingungsstreiks wurde fallengelassen. Das BAG spricht seit 1988 nicht mehr von „Warnstreiks", sondern nur noch von „Kurzstreiks".[68]

(II) **Anwendung des Gebots der Verhältnismäßigkeit:** Damit stellt sich im vorliegenden Fall **616** die Frage, ob ein **Scheitern der Verhandlungen** i. S. d. Ultima-ratio-Prinzips vorlag.

(1) Das BAG vertritt die Ansicht, eine **materielle Prüfung**, ob alle Verständigungsmöglichkeiten ausgeschöpft seien, scheitere an der tatsächlichen Schwierigkeit, eine eventuell noch bestehende Verhandlungsbereitschaft als innere Tatsache festzustellen. Sie sei auch rechtlich nicht zulässig, weil sie im Ergebnis auf eine Tarifzensur hinausliefe. Folgerichtig könne es allein auf die freie und nicht nachprüfbare Entscheidung einer Tarifvertragspartei ankommen, dass sie die Verständigungsmöglichkeiten ohne begleitende Arbeitskampfmaßnahmen als ausgeschöpft betrachte. Einer ausdrücklichen Erklärung des „Scheiterns der Verhandlungen" bedürfe es nicht; es reiche eine konkludente Erklärung, die in der Aufnahme eines Arbeitskampfmittels liegen könne.[69]

(2) Danach ist das Ultima-ratio-Prinzip bei der Einleitung eines Streiks bloß ein **formales Prinzip,** das nur eine Minimalanforderung stellt: Die Gewerkschaft darf Streiks erst einleiten, wenn sie der Gegenseite Forderungen bekannt gemacht hat. Laufende Verhandlungen kann sie nach ihrer freien Einschätzung durch Streiks unterbrechen. Im vorliegenden Fall liegt im Streikbeginn die schlüssige Erklärung, dass ver.di die Verhandlungsmöglichkeiten für den Moment als ausgeschöpft ansieht.

(III) **Ergebnis:** Der Streik ist rechtmäßig. B hat keinen Schadensersatzanspruch.

(b) Die **Aussperrung** steht nach dem Beschluss des Großen Senats des BAG **617** vom 21. 4. 1971 – ebenso wie der Streik – unter dem Gebot der Verhältnismäßigkeit.[70] Während der 1. Senat des BAG in der Folgezeit das Erfordernis des Scheiterns der Verhandlungen als **Voraussetzung des Streikbeginns** aufgegeben

---

[65] *BAG* vom 17. 12. 1976 – 1 AZR 605/75, BAGE 28, 295 (298) = AP Nr. 51 zu Art. 9 GG Arbeitskampf = NJW 1977, 1079.

[66] *BAG* vom 12. 9. 1984 – 1 AZR 342/83, BAGE 46, 322 (351 ff.) = AP Nr. 81 zu Art. 9 GG Arbeitskampf = NZA 1984, 393; kritisch die h. M. in der Literatur, s. z. B. *Brox/Rüthers/Henssler,* Rn. 775–777; *Ehmann,* NZA 1991, 1 (3); *Reuter,* JuS 1986, 19.

[67] *BAG* vom 21. 6. 1988 – 1 AZR 651/86, BAGE 58, 364 (379).

[68] *BAG* vom 11. 8. 1992 – 1 AZR 103/92, BAGE 71, 92 (99) = AP Nr. 124 zu Art. 9 GG Arbeitskampf = NZA 1993, 39 = SAE 1993, 57 m. Anm. *Hergenröder.*

[69] *BAG* vom 21. 6. 1988 – 1 AZR 651/86, BAGE 58, 364 (382).

[70] *BAG (GS)* vom 21. 4. 1971 – GS 1/68, BAGE 23, 292 (306).

hat (Rn. 612–616), wurden für die Aussperrung verschärfte **Bedingungen der Kampfdurchführung** aufgestellt, die manche als „verdecktes richterliches Aussperrungsverbot" bezeichnen.[71] Aus dem Prinzip der Verhältnismäßigkeit im engeren Sinne (Angemessenheit) hat der 1. Senat des BAG in Urteilen vom 10. 6. 1980 (Rn. 601) quantitative Schranken der Aussperrung in Form einer **Quotenregelung** abgeleitet:

– Werden **weniger als 25% der Arbeitnehmer** im Tarifgebiet zum Streik aufgefordert, dürfen höchstens weitere 25% ausgesperrt werden.

– Werden **25% der Arbeitnehmer (oder mehr)** zum Streik aufgerufen, dürfen Streiks und Aussperrungen zusammen höchstens 50% der Arbeitnehmer des Tarifgebiets betreffen.

– Werden **50% der Arbeitnehmer (oder mehr)** zum Streik aufgerufen oder von einer Aussperrung betroffen, ist eine weitere Aussperrung unzulässig.[72]

Diese mehr oder weniger aus der Luft gegriffene „Quotenarithmetik" ist auf Kritik gestoßen[73] und später auch von der Rechtsprechung in Frage gestellt worden.[74] Da die Aussperrung seit den Urteilen von 1980 in der Praxis keine nennenswerte Rolle mehr spielt, bestand jedoch keine Gelegenheit, die Aussperrungsarithmetik von 1980 richterlich zu überprüfen.

c) Gebot fairer Kampfführung

618   Auch wenn der Arbeitskampf als solcher rechtmäßig ist, können bestimmte Verhaltensweisen, die von einer Kampfpartei gefördert oder geduldet werden, rechtswidrig sein und Schadensersatzansprüche auslösen: Die Kampfparteien müssen das Gebot fairer Kampfführung beachten; es gilt für die gesamte Durchführung des Arbeitskampfs. Beispielsweise dürfen **Streikposten** Arbeitswillige nicht daran hindern, in den Betrieb zu gelangen.[75] Gegen das Gebot der fairen Kampfführung wird insbesondere verstoßen, wenn die kampfführende Gewerkschaft es ablehnt, an Notstands- und Erhaltungsmaßnahmen mitzuwirken:

(1) Als **Notstandsarbeiten** werden Maßnahmen bezeichnet, die erforderlich sind, eine Mindestversorgung zur Befriedigung der elementaren persönlichen und staatlichen Bedürfnisse sicherzustellen (beispielsweise Gesundheit, Energie und Wasser, Feuerwehr und Müllbeseitigung).

(2) Als **Erhaltungsarbeiten** werden Maßnahmen angesehen, die erforderlich sind, um nach Beendigung des Arbeitskampfs die Funktionsfähigkeit des Betriebs zu gewährleisten sowie eine schnelle Wiederaufnahme der Arbeit zu ermöglichen (z. B. Wartungsarbeiten).[76]

---

[71] *Rüthers*, 50 Jahre richterliches Arbeitskampfrecht, FAZ vom 3. 2. 2005, S. 16.

[72] *BAG* vom 10. 6. 1980 – 1 AZR 822/79, BAGE 33, 140 (174) = AP Nr. 64 zu Art. 9 GG Arbeitskampf = NJW 1980, 1642; *BAG* vom 10. 6. 1980 – 1 AZR 168/79, BAGE 33, 185 = AP Nr. 65 zu Art. 9 GG Arbeitskampf = NJW 1980, 1653.

[73] *Adomeit*, NJW 1984, 773 (774); *Otto*, ArbeitskampfR, § 8 Rn. 65.

[74] *BAG* vom 7. 6. 1988 – 1 AZR 597/86, BAGE 58, 332 (336) = AP Nr. 107 zu Art. 9 GG Arbeitskampf = NJW 1989, 315.

[75] *BAG* vom 21. 6. 1988 – 1 AZR 651/86, BAGE 58, 364 (388 f.) = AP Nr. 108 zu Art. 9 GG Arbeitskampf = NZA 1988, 846.

[76] *Hromadka/Maschmann* II, § 14 Rn. 90, 91; *Otto*, ArbeitskampfR, § 8 Rn. 26, 27.

3. Besondere Kampfverbote

Gegenüber den „allgemeinen" Arbeitskampfgrundsätzen der Parität, der Ver- **619** hältnismäßigkeit und der Fairness können Vorschriften der **Verfassung** oder der **Strafgesetze** „besondere" Rechtswidrigkeitsgründe für einen Arbeitskampf darstellen. So soll eine selektive Aussperrung, die gezielt nur die Mitglieder der streikenden Gewerkschaft erfasst und nichtorganisierte Arbeitnehmer ausspart, gegen die positive Koalitionsfreiheit der Gewerkschaftsmitglieder verstoßen (**Art. 9 III GG** als „besonderes Kampfverbot").[77] Eine Betriebsblockade, die es dem Arbeitgeber unmöglich macht, die Produktion mit Hilfe Arbeitswilliger fortzusetzen, stellt als strafbare Nötigung zugleich eine rechtswidrige Arbeitskampfmaßnahme dar (**§ 240 StGB** als „besonderes Kampfverbot").[78] Darüber hinaus gibt es zwei besondere, gesetzlich normierte Kampfverbote:

a) Mit den hergebrachten Grundsätzen des Berufsbeamtentums (**Art. 33 V GG**) wäre ein Streik von Beamten, Richtern und Soldaten und eine Aussperrung dieses Personenkreises unvereinbar.[79] Für Arbeiter und Angestellte im öffentlichen Dienst gilt das Arbeitskampfverbot des Art. 33 V GG nicht.[80]

Durchblick: Der Europäische Gerichtshof für Menschenrechte (EGMR) hat im Jahr 2009 in einem Rechtsstreit betreffend den türkischen Staatsdienst aus der in Art. 11 der **Europäischen Menschenrechts-Konvention (EMRK)** garantierten Koalitionsfreiheit abgeleitet, dass der generelle Ausschluss des Streikrechts der türkischen Staatsbeamten konventionswidrig sei.[81] Was daraus für die Einschränkung des Streikrechts deutscher Beamter folgt, ist noch ungewiss.[82]

b) Nach **§ 74 II 1 BetrVG** sind Maßnahmen des Arbeitskampfs zwischen Arbeitgeber und Betriebsrat unzulässig. Dieses betriebliche Kampfverbot gilt nicht für Arbeitskämpfe tariffähiger Parteien (§ 74 II 1 a. E. BetrVG). In der Betriebsverfassung ersetzt die Einigungsstelle den Arbeitskampf (§ 76 BetrVG).

4. Aufbauschema

Die Frage nach der Rechtmäßigkeit eines Arbeitskampfs stellt sich in der **620** Praxis meist im Rahmen eines **vertraglichen Anspruchs** auf Erfüllung (z.B. Entgeltzahlung), eines vertraglichen und/oder **deliktischen Anspruchs** auf Unterlassung oder auf Schadensersatz (dazu der **Übungsfall 22**, Rn. 613–616) oder im Rahmen einer Klage gegen eine **Kündigung,** die auf die Beteiligung an einem Arbeitskampf gestützt ist.

---

[77] *BAG* vom 10. 6. 1980 – 1 AZR 331/79, BAGE 33, 195 (203) = AP Nr. 66 zu Art. 9 GG Arbeitskampf = JZ 1980, 749 m. Anm. *Seiter.*

[78] *BAG* vom 8. 11. 1988 – 1 AZR 417/86, BAGE 60, 101 (112) = AP Nr. 111 zu Art. 9 GG Arbeitskampf m. Anm. *von Bar* = NZA 1989, 475.

[79] Nachw. bei *Otto,* ArbeitskampfR, § 9 Rn. 3.

[80] *BVerfG* vom 2. 3. 1993 – 1 BvR 1213/85, BVerfGE 88, 103 = NJW 1993, 1379 – Beamteneinsatz bei Arbeitskämpfen.

[81] *EGMR* vom 21. 4. 2009 – Nr. 68 959/01, NZA 2010, 1423 Rn. 32 (Enerji Yapi-Yol Sen/Türkei).

[82] Siehe aber *Lindner,* DÖV 2011, 305 (309); *Seifert,* KritVj 2009, 357 (377): für Beamtenstreikrecht ist Verfassungsänderung erforderlich.

621   Das Prüfungsschema für die **Rechtmäßigkeit von Arbeitskämpfen** ist zusammengefasst in der **Übersicht 9.1:**

Übersicht 9.1: Rechtmäßigkeit von Arbeitskämpfen

---

1. **Führung durch tariffähige Parteien**
   a) Tariffähigkeit (§ 2 TVG) und Tarifzuständigkeit
   b) Erklärung des Arbeitskampfs durch eine Tarifpartei
   c) Übernahme des Arbeitskampfs durch eine Tarifpartei
2. **Kampf um tariflich regelbare Ziele**
   a) Kampfziel: Tarifabschluss
   b) Zulässiger Tarifinhalt
3. **Kein Verstoß gegen die Friedenspflicht**
   a) Relative Friedenspflicht
   b) Absolute Friedenspflicht
4. **Gebot der Kampfparität**
   a) Abwehraussperrung: Grundsätzlich nur suspendierend
   b) Angriffsaussperrung: Nur ganz ausnahmsweise zulässig
5. **Gebot der Verhältnismäßigkeit**
   a) Geeignetheit des Kampfmittels
   b) Ultima ratio-Prinzip (Erforderlichkeit)
   c) Prinzip der Proportionalität (Angemessenheit)
6. **Gebot fairer Kampfführung**
   a) Notstandsarbeiten
   b) Erhaltungsarbeiten
7. **Besondere Arbeitskampfverbote**
   a) Art. 33 V GG (Berufsbeamtentum)
   b) § 74 II 1 BetrVG (Betriebsverfassung)

III. Rechtsfolgen von Arbeitskämpfen

622   Der Arbeitskampf hat Rechtsfolgen für die beteiligten Arbeitsvertragsparteien (dazu 1), für die beteiligten Arbeitgeberverbände und Gewerkschaften (dazu 2) und für unbeteiligte Dritte (dazu 3).[83]

1. Folgen für die Arbeitsvertragsparteien

Die Rechtsfolgen des Arbeitskampfs für die am Arbeitskampf beteiligten Arbeitnehmer und Arbeitgeber hängen davon ab, ob der Arbeitskampf rechtmäßig oder rechtswidrig ist.

a) Rechtmäßiger Arbeitskampf

Nach der grundlegenden Entscheidung des Großen Senats aus dem Jahre 1955 (Rn. 599) stellt der rechtmäßige Arbeitskampf auf der Ebene der einzel-

---

[83] Einführend *Brox/Rüthers/Henssler,* Rn. 790–828; ausführlicher *Hromadka/Maschmann* II, § 14 Rn. 87–150; umfassend *Otto,* ArbeitskampfR, §§ 14–16.

nen Arbeitsverhältnisse keinen Vertragsbruch dar: Was kollektivrechtlich erlaubt ist, dürfe – so der Große Senat – individualrechtlich nicht verboten sein.[84] Das gilt für den Streik ebenso wie für die Aussperrung:

(1) Die Teilnahme an einem **rechtmäßigen Streik** führt zum Ruhen (zur Suspendierung) der **Hauptleistungspflichten**: Der Arbeitnehmer ist von seiner Arbeitspflicht befreit; der Anspruch auf die Vergütung entfällt während der Streikteilnahme ebenfalls[85] (zur Entgeltfortzahlung im Krankheitsfall während eines Streiks s. Rn. 279). Die **Nebenpflichten** der Parteien (Rn. 230–236b, 258–269b) bestehen fort. Die Suspendierung der Hauptleistungspflichten beginnt nicht schon mit dem Streikaufruf der Gewerkschaft, sondern erst mit der Streikbeteiligung des Arbeitnehmers. Sie endet mit dem Angebot, die Arbeit wieder aufzunehmen. Dieses Angebot kann auch die Gewerkschaft für den Arbeitnehmer abgeben; es darf aber nicht missbräuchlich sein.

623

Beispiel: Während eines Streiks in der Metallindustrie schrieb die IG Metall an die Arbeitgeber: „Wir teilen Ihnen mit, dass für die Pfingstfeiertage der Streik ausgesetzt und am Dienstag nach Pfingsten um 6.00 Uhr fortgeführt wird." – Das BAG hat einen Anspruch auf Feiertagslohn nach § 2 I EFZG für den Pfingstmontag verneint: Die Aussetzung eines Streiks an Tagen, an denen nicht gearbeitet werde, sei missbräuchlich und arbeitskampfrechtlich bedeutungslos; die Suspendierung der Hauptpflichten bleibe bestehen.[86]

(2) Die **rechtmäßige Aussperrung** bewirkt zwar – anders als der Streik[87] – nicht notwendigerweise, dass die Hauptleistungspflichten (nur) suspendiert werden, weil theoretisch auch eine lösende Aussperrung möglich ist (Rn. 610). Die lösende Aussperrung kann aber in der Praxis nur ausnahmsweise rechtmäßig sein, nämlich als Reaktion auf einen rechtswidrigen Streik oder als Reaktion auf einen lang andauernden rechtmäßigen Streik (Rn. 610). Ist die lösende Aussperrung ausnahmsweise rechtmäßig, besteht zwar kein strikter Rechtsanspruch auf Wiedereinstellung, wohl aber ein Anspruch des Arbeitnehmers auf ermessensfehlerfreie Entscheidung.[88] In den letzten Jahrzehnten ist die lösende Aussperrung nicht mehr vorgekommen.

(3) Eine **Kündigung durch den Arbeitgeber** allein wegen der Streikbeteiligung des Arbeitnehmers ist bei einem rechtmäßigen Streik ausgeschlossen. Allerdings kann im Einzelfall eine Kündigung aus anderen Gründen statthaft sein. **Beispiel** für eine betriebsbedingte Kündigung: Der Arbeitsplatz des Streikenden fällt weg, weil der Arbeitgeber aus Anlass des Arbeitskampfs eine Betriebsänderung vornimmt.[89]

624

(4) Eine **Kündigung durch den Arbeitnehmer** ist im Arbeitskampf nach den allgemeinen Regeln möglich. Es ist allerdings zweifelhaft, ob eine rechtmäßige

---

[84] *BAG (GS)* vom 28. 1. 1955 – GS 1/54, BAGE 1, 291 (303).

[85] *BAG (GS)* vom 21. 4. 1971 – GS 1/68, BAGE 23, 292 (310).

[86] *BAG* vom 1. 3. 1995 – 1 AZR 786/94, BAGE 79, 230 (234) = AP Nr. 68 zu § 1 FeiertagslohnzahlungsG = NZA 1995, 996 = SAE 1996, 90 m. Anm. *Walker.*

[87] Zum früher vertretenen „auflösenden Streikrecht" zu recht kritisch („eine etwas weltabgewandte Sicht der Dinge") *Gamillscheg* I, § 25 I 9.

[88] *Hromadka/Maschmann* II, § 14 Rn. 61; strenger *Otto,* ArbeitskampfR, § 14 Rn. 29.

[89] *Löwisch/Krauß,* ArbeitskampfR, III A Rn. 39; *Otto,* ArbeitskampfR, § 14 Rn. 23–25 (dort auch zur Beteiligung des Betriebsrats).

suspendierende Aussperrung den Arbeitnehmer zu einer außerordentlichen Kündigung nach § 626 BGB berechtigt. Der Große Senat des BAG hat im Jahr 1971 anstelle einer außerordentlichen Kündigung durch den Arbeitnehmer ein besonderes individualrechtliches **Abkehrrecht** kreiert, wenn dem Arbeitnehmer infolge der (rechtmäßigen) suspendierenden Aussperrung ein Festhalten an dem Arbeitsverhältnis nicht mehr zumutbar ist.[90]

b) Rechtswidriger Arbeitskampf

625　　Der rechtswidrige Arbeitskampf unterliegt nach der Entscheidung des Großen Senats des BAG aus dem Jahre 1955 anderen Regeln als der rechtmäßige Arbeitskampf: Streik und Aussperrung werden nur in bestimmten rechtlichen Grenzen von der Rechtsordnung anerkannt; rechtswidrige Kampfmaßnahmen sind von der Rechtsordnung nicht privilegiert.[91]

(1) Nimmt der Arbeitnehmer an einem **rechtswidrigen Streik** teil, ist seine Arbeitspflicht nicht suspendiert; der rechtswidrig streikende Arbeitnehmer verletzt vielmehr seine Hauptleistungspflicht.[92] Das hat drei Konsequenzen: Wie in anderen Fällen der Nichterfüllung hat der Arbeitgeber gegen den Arbeitnehmer einen einklagbaren Anspruch auf die Arbeitsleistung (Rn. 223, 224). Dem rechtswidrig streikenden Arbeitnehmer steht kein Lohnanspruch zu (§ 326 I 1 BGB, s. Rn. 222). Ein Anspruch des Arbeitgebers gegen den Arbeitnehmer auf **Schadensersatz** kann aus §§ 280 I, III, 283 BGB wegen Vertragsverletzung (Rn. 226) oder aus § 823 I BGB wegen Verletzung des Rechts am eingerichteten und ausgeübten Gewerbebetrieb begründet sein.[93]

(2) Die **rechtswidrige Aussperrung** bewirkt ebenfalls keine Suspendierung der Hauptleistungspflichten: Der Arbeitgeber befindet sich im Annahmeverzug; die rechtswidrig ausgesperrten Arbeitnehmer behalten den Anspruch auf die Vergütung (§§ 615 Satz 1, 293 ff. BGB). Entsteht durch das tatsächliche Ausbleiben der Vergütung ein Verspätungsschaden, kommt eine Haftung des Arbeitgebers wegen Schuldnerverzugs nach §§ 280 I, II, 286 BGB in Betracht.[94]

626　　(3) Bei einem rechtswidrigen Streik kommt eine (verhaltensbedingte) **Kündigung durch den Arbeitgeber** in Betracht, und zwar – je nach Sachverhalt – eine außerordentliche Kündigung aus wichtigem Grund (§ 626 BGB) oder eine ordentliche verhaltensbedingte Kündigung (§ 1 II KSchG); ihr hat grundsätzlich (Ausnahmen: Rn. 406a) eine **Abmahnung** vorauszugehen.[95] Da der Arbeitgeber nicht vor die Alternative gestellt werden kann, alle oder keinen Arbeitnehmer zu kündigen, ist grundsätzlich auch die Kündigung einzelner Arbeitnehmer zulässig

---

[90] *BAG (GS)* vom 21. 4. 1971 – GS 1/68, BAGE 23, 292 (312) = AP Nr. 43 zu Art. 9 GG Arbeitskampf = NJW 1971, 1668. Kritisch *Gamillscheg* I, § 25 I 8; ablehnend *Otto*, ArbeitskampfR, § 14 Rn. 28.
[91] *BAG (GS)* vom 28. 1. 1955 – GS 1/54, BAGE 1, 291 (300).
[92] *Hromadka/Maschmann* II, § 14 Rn. 142–149; *Otto*, ArbR, Rn. 799.
[93] *Gamillscheg* I, § 26 I 5 m. w. N.; a. A. *Waltermann*, Rn. 726.
[94] MünchKommBGB/*Ernst*, § 286 Rn. 128–134; *Otto*, ArbeitskampfR, § 15 Rn. 58.
[95] Einzelheiten: *Gamillscheg* I, § 26 I 2; *Otto*, ArbeitskampfR, § 15 Rn. 48–50.

(selektive Kampfkündigung).[96] Allerdings darf die Auswahl der zu kündigenden Arbeitnehmer nicht willkürlich sein; ein sachlicher Differenzierungsgrund ist beispielsweise die herausragende Kampfbeteiligung einzelner Arbeitnehmer.[97]

(4) Die rechtswidrige Aussperrung rechtfertigt in der Regel eine außerordentliche **Kündigung durch den Arbeitnehmer** gemäß § 626 BGB. Nur ausnahmsweise fehlt ein wichtiger Grund, z. B. bei einer kurzfristigen Aussperrung und einem geringen Verschulden des Arbeitgebers.[98]

2. Folgen für die Arbeitskampfparteien

Auch bei den Folgen, die sich aus einem Arbeitskampf für die beteiligten Arbeitskampfparteien ergeben, ist zwischen einem rechtmäßigen und einem rechtswidrigen Arbeitskampf zu unterscheiden.   627

a) Rechtmäßiger Arbeitskampf

Bei einem rechtmäßigen Streik oder einer rechtmäßigen Aussperrung bestehen zwischen den beteiligten Koalitionen Organisations- und Einwirkungspflichten: Aus dem Gebot der fairen Kampfführung folgt eine Pflicht der kämpfenden Verbände zur Mitwirkung bei der **Organisation** von Notstands- und Erhaltungsmaßnahmen (Rn. 618). Aus dem Gebot der Verhältnismäßigkeit erwächst für jeden Verband die Pflicht, Kampfmaßnahmen zu vermeiden, bei denen die andere Seite über Gebühr belastet wird (Rn. 612, 617). Diese Pflicht zur Einhaltung der allgemeinen Kampfgrenzen mündet in eine Pflicht zur **Einwirkung** auf Mitglieder, die sich nicht an die Kampfgrenzen halten.[99]

Durchblick: Gegenüber ihren Mitgliedern haben die kampfbeteiligten Gewerkschaften und Arbeitgeberverbände **Unterstützungspflichten.** Darunter fällt insbesondere die nach der Satzung bestehende Pflicht der Gewerkschaft, streikenden oder ausgesperrten Mitgliedern finanzielle Hilfe zu leisten.

b) Rechtswidriger Arbeitskampf

Bei einem rechtswidrigen Streik oder einer rechtswidrigen Aussperrung   628 kommen zwischen den beteiligten Koalitionen Schadensersatz- und Unterlassungsansprüche in Betracht. Die Anspruchsgrundlage für einen **Schadensersatzanspruch** kann zum einen der Tarifvertrag sein (Pflichtverletzung, § 280 I BGB), zum anderen § 823 I BGB i. V. m. Art. 9 III GG (Recht auf koalitionsmäßige Betätigung als „sonstiges Recht"). **Unterlassungsansprüche** können sich ebenfalls aus dem Tarifvertrag und aus § 1004 I 2 BGB i. V. m. § 823 I BGB, Art. 9 III GG ergeben.

[96] *BAG* vom 14. 2. 1978 – 1 AZR 76/76, BAGE 30, 50 (57 f.) = AP Nr. 58 zu Art. 9 GG Arbeitskampf m. Anm. *Konzen* = NJW 1979, 236 = JuS 1978, 791.
[97] *Brox/Rüthers/Henssler*, Rn. 805; *Waltermann*, Rn. 724.
[98] *Otto*, ArbeitskampfR, § 15 Rn. 59; *Löwisch/Krauß*, ArbeitskampfR, III A Rn. 50.
[99] *BAG* vom 8. 11. 1988 – 1 AZR 417/86, BAGE 60, 101 (116 f.) = AP Nr. 111 zu Art. 9 GG Arbeitskampf m. Anm. *von Bar* = NZA 1989, 475.

Praxis: Da es beim Verband häufig an einem eigenen Schaden fehlen wird, stehen bei einem rechtswidrigen Streik Schadensersatzansprüche des einzelnen Arbeitgebers – und nicht des Arbeitgeberverbands – gegen die Gewerkschaft im Vordergrund. Eine Anspruchsgrundlage ist § 823 I BGB (Recht am eingerichteten und ausgeübten Gewerbebetrieb als „sonstiges Recht").[100] Bei einer Verletzung der Friedenspflicht aus einem Tarifvertrag kann auch ein Anspruch des einzelnen Arbeitgebers gegen die Gewerkschaft aus Pflichtverletzung in Betracht kommen, denn der Verbandstarifvertrag entfaltet Schutzwirkung zugunsten der Verbandsmitglieder.[101]

3. Folgen des Arbeitskampfs für Drittbetroffene

629 Auch unbeteiligte Dritte können durch einen Arbeitskampf betroffen sein und Ansprüche gegen die Kampfbeteiligten haben. Ausgeklammert werden hier Ansprüche von Kunden und anderen Vertragspartnern des Arbeitgebers wegen eines arbeitskampfbedingten Ausbleibens der geschuldeten Leistung.[102] Diese Rechtsbeziehungen gehören nicht dem Arbeitsrecht an, sondern dem allgemeinen Zivilrecht. Im Arbeitsrecht geht es vor allem um Lohnansprüche der kampfunbeteiligten Arbeitnehmer, die durch einen Arbeitskampf im eigenen oder in einem fremden Betrieb beschäftigungslos werden.

a) Lohnansprüche

Werden durch einen Arbeitskampf unbeteiligte Arbeitnehmer beschäftigungslos, fragt sich, ob ihre Lohnansprüche bestehen bleiben oder erlöschen. Die Antwort unterscheidet sich danach, ob die Arbeit im kampfbetroffenen oder in einem anderen Unternehmen ausfällt.

(1) **Unmittelbar kampfbetroffene Unternehmen:** Kann ein Arbeitgeber wegen eines Teil- oder Schwerpunktstreiks im selben Betrieb oder in einem anderen Betrieb desselben Unternehmens arbeitswillige, nicht streikende Arbeitnehmer nicht sinnvoll beschäftigen, wäre er nach den Grundsätzen der Verteilung des **Betriebs- und Wirtschaftsrisikos** (§ 615 Satz 3 BGB, Rn. 288–292) an sich zur Weiterzahlung des Entgelts verpflichtet. Die Anwendung dieser Grundsätze im Arbeitskampf würde jedoch das Kräfteverhältnis zu Lasten der Arbeitgeberseite verändern, wenn ein Arbeitgeber bei einem Streik weniger Arbeitnehmer in Schlüsselstellungen verpflichtet wäre, der restlichen Belegschaft den Lohn fortzuzahlen.

(a) Aus Gründen der Kampfparität gelten deshalb die Sonderregeln des **Arbeitskampfrisikos:** Der Entgeltanspruch arbeitswilliger Arbeitnehmer entfällt, sofern ihre Beschäftigung dem Arbeitgeber infolge des Streiks unmöglich oder wirtschaftlich unzumutbar ist[103] (s. bereits Rn. 293).

(b) Zusätzlich zu dem Recht des Arbeitgebers, nach der Arbeitskampfrisikolehre die Beschäftigung und die Lohnzahlung zu verweigern, hat das BAG ein

---

[100] *BAG* vom 10. 12. 2002 – 1 AZR 96/02, BAGE 104, 155 (159) = AP Nr. 162 zu Art. 9 GG Arbeitskampf = NZA 2003, 734.
[101] *Brox/Rüthers/Henssler*, Rn. 817; *Gamillscheg* I, § 26 II 2 a.
[102] Umfassend *Otto*, ArbeitskampfR, § 16 Rn. 87–118.
[103] *BAG* vom 22. 12. 1980 – 1 ABR 2/79, BAGE 34, 331 (345 ff.) = AP Nr. 70 zu Art. 9 GG Arbeitskampf = NJW 1981, 937.

sog. **Stilllegungsrecht** geschaffen: Der Arbeitgeber eines bestreikten Betriebs ist befugt, unter Suspendierung der Arbeitsverhältnisse der nichtstreikenden Arbeitnehmer den Betrieb stillzulegen, ohne dass es darauf ankommt, ob eine Beschäftigung möglich und zumutbar wäre.[104] Von der Arbeitskampfrisikolehre und dem Stilllegungsrecht handelt der

Übungsfall 23 (Wellenstreik): Die Bildungs-Druckerei AG (B. AG) in München stellt Woche **630** für Woche von Sonntag bis Freitag jeweils in der Nachtschicht von 18.00 Uhr bis 2.30 Uhr für den süddeutschen Raum die Bildungs-Zeitung her, die werktäglich um 5.30 Uhr erscheint. Während eines Tarifkonflikts zwischen der Industriegewerkschaft (IG) Medien und dem Bundesverband Druck e. V., dessen bayerischem Mitgliedsverband die B. AG angehört, kam es zu sog. Wellenstreiks. Bei diesen „rollierenden Streiks" wurde auch die B. AG seit dem 16. 5. überraschend und kurzfristig für einzelne Schichten oder Teile davon bestreikt. Auch am 30. 5. rief die IG Medien die Arbeitnehmer der B. AG um 18.30 Uhr zu einem unbefristeten Streik auf. Daraufhin verließen die Arbeitnehmer ihre Arbeitsplätze zu einem „Sit-in" in der Kantine. Ab 19.00 Uhr ließ die B. AG die „Operation Bildungsnotstand" anlaufen: Eine Ersatzmannschaft, die sich überwiegend aus Redakteuren zusammensetzte, begann mit dem Druck einer Notausgabe für den nächsten Tag. Um 21.00 Uhr erklärte die örtliche Streikleitung der IG Medien den Streik für beendet. Die Arbeitnehmer kehrten aus der Kantine zurück und wollten ihre Arbeit wieder aufnehmen. Dieses Angebot lehnte die B. AG ab und ließ die Notausgabe von der Ersatzmannschaft fertig drucken. Herr Künzel (K), IG Medien-Mitglied seit 1978 und Teilnehmer des Sit-in, verlangt Lohnzahlung für die Zeit von 21.00 Uhr bis 2.30 Uhr.[105]

Lösung: Ein Anspruch auf Lohnzahlung für die fragliche Zeit könnte sich aus § 611 BGB **631** i. V.m. §§ 615, 293 BGB ergeben. Dann müsste der Arbeitgeber in Annahmeverzug gekommen sein. Voraussetzung dafür ist ein erfüllbarer Anspruch der B. AG auf die Arbeitsleistung des K.

(I) Der Anspruch auf die Arbeitsleistung könnte durch eine wirksame **Aussperrung** suspendiert worden sein. Die Abwehraussperrung als Arbeitskampfmittel der Arbeitgeberseite bedarf einer ausdrücklichen Erklärung, aus der hervorgeht, dass der Arbeitgeber aktiv in den Arbeitskampf eingreifen will.[106] Eine derartige Erklärung hat die B. AG nicht abgegeben.

(II) Der Anspruch auf die Arbeitsleistung könnte durch **Stilllegung des Betriebs** suspendiert worden sein.

(1) Nach der Rechtsprechung kann sich der Arbeitgeber einem Streikaufruf der Gewerkschaft beugen und den bestreikten Betrieb oder Betriebsteil für die Dauer des Streiks ohne Angabe von Gründen stilllegen.[107] Diese Stilllegung durch den Arbeitgeber führt – wie die Aussperrung – zu einer Suspendierung der gegenseitigen Hauptleistungspflichten.[108] Werden nur Angehörige einer bestimmten Abteilung für eine begrenzte Zeit zum Streik aufgerufen, so ist die Betriebsstilllegung nur bezogen auf diese Abteilung und nur für die fragliche Zeit möglich.

(2) Im vorliegenden Fall fehlt es an den Voraussetzungen einer Betriebsstilllegung: Da die IG Medien den Streik um 21.00 Uhr beendet hatte, betraf die Annahmeverweigerung eine

---

[104] *BAG* vom 22. 3. 1994 – 1 AZR 622/93, BAGE 76, 196 (202) = AP Nr. 130 zu Art. 9 GG Arbeitskampf m. Anm. *Oetker; BAG* vom 31. 1. 1995 – 1 AZR 142/94, BAGE 79, 152 (154) = AP Nr. 135 zu Art. 9 GG Arbeitskampf = NZA 1995, 959.

[105] Fall frei nach *BAG* vom 15. 12. 1998 – 1 AZR 216/98, AP Nr. 155 zu Art. 9 GG Arbeitskampf m. Anm. *Otto/Stiegel* = NZA 1999, 550.

[106] *BAG* vom 27. 6. 1995 – 1 AZR 1016/94, BAGE 80, 213 (217) = AP Nr. 137 zu Art. 9 GG Arbeitskampf = NZA 1996, 212 = JuS 1996, 658.

[107] *BAG* vom 22. 3. 1994 – 1 AZR 622/93, BAGE 76, 196 (202); *BAG* vom 31. 1. 1995 – 1 AZR 142/94, BAGE 79, 152 (154).

[108] *BAG* vom 11. 7. 1995 – 1 AZR 63/95, BAGE 80, 265 (273) = AP Nr. 138 zu Art. 9 GG Arbeitskampf = NZA 1996, 214 = JuS 1996, 658.

Zeit, die außerhalb des Streikaufrufs lag. Außerdem versuchte die B. AG, durch den Einsatz einer Ersatzmannschaft die Produktion aufrechtzuerhalten und beugte sich insofern gerade nicht den gegnerischen Kampfmaßnahmen. Der Anspruch auf die Arbeitsleistung ist daher nicht durch Stilllegung des Betriebs suspendiert worden.

632 (III) Der Anspruch auf die Arbeitsleistung und der Anspruch auf die Vergütung könnten schließlich für die Zeit von 21.00 Uhr bis 2.30 Uhr nach der **Arbeitskampfrisikolehre** erloschen sein. Nach dieser Lehre, die eine Ausnahme von § 615 Satz 3 BGB darstellt,[109] entfällt der Lohnanspruch der arbeitswilligen Arbeitnehmer, sofern ihre Beschäftigung dem Arbeitgeber infolge des Streiks technisch unmöglich oder wirtschaftlich unzumutbar ist, oder wenn eine Kampfmaßnahme Störungen verursacht hat, die den sofortigen Wiederbeginn der Arbeit unmöglich oder unzumutbar machen. Dabei gehören zu den Streikfolgen, die den Arbeitnehmern zuzurechnen sind, auch solche Arbeitsausfälle, die durch Gegenmaßnahmen verursacht werden, mit denen der Arbeitgeber die streikbedingten Betriebsstörungen möglichst gering halten will.[110]

(1) Diese Risikoverteilung zu Lasten der Arbeitnehmer setzt erstens voraus, dass sich der Arbeitgeber auf reine Abwehrmaßnahmen beschränkt und nicht – etwa durch vorbeugende Maßnahmen – aktiv in den Arbeitskampf eingreift,[111] beispielsweise indem er vorsorglich in Erwartung künftiger Arbeitsniederlegungen Arbeiten an Fremdfirmen vergibt, ohne auf einen aktuellen Arbeitskampf zu reagieren.[112] Im vorliegenden Fall handelte die B. AG zur Abwehr einer streikbedingten Störung, indem sie sich für den Druck einer Notausgabe entschied. Anstatt aktiv in den Arbeitskampf einzugreifen, wollte sie mit dieser Maßnahme die streikbedingten Betriebsstörungen möglichst gering halten.

(2) Ein Wegfall des Vergütungsanspruchs nach der Arbeitskampfrisikolehre setzt weiter voraus, dass die Beschäftigung des K der B. AG unmöglich oder unzumutbar war. Da der Betrieb über einen Zeitraum von 14 Tagen im Zuge von Wellenstreiks jeweils überraschend und kurzfristig bestreikt wurde, konnte die B. AG nicht davon ausgehen, dass die um 21.00 Uhr an ihren Arbeitsplatz zurückkehrenden Arbeitnehmer die Nachtschicht ohne weitere Arbeitsniederlegungen beenden würden. Daher war es der B. AG nicht zumutbar, die Ersatzmannschaft nach Hause zu schicken und die zurückkehrenden Arbeitnehmer zu beschäftigen.

(IV) **Ergebnis:** Die Grundsätze der Arbeitskampfrisikolehre sind einschlägig; ein Lohnanspruch des K für die Zeit nach 21.00 Uhr besteht nicht.

Durchblick: Die vom BAG entwickelte **Betriebsstilllegung** unterscheidet sich in ihren Wirkungen nicht von der **Aussperrung**, hat aber nicht deren negatives Image in der Öffentlichkeit. Sie ermöglicht es dem Arbeitgeber, arbeitswillige Arbeitnehmer von der Beschäftigung (und der Vergütung) auszuschließen, obwohl die Voraussetzungen der **Arbeitskampfrisikolehre** nicht erfüllt sind (weil die Beschäftigung weder unmöglich noch unzumutbar ist). Damit sind die streikunwilligen Arbeitnehmer nicht mehr durch die höhere Hürde der psychologisch negativ belasteten Aussperrungsentscheidung geschützt.[113] Die streikführende **Gewerkschaft** wird es in vielen Fällen nicht ungern sehen, dass der Arbeitgeber sich ihrem Druck beugt und durch Betriebsstilllegung die Folgen des Streiks auch auf streikunwillige Arbeitnehmer ausdehnt, die an sich beschäftigt werden könnten. Der einzelne **Arbeitgeber** kann in einem Verbandsarbeitskampf an der Betriebsstilllegung ein Interesse haben, wenn er ohnehin in einer Absatzflaute steckt oder an anderer Stelle – etwa für eine Notdienstvereinbarung – das Entgegenkommen der Gewerkschaft benötigt. Die „Erfindung" der Betriebsstilllegung durch das BAG geht daher im Ergebnis weder zu Lasten des Arbeitgebers noch zu Lasten der Gewerkschaft, sondern zu Lasten der arbeitswilligen Außenseiter-Arbeitnehmer.[114]

---

[109] *Däubler,* NZA 2001, 1329 (1332); *Henssler,* RdA 2002, 129 (133).

[110] *BAG* vom 15. 12. 1998 – 1 AZR 216/98, NZA 1999, 550 (551).

[111] *BAG* vom 17. 2. 1998 – 1 AZR 386/97, BAGE 88, 53 (62) = AP Nr. 152 zu Art. 9 GG Arbeitskampf = NZA 1998, 896 = SAE 1999, 51 m. Anm. *Hergenröder.*

[112] *BAG* vom 15. 12. 1998 – 1 AZR 289/98, BAGE 90, 280 (286) = AP Nr. 154 zu Art. 9 GG Arbeitskampf m. Anm. *Otto/Stiegel* = NZA 1999, 552.

[113] *Otto,* ArbR, Rn. 747; *Löwisch/Caspers/Klumpp,* ArbR, Rn. 1143.

[114] Kritisch daher *Lieb,* SAE 1995, 257 (260); *Waltermann,* Rn. 665.

(2) **Mittelbar kampfbetroffene Unternehmen:** Arbeitskämpfe können dazu **633** führen, dass auch die Beschäftigung von Arbeitnehmern eines nicht unmittelbar kampfbetroffenen Unternehmens unmöglich oder wirtschaftlich unzumutbar ist.

Beispiel: Ein Arbeitskampf in Zulieferfirmen der Automobilindustrie im Tarifgebiet Nord-württemberg/Nordbaden legt die Automobilproduktion bei der Adam Opel AG in Bochum (Nordrhein-Westfalen) und bei der Daimler AG in Bremen lahm, weil Zulieferteile fehlen.

Ob auch bei solchen **Fernwirkungen** nach der Lehre vom **Arbeitskampfrisiko** die Lohnansprüche der Arbeitnehmer entfallen, richtet sich danach, inwiefern die **Kampfparität** – das Kräfteverhältnis der kämpfenden Parteien – beeinträchtigt wird: Ein Lohnanspruch entfällt, wenn die für das mittelbar betroffene Unternehmen zuständigen Verbände mit den unmittelbar kampfführenden Verbänden identisch oder organisatorisch eng verbunden sind, weil durch das Erzeugen von „Binnendruck" im Arbeitgeberlager Einfluss auf die innerverbandliche Willensbildung genommen werden kann.[115] Das Gleiche gilt, wenn zunächst nur in einem Tarifgebiet ein sog. Pilotarbeitskampf geführt wird, von dessen Ergebnis auch die Arbeitnehmer in den übrigen Tarifgebieten profitieren, weil der Tarifabschluss übernommen wird.[116]

Durchblick: Der Staat darf durch die Zahlung von Arbeitslosen- oder Kurzarbeitergeld seitens der Bundesagentur für Arbeit nicht in Arbeitskämpfe eingreifen (§ 160 I 1 SGB III). Nach der rechtspolitisch sehr umstrittenen Regelung des § 160 III SGB III ruht der Anspruch auf Arbeitslosengeld bis zur Beendigung des Arbeitskampfs auch bei unbeteiligten Arbeitnehmern, wenn (1) der Betrieb dem räumlichen oder fachlichen Geltungsbereich des umkämpften Tarifvertrags zuzuordnen ist oder (2) nur dem fachlichen (aber nicht dem räumlichen) Geltungsbereich zuzuordnen ist, aber im räumlichen Geltungsbereich, zu dem der Betrieb gehört, eine gleichartige Forderung erhoben wurde und das Arbeitskampfergebnis aller Voraussicht nach übernommen wird.[117]

b) Sonstige Ansprüche

Im Verlauf von Arbeitskämpfen versucht der Arbeitgeber häufig, den Be- **634** triebsablauf aufrechtzuerhalten, indem er die nichtstreikenden, arbeitswilligen Arbeitnehmer verstärkt einsetzt. Wenn er diesen Arbeitnehmern Sonderzuwendungen macht („Streikbruchprämien"), stellt sich zum einen die Frage nach der Zulässigkeit, zum anderen die Frage nach dem Anspruch der anderen Arbeitnehmer auf diese Zuwendungen.[118]

(1) Die Rechtsprechung qualifiziert Sonderzuwendungen des Arbeitgebers, die **während des Arbeitskampfs** allein für die Nichtteilnahme am Streik gewährt werden, als grundsätzlich zulässiges Arbeitskampfmittel. Das gesetzliche Maß-

---

[115] *BAG* vom 22. 12. 1980 – 1 ABR 2/79, AP Nr. 70 zu Art. 9 GG Arbeitskampf = NJW 1981, 937; *BAG* vom 22. 12. 1980 – 1 ABR 76/79, AP Nr. 71 zu Art. 9 GG Arbeitskampf = NJW 1981, 942.
[116] Umfassend *Gamillscheg* I, § 27; *Otto,* ArbeitskampfR, § 16 Rn. 2–58. Aufbauschema bei *Hromadka/Maschmann* I, § 8 Rn. 45–54.
[117] Beispiele bei *Hromadka/Maschmann* II, § 14 Rn. 179, 180.
[118] Übersicht bei *Belling*, DZWir 1994, 133; *Schwarze*, RdA 1993, 264.

regelungsverbot des § 612 a BGB gelte in diesen Fällen nicht.[119] Die Tarifvertragsparteien haben aber die Möglichkeit, die in der Gewährung der Prämien liegende Differenzierung zwischen streikenden und nichtstreikenden Arbeitnehmern in einem tariflichen Maßregelungsverbot nach Beendigung des Arbeitskampfs wieder aufzuheben. Dadurch erhalten die Streikenden nach Beendigung des Arbeitskampfs einen tariflichen Anspruch auf die gleiche Zuwendung.[120]

635   (2) Dagegen verstoßen Zuwendungen des Arbeitgebers, die den Arbeitnehmern erst **nach Beendigung des Arbeitskampfs** geleistet werden, gegen das Maßregelungsverbot des § 612 a BGB. Die nicht bedachten Arbeitnehmer haben dann aus dem allgemeinen arbeitsrechtlichen Gleichbehandlungsgrundsatz i. V. m. dem Maßregelungsverbot ebenfalls einen Anspruch auf die Gewährung der „Streikbruchprämie". Nachträgliche „Streikbruchprämien" sind nur ausnahmsweise zulässig, wenn die Zahlung gewährt wird, um außergewöhnliche Belastungen der arbeitswilligen Arbeitnehmer auszugleichen, die über das normale Maß der mit jeder Streikarbeit verbundenen Erschwerungen hinausgehen.[121]

Beispiel: Ein Kaufhaus hatte die arbeitswilligen Mitarbeiter während eines Streiks kostenlos verpflegt und ihnen nach Beendigung des Arbeitskampfs eine Flasche Champagner (Ladenpreis 20 Euro) gegeben. Nach dem Ende des Streiks verlangten die streikenden Arbeitnehmer ebenfalls ein Kantinenessen sowie eine Flasche Champagner. – Nach Auffassung des LAG Köln war die kostenlose Gewährung von Mahlzeiten am Streiktag als zulässiges Arbeitskampfmittel gerechtfertigt; sie konnte nicht als eine Maßregelung verstanden werden. Dagegen handele es sich bei der Flasche Champagner „um ein auffälliges, luxuriöses Sachgeschenk", das die Streikteilnehmer wegen ihrer Beteiligung am Arbeitskampf als weniger lobenswert erscheinen ließ. Da damit keine besonderen Erschwerungen ausgeglichen werden sollten, wurde ein Verstoß gegen § 612 a BGB bejaht mit der Konsequenz, dass die Streikenden auch einen Anspruch auf eine Flasche Champagner hatten.[122]

636   Zusammenfassend unterrichtet über die **Rechtsfolgen von Arbeitskämpfen** die **Übersicht 9.2:**

Übersicht 9.2: Rechtsfolgen von Arbeitskämpfen

	Arbeitnehmer und Arbeitgeber	Verbände	Dritte
rechtmäßiger Arbeitskampf	• Hauptpflichten suspendiert • Nebenpflichten bleiben bestehen • Arbeitnehmer: „Abkehrrecht"	• Organisationspflichten • Einwirkungspflichten	• im selben Betrieb: – Arbeitkampfrisikolehre – Betriebsstilllegung

---

[119] *BAG* vom 13. 7. 1993 – 1 AZR 676/92, BAGE 73, 320 = AP Nr. 127 zu Art. 9 GG Arbeitskampf m. Anm. *von Hoyningen-Huene* = NZA 1993, 1135.
[120] ErfK/*Preis*, § 612 a BGB Rn. 17.
[121] *BAG* vom 28. 7. 1992 – 1 AZR 87/92, AP Nr. 123 zu Art. 9 GG Arbeitskampf = NZA 1993, 267 = SAE 1993, 48 m. Anm. *Belling/von Steinau-Steinrück*.
[122] *LAG Köln* vom 4. 10. 1990 – 10 Sa 629/90, LAGE Art. 9 GG Arbeitskampf Nr. 39 m. Anm. *Rüthers/Heilmann.*

	Arbeitnehmer und Arbeitgeber	Verbände	Dritte
rechtswidriger Arbeitskampf	• Hauptpflichten ruhen nicht • Schadensersatz möglich • Kündigung möglich	• Schadensersatz- ansprüche • Unterlassungs- ansprüche	• in fremden Betrieben: – Problem der Kampfparität – Fall des § 160 III SGB III

IV. Grundzüge des Schlichtungsrechts

Schlichtung ist Hilfeleistung in einem **Regelungsstreit** mit dem Ziel, eine Lö- 637
sung der streitigen Fragen herbeizuführen.[123] Den Gegensatz eines Regelungs-
streits bildet die **Rechtsstreitigkeit**, die durch Anwendung von Rechtsnormen
gelöst werden kann. Die **Schlichtung im weiteren Sinne** zielt auf (irgend-)eine
kollektive Regelung, sodass auch das Einigungsstellenverfahren nach § 76
BetrVG, dessen Ergebnis eine Betriebsvereinbarung ist (§ 77 I BetrVG), unter
den weiten Schlichtungsbegriff fällt. Die **Schlichtung im engeren Sinne** erstrebt
den Abschluss eines Tarifvertrags; sie hat den Zweck, einen Arbeitskampf zu
verhindern oder zu beenden. Die Schlichtung im engeren Sinne – die tarifliche
Schlichtung – gibt es als vereinbarte und als staatliche Schlichtung.

1. Die **vereinbarte Schlichtung** hat ihre Grundlage in einem Tarifvertrag i.S.d. 638
§ 1 I TVG, der entweder speziell für einen bestimmten Regelungsstreit oder generell für alle künftigen Konfliktfälle zwischen den Tarifparteien geschlossen
wird. Die generelle Schlichtungsvereinbarung ist der Regelfall. Sie soll Arbeitskampfmaßnahmen bis zum Ende des Schlichtungsverfahrens ausschließen, erweitert also die tarifliche Friedenspflicht.[124] Die Einleitung des Verfahrens setzt
i.d.R. voraus, dass eine Partei **ausdrücklich** (so z.B. nach § 1 II der Schlichtungsregelung für die Chemische Industrie) oder sogar **schriftlich** (so z.B. nach
§ 4 II der Schlichtungsvereinbarung für die Metallindustrie) das Scheitern der
Tarifverhandlungen erklärt hat.[125] Ergeht im Schlichtungsverfahren ein **Schlich-
tungsspruch**, der verbindlich ist, hat er die Wirkung eines Tarifvertrags.[126]

Praxis: Schlichtungsvereinbarungen (Schlichtungsabkommen) gibt es für den öffentlichen
Dienst und die meisten Zweige der privaten Wirtschaft; sie erfassen rund 65% der in Kraft
befindlichen Tarifregelungen.[127] Während das betriebsverfassungsrechtliche Einigungsstellenverfahren nach § 76 II BetrVG zwingend einen unparteiischen Vorsitzenden verlangt, ist
es bei der vereinbarten tariflichen Schlichtung auch möglich, dass es kein unparteiisches
Mitglied der Schlichtungsstelle gibt, sondern der Vorsitz abwechselt (so nach § 4 III der
Schlichtungsregelung für die Chemische Industrie). In diesem Fall ist das Schlichtungsverfahren nichts anderes als die Fortsetzung der Tarifverhandlungen im Gewand eines förmli-
chen Verfahrens.

---

[123] *Hromadka/Maschmann* II, § 20 Rn. 1; *Otto*, ArbeitskampfR, § 20 Rn. 1.
[124] Löwisch/*Rumler*, ArbeitskampfR, XI Rn. 16–20.
[125] Abgedruckt als Anhang 5 und 6 bei *Löwisch*, ArbeitskampfR, S. 515–540.
[126] *BAG* vom 24. 2. 1988 – 2 AZR 614/88, BAGE 57, 334 = AP Nr. 2 zu § 1 TVG Tarifverträge: Schuhindustrie = NZA 1988, 553.
[127] Nachweise bei Löwisch/*Rumler*, ArbeitskampfR, XI Rn. 4–7.

639   2. Eine **staatliche Schlichtung** ist im Kontrollratsgesetz Nr. 35 aus dem Jahre 1946 vorgesehen,[128] das seit 1949 als Bundesrecht fortgilt und durch den Einigungsvertrag von 1990 auch auf die neuen Bundesländer erstreckt wurde. Aus Art. 9 III GG (Tarifautonomie) folgt, dass es eine staatliche **Zwangsschlichtung** nicht geben darf. Das staatliche Schlichtungsverfahren vor den sog. Landesschlichtern nach dem Kontrollratsgesetz Nr. 35 kommt daher nur in Gang, wenn beide Parteien damit einverstanden sind (**freiwillige Schlichtung**). Die Zahl staatlicher Schlichtungen in Deutschland ist gering: In den Jahren 1988 bis 1995 sind nur 50 von insgesamt 60.000 Tarifabschlüssen im Verfahren vor den Landesschlichtern erzielt worden.[129]

Durchblick: Unterscheidet man nach dem Grad der Verbindlichkeit des Schlichtungsverfahrens und des daraus resultierenden Spruchs, gibt es drei Arten der Schlichtung: **Freiwillige Schlichtung** ist ein Verfahren, dessen sich die Parteien bedienen können, aber nicht bedienen müssen; ein Beispiel ist die staatliche Schlichtung nach dem Kontrollratsgesetz Nr. 35. **Schlichtungszwang** bedeutet, dass eine Partei sich auf Verlangen der jeweils anderen Partei auf das Verfahren einlassen muss; das ist i.d.R. der Sinn der vereinbarten Schlichtung. **Zwangsschlichtung** heißt, dass der Schlichterspruch verbindlich ist, weil sich die Parteien dem Spruch im Voraus unterworfen haben; das ist bei der vereinbarten Schlichtung die Ausnahme. Eine staatliche Zwangsschlichtung (Verbindlichkeit des Schlichterspruchs kraft Gesetzes) ist durch Art. 9 III GG ausgeschlossen.

Fälle und Fragen

240. Nennen Sie das wichtigste Arbeitskampfmittel (a) der Arbeitnehmerseite und (b) der Arbeitgeberseite (Rn. 590).

241. Welches sind die drei Elemente des Arbeitskampfbegriffs? (Rn. 592)

242. Was ist gemeint, wenn vom „zweiseitig kollektiven Wesen" des Streiks die Rede ist? (Rn. 599)

243. Welches Ziel muss ein Streik haben, um rechtmäßig zu sein? (Rn. 605)

244. Was versteht man unter einer lösenden Aussperrung und unter welchen Voraussetzungen ist sie zulässig? (Rn. 610, 611)

245. „Das Ultima-ratio-Prinzip bedeutet nach der Rechtsprechung des BAG, dass vor dem Beginn eines Streiks das Scheitern der Verhandlungen aus der Sicht eines verständigen Dritten feststehen muss." Richtig oder falsch? (Rn. 616)

246. „Das Prinzip der Verhältnismäßigkeit schlägt sich nach der Rechtsprechung des BAG in quantitativen Schranken des Aussperrungsrechts (Aussperrungsquoten) nieder." Richtig oder falsch? (Rn. 617)

247. Was versteht man unter Erhaltungsarbeiten und Notstandsarbeiten? (Rn. 618)

248. Nachdem die Bundesregierung beschlossen hat, die Besoldungserhöhung bei den (Bundes-)Beamten auf unbestimmte Zeit zu verschieben, erwägt der Deutsche Beamten-Bund einen Streik seiner Mitglieder. Was ist dazu aus rechtlicher Sicht zu sagen? (Rn. 619).

249. Während eines Streiks in der Metallindustrie teilt die IG Metall den Arbeitgebern mit, dass der Streik für die Pfingstfeiertage ausgesetzt und am Dienstag nach Pfingsten fortgeführt werde. Haben die Arbeitnehmer einen Anspruch auf Feiertagsvergütung? (Rn. 623)

250. Was versteht man unter dem individualrechtlichen Abkehrrecht des Arbeitnehmers im Arbeitskampf? (Rn. 624)

---

[128] Abgedruckt als Anhang 1 bei *Löwisch*, ArbeitskampfR, S. 491–495.

[129] *Löwisch/Rumler*, ArbeitskampfR, XI Rn. 57–89.

251. Nach der Rechtsprechung des Bundesarbeitsgerichts bedeutet die Beteiligung des Arbeitnehmers an einem rechtswidrigen Streik (a) keinen Vertragsbruch, (b) einen Vertragsbruch, der den Arbeitgeber aber nicht zur fristlosen Kündigung berechtigt, oder (c) einen Vertragsbruch, der den Arbeitgeber zur fristlosen Kündigung berechtigen kann. Was ist richtig? (Rn. 625, 626)

252. Ist in einem rechtswidrigen Streik die Kündigung einzelner Arbeitnehmer (sog. selektive Kampfkündigung) zulässig? (Rn. 626)

253. Welche Ansprüche ergeben sich zwischen den beteiligten Koalitionen aus einem rechtswidrigen Arbeitskampf? (Rn. 628)

254. Nachdem die IG Metall in der Lackiererei eines Automobilwerks erfolgreich zum Streik aufgerufen hat, stehen in der Endmontage für drei Tage die Bänder still, weil es an lackierten Blechen fehlt. Haben die in der Endmontage beschäftigten Arbeitnehmer einen Anspruch auf Lohnzahlung für diese drei Tage? (Rn. 629)

255. Was hat es mit dem Rechtsinstitut der „Betriebsstilllegung" im Arbeitskampf auf sich, das das BAG im Jahre 1994 kreiert hat? (Rn. 631, 632)

256. Wie ist die Rechtslage hinsichtlich der Lohnansprüche der Arbeitnehmer, wenn in einem Automobilwerk in Bremen die Produktion stillsteht und die Arbeitnehmer nicht beschäftigt werden können, weil ein Zulieferunternehmen in Baden-Württemberg bestreikt wird? (Rn. 633)

257. Arbeitnehmer A, der sich an einem Kaufhausstreik nicht beteiligt hat, bekommt nach dem Ende des Arbeitskampfs von seinem Arbeitgeber zum Dank eine Flasche Champagner. Arbeitnehmer B, der sich am Streik beteiligt hat, verlangt ebenfalls diese Zuwendung. Mit Recht? (Rn. 635)

258. Was versteht man unter dem Begriff der Schlichtung im engeren und im weiteren Sinne? (Rn. 637)

259. Was ist der Unterschied zwischen einem Schlichtungszwang und einer Zwangsschlichtung? (Rn. 639)

§ 10. Betriebsverfassungsrecht

640 Das moderne Arbeitsrecht gewährt den Arbeitnehmern nicht nur **Schutz**, sondern auch **Teilhabe** (dazu Rn. 23): Beteiligungsrechte an Entscheidungen des Arbeitgebers ergänzen und überlagern den sozialen Schutz der Arbeitnehmer, den zwingende Gesetzes- und Tarifnormen begründen. Die rechtliche Grundlage der Arbeitnehmerbeteiligung ist die **Betriebsverfassung**. Sie regelt (1) die Organisation der gesetzlichen Arbeitnehmervertretung im Betrieb, (2) die Beteiligungsrechte der Arbeitnehmergremien sowie (3) die Rechtsverhältnisse der Arbeitnehmervertreter zum Arbeitgeber, zu den Arbeitnehmern und zu den Gewerkschaften. Teile der deutschen Betriebsverfassung haben in der **Richtlinie 02/14/EG** eine europarechtliche Grundierung. Die wichtigste Arbeitnehmervertretung ist der Betriebsrat. Er repräsentiert die Belegschaft des Betriebs; der Arbeitgeber muss ihn an Entscheidungen in bestimmten sozialen, personellen und wirtschaftlichen Angelegenheiten beteiligen.

Wie sich bereits aus den Begriffen „Betriebsverfassung" und „Betriebsrat" ergibt, ist diese Form der gesetzlichen Arbeitnehmervertretung grundsätzlich nicht auf der Ebene des Unternehmens, sondern auf der Ebene des **Betriebs** angesiedelt. Die Arbeitnehmervertretungen auf der Ebene des **Unternehmens** (Gesamtbetriebsrat) und des **Konzerns** (Konzernbetriebsrat) haben nachrangige Zuständigkeiten (dazu Rn. 673–675).

I. Grundlagen der Betriebsverfassung

641 Die Beteiligung der Arbeitnehmer auf betrieblicher Ebene verwirklicht ein **gesellschaftspolitisches Leitprinzip**: Herrschafts- und Leitungsbefugnis („Macht") soll unter Mitwirkung der Betroffenen ausgeübt werden. Die Mitbestimmung ist kein isoliertes arbeitsrechtliches Prinzip; der Mitbestimmungsgedanke findet sich auch in anderen Bereichen von Staat und Gesellschaft, z.B. bei der Beteiligung der Studierenden an Entscheidungen der Universität.

1. Prinzipien des Betriebsverfassungsrechts

642 Das Betriebsverfassungsrecht kennzeichnen **drei stilprägende Merkmale**: die Zweispurigkeit der kollektiven Interessenvertretung (dazu a), das Gebot vertrauensvoller Zusammenarbeit mit dem Arbeitgeber (dazu b) und das Bestehen „echter", vom Betriebsrat erzwingbarer Mitbestimmungsrechte (dazu c).

a) Zweispurigkeit der Interessenvertretung

In der Betriebsverfassung geht es – ebenso wie im Tarifvertragsrecht – um die Wahrnehmung solidarischer Interessen der Arbeitnehmer. Die Interessenvertretung durch den **Betriebsrat** besteht neben der Arbeitnehmervertretung durch die **Gewerkschaft**. Diese Zweispurigkeit des kollektiven Arbeitsrechts ist ein Kennzeichen des deutschen Rechts. Sie zeigt sich darin, dass Gewerkschaften und Betriebsräte unterschiedliche Aufgaben wahrnehmen. Nach dem **Grundsatz der Aufgabentrennung** (§ 2 III BetrVG) werden die Aufgaben der Gewerkschaften und der Arbeitgeberverbände, insbesondere das Recht, durch Tarifverträge die Arbeitsbedingungen zu gestalten, durch die Betriebsverfassung nicht eingeschränkt (vgl. § 77 III BetrVG). Nach **§ 74 III BetrVG** werden Arbeitnehmer, die Aufgaben im Rahmen des BetrVG wahrnehmen, dadurch in der Betätigung für die Gewerkschaft nicht beschränkt.

Die Interessenvertretung durch Betriebsrat und Gewerkschaft unterscheiden **643** sich in mehrfacher Hinsicht: Die Interessenvertretung durch die Gewerkschaft wird **rechtsgeschäftlich** durch Beitritt zur Gewerkschaft begründet. Die Interessenvertretung durch den Betriebsrat ist **gesetzlich** verfasst; sie ist Ausdruck des Gedankens, dass auch der Staat die Aufgabe hat, für eine kollektive Interessenvertretung der Arbeitnehmer zu sorgen. Aus der **Gewerkschaft** kann der Arbeitnehmer austreten; vom **Betriebsrat** muss sich der Arbeitnehmer vertreten lassen, solange er zur Belegschaft des Betriebs gehört. Das Regelungsinstrument der Gewerkschaft ist der **Tarifvertrag,** auf dessen Abschluss sich der Arbeitskampf richtet; das Regelungsinstrument der Betriebsverfassung ist die **Betriebsvereinbarung,** die in wichtigen Bereichen im Wege eines Einigungsverfahrens – einer Zwangsschlichtung – erzwungen werden kann.

Gegenübergestellt sind diese Unterschiede in der **Übersicht 10.1 (Zweispurig-** **644** **keit des kollektiven Arbeitsrechts):**

Übersicht 10.1: Zweispurigkeit des kollektiven Arbeitsrechts

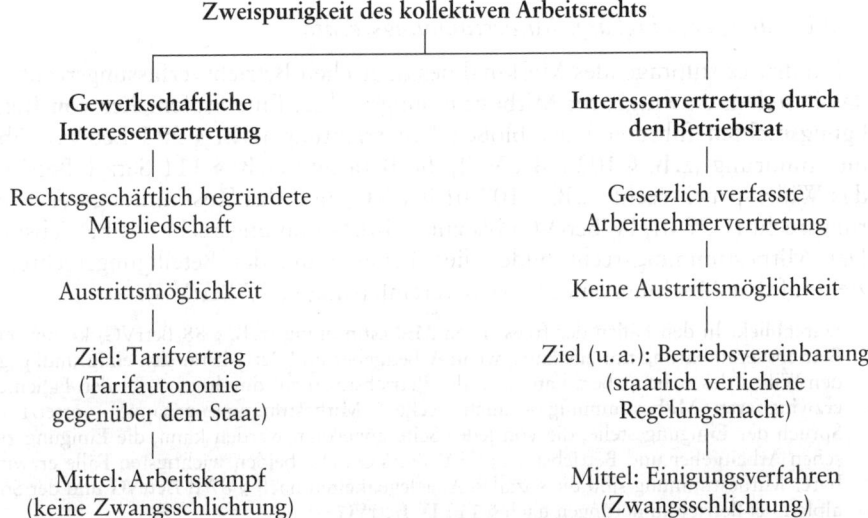

Zweispurigkeit des kollektiven Arbeitsrechts	
Gewerkschaftliche Interessenvertretung	Interessenvertretung durch den Betriebsrat
Rechtsgeschäftlich begründete Mitgliedschaft	Gesetzlich verfasste Arbeitnehmervertretung
Austrittsmöglichkeit	Keine Austrittsmöglichkeit
Ziel: Tarifvertrag (Tarifautonomie gegenüber dem Staat)	Ziel (u. a.): Betriebsvereinbarung (staatlich verliehene Regelungsmacht)
Mittel: Arbeitskampf (keine Zwangsschlichtung)	Mittel: Einigungsverfahren (Zwangsschlichtung)

Durchblick: Aus dem Grundsatz der Aufgabentrennung folgt das **Gebot der Rechtsquellenklarheit.** Gemischte Vereinbarungen, die von Arbeitgeber, Gewerkschaft und Betriebsrat gemeinsam unterzeichnet werden (z.B. Standortsicherungsverträge), sind nur wirksam, wenn ohne weiteres erkennbar ist, von welchen Urhebern die einzelnen Regelungen stammen und um welche Rechtsquelle es sich folglich handelt: Es darf kein Zweifel darüber bestehen, welche Regelung ein **Tarifvertrag** zwischen Arbeitgeber und Gewerkschaft und welche eine **Betriebsvereinbarung** zwischen Arbeitgeber und Betriebsrat sein soll.[1]

b) Gebot der vertrauensvollen Zusammenarbeit

645   Nach § 2 I BetrVG sind Arbeitgeber und Betriebsrat zur vertrauensvollen Zusammenarbeit zum **Wohl der Arbeitnehmer und des Betriebs** verpflichtet: Der Betriebsrat muss nicht nur Arbeitnehmerinteressen, sondern auch betriebliche Belange wahren. § 2 I BetrVG spielt insbesondere bei der Auslegung unbestimmter Rechtsbegriffe wie „betriebliche Notwendigkeiten" (§§ 30 Satz 2, 96 II 1 BetrVG), „zwingende betriebliche Notwendigkeiten" (§ 37 V BetrVG) oder „aus sachlichen Gründen dringend erforderlich" (§ 100 I 1 BetrVG) eine Rolle.[2]

Praxis: Angesichts der umfangreichen Beteiligungsrechte hat das Gebot der vertrauensvollen Zusammenarbeit zentrale Bedeutung. Der Betriebsrat ist vor allem in sozialen (§ 87 BetrVG) und in personellen Angelegenheiten (insbesondere §§ 99, 102 BetrVG) eine Art Mitunternehmer. Bei einem Dauerkonflikt zwischen Unternehmensleitung und Betriebsrat kann das Unternehmen in eine Existenzkrise geraten.

Das Gebot vertrauensvoller Zusammenarbeit (§ 2 I BetrVG) muss im Zusammenhang mit § 74 BetrVG gelesen werden. Die Generalklausel des § 74 I BetrVG sieht Monatsbesprechungen von Arbeitgeber und Betriebsrat vor und verlangt in strittigen Fragen von beiden Seiten Kompromissfähigkeit („den ernsten Willen zur Einigung"). Die Vorschrift des § 74 II BetrVG normiert das betriebsverfassungsrechtliche Arbeitskampfverbot, die betriebsverfassungsrechtliche Friedenspflicht und das Verbot parteipolitischer Betätigung im Betrieb. Vor allem das **betriebsverfassungsrechtliche Arbeitskampfverbot** zeigt den Unterschied von Betriebsverfassung und gewerkschaftlicher Interessenvertretung: Während die Gewerkschaft zur Durchsetzung ihrer tariflichen Ziele das Mittel des Arbeitskampfs benötigt, ist dem Betriebsrat der Arbeitskampf zur Durchsetzung seiner Ziele verboten; an seine Stelle tritt das Einigungsverfahren nach § 76 BetrVG.

c) Existenz erzwingbarer Mitbestimmungsrechte

646   Ein drittes stilprägendes Merkmal des deutschen Betriebsverfassungsrechts ist das Bestehen erzwingbarer Mitbestimmungsrechte: Eine **Stufenleiter von Beteiligungsrechten** führt von der bloßen Unterrichtung (z.B. § 99 I BetrVG) über die Anhörung (z.B. § 102 I BetrVG), die Beratung (z.B. § 111 Satz 1 BetrVG), das Widerspruchsrecht (z.B. § 102 III BetrVG) und das Zustimmungsverweigerungsrecht (§ 99 III, IV BetrVG) bis zum Mitbestimmungsrecht des Betriebsrats. Das Mitbestimmungsrecht bildet die oberste Stufe der Beteiligungsrechte; es zielt auf den Abschluss einer Betriebsvereinbarung (§ 77 BetrVG).

Durchblick: In den Fällen der **freiwilligen Mitbestimmung** (z.B. § 88 BetrVG) kommt eine Betriebsvereinbarung nur zustande, wenn Arbeitgeber und Betriebsrat sich einig sind; gegen den Willen des Arbeitgebers kann sich der Betriebsrat nicht durchsetzen. In den Fällen der **erzwingbaren Mitbestimmung** – auch „echte" Mitbestimmung genannt – ersetzt der Spruch der Einigungsstelle, die von jeder Seite angerufen werden kann, die Einigung zwischen Arbeitgeber und Betriebsrat (§ 76 V BetrVG). Die beiden wichtigsten Fälle erzwingbarer Mitbestimmung sind die sozialen Angelegenheiten nach **§ 87 II BetrVG** und der Sozialplan bei Betriebsänderungen nach **§ 112 IV BetrVG**.[3]

---

[1] *BAG* vom 15. 4. 2008 – 1 AZR 86/07, BAGE 126, 251 = AP Nr. 96 zu § 77 BetrVG 1972 = NZA 2008, 1074 (Rn. 21).

[2] GK-BetrVG/*Franzen*, § 2 Rn. 14; Richardi/*Richardi*, BetrVG, § 2 Rn. 12–23.

[3] Weitere Fälle: §§ 37 VI, VII, 38 II, 39 I, 47 VI, 85 II, 91 Satz 2, 94 I, II, 95 I, II, 97 II, 98 III, IV, 102 VI, 109 und 116 III Nr. 2, 4 und 8 BetrVG.

2. Entwicklung des Betriebsverfassungsrechts

Die geltende Betriebsverfassung ist das Produkt einer langen politischen Ent- 647
wicklung.[4] Vorläufer der modernen Betriebsverfassung sind die **Fabrikausschüsse**, die bereits in der Paulskirchenversammlung von 1848 gefordert wurden.
Das Arbeiterschutzgesetz von 1891 sah die freiwillige Errichtung von **Arbeiterausschüssen** vor. Sie waren nicht unumstritten, weil die Sozialdemokraten und
die freien Gewerkschaften die Spaltung der Arbeiterbewegung und die Verdrängung der Gewerkschaften befürchteten. Im Ersten Weltkrieg machte das Gesetz
über den vaterländischen Hilfsdienst vom 5. 12. 1916 die Arbeiterausschüsse in
Betrieben mit mindestens 50 Arbeitern oder Angestellten obligatorisch. Die eigentliche Entwicklung der Betriebsverfassung begann nach dem Ersten Weltkrieg. Sie lässt sich in **drei Phasen** einteilen:

a) Betriebsrätegesetz 1920

Vorläufer des heutigen Betriebsverfassungsrechts ist das Betriebsrätegesetz
vom 9. 2. 1920. Es gewährte den Arbeitnehmern erstmals Mitwirkungsrechte in
sozialen und personellen Angelegenheiten und realisierte damit den Rätegedanken der **Weimarer Republik (1919–1933)** auf betrieblicher Ebene. Die **nationalsozialistische Zeit (1933–1945)** brachte einen radikalen Bruch der Rechtsentwicklung, indem sie durch das sog. Gesetz zur Ordnung der nationalen Arbeit
vom 20. 1. 1934 die nazistischen Kategorien „Betriebsführer" und „Gefolgschaft" einführte und die Regeln des Betriebsrätegesetzes beseitigte.

b) Betriebsverfassungsgesetz 1952

Nach dem Zweiten Weltkrieg schuf der Alliierte Kontrollrat die Möglichkeit, 648
Betriebsräte zu errichten (Kontrollratsgesetz Nr. 22 vom 10. 4. 1946). Später erließen einige Landesgesetzgeber betriebsverfassungsrechtliche Vorschriften. Das
Grundgesetz vom 23. 5. 1949 gab dem Bundesgesetzgeber die (konkurrierende)
Gesetzgebungskompetenz für das Arbeitsrecht einschließlich der Betriebsverfassung (Art. 74 I Nr. 12 GG). Auf dieser Verfassungsgrundlage erging nach harten
politischen Auseinandersetzungen das Betriebsverfassungsgesetz vom 11. 10.
1952. Die Landesgesetze wurden aufgehoben (§ 90 BetrVG 1952).

Gewerkschaften und SPD hatten nach 1945 die Mitbestimmung bei allen
wirtschaftlich maßgebenden Entscheidungen gefordert;[5] die Bundestagsmehrheit aus CDU/CSU und ihren Koalitionspartnern nach 1949 betonte stärker das
freie Unternehmertum als Voraussetzung einer freiheitlichen Wirtschaftsordnung. Das BetrVG 1952 ist ein Kompromiss. Es ist gekennzeichnet durch die
Unabhängigkeit des Betriebsrats von der Gewerkschaft, den Ausbau der betrieblichen Rechtssetzung durch Betriebsvereinbarungen, die Betonung der
Friedenspflicht und die Forderung nach betrieblicher Partnerschaft.

---

[4] Umfassend GK-BetrVG/*Wiese*, Einl. Rn. 1–33; Richardi/*Richardi*, BetrVG, Einl. Rn. 6–38.
[5] Gesetzesvorschlag des DGB, RdA 1950, 227; Entwurf der SPD-Fraktion, BT-Drs. 1/1229.

c) Betriebsverfassungsgesetz 1972

649 Neuen Schwung bekam das Betriebsverfassungsrecht nach den politischen Veränderungen des Jahres 1968. In seiner Regierungserklärung vom 28. 10. 1969 kündigte der neugewählte Bundeskanzler Willy Brandt an, die Mitbestimmung in den verschiedenen Bereichen der Gesellschaft werde eine bewegende Kraft der kommenden Jahre sein; daher werde seine Regierung den Entwurf eines neuen Betriebsverfassungsgesetzes vorlegen.[6] Der erste Regierungsentwurf orientierte sich noch an Vorstellungen des DGB; die Betriebsräte sollten nach diesem Entwurf ein betrieblicher Arm der Gewerkschaften sein. Innerhalb der Regierungsfraktionen SPD und FDP kam es darüber zu Spannungen; am Ende musste der Gewerkschaftsflügel der SPD nachgeben. Am 10. 11. 1971 wurde das BetrVG vom Bundestag verabschiedet. Die neue Kodifikation klammert, anders als das BetrVG 1952, die Unternehmensmitbestimmung aus. Die Mitbestimmung in sozialen und personellen Angelegenheiten wurde erweitert.

Die weitreichendste Reform des BetrVG 1972 datiert vom 23. 7. 2001 (BGBl. 2001 I, S. 1852). Auf der Grundlage dieses Reformgesetzes wurde das BetrVG am 25. 9. 2001 neu bekanntgemacht (BGBl. 2001 I, S. 2518). Das Reformgesetz hat das BetrVG in zahlreichen Einzelheiten geändert, die Struktur der Betriebsverfassung jedoch beibehalten. Die überholte Unterscheidung von Arbeitern und Angestellten (vormals § 6 BetrVG) wurde beseitigt, das Wahlverfahren für Kleinbetriebe wurde vereinfacht (§ 14a BetrVG), und die Betriebsratsstrukturen wurden flexibilisiert (z. B. durch § 28a BetrVG).

3. Rechtsverhältnisse in der Betriebsverfassung

650 Der Betriebsrat entfaltet nach **drei Seiten** betriebsverfassungsrechtliche Beziehungen: zum **Arbeitgeber,** dem er als „Betriebspartner" gegenübersteht, zu den **Arbeitnehmern,** die den Betriebsrat wählen und in deren Interesse der Betriebsrat seine Beteiligungsrechte ausübt, und zu den im Betrieb vertretenen **Gewerkschaften,** die ebenfalls Arbeitnehmerinteressen vertreten.

a) Betriebsrat – Arbeitgeber

651 Im Zentrum des betriebsverfassungsrechtlichen Beziehungsgeflechts steht das Rechtsverhältnis zwischen Betriebsrat und Arbeitgeber. Es ist geprägt durch das Gebot der vertrauensvollen Zusammenarbeit (§ 2 I BetrVG) und das Verbot von Arbeitskampfmaßnahmen (§ 74 II 1 BetrVG).

(1) Den **Begriff des Arbeitgebers** definiert das Gesetz nicht. Die Rechtsprechung versteht unter dem Arbeitgeber den Inhaber des Betriebs; er ist identisch mit dem Unternehmer im Sinne der §§ 111–113 BetrVG (dazu Rn. 121). Handelt es sich bei dem Inhaber des Betriebs um eine juristische Person (z. B. eine GmbH oder eine AG), ist die juristische Person der Arbeitgeber im Sinne des Betriebsverfassungsrechts.[7]

---

[6] Abgedruckt in RdA 1970, 357.
[7] *BAG* vom 5. 12. 1975 – 1 ABR 8/74, BAGE 27, 359 (362 f.) = AP Nr. 1 zu § 47 BetrVG 1972 m. Anm. *Wiedemann/Strohn* = NJW 1976, 870.

(2) Zur **Vertretung des Arbeitgebers** gegenüber dem Betriebsrat sind nicht nur die satzungsmäßigen Organe berufen (Geschäftsführer der GmbH, Vorstand der AG), sondern auch andere betriebszugehörige Personen (vgl. z.B. §§ 43 II 3, 108 II 1 BetrVG: „der Arbeitgeber oder sein Vertreter").[8] Das BetrVG enthält keine Regelung über die erforderlichen Qualifikationen des Vertreters. Ob eine vertretungsberechtigte Person neben hinreichender Sachkunde auch Entscheidungskompetenz haben muss, entscheidet sich nach Maßgabe des Einzelfalls.[9]

Praxis: Auch aus der Sicht des Arbeitgebers gibt es **Vorteile** der Betriebsverfassung. Der Betriebsrat bringt die Argumente der Betroffenen in den betrieblichen Entscheidungsprozess ein. Indem die Betriebsverfassung Überprüfungs- und Begründungszwänge schafft, können Entscheidungen rationaler getroffen werden. Ferner kann der Betriebsrat helfen, den Arbeitnehmern – insbesondere bei Betriebsänderungen – schmerzhafte Entscheidungen zu vermitteln. Ein **Nachteil** der Mitbestimmung liegt aus der Sicht eines Arbeitgebers vor allem darin, dass sie ein aufwändiges Führungssystem mit sich bringt und zu einer „Bürokratisierung" der Unternehmen beiträgt. Ferner bringt die Betriebsverfassung – z.B. durch Freistellungen oder Schulungen der Betriebsratsmitglieder – erhebliche Kosten mit sich.

b) Betriebsrat – Arbeitnehmer

Das Verhältnis des Betriebsrats zu den Arbeitnehmern, die ihn wählen und die er vertritt, wird im Gesetz nur vereinzelt angesprochen. Zu erwähnen sind das Recht der Arbeitnehmer, einen Ausschluss- oder Auflösungsantrag zu stellen (§ 23 I BetrVG), die Rechte der Arbeitnehmer in der Betriebsversammlung (§§ 42 ff. BetrVG) und die Pflicht des Betriebsrats zur Verschwiegenheit über persönliche Arbeitnehmerdaten (§§ 82 II 3, 83 I 3, 99 I 3, 102 II 5 BetrVG). Zwar wird der Betriebsrat überwiegend im **Interesse der Belegschaft**, bisweilen sogar – zumindest auch – im **Interesse einzelner Arbeitnehmer** tätig (z.B. §§ 99–105 BetrVG). Aber trotzdem nimmt die ganz herrschende Meinung an, dass zwischen **Betriebsrat und Arbeitnehmern** kein Rechtsverhältnis bestehe, weil die Arbeitnehmer vom Betriebsrat kein bestimmtes Verhalten verlangen können.[10] Die Gegenansicht bejaht wegen der Einwirkungsmöglichkeiten des Betriebsrats auf die Rechte der Arbeitnehmer ein Rechtsverhältnis zwischen Betriebsrat und Arbeitnehmer[11] (zum gesetzlichen Schuldverhältnis zwischen **Betriebsrat und Arbeitgeber** s. Rn. 694).

652

Durchblick: Konsequenzen hat dieser Streit für die **Haftung des Betriebsrats**. Während nach der Gegenansicht eine vertragsähnliche Haftung besteht, haftet nach der herrschenden Meinung ein Betriebsratsmitglied allenfalls nach Deliktsrecht, d.h. insbesondere wenn die Voraussetzungen des § 826 BGB erfüllt sind. Da die Voraussetzungen des § 826 BGB (vorsätzliche sittenwidrige Schädigung) kaum zu beweisen sind, spielen Haftungsfälle in der Praxis keine Rolle, selbst wenn der Betriebsrat z.B. aus Willkür oder Missgunst die Einstellung eines Arbeitnehmers oder einen beruflichen Aufstieg durch Versetzung ablehnt (vgl. § 99 BetrVG). Auch an einer für § 266 StGB (Untreue, relevant im Rahmen des § 823 II BGB) er-

---

[8] *BAG* vom 11. 12. 1991 – 7 ABR 16/91, AP Nr. 2 zu § 90 BetrVG 1972 = NZA 1992, 850 = JuS 1993, 260; *Joost*, Zeuner-FS (1994), S. 67.
[9] GK-BetrVG/*Franzen*, § 1 Rn. 91; W/P/K/*Preis*, § 1 BetrVG Rn. 42.
[10] *von Hoyningen-Huene*, § 4 Rn. 37; GK-BetrVG/*Franzen*, § 1 Rn. 86; *Löwisch*, AuR 1972, 359 (361).
[11] *Belling*, Die Haftung des Betriebsrats und seiner Mitglieder für Pflichtverletzungen (1990), S. 130 ff.; *Heinze*, ZfA 1988, 53 (64 ff.).

forderlichen Vermögensbetreuungspflicht des Betriebsrats (für den Bewerber oder den Arbeitnehmer) soll es in diesen Fällen fehlen.[12]

c) Betriebsrat – Gewerkschaft

653 Die Trennung von Betriebsrat und Gewerkschaft ist im deutschen Recht – verglichen mit anderen europäischen Rechtsordnungen – relativ streng durchgeführt (dazu Rn. 642–644). Die Mitglieder des Betriebsrats müssen weder von einer Gewerkschaft zur Wahl vorgeschlagen werden, noch müssen sie einer Gewerkschaft angehören: Wahlvorschläge können nicht nur von den im Betrieb vertretenen **Gewerkschaften**, sondern auch aus der Mitte der wahlberechtigten **Arbeitnehmer** kommen (§ 14 III BetrVG).

(1) **Gewerkschaftliche Unterstützung und Beratung:** Trotz der rechtlichen Trennung von Betriebsrat und Gewerkschaft ist in der Praxis ein erheblicher Teil der Betriebsratsmitglieder zugleich Mitglied einer Gewerkschaft: Je komplizierter das Recht ist, desto eher wird gewerkschaftliche Unterstützung und Beratung benötigt. Allerdings ist das Verhältnis von Betriebsrat und Gewerkschaft nicht ohne Konflikte, da die Normsetzung durch Betriebsvereinbarung mit der Normsetzung durch Tarifvertrag konkurriert (vgl. § 77 III BetrVG).

Praxis: In der Praxis sind Betriebsräte, die den Arbeitnehmern des Betriebs näher stehen als die Gewerkschaft, eher geneigt, zur Sicherung von Arbeitsplätzen mit dem Arbeitgeber Abweichungen vom Tarifvertrag (z. B. bei Lohn oder Arbeitszeit) zu vereinbaren („Betriebliche Bündnisse für Arbeit"). Soweit dies durch **Betriebsvereinbarung** geschieht, steht i. d. R. der Tarifvorbehalt des § 77 III 1 BetrVG der Wirksamkeit solcher Abweichungen entgegen (Rn. 725–729). Wenn eine vom Tarifvertrag abweichende **Regelungsabrede** (Rn. 720–722) das Ziel verfolgt, eine normativ geltende Tarifbestimmung zu verdrängen, kann nach dem sog. „Burda"-Beschluss des BAG die tarifschließende Gewerkschaft einen Unterlassungsanspruch aus §§ 1004 I 2, 823 I BGB i. V. m. Art. 9 III GG haben.[13] In der Praxis können die Gewerkschaften daher mit einem – gegen den Arbeitgeber gerichteten – Unterlassungsantrag gegen eine Regelungsabrede vorgehen, die von Arbeitgeber und Betriebsrat einvernehmlich getroffen wurde.[14]

654 (2) **Gewerkschaftsrechte im Betrieb:** Weitere Berührungspunkte zwischen Betriebsrat und Gewerkschaft entstehen daraus, dass das BetrVG bestimmte Rechte der im Betrieb vertretenen Gewerkschaften normiert. Im Betrieb vertreten ist eine Gewerkschaft, wenn ihr mindestens ein Arbeitnehmer des Betriebs angehört; eine Tarifzuständigkeit für den Betrieb oder das Unternehmen ist nicht erforderlich.[15] Sie kann die Betriebsratswahl initiieren (§§ 16 II, 17 III, IV BetrVG), durch Beauftragte an Sitzungen teilnehmen (§§ 31, 46 BetrVG) und gegen den Arbeitgeber oder den Betriebsrat gerichtlich vorgehen, wenn grobe Pflichtverstöße vorliegen (§ 23 I, III BetrVG).

---

[12] Umfassend *Rieble*, NZA 2006, 758 (764).

[13] *BAG* vom 20. 4. 1999 – 1 ABR 72/98, BAGE 91, 210 (224 ff.). = AP Nr. 89 zu Art. 9 GG = NZA 1999, 887 – „Burda"-Beschluss.

[14] Kritisch *Franzen*, ZIAS 2004, 31 (44 ff.); *Hromadka*, ZTR 2000, 253 (254); *Kort*, FS 50 Jahre BAG (2004), S. 753; *Rieble*, ZTR 1999, 483; *Thüsing*, DB 1999, 1552 (1555).

[15] *BAG* vom 10. 11. 2004 – 7 ABR 19/04, BAGE 112, 310 (313) = AP Nr. 7 zu § 17 BetrVG 1972 = NZA 2005, 426 = SAE 2006, 114 m. Aufs. *Ramrath* (111).

Durchblick: (1) Nach § 2 II BetrVG ist den Beauftragten der im Betrieb vertretenen **Gewerkschaften** unter bestimmten Voraussetzungen der **Zugang zum Betrieb** zu gewähren, damit die Gewerkschaft ihre Aufgaben nach dem BetrVG wahrnehmen kann. Der Aufgabenbezug dieses Zutrittsrechts ist eng auszulegen;[16] einige Aufgaben, die ein Zugangsrecht nach § 2 II BetrVG begründen können, sind in der Vorschrift ausdrücklich genannt. – (2) Von den **abgeleiteten** Rechten der Gewerkschaft im Rahmen der Betriebsverfassung sind die **originären**, aus Art. 9 III 1 GG folgenden Rechte auf Koalitionsbetätigung im Betrieb – z. B. zur Mitgliederwerbung und -betreuung – zu unterscheiden, die mit dem Betriebsverfassungsrecht unmittelbar nichts zu tun haben (vgl. § 2 III BetrVG). Das BAG hat mit Art. 9 III 1 GG ein Zugangsrecht der Gewerkschaften zum Betrieb zum Zweck der **Mitgliederwerbung** begründet[17] (s. auch Rn. 478).

II. Geltungsbereich der Betriebsverfassung

Das Betriebsverfassungsgesetz ist, ähnlich wie das Kündigungsschutzgesetz 655 (vgl. §§ 1 I, 23 I KSchG), nur anwendbar, wenn der Sachverhalt in den sachlichen und den persönlichen Geltungsbereich des Gesetzes fällt. Der **sachliche Geltungsbereich** des BetrVG wird in erster Linie durch den Begriff des Betriebs bestimmt (§§ 1, 4 BetrVG). Der **persönliche Geltungsbereich** des BetrVG wird durch den Begriff des Arbeitnehmers abgegrenzt (§ 5 BetrVG). Der Betriebsrat ist die Vertretung der Arbeitnehmer, die dem Betrieb angehören.

1. Sachlicher Geltungsbereich des BetrVG

Das Betriebsverfassungsgesetz erfasst Betriebe mit in der Regel mindestens fünf 656 ständigen wahlberechtigten Arbeitnehmern, von denen drei wählbar sind (§ 1 I 1 BetrVG). Die Grundvoraussetzung ist folglich das **Vorliegen eines Betriebs.** Im Betriebsverfassungsgesetz fehlt eine Definition des Betriebsbegriffs. Nach der Definition, welche die Rechtsprechung verwendet, ist der Betrieb die **organisatorische Einheit,** innerhalb derer der Arbeitgeber zusammen mit den von ihm beschäftigten Arbeitnehmern mit Hilfe **sächlicher oder immaterieller Mittel** einen **arbeitstechnischen Zweck** fortgesetzt verfolgt[18] (s. auch Rn. 124, 125).

a) Elemente des Betriebsbegriffs (§ 1 I 1 BetrVG)

Die Definition des Betriebs enthält drei Elemente: die organisatorische Einheit, das Vorhandensein von Betriebsmitteln und den arbeitstechnischen Zweck.

(1) Das Kriterium des **arbeitstechnischen Zwecks** grenzt den Betrieb vom Unternehmen ab, für das es auf den wirtschaftlichen Zweck ankommt. Das Merkmal des arbeitstechnischen Zwecks ist jedoch zu unscharf, um im konkreten Fall zu bestimmen, ob es sich um einen oder mehrere Betriebe handelt. Denn

---

[16] Richardi/*Richardi,* § 2 BetrVG Rn. 98–136; GK-BetrVG/*Franzen,* § 2 Rn. 54–79.

[17] *BAG* vom 28. 2. 2006 – 1 AZR 460/04, BAGE 117, 137 (141) = AP Nr. 127 zu Art. 9 GG = NZA 2006, 798; zu Häufigkeit und Dauer des Zutritts s. *BAG* vom 22. 6. 2010 – 1 AZR 179/09, BAGE 135, 1 = AP Nr. 142 zu Art. 9 GG = NZA 2010, 1365 (Rn. 35 ff.) = SAE 2011, 117 m. Anm. *Uffmann* (109).

[18] *BAG* vom 25. 9. 1986 – 1 ABR 68/84, BAGE 53, 119 (124) = AP Nr. 7 zu § 1 BetrVG 1972 = NZA 1987, 708.

auch in ein und demselben Betrieb können mehrere arbeitstechnische Zwecke verfolgt werden.[19]

> **Beispiel:** Ein Spielkasino hat im Erdgeschoss Spielautomaten aufgestellt und betreibt in der ersten Etage das Roulettespiel an mehreren Tischen. Ist der arbeitstechnische Zweck pauschal „das Glücksspiel", oder bilden das Betreiben von Spielautomaten im Erdgeschoss und das Roulettespiel in der ersten Etage jeweils verschiedene arbeitstechnische Zwecke?[20] Diese Frage lässt sich rational nur schwer beantworten.

(2) Auch das **Vorhandensein von Betriebsmitteln** gibt wenig her. Ein Autor hat dieses Merkmal einmal herangezogen, um – mangels hinreichender Betriebsmittel – den „Bauchladen" aus dem Betriebsbegriff auszugrenzen.[21]

657   (3) Das entscheidende Kriterium des Betriebsbegriffs ist die **organisatorische Einheit.** Die Einheit der Organisation drückt sich in einer **einheitlichen Leitung** aus.[22] Folglich handelt es sich um einen einheitlichen Betrieb (d.h. einen einzigen Betrieb und nicht um mehrere Betriebe), wenn der Einsatz der menschlichen Arbeitskraft von einem einheitlichen Leitungsapparat gesteuert wird. Es gilt der Grundsatz, dass Mitbestimmung dort ausgeübt werden soll, wo die mitbestimmungsrelevanten Entscheidungen getroffen werden. Da der Schwerpunkt der Beteiligungsrechte des Betriebsrats bei den sozialen Angelegenheiten liegt, gefolgt von personellen Angelegenheiten, und nur wenige Beteiligungsrechte in wirtschaftlichen Angelegenheiten bestehen, ist in erster Linie die einheitliche Leitung in sozialen und personellen Angelegenheiten entscheidend.[23]

b) Gemeinsamer Betrieb (§ 1 I 2, II BetrVG)

658   Ein Betrieb muss nicht notwendig zu einem einzigen Unternehmen gehören (zum Unternehmensbegriff s. Rn. 126), sondern kann auch ein gemeinsamer Betrieb mehrerer Unternehmen sein (§ 1 I 2 BetrVG). § 1 II BetrVG normiert zwei Tatbestände einer widerlegbaren Vermutung für einen gemeinsamen Betrieb mehrerer Unternehmen. Eine gesetzliche Definition des gemeinsamen Betriebs fehlt jedoch, sodass auf die von der Rechtsprechung entwickelten Grundsätze zurückzugreifen ist. Ein gemeinsamer Betrieb hat danach zwei Voraussetzungen:

659   (1) **Einheitliche Leitung:** Allein die unternehmerische Zusammenarbeit mehrerer Arbeitgeber genügt nicht, um einen gemeinsamen Betrieb ihrer Unternehmen zu begründen. Erforderlich ist ein einheitlicher Leitungsapparat, der in der Lage ist, die Gesamtheit der für die Erreichung der arbeitstechnischen Zwecke eingesetzten personellen, technischen und immateriellen Mittel zu lenken. § 1 II Nr. 2 BetrVG drückt dieses Erfordernis für den Fall der Unternehmensspaltung durch die Formulierung aus, die Organisation des betroffenen Betriebs dürfe nicht wesentlich geändert werden.

---

[19] *BAG* vom 14. 9. 1988 – 7 ABR 10/87, BAGE 59, 319 (325) = AP Nr. 9 zu § 1 BetrVG 1972 m. Anm. *Reuter* = NZA 1989, 190.

[20] Für letzteres *BAG* vom 17. 12. 1985 – 1 ABR 78/83, BAGE 50, 307 (311) = AP Nr. 15 zu § 111 BetrVG 1972 m. Anm. *Löwisch* = NZA 1986, 804.

[21] *Galperin*, BArbBl. 1950, 61.

[22] *BAG* vom 29. 5. 1991 – 7 ABR 54/70, BAGE 68, 67 (72) = AP Nr. 5 zu § 4 BetrVG 1972 = NZA 1992, 74.

[23] *BAG* vom 7. 5. 2008 – 7 ABR 15/07, AP Nr. 19 zu § 1 BetrVG 1972 = NZA 2009, 328 (Rn. 22).

(2) **Führungsvereinbarung:** Die einheitliche Leitung muss auf einer rechtlichen Vereinbarung der beteiligten Unternehmen beruhen. Diese Vereinbarung muss nicht ausdrücklich geschlossen werden, sondern kann sich auch aus den Umständen ergeben. Wenn einer der Tatbestände des § 1 II Nrn. 1, 2 BetrVG erfüllt ist, wird gemäß § 1 II BetrVG das Vorliegen einer solchen Vereinbarung vermutet.[24] Greifen die Vermutungstatbestände des § 1 II BetrVG nicht ein, ist das Gericht nicht gehindert, nach allgemeinen Grundsätzen einen gemeinsamen Betrieb zu bejahen.[25]

Durchblick: Der Betriebsbegriff spielt in drei Kernbereichen des Arbeitsrechts eine Rolle, **660** nämlich für die Anwendung des Betriebsverfassungsrechts (§ 1 BetrVG), für die Anwendbarkeit des Kündigungsschutzrechts (§ 23 I KSchG) und für die Regeln über den Betriebsübergang (§ 613a BGB). Das BAG verwandte früher einen einheitlichen Betriebsbegriff für das Betriebsverfassungsrecht und das Kündigungsschutzrecht.[26] Nach dem Beschluss des BVerfG zur Kleinbetriebsklausel[27] ist der **Betriebsbegriff des KSchG** jedoch normbezogen nach dem Sinn und Zweck der Privilegierung der Kleinbetriebe auszulegen (Rn. 359). Im **Recht des Betriebsübergangs** ist der Betriebsbegriff durch die Rechtsprechung des EuGH geprägt (Rn. 135).

c) Betriebsteile und Kleinstbetriebe (§ 4 BetrVG)

Die Vorschrift des § 4 BetrVG trifft zwei wichtige Regelungen, die den Betriebsbegriff des § 1 BetrVG ergänzen: **661**

(1) **Betriebsteile als selbständige Betriebe:** § 4 I BetrVG soll die Möglichkeit eröffnen, für einen Betrieb mehrere Betriebsräte zu bilden, wenn dies im Interesse einer arbeitnehmernahen Mitbestimmung sinnvoll erscheint. Zu diesem Zweck verwendet § 4 I BetrVG den Begriff des „Betriebsteils", der durch ein „Mindestmaß an organisatorischer Selbständigkeit"[28] gegenüber dem „Hauptbetrieb" gekennzeichnet ist (**Beispiel:** Bäckerei„haupt"betrieb mit mehreren Verkaufsstellen, die keine eigene Backstube haben, oder eine Filialleitung, auf die der Bäckermeister bestimmte Weisungsbefugnisse delegiert hat). Nach § 4 I 1 BetrVG gelten Betriebsteile als selbständige Betriebe, wenn sie das Größenkriterium des § 1 I 1 BetrVG erfüllen und räumlich weit vom Hauptbetrieb entfernt (§ 4 I 1 Nr. 1 BetrVG) oder durch Aufgabenbereich und Organisation eigenständig sind (§ 4 I 1 Nr. 2 BetrVG). Diese Vorschrift entspricht dem Grundsatz, dass Mitbestimmung dort ausgeübt werden soll, wo mitbestimmungsrelevante Entscheidungen getroffen werden (Rn. 657).

Nach § 4 I 2–4 BetrVG können die Arbeitnehmer jedoch auch beschließen, sich an der Wahl des Betriebsrats im Hauptbetrieb zu beteiligen.

---

[24] *BAG* vom 22. 6. 2005 – 7 ABR 57/04, AP Nr. 23 zu § 1 BetrVG 1972 Gemeinsamer Betrieb = NZA 2005, 1248.

[25] *BAG* vom 11. 2. 2004 – 7 ABR 27/03, BAGE 109, 332 (335) = AP Nr. 22 zu § 1 BetrVG 1972 Gemeinsamer Betrieb m. Anm. *Joost* = NZA 2004, 618.

[26] *BAG* vom 18. 1. 1990 – 2 AZR 355/89, AP Nr. 9 zu § 23 KSchG 1969 = NZA 1990, 977. S. auch *Richardi*, Wiedemann-FS (2002), S. 493 (494 passim).

[27] *BVerfG* vom 27. 1. 1998 – 1 BvL 15/87, BVerfGE 97, 169 (184) – Kleinbetriebsklausel I.

[28] *BAG* vom 7. 5. 2008 – 7 ABR 15/07, AP Nr. 19 zu § 1 BetrVG 1972 = NZA 2008, 328 (Rn. 19).

(2) **Zuordnung von Kleinstbetrieben:** § 4 II BetrVG verfolgt den Zweck, die Bildung von Betriebsräten möglichst nicht am Fehlen der Mindestarbeitnehmerzahl scheitern zu lassen. Zu diesem Zweck sind Kleinstbetriebe trotz ihrer Selbständigkeit dem Hauptbetrieb zuzuordnen, wenn sie nicht für sich die Mindestgröße des § 1 I 1 BetrVG erreichen.[29]

d) Abweichende Regelungen (§ 3 BetrVG)

Der im Jahr 2001 neugefasste § 3 BetrVG hat die Möglichkeiten stark erweitert, durch betriebsverfassungsrechtliche Normen eines Tarifvertrags (Rn. 505, 507) abweichende Organisationsstrukturen zu schaffen. Besonders weit ist der Regelungsspielraum nach § 3 I Nr. 3 BetrVG. Der Tarifvertrag kann von einer im Betrieb vertretenen Gewerkschaft ohne Beteiligung der anderen im Betrieb vertretenen Gewerkschaft(en) geschlossen werden; allerdings muss die Tarifzuständigkeit der tarifschließenden Gewerkschaft (Rn. 520) für alle Arbeitsverhältnisse im Geltungsbereich des Tarifvertrags – und nicht nur für einen Teil der erfassten Belegschaft(en) – bestehen.[30]

2. Einschränkungen des Geltungsbereichs

662　Es genügt für die sachliche Anwendbarkeit des BetrVG nicht in allen Fällen, dass ein Betrieb vorliegt: Auf bestimmte Betriebe ist das BetrVG nicht anzuwenden (dazu a). Ferner enthält das BetrVG Sonderregeln für bestimmte Wirtschaftsbereiche (dazu b, c).

a) Unanwendbarkeit des BetrVG

In **drei Fallgruppen** erklärt sich das BetrVG für unanwendbar:

(1) **Kleinstbetriebe** sind nach § 1 BetrVG nicht betriebsratsfähig (zur Möglichkeit der Zuordnung zu einem Hauptbetrieb – wenn es einen solchen gibt – s. Rn. 661): In Betrieben, die in der Regel weniger als fünf ständige wahlberechtigte Arbeitnehmer oder weniger als drei wählbare Arbeitnehmer beschäftigen, können keine Betriebsräte gewählt werden. „Ständig" ist ein Arbeitnehmer im Betrieb beschäftigt, wenn er unbefristet oder für einen nicht unerheblichen Zeitraum (z. B. sechs Monate im Jahr) befristet eingestellt wurde. „In der Regel" bedeutet, dass die Normalbelegschaft – und nicht die Belegschaft zu Spitzenzeiten (z. B. in der Gastronomie an Feiertagen) – maßgebend ist.[31]

(2) Betriebe eines Trägers des **öffentlichen Rechts** unterstehen nach § 130 BetrVG nicht dem Betriebsverfassungsrecht, sondern dem Personalvertretungsrecht (Rn. 796–797).

(3) Betriebe von **Religionsgemeinschaften** sowie ihrer karitativen und erzieherischen Einrichtungen (Beispiel: Ordenskrankenhaus, Gegenbeispiel: Kloster-

---

[29] *BAG* vom 17. 1. 2007 – 7 ABR 63/05, BAGE 121, 7 = AP Nr. 18 zu § 4 BetrVG 1972 = NZA 2007, 703 Rn. 20 ff. (dort auch zum Begriff des Hauptbetriebs).

[30] *BAG* vom 29. 7. 2009 – 7 ABR 27/08, BAGE 131, 277 = AP Nr. 7 zu § 3 BetrVG 1972 = NZA 2009, 1424 (Rn. 25, 32); kritisch *Franzen*, ZfA 2010, 723, 824.

[31] D/K/K/W/*Trümner*, § 1 BetrVG Rn. 249 ff.; Richardi/*Richardi*, BetrVG, § 1 Rn. 116.

brauerei) fallen nicht unter das Betriebsverfassungsgesetz (§ 118 II BetrVG). Diese Ausnahme trägt der verfassungsrechtlich garantierten Autonomie der Kirchen gemäß Art. 140 GG, 137 III 1 WRV Rechnung.[32]

b) Seeschifffahrt und Luftfahrt

Das BetrVG enthält im Fünften Teil (§§ 114–118 I) besondere Vorschriften **663** für einzelne Betriebsarten. Für die **Seeschifffahrt** gilt: In **Landbetrieben** eines Seeschifffahrtsunternehmens (z. B. einer Reederei) werden nach allgemeinen Regeln Betriebsräte gebildet. Auf **Schiffen**, die mit in der Regel fünf wahlberechtigten Besatzungsmitgliedern besetzt sind, von denen drei wählbar sind, werden Bordvertretungen gewählt. In einem **Seebetrieb** – das ist die Gesamtheit der Schiffe eines Seeschifffahrtunternehmens – werden Seebetriebsräte errichtet (§§ 114–116 BetrVG). Für die **Luftfahrt** gilt: Auf Landbetriebe eines Luftfahrtunternehmens ist das BetrVG anzuwenden; für im Flugbetrieb beschäftigte Arbeitnehmer kann ein Tarifvertrag eine Vertretung vorsehen (§ 117 BetrVG).

c) Tendenzbetriebe (§ 118 I BetrVG)

Für sog. Tendenzbetriebe finden sich in § 118 I BetrVG Sonderregeln. Ein **664** Tendenzbetrieb ist ein Betrieb, der unmittelbar und überwiegend politischen, koalitionspolitischen, konfessionellen, karitativen, erzieherischen, wissenschaftlichen oder künstlerischen Bestimmungen dient (§ 118 I 1 Nr. 1 BetrVG) oder Zwecke der Berichterstattung oder Meinungsäußerung im Sinne des Art. 5 I 2 GG verfolgt (§ 118 I 1 Nr. 2 BetrVG).

> **Beispiele** für einen Betrieb, der wissenschaftlichen Bestimmungen i. S. d. § 118 I 1 Nr. 1 BetrVG dient, sind das Rechenzentrum der Max-Planck-Gesellschaft[33] oder der Kölner Zoologische Garten.[34] Ein Tendenzbetrieb i. S. d. § 118 I 1 Nr. 2 BetrVG ist beispielsweise der Betrieb eines Zeitungsverlags. Bei **Mischbetrieben** (z. B. Verlag und Druckerei) kommt es auf die überwiegende Zielsetzung an; dabei sind quantitative Gesichtspunkte (Umsatz und Beschäftigtenzahl) maßgebend (sog. **quantitativ-numerisches Prinzip**).[35]

Nach § 118 I 2 BetrVG sind die Vorschriften über den Wirtschaftsausschuss **665** (§§ 106–110 BetrVG) auf Tendenzbetriebe nicht anzuwenden; die Vorschriften über Betriebsänderungen (§§ 111–113 BetrVG) sind nur eingeschränkt anzuwenden. Im Übrigen finden die Vorschriften des BetrVG auf Tendenzbetriebe keine Anwendung, „soweit die Eigenart des Unternehmens oder des Betriebs dem entgegensteht" (§ 118 I 1 BetrVG, sog. **Relativierungsklausel**).

> **Beispiel:** Ein Zeitungsverlag möchte das Arbeitsverhältnis einer Sportredakteurin kündigen, da sie nicht mehr die sportpolitische Linie der Zeitung (strikte Bekämpfung von Doping) vertritt. Ist der Betriebsrat nach § 102 I 1 BetrVG anzuhören? Kann er der Kündigung widersprechen? – Da der Zeitungsverlag ein **Tendenzbetrieb** ist, stellt sich nach § 118 I 1 BetrVG die Frage, inwieweit die Eigenart des Betriebs der Anwendung des § 102 BetrVG

---

[32] *BVerfG* vom 11. 10. 1977 – 2 BvR 209/76, BVerfGE 46, 73 (85) – Stiftungshospital.

[33] *BAG* vom 20. 11. 1990 – 1 ABR 87/89, AP Nr. 47 zu § 118 BetrVG 1972 = NJW 1991, 2165 = JuS 1991, 867.

[34] *BAG* vom 21. 6. 1989 – 7 ABR 58/87, BAGE 62, 156 (166) = AP Nr. 43 zu § 118 BetrVG 1972 = NZA 1990, 402. Dazu die Glosse von *Mayer-Maly*, JZ 1991, 342.

[35] *BAG* vom 15. 3. 2006 – 7 ABR 24/05, AP Nr. 79 zu § 118 BetrVG 1972 = NZA 2006, 1422 (1425); GK-BetrVG/*Weber*, § 118 Rn. 60–72 (mit Beispielen).

entgegensteht. Bei personellen Einzelmaßnahmen sind die Beteiligungsrechte des Betriebsrats nur hinsichtlich solcher Arbeitnehmer eingeschränkt, die unmittelbar an der Verwirklichung der geistig-ideellen Zielsetzung des Betriebs – der Tendenz – mitwirken (**Tendenzträger**). Dazu gehören die Redakteure einer Zeitung, und zwar auch die Sportredakteure[36] (Gegenbeispiel: Pförtner, Buchhalter). Nach der Rechtsprechung steht § 118 I 1 BetrVG einer bloßen Anhörung des Betriebsrats nach § 102 I BetrVG auch dann nicht entgegen, wenn die Kündigung eines Tendenzträgers aus **tendenzbedingten Gründen** erfolgt.[37] Eine Stellungnahme des Betriebsrats zu den tendenzbezogenen Kündigungsgründen entfällt aber ebenso wie das Widerspruchsrecht des Betriebsrats nach § 102 III BetrVG und der Weiterbeschäftigungsanspruch des Arbeitnehmers nach § 102 V BetrVG. Da der Redakteurin hier aus tendenzbedingten Gründen gekündigt wird, ist der Betriebsrat nach § 102 I 1 BetrVG nur anzuhören. Eine ohne Anhörung des Betriebsrats ausgesprochene Kündigung ist unwirksam (§ 102 I 3 BetrVG).

3. Persönlicher Geltungsbereich des BetrVG

666   Der persönliche Geltungsbereich des BetrVG, der durch den Begriff des Arbeitnehmers bestimmt wird, ist **in dreifacher Hinsicht von Bedeutung:**

- Nach § 1 BetrVG bedarf es mindestens fünf ständiger wahlberechtigter Arbeitnehmer, von denen drei wählbar sind, damit der Betrieb betriebsratsfähig ist.
- Wenn die Voraussetzungen des § 1 BetrVG vorliegen, stellt sich die Frage, welche Personen als Arbeitnehmer nach § 7 BetrVG wahlberechtigt sind.
- Die Beteiligungsrechte des Betriebsrats bestehen grundsätzlich nur bei Sachverhalten, die Arbeitnehmer im Sinne des Betriebsverfassungsrechts betreffen (Ausnahme z.B. § 105 BetrVG).

a) Arbeitnehmer (§ 5 I BetrVG)

Arbeitnehmer im Sinne des Betriebsverfassungsgesetzes sind Arbeiter und Angestellte einschließlich der zu ihrer Berufsausbildung Beschäftigten (**§ 5 I 1 BetrVG**). Es gilt der bereits erörterte **Arbeitnehmerbegriff** (Rn. 91–104). Die **Betriebszugehörigkeit** des Arbeitnehmers hängt nicht davon ab, ob er die geschuldete Arbeitsleistung im räumlichen Bereich des Betriebs oder außerhalb erbringt; entscheidend ist vielmehr die Einordnung in die betriebliche Organisation. Die vorübergehende Entsendung eines Arbeitnehmers in das Ausland hebt daher die Zugehörigkeit zum inländischen Betrieb nicht auf; das BAG spricht von den **Ausstrahlungen** des inländischen Betriebs.[38] **Heimarbeiter** gehören kraft gesetzlicher Fiktion zu den Arbeitnehmern i.S.d. BetrVG, sofern sie in der Hauptsache für den Betrieb arbeiten (**§ 5 I 2 BetrVG**).

Bei einer **Arbeitnehmerüberlassung** sind die Leiharbeitnehmer zwar, wenn sie länger als drei Monate im Entleiherbetrieb eingesetzt werden, im **Entleiherbetrieb** aktiv wahlberechtigt

---

[36] *BAG* vom 20. 4. 2010 – 1 ABR 78/08, BAGE 134, 62 = AP Nr. 9 zu Art. 5 GG m. Anm. *Franzen* = NZA 2010, 902 (Rn. 22).

[37] *BAG* vom 7. 11. 1975 – 1 AZR 282/74, AP Nr. 4 zu § 118 BetrVG 1972 = NJW 1976, 727 = SAE 1977, 81 m. Anm. *Buchner.* Diese Rechtsprechung ist verfassungsgemäß: *BVerfG* vom 6. 11. 1979 – 1 BvR 81/76, BVerfGE 52, 283 (295) – Kölner Stadt-Anzeiger.

[38] *BAG* vom 20. 2. 2001 – 1 ABR 30/00, AP Nr. 23 zu § 101 BetrVG 1972 = NZA 2001, 1033 (1035). Ausführlich *Junker,* Internationales Arbeitsrecht im Konzern (1992), § 12 I, III; *ders.,* RIW 2001, 94 (105 f.).

(§ 7 Satz 2 BetrVG); sie gehören jedoch nicht zu den Arbeitnehmern i. S. d. § 5 I BetrVG[39] und werden folglich bei der Berechnung der Schwellenwerte des BetrVG nicht mitgerechnet ("Sie wählen ohne zu zählen"). Von dieser Regel macht das BAG eine Ausnahme bei der Ermittlung der maßgeblichen Unternehmensgröße nach § 111 Satz 1 BetrVG, weil ein Kleinunternehmen mit 20 oder weniger Arbeitnehmern, das Leiharbeitnehmer beschäftigt, nicht mehr unter den Schutzzweck des Schwellenwertes fallen soll.[40]

Beamte, Soldaten und Arbeitnehmer des öffentlichen Dienstes, die kraft spezialgesetzlicher Regelung in Betrieben privatrechtlich organisierter Unternehmen tätig sind, gelten als Arbeitnehmer i. S. d. Betriebsverfassungsrechts (§ 5 I 3 BetrVG). Beispiel: Ein Beamter des Luftfahrt-Bundesamtes, der auf der Grundlage eines Bundesgesetzes zur neu gegründeten "Deutsche Flugsicherung GmbH" abgeordnet wurde, ist nach Maßgabe des BPersVG (Rn. 795, 796) wahlberechtigt und wählbar bei den Personalratswahlen des Bundesamts und nach § 5 I 3 BetrVG i. V. m. §§ 7, 8 BetrVG wahlberechtigt und wählbar bei den Betriebsratswahlen der GmbH; er ist bei der Ermittlung der Betriebsgröße der GmbH mitzuzählen.[41]

b) Ausnahmen gemäß § 5 II BetrVG

Nach § 5 II BetrVG gilt eine Reihe von Personen nicht als Arbeitnehmer im **667** Sinne des Betriebsverfassungsrechts. Die in § 5 II Nrn. 1, 2 BetrVG Genannten – Organe einer juristischen Person, Gesellschafter einer offenen Handelsgesellschaft – sind schon nach allgemeinen Grundsätzen i. d. R. keine Arbeitnehmer (s. Rn. 122). Die in § 5 II Nrn. 3, 4 und 5 BetrVG bezeichneten Personen können dagegen unter den allgemeinen Arbeitnehmerbegriff fallen, werden jedoch aus betriebsverfassungsrechtlichen Erwägungen vom persönlichen Geltungsbereich des BetrVG ausgenommen. So soll z. B. § 5 II Nr. 5 BetrVG verhindern, dass der im Betrieb beschäftigte Ehegatte des Arbeitgebers aktiv oder passiv an den Betriebsratswahlen teilnimmt und dadurch einen Interessenkonflikt auslöst.

c) Leitende Angestellte (§ 5 III, IV BetrVG)

Nach § 5 III 1 BetrVG findet das Betriebsverfassungsgesetz keine Anwendung **668** auf leitende Angestellte, soweit nicht ausdrücklich etwas anderes bestimmt ist (beispielsweise in § 105 BetrVG). Leitende Angestellte sind Arbeitnehmer im arbeitsrechtlichen Sinne (Rn. 112); sie werden aber nach § 5 III 1 BetrVG vom persönlichen Geltungsbereich des Betriebsverfassungsgesetzes ausgenommen. Zu den leitenden Angestellten gehören nicht die Organe einer juristischen Person (beispielsweise die Geschäftsführer einer GmbH); sie sind überhaupt keine Arbeitnehmer im betriebsverfassungsrechtlichen Sinne, was § 5 II Nr. 1 BetrVG besonders hervorhebt.

Die Regelung des § 5 III 1 BetrVG trägt dem Umstand Rechnung, dass es Arbeitnehmer gibt, die nach ihren Aufgaben eher der Arbeitgeberseite angehören und insoweit Gegenspieler des Betriebsrats sind. Der Gesetzgeber hat durch das Sprecherausschussgesetz (SprAuG) von 1988 für diese Personengruppe eine besondere Vertretung ermöglicht (Rn. 680).

---

[39] *BAG* vom 16. 4. 2003 – 7 ABR 53/02, BAGE 106, 64 (66) = AP Nr. 1 zu § 9 BetrVG 2002 = NZA 2003, 1345; *BAG* vom 10. 3. 2004 – 7 ABR 49/03, BAGE 110, 27 (32) = AP Nr. 8 zu § 7 BetrVG 1972 = NZA 2004, 1340.

[40] *BAG* vom 18. 10. 2011 – 1 AZR 335/10, AP Nr. 70 zu § 111 BetrVG 1972 = NZA 2012, 221 (Rn. 19, 21); kritisch *Rieble*, NZA 2012, 485 (486 f.).

[41] *BAG* vom 15. 12. 2011 – 7 ABR 65/10, AP Nr. 78 zu § 5 BetrVG 1972 = NZA 2012, 519 (Rn. 20); zustimmend *Rieble*, NZA 2012, 485 (486).

669   Die oftmals schwierige Zuordnung eines Arbeitnehmers zum Kreis der leitenden Angestellten erfolgt nach § 5 III, IV BetrVG in vier Stufen:

(1) Die erste Stufe wird durch drei alternative **formalisierte Kriterien** bestimmt: selbständige Einstellungs- und Entlassungsbefugnis,[42] Generalvollmacht oder nicht unbedeutende Prokura (§ 5 III 2 Nrn. 1, 2 BetrVG).

(2) Erfüllt ein Arbeitnehmer keines dieser drei Kriterien, kann er gleichwohl als leitender Angestellter zu qualifizieren sein, wenn er regelmäßig **unternehmerische Aufgaben** wahrnimmt[43] (Einzelheiten in § 5 III 2 Nr. 3 BetrVG).

(3) Lässt sich dieses Merkmal nicht ohne weiteres feststellen, bietet § 5 IV Nrn. 1–3 BetrVG Auslegungsregeln an, die an **typisierende Merkmale** anknüpfen und deshalb Klarheit schaffen sollen.

(4) Wenn nach diesen Auslegungsregeln immer noch Zweifel an der Zuordnung bleiben, gilt gemäß § 5 IV Nr. 4 BetrVG eine **subsidiäre Auslegungsregel**, die auf das Jahreseinkommen abstellt.

Durchblick: Der Begriff des leitenden Angestellten spielt nicht nur im Betriebsverfassungsrecht, sondern auch im Kündigungsschutzrecht eine Rolle, hat dort aber geringere Bedeutung. Während nur ganz wenige Vorschriften des **BetrVG** auf leitende Angestellte anzuwenden sind (z. B. § 105 BetrVG), gelten grundsätzlich alle Vorschriften des **KSchG** auch für leitende Angestellte. Nur solche leitenden Angestellten, die zur selbständigen Einstellung oder (!) Entlassung von Arbeitnehmern berechtigt sind, werden von wenigen Bestimmungen des KSchG ausgenommen (§ 14 II KSchG).

670   Über die **Anwendbarkeit des Betriebsverfassungsrechts** unterrichtet zusammenfassend die **Übersicht 10.2**:

Übersicht 10.2: Anwendbarkeit des BetrVG

> **I. Sachlicher Geltungsbereich des BetrVG**
>   1. Vorliegen eines Betriebs, § 1 BetrVG
>   a) Betriebsbegriff: Einheitliche Leitung (Rn. 656–657)
>   b) Anwendungsfall des § 4 BetrVG? (Rn. 661)
>   2. Unanwendbarkeit des BetrVG? (Rn. 662)
>   a) Mindestarbeitnehmerzahl, § 1 I 1 BetrVG
>   b) Ausschluss gemäß §§ 118 II, 130 BetrVG?
> **II. Persönlicher Geltungsbereich des BetrVG**
>   1. Arbeitnehmer i. S. d. §§ 1, 5 BetrVG (Rn. 666–667)
>   a) Arbeitnehmerbegriff (§ 5 I, II BetrVG)
>   b) Betriebszugehörigkeit (§ 1 I 1 BetrVG)
>   2. Kein leitender Angestellter i. S. d. § 5 III, IV BetrVG (Rn. 668–669)
>   a) Formalisierte Kriterien, § 5 III 2 Nrn. 1, 2 BetrVG
>   b) Unternehmerische Aufgaben, § 5 III 2 Nr. 3 BetrVG
>   c) Auslegungsregeln des § 5 IV Nrn. 1–3 BetrVG
>   d) Auslegungsregel des § 5 IV Nr. 4 BetrVG

---

[42] Siehe dazu *BAG* vom 16. 4. 2002 – 1 ABR 23/01, BAGE 101, 53 (59) = AP Nr. 69 zu § 5 BetrVG 1972 = NZA 2003, 56 – Bereichsleiter einer Spielbank.
[43] Siehe dazu *BAG* vom 25. 3. 2009 – 7 ABR 2/08, AP Nr. 73 zu § 5 BetrVG 1972 = NZA 2009, 1296 (Rn. 33) – Leiter der Revision einer Geschäftsbank.

Fallbearbeitung: Die Problematik des **gemeinsamen Betriebs** (Rn. 658–659) stellt sich regelmäßig bei der Prüfung des Betriebsbegriffs, wenn der Bearbeiter feststellt, dass die fragliche organisatorische Einheit zu mehreren Unternehmen gehört. Die Frage nach den Einschränkungen des Geltungsbereichs gemäß §§ 114–116, 117, 118 I BetrVG (**Seeschifffahrt, Luftfahrt, Tendenzbetriebe**) betrifft nicht die Anwendbarkeit des BetrVG insgesamt, sondern stellt sich im Rahmen der Prüfung, ob eine konkrete Vorschrift des BetrVG anzuwenden ist (vgl. das Beispiel Rn. 665 a. E.).

III. Organe der Betriebsverfassung

Die **drei Ebenen der Betriebsverfassung** bilden der Betriebsrat (§§ 7–41 **671** BetrVG), der Gesamtbetriebsrat (§§ 47–53 BetrVG) und der Konzernbetriebsrat (§§ 54–59 a BetrVG). Am wichtigsten ist die unterste Ebene, die Ebene des Betriebsrats; der Gesamtbetriebsrat und der Konzernbetriebsrat haben nur subsidiäre Befugnisse (dazu 1). Ein weiteres Organ der Betriebsverfassung auf der Ebene des Betriebes ist die **Betriebsversammlung** (§§ 42–46 BetrVG); sie dient der Verständigung von Betriebsrat und Belegschaft (dazu 2). Der **Wirtschaftsausschuss** (§§ 106–110 BetrVG) ist ein beratendes Organ, das auf Unternehmensebene errichtet wird (dazu 3). Als **besondere Vertretungen** gibt es die Jugend- und Auszubildendenvertretungen auf Betriebs-, Unternehmens- und Konzernebene (§§ 60–73 b BetrVG) sowie den Sprecherausschuss der leitenden Angestellten nach dem SprAuG (dazu 4).

1. Ebenen der Betriebsverfassung

Das wichtigste Organ der Betriebsverfassung ist der **Betriebsrat.** Er ist der ge- **672** setzliche Interessenvertreter (Repräsentant) der Arbeitnehmer des Betriebs (Belegschaft). Besteht ein Unternehmen aus mehreren Betrieben, in denen Betriebsräte bestehen, vertritt der **Gesamtbetriebsrat** die Belegschaftsinteressen auf der überbetrieblichen Ebene. Bilden mehrere Unternehmen einen Konzern i. S. d. § 18 I AktG, kann durch Beschlüsse der einzelnen Gesamtbetriebsräte ein **Konzernbetriebsrat** errichtet werden.

a) Betriebsrat (§§ 7–41 BetrVG)

Der Betriebsrat vertritt alle Arbeitnehmer des **Betriebs** mit Ausnahme der leitenden Angestellten (§ 5 III, IV BetrVG) und der in § 5 II BetrVG genannten Personen (Rn. 667). Entgegen dem mehrdeutigen Wortlaut des § 1 BetrVG („In Betrieben ... werden Betriebsräte gewählt") ist die Wahl eines Betriebsrats nicht – unabhängig vom Willen der Belegschaft – gesetzlich vorgeschrieben, sondern hängt von der Initiative der Belegschaft ab. In der Praxis sind nicht wenige Betriebe, bei denen die Voraussetzungen des § 1 BetrVG vorliegen, ohne Betriebsrat, weil die Belegschaft an der Errichtung eines solchen Gremiums kein Interesse zeigt (zu den Konsequenzen s. Rn. 685).

Praxis: Der überwiegende Teil der Klein- und Mittelbetriebe mit weniger als 100 Beschäftigten verfügt nicht über einen Betriebsrat, weil die Arbeitnehmer nicht die Initiative zur

Betriebsratswahl ergreifen. In Betrieben mit 100 und mehr Beschäftigten bestehen dagegen ganz überwiegend, in Betrieben mit 1.000 und mehr Beschäftigten fast ausnahmslos Betriebsräte. Da in diesen Betrieben die Mehrzahl der Arbeitnehmer beschäftigt ist, sind in Deutschland mehr als zwei Drittel aller Arbeitnehmer durch Betriebsräte repräsentiert.[44]

b) Gesamtbetriebsrat (§§ 47–53 BetrVG)

673   Auf der Ebene oberhalb des Betriebs ist das **Unternehmen** Anknüpfungspunkt der Betriebsverfassung. Während der Betrieb einen arbeitstechnischen Zweck verfolgt (Rn. 656), dient das Unternehmen einem übergreifenden wirtschaftlichen oder ideellen Zweck (Rn. 126). Ein Unternehmen wird gekennzeichnet durch die **Einheit des Rechtsträgers:** Eine Kapitalgesellschaft (z. B. AG, GmbH) oder eine Personengesellschaft (z. B. OHG, KG) kann nur ein Unternehmen haben.[45] „Gesellschaft" und „Unternehmen" sind insoweit identisch.

Hat ein Unternehmen nur **einen Betrieb,** wirkt sich die Unterscheidung von Unternehmen und Betrieb in der Betriebsverfassung nicht aus. Hat ein Unternehmen dagegen **mehrere Betriebe** und bestehen mehrere Betriebsräte, schreibt § 47 I BetrVG die Errichtung eines Gesamtbetriebsrats vor.

(1) **Zusammensetzung: Mitglieder des Gesamtbetriebsrats** werden nicht unmittelbar von der Belegschaft des Unternehmens gewählt. Vielmehr entsendet jeder Betriebsrat ein oder zwei seiner Mitglieder in den Gesamtbetriebsrat (Einzelheiten in § 47 II–VI BetrVG). Bei Abstimmungen im Gesamtbetriebsrat kommt es auf die Zahl der Arbeitnehmer an, die jedes Mitglied des Gesamtbetriebsrats repräsentiert (Einzelheiten in § 47 VII–IX BetrVG).

Der **Gesamtbetriebsrat als Gremium** ist eine Dauereinrichtung; sie besteht so lange, wie die Voraussetzungen des § 47 I BetrVG erfüllt sind.[46] Das **Amt des einzelnen Mitglieds** endet, wenn seine Mitgliedschaft im Betriebsrat erlischt (zu weiteren Beendigungsgründen § 49 BetrVG).

674   (2) **Zuständigkeiten:** Die Kompetenzen des Gesamtbetriebsrats ergeben sich aus § 50 BetrVG, der zwei verschiedene Zuständigkeitsarten vorsieht:

(a) **Zuständigkeit kraft Gesetzes:** Nach § 50 I 1 BetrVG ist der Gesamtbetriebsrat zuständig für Angelegenheiten, die das Gesamtunternehmen oder mehrere Betriebe betreffen und nicht durch die einzelnen Betriebsräte innerhalb ihrer Betriebe geregelt werden können. Seine Zuständigkeit erstreckt sich insoweit auch auf betriebsratslose Betriebe. Deshalb entfalten die von einem Gesamtbetriebsrat in seinem Zuständigkeitsbereich geschlossenen Gesamtbetriebsratsvereinbarungen Wirkungen auch für Betriebe ohne Betriebsrat.

Durchblick: Der Gesamtbetriebsrat hat einen Zuständigkeitsbereich, der im Verhältnis zu den Einzelbetriebsräten nachrangig (subsidiär) ist. Im Zweifel besteht eine Zuständigkeit der einzelnen Betriebsräte und nicht des Gesamtbetriebsrats, da die Mitbestimmung möglichst betriebsnah stattfinden soll. Für die Feststellung, ob eine Angelegenheit ausnahmsweise nicht durch die einzelnen Betriebsräte geregelt werden kann, kommt es darauf an, ob

---

[44] *Junker,* Gutachten B zum 65. Deutschen Juristentag (2004), S. B 86–87.
[45] *BAG* vom 5. 12. 1975 – 1 ABR 8/74, BAGE 27, 359 (362 f.) = AP Nr. 1 zu § 47 BetrVG 1972 m. Anm. *Wiedemann/Strohn* = NJW 1976, 870.
[46] *BAG* vom 5. 6. 2002 – 7 ABR 17/01, BAGE 101, 273 (276) = AP Nr. 11 zu § 47 BetrVG 1972 = NZA 2003, 336.

eine **einheitliche Lösung zwingend erforderlich** ist.[47] Beispiele sind die Einführung einer unternehmenseinheitlichen Datenverarbeitung (§ 87 I Nr. 6 BetrVG)[48] oder die Stilllegung sämtlicher Betriebe des Unternehmens (§ 111 Satz 3 Nr. 1 BetrVG).[49]

(b) **Zuständigkeit kraft Auftrags:** Nach § 50 II BetrVG kann ein Betriebsrat mit der Mehrheit der Stimmen seiner Mitglieder den Gesamtbetriebsrat beauftragen, eine Angelegenheit für ihn zu behandeln. Diese Delegation kommt in der Praxis selten vor.

c) Konzernbetriebsrat (§§ 54–59 a BetrVG)

Für einen **Konzern** i. S. d. § 18 I AktG (Rn. 127) eröffnet § 54 I 1 BetrVG die   **675** Möglichkeit, einen Konzernbetriebsrat zu errichten.[50] Die Gesamtbetriebsräte von Unternehmen, in denen insgesamt mindestens 50% der Konzernbelegschaft arbeiten, müssen der Errichtung zustimmen (§ 54 I 2 BetrVG). Besteht in einem Konzernunternehmen nur ein Betriebsrat, tritt er an die Stelle des Gesamtbetriebsrats (§ 54 II BetrVG).

(1) Die **Zusammensetzung** richtet sich nach §§ 55–57 BetrVG. Die Mitglieder des Konzernbetriebsrats werden von den Gesamtbetriebsräten entsandt (§ 55 I BetrVG). Da der Konzernbetriebsrat nicht zwingend vorgeschrieben ist, kann er durch Beschluss seiner Mitglieder jederzeit aufgelöst werden; das Amt des einzelnen Mitglieds endet, wenn seine Mitgliedschaft im Gesamtbetriebsrat erlischt (zu weiteren Beendigungsgründen § 57 BetrVG).

(2) Die **Zuständigkeiten** des Konzernbetriebsrats sind in § 58 BetrVG nor-   **676** miert. Die Vorschrift entspricht in Aufbau und Struktur der Vorschrift des § 50 BetrVG über die Zuständigkeiten des Gesamtbetriebsrats: In Angelegenheiten, die notwendig konzerneinheitlich zu regeln sind, besteht eine Zuständigkeit **kraft Gesetzes** (§ 58 I 1 BetrVG); in anderen Fällen kann die Zuständigkeit des Konzernbetriebsrats **durch Auftrag** begründet werden (§ 58 II BetrVG).

Beispiele für Angelegenheiten, deren konzerneinheitliche Regelung zwingend erforderlich ist, sind selten. Der Konzernbetriebsrat kann zuständig sein, wenn eine konzernweite betriebliche Altersversorgung besteht (§ 87 I Nr. 8 BetrVG) oder wenn Personaldaten konzerneinheitlich erfasst werden (§ 87 I Nr. 6 BetrVG). Der Konzernbetriebsrat ist in der Praxis mehr Informations- und Anhörungsgremium als Träger der Mitbestimmung.

2. Betriebsversammlung (§§ 42–46 BetrVG)

Die Betriebsversammlung ist die organisatorische Zusammenfassung der Ar-   **677** beitnehmer; sie dient vor allem der **Information der Belegschaft.** Teilnahmeberechtigt sind die Arbeitnehmer des Betriebs (§ 42 I 1 BetrVG) und der Arbeitgeber

---

[47] *BAG* vom 9. 12. 2003 – 1 ABR 49/02, BAGE 109, 71 (76) = AP Nr. 27 zu § 50 BetrVG 1972 = NZA 2005, 234 = SAE 2005, 76 m. Anm. *Sandmann*.
[48] *BAG* vom 14. 9. 1984 – 1 ABR 23/82, BAGE 46, 367 (372) = AP Nr. 9 zu § 87 BetrVG 1972 Überwachung = NZA 1985, 28.
[49] *BAG* vom 11. 12. 2001 – 1 AZR 193/01, BAGE 100, 60 (65 ff.) = AP Nr. 22 zu § 50 BetrVG 1972 = NZA 2002, 688 = SAE 2003, 41 m. Anm. *Fischer*.
[50] Siehe zu den Voraussetzungen der Errichtung *BAG* vom 14. 2. 2007 – 7 ABR 26/06, BAGE 121, 212 = AP Nr. 13 zu § 54 BetrVG 1972 = NZA 2007, 999.

(§ 43 II 1, 2 BetrVG). Ferner können Beauftragte der im Betrieb vertretenen Gewerkschaften und ein Beauftragter des Arbeitgeberverbands teilnehmen (§ 46 I BetrVG). Im Übrigen ist die Betriebsversammlung nicht öffentlich (§ 42 I 2 BetrVG).

Der Betriebsrat muss die Betriebsversammlung in jedem **Kalendervierteljahr** einberufen und ihr einen Tätigkeitsbericht erstatten (§ 43 I 1 BetrVG); der Arbeitgeber muss mindestens einmal im Jahr einen Lagebericht abgeben (§ 43 II 3 BetrVG). Der zulässige Themenbereich (§ 45 Satz 1 BetrVG) deckt sich mit dem Aufgabenbereich des Betriebsrats.[51] Wie sich aus § 45 Satz 2 BetrVG ergibt, ist die Betriebsversammlung dem Betriebsrat nicht übergeordnet und kann ihm keine Weisungen erteilen.

Das Gesetz unterscheidet die ordentliche (§ 43 I BetrVG) und die außerordentliche Betriebsversammlung (§ 43 III BetrVG). Die **ordentliche Betriebsversammlung** findet grundsätzlich während der Arbeitszeit statt; die Teilnahme ist wie Arbeitszeit zu vergüten (§ 44 I BetrVG). Die **außerordentliche Betriebsversammlung** wird dagegen grundsätzlich außerhalb der Arbeitszeit abgehalten (§ 44 II 1 BetrVG); ein Anspruch auf Vergütung entsteht nur, wenn die Versammlung im Einvernehmen mit dem Arbeitgeber ausnahmsweise während der Arbeitszeit stattfindet (§ 44 II 2 BetrVG).

3. Wirtschaftsausschuss (§§ 106–110 BetrVG)

678   Der Wirtschaftsausschuss ist ein Informations- und Beratungsgremium, das in Unternehmen mit mehr als 100 ständig beschäftigten Arbeitnehmern die Zusammenarbeit von Unternehmer und Betriebsrat fördern und den Betriebsrat über die wirtschaftliche Lage des Unternehmens unterrichten soll (§ 106 I BetrVG). Der Wirtschaftsausschuss ist ein **Hilfsorgan des Betriebsrats** und dient der Erfüllung von Betriebsratsaufgaben[52] (vgl. §§ 107 II, 109 Satz 1 BetrVG). Es besteht die Möglichkeit, die Aufgaben des Wirtschaftsausschusses einem Ausschuss des Betriebsrats zu übertragen (§§ 107 III, 28 BetrVG).

Der Unternehmer muss den Wirtschaftsausschuss rechtzeitig und umfassend über die wirtschaftlichen Angelegenheiten des Unternehmens unterrichten (Einzelheiten in § 106 II, III BetrVG) und in **monatlichen Sitzungen** mit dem Ausschuss über diese Angelegenheiten beraten (§§ 106 I 2, 108 I, II BetrVG). Ferner hat der Unternehmer dem Wirtschaftsausschuss den Jahresabschluss zu erläutern (§ 108 V BetrVG) und der Belegschaft – nach Abstimmung mit dem Wirtschaftsausschuss und dem Betriebsrat – einen Bericht über die wirtschaftliche Lage und Entwicklung des Unternehmens zu erstatten (§ 110 BetrVG).

4. Weitere Vertretungsorgane

679   Als weiteres Vertretungsorgan sieht das BetrVG die Jugend- und Auszubildendenvertretung vor. Gesetzliche Interessenvertretung der leitenden Angestellten ist der Sprecherausschuss.

---

[51] Einzelheiten bei GK-BetrVG/*Weber*, § 45 Rn. 11–23.
[52] *BAG* vom 7. 4. 2004 – 7 ABR 41/03, BAGE 110, 159 (162) = AP Nr. 17 zu § 106 BetrVG 1972 = NZA 2005, 311.

a) Jugend- und Auszubildendenvertretung

In **Betrieben** mit insgesamt mindestens fünf noch nicht 18 Jahre alten Arbeitnehmern oder noch nicht 25 Jahre alten Auszubildenden schreibt § 60 BetrVG
die Wahl einer Jugend- und Auszubildendenvertretung vor. Ihre Aufgabe besteht
darin, die besonderen Belange dieser Arbeitnehmergruppe – wie z.B. Jugendarbeitsschutz und Berufsbildung – wahrzunehmen (§ 70 I BetrVG). Eigene Beteiligungsrechte gegenüber dem Arbeitgeber hat sie nicht. Um die Interessen der
Jugendlichen und Auszubildenden durchsetzen zu können, ist sie auf den Betriebsrat angewiesen. Bestehen in einem **Unternehmen** mehrere Jugend- und
Auszubildendenvertretungen, wird eine Gesamt-Jugend- und Auszubildendenvertretung errichtet, die den Gesamtbetriebsrat berät (§§ 72, 73 BetrVG). Für
einen **Konzern** i.S.d. § 18 I AktG kann eine Konzern-Jugend- und Auszubildendenvertretung gebildet werden (§§ 73a, 73b BetrVG).

b) Sprecherausschuss der leitenden Angestellten

Schon in den 1970er Jahren hatten sich in Großunternehmen auf freiwilliger   **680**
Basis Sprecherausschüsse der leitenden Angestellten gebildet. Das **Sprecherausschussgesetz von 1988** hat für solche Ausschüsse eine gesetzliche Grundlage geschaffen. Ein Sprecherausschuss wird in Betrieben mit in der Regel **mindestens
zehn leitenden Angestellten** gewählt (§ 1 SprAuG). Die regelmäßigen Wahlen
des Sprecherausschusses sollen zeitgleich mit den regelmäßigen Betriebsratswahlen alle vier Jahre stattfinden (§ 5 I SprAuG).

Der Sprecherausschuss vertritt die Belange der **leitenden Angestellten** (§ 25 I 1 SprAuG). Er
muss einmal im Kalenderjahr die Versammlung der leitenden Angestellten einberufen (§ 15 I 1
SprAuG) und kann mit dem Arbeitgeber freiwillige Richtlinien über Inhalt, Abschluss oder
Beendigung von Arbeitsverhältnissen der leitenden Angestellten vereinbaren (§ 28 I SprAuG).
Normative Geltung erlangen die Richtlinien nur, wenn die Parteien eine solche Wirkung vereinbaren (§ 28 II 1 SprAuG). Anders als der Betriebsrat hat der Sprecherausschuss keine echten Mitbestimmungs-, sondern lediglich **Unterrichtungs- und Beratungsrechte**, und zwar im
Hinblick auf die allgemeinen Arbeitsbedingungen und Beurteilungsgrundsätze (§ 30 SprAuG),
bei personellen Einzelmaßnahmen (§ 31 SprAuG, zur Beteiligung bei Kündigungen s. Rn. 335)
und in wirtschaftlichen Angelegenheiten (§ 32 SprAuG).

IV. Rechtsstellung des Betriebsrats

Die Regeln über den Betriebsrat finden sich in den §§ 7–41 BetrVG, die in **drei**   **681**
Abschnitte untergliedert sind: Zusammensetzung und Wahl (§§ 7–20 BetrVG),
Amtszeit (§§ 21–25 BetrVG) und Geschäftsführung (§§ 26–41 BetrVG).

1. Zusammensetzung und Wahl (§§ 7–20 BetrVG)

Die Zusammensetzung und Wahl des Betriebsrats richtet sich nach §§ 7–20
BetrVG in Verbindung mit der Wahlordnung (WahlO). Das **aktive Wahlrecht**
(die „Wahlberechtigung") steht allen Arbeitnehmern zu, die am Wahltag dem
Betrieb angehören und das 18. Lebensjahr vollendet haben (§ **7 Satz 1 BetrVG**).

Arbeitnehmer, die das 18. Lebensjahr noch nicht vollendet haben, können sich unter den Voraussetzungen des § 60 I BetrVG an der Wahl zur Jugend- und Auszubildendenvertretung beteiligen (§ 61 I BetrVG).

Bei einer **Arbeitnehmerüberlassung** sind Leiharbeitnehmer auch im **Entleiherbetrieb** wahlberechtigt, wenn sie länger als drei Monate in diesem Betrieb eingesetzt werden (**§ 7 Satz 2 BetrVG**; zur Bedeutung dieser Vorschrift s. Rn. 666); das aktive Wahlrecht der Leiharbeitnehmer im **Verleiherbetrieb** ergibt sich aus **§ 14 I AÜG**.

Das **passive Wahlrecht** steht allen Wahlberechtigten zu, die mindestens sechs Monate betriebs-, unternehmens- oder konzernzugehörig sind (Einzelheiten in § 8 BetrVG). Gekündigte Arbeitnehmer bleiben wählbar, wenn sie eine Kündigungsschutzklage erhoben haben (es sei denn, die Klage wird vor der Durchführung der Wahl rechtskräftig abgewiesen).[53] Leiharbeitnehmer sind bei der Wahl zum Betriebsrat im Entleiherbetrieb nicht wählbar (§ 14 II 1 AÜG).[54]

a) Zusammensetzung des Betriebsrats

682   Die Größe des Betriebsrats hängt von der Zahl der wahlberechtigten Arbeitnehmer ab („degressive Größenstaffel"); in Betrieben mit in der Regel 51–100 wahlberechtigten Arbeitnehmern besteht der Betriebsrat z. B. aus fünf Mitgliedern (vollständige Liste in **§ 9 BetrVG**). Die Zusammensetzung des Betriebsrats richtet sich nach der Sollvorschrift des **§ 15 I BetrVG** (Organisationsbereiche und Berufsgruppen) und der zwingenden Vorschrift des **§ 15 II BetrVG** (**Geschlechterquote**): Das Geschlecht, das in der Belegschaft in der Minderheit ist, muss mindestens entsprechend seinem zahlenmäßigen Verhältnis im Betriebsrat vertreten sein, wenn der Betriebsrat aus mindestens drei Mitgliedern besteht.

Durchblick: Ursprünglich sollte die Vorschrift lauten: „Frauen müssen mindestens entsprechend ihrem Anteil an den wahlberechtigten Arbeitnehmerinnen und Arbeitnehmern im Betriebsrat vertreten sein, wenn dieser aus mindestens drei Mitgliedern besteht." Da eine solche Bevorzugung des weiblichen Geschlechts für verfassungs- und europarechtswidrig gehalten wurde,[55] hat das Parlament den Begriff „Frauen" ersetzt durch „das Geschlecht, das in der Belegschaft in der Minderheit ist". Aus der Frauenquote wurde eine Geschlechterquote. Das bedeutet: In den Betrieben, in denen Frauen in der Mehrheit sind (z. B. in manchen Einzelhandelsbetrieben), müssen die Männer mindestens entsprechend ihrem zahlenmäßigen Verhältnis zur Gesamtbelegschaft im Betriebsrat vertreten sein.[56]

b) Durchführung der Betriebsratswahl

683   (1) Auf wessen **Initiative** und zu welchem **Zeitpunkt** die Wahl stattfindet, hängt davon ab, ob es bereits einen Betriebsrat gibt oder nicht:

(a) **Besteht bereits ein Betriebsrat**, so ernennt er spätestens zehn Wochen vor Ablauf seiner Amtszeit einen Wahlvorstand, dem drei Wahlberechtigte angehö-

---

[53] *BAG* vom 10. 11. 2004 – 7 ABR 12/04, BAGE 112, 305 (308) = AP Nr. 11 zu § 8 BetrVG 1972 = NZA 2005, 707.

[54] S. dazu *BAG* vom 17. 2. 2010 – 7 ABR 51/08, BAGE 133, 202 = AP Nr. 14 zu § 8 BetrVG 1972 = NZA 2010, 832 (Rn. 14 ff.).

[55] *Gamillscheg* II, § 36, 2; *Richardi*, NZA 2001, 346 (347); *Thüsing/Lambrich*, NZA Sonderheft 2001, 79 (80).

[56] Zur Verfassungsmäßigkeit des § 15 II BetrVG s. *BAG* vom 16. 3. 2005 – 7 ABR 40/04, AP Nr. 3 zu § 15 BetrVG 1972 = NZA 2005, 1252 = RdA 2006, 186 m. Anm. *Kamanabrou*.

ren (§ 16 I 1 BetrVG). Die regelmäßige Amtszeit des Betriebsrats beträgt vier Jahre (Rn. 687). Die regelmäßigen Betriebsratswahlen geschehen alle vier Jahre in der Zeit vom 1. März bis zum 31. Mai (§ 13 I 1 BetrVG). Die letzten regelmäßigen Wahlen waren im Frühjahr 2010; die nächsten regelmäßigen Wahlen werden folglich im Frühjahr 2014 abgehalten. Außerhalb des Vierjahresrhythmus wird in den Fällen des § 13 II Nrn. 1–5 BetrVG gewählt.

(b) **Besteht noch kein Betriebsrat,** so kann die Betriebsratswahl zu jeder Zeit – also auch außerhalb des Vierjahresrhythmus – erfolgen (§ 13 II Nr. 6 BetrVG). Für das Wahlverfahren kommt es auf die Betriebsgröße an: Für Betriebe mit in der Regel **mehr als 50 wahlberechtigten Arbeitnehmern** bestellt der Gesamtbetriebsrat oder, falls ein solcher nicht besteht, der Konzernbetriebsrat einen Wahlvorstand (§ 17 I 1 BetrVG). Besteht weder ein Gesamtbetriebsrat noch ein Konzernbetriebsrat, so wird der Wahlvorstand von einer Betriebsversammlung gewählt (§ 17 II 1 BetrVG). Zu der Versammlung können **drei wahlberechtigte Arbeitnehmer** oder eine im Betrieb vertretene **Gewerkschaft** (Rn. 654) einladen (§ 17 III BetrVG). Kommt trotz der Einladung keine Betriebsversammlung zustande oder wählt die Betriebsversammlung keinen Wahlvorstand, so bestellt ihn das Arbeitsgericht auf Antrag von mindestens drei wahlberechtigten Arbeitnehmern oder einer im Betrieb vertretenen Gewerkschaft (§ 17 IV 1 BetrVG).

In Betrieben mit in der Regel **fünf bis 50 wahlberechtigten Arbeitnehmern** wird der Betriebsrat in einem vereinfachten Verfahren gewählt: Besteht in einem solchen Kleinbetrieb noch kein Betriebsrat, wird vom Gesamtbetriebsrat bzw. Konzernbetriebsrat ein Wahlvorstand bestellt. Er beruft eine Wahlversammlung ein, auf der sogleich die Wahl des Betriebsrats stattfindet (§§ 14a III, 17 I, 17a BetrVG, sog. **einstufiges vereinfachtes Wahlverfahren**). Besteht weder ein Gesamtbetriebsrat noch ein Konzernbetriebsrat, so wird in einer ersten Wahlversammlung der Wahlvorstand gewählt; die Betriebsratswahl findet eine Woche später auf einer zweiten Wahlversammlung statt (§§ 14a I, II, 17 II, 17a BetrVG, sog. **zweistufiges vereinfachtes Wahlverfahren**).[57] Das vereinfachte Wahlverfahren ist für alle Kleinbetriebe mit in der Regel fünf bis 50 wahlberechtigten Arbeitnehmern verbindlich. In Betrieben mit 51 bis 100 wahlberechtigten Arbeitnehmern können der Wahlvorstand und der Arbeitgeber vereinbaren, dass die Betriebsratswahl im vereinfachten Verfahren stattfinden soll (§ 14a V BetrVG).

(2) Hat eine **außerordentliche Betriebsratswahl** nach § 13 II BetrVG stattgefunden, weil eine der Voraussetzungen des § 13 II Nrn. 1–6 BetrVG vorliegt, so ist der Betriebsrat bei der nächsten ordentlichen Betriebsratswahl neu zu wählen, es sei denn, dass er zu diesem Zeitpunkt noch nicht ein Jahr im Amt ist (§ 13 III BetrVG).

(3) In jedem Fall wird die Wahl des Betriebsrats durch einen **Wahlvorstand** **684** eingeleitet und durchgeführt, der auch das Ergebnis feststellt (§ 18 I 1 BetrVG). Die **Wahlgrundsätze** ergeben sich aus § 14 BetrVG: Es erfolgt eine geheime und unmittelbare Wahl (§ 14 I BetrVG) nach den Grundsätzen der **Verhältniswahl** (§ 14 II 1 BetrVG); wird nur ein Wahlvorschlag eingereicht oder ist der Betriebsrat im vereinfachten Verfahren nach § 14a BetrVG zu wählen, gelten die Grundsätze der **Mehrheitswahl** (§ 14 II 2 BetrVG).

Praxis: Die Durchführung von Betriebsratswahlen ist, insbesondere in größeren Betrieben, komplex und fehleranfällig. Der Wahlvorstand muss nicht nur die §§ 7–20 BetrVG (und die

---

[57] Einzelheiten bei *Thüsing/Lambrich*, NZA Sonderheft 2001, 79 (86–93).

dazu ergangene Rechtsprechung) beachten, sondern auch die zahlreichen Vorschriften der **Wahlordnung (WahlO)**, einer Rechtsverordnung, die das (damalige) Bundesministerium für Arbeit und Sozialordnung nach § 126 BetrVG erlassen hat.[58] Dafür bedarf es häufig einer Schulung der Wahlvorstandsmitglieder, die von Gewerkschaften oder anderen privaten Institutionen angeboten wird; die Kosten der Schulung trägt der Arbeitgeber[59] (§ 20 III 1 i.V.m. § 37 VI BetrVG).

Über die Wahl eines Betriebsrats in einem Betrieb, in welchem noch kein Betriebsrat besteht, unterrichtet zusammenfassend noch einmal die **Übersicht 10.3 (Erstmalige Betriebsratswahl):**

Übersicht 10.3: Erstmalige Betriebsratswahl

---

1. **Betrieb mit i.d.R. fünf bis 50 wahlberechtigten Arbeitnehmern**
   a) Es existiert ein GBR oder – hilfsweise – ein KBR:
   Einstufiges vereinfachtes Wahlverfahren (§ 14a III BetrVG)
      aa) GBR (KBR) bestellt Wahlvorstand (§ 17 I BetrVG)
      bb) Wahlversammlung wählt BR (einzige „Stufe")
   b) Es existiert weder ein GBR noch ein KBR:
   Zweistufiges vereinfachtes Wahlverfahren (§ 14a I, II BetrVG)
      aa) Einladung zur Wahlversammlung (§§ 17a Nr. 3, 17 II BetrVG)
        – drei wahlberechtigte Arbeitnehmer, § 17 III BetrVG
        – im Betrieb vertretene Gewerkschaft, § 17 III BetrVG
      bb) Wahlversammlung wählt Wahlvorstand (erste „Stufe")
      cc) Zweite Wahlversammlung wählt BR (zweite „Stufe")
        – eine Woche nach der ersten Wahlversammlung

2. **Betrieb mit i.d.R. 51 bis 100 wahlberechtigten Arbeitnehmern**
   Arbeitgeber und Wahlvorstand können sich auf ein vereinfachtes Verfahren – wie unter 1 dargestellt – einigen (§ 14a V BetrVG)

3. **Ansonsten: Betriebsratswahl nach §§ 16, 17 BetrVG**
      – Initiative zur Betriebsratswahl gemäß § 17 I oder II BetrVG
      – Durchführung der Wahl gemäß §§ 1–27 Wahlordnung

---

685 (4) Einen Betriebsrat zu wählen, wenn die Amtszeit des Betriebsrats abläuft oder wenn der Betrieb noch keinen Betriebsrat hat, ist keine Rechtspflicht, sondern eine **Obliegenheit der Belegschaft.** Die Sanktion besteht im Verlust der betriebsverfassungsrechtlichen Rechte. Existiert in einem Betrieb kein Betriebsrat, entfällt die Anwendung fast aller Vorschriften des BetrVG.

Beispiel: Am 2. 5. wurde in einem Betrieb der Brinkmann-GmbH (B-GmbH) ein Wahlvorstand für eine Betriebsratswahl gewählt. Am 1. 8. fand die Betriebsratswahl statt. Bereits am 1. 6. hatte der Geschäftsführer der B-GmbH den Arbeitnehmern mitgeteilt, dass der Betrieb zum 31. 12. geschlossen werde. Der Betriebsrat will einen Sozialplan erzwingen.[60] –

---

[58] Erste Verordnung zur Durchführung des Betriebsverfassungsgesetzes (Wahlordnung) vom 11. 12. 2001, BGBl. 2001 I S. 2518, meist abgedruckt als Anhang zum BetrVG.
[59] Einzelheiten bei *BAG* vom 11. 11. 2009 – 7 ABR 26/08, BAGE 132, 232 = AP Nr. 23 zu § 20 BetrVG 1972 = NZA 2010, 353 (Rn. 16, 28 ff.).
[60] Fall nach *BAG* vom 28. 10. 1992 – 10 ABR 75/91, AP Nr. 63 zu § 112 BetrVG 1972 = NZA 1993, 420 = ZIP 1993, 289.

Nach § 112 I, IV BetrVG muss der Unternehmer mit dem Betriebsrat über einen Sozialplan verhandeln, wenn eine **Betriebsänderung** vorliegt. Die Betriebsstilllegung ist eine Betriebsänderung i. S. d. § 111 Satz 3 Nr. 1 BetrVG. Die Beteiligungsrechte des Betriebsrats – und die damit korrespondierende Pflicht des Arbeitgebers, den Betriebsrat zu beteiligen – entstehen in dem Moment, in welchem sich der Tatbestand verwirklicht, an den die Beteiligungsrechte anknüpfen. Wenn der Beteiligungstatbestand in einer geplanten Betriebsänderung besteht (§§ 111, 112 BetrVG), ist er verwirklicht, sobald sich der Arbeitgeber auf Grund abgeschlossener Vorüberlegungen zu einer Betriebsänderung entschließt.[61] Existiert zum Zeitpunkt der geplanten Betriebsänderung kein Betriebsrat, gibt es auch keine Beteiligungsrechte des Betriebsrats. Aus dem BetrVG folgt auch keine Pflicht des Arbeitgebers, mit einer beteiligungspflichtigen Maßnahme zu warten, bis ein Betriebsrat vorhanden ist. Da im vorliegenden Fall die Betriebsratswahl erst nach dem maßgebenden Zeitpunkt stattgefunden hat, kann der Betriebsrat keinen Sozialplan erzwingen.

c) Mängel der Betriebsratswahl

Ein Verstoß gegen die Wahlvorschriften kann nach § 19 BetrVG zur **Anfecht-** 686 **barkeit der Betriebsratswahl** führen. Die Wahlanfechtung erfolgt im Beschlussverfahren vor dem Arbeitsgericht (§ 19 I BetrVG, § 2 a I Nr. 1 ArbGG). Anfechtungsberechtigt sind (mindestens) drei Wahlberechtigte, eine im Betrieb vertretene Gewerkschaft (Rn. 654) oder der Arbeitgeber (**§ 19 II 1 BetrVG**). Die Anfechtung ist nur binnen einer Frist von zwei Wochen zulässig, gerechnet vom Tage der Bekanntgabe des Wahlergebnisses (**§ 19 II 2 BetrVG**). Wird diese materiellrechtliche Ausschlussfrist versäumt, ist der Anfechtungsantrag als unbegründet abzuweisen;[62] der anfechtbar gewählte Betriebsrat bleibt im Amt. Materiell setzt eine erfolgreiche Anfechtung der Betriebsratswahl erstens einen Verstoß gegen **wesentliche Vorschriften** über das Wahlrecht voraus (**§ 19 I, 1. Hs. BetrVG**); nicht wesentlich ist z. B. ein Verstoß gegen § 15 I BetrVG („soll möglichst"). Zweitens muss der Verstoß **Auswirkungen auf das Wahlergebnis** haben (**§ 19 I, 2. Hs. BetrVG**); an dieser Kausalität fehlt es z. B., wenn durch die Zulassung oder Nichtzulassung von Wahlberechtigten die Mehrheitsverhältnisse nicht beeinflusst werden konnten.[63]

Bei besonders schwerwiegenden Mängeln ist die Betriebsratswahl nichtig. Die **Nichtigkeit einer Betriebsratswahl** kann auch geltend gemacht werden, wenn die Zweiwochenfrist des § 19 II 2 BetrVG verstrichen ist. Die Nichtigkeit einer Betriebsratswahl muss jedoch auf Ausnahmetatbestände beschränkt bleiben, um die Anfechtungsvorschriften des BetrVG nicht leerlaufen zu lassen.[64] Beispiele sind die Wahl eines Betriebsfremden zum Betriebsratsmitglied[65] oder die Wahl eines Betriebsrats in einem Betrieb, auf den das Gesetz nach § 118 II BetrVG keine Anwendung findet.[66] Während die erfolgreiche **Wahlanfechtung** (nur) für die Zukunft wirkt („ex nunc") und bis dahin vorgenommene Rechtshandlungen des Betriebsrats wirksam bleiben, hat bei **Nichtigkeit** der Wahl der Betriebsrat rechtlich nie existiert (Wirkung „ex tunc").

---

[61] *BAG (GS)* vom 13. 12. 1978 – GS 1/77, BAGE 31, 176 = AP Nr. 6 zu § 112 BetrVG 1972 = NJW 1979, 105 m. Anm. *Sieg* = JuS 1979, 300.

[62] GK-BetrVG/*Kreutz,* § 19 Rn. 76; Richardi/*Thüsing,* BetrVG, § 19 Rn. 47.

[63] D/K/K/W/*Homburg,* § 19 BetrVG Rn. 15; H/W/K/*Reichold,* § 19 BetrVG Rn. 13.

[64] *BAG* vom 19. 11. 2003 – 7 ABR 24/03, BAGE 108, 375 (382) = AP Nr. 54 zu § 19 BetrVG 1972 = NZA 2004, 395.

[65] H/W/K/*Reichold,* § 19 BetrVG Rn. 24; *Löwisch/Kaiser,* BetrVG, § 19 Rn. 15.

[66] *BAG* vom 29. 4. 1998 – 7 ABR 42/97, AP Nr. 58 zu § 40 BetrVG 1972 = NZA 1998, 1133.

2. Amtszeit des Betriebsrats (§ 21–25 BetrVG)

687   Das Betriebsverfassungsgesetz unterscheidet zwischen dem Beginn und dem Ende der Amtszeit des Betriebsrats als Gremium (§§ 21, 22 BetrVG) und der Amtszeit der einzelnen Betriebsratsmitglieder (§ 24 BetrVG).

a) Die regelmäßige **Amtszeit des Betriebsrats als Gremium** beträgt vier Jahre (§ 21 Satz 1 BetrVG, zum Beginn der Amtszeit s. § 21 Satz 2 BetrVG). Die Amtsperiode endet spätestens am 31. Mai des Jahres, in dem die regelmäßigen Betriebsratswahlen stattfinden (§ 21 Satz 3 BetrVG). In den Sonderfällen des § 13 II, III BetrVG (Rn. 683) kann die regelmäßige Amtsperiode unterschritten oder überschritten werden (§ 21 Sätze 4 und 5 BetrVG). Zwei weitere Sonderfälle sind gesetzlich normiert:

688   (1) Das **Übergangsmandat des Betriebsrats** kommt bei Umstrukturierungen des Betriebs zum Tragen: Der Betrieb ist die Existenzgrundlage des Betriebsrats. Wird ein Betrieb in mehrere neue Betriebe gespalten oder werden mehrere Betriebe zu einem neuen Betrieb zusammengelegt, verlieren die alten Betriebe ihre Identität; die Ämter der Betriebsräte enden. Da Betriebsratswahlen nicht „von heute auf morgen" stattfinden können, muss die betriebsratslose Zeit durch ein Übergangsmandat des bisherigen Betriebsrats bzw. der bisherigen Betriebsräte überbrückt werden (§ 21 a BetrVG).

689   Durchblick: Ein Betriebsübergang nach § 613 a I 1 BGB (Rn. 133–144) hat als solcher grundsätzlich keinen Einfluss auf das Amt des Betriebsrats, denn durch den Betriebsübergang ändert sich nur der Inhaber, nicht aber die Identität des Betriebs. Eine Ausnahme besteht, wenn der Betrieb unter dem neuen Inhaber nicht in den sachlichen Geltungsbereich des BetrVG fällt, beispielsweise bei Betriebserwerb durch die öffentliche Hand (§ 130 BetrVG) oder durch eine Religionsgemeinschaft (§ 118 II BetrVG). Ferner kann mit dem Betriebsübergang nach § 613 a I 1 BGB eine **Betriebsänderung** nach § 111 Satz 3 Nr. 3 BetrVG einhergehen[67] (Rn. 782). Sofern sich dabei die Betriebsidentität ändert, endet das Amt des Betriebsrats, der dann nur noch ein Übergangsmandat hat (§ 21 a BetrVG).

690   (2) Das **Restmandat des Betriebsrats** spielt in der Praxis vor allem bei der Betriebsstilllegung eine Rolle:[68] Bei einer Betriebsstilllegung, die eine Betriebsänderung i. S. d. § 111 Satz 3 Nr. 1 BetrVG darstellt, hat der Betriebsrat weitgehende Beteiligungsrechte (Rn. 708). Würde das Amt des Betriebsrats mit der Betriebsstilllegung enden, hätte es der Arbeitgeber in der Hand, durch schnelle Schließung des Betriebs die Rechte des Betriebsrats zu unterlaufen. Dem Betriebsrat muss daher nach Abschluss der Betriebsstilllegung ein „Restmandat" verbleiben (§ 21 b BetrVG).

691   b) Vom Amt des Betriebsrats ist das **Amt der einzelnen Betriebsratsmitglieder** zu unterscheiden. Die Amtszeit des Betriebsratsmitglieds endet zwar grundsätzlich erst mit dem Ablauf der Amtsperiode des Betriebsrats (§ 24 Nr. 1 BetrVG). Die Mitgliedschaft im Betriebsrat kann aber auch vor dem Ende der Amtsperiode des Betriebsrats erlöschen. Die wichtigsten Fälle sind die Niederlegung des

---

[67] Der Betriebsübergang (§ 613 a I 1 BGB) als solcher ist keine Betriebsänderung i. S. d. § 111 BetrVG: *BAG* vom 31. 1. 2008 – 8 AZR 1116/06, AP Nr. 2 zu § 613 a BGB Unterrichtung = NZA 2008, 642 (Rn. 44).

[68] *BAG* vom 5. 10. 2000 – 1 AZR 48/00, BAGE 96, 15 (21 f.) = AP Nr. 141 zu § 112 BetrVG 1972 = NZA 2001, 849 = SAE 2002, 193 m. Anm. *C. Meyer.*

Betriebsratsamts (§ 24 Nr. 2 BetrVG) und die Beendigung des Arbeitsverhältnisses (§ 24 Nr. 3 BetrVG). Scheidet ein Mitglied des Betriebsrats aus, rückt ein Ersatzmitglied nach (§ 25 BetrVG).

3. Geschäftsführung (§§ 26–41 BetrVG)

Die §§ 26–41 BetrVG, überschrieben mit „Geschäftsführung des Betriebs- 692 rats", regeln die innere Organisation des Betriebsrats und die Rechtsstellung seiner Mitglieder.

a) Organisation des Betriebsrats

Die Organisation des Betriebsrats ist Gegenstand der §§ 26–36, 39–41 BetrVG. Die wichtigsten organisatorischen Regeln betreffen die Wahl des Vorsitzenden, die Bildung von Ausschüssen, die Sitzungen und Beschlüsse des Betriebsrats sowie die Kosten der Betriebsratstätigkeit.

(1) **Vorsitz:** Besteht der Betriebsrat aus mehreren Mitgliedern, sind aus der Mitte des Betriebsrats ein **Vorsitzender** und sein **Stellvertreter** zu wählen (§ 26 I BetrVG). Der Vorsitzende vertritt den Betriebsrat nach außen und nimmt Erklärungen für den Betriebsrat entgegen (§ 26 II BetrVG). Er beruft die Sitzungen des Betriebsrats ein, legt die Tagesordnung fest und leitet die Verhandlung (§ 29 II BetrVG). Kleinere Betriebsräte – Betriebsräte mit weniger als neun Mitgliedern – übertragen in der Praxis häufig dem Vorsitzenden die Führung der laufenden Geschäfte[69] (§ 27 III BetrVG).

(2) **Ausschüsse:** Betriebsräte, die aus neun oder mehr Mitgliedern bestehen, müssen einen **Betriebsausschuss** bilden (§ 27 I BetrVG), der die laufenden Geschäfte des Betriebsrats führt (§ 27 II 1 BetrVG). In Betrieben mit mehr als 100 Arbeitnehmern kann der Betriebsrat **Fachausschüsse** bilden (§ 28 BetrVG) oder bestimmte Aufgaben auf **Arbeitsgruppen** übertragen (§ 28a BetrVG). Während Fachausschüsse als Organe des Betriebsrats nur aus Betriebsratsmitgliedern bestehen können, dürfen in Arbeitsgruppen auch Nichtmitglieder des Betriebsrats mitwirken.

(3) **Sitzungen:** Der Betriebsrat trifft seine Entscheidungen in Sitzungen (§ 29 693 BetrVG), die i.d.R. während der Arbeitszeit stattfinden und nicht öffentlich sind (§ 30 Sätze 1, 4 BetrVG). Unter bestimmten Voraussetzungen kann ein Beauftragter einer im Betrieb vertretenen Gewerkschaft beratend an der Sitzung teilnehmen (§ 31 BetrVG). Der Arbeitgeber ist vom Zeitpunkt der Sitzung vorher zu verständigen. Unter bestimmten Voraussetzungen hat der Arbeitgeber, der einen Vertreter des Arbeitgeberverbandes hinzuziehen kann, ein Teilnahmerecht (§ 29 IV BetrVG).

Die Entscheidungen des Betriebsrats fallen durch Mehrheitsbeschluss (§ 33 BetrVG). Bei Mängeln in der Amtsführung und Beschlussfassung des Betriebsrats gilt die **Sphärentheorie:**

---

[69] Zu den „laufenden Geschäften" gehört z.B. nicht der Abschluss von Betriebsvereinbarungen; dazu ist ein Beschluss des Betriebsrats erforderlich: *Hromadka/Maschmann* II, § 16 Rn. 356.

War z. B. das Anhörungsverfahren nach § 102 BetrVG fehlerhaft, wird danach unterschieden, wessen Verantwortungsbereich (Sphäre) der Fehler zuzuordnen ist. Ein Fehler im Bereich des Betriebsrats wird dem Arbeitgeber grundsätzlich auch dann nicht zugerechnet, wenn er den Fehler kannte oder ihn hätte kennen müssen.[70]

694   (4) **Kosten:** Die Kosten der Betriebsratstätigkeit hat der Arbeitgeber zu tragen (**§ 40 I BetrVG**); die Erhebung und Leistung von Beiträgen der Arbeitnehmer für Zwecke des Betriebsrats ist unzulässig (**Umlageverbot, § 41 BetrVG**). Die Rechtsprechung interpretiert die Kostentragungspflicht des Arbeitgebers großzügig.[71] Die erforderlichen Aufwendungen im Sinne von § 40 I BetrVG können beispielsweise die Honorare von Anwälten und Sachverständigen umfassen, ferner die Kosten von Betriebsräteschulungen (§ 37 VI BetrVG) und den in § 40 II BetrVG ausdrücklich genannten **Sachaufwand.**[72] Das BAG ist auch insoweit großzügig: Auch wenn das Betriebsratsbüro mit Personalcomputern und Internetzugang ausgestattet ist, hat der Betriebsrat einen Anspruch auf Büropersonal, um Schreibarbeiten erledigen zu lassen.[73]

Durch die Kostentragungspflicht entsteht zwischen dem Arbeitgeber und dem Betriebsrat ein vermögensrechtliches **gesetzliches Schuldverhältnis.** Gläubiger ist der Betriebsrat. Auch wenn das BetrVG dem Betriebsrat keine generelle Rechts- und Vermögensfähigkeit verleiht – sodass er z. B. keine **Vertragsstrafenabrede** mit dem Arbeitgeber treffen kann[74] –, ist er als Träger von Kostenfreistellungs- und Kostenerstattungsansprüchen partiell vermögensfähig.[75] Die Betriebsratsmitglieder können Kosten i. S. d. § 40 I BetrVG grundsätzlich ohne Rücksprache mit dem Arbeitgeber auslösen; eine Ausnahme gilt für die Geschäftsausstattung, die nach § 40 II BetrVG der Arbeitgeber bereitzustellen hat, und für Sachverständige, deren Einsatz vorher vereinbart werden muss (§ 80 III BetrVG).

b) Stellung der Betriebsratsmitglieder

695   Die Rechtsstellung der Betriebsratsmitglieder ist in §§ 37, 38 BetrVG geregelt. Die beiden wichtigsten Merkmale sind die ehrenamtliche Tätigkeit (mit der Konsequenz der Arbeitsbefreiung) und das Recht auf Teilnahme an Schulungs- und Bildungsveranstaltungen.

(1) Die Mitglieder des Betriebsrats führen ihr Amt unentgeltlich als **privates Ehrenamt** (§ 37 I BetrVG). Sie sind von ihrer beruflichen Tätigkeit ohne Minderung des Arbeitsentgelts zu befreien, wenn und soweit es nach Umfang und Art des Betriebs zur Durchführung ihrer Aufgaben erforderlich ist (§ 37 II BetrVG).

---

[70] *BAG* vom 16. 1. 2003 – 2 AZR 707/01, AP Nr. 129 zu § 102 BetrVG 1972 = NJW 2003, 3076 = NZA 2003, 927.
[71] Umfangreiche Nachweise: D/K/K/W/*Wedde*, § 40 BetrVG Rn. 3–115.
[72] Ein eigener Internetzugang des Betriebsrats bedarf heute keiner besonderen Begründung: *BAG* vom 20. 1. 2010 – 7 ABR 79/08, BAGE 133, 129 = AP Nr. 99 zu § 40 BetrVG 1972 = NZA 2010, 709 (Rn. 18 ff.).
[73] *BAG* vom 20. 4. 2005 – 7 ABR 14/04, BAGE 114, 219 (223 f.) = AP Nr. 84 zu § 40 BetrVG 1972 = NZA 2005, 1010.
[74] *BAG* vom 29. 9. 2004 – 1 ABR 30/03, BAGE 112, 96 (98) = AP Nr. 81 zu § 40 BetrVG 1972 = NZA 2005, 123; *BAG* vom 19. 1. 2010 – 1 ABR 62/08, AP Nr. 49 zu § 99 BetrVG Versetzung = NZA 2010, 592 (Rn. 9).
[75] *BAG* vom 24. 10. 2001 – 7 ABR 20/00, BAGE 99, 208 (211) = AP Nr. 71 zu § 40 BetrVG 1972 = NZA 2003, 53; *von Hoyningen-Huene*, Blomeyer-GS (2003), S. 141.

Muss das Betriebsratsmitglied ausnahmsweise außerhalb der Arbeitszeit tätig werden, gewährt § 37 III BetrVG einen Freizeitausgleich.[76]

Für größere Betriebe gibt § 38 I 1, 2 BetrVG eine gesetzliche Staffel vor, nach der Betriebsratsmitglieder vollständig von ihrer beruflichen Tätigkeit freizustellen sind. Die freizustellenden Betriebsratsmitglieder werden nach Beratung mit dem Arbeitgeber vom Betriebsrat aus seiner Mitte in geheimer Wahl bestimmt (§ 38 II BetrVG). Der Betriebsrat kann eine ihm zustehende Freistellung anteilig für mehrere seiner Mitglieder verwenden, sodass beispielsweise zwei Halbtagesfreistellungen erfolgen können (§ 38 I 3, 4 BetrVG).

(2) Der Gesetzgeber geht davon aus, dass die Aufgaben des Betriebsrats nur mit einer Vielzahl von Kenntnissen sachgerecht bewältigt werden können, die durch **Schulungs- und Bildungsveranstaltungen** erworben werden müssen. Daher gewährt § 37 VI, VII BetrVG einen Anspruch der Betriebsratsmitglieder, zum Besuch von Schulungs- und Bildungsveranstaltungen ohne Minderung des Arbeitsentgelts von der Arbeit befreit zu werden. Soweit die Veranstaltungen Kenntnisse vermitteln, die für die Arbeit des Betriebsrats erforderlich sind (§ 37 VI 1 BetrVG), hat der Arbeitgeber nach § 40 I BetrVG die Kosten zu tragen (z.B. Reisekosten, Unterkunft und Verpflegung, Seminargebühren).

Praxis: In der Praxis werden solche Veranstaltungen, vor allem wenn sie von privaten Schulungsunternehmen an attraktiven Ferienorten angeboten werden, von Betriebsräten gern besucht; zum Merkmal der Erforderlichkeit der Veranstaltung und zum Umfang der Kostentragungspflicht des Arbeitgebers gibt es zahlreiche Gerichtsentscheidungen.[77] Überhaupt ist in Deutschland eine eigene Betriebsratswelt entstanden, mit bunten Betriebsrätezeitschriften und geselligen Veranstaltungen, auf denen der „Betriebsrat des Jahres" ausgezeichnet wird.

4. Schutz der Betriebsratsmitglieder

Das Gesetz enthält eine Reihe von Schutzbestimmungen zugunsten der Betriebsratsmitglieder. Die **Generalklausel** ist § 78 BetrVG, wonach die Mitglieder des Betriebsrats und der anderen betriebsverfassungsrechtlichen Gremien in der Ausübung ihrer Betriebsratstätigkeit nicht gestört oder behindert werden dürfen (**§ 78 Satz 1 BetrVG**). Der Arbeitgeber darf sie wegen ihrer Betriebsratstätigkeit nicht benachteiligen, aber auch nicht begünstigen (**§ 78 Satz 2 BetrVG**): Muss ein vergleichbarer Arbeitnehmer bei Dienstreisen die 2. Klasse der Deutschen Bahn benutzen, verbietet § 78 Satz 2 BetrVG dem Arbeitgeber, einem Betriebsratsmitglied einen Fahrschein 1. Klasse zu bezahlen.

696

a) Entgeltschutz

Eine Spezialregel des Benachteiligungsverbots nach § 78 Satz 2 BetrVG findet sich in **§ 37 IV BetrVG**. Danach darf das Arbeitsentgelt von Mitgliedern des Betriebsrats bis zum Ablauf eines Jahres nach Beendigung der Amtszeit nicht geringer bemessen werden als das Arbeitsentgelt vergleichbarer Arbeitnehmer mit betriebsüblicher beruflicher Entwicklung (**Arbeitsentgeltgarantie**).[78]

---

[76] Einzelheiten: *BAG* vom 12. 8. 2009 – 7 AZR 218/08, AP Nr. 147 zu § 37 BetrVG 1972 = NZA 2009, 1284.

[77] Nachweise bei *Gamillscheg* II, § 40, 9; GK-BetrVG/*Weber,* § 37 Rn. 146–196; D/K/K/W/ *Wedde,* § 37 BetrVG Rn. 108–136.

[78] Einzelheiten: *BAG* vom 18. 7. 2005 – 7 AZR 528/04, AP Nr. 142 zu § 37 BetrVG 1972 = NZA 2006, 448 (449 f.); *Schweibert/Buse,* NZA 2007, 1080.

b) Tätigkeitsschutz

Eine weitere Spezialregel enthält § 37 V BetrVG. Danach dürfen Mitglieder des Betriebsrats bis zum Ablauf eines Jahres nach Beendigung der Amtszeit nur mit Tätigkeiten beschäftigt werden, die den Tätigkeiten vergleichbarer Arbeitnehmer mit betriebsüblicher beruflicher Entwicklung gleichwertig sind, soweit nicht zwingende betriebliche Notwendigkeiten entgegenstehen (**Tätigkeitsgarantie**).[79] Während der Amtszeit dürfen Betriebsratsmitglieder – ebenso wie Wahlvorstände und Wahlbewerber – nur mit Zustimmung des Betriebsrats versetzt werden, wenn die Versetzung (z.B. in einen anderen Betrieb des Unternehmens) zum Verlust des Betriebsratsamtes oder der Wählbarkeit führen würde (**Versetzungsschutz**; Einzelheiten in § 103 III BetrVG).

c) Bestandsschutz

697   Der besondere Kündigungsschutz der Betriebsratsmitglieder ist in § 15 KSchG vorgesehen (Rn. 354). Während der Dauer dieses Kündigungsschutzes ist jede **ordentliche Kündigung** durch den Arbeitgeber, außer bei Betriebsstilllegungen, unzulässig (§ 15 IV KSchG). Das gilt nicht nur für die Beendigungskündigung, sondern auch für die Änderungskündigung. Eine nach § 15 KSchG unzulässige ordentliche Kündigung ist nach § 134 BGB nichtig. Eine **außerordentliche Kündigung** aus wichtigem Grund ist nur wirksam, wenn die Voraussetzungen des § 626 BGB vorliegen und der Betriebsrat nach § 103 I, II BetrVG vorher zugestimmt hat (Rn. 398).

Auszubildenden, die Mitglied der Jugend- und Auszubildendenvertretung oder des Betriebsrats sind, hilft der Kündigungsschutz nach § 103 BetrVG, § 15 KSchG nicht, da das Ausbildungsverhältnis mit dem Ablauf der Ausbildungszeit oder dem (vorherigen) Bestehen der Abschlussprüfung endet, ohne dass es einer Kündigung bedarf (§ 21 BBiG). Deshalb enthält § 78 a BetrVG eine besondere Schutzregelung für diesen Personenkreis (Rn. 181). Kraft gesetzlicher Vorschrift wird das Ausbildungsverhältnis nach Beendigung der Ausbildung in ein unbefristetes Arbeitsverhältnis überführt, sofern der Auszubildende die Weiterbeschäftigung form- und fristgerecht verlangt (§ 78 a II BetrVG).[80] Dieses Verlangen ist rechtlich die Ausübung eines Gestaltungsrechts, die ein Arbeitsverhältnis begründet.[81]

V. Beteiligungsrechte des Betriebsrats

698   Die Rechte des Betriebsrats lassen sich unter dem neutralen Oberbegriff **Beteiligungsrechte** zusammenfassen. Es werden zwei Hauptgruppen von Beteiligungsrechten unterschieden: das **Mitbestimmungsrecht**, insbesondere in sozialen Angelegenheiten, und schwächere Beteiligungsformen, die unter den Sammelbegriff der sonstigen **Mitwirkungsrechte** des Betriebsrats fallen.

In allen diesen Fällen handelt es sich um Rechte **des Betriebsrats**. In §§ 81–84 BetrVG sind Mitwirkungs- und Beschwerderechte **des Arbeitnehmers** gegenüber

---

[79] Zu der erforderlichen Interessenabwägung s. D/K/K/W/*Wedde*, § 37 BetrVG Rn. 102, 103; GK-BetrVG/*Weber*, § 37 Rn. 128–132.

[80] Einzelheiten: *BAG* vom 24. 7. 1991 – 7 ABR 68/90, BAGE 68, 187 (191–195) = AP Nr. 23 zu § 78 a BetrVG 1972 = NZA 1992, 174.

[81] GK-BetrVG/*Oetker*, § 78 a Rn. 61; *Gamillscheg*, Wiedemann-FS (2002), S. 269.

dem Arbeitgeber vorgesehen („betriebsverfassungsrechtliche Grundrechte"). Sie gehören zwar formell, nicht aber materiell zum Betriebsverfassungsrecht: Rechtssystematisch sind sie dem Individualarbeitsrecht zuzuordnen.

1. Stufen der Beteiligungsrechte

Die Beteiligungsrechte des Betriebsrats hat der Gesetzgeber nach ihrer Intensität abgestuft, wobei sechs Stufen existieren:[82]   **699**

a) Die schwächste Form der Beteiligung sind die **Unterrichtungsrechte** (= Informationsrechte) des Betriebsrats. Es gibt sie in zwei Spielarten: Die **eigenständigen** Unterrichtungsrechte entspringen aus der allgemeinen Pflicht des Arbeitgebers zur vertrauensvollen Zusammenarbeit (Beispiel: § 80 II BetrVG) oder aus Spezialvorschriften: So muss der Betriebsrat z.B. von der beabsichtigten Einstellung eines leitenden Angestellten nach § 105 BetrVG unterrichtet werden. Die zweite Spielart der Unterrichtungsrechte sind die **vorgeschalteten** Unterrichtungsrechte, die eine geschriebene (z.B. § 99 I BetrVG) oder ungeschriebene (z.B. bei § 87 I Nr. 6 BetrVG) Grundlage für weitergehende Beteiligungsrechte bilden.

b) Auf der zweiten Stufe stehen die **Anhörungsrechte** des Betriebsrats, die   **700** teilweise als Vorschlagsrechte ausgestaltet sind (z.B. §§ 92 II, 96 I 3, 98 III BetrVG). Das Anhörungsrecht des Betriebsrats existiert ebenfalls in zwei Formen: Ein **allgemeines** Anhörungsrecht hat der Betriebsrat in den Katalogtatbeständen des § 80 I BetrVG. Die **entscheidungsbezogenen** Anhörungsrechte verwehren es dem Arbeitgeber, eine Entscheidung vor vollzogener Anhörung durchzuführen; sie sollen sicherstellen, dass die Argumente des Betriebsrats auf die Entscheidung einwirken können[83] (Beispiel: § 102 I 1, 3 BetrVG).

c) Die dritte Stufe der Beteiligung des Betriebsrats bilden die **Beratungsrechte.** Sie unterscheiden sich von den Anhörungsrechten dadurch, dass der Arbeitgeber nicht nur die Meinung oder den Vorschlag des Betriebsrats hören, sondern den Verhandlungsgegenstand gemeinsam mit dem Betriebsrat erörtern muss.[84] In der Praxis verschwimmen allerdings die Unterschiede zwischen Anhörung und Beratung. Es gibt wiederum zwei Arten des Beratungsrechts: Ein **allgemeines** Beratungsrecht folgt aus § 74 I BetrVG, wonach der Arbeitgeber und der Betriebsrat mindestens einmal im Monat zu einer „Besprechung" zusammentreten sollen. Die beiden wichtigsten **speziellen** Beratungsrechte sind das Beratungsrecht des Betriebsrats bei Betriebsänderungen nach § 111 Satz 1 BetrVG und das Beratungsrecht des Wirtschaftsausschusses in wirtschaftlichen Angelegenheiten nach § 106 I 2 BetrVG.

d) Die vierte Stufe der Beteiligungsrechte markiert das **Widerspruchsrecht** des   **701** Betriebsrats. Es hat keinen Einfluss auf die Wirksamkeit der Arbeitgeberentschei-

---

[82] So die überzeugendste Einteilung: *von Hoyningen-Huene,* § 11 Rn. 3–9; *Otto,* ArbR, Rn. 829–839.

[83] *BAG* vom 24. 11. 1983 – 2 AZR 347/82, BAGE 44, 249 (257) = AP Nr. 30 zu § 102 BetrVG 1972 = EzA § 102 BetrVG 1972 Nr. 54 m.Anm. *Grunsky.*

[84] Richardi/*Richardi,* BetrVG, vor § 74 Rn. 26; GK-BetrVG/*Oetker,* § 111 Rn. 175.

dung, sondern erzeugt schwächere Rechtsfolgen. Der wichtigste Fall ist der Widerspruch des Betriebsrats gegen eine ordentliche Kündigung, der nach § 102 III BetrVG aus bestimmten Gründen zulässig ist. Er hat keinen Einfluss auf die Wirksamkeit der Kündigung, sondern führt lediglich zu einer Weiterbeschäftigungspflicht (§ 102 V BetrVG).

702   e) Die fünfte Stufe der Beteiligungsrechte stellt das **Zustimmungsverweigerungsrecht** dar. Es besteht bei personellen Einzelmaßnahmen nach § 99 BetrVG: Der Betriebsrat kann die Zustimmung zur Einstellung, Eingruppierung, Umgruppierung oder Versetzung eines Arbeitnehmers aus bestimmten Gründen verweigern (negatives Konsensprinzip,[85] § 99 II BetrVG). Der Unterschied zum Widerspruchsrecht zeigt sich in den Rechtsfolgen: Ein Widerspruch des Betriebsrats nach § 102 III BetrVG gegen eine ordentliche Kündigung hindert den Arbeitgeber nicht, die Kündigung auszusprechen. Verweigert dagegen der Betriebsrat nach § 99 II BetrVG die Zustimmung zu einer personellen Einzelmaßnahme, ist der Arbeitgeber nicht in der Lage, die Maßnahme durchzuführen (§ 99 IV BetrVG, Ausnahmen in § 100 BetrVG).

f) Die oberste Stufe der Beteiligungsrechte bilden die erzwingbaren **Mitbestimmungsrechte** des Betriebsrats. Der Betriebsrat ist in diesen Fällen gleichberechtigt an Arbeitgeberentscheidungen beteiligt, weil die Zustimmung in seinem Ermessen steht und nur durch einen Beschluss der Einigungsstelle ersetzt werden kann (positives Konsensprinzip). Alle Anwendungsfälle der erzwingbaren Mitbestimmung[86] sind an einer Formulierung zu erkennen, wie sie sich z.B. in § 87 II BetrVG findet: „Kommt eine Einigung … nicht zustande, so entscheidet die Einigungsstelle. Der Spruch der Einigungsstelle ersetzt die Einigung zwischen Arbeitgeber und Betriebsrat." Auf dieser Formulierung bauen wiederum die wichtigen Regelungen der §§ 76 V, 77 VI BetrVG auf (Rn. 708, 719).

703   Über die **Stufen der Beteiligungsrechte** des Betriebsrats unterrichtet zusammenfassend die **Übersicht 10.4:**

Übersicht 10.4: Stufen der Beteiligungsrechte

	„Echte" Mitbestimmung, z.B. § 87 I
	Zustimmungsverweigerung, § 99 II–IV
Widerspruch	§ 98 II – Rechtsfolge § 98 V § 102 III – Rechtsfolge § 102 IV, V
Beratung	allgemein, § 74 I speziell, z.B. § 111 Satz 1
Anhörung	allgemein, § 80 I entscheidungsbezogen, z.B. § 102 I 1, 3
Unterrichtung	eigenständig, z.B. § 105 vorgeschaltet, z.B. § 99 I

---

[85] *Richardi/Richardi*, BetrVG, vor § 74 Rn. 30. Vgl. auch *Otto*, ArbR, Rn. 835 („beschränktes Mitbestimmungsrecht").
[86] §§ 37 VI, VII, 38 II, 39 I, 47 VI, 85 II, 87 II, 91 Satz 2, 94 I, II, 95 I, II, 97 II, 98 III, IV, 102 VI, 109, 112 IV, 116 III Nr. 2, 4 und 8 BetrVG.

2. Ausübung der Beteiligungsrechte

Der Betriebsrat übt die vorgenannten Beteiligungsrechte gegenüber dem Ar- 704
beitgeber aus (s. zum Begriff und zur Vertretung des Arbeitgebers Rn. 651).

a) Initiativrecht des Betriebsrats

Die erzwingbare Mitbestimmung des Betriebsrats, insbesondere nach § 87 I
BetrVG, bezieht sich auf jeden Fall auf Entscheidungen, die auf eine **Initiative
des Arbeitgebers** zurückgehen. Damit ist aber noch keine gleichberechtigte
Mitwirkung erreicht, da der Arbeitgeber davon absehen kann, eine Veränderung des bisherigen Zustandes einzuleiten. Dem BetrVG ist daher in zahlreichen
Fällen zu entnehmen, dass der Arbeitgeber auf **Initiative des Betriebsrats** tätig
werden muss, auch wenn der Arbeitgeber selbst keinen Regelungsbedarf er-
kennt:

(1) Ein Initiativrecht des Betriebsrats sehen einige Normen **ausdrücklich** vor,
beispielsweise § 91 BetrVG (Maßnahmen zum Ausgleich nachteiliger Arbeits-
platzveränderungen) oder § 95 II BetrVG (Aufstellung von Auswahlrichtlinien
in Betrieben mit mehr als 500 Arbeitnehmern).

(2) Wenn das BetrVG dem Betriebsrat nicht ausdrücklich ein Initiativrecht 705
gewährt, kann es sich aus dem **Sinn und Zweck** der gesetzlichen Regelung ergeben. Für eine Reihe von Mitbestimmungstatbeständen des § 87 I BetrVG bejaht
die Rechtsprechung ein solches Initiativrecht.[87]

Beispiel: Der Betriebsrat kann nach § 87 I Nr. 2 BetrVG in Fragen des Beginns und des En-
des der täglichen Arbeitszeit die Initiative ergreifen und verlangen, dass die gleitende Arbeitszeit eingeführt wird. Wenn sich der Arbeitgeber auf diese Initiative nicht einlässt, kann
der Betriebsrat nach § 87 II BetrVG die Einigungsstelle anrufen, deren Spruch die Einigung
zwischen Arbeitgeber und Betriebsrat ersetzt.[88] – **Gegenbeispiel:** Der Betriebsrat kann nicht
die Einführung einer technischen Kontrolleinrichtung nach § 87 I Nr. 6 BetrVG verlangen,
weil dieser Mitbestimmungstatbestand gerade dazu dient, die Arbeitnehmer vor technischer
Kontrolle zu schützen.[89]

b) Beteiligungsrechte im Arbeitskampf

Nach § 74 II 1 BetrVG sind Maßnahmen des Arbeitskampfs zwischen Arbeit- 706
geber und Betriebsrat unzulässig. Diese Vorschrift enthält ein betriebsverfas-
sungsrechtliches Arbeitskampfverbot (Rn. 645). Das Betriebsratsamt bleibt während eines Arbeitskampfs bestehen; die Beteiligungsrechte sind aber dadurch
eingeschränkt, dass sich der Betriebsrat im Arbeitskampf streng neutral verhalten muss. Es ist daher zu unterscheiden:

---

[87] Umfassend GK-BetrVG/*Wiese*, § 87 Rn. 135–150.
[88] *BAG* vom 4. 3. 1986 – 1 ABR 15/84, BAGE 51, 187 (193) = AP Nr. 3 zu § 87 BetrVG
1972 Kurzarbeit m. Anm. *Wiese* = NJW 1987, 1844.
[89] *BAG* vom 28. 11. 1989 – 1 ABR 97/88, BAGE 63, 283 (288 f.) = AP Nr. 4 zu § 87
BetrVG 1972 Initiativrecht = NZA 1990, 406.

(1) Fällt ein Beteiligungsrecht des Betriebsrats nur zufällig in die Zeit des Arbeitskampfs – z. B. eine Anhörung nach § 102 BetrVG wegen einer krankheitsbedingten Kündigung –, kann es auch im Arbeitskampf ausgeübt werden.

(2) Will der Arbeitgeber dagegen Arbeitskampfmaßnahmen ergreifen (z. B. Prämien an arbeitswillige Arbeitnehmer zahlen, vgl. § 87 I Nr. 10 BetrVG), hat der Betriebsrat insoweit nach § 74 II 1 BetrVG keine Beteiligungsrechte.[90]

Nach der Rechtsprechung sollen bloße **Unterrichtungsrechte** des Betriebsrats auch während eines Arbeitskampfs nicht entfallen. So soll z. B. der Betriebsrat gem. § 80 II 1 BetrVG zu unterrichten sein, bevor der Arbeitgeber während eines Arbeitskampfs kurzfristige Versetzungen oder Überstunden von nichtstreikenden Arbeitnehmern anordnet.[91] Diese Rechtsprechung ist fragwürdig: Wenn ein Mitbestimmungsrecht des Betriebsrats im Arbeitskampf ausgeschlossen ist, bleibt unklar, warum ein Unterrichtungsanspruch bestehen soll, der sich auf dieses Mitbestimmungsrecht bezieht. Auch beeinträchtigt es die Kampfparität, wenn der Arbeitgeber vor einer Abwehrmaßnahme einen Repräsentanten der Belegschaft informieren muss, die Gewerkschaft dagegen keine Informationen über ihre geplanten Maßnahmen preiszugeben hat.

3. Durchsetzung der Beteiligungsrechte

707 Ein Arsenal von Vorschriften soll sicherstellen, dass der Arbeitgeber die Beteiligungsrechte des Betriebsrats beachtet.

a) Unwirksamkeitsfolge

Erstens besteht ein **mittelbarer Druck,** den Betriebsrat an betrieblichen Maßnahmen zu beteiligen, wenn sie ohne Beteiligung unwirksam sind. **Beispiele:** Eine ohne Anhörung des Betriebsrats ausgesprochene Kündigung ist nichtig (§ 102 I 3 BetrVG); entsprechendes gilt im Bereich des § 87 BetrVG (Theorie der notwendigen Mitbestimmung, s. Rn. 747).

b) Straf- und Bußgeldtatbestände

Zweitens ist die Verletzung betriebsverfassungsrechtlicher Pflichten durch die Straf- und Bußgeldtatbestände der §§ 119–121 BetrVG sanktioniert. Eine nach § 119 I Nr. 2 BetrVG strafbare **Behinderung der Betriebsratstätigkeit** liegt allerdings nur vor, wenn der Arbeitgeber die Rechte des Betriebsrats wiederholt und beharrlich missachtet (Antragsdelikt nach § 119 II BetrVG).

c) Verfahren der Einigungsstelle

Drittens hat der Betriebsrat die Möglichkeit, über die Einigungsstelle (§ 76 I–VI BetrVG) eine Entscheidung zu suchen. Die Einigungsstelle ist ein Organ der Betriebsverfassung, das keine eigenen Mitbestimmungsrechte wahrnimmt, sondern bei Meinungsverschiedenheiten zwischen Arbeitgeber und Betriebsrat entscheidet. Die Einigungsstelle hat die Funktion einer innerbetrieblichen

---

[90] *BAG* vom 13. 12. 2011 – 1 ABR 2/10, AP Nr. 176 zu Art. 9 GG Arbeitskampf = NZA 2012, 571 (Rn. 26).

[91] *BAG* vom 10. 12. 2002 – 1 ABR 7/02, BAGE 104, 175 (179) = AP Nr. 59 zu § 80 BetrVG 1972 = NZA 2004, 223; ausführlich zum Thema „Beteiligungsrechte im Arbeitskampf", *Hromadka/Maschmann* II, § 14 Rn. 153–160.

Schlichtungsstelle („autonomes privatrechtliches Vertragshilfeorgan").[92] Sie wird entweder bei Bedarf (§ 76 I 1 BetrVG) oder als ständige Einigungsstelle gebildet (§ 76 I 2 BetrVG). Die Zusammensetzung der Einigungsstelle ist in § 76 II BetrVG geregelt. Ob und wie eine Einigungsstelle zustande kommt, richtet sich danach, um welchen Gegenstand es geht:

(1) In den Fällen der **freiwilligen Mitbestimmung** müssen sich beide Seiten – der Arbeitgeber einerseits, der Betriebsrat, Gesamtbetriebsrat oder Konzernbetriebsrat andererseits – auf die Errichtung einer Einigungsstelle verständigen (**§ 76 VI 1 BetrVG**). Möchte eine Seite kein Verfahren vor der Einigungsstelle durchführen, kommt eine Einigungsstelle nicht zustande. In Fällen der freiwilligen Mitbestimmung sind Einigungsstellenverfahren daher relativ selten. Bindend ist der Spruch der Einigungsstelle in den Fällen der freiwilligen Mitbestimmung nur, wenn beide Seiten sich dem Spruch im Voraus unterworfen oder ihn nachträglich angenommen haben (**§ 76 VI 2 BetrVG**).

(2) In den Fällen der **erzwingbaren Mitbestimmung** (Rn. 702) – das sind die Fälle, in denen der Spruch der Einigungsstelle die Einigung zwischen Arbeitgeber und Betriebsrat ersetzt (z. B. nach § 87 II BetrVG, Rn. 736) – wird die Einigungsstelle auf Antrag einer Seite tätig (**§ 76 V 1 BetrVG**). Die andere Seite kann sich dem Verfahren nicht entziehen (Zwangsschlichtung): Der Vorsitzende kann nach § 76 II 2 BetrVG auf Antrag einer Seite durch das Arbeitsgericht bestellt werden; benennt die andere Seite keine Beisitzer oder bleiben sie trotz rechtzeitiger Einladung der Sitzung fern, entscheiden der Vorsitzende und die erschienenen Beisitzer allein (**§ 76 V 2 BetrVG**).

Die Einigungsstelle fasst ihre Beschlüsse in den Fällen der notwendigen Mitbestimmung unter angemessener Berücksichtigung der Belange des Betriebs und der betroffenen Arbeitnehmer nach **billigem Ermessen (§ 76 V 3 BetrVG)**. Die Überschreitung der **Grenzen des Ermessens** kann nur binnen einer Frist von zwei Wochen, vom Tage der Zuleitung des Beschlusses an gerechnet, beim Arbeitsgericht geltend gemacht werden (§ 76 V 4 BetrVG). Die gerichtliche Überprüfung des Spruchs der Einigungsstelle beschränkt sich auf eine Rechtskontrolle; die Überprüfung der Zweckmäßigkeit ist nicht zulässig. Das Arbeitsgericht darf sein Ermessen nicht an die Stelle des Ermessens der Einigungsstelle setzen, sodass es nur die Unwirksamkeit des Beschlusses feststellen kann. Andere rechtliche Mängel – beispielsweise die fehlende Zuständigkeit der Einigungsstelle wegen Nichtbestehens eines Mitbestimmungsrechts – können jederzeit im Beschlussverfahren geltend gemacht werden; sie unterliegen der vollen Kontrolle durch die Arbeitsgerichte (vgl. § 76 VII BetrVG).

Das **Verfahren der Einigungsstelle** ist in § 76 III BetrVG nur bruchstückhaft geregelt. Da es, wie jedes Verfahren, rechtsstaatlichen Anforderungen genügen muss, gelten die allgemeinen Verfahrensgrundsätze, z. B. über die Gewährung rechtlichen Gehörs. Besondere Verfahrensregeln kann eine Betriebsvereinbarung festlegen (§ 76 IV BetrVG). Die **Kosten des Verfahrens** trägt nach § 76 a I BetrVG der Arbeitgeber. Betriebsangehörige, die an der Einigungsstelle mitwirken, erhalten neben ihrem Arbeitsentgelt kein weiteres Honorar (§ 76 a II BetrVG). Die Tätigkeit betriebsfremder Personen als Vorsitzende oder Beisitzer einer Einigungsstelle ist hingegen vergütungspflichtig (§ 76 a III BetrVG).

---

[92] GK-BetrVG/*Kreutz*, § 76 Rn. 5; *von Hoyningen-Huene*, § 6 Rn. 59.

d) Arbeitsgerichtliches Verfahren

708   Nach § 76 VII BetrVG schließt das Einigungsstellenverfahren den **Rechtsweg** nicht aus. Der Betriebsrat kann im arbeitsgerichtlichen Beschlussverfahren (§ 2 a I Nr. 1 ArbGG) auf unterschiedlichen Wegen vorgehen, je nachdem welche Pflicht aus dem BetrVG der Arbeitgeber verletzt hat. Will der Betriebsrat geltend machen, dass eine bestimmte Maßnahme mitbestimmungspflichtig ist, kommt ein **Feststellungsantrag** in Betracht. Leistungsansprüche des Betriebsrats, z. B. Informations- oder Beratungsrechte (vgl. §§ 90 I, 92 I 1, 97 I, 111 Satz 1 BetrVG), können durch einen **Leistungsantrag** beim Arbeitsgericht durchgesetzt werden. Ferner ermöglicht § 23 III BetrVG einen Leistungsantrag in Form des **Unterlassungsantrags** bei einem groben Verstoß des Arbeitgebers gegen betriebsverfassungsrechtliche Pflichten. Ob darüber hinaus in bestimmten Fällen ein allgemeiner Unterlassungsanspruch des Betriebsrats besteht, wird nicht einheitlich beurteilt.[93] Dazu der

709   **Übungsfall 24 (Unterlassungsantrag):** Die Merian AG (M) betreibt Einzelhandelsgroß-märkte in zahlreichen deutschen Städten, darunter Gießen. Sie wendet auf die Arbeitsver-hältnisse der bei ihr beschäftigten Arbeitnehmer Haustarifverträge an. Dem Großmarkt Gießen wird von der Zentrale der M ein Jahresbudget von 9,7% des Umsatzes für Perso-nalkosten vorgegeben. Die Differenz zwischen dieser Summe und der Summe der Tarifent-gelte kann der Marktleiter in Form übertariflicher Zulagen verteilen. Die Arbeitsverträge der 280 Arbeitnehmer des Großmarktes enthalten überwiegend eine Klausel, die sämtliche nicht tätigkeitsbezogenen Zulagen für jederzeit widerruflich und auf Tariflohnerhöhungen anrechenbar erklärt. In den letzten beiden Kalenderjahren wurden die Tariflohnerhöhungen voll und gleichmäßig auf die übertariflichen Zulagen angerechnet. Allerdings gewährte der Marktleiter aus seinem „Zulagentopf" Zulagen an Arbeitnehmer, die nach Auskunft der Abteilungsleiter „immer pünktlich und zuverlässig und bereit seien, für andere einzuspring-en". Auch gewährte er Zulagen an abwanderungswillige Arbeitnehmer, um sie im Betrieb zu halten. Der Betriebsrat wurde bei alledem nicht beteiligt. Der Betriebsrat hat beim ArbG Gießen beantragt, der M aufzugeben, es zu unterlassen, die im Großmarkt Gießen gezahl-ten Zulagen in Abänderung der Verteilungsgrundsätze einseitig zu modifizieren, solange und soweit nicht der Betriebsrat der Änderung zugestimmt hat.[94]

710   **Lösung:** Der Unterlassungsantrag hat Erfolg, wenn er zulässig und begründet ist.

(I) **Zulässigkeit:** Der Antrag ist im **Beschlussverfahren** (§ 2 a I Nr. 1 ArbGG) in der Form des § 81 I ArbGG beim örtlich zuständigen Gericht (§ 82 Satz 1 ArbGG) gestellt. Er ist zu-lässig, wenn er das zu unterlassende Verhalten hinreichend genau umschreibt. Der Betriebs-rat muss die Fallgestaltung, für die er ein Mitbestimmungsrecht beansprucht, konkret be-zeichnen. Diesem Erfordernis genügt auch ein **Globalantrag**, mit dem der Betriebsrat für einen bestimmten Vorgang generell ein Mitbestimmungsrecht geltend macht. Bezieht sich der Antrag auf **jede Änderung** von Zulagen, ist das Begehren ausreichend bestimmt: Wird ihm in dieser Allgemeinheit stattgegeben, kann es in der Zwangsvollstreckung nicht zu Un-klarheiten kommen.[95]

711   (II) **Begründetheit:** Der Antrag des Betriebsrats ist begründet, wenn die Voraussetzungen einer Anspruchsgrundlage für den geltend gemachten Unterlassungsanspruch erfüllt sind.

(1) Nach **§ 23 III BetrVG** kann der Betriebsrat bei groben Verstößen des Arbeitgebers gegen seine Verpflichtungen aus dem BetrVG vom Arbeitgeber Unterlassung verlangen. Der Ar-

---

[93] Umfassend *Lobinger*, ZfA 2004, 101–181.
[94] Fall nach *BAG* vom 3. 5. 1994 – 1 ABR 24/93, BAGE 76, 364 = AP Nr. 23 zu § 23 BetrVG 1972 = NZA 1995, 40 = SAE 1995, 93 m. Anm. *Walker* = JuS 1995, 467.
[95] *BAG* vom 10. 6. 1986 – 1 ABR 61/84, BAGE 52, 160 (165) = AP Nr. 18 zu § 87 BetrVG 1972 Arbeitszeit = NZA 1986, 840 = SAE 1988, 184 m. Anm. *Loritz*.

beitgeber muss seine Verpflichtungen aus dem BetrVG verletzt haben (dazu a), und es muss sich um einen groben Verstoß handeln (dazu b).

(a) Ein **Verstoß** der M gegen ihre betriebsverfassungsrechtlichen Pflichten liegt vor, wenn bei den vom Marktleiter ergriffenen Maßnahmen Beteiligungsrechte des Betriebsrats bestanden. In Betracht kommt ein Mitbestimmungsrecht aus **§ 87 I Nr. 10 BetrVG.**

(aa) Nach dieser Vorschrift unterliegt bei der Anrechnung von Tariflohnerhöhungen auf übertarifliche Zulagen nicht nur die Aufstellung von Verteilungsgrundsätzen für übertarifliche Zulagen, sondern auch die **Änderung dieser Grundsätze** der Mitbestimmung des Betriebsrats. Anders ist es nur, wenn die Tariflohnerhöhungen voll und gleichmäßig auf die Zulagen aller Arbeitnehmer angerechnet werden.[96] Ferner muss eine **kollektive Regelungsfrage** bestehen; das Mitbestimmungsrecht des § 87 I Nr. 10 BetrVG erfasst nicht die mit Rücksicht auf die besonderen Umstände des Einzelfalls getroffene, individuelle Lohngestaltung.[97]

(bb) Im vorliegenden Fall könnte das Mitbestimmungsrecht ausgeschlossen sein, wenn die M die Tariflohnerhöhungen zunächst voll und gleichmäßig – und damit mitbestimmungsfrei – auf die Zulagen aller Arbeitnehmer angerechnet und erst im Nachgang durch den Marktleiter individuelle Erhöhungen vorgenommen hätte. Die Vorgänge sind jedoch als Einheit zu betrachten: Eigentliches Regelungsziel war eine Umverteilung des Zulagenvolumens und damit eine Änderung der Verteilungsgrundsätze. M hat folglich das Mitbestimmungsrecht des Betriebsrats nach § 87 I Nr. 10 BetrVG missachtet.

(b) Ein Unterlassungsanspruch nach § 23 III BetrVG besteht nur bei einem **groben Verstoß:** Ein Verschulden des Arbeitgebers ist zwar nicht erforderlich;[98] der Arbeitgeber muss seine betriebsverfassungsrechtlichen Pflichten aber objektiv eklatant verletzt haben. Ob im vorliegenden Fall ein Mitbestimmungsrecht des Betriebsrats nach § 87 I Nr. 10 BetrVG bestand, ist selbst vom Fachmann nicht auf Anhieb zu entscheiden, so dass mangels eines „groben" Verstoßes kein Unterlassungsanspruch aus § 23 III 1 BetrVG besteht.

(2) Es fragt sich, ob ein Unterlassungsanspruch als ungeschriebener **Nebenleistungsanspruch** **712** unmittelbar aus § 87 I BetrVG folgt.

(a) Das BAG nahm früher an, das BetrVG kenne keinen allgemeinen Unterlassungsanspruch des Betriebsrats; nur unter den Voraussetzungen des § 23 III BetrVG könne der Betriebsrat die Unterlassung mitbestimmungswidriger Handlungen verlangen.[99]

(b) Im Jahre 1994 hat das BAG seine Rechtsprechung geändert: Die Vorschrift des § 23 III BetrVG enthalte keine abschließende Regelung mit Ausschlusswirkung. Vielmehr müsse für jeden Mitbestimmungstatbestand gesondert geprüft werden, ob er dem Betriebsrat einen Unterlassungsanspruch gebe oder nicht. Die besondere Rechtsbeziehung zwischen Arbeitgeber und Betriebsrat – das „Betriebsverhältnis" – sei einem gesetzlichen Dauerschuldverhältnis ähnlich; es sei geprägt durch wechselseitige Rücksichtspflichten, die sich aus § 2 BetrVG ergeben. Die Vorschrift des § 2 BetrVG enthalte eine dem Grundsatz von Treu und Glauben (§ 242 BGB) vergleichbare Konkretisierung des Gebots partnerschaftlicher Zusammenarbeit. Ein Verstoß gegen einen Mitbestimmungstatbestand des § 87 I BetrVG sei derart gewichtig, dass die Verletzung von Rechten des Betriebsrats zu einem Unterlassungsanspruch führen müsse.[100] Grundsätzlich besteht daher der geltend gemachte Unterlassungsanspruch.

---

[96] *BAG (GS)* vom 3. 12. 1991 – GS 2/90, BAGE 69, 134 (168) = AP Nr. 51 zu § 87 BetrVG 1972 Lohngestaltung = NZA 1992, 749 = JuS 1993, 168.
[97] Richardi/*Richardi*, BetrVG, § 87 Rn. 17; W/P/K/*Bender*, § 87 BetrVG Rn. 10.
[98] *BAG* vom 18. 4. 1985 – 6 ABR 19/84, BAGE 48, 246 (256) = AP Nr. 5 zu § 23 BetrVG 1972 = NZA 1985, 783; Richardi/*Thüsing*, BetrVG, § 23 Rn. 94.
[99] *BAG* vom 22. 2. 1983 – 1 ABR 27/81, BAGE 42, 11 (17) = AP Nr. 2 zu § 23 BetrVG 1972 m. Anm. *von Hoyningen-Huene.*
[100] *BAG* vom 3. 5. 1994 – 1 ABR 24/93, BAGE 76, 364 (373). Kritisch *Adomeit*, NJW 1995, 1004; *Konzen*, NZA 1995, 865; *Prütting*, RdA 1995, 257; *Reuter*, JuS 1995, 466; *Walker*, DB 1995, 1961. Befürwortend *Derleder*, AuR 1995, 13; *Richardi*, NZA 1995, 8.

713 (3) Der Antrag des Betriebsrats wäre jedoch unbegründet, wenn er im konkreten Fall als **Globalantrag** zu weit gefasst wäre: Geht der Unterlassungsantrag so weit, dass er viele denkbare künftige Fallgestaltungen trifft, ist er insgesamt unbegründet, wenn nicht in allen diesen Fällen ein Mitbestimmungsrecht besteht. Der Antrag des Betriebsrats der Merian AG wäre nur begründet, wenn künftig jede denkbare einseitige Änderung der Zulage mitbestimmungspflichtig wäre. Daran fehlt es jedoch: Mitbestimmungsfrei wären z.B. die vollständige und gleichmäßige Anrechnung von Tariflohnerhöhungen sowie Fälle der Änderung ohne kollektiven Bezug.[101] Der Antrag des Betriebsrats ist daher, weil er zu weit gefasst ist, im Ergebnis unbegründet.

4. Betriebsvereinbarung und Regelungsabrede

714 Vereinbarungen zwischen Arbeitgeber und Betriebsrat über betriebliche Angelegenheiten können in der Form einer Betriebsvereinbarung nach § 77 I 1 BetrVG geschlossen werden; sie können aber auch in Gestalt einer Regelungsabrede erfolgen, die das Gesetz nicht ausdrücklich erwähnt. Die Betriebsvereinbarung erzeugt unmittelbar Rechte und Pflichten zwischen dem Arbeitgeber und den Arbeitnehmern (§ 77 IV 1 BetrVG); die Regelungsabrede begründet nur Rechte und Pflichten zwischen den Betriebspartnern.[102]

a) Betriebsvereinbarung (§ 77 BetrVG)

715 Die Betriebsvereinbarung ist ein **privatrechtlicher Normenvertrag,** der schriftlich zwischen Arbeitgeber und Betriebsrat im Rahmen ihrer Zuständigkeit geschlossen wird, um Regelungen über den Inhalt, den Abschluss und die Beendigung von Arbeitsverhältnissen sowie über betriebliche und betriebsverfassungsrechtliche Fragen zu treffen.[103] Die Betriebsvereinbarung weist **Parallelen zum Tarifvertrag** auf (Rn. 504): Ebenso wie der Tarifvertrag (§ 4 I TVG) wirkt die Betriebsvereinbarung im einzelnen Arbeitsverhältnis unmittelbar und zwingend (§ 77 IV 1 BetrVG); die Frage der Nachwirkung ist in § 77 VI BetrVG ähnlich gelöst wie in § 4 V TVG.

716 (1) Das **Zustandekommen** der Betriebsvereinbarung richtet sich nach § 77 I, II BetrVG: Vertragspartner sind der Betriebsrat, Gesamtbetriebsrat oder Konzernbetriebsrat auf der einen und der Arbeitgeber auf der anderen Seite. Die Betriebsvereinbarung ist schriftlich niederzulegen und von beiden Seiten in einer Urkunde (§ 126 I 1 BGB) zu unterzeichnen (§ 77 II 1, 2 BetrVG). Wie sich aus § 77 II 2 BetrVG ergibt, hat auch ein Spruch der Einigungsstelle die Wirkung einer Betriebsvereinbarung. Das gilt nicht nur in Fällen, in denen die Einigungsstelle auf Antrag einer Seite verbindlich entscheidet (**erzwingbares Einigungsstellenverfahren,** § 76 V BetrVG), sondern auch in Fällen, in denen sich beide Seiten dem Spruch im Voraus unterworfen oder ihn nachträglich angenommen haben (**freiwilliges Einigungsstellenverfahren,** § 76 VI BetrVG).[104]

---

[101] *BAG* vom 3.5.1994 – 1 ABR 24/93, BAGE 76, 364 (380). Insoweit einschränkend *BAG* vom 20.4.1999 – 1 ABR 72/98, BAGE 91, 210 (229) = AP Nr. 89 zu Art. 9 GG = NJW 1999, 3281 = NZA 1999, 887 – „Burda"-Beschluss.

[102] GK-BetrVG/*Kreutz,* § 77 Rn. 8–22; Richardi/*Richardi,* BetrVG, § 77 Rn. 224–234.

[103] *von Hoyningen-Huene,* § 11 Rn. 27; Richardi/*Richardi,* BetrVG, § 77 Rn. 17–29.

[104] *von Hoyningen-Huene,* § 11 Rn. 31, 32; W/P/K/*Preis,* § 77 BetrVG Rn. 10.

(2) Der **Geltungsbereich** der Betriebsvereinbarung erstreckt sich in persönli- **717** cher Hinsicht grundsätzlich auf alle Arbeitnehmer des Betriebs (§ 5 I, II BetrVG) mit Ausnahme der leitenden Angestellten (§ 5 III, IV BetrVG). Die Betriebsvereinbarung kann den Personenkreis weiter eingrenzen und sich beispielsweise auf Jugendliche oder schwerbehinderte Arbeitnehmer beschränken. Sie kann jedoch keine bindenden Regelungen für ausgeschiedene Arbeitnehmer treffen, da sie nicht mehr der Rechtssetzungsgewalt der Betriebspartner unterliegen.[105] Beispielsweise können Ruhegehälter, die der Arbeitgeber den Ausgeschiedenen auf Grund einer Betriebsvereinbarung gewährt, nicht durch Betriebsvereinbarung gekürzt werden.[106]

(3) Die **Auslegung** einer Betriebsvereinbarung wird dadurch bestimmt, dass **718** die Betriebsvereinbarung Rechte und Pflichten nicht nur für die Vertragspartner, sondern auch für eine Vielzahl von Arbeitnehmern erzeugt. Soweit die Betriebsvereinbarung **schuldrechtliche Abreden** zwischen Arbeitgeber und Betriebsrat enthält, gelten die Grundsätze über die Auslegung von Rechtsgeschäften (§§ 133, 157 BGB). Für den **normativen Teil** der Betriebsvereinbarung gelten dagegen die Grundsätze der Auslegung von Tarifverträgen entsprechend: Die subjektiven Vorstellungen der Betriebsparteien müssen hinter den objektiven Inhalt der Vereinbarung zurücktreten. Maßgebend ist der in der Betriebsvereinbarung selbst zum Ausdruck gebrachte Wille der Betriebspartner.[107]

(4) Die Frage der **Nachwirkung** stellt sich, wenn eine Betriebsvereinbarung – **719** beispielsweise durch Zeitablauf, Aufhebungsvertrag oder Kündigung (§ 77 V BetrVG) – endet. Nur Betriebsvereinbarungen über Angelegenheiten, in denen ein Spruch der Einigungsstelle die Einigung zwischen Arbeitgeber und Betriebsrat ersetzen kann (erzwingbare Mitbestimmung), gelten nach § 77 VI BetrVG weiter, bis sie durch eine andere Abmachung ersetzt werden.

Beispiel: Die Rheinischen Metallwerke AG (Metallwerke) kündigten zum 30. 9. 2008 eine Betriebsvereinbarung über die Zahlung eines freiwilligen Weihnachtsgeldes. Verhandlungen mit dem Betriebsrat über eine Neuregelung blieben erfolglos. Die Arbeitnehmer der Metallwerke verlangten im Dezember 2008 die Zahlung des Weihnachtsgeldes aus der Betriebsvereinbarung. – Trotz der wirksamen Kündigung hätten die Arbeitnehmer einen Anspruch aus der Betriebsvereinbarung, wenn die Betriebsvereinbarung nachwirken würde. Nach § 77 VI BetrVG wirkt nur eine erzwingbare, nicht dagegen eine freiwillige Betriebsvereinbarung kraft Gesetzes nach.[108] Die Betriebsvereinbarung über die Zahlung eines Weihnachtsgeldes war teilweise – nämlich hinsichtlich des „Ob" der Gewährung von Weihnachtsgeld – freiwillig. Teilweise, nämlich hinsichtlich des „Wie" der Sozialleistung, war sie nach § 87 I Nr. 10 BetrVG erzwingbar. Es handelt sich um eine sog. **teilmitbestimmte Betriebsvereinbarung.** Bei einer solchen Betriebsvereinbarung ist zu unterscheiden: Will der Arbeitgeber die (freiwillige) Leistung völlig zum Erlöschen bringen, ist über das „Wie"

---

[105] Umfassend *Konzen/Jacobs,* Dieterich-FS (1999), S. 297.

[106] *BAG* vom 25. 10. 1988 – 3 AZR 483/86, BAGE 60, 78 (82) = AP Nr. 1 zu § 1 BetrAVG Betriebsvereinbarung = NZA 1989, 522; *BAG* vom 13. 5. 1997 – 1 AZR 75/97, AP Nr. 65 zu § 77 BetrVG 1972 = NZA 1998, 160.

[107] *BAG* vom 13. 3. 2007 – 1 AZR 262/06, AP Nr. 32 zu § 77 BetrVG 1972 Betriebsvereinbarung = NZA 2008, 190 (Rn. 11).

[108] Streitig ist, ob die Betriebsparteien für eine freiwillige Betriebsvereinbarung die Nachwirkung vereinbaren können. Bejahend *BAG* vom 28. 4. 1998 – 1 ABR 43/97, BAGE 88, 298 (305) = AP Nr. 11 zu § 77 BetrVG 1972 = NZA 1998, 1348.

der Leistungsgewährung nichts mehr zu bestimmen. Die Nachwirkung entfällt.[109] Soll die Kündigung der Betriebsvereinbarung dagegen das Volumen der Geldleistung verringern und den Verteilungsplan ändern, wirkt die Betriebsvereinbarung nach: Über das „Wie" kann durch kollektive Regelung entschieden werden.[110] Da im vorliegenden Fall das Weihnachtsgeld ganz wegfallen soll, findet keine Nachwirkung statt. Ein Anspruch besteht nicht.

b) Regelungsabrede (Betriebsabsprache)

720   (1) **Keine normative Wirkung:** In zahlreichen Fällen schließen die Betriebsparteien keine förmliche Betriebsvereinbarung, sondern einigen sich im Wege einer – im Gesetz nicht vorgesehenen – Regelungsabrede (oder Betriebsabsprache), die schriftlich, durch mündliche Vereinbarung oder durch schlüssiges Verhalten zustande kommen kann. Der wesentliche Unterschied zur Betriebsvereinbarung liegt darin, dass die Regelungsabrede keine normative Wirkung im Arbeitsverhältnis entfaltet, da § 77 IV BetrVG für sie nicht gilt. Sie erzeugt nur Rechte und Pflichten zwischen dem Arbeitgeber und dem Betriebsrat. Gegenüber dem einzelnen Arbeitnehmer bedarf sie daher der individuellen Umsetzung.[111]

721   (2) **Anwendungsbereich:** Unproblematisch ist eine Regelungsabrede über die Organisation der Betriebsverfassung (z.B. über den Internet-Zugang des Betriebsrats), da diese Vereinbarung ohnehin nur Wirkungen zwischen Arbeitgeber und Betriebsrat erzeugen soll. Umgekehrt kommt eine Regelungsabrede nicht in Betracht, wenn sich aus dem Gesetz ergibt, dass mit der Einigung der Betriebsparteien nur die Betriebsvereinbarung gemeint ist (wie z.B. beim Sozialplan, § 112 I 2 BetrVG). In allen anderen Fällen ist eine Regelungsabrede anstelle einer Betriebsvereinbarung zwar zulässig. Sie genügt auch, um das Mitbestimmungsrecht des Betriebsrats auszuüben.[112] Sie geht aber ins Leere, wenn eine normative Gestaltung erfolgen soll; auch kann eine Regelungsabrede wegen fehlender normativer Wirkung eine Betriebsvereinbarung nicht ablösen.[113]

Beispiel: Auf Wunsch eines Teils der Belegschaft will der Arbeitgeber an einem Tag wegen eines um 17.00 Uhr beginnenden Fußballspiels die Arbeitszeit vorverlegen. Arbeitnehmerin A ist damit nicht einverstanden. – Nach § 87 I Nr. 2 BetrVG unterliegt die Maßnahme der Mitbestimmung des Betriebsrats. Eine mündliche Verständigung von Arbeitgeber und Betriebsrat im Wege der Regelungsabrede ist von § 87 BetrVG gedeckt und hebt die betriebsverfassungsrechtliche Beschränkung der Arbeitgeberrechte auf, begründet aber keine Rechte im Verhältnis zu den Arbeitnehmern. Die Regelungsabrede hilft dem Arbeitgeber daher nur, wenn er gegenüber der Arbeitnehmerin A die veränderte Lage der Arbeitszeit im Wege des Weisungsrechts durchsetzen kann. Sind Arbeitsbeginn und Arbeitsende dagegen arbeitsvertraglich festgelegt, bedarf es grundsätzlich einer Betriebsvereinbarung, um unmittelbar und zwingend auf das Arbeitsverhältnis der A einzuwirken (mit einem Änderungs-

---

[109] *BAG* vom 5. 10. 2010 – 1 ABR 20/09, BAGE 135, 382 = AP Nr. 53 zu § 77 BetrVG 1972 Betriebsvereinbarung = NZA 2011, 598 (Rn. 24).

[110] *BAG* vom 18. 11. 2003 – 1 AZR 604/02, BAGE 108, 299 (305) = AP Nr. 15 zu § 77 BetrVG 1972 Nachwirkung = NZA 2004, 803.

[111] Umstritten ist, ob eine Regelungsabrede als Vertrag zugunsten Dritter abgeschlossen werden kann. Wegen der Umgehung von § 77 III BetrVG verneinend: *Hromadka/Maschmann* II, § 16 Rn. 415 m.w.N.; bejahend GK-BetrVG/*Kreutz*, § 77 Rn. 13.

[112] *BAG* vom 9. 7. 1985 – 3 AZR 546/82, AP Nr. 6 zu § 1 BetrAVG Ablösung = NZA 1986, 517 = SAE 1987, 195 m.Anm. *Windbichler*; GK-BetrVG/*Kreutz*, § 77 Rn. 19.

[113] Richardi/*Richardi*, BetrVG, § 77 Rn. 229; *von Hoyningen-Huene*, § 11 Rn. 25.

vertrag hat sich die Arbeitnehmerin nicht einverstanden erklärt, eine Änderungskündigung kommt aus praktischen und rechtlichen Gründen nicht in Betracht).

Praxis: Eine Regelungsabrede wird häufig verwendet, wenn wegen des Tarifvorbehalts des **722** § 77 III BetrVG (Rn. 725–729) eine Betriebsvereinbarung unzulässig wäre. So können die Betriebsparteien durch eine Regelungsabrede gemeinsam den Arbeitnehmern empfehlen, zur Sicherung der Arbeitsplätze Änderungsverträge zu schließen, wonach statt der tariflich vorgesehenen 35 Stunden ohne Lohnausgleich 38 Stunden zu arbeiten sind. Folgen für das Arbeitsverhältnis hat diese Regelungsabrede aber nur, wenn keine Tarifgebundenheit vorliegt (sonst steht § 4 I, III TVG der Mehrarbeit ohne Lohnausgleich entgegen) und der Arbeitnehmer mit dem Arbeitgeber einen entsprechenden Änderungsvertrag schließt. Ferner kann die Gewerkschaft nach dem sog. „Burda"-Beschluss des BAG einen Unterlassungsanspruch aus § 1004 I 2, 823 I BGB i. V. m. Art. 9 III GG haben, wenn die Regelung das Ziel verfolgt, normativ geltende Tarifbestimmungen zu verdrängen[114] (Rn. 587).

5. Inhalt der Betriebsvereinbarung

Nach der Rechtsprechung besitzen die Betriebsparteien eine **umfassende 723 Kompetenz,** auch außerhalb der Mitbestimmungstatbestände des BetrVG durch freiwillige Betriebsvereinbarungen Regelungen zu treffen, welche die Arbeitnehmer nicht nur begünstigen, sondern auch belasten können[115] (z.B. Ausschlussfristen für Ansprüche). Allerdings ist die Zuständigkeit der Betriebsparteien **in funktioneller Hinsicht** beschränkt auf die Regelung von Arbeitsbedingungen; sie erstreckt sich nicht auf den außerbetrieblichen, privaten Lebensbereich der Arbeitnehmer.

Beispiel: Unwirksam sind Betriebsvereinbarungen, die auf die Freizeitgestaltung der Arbeitnehmer einwirken, die eine bestimmte Verwendung des Arbeitslohns vorschreiben oder auch die Arbeitnehmer an den Kantinenkosten beteiligen, die kein Kantinenessen einnehmen wollen[116] (s. zur Parallelproblematik bei Tarifverträgen Rn. 510).

Weitere Schranken der Vereinbarungsbefugnis ergeben sich aus der gerichtlichen Rechtskontrolle (dazu a) und aus der Tarifautonomie (dazu b); im Verhältnis zum Einzelarbeitsvertrag (dazu c) gilt das Günstigkeitsprinzip.

a) Gerichtliche Rechtskontrolle

Im arbeitsgerichtlichen Beschlussverfahren (§ 2 a I Nr. 1 ArbGG) kann über- **724** prüft werden, ob eine Betriebsvereinbarung rechtmäßig – und damit wirksam – ist, insbesondere ob sie mit höherrangigem Recht im Einklang steht. Das BAG bezeichnet diese Prüfung – in Anlehnung an den Wortlaut des § 75 I 1 BetrVG (Rn. 57) – als Kontrolle nach „Recht und Billigkeit".[117] Recht und Billigkeit

---

[114] *BAG* vom 20. 4. 1999 – 1 ABR 72/98, BAGE 91, 220 (224 ff.) = AP Nr. 89 zu Art. 9 GG = NJW 1999, 3281 = NZA 1999, 887 – „Burda"-Beschluss.

[115] *BAG* vom 12. 12. 2006 – 1 AZR 96/06, BAGE 120, 308 = AP Nr. 94 zu § 77 BetrVG = NZA 2007, 453 (Rn. 12, 13).

[116] *BAG* vom 11. 7. 2000 – 1 AZR 551/99, BAGE 95, 221 (228) = AP Nr. 16 zu § 87 BetrVG 1972 m. Anm. *von Hoyningen-Huene* = NZA 2001, 462 = SAE 2001, 157 m. Anm. *Giesen* = EWiR 2001, 297 *(Otto)*.

[117] *BAG* vom 30. 1. 1970 – 3 AZR 44/68, BAGE 22, 252 (268) = AP Nr. 141 zu § 242 BGB Ruhegehalt = NJW 1970, 1620; *BAG* vom 12. 11. 2002 – 1 AZR 58/02, BAGE 103, 321 (327) = AP Nr. 159 zu § 112 BetrVG 1972 = NZA 2003, 1287.

sind zwei unterschiedliche Dinge: Eine Kontrolle nach den Maßstäben des Rechts (**Rechtskontrolle**) geht weniger weit als die Kontrolle einer Regelung auf ihre Angemessenheit (**Billigkeitskontrolle**). Die Zulässigkeit einer Billigkeitskontrolle von Betriebsvereinbarungen ist umstritten:

(1) Die **ganz h.M.** in der Literatur lehnt eine Billigkeitskontrolle seit jeher ab.[118] Nach dem Inkrafttreten des § 310 IV 1 BGB im Jahr 2002 (keine Inhaltskontrolle nach §§ 305 ff. BGB bei Betriebsvereinbarungen) mehren sich die Stimmen, dass bereits diese Vorschrift einer Billigkeitskontrolle von Betriebsvereinbarungen entgegenstehe.[119]

(2) Das **BAG** verweist demgegenüber auf die Formulierung („Recht und Billigkeit") des § 75 I 1 BetrVG, den man im Verhältnis zu § 310 IV 1 BGB als Spezialnorm ansehen kann. Der Meinungsstreit hat für die Praxis geringe Bedeutung, da das BAG unter dem Etikett „Recht und Billigkeit" i.d.R. eine Rechts- und keine Billigkeitskontrolle vornimmt (Rn. 790).

Durchblick: Die gerichtliche **Rechtskontrolle** von Betriebsvereinbarungen – gleichgültig, ob sie auf einer Vereinbarung der Betriebsparteien oder auf einem Spruch der Einigungsstelle beruhen – ist nicht zu verwechseln mit der gerichtlichen **Ermessenskontrolle** von Entscheidungen der Einigungsstelle, die (auf Antrag innerhalb einer Zweiwochenfrist) nach § 76 V 4 BetrVG erfolgt (Rn. 845).

Ebenso wie interne und externe Schranken der Tarifautonomie unterschieden werden (Rn. 510–515), lassen sich auch interne und externe Grenzen der betrieblichen Vereinbarungsbefugnis unterscheiden: Während die **internen Schranken** (Binnenschranken) der Tarifautonomie aus der Bezugnahme des Art. 9 III GG auf die Wahrung und Förderung der Arbeits- und Wirtschaftsbedingungen folgen (Rn. 510), ergeben sich die Binnengrenzen der betrieblichen Regelungsbefugnis aus der funktionellen Zuständigkeit des Betriebsrats (Rn. 723). Da es keine der Tarifautonomie entsprechende, grundgesetzlich geschützte „Betriebs(parteien)autonomie" gibt, sind die Binnengrenzen in der Betriebsverfassung wesentlich enger; so prüft das BAG Betriebsvereinbarungen z.B. auch auf ihre Verhältnismäßigkeit.[120] Die **externen Schranken** (Außenschranken) bilden sowohl für die Tarifparteien als auch für die Betriebsparteien das jeweils höherrangige Recht, wobei die Betriebsparteien vor allem die Regelungssperre des § 77 III 1 BetrVG zu beachten haben.[121]

b) Verhältnis zur Tarifautonomie

725 Ein Kernproblem des kollektiven Arbeitsrechts ist das Verhältnis der Betriebsparteien zu den Tarifparteien (Rn. 642–644). Die Funktionsfähigkeit der Tarifautonomie verlangt nach Ansicht des Gesetzgebers, die Zuständigkeiten von Gewerkschaft und Betriebsrat klar zu trennen und die Rivalität der beiden

---

[118] Umfangreiche Nachweise bei GK-BetrVG/*Kreutz*, § 77 Rn. 300.

[119] ErfK/*Preis*, §§ 305–310 BGB Rn. 9; *Hromadka/Maschmann* II, § 16 Rn. 400; a.A. *Gamillscheg* II, § 47, 8a (6).

[120] BAG vom 12. 12. 2006 – 1 AZR 96/06, BAGE 120, 308 = AP Nr. 94 zu § 77 BetrVG = NZA 2007, 453 (Rn. 25, 26).

[121] Zu den Innen- und Außenschranken der betrieblichen Regelungsbefugnis s. GK-BetrVG/*Kreutz*, § 77 Rn. 74 ff., 290 ff.; Richardi/*Richardi*, BetrVG, § 77 Rn. 64–114, 244–276.

zugunsten der Gewerkschaft aufzulösen. Im Verhältnis zwischen Tarifvertrag und Betriebsvereinbarung gilt daher nicht das Günstigkeitsprinzip. Vielmehr enthält § 77 III 1 BetrVG eine **Regelungssperre** zum Schutz der Tarifautonomie, die als **Tarifvorbehalt** bezeichnet wird:[122] Arbeitsentgelte und sonstige Arbeitsbedingungen, die durch Tarifvertrag geregelt sind oder üblicherweise geregelt werden, können nicht Gegenstand einer Betriebsvereinbarung sein.

Beispiel: Durch Betriebsvereinbarung kann eine künftige Tariflohnerhöhung nicht vorweggenommen werden (also z. B. schon ab 1. 6. statt ab 1. 9. vereinbart werden).

(1) **Gegenstand des Tarifvorbehalts** ist nicht nur das **Arbeitsentgelt**, d. h. alle vermögenswerten Arbeitgeberleistungen[123] (vgl. § 87 I Nrn. 4, 10 BetrVG), sondern der Tarifvorbehalt umfasst auch alle **sonstigen Arbeitsbedingungen,** gleichgültig, ob sie einem Mitbestimmungsrecht des Betriebsrats unterliegen oder nicht.[124]

(2) „**Durch Tarifvertrag geregelt**" (§ 77 III 1 BetrVG) bedeutet nicht, dass der **726** Arbeitgeber – z. B. nach § 3 I TVG – an den Tarifvertrag gebunden sein muss. Es kommt für das Tatbestandsmerkmal der **tariflichen Regelung** nur darauf an, ob der Betrieb in den Geltungsbereich des fraglichen Tarifvertrags fällt.[125] Mit der Ergänzung „oder üblicherweise geregelt werden" in § 77 III 1 BetrVG wollte der Gesetzgeber ausdrücken, dass eine vorübergehende tariflose Zeit die Regelungssperre des § 77 III 1 BetrVG nicht außer Kraft setzt. Die **Tarifüblichkeit** ist im zeitlichen Sinne zu verstehen.[126]

(3) **Ausnahmen vom Tarifvorbehalt** bestehen, wenn und soweit Tarifverträge Öffnungsklauseln vorsehen (§ 77 III 2 BetrVG). Lässt ein Tarifvertrag den Abschluss ergänzender Betriebsvereinbarungen ausdrücklich zu, kommt es zu einem Zusammenspiel von Tarifvertrag und Betriebsvereinbarung.

Beispiel: Die Tarifparteien räumen den Betriebsräten die Kompetenz ein, innerhalb eines „Korridors" von 35 bis 38 Wochenstunden durch Betriebsvereinbarung die betriebliche Arbeitszeit festzulegen.[127]

(4) **Verhältnis zu § 87 I BetrVG:** Umstritten ist das Verhältnis des § 77 III BetrVG zum **Tarifvorrang des § 87 I BetrVG,** wo es im Eingangssatz heißt: „… soweit eine … tarifliche Regelung nicht besteht". Dieser Streit ist von großer praktischer Bedeutung, weil der Tarifvorrang des § 87 I BetrVG einer Betriebsvereinbarung nur entgegensteht, wenn der Tarifvertrag im konkreten Betrieb normativ gilt, während es nach § 77 III BetrVG auf die Tarifgebundenheit des Arbeitgebers nicht ankommt und die Tarifüblichkeit der Regelung ausreicht, auch wenn aktuell kein Tarifvertrag in Kraft ist. Dazu der

---

[122] Richardi/*Richardi,* BetrVG, § 77 Rn. 240; *von Hoyningen-Huene,* § 12 Rn. 10.

[123] Richardi/*Richardi,* BetrVG, § 77 Rn. 253; W/P/K/*Bender,* § 87 BetrVG Rn. 202.

[124] *BAG* vom 9. 4. 1991 – 1 AZR 406/90, BAGE 67, 377 (383) = AP Nr. 1 zu § 77 BetrVG 1972 Tarifvorbehalt = NZA 1991, 734; enger Richardi/*Richardi,* BetrVG, § 77 Rn. 256.

[125] *BAG* vom 5. 3. 1997 – 4 AZR 532/95, AP Nr. 10 zu § 77 BetrVG 1972 Tarifvorbehalt = NZA 1997, 951 (954) = SAE 1998, 66 m. Anm. *Kort.*

[126] GK-BetrVG/*Kreutz,* § 77 Rn. 114; *Zöllner/Loritz/Hergenröder,* § 48 II 6.

[127] *BAG* vom 18. 8. 1987 – 1 ABR 30/86, BAGE 56, 18 (26) = AP Nr. 23 zu § 77 BetrVG 1972 m. Anm. *von Hoyningen-Huene* = NZA 1987, 779.

727 Übungsfall 25 (Auflösungsantrag): Die Horch Automobile AG (H) mit Sitz in Hannover ist Mitglied des Metallarbeitgeberverbandes Niedersachsen. Der Arbeitgeberverband hatte vor drei Jahren mit der IG Metall einen Tarifvertrag über die Arbeitszeit geschlossen, der ein Verbot der Samstagsarbeit enthielt. Dieser Tarifvertrag wurde zum 31. 12. des letzten Kalenderjahrs vom Metallarbeitgeberverband fristgerecht und wirksam gekündigt. Am 6. 1. des laufenden Kalenderjahrs schloss der Vorstand der H mit dem bei H bestehenden Betriebsrat eine Betriebsvereinbarung, die unter bestimmten Voraussetzungen die Samstagsarbeit vorsieht. Die IG Metall meint, durch den Abschluss dieser Vereinbarung habe der Betriebsrat in grober Weise gegen seine gesetzlichen Pflichten verstoßen. Sie hat beim ArbG Hannover beantragt, den Betriebsrat aufzulösen.[128]

728 Lösung: Der Auflösungsantrag wird Erfolg haben, wenn er zulässig und begründet ist.

(A) Zulässigkeit: Der Antrag ist im **Beschlussverfahren** zulässig: Das ArbG Hannover ist sachlich (§ 2 a I Nr. 1 ArbGG) und örtlich (§ 82 I 1 ArbGG) zuständig. Die Antragsbefugnis der Gewerkschaft ergibt sich aus § 23 I BetrVG; der Antrag ist gegen den Betriebsrat zu richten (§ 10 ArbGG). Der Arbeitgeber wird nach § 83 III ArbGG am Verfahren beteiligt.

(B) Begründetheit: Der Antrag ist nach § 23 I BetrVG begründet, wenn der Betriebsrat seine gesetzlichen Pflichten verletzt hat und diese Pflichtverletzung als grob einzustufen ist. Der Betriebsrat könnte seine **gesetzlichen Pflichten** aus § 77 III BetrVG und/oder § 87 I Eingangssatz BetrVG verletzt haben: Soweit die Tarifparteien von der Tarifautonomie Gebrauch gemacht haben, nimmt der Tarifvorbehalt des § 77 III 1 BetrVG den Betriebsparteien die Normsetzungsbefugnis.[129] In Konkurrenz dazu steht der Eingangssatz des § 87 I BetrVG, der einen Tarifvorrang vorsieht, „soweit eine tarifliche Regelung besteht".

(I) **Verstoß gegen § 77 III 1 BetrVG:** Die Betriebsvereinbarung könnte gegen den **Tarifvorbehalt des § 77 III 1 BetrVG** verstoßen, da ihre Regelung über die Samstagsarbeit dem Tarifvertrag zuwiderläuft. Dann müssten die Voraussetzungen des § 77 III 1 BetrVG vorliegen (dazu 1) und die Vorschrift dürfte nicht durch eine andere Norm verdrängt sein (dazu 2).

(1) **Voraussetzungen des § 77 III 1 BetrVG:** Die Vorschrift des § 77 III 1 BetrVG setzt nicht voraus, dass der Arbeitgeber tarifgebunden ist.[130] Vielmehr genügt es, dass der Sachverhalt in den räumlichen, fachlichen und persönlichen Geltungsbereich des Tarifvertrags fällt und der Tarifvertrag unmittelbar und zwingend gelten würde, wenn der Arbeitgeber tarifgebunden wäre.

(a) Die Arbeitsverhältnisse im Betrieb der H unterfallen dem räumlichen, fachlichen und persönlichen **Geltungsbereich des Tarifvertrags**; der Arbeitgeber ist Mitglied im tarifschließenden Arbeitgeberverband, sodass sogar Tarifgebundenheit vorläge.

(b) Die Anwendung des § 77 III 1 BetrVG könnte allerdings entfallen, weil der Tarifvertrag auf Grund der Kündigung seit dem 1. 1. des laufenden Kalenderjahrs nur noch gemäß § 4 V TVG nachwirkt. Nach dem Wortlaut des § 77 III 1 BetrVG reicht es aber aus, dass die fraglichen Arbeitsbedingungen durch Tarifvertrag „**üblicherweise geregelt werden**". Da der Kündigung des Tarifvertrags durch den Arbeitgeberverband nicht entnommen werden kann, dass die Tarifparteien die Frage der Samstagsarbeit künftig ungeregelt lassen wollen, ist das Erfordernis der tarifüblichen Regelung erfüllt. Die Voraussetzungen des § 77 III 1 BetrVG liegen vor.

729 (2) **Verdrängung durch § 87 I BetrVG:** Die Vorschrift des § 77 III 1 BetrVG könnte dadurch verdrängt sein, dass ein zwingendes Mitbestimmungsrecht des Betriebsrats nach § 87 I BetrVG besteht. Die Regelung der Samstagsarbeit in der Betriebsvereinbarung vom 6. 1. ist ein Gegenstand der zwingenden Mitbestimmung nach § 87 I Nr. 2 BetrVG („Vertei-

---

[128] Fall frei nach *BAG* vom 22. 6. 1993 – 1 ABR 62/92, BAGE 73, 291 = AP Nr. 22 zu § 23 BetrVG 1972 = NZA 1994, 184 = SAE 1994, 136 m. Anm. *Schwarze.*

[129] *BAG* vom 27. 1. 1987 – 1 ABR 66/85, BAGE 54, 147 (164) = AP Nr. 42 zu § 99 BetrVG 1972 = NZA 1987, 489; GK-BetrVG/*Kreutz*, § 77 Rn. 122.

[130] *BAG* vom 5. 3. 1997 – 4 AZR 532/95, AP Nr. 10 zu § 77 BetrVG 1972 Tarifvorbehalt (unter II 2 a der Gründe) = NZA 1997, 951.

lung der Arbeitszeit auf die einzelnen Wochentage"), sodass auch ein Anwendungsfall des Tarifvorrangs nach § 87 I Eingangssatz BetrVG gegeben ist.

(a) Das Verhältnis des § 77 III 1 BetrVG zu § 87 I BetrVG wird nicht einheitlich beurteilt. Nach der sog. **Zweischrankentheorie** gilt auch im Rahmen des § 87 I BetrVG der Tarifvorbehalt des § 77 III 1 BetrVG, da ansonsten der Schutzzweck des § 77 III BetrVG – effektiver Schutz der Tarifautonomie – unterlaufen würde; auch folge aus den unterschiedlichen Voraussetzungen der beiden Vorschriften, dass die Normen nebeneinander zur Anwendung kommen müssten.[131]

(b) Nach der sog. **Vorrangtheorie**, die von der Rechtsprechung und einem Teil der Lehre vertreten wird, geht der Eingangssatz des § 87 I BetrVG („soweit eine ... tarifliche Regelung nicht besteht") als speziellere Regelung dem § 77 III BetrVG vor.[132] Diese Lehre wird damit begründet, dass der Schutz der Arbeitnehmer nur durch einen Tarifvertrag gewährleistet wird, der für den Arbeitgeber verbindlich ist; fehlt es daran, besteht kein Grund, das Mitbestimmungsrecht des Betriebsrats einzuschränken. Folgt man der Rechtsprechung und der herrschenden Lehre, ist die Betriebsvereinbarung vom 6. 1. lediglich am Tarifvorrang des § 87 I Eingangssatz BetrVG zu messen.

(II) Verstoß gegen § 87 I BetrVG: Der **Tarifvorrang des § 87 I BetrVG** steht der Betriebsvereinbarung vom 6. 1. nicht entgegen, da der Tarifvertrag nach der Kündigung zum 31. 12. des Vorjahrs ab dem 1. 1. nicht mehr zwingend gilt, sondern nur gemäß § 4 V TVG nachwirkt; ein bloß nachwirkender Tarifvertrag kann keine Sperrwirkung nach § 87 I BetrVG Eingangssatz auslösen.[133] Da schon keine Verletzung der gesetzlichen Pflichten des Betriebsrats gegeben ist, braucht nicht mehr geprüft zu werden, ob eine **grobe Pflichtverletzung** im Sinne des § 23 I BetrVG vorliegt. Der Antrag der IG Metall ist als unbegründet abzuweisen.

c) Verhältnis zum Arbeitsvertrag

(1) Für das Verhältnis der Betriebsvereinbarung zum Arbeitsvertrag sind zunächst die Vorschriften des **§ 77 IV 2–4 BetrVG** relevant, die bei Ansprüchen aus einer Betriebsvereinbarung einen Verzicht von der Zustimmung des Betriebsrats abhängig machen, eine Verwirkung ausschließen und arbeitsvertragliche Ausschlussfristen verbieten (ebenso im Tarifvertragsrecht § 4 IV 1–3 TVG, Rn. 532, 533). Im übrigen gilt im Verhältnis der Betriebsvereinbarung zur Einzelvereinbarung die Kollisionsregel des **Günstigkeitsprinzips** (s. bereits Rn. 86):[134] Günstigere vertragliche Abreden zwischen Arbeitgeber und Arbeitnehmer bleiben von der Betriebsvereinbarung unberührt, gleichgültig, ob die Betriebsvereinbarung der arbeitsvertraglichen Regelung nachfolgt oder umgekehrt.[135]

(2) Dieses einfache Prinzip wird dadurch verwässert, dass sich bei Arbeitgeberleistungen, die auf einer arbeitsvertraglichen Einheitsregelung, einer Gesamtzusage oder einer betrieblichen Übung beruhen (Rn. 77–84), eine gewisse Nähe zur Betriebsvereinbarung nicht leugnen lässt: Auch wenn solche **Einheitsarbeitsbedingungen** in der Hierarchie der Rechtsquellen (Rn. 70) auf der Ebene

730

731

---

[131] GK-BetrVG/*Kreutz*, § 77 Rn. 139; Richardi/*Richardi*, BetrVG, § 77 Rn. 249.

[132] *BAG (GS)* vom 3. 12. 1991 – GS 2/90, BAGE 69, 134 (150) = AP Nr. 51 zu § 87 BetrVG 1972 Lohngestaltung = NZA 1992, 749; *von Hoyningen-Huene*, § 11 Rn. 50.

[133] *BAG* vom 24. 2. 1987 – 1 ABR 18/85, BAGE 54, 191 (203) = AP Nr. 21 zu § 77 BetrVG 1972 m. Anm. *Richardi* = NZA 1987, 639 = SAE 1989, 1 m. Anm. *Wiese*.

[134] *BAG* vom 27. 1. 2004 – 1 AZR 148/03, BAGE 109, 244 (249) = AP Nr. 166 zu § 112 BetrVG 1972 = NZA 2004, 667.

[135] *BAG* vom 18. 8. 1987 – 1 ABR 30/86, BAGE 56, 18 (26) = AP Nr. 23 zu § 77 BetrVG 1972 = NZA 1987, 779 = JuS 1988, 319.

des Arbeitsvertrags stehen, betreffen sie in der Regel – wie die Betriebsvereinbarung – eine Vielzahl von Arbeitnehmern.[136] Leistungen, die der Arbeitgeber durch Arbeitsvertrag einer größeren Zahl von Arbeitnehmern versprochen hat – z.B. eine Betriebsrente oder eine Sonderzuwendung –, kann der Arbeitgeber, wenn ein Widerrufsvorbehalt fehlt, nur schwer zurücknehmen; die Voraussetzungen für eine (Massen-)Änderungskündigung sind selten erfüllt (Rn. 423). Für den Arbeitgeber wäre es daher von Vorteil, wenn er Leistungen, die er auf arbeitsvertraglicher Ebene einer Mehrzahl von Arbeitnehmern versprochen hat, durch Vereinbarung mit dem Betriebsrat wieder zurücknehmen („ablösen") könnte. Die Rechtsprechung dazu hat sich im Laufe des letzten Jahrhunderts geändert:

732 (a) Früher verwandte das BAG, wenn die Regelung „kollektiven Bezug" hatte, bei Kollisionen von Arbeitsvertrag und Betriebsvereinbarung die Kollisionsregel des Ablösungsprinzips („Ordnungsprinzip", Rn. 87): Habe eine arbeitsvertraglich versprochene Arbeitgeberleistung kollektiven Bezug, sei eine verschlechternde Betriebsvereinbarung – beschönigend **ablösende Betriebsvereinbarung** genannt – zulässig. Denn es spiele keine Rolle, „ob die generelle Ordnung, die von der Betriebsvereinbarung abgelöst wird, ebenfalls auf einer Betriebsvereinbarung beruht, oder ob es sich um eine vertragliche Einheitsgestaltung der Arbeitsbedingungen durch den Arbeitgeber handelt."[137]

733 (b) Seit 1986 geht das BAG im Verhältnis Arbeitsvertrag – Betriebsvereinbarung auch dann vom Günstigkeitsprinzip aus, wenn die arbeitsvertragliche Regelung kollektiven Bezug („sozialen Bezug") hat. Allerdings hat das Gericht ein „kollektives Günstigkeitsprinzip" ersonnen, das eine sog. **umstrukturierende Betriebsvereinbarung** zulässt: Arbeitsvertraglich begründete Ansprüche der Arbeitnehmer auf Leistungen mit sozialem Bezug, die auf eine vom Arbeitgeber gesetzte Einheitsregelung zurückgehen, können durch eine nachfolgende Betriebsvereinbarung beschränkt werden, wenn die Neuregelung bei kollektiver Betrachtung insgesamt für die Belegschaft nicht ungünstiger ist:[138] „Bestimmen kollektive Voraussetzungen das Bild einer vertraglichen Einheitsregelung, dürfen bei der Anwendung des Günstigkeitsprinzips nicht die individuellen Besitzstände als Maßstab zugrunde gelegt werden. Vielmehr kann es nur auf die Vor- oder Nachteile ankommen, welche die Neuregelung für die Belegschaft insgesamt zur Folge hat."[139]

> **Beispiel:** Ein Arbeitgeber (100 Beschäftigte) zahlt auf Grund von Formulararbeitsverträgen bisher nur den 50 in der Produktion tätigen Arbeitnehmern ein jährliches Urlaubsgeld von je 2.000 Euro (insgesamt also 100.000 Euro). Eine Betriebsvereinbarung sieht vor, dass ab

---

[136] *BAG (GS)* vom 7.11. 1989 – GS 3/85, BAGE 63, 211 (213 ff.) = AP Nr. 46 zu § 77 BetrVG 1972 = NZA 1990, 816 = EzA § 77 BetrVG 1972 Nr. 34 m. Anm. *Otto.*
[137] *BAG* vom 30. 10. 1962 – 3 AZR 405/61, AP Nr. 1 zu § 4 TVG Ordnungsprinzip = AuR 1963, 188 = SAE 1963, 158 m. Anm. *Heissmann.*
[138] *BAG (GS)* vom 19. 6. 1986 – GS 1/82, BAGE 53, 42 (64 ff.) = AP Nr. 17 zu § 77 BetrVG 1972 = NZA 1987, 168; *BAG* vom 23. 10. 2001 – 3 AZR 74/01, BAGE 99, 183 (193) = AP Nr. 33 zu § 1 BetrAVG Ablösung = NZA 2003, 986 (989).
[139] *BAG* vom 17. 6. 2003 – 3 ABR 43/02, BAGE 106, 301 (314) = AP Nr. 44 zu § 1 BetrAVG Ablösung m. Anm. *Moll* = NZA 2004, 1110.

1. 1. 2012 alle 100 Mitarbeiter (also auch Arbeitnehmer in der Verwaltung, im Vertrieb, etc.) einheitlich ein jährliches Urlaubsgeld von je 1.000 Euro erhalten. – Obwohl die Neuregelung für den einzelnen Arbeitnehmer in der Produktion evident ungünstiger ist, hat sie nach der Rechtsprechung zum „kollektiven Günstigkeitsprinzip" Bestand, da sie für die Belegschaft insgesamt nicht ungünstiger ist: Der Arbeitgeber gibt nach wie vor jährlich 100.000 Euro für Urlaubsgeld aus. Das Beispiel zeigt, dass auch die „umstrukturierende Betriebsvereinbarung" der Sache nach eine ablösende Betriebsvereinbarung ist, denn die Rechtsgrundlage für das Urlaubsgeld ist nunmehr die Betriebsvereinbarung und die Arbeitnehmer in der Produktion verlieren im Umfang der Umstrukturierung ihre bisherigen Ansprüche: „Der Unterschied zur klassischen ablösenden Betriebsvereinbarung besteht darin, dass der Arbeitnehmer den Anspruch nicht zugunsten des Arbeitgebers, sondern zugunsten von Kollegen einbüßt."[140] Die Rechtsprechung wird von Teilen der Literatur kritisiert, weil das Günstigkeitsprinzip kein kollektives, sondern ein individuelles Prinzip sei.[141] Sie hat ferner die Konsequenz, dass die „umstrukturierende Betriebsvereinbarung" später durch eine neue Betriebsvereinbarung ersetzt werden kann, für die (im Verhältnis alte Betriebsvereinbarung – neue Betriebsvereinbarung) unstreitig das Ablösungsprinzip gilt (Rn. 87). Der Arbeitgeber könnte also 2012 mit dem Betriebsrat eine Betriebsvereinbarung abschließen, wonach z.B. ab 1. 1. 2013 das Urlaubsgeld für alle auf 500 Euro (Gesamtsumme also 50.000 Euro) reduziert wird.[142]

d) Mängel der Betriebsvereinbarung

Wenn die Schriftform nicht eingehalten ist, der Betriebsrat wegen nichtiger **734** Betriebsratswahl nicht beschließen konnte oder die Betriebsvereinbarung gegen die inhaltlichen Schranken betrieblicher Regelungsmacht verstößt, ist die Betriebsvereinbarung nichtig. Das gilt insbesondere, wenn die Regelungssperre des § 77 III 1 BetrVG verletzt ist.[143] Ist ein Teil einer Betriebsvereinbarung unwirksam, bleiben die übrigen Teile **analog § 139 BGB** wirksam, wenn anzunehmen ist, dass die Betriebsparteien den wirksamen Teil der Betriebsvereinbarung ohne den unwirksamen Teil abgeschlossen hätten.[144]

Umstritten ist, ob **analog § 140 BGB** die Umdeutung einer nichtigen Betriebsvereinbarung in eine arbeitsvertragliche Einheitsregelung oder eine Gesamtzusage (Rn. 77, 78) möglich ist.[145] Relevant wird diese Frage nur, wenn der Arbeitgeber trotz Unwirksamkeit der Betriebsvereinbarung den Arbeitnehmern Leistungen gewährt. Nach der Rechtsprechung kommt die Umdeutung einer nichtigen Betriebsvereinbarung nur ausnahmsweise in Betracht, weil sich der Arbeitgeber von einer arbeitsvertraglichen Regelung wesentlich schwerer lösen kann als von einer Betriebsvereinbarung.[146]

Welche Voraussetzungen ein **Anspruch aus einer Betriebsvereinbarung** hat, **735** zeigt zusammenfassend die **Übersicht 10.5**:

---

[140] *Hromadka/Maschmann* II, § 16 Rn. 389.

[141] GK-BetrVG/*Kreutz*, § 77 Rn. 258; Richardi/*Richardi*, BetrVG, § 77 Rn. 154.

[142] *BAG* vom 17. 3. 1987 – 3 AZR 64/84, BAGE 54, 261 (269) = AP Nr. 9 zu § 1 BetrAVG Ablösung = NJW 1987, 2607 = NZA 1987, 855.

[143] *Hromadka/Maschmann* II, § 16 Rn. 380; *Zöllner/Loritz/Hergenröder*, § 48 II 6 d.

[144] In der Begr. umstritten; Nachweise bei Richardi/*Richardi*, BetrVG, § 77 Rn. 48.

[145] Nachweise bei GK-BetrVG/*Kreutz*, § 77 Rn. 59 f.; Richardi/*Richardi*, BetrVG, § 77 Rn. 295–297.

[146] *BAG* vom 5. 3. 1997 – 4 AZR 532/95, BAGE 85, 208 (220) = AP Nr. 10 zu § 77 BetrVG 1972 Tarifvorbehalt = NZA 1997, 951.

Übersicht 10.5: Anspruch aus einer Betriebsvereinbarung

---

1. **Bestehen einer Betriebsvereinbarung**
   a) Einigung, §§ 77 II 1 BetrVG, 145 ff. BGB
   b) Schriftform, § 77 II 1 BetrVG

2. **Zulässiger Inhalt der Betriebsvereinbarung**
   a) Regelungsbefugnis der Betriebspartner (insbes. §§ 87 ff. BetrVG)
   b) Kein Vorrang des Tarifvertrags (§§ 77 III bzw. 87 I BetrVG)
   c) Kein Verstoß gegen sonstiges höherrangiges Recht
   d) Verhältnis zum Arbeitsvertrag (Günstigkeitsprinzip)

3. **Geltungsbereich der Betriebsvereinbarung**
   a) Räumlicher und persönlicher Geltungsbereich
   b) Zeitlicher Geltungsbereich (§§ 77 VI, 87 II BetrVG)

4. **Voraussetzungen der anspruchsbegründenden Betriebsvereinbarungsnorm**

VI. Beteiligung in sozialen Angelegenheiten

736   Die erzwingbare Mitbestimmung in sozialen Angelegenheiten hat in der Praxis überragende Bedeutung, sodass man auch vom „Kernbereich der Mitbestimmung" spricht.[147] Die Tatbestände des § 87 I BetrVG unterliegen der **gleichberechtigten Entscheidung** von Arbeitgeber und Betriebsrat: Der Arbeitgeber darf eine Maßnahme, die dem § 87 I BetrVG unterfällt, nur durchführen, wenn er sich zuvor mit dem Betriebsrat geeinigt hat oder die Einigung durch einen Spruch der Einigungsstelle ersetzt worden ist (§ 87 II BetrVG). Eine einseitige, die Arbeitnehmer belastende Maßnahme des Arbeitgebers – z.B. eine Anrechnung übertariflicher Zulagen unter Missachtung des Mitbestimmungsrechts nach § 87 I Nr. 10 BetrVG – ist nach herrschender Ansicht gegenüber den Arbeitnehmern unwirksam[148] (**Theorie der notwendigen Mitbestimmung,** auch als „Theorie der Wirksamkeitsvoraussetzung" bezeichnet). Einzelheiten werden beim **Übungsfall 26** besprochen (Rn. 747).

Nach dem Eingangssatz des § 87 I BetrVG hat der Betriebsrat in den Angelegenheiten des § 87 I Nrn. 1–13 BetrVG mitzubestimmen, „soweit eine gesetzliche oder tarifliche Regelung nicht besteht". Die **gesetzlichen Regelungen** umfassen alle zwingenden Rechtsnormen; räumt das zwingende Gesetzesrecht dem Arbeitgeber keinen Regelungsspielraum ein, entfällt auch das Mitbestimmungsrecht des Betriebsrats. Eine **tarifliche Regelung** steht dem Mitbestimmungsrecht des Betriebsrats nur entgegen, wenn sie für den Betrieb gilt. Es genügt die Tarifbindung des Arbeitgebers, unabhängig davon, ob und wieviele Arbeitnehmer ta-

---

[147] *von Hoyningen-Huene,* § 12 Rn. 1 („Herzstück der Mitbestimmung"); Richardi/ *Richardi,* BetrVG, § 87 Rn. 2 („Urzelle der Mitbestimmung").

[148] *BAG* vom 11. 6. 2002 – 1 AZR 390/01, BAGE 101, 288 (295 f.) = AP Nr. 113 zu § 87 BetrVG 1972 Lohngestaltung = NZA 2003, 75; *Gamillscheg* II § 46, 10 a (1); *von Hoyningen-Huene,* § 12 Rn. 30 m. w. N.

rifgebunden sind.[149] Der Tarifvorbehalt in § 87 I BetrVG („soweit eine tarifliche Regelung nicht besteht") ist gegenüber der Regelungssperre des § 77 III BetrVG die speziellere Norm, sodass § 77 III BetrVG dem Mitbestimmungsrecht des Betriebsrats nach § 87 I Nrn. 1–13 BetrVG keine Grenzen setzt (Vorrangtheorie, dazu der **Übungsfall 25**, Rn. 727–729).

1. Arbeitszeit und Urlaub (§ 87 I Nrn. 2, 3 und 5 BetrVG)

Eine erste Gruppe von Mitbestimmungstatbeständen betrifft die Zeit der Arbeitsleistung (§ 87 I Nrn. 2, 3 BetrVG) einschließlich der Urlaubsregelungen (§ 87 I Nr. 5 BetrVG). Der Grundgedanke lautet: Während sich die geschuldete **Dauer der Arbeitszeit** aus einem Tarifvertrag oder dem Arbeitsvertrag ergibt, sollen die Arbeitnehmer ihre Interessen hinsichtlich der **Lage der Arbeitszeit** durch den Betriebsrat zur Geltung bringen (s. zur Mitbestimmung nach § 87 I Nrn. 2, 3 BetrVG auch *Junker*, Fälle zum Arbeitsrecht, Fall 11).

737

a) Lage der Arbeitszeit (§ 87 I Nr. 2 BetrVG)

Das Mitbestimmungsrecht des § 87 I Nr. 2 BetrVG umfasst die Verteilung der Arbeitszeit auf die einzelnen Wochentage sowie den Beginn und das Ende der täglichen Arbeitszeit (einschließlich der Pausen). Da Tarifverträge und Arbeitsverträge die Dauer der Arbeitszeit meistens pro Woche bemessen (z. B. 35 Stunden wöchentlich), entscheidet die **Verteilung der Arbeitszeit** auf die einzelnen Wochentage darüber, ob beispielsweise an vier, fünf oder sechs Tagen der Woche gearbeitet werden muss. Durch **Beginn und Ende** der täglichen Arbeitszeit wird festgelegt, welche Tageszeit dem Berufsleben vorbehalten ist und welche Tageszeit zur Gestaltung des Privatlebens zur Verfügung steht.

738

Beispiele: Der Betriebsrat hat mitzubestimmen über die Einführung oder Abschaffung von gleitender Arbeitszeit (einschließlich der Kernarbeitszeiten und Gleitspannen),[150] die Einführung oder den Abbau von Schichtarbeit (einschließlich der Erstellung der Schichtpläne)[151] oder die Einführung eines Bereitschaftsdienstes[152] (zur Bedeutung des § 87 I Nr. 2 BetrVG für den Teilzeitanspruch nach § 8 TzBfG s. Rn. 119 g).

Das Mitbestimmungsrecht nach § 87 I Nr. 2 BetrVG setzt einen **kollektiven Tatbestand** voraus. Dieses ungeschriebene Erfordernis verlangt aber nicht, dass eine Mehrzahl von Arbeitnehmern betroffen sein muss. Vielmehr genügt es, dass der Mitbestimmungsfall einen betrieblichen Bezug hat (**Beispiel:** Für einen Kundenbetreuer werden der Beginn und das Ende der täglichen Arbeitszeit jeweils um eine Stunde verschoben, weil es die Bedürfnisse seines Kundenkreises nahelegen). Das Mitbestimmungsrecht besteht dagegen nicht, wenn die Arbeitszeit für einen einzelnen Arbeitnehmer individuell mit Rücksicht auf die persönlichen Be-

---

[149] GK-BetrVG/*Wiese*, § 87 Rn. 67 f.; Richardi/*Richardi*, BetrVG, § 87 Rn. 157; s. zu den Konsequenzen *BAG* vom 18. 10. 2011 – 1 ABR 25/10, AP Nr. 141 zu § 87 BetrVG 1972 Lohngestaltung = NZA 2012, 392 (Rn. 22).

[150] *BAG* vom 18. 4. 1989 – 1 ABR 2/88, BAGE 61, 305 (315) = AP Nr. 34 zu § 87 BetrVG 1972 Arbeitszeit = NZA 1989, 807 = SAE 1990, 145 m. Anm. *Herrmann*.

[151] *BAG* vom 1. 7. 2003 – 1 ABR 22/02, BAGE 107, 9 (13) = AP Nr. 103 zu § 87 BetrVG 1972 Arbeitszeit = NZA 2003, 1209 (1211) = SAE 2004, 106 m. Anm. *Joussen*.

[152] *BAG* vom 21. 12. 1982 – 1 AZR 14/81, BAGE 41, 200 (207 f.) = AP Nr. 9 zu § 87 BetrVG 1972 Arbeitszeit = NJW 1983, 1135.

dürfnisse geregelt wird[153] (**Beispiel:** Die Arbeitszeit eines Arbeitnehmers wird von 9–14 Uhr auf 8–13 Uhr verlegt, weil er ein Kind zu betreuen hat).

b) Kurz- und Mehrarbeit (§ 87 I Nr. 3 BetrVG)

739   Die Dauer der Arbeitszeit ist grundsätzlich nicht mitbestimmungspflichtig. Eine Ausnahme von diesem Grundsatz macht § 87 I Nr. 3 BetrVG, wenn die betriebsübliche Arbeitszeit vorübergehend verkürzt oder verlängert werden soll. Dieser Mitbestimmungstatbestand hat vier Merkmale:

(1) Die **betriebsübliche Arbeitszeit** muss nicht für den ganzen Betrieb einheitlich sein; es kann vielmehr für verschiedene Arbeitsplätze oder verschiedene Arbeitnehmer unterschiedliche betriebsübliche Arbeitszeiten geben. Die betriebsübliche Arbeitszeit ist daher identisch mit dem zeitlichen Umfang der Arbeitsleistung, den der Arbeitnehmer regelmäßig schuldet.[154]

(2) „**Vorübergehend**" ist ein Zeitraum, der von vornherein begrenzt und überschaubar ist, ohne dass der Endzeitpunkt bei Beginn der Änderung feststehen muss.[155]

(3) **Kurzarbeit** („Verkürzung der betriebsüblichen Arbeitszeit") heißt für den Arbeitgeber, dass er vorübergehende wirtschaftliche Schwierigkeiten überbrücken und Kosten senken kann, und für die Arbeitnehmer, dass sie zwar Lohneinbußen hinnehmen müssen, aber möglicherweise von betriebsbedingten Kündigungen verschont bleiben.

(4) **Überstunden** („Verlängerung der betriebsüblichen Arbeitszeit") bedeuten für den Arbeitgeber, dass er wirtschaftliche Chancen nutzen und die Produktion an Schwankungen der Nachfrage anpassen kann, und für die Arbeitnehmer, dass sie zwar Einbußen an Freizeit, aber auch zusätzliches Einkommen haben. Das Mitbestimmungsrecht des § 87 I Nr. 3 BetrVG dient dem Ausgleich dieser Interessen.

740   Auch das Mitbestimmungsrecht des § 87 I Nr. 3 BetrVG verlangt einen **kollektiven Tatbestand**. Da jedoch jeder Arbeitnehmer seine spezielle „betriebsübliche Arbeitszeit" haben kann, ist der kollektive Tatbestand bereits erfüllt, wenn die Arbeitszeit aus betrieblichen Gründen verändert werden soll (**Beispiel:** Anordnung von Überstunden für einen Maschinenfahrer, weil seine Maschine außerplanmäßig gewartet werden muss). Das Mitbestimmungsrecht scheidet dagegen aus, wenn es um individuelle Wünsche einzelner Arbeitnehmer ohne betrieblichen Bezug geht[156] (**Beispiel:** Der Arbeitnehmer möchte künftig eine Stunde weniger arbeiten, weil er ein Kind zu betreuen hat. – Soll das auf Dauer geschehen, besteht ohnehin kein Mitbestimmungsrecht nach § 87 I Nr. 3 BetrVG; soll das nur vorübergehend geschehen, fehlt es jedenfalls am kollektiven Tatbestand). Die Geltendmachung eines **Teilzeitanspruchs** i.S.d. § 8 TzBfG (Rn. 119a ff.) betrifft i.d.R. einen individuellen Tatbestand, sodass kein Mitbestimmungsrecht nach § 87 I Nr. 3 BetrVG besteht.

---

[153] GK-BetrVG/*Wiese*, § 87 Rn. 287–289; *von Hoyningen-Huene*, § 12 Rn. 43.
[154] *BAG* vom 24.4.2007 – 1 ABR 47/06, BAGE 122, 127 (130) = AP Nr. 124 zu § 87 BetrVG 1972 Arbeitszeit = NZA 2007, 818 (Arbeitszeit von Teilzeitkräften).
[155] D/K/K/W/*Klebe*, § 87 BetrVG Rn. 111; *von Hoyningen-Huene*, § 12 Rn. 47.
[156] *BAG* vom 19.6.2001 – 1 ABR 43/00, BAGE 98, 60 (69) = AP Nr. 1 zu § 87 BetrVG 1972 Leiharbeitnehmer = NZA 2001, 1263 = SAE 2002, 41 (44) m.Anm. *Kraft.*

Praxis: Arbeitgeber und Betriebsrat vereinbaren nicht selten, dass eine bestimmte Zahl von Überstunden pro Monat oder Überstunden aus bestimmten Gründen vom Betriebsrat pauschal im Voraus genehmigt werden. Der Arbeitgeber kann dann im konkreten Fall ohne erneute Beteiligung des Betriebsrats die Überstunden anordnen. In Notfällen kann der Arbeitgeber auch ohne eine solche Vereinbarung Überstunden festlegen; er muss aber anschließend die Zustimmung des Betriebsrats nachholen.[157]

c) Urlaubsregelungen (§ 87 I Nr. 5 BetrVG)

Das Mitbestimmungsrecht des Betriebsrats nach § 87 I Nr. 5 BetrVG hat der 741
Arbeitgeber zu beachten, wenn (1) allgemeine Urlaubsgrundsätze (Urlaubsrichtlinien) aufgestellt werden, (2) der Urlaubsplan festgelegt oder (3) die zeitliche Lage des Urlaubs für einzelne Arbeitnehmer bestimmt wird, soweit zwischen dem Arbeitgeber und den beteiligten Arbeitnehmern kein Einverständnis zu erzielen ist. Urlaub im Sinne dieser Vorschrift umfasst nicht nur den **Erholungsurlaub,** sondern auch andere Formen der Freistellung von der Arbeit, etwa den Sonderurlaub oder den Bildungsurlaub.[158] Das **Mitbestimmungsrecht** soll dazu beitragen, das betriebliche Interesse, die Urlaubswünsche der Arbeitnehmer und gegenläufige Interessen einzelner Arbeitnehmer auszugleichen.[159] Der dritte Tatbestand des § 87 I Nr. 5 BetrVG ist für § 87 I BetrVG insofern untypisch, als ausdrücklich ein **individueller Tatbestand** der Mitbestimmung des Betriebsrats unterliegt.

Praxis: Wenn weder zwischen dem Arbeitgeber und dem einzelnen Arbeitnehmer noch zwischen dem Arbeitgeber und dem Betriebsrat über einen konkreten Erholungsurlaub Einverständnis erzielt wird, können der Arbeitgeber und/oder der Betriebsrat nach § 87 II BetrVG die Einigungsstelle anrufen. Die Einigungsstelle, bestehend aus einem Vorsitzenden und mindestens zwei Beisitzern (§ 76 II BetrVG), müsste dann beispielsweise darüber entscheiden, „ob Arbeitnehmer Hippendahl vom 2. bis zum 5. November Erholungsurlaub zum Besuch seiner Schwiegermutter in Wuppertal erhält". Solche Verfahren wären nicht sinnvoll und kommen in der Praxis nicht vor, zumal der Arbeitnehmer individualrechtlich gegen den Arbeitgeber vorgehen kann (§ 7 I BUrlG).

2. Arbeitsentgelt (§ 87 I Nrn. 4, 10 und 11 BetrVG)

Die Hauptleistung des Arbeitgebers ist Gegenstand von drei Mitbestim- 742
mungstatbeständen: § 87 I Nr. 4 BetrVG betrifft die Auszahlung, § 87 I Nrn. 10 und 11 BetrVG betreffen die Lohnfindung.

a) Auszahlung (§ 87 I Nr. 4 BetrVG)

Nach § 87 I Nr. 4 BetrVG hat der Betriebsrat über Zeit, Ort und Art der Auszahlung der Arbeitsentgelte mitzubestimmen. **Arbeitsentgelt** i.S. dieser Vorschrift ist jede vom Arbeitgeber zu erbringende Vergütung.[160] Die **Zeit der Auszahlung** meint zum einen die Fälligkeit (vgl. die dispositive Regelung des § 614

---

[157] Allgemein zur Mitbestimmung nach § 87 I BetrVG in Eil- oder Notfällen: *von Hoyningen-Huene* § 12 Rn. 18.
[158] *BAG* vom 28. 5. 2002 – 1 ABR 37/01, AP Nr. 10 zu § 87 BetrVG 1972 Urlaub = NZA 2003, 171 (173).
[159] *BAG* vom 18. 6. 1974 – 1 ABR 25/73, BAGE 26, 193 (197) = AP Nr. 1 zu § 87 BetrVG 1972 Urlaub = NJW 1975, 80.
[160] ErfK/*Kania*, § 87 BetrVG Rn. 39; Richardi/*Richardi*, BetrVG, § 87 Rn. 413.

BGB), zum anderen den Zeitabschnitt (z. B. Woche, Monat), für den das Entgelt zu zahlen ist. Der **Ort der Auszahlung** ist der Erfüllungsort, der abweichend von § 269 BGB geregelt werden kann. Die **Art der Auszahlung** meint sonstige Modalitäten der Entgeltzahlung, beispielsweise die bare oder die bargeldlose Auszahlung.

> **Beispiel:** Nachdem schon viele Jahre das Arbeitsentgelt bargeldlos ausgezahlt worden war, verlangte der Betriebsrat eine Regelung gem. § 87 I Nr. 4 BetrVG über den Ausgleich für den Aufwand, den die bargeldlose Zahlung für den Arbeitnehmer mit sich bringe. Die vom Betriebsrat angerufene Einigungsstelle beschloss: „Alle Arbeitnehmer erhalten zur Abgeltung des Aufwands, der mit der unbaren Zahlung verbunden ist, eine Stunde Freistellung von der Arbeitspflicht je Monat." – Auch die Regelung, ob und in welchem Umfang dem Arbeitnehmer der Aufwand der Kontoführung auszugleichen ist, gehört zu den Modalitäten der Entgeltzahlung i. S. d. § 87 I Nr. 4 BetrVG.[161] Das Mitbestimmungsrecht erstreckt sich aber nur insoweit auf den Aufwand der Kontoführung, als er für den Arbeitnehmer gerade durch die Überweisung des Arbeitsentgelts auf ein Konto entsteht. Die Einigungsstelle überschreitet ihr Ermessen (§ 76 V 3, 4 BetrVG), wenn sie den Arbeitnehmern pauschal eine bezahlte Freistunde monatlich zum Abheben des Gehalts einräumt.[162]

b) Lohngestaltung (§ 87 I Nr. 10 BetrVG)

743 Die Mitbestimmung nach § 87 I Nr. 10 BetrVG umfasst „Fragen der betrieblichen Lohngestaltung". Sie soll „insbesondere" zum Zuge kommen, wenn **Entlohnungsgrundsätze** aufgestellt und **Entlohnungsmethoden** eingeführt, angewendet oder geändert werden. Die Vorschrift soll den Arbeitnehmer vor einer einseitig an den Interessen des Arbeitgebers orientierten Lohngestaltung schützen, das Lohngefüge im Betrieb transparent machen und die innerbetriebliche Lohngerechtigkeit sichern.[163] Aufgrund des Wortlauts („betriebliche Lohngestaltung") und der nur beispielhaften Aufzählung nach „insbesondere" wird § 87 I Nr. 10 BetrVG weit ausgelegt.

(1) **Gegenstand der Mitbestimmung** ist der Lohn; er umfasst – ebenso wie das Entgelt i. S. d. § 87 I Nr. 4 BetrVG – alle geldwerten Leistungen mit Vergütungscharakter (also z. B. auch Anwesenheitsprämien, Arbeitgeberdarlehen, Auslandszulagen, Mietzuschüsse oder vergünstigte Flugscheine), nicht jedoch Leistungen ohne Vergütungscharakter wie Tage- und Übernachtungsgeld, Umzugskostenerstattung oder Aufwandsentschädigung.[164] **Entlohnungsgrundsätze** sind allgemeine Regeln, welche die Vergütung für eine Mehrzahl von Arbeitnehmern **unmittelbar gestalten**. Der Hauptfall sind Verteilungsgrundsätze für übertarifliche Zulagen. Kein Entlohnungsgrundsatz ist die Festlegung der Dauer der wöchentlichen Arbeitszeit.[165] **Entlohnungsmethode** ist die Art, wie die Arbeitsleistung bewertet wird.[166]

---

[161] *BAG* vom 24. 11. 1987 – 1 ABR 25/86, AP Nr. 6 zu § 87 BetrVG 1972 Auszahlung = NZA 1988, 405 (406).

[162] *BAG* vom 10. 8. 1993 – 1 ABR 21/93, AP Nr. 12 zu § 87 BetrVG 1972 Auszahlung = NZA 1994, 326 (328 f.).

[163] *BAG (GS)* vom 3. 12. 1991 – GS 2/90, BAGE 69, 134 (158) = AP Nr. 51 zu § 87 BetrVG 1972 Lohngestaltung = NZA 1992, 749. Kritisch *Reichold*, RdA 1995, 147 (155 f.).

[164] Umfangreiche Nachweise bei GK-BetrVG/*Wiese*, § 87 Rn. 821–896.

[165] *BAG* vom 30. 10. 2001 – 1 ABR 8/01, BAGE 99, 258 (262 f.) = AP Nr. 26 zu § 99 BetrVG 1972 Eingruppierung = NZA 2002, 919.

[166] Zu diesen Begriffen GK-BetrVG/*Wiese*, § 87 Rn. 897–931.

(2) **Schranken der Mitbestimmung** ergeben sich nicht nur aus dem Tarifvorrang **744** des § 87 I BetrVG (dazu der **Übungsfall 25**, Rn. 727–729), sondern auch aus der sog. **Topftheorie:** Ein Mitbestimmungsrecht besteht nicht, soweit es um die Fragen des „Ob" einer Leistung und der Gesamthöhe der zu verteilenden Mittel geht (sog. Dotierungsrahmen oder „Topf"). Will der Arbeitgeber eine übertarifliche Vergütung erhöhen, ohne die Verteilungsgrundsätze zu ändern, bleibt diese Maßnahme mitbestimmungsfrei; ändern sich dagegen die Verteilungsgrundsätze oder entscheidet sich der Arbeitgeber erstmalig, übertarifliche Leistungen zu gewähren, unterliegt die gerechte Verteilung (das „Wie" der Leistungen) der Mitbestimmung des Betriebsrats.[167] Entsprechendes gilt bei der Streichung oder Kürzung übertariflicher Zulagen (dazu der **Übungsfall 24**, Rn. 709–713).

(3) **Kollektiver Tatbestand:** Auch das Mitbestimmungsrecht des § 87 I Nr. 10 **745** BetrVG setzt einen kollektiven Tatbestand voraus. Dazu der

Übungsfall 26 (Staplerfahrer): Manfred Müller (M) ist seit 16 Jahren bei der Seifen AG (S) beschäftigt. Er wurde zunächst als Staplerfahrer eingesetzt. Vor acht Jahren verlor er bei einem Motorradunfall das rechte Bein. Da ein Einsatz als Staplerfahrer nicht mehr möglich war, wurde M mit seinem Einverständnis auf eine Stelle als Pförtner umgesetzt. Er blieb dabei unverändert in die Lohngruppe II des einschlägigen Tarifvertrags eingruppiert, während die Pförtnertätigkeit der niedrigeren Lohngruppe IV entspricht. Zum 1. 3. steigt der tarifliche Stundenlohn in der Lohngruppe II von 12,43 Euro auf 12,86 Euro. S teilt M mit, dass die Tariflohnerhöhung – was nach dem Arbeitsvertrag möglich ist – voll auf die übertariflichen Zulagen des M angerechnet werde, um seinen Lohn nach und nach an die Lohngruppe IV anzugleichen. M meint, die Anrechnung sei ihm gegenüber unbeachtlich, da es an der Beteiligung des Betriebsrats fehle.[168] – **Abwandlung:** Wie ist es, wenn die Anrechnung bei M und den beiden anderen Pförtnern vorgenommen wird, um im Bereich der Pförtnerdienste Kosten zu sparen?

Lösung: M hat recht, wenn der Arbeitgeber das Mitbestimmungsrecht des Betriebsrats **746** missachtet hat und wenn daraus folgt, dass die Anrechnung unwirksam ist.

(I) **Im Ausgangsfall** könnte ein **Mitbestimmungsrecht** nach § 87 I Nr. 10 BetrVG bestehen. Dann müsste die Anrechnung eine Maßnahme der betrieblichen Lohngestaltung sein, und es müsste sich um einen kollektiven Tatbestand handeln.

(1) Wie übertarifliche Zulagen auf die Belegschaft verteilt werden, ist eine Frage der **betrieblichen Lohngestaltung**. Nicht nur die Aufstellung von Verteilungsgrundsätzen für übertarifliche Zulagen, sondern auch die Änderung dieser Grundsätze kann nach § 87 I Nr. 10 BetrVG der Mitbestimmung des Betriebsrats unterliegen.[169] Eine nicht vollständige oder nicht gleichmäßige Anrechnung einer übertariflichen Zulage begründet daher tatbestandlich ein Mitbestimmungsrecht.

(2) Wie sich bereits aus dem Wortlaut des § 87 I Nr. 10 BetrVG („betriebliche" Lohngestaltung) schließen lässt, besteht das Mitbestimmungsrecht nicht bei individueller Lohngestaltung, sondern nur, wenn eine **kollektive Regelung** in Frage steht. Die Abgrenzung bestimmt sich nicht allein quantitativ. Vielmehr ist entscheidend, ob es um die Strukturformen des Entgelts einschließlich ihrer näheren Vollzugsformen geht. Im Ausgangsfall bedingen allein in der Person des M begründete Umstände die von der S vorgenommene Anrechnung. Die

[167] *BAG* vom 8. 6. 2004 – 1 AZR 308/03, BAGE 111, 70 (74) = AP Nr. 124 zu § 87 BetrVG 1972 Lohngestaltung = NZA 2005, 66; *BAG* vom 10. 3. 2009 – 1 AZR 55/08, BAGE 129, 371 = AP Nr. 134 zu § 87 BetrVG 1972 Lohngestaltung = NZA 2009, 684 (Rn. 17 ff.).

[168] Fall nach *BAG* vom 22. 9. 1992 – 1 AZR 461/90, AP Nr. 57 zu § 87 BetrVG 1972 Lohngestaltung m. Anm. *Henssler* = NZA 1993, 569 = SAE 1993, 350 m. Anm. *Oetker.*

[169] *BAG (GS)* vom 3. 12. 1991 – GS 2/90, BAGE 69, 134 (157 f.) = AP Nr. 51 zu § 87 BetrVG 1972 Lohngestaltung = NZA 1992, 749.

Anrechnung ist damit keine Maßnahme der betrieblichen Lohngestaltung, sondern ein ausschließlich einzelfallbezogener Vorgang. Ein Mitbestimmungsrecht besteht nicht.

747   (II) **In der Abwandlung** wird die Anrechnung dagegen auf betriebliche Gründe gestützt, sodass ein kollektiver Tatbestand vorliegt. Folglich kommt es darauf an, welche **Rechtsfolgen** die Nichtbeteiligung des Betriebsrats auf der individualrechtlichen Ebene auslöst. Aus § 87 II BetrVG lässt sich zwar entnehmen, dass der Betriebsrat gleichberechtigt an der Regelung der in § 87 I BetrVG genannten Angelegenheiten beteiligt werden muss. Nicht geregelt ist jedoch, ob und wie sich eine Nichtbeteiligung des Betriebsrats auf die Rechtsbeziehung des Arbeitgebers zum einzelnen Arbeitnehmer auswirkt.

(1) Das BAG und die h. M. folgen der **Theorie der notwendigen Mitbestimmung.** Danach ist die Beteiligung des Betriebsrats eine Wirksamkeitsvoraussetzung für alle mitbestimmungspflichtigen Regelungen und Maßnahmen, die sich zum Nachteil des Arbeitnehmers auswirken.[170] Es wird daher auch von der „Theorie der Wirksamkeitsvoraussetzung" gesprochen.[171]

(a) Begründet wird diese Meinung mit der Notwendigkeit, das Mitbestimmungsrecht mit dem Einzelarbeitsverhältnis zu verklammern: Es müsse verhindert werden, dass der Arbeitgeber dem Einigungszwang mit dem Betriebsrat ausweiche, indem er auf arbeitsvertragliche Gestaltungen zurückgreife. Daher könne grundsätzlich nur die vorherige Zustimmung (Einwilligung) des Betriebsrats dem Mitbestimmungserfordernis genügen. Seine nachträgliche Zustimmung (Genehmigung) könne die Unwirksamkeit der einseitig vom Arbeitgeber getroffenen Maßnahme nur ausnahmsweise heilen, wenn es dem Arbeitgeber nicht möglich oder nicht zumutbar war, vor der zu treffenden Maßnahme eine Entscheidung des Betriebsrats herbeizuführen.[172]

(b) Im vorliegenden Fall ist nicht ersichtlich, dass es der S unmöglich oder unzumutbar war, den Betriebsrat zu beteiligen und seine Einwilligung einzuholen, bevor sie von der Anrechnungsklausel Gebrauch machte. Insbesondere liegt kein Eilfall vor. Nach der Theorie der notwendigen Mitbestimmung ist die Anrechnung der Tariflohnerhöhung auf die übertariflichen Zulagen unwirksam und damit gegenüber M unbeachtlich.

(2) Die **Gegenansicht** hält die Theorie der notwendigen Mitbestimmung für widersprüchlich, weil nach ihr nur die Verschlechterung, nicht aber die Verbesserung der Rechtsstellung des Arbeitnehmers unwirksam sei: Wenn die Mitbestimmung eine Wirksamkeitsvoraussetzung der Maßnahme sei, könne es nicht – wie nach dem Günstigkeitsprinzip – auf die Schlechter- oder Besserstellung der Betroffenen ankommen.[173] Ferner sei die Nichtigkeitsfolge im individuellen Arbeitsverhältnis nicht zwingend erforderlich, um eine fehlende Beteiligung des Betriebsrats zu sanktionieren: Das BAG habe anerkannt, dass ein Arbeitsvertrag auch wirksam sei, wenn der Arbeitgeber bei der Einstellung des Arbeitnehmers die Beteiligungsrechte des Betriebsrats nach § 99 BetrVG verletzt hat (vgl. Rn. 171). Bei § 87 BetrVG müsse nichts anderes gelten. Die Gegenansicht befürwortet daher, ausgehend vom – unstreitig bestehenden – Regelungsanspruch des Betriebsrats gegen den Arbeitgeber (deshalb: **Theorie vom Regelungsanspruch** oder „Theorie der erzwingbaren Mitbestimmung"), bei § 87 BetrVG eine flexible Lösung: Für die Auswirkung im Arbeitsverhältnis sei maßgebend, wie der Mitbestimmungstatbestand abgegrenzt sei und welcher Zweck mit der Beteiligung des Betriebsrats verfolgt werde.[174]

---

[170] *BAG* vom 7. 9. 1956 – 1 AZR 646/54, BAGE 3, 207 (211 f.) = AP Nr. 2 zu § 56 BetrVG = NJW 1957, 726; GK-BetrVG/*Wiese*, § 87 Rn. 98 ff. m. w. N.; *Hromadka/Maschmann* II, § 16 Rn. 436–439; *von Hoyningen-Huene*, § 12 Rn. 30.

[171] *BAG* vom 11. 6. 2002 – 1 AZR 390/01, BAGE 101, 288 (295 f.) = AP Nr. 113 zu § 87 BetrVG 1972 Lohngestaltung = NZA 2003, 570.

[172] *BAG* vom 22. 12. 1980 – 1 ABR 2/79, BAGE 34, 331 (354 f.) = AP Nr. 70 zu Art. 9 GG Arbeitskampf = NJW 1981, 937; GK-BetrVG/*Wiese*, § 87 Rn. 100; D/K/K/W/*Klebe*, § 87 BetrVG Rn. 20.

[173] Richardi/*Richardi*, BetrVG, § 87 Rn. 109; *Dietz*, RdA 1962, 390 (395); *Wiese*, Adomeit-FS (2008), S. 839 (853).

[174] Richardi/*Richardi*, BetrVG, § 87 Rn. 114; *Dietz*, Nipperdey-FS (1955), S. 147.

(a) Auch die Gegenansicht geht – wie das BAG – von dem Rechtsgedanken aus, dass eine betriebsverfassungsrechtliche Pflichtwidrigkeit dem Arbeitgeber keinen Vorteil verschaffen dürfe: Zwar begrenze das Mitbestimmungsrecht des Betriebsrats nach § 87 I Nr. 10 BetrVG grundsätzlich nicht die Wirksamkeit von Vergütungsabreden zwischen den Arbeitsvertragsparteien. Wenn der Arbeitgeber jedoch einseitig Ansprüche der Arbeitnehmer aufhebe oder schmälere, werde die Gestaltungsform der einzelvertraglichen Abrede mitbestimmungswidrig eingesetzt mit der Folge, dass eine solche Aufhebung oder Verkürzung von Ansprüchen unwirksam sei.[175]

(b) Im vorliegenden Fall hat S einseitig von einer Anrechnungsklausel im Arbeitsvertrag Gebrauch gemacht. Nach der Theorie vom Regelungsanspruch führt der Rechtsgedanke, dass eine betriebsverfassungsrechtliche Pflichtwidrigkeit dem Arbeitgeber keinen Rechtsvorteil verschaffen darf, zu dem Ergebnis, dass die Anrechnung unwirksam ist. Da beide Theorien zu demselben Ergebnis kommen, erübrigt sich die Streitentscheidung.

(III) Ergebnis: Im Ausgangsfall musste S den Betriebsrat nicht beteiligen. In der Abwandlung ist dagegen die Anrechnung der Tariflohnerhöhung auf die übertariflichen Zulagen des M unwirksam, weil S den Betriebsrat nicht nach § 87 I Nr. 10 BetrVG beteiligt hat.

Fallbearbeitung: Die soeben erläuterte Theorie vom Regelungsanspruch führt – trotz ihres erheblichen Begründungsaufwands – in den meisten praktischen Fällen zu demselben Ergebnis wie die vom BAG und der h.M. vertretene Theorie der notwendigen Mitbestimmung. Bei der Bearbeitung eines Rechtsfalls, der gewichtige andere Probleme aufwirft, kann es daher akzeptabel sein, die „Theorie vom Regelungsanspruch" zu ignorieren und den Fall allein nach der Rechtsprechung und der h.M. zu lösen.

c) Leistungsentgelte (§ 87 I Nr. 11 BetrVG)

Nach § 87 I Nr. 11 BetrVG hat der Betriebsrat bei der Festsetzung leistungs- **748** bezogener Entgelte mitzubestimmen. Leistungsbezogene Entgelte sind alle Entgeltformen, bei denen eine **unmittelbare Beziehung** zwischen Leistung und Entgelt besteht, so dass der Arbeitnehmer in der Lage ist, durch seine Leistung die Höhe der Gegenleistung ohne weiteres zu beeinflussen.[176] Das Mitbestimmungsrecht soll dem Umstand Rechnung tragen, dass leistungsbezogene Entgelte für die Arbeitnehmer besondere Belastungen („Leistungsdruck") mit sich bringen können. Das Aushandeln der Höhe des Leistungslohns soll daher nicht den Arbeitsvertragsparteien überlassen bleiben, sondern – soweit keine tarifliche Regelung eingreift – zum Schutz der Arbeitnehmer durch Betriebsvereinbarung erfolgen.

Beispiele für leistungsbezogene Entgelte sind die bereits im Gesetz genannten Akkord- und Prämienlöhne. Akkordlohn ist der Oberbegriff für die Vergütung nicht nach der Arbeitszeit, sondern nach der Arbeitsmenge (s. Rn. 241). Prämienlohn unterscheidet sich vom Akkordlohn dadurch, dass für die Entlohnung eine andere Bezugsgröße als die Arbeitsmenge gewählt wird, insbesondere der wirtschaftliche Erfolg der Arbeit (Erfolgsprämie); das Mitbestimmungsrecht erfasst nur Prämien, bei denen ein unmittelbarer Zusammenhang zwischen der Vergütung und der Leistung des Arbeitnehmers im Vergütungszeitraum besteht.[177] Vergleichbare leistungsbezogene Entgelte sind Provisionen, bei denen es auf den persönlichen Einsatz des Arbeitnehmers ankommt (z.B. Abschluss- oder Vermittlungsprovisionen), nicht dagegen Provisionen, bei denen es an einem unmittelbaren persönlichen Ein-

---

[175] Richardi/*Richardi*, BetrVG, § 87 Rn. 118–129.
[176] Nachweise bei D/K/K/W/*Klebe*, § 87 BetrVG Rn. 341–352.
[177] *BAG* vom 15. 5. 2001 – 1 ABR 39/00, BAGE 97, 379 (282 f.) = AP Nr. 17 zu § 87 BetrVG 1972 Prämie = NZA 2001, 1154 = EzA § 87 BetrVG.

satz des Arbeitnehmers für das einzelne Geschäft fehlt (z. B. Provisionen, die für die Betreuung eines bestimmten räumlichen Gebiets gezahlt werden). Auch Gewinnbeteiligungen sind keine leistungsbezogenen Entgelte, weil sie vom wirtschaftlichen Erfolg des Gesamtunternehmens und nur mittelbar von der Arbeitsleistung des einzelnen Arbeitnehmers abhängen.[178]

Durchblick: Die Mitbestimmungsrechte nach Nr. 10 und Nr. 11 des § 87 I BetrVG sind miteinander verzahnt. Ob im Zeitlohn, im Akkordlohn oder im Prämienlohn gearbeitet wird und welche Art des Leistungslohns gewählt wird (z. B. Einzel- oder Gruppenprämien), ist eine Frage der betrieblichen **Lohngestaltung**, die dem Mitbestimmungsrecht nach § 87 I Nr. 10 BetrVG unterliegt. Die **Festsetzung** der Faktoren, nach denen sich das leistungsbezogene Entgelt berechnet, fällt dagegen unter den Mitbestimmungstatbestand des § 87 I Nr. 11 BetrVG.

3. Weitere Tatbestände der Mitbestimmung

749   Neben den Bereichen Arbeitszeit und Arbeitsentgelt enthält § 87 I BetrVG sieben weitere Mitbestimmungstatbestände, die jeweils speziellen Interessen dienen und sich nicht zu Fallgruppen zusammenfassen lassen:

a) **§ 87 I Nr. 1 BetrVG** normiert ein Mitbestimmungsrecht in Fragen der Ordnung des Betriebs und des Verhaltens der Arbeitnehmer im Betrieb. Die **Ordnung des Betriebs** ist betroffen, wenn verbindliche Verhaltensregeln normiert werden sollen, um den ungestörten Arbeitsablauf und die reibungslose Zusammenarbeit zu sichern.[179] Das **Verhalten der Arbeitnehmer** – der zweite in § 87 I Nr. 1 BetrVG genannte Mitbestimmungstatbestand – umfasst nach der Rechtsprechung nicht das Leistungsverhalten, sondern nur das Ordnungsverhalten der Arbeitnehmer. Mit dem **Leistungsverhalten** sind alle Verhaltensweisen gemeint, die unabdingbar sind, damit die Hauptleistungspflicht des Arbeitnehmers erfüllt werden kann; das **Ordnungsverhalten** ist das darüber hinausgehende Verhalten, das den Arbeitsablauf und die Zusammenarbeit – die Ordnung des Betriebs – verbessert[180] (s. zur Mitbestimmung nach § 87 I Nr. 1 BetrVG auch *Junker*, Fälle zum Arbeitsrecht, Fall 4).

Beispiele für § 87 I Nr. 1 BetrVG sind die Anweisung an das Fahrpersonal eines Linienbusunternehmens, künftig auf der Dienstkleidung ein **Namensschild** zu tragen,[181] die Einführung von **Ethik-Richtlinien** (z. B. über Liebesbeziehungen und Freundschaften am Arbeitsplatz)[182] und die Anweisung an Außendienstmonteure, sich bestimmten **Zugangskontrollen** in Kundenbetrieben (z. B. einem Fingerprint-Scanning) zu unterziehen.[183]

750   Es ist umstritten, in welchem Umfang betriebliche **Disziplinarmaßnahmen** – etwa Verwarnungen, Verweise oder Geldbußen – der Mitbestimmungspflicht nach § 87 I Nr. 1 BetrVG

---

[178] Umfassend zu den „leistungsbezogenen Entgelten" GK-BetrVG/*Wiese*, § 87 Rn. 863–879; Richardi/*Richardi*, BetrVG, § 87 Rn. 878–893.

[179] D/K/K/W/*Klebe*, § 87 BetrVG Rn. 53; GK-BetrVG/*Wiese*, § 87 BetrVG Rn. 170.

[180] *BAG* vom 21. 1. 1997 – 1 ABR 53/96, AP Nr. 27 zu § 87 BetrVG 1972 Ordnung des Betriebs = NZA 1997, 785; *BAG* vom 7. 2. 2012 – 1 ABR 63/10, NZA 2012, 685 (Rn. 16 ff.).

[181] *BAG* vom 11. 6. 2002 – 1 ABR 46/01, BAGE 101, 285 (287) = AP Nr. 38 zu § 87 BetrVG 1972 Ordnung des Betriebes = NZA 2002, 1299.

[182] *BAG* vom 22. 7. 2008 – 1 ABR 40/07, BAGE 127, 146 = AP Nr. 14 zu § 87 BetrVG 1972 = NZA 2008, 1248 (Rn. 45).

[183] *BAG* vom 27. 1. 2004 – 1 ABR 7/03, BAGE 109, 235 (241) = AP Nr. 40 zu § 87 BetrVG 1972 Überwachung m. Anm. *Wiese* = NZA 2004, 556.

unterliegen. Nach überwiegender Ansicht ist nicht nur die Einführung kollektiver Betriebsbußenordnungen, sondern auch die Verhängung der individuellen Betriebsbuße mitbestimmungspflichtig: Der kollektive Bezug liege in dem Verstoß gegen die vorher gesetzte kollektive Ordnung.[184] Bei Rügen des Arbeitgebers gegenüber dem Arbeitnehmer muss unterschieden werden, ob sie – als **Abmahnung** – zur Erinnerung an die arbeitsvertraglichen Pflichten oder – als **Betriebsbuße** – zur Verwarnung mit moralischem Unwerturteil und Sanktionsfunktion erteilt werden; nur bei Betriebsbußen hat der Betriebsrat ein Mitbestimmungsrecht.[185]

b) **§ 87 I Nr. 6 BetrVG** lässt den Betriebsrat mitbestimmen, wenn **technische** **751** **Einrichtungen** eingeführt und angewandt werden sollen, die dazu bestimmt sind, das Verhalten oder die Leistung der Arbeitnehmer zu überwachen. Dieser Tatbestand soll die Arbeitnehmer davor schützen, dass sie zum Objekt einer anonymen Kontrolle werden, der sie sich nicht entziehen können und die sie vielleicht nicht einmal wahrnehmen. Die Vorschrift ist bereits anwendbar, wenn die technische Einrichtung zur Überwachung objektiv geeignet ist.[186] Entscheidender Gesichtspunkt ist die Kontrolle des Menschen durch eine Maschine; eine Kontrolle durch den Menschen ist dagegen mitbestimmungsfrei (s. zur Mitbestimmung nach § 87 I Nr. 6 BetrVG auch *Junker,* Fälle zum Arbeitsrecht, Fall 10).

Beispiele aus der neueren Rechtsprechung sind **biometrische Zugangskontrollen** („Fingerprint-Scanning")[187] oder die **Videoüberwachung am Arbeitsplatz.**[188] Die Brille und der Zollstock einer Aufsichtsperson fallen dagegen nicht unter den Mitbestimmungstatbestand, da sie keine technische Einrichtung sind, sondern nur die menschliche Wahrnehmung unterstützen. Das Gleiche gilt für den Gebrauch einer Stoppuhr.[189]

c) **§ 87 I Nr. 7 BetrVG** schafft ein Mitbestimmungsrecht bei Regelungen über **752** die Verhütung von Arbeitsunfällen und Berufskrankheiten sowie über den **Gesundheitsschutz.** Dieses Mitbestimmungsrecht besteht, wie § 87 I Nr. 7 BetrVG deklaratorisch hervorhebt, nur im Rahmen der gesetzlichen Vorschriften oder der Unfallverhütungsvorschriften. Soweit diese Vorschriften bestimmte Maßnahmen anordnen, entfällt das Mitbestimmungsrecht; soweit dagegen die Art und Weise der Durchführung dieser Vorschriften betroffen ist, bleibt Raum für die Mitbestimmung nach § 87 I Nr. 7 BetrVG.

d) **§ 87 I Nr. 8 BetrVG** betrifft die Form, Ausgestaltung und Verwaltung von **753** **Sozialeinrichtungen,** deren Wirkungsbereich auf den Betrieb, das Unternehmen oder den Konzern beschränkt und die nur einen bestimmten Personenkreis zugänglich ist: Außenstehende Personen („Betriebsfremde") dürfen allenfalls als Gäste, nicht jedoch als reguläre Nutzungsberechtigte zugelassen sein. Eine Sozi-

---

[184] GK-BetrVG/*Wiese,* § 87 Rn. 263; *von Hoyningen-Huene,* § 12 Rn. 40.
[185] *BAG* vom 7. 11. 1979 – 5 AZR 962/77, AP Nr. 3 zu § 87 BetrVG 1972 Betriebsbuße m. Anm. *Herschel* = SAE 1981, 236.
[186] *BAG* vom 9. 9. 1975 – 1 ABR 20/74, BAGE 27, 256 (261) = AP Nr. 2 zu § 87 BetrVG 1972 Überwachung = NJW 1976, 261.
[187] *BAG* vom 27. 1. 2004 – 1 ABR 7/03, BAGE 109, 235 (242 f.) = AP Nr. 40 zu § 87 BetrVG 1972 Überwachung m. Anm. *Wiese* = NZA 2004, 556.
[188] *BAG* vom 29. 6. 2004 – 1 ABR 21/03, BAGE 111, 173 (176) = AP Nr. 41 zu § 87 BetrVG 1972 Überwachung = NZA 2005, 1278.
[189] *BAG* vom 8. 11. 1994 – 1 ABR 20/94, AP Nr. 27 zu § 87 BetrVG 1972 Überwachung = NZA 1995, 313.

aleinrichtung setzt ein zweckgebundenes Sondervermögen und eine erkennbare, auf Dauer angelegte Organisation voraus. Ein Betriebsausflug ist daher ebenso wenig eine Sozialeinrichtung i. S. d. § 87 I Nr. 8 BetrVG wie die verbilligte Abgabe von Waren an Mitarbeiter (Personalverkauf).[190]

Der Zweck einer Sozialeinrichtung besteht darin, den Arbeitnehmern oder ihren Angehörigen zusätzliche soziale Vorteile zu gewähren oder zu sichern. Beispiele sind Pensions- und Unterstützungskassen, Betriebskantinen oder betriebliche Kindertagesstätten.[191] Mitbestimmungspflichtig ist die (**Rechts-)Form** der Sozialeinrichtung, die **Ausgestaltung** (Regelung des Benutzerkreises, Aufstellung einer Benutzungsordnung) und die **Verwaltung** (insbesondere die Geschäftsführung und die Organisation).

Durchblick: Die Mitbestimmungsrechte nach Nr. 8 und Nr. 10 des § 87 I BetrVG überschneiden sich. Beide Mitbestimmungstatbestände haben den Zweck, die innerbetriebliche Verteilungsgerechtigkeit und die Transparenz der Maßnahmen zu sichern. Nach beiden Tatbeständen kann der Arbeitgeber nicht gezwungen werden, bestimmte Geldmittel aufzuwenden. Die Mitbestimmungsrechte beziehen sich daher nur auf das „Wie", nicht auf das „Ob" der Maßnahme. § 87 I Nr. 10 BetrVG erstreckt sich auf alle geldwerten Leistungen, also auch auf soziale Leistungen und ihre Verteilung. § 87 I Nr. 8 BetrVG betrifft die Fragen, die gerade durch die Einschaltung einer Sozialeinrichtung aufgeworfen werden.

754   e) **§ 87 I Nr. 9 BetrVG** ist erfüllt, wenn **Wohnräume,** die den Arbeitnehmern mit Rücksicht auf das Bestehen eines Arbeitsverhältnisses vermietet werden, zugewiesen oder gekündigt werden. Da die Vorschrift einen Mietvertrag voraussetzt, erfasst sie nur **Werkmietwohnungen** (§§ 576, 576 a BGB), nicht aber Wohnräume, die dem Arbeitnehmer im Rahmen seines Arbeitsverhältnisses aus dienstlichen Gründen überlassen werden[192] (**Werkdienstwohnungen,** § 576 b BGB; Beispiel: Wohnung des Hausmeisters). Ebenso wie das Mitbestimmungsrecht in Urlaubsfragen (§ 87 I Nr. 5 BetrVG) ist auch dasjenige nach § 87 I Nr. 9 BetrVG insofern untypisch, als es auch **individuelle Tatbestände** – z. B. die Kündigung eines bestimmten Mietverhältnisses – erfasst.[193]

Durchblick: Wenn für die Werkmietwohnung weniger als der marktübliche Mietzins verlangt wird, ist der Mitbestimmungstatbestand des § 87 I Nr. 9 BetrVG ein Sonderfall des § 87 I Nr. 8 BetrVG (Sozialeinrichtungen); als lex specialis geht dann § 87 I Nr. 9 BetrVG vor. Wird der marktübliche Mietzins – oder mehr – für die Werkmietwohnung verlangt, werden dem Arbeitnehmer keine besonderen Vorteile gewährt. Die Werkmietwohnung ist dann keine Sozialeinrichtung; § 87 I Nr. 8 BetrVG kommt schon tatbestandlich nicht in Betracht.

755   f) **§ 87 I Nr. 12 BetrVG** lässt den Betriebsrat bei den Grundsätzen über das **betriebliche Vorschlagswesen** mitbestimmen. Wie bei den Mitbestimmungstatbeständen der Nr. 8 (Sozialeinrichtungen) und der Nr. 10 (Lohngestaltung) kann der Arbeitgeber auch nach § 87 I Nr. 12 BetrVG allein darüber entschei-

---

[190] *BAG* vom 27. 1. 1998 – 1 ABR 35/97, AP Nr. 14 zu § 87 BetrVG 1972 Sozialeinrichtung = NZA 1998, 835 (837) – Betriebsausflug; *BAG* vom 8. 11. 2011 – 1 ABR 37/10, AP Nr. 22 zu § 87 BetrVG 1972 Sozialeinrichtung = NZA 2012, 462 (Rn. 21) – Personalverkauf.

[191] *BAG* vom 10. 2. 2009 – 1 ABR 94/07, BAGE 129, 313 = AP Nr. 21 zu § 87 BetrVG 1972 Sozialeinrichtung = NZA 2009, 562 (Rn. 30 ff.).

[192] *BAG* vom 3. 6. 1975 – 1 ABR 118/73, AP Nr. 3 zu § 87 BetrVG 1972 Werkmietwohnungen m. Anm. *Dütz* = AuR 1975, 216; *BAG* vom 28. 7. 1992 – 1 ABR 22/92, AP Nr. 7 zu § 87 BetrVG 1972 Werkmietwohnungen = NZA 1993, 272.

[193] Einzelheiten bei GK-BetrVG/*Wiese*, § 87 Rn. 19.

den, ob er z.B. Prämien für Verbesserungsvorschläge gewährt. Nur wenn der Arbeitgeber eine positive Entscheidung über das „Ob" getroffen hat, kann der Betriebsrat über die Verteilungsgrundsätze (das „Wie") mitbestimmen.[194]

g) § 87 I Nr. 13 BetrVG gibt dem Betriebsrat ein Mitbestimmungsrecht bei der sog. **teilautonomen Gruppenarbeit** (definiert in § 87 I Nr. 13, 2. Hbs. BetrVG). Mitbestimmungspflichtig sind nicht die Einführung und Beendigung von Gruppenarbeit (das „Ob"), sondern nur die Aufstellung von Grundsätzen über die Durchführung der Gruppenarbeit (das „Wie").

4. Freiwillige Betriebsvereinbarungen (§ 88 BetrVG)

Die Betriebsparteien haben im Rahmen ihrer funktionellen Zuständigkeit **756** (Rn. 723) auch außerhalb der Katalogtatbestände des § 87 I BetrVG die Kompetenz, Regelungen durch Betriebsvereinbarung zu treffen.[195] Die in § 88 BetrVG genannten Fälle sind nur beispielhaft („insbesondere"). Da die Einigungsstelle nicht nach § 76 V BetrVG, sondern nur nach § 76 VI BetrVG angerufen werden kann, ist der Abschluss einer solchen Betriebsvereinbarung für beide Seiten freiwillig. Ebenso wie die erzwingbare Betriebsvereinbarung steht auch die freiwillige Betriebsvereinbarung unter dem Vorbehalt des § 77 III BetrVG.

Beispiel: Der Arbeitgeber und der Betriebsrat möchten durch Betriebsvereinbarung statt der bisher im Betrieb geltenden 35-Stunden-Woche die 38-Stunden-Woche einführen. – Da keiner der Mitbestimmungstatbestände des § 87 I BetrVG vorliegt, kommt nur eine freiwillige Betriebsvereinbarung nach § 88 BetrVG in Betracht. Zwar ist der Betriebsrat, da es um die betrieblichen Arbeitsbedingungen geht, funktional zuständig. Nach § 77 III 1 BetrVG kann eine solche Betriebsvereinbarung jedoch nur wirksam geschlossen werden, wenn die wöchentlichen Arbeitszeiten nicht durch Tarifvertrag geregelt sind oder üblicherweise geregelt werden. Eine Ausnahme gilt, wenn der Tarifvertrag durch eine Öffnungsklausel den Abschluss der erstrebten Betriebsvereinbarung ausdrücklich zulässt (§ 77 III 2 BetrVG).

VII. Beteiligung in personellen Angelegenheiten

Die personellen Angelegenheiten untergliedern sich in die **Allgemeinen Perso- 757 nellen Angelegenheiten** (§§ 92–95 BetrVG), die Maßnahmen der **Berufsbildung** (§§ 96–98 BetrVG) und die **Personellen Einzelmaßnahmen** (§§ 99–105 BetrVG). Im Folgenden werden nur die §§ 92–102 BetrVG ausführlich behandelt. § 103 BetrVG – Kündigung oder Versetzung betriebsverfassungsrechtlicher Funktionsträger – wurde bereits angesprochen (Rn. 696, 697). § 104 BetrVG normiert einen Sonderfall der Druckkündigung (Rn. 412 a). § 105 BetrVG betrifft leitende Angestellte (Rn. 668).

Über die wichtigsten Beteiligungsrechte des Betriebsrats nach §§ 92–105 BetrVG informiert die **Übersicht 10.6 (Personelle Angelegenheiten):**

---

[194] GK-BetrVG/*Wiese*, § 87 Rn. 1020; W/P/K/*Bender*, § 87 BetrVG Rn. 272.
[195] *BAG* vom 18. 8. 1987 – 1 ABR 30/86, BAGE 56, 18 (26) = AP Nr. 23 zu § 77 BetrVG 1972 m.Anm. *v. Hoyningen-Huene* = NZA 1987, 779; *BAG* vom 12. 12. 2006 – 1 AZR 96/06, BAGE 120, 308 = AP Nr. 94 zu § 77 BetrVG 1972 = NZA 2007, 453 (Rn. 12).

Übersicht 10.6: Personelle Angelegenheiten (§§ 92–105 (BetrVG)

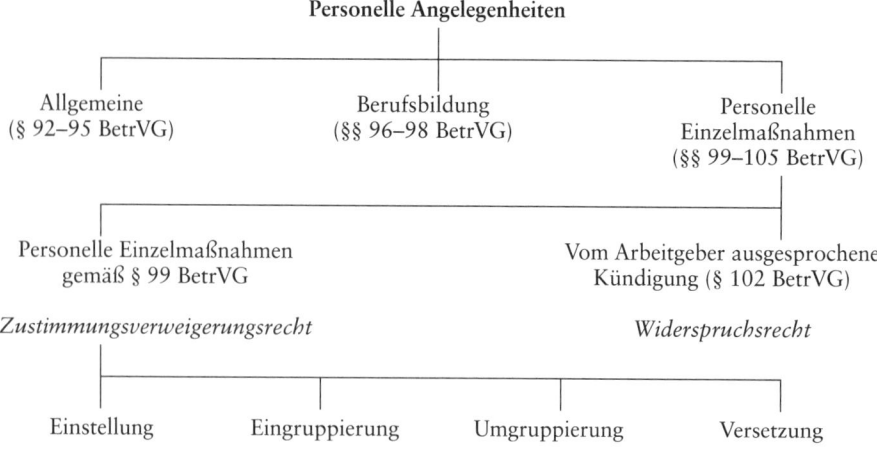

1. Allgemeine personelle Angelegenheiten

Die allgemeinen personellen Angelegenheiten, in denen der Betriebsrat nach §§ 92–95 BetrVG zu beteiligen ist, betreffen das **Vorstadium personeller Einzelmaßnahmen:** die Personalplanung (dazu a), die Ausschreibung von Arbeitsplätzen (dazu b), Personalfragebogen und Beurteilungsgrundsätze (dazu c) sowie Auswahlrichtlinien (dazu d).

a) **Personalplanung:** Das Betriebsverfassungsrecht zwingt den Arbeitgeber nicht, Personalplanungen (z.B. solche über den künftigen Personalbedarf) anzustellen; der Betriebsrat hat insoweit nur ein (unverbindliches) Vorschlagsrecht nach **§ 92 II BetrVG.** Wenn der Arbeitgeber sich jedoch entschließt, Personalplanungen zu machen, hat er den Betriebsrat anhand von Unterlagen rechtzeitig und umfassend zu **unterrichten (§ 92 I 1 BetrVG)** und mit ihm über Art und Umfang der erforderlichen Maßnahmen zu **beraten (§ 92 I 2 BetrVG).**

> **Durchblick:** Der Bedarf nach betrieblicher Personalplanung entstand in der Zeit der Vollbeschäftigung, d.h. des **Mangels an Arbeitskräften,** in der das BetrVG geschaffen wurde (1969–1972); deshalb steht die Vorschrift über die Personalplanung an der Spitze des Abschnitts. In der heutigen Zeit des **Mangels an Arbeitsplätzen** würde man eher die Norm über die Auswahlrichtlinien (§ 95 BetrVG), vor allem bei Kündigungen, an die Spitze stellen.

758 b) **Ausschreibung von Arbeitsplätzen:** Sollen Arbeitsplätze besetzt werden, kann der Betriebsrat eine Stellenausschreibung im Betrieb verlangen (**§ 93 BetrVG**). Die Vorschrift hat den Zweck, die im Betrieb vorhandenen Möglichkeiten der Personalbeschaffung zu aktivieren und innerbetrieblichen Bewerbern einen Informationsvorsprung vor Arbeitslosen zu verschaffen[196] („Wer hat, dem wird gegeben"). Eine besondere Form der Ausschreibung verlangt § 93 BetrVG nicht; den Inhalt der Ausschreibung, insbesondere die Anforderungen an die Bewerber, bestimmt der Arbeitgeber.

---

[196] *BAG* vom 27.7. 1993 – 1 ABR 7/93, AP Nr. 3 zu § 93 BetrVG 1972 = NZA 1994, 92 (94) = SAE 1994, 129 m. Anm. *Hromadka.*

Durchblick: Wenn der Arbeitgeber § 93 BetrVG nicht beachtet, kann sich eine Sanktion aus § 99 II Nr. 5 BetrVG ergeben. Der Betriebsrat kann die Zustimmung zu einer späteren personellen Einzelmaßnahme verweigern, wenn die nach § 93 BetrVG erforderliche Ausschreibung im Betrieb unterblieben ist.

c) **Personalfragebogen und Beurteilungsgrundsätze:** Will der Arbeitgeber Per- 759 sonalfragebogen einführen oder ändern, hat der Betriebsrat nach § 94 I 1 BetrVG ein Recht auf Mitbestimmung (im Gesetz „Zustimmung" genannt). Es handelt sich um einen Fall der erzwingbaren Mitbestimmung (§ 94 I 2, 3 BetrVG). Das Gleiche gilt für **persönliche Angaben** in schriftlichen Arbeitsverträgen, die allgemein im Betrieb verwendet werden sollen, und für die Aufstellung allgemeiner **Beurteilungsgrundsätze (§ 94 II BetrVG).**

Durchblick: Dem Mitbestimmungsrecht unterliegt nur die Aufstellung allgemeiner Beurteilungsgrundsätze, nicht jedoch die Anwendung dieser Grundsätze im Einzelfall. Das Mitbestimmungsrecht nach § 94 BetrVG hat den Zweck, die Personalpolitik zu versachlichen und das Persönlichkeitsrecht der Arbeitnehmer zu schützen.

d) **Auswahlrichtlinien** – Richtlinien über die personelle Auswahl bei Einstellungen, Versetzungen, Umgruppierung und Kündigungen – unterliegen nach § 95 I BetrVG der erzwingbaren Mitbestimmung (im Gesetz als „Zustimmung" bezeichnet). Auswahlrichtlinien sind Grundsätze, die allgemein oder für bestimmte Arten von Tätigkeiten festlegen, welche Voraussetzungen vorliegen müssen, damit eine personelle Einzelmaßnahme vorgenommen werden kann.[197] Ob der Arbeitgeber Auswahlrichtlinien einführt, steht in Klein- und Mittelbetrieben in seinem Ermessen. In Betrieben mit mehr als 500 Arbeitnehmern hat der Betriebsrat ein erzwingbares Mitbestimmungsrecht einschließlich eines ausdrücklich vom Gesetz gewährten Initiativrechts (§ 95 II BetrVG).

Durchblick: Das Mitbestimmungsrecht bei Auswahlrichtlinien ist nicht nur durch das Einigungsstellenverfahren sanktioniert. Verstößt eine personelle Einzelmaßnahme i.S.d. § 99 I 1 BetrVG gegen eine Richtlinie nach § 95 BetrVG, kann der Betriebsrat nach § 99 II Nr. 2 BetrVG die Zustimmung zu dieser Maßnahme verweigern.

Praxis: Auswahlrichtlinien für Einstellungen, Versetzungen oder Umgruppierungen haben in der Praxis nicht die Bedeutung erlangt, die sich der Gesetzgeber erhofft hat. Dagegen spielen Richtlinien nach § 95 I, II BetrVG über die soziale Auswahl bei betriebsbedingten Kündigungen (§ 1 III 1 KSchG) eine beträchtliche Rolle. Ist in einer Auswahlrichtlinie festgelegt, welche sozialen Gesichtspunkte zu berücksichtigen und wie sie zu gewichten sind, kann das Arbeitsgericht nach § 1 IV KSchG die soziale Auswahl nur noch auf grobe Fehlerhaftigkeit überprüfen. Das bedeutet in der Praxis einen Gewinn an Rechtssicherheit.

2. Angelegenheiten der Berufsbildung

Der Gesetzgeber hat in den §§ 96–98 BetrVG der Berufsbildung einen eigenen 760 Unterabschnitt gewidmet:

– **§ 96 BetrVG** hebt die Förderungswürdigkeit der Berufsbildung hervor und gibt dem Betriebsrat ein Beratungsrecht; ferner hat der Arbeitgeber auf Verlangen des Betriebsrats den Berufsbildungsbedarf zu ermitteln (§ 96 I

---

[197] *BAG* vom 27. 10. 1992 – 1 ABR 4/92, BAGE 71, 259 (270) = AP Nr. 29 zu § 95 BetrVG 1972 = NZA 1993, 608.

BetrVG). Sodann muss der Betriebsrat darauf achten, dass es den Arbeitnehmern ermöglicht wird, an Maßnahmen der Berufsbildung teilzunehmen; dabei sind die betrieblichen Belange zu berücksichtigen (§ 96 II BetrVG).

– **§ 97 BetrVG** gibt dem Betriebsrat ein Beratungsrecht, wenn es darum geht, betriebliche Einrichtungen zur Berufsbildung zu errichten oder auszustatten, betriebliche Berufsbildungsmaßnahmen einzuführen oder Arbeitnehmer an außerbetrieblichen Berufsbildungsmaßnahmen teilnehmen zu lassen (§ 97 I BetrVG). Unter Umständen kann der Betriebsrat über das „Ob" betrieblicher Berufsbildungsmaßnahmen mitbestimmen (§ 97 II BetrVG).

– **§ 98 BetrVG** verankert ein Mitbestimmungsrecht des Betriebsrats bei der Durchführung von Maßnahmen der betrieblichen Berufsbildung; das Mitbestimmungsrecht besteht nur für generelle Maßnahmen, nicht für die konkrete Ausbildung des einzelnen Arbeitnehmers (§ 98 I, III BetrVG). Ferner hat der Betriebsrat ein Widerspruchsrecht bei der Bestellung eines Ausbilders; er kann die Abberufung eines Ausbilders verlangen (§ 98 II BetrVG).

3. Personelle Einzelmaßnahmen gemäß §§ 99–101 BetrVG

761   Die Beteiligungsrechte des Betriebsrats bei personellen Einzelmaßnahmen gemäß §§ 99–101 BetrVG bestehen nur in Unternehmen mit in der Regel **mehr als 20 wahlberechtigten Arbeitnehmern** (§ 99 I 1 BetrVG). Ist dieser Schwellenwert erreicht, soll der Betriebsrat Einfluss auf die personelle Struktur des Betriebs nehmen können. Er ist nach § 99 I 1 BetrVG bei vier Arten personeller Einzelmaßnahmen zu beteiligen:

– Eine **Einstellung** bedeutet nicht nur die Begründung eines Arbeitsverhältnisses, sondern auch die tatsächliche Eingliederung in den Betrieb: Wenn der Abschluss des Arbeitsvertrages und die Arbeitsaufnahme im Betrieb zeitlich auseinanderfallen, unterliegt die zeitlich erste Maßnahme den §§ 99–101 BetrVG (s. auch Rn. 169).

Das BAG hat den **Einstellungsbegriff des § 99 I 1 BetrVG** erheblich erweitert: Eine Einstellung komme nicht nur bei der erstmaligen Eingliederung eines Mitarbeiters in den Betrieb in Betracht. Vielmehr könne auch ein schon beschäftigter Arbeitnehmer des Betriebs i. S. d. § 99 I 1 BetrVG mitbestimmungspflichtig „eingestellt" werden, wenn seine arbeitsvertraglich geschuldete regelmäßige Arbeitszeit „nicht unerheblich" erhöht werden soll.[198] Diese Rechtsprechung führt – in Konkurrenz zu den Mitbestimmungsrechten nach § 87 I Nrn. 2, 3 BetrVG bei der Arbeitszeit (Rn. 737–741) – zu einer Ausweitung der Beteiligungsrechte des Betriebsrats nach §§ 99–101 BetrVG.

762   – Die **Versetzung** ist in § 95 III 1 BetrVG definiert: Es muss ein anderer Arbeitsbereich zugewiesen werden; diese Zuweisung muss entweder voraussichtlich die Dauer von einem Monat überschreiten oder mit einer erheblichen Änderung der Umstände verbunden sein, unter denen die Arbeit zu leisten ist (dazu der **Übungsfall 8,** Rn. 211–213).

---

[198] *BAG* vom 25. 1. 2005 – 1 ABR 59/03, BAGE 113, 206 (209 ff.) = AP Nr. 114 zu § 87 BetrVG 1972 Arbeitszeit = NZA 2005, 945 = SAE 2006, 83 m. Aufs. *Brors* (80); *BAG* vom 15. 5. 2007 – 1 ABR 32/06, BAGE 122, 280 = AP Nr. 30 zu § 1 BetrVG 1972 Gemeinsamer Betrieb = NZA 2007, 1240 (Rn. 55, 56).

Die gesetzliche Begriffsbestimmung (Legaldefinition) der Versetzung in § 95 III 1 BetrVG hat ihren Hauptanwendungsbereich bei § 99 BetrVG und wird meist im Rahmen dieser Vorschrift kommentiert.[199] Bei der Lösung eines Rechtsfalls ist nach § 95 III 1 BetrVG in einem **ersten Schritt** festzustellen, ob dem Arbeitnehmer ein anderer **Arbeitsbereich** zugewiesen werden soll. Der Arbeitsbereich wird sowohl **räumlich** (z. B. Betrieb Neustadt, Baustelle Altdorf) als auch **funktional** (z. B. Bildschirmarbeitsplatz, Kranbedienung) festgelegt. Alle Änderungen des räumlichen oder des funktionalen Arbeitsbereichs, die keine Bagatellfälle darstellen, fallen unter § 95 III 1 BetrVG.[200] In einem **zweiten Schritt** ist zu fragen, ob die Zuweisung eines anderen Arbeitsbereichs voraussichtlich länger als einen Monat dauern soll. Ist das – wie meist – der Fall, kommt es nach dem Wortlaut des § 95 III 1 BetrVG nicht darauf an, ob die Zuweisung mit einer erheblichen Änderung der Arbeitsumstände verbunden ist.[201] Eine **Ausnahme vom Versetzungstatbestand** in Form einer gesetzlichen Fiktion enthält § 95 III 2 BetrVG: Werden Arbeitnehmer nach der Eigenart ihres Arbeitsverhältnisses üblicherweise nicht ständig an einem bestimmten Arbeitsplatz beschäftigt, so gilt die Bestimmung des jeweiligen Arbeitsplatzes nicht als Versetzung (Beispiele: Außendienstmitarbeiter, Bauarbeiter). Dass in § 95 III 1 BetrVG von „Arbeitsbereich", in § 95 III 2 BetrVG dagegen von „Arbeitsplatz" die Rede ist, bedeutet keinen sachlichen Unterschied.

– Die **Eingruppierung** ist die erstmalige Einstufung des Arbeitnehmers in eine   **763** Lohn- und Gehaltsgruppe gemäß dem vertraglich vorgesehenen Tätigkeitsbereich, die auf einem Tarifvertrag, einer Betriebsvereinbarung, einer betrieblichen Übung (Rn. 79–83) oder einer einseitigen Regelung des Arbeitgebers beruht.[202]

– Durch die **Umgruppierung** wird ein Arbeitnehmer in eine andere Lohn- oder Gehaltsgruppe überführt.[203] Bei der Ein- und Umgruppierung handelt es sich nicht um Rechtsgestaltung, sondern um Rechtsanwendung. Der Betriebsrat hat daher keinen eigenen Gestaltungsspielraum; seine Aufgabe beschränkt sich auf eine Richtigkeitskontrolle.

a) Unterrichtung des Betriebsrats

Bevor der Arbeitgeber eine der vier vorgenannten personellen Einzelmaß-   **764** nahmen durchführen kann, muss er den **Unterrichtungsanspruch** des Betriebsrats erfüllen. Er hat dem Betriebsrat die erforderlichen Bewerbungsunterlagen vorzulegen, über die Person der Beteiligten sowie über die Auswirkungen der geplanten Maßnahme Auskunft zu geben und die Zustimmung des Betriebsrats zu der geplanten Maßnahme einzuholen (§ 99 I 1 BetrVG).

Bei Einstellungen und Versetzungen hat der Arbeitgeber darüber hinaus den in Aussicht genommenen Arbeitsplatz und die vorgesehene Eingruppierung mitzuteilen (§ 99 I 2 BetrVG). Die Mitglieder des Betriebsrats sind nach § 99 I 3 BetrVG zur Verschwiegenheit verpflichtet.

Damit der Betriebsrat die Auswahlentscheidung nachvollziehen kann, umfasst die Vorlage der erforderlichen **Bewerbungsunterlagen** die Unterlagen aller

---

[199] GK-BetrVG/*Raab*, § 99 Rn. 55 ff.; Richardi/*Thüsing*, BetrVG, § 99 Rn. 93–126.

[200] *BAG* vom 28. 8. 2007 – 1 ABR 70/06, AP Nr. 53 zu § 95 BetrVG 1972 = NZA 2008, 188 (Rn. 16–18). Beispiele: H/W/K/*Ricken,* § 99 BetrVG Rn. 40–43.

[201] Die Vorschrift enthält insoweit eine unwiderlegliche Vermutung, dass die Umstandsänderung erheblich (und die Versetzung mitbestimmungspflichtig) ist: H/W/K/*Ricken,* § 99 BetrVG Rn. 46; Richardi/*Thüsing*, BetrVG, § 99 Rn. 111.

[202] *BAG* vom 23. 9. 2003 – 1 ABR 35/02, BAGE 107, 338 (342 f.) = AP Nr. 28 zu § 99 BetrVG 1972 Eingruppierung = NZA 2004, 800.

[203] *BAG* vom 26. 10. 2004 – 1 ABR 37/03, BAGE 112, 238 (246) = AP Nr. 29 zu § 99 BetrVG 1972 Eingruppierung = NZA 2005, 367.

Bewerber; es genügt nicht, dem Betriebsrat die Unterlagen nur derjenigen Bewerber vorzulegen, die in die engere Wahl kommen.[204] Der Unterrichtungsanspruch soll dem Betriebsrat die Informationen verschaffen, die er braucht, um sein Beteiligungsrecht nach § 99 II BetrVG sachgerecht ausüben zu können. Er dient jedoch nicht der Vertragsinhaltskontrolle durch den Betriebsrat; der Betriebsrat hat keinen Anspruch, dass der Arbeitgeber ihm den Inhalt des geplanten Arbeitsvertrags mitteilt.[205]

> **Praxis:** Es kommt nicht selten vor, dass nach einer Betriebsvereinbarung oder einer Regelungsabrede der Betriebsrat mit den in die engere Auswahl genommenen Bewerbern vor seiner Entscheidung nach § 99 II BetrVG Gespräche führt. Dabei soll es passieren, dass der Betriebsrat – insbesondere wenn seine Mitglieder der Gewerkschaft angehören – nach der Gewerkschaftszugehörigkeit oder nach der Einstellung des Bewerbers zu gewerkschaftlichen Zielen fragt. Diese Frage ist unzulässig (§ 75 I BetrVG). Macht der Betriebsrat seine Zustimmung davon abhängig, dass der Bewerber in die Gewerkschaft eintritt, so handelt es sich um strafbare Nötigung (§ 240 I, II StGB) oder zumindest – wenn der Bewerber sich dem Druck nicht beugt – um versuchte Nötigung (strafbar nach §§ 23 I, 240 III StGB). Die Drohung, bei Nichteintritt in die Gewerkschaft die Zustimmung zu verweigern, lässt sich nur verwirklichen, wenn der Betriebsrat einen Verweigerungsgrund nach § 99 II Nrn. 1–6 BetrVG vorschiebt; darin kann u. U. eine Straftat gegenüber dem Arbeitgeber liegen.

b) Zustimmung oder Verweigerung

765   Der Arbeitgeber hat nach § 99 I 1 BetrVG die Zustimmung des Betriebsrats zu der geplanten personellen Einzelmaßnahme einzuholen. Das Zustimmungsverweigerungsrecht des Betriebsrats nach § 99 II, III BetrVG ist kein „echtes" Mitbestimmungsrecht (s. zu dieser Unterscheidung Rn. 702, 703). Der Betriebsrat hat deshalb auch kein durchsetzbares Initiativ- oder Vorschlagsrecht für personelle Einzelmaßnahmen. Im Übrigen gilt:

(1) **Numerus clausus der Verweigerungsgründe:** Der Betriebsrat darf seine Zustimmung nach § 99 II BetrVG nur verweigern, wenn einer der dort genannten **sechs Tatbestände** erfüllt ist. Neben den bereits erwähnten Tatbeständen des § 99 II Nrn. 2, 5 BetrVG (Verstoß gegen eine Auswahlrichtlinie, fehlende innerbetriebliche Ausschreibung, Rn. 758, 759) nennt § 99 II BetrVG den Verstoß gegen Rechtsvorschriften (Nr. 1), Nachteile für im Betrieb beschäftigte Arbeitnehmer (Nr. 3), Nachteile für den betroffenen Arbeitnehmer (Nr. 4) und die drohende Störung des Betriebsfriedens (Nr. 6).

> **Beispiel:** Nachdem der seit zwei Jahren arbeitsunfähig erkrankte Schichtführer A wegen Erwerbsunfähigkeit aus dem Arbeitsverhältnis ausgeschieden ist, beantragt der Arbeitgeber beim Betriebsrat die Zustimmung zur **Einstellung** des B, der als der beste Stellenbewerber angesehen wurde. Der Betriebsrat verweigert die Zustimmung, weil dem stellvertretenden Schichtführer V, der den A zwei Jahre lang vertreten habe, die Chance auf Beförderung genommen worden sei. – Das BAG hat die verweigerte Zustimmung nach § 99 IV BetrVG ersetzt: Ein rechtlich erheblicher Nachteil des V gemäß **§ 99 II Nr. 3 BetrVG** könne nur vorliegen, wenn er über eine rechtlich geschützte Aussicht auf die Schichtleiterstelle verfüge (z. B. auf Grund einer betrieblichen Übung, eine freiwerdende Stelle einem bewährten Vertreter

---

[204] *BAG* vom 14. 12. 2004 – 1 ABR 55/03, BAGE 113, 109 (113 ff.) = AP Nr. 122 zu § 99 BetrVG 1972 = NZA 2005, 827.
[205] *BAG* vom 27. 10. 2010 – 7 ABR 36/09, AP Nr. 61 zu § 99 BetrVG 1972 Einstellung = NZA 2011, 527 (Rn. 25).

zu übertragen); die bloße Hoffnung, befördert zu werden, könne einen rechtlich relevanten Nachteil nicht begründen.[206]

(2) **Verfristung des Verweigerungsrechts:** Will der Betriebsrat seine Zustimmung verweigern, muss er dies unter Angabe von Gründen binnen einer **Ausschlussfrist von einer Woche** nach Unterrichtung dem Arbeitgeber schriftlich mitteilen; anderenfalls gilt die Zustimmung als erteilt (§ 99 III BetrVG).

(3) **Substantiierungslast des Betriebsrats:** Eine Zustimmungsverweigerung nach § 99 II Nrn. 3 und 6 BetrVG ist nur wirksam, wenn der Betriebsrat **konkrete Tatsachen** nennt, die seine Besorgnis begründen. Auch bei den übrigen Tatbeständen des § 99 II BetrVG ist die Zustimmungsverweigerung nicht wirksam, wenn der Betriebsrat in seiner schriftlichen Mitteilung bloß den Gesetzeswortlaut wiederholt; er muss vielmehr eine Begründung geben, die es als möglich erscheinen lässt, dass einer dieser Tatbestände erfüllt ist.

c) Rechtsfolgen der Verweigerung

Hat der Betriebsrat wirksam seine Zustimmung verweigert, darf der Arbeitgeber die personelle Maßnahme erst umsetzen, wenn das Arbeitsgericht auf Antrag die fehlende Zustimmung ersetzt hat [dazu (1)], es sei denn, es liegt ein Eilfall vor [dazu (2)]; bei Verstößen besteht ein Aufhebungsanspruch [dazu (3)]. **766**

(1) **Antrag auf Zustimmungsersetzung:** Möchte der Arbeitgeber die Personalmaßnahme gegen den Willen des Betriebsrats durchführen, muss er **beim Arbeitsgericht** den Antrag stellen, die fehlende Zustimmung zu ersetzen (**§ 99 IV BetrVG**).

Wird die Zustimmung nicht ersetzt, bleibt eine bereits erfolgte **Einstellung** rechtswirksam; sie muss aber rückgängig gemacht werden.[207] Eine **Versetzung**, die individualrechtlich durch eine bloße Weisung des Arbeitgebers erfolgt ist, ist dagegen rechtsunwirksam (dazu der **Übungsfall 8**, Rn. 211–213).

(2) **Vorläufige Durchführung:** Ausnahmsweise kann der Arbeitgeber Einstellungen und Versetzungen vorläufig durchführen, bevor der Betriebsrat sich geäußert oder nachdem er die Zustimmung verweigert hat. Das setzt voraus, dass die vorläufige personelle Maßnahme aus sachlichen Gründen dringend erforderlich ist (**§ 100 I BetrVG**). **767**

Bestreitet der Betriebsrat die Dringlichkeit der Maßnahme, muss der Arbeitgeber innerhalb von drei Tagen beim Arbeitsgericht beantragen, die Zustimmung des Betriebsrats zu ersetzen und festzustellen, dass die Maßnahme aus sachlichen Gründen dringend erforderlich war (**§ 100 II BetrVG**).

(3) **Aufhebungsanspruch:** Führt der Arbeitgeber die personelle Maßnahme durch, ohne dass die unter (1) oder (2) genannten Voraussetzungen erfüllt sind, kann der Betriebsrat beim Arbeitsgericht beantragen, dem Arbeitgeber aufzugeben, die Maßnahme aufzuheben (**§ 101 BetrVG**).

---

[206] *BAG* vom 18. 9. 2002 – 1 ABR 56/01, BAGE 102, 346 (348) = AP Nr. 31 zu § 99 BetrVG 1972 Versetzung = NZA 2003, 622.
[207] Einzelheiten bei GK-BetrVG/*Raab*, § 100 Rn. 47.

Der Aufhebungsanspruch konkurriert mit dem **Unterlassungsanspruch,** der den strengen Voraussetzungen des **§ 23 III BetrVG** unterliegt (Rn. 708). Dagegen besteht bei Verstößen gegen § 99 BetrVG – anders als bei Verstößen gegen § 87 BetrVG (Rn. 712) – kein allgemeiner betriebsverfassungsrechtlicher Unterlassungsanspruch des Betriebsrats, da insoweit § 101 BetrVG als Spezialgesetz vorgeht[208] (s. zur Anwendung dieser Vorschriften *Junker*, Fälle zum Arbeitsrecht, Fall 11).

768   Über die Rechte bei personellen Einzelmaßnahmen unterrichtet zusammenfassend die **Übersicht 10.7 (Verfahren nach §§ 99–101 BetrVG):**

Übersicht 10.7: Verfahren nach §§ 99–101 BetrVG

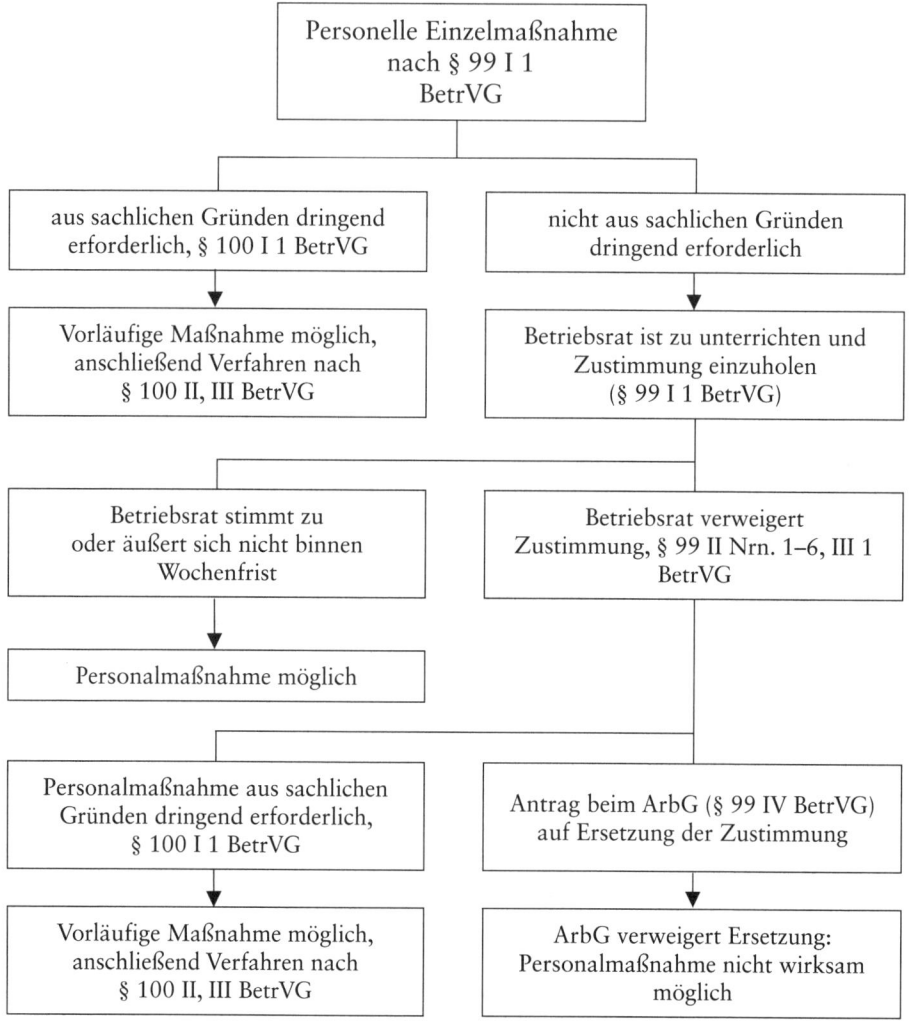

---

[208] *BAG* vom 23. 6. 2009 – 1 ABR 23/08, BAGE 131, 145 = AP Nr. 48 zu § 99 BetrVG 1972 Versetzung = NZA 2009, 1430 (Rn. 19).

4. Kündigung von Arbeitnehmern (§ 102 BetrVG)

Die Beteiligung des Betriebsrats bei Kündigungen gemäß § 102 BetrVG ist 769
eine der wichtigsten Regelungen des Gesetzes. Sie setzt, anders als die Beteiligung des Betriebsrats nach § 99 BetrVG, nicht voraus, dass das Unternehmen regelmäßig mehr als 20 wahlberechtigte Arbeitnehmer beschäftigt. **Kündigungen** i. S. d. § 102 BetrVG sind die ordentliche und die außerordentliche, die Änderungs- und die Beendigungskündigung; es kommt nicht darauf an, ob Kündigungsschutz nach dem KSchG besteht. Keine Anhörungspflicht besteht, wenn das Arbeitsverhältnis aus anderen Gründen als durch Kündigung enden soll, insbesondere durch Zeitablauf, durch Anfechtung gemäß §§ 119 ff. BGB oder durch Abschluss eines Aufhebungsvertrags. Die Kündigung muss vom **Arbeitgeber** ausgesprochen werden; eine Kündigung durch den Arbeitnehmer löst keine Rechte des Betriebsrats nach § 102 BetrVG aus.

a) Anhörung des Betriebsrats

Nach § 102 I 1 BetrVG ist der Betriebsrat vor jeder Kündigung zu hören; eine 770
ohne Anhörung des Betriebsrats ausgesprochene Kündigung ist unwirksam
(§ 102 I 3 BetrVG).

(1) Eine wirksame Anhörung hat zwei **Voraussetzungen:** Nach **§ 102 I 1 BetrVG** muss sie vor dem Ausspruch der Kündigung erfolgen. Anders als bei personellen Einzelmaßnahmen nach § 99 I 1 BetrVG, bei denen im Eilfall die Zustimmung des Betriebsrats nachgeholt werden kann (§ 100 BetrVG), gibt es bei der Kündigung keine Eilfälle, die eine nachträgliche Anhörung rechtfertigen können. Nach **§ 102 I 2 BetrVG** setzt die wirksame Anhörung zweitens voraus, dass der Arbeitgeber den Betriebsrat – mündlich oder schriftlich – von der vorgesehenen Kündigung unterrichtet und ihm die Gründe für die Kündigung mitteilt.

Die **Anforderungen an die Mitteilung** sind streng: Neben den Personalien des Arbeitnehmers sind die Art der Kündigung, die Kündigungsfrist, der Kündigungstermin und insbesondere die Kündigungsgründe anzugeben. Dabei darf sich der Arbeitgeber nicht mit stichwortartigen Angaben oder Werturteilen begnügen, sondern muss konkrete Tatsachen nennen.[209] An einer ordnungsgemäßen Mitteilung fehlt es, wenn der Arbeitgeber ihm bekannte entlastende Umstände bei Pflichtwidrigkeiten des Arbeitnehmers verschweigt. Kommt es auf die soziale Auswahl unter mehreren Arbeitnehmern an, muss der Arbeitgeber die Auswahlkriterien konkretisieren, und zwar nicht nur für den Betroffenen, sondern für alle anderen Arbeitnehmer mit vergleichbarer Tätigkeit.[210] Es gilt allerdings das **Prinzip der subjektiven Determiniertheit** (Rn. 337): So genügt die pauschale Umschreibung des Kündigungsgrundes durch einen Blankettbegriff („Arbeitsverweigerung", „viele Krankheitszeiten") oder durch ein Werturteil („fehlende Führungsqualitäten", „mangelnde Teamfähigkeit"), wenn der Arbeitgeber seine Kündigungsabsicht nicht mit konkreten Tatsachen begründen kann oder begründen will; die Kündigung ist dann möglicherweise sozialwidrig (§ 1 KSchG), aber nicht nach § 102 I 3 BetrVG unwirksam.

---

[209] *BAG* vom 13. 7. 1978 – 2 AZR 798/77, BAGE 31, 1 (4 ff.) = AP Nr. 18 zu § 102 BetrVG 1972 = NJW 1979, 1675.
[210] *BAG* vom 29. 3. 1984 – 2 AZR 429/83 A, BAGE 45, 277 (283 ff.) = AP Nr. 31 zu § 102 BetrVG 1972 = NJW 1984, 2374 = NZA 1984, 169.

(2) Streng ist auch die **Rechtsfolge** eines Verstoßes gegen § 102 I 1, 2 BetrVG: Nach **§ 102 I 3 BetrVG** ist eine ohne Anhörung des Betriebsrats ausgesprochene Kündigung unwirksam. Das gilt nicht nur, wenn der Arbeitgeber ohne vorherige Anhörung des Betriebsrats gekündigt hat, sondern auch bei Mängeln der Anhörung, insbesondere bei unzureichender Mitteilung nach § 102 I 2 BetrVG. Auch auf ein Verschulden des Arbeitgebers kommt es nicht an. Eine Ausnahme besteht nur, wenn der Mangel des Anhörungsverfahrens – für den Arbeitgeber unvermeidbar – in der Einflusssphäre des Betriebsrats liegt (**Sphärentheorie**, s. Rn. 693).

b) Reaktionen des Betriebsrats

771   Der Betriebsrat ist nicht verpflichtet, zu der beabsichtigten Kündigung Stellung zu beziehen; vielmehr kann er die Mitteilung **kommentarlos entgegennehmen,** was insbesondere dann geschieht, wenn der Betriebsrat keine Bedenken hat. Umgekehrt darf der Betriebsrat einer Kündigung **ausdrücklich zustimmen,** was beispielsweise vorkommen kann, wenn ein betriebsstörender Arbeitnehmer entlassen werden soll (vgl. § 104 BetrVG). Der Betriebsrat soll, soweit es erforderlich erscheint, den betroffenen Arbeitnehmer hören (§ 102 II 4 BetrVG). Die Geheimhaltungspflichten nach § 99 I 3 BetrVG gelten entsprechend (§ 102 II 5 BetrVG). Im Übrigen unterscheidet § 102 II–V BetrVG die außerordentliche und die ordentliche Kündigung:

(1) Bei einer **außerordentlichen Kündigung** hat der Betriebsrat seine **Bedenken** unter Angabe der Gründe dem Arbeitgeber unverzüglich, spätestens jedoch innerhalb von drei Tagen, schriftlich mitzuteilen (§ 102 II 3 BetrVG). Die Zwei-Wochen-Frist des § 626 II 1 BGB wird dadurch nicht verlängert.[211] Der Arbeitgeber muss also rechtzeitig vor Ablauf der Zwei-Wochen-Frist den Betriebsrat einschalten, damit er nach § 626 II 1 BGB noch wirksam kündigen kann. Da ein **Widerspruch** eine qualifizierte Art von Bedenken ist, kann der Betriebsrat einer außerordentlichen Kündigung auch widersprechen. Dieser Widerspruch hat aber nicht die Rechtsfolgen des § 102 IV, V BetrVG, denn ein Widerspruchsrecht im eigentlichen Sinne hat der Betriebsrat nur bei einer ordentlichen Kündigung (vgl. den Wortlaut des § 102 III BetrVG).

772   (2) Bei einer **ordentlichen Kündigung** hat der Betriebsrat seine **Bedenken** unter Angabe der Gründe dem Arbeitgeber spätestens innerhalb einer Woche schriftlich mitzuteilen (§ 102 II 1 BetrVG). Äußert er sich innerhalb dieser Frist nicht, gilt seine Zustimmung als erteilt (§ 102 II 2 BetrVG). Er kann ferner innerhalb der Wochenfrist **Widerspruch** gegen die ordentliche Kündigung einlegen, wenn er einen der abschließend in § 102 III Nrn. 1–5 BetrVG genannten Tatbestände als erfüllt ansieht. Der Betriebsrat muss nicht ausdrücklich das Wort „Widerspruch" benutzen; es ist für einen Widerspruch i. S. d. § 102 III BetrVG hinreichend, wenn der Stellungnahme zu entnehmen ist, dass der Betriebsrat die Kündigung ablehnt.[212] Wie sich aus § 102 IV BetrVG schließen lässt, muss der Widerspruch nach § 102 III BetrVG schriftlich erfolgen.[213]

---

[211] GK-BetrVG/*Raab*, § 102 Rn. 41; Richardi/*Thüsing*, BetrVG, § 102 Rn. 104.
[212] D/K/K/W/*Bachner*, § 102 BetrVG Rn. 193.
[213] GK-BetrVG/*Raab*, § 102 Rn. 110.

Durchblick: Für die Wirksamkeit eines Widerspruchs nach § 102 III BetrVG gilt Ähnliches wie für die Wirksamkeit einer Zustimmungsverweigerung nach § 99 II BetrVG (Rn. 765). Notwendig und hinreichend ist ein tatsächliches Vorbringen des Betriebsrats, das es als möglich erscheinen lässt, dass ein Widerspruchsgrund erfüllt ist. Die bloße Wiederholung des Gesetzeswortlauts reicht ebenso wenig wie z.B. die „ins Blaue hinein" aufgestellte Behauptung, es gebe Arbeitnehmer, die sozial weniger schutzbedürftig seien (vgl. § 102 III Nr. 1 BetrVG); vielmehr muss der Betriebsrat aufzeigen, welche Arbeitnehmer aus welchen Gründen bei der Sozialauswahl zurückstehen müssen.[214]

Die **Widerspruchsgründe** des § 102 III BetrVG sind in erster Linie Gesichts- **773** punkte mit kollektivem Einschlag, die der Betriebsrat wegen seiner besseren Übersicht über das betriebliche Geschehen leichter geltend machen kann als der einzelne Arbeitnehmer: fehlerhafte Sozialauswahl (Nr. 1), Verstoß gegen eine Auswahlrichtlinie nach § 95 BetrVG (Nr. 2), Möglichkeit der Weiterbeschäftigung an einem anderen Arbeitsplatz (Nr. 3), Weiterbeschäftigung nach zumutbaren Umschulungs- oder Fortbildungsmaßnahmen (Nr. 4) und Weiterbeschäftigung unter geänderten Vertragsbedingungen (Nr. 5).

c) Rechtsfolgen des Widerspruchs

Ein wirksamer Widerspruch des Betriebsrats hat nach § 102 IV BetrVG ers- **774** tens die Folge, dass der Arbeitgeber dem Arbeitnehmer mit der Kündigung eine **Abschrift der Stellungnahme** des Betriebsrats zuzuleiten hat. Der Widerspruch hat nach § 102 V BetrVG zweitens die Folge, dass der Arbeitnehmer, wenn er eine Kündigungsschutzklage erhebt, einen **Weiterbeschäftigungsanspruch** bis zum rechtskräftigen Abschluss des Prozesses hat (Rn. 393). – Den Zusammenhang von §§ 99, 102 BetrVG verdeutlicht abschließend der

Übungsfall 27 (Probenholer): Alfons Zapfer (Z), 53 Jahre alt und gelernter Diplom- **775** Braumeister, ist seit 30 Jahren bei der Hornberger Schützenbrauerei AG (H) beschäftigt und wurde vor 20 Jahren in die Bewertungsgruppe IX des Rahmentarifvertrags für die Brauwirtschaft eingruppiert. Als Betriebskontrolleur hat er die Aufgabe, die Arbeitsgänge in der Brauerei zu überwachen und Proben zu analysieren. H trägt vor, Z habe seit zehn Jahren mehr und mehr in seinen Leistungen nachgelassen: Einerseits habe er sich der technischen Entwicklung nicht angepasst und sei deshalb nach seinem Fachwissen zu einer brauchbaren Analyse nicht mehr in der Lage. Andererseits habe er es in zunehmendem Maße verstanden, sich vor seiner eigentlichen Arbeit zu drücken und irgendwo im Betrieb unauffindbar zu sein. Manchmal verschwinde er auch einfach im Betrieb zu „Verkostungen". Für die verantwortungsvolle Aufgabe eines Betriebskontrolleurs könne er nicht mehr eingesetzt werden. Zahlreiche Versuche, Z wieder an eine qualifizierte Tätigkeit fachlich heranzuführen, seien fehlgeschlagen; die von ihm zuletzt ausgeübte Tätigkeit entspreche derjenigen eines Probenholers (Bewertungsgruppe VI). Am 28. 3. kündigte H das Arbeitsverhältnis fristgerecht zum 30. 9. und bot Z an, ihn ab 1. 10. als Probenholer (Bewertungsgruppe VI) weiterzubeschäftigen. Zuvor hatte H den Betriebsrat gemäß § 102 BetrVG zu der Änderungskündigung angehört; er hatte die Kündigung widersprochen und in seiner Stellungnahme bemängelt, dass kein Verfahren nach § 99 BetrVG eingeleitet worden sei. Z hat die Änderungskündigung unter Vorbehalt angenommen und beim zuständigen Arbeitsgericht fristgerecht auf Feststellung geklagt, dass die Änderung der Arbeitsbedingungen sozial ungerechtfertigt oder aus anderen Gründen rechtsunwirksam ist.[215]

---

[214] *BAG* vom 9. 7. 2003 – 5 AZR 305/02, BAGE 107, 66 (70) = AP Nr. 14 zu § 102 BetrVG 1972 Weiterbeschäftigung = NJW 2004, 314 = NZA 2003, 1191.

[215] Fall nach *BAG* vom 30. 9. 1993 – 2 AZR 283/93, BAGE 74, 291 = AP Nr. 33 zu § 2 KSchG 1969 = NZA 1994, 615.

776 **Lösung:** Die **Zulässigkeit** der Feststellungsklage folgt aus § 4 Sätze 1, 2 KSchG i.V.m. § 2 KSchG. Die **Begründetheit** der Klage hängt davon ab, ob die Änderungskündigung vom 28. 3. unwirksam ist.

(I) Die Kündigung wäre nach § 102 I 3 BetrVG unwirksam, wenn die **Anhörung des Betriebsrats nach § 102 I 1, 2 BetrVG** nicht ordnungsgemäß stattgefunden hätte. Der Betriebsrat der H wurde über die beabsichtigte Änderungskündigung informiert; es ist auch davon auszugehen, dass ihm – wie § 102 I 2 BetrVG verlangt – die Gründe mitgeteilt wurden. Da der Betriebsrat der Kündigung widersprochen hatte, war das Anhörungsverfahren bei dem Ausspruch der Kündigung auch abgeschlossen. Der Widerspruch des Betriebsrats hat, wie sich aus § 102 V BetrVG ergibt, auf die Wirksamkeit der Änderungskündigung keinen Einfluss. Die Änderungskündigung ist nicht nach § 102 I 3 BetrVG unwirksam.

777 (II) Die Änderungskündigung wäre jedoch unwirksam, wenn eine **Beteiligung des Betriebsrats nach § 99 BetrVG** zu erfolgen hatte (dazu 1), die Beteiligung zu Unrecht unterblieben (dazu 2) ist und die Nichtbeteiligung Auswirkungen auf die Änderungskündigung hat (dazu 3).

(1) Eine Beteiligung des bei H bestehenden Betriebsrats nach § 99 BetrVG ist erforderlich, wenn bei einer Änderungskündigung, die auf eine Versetzung des Arbeitnehmers i.S.d. § 95 III BetrVG zielt, die Beteiligungsrechte nach **§§ 102 und 99 BetrVG nebeneinander** Anwendung finden. Beide Formen der Beteiligung sind unterschiedlich ausgestaltet: Die Beteiligung nach § 99 BetrVG ist nur in Unternehmen mit in der Regel mehr als 20 wahlberechtigten Arbeitnehmern erforderlich; die Entscheidung des Betriebsrats kann unterschiedlich ausfallen, wie sich aus dem Vergleich der Kataloge in §§ 99 II und 102 III BetrVG ergibt. Beide Vorschriften sind daher nebeneinander anzuwenden.[216]

(2) Die Beteiligung nach § 99 BetrVG durfte nicht unterbleiben, wenn die Änderungskündigung zugleich eine **personelle Einzelmaßnahme gemäß § 99 I 1 BetrVG** darstellt. In Betracht kommen eine Versetzung (dazu a) und eine Umgruppierung (dazu b).

(a) Der Tatbestand der **Versetzung** ist in § 95 III BetrVG definiert. Das entscheidende Merkmal ist die Zuweisung eines anderen Arbeitsbereichs (Rn. 762). Dem Z war der Arbeitsbereich eines Betriebskontrolleurs übertragen; ein derartiger Einsatz entsprach auch der vertraglich geschuldeten Tätigkeit. Ob Z seine geschuldete Arbeitsleistung als Betriebskontrolleur gut oder schlecht erbracht hat, spielt für den Versetzungstatbestand keine Rolle. Erst durch die Zuweisung eines neuen Arbeitsbereichs zum 1. 10. hat H dem Z die Tätigkeiten als Betriebskontrolleur entzogen und den Gegenstand der geschuldeten Arbeitsleistung dahin eingeschränkt, dass Z nur noch als Probenholer tätig werden sollte. Es liegt damit eine Versetzung vor.

(b) Die Maßnahme der H ist ferner eine **Umgruppierung:** Z soll in die Bewertungsgruppe VI herabgestuft werden.

778 (3) Die **Wirksamkeit der Änderungskündigung** müsste daran scheitern, dass zu der Versetzung und zu der Umgruppierung keine Zustimmung des Betriebsrats nach § 99 BetrVG vorliegt und diese Zustimmung auch nicht durch gerichtliche Entscheidung ersetzt wurde. Hier ist wiederum zwischen der Versetzung und der Umgruppierung zu unterscheiden.

(a) Die Wirksamkeit der Änderungskündigung hängt nicht davon ab, dass der Betriebsrat der **Versetzung** zugestimmt hat: Wenn der Betriebsrat der Versetzung nicht zugestimmt hat, führt das nicht zu einer Unwirksamkeit der Änderungskündigung; der Arbeitgeber kann allerdings die Versetzung erst durchführen, wenn das Arbeitsgericht die fehlende Zustimmung des Betriebsrats gemäß § 99 IV BetrVG ersetzt hat.[217]

(b) Bei der **Umgruppierung** bleibt ein Verstoß gegen das Beteiligungsrecht des Betriebsrats individualrechtlich ohne Folgen: Eine Umgruppierung ist Rechtsanwendung und nicht Rechtsgestaltung; das Beteiligungsrecht des Betriebsrats ist kein Mitgestaltungs-, sondern nur ein Mitbeurteilungsrecht. Allein der Umstand, dass zur Umgruppierung eine Änderungskündigung erforderlich ist, verstärkt nicht die Rechte des Betriebsrats und ermöglicht

---

[216] *BAG* vom 30. 9. 1993 – 2 AZR 283/93, BAGE 74, 291 (296).
[217] *BAG* vom 30. 9. 1993 – 2 AZR 283/93, BAGE 74, 291 (298).

es ihm nicht, durch Blockieren der Änderungskündigung die Zahlung einer tariflich nicht geschuldeten Vergütung zu erzwingen. Die fehlende Beteiligung des Betriebsrats hat keine Auswirkungen auf die Wirksamkeit der Änderungskündigung.

(III) Es kommt folglich auf die **Sozialwidrigkeit der Änderungskündigung** nach §§ 1, 2 KSchG an. Die Klage des Z hat daher keinen Erfolg, wenn – was der Sachverhalt offen lässt – das Vorbringen der Arbeitgeberin sachlich zutrifft.[218]

VIII. Beteiligung in wirtschaftlichen Angelegenheiten

Wirtschaftliche Angelegenheiten gehören grundsätzlich zur mitbestimmungs- **779** freien unternehmerischen Sphäre des Arbeitgebers. Die Beteiligung der Arbeitnehmer ist daher schwächer ausgestaltet als in sozialen und personellen Angelegenheiten. Unter der Überschrift „Wirtschaftliche Angelegenheiten" finden sich in den §§ 106 ff. BetrVG zwei Regelungskomplexe:

- Der **Wirtschaftsausschuss** (§§ 106–110 BetrVG), der in allen Unternehmen mit in der Regel mehr als 100 ständig beschäftigten Arbeitnehmern zu bilden ist, hat Informations- und Beratungsrechte (Rn. 678).
- Der **Betriebsrat** hat in Betrieben mit in der Regel mehr als 20 wahlberechtigten Arbeitnehmern Unterrichtungs-, Beratungs- und Mitbestimmungsrechte, wenn eine Betriebsänderung vorliegt (§§ 111–113 BetrVG).

Die Beteiligungsrechte des Betriebsrats nach §§ 111–113 BetrVG sind an- **780** wendbar, wenn drei **Voraussetzungen** erfüllt sind: Das Unternehmen muss im Zeitpunkt der Entstehung der Beteiligungsrechte (Rn. 685) in der Regel **mehr als 20 wahlberechtigte Arbeitnehmer** beschäftigen (§ 111 Satz 1 BetrVG; zur Anwendung bei **Arbeitnehmerüberlassung** s. Rn. 666), zu diesem Zeitpunkt muss ein **Betriebsrat** bestehen (Rn. 685) und es dürfen keine Einschränkungen für **Tendenzbetriebe** nach § 118 I 2 BetrVG einschlägig sein (Rn. 664, 665).

Durchblick: Soziale Angelegenheiten (§ 87 BetrVG) oder personelle Einzelmaßnahmen (§§ 99, 102 BetrVG) fallen häufig mit Betriebsänderungen zusammen oder sind die Folge von Betriebsänderungen. Beispielsweise bedeutet die konzernweite Einführung grundlegend neuer Software (§ 111 Satz 3 Nrn. 4, 5 BetrVG) meistens auch die Einführung einer technischen Einrichtung, die dazu geeignet ist, das Verhalten oder die Leistung der Arbeitnehmer zu überwachen (§ 87 I Nr. 6 BetrVG). Die Verlegung des Betriebs (§ 111 Satz 3 Nr. 2 BetrVG) geht oft mit Versetzungen einher (§ 99 BetrVG).[219] Die Einschränkung des Betriebs (§ 111 Satz 3 Nr. 1 BetrVG) hat i. d. R. Kündigungen zur Folge (§ 102 BetrVG). Die Beteiligungsrechte bestehen in diesen Fällen nebeneinander: Die Beteiligungsrechte bei Betriebsänderungen lassen die Rechte des Betriebsrats in sozialen und personellen Angelegenheiten unberührt.

1. Betriebsänderung (§ 111 BetrVG)

Der Dreh- und Angelpunkt der Mitwirkung des Betriebsrats ist der Begriff **781** der Betriebsänderung: Nach **§ 111 Satz 1 BetrVG** bestehen die Beteiligungsrechte bei geplanten Betriebsänderungen, die wesentliche Nachteile für die Beleg-

---

[218] *BAG* vom 30. 9. 1993 – 2 AZR 283/93, BAGE 74, 291 (307 f.).
[219] Siehe dazu *BAG* vom 27. 6. 2006 – 1 ABR 35/05, BAGE 118, 314 = AP Nr. 47 zu § 95 BetrVG 1972 = NZA 2006, 1289 (Rn. 14).

schaft oder erhebliche Teile der Belegschaft zur Folge haben können. In § 111 Satz 3 BetrVG folgt ein Katalog von fünf Fallgruppen, die „als Betriebsänderungen im Sinne des Satzes 1" gelten.

Die Auslegung des § 111 BetrVG orientiert sich streng am Wortlaut: In § 111 Satz 3 BetrVG ist nicht der Begriff der „Betriebsänderungen" schlechthin erklärt, sondern der Begriff der „Betriebsänderungen im Sinne des Satzes 1", also derjenigen Betriebsänderungen, bei denen die Voraussetzungen des § 111 Satz 1 BetrVG als erfüllt gelten. Das bedeutet: Die Katalogtatbestände des § 111 Satz 3 BetrVG können stets „wesentliche Nachteile" zur Folge haben (Fiktion), sodass dieses Tatbestandsmerkmal des § 111 Satz 1 BetrVG nicht gesondert zu prüfen ist. Die Rechte gemäß §§ 111–113 BetrVG entstehen, wenn eine der Fallgruppen des § 111 Satz 3 BetrVG erfüllt ist und erhebliche Teile der Belegschaft betroffen sind (dieses Tatbestandsmerkmal des § 111 Satz 1 BetrVG lässt sich nicht fingieren). Ob tatsächlich ausgleichsbedürftige Nachteile entstehen, ist erst später bei der Aufstellung des Interessenausgleichs oder des Sozialplans zu prüfen.[220]

a) Fallgruppen der Betriebsänderung

782   Umstritten ist, ob die fünf Fallgruppen des § 111 Satz 3 BetrVG abschließend sind[221] (dafür spricht, dass in § 111 Satz 3 BetrVG anders als in § 106 III BetrVG das Wort „insbesondere" fehlt), oder ob es sich nur um eine beispielhafte Aufzählung handelt[222] (dafür spricht, dass § 111 Satz 1 BetrVG als Generalklausel konzipiert ist). Der Streit hat bisher keine praktische Bedeutung erlangt, weil der Katalog des § 111 Satz 3 BetrVG alle gerichtlich anhängigen Fälle erfassen konnte. Nach § 111 Satz 3 BetrVG gelten als Betriebsänderungen im Sinne des § 111 Satz 1 BetrVG:

(1) **Einschränkung oder Stilllegung** des ganzen Betriebs oder von wesentlichen Betriebsteilen. § 112 a I BetrVG stellt klar, dass dazu auch die bloße Entlassung von Arbeitnehmern gehört. Die Wesentlichkeit eines Betriebsteils beurteilt sich nach den Zahlen des § 17 I KSchG, jedoch müssen in Betrieben mit 600 oder mehr Arbeitnehmern mindestens 5 % der Belegschaft betroffen sein.[223]

(2) **Verlegung** des ganzen Betriebs oder von wesentlichen Betriebsteilen. Eine Verlegung ist jede nicht nur geringfügige Veränderung der örtlichen Lage des Standorts, beispielsweise die Verlegung vom Zentrum an den Stadtrand oder an einen 4,5 km entfernten Ort.[224] Die Wesentlichkeit des betroffenen Betriebsteils wird ebenso bestimmt wie bei § 111 Satz 3 Nr. 1 BetrVG.

(3) **Zusammenschluss oder Spaltung** von Betrieben. Der Zusammenschluss kann erfolgen, indem aus den bisherigen Betrieben ein neuer Betrieb gebildet

---

[220] *BAG* vom 17. 12. 1985 – 1 ABR 78/83, BAGE 50, 307 (312) = AP Nr. 15 zu § 111 BetrVG 1972 m. Anm. *Löwisch* = NZA 1986, 804; a. A. *von Hoyningen-Huene*, § 15 Rn. 5.

[221] H/W/K/*Hohenstatt/Willemsen*, § 111 BetrVG Rn. 20; *Richardi/Annuß*, BetrVG, § 111 Rn. 42; *Hromadka/Maschmann* II, § 16 Rn. 602.

[222] D/K/K/W/*Däubler*, § 111 BetrVG Rn. 45 f.; GK-BetrVG/*Oetker*, § 111 Rn. 51; s. auch das Urteil des *BAG* vom 9. 11. 2010 – 1 AZR 708/09, BAGE 136, 140 = AP Nr. 69 zu § 111 BetrVG 1972 = NZA 2011, 466 (Rn. 13), das unreflektiert von einer „beispielhaften Aufzählung" spricht.

[223] *BAG* vom 28. 3. 2006 – 1 ABR 5/05, BAGE 117, 296 = AP Nr. 12 zu § 112a BetrVG 1972 = NZA 2006, 932 (Rn. 17).

[224] *BAG* vom 17. 8. 1982 – 1 ABR 40/80, BAGE 40, 36 (39) = AP Nr. 11 zu § 111 BetrVG 1972 m. Anm. *Richardi* = NJW 1983, 1870.

wird oder indem ein bestehender Betrieb einen anderen Betrieb aufnimmt. Entsprechend kann bei der Spaltung eines Betriebs der abgespaltene Teil ein selbständiger Betrieb werden oder in einem anderen Betrieb aufgehen.[225]

(4) Grundlegende Änderungen der **Betriebsorganisation**, des **Betriebszwecks** 783
oder der **Betriebsanlagen.** „Grundlegend" ist eine Änderung von Betriebsorganisation, -zweck oder -anlagen, wenn sie erhebliche Auswirkungen auf den Betriebsablauf hat oder einen Sprung in der arbeitstechnischen Entwicklung des Betriebs bedeutet.[226]

(5) Einführung grundlegend neuer **Arbeitsmethoden** und **Fertigungsverfahren.**
Auch diese Fallgruppe ist durch das Merkmal „grundlegend" eingeschränkt. Sie überschneidet sich häufig mit der Fallgruppe des § 111 Satz 3 Nr. 4 BetrVG. Die Arbeitsmethode oder das Fertigungsverfahren muss nicht für die Branche, sondern für den konkreten Betrieb neu sein.[227]

Eine Betriebsänderung nach § 111 Satz 3 Nrn. 1, 2 BetrVG oder nach § 111 Satz 3 Nrn. 4, 5 BetrVG erfolgt nicht selten in kleinen Schritten: Der Betrieb wird abteilungsweise stillgelegt oder verlegt, neue Betriebsanlagen oder Arbeitsmethoden werden stufenweise eingeführt. Bei der Beurteilung der Merkmale „wesentlich" und „grundlegend" wird der gesamte Vorgang betrachtet, wenn er auf einer Gesamtplanung beruht. Resultiert ein Personalabbau, der sich über einen längeren Zeitraum erstreckt, aus einer einheitlichen Planungsentscheidung, werden die betroffenen Teile der Belegschaft zusammengerechnet; dabei spielt der in § 17 I KSchG genannte Zeitraum von vier Wochen keine Rolle, sodass sich der Personalabbau auch über einen längeren Zeitraum erstrecken kann.

b) Erhebliche Teile der Belegschaft

Die Rechte nach §§ 111–113 BetrVG setzen voraus, dass die Betriebsänderung 784
(§ 111 Satz 3 BetrVG) die Belegschaft oder erhebliche Teile der Belegschaft betrifft (§ 111 Satz 1 BetrVG). Die Rechtsprechung greift auch zur Beurteilung der „Erheblichkeit" auf die Zahlen- und Prozentangaben des § 17 I KSchG zurück (s. bereits Rn. 782). In **Kleinbetrieben** mit bis zu 20 Arbeitnehmern (der Schwellenwert des § 111 Satz 1 BetrVG ist auf das **Unternehmen** bezogen) müssen allerdings mindestens sechs Arbeitnehmer betroffen sein (Rechtsgedanke des § 112a I 1 Nr. 1 BetrVG).[228]

c) Unterrichtung und Beratung

Liegen die bisher genannten Voraussetzungen vor, tritt die Rechtsfolge des 785
§ 111 BetrVG ein: Der Unternehmer hat den Betriebsrat über die geplante Betriebsänderung rechtzeitig und umfassend zu **unterrichten** und die geplante Betriebsänderung mit ihm zu **beraten** (§ 111 Satz 1 BetrVG). Nach der Rechtsprechung hat das Wort „geplant" eine zeitliche Bedeutung: Eine Betriebsänderung ist geplant, wenn sich die Überlegungen auf eine bestimmte Maßnahme verengt

---

[225] GK-BetrVG/*Oetker*, § 111 Rn. 125–135.
[226] *BAG* vom 26. 10. 1982 – 1 ABR 11/81, BAGE 41, 92 (107 ff.) = AP Nr. 10 zu § 111 BetrVG 1972 = NJW 1983, 2838.
[227] D/K/K/W/*Däubler*, § 111 BetrVG Rn. 114.
[228] *BAG* vom 9. 11. 2000 – 1 AZR 708/09, BAGE 136, 140 = AP Nr. 69 zu § 111 BetrVG 1972 = NZA 2011, 466 (Rn. 19).

haben, ohne dass die Entscheidung schon gefallen sein muss.[229] Der Anspruch des Betriebsrats auf rechtzeitige Unterrichtung und Beratung besteht bereits im Planungsstadium, damit der Betriebsrat im Wege des Interessenausgleichs noch auf die Entscheidung Einfluss nehmen kann.[230]

> **Praxis:** Es gibt wenige Vorschriften des Betriebsverfassungsgesetzes, gegen die so häufig verstoßen wird wie gegen das Gebot der rechtzeitigen Unterrichtung des Betriebsrats nach § 111 BetrVG. Betriebsräte klagen durchwegs, dass sie von einer „geplanten" Betriebsänderung erst unterrichtet werden, nachdem die Entscheidung bereits gefallen ist und die Durchführung bevorsteht. Die Missachtung der Unterrichtungspflicht durch den Unternehmer macht die Betriebsänderung nicht unwirksam; es kann lediglich ein Anspruch auf Nachteilsausgleich unter den Voraussetzungen des § 113 BetrVG bestehen, was die Praxis oftmals in Kauf nimmt.

2. Interessenausgleich (§ 112 BetrVG)

786   Nach § 112 I 1 BetrVG müssen Unternehmer und Betriebsrat versuchen, einen Interessenausgleich herbeizuführen. Der Interessenausgleich betrifft alle Fragen der organisatorischen Durchführung einer Betriebsänderung, die nicht zum Sozialplan gehören, also Regelungen, die nicht in einem wirtschaftlichen Ausgleich für die Arbeitnehmer bestehen (Umkehrschluss aus § 112 I 2 BetrVG).[231]

a) **Keine normative Wirkung:** Der Interessenausgleich ist ein Vertrag zwischen Arbeitgeber und Betriebsrat, der nicht die Wirkung einer Betriebsvereinbarung nach § 77 IV BetrVG hat (Umkehrschluss aus § 112 I 3 BetrVG). Der Interessenausgleich ist zwar oft so ausgestaltet, dass er den Arbeitgeber zu einem Tun oder Unterlassen verpflichtet. Diese Verpflichtungen des Arbeitgebers sind aber lediglich eine Naturalobligation: Der Betriebsrat kann den Arbeitgeber nicht auf Einhaltung des Interessenausgleichs verklagen, sondern die Sanktion für die Missachtung des Interessenausgleichs ist der Anspruch auf Nachteilsausgleich gemäß § 113 BetrVG.[232]

b) **Keine Erzwingbarkeit:** Kommt zwischen dem Unternehmer und dem Betriebsrat keine Einigung über einen Interessenausgleich zustande, kann der Vorstand der Bundesagentur für Arbeit nach § 112 II 1 BetrVG um **Vermittlung** ersucht werden; ferner kann die **Einigungsstelle** angerufen werden (§ 112 II 2 BetrVG). Beides ist jedoch nicht obligatorisch, sondern lediglich mittelbar – für den Nachteilsausgleich – von Bedeutung: Nur wenn der Unternehmer die Optionen des § 112 II BetrVG ausgeschöpft hat und dennoch kein Interessenausgleich erzielt wurde, kann die Betriebsänderung durchgeführt werden, ohne dass eine Pflicht zum Nachteilsausgleich gemäß § 113 BetrVG entsteht.[233]

---

[229] *BAG* vom 28. 10. 1992 – 10 ABR 75/91, AP Nr. 63 zu § 112 BetrVG 1972 = NZA 1993, 420 = ZIP 1993, 289.

[230] Einzelheiten bei GK-BetrVG/*Oetker*, § 111 Rn. 182–186.

[231] *BAG* vom 17. 9. 1991 – 1 ABR 23/91, BAGE 68, 277 (286) = AP Nr. 59 zu § 112 BetrVG 1972 = NZA 1992, 227.

[232] *BAG* vom 28. 8. 1991 – 7 ABR 72/90, BAGE 68, 232 (241 f.) = AP Nr. 2 zu § 85 ArbGG 1979 = SAE 1992, 333 m. Anm. *Schreiber.*

[233] *BAG* vom 18. 12. 1984 – 1 AZR 176/82, BAGE 47, 329 (333) = AP Nr. 11 zu § 113 BetrVG 1972 = NZA 1985, 628.

3. Sozialplan (§§ 112, 112 a BetrVG)

Den Sozialplan definiert das Gesetz als „Einigung über den Ausgleich oder 787
die Milderung der wirtschaftlichen Nachteile, die den Arbeitnehmern infolge
der geplanten Betriebsänderung entstehen" (§ 112 I 2 BetrVG). Es geht beim
Sozialplan in erster Linie um finanzielle Ansprüche der Belegschaftsmitglieder,
die von der Betriebsänderung betroffen sind. Der Abschluss eines Sozialplans
entbindet den Unternehmer nicht von der Obliegenheit, einen Interessenausgleich zu versuchen; anderenfalls besteht ein Anspruch des Arbeitnehmers aus
§ 113 BetrVG.

In der Praxis werden Interessenausgleich und Sozialplan oft gemeinsam vereinbart, um die
Folge des § 113 BetrVG auszuschließen. Ebenso wie der Interessenausgleich ist der Sozialplan
schriftlich niederzulegen und von Unternehmer und Betriebsrat zu unterschreiben (§ 112 I 1,
2 BetrVG).

a) **Erzwingbarkeit:** Auch bei Nichteinigung über einen Sozialplan kann nach 788
§ 112 II 2 BetrVG die Einigungsstelle angerufen werden. Im Gegensatz zum Interessenausgleich ist beim Sozialplan die Entscheidung der Einigungsstelle nach
§ 112 IV BetrVG verbindlich; der Betriebsrat kann also über die Einigungsstelle
einen Sozialplan erzwingen. Diese Möglichkeit besteht auch noch während oder
sogar nach der Durchführung der Betriebsänderung.

Von der Erzwingbarkeit eines Sozialplans macht § 112 a BetrVG **zwei Ausnahmen:** Besteht
die geplante Betriebsänderung allein in der **Entlassung von Arbeitnehmern**[234] (vgl. Rn. 782),
ist ein Sozialplan nur erzwingbar, wenn die Kriterien des § 112 a I BetrVG erfüllt sind; so
müssen z. B. in Betrieben mit 600 oder mehr Arbeitnehmern mindestens 10% der Belegschaft
von betriebsbedingten Entlassungen betroffen sein.[235] Zweitens sind nach § 112 a II BetrVG
neu gegründete Unternehmen unter bestimmten Voraussetzungen in den ersten vier Jahren
nach der Neugründung von der Sozialplanpflicht befreit.[236]

b) **Normative Wirkung:** Anders als der Interessenausgleich hat der Sozialplan 789
die Wirkung einer Betriebsvereinbarung (§ 112 I 3 BetrVG); der Tarifvorbehalt
des § 77 III BetrVG gilt nicht (§ 112 I 4 BetrVG). Aus dem Sozialplan als Betriebsvereinbarung ergeben sich für die Arbeitnehmer unmittelbare Rechtsansprüche (§ 77 IV 1 BetrVG).

c) **Zulässiger Inhalt:** Die Grundnorm über den Inhalt des Sozialplans findet
sich in der Legaldefinition des § 112 I 2 BetrVG. Für die Gesamthöhe der
Leistungen eines Sozialplans (**Dotierungsrahmen**) gibt es keinen gesetzlichen
Maßstab; die Betriebsparteien können sogar von Ausgleichszahlungen gänzlich
absehen.[237] Die Grenzen der inhaltlichen Ausgestaltung des Sozialplans unter-

---

[234] Es darf kein weiterer Tatbestand der Betriebsänderung vorliegen: *BAG* vom 28. 3. 2006
– 1 ABR 5/05, BAGE 117, 296 (305) = AP Nr. 12 zu § 112 a BetrVG 1972 = NZA 2006, 932.
[235] Gleichgestellt sind Aufhebungsverträge (§ 112 a I 2 BetrVG) und vom Arbeitgeber veranlasste Eigenkündigungen von Arbeitnehmern: *BAG* vom 19. 7. 1995 – 10 AZR 885/94,
BAGE 80, 286 (292) = AP Nr. 96 zu § 112 BetrVG 1972 = NZA 1996, 271.
[236] Maßgebend ist die Neugründung des Unternehmens, nicht des Betriebs: *BAG* vom 27. 6.
2006 – 1 ABR 18/05, BAGE 118, 304 = AP Nr. 14 zu § 112 a BetrVG 1972 = NZA 2007, 106
(Rn. 14); a. A. D/K/K/W/*Däubler,* §§ 112, 112 a BetrVG Rn. 75.
[237] *BAG* vom 24. 8. 2004 – 1 ABR 23/03, BAGE 111, 335 (341) = AP Nr. 174 zu § 112
BetrVG 1972 = NZA 2005, 302.

scheiden sich danach, ob eine **Einigung der Betriebsparteien** zustande kommt oder ob sie durch einen **Spruch der Einigungsstelle** ersetzt werden muss:

(1) Die **Betriebsparteien** haben einen weiten Spielraum; sie sind lediglich an allgemeine Grenzen wie das in § 75 I 1 BetrVG niedergelegte Gebot von Recht und Billigkeit gebunden (klausurmäßige Lösung eines entsprechenden Sachverhalts: *Junker*, Fälle zum Arbeitsrecht, Fall 12).

Wie dargelegt (Rn. 724), legitimiert § 75 I 1 BetrVG keine **Billigkeitskontrolle** des Sozialplans, wohl aber die **Rechtskontrolle**, ob der Sozialplan mit höherrangigen Vorschriften, insbesondere dem Gleichbehandlungsgrundsatz des § 75 I 1 BetrVG, vereinbar ist[238] (s. bereits Rn. 57).

Beispiel: Es verstößt gegen den betriebsverfassungsrechtlichen Gleichbehandlungsgrundsatz (§ 75 I 1 BetrVG), wenn die Betriebsparteien Sozialplanleistungen davon abhängig machen, dass der Arbeitnehmer auf die Erhebung einer Kündigungsschutzklage verzichtet („**Turboprämie**"): Der Sozialplan soll wirtschaftliche Nachteile des Arbeitnehmers ausgleichen oder mildern (§ 112 I 2 BetrVG); die wirtschaftlichen Nachteile eines Arbeitnehmers, der nach verlorener Kündigungsschutzklage seinen Arbeitsplatz verliert, sind nicht geringer als die Nachteile des Arbeitnehmers, der erst gar keinen Kündigungsschutzprozess führt.[239]

790 (2) Die **Einigungsstelle**, die nach § 112 IV BetrVG einen Sozialplan beschließt, hat die Ermessensgrenzen des § 112 V BetrVG einzuhalten. Nach der Generalklausel des § 112 V 1 BetrVG sind sowohl die **sozialen Arbeitnehmerbelange** als auch die **wirtschaftliche Vertretbarkeit** des Sozialplans für das Unternehmen zu beachten. Bei der Entlassung eines großen Teils der Belegschaft hält die Rechtsprechung auch wirtschaftliche Belastungen bis an den Rand der Existenzgefährdung des Unternehmens für vertretbar.[240]

Die Generalklausel des § 112 V 1 BetrVG wird durch § 112 V 2 Nr. 1 (Einzelfallbetrachtung), Nr. 2 (Aussichten auf dem Arbeitsmarkt), Nr. 2 a (Förderungsmöglichkeiten nach SGB III) und Nr. 3 BetrVG (wirtschaftliche Vertretbarkeit) konkretisiert. Überprüft wird die Einhaltung dieser Ermessensgrenzen vom Arbeitsgericht; der Arbeitgeber oder der Betriebsrat muss einen entsprechenden Antrag binnen einer Frist von zwei Wochen stellen (Einzelheiten in § 76 V 4 BetrVG).

Beispiel: In einem Betrieb soll der Personalbestand von 66 auf 34 Arbeitnehmer verringert werden (vgl. §§ 111 Satz 3 Nr. 1, 112 a I 1 Nr. 2 BetrVG). Die Einigungsstelle beschließt einen Sozialplan, wonach alle 32 von dem Personalabbau betroffenen Arbeitnehmer eine Abfindung erhalten sollen, deren Höhe 75% eines Monatsgehalts für jedes Beschäftigungsjahr beträgt. – Da der Sozialplan allen Arbeitnehmern unterschiedslos eine in gleicher Weise berechnete Abfindung zubilligt, fehlt nicht nur die von **§ 112 V 2 Nr. 1 BetrVG** geforderte Berücksichtigung individueller Gegebenheiten, sondern auch die nach **§ 112 V 2 Nr. 2 BetrVG** notwendige Unterscheidung nach den Aussichten der betroffenen Arbeitnehmer auf dem Arbeitsmarkt. Auf einen Antrag nach § 76 V 4 BetrVG wird das Arbeitsgericht feststellen, dass der Spruch der Einigungsstelle wegen Überschreitung des Ermessens unwirksam ist.[241]

---

[238] GK-BetrVG/*Kreutz*, § 77 Rn. 304–306; ebenso im Ergebnis *BAG* vom 13. 2. 2007 – 1 AZR 163/06, BAGE 121, 159 = AP Nr. 185 zu § 112 BetrVG 1972 = NZA 2007, 756 (Rn. 14).

[239] *BAG* vom 31. 5. 2005 – 1 AZR 254/04, BAGE 115, 68 (73) = AP Nr. 175 zu § 112 BetrVG 1972 = NZA 2005, 997; kritisch *Riesenhuber*, NZA 2005, 1100 (1102).

[240] *BAG* vom 6. 5. 2003 – 1 ABR 11/02, BAGE 106, 95 (106) = AP Nr. 161 zu § 112 BetrVG 1972 m. Anm. *Oetker* = NZA 2004, 108.

[241] *BAG* vom 14. 9. 1994 – 10 ABR 7/94, BAGE 78, 30 (35) = AP Nr. 87 zu § 112 BetrVG 1972 = NZA 1995, 440.

d) **Sonderfall „Tarifsozialplan":** Kein Sozialplan i. S. der §§ 112, 112 a BetrVG (sondern ein Tarifvertrag i. S. d. § 1 TVG) ist der sog. Tarifsozialplan. In den letzten Jahren sind Gewerkschaften vermehrt dazu übergegangen, parallel zu den Verhandlungen der Betriebsräte um einen Interessenausgleich und/oder einen Sozialplan den Abschluss eines Tarifvertrags über (hohe) Abfindungen zu fordern und für dieses Ziel zum Streik aufzurufen, um den Arbeitgeber von zwei Seiten unter Druck zu setzen.[242] Das **BAG** hält dieses Vorgehen für rechtmäßig.[243] Allerdings sind nach verbreiteter Auffassung in der **Literatur** die Mitbestimmungsrechte nach §§ 111 ff. BetrVG für die Dauer eines Arbeitskampfs um einen Tarifsozialplan suspendiert; der Arbeitgeber kann in dieser Zeit die Betriebsänderung umsetzen, ohne zuvor sämtliche Mittel zum Versuch eines Interessenausgleichs (§ 112 I 1 BetrVG) ausgeschöpft zu haben.[244]

4. Nachteilsausgleich (§ 113 BetrVG)

Erfüllt der Arbeitgeber seine Verpflichtungen aus einem **Sozialplan** nicht, hat   791
der Arbeitnehmer unmittelbare Ansprüche auf Erfüllung aus § 77 IV 1 BetrVG (Rn. 789). Versucht der Unternehmer keinen **Interessenausgleich** mit dem Betriebsrat oder weicht er von einem verabredeten Interessenausgleich ohne zwingenden Grund ab, löst die Betriebsänderung Ansprüche der Arbeitnehmer auf **Nachteilsausgleich** gemäß § 113 BetrVG aus:

- Bei einer **Entlassung** erhalten die Arbeitnehmer eine Abfindung von bis zu 18 Monatsverdiensten (**§ 113 I BetrVG** i. V. m. § 10 KSchG). Insofern sind betriebsverfassungswidrige und sozialwidrige Kündigungen gleichgestellt.
- Bei **anderen wirtschaftlichen Nachteilen**, z. B. höheren Fahrtkosten bei Versetzungen, gilt entsprechendes (**§ 113 II BetrVG**). Wirtschaftliche Nachteile sind vermögenswerte Einbußen, die in Geld ausgeglichen werden können.

Der Arbeitnehmer soll dafür entschädigt werden, dass die Chance, durch einen Interessenausgleich die Entlassung (§ 113 I BetrVG) oder andere wirtschaftliche Nachteile (§ 113 II BetrVG) zu vermeiden, nicht genutzt oder vereitelt wurde. Daher tritt die Folge des § 113 BetrVG unabhängig davon ein, ob die Kündigungen oder Versetzungen individualrechtlich rechtmäßig sind. Der Sanktionscharakter des Nachteilsausgleichs führt dazu, dass der Abfindungsanspruch nicht von der finanziellen Leistungsfähigkeit des Arbeitgebers abhängt.[245] Kollektivrechtlich ist eine gezahlte Sozialplanabfindung auf den Nachteilsausgleich anzurechnen.[246] Das Zusammenspiel der §§ 111, 112 und 113 BetrVG verdeutlicht der

---

[242] Siehe dazu *Bayreuther*, NZA 2007, 1017; *Löwisch/Rieble*, TVG § 1 Rn. 427.

[243] *BAG* vom 24. 4. 2007 – 1 AZR 252/06, BAGE 122, 134 = AP Nr. 2 zu § 1 TVG Sozialplan = NZA 2007, 987 (Rn. 81 ff.); kritisch *Löwisch/Rieble*, TVG, § 1 Rn. 237.

[244] *Henssler*, Richardi-FS (2007), S. 553 (557); *Krause*, Otto-FS (2008), S. 273 (288); *Rieble*, RdA 2005, 200 (211); *Wank*, RdA 2009, 1 (5 ff.).

[245] *BAG* vom 18. 10. 2011 – 1 AZR 335/10, AP Nr. 70 zu § 111 BetrVG 1972 = NZA 2012, 221 (Rn. 24); GK-BetrVG/*Oetker*, § 113 Rn. 91.

[246] *BAG* vom 20. 11. 2001 – 1 AZR 97/01, BAGE 99, 377 (382 f.) = AP Nr. 39 zu § 113 BetrVG 1972 = NZA 2002, 992.

792   **Übungsfall 28 (Angemessene Abfindung):** Die Autotex GmbH (A) produziert mit 600 Arbeitnehmern in ihrem Stuttgarter Betrieb hochwertige Sitzbezüge aus Textil für Automobile der Oberklasse. Da solche Automobile zunehmend mit Ledersitzen ausgestattet werden, sinkt die Nachfrage nach textilen Sitzbezügen deutlich und nachhaltig. Am 1. 4. unterrichtet die Geschäftsführung der A den Betriebsrat durch ein ausführliches Schreiben von ihrem Plan, den Stuttgarter Betrieb wegen des Nachfragerückgangs zu verkleinern und voraussichtlich 58 Arbeitnehmer zu entlassen. Zugleich fordert die Geschäftsführung der A den Betriebsrat auf, mit ihr über einen Interessenausgleich zu beraten. Der Betriebsrat protestiert gegen den Plan, unternimmt aber sonst nichts. Daraufhin setzt die Geschäftsführung den Plan Ende Mai in die Tat um und stellt den betroffenen 58 Arbeitnehmern am 31. 5. Kündigungsschreiben zu. Die Arbeitnehmerin Britta Berger (B), der zum 31. 8. gekündigt wurde, geht gegen die Kündigung nicht vor, weil sie zum 1. 9. einen neuen Arbeitsplatz gefunden hat. Sie verlangt jedoch von A die Zahlung einer Abfindung.[247]

793   **Lösung:** B könnte gegen A einen Anspruch auf Zahlung einer angemessenen Abfindung gemäß § 113 I, III BetrVG i. V. m. § 10 KSchG haben.

(1) Gegen die **Anwendbarkeit** der §§ 111–113 BetrVG bestehen keine Bedenken, da das Unternehmen mehr als 20 wahlberechtigte Arbeitnehmer beschäftigt (§ 111 Satz 1 BetrVG) und ein Betriebsrat besteht.

(2) Die Entlassung von 58 Arbeitnehmern müsste eine **Betriebsänderung** darstellen, die erhebliche Teile der Belegschaft betrifft (§ 111 Satz 1 BetrVG). In Betracht kommt eine Einschränkung des Betriebs i. S. d. § 111 Satz 3 Nr. 1 BetrVG. Während bei der Stilllegung des Betriebs die Belegschaft aufgelöst wird, wird bei der Einschränkung nur die Leistungsfähigkeit des Betriebs auf Dauer herabgesetzt.[248]

(a) Da eine Verringerung von Betriebsmitteln nicht vorgesehen ist, stellt sich die Frage, ob der **bloße Abbau von Personal** ohne sonstige organisatorische Maßnahmen des Arbeitgebers den Tatbestand des § 111 Satz 3 Nr. 1 BetrVG erfüllt. Das BAG hat den bloßen Personalabbau seit jeher als Betriebseinschränkung qualifiziert.[249] Dass der Gesetzgeber von dieser Rechtslage ausgeht, ergibt sich mittelbar aus § 112 a I BetrVG.

(b) In größeren Betrieben sollen jedoch nicht schon die gewöhnlichen Anpassungen des Personals an den wechselnden Bedarf die Folgen der Betriebsänderung auslösen. Daher wendet das BAG als Schwellenwert für eine Einschränkung des Betriebs durch Personalabbau die **Zahlenstaffel des § 17 KSchG** mit der Maßgabe an, dass in Betrieben mit 600 oder mehr Arbeitnehmern mindestens 5% der Belegschaft betroffen sein müssen (vgl. Rn. 782). Dieses Größenkriterium ist bei der Entlassung von 58 der 600 Arbeitnehmer erfüllt.

(c) Nicht erfüllt ist dagegen das **Größenkriterium des § 112 a I 1 Nr. 4 BetrVG,** wonach in einem Betrieb mit 600 Arbeitnehmern mindestens 60 Arbeitnehmer von der Betriebsänderung betroffen sein müssen. Die Vorschrift des § 112 a I BetrVG begrenzt jedoch nur die Sozialplanpflicht nach § 112 IV, V BetrVG; ein Interessenausgleich muss auch versucht werden, wenn der Betriebsrat einen Sozialplan nicht erzwingen kann.[250]

794   (3) Entscheidend ist damit, ob der Unternehmer die Betriebsänderung durchgeführt hat, ohne den **Versuch eines Interessenausgleichs** vorgenommen zu haben (§ 113 III BetrVG). Nach der Rechtsprechung des BAG bedeutet „Versuch" eines Interessenausgleichs, dass der Unternehmer von sich aus gemäß § 112 II 2 BetrVG die Einigungsstelle anruft, auch wenn der Betriebsrat untätig bleibt.[251] Da ein solcher Versuch hier nicht vorliegt, sind die Voraussetzungen des § 113 III BetrVG erfüllt.

---

[247] Vgl. *BAG* vom 21. 10. 1980 – 1 AZR 145/79, AP Nr. 8 zu § 111 BetrVG 1972 m. Anm. *Seiter* = NJW 1981, 2599.

[248] GK-BetrVG/*Oetker,* § 111 Rn. 60, 74.

[249] *BAG* vom 6. 12. 1988 – 1 ABR 47/87, AP Nr. 26 zu § 111 BetrVG 1972 = EzA § 111 BetrVG 1972 Nr. 23.

[250] *BAG* vom 8. 11. 1988 – 1 AZR 687/87, BAGE 60, 87 (90) = AP Nr. 18 zu § 113 BetrVG 1972 = NZA 1989, 278.

[251] *BAG* vom 18. 12. 1984 – 1 AZR 176/82, BAGE 47, 329 (333) = AP Nr. 11 zu § 113 BetrVG 1972 = NZA 1985, 400; *BAG* vom 26. 10. 2004 – 1 AZR 493/03, BAGE 112, 260 (263) = AP Nr. 49 zu § 113 BetrVG 1972 = NZA 2005, 237.

(4) Die Rechtsfolge des § 113 III BetrVG ist der Anspruch auf eine **angemessene Abfindung** nach § 113 I BetrVG i. V. m. § 10 KSchG.

Über die wichtigsten **Beteiligungsrechte des Betriebsrats** unterrichtet ab- 795 schließend die **Übersicht 10.8:**

Übersicht 10.8: Beteiligungsrechte des Betriebsrats

Art der Beteiligung	Soziale Angelegenheiten	Personelle Angelegenheiten	Wirtschaftliche Angelegenheiten
Unterrichtung		§§ 99, 102, 105	§ 111
Anhörung		§ 102	
Beratung		§§ 92, 96, 97	§ 111
Widerspruch		§ 102	
Zustimmungsverweigerung		§ 99	
Mitbestimmung	§ 87	§§ 93, 94, 95	§§ 112, 112 a

IX. Personalvertretungsrecht

Das Betriebsverfassungsgesetz findet keine Anwendung auf Verwaltungen 796 und Betriebe des Bundes, der Länder, der Gemeinden und sonstiger Körperschaften, Anstalten und Stiftungen des öffentlichen Rechts (**§ 130 BetrVG**). Das „Betriebsverfassungsrecht" des öffentlichen Dienstes ist das Personalvertretungsrecht; der „Betriebsrat" des öffentlichen Dienstes ist der Personalrat.[252] Die gesetzlichen Grundlagen sind das **Bundespersonalvertretungsgesetz** von 1974 (BPersVG) und die Personalvertretungsgesetze der Länder. Der **erste Teil** des BPersVG regelt das Recht der Personalvertretungen der Verwaltungen des Bundes und der bundesunmittelbaren Körperschaften, Anstalten und Stiftungen des öffentlichen Rechts (z. B. Bundesagentur für Arbeit, Deutsche Bundesbank und Stiftung preußischer Kulturbesitz) sowie der Gerichte des Bundes (§ 1 Satz 1 BPersVG). Der **zweite Teil** des BPersVG (§§ 94–109) enthält die in Art. 125 b I GG vorgesehenen Rahmenvorschriften für den öffentlichen Dienst der Länder. Die Länder haben diesen Rahmen in unterschiedlichem Maß ausgeschöpft, sodass sich die Personalvertretungsgesetze der Länder unterscheiden.[253]

Das Personalvertretungsrecht erfasst nicht nur Arbeitsverhältnisse, sondern auch öffentlich-rechtliche Dienstverhältnisse, insbesondere der Beamten. Für Rechtsstreitigkeiten sind nicht die Arbeitsgerichte, sondern die Verwaltungsgerichte zuständig (§ 83 BPersVG). Die wichtigste Personalvertretung ist der **Personalrat,** der Arbeiter, Angestellte und Beamte vertritt (§§ 4, 5 BPersVG). Er wird in **Dienststellen** gebildet (§ 12 BPersVG). In mehrstufigen Verwaltungen werden bei den Behörden der mittleren Stufe (z. B. der Bezirksregierung) Bezirkspersonalräte, bei den obersten Dienstbehörden (z. B. dem Landesministerium) Hauptpersonalräte gebildet (**Stufenvertretungen**). Die „Betriebsvereinbarung" des öffentlichen Dienstes ist die **Dienstvereinbarung** (§ 73 BPersVG).

---

[252] Literatur: *Ilbertz/Widmaier/Sommer,* BPersVG – Kommentar, 12. Aufl. (2012).
[253] Literatur: *Richardi/Dörner/Weber,* Personalvertretungsrecht – Kommentar, 4. Aufl. (2012).

797   Die Beteiligungsrechte sind im Personalvertretungsrecht anders ausgestaltet als in der Betriebsverfassung: **Mitwirkung** bedeutet, dass eine Angelegenheit, in der die Dienststelle und der Personalrat sich nicht einigen, der nächsthöheren Dienststelle unterbreitet werden kann, bei der ein Bezirks- oder Hauptpersonalrat besteht (§ 72 BPersVG). **Mitbestimmung** bedeutet – wie im Betriebsverfassungsrecht –, dass die Personalvertretung zwingend zu beteiligen ist; die fehlende Einigung wird durch einen Spruch der Einigungsstelle ersetzt, die bei der obersten Dienstbehörde gebildet wird (§§ 69–71 BPersVG).

X. Europäischer Betriebsrat

798   Das Gesetz über den Europäischen Betriebsrat, das die **Richtlinie 09/38/EG** umsetzt, bezweckt die **Unterrichtung** und **Anhörung** der Arbeitnehmer bei Angelegenheiten, die sich auf Betriebe in mehreren Mitgliedstaaten der Europäischen Union auswirken; eine grenzüberschreitende Mitbestimmung ist nicht vorgeschrieben.

Für die Bildung, die Zusammensetzung und die Beteiligungsrechte eines Europäischen Betriebsrats sieht das Gesetz **drei Varianten** vor: (1) Vereinbarungen über einen Europäischen Betriebsrat, die vor Inkrafttreten des Gesetzes bestanden und bestimmte Mindestanforderungen erfüllen, bleiben bestehen (§ 41 EBRG). (2) Europäische Betriebsräte, die nach Inkrafttreten des Gesetzes errichtet werden, können die Parteien durch Vereinbarung ausgestalten, wobei Mindeststandards zu beachten sind (§§ 8–20 EBRG). (3) Gelingt es nicht, einen Europäischen Betriebsrat kraft Vereinbarung zu errichten, kommt es zu einem Europäischen Betriebsrat kraft Gesetzes (§§ 21–37 EBRG).

799   Das EBRG gilt für gemeinschaftsweit operierende Unternehmen und Unternehmensgruppen. Eine „Unternehmensgruppe" ist eine Vorstufe des Konzerns (§§ 6 I EBRG, 17 I AktG, s. auch Rn. 127). Ein Unternehmen ist gemeinschaftsweit tätig, wenn es mindestens 1.000 Arbeitnehmer in den Mitgliedstaaten und davon mindestens je 150 Arbeitnehmer in mindestens zwei Mitgliedstaaten beschäftigt (§ 3 I EBRG); entsprechendes gilt für eine Unternehmensgruppe (§ 3 II EBRG).

Beispiel: Eine GmbH mit Sitz in Deutschland hat einen Betrieb in München mit 850 Arbeitnehmern und einen Betrieb in Salzburg (Österreich) mit 150 Arbeitnehmern. Die Voraussetzungen des § 3 I EBRG sind erfüllt; gemäß § 2 EBRG (Sitz des Unternehmens in Deutschland) ist ein Europäischer Betriebsrat nach deutschem Recht (§§ 8 ff. EBRG) zu bilden.

Fälle und Fragen

260. Welche „Philosophie" steht hinter der deutschen Betriebsverfassung? (Rn. 640, 641)

261. Was versteht man unter der „Zweispurigkeit der kollektiven Interessenvertretung"? (Rn. 642–644)

262. Nachdem der Betriebsrat und die Geschäftsleitung sich nicht auf eine Betriebsvereinbarung über den Umfang der Samstagsarbeit einigen konnten, rief der Betriebsrat die Belegschaft zu einem einstündigen Warnstreik auf, um seinen Forderungen Nachdruck zu verleihen. Ist dieser Aufruf rechtmäßig? (Rn. 645)

263. Welche Etappen in der Entwicklung des Betriebsverfassungsrechts verbinden sich mit den Jahreszahlen 1920, 1952 und 1972? (Rn. 647–649)

264. Was sind aus der Sicht eines Arbeitgebers wesentliche Vor- und Nachteile der Betriebsverfassung? (Rn. 651 a. E.)

265. Haftet ein Betriebsratsmitglied, das einem Arbeitnehmer durch seine Betriebsratstätigkeit einen Schaden zugefügt hat, aus Vertragsverletzung, nach vertragsähnlichen Grundsätzen und/oder aus unerlaubter Handlung? (Rn. 652)

266. „Eine im Betrieb vertretene Gewerkschaft (z. B. §§ 2 I, 23 I BetrVG) ist eine Gewerkschaft, der mindestens fünf wahlberechtigte Arbeitnehmer des Betriebs angehören." Richtig oder falsch? (Rn. 654)

267. Die Biotech AG hat eine Forschungsabteilung, in der 20 der insgesamt 310 Arbeitnehmer beschäftigt sind, ausgelagert und in einem eigenen Gebäude untergebracht. Wovon hängt es ab, ob im Unternehmen der Biotech AG nunmehr ein oder zwei Betriebe bestehen? Spielt es eine Rolle, wie weit entfernt das neue Gebäude von den übrigen Räumlichkeiten der Biotech AG liegt? (Rn. 657)

268. Welche Unterschiede bestehen zwischen dem Betriebsbegriff
a) im Betriebsverfassungsrecht,
b) im Kündigungsschutzrecht und
c) im Recht des Betriebsübergangs? (Rn. 660)

269. Die Senator Druck- und Verlags-GmbH (Sitz Frankfurt am Main) betreibt im Rheingau mit vier Arbeitnehmern ein Weingut. Die Weinbauerzeugnisse werden nicht verkauft, sondern ausschließlich als Präsente für Geschäftsfreunde und als Weihnachtsgaben für die Mitarbeiter verwendet. Sind die vier Arbeitnehmer des Weinguts bei den Wahlen zum Betriebsrat der Senator Druck- und Verlags-GmbH zu beteiligen? (Rn. 661)

270. Der Landesverband Nordrhein-Westfalen der Sozialdemokratischen Partei Deutschlands (SPD) möchte für seinen Vorsitzenden einen persönlichen Referenten einstellen. Ist der beim Landesverband bestehende Betriebsrat nach § 99 I BetrVG zu unterrichten? Kann der Betriebsrat seine Zustimmung aus den Gründen des § 99 II BetrVG verweigern? (Rn. 664, 665)

271. Gitte Gabriel (G) leitet das Restaurant (15 Arbeitnehmer) des Kaufhauses Bellheim in Hannover (insgesamt 150 Arbeitnehmer). Sie entscheidet über das Speiseangebot und – nach Rücksprache mit dem Geschäftsführer des Kaufhauses – über die Preisgestaltung. Ihre Vorschläge hinsichtlich der Einstellung und Entlassung von Restaurantmitarbeitern werden in der Regel vom Geschäftsführer akzeptiert, der dann die Arbeitsverträge schließt. Hat G bei den Wahlen zum Betriebsrat das Wahlrecht? (Rn. 668, 669)

272. Welches sind die drei Ebenen der Betriebsverfassung? (Rn. 671, 672)

273. Nennen Sie fünf Organe der Betriebsverfassung! (Rn. 671)

274. Welche zwei Arten von Zuständigkeiten des Gesamtbetriebsrats gibt es? (Rn. 674)

275. „Während der Gesamtbetriebsrat so lange besteht, wie die gesetzlichen Voraussetzungen seiner Errichtung erfüllt sind, kann der Konzernbetriebsrat jederzeit durch Beschluss seiner Mitglieder aufgelöst werden." Richtig oder falsch? (Rn. 673, 675)

276. Zeitgleich mit den regelmäßigen Betriebsratswahlen alle vier Jahre finden statt
O die Wahlen zum Gesamtbetriebsrat,
O die Wahlen zum Konzernbetriebsrat,
O die Wahlen zum Sprecherausschuss der leitenden Angestellten.
Was ist zutreffend? (Rn. 680)

277. Welche Arbeitnehmer haben das aktive, welche Arbeitnehmer haben das passive Wahlrecht bei den Wahlen zum Betriebsrat? (Rn. 681)

278. Im Betrieb der Zapf Dentaltechnik besteht kein Betriebsrat. Keiner der 20 Arbeitnehmer ist Mitglied einer Gewerkschaft. Wie können die Arbeitnehmer erreichen, dass ein Betriebsrat gewählt wird? Wie lange bleibt der Betriebsrat im Amt, wenn die Wahl im März 2012 stattfindet und die nächste reguläre Betriebsratswahl im Frühjahr 2014? (Rn. 683)

279. An der Wahl zum Betriebsrat der Zapf Dentaltechnik hat auch die Ehefrau des Betriebsinhabers teilgenommen, die als Buchhalterin zu den 20 Arbeitnehmern des Betriebs zählt. Drei Wochen nach Bekanntgabe des Wahlergebnisses (eine Stimme Mehrheit für einen der beiden Bewerber) kommen Zweifel auf, ob die Wahl rechtmäßig war. Wie ist die Rechtslage? (Rn. 686, 667)

280. Wie lange dauert die regelmäßige Amtszeit des Betriebsrats? (Rn. 687)

281. Welches ist die vordringliche Aufgabe des Betriebsrats, der ein Übergangsmandat wahrnimmt? (Rn. 688)

282. Welchem Zweck dient das Restmandat des Betriebsrats nach Abschluss einer Betriebsstilllegung? (Rn. 690)

283. Wie werden die Kosten der Betriebsratstätigkeit gedeckt: durch eine Umlage der Arbeitnehmer, durch ein festes Budget, das der Arbeitgeber zur Verfügung stellt, durch eine Kostenübernahmepflicht des Arbeitgebers oder durch Zuwendungen seitens der Gewerkschaft? (Rn. 694)

284. Warum erhalten die Mitglieder des Betriebsrats für ihre Tätigkeit keine besondere Vergütung? (Rn. 695)

285. Wie unterscheidet sich das Anhörungsrecht des Betriebsrats (z. B. nach § 102 I 1 BetrVG) vom Beratungsrecht des Betriebsrats (z. B. nach § 111 Satz 1 BetrVG)? (Rn. 700)

286. „Der Widerspruch des Betriebsrats nach § 102 III BetrVG hat keinen Einfluss auf die Wirksamkeit einer Kündigung. Die Zustimmungsverweigerung nach § 99 II BetrVG führt dagegen zur Rechtsunwirksamkeit einer Versetzung." Richtig oder falsch? (Rn. 701, 702, 766)

287. In welchem der drei folgenden Fälle umschließt das Mitbestimmungsrecht des Betriebsrats nach § 87 I BetrVG ein Initiativrecht mit der Folge, dass sich der Arbeitgeber nach § 87 II BetrVG auf ein Einigungsstellenverfahren einlassen muss:
    ○ bei der Einführung zusätzlicher übertariflicher Entgelte,
    ○ bei der Einführung von technischen Kontrolleinrichtungen oder
    ○ bei der Einführung von Kurzarbeit im Betrieb? (Rn. 704, 705)

288. Um die Folgen eines angedrohten Streiks abzumildern, möchte die Geschäftsleitung der Badischen Metallwerke für die Dauer des Streiks in einigen Abteilungen Aushilfskräfte einstellen. Muss der Betriebsrat nach § 99 BetrVG beteiligt werden? (Rn. 706)

289. Wie unterscheiden sich Rechtsstreitigkeiten von Regelungsstreitigkeiten? Nennen Sie Beispiele! (Rn. 707)

290. Welche Funktion hat die Einigungsstelle und wie wird sie gebildet? (Rn. 708)

291. Wie leitet die Rechtsprechung bei einem Verstoß des Arbeitgebers gegen § 87 I BetrVG einen allgemeinen betriebsverfassungsrechtlichen Unterlassungsanspruch des Betriebsrats her, der neben dem speziellen Unterlassungsanspruch nach § 23 III BetrVG besteht? (Rn. 712)

292. Welche Rechtsnatur hat der Spruch der Einigungsstelle? (Rn. 716)

293. Der Arbeitgeber hat eine Betriebsvereinbarung über die Durchführung der gleitenden Arbeitszeit fristgerecht und wirksam zum 31. 12. 2010 gekündigt. Die Verhandlungen mit dem Betriebsrat über eine neue Betriebsvereinbarung ziehen sich in die Länge. Wie bestimmt sich ab dem 1. 1. 2011 die Lage der täglichen Arbeitszeit? (Rn. 719)

294. Wie unterscheidet sich eine Regelungsabrede (Betriebsabsprache) nach ihren Voraussetzungen und ihren Wirkungen von der Betriebsvereinbarung? (Rn. 720)

295. Der Betriebsrat der Passat Automobilwerke AG schließt mit dem Vorstand eine Betriebsvereinbarung, wonach die AG im Dezember 2009 bei jedem Arbeitnehmer 5% des übertariflich gewährten Weihnachtsgelds einbehält und als „Weihnachtsspende 2009" an die Kinderhilfsorganisation „Terre des Hommes" überweist. Ist die Vereinbarung wirksam? (Rn. 723)

296. „Im Verhältnis zwischen Tarifvertrag und Betriebsvereinbarung gilt das Günstigkeitsprinzip. Sieht der Tarifvertrag beispielsweise einen Erholungsurlaub von 28 Werktagen jährlich vor, kann eine Betriebsvereinbarung im Geltungsbereich dieses Tarifvertrages einen Erholungsurlaub von 30 Werktagen jährlich festlegen." Richtig oder falsch? (Rn. 725)

297. Was bedeutet die Formulierung „durch Tarifvertrag geregelt" (§ 77 III 1 BetrVG)? (Rn. 726)

298. Wie verhält sich der Tarifvorbehalt des § 77 III BetrVG zum Tarifvorrang des § 87 I BetrVG? (Rn. 729)

299. „Im Verhältnis zwischen Betriebsvereinbarung und Arbeitsvertrag gilt das Günstigkeitsprinzip. Sieht eine Betriebsvereinbarung beispielsweise eine übertarifliche Zulage von 200 Euro vor, kann der Arbeitgeber den Arbeitnehmern eine Zulage von 300 Euro monatlich auszahlen." Richtig oder falsch? (Rn. 730)

300. Was besagt die Theorie der notwendigen Mitbestimmung? (Rn. 736)

301. Welche Beteiligungsrechte des Betriebsrats bestehen hinsichtlich der Dauer der Arbeitszeit? (Rn. 739)

302. Frau Schmidt möchte für drei Monate ihre wöchentliche Arbeitszeit von 30 auf 20 Stunden verringern, um ihrem Mann beim Aufbau einer eigenen Existenz zu helfen. Der Arbeitgeber ist mit der Arbeitszeitverkürzung einverstanden. Muss der Betriebsrat beteiligt werden? (Rn. 740)

303. „Lohn" bzw. „Entlohnung" i. S. d. § 87 I Nr. 10 BetrVG umfasst
   ○ eine Sonderzahlung aus Anlass des 25 jährigen Betriebsjubiläums,
   ○ ein zinsverbilligtes Arbeitgeberdarlehen,
   ○ die Erstattung von Dienstreisekosten.
   Was ist zutreffend? (Rn. 743)

304. Was besagt die sog. Topftheorie? (Rn. 744)

305. Welchen Sinn und Zweck hat das Mitbestimmungsrecht des § 87 I Nr. 11 BetrVG? (Rn. 748)

306. Welche Bedeutung hat die Unterscheidung von Leistungsverhalten und Ordnungsverhalten im Rahmen des § 87 I Nr. 1 BetrVG? (Rn. 749)

307. Welches Mitbestimmungsrecht des Betriebsrats besteht, wenn der Arbeitgeber die Daten der Telefongespräche der Mitarbeiter elektronisch erfassen will? (Rn. 751)

308. Auf vielfachen Wunsch der Belegschaft möchte der Arbeitgeber einen Kinderhort einrichten. Inwieweit hat der Betriebsrat bei dieser Maßnahme mitzubestimmen? (Rn. 753)

309. Eine Bauunternehmung stellt auf auswärtigen Baustellen Wohncontainer auf, in denen ihre Bauarbeiter übernachten können. Unterliegt die Art und Weise der Nutzung dieser Container der Mitbestimmung des Betriebsrats? (Rn. 754)

310. Welche Arten von personellen Angelegenheiten unterscheidet das BetrVG? (Rn. 757)

311. Der Betriebsrat kann sich weigern, der Einstellung eines Arbeitnehmers zuzustimmen, wenn
   ○ die verlangte Stellenausschreibung im Betrieb nicht erfolgt ist,
   ○ der Betriebsrat dem Personalfragebogen nicht zugestimmt hat,
   ○ die Einstellung gegen eine Auswahlrichtlinie verstoßen würde.
   Was ist zutreffend? (Rn. 758, 759)

312. Im Betrieb der Zapf Dentaltechnik, die 25 Arbeitnehmer beschäftigt, soll einer der Zahntechniker für drei Wochen als Fahrer eingesetzt werden, um den urlaubsbedingt abwesenden Fahrer des Betriebs zu vertreten. Ist der Betriebsrat von dieser Maßnahme zu unterrichten? (Rn. 762, 764)

313. Welche Anforderungen werden an eine wirksame Zustimmungsverweigerung nach § 99 III BetrVG gestellt? (Rn. 765)

314. Wie ist die Rechtslage, wenn der Arbeitgeber den Betriebsrat unter Vorlage aller Bewerbungsunterlagen um die Zustimmung zur Einstellung einer Bewerberin gebeten und der Betriebsrat sich nach acht Tagen noch nicht geäußert hat? (Rn. 765)

315. Wie trägt das BetrVG dem Lebenssachverhalt Rechnung, dass eine personelle Einzel-maßnahme (Einstellung, Versetzung) oftmals kurzfristig erfolgen muss? (Rn. 767)

316. Welche Anforderungen sind an die Unterrichtung des Betriebsrats gemäß § 102 I 2 BetrVG zu stellen, wenn bei einer betriebsbedingten Kündigung eine Sozialauswahl er-forderlich ist? (Rn. 770)

317. Welche Möglichkeiten der Reaktion hat der Betriebsrat, wenn der Arbeitgeber ihn von einer beabsichtigten ordentlichen Kündigung unterrichtet? (Rn. 771, 772)

318. Welche Rechte hat der Betriebsrat, wenn der Tatbestand einer Betriebsänderung nach § 111 BetrVG vorliegt? (Rn. 779)

319. Kann auch die bloße Entlassung von Arbeitnehmern eine Einschränkung oder Stilllegung des ganzen Betriebs oder von wesentlichen Betriebsteilen i. S. d. § 111 Satz 3 Nr. 1 BetrVG darstellen? (Rn. 782)

320. Nach § 111 Satz 1 BetrVG muss eine Betriebsänderung entweder die gesamte Belegschaft oder „erhebliche Teile der Belegschaft" betreffen. Wonach bemisst sich, ob der betroffe-ne Teil der Belegschaft „erheblich" ist? (Rn. 784)

321. In welchem Zeitpunkt hat die Unterrichtung des Betriebsrats nach § 111 Satz 1 BetrVG zu erfolgen? (Rn. 785)

322. Wie unterscheidet sich der Interessenausgleich (§ 112 I 1 BetrVG) vom Sozialplan gemäß § 112 I 2 BetrVG? (Rn. 786, 787)

323. In zwei Fallgruppen ist trotz Vorliegens der Voraussetzungen der §§ 111, 112 BetrVG ein Sozialplan nicht erzwingbar. In welchen? (Rn. 788)

324. Welche Wirkungen hat ein Sozialplan? (Rn. 789)

325. Welche Grenzen sind dem Ermessen der Einigungsstelle bei ihrer Entscheidung über ei-nen Sozialplan gesetzt? (Rn. 790)

326. Der Arbeitgeber hat den Betriebsrat rechtzeitig darüber unterrichtet, dass der Betrieb (35 Beschäftigte) von Berlin-Mitte in das 25 km entfernte Industriegebiet Hellersdorf verlegt wird. Der Betriebsrat unternimmt nichts; der Betrieb wird verlegt, wodurch den Arbeit-nehmern zum Teil erheblich höhere Fahrtkosten entstehen. An welchen Anspruch der Arbeitnehmer ist zu denken? (Rn. 791, 794)

327. Für welche Arbeitnehmer gilt das Personalvertretungsrecht? (Rn. 796)

328. Was bedeutet Mitwirkung i. S. d. Personalvertretungsrechts? (Rn. 797)

329. Welche Unternehmen und Unternehmensgruppen unterliegen dem Gesetz über den Eu-ropäischen Betriebsrat? (Rn. 799)

§ 11. Mitbestimmung im Unternehmen

Die Mitbestimmung der Arbeitnehmer beschränkt sich nicht auf die sozialen, 800
personellen und wirtschaftlichen Angelegenheiten im **Betrieb,** die im Betriebsverfassungsgesetz geregelt sind. Das deutsche Recht beteiligt die Arbeitnehmer
auch an Planungs- und Entscheidungsprozessen von **Unternehmen,** indem die
Aufsichtsräte bestimmter Kapitalgesellschaften mit Arbeitnehmervertretern zu
besetzen sind. Dadurch erhalten die Arbeitnehmer nicht nur Einfluss auf das betriebliche Geschehen, sondern auch auf die Unternehmenspolitik.[1] Das prägende Kennzeichen der Unternehmensmitbestimmung ist die **Rechtsformabhängig-
keit** der Arbeitnehmerbeteiligung: Die Unternehmensmitbestimmung ist auf
Unternehmen beschränkt, die in **bestimmten Rechtsformen** betrieben werden.
Denn die Unternehmensmitbestimmung erfolgt nicht in arbeitsrechtlichen Gremien wie dem Betriebsrat, dem Gesamtbetriebsrat und dem Konzernbetriebsrat,
sondern in einem gesellschaftsrechtlichen Unternehmensorgan, dem Aufsichtsrat.

Systematisch gehört die Mitbestimmung im Aufsichtsrat in das **Gesellschaftsrecht;** sie steht
jedoch in einem engen sachlichen Zusammenhang mit dem **Arbeitsrecht,** da sie im Interesse
der Arbeitnehmer besteht.

I. Grundlagen der Unternehmensmitbestimmung

Die Mitbestimmung von Arbeitnehmervertretern im Aufsichtsrat steht nach 801
„traditioneller" Vorstellung in einem Spannungsverhältnis zur **Tarifautonomie**
gemäß Art. 9 III GG, die auf dem Gedanken von Macht und Gegenmacht beruht, und in einem Spannungsverhältnis zur **Eigentumsgarantie** des Art. 14 I
GG (Rn. 11): Die Anteilseigner einer Kapitalgesellschaft (Aktionäre, GmbH-
Gesellschafter) tragen das **finanzielle Risiko** von Fehlentscheidungen; sie müssten daher in einem auf Privateigentum beruhenden marktwirtschaftlichen System an sich auch die Entscheidungen allein treffen, zumal das **Arbeitsplatzrisiko**
der Arbeitnehmer durch arbeitsrechtliche Vorschriften abgefedert wird.[2]

Dieses Modell wurde unter dem Eindruck der beiden Weltkriege – und stärker noch im Gefolge der politischen Veränderungen des Jahres 1968 – kritisiert:
Das Gesellschaftsrecht als Recht der **Kapitaleigentümer** sei sozial schädlich,
weil es in erster Linie darauf bedacht sei, die Rechte der Eigentümer – gerade
auch gegen **Arbeitnehmereinflüsse** – zu sichern. Die Forderung nach Mitbestimmung im Unternehmen konfrontiere „das kapitalistische System, in dem
sich Eigentümer an den Produktionsmitteln gesellschaftsrechtlich als Inhaber
des Unternehmens organisieren, mit der Forderung nach genossenschaftlicher

---

[1] Umfassend *Ulmer/Habersack/Henssler,* Mitbestimmungsrecht, 3. Aufl. (2013).
[2] Einführend in diese Denkweise *Hromadka/Maschmann* II, § 15 Rn. 26, 27.

Kooperation von Kapital und Arbeit im Unternehmen, das als sozialer Verband aufgefasst wird".[3]

1. Betriebsverfassung – Mitbestimmung

802   Die Mitbestimmung in den Unternehmensorganen unterscheidet sich von der Betriebsverfassung in mehreren Aspekten:

a) **Unterschiedliche Organe:** Zwar beteiligen sowohl die Betriebsverfassung als auch die (Unternehmens-)Mitbestimmung die Arbeitnehmer an Entscheidungen des „sozialen Gegenspielers"; das geschieht aber auf verschiedene Weise: Die Arbeitnehmerbeteiligung im Betrieb erfolgt durch **Organe der Belegschaft**, die auf betriebsverfassungsrechtlicher Grundlage zu bilden sind und dem Arbeitgeber gegenübertreten (insbesondere als Betriebsrat, Gesamtbetriebsrat und Konzernbetriebsrat). Bei der Unternehmensmitbestimmung werden Arbeitnehmervertreter mit Sitz und Stimme in **Organe des Unternehmens** hereingenommen (insbesondere in den Aufsichtsrat).

Durchblick: Die Doppelung von Betriebsverfassung und Unternehmensmitbestimmung bedeutet in einem „mitbestimmten" Unternehmen, dass die Betriebsräte bei der Ausübung ihrer betriebsverfassungsrechtlichen Befugnisse einem Arbeitgeberunternehmen gegenüberstehen, bei dem die Berücksichtigung der Arbeitnehmerinteressen bereits in den Unternehmensorganen eine Rolle gespielt hat:[4] „Im Ergebnis bedeuten Betriebs- und Unternehmensverfassung eine Kumulation von Mitbestimmung in mittleren und größeren Unternehmen."[5]

803   b) **Unterschiedliche Ebenen:** Die Betriebsverfassung beteiligt die Arbeitnehmer in erster Linie an Entscheidungen auf der **betrieblichen Ebene:** Der Gesamtbetriebsrat für das Unternehmen und der Konzernbetriebsrat für die Unternehmensgruppe haben nur eine nachrangige Zuständigkeit (§§ 50, 58 BetrVG, Rn. 674, 676). Das Recht der Mitbestimmung beteiligt die Arbeitnehmer auf der **Unternehmensebene**, ergänzt um die Konzernebene (§ 2 DrittelbG, § 5 MitbestG), und zwar nicht an „betrieblichen", sondern an unternehmerischen Entscheidungen:

– Das Betriebsverfassungsrecht ist, wie das Arbeitsrecht insgesamt, **betriebsbezogen:** Die Mitwirkung bei personellen Einzelmaßnahmen nach § 99 BetrVG erfolgt durch den „Betriebsrat". Seine Rechte in sozialen Angelegenheiten nach § 87 BetrVG umfassen z.B. die „Ordnung des Betriebs" und die „betriebliche Lohngestaltung". Die Beteiligung in wirtschaftlichen Angelegenheiten nach §§ 111–113 BetrVG knüpft an eine „Betriebsänderung" an.

804   – Das Mitbestimmungsrecht, um das es im Folgenden geht, ist **unternehmensbezogen:** Es geht um die Beteiligung an Entscheidungen, die in den Organen des Unternehmens getroffen werden. Die Mitbestimmung im Unternehmen gewährt den Vertretern der Arbeitnehmer die – nach den einzelnen Gesetzen unterschiedlich intensive[6] (Rn. 827, 828) – Teilhabe am Prozess der unter-

---

[3] Zitat aus: *Kübler/Assmann*, Gesellschaftsrecht, 6. Aufl. (2006), § 33 I 1.
[4] *Zöllner*, AG 2003, 2 (10); *Windbichler*, AG 2004, 190 (194).
[5] *Hromadka/Maschmann* II, § 15 Rn. 7.
[6] Siehe nur *Deilmann*, BB 2004, 2253.

nehmerischen Planung und Entscheidung in einem der dafür zuständigen Gesellschaftsorgane.[7]

2. Ziele der Unternehmensmitbestimmung

Die Ziele der Unternehmensmitbestimmung sind umstritten. Bei der Schaf- **805** fung des Mitbestimmungsgesetzes von 1976 haben nach Ansicht der Befürworter drei Aspekte im Vordergrund gestanden:

a) das Streben nach **Demokratisierung:** Die Leitungs- und Befehlsgewalt von Menschen über Menschen soll einer demokratischen Legitimation und Kontrolle bedürfen. Unternehmerische Entscheidungen sollen demokratisch legitimiert sein.

b) der Gedanke der **Selbstbestimmung:** Die Arbeitnehmer sollen einen gleich- **806** gewichtigen Einfluss auf die Entscheidungen im Unternehmen und in der Gesamtwirtschaft ausüben können, weil sie von diesen Entscheidungen direkt betroffen sind.

c) die Stärkung der **Machtkontrolle:** Die wirtschaftliche und politische Macht des Eigentums an Produktionsmitteln soll gebunden werden.[8] Die Mitbestimmung sollte ursprünglich ein Durchgangsstadium auf dem Weg zu einer neuen Wirtschaftsordnung sein.[9]

3. Entwicklung des Mitbestimmungsrechts

Die Mitbestimmung in den Unternehmensorganen ist eine Besonderheit des **807** deutschen Rechts; auf europäischer Ebene hat sie sich bislang nicht durchsetzen können.[10] In Deutschland sind drei Etappen der Rechtsentwicklung zu unterscheiden:

a) Während die betriebliche Mitbestimmung ihre Wurzeln bereits im **808** 19. Jahrhundert hat (Rn. 647), kam der Gedanke der Unternehmensmitbestimmung erst nach dem **Ersten Weltkrieg** auf: Gemäß Art. 165 der Weimarer Reichsverfassung (WRV) sollten Arbeiter und Angestellte dazu berufen sein, gleichberechtigt an der gesamten wirtschaftlichen Entwicklung der produktiven Kräfte mitzuwirken. Dieser Programmsatz beeinflusste das **Betriebsrätegesetz** vom 9. 2. 1920 insofern, als zwei Mitglieder des Betriebsrats in den Aufsichtsrat von Aktiengesellschaften zu entsenden waren (§ 70 BRG). Diese Regelung drang aber kaum in das Bewusstsein der Öffentlichkeit; die Unternehmensmitbestimmung war kein zentraler Gegenstand der Gewerkschaftsforderungen in der Weimarer Republik.

---

[7] *Habersack,* ZHR 168 (2004), 373; *Ulmer,* ZHR 166 (2002), 271.
[8] *Kübler,* Döser-FS (1999), S. 237; krit. *Junker,* NJW 2004, 728.
[9] *Hensche,* Mitbestimmung als Kontrolle, in: Das Mitbestimmungsgespräch 1973, 165: „Dabei sollte Klarheit bestehen, dass die paritätische Mitbestimmung in den Aufsichtsräten großer Unternehmen allein nicht ausreicht. Langfristig wird kein Weg vorbeiführen an der Zunahme staatlicher Planung, der Investitionskontrolle und der Überführung bestimmter Unternehmen in gesellschaftliches Eigentum."
[10] Kritisch *Hromadka/Maschmann* II, § 15 Rn. 24, 25.

809 b) Unmittelbar nach dem **Zweiten Weltkrieg** verfolgten die Gewerkschaften das Ziel, die „Schlüsselindustrien" zu verstaatlichen. Schlüsselindustrien waren damals noch der Bergbau und die Stahlindustrie, deren Unternehmen überwiegend von den Alliierten beschlagnahmt und in kleinere Einheiten aufgeteilt („entflochten") wurden. Im Einvernehmen zwischen Besatzungsbehörden, Gewerkschaften und Alteigentümern wurden die Aufsichtsräte dieser Gesellschaften paritätisch mit Arbeitnehmer- und Anteilseignervertretern besetzt. Dem Vorstand gehörte ein auf Vorschlag der Arbeitnehmer berufener Arbeitsdirektor an. Nach der Gründung der Bundesrepublik Deutschland im Jahre 1949 verteidigten die Gewerkschaften diesen Besitzstand unter Drohung mit einem Generalstreik; das **Montanmitbestimmungsgesetz** vom 21. 5. 1951 dehnte dieses Mitbestimmungsmodell auf den gesamten Montanbereich – Kohle und Stahl – aus (Rn. 830–833).

Nachdem das **Grundgesetz von 1949** die Fragen der Wirtschaftsverfassung ausgeklammert hatte (Rn. 11), veröffentlichte der DGB im Jahre 1950 seine Vorschläge zur Neuordnung der deutschen Wirtschaft. Der DGB forderte, in allen Unternehmen mit mehr als 300 Arbeitnehmern die Hälfte der Aufsichtsratssitze der Arbeitnehmerseite einzuräumen.[11] Der zur Unterstützung dieser Forderung im Mai 1952 durchgeführte Zeitungsstreik legte zwar die Tagespresse lahm, fand aber in der Öffentlichkeit ein zurückhaltendes Echo, das es Bundeskanzler Adenauer erleichterte, einen Kompromiss durch den Bundestag zu bringen. Gegen die Stimmen der SPD und der KPD wurde am 19. 7. 1952 das **Betriebsverfassungsgesetz 1952** verabschiedet, das eine „Drittelparität" vorsieht, für Kapitalgesellschaften außerhalb des Montanbereichs ab 500 Arbeitnehmern gilt und am 11. 11. 1952 in Kraft trat.[12] Es ist am 1. 7. 2004 durch das **Drittelbeteiligungsgesetz** abgelöst worden (Rn. 811–817).

810 c) In den **sechziger Jahren** des 20. Jahrhunderts lebte die Forderung nach paritätischer Mitbestimmung wieder auf. Ein Gesetzentwurf des DGB aus dem Jahre 1968 wollte das Montanmodell auf alle Großunternehmen ausdehnen. Neben die rechts- und gesellschaftspolitische Diskussion über diesen Entwurf trat eine verfassungsrechtliche Kontroverse (zu deren Ergebnissen unten Rn. 826). Gegenüber den rechtspolitischen Forderungen nach gleichberechtigter Beteiligung der Arbeitnehmerseite im Aufsichtsrat verwiesen Verfassungsrechtler zum einen auf das in Art. 9 III GG (Tarifautonomie) enthaltene Prinzip der Gegnerunabhängigkeit, zum anderen auf die Eigentumsgarantie des Art. 14 GG. Nach intensiver Diskussion, die ein beherrschendes Thema der siebziger Jahre war, verabschiedete der Bundestag am 4. 5. 1976 das **Mitbestimmungsgesetz 1976**, das die zahlenmäßige Parität durch eine Zweitstimme des Aufsichtsratsvorsitzenden abmildert, für Kapitalgesellschaften ab 2.000 Arbeitnehmern gilt und am 1. 7. 1976 in Kraft trat (Rn. 818–829).

---

[11] *Hensche,* Mitbestimmung als Kontrolle, in: Das Mitbestimmungsgespräch 1973, 165 (166): „Die Gewerkschaften haben nach dem Zweiten Weltkrieg die Forderung nach Mitbestimmung nicht zuletzt deshalb erhoben, um ein zweites 1933 zu verhindern. Es waren nicht wenige Unternehmer und nicht wenige Vorstände großer Unternehmen, die seinerzeit die Nationalsozialisten finanziell und über die von ihnen (sic!) abhängige Presse gefördert hatten."
[12] Vgl. *Hromadka/Maschmann* II, § 15 Rn. 17, 18.

II. Drittelbeteiligungsgesetz

Die Unternehmensmitbestimmung beginnt mit der Drittelbeteiligung von Ar- 811
beitnehmervertretern im Aufsichtsrat nach dem **Drittelbeteiligungsgesetz**, das
mit Wirkung vom 1. 7. 2004 bei geringfügigen Änderungen an die Stelle des
BetrVG 1952 getreten ist (§ 15 DrittelbG). Nach Schätzungen fallen etwa 3.000–
4.000 Unternehmen (65% Aktiengesellschaften, 30% Gesellschaften mbH, einige Dutzend KGaA, VVaG und Genossenschaften) unter diese Form der Unternehmensmitbestimmung.[13]

Durchblick: Eine erhebliche Zahl dieser Unternehmen ist über die Konzernklausel des § 5
MitbestG (Rn. 829) in die Mitbestimmung bei einem herrschenden Konzernunternehmen
nach dem MitbestG einbezogen. Die Arbeitnehmer wählen in den „eigenen" Unternehmen Arbeitnehmervertreter nach dem DrittelbG; ferner sind sie nach § 5 MitbestG auch bei der
Wahl der Arbeitnehmervertreter im Aufsichtsrat des herrschenden Unternehmens beteiligt.

1. Erfasste Unternehmen (§ 1 DrittelbG)

a) Die Mitbestimmung nach dem DrittelbG knüpft an bestimmte **Rechtsfor-** 812
men an: Nur Unternehmen, die in einer der genannten Gesellschaftsformen verfasst sind, unterliegen dem Gesetz. Diese Gesellschaftsformen sind nach § 1 I
Nrn. 1–5 DrittelbG die Aktiengesellschaft (AG), die Kommanditgesellschaft auf
Aktien (KGaA), die Gesellschaft mit beschränkter Haftung (GmbH), der Versicherungsverein auf Gegenseitigkeit (VVaG) sowie die Erwerbs- und Wirtschaftsgenossenschaft. Für die **Konkurrenz** des DrittelbG zu anderen Mitbestimmungsgesetzen gilt nach § 1 II 1 Nr. 1 DrittelbG: Das DrittelbG ist auf
Unternehmen, die dem Mitbestimmungsgesetz 1976 oder dem Montan-
Mitbestimmungsgesetz unterliegen, nicht anzuwenden (Vorrang der weitergehenden Mitbestimmung). Ferner besteht eine Ausnahme für sog. Tendenzunternehmen (Einzelheiten in § 1 II 1 Nr. 2 DrittelbG).

Durchblick: Die Ausnahme für **Tendenzunternehmen** in der Unternehmensmitbestimmung
findet im Betriebsverfassungsrecht eine Parallele in den Sonderregeln für **Tendenzbetriebe**
(§ 118 BetrVG, Rn. 664, 665). Während Tendenzunternehmen vom Anwendungsbereich
des DrittelbG ganz ausgenommen sind (§ 1 II 1 Nr. 2 DrittelbG), ist das BetrVG auf Tendenzbetriebe insoweit unanwendbar, „soweit die Eigenart des Unternehmens oder des Betriebs dem entgegensteht" (§ 118 I 1 BetrVG, weitergehend § 118 I 2 BetrVG). **Religions-**
gemeinschaften und ihre karitativen und erzieherischen Einrichtungen sind dagegen von
beiden Gesetzen gänzlich ausgenommen (§§ 1 II 2 DrittelbG, 118 II BetrVG). Diese Ausnahme trägt der verfassungsrechtlich garantierten Autonomie der Kirchen gemäß Art. 140
GG, 137 III 1 WRV Rechnung.[14]

b) Damit das DrittelbG anzuwenden ist, muss das Unternehmen, das mitbe- 813
stimmt werden soll, nicht nur in einer bestimmten Rechtsform verfasst sein,
sondern auch in der Regel **mehr als 500 Arbeitnehmer** beschäftigen (§ 1 I
Nrn. 1–5 DrittelbG). Eine historisch zu erklärende[15] Ausnahme gilt für Aktien-

---

[13] Siehe zum BetrVG 1952 *Schumann*, Däubler-FS (1999), S. 399 (401).
[14] *BVerfG* vom 11. 10. 1977 – 2 BvR 209/76, BVerfGE 46, 73 – Stiftungshospital.
[15] ErfK/*Oetker*, § 1 DrittelbG Rn. 4.

gesellschaften und Kommanditgesellschaften auf Aktien, die vor dem 10. 8. 1994 in das Handelsregister eingetragen wurden und nicht als Familiengesellschaft privilegiert sind (§ 1 I Nr. 1 Satz 2, Nr. 2 Satz 2 DrittelbG).[16] Familiengesellschaften sind Gesellschaften, deren Aktionär eine einzelne natürliche Person ist oder deren Aktionäre untereinander verwandt oder verschwägert sind (§ 1 I Nr. 1 Satz 3, Nr. 2 Satz 2 DrittelbG).

Durchblick: Für den **Arbeitnehmerbegriff,** auf dessen Grundlage die Arbeitnehmerzahl berechnet wird, verweist § 3 I DrittelbG ebenso wie § 3 I MitbestG auf die Begriffsbestimmung des § 5 BetrVG (Rn. 666–669). Während jedoch § 3 I MitbestG die **leitenden Angestellten** einbezieht, werden sie in § 3 I DrittelbG nach dem Vorbild des § 5 III BetrVG ausgeklammert. Dieser Unterschied ist nicht sachlogisch bedingt, sondern allein historisch aus der betriebsverfassungsrechtlichen Herkunft des DrittelbG zu erklären (Rn. 809).

2. Zusammensetzung des Aufsichtsrats

814   Anders als die übrigen Mitbestimmungsgesetze schreibt das DrittelbG keine bestimmte Zahl von Aufsichtsratsmitgliedern vor. Es bleibt damit für die **AG** und die **KGaA** bei der aktienrechtlichen Bestimmung, wonach die Zahl der Aufsichtsratsmitglieder mindestens drei betragen und stets durch drei teilbar sein muss (§ 95 Sätze 1, 3 AktG). Nach § 95 Satz 4 AktG beträgt die Höchstzahl der Aufsichtsratsmitglieder bei Aktiengesellschaften mit einem Grundkapital

– bis zu 1,5 Millionen Euro neun
– von mehr als 1,5 Millionen Euro fünfzehn und
– von mehr als 10 Millionen Euro einundzwanzig.

815   Diese Regel gilt nach der Verweisungsvorschrift des § 1 I Nr. 3 Satz 2 DrittelbG auch für die **GmbH.** Für den **VVaG** bestimmt § 35 I VAG, dass der Aufsichtsrat aus einer von der Satzung festgesetzten, durch drei teilbaren Anzahl von Personen besteht, die mindestens drei und höchstens 21 beträgt. Für **Genossenschaften** schreibt § 36 I GenG die Mindestzahl drei und § 1 I Nr. 5 Satz 2 DrittelbG die Teilbarkeit der Zahl der Aufsichtsratsmitglieder durch drei vor. Daraus folgt für die Zusammensetzung des Aufsichtsrats:

a) Bleibt es bei der gesetzlichen Grundregel – sieht die Satzung keine höhere Zahl von Aufsichtsratsmitgliedern vor –, so bedeutet die in § 4 I DrittelbG vorgeschriebene Drittelbeteiligung, dass **ein Arbeitnehmervertreter** im dreiköpfigen Aufsichtsrat Sitz und Stimme hat. Er muss im Unternehmen als Arbeitnehmer beschäftigt sein (§ 4 II 1 DrittelbG).

b) Wenn der Aufsichtsrat nach der Satzung der Gesellschaft aus sechs Mitgliedern besteht, so sind **zwei Arbeitnehmervertreter** zu wählen, die beide im Unternehmen als Arbeitnehmer beschäftigt sein müssen (§ 4 II 1 DrittelbG).

c) Wenn die Satzung der Gesellschaft vorsieht, dass neun, zwölf, 15, 18 oder 21 Personen den Aufsichtsrat bilden, sind **drei, vier, fünf, sechs oder sieben Arbeitnehmervertreter** zu wählen. In diesen Fällen bestimmt § 4 II 2 DrittelbG, dass unter den Arbeitnehmervertretern mindestens zwei Arbeitnehmer des Un-

---

[16] Siehe zur Auslegung dieser Vorschrift *BGH* vom 7. 2. 2012 – II ZB 14/11, NJW-RR 2012, 610 = NZA 2012, 580 (Rn. 10 ff.).

ternehmens sein müssen. Nach Maßgabe dieser Vorschrift können also auch „Externe", beispielsweise Gewerkschaftsvertreter, gewählt werden. Da sich die Zahl der Aufsichtsratsmitglieder allein nach der Satzung der Gesellschaft bestimmt, entscheiden die Gesellschafter, ob der Aufsichtsrat mehr als sechs Personen umfassen soll und damit ein Gewerkschaftsvertreter in den Aufsichtsrat kommen kann.

d) Nach § 5 I DrittelbG werden die Vertreter der Arbeitnehmer in allgemeiner, geheimer, gleicher und unmittelbarer **Wahl** von den Arbeitnehmern des Unternehmens für die Zeit gewählt, die nach Gesetz oder Satzung für die Aufsichtsratsmitglieder bestimmt ist. Die **Amtszeit** der Aufsichtsratsmitglieder kann sich nach § 102 AktG höchstens auf fünf Jahre belaufen. Nach § 6 Satz 1 DrittelbG können die Betriebsräte und die Arbeitnehmer **Wahlvorschläge** machen. Die Wahlvorschläge der Arbeitnehmer müssen von mindestens einem Zehntel der wahlberechtigten Arbeitnehmer oder mindestens 100 Arbeitnehmern unterzeichnet sein (§ 6 Satz 2 DrittelbG). Die Wahl der Arbeitnehmervertreter im Aufsichtsrat wird – ähnlich wie die Wahl der Betriebsräte – durch einen **Wahlvorstand** geleitet.[17]

3. Mitbestimmung im Konzern (§ 2 DrittelbG)

Nach § 2 I DrittelbG nehmen an der Wahl der Vertreter der Arbeitnehmer für den Aufsichtsrat des herrschenden Unternehmens eines Konzerns (§ 18 I 1, 2 AktG) auch die Arbeitnehmer der übrigen – das heißt: der abhängigen – Konzernunternehmen teil.[18] Die Arbeitnehmer konzernabhängiger Unternehmen haben nicht nur das aktive, sondern auch das passive Wahlrecht. Eine Aufsichtsratswahl ist daher auch möglich, wenn das herrschende Unternehmen keine Arbeitnehmer hat, aber wahlberechtigte Arbeitnehmer bei Tochterunternehmen vorhanden sind.

III. Mitbestimmungsgesetz 1976

Die wichtigste Regelung der Mitbestimmung im Unternehmen findet sich im Mitbestimmungsgesetz 1976 (MitbestG). Es erfasst – wie das DrittelbG – **Unternehmen** bestimmter Rechtsform (§ 1 I MitbestG). Die **Konkurrenz** des MitbestG zu den anderen Mitbestimmungsgesetzen ist wie folgt gelöst: Die Rechte der Arbeitnehmer nach dem Montan-MitbestG und dem MitbestErgG gehen vor (§ 1 II MitbestG), die Rechte nach dem DrittelbG treten zurück (§ 1 III MitbestG).

1. Erfasste Unternehmen (§ 1 MitbestG)

Die Anwendung des MitbestG verlangt – wie diejenige des DrittelbG (Rn. 812) –, dass das betreffende Unternehmen eine bestimmte Rechtsform hat.

---

[17] Einzelheiten in der nach § 13 DrittelbG erlassenen Rechtsverordnung.
[18] Siehe zur Anwendung dieser Vorschrift *BAG* vom 15. 12. 2011 – 7 ABR 56/10, AP Nr. 8 zu § 18 AktG = NZA 2012, 633 (Rn. 46 ff.).

Erfasst werden nach § 1 I Nr. 1 MitbestG die Aktiengesellschaft, die Kommanditgesellschaft auf Aktien, die GmbH sowie die Erwerbs- und Wirtschaftsgenossenschaft.

a) Knapp 60% der unter das MitbestG fallenden Unternehmen (im Jahre 1994: 640 Unternehmen, im Jahre 1996: 728 Unternehmen)[19] sind in der Rechtsform der **Aktiengesellschaft** verfasst; dagegen betrifft das MitbestG nur einige wenige **Kommanditgesellschaften auf Aktien.** Knapp 40% der dem MitbestG unterliegenden Unternehmen haben die Rechtsform der **GmbH;** ferner sind einige **Genossenschaften** vom MitbestG erfasst. Anders als das DrittelbG gilt das MitbestG nicht für den Versicherungsverein auf Gegenseitigkeit (VVaG).

820   b) Das Unternehmen muss nach § 1 I Nr. 2 MitbestG in der Regel **mehr als 2.000 Arbeitnehmer** beschäftigen. Für den Arbeitnehmerbegriff verweist § 3 MitbestG auf die Begriffsbestimmungen des § 5 BetrVG, bezieht im Unterschied zu diesen Vorschriften jedoch die leitenden Angestellten ein (§ 3 I 1 Nr. 2 MitbestG).

c) Nach § 1 IV 1 Nrn. 1, 2 MitbestG sind **Tendenzunternehmen** von der Anwendung des MitbestG ausgenommen. Der Kreis der geschützten Unternehmen entspricht demjenigen in §§ 118 I 1 Nrn. 1, 2 BetrVG, 1 II 1 Nr. 2 a, b DrittelbG. Ebenso wie nach §§ 118 II BetrVG, 1 II 2 DrittelbG sind auch **Religionsgemeinschaften** und ihre karitativen und erzieherischen Einrichtungen von der Geltung des Gesetzes ausgenommen (§ 1 IV 2 MitbestG).

2. Regelungen über den Aufsichtsrat

821   Der Zweite Teil des MitbestG ist das Kernstück der Regelung. Er handelt vom Aufsichtsrat, und zwar von der Bildung und Zusammensetzung des Aufsichtsrats (§§ 6, 7 MitbestG), von der Bestellung der Aufsichtsratsmitglieder (§§ 8–24 MitbestG) sowie von der inneren Ordnung und den Rechten und Pflichten des Aufsichtsrats (§§ 25–29 MitbestG).[20] Ebenso wie § 1 I Nr. 3 Satz 2 DrittelbG bestimmt § 6 I MitbestG, dass bei den Unternehmen, die der Mitbestimmung unterliegen, ein Aufsichtsrat zu bilden ist, soweit sich das nicht schon – wie bei der AG und der KGaA – aus anderen gesetzlichen Vorschriften ergibt.

a) Zusammensetzung des Aufsichtsrats

822   Die Aufsichtsräte der Unternehmen, die dem MitbestG unterfallen, setzen sich je zur Hälfte aus Vertretern der Anteilseigner und der Arbeitnehmer zusammen (§ 7 I MitbestG). Die Größe des Aufsichtsrats richtet sich nach der Zahl der Arbeitnehmer des Unternehmens. Drei Größen sind vorgesehen. Der Aufsichtsrat eines Unternehmens

– mit in der Regel nicht mehr als 10.000 Arbeitnehmern setzt sich zusammen aus **je sechs Aufsichtsratsmitgliedern** der Anteilseigner und der Arbeitnehmer,

---

[19] Vgl. *Schumann,* Däubler-FS (1999), S. 399 (400).
[20] Dazu *Oetker,* ZHR 149 (1985), 575; *Spindler,* AG 1993, 25.

– mit in der Regel mehr als 10.000, jedoch nicht mehr als 20.000 Arbeitnehmern setzt sich zusammen aus je **acht Aufsichtsratsmitgliedern** der Anteilseigner und der Arbeitnehmer und

– mit in der Regel mehr als 20.000 Arbeitnehmern setzt sich zusammen aus je **zehn Aufsichtsratsmitgliedern** der Anteilseigner und der Arbeitnehmer (§ 7 I 1 Nrn. 1–3 MitbestG).

Nach § 7 II MitbestG sind die Arbeitnehmersitze im Aufsichtsrat in verschiedene Kategorien aufgeteilt.[21] Unter den Aufsichtsratsmitgliedern der Arbeitnehmer müssen sich befinden 823

– in einem Aufsichtsrat, dem **sechs Mitglieder** der Arbeitnehmerseite angehören, vier Arbeitnehmer des Unternehmens und zwei Vertreter von Gewerkschaften,

– in einem Aufsichtsrat, dem **acht Mitglieder** der Arbeitnehmerseite angehören, sechs Arbeitnehmer des Unternehmens und zwei Vertreter von Gewerkschaften, und

– in einem Aufsichtsrat, dem **zehn Mitglieder** der Arbeitnehmerseite angehören, sieben Arbeitnehmer des Unternehmens und drei Vertreter von Gewerkschaften (§ 7 II Nrn. 1–3 MitbestG).

b) Bestellung der Aufsichtsratsmitglieder

In Unternehmen mit in der Regel mehr als 8.000 Arbeitnehmern werden die Aufsichtsratsmitglieder der Arbeitnehmer durch **Delegierte** gewählt, sofern nicht die Arbeitnehmer die unmittelbare Wahl beschließen (§ 9 I MitbestG); in Unternehmen mit in der Regel nicht mehr als 8.000 Arbeitnehmern werden die Aufsichtsratsmitglieder der Arbeitnehmer **unmittelbar** von den Arbeitnehmern gewählt, sofern die Arbeitnehmer nicht die Wahl durch Delegierte beschließen (§ 9 II MitbestG). Das **Wahlverfahren** ist in §§ 10–24 MitbestG nur in den Grundzügen geregelt;[22] die Ausgestaltung ist den Wahlordnungen zum Mitbest G überlassen. Die Aufstellung der **Wahlvorschläge** richtet sich nach §§ 12 ff. MitbestG. Ein Wahlvorschlag benötigt die Unterschriften von mindestens einem Zehntel oder 100 der für den Wahlgang Vorschlagsberechtigten.[23] 824

c) Innere Ordnung, Rechte und Pflichten

Das MitbestG enthält nur wenige Regelungen über die innere Ordnung, die Rechte und die Pflichten des Aufsichtsrats. Die wichtigste Vorschrift ist § 27 MitbestG, der von der Wahl des Aufsichtsratsvorsitzenden und seines Stellvertreters handelt. Im Übrigen verweist § 25 MitbestG auf das Aktiengesetz. 825

(1) Der **Aufsichtsratsvorsitzende** und sein Stellvertreter müssen mit einer Zweidrittelmehrheit vom Aufsichtsrat gewählt werden (§ 27 I MitbestG). Der **erste Wahlgang** ist nur erfolgreich, wenn diese Mehrheit für den Vorsitzenden und den Stellvertreter erreicht wird. Bleibt der erste Wahlgang erfolglos, bilden

---

[21] Vgl. *Feudner*, DB 1995, 2114; *Grunsky*, AuR 1990, 105.
[22] Rechtsprechungsübersicht bei *Oetker*, ZGR 2000, 19 (43 ff.).
[23] Vgl. *Hanau*, Friauf-FS (1996), S. 621.

nach § 27 II MitbestG die Anteilseignervertreter und die Arbeitnehmervertreter zwei getrennte Wahlkörper. In diesem **zweiten Wahlgang** wählen die Anteilseignervertreter den Vorsitzenden und die Arbeitnehmervertreter seinen Stellvertreter. In diesem zweiten Wahlgang genügt jeweils die Mehrheit der abgegebenen Stimmen (§ 27 II MitbestG).

826   (2) Die **Beschlüsse des Aufsichtsrats** bedürfen im Regelfall der Mehrheit der abgegebenen Stimmen (§ 29 I MitbestG). Bei Stimmengleichheit gibt § 29 II MitbestG dem Aufsichtsratsvorsitzenden die Möglichkeit, in der Wiederholung der Abstimmung über denselben Gegenstand eine zweite Stimme abzugeben und damit die Stimmengleichheit zu überwinden. Diese Regelung gilt für alle Gegenstände, über die der Aufsichtsrat mit einfacher Mehrheit zu beschließen hat.[24] Dasselbe gilt bei der Wahl von gesetzlichen Vertretungsorganen (z.B. Vorstandsmitgliedern), wobei ein Vermittlungsverfahren vorauszugehen hat (§ 31 IV MitbestG).

> **Durchblick:** Das durch §§ 27 II, 29 II MitbestG gewährleistete leichte Übergewicht der Anteilseigner hat eine erhebliche Rolle bei der Prüfung gespielt, ob das MitbestG mit den Vorschriften des **Grundgesetzes** in Einklang steht. Nach Erlass des MitbestG riefen Unternehmen, Arbeitgeberverbände und die Schutzvereinigung für Wertpapierbesitz das BVerfG an, da sie die Grundrechte auf Eigentum, Berufsfreiheit, Vereinigungsfreiheit und Koalitionsfreiheit beeinträchtigt sahen. Ein Rechtsgutachten stützte die Position der Anteilseigner.[25] In seiner Entscheidung vom 1. 3. 1979 erklärte das BVerfG das MitbestG für verfassungskonform und stützte sich dabei auf vier Gesichtspunkte: (1) Das MitbestG schaffe **keine Parität**, sondern bewahre ein „leichtes Übergewicht" der Anteilseignerseite. Das ergebe sich vor allem aus dem Stichentscheid des Aufsichtsratsvorsitzenden, aber auch daraus, dass die übrigen Unternehmensorgane – Vorstand, Hauptversammlung – nicht der Mitbestimmung unterlägen.[26] – (2) Das Eigentum genieße zwar einen besonderen Schutz. Die Befugnisse des Gesetzgebers seien jedoch um so größer, je mehr das Eigentumsobjekt in einem **sozialen Bezug** und einer sozialen Funktion stehe. Die Einschränkung des Aktieneigentums durch das MitbestG sei vor diesem Hintergrund noch mit Art. 14 I GG zu vereinbaren.[27] – (3) Die Vereinigungsfreiheit des Art. 9 I GG sei nicht verletzt, da **kein unzulässiger Eingriff** in die Selbstbestimmung des Unternehmens und seine innere Organisation vorliege; ebenso wenig seien die Grundrechte aus Art. 12 I GG und aus Art. 2 I GG verletzt.[28] – (4) Das MitbestG verstoße auch nicht gegen die **Koalitionsfreiheit** des Art. 9 III GG: Obwohl die Koalitionsfreiheit den Gesetzgeber verpflichte, ein Tarifsystem bereitzustellen, könne er auch andere Formen für die „Wahrung und Förderung der Arbeits- und Wirtschaftsbedingungen" vorsehen. Die Gegnerunabhängigkeit der Arbeitgeberverbände und der einzelnen Arbeitgeber sei angesichts der unterparitätischen Vertretung der Arbeitnehmer noch gewahrt.[29]

827   (3) Die **Aufgaben des Aufsichtsrats** – und damit die sachliche Reichweite der Mitbestimmung – ergeben sich aus den Regelungen des Gesellschaftsrechts. Problematisch ist, inwieweit sich Kompetenzen auf Ausschüsse des Aufsichtsrats verlagern lassen.

– Die Kompetenzen des Aufsichtsrats sind je nach Gesellschaftsform sehr unterschiedlich. In der **Aktiengesellschaft** ist der Aufsichtsrat ein wichtiges Kon-

---

[24] ErfK/*Oetker*, § 29 MitbestG Rn. 4.
[25] *Badura/Rittner/Rüthers*, Mitbestimmungsgesetz 1976 und Grundgesetz (1977).
[26] *BVerfG* vom 1. 3. 1979 – 1 BvR 532/77 u. a., BVerfGE 50, 290 (323).
[27] *BVerfG* vom 1. 3. 1979 – 1 BvR 532/77 u. a., BVerfGE 50, 290 (340).
[28] *BVerfG* vom 1. 3. 1979 – 1 BvR 532/77 u. a., BVerfGE 50, 290 (352).
[29] *BVerfG* vom 1. 3. 1979 – 1 BvR 532/77 u. a., BVerfGE 50, 290 (356).

trollorgan: Ihm obliegt die Bestellung und die Abberufung der Vorstandsmitglieder (§ 84 I AktG), die Überwachung der Geschäftsführung des Vorstands (§ 111 I AktG) und die Vertretung der Gesellschaft gegenüber den Vorstandsmitgliedern (§ 112 AktG). In der **Gesellschaft mit beschränkter Haftung** bleibt trotz der Existenz eines Aufsichtsrats das Weisungsrecht der – nicht mitbestimmten – Gesellschafterversammlung gegenüber der Geschäftsführung bestehen (§ 37 GmbHG). In der **Kommanditgesellschaft auf Aktien** bestellt der Aufsichtsrat nicht die Unternehmensleitung, da sie aus den persönlich haftenden Gesellschaftern besteht (§ 278 II AktG).

– Ein umstrittenes Thema ist die **Kompetenzverlagerung auf Ausschüsse.** Nach §107 III 1 AktG kann der Aufsichtsrat aus seiner Mitte einen oder mehrere Ausschüsse bestellen, um seine Arbeit vorzubereiten oder die Ausführung seiner Beschlüsse zu überwachen. Aufgaben können einem Aufsichtsratsausschuss zur selbständigen Beschlussfassung überlassen werden, soweit nicht eine Kernkompetenz nach § 107 III 2 AktG betroffen ist. Ob der Aufsichtsrat solche Ausschüsse einsetzen will, ist – im Rahmen der Satzung – seiner freien Entscheidung überlassen. Da sich aus dem MitbestG kein Gebot paritätischer Ausschussbesetzung ableiten lässt,[30] können solche Ausschüsse benutzt werden, um die Mitbestimmungsregelung zu unterlaufen.		**828**

3. Mitbestimmung im Konzern (§ 5 MitbestG)

Nach § 5 I 1 MitbestG gelten für die Anwendung des Gesetzes auf herrschende Unternehmen eines Konzerns auch die Arbeitnehmer der beherrschten Konzernunternehmen als Arbeitnehmer des herrschenden Unternehmens. Diese Vorschrift ist von großer praktischer Bedeutung: Die Zahl der Unternehmen, deren Arbeitnehmer auf diese Weise mittelbar unter das MitbestG fallen, beträgt ein mehrfaches der unmittelbar vom MitbestG erfassten Unternehmen.[31] Zwei Regelungen sind hervorzuheben:		**829**

a) Die Vorschrift des § 5 II MitbestG enthält eine Spezialnorm für den Fall, dass eine **Kapitalgesellschaft & Co. KG** (insbesondere GmbH & Co. KG) herrschendes Konzernunternehmen ist. Da die KG als Konzernspitze nicht mitbestimmungsfähig ist, werden die Arbeitnehmer der abhängigen Konzernunternehmen der Komplementär-Kapitalgesellschaft (also der GmbH) zugerechnet. Ferner sieht § 5 III MitbestG eine Ersatzlösung für die Fälle vor, in denen eine Zurechnung zur Konzernspitze nicht möglich ist, weil das herrschende Unternehmen nicht unter das MitbestG fallen kann. Dann entsteht ein **mitbestimmter Teilkonzern:** Die Zurechnung nach § 5 III MitbestG erfolgt zu dem Konzernunternehmen, über das die Konzernleitung andere Konzernunternehmen beherrscht.[32]

b) Das MitbestG hat keine explizite Bestimmung über den **Tendenzschutz im Konzern** getroffen. Einfach ist die Rechtslage, wenn ein Tendenzunternehmen

---

[30] ErfK/*Oetker*, § 107 AktG Rn. 9, 10.
[31] *Schumann*, Däubler-FS (1999), S. 399 (400 f.).
[32] Einzelheiten bei ErfK/*Oetker*, § 5 MitbestG Rn. 18–21.

das herrschende Konzernunternehmen ist: Dann fällt es nach herrschender Ansicht nicht unter das MitbestG.[33] Wenn ein Tendenzunternehmen ein abhängiges Konzernunternehmen ist, kommt zwar für seinen eigenen Aufsichtsrat die Anwendung des MitbestG nicht in Frage. Umstritten ist aber, ob seine Arbeitnehmer nach § 5 MitbestG an der Mitbestimmung am herrschenden Konzernunternehmen teilnehmen, wenn das herrschende Konzernunternehmen selbst nicht unter den Tendenzschutz fällt.[34]

IV. Montan-Mitbestimmungsgesetz

830   Die Mitbestimmung nach dem Montan-MitbestG 1951 wird geprägt durch eine **paritätische Besetzung** des Aufsichtsrats mit Vertretern der Arbeitnehmerseite und der Anteilseignerseite. Hinzu kommt ein **neutrales Mitglied,** das der Vorsitzende des Aufsichtsrats sein kann, aber nicht sein muss. Das Gesetz erfasst Unternehmen der **Montanindustrie** (Kohle- und Eisenerzbergbau, eisen- und stahlerzeugende Industrie, § 1 I Montan-MitbestG), die in der Rechtsform der **Aktiengesellschaft** oder der **GmbH** verfasst sind und in der Regel **mehr als 1.000 Arbeitnehmer** beschäftigen (§ 1 II Montan-MitbestG). Das Montan-MitbestG geht sowohl dem Drittelbeteiligungsgesetz als auch dem Mitbestimmungsgesetz 1976 vor (§ 1 II 1 Nr. 1 DrittelbG, § 1 II MitbestG).

Das Montan-MitbestG kennt neben der Mitbestimmung im Aufsichtsrat eine Beteiligung der Arbeitnehmerseite im Vorstand in Gestalt eines **Arbeitsdirektors.** Er kann nicht gegen die Stimmen der Mehrheit der Arbeitnehmervertreter im Aufsichtsrat bestellt oder abberufen werden (§ 13 Montan-MitbestG), ist gleichberechtigtes Mitglied des Vorstandes und soll die wirtschaftlichen und sozialen Interessen der Arbeitnehmer wahren.[35]

831   1. Das **Montan-Mitbestimmungsgesetz** sieht – verglichen mit dem DrittelbG und dem MitbestG 1976 – die stärkste Form der Mitbestimmung vor. Die herausgehobene Bedeutung der Montan-Mitbestimmung erklärt sich aus der Geschichte: Der Bereich Kohle und Stahl galt nach dem Zweiten Weltkrieg als Zukunfts- und Schlüsselindustrie (Rn. 809). Bereits in den sechziger Jahren begann jedoch der Niedergang dieser Industriezweige. Die Bemühungen richten sich seither darauf, die Montan-Mitbestimmung am Leben zu erhalten.[36] Durch Gesetz von 1981 wurde die „Walzwerksklausel" in § 1 I 2, 3 Montan-MitbestG eingeführt. Von diesem Gesetz, das auch als **Lex Mannesmann** bezeichnet wird, war nur ein Unternehmen betroffen. Ein weiterer Versuch, möglichst viele Unternehmen an der Montan-Mitbestimmung festzuhalten, ist die ebenfalls 1981 eingefügte **Auslauffrist** des § 1 III Montan-MitbestG: Unterschreitet ein Unternehmen die in § 1 II Montan-MitbestG geforderte Arbeitnehmerzahl oder er-

---

[33] Vgl. *BAG* vom 30. 6. 1981 – 1 ABR 30/79, BAGE 35, 352 = AP Nr. 20 zu § 118 BetrVG 1972 = NJW 1982, 125 = SAE 1982, 231 m. Anm. *Koch.*

[34] Bejahend H/W/K/*Seibt,* § 1 MitbestG Rn. 14.

[35] *Waltermann,* Rn. 899; *Zöllner/Loritz/Hergenröder,* § 53 II 2 b.

[36] Kritisch *Zöllner/Loritz/Hergenröder,* § 53 II 2 b: „Der Gesetzgeber hat mehrfach mit verkrampften Klimmzügen und unter Verstoß gegen fundamentale Prinzipien seriöser Gesetzgebung durch ad hoc-Verlängerungsregeln die Erhaltung dieser als Urgestein der Mitbestimmung bezeichneten Mitbestimmungsvariante in einigen Konzernen erreicht."

füllt es nicht mehr die Voraussetzungen des § 1 I Montan-MitbestG, insbesondere weil es die Montan-Produktion eingestellt hat, bleibt das Gesetz für weitere sechs Geschäftsjahre auf das Unternehmen anwendbar.[37]

2. Dem Festhalten an der Montan-Mitbestimmung dient auch das **Mit-** **bestimmungs-Ergänzungsgesetz** von 1956 (MitbestErgG), das in den Jahren 1967 („Lex Rheinstahl"), 1981, 1989 und 2004 geändert wurde. Es schreibt die Montan-Mitbestimmung für Gesellschaften vor, die zwar selbst keine Montan-Unternehmen sind, jedoch einen Konzern beherrschen, in welchem (a) die Montan-Quote der Tochterunternehmen mindestens 20% beträgt oder (b) die Montan-Tochterunternehmen in der Regel mehr als 20% der Arbeitnehmer des Konzerns beschäftigen; die Montan-Quote wurde im Jahre 1989 auf 20% gesenkt (§ 3 MitbestErgG, „Lex Mannesmann"). Die durch eine Entscheidung des BVerfG[38] veranlasste Gesetzesänderung von 2004 hat keine praktische Bedeutung mehr, da die Mannesmann AG bereits 1999 (vor der Übernahme durch Vodafone) als letztes verbliebenes Unternehmen aus dem Anwendungsbereich des MitbestErgG ausgeschieden ist.[39]

3. Die Montan-Mitbestimmung ist **heute ein überholtes Modell.** Für die Gewerkschaften war das Gesetz von 1951 in der Situation der frühen fünfziger Jahre ein „Dritter Weg" zwischen Kapitalismus und „Vergesellschaftung" der sog. „Schwerindustrie", die vor 60 Jahren noch wichtig war. Eine so weitgehende Mitbestimmungsregelung wie nach dem Montan-MitbestG konnte sich später nicht mehr durchsetzen: Das MitbestG 1976 schreibt zwar numerisch eine Parität im Aufsichtsrat vor, gibt aber durch das Zweitstimmrecht des – im Zweifel von den Anteilseignern gestellten – Vorsitzenden den Anteilseignern das Übergewicht; es stärkt zugleich die Rechte der Betriebsangehörigen gegenüber Gewerkschaftsfunktionären im Aufsichtsrat.

Über die einzelnen Regelungen der **Mitbestimmung im Unternehmen** unterrichtet die **Übersicht 11.1:**

Übersicht 11.1: Mitbestimmung im Unternehmen

Erfasste Rechtsformen	Mindestzahl der AN	Zahl der AR-Mitglieder	davon AN-Vertreter	davon AN des Unternehmens	Vertreter der GW
DrittelbG					
AG, KGaA, GmbH, VVaG, eG	500	Mindestzahl: 3 Höchstzahlen vom Grundkapital abhängig: bis 1,5 Mio.: 9 mehr als 1,5 Mio.: 15 mehr als 10 Mio.: 21	$^1/_3$		gestaffelt

[37] Kritisch ErfK/*Oetker*, § 1 Montan-MitbestG Rn. 16–19.
[38] *BVerfG* vom 2. 3. 1999 – 1 BvL 2/91, BVerfGE 99, 367 = BGBl. 1999 I, S. 372 – Montan-Mitbestimmung.
[39] *Henssler*, in: *Baums/Ulmer* (Hrsg.), Unternehmens-Mitbestimmung der Arbeitnehmer in den EU-Mitgliedstaaten (2004), S. 133 (134).

Erfasste Rechts- formen	Mindest- zahl der AN	Zahl der AR-Mitglieder	davon AN- Vertreter	davon AN des Unter- nehmens	Vertreter der GW
MitbestG					
AG, KGaA, GmbH, eG	2.000	bis 10.000 AN: 12 10.001–20.000 AN: 16 über 20.000 AN: 20	6 8 10	4 6 7	2 2 3
Montan-MitbestG					
Montan- industrie: AG, GmbH	1.000	11	4	2	2
MitbestErgG					
AG, GmbH		15	7	5	2

Fälle und Fragen

330. Die Betriebsverfassung und die Unternehmensmitbestimmung unterscheiden sich dadurch, dass
○ in der Betriebsverfassung die Arbeitnehmer, bei der Unternehmensmitbestimmung
dagegen die Gewerkschaften beteiligt sind,
○ die Unternehmensmitbestimmung nur anwendbar ist, wenn im Unternehmen keine
Betriebsräte existieren, oder
○ die Betriebsverfassung durch Organe der Belegschaft erfolgt, während die Unternehmensmitbestimmung in gesellschaftsrechtlichen Organen stattfindet.
Was ist zutreffend? (Rn. 802–804)

331. Ordnen Sie die folgenden Gesetze danach, welches die weitergehende Mitbestimmungs-
regelung vorsieht:
○ Drittelbeteiligungsgesetz,
○ Montan-Mitbestimmungsgesetz,
○ Mitbestimmungsgesetz 1976. (Rn. 808–810)

332. Welches Mitbestimmungsgesetz ist der Vorläufer des Drittelbeteiligungsgesetzes?
(Rn. 811)

333. Die Fritz Läufer Verlag AG hat 5.000 Arbeitnehmer, die in verschiedenen Redaktionen
Tageszeitungen, Zeitschriften und Fernsehprogramme produzieren. Die AG hält 100%
der Anteile an der Druckhaus Ahrensburg GmbH, die mit 600 Arbeitnehmern eine Druckerei betreibt. Wie ist dieser Sachverhalt unter dem Gesichtspunkt der Unternehmensmitbestimmung zu beurteilen? (Rn. 812–813, 819–820)

334. Auf welche Unternehmen findet das MitbestG 1976 Anwendung? (Rn. 819, 820)

335. In welchem Gremium findet die Mitbestimmung nach dem MitbestG von 1976 statt?
(Rn. 822)

336. Nach dem MitbestG 1976 hat das Gremium, in dem die Mitbestimmung stattfindet, gleich viele Mitglieder der Anteilseignerseite (Unternehmerseite) und der Arbeitnehmerseite. Wie kommt eine Entscheidung zustande, wenn alle Mitglieder der Anteilseignerseite für einen Antrag stimmen und alle Mitglieder der Arbeitnehmerseite gegen den Antrag? (Rn. 825–826)

337. Den Arbeitgebervertretern im Aufsichtsrat der Deutschen Commerz- und Diskonto-Bank AG mißfällt schon seit längerem, dass die Arbeitnehmervertreter im Aufsichtsrat auch die Kreditvergabepraxis des Vorstands überwachen. Mit den Stimmen der Arbeitgebervertreter richtet der Aufsichtsrat daher einen Kreditausschuss ein, der an den Aufsichtsrat berichtet und aus drei Arbeitgebervertretern besteht. Ist diese Praxis rechtmäßig? (Rn. 828)

338. Welches Mitbestimmungsgesetz ist gekennzeichnet durch eine paritätische Besetzung des Aufsichtsrats mit einem zusätzlichen neutralen Mitglied? (Rn. 830)

339. Welches Ziel verfolgt das Mitbestimmungs-Ergänzungsgesetz? (Rn. 832)

Vierter Teil. Verfahrensrecht

§ 12. Rechtsschutz im Arbeitsrecht

Nachdem sich das materielle Arbeitsrecht vom allgemeinen Privatrecht 835 emanzipiert hatte, wurde in den 1920er Jahren auch ein eigener Gerichtszweig geschaffen. Die **Gerichte für Arbeitssachen** bilden heute eine eigenständige und gegenüber den anderen Fachgerichtsbarkeiten gleichwertige Gerichtsbarkeit (Art. 95 I GG). Die Abgrenzung zur **Zivilgerichtsbarkeit** zeigt sich z.B. bei der Arbeitnehmerhaftung:[1] Während die Arbeitsgerichte für Schadensersatzprozesse zwischen dem Arbeitnehmer und dem Arbeitgeber zuständig sind, wird der Rechtsstreit zwischen dem Arbeitnehmer und einem von ihm geschädigten Dritten von den ordentlichen Gerichten (§ 12 GVG) entschieden (dazu die **Übungsfälle 11 und 12**, Rn. 302–306 und 310–313). Die Arbeitsgerichtsbarkeit ist auch von der **Sozialgerichtsbarkeit** zu trennen: Die Arbeitsgerichte üben eine besondere Zivilgerichtsbarkeit aus, die Sozialgerichte eine besondere Verwaltungsgerichtsbarkeit.

I. Grundlagen des Rechtsschutzes

Die Arbeitsgerichtsbarkeit ist durch drei Merkmale gekennzeichnet, die den 836 Besonderheiten des Arbeitsrechts (Rn. 7–10) Rechnung tragen sollen:[2] (1) Die Kammern des Arbeitsgerichts, die Kammern des LAG und die Senate des BAG sind nicht nur mit Berufsrichtern, sondern auch mit **ehrenamtlichen Richtern** aus den Kreisen der Arbeitnehmer und der Arbeitgeber besetzt (§§ 16 II, 35 II, 41 II ArbGG). – (2) Die Parteien können sich vor dem ArbG und dem LAG nicht nur durch Rechtsanwälte, sondern auch durch Vertreter von Gewerkschaften oder von Arbeitgeberverbänden als **Prozessbevollmächtigte** vertreten lassen (§ 11 I 2, II 2 ArbGG). – (3) Das arbeitsgerichtliche Verfahren ist stärker als das zivilgerichtliche Verfahren auf die **gütliche Einigung** der Parteien angelegt; in der ersten Instanz ist dem streitigen Verfahren ein Güteverfahren vorgeschaltet (§ 54 ArbGG).

1. Entwicklung der Arbeitsgerichtsbarkeit

Die geschichtlichen Wurzeln der Arbeitsgerichtsbarkeit reichen bis in die mit- 837 telalterliche **Zunftgerichtsbarkeit** zurück. Neuere Vorläufer der Arbeitsgerichte sind die **Conseils des Prud'hommes,** die im Jahre 1806 von Napoleon eingesetzt

---

[1] G/M/P/*Prütting*, ArbGG, Einl. Rn. 134–147.
[2] Schwab/Weth/*Zimmerling*, ArbGG, § 46 Rn. 8–25.

wurden. Diese Spruchkollegien blieben im linksrheinischen Deutschland auch nach 1815 bestehen. In Preußen kam es in der Folgezeit zur Errichtung von Fabrikgerichten, die später als Königliche Gewerbegerichte in der Rheinprovinz übernommen wurden.

a) Die Vorläufer der Arbeitsgerichte sind die Gewerbegerichte. Das **Gewerbegerichtsgesetz von 1890** datiert aus einer Zeit, in der bereits in beträchtlichem Umfang arbeitsrechtliche Vorschriften bestanden. Es verpflichtete Gemeinden mit mehr als 20.000 Einwohnern, Gewerbegerichte zu schaffen, die über Streitigkeiten zwischen Gewerbetreibenden und ihren Beschäftigten zu entscheiden hatten. Die Gerichte waren mit einem Arbeitnehmer, einem Arbeitgeber und einem neutralen Vorsitzenden besetzt, der meist ein Gemeindebeamter war und nicht über eine juristische Ausbildung verfügen musste.

b) Die Weimarer Reichsverfassung (WRV) von 1919 verlangte die Schaffung eines einheitlichen Arbeitsrechts, das auch ein Gesetz über das arbeitsgerichtliche Verfahren umfassen sollte (Art. 157 II WRV). Das **Arbeitsgerichtsgesetz von 1926** beruhte auf der Trennung von Rechtsstreitigkeiten und Regelungsstreitigkeiten und schuf für Rechtsstreitigkeiten eine einheitliche staatliche Gerichtsbarkeit in Arbeitssachen. In erster Instanz waren organisatorisch selbständige Arbeitsgerichte tätig, in zweiter Instanz Landesarbeitsgerichte, die den Landgerichten angegliedert waren, und in der dritten Instanz das Reichsarbeitsgericht, das organisatorisch zum Reichsgericht gehörte.

838	c) Nach dem Zweiten Weltkrieg schuf ein Gesetz des Alliierten Kontrollrats von 1946 die Arbeitsgerichtsbarkeit auf Länderebene neu; die Zuständigkeiten und das Verfahren richteten sich in den ersten Nachkriegsjahren nach dem Arbeitsgerichtsgesetz von 1926. Der Bundesgesetzgeber erneuerte mit dem **Arbeitsgerichtsgesetz von 1953** die Rechtsgrundlage für die Tätigkeit der Arbeitsgerichte, die seither in allen drei Instanzen organisatorisch von den Zivilgerichten getrennt sind. Seit 1951 muss der Vorsitzende Richter am Arbeitsgericht die Befähigung zum Richteramt haben.

2. Organisation der Arbeitsgerichtsbarkeit

839	Die Arbeitsgerichtsbarkeit hat einen dreigliedrigen Aufbau:[3] Die Gerichtsbarkeit in Arbeitssachen wird durch die Arbeitsgerichte, die Landesarbeitsgerichte und das Bundesarbeitsgericht ausgeübt (§ 1 ArbGG). Die Arbeitsgerichte und die Landesarbeitsgerichte sind Gerichte der Länder (§§ 14 I, 33 Satz 1 ArbGG), die durch Landesgesetz errichtet oder aufgehoben werden (§§ 14 II Nr. 1, 33 Satz 2 ArbGG). Das Bundesarbeitsgericht, das seinen Sitz in Erfurt hat (§ 40 I ArbGG), ist ein Oberster Gerichtshof des Bundes (Art. 95 I GG).

a) Ein **Arbeitsgericht** setzt sich aus Kammern zusammen, die aus einem Berufsrichter als Vorsitzendem und je einem ehrenamtlichen Richter aus den Kreisen der Arbeitnehmer und der Arbeitgeber bestehen (§ 16 II ArbGG). Es ist für alle Arbeitssachen in erster Instanz funktionell zuständig (§ 8 I ArbGG); der

---

[3] Einzelheiten bei *Hromadka/Maschmann* II, § 21 Rn. 1–12.

Streitwert spielt keine Rolle. Den Aufbau, die Organisation und die Zusammensetzung der Arbeitsgerichte regeln die §§ 14–31 ArbGG; das besondere Augenmerk liegt auf den Vorschriften über die Berufung und die Amtsführung der ehrenamtlichen Richter (§§ 20–31 ArbGG).

Die **ehrenamtlichen Richter** werden von den Arbeitsbehörden auf die Dauer von fünf Jahren berufen, und zwar auf Grund von Vorschlagslisten, die von Arbeitgeberverbänden und öffentlich-rechtlichen Körperschaften einerseits sowie Gewerkschaften und anderen Vereinigungen der Arbeitnehmer andererseits eingereicht werden (§§ 20, 37, 43 ArbGG). Die ehrenamtlichen Richter sind ähnlich wie die Berufsrichter sachlich und persönlich unabhängig und nur dem Gesetz unterworfen (Art. 97 I GG, §§ 45 I 1, 25 DRiG). Allerdings ist die Entlassung von Berufsrichtern in Art. 97 II GG an strengere Voraussetzungen geknüpft als die Entlassung von ehrenamtlichen Richtern (§§ 21 V, 27 ArbGG). Wechselt ein ehrenamtlicher Richter von der Arbeitnehmer- auf die Arbeitgeberseite (Beispiel: Ein Angestellter macht sich selbständig), ist er nach § 21 V ArbGG von seinem Amt zu entbinden.[4]

b) Ein **Landesarbeitsgericht** ist als zweite Instanz für **Berufungen** gegen Urteile **840** und **Beschwerden** gegen Beschlüsse der Arbeitsgerichte zuständig (§ 8 II, IV ArbGG). Es besteht aus Kammern, die ebenso besetzt sind wie die Kammern der Arbeitsgerichte (§ 35 II ArbGG). Während ein Oberlandesgericht aus „Senaten" mit je drei Berufsrichtern besteht (§§ 115, 122 I GVG), werden bei einem Landesarbeitsgericht „Kammern" mit je einem Berufsrichter und zwei ehrenamtlichen Richtern tätig (§ 35 II ArbGG). Die Kammerverfassung der Landesarbeitsgerichte ist ein Überbleibsel aus der Weimarer Zeit und den Nachkriegsjahren (bis 1953), als die Landesarbeitsgerichte in die Landgerichte eingegliedert waren.

In Nordrhein-Westfalen (Düsseldorf, Hamm und Köln) und in Bayern (München und Nürnberg) gibt es mehrere Landesarbeitsgerichte, in den übrigen Bundesländern gibt es jeweils ein Landesarbeitsgericht.

c) Das **Bundesarbeitsgericht** entscheidet als dritte Instanz über **Rechtsmittel** **841** gegen Entscheidungen der Landesarbeitsgerichte (§§ 72, 72a, 92, 92a ArbGG) sowie als zweite Instanz über (Sprung-)**Revisionen** gegen Urteile eines Arbeitsgerichts (§ 76 ArbGG).[5] Es besteht aus Senaten, die mit einem Vorsitzenden, zwei berufsrichterlichen Beisitzern und je einem ehrenamtlichen Beisitzer aus den Kreisen der Arbeitnehmer und der Arbeitgeber besetzt sind (§ 41 II ArbGG).

Am Bundesarbeitsgericht wird ein **Großer Senat** gebildet, der aus dem Präsidenten des BAG, je einem Berufsrichter der Senate, in denen der Präsident nicht den Vorsitz führt, und je drei ehrenamtlichen Richtern aus den Kreisen der Arbeitnehmer und Arbeitgeber besteht (§ 45 I, V ArbGG). Dem Großen Senat fallen zwei Aufgaben zu: Er **muss** angerufen werden, wenn ein Senat von der Entscheidung eines anderen Senats oder des Großen Senats abweichen will (§ 45 II ArbGG). Eine solche Vorlage ist nur zulässig, wenn der Senat, von dessen Entscheidung abgewichen werden soll, auf Anfrage des erkennenden Senats erklärt hat, dass er an seiner Rechtsauffassung festhält (§ 45 III ArbGG). Zweitens **kann** ein Senat des BAG die Entscheidung des Großen Senats in einer Frage von grundsätzlicher Bedeutung herbeiführen,

---

[4] *BAG* vom 19. 8. 2004 – 1 AS 6/03, BAGE 111, 329 (331 ff.) = AP Nr. 5 zu § 21 ArbGG 1979 = NZA 2004, 1116.
[5] Überblick über die Grundlinien der BAG-Rechtsprechung zum 50jährigen Jubiläum des Gerichts (11. 5. 2004): *Hanau*, NZA 2004, 625.

wenn das nach Auffassung des Senats erforderlich ist, um das Recht fortzubilden oder eine einheitliche Rechtsprechung zu sichern (§ 45 IV ArbGG).

Durchblick: Erhebliche Bedeutung für die Rechtsfortbildung im Arbeitsrecht haben das BVerfG und der EuGH. Das **Bundesverfassungsgericht** kann im Wege der Verfassungsbeschwerde angerufen werden, wenn ein Verstoß gegen Grundrechte geltend gemacht wird (Art. 93 I Nr. 4a GG); ferner kommt ein Vorlagebeschluss eines Gerichts in Betracht (Art. 100 I GG). Zahlreiche für das Arbeitsrecht bedeutende Entscheidungen, z.B. zum Aussperrungsrecht[6] (Rn. 601) oder zur kündigungsschutzrechtlichen Kleinbetriebsklausel[7] (Rn. 359), hat das auf diesen Wegen angerufene BVerfG gefällt. Der **Europäische Gerichtshof** entscheidet im Wege der Vorabentscheidung nach Art. 267 I, II AEUV auf den Vorlagebeschluss eines nationalen Gerichts insbesondere über die Auslegung des AEUV sowie über die Gültigkeit und die Auslegung der Handlungen der Organe der Union, namentlich der Richtlinien der EU auf arbeitsrechtlichem Gebiet (Rn. 37).

3. Sonstige arbeitsrechtliche Spruchkörper

842   Die Arbeitsgerichtsbarkeit ist für die Entscheidung von **Rechtsstreitigkeiten** zuständig; die Beilegung von **Regelungsstreitigkeiten** gehört grundsätzlich nicht zu den arbeitsgerichtlichen Aufgaben. Eine Ausnahme besteht in den Fällen, in denen die Arbeitsgerichte die Einigung von Arbeitgeber und Betriebsrat ersetzen können (beispielsweise nach § 99 IV BetrVG, s. Rn. 766, 767). Sieht man von diesen Ausnahmen ab, sind die Regelungsstreitigkeiten im Arbeitsrecht den **Einigungsstellen** (§ 76 BetrVG) und den tariflichen **Schlichtungsstellen** zugewiesen. Eine weitere Möglichkeit der Konfliktlösung, die im Einzelfall der Vereinbarung zwischen den Parteien bedarf, ist die **Mediation** im Arbeitsrecht.[8]

a) Einigungsstellen nach dem BetrVG

843   Das Betriebsverfassungsrecht strebt an, dass sich die Betriebsparteien in vertrauensvollem Zusammenwirken unter Ausgleich ihrer Interessen einigen (§ 2 I BetrVG). Gelingt diese Einigung nicht, wird gemäß §§ 76, 76a BetrVG ein besonderes, vom arbeitsgerichtlichen Verfahren getrenntes Einigungsstellenverfahren durchgeführt (Rn. 707). Die Einigungsstelle besteht aus einer gleichen Anzahl von **Beisitzern,** die vom Arbeitgeber und vom Betriebsrat benannt werden, und einem unparteiischen **Vorsitzenden,** auf dessen Person sich beide Seiten einigen müssen (§ 76 II 1 BetrVG). Kommt eine Einigung nicht zustande, bestellt das Arbeitsgericht den Vorsitzenden und entscheidet über die Zahl der Beisitzer (§ 76 II 2, 3 BetrVG, § 2a I Nr. 1 ArbGG).[9]

844   **Praxis:** Die Arbeitsgerichte bestellen nach § 76 II 2 BetrVG i.d.R. einen Berufsrichter aus der Arbeitsgerichtsbarkeit (ArbG, LAG oder BAG) zum Vorsitzenden der Einigungsstelle. Er hat gegen den Arbeitgeber einen Anspruch auf Vergütung (§ 76a III 1 BetrVG), für deren Höhe das Gesetz nur vage Anhaltspunkte gibt (§ 76a III 2, IV 3–5 BetrVG). In der Praxis haben sich zum Teil sehr hohe Stunden- bzw. Tagessätze eingebürgert, sodass ein Einigungsstellenvorsitz sehr lukrativ sein kann. Es kommt vor, dass Richter sich für Jahre ohne Bezüge beurlauben lassen, um hauptberuflich als Einigungsstellenvorsitzende tätig zu wer-

---

[6] *BVerfG* vom 26.6.1991 – 1 BvR 779/85, BVerfGE 84, 212 – Aussperrungsurteil.
[7] *BVerfG* vom 27.1.1998 – 1 BvL 15/87, BVerfGE 97, 169 – Kleinbetriebsklausel I.
[8] *B. Albrecht,* Mediation im Arbeitsrecht (2001).
[9] Rechtliche und taktische Fragen der Einigungsstelle erörtert *Tschöpe,* NZA 2004, 945.

den. Die damit verbundenen Kosten müssen die Unternehmen auf die von ihnen angebotenen Waren oder Dienstleistungen umlegen; sie werden letztlich von den Verbrauchern getragen.

b) Tarifliche Schlichtungsstellen

Eine Reihe von Tarifverträgen sieht vor, dass vor der Eröffnung eines Arbeits- 845
kampfs um den Abschluss eines neuen Tarifvertrags ein Verfahren vor einer durch den Tarifvertrag eingerichteten Schlichtungsstelle durchzuführen ist (Rn. 637–639). Ein Tarifvertrag kann ferner bestimmen, dass die betriebsverfassungsrechtliche Einigungsstelle durch eine tarifliche Schlichtungsstelle ersetzt wird (§ 76 VIII BetrVG). Ein solcher Tarifvertrag regelt betriebsverfassungsrechtliche Fragen; er gilt deshalb nach § 3 II TVG für alle Betriebe, deren Arbeitgeber tarifgebunden ist[10] (Rn. 556).

Wird eine tarifliche Schlichtungsstelle als Einigungsstelle tätig, kann der Tarifvertrag das 846
für die Einigungsstelle gesetzlich vorgesehene Verfahren nicht ändern. Die Schlichtungsstelle muss also mit einer gleichen Anzahl von Beisitzern besetzt sein und einen unparteiischen Vorsitzenden haben. Legt der Tarifvertrag die Bestellung des Vorsitzenden nicht fest, bestellt das Arbeitsgericht nach § 76 II 2 BetrVG den Vorsitzenden. Da die tarifliche Schlichtungsstelle anstelle der Einigungsstelle entscheidet, unterliegt ihr Spruch in gleicher Weise wie der Spruch der Einigungsstelle der gerichtlichen Überprüfung.[11]

4. Schiedsvereinbarungen (§ 4 ArbGG)

Das ArbGG beschränkt die Möglichkeit, die staatliche Gerichtsbarkeit durch 847
Abschluss eines Schiedsvertrags nach §§ 1025 ff. ZPO auszuschließen (§§ 4, 101–110 ArbGG). Die Vorschriften der ZPO über das schiedsrichterliche Verfahren finden in Arbeitssachen keine Anwendung (§ 101 III ArbGG). Nur in zwei Fallkonstellationen erlaubt das Gesetz die Entscheidung durch ein Schiedsgericht:

a) Für bürgerliche Rechtsstreitigkeiten zwischen **Tarifvertragsparteien** aus Tarifverträgen oder über das Bestehen oder Nichtbestehen von Tarifverträgen können die Parteien des Tarifvertrags die Arbeitsgerichtsbarkeit allgemein oder für den Einzelfall durch die ausdrückliche Vereinbarung ausschließen, dass die Entscheidung durch ein Schiedsgericht erfolgen soll (§ 101 I ArbGG).

b) Für bürgerliche Rechtsstreitigkeiten aus einem **Arbeitsverhältnis**, das sich nach einem Tarifvertrag bestimmt, können die Tarifparteien die Arbeitsgerichtsbarkeit nur für wenige Arbeitnehmergruppen (Bühnenkünstler, Filmschaffende, Artisten oder Kapitäne und Schiffsbesatzungen) durch Tarifvertrag ausschließen und ein Schiedsgericht vereinbaren (§ 101 II ArbGG).

---

[10] *BAG* vom 18. 8. 1987 – 1 ABR 30/86, BAGE 56, 18 (32) = AP Nr. 23 zu § 77 BetrVG 1972 = NZA 1987, 779; *BAG* vom 29. 9. 2004 – 1 AZR 445/03, AP Nr. 16 zu § 77 BetrVG 1972 Nachwirkung = NZA 2005, 532 (534).
[11] *BAG* vom 22. 10. 1981 – 6 ABR 69/79, BAGE 36, 385 (388) = AP Nr. 10 zu § 76 BetrVG 1972 = SAE 1982, 228; *BAG* vom 18. 12. 1990 – 1 ABR 11/90, BAGE 66, 338 (348) = AP Nr. 98 zu § 1 TVG Tarifverträge: Metallindustrie = NZA 1991, 484.

Für diese Ausnahmefälle finden sich in §§ 102–110 ArbGG Vorschriften über das Schiedsverfahren. Vom schiedsgerichtlichen Verfahren (**Schiedsverfahren**), das den Rechtsweg zu den Arbeitsgerichten ausschließt, ist das **Schiedsgutachterverfahren** zu unterscheiden, in welchem nur einzelne Tatsachen oder Anspruchsvoraussetzungen festgestellt werden (vgl. §§ 317, 319 BGB).

II. Zuständigkeit der Arbeitsgerichte

848 Die Arbeitsgerichte entscheiden im Urteils- und im Beschlussverfahren – ohne Rücksicht auf den Streitwert – in erster Instanz über sämtliche Arbeitssachen (§ 8 I ArbGG). Die Abgrenzung der Zuständigkeiten des Arbeitsgerichts zu denjenigen der ordentlichen Gerichte (Amtsgericht, Landgericht) ist eine Frage der Zulässigkeit des Rechtswegs.[12]

1. Rechtswegzuständigkeit im Urteilsverfahren

849 In den meisten Fällen entscheidet das ArbG im Urteilsverfahren (§ 2 V ArbGG; Gegensatz: Beschlussverfahren, § 2 a II ArbGG). Im Urteilsverfahren ergibt sich die Zulässigkeit des Rechtswegs zu den Gerichten in Arbeitssachen und zugleich deren sachliche Zuständigkeit aus § 2 ArbGG. In § 2 I ArbGG ist die **ausschließliche Zuständigkeit** der Arbeitsgerichte im Urteilsverfahren geregelt (eine Sonderregelung betreffend Arbeitnehmererfindungen und das Arbeitnehmer-Urheberrecht enthält § 2 II ArbGG), in § 2 III, IV ArbGG finden sich **fakultative Zuständigkeiten**.

a) Ausschließliche Zuständigkeiten (§ 2 I ArbGG)

Die wichtigste Zuständigkeitsnorm ist § 2 I ArbGG. Sie enthält einen umfassenden Katalog von Angelegenheiten, in denen die Gerichte für Arbeitssachen im Urteilsverfahren ohne Rücksicht auf den Streitwert ausschließlich zuständig sind. Ausschließliche Zuständigkeit bedeutet, dass eine andere Gerichtsbarkeit weder vereinbart (§ 38 ZPO) noch im Wege rügeloser Einlassung begründet werden kann (§ 39 ZPO). Das Arbeitsgericht hat von Amts wegen zu prüfen, ob eine ausschließliche Zuständigkeit gemäß § 2 I ArbGG gegeben ist;[13] der maßgebende Prüfungszeitpunkt ist die Rechtshängigkeit der Klage (vgl. §§ 261 III Nr. 2 ZPO, 17 I 1 GVG). In der Berufungsinstanz wird die Zulässigkeit des Rechtswegs und die sachliche Zuständigkeit dagegen nicht mehr geprüft (§ 65 ArbGG).

850 (1) **§ 2 I Nrn. 1, 2 ArbGG** erklären die Gerichte für Arbeitssachen ausschließlich zuständig für bürgerliche Rechtsstreitigkeiten zwischen **Tarifvertragsparteien** oder zwischen diesen und Dritten aus Tarifverträgen oder über das Bestehen oder Nichtbestehen von Tarifverträgen (§ 2 I Nr. 1 ArbGG) sowie für bürgerli-

---

[12] *BAG* vom 26. 3. 1992 – 2 AZR 443/91, AP Nr. 7 zu § 48 ArbGG 1979 = NZA 1992, 954 (955); *BAG* vom 3. 2. 2009 – 1 AZB 100/08, AP Nr. 66 zu § 5 ArbGG 1979 = NZA 2009, 669 (670).
[13] *BAG* vom 21. 3. 1984 – 5 AZR 380/82, BAGE 45, 228 (230) = AP Nr. 1 zu § 2 ArbGG 1979 = NZA 1984, 365; G/M/P/*Matthes/Schlewing*, ArbGG, § 2 Rn. 151.

che Rechtsstreitigkeiten zwischen **tariffähigen Parteien** oder zwischen diesen und Dritten aus unerlaubten Handlungen, soweit es sich um Maßnahmen zum Zwecke des Arbeitskampfs oder um Fragen der Vereinigungsfreiheit einschließlich des hiermit im Zusammenhang stehenden Betätigungsrechts der Vereinigungen handelt (§ 2 I Nr. 2 ArbGG).

> **Beispiele** für Streitigkeiten nach § 2 I Nr. 1 ArbGG sind Klagen gegen den Tarifpartner mit dem Antrag, den Tarifvertrag durchzuführen oder auf die Verbandsmitglieder einzuwirken, ferner Rechtsstreitigkeiten über die Auslegung des Tarifvertrags. Die Zuständigkeit nach § 2 I Nr. 2 ArbGG ist beispielsweise gegeben für Ansprüche aus rechtswidrigen Arbeitskampfmaßnahmen oder auf Zutritt einer Gewerkschaft zu einem Betrieb.[14]

(2) **§ 2 I Nrn. 3 a, 3 b ArbGG** regeln die praktisch wichtigsten Fälle der aus-   851
schließlichen Zuständigkeit: Die Gerichte für Arbeitssachen sind ausschließlich zuständig für bürgerliche Rechtsstreitigkeiten zwischen Arbeitgebern und Arbeitnehmern aus dem Arbeitsverhältnis (§ 2 I Nr. 3 a ArbGG) und über das Bestehen oder Nichtbestehen eines Arbeitsverhältnisses (§ 2 I Nr. 3 b ArbGG). **Arbeitnehmer** sind Arbeiter und Angestellte sowie die zu ihrer Berufsausbildung Beschäftigten (§ 5 I 1 ArbGG). Als Arbeitnehmer gelten auch **arbeitnehmerähnliche Personen** (§ 5 I 2 ArbGG). Dabei greift die Rechtsprechung zum Teil auf die Begriffsbestimmung in § 12 a TVG zurück[15] (Rn. 97).

> **Beispiel** für einen Rechtsstreit, der trotz § 5 I 2 ArbGG nicht vor die Arbeitsgerichte gehört, ist ein Streit über die Auflösung des Vertragsverhältnisses einer Anwaltssozietät mit einem Partner. Der Partner einer Anwaltssozietät (§ 705 BGB) ist wegen seiner fehlenden **persönlichen Abhängigkeit** kein Arbeitnehmer. Selbst bei **wirtschaftlicher Abhängigkeit** von der Sozietät ist er keine arbeitnehmerähnliche Person im Sinne von § 5 I 2 ArbGG, wenn das Sozietätsverhältnis auf die Ausübung der anwaltlichen Tätigkeit in Gleichrangigkeit, Gegenseitigkeit und Zusammenarbeit ausgerichtet ist: Dann fehlt die erforderliche, einem Arbeitnehmer vergleichbare Schutzbedürftigkeit.[16]

(3) **§ 2 I Nrn. 3 c, 3 d, 3 e ArbGG** legen fest, dass Gerichte für Arbeitssachen   852
ausschließlich zuständig sind für bürgerliche Rechtsstreitigkeiten zwischen Arbeitnehmern und Arbeitgebern aus Verhandlungen über die Eingehung eines Arbeitsverhältnisses und aus dessen Nachwirkungen, aus unerlaubten Handlungen, soweit diese mit dem Arbeitsverhältnis im Zusammenhang stehen, und für Rechtsstreitigkeiten über Arbeitspapiere.

(4) Ausschließlich zuständig sind sie ferner für bürgerliche Rechtsstreitigkeiten zwischen Arbeitnehmern oder ihren Hinterbliebenen einerseits und (a) Arbeitgebern über Ansprüche, die mit dem Arbeitsverhältnis in rechtlichem oder unmittelbar wirtschaftlichem Zusammenhang stehen (**§ 2 I Nr. 4 a ArbGG**) oder (b) gemeinsamen Einrichtungen der Tarifvertragsparteien oder Sozialeinrichtungen privaten Rechts über Ansprüche aus dem Arbeitsverhältnis oder Ansprüche, die mit dem Arbeitsverhältnis in rechtlichem oder unmittelbar wirtschaftlichem Zusammenhang stehen (**§ 2 I Nr. 4 b ArbGG**).

---

[14] G/M/P/*Matthes*/*Schlewing*, ArbGG § 2 Rn. 45; Schwab/Weth/*Walker*, ArbGG, § 2 Rn. 64.
[15] *BAG* vom 17. 10. 1990 – 5 AZR 639/89, BAGE 66, 113 (117–119) = AP Nr. 9 zu § 5 ArbGG 1979 = NZA 1991, 402.
[16] *BAG* vom 15. 4. 1993 – 2 AZB 32/92, AP Nr. 12 zu § 5 ArbGG 1979 = NZA 1993, 789 (791) – Juniorpartner.

(5) Weitere ausschließliche Zuständigkeiten ergeben sich aus § 2 I Nrn. 5–10 ArbGG; hervorzuheben ist die Zuständigkeit für bürgerliche Rechtsstreitigkeiten zwischen Arbeitnehmern aus gemeinsamer Arbeit oder aus unerlaubten Handlungen, die mit dem Arbeitsverhältnis im Zusammenhang stehen (§ 2 I Nr. 9 ArbGG).

> **Beispiel** für Streitigkeiten aus gemeinsamer Arbeit ist der Streit zwischen Mitgliedern einer Arbeitsgruppe um die Verteilung des Lohns; zu den unerlaubten Handlungen i. S. d. § 2 I Nr. 9 ArbGG gehören beispielsweise Schädigungen im Rahmen von Fahrgemeinschaften.[17]

853   (6) Die Zuständigkeit der Arbeitsgerichte zu prüfen, obliegt dem erstinstanzlichen Gericht. Die **Prüfung der Zuständigkeit** erfolgt von Amts wegen.[18] Wie zu verfahren ist, wenn keine Klarheit über die Arbeitnehmereigenschaft des Klägers besteht, ist umstritten: Lässt man mit einem Teil der Literatur die **Behauptung des Klägers** genügen, er sei Arbeitnehmer,[19] besteht die Gefahr, dass der Kläger sich den Rechtsweg zu den Arbeitsgerichten „erschleicht" und das Arbeitsgericht beispielsweise über die Zahlungsklage eines Selbständigen gegen seinen Auftraggeber entscheidet, die an sich vor das Amts- oder Landgericht gehört. Würde man dagegen bereits im Rahmen der Zulässigkeitsprüfung eine **Beweiserhebung** über die Arbeitnehmereigenschaft des Klägers fordern, wäre die Zulässigkeitsprüfung mit einer Beweisaufnahme befrachtet. Die Rechtsprechung geht einen Mittelweg, indem sie drei Fallgruppen unterscheidet:[20]

854   (a) **Aut-aut-Fälle:** In der ersten Fallgruppe kann der Anspruch entweder auf eine arbeitsrechtliche oder eine bürgerlich-rechtliche Anspruchsgrundlage gestützt werden, aber die Anspruchsgrundlagen schließen sich gegenseitig aus.

> Ein klassisches Beispiel eines aut-aut-(„entweder-oder-")Falls ist ein Zahlungsanspruch, der sich entweder aus einem Arbeitsverhältnis oder aus einem freien Dienstverhältnis ergeben kann.

In solchen Fällen dürfen sich die Arbeitsgerichte nicht allein auf Grund einer Schlüssigkeitsprüfung des Klägervortrags für zuständig erklären; sie müssen vielmehr über die Frage, ob ein Arbeitsverhältnis besteht, Beweis erheben, wenn der Beklagte die Arbeitnehmereigenschaft des Klägers bestreitet.

(b) **Et-et-Fälle:** In der zweiten Fallgruppe kann der Anspruch widerspruchslos auf arbeitsrechtliche und nicht arbeitsrechtliche Anspruchsgrundlagen gestützt werden, die sich nicht gegenseitig ausschließen.

> Zu diesen et-et-(„sowohl-als-auch"-)Fällen gehört z. B. der Sachverhalt, dass der Kläger das Weiterbestehen des Vertragsverhältnisses festgestellt haben will, weil er die vom Beklagten ausgesprochene außerordentliche Kündigung für unwirksam hält: Sowohl im freien Dienstverhältnis als auch im Arbeitsverhältnis ist § 626 BGB die einschlägige Norm.

Auch hier ist bereits im Rahmen der Zulässigkeitsprüfung das Bestehen eines Arbeitsverhältnisses zu klären: Ließe man die schlüssige Behauptung des Klägers genügen, er sei Arbeitnehmer, könnte es dazu kommen, dass das Arbeitsgericht

---

17 Schwab/Weth/*Walker*, ArbGG, § 2 Rn. 159, 160.
18 GK-ArbGG/*Wenzel*, § 2 Rn. 271; Schwab/Weth/*Walker*, ArbGG, § 2 Rn. 206.
19 *Dütz/Singer*, AuR 1994, 354 (356); *Kissel*, NZA 1995, 345 (353).
20 Umfangreiche Nachweise bei Schwab/Weth/*Walker*, ArbGG, § 2 Rn. 210–219.

über einen rechtswegfremden Anspruch zu entscheiden hätte („Rechtsweger-schleichung").[21]

(c) **Sic-non-Fälle:** In dieser Fallgruppe kann der geltend gemachte Anspruch lediglich auf eine arbeitsrechtliche Anspruchsgrundlage gestützt werden, sodass der Anspruch mit der Bejahung der Zulässigkeit steht und fällt. Bei den sic-non-(„wenn-nicht"-)Konstellationen liegen die Interessen anders als bei den ersten beiden Fallgruppen. Das zeigt sich im

Übungsfall 29 (Rechtswegprüfung): Die Parteien streiten über den Fortbestand eines Rechts- **855** verhältnisses, das der Kläger (K) als Arbeitsverhältnis, die beklagte GmbH (B) dagegen als freies Dienstverhältnis ansieht. K war seit 1991 in einer zuletzt von B betriebenen Privatklinik in Düsseldorf als Leitender Arzt für Anästhesie tätig. Er bezog aus dieser Tätigkeit ein Jahres-einkommen zwischen 215.000 und 245.000 €. Er kassierte direkt bei den Patienten und führ-te 15% des Honorars an den Krankenhausträger ab. B teilte ihm durch Schreiben vom 28. 12. 2009 mit, wegen möglicher Schließung der Klinik sehe man sich gezwungen, das Vertragsver-hältnis zum 30. 6. 2010 ordentlich zu kündigen. Dagegen wendet sich K mit seiner beim ArbG Düsseldorf erhobenen Kündigungsschutzklage. Er macht geltend, dass keine betriebsbeding-ten Kündigungsgründe vorlägen und die Kündigungsfrist des § 622 II Nr. 7 BGB nicht ein-gehalten sei. Er beantragt festzustellen, dass das Arbeitsverhältnis durch die Kündigung vom 28. 12. 2009 nicht aufgelöst worden sei. Ist die Klage zulässig?[22]

Lösung: Die Klage ist zulässig, wenn alle Sachurteilsvoraussetzungen gegeben sind. **856**

(1) Der **Rechtsweg zu den Arbeitsgerichten** und damit zugleich die sachliche Zuständigkeit der Arbeitsgerichte könnte sich aus § 2 I Nr. 3 b ArbGG ergeben. Einfach wäre die Ent-scheidung über die Zuständigkeit, wenn die bloße Rechtsansicht des K, er sei Arbeitnehmer, zur Begründung der Zuständigkeit nach § 2 I Nr. 3 b ArbGG ausreichen würde. Maßge-bende Kriterien sind auf der einen Seite die **Prozessökonomie**, die – wenn möglich – für eine Entscheidung in der Sache spricht, und auf der anderen Seite das Verbot der **Rechts-wegerschleichung**, das es dem Kläger verwehrt, sich nach seinem Gutdünken den Gerichts-zweig auszusuchen, der über seine Klage entscheiden soll.

(a) Wie bei der Prüfung des Rechtswegs vorzugehen ist, richtet sich danach, ob das Begeh-ren des Klägers auch auf nichtarbeitsrechtliche Anspruchsgrundlagen gestützt werden kann (sog. aut-aut- oder et-et-Fälle), oder ob nur eine arbeitsrechtliche Grundlage in Betracht kommt (sog. sic-non-Fall). Die Klage des K ist eine **Kündigungsschutzklage**, die nur Erfolg haben kann, wenn K Arbeitnehmer ist: Kündigungsschutz besteht nur für Arbeitnehmer (§ 1 I KSchG). Auch die Berufung auf die Kündigungsfrist des § 622 II Nr. 7 BGB ist nur erfolgreich, wenn die **Arbeitnehmereigenschaft** des K bejaht werden kann. Der vorliegende Fall ist damit als ein sog. sic-non-Fall zu qualifizieren.

(b) Für einen solchen **sic-non-Fall** gilt, dass mit der Verneinung der Zuständigkeit der Rechtsstreit letztlich in der Sache entschieden ist, weil die Klage auch unbegründet wäre. Die Arbeitnehmereigenschaft ist in diesem Fall eine sog. **doppelrelevante Tatsache.** Die Verweisung des Rechtsstreits an das Gericht eines anderen Rechtswegs kommt in diesem Fall nicht in Betracht.[23] Der Kläger erhält eine – wenn auch klageabweisende – Entschei-dung des Gerichts, vor dem er geklagt hat. Die Gefahr einer Rechtswegerschleichung be-steht nicht, da die Entscheidung des Arbeitsgerichts nur positiv ausfallen kann, wenn seine sachliche Zuständigkeit bejaht wurde.[24] Es genügt daher die bloße Rechtsansicht des Klä-gers, er sei Arbeitnehmer, um die sachliche Zuständigkeit des Arbeitsgerichts zu bejahen.

---

[21] *BAG* vom 28. 10. 1993 – 2 AZB 12/93, AP Nr. 19 zu § 2 ArbGG 1979 = NJW 1994, 1172 = NZA 1994, 234 (235–237).

[22] Fall nach *BAG* vom 24. 4. 1996 – 5 AZB 25/95, BAGE 83, 40 = AP Nr. 1 zu § 2 ArbGG 1979 Zuständigkeitsprüfung = NZA 1996, 1005.

[23] *BAG* vom 18. 12. 1996 – 5 AZB 25/96, BAGE 85, 46 (53 f.) = AP Nr. 3 zu § 2 ArbGG 1979 Zuständigkeitsprüfung = NJW 1997, 1722 = NZA 1997, 509.

[24] *BAG* vom 24. 4. 1996 – 5 AZB 25/95, BAGE 83, 40 (49 f.).

857 (2) Die **örtliche Zuständigkeit** des ArbG Düsseldorf ist ebenfalls zu bejahen: Selbst wenn die B nur ein Krankenhaus, nicht aber ihren Sitz in Düsseldorf hat (und damit der allgemeine Gerichtsstand nach § 46 II 1 ArbGG, §§ 12, 17 ZPO nicht gegeben ist), kann die Klage jedenfalls beim ArbG Düsseldorf im besonderen Gerichtsstand des Erfüllungsorts (§ 46 II 1 ArbGG, § 29 ZPO) oder des gewöhnlichen Arbeitsorts (§ 48 I a ArbGG) erhoben werden, weil K seine Tätigkeit in der Düsseldorfer Klinik zu erbringen hatte. Wenn man den Betrieb des Krankenhauses als Gewerbe ansieht – das hängt von der (im Sachverhalt offengelassenen) Gewinnerzielungsabsicht ab[25] –, ist in Düsseldorf auch der Gerichtsstand der Niederlassung begründet (§ 46 II 1 ArbGG, § 21 ZPO).

(3) Hinsichtlich der **Partei- und Prozessfähigkeit** (§§ 50 I, 51 I, 52 ZPO) des Klägers bestehen keine Bedenken. Der Kläger ist vor dem Arbeitsgericht selbst auch postulationsfähig (§ 11 I 1 ArbGG).

(4) Ein für die ordnungsgemäße Klageerhebung nach § 46 II 1 ArbGG, §§ 495, 253 ZPO erforderlicher bestimmter **Feststellungsantrag** in Gestalt der Kündigungsschutzklage (§ 4 Satz 1 KSchG) liegt ebenfalls vor. Das erforderliche **Feststellungsinteresse** des Klägers folgt aus §§ 4 Satz 1, 7 KSchG. Die Klage ist zulässig.

b) Fakultative Zuständigkeiten (§ 2 III, IV ArbGG)

858 Eine fakultative (nichtausschließliche) Zuständigkeit besteht, wenn die Zuständigkeit der Arbeitsgerichte vereinbart (§ 38 ZPO) oder durch rügelose Einlassung begründet werden kann (§ 39 ZPO).[26] Nach § 2 III, IV ArbGG gibt es in zwei Fällen eine fakultative Zuständigkeit der Arbeitsgerichte; in diesen Fällen können nichtarbeitsrechtliche Streitigkeiten, für die an sich die ordentlichen Gerichte zuständig sind, bei den Arbeitsgerichten anhängig gemacht werden.

859 (1) Nach **§ 2 III ArbGG** können nichtarbeitsrechtliche Streitigkeiten vor die Gerichte für Arbeitssachen gebracht werden, wenn der Anspruch mit einer beim Arbeitsgericht anhängigen oder gleichzeitig anhängig werdenden bürgerlichen Rechtsstreitigkeit der in § 2 I, II ArbGG bezeichneten Art in rechtlichem oder unmittelbar wirtschaftlichem Zusammenhang steht und für seine Geltendmachung nicht die ausschließliche Zuständigkeit eines anderen Gerichts gegeben ist (**Zusammenhangsklage**).

Beispiel: Ein Verwandter des Arbeitgebers hat sich für Lohnrückstände verbürgt. – Der Arbeitnehmer kann nach § 2 III ArbGG auch den Bürgen vor dem Arbeitsgericht in Anspruch nehmen, wenn er vorher oder gleichzeitig eine Klage gegen den Arbeitgeber anhängig macht (§ 2 I Nr. 3 a ArbGG). Es spielt für § 2 III ArbGG keine Rolle, dass es sich bei dem Arbeitgeber und dem Bürgen um verschiedene Personen handelt.[27]

860 (2) Nach **§ 2 IV ArbGG** können auf Grund einer Vereinbarung auch bürgerliche Rechtsstreitigkeiten zwischen juristischen Personen des Privatrechts (z. B. AG, GmbH) und Personen, die kraft Gesetzes allein oder als Mitglieder des Vertretungsorgans der juristischen Person zu deren Vertretung berufen sind (z. B. Vorstandsmitglieder, Geschäftsführer), vor die Gerichte für Arbeitssachen gebracht werden. Solche Zuständigkeitsvereinbarungen zwischen juristischen Personen und Organmitgliedern zugunsten der Arbeitsgerichte sind selten.[28]

---

[25] Zöller/*Vollkommer*, § 21 ZPO Rn. 5; Thomas/Putzo/*Hüßtege*, § 21 ZPO Rn. 2.
[26] G/M/P/*Matthes/Schlewing*, ArbGG, § 2 Rn. 2; Schwab/Weth/*Walker*, ArbGG, § 2 Rn. 180.
[27] ErfK/*Koch*, § 2 ArbGG Rn. 33; GK-ArbGG/*Wenzel*, § 2 Rn. 61, 62.
[28] Einzelheiten bei Schwab/Weth/*Walker*, ArbGG, § 2 Rn. 196–204.

Durchblick: Die Mitglieder der Organe juristischer Personen (AG-Vorstand, GmbH-Geschäftsführer) nehmen Arbeitgeberfunktionen wahr und zählen nicht zu den Arbeitnehmern (Rn. 122). Kraft ausdrücklicher gesetzlicher Anordnung sind sie vom Kündigungsschutz- und vom Betriebsverfassungsrecht ausgenommen (§ 14 I KSchG, § 5 II Nrn. 1, 2 BetrVG). Für das arbeitsgerichtliche Verfahren ordnet § 5 I 3 ArbGG ebenfalls ausdrücklich an, dass Organmitglieder nicht als Arbeitnehmer gelten.

c) Zuständigkeit kraft Rechtsnachfolge (§ 3 ArbGG)

Die nach §§ 2, 2 a ArbGG begründete Zuständigkeit eines Arbeitsgerichts 861 bleibt bestehen, wenn der Rechtsstreit durch einen Rechtsnachfolger oder durch eine Person geführt wird, die kraft Gesetzes an Stelle des sachlich Berechtigten oder Verpflichteten prozessführungsbefugt ist (§ 3 ArbGG).

– Eine **Rechtsnachfolge** kann durch Gesetz oder kraft Rechtsgeschäft eintreten. 862 Eine gesetzliche Gesamtrechtsnachfolge liegt z. B. im Erbfall (§ 1922 BGB) oder bei der Betriebsumwandlung vor (§ 20 UmwG); eine gesetzliche Einzelrechtsnachfolge ist z. B. in den Fällen der §§ 426 II, 774 BGB gegeben.

Kein Fall der gesetzlichen Rechtsnachfolge ist der **Betriebsübergang** nach § 613 a BGB: Der Betriebs- oder Betriebsteilerwerber tritt in die Arbeitsverhältnisse ein; damit ist die Zuständigkeitsnorm des § 2 ArbGG erfüllt.[29]

– Eine **Prozessführungsbefugnis** anstelle des sachlich Berechtigten oder Ver- 863 pflichteten liegt in den Fällen gesetzlicher oder gewillkürter Prozessstandschaft vor; ein gesetzlicher Prozessstandschafter ist beispielsweise der Testamentsvollstrecker, der Nachlassverwalter oder der Insolvenzverwalter.[30]

2. Rechtswegzuständigkeit im Beschlussverfahren

Die Zuständigkeiten des Arbeitsgerichts im Beschlussverfahren sind in § 2 a 864 ArbGG geregelt. Bei ihnen handelt es sich um ausschließliche Zuständigkeiten. Sie umfassen insbesondere

– Angelegenheiten aus dem Betriebsverfassungsgesetz,
– Angelegenheiten aus dem Sprecherausschussgesetz,
– Angelegenheiten aus den Mitbestimmungsgesetzen und
– die Entscheidung über die Tariffähigkeit und die Tarifzuständigkeit einer Vereinigung (Einzelheiten und weitere Fälle in § 2 a I ArbGG).

Die wichtigsten Fälle des Beschlussverfahrens sind Angelegenheiten aus dem Betriebsverfassungsgesetz (§ 2 a I Nr. 1 ArbGG). Das Beschlussverfahren ist für alle Rechtsstreitigkeiten aus dem BetrVG eröffnet, beispielsweise für Streitigkeiten über die Errichtung eines Betriebsrats, über die Betriebsratswahl oder über Mitbestimmungsrechte des Betriebsrats. Die Zuständigkeit im Beschlussverfahren setzt voraus, dass die betriebsverfassungsrechtliche Angelegenheit der Streitgegenstand und nicht nur die Vorfrage einer bürgerlich-rechtlichen Streitigkeit im Urteilsverfahren ist: Im Beschlussverfahren hat das Arbeitsgericht beispielsweise zu entscheiden, ob die fehlende Zustimmung des Betriebsrats zu einer Kündigung nach § 103 BetrVG zu ersetzen ist; die Wirksamkeit der Kündigung ist Gegenstand des Urteilsverfahrens.[31] Die Zuständigkeit kraft Rechtsnachfolge gemäß § 3 ArbGG besteht nicht nur im Urteilsverfahren, sondern auch im Beschlussverfahren (vgl. den Wortlaut des § 3 ArbGG).

---

[29] GK-ArbGG/*Wenzel*, § 3 Rn. 29–31; Schwab/Weth/*Walker*, ArbGG, § 3 Rn. 19.
[30] ErfK/*Koch*, § 3 ArbGG Rn. 4; *Hromadka/Maschmann* II, § 21 Rn. 47.
[31] ErfK/*Koch*, § 2 a ArbGG Rn. 5; G/M/P/*Matthes*, ArbGG, § 2 a Rn. 43.

3. Örtliche Zuständigkeit der Arbeitsgerichte

865　　Bei der örtlichen Zuständigkeit ist – wie bei der Rechtswegzuständigkeit nach §§ 2, 2 a ArbGG – zwischen dem Urteilsverfahren (§§ 46 ff. ArbGG) und dem Beschlussverfahren (§§ 80 ff. ArbGG) zu unterscheiden:

a) Die örtliche Zuständigkeit der Arbeitsgerichte im **Urteilsverfahren** richtet sich nach den Vorschriften der ZPO (§ 46 II 1 ArbGG). Diese Vorschriften unterscheiden zwischen dem allgemeinen Gerichtsstand (§§ 12 ff. ZPO) und den besonderen Gerichtsständen der §§ 20 ff. ZPO (vgl. den **Übungsfall 29**, Rn. 857). Dabei kommt es für die örtliche Zuständigkeit grundsätzlich nicht auf den Kläger, sondern auf den Beklagten an: Am **allgemeinen Gerichtsstand** des Beklagten sind alle gegen ihn gerichteten Klagen zu erheben (§ 12 ZPO), sofern nicht ein ausschließlicher besonderer Gerichtsstand gegeben ist. Allgemeiner Gerichtsstand ist bei natürlichen Personen der Wohnsitz (§ 13 ZPO), bei juristischen Personen der Sitz (§ 17 ZPO).

Praxis: Die Schutztendenz des Arbeitsrechts als Arbeitnehmerschutzrecht setzt sich in der Rollenverteilung vor Gericht fort. Von der Arbeitgeberseite werden nur 2% aller Klagen eingereicht, von der Arbeitnehmerseite dagegen 98%.[32] Nur in 2% aller Klagen spielt daher der Gerichtsstand des Arbeitnehmers eine Rolle (vgl. als besonderen Gerichtsstand § 20 ZPO).

866　　Von den **besonderen Gerichtsständen** ist für das Urteilsverfahren vor den Arbeitsgerichten zum einen der **Gerichtsstand der Niederlassung** bedeutsam (§ 21 ZPO). Die Zuständigkeit des Arbeitsgerichts wird durch § 21 ZPO nur begründet, wenn sich der Arbeitsvertrag gerade auf die Niederlassung bezieht.[33] Zum anderen spielt der besondere **Gerichtsstand des Erfüllungsorts** eine Rolle (§ 29 ZPO). Beim Arbeitsverhältnis nimmt die Rechtsprechung einen einheitlichen Erfüllungsort an, der sich am Sitz des Betriebs oder seiner Zweigstelle befindet.[34]

Seit dem 1. 4. 2008 eröffnet § 48 I a ArbGG für bestimmte, in § 48 I a 1 ArbGG aufgezählte Streitigkeiten einen neuen, besonderen **Gerichtsstand des (gewöhnlichen) Arbeitsorts,** der die Gerichtsstände der §§ 12 ff. ZPO (i. V. m. § 46 II 1 ArbGG) ergänzt und das Wahlrecht des Klägers nach § 35 ZPO erweitert. Die neue Vorschrift führt meist zum selben Ergebnis wie § 29 ZPO i. V. m. § 46 II 1 ArbGG; praktische Bedeutung erlangt sie jedoch für klagende Außendienstmitarbeiter, bei denen mangels eines gewöhnlichen Arbeitsorts der Wohnsitz maßgebend ist (§ 48 I a 2 ArbGG).

867　　b) Im **Beschlussverfahren** sieht § 82 ArbGG eine ausschließliche örtliche Zuständigkeit vor: Örtlich zuständig ist das Arbeitsgericht, in dessen Bezirk der **Betrieb** liegt (§ 82 I 1 ArbGG). Die Vorschrift knüpft an den Betriebsbegriff an, der dem BetrVG zugrunde liegt (Rn. 656, 657). Soweit ein Betriebsteil nach § 4 BetrVG als selbständiger Betrieb gilt, ist das ArbG zuständig, in dessen Bezirk der Betriebsteil liegt. In Angelegenheiten des Gesamtbetriebsrats, des Konzern-

---

[32] Siehe allgemein *Grotmann-Höfling*, AuR 2011, 433.

[33] Thomas/Putzo/*Hüßtege*, § 21 ZPO Rn. 4; Zöller/*Vollkommer*, § 21 ZPO Rn. 11.

[34] *BAG* vom 5. 5. 1955 – 2 AZR 55/53, BAGE 2, 18 (20) = AP Nr. 4 zu § 242 BGB Ruhegehalt m. Anm. *Beitzke* = NJW 1955, 1005 = JZ 1955, 512 m. Anm. *Gamillscheg*. Weitere Nachweise bei Thomas/Putzo/*Hüßtege*, § 29 ZPO Rn. 6; Zöller/*Vollkommer*, § 29 ZPO Rn. 25.

betriebsrats, des Wirtschaftsausschusses und der Vertretung der Arbeitnehmer im Aufsichtsrat ist das Arbeitsgericht örtlich zuständig, in dessen Bezirk das **Unternehmen** seinen Sitz hat (§ 82 I 2 ArbGG). Der Sitz des Unternehmens liegt an dem Ort, an dem die Verwaltung geführt wird.[35]

4. Verweisung an das zuständige Gericht

Wenn der Rechtsweg nicht eröffnet ist oder dem angerufenen Gericht die örtli- 868 che Zuständigkeit fehlt, verweist das Gericht den Rechtsstreit an das zuständige Gericht des zulässigen Rechtswegs. Der Beschluss kann ohne mündliche Verhandlung ergehen (§ 48 I ArbGG i. V. m. §§ 17–17 b GVG). Das Adressatengericht ist an den Verweisungsbeschluss gebunden (§ 48 I ArbGG i. V. m. § 17 a II 3 GVG); eine Zurück- oder Weiterverweisung kommt nicht in Betracht. Eine Ausnahme besteht nur, wenn der Verweisungsbeschluss offensichtlich rechtswidrig oder willkürlich ist.[36]

III. Urteilsverfahren

In den bürgerlichen Rechtsstreitigkeiten, die in § 2 I–IV ArbGG bezeichnet 869 sind (Rn. 849–860), findet das Urteilsverfahren statt (§§ 2 V, 46 I ArbGG). Im Rahmen der Lösung eines arbeitsrechtlichen Falles ist häufig die Zulässigkeit einer Klage im Urteilsverfahren zu erörtern (dazu 1). Für das Verständnis des arbeitsrechtlichen Rechtsschutzes wichtig sind die Regeln über den Verfahrensablauf, die Entscheidung und die Rechtsmittel (dazu 2–4).

1. Zulässigkeit

Bei der Prüfung der Zulässigkeit einer Klage im arbeitsgerichtlichen Urteils- 870 verfahren sind in der Regel nicht alle der folgenden Prüfungspunkte anzusprechen, sondern nur diejenigen, die nach dem Sachverhalt Anlass zu einer Prüfung geben; überflüssige Erörterungen sind falsch.

a) Rechtsweg, Zuständigkeit

Die Zulässigkeit des Rechtswegs zu den Arbeitsgerichten (und damit zugleich auch die sachliche Zuständigkeit) ist anhand der §§ 2, 3 ArbGG zu untersuchen (Rn. 849–863); die örtliche Zuständigkeit (der „Gerichtsstand") ergibt sich aus § 46 II 1 ArbGG i. V. m. §§ 12 ff. ZPO (Rn. 865, 866). Für die beiden wichtigsten Klagen gilt:

– Bei einer **Lohnzahlungsklage** des Arbeitnehmers folgt der Rechtsweg zu den Arbeitsgerichten und die sachliche Zuständigkeit der Arbeitsgerichte aus § 2 I Nr. 3 a ArbGG (bürgerliche Rechtsstreitigkeiten zwischen Arbeitnehmern und Arbeitgebern aus dem Arbeitsverhältnis).

---

[35] GK-ArbGG/*Dörner*, § 82 Rn. 11 ff.; H/W/K/*Bepler*, § 82 ArbGG Rn. 4.
[36] *BAG* vom 19. 3. 2003 – 5 AS 1/03, BAGE 105, 305 (307) = AP Nr. 59 zu § 36 ZPO = NZA 2003, 683.

– Bei einer **Kündigungsschutzklage** folgen der Rechtsweg und die sachliche Zuständigkeit aus § 2 I Nr. 3 b ArbGG (bürgerliche Rechtsstreitigkeiten zwischen Arbeitnehmern und Arbeitgebern über das Bestehen oder Nichtbestehen eines Arbeitsverhältnisses).

b) Parteifähigkeit, Prozessfähigkeit

871 (1) Die **Parteifähigkeit** – die Fähigkeit, als Kläger oder Beklagter Subjekt eines Prozessrechtsverhältnisses zu sein[37] – deckt sich mit der Rechtsfähigkeit. Das folgt aus § 50 I ZPO, der nach dem Wortlaut des § 10, 1. Hs. ArbGG („Parteifähig … sind auch …") dem § 10 ArbGG vorgeht. Seit der ZPO-Novelle von 2009 sind auch Gewerkschaften und Verbände, die als nichtrechtsfähige Vereine verfasst sind, aktiv und passiv parteifähig (§ 50 II ZPO); danach hat § 10, 1. Hs. ArbGG nur noch deklaratorische Bedeutung.

(2) Die **Prozessfähigkeit** – die Fähigkeit, selbst oder durch einen selbst bestellten Vertreter im Prozess wirksam handeln zu können[38] – deckt sich mit der Geschäftsfähigkeit (§§ 51 I, 52 ZPO). Die Prozessfähigkeit des minderjährigen Arbeitgebers kann sich daher aus § 112 BGB, die Prozessfähigkeit des minderjährigen Arbeitnehmers kann sich aus § 113 BGB ergeben (Rn. 171).

(3) Die **Prozessführungsbefugnis** ist das Recht einer Partei, einen Prozess im eigenen Namen zu führen. Die Prozessführungsbefugnis hat grundsätzlich der Inhaber des streitigen Rechts. Ausnahmsweise kann jemand im Wege der Prozessstandschaft über ein fremdes Recht im eigenen Namen einen Prozess führen. Prozessstandschafter ist z.B. der Insolvenzverwalter in der Insolvenz des Arbeitgebers.

(4) Die **Postulationsfähigkeit** ist die Fähigkeit, dem prozessualen Handeln die rechtserhebliche Form zu geben. Wer postulationsfähig ist, kann eine prozessuale Handlung (Klageerhebung, Antragstellung) selbst vornehmen; wer es nicht ist, muss sich eines postulationsfähigen Vertreters (Anwalt, Gewerkschaftssekretär) bedienen.

Vor den **Arbeitsgerichten** sind die Parteien (z.B. Arbeitnehmer, Arbeitgeber, Hinterbliebene, vgl. §§ 2, 3 ArbGG) selbst postulationsfähig (§ 11 I 1 ArbGG). Die Vertretung durch einen Rechtsanwalt ist zulässig (§ 11 II 1 ArbGG), aber nicht vorgeschrieben (s. zu weiteren postulationsfähigen Personen § 11 II 2 Nrn. 1–5 ArbGG). Vor den **Landesarbeitsgerichten** und dem **Bundesarbeitsgericht** müssen die Parteien sich durch einen Prozessbevollmächtigten vertreten lassen, wobei außer Rechtsanwälten nur die in § 11 II 2 Nrn. 4, 5 ArbGG genannten Organisationen postulationsfähig sind (§ 11 III ArbGG).

c) Klageantrag, Bestimmtheit

872 Der Klageantrag muss hinreichend bestimmt sein (§ 46 II 1 ArbGG i.V.m. §§ 253 II Nr. 2, 495 ZPO). Die Anforderungen an den Klageantrag richten sich danach, ob es sich um eine **Leistungsklage** handelt (Prototyp ist die Lohnzahlungsklage) oder um eine **Feststellungsklage** (Hauptanwendungsfall ist die Kündigungsschutzklage):

---

[37] *Zeiss/Schreiber,* Rn. 143; G/M/P/*Matthes,* ArbGG, § 10 Rn. 3.
[38] *Zeiss/Schreiber,* Rn. 148; Schwab/Weth/*Weth,* ArbGG, § 10 Rn. 33.

(1) Bei einer **Leistungsklage** in Form der **Lohnzahlungsklage** erfordert die Bestimmtheit des Klageantrags, dass der Kläger einen bestimmten Geldbetrag nennt. Bei Klagen auf Zahlung rückständigen Lohns ist grundsätzlich der **Bruttolohn** anzugeben (Rn. 246). Nach den gesetzlichen Vorschriften hat der zur Zahlung verurteilte Arbeitgeber den um die Abzüge (Lohnsteuer, Sozialversicherungsbeiträge) verminderten **Nettolohn** auszuzahlen;[39] die Lohnsteuer und die Sozialversicherungsbeiträge muss der Arbeitgeber, der den (Brutto-)Lohnzahlungsprozess verliert, an das Finanzamt bzw. die Sozialversicherungsträger abführen.

(2) Bei einer **Feststellungsklage** in Gestalt der **Kündigungsschutzklage** muss   873
ebenfalls ein bestimmter Klageantrag gestellt werden. Mehrere Klageanträge kommen in Betracht:

(a) Gegen eine schriftliche Kündigung, die dem Arbeitgeber zurechenbar und dem Arbeitnehmer zugegangen ist, kann der Arbeitnehmer mit einem **Kündigungsschutzantrag nach § 4 Satz 1 KSchG** vorgehen. Mit diesem Antrag macht er geltend, dass die Kündigung sozial ungerechtfertigt oder aus anderen Gründen unwirksam ist. Die Vorschrift des § 4 KSchG gilt unabhängig davon, ob das Arbeitsverhältnis dem Kündigungsschutzgesetz unterliegt oder nicht (Rn. 332). Die Formulierung des Klageantrags folgt aus § 4 Satz 1 KSchG: „Es wird festgestellt, dass das Arbeitsverhältnis der Parteien durch die Kündigung vom … nicht aufgelöst worden ist." Gegenstand der Kündigungsschutzklage ist die Wirksamkeit einer konkreten Kündigung, weshalb das BAG von einem punktuellen Streitgegenstand spricht.[40]

Das **Feststellungsinteresse** (§ 256 I ZPO) ergibt sich für die Kündigungsschutzklage ohne weiteres aus § 7 KSchG, denn nur durch Erhebung dieser Klage kann der Arbeitnehmer dem Ablauf der dreiwöchigen Ausschlussfrist entgegenwirken (Rn. 331).

(b) Liegt eine formwidrige (insbesondere mündliche) Kündigung vor, ist die Kündigung dem Arbeitgeber nicht zuzurechnen oder ist sie dem Arbeitnehmer nicht zugegangen, gilt die Vorschrift des § 4 Satz 1 KSchG nicht (Rn. 332). Dann muss der Arbeitnehmer einen **allgemeinen Feststellungsantrag nach § 256 I ZPO** stellen. Das gilt erst recht, wenn der Arbeitnehmer nicht die Wirksamkeit einer Kündigung bestreitet, sondern die Wirksamkeit eines anderen Beendigungstatbestandes (z. B. eines Aufhebungsvertrags). Mit der allgemeinen Feststellungsklage beantragt der Arbeitnehmer festzustellen, „dass sein Arbeitsverhältnis über den … hinaus fortbesteht." Der Streitgegenstand einer solchen Klage ist das Bestehen des Arbeitsverhältnisses bis zum Termin >>der Letzte>>n mündlichen Verhandlung.[41]

Der allgemeine Feststellungsantrag setzt ebenfalls ein rechtliches **Interesse an der Feststellung** des Rechtsverhältnisses voraus (§ 256 I ZPO); es kann sich daraus ergeben, dass der Arbeitnehmer die Möglichkeit weiterer Kündigungen glaubhaft macht.

---

[39] Zur Zwangsvollstreckung s. *Hromadka/Maschmann* I, § 7 Rn. 128.
[40] *BAG* vom 27. 1. 1994 – 2 AZR 484/93, AP Nr. 28 zu § 4 KSchG 1969 = NJW 1994, 2780 = NZA 1994, 812 (813); *BAG* vom 12. 5. 2005 – 2 AZR 426/04, AP Nr. 53 zu § 4 KSchG 1969, NZA 2005, 1259 (1260).
[41] *BAG* vom 13. 3. 1997 – 2 AZR 512/96, BAGE 85, 262 = AP Nr. 38 zu § 4 KSchG 1969 = NJW 1998, 698 = NZA 1997, 844.

874 (c) Schon um der Gefahr vorzubeugen, dass der Arbeitgeber durch eine Flut
von Kündigungen versucht, die Wirkung des § 7 KSchG herbeizuführen, muss
der Arbeitnehmer die Möglichkeit haben, die punktuelle Kündigungsschutzklage nach § 4 Satz 1 KSchG mit der allgemeinen Feststellungsklage nach § 256 I
ZPO in einem Antrag zu verbinden. Ein solcher **kombinierter Kündigungsschutzantrag** richtet sich auf die Feststellung, „dass das Arbeitsverhältnis der
Parteien nicht durch Kündigung vom ... beendet worden ist, sondern über
den ... hinaus fortbesteht". Der erste Teil eines solchen Antrags verhindert den
Eintritt der Präklusion nach § 7 KSchG, der zweite Teil bezieht alle Beendigungstatbestände bis zur letzten mündlichen Verhandlung in den Prozess ein.[42]

875 **Übungsfall 30 (Kündigungsschutzklage):** Herr Künzel (K) war seit April 1989 als Dachde-
cker bei der Becker Bedachungen GmbH (B-GmbH) beschäftigt. Die B-GmbH kündigte das
Arbeitsverhältnis mit Schreiben vom 18. 10. 2006 aus betriebs- und personenbedingten
Gründen fristgemäß zum 30. 4. 2007. Mit der am 28. 10. 2006 beim Arbeitsgericht eingegangenen Kündigungsschutzklage hat K die Feststellung beantragt, dass das Arbeitsverhältnis durch die Kündigung vom 18. 10. 2006 nicht aufgelöst sei, sondern über den 30. 4.
2007 hinaus zu unveränderten Bedingungen fortbestehe.

Die B-GmbH kündigte das Arbeitsverhältnis erneut mit Schreiben vom 28. 2. 2007 zum
31. 8. 2007 und stützte diese Kündigung auf krankheitsbedingte Fehlzeiten. Mit einer Kla-
geerweiterung vom 13. 3. 2007 hat K die Kündigungsschutzklage auf die zweite Kündigung erstreckt und den Feststellungsantrag dahin ergänzt, das Arbeitsverhältnis bestehe
auch über den 31. 8. 2007 hinaus zu unveränderten Bedingungen fort. In der Klageerweite-
rung wird ausgeführt, die neue Kündigung werde vom Klageantrag laut Klageschrift vom
28. 10. 2006 bereits erfasst.

Mitte Mai 2007 entdeckte der Rechtsanwalt des K in den Unterlagen des K ein Schreiben
der B-GmbH vom 3. 4. 2007, in welchem eine außerordentliche Kündigung ausgesprochen
ist. Mit seinem am 5. 7. 2007 beim Arbeitsgericht eingegangenen Schriftsatz hat K geltend
gemacht, auch die außerordentliche Kündigung vom 3. 4. 2007 sei von ihm rechtzeitig angegriffen worden, und zugleich die Feststellung beantragt, dass das Arbeitsverhältnis durch
die außerordentliche Kündigung vom 3. 4. 2007 nicht aufgelöst worden sei. Die B-GmbH
meint, die Kündigung vom 3. 4. 2007 sei bestandskräftig.[43]

876 **Lösung:** K hat die außerordentliche Kündigung vom 3. 4. 2007 rechtzeitig angegriffen,
wenn er in einem Klageantrag die Unwirksamkeit dieser Kündigung geltend gemacht hat
und der Einwand der Unwirksamkeit nicht gemäß §§ 4 Satz 1, 7, 13 I 2 KSchG ausgeschlossen ist.

(1) K könnte die Kündigung vom 3. 4. 2007 mit dem **Kündigungsschutzantrag** vom 5. 7.
2007 nach § 4 Satz 1 KSchG rechtzeitig angegriffen haben. Mit dem Schriftsatz vom 5. 7.
2007 hat K zwar einen Kündigungsschutzantrag im Sinne des § 4 Satz 1 KSchG gestellt.
Dieser Antrag wurde aber erst nach Ablauf der Dreiwochenfrist des § 4 Satz 1 KSchG gestellt und konnte daher den Eintritt der Präklusion nicht verhindern. Er wurde daher nicht
rechtzeitig gestellt.

(2) Die Kündigung vom 3. 4. 2007 könnte aber durch die am 28. 10. 2006 eingereichte
Klage rechtzeitig angegriffen worden sein, wenn diese Klage einen selbständigen allgemeinen **Feststellungsantrag** enthält.

(a) Ob der Kläger neben dem punktuellen Kündigungsschutzantrag einen allgemeinen Feststellungsantrag gestellt hat, ist durch **Auslegung des Klageantrags** und der Begründung zu

---

[42] *BAG* vom 12. 5. 2005 – 2 AZR 426/04, AP Nr. 53 zu § 4 KSchG 1969 = NZA 2005,
1259 (1260).
[43] Fall nach *BAG* vom 13. 3. 1997 – 2 AZR 512/96, BAGE 85, 262 = AP Nr. 38 zu § 4
KSchG 1969 m. Anm. *Diller* = NJW 1998, 698 = NZA 1997, 844 = JuS 1998, 498 = EzA § 4
KSchG n. F. Nr. 57 m. Anm. *Dauner-Lieb.*

ermitteln. Es kommt darauf an, was der Kläger erkennbar gewollt hat.[44] K hat mit Schriftsatz vom 13. 3. 2007 klargestellt, dass der Fortbestandsantrag vom 28. 10. 2006 nicht nur ein floskelhaftes Anhängsel des Kündigungsschutzantrags darstellt, das die Folgen einer erfolgreichen Kündigungsschutzklage beschreibt, sondern dass es ihm um den Fortbestand des Arbeitsverhältnisses überhaupt geht. Anderenfalls würde es keinen Sinn ergeben, dass die Kündigungsschutzklage gegen die zweite Kündigung nur vorsorglich erhoben wurde. Daraus wird der Wille des K erkennbar, einen selbständigen Feststellungsantrag zu stellen.

(b) Die allgemeine Feststellungsklage nach § 256 I ZPO setzt ferner ein **Feststellungsinteresse** voraus. Der klagende Arbeitnehmer muss durch Tatsachenvortrag weitere streitige Beendigungsgründe in den Prozess einführen oder zumindest deren Möglichkeit glaubhaft machen.[45] K hat die zweite und die dritte Kündigung in den Prozess eingeführt, sodass das Feststellungsinteresse bejaht werden kann. Die außerordentliche Kündigung vom 3. 4. 2007 ist daher mit einem wirksamen Feststellungsantrag angegriffen worden.

(c) Die Kündigung vom 3. 4. 2007 müsste mit dem Feststellungsantrag vom 28. 10. 2006 **877** dergestalt angegriffen worden sein, dass **keine Präklusion** nach §§ 4 Satz 1, 7, 13 I 2 KSchG eingetreten ist. Die Erhebung des allgemeinen Feststellungsantrags gewährt nur einen Schutz in zeitlicher Hinsicht.[46] Das bedeutet: Auch der Arbeitnehmer, der einen kombinierten Kündigungsschutzantrag gestellt hat, muss spätere Kündigungen in den Prozess einführen und eine dem § 4 Satz 1 KSchG angepasste Antragstellung vornehmen. Allerdings muss das nicht in der Drei-Wochen-Frist des § 4 Satz 1 KSchG erfolgen. In entsprechender Anwendung des § 6 KSchG gestattet das BAG dem Arbeitnehmer, erneute Kündigungen noch bis zum Schluss der letzten mündlichen Verhandlung in den Prozess einzuführen.[47] K hat mit dem Schriftsatz vom 5. 7. 2007 die dritte Kündigung vor dem Schluss der letzten mündlichen Verhandlung in den Prozess eingeführt und eine dem § 4 Satz 1 KSchG angepasste Antragstellung vorgenommen. Daher ist der Einwand der Unwirksamkeit der außerordentlichen Kündigung nicht präkludiert.

(3) **Ergebnis:** Der Kläger hat die Kündigung vom 3. 4. 2007 rechtzeitig mit dem allgemeinen Feststellungsantrag angegriffen; die Kündigung vom 3. 4. 2007 ist nicht nach §§ 4 Satz 1, 7, 13 I 2 KSchG bestandskräftig, sondern muss – wie die beiden anderen Kündigungen – vom ArbG auf ihre materielle Wirksamkeit untersucht werden.

Über die **Zulässigkeitsvoraussetzungen im Urteilsverfahren** informiert zu- **878** sammenfassend die **Übersicht 12.1:**

Übersicht 12.1: Zulässigkeit (Urteilsverfahren)

1. Sachliche Zuständigkeit (§§ 2, 3 ArbGG)
2. Örtliche Zuständigkeit (§§ 2 V, 46 II 1 ArbGG, § 12 ff. ZPO)
3. Parteifähigkeit (§§ 50 ZPO, 10 ArbGG)
4. Prozessfähigkeit (§§ 51 I, 52 ZPO)
5. Postulationsfähigkeit (§ 11 ArbGG)
6. Ordnungsgemäße Klageerhebung (§§ 253, 256 ZPO)

2. Verfahrensablauf

Im Urteilsverfahren vor den Arbeitsgerichten gelten grundsätzlich die Vor- **879** schriften der ZPO über das Verfahren vor den Amtsgerichten entsprechend

[44] *von Hoyningen-Huene/Linck,* § 4 KSchG Rn. 131.
[45] *BAG* vom 13. 3. 1997 – 2 AZR 512/96, BAGE 85, 262 (268).
[46] *Diller,* NJW 1998, 663 (665).
[47] *BAG* vom 13. 3. 1997 – 2 AZR 512/96, BAGE 85, 262 (270).

(§ 46 II 1 ArbGG). Von der **Verweisung auf die ZPO** sind in § 46 II 2 ArbGG ausdrücklich ausgenommen die Vorschriften über den frühen ersten Termin und das schriftliche Vorverfahren (§§ 275–277 ZPO), das vereinfachte Verfahren (§ 495 a ZPO), den Urkunden- und Wechselprozess (§§ 592–605 a ZPO),[48] die Entscheidung ohne mündliche Verhandlung (§ 128 II ZPO) und die Verlegung von Terminen (§ 227 III 1 ZPO).

Das Arbeitsgerichtsgesetz enthält eine Reihe von Vorschriften, die das arbeitsgerichtliche Urteilsverfahren abweichend vom Zivilprozess regeln (§§ 46 a–79 ArbGG). Die **Abweichungen von der ZPO** verfolgen den Zweck, dem Arbeitnehmer als der schwächeren Partei eine zügige Rechtsverfolgung zu ermöglichen und im Interesse beider Parteien eine Beschleunigung des Verfahrens zu erreichen. Das arbeitsgerichtliche Verfahren wird ebenso wie das zivilgerichtliche Verfahren mit der **Klagezustellung** rechtshängig. Die **Einlassungsfrist** – die Frist zwischen der Klagezustellung und dem ersten Termin – braucht zum Zweck der Beschleunigung nur eine Woche zu betragen (§ 47 I ArbGG).

a) Güteverhandlung (§ 54 ArbGG)

880   Nach dem Eingang der Klageschrift bestimmt der – nach der Geschäftsverteilung des ArbG zuständige – Vorsitzende Richter den **Termin zur Güteverhandlung.** Die obligatorische Güteverhandlung ist eine wichtige Besonderheit des arbeitsgerichtlichen Verfahrens; im Kündigungsverfahren soll sie wegen der Eilbedürftigkeit von Kündigungssachen (§ 61 a I ArbGG) innerhalb von zwei Wochen nach Zustellung der Klage erfolgen (§ 61 a II ArbGG). Die Güteverhandlung im arbeitsgerichtlichen Verfahren bildet einen Teil der mündlichen Verhandlung.[49] Einen **Verzicht der Parteien** auf den Gütetermin sieht das Gesetz nicht vor. Dennoch müssen sich die Parteien nicht auf den Versuch der gütlichen Beilegung des Rechtsstreits einlassen. Wenn eine Partei säumig ist oder nicht verhandelt (§ 333 ZPO), kann sich die weitere Verhandlung unmittelbar anschließen (§ 54 IV ArbGG).

Der Gütetermin ist zwar Teil der mündlichen Verhandlung, unterliegt jedoch besonderen Vorschriften. Der Termin findet vor dem Vorsitzenden **ohne ehrenamtliche Richter** statt (§ 54 I 1 ArbGG). Eine Klagerücknahme ist nach § 54 II 1 ArbGG ohne Einwilligung des Beklagten zulässig, solange die Anträge nicht gestellt sind; dagegen ist im Zivilprozess die mündliche Verhandlung des Beklagten zur Hauptsache der maßgebende Zeitpunkt für den Ausschluss der einseitigen Klagerücknahme (§ 269 I ZPO). Im arbeitsgerichtlichen Verfahren hindern Erörterungen zur Sache, die vor Antragstellung erfolgen, den Kläger nicht daran, einseitig durch Klagerücknahme über das Prozessrechtsverhältnis zu disponieren.[50]

b) Kein schriftliches Verfahren

881   Im arbeitsgerichtlichen Verfahren ist die mündliche Verhandlung zwingend vorgeschrieben; ein schriftliches Verfahren ist ausgeschlossen (§ 46 II 2 ArbGG). Eine Beweisaufnahme hat grundsätzlich vor der Kammer zu erfolgen (§ 58 I 1 ArbGG). Aus Gründen der Praktikabilität gestattet das Gesetz jedoch eine Über-

---

[48] Siehe zu dieser Verfahrensart *Zeiss/Schreiber*, Rn. 765–771.
[49] ErfK/*Koch*, § 54 ArbGG Rn. 1; G/M/P/*Germelmann*, ArbGG, § 54 Rn. 11.
[50] ErfK/*Koch*, § 54 ArbGG Rn. 6; G/M/P/*Germelmann*, ArbGG, § 54 Rn. 38.

tragung der Beweisaufnahme auf den Vorsitzenden, wenn die Durchführung der Beweisaufnahme am Gerichtsort – im Gerichtsgebäude – nicht möglich ist (§ 58 I 2 ArbGG). Diese Regelung durchbricht den Grundsatz der Unmittelbarkeit der Beweisaufnahme.[51]

c) Kostenregelung (§§ 12, 12 a I 1 ArbGG)

Das Kostenrisiko des Klägers (in 98% aller Fälle ist das der Arbeitnehmer, dazu oben Rn. 865) ist in arbeitsgerichtlichen Streitigkeiten deutlich reduziert: Die Gerichtskosten (Verfahrensgebühren) sind gegenüber dem zivilgerichtlichen Verfahren ermäßigt.[52] In der ersten Instanz besteht kein Anspruch der obsiegenden Partei auf Entschädigung wegen Zeitversäumnis oder auf Erstattung der Kosten für einen Prozessvertreter (§ 12 a I 1 ArbGG).

3. Entscheidung

Das Urteil des Arbeitsgerichts soll in der Regel noch im Verhandlungstermin **882** verkündet werden. Nur unter engen Voraussetzungen kommt ein besonderer Verkündigungstermin in Betracht (§§ 69 I, 60 I ArbGG). Der Inhalt des Urteils weist drei Besonderheiten auf:

– Den **Wert des Streitgegenstands** setzt das ArbG im Urteil fest (§ 61 I ArbGG). Das ist bedeutsam für die Zulässigkeit der Berufung: Die Berufung ist in vermögensrechtlichen Streitigkeiten nur statthaft, wenn der Wert des Beschwerdegegenstandes 600 € übersteigt (§ 64 II lit. b ArbGG).

– Ein besonderer Ausspruch über die **vorläufige Vollstreckbarkeit** des Urteils ist entbehrlich: Die erst- und zweitinstanzlichen Urteile der Gerichte in Arbeitssachen sind schon von Gesetzes wegen vorläufig vollstreckbar (§§ 62 I 1, 64 VII ArbGG, Ausnahmen in §§ 62 I 2, 64 VII ArbGG).

– Alle mit einem befristeten Rechtsmittel anfechtbaren Entscheidungen der Gerichte in Arbeitssachen müssen eine **Rechtsmittelbelehrung** enthalten (§ 9 V 1 ArbGG). Soweit ein Rechtsmittel nicht gegeben ist, muss auch darüber eine Belehrung erteilt werden (§ 9 V 2 ArbGG).

4. Rechtsmittel

a) Gegen ein Urteil des Arbeitsgerichts ist nach § 64 I, II ArbGG das Rechts- **883** mittel der **Berufung** zum Landesarbeitsgericht zulässig, wenn

– das Arbeitsgericht die Berufung aus einem der in § 64 III ArbGG abschließend aufgeführten Gründe im Urteil zugelassen hat,

– der Wert des Beschwerdegegenstands den Betrag von 600 € übersteigt,

– es um eine Rechtsstreitigkeit über das Bestehen, das Nichtbestehen oder die Kündigung eines Arbeitsverhältnisses geht oder

– in bestimmter Weise gegen ein vom Arbeitsgericht erlassenes Versäumnisurteil vorgegangen werden soll.

---

[51] G/M/P/*Prütting*, ArbGG, § 58 Rn. 44.
[52] Einzelheiten bei ErfK/*Koch*, § 12 ArbGG Rn. 2–9.

b) Die **Revision** zum Bundesarbeitsgericht ist nicht nur gegen Urteile der Landesarbeitsgerichte, sondern auch gegen Urteile der Arbeitsgerichte möglich.

(1) Gegen ein Urteil des **Landesarbeitsgerichts** ist die Revision grundsätzlich nur statthaft, wenn sie im Urteil zugelassen wurde (§ 72 I ArbGG, Zulassungsrevision). Die Revision muss zugelassen werden, wenn die Rechtssache grundsätzliche Bedeutung hat (§ 72 II Nr. 1 ArbGG) oder das Urteil von der Entscheidung bestimmter anderer Gerichte abweicht und auf dieser Abweichung beruht (§ 72 II Nr. 2 ArbGG).

Wurde die Revision nicht zugelassen, kann unter den engen Voraussetzungen des § 72 a ArbGG beim BAG eine Nichtzulassungsbeschwerde eingelegt werden.

(2) Gegen ein Urteil eines **Arbeitsgerichts** ist die Sprungrevision – das LAG wird übersprungen – zulässig, wenn der Prozessgegner schriftlich zustimmt und wenn sie vom Arbeitsgericht auf Antrag zugelassen wird (§ 76 ArbGG).[53] Die Revision kann in allen Fällen nur darauf gestützt werden, dass das angefochtene Urteil auf der Verletzung einer Rechtsnorm beruht (§ 73 I ArbGG).

IV. Beschlussverfahren

884	Das arbeitsgerichtliche Beschlussverfahren nach § 2 a ArbGG, das in der Praxis vor allem für betriebsverfassungsrechtliche Streitigkeiten eine Rolle spielt, hat nicht den Charakter eines kontradiktorischen Rechtsstreits, sondern lehnt sich an das Verfahren der Freiwilligen Gerichtsbarkeit an. Die beiden wichtigsten Beschlussverfahren sind gesondert geregelt: die Entscheidung über die Tariffähigkeit und die Tarifzuständigkeit (§ 97 ArbGG) und die Entscheidung über die Besetzung einer Einigungsstelle (§ 98 ArbGG). In der Lösung arbeitsrechtlicher Übungsfälle ist gelegentlich die Zulässigkeit eines Antrags im Beschlussverfahren zu prüfen (dazu 1); in diesem Buch sind dies der **Übungsfall 8**, Rn. 212 (Arbeitgeber, Betriebsrat), der **Übungsfall 24**, Rn. 710 (Betriebsrat, Arbeitgeber) und der **Übungsfall 25**, Rn. 728 (Gewerkschaft, Betriebsrat). Aufschlussreich sind die Regeln über den Verfahrensablauf, die Entscheidung und die Rechtsmittel (dazu 2–4).

Praxis: Im Verhältnis zu den Urteilsverfahren ist die Zahl der Beschlussverfahren gering. Im Jahr 2010 wurden rund 450.000 Urteilsverfahren und 14.000 Beschlussverfahren anhängig gemacht (also 32mal mehr Urteilsverfahren als Beschlussverfahren). Allerdings sind Beschlussverfahren nicht nur wegen des Amtsermittlungsgrundsatzes (Rn. 888) – für die Arbeitsgerichte aufwändiger als Urteilsverfahren: Während nur in rund 7% aller Urteilsverfahren ein streitiges Urteil ergeht (alle anderen Urteilsverfahren enden durch Klagerücknahme, Prozessvergleich, Versäumnisurteil oder auf sonstige Weise), muss in 23% der Beschlussverfahren eine begründete Entscheidung (Rn. 889) abgefasst werden.[54]

1. Zulässigkeit

885	Die Besonderheiten des Beschlussverfahrens sind in §§ 80–98 ArbGG normiert: **§ 80 I ArbGG** stellt klar, dass das Beschlussverfahren in den von § 2 a

---

[53] Einzelheiten bei G/M/P/*Müller-Glöge*, ArbGG, § 76 Rn. 3, 15.
[54] Zahlenangaben nach *Grotmann-Höfling*, AuR 2011, 433.

ArbGG genannten Fällen eröffnet ist. Nach **§ 80 II ArbGG** gilt eine Reihe von Vorschriften des Urteilsverfahrens auch für das Beschlussverfahren des ersten Rechtszuges.

a) Rechtsweg, Zuständigkeit

Der Rechtsweg und zugleich die **sachliche Zuständigkeit** der Gerichte für Arbeitssachen im Beschlussverfahren ergibt sich aus §§ 2 a, 3 ArbGG; die wichtigste Zuständigkeit ist diejenige für Angelegenheiten aus dem Betriebsverfassungsgesetz (Rn. 864). Die **örtliche Zuständigkeit** im Beschlussverfahren ergibt sich aus § 82 ArbGG (Rn. 867). Das Arbeitsgericht prüft von Amts wegen, ob eine arbeitsgerichtliche Streitigkeit im Urteilsverfahren oder im Beschlussverfahren durchzuführen ist. Beide Verfahrensarten schließen sich gegenseitig aus. Ob für eine arbeitsgerichtliche Streitigkeit nach §§ 2, 3 ArbGG das Urteilsverfahren oder nach §§ 2 a, 3 ArbGG das Beschlussverfahren eröffnet ist, richtet sich nach dem Streitgegenstand.[55]

> **Beispiele:** Macht der Arbeitnehmer einen **Lohnanspruch** geltend, handelt es sich um einen Anspruch aus dem Arbeitsverhältnis (§ 2 I Nr. 3 a ArbGG); das Arbeitsgericht entscheidet im **Urteilsverfahren.** Das gilt auch, wenn der Arbeitnehmer den Lohn für einen Zeitraum verlangt, in welchem er als Betriebsratsmitglied an einer Schulungsveranstaltung teilgenommen und deshalb nicht gearbeitet hat[56] (§ 37 II, VI BetrVG). – Macht der Arbeitnehmer dagegen einen Anspruch auf Ersatz der Kosten geltend, die ihm als **Betriebsratsmitglied** durch die Teilnahme an einer Schulung entstanden sind, handelt es sich um einen Anspruch, der aus der Tätigkeit als Mitglied des Betriebsrats folgt (§ 40 BetrVG); das Arbeitsgericht entscheidet folglich im **Beschlussverfahren.** Das gilt auch, wenn das Betriebsratsmitglied seinen Erstattungsanspruch an den Schulungsträger oder an die Gewerkschaft abgetreten hat, weil sich durch die Abtretung die Anspruchsgrundlage und damit die Rechtsnatur der Forderung nicht ändert.[57]

b) Beteiligtenfähigkeit, Prozessfähigkeit

Während im Urteilsverfahren von den „Parteien" die Rede ist (Kläger und Beklagter), geht es im Beschlussverfahren um „Beteiligte" (Antragsteller und weitere Beteiligte). Einen „Antragsgegner" gibt es nicht, sondern nur den Antragsteller und den Beteiligten zu 1, zu 2 usw. Die **Beteiligtenfähigkeit** im Beschlussverfahren entspricht der Parteifähigkeit im Urteilsverfahren (§ 50 ZPO i. V. m. §§ 46 II 1, 80 II 1 ArbGG). Beteiligtenfähig sind gemäß § 10, 2. Hs. ArbGG ferner bestimmte Organe nach dem BetrVG, dem SprAuG, dem MitbestG, dem MitbestErgG, dem DrittelbG, dem SGB IX und dem EBRG. Wurde einer der Beteiligten nicht angehört (§ 83 III, IV ArbGG), kann er gegen den Beschluss des Arbeitsgerichts Rechtsmittel einlegen.[58] Für die **Prozessfähigkeit** und die **Postulationsfähigkeit** verweist § 80 II 1 ArbGG auf die Regelungen im Urteilsverfahren (Rn. 871).

886

---

[55] Umfassend *Walker,* FS 50 Jahre BAG (2004), S. 1365.

[56] *BAG* vom 16. 3. 1988 – 7 AZR 557/87, AP Nr. 63 zu § 37 BetrVG 1972 = AuR 1988, 221 = ZTR 1988, 313; *BAG* vom 11. 11. 1998 – 7 AZR 491/97, AP Nr. 129 zu § 37 BetrVG 1972 = NZA 1999, 1119 (1120).

[57] *BAG* vom 30. 3. 1994 – 7 ABR 45/93, BAGE 76, 214 (218) = AP Nr. 42 zu § 40 BetrVG 1972 m. Anm. *Sowka* = NZA 1995, 382 = SAE 1997, 147 m. Anm. *Loritz.*

[58] H/W/K/*Bepler,* § 83 ArbGG Rn. 18.

c) Anforderungen an den Antrag

Das Beschlussverfahren wird nur auf Antrag eingeleitet (§ 81 I ArbGG). Der Antrag im Beschlussverfahren entspricht funktional der Klage im Urteilsverfahren; die **Antragsbefugnis** im Beschlussverfahren findet ihre Parallele in der Prozessführungsbefugnis im Urteilsverfahren (Rn. 871). Auch im Beschlussverfahren kann es sich um einen **Leistungsantrag** handeln (z. B. auf Ersatz von Schulungskosten), einen **Feststellungsantrag** (z. B. auf Feststellung eines Mitbestimmungsrechts nach § 87 BetrVG) oder einen **Gestaltungsantrag** (z. B. auf Ersetzung der Zustimmung des Betriebsrats nach § 99 IV BetrVG).

887   Über die **Zulässigkeitsvoraussetzungen im Beschlussverfahren** informiert zusammenfassend die **Übersicht 12.2:**

Übersicht 12.2: Zulässigkeit (Beschlussverfahren)

> 1. Sachliche Zuständigkeit (§§ 2 a, 3 ArbGG)
> 2. Örtliche Zuständigkeit (§ 82 ArbGG)
> 3. Beteiligtenfähigkeit (§ 50 ZPO, § 10 ArbGG), Antragsbefugnis
> 4. Prozessfähigkeit (§§ 51 I, 52 ZPO)
> 5. Postulationsfähigkeit (§ 11 ArbGG)
> 6. Antrag (§ 81 I ArbGG), Bestimmtheit

2. Verfahrensablauf

888   Es gibt drei wichtige Besonderheiten des Beschlussverfahrens gegenüber dem Urteilsverfahren:

a) Untersuchungsgrundsatz

Im Beschlussverfahren hat das Arbeitsgericht den Sachverhalt im Rahmen des gestellten Antrags von Amts wegen zu erforschen (§ 83 I 1 ArbGG). Das Untersuchungsprinzip (= Amtsermittlungsprinzip) wird ergänzt durch eine Mitwirkungspflicht der Beteiligten nach § 83 I 2 ArbGG. Die Untersuchungsmaxime hat zur Folge, dass das Gericht Beweise ohne Antrag erheben kann; die Beweisbedürftigkeit hängt nicht davon ab, ob ein Beteiligter eine Tatsache bestritten hat.

b) Anhörungstermin (§ 83 IV ArbGG)

Im Beschlussverfahren wird keine Güteverhandlung durchgeführt. Es findet aber eine mündliche Verhandlung vor der Kammer statt, sofern die Beteiligten nicht mit einer Entscheidung ohne mündliche Verhandlung einverstanden sind (§ 83 IV ArbGG). Das Einverständnis zur Entscheidung ohne mündliche Verhandlung muss von allen Beteiligten, nicht nur vom Antragsteller und vom Antragsgegner, erklärt werden.[59]

---

[59] ErfK/*Koch*, § 83 ArbGG Rn. 10.

c) Keine Kostenentscheidung

Im Beschlussverfahren werden keine **Gerichtskosten** erhoben (§ 2 II GKG i. V. m. § 2 a ArbGG); dementsprechend ergeht auch keine Kostenentscheidung. Wegen der Erstattung der außergerichtlichen Kosten der Beteiligten enthält das Gesetz keine Regelung. In der Praxis ergeht im Beschlussverfahren auch keine Entscheidung über die **außergerichtlichen Kosten:** Der Arbeitgeber trägt seine Kosten ohnehin und nach § 40 I BetrVG die Kosten, die dem Betriebsrat entstehen.

3. Entscheidung

Die Entscheidung erfolgt nicht durch Urteil, sondern durch **Beschluss** (§ 84 ArbGG). Der Beschluss ist schriftlich abzufassen und enthält wie ein Urteil neben dem Tenor einen Tatbestand und Entscheidungsgründe. Er erwächst in **materielle Rechtskraft,** die auch in einem Urteilsverfahren zu beachten ist. Die rechtskräftige Feststellung betriebsverfassungsrechtlicher Rechte und Pflichten wirkt nach § 325 ZPO gegenüber dem Betriebserwerber als Rechtsnachfolger.[60]

889

4. Rechtsmittel

Der Beschluss des Arbeitsgerichts unterliegt der **Beschwerde** an das Landesarbeitsgericht (§ 87 I ArbGG). Für das Beschwerdeverfahren gelten zahlreiche Vorschriften über das Berufungsverfahren entsprechend (§ 87 II ArbGG). Gegen den Beschluss des Landesarbeitsgerichts ist eine **Rechtsbeschwerde** an das Bundesarbeitsgericht möglich, falls die Rechtsbeschwerde vom LAG zugelassen worden ist oder das BAG sie auf eine Nichtzulassungsbeschwerde zulässt (§§ 92 ff. ArbGG).

890

Fälle und Fragen

340. In welchen Fallkonstellationen ist für die Arbeitnehmerhaftung die Arbeitsgerichtsbarkeit zuständig, in welchen die Zivilgerichtsbarkeit? (Rn. 835)

341. „Die Senate des Landesarbeitsgerichts sind mit drei Berufsrichtern und zwei ehrenamtlichen Richtern besetzt." Welche beiden Fehler enthält diese Aussage? (Rn. 840)

342. Welche Aufgaben hat der Große Senat des Bundesarbeitsgerichts? (Rn. 841)

343. In welchen Fällen entscheiden die Gerichte in Arbeitssachen ausnahmsweise nicht Rechtsstreitigkeiten, sondern Regelungsstreitigkeiten? (Rn. 842)

344. Der Betriebsrat der Zapf Dentaltechnik KG möchte eine Betriebsvereinbarung über die gleitende Arbeitszeit erreichen. Der Laborleiter lehnt Verhandlungen ab. Welche Möglichkeit hat der Betriebsrat, um zu einer Vereinbarung zu kommen? (Rn. 843–845)

345. Welches ist die wichtigste ausschließliche Zuständigkeit des Arbeitsgerichts im Urteilsverfahren? (Rn. 851)

---

[60] Umfassend *Krause*, Rechtskrafterstreckung im kollektiven Arbeitsrecht (1996).

346. Herr Künzel ist auf Grund eines Vertrags als „freier Mitarbeiter" als Auslieferungsfahrer bei einem Kurierdienst tätig; er meint, er sei Arbeitnehmer, und klagt beim Arbeitsgericht rückständige Vergütung ein. Wie wird das Arbeitsgericht bei der Prüfung der Zuständigkeit verfahren? (Rn. 854)

347. Welches ist die wichtigste Zuständigkeit des Arbeitsgerichts im Beschlussverfahren? (Rn. 864)

348. Von der Arbeitnehmerseite werden bei den Arbeitsgerichten
	○ etwa 50%,
	○ rund 75% oder
	○ ca. 95% aller Klagen anhängig gemacht. Was ist richtig? (Rn. 865)

349. Nennen Sie einen besonderen Gerichtsstand, der im arbeitsgerichtlichen Verfahren eine Rolle spielt. (Rn. 866)

350. Wonach richtet sich die örtliche Zuständigkeit der Arbeitsgerichte im Beschlussverfahren? (Rn. 867)

351. Welche beiden Verfahrensarten gibt es im arbeitsgerichtlichen Verfahren? (Rn. 869ff., 884ff.)

352. Welche Besonderheiten bestehen im arbeitsgerichtlichen Verfahren bei der Parteifähigkeit und der Postulationsfähigkeit? (Rn. 871)

353. Der Kläger stellt den Antrag auf Feststellung, „dass das Arbeitsverhältnis mit der Beklagten über den 31. 5. 2001 hinaus fortbesteht." Handelt es sich um
	○ einen Kündigungsschutzantrag nach § 4 Satz 1 KSchG oder
	○ einen allgemeinen Feststellungsantrag nach § 256 I ZPO? (Rn. 873)

354. Weshalb kann es für den Kläger sinnvoll sein, einen kombinierten Kündigungsschutzantrag zu stellen? (Rn. 874)

355. Nennen Sie zwei Besonderheiten des arbeitsgerichtlichen Urteilsverfahrens im Vergleich zum Zivilprozess! (Rn. 879–881)

356. Das Bundesarbeitsgericht entscheidet (a) im Wege der Anschlussberufung gegen Urteile des Arbeitsgerichts, (b) im Wege der Sprungrevision gegen Urteile des Arbeitsgerichts und (c) im Wege der Revision gegen Urteile des Landesarbeitsgerichts. Welche dieser drei Aussagen ist falsch? (Rn. 883)

357. Für die Zeit der Teilnahme an einer Schulungsveranstaltung hat der Arbeitgeber einem Betriebsratsmitglied das Gehalt gekürzt. Muss der Arbeitnehmer den Gehaltsanspruch im Urteils- oder im Beschlussverfahren geltend machen? (Rn. 885)

358. Gilt im Beschlussverfahren der Verhandlungs- oder der Untersuchungsgrundsatz? (Rn. 888)

359. Wer trägt die Gerichtskosten, wer die Anwaltskosten im Beschlussverfahren? (Rn. 888)

360. Wie nennt man die Rechtsmittel im Beschlussverfahren? (Rn. 890)

Stichwortverzeichnis

Die Zahlen verweisen auf die Randnummern des Buches, Hauptfundstellen sind **fett** gesetzt.

Grundlagenwissen
für Studierende und Referendare

Musielak · Grundkurs BGB
Von Prof. Dr. Hans-Joachim Musielak,
Passau
12. Auflage. 2011. XXIII, 613 Seiten.
Kartoniert € 24,90
ISBN 978-3-406-62444-5

Musielak · Examenskurs BGB
Von Prof. Dr. Hans-Joachim Musielak,
Passau
2. Auflage. 2010. XXI, 615 Seiten.
Kartoniert € 29,–
ISBN 978-3-406-60108-8

Musielak · Grundkurs ZPO
Von Prof. Dr. Hans-Joachim Musielak,
Passau
11. Auflage. 2012. XXIII, 577 Seiten.
Kartoniert € 26,90
ISBN 978-3-406-63617-2

**Kindler · Grundkurs Handels- und
Gesellschaftsrecht**
Von Prof. Dr. Peter Kindler, Augsburg
6. Auflage. 2012. XXXVII, 450 Seiten.
Kartoniert € 25,90
ISBN 978-3-406-63805-3

**Schroeder
Grundkurs Europarecht**
Von Prof. Dr. Werner Schroeder, Inns-
bruck
2. Auflage. 2011. XXIX, 428 Seiten.
Kartoniert € 27,90
ISBN 978-3-406-62783-5

**Sodan/Ziekow
Grundkurs Öffentliches Recht**
Von Prof. Dr. Helge Sodan, Berlin, Präs-
VerfGH a. D., und Prof. Dr. Jan Ziekow,
Speyer
5. Auflage. 2012. XLIV, 793 Seiten.
Kartoniert € 34,90
ISBN 978-3-406-62792-7

Murmann · Grundkurs Strafrecht
Von Prof. Dr. Uwe Murmann, Göttingen
2. Auflage. 2013. Rund 550 Seiten.
Kartoniert ca. € 28,–
ISBN 978-3-406-64984-4
(In Vorbereitung für Herbst 2013)

Volk · Grundkurs StPO
Von Prof. Dr. Dr. h.c. Klaus Volk, München
7. Auflage. 2010. XXIV, 397 Seiten.
Kartoniert € 23,90
ISBN 978-3-406-60056-2

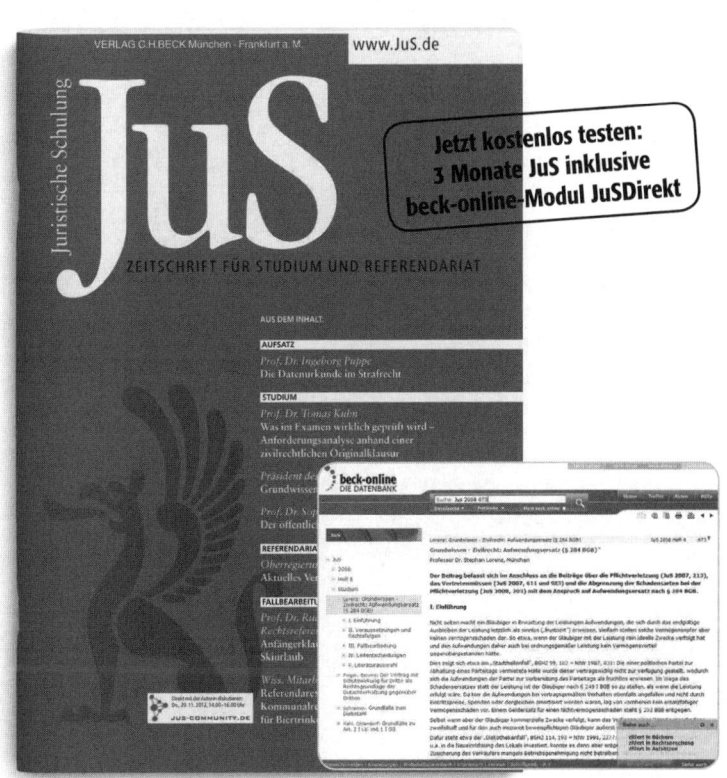